四川大学商学院灾后第一时间成立了以书记杨江、院长徐玖平为组长的"四川大学灾后重建联合调查组",奔赴灾区开展调查

课题组调研军民慰问工作

课题组在汶川临时搭建的办公点现场办公,与汶川政府负责人调研灾情

课题组在映秀漩口中学调研

课题组在绵竹疫区调查

课题组在调研途中遭遇余震塌方，前方车辆受损，等待前方工程车清障

国家自然科学基金资助研究项目（项目批准号：71072067）

旅游景区灾害危机与恢复营销策略研究
——基于汶川大地震

（上卷）

李 蔚　李 悦　刘世明　主编

企业管理出版社
ENTERPRISE MANAGEMENT PUBLISHING HOUSE

图书在版编目（CIP）数据

旅游景区灾害危机与恢复营销策略研究：基于汶川大地震：全3册/李蔚，李悦，刘世明主编．
— 北京：企业管理出版社，2017.12

ISBN 978 – 7 – 5164 – 1164 – 3

Ⅰ.①旅… Ⅱ.①李… ②李… ③刘… Ⅲ.①旅游区 – 突发事件 – 公共管理 – 研究 – 中国 Ⅳ.①F592.6

中国版本图书馆 CIP 数据核字（2017）第 325825 号

书　　名：	旅游景区灾害危机与恢复营销策略研究——基于汶川大地震（上卷）
作　　者：	李　蔚　李　悦　刘世明
责任编辑：	张　平　程静涵　郑　亮　徐金凤
书　　号：	ISBN 978 – 7 – 5164 – 1164 – 3
出版发行：	企业管理出版社
地　　址：	北京市海淀区紫竹院南路17号　　邮编：100048
网　　址：	http://www.emph.cn
电　　话：	编辑部(010) 68701638　发行部(010) 68701816
电子信箱：	qyglcbs@emph.cn
印　　刷：	北京环球画中画印刷有限公司
经　　销：	新华书店
规　　格：	210毫米×285毫米　　大16开本　　22.5印张插页4　　655千字
版　　次：	2017年12月第1版　2019年2月第3次印刷
定　　价：	400.00元（全三卷）

版权所有　翻印必究·印装有误　负责调换

经过专家组培训的羌族解说员正在向访客介绍漩口遗址

课题组在帐篷内与汶川旅游局
交流灾后旅游市场恢复方案

课题组在映秀震中
牛眠沟灾民家中调研

专家组指导羌族解说员

《旅游景区灾害危机与恢复营销策略研究
——基于汶川大地震》编委会

主　编　李　蔚　李　悦　刘世明

副主编　李　珊　杨　洋　杨启智

分卷主编
上卷：吴家灿
中卷：刘　江
下卷：黄　鹂

导　读

2008年5月12日14时28分，一场特大地震灾害突袭川渝陕甘，地震波及大半个中国及亚洲多个国家和地区，北至辽宁，东至上海，南至越南、泰国，西至巴基斯坦均有明显震感，波及范围之大，旷世罕见。地震涉及四川、甘肃、陕西、重庆、云南、贵州等10个省市417个市县的4667个乡镇。受灾总面积达50万平方公里，受灾群众达4625万多人，灾情之惨烈，令人触目惊心。

受地震影响，四川入境旅游人数同比下降59.1%，收入同比下降58.1%；15个核心旅游景区接待游客同比下降50.34%，收入同比下降60.76%；旅行社接待团队游客同比下降66.74%；宾馆行业接待住宿游客数同比下降32.2%。其中，接待入境住宿游客数同比下降59.06%。灾区大量的景区停业、交通停运、宾馆歇业、商店关门、人员失业，灾区赖以生存的旅游经营秩序被骤然破坏。不仅如此，川、陕、甘、渝、滇、贵等众多非灾害景区，也都受到汶川地震的波及，旅游经营业步履维艰。

为了帮助灾区从地震灾害中快速恢复，国家旅游局和四川省旅游局联合成立汶川大地震灾后旅游业重建专家服务团，负责编制灾害景区旅游业恢复规划，提供灾害景区市场恢复方案，并作为《汶川地震灾后旅游业恢复重建规划》的组成内容之一。本课题组负责人作为灾后旅游业恢复重建专家组副组长，与20多位专家学者一道，全面展开了景区旅游市场恢复重建课题的研究，调查了四川各灾害景区游客流失现状和游客流失原因，提出了有针对性的灾害景区和波及景区市场恢复营销策略，并取得了良好的市场效果。

本书是汶川大地震灾后旅游市场恢复研究课题组近十年的研究成果，是灾害市场恢复营销研究的集大成。自1994年Durocher Joe. Cornell在他的 *Recovery Marketing：What to Do after a Natural Disaster* 一文中提出"恢复营销"概念以来，学术界对恢复营销理论与实证研究的成果不多，本课题组结合汶川地震、雅安地震、玉树地震等的实际环境，对灾害旅游市场的恢复营销策略进行探索，针对灾害危机属性、游客流失原因、恢复营销策略与市场恢复绩效的关系进行研究，提出了恢复营销策略匹配模型，丰富与发展了灾害危机发生后的恢复营销理论，完善了灾害危机发生后的恢复营销理论体系。

本书共分为上、中、下三卷。上卷旨在探明灾后游客到灾区旅游的心理，为灾后旅游恢复营销策略的制定提供理论基础。通过深入研究严重自然灾害发生后游客流失的原因，以及造成游客到灾区旅游的意愿降低的主要因素，构建了一个影响灾后游客旅游意愿的综合影响模型。中卷基于上卷的研究成果，旨在探析灾后游客赢回策略及策略效果。通过引入相应的旅游恢复营销策略，深入研究了恢复营销策略与市场恢复绩效的关系，同时，还针对灾害地区中未受灾景区的旅游恢复进行探究，解析了未受灾景区旅游受到影响的原因，并提出了相应的恢复营销策略。下卷在上卷和中卷的研究成果的基础上，从提高旅游目的地特色形象感知、提高目的地管理形象感知，以及降低游客的灾后风险认知三个角度，提出了一系列的严重自然灾害后旅游恢复营销措施。

近年来，全球自然灾害频发，仅在中国，自汶川大地震之后，就发生了四川雅安地震和九寨沟地震、西藏林芝地震和那曲地震、青海玉树地震、甘肃岷县地震、新疆于田地震、云南普洱地震、台湾地区南投地震，以及甘肃舟曲泥石流等自然灾害。因此研究灾害之后的产业恢复与产业重建，已成为国际国内学术界的重大课题。我们对灾害危机与市场恢复营销的探索还任重道远。希望本书的研究成果能在灾后旅游景区的市场恢复中发挥作用，并为人文社会科学的研究奉献一份力量。

本书对其他类型的灾害，包括海啸、战争、冲突、疾病等危机下的旅游市场恢复，也具有借鉴作用。

序

2018年是汶川大地震10周年，由四川大学"汶川大地震灾后旅游市场恢复研究课题组"历时10年完成的《旅游景区灾害危机与恢复营销策略研究——基于汶川大地震》一书即将出版，课题组请我作序，我欣然接受。这是对地震灾区恢复和发展有意义的事，积淀了课题组的辛勤付出，理当全力支持，以此表达对遇难同胞的深切哀悼、向贡献者深深致敬。

汶川大地震，是中华人民共和国成立以来破坏力最大、也是波及面最广的地震，在中国历史乃至世界历史上都是罕见的。地震带来的不仅是财产的损失和人员的伤亡，更是对经济秩序的严重破坏，对灾区产业经济的持续发展，也带来严峻的挑战。汶川大地震发生在龙门山脉，绵延300公里，地震带沿线没有良好的工业基础，也没有丰富的农业产出，其支柱产业多数都是旅游业。灾情发生后，灾区旅游业遭受重创。旅行社的经营秩序被打乱，正常的旅游业务被迫终止，造成数十个行业的生产经营无法正常进行，旅游经济的次生灾害，甚至远大于地质次生灾害。对灾区而言，经济上的捐助很重要，但更为重要的是重建正常的生产秩序。对于灾害景区而言，只要流失的游客重新回来，就意味着景点能重新开业、饭店能重新开张、商店能重新开门、交通能重新开放、导游能重新上岗，灾区人民就可以实现自救，经济也就能实现恢复性增长。所以，在地震灾害发生后，国家发展和改革委员会和四川省人民政府迅速成立汶川大地震灾后重建专家顾问团，分成若干个专家组同时工作。其中，旅游专家组迅速完成了《汶川大地震灾害景区损失评估报告》和《汶川地震灾后旅游业恢复重建规划》，作为指导灾后旅游业恢复的纲领性文件。

深处灾害景区第一线的四川大学，迅速组成"汶川大地震灾后旅游市场恢复研究课题组"。作为汶川大地震灾后恢复专家团的成员，他们不仅参与了灾后旅游景区损失评估工作，还直接负责了《汶川大地震灾害旅游景区市场恢复重建规划》的起草，并在国家自然科学基金的支持下，先后对四川的汶川地震、雅安芦山地震、九寨沟地震及青海玉树地震、云南盈江地震、甘肃定西地震、新疆于田地震等进行研究，探索了旅游景区游客流失的主要原因，研究了影响灾害景区市场恢复的主要因素，提出了景区市场恢复的系统性策略，在多个地震灾区推广运用，取得了良好的效果。本书是目前该领域第一部系统研究灾害景区市场恢复的专著，对灾害多发的中国旅游市场的恢复，具有重要的指导意义，对国际灾害景区的市场恢复，也有重要的借鉴价值。

通读本书，不仅了解了灾害旅游市场如何恢复，更能感受到课题组的使命与追求。这种使命感凝结到书中，使得该成果充满温度。是为序，共同感受美丽中国的感动，共同感受伟大中国的坚韧，共同感受旅游发展的活力，共同感受承担的责任使命。

石培华　博士

中国旅游智库秘书长、委员

南开大学教授、博导，现代旅游业发展协同创新中心主任

全国旅游管理专业研究生教育指导委员会副主任

全国旅游职业教育教学指导委员会副主任

中国旅游发展改革咨询委员会委员

原中国旅游研究院创始副院长

目 录

第一部分 汶川大地震前后的四川旅游情况 ……………………………………… (1)
  1. 地震前旅游业发展情况 …………………………………………………………… (3)
    1.1 四川省旅游业发展情况 ……………………………………………………… (3)
      1.1.1 四川旅游发展速度快 …………………………………………………… (3)
      1.1.2 四川旅游资源富集多样 ………………………………………………… (4)
      1.1.3 四川旅游设施完善 ……………………………………………………… (9)
    1.2 地震受灾区灾前旅游发展情况 ……………………………………………… (12)
      1.2.1 6个市州灾前旅游发展良好 …………………………………………… (13)
      1.2.2 6个市州旅游资源富集 ………………………………………………… (15)
      1.2.3 6个市州旅游设施完善 ………………………………………………… (15)
  2. 地震后旅游业受损情况 …………………………………………………………… (17)
    2.1 四川省旅游业受损情况 ……………………………………………………… (17)
    2.2 灾区旅游业受损情况 ………………………………………………………… (19)
    2.3 旅游业是灾后重建的先导产业 ……………………………………………… (20)

第二部分 灾后旅游意愿影响因素研究 ……………………………………………… (23)
  3. 绪论 ………………………………………………………………………………… (25)
    3.1 研究背景与问题 ……………………………………………………………… (25)
      3.1.1 实践背景 ………………………………………………………………… (25)
      3.1.2 理论背景 ………………………………………………………………… (28)
    3.2 研究目标 ……………………………………………………………………… (30)
      3.2.1 研究界定 ………………………………………………………………… (30)
      3.2.2 问题提出 ………………………………………………………………… (32)
      3.2.3 研究目标 ………………………………………………………………… (33)
    3.3 研究意义 ……………………………………………………………………… (34)
      3.3.1 理论意义 ………………………………………………………………… (34)
      3.3.2 实践意义 ………………………………………………………………… (34)
    3.4 研究方法 ……………………………………………………………………… (34)
    3.5 研究内容与框架 ……………………………………………………………… (35)
      3.5.1 研究内容 ………………………………………………………………… (35)
      3.5.2 研究框架 ………………………………………………………………… (35)
  4. 灾害型旅游危机研究 ……………………………………………………………… (37)
    4.1 旅游危机 ……………………………………………………………………… (37)
      4.1.1 旅游危机的定义与分类 ………………………………………………… (37)
      4.1.2 旅游危机的特征 ………………………………………………………… (42)

4.1.3　旅游危机对旅游者的影响 …………………………………………… (43)
　　4.2　灾害型旅游危机 ……………………………………………………………… (44)
　　　4.2.1　对灾害型旅游危机的概念辨析 ………………………………………… (44)
　　　4.2.2　灾害型旅游危机的特征 ………………………………………………… (45)
　　4.3　旅游危机管理 ………………………………………………………………… (46)
　　　4.3.1　危机管理的定义与模型 ………………………………………………… (46)
　　　4.3.2　旅游危机管理模型 ……………………………………………………… (49)
5. 旅游意愿相关理论 ………………………………………………………………… (53)
　　5.1　购买意愿理论 ………………………………………………………………… (53)
　　　5.1.1　购买意愿的定义 ………………………………………………………… (53)
　　　5.1.2　购买意愿与购买行为的关系 …………………………………………… (53)
　　　5.1.3　购买意愿的影响因素 …………………………………………………… (53)
　　5.2　旅游决策理论 ………………………………………………………………… (55)
　　　5.2.1　旅游决策定义 …………………………………………………………… (55)
　　　5.2.2　旅游决策与购买意愿的关系 …………………………………………… (55)
　　　5.2.3　旅游决策的影响因素 …………………………………………………… (55)
6. 基于计划行为理论的影响因素研究 ……………………………………………… (57)
　　6.1　计划行为理论研究 …………………………………………………………… (57)
　　6.2　研究思路 ……………………………………………………………………… (58)
　　6.3　研究设计 ……………………………………………………………………… (58)
　　　6.3.1　灾后旅游意愿影响因素假定 …………………………………………… (58)
　　　6.3.2　变量测量 ………………………………………………………………… (60)
　　　6.3.3　样本获取 ………………………………………………………………… (60)
　　6.4　研究分析 ……………………………………………………………………… (61)
　　　6.4.1　样本描述 ………………………………………………………………… (61)
　　　6.4.2　因子分析 ………………………………………………………………… (61)
　　　6.4.3　聚类分析 ………………………………………………………………… (62)
　　　6.4.4　回归分析 ………………………………………………………………… (63)
　　6.5　研究结论 ……………………………………………………………………… (63)
　　　6.5.1　灾后旅游意愿影响因素确定 …………………………………………… (64)
　　　6.5.2　影响因素对不同游客的差异性 ………………………………………… (64)
　　　6.5.3　影响因素对旅游意愿影响程度 ………………………………………… (64)
　　6.6　本章总结 ……………………………………………………………………… (65)
7. 基于游客流失原因的影响因素研究 ……………………………………………… (66)
　　7.1　研究思路 ……………………………………………………………………… (66)
　　7.2　灾后游客流失原因的实证研究 ……………………………………………… (66)
　　　7.2.1　研究设计 ………………………………………………………………… (66)
　　　7.2.2　研究分析 ………………………………………………………………… (71)
　　　7.2.3　信度和效度检验 ………………………………………………………… (74)
　　　7.2.4　研究结论 ………………………………………………………………… (76)

7.3 灾后游客流失原因与旅游意愿关系研究 (76)
7.3.1 研究设计 (76)
7.3.2 研究分析 (78)
7.3.3 研究结论 (80)
7.4 本章总结 (81)

8. 灾后交通成本对旅游意愿影响研究 (83)
8.1 研究目的 (83)
8.1.1 研究结论回顾 (83)
8.1.2 旅游需求影响因素 (83)
8.1.3 价格促销策略研究 (84)
8.1.4 交通对旅游的影响研究 (85)
8.1.5 灾后交通情况 (85)
8.1.6 小结 (86)
8.2 研究内容与思路 (87)
8.2.1 研究内容和关键学术探究 (87)
8.2.2 研究思路 (87)
8.3 数据概况 (88)
8.3.1 问卷设计 (88)
8.3.2 样本获取 (88)
8.3.3 调查的旅游目的地选取 (88)
8.3.4 样本描述 (89)
8.4 灾后交通成本对不同游客旅游意愿的影响研究 (90)
8.4.1 交通成本界定 (90)
8.4.2 研究设计 (98)
8.4.3 研究分析 (103)
8.4.4 研究结论 (106)
8.5 游客对灾后交通方式的价值评估研究 (106)
8.5.1 价值评估法 (106)
8.5.2 研究设计 (116)
8.5.3 研究分析 (119)
8.5.4 研究结论 (121)
8.6 不同假想基线情景对灾后旅游意愿影响研究 (121)
8.6.1 锚定效应 (121)
8.6.2 研究设计 (126)
8.6.3 研究分析 (130)
8.7 交通方式选择的偏好逆转现象研究 (131)
8.7.1 偏好逆转现象研究综述 (131)
8.7.2 研究设计 (134)
8.7.3 实验分析 (136)
8.7.4 研究结论 (137)

8.8 本章总结 ……………………………………………………………………… (137)
　　8.8.1 研究结论 …………………………………………………………… (137)
　　8.8.2 研究意义与不足之处 ……………………………………………… (139)
9. 总结与展望 ……………………………………………………………………… (140)
　9.1 研究总结 ……………………………………………………………………… (140)
　　9.1.1 灾后旅游意愿影响因素研究总结 ………………………………… (140)
　　9.1.2 交通成本对旅游意愿影响研究总结 ……………………………… (142)
　9.2 实践启示 ……………………………………………………………………… (143)
　　9.2.1 严重自然灾害后应采取多种策略恢复旅游 ……………………… (143)
　　9.2.2 对不同细分市场采取侧重不同的营销策略 ……………………… (144)
　　9.2.3 对不同的恢复阶段采取侧重不同的营销策略 …………………… (144)
　9.3 研究的局限与展望 …………………………………………………………… (144)
　　9.3.1 研究的局限 ………………………………………………………… (144)
　　9.3.2 研究的展望 ………………………………………………………… (145)

第三部分　灾后旅游意愿综合影响模型研究 ……………………………………… (147)
10. 绪论 …………………………………………………………………………… (149)
　10.1 研究背景 …………………………………………………………………… (149)
　　10.1.1 实践背景 ………………………………………………………… (149)
　　10.1.2 理论背景 ………………………………………………………… (150)
　10.2 灾后旅游意愿影响因素研究成果回顾 ……………………………………… (151)
　　10.2.1 研究概述 ………………………………………………………… (151)
　　10.2.2 研究结论 ………………………………………………………… (152)
　10.3 问题提出与研究目标 ……………………………………………………… (153)
　　10.3.1 问题提出 ………………………………………………………… (153)
　　10.3.2 研究目标 ………………………………………………………… (153)
　　10.3.3 风险认知、目的地形象感知、熟悉度概念界定 ……………… (153)
　　10.3.4 灾后风险认知、目的地形象感知与熟悉度对旅游意愿的影响 ……… (154)
　10.4 研究意义 …………………………………………………………………… (156)
　　10.4.1 理论意义 ………………………………………………………… (156)
　　10.4.2 实践意义 ………………………………………………………… (157)
　10.5 研究方法与技术路线 ……………………………………………………… (157)
　　10.5.1 研究方法 ………………………………………………………… (157)
　　10.5.2 技术路线 ………………………………………………………… (158)
　10.6 研究内容与框架 …………………………………………………………… (159)
　　10.6.1 研究内容 ………………………………………………………… (159)
　　10.6.2 研究框架 ………………………………………………………… (160)
11. 灾后旅游意愿相关理论文献综述 …………………………………………… (162)
　11.1 自然灾害特征理论 ………………………………………………………… (162)
　　11.1.1 地震灾害特征 …………………………………………………… (162)

11.1.2　地震代表的链式灾害种类与旅游意愿 …………………………………………………（163）
　　11.1.3　地震代表的无逃生灾害与旅游意愿 ……………………………………………………（164）
11.2　旅游危机研究 ……………………………………………………………………………………（165）
　　11.2.1　旅游危机的研究界定与分类 ……………………………………………………………（165）
　　11.2.2　旅游危机研究的理论基础 ………………………………………………………………（169）
　　11.2.3　不同危机中旅游意愿受影响的区别 ……………………………………………………（170）
　　11.2.4　旅游危机管理研究 ………………………………………………………………………（171）
11.3　购买意愿理论 ……………………………………………………………………………………（173）
　　11.3.1　旅游意愿与旅游行为的关系 ……………………………………………………………（173）
　　11.3.2　购买意愿的影响因素 ……………………………………………………………………（173）
11.4　旅游决策研究 ……………………………………………………………………………………（174）
　　11.4.1　旅游决策与旅游意愿的关系 ……………………………………………………………（174）
　　11.4.2　旅游决策的影响因素 ……………………………………………………………………（174）
11.5　游客风险认知理论 ………………………………………………………………………………（175）
　　11.5.1　游客风险认知的定义 ……………………………………………………………………（175）
　　11.5.2　灾后游客风险认知的内容 ………………………………………………………………（176）
　　11.5.3　灾后游客风险认知与旅游意愿的关系 …………………………………………………（179）
　　11.5.4　灾后游客风险认知的影响因素 …………………………………………………………（180）
11.6　目的地形象感知研究 ……………………………………………………………………………（181）
　　11.6.1　目的地形象感知定义 ……………………………………………………………………（181）
　　11.6.2　目的地形象感知内容 ……………………………………………………………………（182）
　　11.6.3　目的地形象感知与旅游意愿的关系 ……………………………………………………（186）
　　11.6.4　目的地形象感知的影响因素 ……………………………………………………………（187）
11.7　熟悉度研究 ………………………………………………………………………………………（189）
　　11.7.1　定义和内容 ………………………………………………………………………………（189）
　　11.7.2　熟悉度和灾后风险认知的关系 …………………………………………………………（189）
　　11.7.3　熟悉度和目的地形象感知的关系 ………………………………………………………（190）
　　11.7.4　熟悉度和旅游意愿的关系 ………………………………………………………………（190）
11.8　文献小结 …………………………………………………………………………………………（190）
　　11.8.1　针对严重自然灾害构建游客灾后风险认知量表的必要性 ……………………………（190）
　　11.8.2　构建普适于灾后目的地的形象感知量表必要性 ………………………………………（190）
　　11.8.3　构建灾后风险认知、目的地形象感知和熟悉度对旅游意愿影响的必要性 …………（191）

12. 测量维度研究 …………………………………………………………………………………………（192）
12.1　研究思路 …………………………………………………………………………………………（192）
12.2　灾后风险认知、目的地形象感知测量维度的文献研究 ………………………………………（193）
　　12.2.1　灾后风险认知测量维度的文献研究 ……………………………………………………（193）
　　12.2.2　目的地形象感知测量维度的文献研究 …………………………………………………（194）
12.3　测量条款的开发 …………………………………………………………………………………（196）
　　12.3.1　实地访谈 …………………………………………………………………………………（196）
　　12.3.2　开发前测问卷 ……………………………………………………………………………（197）

12.3.3　测项纯化 …… (200)
　12.4　样本获取 …… (207)
　12.5　探索性因子分析 …… (208)
　　12.5.1　灾后风险认知探索性因子分析 …… (208)
　　12.5.2　目的地形象感知的探索性因子分析 …… (211)
　12.6　灾后风险认知的验证性因子分析 …… (213)
　　12.6.1　低阶验证性因子分析整体拟合指数结果 …… (214)
　　12.6.2　低阶模型的整体拟合度评价 …… (216)
　　12.6.3　高阶验证性分析整合指数结果 …… (217)
　　12.6.4　高阶模型的整体拟合度评价 …… (219)
　　12.6.5　测量条款的信度和效度分析 …… (219)
　12.7　目的地形象感知的验证性因子分析 …… (221)
　　12.7.1　低阶验证性因子分析整体拟合指数结果 …… (221)
　　12.7.2　低阶模型的整体拟合度评价 …… (222)
　　12.7.3　高阶验证性分析整合指数结果 …… (223)
　　12.7.4　高阶模型的整体拟合度评价 …… (224)
　　12.7.5　测量条款的信度和效度分析 …… (225)
　12.8　研究结论 …… (227)

13. 综合影响模型研究 …… (229)
　13.1　研究设计 …… (229)
　　13.1.1　研究假设 …… (229)
　　13.1.2　概念模型与假设 …… (231)
　　13.1.3　测量条款 …… (233)
　　13.1.4　样本获取 …… (235)
　13.2　研究分析 …… (236)
　　13.2.1　样本描述 …… (236)
　　13.2.2　数据质量分析 …… (238)
　13.3　结构模型的分析结果与理论假设验证 …… (240)
　　13.3.1　高阶因子模型的结果和验证 …… (240)
　　13.3.2　低阶因子模型的结果和验证 …… (242)
　13.4　研究结论 …… (247)

14. 结论与展望 …… (250)
　14.1　研究结论 …… (250)
　　14.1.1　研究概述 …… (250)
　　14.1.2　结论总结 …… (250)
　14.2　研究创新点 …… (254)
　14.3　实践意义及建议 …… (255)
　　14.3.1　实践意义 …… (255)
　　14.3.2　建议 …… (256)

14.4　研究不足与展望 ……………………………………………………………………（258）
　　　　14.4.1　样本数据的局限性 …………………………………………………………（258）
　　　　14.4.2　人口统计变量对旅游意愿影响的调节作用 ………………………………（258）
　　　　14.4.3　加入更多中介变量探讨对旅游意愿的影响 ………………………………（258）

附　录 …………………………………………………………………………………………（259）
　　附录1　《四川汶川地震灾后旅游业恢复重建规划（2008—2010）》 …………………（261）
　　附录2　四川灾区主要高速公路受损情况一览表 ……………………………………（277）
　　附录3　四川灾区主要国省干线公路受损情况一览表 ………………………………（278）
　　附录4　广元市极重灾区和重灾区交通基础设施灾情统计表 ………………………（279）
　　附录5　成都市极重灾区和重灾区交通基础设施灾情统计表 ………………………（280）
　　附录6　德阳市极重灾区交通基础设施灾情统计表 …………………………………（281）
　　附录7　阿坝州极重灾区和重灾区交通基础设施灾情统计表 ………………………（282）
　　附录8　绵阳市极重灾区和重灾区交通基础设施灾情统计表 ………………………（283）
　　附录9　雅安市主要重灾区交通基础设施灾情统计表 ………………………………（284）
　　附录10　四川旅游业历年收入概况 ……………………………………………………（285）
　　附录11　九寨沟旅游调查问卷 …………………………………………………………（286）
　　附录12　价格敏感顾客旅游的意愿均值统计 …………………………………………（289）
　　附录13　价格非敏感顾客旅游的意愿均值统计 ………………………………………（290）
　　附录14　不同假想基线情景下的顾客旅游意愿统计 …………………………………（291）
　　附录15　交通方式选择偏好改变的统计 ………………………………………………（292）
　　附录16　重大灾害后旅游意愿及其影响因素研究调查问卷 …………………………（293）

参考文献 ………………………………………………………………………………………（299）

第一部分
汶川大地震前后的四川旅游情况

1. 地震前旅游业发展情况

在汶川大地震发生前的近30年中，四川旅游业凭借四川省得天独厚的自然资源和人文资源优势，以及合理有效旅游规划和开发得到迅猛的发展，取得了突出的成绩。

1.1 四川省旅游业发展情况

1998年，四川省委、省政府在《关于发展旅游业的决定》中，明确将旅游业作为四川省的支柱产业之一。同年，四川省领先于国内其他省份，率先邀请世界旅游组织专家编写了《四川省旅游发展总体规划》，并随后制定了全省各市州、重点县及旅游区等规划建设方案。自此，四川省旅游业进入快速发展的新阶段。

1.1.1 四川旅游发展速度快

进入21世纪后，四川省旅游业实现了突飞猛进的发展。1998年全省旅游总收入仅125.9亿元，经过10年的飞越，2007年全省旅游总收入达到1217.3亿元，总收入增长近10倍。2000—2007年，全省国内旅游收入以平均每年25%的速度增长，2007年达到1179.9亿元，是2000年国内旅游收入的4.8倍；同时，全省入境旅游业务也呈现良好的发展态势，2007年全省旅游外汇收入达到51242.3万美元，较2000年增长了4.2倍。随着珍贵旅游资源的不断开发和宣传，全省的旅游人次（包含国内旅游人次和入境旅游人次）也在不断增加，仅2000—2007年，平均每年旅游人次达到19.6%的增速，并于2007年实现全省全年1.87亿旅游人次的盛况，如表1-1所示。

表1-1 2000—2007年四川省接待游客及旅游收入情况

年份	国内旅游收入/亿元	国内旅游人次/万人次	外汇收入/万美元	入境旅游人次/万人次
2000	248.1	5401.5	12187	46.2
2001	300.2	6334.7	16579	57.5
2002	363.6	7217.9	20015	66.7
2003	408.4	8403.5	14959	45.1
2004	543.3	11425.6	28885	96.6
2005	695.7	13164	31595	106.3
2006	947.6	16580.6	39522.7	140.2
2007	1179.9	18569.7	51242.3	170.9

数据来源：根据四川省国民经济和社会发展统计公报、四川旅游局资料整理。

通过多年的快速发展，四川省旅游业在中国西部各省区市中拔得头筹，旅游业总收入在2000—2007年均居于西部省份之首。2007年，四川省的旅游总收入占全国12个西部省区市的旅游总收入的近27%，如表1-2所示。

表1-2 2007年中国西部省区市旅游总收入情况

名次	省区市	旅游总收入/亿元
1	四川省	1217.3
2	云南省	559.2
3	贵州省	512.3
4	陕西省	504.8
5	重庆市	444.1
6	广西壮族自治区	443.9
7	内蒙古自治区	390.8
8	新疆维吾尔自治区	205.3
9	甘肃省	116
10	西藏自治区	48.5
11	青海省	47.4
12	宁夏回族自治区	31.6

数据来源：刘开榜《改革开放30年四川省旅游业实现历史性大跨越》。

在改革开放的时代机遇下，旅游业作为国民经济的新增长点得到了飞速的发展，旅游业的产业体系和产业规模不断壮大，在四川省经济发展中的地位和作用日益增强。旅游业已逐步成为四川省的支柱产业。相关数据显示，进入21世纪后，四川省旅游总收入在四川省国内生产总值（GDP）中的占比持续攀升。在短短的6年间，四川省旅游总收入在GDP中的占比由2001年的7.1%增长到2007年的11.6%，提升了4.5%，如表1-3所示。

表1-3 2001—2007年四川旅游总收入与国内生产总值（GDP）情况

年份	旅游总收入/亿元	四川GDP/亿元	旅游年收入占比/%
2001	314	4421.8	7.1
2002	380.2	4875.1	7.8
2003	420.8	5456.4	7.7
2004	566.2	6556	8.6
2005	721.3	7385.1	9.8
2006	979.6	8637.8	11.3
2007	1217.3	10505.3	11.6

注：旅游总收入占比＝旅游总收入/四川GDP。

数据来源：刘开榜《改革开放30年四川省旅游业实现历史性大跨越》。

1.1.2 四川旅游资源富集多样

四川省凭借其得天独厚的地理、气候条件，自古以来便是物产丰富、人杰地灵的宝地，享有"天府之国"的美誉。悠久的历史文化底蕴和秀丽夺目的山河风光让四川自古便受到文人雅士的青睐。"蜀国多仙山，峨眉邈难匹""唯天有设险，剑门天下壮""窗含西岭千秋雪，门泊东吴万里船""朝辞白帝彩云间，千里江陵一日还""丞相祠堂何处寻，锦官城外柏森森"等千古流芳的诗句都是对四川壮美山河、悠久文化的传颂。秀美的山水之景、璀璨的巴蜀文明、悠久的文化历史、独特的民俗风情，以及琳琅满目的名品佳肴等，都使四川独具吸引力，是四川独特的旅游资源。

1.1.2.1 自然旅游资源

四川在自然旅游资源方面，拥有绮丽的地域、水域景观，珍贵稀有的生物景观和气象气候胜景。

在地域旅游资源中，四川省的旅游名山有峨眉山、青城山、瓦屋山、西岭雪山、华蓥山、贡嘎山、螺髻山、四姑娘山、二郎山、龙门山、光雾山、翠屏山、广元天台山、千佛山等，其中"秀甲天下"的峨眉山更是享誉全国。此外，四川省的丹霞地貌和岩溶景观也让人叹为观止，如安县罗浮山、兴文丹山等丹霞地貌景观，兴文石林、北川猿王洞等岩溶景观。而兴文世界地质公园更是拥有"中国最大的岩海""中国最长的游览洞穴""地球上的特大漏斗"这三大绝景。

四川河流、湖泊众多，号称"千水之省"。在水域旅游资源中，著名的江河景观有金沙江第一湾、黄河九曲第一湾、沱江小三峡、嘉陵江的明月峡、龙门山大峡谷等。四川闻名遐迩的湖泊景观众多，著名的湖泊有九寨沟的仙女池、五色湖等高山湖泊，黄龙斑斓的钙化池，川滇边境的泸沽湖，大英死海，巴塘的碧波湖，享有"中国最美的地震堰塞湖遗迹"之称的叠溪海子，木格措的高山湖泊等。四川的温泉瀑布不胜枚举，全省已发现的温泉便有354处，著名的温泉有海螺沟温泉、古尔沟温泉、花水湾温泉、峨眉山温泉和木格措药池沸泉等；壮美的瀑布景观则有九寨沟诺日朗瀑布、牟尼沟扎嘎瀑布、西岭雪山大飞天瀑布等。四川的冰川景观也是绝佳的水域旅游资源，达古雪山上有13条山地冰川，贡嘎山地区拥有5条大冰川，其中，最为著名的是被评为中国最美六大冰川之一的海螺沟冰川。

四川的生物景观旅游资源种类繁多。四川的植物种类多达一万余种，其中，珍稀濒危保护植物有74种，占全国的19%（全国的珍稀濒危保护植物共389种），被列入国家级重点野生植物保护名录的有85种。在动物景观上，四川有1246种脊椎动物，拥有重点保护脊椎动物133种，占全国的37%（全国的重点保护脊椎动物共359种），其中，名扬海内外的"动物活化石"大熊猫主要分布在四川。截至2007年年底，四川省已拥有国家级自然保护区21处，国家级森林公园30处。

四川的气象气候胜景也是让古今之人流连忘返的重要旅游资源，其中，峨眉山金顶的日出、云海、圣灯、佛光四大奇观闻名全国。

1.1.2.2 人文旅游资源

四川的巴蜀文化源远流长，早在旧石器时代就已经有人类在此生活。1984—1988年，考古人员于巫山县（1997年巫山县划归重庆直辖市）发现了距今200万~204万年前的巫山人遗址，其被测定为目前中国境内最早的人类。截至2008年5月，四川境内已命名或被提议命名的旧石器晚期文化遗址有2处，分别为资阳鲤鱼桥遗址和富林文化。四川新石器时代的遗址分布较广，著名的有广元营盘梁遗址、广汉三星堆、西昌礼州遗址等。而在辉煌的古蜀文明中，三星堆遗址和金沙遗址作为古蜀文明的典型代表名震中外。跨度近2000年的三星堆遗址出土的青铜人立像彰显了中国在早期世界青铜文化上的最高成就，而金沙遗址的出现则颠覆了人们对古蜀黄金文化的认知，其出土的金杖、金面具、太阳神鸟奠定了古蜀人在世界金文化中的历史高位。进入秦汉时期，巴蜀文化又一次迎来兴盛。在秦治巴蜀期间，李冰为世人建造了名扬中外的都江堰水利工程，距今2000多年仍发挥着防洪灌溉的作用，在2000年时被列入了世界文化遗产。此外，巴蜀的三国文化也流传古今，蜀汉时代不仅为世人留下了汉画像砖、汉代钱树和汉俑等珍贵艺术品，还留下了享有"三国圣地"美誉的国家一级博物馆武侯祠，以及锦里、白马关、剑门关、昭化古城等遗址遗迹。但最让人为之向往的还是蜀汉时期的历史和流传千古的佳话，如《隆中对》《出师表》，六出祁山，张飞挑灯夜战马超，姜维兵败牛头山，黄忠、严颜勇退曹军等。这些充满传奇色彩的历史文化至今仍流传在巴蜀大地上，为后世传颂（四川与三国时期相关的遗址如表 1-4 所示）。在唐宋时期，以成都为中心的巴蜀是全国农业生产水平最高、最发达的地区，同时，巴蜀的手工业也得到了大力发展，巴蜀迎来了商业繁荣时期。这段时期使蜀茶、蜀锦、蜀酒名冠天下，至今仍是四川的特色名品。除了商业的繁盛外，诗、词、画文化的繁荣更是声震古今。吕陶在《经史阁记》中赞叹"蜀学之盛，冠天下而垂无穷"，宋代李之纯也感叹"举天下之言唐画者，莫如成都之多"。唐宋期间的名人中，名贯古今的诗人陈子昂、李白、杜甫、唐宋八大家中的三苏父子（苏洵、苏轼、苏辙）、陆游、薛涛、雍陶、苏舜钦、黄崇嘏、李舜弦、花蕊夫人等都生于或曾居住于四川，并留下了无数千古绝句，同时也留下了李白故里、杜甫草堂、三苏祠、望江公园、罨画池等名人遗址。在巴蜀的绘画史上，"中国画圣"吴道子和李思训都两度入川作画，始创山水之体。据记载，在前后蜀期间蜀中著名画家就达到 30 多人，宋代达到 67 人。他们为四川山水和人物风情留下了不朽的作品，是巴蜀文化中闪亮的明星。

四川独特且珍贵的人文旅游资源除了闻名遐迩的历史文化外，还有底蕴深厚的宗教文化。各宗教所具有的独特艺术造诣，如神秘瑰丽的宗教建筑、宗教壁画和人物造像等都让人叹为观止，极具旅游吸引力。在四川，主要的宗教有道教和佛教。在道教的文化旅游资源中，享负盛名的是道教的发源地——青城山。青城山有 36 峰、72 洞、108 景，其中较著名的道教建筑有建福宫、上清宫、祖师殿、天师洞等。除了青城山外，鹤鸣山也是著名的道教名山，有迎仙阁、文昌宫、斗姥殿、三圣宫等。此外，素有"川西第一道观"之称的青羊宫、四川省第二大道教圣地云台观和"川中四大道观"之一的金华观都是川内著名的道教文化旅游圣地。在佛教文化旅游资源中，"四大佛教名山"之一的峨眉山是闻名全国的佛教旅游圣地。峨眉山中有著名的报国寺、清音阁、金顶华藏寺、万年寺、洗象池等庙宇，其中，金顶的十方普贤金像是目前世界上最大、最高的十方普贤像。此外，四川其他著名的佛寺还有文殊院、昭觉寺、宝光寺等，"佛经翻译泰斗"玄奘曾受戒于成都。除了寺庙外，四川的佛塔和佛教石刻及雕塑也是闻名遐迩。著名的佛塔有彭州市龙兴寺塔、邛崃镇江塔、泸州市报恩塔等，著名的佛教石刻有广元千佛崖石窟群、乐山大佛、安岳石窟等。

四川省省内世居的少数民族有 14 个，拥有全国第二大藏区、最大的彝族聚居区和唯一的羌族聚居区。每个民族都有其独特的风俗，如语言、节气、宗教、婚俗、服饰、娱乐、饮食等，都给人强烈的新奇感和神秘感，是四川宝贵的人文旅游资源。著名的少数民族风情体验地有体验藏族风情的阿坝藏族羌族自治州、甘孜藏族自治州内的景区（九寨沟、黄龙、若尔盖、稻城亚丁、丹巴等），体验彝族风情的西昌和体验羌族风情的茂县羌寨等。此外，具有民族风情的节事也是重要的旅游资源。著名的民族节事有汉族、藏族、彝族、羌族的新年，成都灯会，藏族雪顿节，彝族火把节，羌族转山会等。观赏民族戏曲艺术也是为游客所喜爱的旅游体验活动，著名的有川剧、四川曲艺、藏戏、藏族的锅庄舞、羌族歌舞、彝族芦笙舞等。

在四川的人文旅游资源中不得不提的是四川的传统特色产品。这些特色名品是在四川数千年的人类智慧和特殊的地理气候条件的共同孕育下形成的，其中著名的特色名品有蜀锦、蜀绣、川酒、川茶、川药、漆器、羌绣、绵竹年画等。四川蜀绣是"中国四大名绣"之一，历史悠久，在三国时期已名满天下。四川有两千多年的酿酒历史，工艺精良，五粮液、泸州老窖、剑南春等川酒闻名全国。由于四川独特的地理气候条件，四川的茶叶古往今来都深受人们喜爱，其中蒙顶甘露、青城雪芽、峨眉竹叶青等茶品享誉全国。四川盛产药材，尤其是甘孜藏族自治州和阿坝藏族羌族自治州盛产藏药，如名贵的虫草、雪莲花、红景天、天麻等。此外，四川的漆器、绵竹年画和羌绣等都具有悠久的历史，其工艺精湛，深受省内外人民的喜爱。

表1-4 四川与三国时期相关的遗址

遗址地点	遗址名称
成都市市区	衣冠庙、桓侯巷、诸葛井、洛带镇、黄龙溪、黄忠墓、黄忠祠、洗马塘、向宠墓、九里堤（诸葛堤）、张飞营
新都区	弥牟镇八阵图遗址、八阵图碑、马超墓
双流区	葛陌、葛陌村、诸葛井、石刻张飞头
大邑县	赵云墓、赵云庙
邛崃市	临邛火井遗址
德阳市	秦宓墓宅、三造亭、诸葛瞻父子双忠祠、蜀汉三叛石雕跪像、白马关、庞统祠墓、落凤坡、张任墓、邓芝墓、马岱墓
绵阳市	蒋琬祠墓、富乐山、阴平郡县遗址（皇后山、点将台）、古江油关、李氏夫人墓、七曲山大庙、卧龙山诸葛亮北伐遗址（诸葛寨、八卦井、武侯庙、饮马池）、翠云廊（张飞柏、阿斗柏）
广元市	葭萌关、昭化古城、费祎墓、明月峡古栈道、邓艾墓、剑门关、姜维墓、阴平古道
南充市	谯周墓、王平墓、张桓侯祠、严颜寺、瓦口关
泸州市	泸州市武侯祠
乐山市	诸葛亮点将台
雅安市	姜维墓、姜城故址、姜庆楼、孟获城遗址
宜宾市	桓侯宫
达州市	八蒙山古战场

数据来源：陈进忠、陈红涛，《四川旅游资源学》第一版。

1.1.2.3 著名旅游景区汇总

据四川年鉴及相关数据显示，截至2007年年底，四川省拥有5处世界自然遗产，122个A级旅游景区，3个5A级风景名胜区，42个4A级旅游景区，21处国家级自然保护区，如表1-5所示，30处国家级森林公园，12处国家级地质公园，如表1-6所示，15处国家级风景名胜区，7座中国历史文化名城（成都、乐山、宜宾、泸州、自贡、都江堰、阆中）和21座中国优秀旅游城市（分别为成都、乐山、自贡、广安、绵阳、雅安、宜宾、峨眉山、都江堰、崇州、阆中、江油、泸州、攀枝花、南充、华蓥、西昌、邛崃、德阳、广元、遂宁）。

表1-5 2007年四川省国家级自然保护区一览表

名称	行政区划	总面积/万公顷	保护对象
四川省卧龙国家级自然保护区	四川省阿坝藏族羌族自治州汶川县西南部	20.00	大熊猫及森林生态系统
四川省蜂桶寨国家级自然保护区	四川省宝兴县东北部	3.90	大熊猫及森林生态系统
四川省唐家河国家级自然保护区	四川省广元市青川县境内	4.00	大熊猫、金丝猴、扭角羚及其森林生态系统
四川省马边大风顶国家级自然保护区	四川省乐山市马边彝族自治县境内	3.02	大熊猫、羚牛、珙桐、水青树等珍稀濒危野生动植物及其生态环境

续表

名称	行政区划	总面积/万公顷	保护对象
四川省九寨沟国家级自然保护区	四川省阿坝藏族羌族自治州九寨沟县境内	6.43	大熊猫及森林生态系统
四川省美姑大风顶国家级自然保护区	四川省美姑县境内	5.07	大熊猫等珍稀野生动植物及其栖息环境
四川省攀枝花苏铁国家级自然保护区	四川省攀枝花市西区	0.13	攀枝花苏铁林
四川省小金四姑娘山国家级自然保护区	四川省阿坝藏族羌族自治州小金县境内	5.60	野生动物和高山生态系统
四川省贡嘎山国家级自然保护区	四川省甘孜藏族自治州境内	40.00	山地生态系统、珍稀动物及现代冰川等自然景观
四川省龙溪—虹口国家级自然保护区	四川省都江堰市境内	3.10	亚热带山地森林生态系统
四川省若尔盖湿地国家级自然保护区	四川省阿坝藏族羌族自治州若尔盖县境内	16.66	高寒沼泽湿地生态系统和黑颈鹤等珍稀动物
四川省长江上游珍稀特有鱼类国家级自然保护区	四川省长江上游合江—雷波段	3.32	白鲟、达氏鲟、胭脂鱼等长江上游珍稀特有鱼类及其产卵场
四川省亚丁国家级自然保护区	四川省甘孜藏族自治州稻城县南部	14.58	高山自然生态系统
四川省王朗国家级自然保护区	四川省绵阳市平武县境内	3.23	大熊猫等珍稀野生动物及其栖息地
四川省白水河国家级自然保护区	四川省成都市彭州市境内	3.02	大熊猫等珍稀野生动物及其生态环境
四川省画稿溪国家级自然保护区	四川省泸州市叙永县水尾镇	2.38	亚热带常绿阔叶林生态系统和桫椤、特有鸟类等珍稀濒危物种
四川省长宁竹海国家级自然保护区	四川省长宁县中南部地区	2.90	竹林生态系统
四川省察青松多白唇鹿国家级自然保护区	四川省甘孜藏族自治州白玉县境内	14.37	白唇鹿等珍稀野生动物及其自然生态系统
四川省米仓山国家级自然保护区	四川省广元市旺苍县境内	2.34	亚热带与温带交汇地带的森林生态系统
四川省雪宝顶国家级自然保护区	四川省平武县境内	6.36	大熊猫及其栖息地
四川省花萼山国家级自然保护区	四川省万源市境内	4.82	北亚热带森林生态系统

数据来源：《四川旅游年鉴》；陈进忠、陈红涛，《四川旅游资源学》2010年版。

表1-6 2007年四川省国家级地质公园一览表

名称	面积/平方千米	行政区划	主要的地质遗迹和地质景观
四川兴文世界地质公园	156	宜宾市兴文县	天泉洞和大、小岩湾天坑，岩溶峡谷以及众多的地表石芽、峰丛；峰林和太安石林等
四川自贡恐龙古生物国家地质公园	8.7	自贡市	中侏罗世大山铺恐龙化石群、古盐井矿业遗迹等
四川龙门山构造地质国家地质公园	1900	横跨彭州、什邡、绵竹三市	以推覆构造和飞来峰为代表的典型地质剖面和地貌
四川海螺沟国家地质公园	350	甘孜藏族自治州泸定县	青藏高原东缘第一高峰贡嘎山东坡的现代冰川及其大冰瀑布和大冰舌、热矿泉
四川大渡河峡谷国家地质公园	404	乐山市金口河区、雅安市汉源县与凉山彝族自治州甘洛县接壤处	大渡河大峡谷、大瓦山平顶高山、五池高山湖泊群
四川安县生物礁国家地质公园	508	绵阳市安县	晚三叠世硅质六射海绵礁群化石保存地，砾岩岩溶地貌、热矿泉
四川九寨沟国家地质公园	728	阿坝藏族羌族自治州九寨沟县	成因各异的高山湖泊、规模宏大的钙华瀑布、形态万千的钙华滩等构成九寨沟的层湖叠瀑景观
四川黄龙国家地质公园	1340	阿坝藏族羌族自治州松潘县	五彩斑斓的钙华池、光芒万丈的雪山、十步九曲的高山峡谷、神秘幽静的大森林
四姑娘山国家地质公园	490	阿坝藏族羌族自治州小金县	极高山山岳地貌、第四纪冰川地貌
四川江油国家地质公园	116	江油市武都镇、大康镇、含增镇、北城乡	集丹霞地貌、岩溶地貌、地质构造、地质剖面为一体
华蓥山国家地质公园	116	广安市华蓥山	中低山岩溶地貌、地质构造、底层剖面
射洪硅化木国家地质公园	12	遂宁市射洪县	硅化木、恐龙化石、波痕群及古人类化石等

数据来源：陈进忠、陈红涛，《四川旅游资源学》2010年版。

1.1.3 四川旅游设施完善

旅游是行、食、住、游、购、娱一系列活动的集合，而旅游设施则是为了满足旅游者旅游活动的正常进行而由旅游目的地提供的，使旅游活动得以开展的各种设施设备的总称。旅游设施除了政府投资兴建的非营利性设施外，主要包括交通客运设施、以饭店为代表的接待设施、文化娱乐设施、商业购物设施等营利性设施。由于交通客运业、以饭店为代表的住宿业和旅行社是构成旅游业的三大支柱产业，且商业购物和文化娱乐包含的范围宽泛难以统计，故这里仅对交通客运业、饭店业、旅行社的情况进行介绍。

1.1.3.1 交通客运业

在民用航空的建设上，四川省从2000—2007年短短的8年时间里实现了质的飞越，如表1-7所示。在2000年，四川省民用航空运输企业的全年旅客运输量仅有659万人，旅客周转量有88.2亿人千米，分别只占2007年的38%和36%。在8年时间里，除了2003年的SARS疫情导致旅客运输量和旅客周转量剧减，其余各年份的旅客运输量和周转量都以惊人的速度在增长，平均每年的增长率达到15%。

旅客运输量和周转量的逐年剧增充分体现了四川民用航空运输中旅客承载力的提升和航空运输设施的完善。同时，机场的建设也是空运交通设施建设的重要组成部分。四川省的机场在2000年时仅有7个（广元机场于2000年9月28日通航，南充、达川机场于同年停航）。其中两个机场只有3C等级，年游客吞吐量仅数百人，年游客吞吐量上百万人的机场仅有成都双流机场1个。其余机场多以货运为主，游客吞吐量最多的也仅有数十万人。经过8年的机场设施建设，2007年，四川省的机场已达到9个，其中游客吞吐量上百万人的有成都双流机场和九寨黄龙机场2个，成都双流机场的游客吞吐量已突破千万人。2000年，四川省各机场的起降架次总共6.2万架次，2007年时已达到20.2万架次，增长3倍多。尤其是九寨黄龙机场的建设和完善直接提高了进入九寨沟和黄龙景区的便捷度，是支撑九寨沟、黄龙旅游发展的重要交通枢纽。综上所述可以看出，四川机场的设施建设正在不断跟进完善，并以惊人的建设速度来迎接四川旅游业的快速崛起。

表1-7 2000—2007年四川省民用航空运输情况

年份	运输路线长度/万千米	旅客运输量/万人	旅客周转量/亿人千米
2000	23	659	88.2
2001	24	706	96
2002	27	836	114
2003	23.2	757	104
2004	19.6	1066	143
2005	28	1288	173
2006	21	1487	207
2007	23.3	1713	248

注：①运输路线长度是指民航运输定期班机飞行的航线长度的总和；②旅客运输量是指在一定时期内，民航运输定期班机实际运送的旅客数量；③旅客周转量是指在一定时期内，民航运输定期班机运送的旅客数量与其平均运输距离的乘积之和，公式为旅客周转量=∑（旅客运输量×运输距离）。
数据来源：《四川统计年鉴》。

铁路交通一直是四川连接省内外游客的重要方式。进入21世纪后，四川省对铁路交通建设的重视不断提高，铁路交通设施在2007年时已有明显的改善。在2000年，四川省仅有5条途经或直达川内的铁路干线及达成线（合资铁路干线）。通过8年的铁路交通建设，四川省已经拥有6条国家铁路干线，以及达成线和达万线两条合资铁路。同时，四川省还有黄织铁路、乐巴铁路、成灌铁路、成绵乐铁路4条在建铁路。铁路交通在客运承载力上有了明显的提升。2000年四川铁路旅客运输量为3161万人次，到2007年则增长了近70%，达到5365万人次。铁路旅客周转量也实现了相应的增长。2007年四川铁路的旅客周转量为153亿人千米，是2000年旅客周转量的1.5倍，实现了较大的提升，如表1-8所示。

表1-8 2000—2007年四川省铁路运输情况

年份	铁路营业里程/万千米	旅客运输量/万人	旅客周转量总计/亿人千米
2000	0.4	3161	101
2001	0.4	3138	104

续表

年份	铁路营业里程/万千米	旅客运输量/万人	旅客周转量总计/亿人千米
2002	0.2	3841	113
2003	0.2	3476	106
2004	0.3	4112	124
2005	0.3	5122	153
2006	0.2	5113	149
2007	0.3	5365	153

注：①铁路营业里程又称营业长度（包括正式营业和临时营业里程），是指办理客货运输业务的铁路正线总长度；②旅客运输量是指在一定时期内，铁路交通工具实际运送的旅客数量；③旅客周转量是指在一定时期内，铁路交通工具运送的旅客数量与其平均运输距离的乘积之和，公式为旅客周转量=∑（旅客运输量×运输距离）。

数据来源：《四川统计年鉴》。

成都是四川省主要的旅游集散中心，四川的公路交通以成都为中心，干、支线公路向外呈辐射状分布，东西、南北路线相互交织。四川省公路交通建设在西部地区相对领先。据四川交通年鉴数据显示，2000年，四川省公路里程（包含等外公路①）合计90875千米，里程数位居全国（1402698千米）第三位。其中，四川省高速公路里程达到1000千米，里程数位居全国（16314千米）第六，西部第一。截至2007年，虽然四川的公路里程数和高速公路里程数在全国的排名有所下滑，但相对2000年的公路里程数仍有大幅增长。其中，2007年全省公路里程数较2000年增长108.41%，达到189395千米；高速公路里程数较2000年增长93.8%，达到1938千米。除完善公路建设外，四川公路交通设施在旅客承载力上也在不断提高。四川公路运输汽车拥有量在2000年为70818辆，2007年时达到77716辆，增长了约10%。与之相应的客位数由2000年的991685个提高到2007年的1185360个，增长了近20%。同时，旅客运输量和周转量也分别提升了约44%和40%，如表1-9所示。

表1-9 2000—2007年四川省公路运输情况

年份	公路里程/万千米	旅客运输量/万人	旅客周转量/亿人千米
2000	9.1	136729	407
2001	10.8	129000	428
2002	11.2	136153	454
2003	11.3	133782	400
2004	11.3	150000	517
2005	11.5	160130	550
2006	16.5	184852	531
2007	18.9	197033	568

① 等外公路：又称简易公路，是指达不到最低功能型等级公路标准的公路，即路面级别在四级公路之下。文中所指的公路里程数都不包含等外公路里程数。

注：①公路里程是指在一定时期内实际达到《公路工程［WTBZ］技术标准 JTJ01—88》规定的等级公路，并经公路主管部门正式验收交付使用的公路里程数；②旅客运输量是指在一定时期内，公路交通工具实际运送的旅客数量；③旅客周转量指在一定时期内，公路交通工具运送的旅客数量与其平均运输距离的乘积之和，公式为旅客周转量 = ∑（旅客运输量×运输距离）。

数据来源：《四川统计年鉴》。

1.1.3.2 饭店业

随着四川省旅游业的迅猛发展，以饭店为代表的住宿业作为旅游业的三大支柱产业之一，其规模和档次也在不断地提升。据中国旅游统计年鉴数据显示，2000 年四川省星级以上的饭店有 179 家，其中包括屈指可数的 2 家五星级饭店和 3 家 4 星级饭店。经过近 8 年的发展，2007 年四川省星级以上饭店的数量已经达到 507 家，是 2000 年的 2.8 倍，其中，五星级饭店数量有 15 家，四星级饭店数量达到 63 家，四川饭店业在短短几年时间中实现了质和量上的较大跨越。

1.1.3.3 旅行社

在改革开放初期，四川省的旅行社仅有屈指可数的几家。随着旅游性质的转变和对旅游重视度的提高，四川省的旅行社以惊人的速度发展起来。据中国旅游年鉴数据显示，2000 年，全省旅行社已经达到 384 家，其中，国际旅行社 41 家。2007 年，省内旅行社数量较 2000 年增长近 57%，达到 602 家，国际旅行社增长到 55 家。此外，四川旅行社的实力也在不断提升。在全国国际旅行社 100 强排名中，四川在 2000 年时仅有 3 家旅行社入围，且排名均在 50 名之后。截至 2007 年，四川省入围旅行社增加到了 6 家，有 3 家进入前 50 名，且有 2 家进入了前 30 名，如表 1 - 10 所示。

表 1 - 10 2000 年与 2007 年四川省全国双百旅行社排名情况

年份	全国国际旅行社 100 强 排名	全国国际旅行社 100 强 旅行社	全国国内旅行社 100 强 排名	全国国内旅行社 100 强 旅行社
2000	63	成都中国青年旅行社	29	成都联运旅行社有限责任公司
2000	96	四川省中国国际旅行社	81	成都天马旅行社
2000	92	四川海外旅游公司	84	绵阳市假日旅行社
2000			85	绵阳市绵州旅行社
2007	22	成都中国青年旅行社		
2007	29	四川省中国青年旅行社		
2007	33	成都海外旅游有限责任公司		
2007	56	四川海外旅游公司		
2007	63	四川康辉国际旅行社有限公司		
2007	73	四川省中国国际旅行社		

数据来源：《中国旅游年鉴》。

1.2 地震受灾区灾前旅游发展情况

2008 年 5 月 12 日汶川大地震爆发，这场突如其来的灾害给四川省带来了沉重的打击。"5·12"汶川大地震造成了四川省 21 个市（州）不同程度受灾，受灾面积达 28 万平方千米，其中，重灾区达 12.5 万平方千米，极重灾区达 1.1 万平方千米。成都、德阳、雅安、广元、绵阳、阿坝藏族羌族自治州这6个市州及其管辖的30个市（区、县）①是地震重灾区。这6个地震重灾市州涵盖了成都、德阳、雅安、绵阳、广元、崇州、江油和都江堰8个中国优秀旅游城市。在汶川大地震发生前，这些市州是四川省重要的旅游发达地区和热点地区，具有众多珍贵的旅游资源和完善的旅游设施，是川内旅游发展的重要支柱。

1.2.1　6个市州灾前旅游发展良好

四川省受灾严重的6个市州在灾前一直保持良好的旅游发展态势。据四川年鉴数据显示，2006—2007年，四川省入境旅游外汇收入排名前五位的市州中，地震重灾市州占了3位，分别是成都市、阿坝藏族羌族自治州和绵阳市；而在四川省国内旅游收入排名前五的市州中，地震重灾市州又占据了4位，分别是成都市、绵阳市、阿坝藏族羌族自治州和德阳市。2007年，6个市州共计实现650亿元的国内旅游收入，占全省国内旅游总收入的56%；接待8500万人次的国内外旅游者，占全省的46%。综上所述可以看出，6个市州在地震前对四川的旅游经济做出了卓越的贡献，是四川旅游发展的重要支持力。如表1-11和表1-12所示。

表1-11　2007年四川六市州旅游发展情况

市州	国内游客/万人次		国内旅游收入/亿元		入境人数/万人次		外汇收入/万元		旅游总收入/亿元	
	人数	比重/%	人民币	比重/%	人数	比重/%	美元	比重/%	人民币	比重/%
成都	4253.69	22.9	395.41	33.5	73.68	43.1	26142	51	414.49	34
德阳	1035.25	5.6	57.76	4.9	1.36	0.8	594.96	1.2	58.19	4.8
绵阳	1134.56	6.1	79.76	6.8	8.05	4.7	1618.7	3.2	80.94	6.6
广元	560.37	3	27.56	2.3	0.04	0	8.56	0	27.57	2.3
雅安	650	3.5	24.79	2.1	0.44	0.3	93.24	0.2	24.86	2
阿坝藏族羌族自治州	835.31	4.5	65.68	5.6	45.63	26.7	11905	23.2	74.37	6.1
合计	8469.18	45.6	650.96	55.2	129.2	75.6	40362	78.8	680.42	55.9

数据来源：《四川汶川地震灾后旅游业恢复重建规划（2008—2010）》。

表1-12　2007年都江堰市等51个市（区、县）旅游情况

地区		入境人数/万人次	外汇收入/万美元	国内人数/万人次	国内旅游收入/亿元	旅游总收入/亿元	
						人民币	比重/%
成都	崇州	0.00	2.77	254.30	3.93	3.93	0.3
	都江堰	2.32	1382.40	827.26	33.33	34.34	2.8
	大邑	0.47	119.49	375.63	5.84	5.93	0.5
	彭州	0.00	0.48	329.48	5.10	5.10	0.4

---

① 都江堰市、彭州市、崇州市、绵竹市、什邡市、旌阳区、中江县、罗江区、北川羌族自治县、平武县、安州区、江油市、涪城区、游仙区、梓潼区、盐亭县、三台县、青川县、利州区、剑阁县、朝天区、元坝区、苍溪县、汶川县、茂县、理县、黑水县、松潘县、小金县、汉源县。

续表

地区		入境人数/万人次	外汇收入/万美元	国内人数/万人次	国内旅游收入/亿元	旅游总收入/亿元 人民币	比重/%
德阳	旌阳区	0.46	174.97	115.04	5.28	5.41	0.4
	罗江区	0.02	6.96	86.74	3.98	3.99	0.3
	中江	0.22	181.67	100.00	4.23	4.36	0.4
	什邡	0.15	48.09	92.00	9.32	9.36	0.8
	广汉	0.39	135.88	238.00	17.60	17.70	1.5
	绵竹	0.12	47.40	185.93	8.93	8.96	0.7
绵阳	安州区	0.00	0.00	154.09	6.13	6.13	0.5
	北川羌族自治县	0.92	174.30	56.40	3.84	3.97	0.3
	江油	1.93	385.29	367.07	13.26	13.54	1.1
	平武	0.00	0.26	47.10	3.63	3.63	0.3
	三台	0.00	0.00	180.30	5.48	5.48	0.5
	盐亭	0.00	0.00	38.70	0.52	0.52	0.0
	梓潼区	0.00	0.00	133.37	5.03	5.03	0.4
	游仙区	0.62	130.48	137.20	9.38	9.48	0.8
	涪城区	4.58	928.34	216.20	33.43	34.11	2.8
广元	元坝区	0.00	0.00	56.11	2.97	2.97	0.2
	朝天区	0.00	0.00	50.00	2.50	2.50	0.2
	利州区	0.04	7.74	80.00	2.94	2.95	0.2
	旺苍	0.00	0.00	49.50	2.75	2.75	0.2
	苍溪	0.00	0.00	82.00	3.60	3.60	0.3
	剑阁	0.00	0.45	85.60	6.04	6.04	0.5
	青川	0.00	0.00	52.60	2.09	2.09	0.2
乐山	夹江	0.01	2.12	100.50	6.40	6.40	0.5
眉山	仁寿	0.00	0.51	86.00	4.20	4.20	0.3
遂宁	射洪	0.00	2.31	138.84	7.20	7.20	0.6
南充	仪陇	0.00	0.00	64.50	3.30	3.30	0.3
	南部	0.00	0.79	51.40	3.10	3.10	0.3
	阆中	0.05	9.59	153.80	8.70	8.71	0.7
雅安	雨城区	0.15	33.11	268.00	13.70	13.72	1.1
	天全	0.27	57.47	60.00	2.00	2.04	0.2
	名山区	0.00	0.00	45.50	2.00	2.00	0.2
	石棉	0.02	2.67	41.00	1.30	1.30	0.1
	宝兴	0.00	0.00	33.40	1.27	1.27	0.1

续表

地区		入境人数/万人次	外汇收入/万美元	国内人数/万人次	国内旅游收入/亿元	旅游总收入/亿元	
						人民币	比重/%
雅安	芦山	0.00	0.00	46.90	1.25	1.25	0.1
	汉源	0.00	0.00	49.58	0.92	0.92	0.1
巴中	巴州区	0.00	0.00	88.50	3.80	3.80	0.3
	南江	0.00	0.00	73.00	3.35	3.35	0.3
资阳	简阳	0.02	5.54	229.09	11.60	11.60	1.0
阿坝藏族羌族自治州	金川	0.00	0.00	19.22	0.40	0.40	0.0
	黑水	0.00	0.00	10.73	0.91	0.91	0.1
	理县	0.01	1.39	65.15	2.61	2.61	0.2
	茂县	6.11	1103.78	109.60	3.41	4.22	0.3
	松潘	11.27	3002.67	238.12	25.02	27.21	2.2
	汶川	1.38	243.69	81.93	2.34	2.52	0.2
	小金	0.67	146.61	25.00	1.54	1.65	0.1
	九寨沟	24.85	7127.14	295.00	30.03	35.23	2.9
甘孜藏族自治州	康定	2.19	790.39	106.84	6.94	7.52	0.6
合计		59.24	16256.75	6872.22	311.44	323.31	26.6

数据来源：《四川汶川地震灾后旅游业恢复重建规划（2008—2010）》。

1.2.2 6个市州旅游资源富集

汶川大地震的6个重灾市州聚集了四川省众多珍贵的旅游资源，包括"九寨沟、黄龙、大熊猫栖息地、青城山—都江堰四大世界遗产，12个国家非物质文化遗产，12个国家级自然保护区，9个国家地质公园，15个国家级森林公园，2个国家5A级景区，12个国家4A级景区，39个国家级重点文物保护单位，8个中国优秀旅游城市和6个国家历史文化名城（镇）"[1]。此外，6个重灾区中还拥有众多省级的景区、历史文化名城和文物保护单位等。

1.2.3 6个市州旅游设施完善

汶川大地震的6个重灾市州的旅游业相对于川内其他市州处于较发达和领先的地位，旅游设施也相对完善。四川省民用航空的运输业务主要集中在6个市州。截至2007年年底，6个市州拥有1个民航大型枢纽机场（成都双流国际机场），2个支线机场（九寨沟黄龙机场、绵阳南郊机场）。据四川年鉴数据显示，2007年，这3个机场总的运输起降架次占四川省的90.2%，旅客吞吐量占四川省的95.8%。除了航运交通在川内处于领先地位外，6个市州的陆路交通也是四通八达，十分便捷。成都是四川核心的陆路交通枢纽中心，四川的公路交通以成都为中心向外呈辐射状延伸，东西连接，南北贯通。据《四川交通年鉴》数据显示，2007年6个市州共有公路运输客运站441个，占全省公路运输客运站（1347个）的32.7%；有一级公路运输客运站19个，占全省一级客运站（41个）的46.3%。同时，6个市州2007年的公路客运线路班次多达3035条，占全省客运班次（8720条）的34.8%。此外，2007

---

[1] 国家旅游局，四川省人民政府. 四川汶川地震灾后旅游业恢复重建规划（2008—2010）.

年6个市州的公路里程（不含等外公路）达到45854千米，占全省公路里程的39.6%，如表1-13所示。综上可以看出，2007年，6个地震重灾市州的交通设施在四川已经相对完善，是四川交通的主要动脉之一。

表1-13　2007年全省公路里程年底达到数（按地区、管养单位分）

地区和单位	全省公路里程合计/千米	按技术等级分						等外公路合计/千米
		合计/千米	高速/千米	一级/千米	二级/千米	三级/千米	四级/千米	
合计	189395	115674	1938	1855	10278	12106	89496	73721
成都	18740	16545	149	620	1674	1842	12260	2195
自贡	4016	1954		19	259	264	1413	206
攀枝花	2577	1222		16	239	183	785	1355
泸州	9144	3622		2	596	199	2825	5522
德阳	6831	5188		208	625	596	3759	1643
绵阳	12064	6191		354	553	954	4329	5873
广元	8977	5192		23	437	502	4230	3785
遂宁	5683	3635		112	212	482	2829	2048
内江	6788	2947		22	307	396	2223	3840
乐山	6512	5084		77	566	495	3946	1428
南充	12330	7199	27	133	625	445	5970	5130
眉山	4987	3189		99	330	275	2485	1798
宜宾	9430	4873		1	458	517	3897	4558
广安	7834	4424		45	257	510	3613	3410
达州	11583	6981		16	951	216	5798	4602
雅安	4131	3357		38	449	314	2556	774
巴中	9453	6035			466	345	5225	3417
资阳	8842	4705			333	333	4040	4136
阿坝藏族羌族自治州	7346	5596		4	202	1272	4118	1749
甘孜藏族自治州	15257	10052			52	1131	8871	5203
凉山彝族自治州	14627	5440		36	361	836	4207	9187

数据来源：《四川交通年鉴》。

2. 地震后旅游业受损情况

2008年5月12日爆发的里氏8.0级汶川大地震是自中华人民共和国成立以来破坏性最强、波及范围最广的一次地震。它不仅给灾区人民造成生命财产的沉痛损失，而且给四川旅游业，尤其是灾区旅游业造成了重大的损失。

2.1 四川省旅游业受损情况

汶川大地震给四川省旅游行业造成了惨重的经济损失，全省旅游业直接损失总计达465.92亿元。地震对旅游业影响最严重的部分是损坏了众多旅游景区，据统计，旅游景区总计损失338.53亿元，占全省旅游业直接损失的72.7%。地震的发生也严重破坏了四川的旅游接待能力。受地震灾害影响，四川省的宾馆饭店和旅游城镇接待设施共计损失125.78亿元，占全省旅游业直接损失的27%。

位于龙门山地震带处的猿王洞、银川沟、千佛山、窦圌山等景区和农家乐，以及震中附近的旅游城镇受到毁灭性的破坏。如窦圌山双峰的其中一座已崩塌，千佛山的进山道路完全损坏，龙门山东坡山前地带的农家乐全部受损。据统计，全省有361家景区在地震中受到不同程度的损坏，其中，景观受损1979处、供水设施受损1605.58千米、供电设施受损2896.13千米、旅游厕所受损1925个、标志标牌受损14528个[1]。文物方面，全省有68处全国重点文物保护单位和142处省级重点文物保护单位受到了不同程度的损坏，其中世界遗产"青城山—都江堰"景区中著名的二王庙古建筑已严重垮塌[2]。汶川大地震给四川省的生态旅游也带来了重创。据《四川年鉴》数据显示，全省的自然保护区和森林公园多处受损，损毁景观达627处。此外，地震中受损的林地已达32.87万公顷，受损的林木蓄积达到1947万立方米，其中大熊猫栖息地的损坏面积多达12万公顷。

地震中，旅游的接待企业和旅游城镇也受到重创。都江堰、绵阳等11个中国优秀旅游城市[3]，以及什邡、绵竹、青川、平武、茂县和九环线沿线区域的100多个城镇普遍受损严重。据统计，城镇中有283个旅游咨询中心受损、8259处旅游购物点受损，还有众多旅游基础设施也受到不同程度的损坏。全省的500多家星级饭店在此次地震中有400余家受到损坏，共计损失31966间客房，供电、供水、通信等设施共计受损70万余米[4]。地震发生后，旅行社遭遇了大规模的退团。尤其是位于震中附近的旅行社，大多面临办公设施损坏、旅游汽车损毁、游客伤亡等损失。

交通是旅游的命脉，汶川大地震使四川省的交通设施损毁严重。据《四川交通年鉴》数据显示，全省19个市州、150个县的26条建成和在建高速公路、21条国省干线公路、数千座桥梁、2900万米农村公路和450个公路客运车站等设施受到不同程度的损坏。旅游客运遭受重创，全省客货车有1492辆受损，1416辆市际旅游客车停运。同时，宝成线、襄渝线、成渝线、成昆线、达成线等主要铁路干线，以及成汶、广岳、德天支线的通信信号、牵引供电、路桥隧涵和站房等设施都在地震中受到了不同程度的损坏。四川省"5·12"地震旅游业直接损失统计，如表2-1所示。

---

[1] 国家旅游局，四川省人民政府. 四川汶川地震灾后旅游业恢复重建规划（2008—2010）.
[2] 平文艺. 汶川大地震后四川旅游目的地建设战略研究[M]. 四川：四川科学技术出版社，2008（11）：3-4.
[3] 绵阳、德阳、广元、雅安、乐山、遂宁、南充、都江堰、崇州、邛崃、江油。
[4] 平文艺. 汶川大地震后四川旅游目的地建设战略研究[M]. 四川：四川科学技术出版社，2008（11）：3-4.

表2-1 四川"5·12"地震旅游业直接损失统计

地区	景区/万元	宾馆饭店/万元	县区市旅游局/万元	旅游城镇接待设施/万元	旅行社/万元	总计损失/万元
成都	1228880.67	209462.04	100	302.78	12	1438757.49
德阳	444286	124922	768	28013	289	598278
绵阳	463694.14	119339.92	2380	18357.89	375.74	604147.69
广元	269651	14455.25	1585.56	15510.53	31.44	301233.78
雅安	14116	5889.6	214.85	184.55	95	20500
阿坝藏族羌族自治州	946079.74	490285.68	6515.5	224301.08	3346	1670528
自贡	96	32		36.37		164.37
遂宁	357	136		20.87	3.88	517.75
内江	1768.4	246.5	10			2024.9
乐山	3706.9	588.4	22.9	629.12		4947.32
南充	4227.93	85	183	215	18	4728.93
宜宾	354.54	58.1	124.45			537.09
广安	451	80		8.08		539.08
达州	511.59	211.4	36			758.99
巴中	2850.1	362.4	0.45	10		3222.95
眉山	3020	2120	4	886.58	10	6040.58
资阳	977	455.87		0.01		1432.88
甘孜藏族自治州	314.85	8		73		395.85
凉山彝族自治州				39.28	420	459.28
攀枝花						
泸州						
合计	3385342.86	968738.16	11983.99	288968.86	4181.06	4659214.93

数据来源：《四川汶川地震灾后旅游业恢复重建规划（2008—2010）》。

地震灾害不仅造成了旅游业生产能力的损失，还造成了旅游需求的巨大损失。地震毁坏了旅游资源和旅游设施，更重要的是地震给游客带来了安全顾虑、道德顾虑，以及其他的心理顾虑和负面情绪，这些都严重打击了游客到四川旅游的信心。据四川省旅游局统计数据显示，2007年5月份四川省的旅游总收入达92.15亿元，而2008年5月份全省的旅游总收入仅有32.51亿元，不及2007年同月旅游总收入的一半。2008年全省全年的旅游总收入为1091.52亿元，比2007年降低了10.3%。2008年的入境旅游业务最为萎靡，旅游外汇收入仅有15388万美元，仅占2007年的30%，入境旅游人次也只达到69.95万人次，同比下降59.1%。受到汶川大地震的影响，2008年全省星级饭店和旅行社的营业收入下滑严重。2008年全省星级饭店的客房出租率仅有56.11%，较2007年下降了约5.9%；星级饭店的营业收入也较2007年降低22.6%，仅有43.28亿元。旅行社的营业收入在2008年仅有28.78亿元，同比下降36.9%。2005—2008年旅游总收入分地区情况，如表2-2所示。

表 2-2 2005—2008 年旅游总收入分地区情况　　　　　　　　　　　　　单位：亿元

地区	2001—2005年合计	2005年	2006年	同比/%	2007年	同比/%	2008年	同比/%
四川省	2403	721.26	979.57	35.8	1217.31	24.3	1091.52	-10.3
成都市	1035	286.75	340.21	18.6	414.49	21.8	373.74	-9.8
自贡市	83	23.53	39.55	68.1	45.96	16.2	50.38	9.6
攀枝花市	28	10.45	18.14	73.6	26.18	44.3	28.11	7.4
泸州市	69	20.35	30.32	49.0	38.23	26.1	44.73	17.0
德阳市	106	29.29	47.54	62.3	58.19	22.4	24.42	-58.0
绵阳市	156	45.05	63.50	41.0	80.94	27.5	40.18	-50.4
广元市	40	14.12	21.08	49.3	27.57	30.7	16.12	-41.5
遂宁市	40	16.34	25.26	54.6	32.74	29.6	42.03	28.4
内江市	42	14.54	21.25	46.1	26.46	24.5	30.82	16.5
乐山市	202	61.04	80.13	31.3	100.83	25.8	91.37	-9.4
南充市	56	18.58	28.14	51.5	35.27	25.3	49.13	39.3
眉山市	44	14.21	20.04	41.0	25.86	29.1	31.20	20.7
宜宾市	83	25.35	36.29	43.2	46.44	28.0	55.63	19.8
广安市	57	21.09	25.95	23.0	32.20	24.1	38.00	18.0
达州市	39	13.90	21.59	55.3	27.16	25.8	30.51	12.3
雅安市	33	12.31	18.56	50.8	24.86	33.9	32.71	31.6
巴中市	14	4.50	8.38	86.2	11.04	31.7	12.14	9.9
资阳市	50	14.75	25.86	75.3	31.94	23.5	37.97	18.9
阿坝藏族羌族自治州	137	47.80	61.79	29.3	74.37	20.4	16.82	-77.4
甘孜藏族自治州	40	15.69	20.88	33.1	23.32	11.6	7.77	-66.7
凉山彝族自治州	50	11.72	25.09	114.1	33.26	32.6	37.71	13.4

数据来源：2009 年四川省旅游业情况便览。

2.2 灾区旅游业受损情况

在这场重大的地震灾害中，成都等 6 个重灾市州的旅游业受到严重破坏，直接损失［合计损失项为景区、宾馆饭店、市（区、县）旅游局、旅游城镇接待设施、旅行社］达 4633444.96 万元，占全省直接损失的 99.4%，如表 2-1 所示。2008 年 6 个重灾市州的旅游总收入仅有 503.99 亿元，同比下降 25.9%。其中，阿坝藏族羌族自治州 2008 年旅游总收入仅有 16.82 亿元，下降幅度最大，达到 77.4%，如表 2-2 所示。

据统计数据显示，汶川大地震导致四川省多处旅游景区受损，有 347 家位于成都等 6 个重灾市州的景区，损失高达 336.68 亿元，占全省受损景区损失额的 99.4%。其中，位处重灾区的青城山—都江堰景区、大熊猫栖息地（卧龙）等受到较严重的破坏；位处汶川地震带的彭州市银川沟、北川羌族自治县猿王洞、什邡市欢乐谷、安州区千佛山，以及绵竹市沿山的乡村旅游带等景区受到毁灭性的破坏；精品旅游线九环线沿线的众多景区也受到不同程度的损坏。

旅游接待企业是旅游业发展的中坚力量。在地震中，成都等6个重灾市州的绝大部分宾馆饭店的设施设备受损严重，如都江堰市国堰宾馆、什邡市大酒店、北川羌族自治县猿王洞大酒店等多个酒店已成危房，酒店基本关门。据统计，重灾市州的宾馆饭店损失额占全省宾馆饭店总损失的99.5%，损失高达96.4亿元。地震灾害中，省内有200家旅行社受灾，除了旅行社人员和游客的伤亡外，旅行社的相关设施，如汽车、办公用房等都遭受了损失。此外，由于地震带来的安全隐患，许多游客选择退团和回避到川内旅游，绝大多数旅行社经营困难。

6个重灾市州的旅游交通设施也遭受了重创。除了景区内的旅游交通受到破坏外，乡村、城镇间的交通路况也受损严重。成都市1790千米公路、2座隧道、135座桥梁、2.6万平方米的交通办公用房等都受到不同程度的损毁，直接经济损失约有55亿元。银川沟、龙池、青城山、虹口、西岭雪山等旅游景区的对外交通全部中断。德阳市公路损毁达3160千米，其中有283千米为干线公路，此外，还有众多桥梁、农村公路、客运站、办公用房等交通设施设备受损，经济损失逾99亿元。雅安市的国道108线、318线，省道305线、306线、210线、211线受损，多处道路发生山体滑坡、塌方、滚石等灾害。广元市的5条国道路段、64条县道、138条乡道受损，受损公路里程达10307千米，加之交通系统的人员伤亡和设施设备损坏，共计直接经济损失达92.7亿元。绵阳市的道路、桥梁损毁里程占全市公路总里程的56.9%，达6563千米，加之客运站、码头等设施设备的损坏，绵阳市直接经济损失逾120亿元。阿坝藏族羌族自治州的交通基础设施损毁十分严重，州内2条国道和7条省道全部中断，有9012.83千米的公路受损。九环线公路几乎全部中断，导致游客无法进入九寨沟和黄龙景区。

旅游行业系统也遭受损毁。许多与旅游相关的部门机构和企事业单位的办公设施及用房在地震中损毁。成都等6个重灾市州旅游局的办公用房、车辆、办公设施遭受1.15亿元的损失，房屋损毁达4164间。其中，汶川县、北川羌族自治县、茂县、青川县等旅游局办公楼在地震中全部倒塌，都江堰市、什邡市、绵阳市、德阳市等旅游局的办公楼已成危房。

2.3 旅游业是灾后重建的先导产业

汶川大地震给四川带来重创，但总体看来，四川旅游产业的资源基础没有受到大的破坏，优势尚存。地震主要造成灾区内景区设施、接待设施和道路等基础设施的破坏，大部分旅游资源没有受到根本性改变，如青城山—都江堰和大熊猫栖息地只是局部受损，九寨沟、黄龙、峨眉山—乐山大佛的旅游资源基本没有受损。此外，地震改变了震区的地形地貌，留下了珍贵的地震灾害遗址遗迹，这些都有开发成旅游景点的可能。由于信息不对称等原因，地震灾害给游客的感知带来负面的"放大效应"，但通过一定的营销宣传方式有利于游客信心的提升。同时，此次地震灾害聚焦了全世界的目光，极大地提高受灾区域的知名度，这给当地的旅游发展带来巨大的优势。

旅游业的发展能为社会创造大量的就业机会。作为劳动密集型的服务行业，旅游业的就业范围广、层次多，并且对旅游从业人员的职业技能要求较低，还能有效带动区域内的人流、资金流、信息流和物流的流动。世界旅游组织指出，旅游从业人员每增加一个，相关行业将随之增加5个就业岗位。此外，作为综合性经济产业，旅游业与交通、建筑、餐饮住宿、文化娱乐、通信、贸易等产业息息相关，旅游业的发展能有效促进众多产业共同发展，容易在区域内形成产业集群和规模经济。同时，相对于第一产业和第二产业，旅游业在发展经济的同时更加绿色环保，无须建厂排污。且旅游业相对于其他两类产业，其回报周期相对更短，资金回笼更快。

结合灾区实际情况，由于龙门山处于地震带，因此须限制第一产业发展，同时退出大部分的第二产业，大力发展第三产业是产业结构调整的必然趋势。考虑到灾区环境承受能力相对较弱，在发展经济时要加强环境的保护，旅游业无非是最好的选择。此外，灾区的旅游资源富集，有世界遗产九寨沟—黄龙景区和大熊猫栖息地等，还有独特的民族文化，具有发展旅游业的根本优势。灾区在地理位置上紧靠成都等经济发达的城市，交通便捷，基础市场需求旺盛，发展旅游具有较大的号召力。最重要的是，灾区经济急需快速恢复，而旅游业与其他产业的关联度高，拉动经济增长大，且旅游业能提供更多的就业机会。因此，发展旅游业可以较快地推动灾后社会经济发展的恢复，是受灾地区重建的先导产业。

严重自然灾害后旅游产业的重建是受灾地区灾后经济恢复的重要举措。严重自然灾害往往会导致灾区的人力物力财力等资源面临短缺，如何在尽量短的时间内让游客重拾旅游信心，高效地实现旅游市场的恢复并使旅游市场健康持续地发展，这是近年来学界、业界，包括政府机构都在努力探求的答案，这也是本书的目的所在。本书将以"5·12"汶川大地震为例，从严重自然灾害后影响游客旅游意愿的因素研究、旅游赢回策略效果的探究和旅游市场恢复的营销策略三个方面入手，来探寻严重自然灾害后旅游市场的恢复策略。

第二部分
灾后旅游意愿影响因素研究

3. 绪论

3.1 研究背景与问题

3.1.1 实践背景

3.1.1.1 世界范围内自然灾害频发

自然灾害（Natural disasters）或称天灾，是指自然界中所发生的异常现象，这种异常现象给周围的生物造成悲剧性的后果，相对于人类社会而言即构成灾害。《环境科学大辞典》中将自然灾害定义为"自然环境的某个或多个环境要素发生变化，破坏了自然生态的相对平衡，使人群或生物种群受到威胁或损害的现象"。自然灾害包括地质灾害、气象灾害、气候灾害、水文灾害、生态灾害、天文灾害。地质灾害指地质作用所产生的灾害，如火山爆发、地震、泥石流、山体滑坡、山崩；气象灾害是指短时间的大气物理过程产生的灾害，如雨灾（暴雨、热带暴风雨）、风灾（台风、飓风、龙卷风）、水灾（洪水）、雪灾（暴风雪、雪崩）；气候灾害是指气候异常所产生的灾害，如全球大气变暖，旱灾等；水文灾害如水灾等；生态灾害是指恶性传染病（SARS、埃博拉病毒）、沙尘暴、火灾（森林大火）等；天文灾害指流星体或小行星撞击地球，太阳活动引发的灾害等。

近年来，全球气候异常，温室效应不断加剧，板块运动越发活跃，H7N1、H7N9 等恶性传染病频发，各种灾害接踵而至，使全球自然灾害数量呈现增长的态势。

联合国报告指出，1996—2015 年共发生 6391 起干旱、洪水、热浪等与气候相关的自然灾害，较 1976—1995 年的 3017 起增长一倍以上。近年来，亚太地区是全球自然灾害发生频率最高的地区，仅 2014 年全球自然灾害中有近一半发生在亚太地区。其中，中国的自然灾害起量占据亚太地区自然灾害起量的重大比例。近几年，我国自然灾害以洪涝、台风、风雹和地质灾害为主。在我国，2005—2015 年共发生大小各类地质灾害（滑坡、崩塌、泥石流、地面塌陷）2.7 万余处，造成直接经济损失约 942 亿元；2005—2015 年发生地震灾害共 151 起，各年的地震灾害次数如图 3-1 所示，其中，7 级以上地震灾害 6 起，共造成直接经济损失约 11105 亿元。

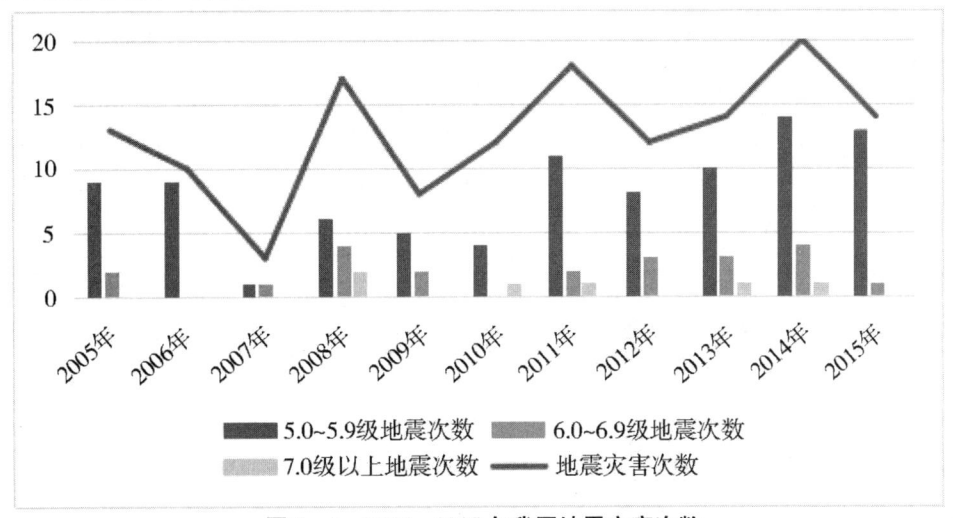

图 3-1 2005—2015 年我国地震灾害次数

数据来源：《中国统计年鉴》。

汶川大地震是自 1949 年以来破坏性最强、波及范围最广、灾害损失最大的一次地震灾害。地震形成长达 300 千米的龙门山山脉断裂带，并引发滑坡、泥石流、坍塌等大量的次生灾害。而在 2008 年 5 月 12 日—2012 年 2 月 29 日，汶川大地震发生后的近 4 年时间内，世界范围内便已发生 70 次里氏 6.0 级以上的地震灾害，如表 3 – 1 所示。这还不包括暴风雪、飓风、洪水、泥石流、极寒天气等其他类型的自然灾害。

表 3 – 1　2008 年 5 月—2012 年 2 月世界范围内里氏 6.0 级以上地震统计表

时间	地震事件	时间	地震事件
2008 – 05 – 12	中国四川汶川 8.0 级地震	2010 – 08 – 14	马里亚纳群岛 7.0 级地震
2008 – 10 – 05	中国新疆维吾尔自治区乌恰 6.8 级地震	2010 – 09 – 04	新西兰 7.2 级地震
2008 – 11 – 10	中国青海海西蒙古族藏族自治州 6.3 级地震	2010 – 10 – 22	加利福尼亚湾 7.0 级地震
2009 – 01 – 04	印度尼西亚 7.7 级地震	2010 – 10 – 25	印度尼西亚苏门答腊西南 7.3 级地震
2009 – 07 – 09	中国云南姚安 6.0 级地震	2010 – 12 – 22	日本小笠原群岛地区 7.4 级地震
2009 – 07 – 14	中国台湾花莲海域 6.7 级地震	2010 – 12 – 25	瓦努阿图 7.6 级地震
2009 – 07 – 15	新西兰 7.8 级地震	2011 – 01 – 01	阿根廷 7.1 级地震
2009 – 09 – 02	印度尼西亚爪哇 7.3 级地震	2011 – 01 – 03	智利中部 7.1 级地震
2009 – 09 – 30	萨摩亚群岛地区 8.0 级地震	2011 – 01 – 14	洛亚尔提群岛地区 7.2 级地震
2009 – 09 – 30	印度尼西亚苏门答腊南部 7.7 级地震	2011 – 01 – 19	巴基斯坦 7.1 级地震
2009 – 10 – 08	瓦努阿图 7.7 级地震	2011 – 03 – 09	日本本州东海岸近海 7.3 级地震
2009 – 11 – 09	斐济群岛 7.0 级地震	2011 – 03 – 11	日本本州东海岸附近海域 9.0 级地震
2009 – 12 – 19	中国台湾花莲海域 6.7 级地震	2011 – 03 – 24	缅甸 7.2 级地震
2010 – 01 – 04	所罗门群岛 7.2 级地震	2011 – 04 – 07	日本本州东海岸附近海域 7.2 级地震
2010 – 01 – 13	海地地区 7.3 级地震	2011 – 05 – 10	洛亚蒂群岛地区 7.0 级地震
2010 – 02 – 27	琉球群岛 7.2 级地震	2011 – 05 – 10	中、俄交界 6.1 级地震
2010 – 02 – 27	智利 8.8 级地震	2011 – 06 – 23	日本本州东海岸附近海域 7.0 级地震
2010 – 03 – 04	中国台湾高雄 6.7 级地震	2011 – 06 – 24	美国阿拉斯加州福克斯群岛 7.3 级地震
2010 – 03 – 11	智利 7.2 级地震	2011 – 07 – 07	新西兰克马德克群岛地区 7.6 级地震
2010 – 04 – 05	墨西哥 7.1 级地震	2011 – 07 – 10	日本本州东海岸附近海域 7.1 级地震
2010 – 04 – 07	印度尼西亚苏门答腊北部 7.8 级地震	2011 – 08 – 21	瓦努阿图 7.2 级地震
2010 – 04 – 11	所罗门群岛 7.0 级地震	2011 – 08 – 21	瓦努阿图 7.1 级地震
2010 – 04 – 14	中国青海玉树 7.1 级地震	2011 – 09 – 02	美国阿拉斯加州福克斯群岛 7.2 级地震
2010 – 04 – 14	中国青海玉树 6.3 级地震	2011 – 09 – 04	瓦努阿图 7.1 级地震
2010 – 05 – 09	印度尼西亚苏门答腊 7.4 级地震	2011 – 09 – 16	斐济群岛附近海域 7.0 级地震
2010 – 05 – 28	瓦努阿图 7.0 级地震	2011 – 10 – 22	新西兰克马德克群岛地区 7.6 级地震
2010 – 06 – 13	尼科巴群岛 7.6 级地震	2011 – 10 – 23	土耳其 7.3 级地震

续表

时间	地震事件	时间	地震事件
2010-06-16	印度尼西亚7.0级地震	2011-10-29	秘鲁附近海域7.0级地震
2010-06-26	所罗门群岛7.0级地震	2011-11-01	中国新疆维吾尔自治区伊犁哈萨克自治州尼勒克县、巩留县交界6.0级地震
2010-07-18	巴布亚新几内亚新不列颠地区7.2级地震	2011-11-08	东海海域7.0级地震
2010-07-18	巴布亚新几内亚新不列颠地区7.0级地震	2011-12-14	巴布亚新几内亚7.2级地震
2010-07-24	棉兰老岛附近海域7.2级地震	2011-12-27	俄罗斯西伯利亚地区7.0级地震
2010-07-24	棉兰老岛附近海域7.1级地震	2012-01-01	日本本州东部海域7.0级地震
2010-08-10	瓦努阿图7.4级地震	2012-01-11	印度尼西亚苏门答腊北部附近海域7.2级地震
2010-08-12	厄瓜多尔7.1级地震	2012-02-02	瓦努阿图7.0级地震

数据来源：中国地震网。

自然灾害的发生，破坏了人类生存的和谐环境，尤其是严重自然灾害发生后，常常会诱发一连串的次生灾害，对人类社会和文明造成严重的甚至是毁灭性的损害，特别是对受灾的旅游目的地造成惨重的经济损失。目前，在这种非常规突发事件越来越常态化的背景下，关注灾害发生地，研究灾害地旅游景区的恢复营销就显得尤为急迫和必要。

3.1.1.2 严重自然灾害使旅游业损失惨重

旅游业是一个综合性、依赖性和关联性很强的产业，容易受到外部未知因素的影响。旅游目的地的自然灾害常常会导致旅游活动的中断，尤其是重大的自然灾害破坏力大，常造成严重的人员伤亡和旅游业损失，如表3-2所示。

表3-2 近年来对旅游业造成严重影响的自然灾害事件

序号	自然灾害	发生时间	对旅游业造成的影响
1	中国四川汶川地震	2008年5月12日	受里氏8.0级汶川地震影响，四川省4000多个旅游景区中有568个景区受损，累计损失达278.40亿元；导致2008年上半年四川省旅游总收入仅469.1亿元，比2009年同期下降19.5%
2	冰岛火山	2010年4月	冰岛火山喷发产生的火山灰造成大批量航班取消，4月15日~19日短短5天时间内，欧洲国家航空公司共取消了超过7万多个航班；此次火山喷发给欧洲旅游业造成约10亿欧元损失，给欧洲航空业造成15亿欧元~25亿欧元的损失
3	日本地震	2011年3月11日	地震发生的3月11日—31日入境游客骤减3/4，出境游也迅速减少，对中国、韩国等入境旅游业造成影响
4	菲律宾台风"海燕"	2013年11月8日	超强台风"海燕"袭击菲律宾，并引发多起山洪、洪水、泥石流等灾害，造成菲律宾6190人死亡和基础设施的严重损毁，大批航班停飞，港口停止运营，累计经济损失高达36.6亿菲元

数据来源：邵琪伟．中国旅游业应对重大自然灾害机制研究［M］．北京：中国旅游出版社，2012．

自然灾害将造成旅游目的地的旅游基础设施和服务设施的损坏,使得当地旅游业低迷。旅游活动是由行、游、住、食、购、娱一系列活动构成的,严重自然灾害将破坏旅游地的交通设施,降低可进入性,破坏景区景观、娱乐设施,降低了景区的吸引力,破坏宾馆饭店等接待设施,以及医院、水电供应等公共设施,影响逗留访问活动的便利度和卫生安全保障等。可见,严重自然灾害在破坏旅游基础设施的同时,也会破坏当地旅游业完整的产业链条,致使旅游服务功能无法维持,旅游经营活动难以开展。

自然灾害直接威胁旅游者的安全,降低旅游者的旅游意愿。据马斯洛需求层次理论分析,安全需求包括人身安全和心理安全。严重自然灾害会造成重大人员伤亡,如印度洋海啸发生后,泰国南部有700多名外国游客遇难。许多大型的、严重的灾害往往会引发一系列的次生灾害,如地震、热带风暴、飓风、洪水、恶性传染病等灾害就包含衍生灾害和次生灾害。这些衍生灾害和次生灾害还会造成后续的人员伤亡。自然灾害造成的人身伤害可以在一定时间内康复,但旅游者心理安全的威胁却如影随形。旅游者的心理阴影将使其失去对该旅游地的旅游动机。同时,潜在旅游者也会增加对该旅游地的风险感知度,从而影响他们的旅游决策。而这种"不安全"的旅游目的地形象不仅直接影响灾害发生地的旅游经济,还会对其周边区域带来影响,如2011年的日本地震虽然主要对日本北部地区形成了破坏,但整个日本的入境旅游却同样受到不良的影响。

自然灾害对旅游业造成的影响存在并深入于人员、旅游资源、基础设施、旅游秩序、旅游形象等多个方面。21世纪以来,学界对灾害型旅游危机管理的研究予以更多的关注,但针对严重自然灾害后的游客流失和赢回问题仍急待探究。

3.1.2 理论背景

3.1.2.1 旅游危机管理的研究文献

Brent W. Ritchie 认为,由于旅游业本身的脆弱性,对旅游业中的危机和灾害的了解尤为重要,强调危机管理中的危机管理战略、整体思维和前置行为的重要性,引入混沌理论,构建旅游业的危机战略管理框架。Bill Faulkner 在关于灾害旅游管理的框架研究中通过文献列举了危机(Crisis)和灾害(Disaster)的定义、区别和联系。他认为危机与灾害之间存在微妙的转化。文中提到依照社会学的观点,对灾害状态的立即反应包括几个阶段;媒体报道对旅游目的地的选择有摧毁性的影响,因为快乐旅游是游客所关注的,结果旅游胜地突然变成危险之旅,许多游客宁愿选择回避。

侯国林对旅游危机类型、各种危机类型下所涉及的影响范畴、影响内容以及影响过程机制进行了分析。同时,建立了当旅游危机发生时,适用于旅游风险决策的决策模型和对应的危机管理模型。此外,对危机发生的不同时期,包括潜伏、爆发以及恢复三个不同阶段应该采取的最为有效的管理方式和措施进行探讨。另一些学者如舒波和赵艳同样建立了这三种不同时期下的危机管理模型来分析预警、表现以及恢复期的不同管理措施和手段。

3.1.2.2 灾后游客流失相关的研究文献

在灾害后游客流失的研究中,对感知风险中的疾病风险和恐怖主义风险研究较多。Myron F. Floyd 对仍处于"9·11"事件余波中的居民的感知风险对旅游意愿的影响进行了研究,发现在"9·11"事件后12个月中,去做一次愉快旅行的意愿取决于游客对安全的考虑、感知的社会风险、旅游体验和收入。Bongkosh Ngamsom Rittichainuwat 和 Goutam Chakraborty(2005)等关于安全与顾客流失关系的研究以泰国为例,通过对80位游客的访谈,研究了恐怖主义和疾病威胁下的游客风险感知,发现安全是影响游客流失的重要原因。作者认为相对于风险很大的目的地,游客会选择去相对安全的地方旅游,而不是完全取消旅游计划。Jen-Hung Huang,Shu-Ting Chuang,Yu-Ru Lin(2008)在关于疾病风险与顾客流失问题的研究中发现,第一次去某地的游客和回头游客相比,两者在面对疾病风险、旅游成本增加和旅游出现不方便等情况时,会产生不同程度的感知,而这种程度上的差异会对游客的风险感知造成影响。从而导致旅游的不预定或者取消预定。Bongkosh Ngamsom Rittichainuwat 等在关于恐怖主义和疾病对旅游感知风险的影响的研究中研究了在国外旅游时游客关心的点和感知旅游风险,探讨了游客感知风险是如何影响到游客决策和游客以前在国外旅游的经历是否降低这种风险感知。研究发现,危机发生时游客没有完全中断旅行,而是选择一个危险很小的目的地。研究还发现超过一半的人不会忽视安全。对于背包客而言,虽然他们也关注安全,但是他们会把这种危险看作增加的价值,依然会旅行。Bongkosh Ngamsom Rittichainuwat,Goutam 等在关于感知疾病风险和感知恐怖主义风险对泰国入境旅游者行为的影响研究中利用三个阶段的调查结果,分析了 SARS 和禽流感,以及恐怖活动对泰国旅游者旅游决策及行为的影响。结果表明:旅游者对自身安全很关心,超过半数的旅游者即使在旅游成本很低时也不会忽略个人安全;感知的疾病风险会随着旅游者对该国的旅游经验而减小,而且重复旅游者对价格更加敏感,对旅游的不便更不能容忍。首次和重复的旅游者都比较关心旅游目的地退化的风险,比如景点的污染、当地居民不友善的态度和商业化。

对于灾害地消极的媒体报道也挫败了游客的旅游信心。虽然灾害基础设施已经快速恢复,但是让游客信服灾后旅游点很安全还是一项艰巨的挑战。Jen-Hung Huang,Jennifer C. H. Min(2002)在关于负面报道问题与游客流失研究中也进行了分析。

在灾害后游客流失的研究中,学界对于游客的旅游需求也进行了探究。Juan L. Eugenio-Martin 建立了一个包含时间序列的模型,对美国、法国和德国旅游者到苏格兰旅游的需求进行验证,指出不同国家的消费者对于不同类型的灾害,其旅游需求的变化是不同的。Bruce Prideauxa (1997) 以 1997 年印度尼西亚政治和经济危机为例,针对危机提出包括情景分析、政治危机和运用混沌理论的灾后旅游需求预测模型,并给出一个将意外事件按严重程度、概率、事件类型、确定性进行分类的框架,对不同的意外提出不同的预测模型。

入境旅游是区域和国家重要的外汇来源和经济注入。学界对于入境游客的行为研究也十分关注。Yu-Shan Wang 研究了从 1997—2003 年的亚洲金融危机、美国"9·11"事件和 SARS 事件,指出汇率、收入、相对价格、运输费用等宏观因素对于入境旅游人数有负面影响,并建立了在灾后运用宏观经济因素对入境游客变化进行预测的模型。Mario Mazzocchi 和 Anna Montini 在关于地震对意大利中部旅游业影响的研究中利用事件收益分析方法以 1997 年 9 月 26 日发生在意大利中部 Umbria 的地震为例,与地震前一年同样月份的游客量作比较,评估地震的相关时空影响。研究发现,外国游客能较快地被重新吸引。Jumpei Ichinosawa 在关于海啸对入境游客的继发性影响的研究中提出了普吉岛在 2004 年海啸后所引发的旅游下滑的实证理论观点,讨论了海啸后继发影响的进程和机制,以及对区域经济的影响,认为海啸后旅游的下滑是一个复杂的涉及区域社会脆弱性的问题。

此外,曾本祥等还研究了短期事件对旅游的影响。曾本祥等重点分析了 2003 年的 SARS 疫情给中国经济特别是旅游业造成的重大损失,讨论了不同的短期危机对旅游的不同影响,以及旅游在危机后的不同恢复时间。曾本祥等认为:①SARS 等人类流行病对旅游的影响十分巨大,但疫后旅游恢复较快;②危机管理十分重要;③危机对旅游业造成巨大影响,也对旅游相关行业、地区造成严重影响,如何应对危机,成为这些行业、地区应重点考虑的战略问题;④短期危机后,适当恢复策略有助于旅游的迅速恢复;⑤危机为旅游的发展带来了某种机遇。

魏小安和曾博伟在关于汶川地震后中国旅游形势的研究中梳理了改革开放以来,国内旅游业发生的七次巨灾。同时,着重探讨了 2008 年地震对整个国内旅游业所造成的冲击。其结论包括四个方面:其一,国内的旅游相对于入境旅游,其影响程度较小;其二,对于入境旅游,中国的香港、澳门、台湾市场所受到的影响程度相比于外国市场要小一些;其三,短途的出游方式可能是国内旅游更热衷的选择方式;其四,对于不同的旅游服务个体,旅游饭店受到的冲击要显著小于旅行社受到的冲击。

3.1.2.3 灾后游客赢回的研究文献

Peggy O. Shitlds 在关于服务商反馈和顾客重购意愿及正面口碑关系的研究中利用超过 1000 个有效的好评和抱怨信件电邮，研究公司回应行为和顾客对回应行为的反应。研究发现无论是好评还是抱怨，顾客都希望得到公司的回应，而服务商却不像产品商那样回复这两种顾客的反馈。虽然电子邮件的抱怨不如传统信件那样更希望得到回应，但是其对回应的期望仍然很大。研究说明，服务商应该努力地对顾客的反馈进行回应，因为这样做的回报十分惊人。因为对顾客的回应会提高顾客的重购意愿和正面口碑。

Gavan Doig 在关于正式抱怨的回应能力的研究中认为，对于急诊医学来说，正视抱怨的回应能力是一个重要的问题，他研究了医学管理中如何管理病人的抱怨或者如何在其抱怨时使其满意。研究认为，就算是在抱怨管理部门工作的人，也应该利用他们的个人经验，根据抱怨和类型进行反应。

Mert Tokman 等在关于赢回顾客因素的有效性的研究中发现，无论顾客原来的满意程度、后悔度和对新的服务提供者的偏爱程度如何，价值决定因素、社会资本和服务的重要性，对形成顾客的回转意向都有显著作用。他们得出三个主要结论：①社会资本和服务重要性影响服务利益和赢回付出价值的关系；②提出了一个更广泛的顾客赢回决策模型；③价格对转换意向有很大的影响，并且价格策略的效果受到顾客转换原因的调节。

Jacquelyns Thomas 等在关于赢回顾客的策略的研究中通过回顾相关理论，建立了数学模型，将模型产生的数据作为比较的基础，不仅研究了赢回顾客的价格策略，还研究了当顾客决定再次选择时，最优的价格策略。通过建立赢回和顾客二次关系持续期的模型，Jacquelyns Thomas 等认为，最优价格策略是低的赢回价格和高的赢回后价格。另外，除了价格策略外，作者还讨论了有关研究中发现的赢回顾客的问题。

在价格促销与 D 和 B 忠诚模式的相关性方面，唐小飞进行了相应的探讨：基于对价格赢回对顾客感知（其中该感知包括价格的感知度、情感因素以及置信程度）、忠诚度、信誉程度（顾客承诺）的影响机制，以及对对应的原因进行更深层次的分析，建立赢回管理的概念模型。结果表明，如果采用具有非货币性质的关系投资赢回策略，则可能有助于激励流失顾客内在消费的动机。这将会促使情感要素成为消费者购买决定发生的最为重要的因素。从而，促进消费者和企业之间形成一个具有可持续性和高稳定性的关系纽带。反之，如果采用经济性质的赢回策略，将会形成不稳定的关系纽带。

3.2 研究目标
3.2.1 研究界定

国外对灾害大小的评估主要以灾害造成的经济损失的具体数值作为衡量标准。不同于国外，国内的学术界对于自然灾害的评估则主要借助等级评估的方法进行。目前，国内对自然灾害等级的划分标准种类较多、暂未统一。其中，最具代表性的，当属马宗晋等于 1988 年提出的"灾度"的概念，用于表现自然灾害造成的直接损失绝对量的分级。他根据自然灾害造成的直接经济损失和人员死亡数量，将自然灾害分为巨灾、大灾、中灾、小灾、微灾五个级别。徐好民（1991）依据灾害发生后短时间内造成的直接和间接财产损失，将自然灾害划分为 A、B、C、D、E 五级，依据灾害造成的死亡人员数量，将自然灾害划分为 1、2、3、4、5 五级，二者结合共同表现自然灾害的等级。赵阿兴等（1993）仍然沿用了马宗晋的五级划分方法，但是却通过计算灾损率的数值来判定灾害等级。冯志泽等（1994）通过重伤人数、死亡人数和经济损失计算灾害指数，将自然灾害细分为 7 个等级。杨仕升（1997）也沿用了马宗晋的五级划分方法，但是需要借助灰色关联度模型对多指标进行计算后才能判断具体的灾害等级。利华（2002）等对高维变量空间进行降维处理，在保证原始数据信息损失最小的前提下，经过线性变换和舍弃部分信息，以少数的综合变量取代原有的多维变量，利用主成分法进行灾害评价。张亦飞

(2007) 等提出区间数评估模型，选取受灾面积、受灾人口、破坏房屋和直接经济损失组成评估指标体系，将灾害分为微灾、轻灾、中灾、重灾和极重灾五个等级。采用相应受灾区域与各灾害分级的最小综合距离值来确定。

现实生活中，根据《国家突发公共事件总体应急预案》，各类突发公共事件按照其性质、严重程度、可控性和影响范围等因素，一般分为四级：Ⅰ级（特别重大）、Ⅱ级（重大）、Ⅲ级（较大）和Ⅳ级（一般）。目前，为《国家突发公共事件总体应急预案》所制定的《特别重大、重大突发公共事件分级标准》是我国各地部门对突发的重大自然灾害进行等级划分的依据。其中，特别重大、重大突发自然灾害分级标准，如表3-3所示。

表3-3 特别重大、重大突发自然灾害分级标准

自然灾害类别	特别重大	重大
水旱灾害	1. 一个流域发生特大洪水，或多个流域同时发生大洪水 2. 大江大河干流重要河段堤防发生决口 3. 重点大型水库发生垮坝 4. 洪水造成铁路繁忙干线、国家高速公路网和主要航道中断，48小时无法恢复通行 5. 多个省（区、市）发生特大干旱 6. 多个大城市发生极度干旱	1. 一个流域或其部分区域发生大洪水 2. 大江大河干流一般河段及主要支流堤防发生决口或出现重大险情 3. 数省（区、市）多个市（地）发生严重洪涝灾害 4. 一般大中小型水库发生垮坝或出现对下流安全造成直接影响的重大险情 5. 洪水造成铁路干线、国家高速公路网和航道通行中断，24小时无法恢复通行 6. 数省（区、市）多个市（地）发生严重干旱，或一省（区、市）发生特大干旱 7. 多个大城市发生严重干旱，或大中城市发生极度干旱
气象灾害	1. 特大暴雨、大雪、龙卷风、沙尘暴、台风等极端天气气候事件影响重要城市和50平方千米以上较大区域，造成30人以上死亡，或5000万元以上经济损失的气象灾害 2. 1个或多个省（区、市）范围内将出现极端天气气候事件或极强灾害性天气过程，并会造成特大人员伤亡和巨大经济损失的气象灾害 3. 在其他国家和地区发生的可能对我国经济社会产生重大影响的极端天气气候事件	1. 暴雨、冰雹、龙卷风、大雪、寒潮、沙尘暴、大风和台风等造成10人以上、30人以下死亡，或1000万元以上，5000万元以下经济损失的气象灾害 2. 对社会、经济及群众生产、生活等造成严重影响的高温、热浪、干热风、干旱、大雾、低温、霜冻、雷电、下击暴流、雪崩等气象灾害 3. 因各种气象原因，造成机场、港口、国家高速公路网线路连续封闭12小时以上的
地震灾害	1. 造成300人以上死亡，直接经济损失占该省（区、市）上年国内生产总值1%以上的地震 2. 发生在人口较密集地区7.0级以上地震	1. 造成50人以上、300人以下死亡，或造成一定经济损失的地震 2. 发生在首都圈、长江和珠江三角洲等人口密集地区4.0级以上地震 3. 发生在国内其他地区（含港澳台地区）5.0级以上地震 4. 发生在周边国家6.5级以上、其他国家7.0级以上地震（无人地区和海域地质灾害除外） 5. 国内震级未达到上述标准但造成重大经济损失和人员伤亡损失或严重影响的地震

续表

自然灾害类别	特别重大	重大
地质灾害	1. 因山体崩塌、滑坡、泥石流、地面塌陷、地裂缝等灾害造成30人以上死亡，或直接经济损失1000万元以上的地质灾害 2. 受地质灾害威胁，需转移人数在1000人以上，或潜在可能造成的经济损失在1亿元以上的灾害险情 3. 因地质灾害造成大江大河支流被阻断，严重影响群众生命财产安全	1. 因山体崩塌、滑坡、泥石流、地面塌陷、地裂缝等灾害造成10人以上、30人以下死亡，或因灾害造成直接经济损失500万元以上、1000万元以下的地质灾害 2. 受地质灾害威胁，需转移人数在500人以上、1000人以下，或潜在经济损失5000万元以上、1亿元以下的灾害险情 3. 造成铁路繁忙干线、国家高速公路网线路、民航和航道中断，或严重威胁群众生命财产安全、有重大社会影响的地质灾害
海洋灾害	1. 风暴潮、巨浪、海啸、赤潮、海冰等造成30人以上死亡，或5000万元以上经济损失的海洋灾害 2. 对沿海重要城市或者50平方千米以上较大区域经济、社会和群众生产、生活等造成特别严重影响的海洋灾害	1. 风暴潮、巨浪、海啸、赤潮、海冰等造成10人以上死亡、30人以下死亡，或1000万元以上、5000万元以下经济损失的海洋灾害 2. 对沿海经济、社会和群众生产、生活等造成严重影响的海洋灾害 3. 对大型海上工程设施等造成重大损坏，或严重破坏海洋生态环境的海洋灾害
生物灾害	在2个以上省（区、市）病虫鼠草等有害生物暴发流行，或新传入我国的有害生物在2个以上省（区、市）内发生，或在1个省（区、市）内2个以上市（地）发生，对农业和林业造成巨大危害的生物灾害	1. 因蝗虫、稻飞虱、水稻螟虫、小麦条锈病、草地螟、草原毛虫、松毛虫、杨树食叶害虫和蛀干类害虫等大面积成灾并造成严重经济损失的生物灾害 2. 新传入我国的有害生物发生、流行，对农业和林业生产等造成严重威胁的生物灾害
森林草原火灾	1. 受害森林面积超过1000公顷、火场仍未得到有效控制，或受害草原面积8000公顷以上明火尚未扑灭的火灾 2. 造成30人以上死亡或造成重大影响和财产损失的森林火灾，造成10人以上死亡，或伤亡20人以上的草原火灾 3. 距重要军事目标和大型军工、危险化学品生产企业不足1千米的森林草原火灾 4. 严重威胁或烧毁城镇、居民地、重要设施和原始森林的，或需要国家支援的森林草原火灾	1. 连续燃烧超过72小时没有得到控制的森林火灾，或距我国界5千米以内的国外草原燃烧面积蔓延500千米以上，或连续燃烧120小时没有得到控制的草原火灾 2. 受害森林面积超过300公顷以上、1000公顷以下或受害草原面积2000公顷以上、8000公顷以下的火灾 3. 造成10人以上、30人以下死亡的森林火灾，或者造成3人以上、10人以下死亡的草原火灾 4. 威胁居民地、重要设施和原始森林，或位于省（区、市）交界地区，危险性较大的森林草原火灾 5. 国外大面积火场距我国界或实际控制线5千米以内，并对我境内森林草原构成较大威胁的火灾

资料来源：《特别重大、重大突发公共事件分级标准》。

根据以上对特别重大、重大突发自然灾害等级的划分，本书将"严重自然灾害"界定为属于"特别重大"等级的自然灾害。

3.2.2 问题提出

3.2.2.1 从游客视角研究旅游危机十分迫切且必要

旅游危机是指影响游客旅游信心和旅游活动正常运营的突发性事件（WTO，2003）。学者主要从旅游危机对旅游业的影响、旅游危机的应对和旅游危机的管理三个角度研究旅游危机的相关问题，很少从游客视角关注旅游危机（姜科，2010）。旅游价值链理论认为旅游行业创造价值的最根本目的就是满足旅游者的需求，旅游者在旅游价值链中具有重要地位和市场导向作用，是旅游价值流动的终点（Georgantzas，2003）。而目前，已有文献多从行业视角、企业和景区视角研究严重自然灾害危机的影响，却忽视了旅游活动的核心要素——游客。因此，这里从游客视角来研究严重自然灾害下旅游危机的影响。

3.2.2.2 严重自然灾害下影响旅游意愿的因素

严重自然灾害危机的主要特点是人员伤亡大、景区设施破坏严重、新闻曝光率高、持续时间长、心理冲击大。与一般旅游危机相比，严重自然灾害危机对游客的影响有较大差异，市场恢复也更为困难。常用的安全保障和价格促销策略往往不能对严重自然灾害危机产生立竿见影的效果。这可能是因为，虽然安全因素和价格因素是影响旅游意愿的重要方面，但不是全部方面。所以，忽视严重自然灾害危机对旅游意愿的影响因素导致恢复措施针对性不强，旅游市场恢复缓慢。换句话说，厘清严重自然灾害危机对旅游意愿的影响因素才是制定针对性恢复措施的前提和关键。因此，这里将基于汶川大地震的背景，通过实证研究，来探究在严重自然灾害下有哪些因素影响游客的旅游意愿，以便为后续旅游恢复营销策略的研究提供理论依据。

3.2.2.3 严重自然灾害后游客流失的原因缺乏实证研究

严重自然灾害后对灾害地旅游业最严重的打击是景区游客骤然大量流失。现有的文献对灾后游客流失的原因做了较多的研究。但是这些研究存在以下的特点：①游客流失的原因多是在灾害后的某一问题探讨时提出，因此，各个流失原因散见于各个文献中，缺乏系统研究；②在这些文献的研究中，除了少数论文做了个别流失原因的实证研究外，大多流失原因没有经过实证研究的验证。因此，这里将以汶川地震后的四川旅游为例，分析严重自然灾害后造成游客流失的主要原因，以便在类似灾害发生后对灾害地景区有针对性地、科学地采取有效措施迅速恢复旅游业。

3.2.2.4 严重自然灾害后游客流失原因对旅游意愿的影响

由于严重自然灾害往往伴随着大量的人员伤亡和财产损失，在最初的研究中，大量学者将灾害后游客流失的原因归结为安全风险的影响。Bongkosh N. Rittichainuwat 和 Goutam Chakraborty 发现安全是影响游客流失的重要原因。Huang Jen-hung，Chuang Shu-ting 和 Lin Yu-ru 认为目的地设施损坏和安全感知是游客前往灾害地旅游的最大障碍。随着研究的深入，学者发现灾害后景区游客流失原因不仅仅是安全感知风险。Huang Jen-hung、Chuang Shu-ting 和 Lin Yu-ru 在研究印度洋海啸对游客的影响后认为，心理忌讳、设施损坏、交通障碍等都影响游客对目的地的选择。Sajaniemi P 的研究证实了鬼神信仰对旅游的影响，另外他还认为消极公共信息（Negative Publicity）也使游客旅游之心挫败。Milo K J，Yoder S L 发现在灾害后媒体报道降低了游客或潜在游客的旅游意愿，使灾后恢复更为复杂。这一观点与 Bongkosh N. Rittichainuwat 和 Goutam Chakraborty 的观点一致。

归纳现有学者的研究成果可以发现，灾害后游客流失的主要原因有安全疑虑、心理冲突、设施损坏、形象破坏、媒体负面报道、健康担忧、成本增加、交通影响等，但是对灾害后游客流失原因与旅游意愿之间的关系缺乏实证检验。因此，这里将通过结构方程实证分析两者间的关系，探明游客流失原因对旅游意愿的影响有多大。

3.2.3 研究目标

（1）在理论层面达到四个目标。

①从游客视角出发，基于计划行为理论，通过理论回顾和实证研究，归纳出影响灾后旅游意愿的主要因素；

②对严重自然灾害后游客流失原因进行挖掘，并进行实证研究；

③对各灾后游客流失原因与旅游意愿之间的关系进行探究，并得出流失原因对旅游意愿的影响程度；

④探究得出灾后交通成本改变对旅游意愿大小的影响情况，估计游客对交通成本各属性的边际效用及价值。

（2）在实践层面达到两个目标。

①帮助探明严重自然灾害后影响游客前往当地旅游的主要原因；

②根据造成灾后游客旅游意愿降低的原因，结合景区现实情况进行分析，为灾后选择具有针对性、效果最佳的旅游恢复策略提供理论支持。

3.3 研究意义

3.3.1 理论意义

首先，研究基于汶川大地震的背景下，从计划行为理论和游客流失原因这两个方向对影响灾后游客旅游意愿大小的因素进行深入的研究，两个方向的研究互为补充和检验，完善了灾害型旅游危机管理理论。

其次，严重自然灾害造成的旅游危机有别于通常情况下的旅游危机，而针对严重自然灾害，通过汶川地震后的实地调查和走访，开发灾后游客流失的测量量表，并对灾后旅游意愿进行系统的实证研究，实现了对现有灾害型旅游危机管理理论研究的补充和完善。

最后，在对灾后游客流失原因进行深入访谈时，发现了一个以前文献中没有发现的游客流失原因：伦理冲突，并通过最后的实证研究证明伦理冲突是灾后影响游客流失的重要原因之一。

3.3.2 实践意义

首先，研究的成果可以用于指导汶川大地震后的旅游恢复营销策略的制定，同时通过这种应用也可以对研究成果进行检验和完善。

其次，中国汶川大地震、海地大地震、智利大地震、中国台湾地区地震、印度尼西亚海啸等，灾害危机每年都在发生。面对灾害危机，如何快速恢复市场，需要探明游客心理，并以此指导旅游恢复营销策略的制定。本书基于汶川地震后的游客旅游意愿研究，可以为自然灾害，尤其是为严重自然灾害发生后的旅游市场恢复提供借鉴，帮助灾区制定营销策略，实现旅游市场的快速恢复。此外，对战争灾害危机、疾病灾害危机的市场恢复，也有借鉴参考价值。

3.4 研究方法

（1）文献研究。

文献研究法是根据一定的研究目的或课题，收集、鉴别、整理文献，并通过对文献的研究形成对研究问题的科学认识的方法。本书通过大量的相关文献检索、阅读与研究，对已有的旅游危机管理等方面的研究成果进行归纳总结，找出以前研究成果存在的不足与局限性，发现研究的机会点。

（2）理论研究。

借助管理科学中的营销理论、旅游理论、行为心理学理论、社会心理学理论等诸多理论，分析灾后旅游意愿的影响因素，进一步完善研究命题和研究假设，建立更加科学的理论研究框架，为进一步的实证研究奠定理论基础。

（3）专家意见。

将通过对文献、理论的阅读研究所得到的初步理论研究结果，提交给相关的专家，然后根据专家的意见，对初步结果进行进一步的完善。

(4) 调查研究。

根据四川景区主要客源情况，采取随机抽样法进行抽样，通过小组访问、问卷调查等手段进行四川景区潜在游客的数据收集。

(5) 实验法。

在一个相对可控的环境中，对自变量进行控制和操纵，然后在此过程中观测其对因变量的影响，并以此作为判别因果关系的依据。

(6) 数据分析。

对所有的调查数据，研究将运用因子分析法、聚类分析法和回归分析法等统计分析方法，借助 SPSS16.0、LISREL8.70 等统计软件进行数据分析处理，对相关假设进行检验与修正，最终得出研究所需结论。

3.5 研究内容与框架

3.5.1 研究内容

研究内容主要分为三个部分。

第一部分，基于计划行为理论，实证研究在严重自然灾害下影响旅游意愿的主要因素；第二部分，基于对灾后游客流失原因的研究，探究严重自然灾害下影响旅游意愿的因素；第三部分，对旅游成本中占比重大的交通成本进行研究，探究严重自然灾害发生后交通成本对旅游意愿的影响情况。具体分析如下：

第一部分，基于计划行为理论，通过对现有灾后旅游危机管理的相关理论进行梳理分析，初步确定从行为信念、规范信念、控制信念和负面情感 4 个方面来探析严重自然灾害后旅游意愿降低的原因。在此基础上，收集相关数据，通过因子分析得出影响灾后旅游意愿的主要因素。然后，将游客分为控制型和敏感型两类，通过聚类分析探究各影响因素对不同类型的游客是否有不同的影响。最后，通过回归分析，得出对灾后旅游意愿的影响最为显著的几类因素。

第二部分，通过对现有灾后旅游管理的文献进行研究，归纳整理出严重自然灾害后游客流失的原因，同时通过对旅游者的访谈，根据专家意见和景区可控原则，发现现有文献中没有明确表述的原因：伦理冲突。然后根据文献和专家意见构建量表进行实证研究，得出严重自然灾害后游客流失的原因，并通过结构方程分析得出灾后游客流失原因对旅游意愿的影响权重。

第三部分，基于对第一部分和第二部分研究结论中旅游成本对灾后旅游意愿影响不显著的思考，同时考虑到交通成本往往在旅游成本中占比最大，故第三部分将对严重自然灾害发生后交通成本对旅游意愿的影响情况进行实证研究，以此来间接讨论旅游成本对灾后旅游意愿的影响情况，并提出针对灾后旅游交通成本改变的营销策略。

3.5.2 研究框架

研究框架由 7 个章节组成。

第 3 章是绪论。从严重自然灾害后灾害地旅游市场恢复缓慢的现实问题出发，通过对现有的旅游危机管理等文献的梳理和分析，发现研究机会，明确研究内容和目标，并对研究所采用的方法和技术路线进行简单介绍。

第 4 章和第 5 章是研究涉及的理论文献的介绍，分别对旅游危机理论和与旅游意愿相关的理论文献进行了梳理，为探究影响灾后旅游意愿的因素提供坚实的理论基础。

第 6 章是在严重自然灾害背景下，从游客视角，基于计划行为理论，通过理论回顾和因子分析找出影响旅游意愿的因素，并进一步通过聚类分析和回归分析，探究各因素对旅游意愿影响差异的情况，从而得出主要的影响因素。

第 7 章是在严重自然灾害背景下，基于游客流失的角度，通过文献梳理和深度访谈，建立测量量表，通过实证研究，归纳总结出严重自然灾害后游客流失原因，并通过结构方程和路径分析，探究游客流失原因对旅游意愿的影响权重，从而得出主要影响灾后旅游意愿的因素。

第 8 章欲对第 6 章和第 7 章中"价格因素对旅游意愿的影响不显著"的结论进行间接讨论。考虑到交通成本通常在旅游成本中占比最大，且自然灾害对旅游交通往往会造成较大影响，因此，第 8 章将通过研究交通成本对灾后旅游意愿的影响来间接探究"价格因素对旅游意愿的影响不显著"的结论，同时对交通成本各属性进行价值评估，为灾后使用有效的恢复营销措施提供理论依据。

第 9 章对研究的结论进行总结，讨论研究成果在实践运用中的启示，并陈述研究的创新点、研究局限和未来的研究展望。

4. 灾害型旅游危机研究

4.1 旅游危机

4.1.1 旅游危机的定义与分类

要了解旅游危机，需要先对危机的定义、分类进行一定的了解。

4.1.1.1 危机的定义与分类

（1）危机的定义。

危机（Crisis）一词最早可追溯到古希腊时代，在希腊语中为"krinein"，它的解释有两个，一是"a point or moment of great difficult or uncertainty"，意指危机紧要关头；二是"the time in a serious illness at which there is a sudden change for better or worse"，意指重病的、人濒临死亡、游离于生死之间的状态[1]。在中国，"危机"最早见于三国时期的吕安在《与嵇茂齐书》中提及的"常恐风波潜骇，危机密发"，译为潜伏的祸害或危险。《辞海》对"危机"的解释有三个，一是"潜伏的祸机"；二是"生死成败的紧要关头"；三是"危险的根由"[2]。

不同学者对危机的定义也有所不同，如罗森塔尔（Rosenthal，1991）和皮恩伯格（Pi-jnenburg，1991）从不确定性角度出发认为：危机是指具有严重威胁、不确定性和有危机感的情境[3]。格林（Gerne，1992）从危机控制的角度，认为危机中的时间因素非常关键，危机主要任务是减少损失。巴顿（Batno，1993）从危机影响的蔓延角度出发，认为危机是引起潜在负面影响的具有不确定性的大事件，这种事件及其后果可能对组织及其员工、产品、服务、资产和声誉造成巨大的损害[4]。危机研究先驱赫尔曼（Hermann，1972）则将危机定义为一种状态，而非一个或多个事件，"将危机定义为一种形势，在这种形势中，决策者的根本目标受到威胁，做出反应的时间有限，形势的发生出乎决策者的意料"。这个观点也得到我国危机管理专家胡百精的支持，他认为危机更倾向于一种涉及内部与外部多重关系的形势、情境或者状态。可以看出，学者对于危机的定义普遍强调三个要素：价值威胁、时间压力和高度不确定性。

（2）危机的分类。

根据不同的分类标准，危机可以分为不同的类型。

①按危机的来源分类，可分为外部危机、内部危机。

外部危机是指由组织外部原因导致的，对组织活动和生产经营造成不利影响的危机，如政治危机、社会危机、经济危机、自然危机、产业和科技进步危机等。

内部危机是指由组织内部原因而引发的危机，对组织的日常运营和经营产生危害或潜在危害的危机，如组织的战略发展、人才、财务危机及组织安全及形象、信誉危机等。

②按危机的影响范围分类，可分为全球性危机、国际性危机、国家性危机、地方性危机。

③按危机发生的领域分类，可分为政治危机、经济危机、自然灾害危机、事故型危机、公共卫生危

---

[1] 《朗文当代高级英语辞典》（英汉双解），1998年第1版，第353页。
[2] 《辞海》，1980年8月缩印本，第458页。
[3] 罗伯特·希斯. 危机管理 [M]. 北京：北京中信出版社，2001.
[4] 刘德艳. 旅游危机管理 [M]. 上海：上海人民出版社，2010.

机、群体冲突危机、环境生态危机。

④按危机的可避免性分类,可分为有避免可能的危机、无法避免的危机。

有避免可能的危机主要指人为的危机事件,如一些重大责任事故、群体性过激行为等。

无法避免的危机事件主要指非人为的突发事件,如地质灾害、医疗意外事件等。

⑤按危机的复杂程度分类,可分为单一型危机、复合型危机。

单一型危机是指某一危机事件的影响局限于事件本身,没有引起继发性的危机事件。

复合型危机是指由于其涟漪效应又引发新的危机事件,如医疗事故后又引发医闹和媒体曝光。

目前国内对危机事件的分类更加重视危机的诱因,如表4-1所示,这也有利于在研究中能更具针对性地加强危机预防和监控。

表4-1 危机事件的分类

类型	引致因素	一般表现方式
自然灾害型	环境破坏、疾病传播、自然突发事件	环境污染、自然灾害、公共危机
利益失衡型	经济发展不均衡、社会保障制度缺陷	罢工、集体上访、示威游行
权利异化型	政府权能体系的失效,如腐败	大规模群体冲突、妨碍公务
意识冲突型	意识形态领域的冲突,如宗教、民族	示威游行、暴力抗法、刑事案件
国际关系型	中国在国际格局中的发展	国家间紧张局势、经济制裁
技术灾害型	技术或工业事故	爆炸、辐射、泄漏等

资料来源:马琳 (2005)。

4.1.1.2 旅游危机的定义与分类

旅游业凭借其就业带动性强、经济乘数效应高等特点,不仅受到发达国家的重视,更受到许多旅游资源丰富的发展中国家的青睐。但旅游业的产业因关联度高、综合性强,所以也容易受到各种危机事件的影响。特别是进入21世纪,随着全球化的深入,各种政治、经济、恐怖袭击、自然灾害等突发事件使旅游业不断遭受危机影响。

(1) 旅游危机的定义。

旅游危机最早是作为旅游安全问题来研究的。国外旅游安全的研究兴起于20世纪70年代,主要研究犯罪等社会不安定因素对旅游的影响。1974年,在旅游业受到能源危机的严重冲击下,旅行研究协会在年度会议上探讨了旅行和旅游业在灾害和危急时刻的脆弱性。这次会议在旅游科学和实践中率先引入关于危机的研究课题。随着战争、恐怖主义问题的凸显,旅游安全的研究在20世纪90年代进入高潮:1995年在瑞典召开了题为"热点话题:旅游安全与风险"的国际会议;1996年皮赞和曼斯菲尔德(A. Pizam 和 Y. Mansfeld)出版了第一本关于旅游安全的著作《旅游、犯罪和安全问题》;1997年在克罗地亚召开"战争、恐怖主义与旅游危机时代及其恢复"的国际会议。进入21世纪后,美国"9·11"恐怖袭击事件、英国口蹄疫、SARS疫情等重大危机事件频发,对旅游业造成了严重的影响,也促使学界和社会对旅游危机投入了广泛关注和研究。但直至今日,学界仍未对旅游危机的定义做出一致的定论。

马俊和沙润 (2004) 将旅游危机定义为,"由各种不确定的因素或者突发性的重大事件(如自然灾害、急性传染病、战争、恐怖袭击、各类安全事故以及经济危机等)所引发的,且往往会导致旅游业遭受重大损失,以及长时间难以彻底根除的后续消极影响的事件"。

张建 (2004) 等认为,"旅游危机是指因为战争、恐怖主义活动、汇率波动、文化冲撞、传染病、灾害、媒介误导、谣言传播等因素导致区域旅游形象下降，旅游市场迅速转入低谷，旅游企业进入严重困难时期的现象"。

如尤和科希纳（Stafferd Yu 和 kohina）认为，"旅游危机是指影响旅游者信心、妨碍旅游业正常运转的各种不曾预见的事件。其中，包括那些对目的地形象的影响远甚于对基础设施的影响的诸如洪水、飓风、火灾或者火山爆发等事件，也包括将对目的地的旅游地吸引力产生影响的国内动荡、犯罪、疾病等事件，甚至也包括诸如汇率的剧烈波动等经济因素"。

亚太旅游协会（PATA）认为，旅游危机是"能够完全破坏旅游业潜能的自然或人为的灾难"。

世界旅游组织（World Tourism Organization）给出的定义为，"影响旅行者对一个目的地的信心和扰乱旅游业继续正常经营的非预期性事件。这类事件可能以无限多样的形式在许多年中不断发生"。这也是目前国内外学者较为认可的定义。

笔者认为，旅游危机是影响旅游者的旅游信心并扰乱旅游目的地旅游业正常运行事件的出现所带来的一种伴随各种风险和不确定性的状态，它既可由非预期性的事件引起，也可由在一定时期内可预见到的事件引发。本书的研究，正是在由自然灾害而引起的旅游危机的背景下展开的。

（2）旅游危机的分类。

现有的文献已经对旅游危机进行一些分类，由于危机促成因素的多样性，旅游危机的划分也是多样的。如按照旅游危机的由来可划分为竞争者的旅游危机、客源的旅游危机、目的地的旅游危机；按照旅游危机的危害性可划分为轻度旅游危机、中度旅游危机、重度旅游危机；按照旅游危机的预测性可划分为可预测性旅游危机、不可预测性旅游危机；按照旅游危机的影响范围可划分为跨国旅游危机、全国旅游危机、局部旅游危机、本地旅游危机；按照旅游危机的持续时间可划分为一次性旅游危机、间歇性旅游危机、持续不断性旅游危机。

本书主要研究自然灾害造成的旅游危机，因此主要对以下的旅游危机分类进行阐述。

①背景型旅游危机和内在型旅游危机。

在旅游业中，众多学者从危机产生的根源，将旅游危机做了类型划分。李九全等（2003）从旅游的角度将危机事件分为背景型旅游危机和内在型旅游危机[①]。由于旅游业的敏感性，自然灾害、战争、社会动乱、经济危机、疫病等因素都会影响旅游经营，或造成旅游者的人身伤害与财产损失，并引发潜在旅游者取消或改变他们的旅游计划，导致当地旅游业衰退。这些突发的自然灾害（包括火山爆发、地震、泥石流、洪水、海啸、瘟疫等）、经济动荡与经济危机或社会动荡等事件属于影响旅游业正常经营的外部因素，可称为背景型旅游危机。另外，在旅游的食、住、行、游、购、娱六大活动过程中也会给旅游业造成巨大损失的非预见性事件发生，这些事件是旅游业内部因素，可称为内在型旅游危机。表4-2列举了背景型和内在型旅游危机，危机的影响内容和影响范围，并以例证加以说明。

表4-2 背景型和内在型旅游危机

危机类型		影响内容	影响范围
背景型危机	自然灾害	旅游资源破坏，旅游经营停顿，威胁旅游者人身财产安全	灾害发生地及与之有关的旅游线路
	战争或武装冲突	全面影响	战争、冲突各方、周边区域、全球
	恐怖主义事件	全面影响	恐怖袭击发生国家和地区、全球

---

① 李九全，李开宇，张艳芳. 旅游危机事件与旅游业危机管理 [J]. 人文地理，2003（6）：35-39.

续表

危机类型		影响内容	影响范围
背景型危机	外交危机	人员交往停顿，对旅游者的攻击	交恶双方
	社会动乱	全面影响	动乱发生地区或国家
	经济动荡	出境游，旅游经营	所在国家或地区、其公民的旅游目的地
	突发性公共卫生事件	全面影响	事件发生地、发生国家、全球
	重大事故	旅游者人身财产安全	事故发生地及波及范围
内在型危机	重大旅游犯罪	旅游者人身财产安全	事件发生地、发生国家
	旅游资源破坏	旅游经营	事件发生地
	旅游事故	旅游设施、旅游人身财产安全	事件发生地，相关旅游项目

数据来源：李九全等（2003）。

②传统旅游危机和非传统旅游危机。

罗美娟等（2008）将旅游危机的类型重新划分为传统旅游危机与非传统旅游危机。

传统旅游危机是伴随着旅游活动的产生与旅游业的发展而出现的，且为多数人所熟知的危机类型。此类危机在旅游业发展进程中发生的频率较高且危害程度较大，人们对其特点与发生规律已有一定程度的了解与掌握[①]。可以看出，罗美娟等对传统旅游危机的划分包含李九全等划分的背景型危机和内在型危机。李久全等划分的内在型危机包含重大旅游犯罪、旅游资源破坏、旅游事故，这些虽然属于旅游业内部发生的危机，但这些危机并非全部由旅游业本身的原因造成，很有可能是外部原因如当地治安、生态环境或交通事故等造成的，传统旅游危机包含的类型如表4-3所示。

表4-3 传统旅游危机的类型

类型	细分
自然灾害	雪灾、地震、火山爆发、洪水、雪崩、山体滑坡等
社会灾害	国内动乱和暴力冲突 突发性公共卫生事件 战争和恐怖活动
流行疾病	动物流行病、人类流行病
政治事件	国内政治局势动荡、外交危机、国际关系动荡等
经济事件	经济秩序动荡、经济形势恶化、经济危机、汇率变动、货币贬值等
意外事故	重大事故 旅游事故
旅游犯罪	旅游盗窃、欺诈与暴力犯罪等

资料来源：罗美娟等（2008）。

非传统旅游危机是近年来伴随着科技的发展与社会的进步所引发的，并伴随旅游者需求的多样化与

[①] 罗美娟，郑向敏，沈慧娴. 解读旅游危机的类型与特征 [J]. 昆明大学学报，2008，19（2）：59-63.

市场竞争的加剧化等因素而出现的新的危机类型①。非传统旅游危机主要包含旅游媒体危机与旅游客体危机，具体类型如表4-4所示。

表4-4 非传统旅游危机的类型

类型	细分	具体类型
旅游媒体危机	宏观环境危机	政治危机、经济危机、社会危机、市场危机等
	竞争环境危机	供应商的背离、替代品的压力、潜在竞争者的挑战、同行竞争的威胁等
	内部环境危机	产品与价格危机、信誉与形象受损、资金威胁、突发事故危机、管理危机、营销危机、运营危机、研发危机、人力资源危机、战略危机、市场危机等
旅游客体危机	资源危机	旅游资源破坏与匮乏、过度开发导致的景区生态破坏与景观破坏、自然灾害或人为因素引起的突发性事件等
	经营危机	战略危机、产品危机、服务质量危机、形象和品牌危机、财务危机、人才危机、客源地危机、目的地危机等
其他		媒体误导、谣言传播、新科技对旅游媒体与客体的挑战等

资料来源：罗美娟等（2008）。

（3）地理扩散型旅游危机和类型扩散型旅游危机。

罗美娟等（2008）依据旅游危机的影响范围与扩散方式划分出地理扩散型和类型扩散型危机。地理扩散型旅游危机是指影响旅游业正常发展的有害因素沿着地理区域范围扩散，在一定区域内破坏和影响旅游业正常发展的危机类型②，具体如表4-5所示。

表4-5 地理扩散型旅游危机的类型

类型	细分
自然灾害	雪灾、地震、火山爆发、洪水、雪崩、山体滑坡等
社会灾害	国内动乱和暴力冲突 突发性公共卫生事件 战争和恐怖活动
政治事件	国内政治局势动荡、外交危机、国际关系动荡等
经济事件	经济秩序动荡、经济形势恶化、经济危机、汇率变动、货币贬值等

资料来源：罗美娟等（2008）。

类型扩散型旅游危机是指危机所产生的消极影响在多种因素的作用下，使具有相似属性的旅游主体、旅游客体或旅游媒体等受到影响，从而共同面临的危机类型③，具体类型如表4-6所示。

---

① 罗美娟，郑向敏，沈慧娴.解读旅游危机的类型与特征［J］.昆明大学学报，2008，19（2）：59-63.
② 罗美娟，郑向敏，沈慧娴.解读旅游危机的类型与特征［J］.昆明大学学报，2008，19（2）：59-63.
③ 罗美娟，郑向敏，沈慧娴.解读旅游危机的类型与特征［J］.昆明大学学报，2008，19（2）：59-63.

表4-6 类型扩散型危机的内容

类型	细分	具体类型
流行疾病	动物流行病	口蹄疫、禽流感、鼠疫等
	人类流行病	流感、艾滋病等
突发性公共卫生事件		食物中毒等
意外事故	重大事故	重大交通事故等
	旅游事故	旅游交通事故、旅游安全事故（如旅游娱乐设施事故）等
旅游犯罪		旅游盗窃、欺诈与暴力犯罪等
旅游媒体危机	宏观环境危机	政治危机、经济危机、社会危机、市场危机等
	竞争环境危机	供应商的背离、替代品的压力、潜在竞争者的挑战、同行竞争的威胁等
	内部环境危机	产品与价格危机、信誉与形象受损、资金威胁、突发事故危机、管理危机、营销危机、运营危机、研发危机、人力资源危机、战略危机、市场危机等
旅游客体危机	资源危机	旅游资源破坏与匮乏、过度开发导致的景区生态破坏与景观破坏、自然灾害或人为因素引起的突发性事件等
	经营危机	战略危机、产品危机、服务质量危机、形象和品牌危机、财务危机、人才危机、客源地危机、目的地危机等
其他		媒体误导、谣言传播、新科技对旅游媒体与客体的挑战等

资料来源：罗美娟等（2008）。

本书研究的自然灾害造成的旅游危机，按照上述的分类标准，应属于背景型旅游危机、传统旅游危机、地理扩散型旅游危机。

4.1.2 旅游危机的特征

通过对现有国内外文献的梳理，可以归纳出旅游危机所具有的一般特征：突发性、紧迫性、危害性和双重性。

（1）突发性。

旅游业的产业关联度高、综合性强的特征，使旅游业具有天然的脆弱性和对危机的高度敏感性。政治、经济、自然、社会环境出现突发性事件，都可能造成旅游危机。而且造成旅游危机的事件大多源于外部环境，往往难以预期和控制。相较于常规的事件，旅游危机是超出人们预期，在毫无准备的情况下突然爆发的事件，在短时间内便会给社会和企业造成措手不及的巨大冲击和破坏。

（2）紧迫性。

旅游危机爆发后，将迅速扩大与蔓延，引发一系列问题。旅游危机管理的主体如果无法在尽可能短的时间内把握危机的走向，及时做出有利于形势的决策，将会使危机的负面影响迅速扩大，并可能演变为更棘手的危机。所以，旅游危机具有紧迫性，爆发后要求在第一时间迅速处理。

（3）危害性。

旅游危机爆发后会在短时间内对旅游业带来巨大的打击并造成混乱。又由于旅游活动是由"吃、住、行、游、购、娱"一系列活动构成的，使旅游产业的关联度很高，导致旅游业中其中一个产业遭受到危机，其他相关产业也会迅速受到波及，将对经济造成严重的危害。同时，旅游危机发生后，游客对旅游目的地存在安全顾虑，而旅游产品具有的"生产和消费同时性"减弱游客对旅游地旅游价值和安全的感知,从而进一步减弱游客的购买意愿,使旅游危机的后续影响时间变长,加剧了旅游危机的危害性。

(4) 双重性。

旅游危机的双重性体现在"危险"和"机遇"并存。旅游危机给产业、行业和企业等造成危害时,也带来一定的契机。面对旅游危机,在关注负面影响的同时,更需要审时度势,积极地发掘和认识在危机中隐含的机会,然后把握并有效利用机会来逆转危机。比如,汶川大地震后,利用地震的知名度和特色的震后旅游资源来开发黑色旅游。

4.1.3 旅游危机对旅游者的影响

侯国林(2005)认为,旅游危机对经济的影响是从游客量的减少开始的,随着游客量的减少,目的地的物流和资金流也相应减少甚至停顿,导致目的地的旅游经营活动被打断,旅游经济陷入困境。由此可以看出,旅游危机事件影响的关键环节是对旅游者的影响。

安全是旅游者的基本需求。根据马斯洛的需求层次理论,安全需求是在满足基本的生理需求后的第二层次的需求,是旅游者享受一次完整且令人精神愉悦的旅游经历的重大保障。旅游危机使旅游者对旅游目的地的安全产生顾虑,当旅游者认为到当地旅游难以保障人身、财产等方面的安全时,绝大部分旅游者将取消或改变他们的旅游计划,从而使旅游目的地的游客量出现大幅降低。

旅游危机对旅游者的影响主要体现在人身健康安全、财产安全和心理安全方面。

(1) 人身健康安全。

旅游危机事件常常威胁到旅游者的人身健康安全。常见的自然灾害、战争、恐怖袭击、疫病等危机事件都给旅游者造成人身健康伤害。

2001年9月11日的美国"9·11"事件造成近3000人遇难;2004年12月26日,印度尼西亚北部苏门答腊岛海域发生里氏8.9级地震,并引发强烈海啸造成东南亚和南亚近30万人遇难,旅游者也伤亡惨重;2008年5月12日汶川大地震造成69200余人遇难;2010年10月21日台风"鲇鱼"引发的中国台湾地区泥石流造成400名大陆游客被困,26名大陆游客遇难。可以看出,旅游危机的爆发将对人们的人身安全带来巨大的威胁甚至毁灭性破坏。

旅游危机带来的危害常常不是一次性的,如许多自然灾害,特别是等级高、强度大的自然灾害发生以后,常常诱发一连串的次生灾害,同时还可能衍生出一系列的衍生灾害。如大地震后产生的一连串的余震,引发的暴雨、山洪、泥石流、疫病等衍生灾害。旅游危机的持续性的危害进一步加重了对旅游者人身健康安全的威胁。

(2) 财产安全。

许多旅游危机,特别是波及范围广、影响程度大的危机的发生常常会使旅游地陷入混乱,治安管理受到影响,导致当地犯罪行为增加,极大地威胁旅游者的财产安全。如在对汶川大地震后旅游者的灾后风险认知调查中,就有人反映"我担心地震后一段时间的混乱,会使我在该地旅游过程中,成为犯罪分子盗窃的目标","我担心地震后该地区容易发生群体事件,造成旅行不便甚至影响人身财产安全"。

(3) 心理安全。

许多遭受过危机的旅游者在经历危机造成的恐惧、亲人死亡等挫折后,都会存在不同程度的心理问题。据联合国统计,全球每年由灾害、挫折、亲人死亡引起的心理障碍超过7亿人。2005年印度尼西亚海啸发生后,遭受危机的许多人都严重失眠,心中难以摆脱对灾害的恐惧。因此,在旅游地发生旅游危机后,许多旅游者都心生畏惧,会取消或改变旅游计划。

危机事件发生后,绝大多数旅游者获取旅游地信息的渠道都来自大众媒体。大众媒体对危机事件危害性的渲染,以及旅游者自身的经历或认知都会对旅游者的旅游决策产生重大的影响,同时导致旅游者到旅游危机地旅游会产生不必要的紧张感、焦虑和担心。

4.2 灾害型旅游危机

4.2.1 对灾害型旅游危机的概念辨析

本书是在严重自然灾害的背景下，对旅游危机管理方面的相关问题进行研究。因此，研究需要对"危机"和"灾害"这两个含义相近、联系紧密的术语进行区别。

首先，将对国内外文献中所提出的"危机"和"灾害"的定义进行梳理。

众多学者将存在于社会中的"灾害"和"危机"统称为环境风险，并将其分为自然灾害和人为灾害（Baum, Fleming 和 Davidson, 1983；Wiegman 和 Gutteling, 1995；Renn, 2004）。Baum, Fleming 和 Davidson（1993）等认为，自然灾害是人类根本无法控制的。Wiegman 和 Gutteling（1995）提出，人为灾害与自然灾害的一个重要差异是，人为原因造成的灾害（尤其是一些科技灾害事件）比自然原因造成的灾害（地震、火山等）影响更严重，更持久。Renn（2004）认为自然灾害是不可避免的。Burton 等（1993）将自然界中的极端事件（Extreme event）和自然灾害予以区分，认为极端事件不过是自然事件系统的一部分，是中性的，对人既无善意，也无敌意，只有当人类与其产生互动，未蒙其利，反受其害的情况下，才称为灾害。汤爱平等（1999）将自然灾害定义为以自然界作用为发生的原动力，使人类社会结构和人类生存环境承受力超过极限而失去固有的平衡和稳定，造成人类赖以生存的基础被破坏或功能失效，以导致人类及其社会损失为特征，并使承受对象在一定时间内难以靠自身力量恢复的突发事件。

在对"危机"的定义中，Hermann（1972）将危机视为一种情境状态，在这种情境状态下，其决策主体的根本目标受到威胁，在改变决策之间可获得的反映时间很有限，其发生也出乎决策主体的意料。Fink（1986）则更注重危机所蕴含的变化状态，他将危机表述为，事件处于即将发生决定性变化时所处的一段较为不稳定的时段，以及这种不稳定的状态。Barton（1993）从单个企业或单个组织的视角研究危机，他更关注危机为企业或组织带来的危害性，他提出危机是一个引起潜在负面影响的具有不确定性的重大事件，而且这种事件及其后果可能对组织及其员工、产品、服务、资产和声誉造成巨大的损害。Rosenthal 和 Kouzmin（1996）认为，危机就是对一个社会系统的基本价值和行为准则架构产生严重威胁，并且在时间压力和不确定性极高的情况下，必须对其做出关键决策的事件。Seeger 等（1998）则认为，危机是一种能够带来高度不确定性和高度威胁的、特殊的、不可预测的、非常规的事件或一系列事件。国内学者对于危机的研究也非常丰富，在很多学科领域内均有所涉及。其中，公共管理领域的研究开展较早，成果也较为丰硕。马建珍（2003）认为，危机是指社会遭遇严重天灾、疫情，或出现大规模混乱、暴动、武装冲突、战争等，社会秩序遭受严重破坏，人民生命财产和国家安全遭受直接威胁的非正常状态。张成福（2003）在从事公共管理方面的研究时，给危机下了这样的定义："危机是这样一种紧急事件或者紧急状态，它的出现和爆发严重影响社会的正常运作，对生命、财产、环境等造成威胁、损害，超出了政府和社会常态的管理能力，要求政府和社会采取特殊的措施加以应对。"薛澜和朱琴（2003）认为，危机通常是决策者的核心价值观念受到严重威胁或挑战，有关信息很不充分，事态发展具有高度不确定性和需要迅捷决策等不利情境的汇聚。陈刚和张永艳（2009）认为，危机是指在社会生活中突然发生的、不确定的、具有一定破坏性并严重危及社会秩序，给社会和人们造成重大危害的事件。例如，战争、暴乱、灾害、事故、瘟疫、恐怖袭击、环境恶化等社会的、政治的、自然的现象。尽管学者们对"危机"所下的定义各不相同，但是他们都提到一个共同点，就是危机具有对于核心价值或者说核心资产的威胁性。也就是说，能够对核心价值产生威胁的事物，才有可能被称为危机。

首先，灾害的发生会导致危机的出现，灾害是危机的诱因，但是灾害本身并不是危机，更不能等同于危机。其次，危机的出现也并不总是具有高度不确定性的。Parsons（1996）曾将危机分成瞬时性危机、短时性危机和持久性危机三类。瞬时性危机的持续时间最短,也最难以对其进行有效的管理和控制;短时性危机的持续时间稍长,相对于瞬时性危机,管理者更有时间去做相应的准备;持久性危机的持续时间最长,少则几天多则若干年,给管理者留有充足的制订应对策略的时间。以马尔代夫为例,随着全球碳排放量的加剧和温室效应的严重,全球气候不断变暖,导致海平面上升,使得马尔代夫这一平均海拔仅1.5米的印度洋上的旅游胜地开始面临严峻的挑战。马尔代夫从领导人到普通民众,均已感受到潜在的威胁。有报道指出[1],从2011年起,在过去的6年里是北极温度最高的6年,有专家指出北极冰川正在以比想象的还要快的速度融化,这可能导致到21世纪末全球海平面将上升1.6米。又有科学家表示[2],如果目前全球变暖的趋势得不到遏制,那么,马尔代夫和其他一些地势低洼的国家可能会在21世纪消失。这种危机已经深入到每个马尔代夫人的心里,而这种危机并非不确定的。最后,危机的出现并不总由出现灾害而导致。仍然以马尔代夫举例,全球变暖是一个缓慢而持续的过程,虽然本研究经常将它看作一场"灾害",但从严格意义上讲,它有别于其他灾害,因为它不具有突发性的特征,而且从某一个时间点上看,它并没有造成巨大的人员伤亡和财产损失。由此可见,灾害和危机还是有着巨大的差异的。

"灾害"是另一个与"灾难"相近的术语,二者经常被人们混淆,即便在学界也是如此。出现这种现状的原因是多方面的,不同学科的学者从本学科甚至从其本人的角度出发选择不同的术语是一个方面,另外的一个主要原因,就是对国外文献进行本土化解读时,翻译精度以及译者本身水平的差异。

在汉语中,根据《高级汉语词典》,灾害可以解释为"旱、涝、虫、雹、战争、瘟疫等造成的祸害",而灾难则可解释为"自然的或人为的严重损害"。

Wilson(2001)认为,灾害(Disasters)即在时间和空间上集中的事件,在这个事件中,社会或社会的部分经历了严重的危险并导致对其成员和物质附属物的严重破坏,以致社会结构被破坏,一些或全部的社会必要功能无法实现。

从语义学上讲,"灾害"与"灾难"相比有两点不同。其一,立场不同,"灾难"较为主观,强调对当事人所造成的损害;而"灾害"则较为客观,强调的是事件本身,不涉及对当事人的影响及影响程度。其二,程度不同,灾难的严重程度要甚于灾害(这本身已经有主观评判的因素在里面)。从科学研究的角度看,对于同一类现象来说,使用"灾害"比使用"灾难"更加科学,这也与UNISDR(联合国国际减灾战略)保持一致。

国外学者对于旅游危机的概念表述是较为规范和统一的,即"Tourism crisis"。然而,国内学者对于旅游危机的表述却比较混乱,有学者用"旅游危机",也有学者用"旅游灾害"表达相同的含义(同时也有学者使用"旅游灾害"来表述旅游活动开展过程中对环境和各类旅游资源带来的破坏)。作者认为,"旅游灾害"这个概念的使用欠妥,灾害是作用于旅游业后才导致旅游危机的出现,因此,可以称其为"灾害背景下的旅游危机"或者"灾害型旅游危机"。

4.2.2 灾害型旅游危机的特征

现有的研究文献很少针对自然灾害类旅游危机的特征进行探究。然而,灾害型旅游危机是指由自然灾害引发的对旅游业造成消极影响的危机事件,其实质是旅游危机,属于旅游危机中的一个子类。因此,灾害型旅游危机的特征是在旅游危机的一般特征基础上,额外兼具自然灾害的特征。考虑到本书是在严重自然灾害背景下开展的研究,故这里仅对严重自然灾害的特征进行介绍。

---

[1] 数据来源:《过去6年北极温度最高 本世纪末海平面或升1.6米》。
[2] 数据来源:《水下会议:马尔代夫发出求救信号》。

严重自然灾害具有以下特征。[①]

（1）意外性。

许多自然灾害的发生具有不确定性、突发性和隐藏性等特点，一旦爆发常常让人措手不及，如地震、火山、龙卷风等。而且许多自然灾害的强度在灾害的发生、发展过程中往往出现突变，许多自然灾害和次生灾害相互影响。面对这些意外情况，即使是先进的技术能提前预测并预报，但仍显准备不足，遭受惨重损失。

（2）连发与耦合性。

许多自然灾害，特别是波及范围广、强度大的自然灾害，在其发生、发展过程中，常常会诱发一连串的次生灾害和衍生灾害。如印度尼西亚的强烈海啸就是由印度尼西亚北部苏门答腊岛海域发生的里氏8.9级地震引发的；日本在2011年发生的里氏9.0级地震并引发海啸，从而导致福岛核电站发生核泄漏；中国汶川里氏8.0级大地震引发一系列的余震，以及泥石流、堰塞湖、滑坡等灾害。原生灾害与次生灾害、衍生灾害相互叠加，造成的危害和损失远远高于原生灾害数倍甚至十倍。

（3）时空群发性。

自然灾害的发生往往不是孤立的，常常是在某一段时间或地区相对集中地出现，形成灾害频发的局面。通常表现为一种或多种灾害在同一地区或不同地区相继发生。据统计，清朝末年经历了一段灾害群发期。从鸦片战争开始到清朝灭亡的70余年间，永定河共漫决33次，而从1861—1895年共漫决20次，约占总数的2/3，其中，1867—1875年，更创下连续9年决口11次的历史纪录[②]。据岑仲勉《黄河变迁史》统计，晚清时期黄河发生较大决口的年份共31年，共计决口56次，其中，1861—1895年间发生决口的年份就有16年，共计33次，占其中的一半以上[③]。而且从1882年—1890年，黄河也曾连续9年发生漫决，滔滔黄水始终浸淹着黄河下游数省的广大地区。

（4）危害性。

严重自然灾害的发生会对人类的社会、经济、环境造成巨大的损失，直接威胁人类的生存和发展。严重自然灾害所具有的意外性、连发和耦合性及时空群发性都加剧自然灾害的破坏力和波及范围。如2008年5月12日汶川大地震造成69227人遇难，累计直接经济损失达8452亿元人民币。据美国减轻自然灾害十年顾问委员会统计，过去20年中，地震、洪水、飓风、龙卷风、滑坡、海啸、火山喷发和自然大火等自然灾害，在世界范围内造成280万人遇难，受影响人口达8.2亿，直接经济损失250亿美元~1000亿美元。

在本章的第一节已经阐述过旅游危机的四个特征：突发性、紧迫性、危害性和双重性。结合本节介绍的严重自然灾害的四个特征：意外性、连发和耦合性、时空群发性及危害性，可以看出灾害型旅游危机的特征也主要体现在事件的突发和难预期性、时间的紧迫性、危害性、危险和机遇并存、连发和耦合性及时空群发性方面。

4.3 旅游危机管理

4.3.1 危机管理的定义与模型

4.3.1.1 危机管理的定义

危机管理的理论在18世纪60年代初诞生。早期主要局限于军事和外交领域[④]。在资本主义经济危

[①] 蔡竞. 地方政府应急管理论纲 [M]. 北京：科学出版社，2010.
[②] 李文海，周原. 灾荒与饥馑 [M]. 北京：高等教育出版社，1991：4-6.
[③] 岑仲勉. 黄河变迁史 [M]. 北京：人民出版社，1957：582-586.
[④] 刘刚. 危机管理 [M]. 北京：中国经济出版社，2004：1.

机多发时期，美国于1913年成立联邦储备委员会，这标志着针对经济领域的危机管理机制的诞生。19世纪，"危机"一词逐步被引入政治领域，用来表明政府面临的紧急状况。20世纪以来，随着国际经济的发展，尤其是大型跨国公司的出现，危机管理被逐渐引进企业管理领域。随着亚洲金融危机、美国"9·11"事件等对公共社会危害较大的危机事件的频繁发生，危机管理的研究在公共领域得到了深入发展。如今，在美国、俄罗斯、韩国、日本等国家，危机管理的研究已经达到量化的水平，建立了多种以科学计算为基础的危机处理模型和仿真系统，危机管理走向制度化[①]。

关于危机管理的定义，目前国内外学术界还没有统一的说法，不同学者从各自的研究角度对危机管理进行定义。

以史蒂文·芬克（Steven Fink）为代表的学者将危机管理看作一种行为管理，更注重包含事情预控、事中管理和事后恢复的危机应对机制和行为策略。史蒂文·芬克认为，危机管理是指组织对发生危机的所有因素的预测、分析、化解、防范等采取的行动。包括组织面临的政治的、经济的、法律的、技术的、自然的、人为的、管理的、文化的、环境的和不确定的等所有相关的因素的管理。雷米（John Ramee）认为，危机管理是指组织针对危机的发展阶段做不同的因应管理措施。如在危机发生前，应对危机的警告信息作确切的侦察，并疏通沟通管道，做好危机的因应决策；当危机发生时，要成立危机管理小组负责处理并将危机予以隔离。这种观点将危机的事前和事中管理结合起来。苏伟伦认为，危机管理是指组织人通过危机监测、危机预控、危机决策和危机处理达到避免、减少危机产生的危害，甚至将危机转化为机会的目的[②]。鲍勇剑和陈百助认为，危机管理是研究"为什么人为造成的危机会发生，什么样的步骤或方法可以避免这些危机发生，一旦危机发生如何控制危机的发展和消除危机的影响"的科学[③]。

以格林（Green）为代表的学者对危机管理的定义更注重对危机情境的应对，没有涉及危机前的侦查、预警、隔离和危机后的恢复、学习。格林指出，危机管理的任务是尽可能把损失控制在一定的范围之内，在事态失控后要争取重新控制住。罗伯特·吉尔（Robert Girr）提出，危机研究和管理的目的就是要最大限度地降低人类社会悲剧的发生。魏加宁（1994）认为，危机管理具有"对危机进行管理，以达到防止和回避危机，使组织和个人在危机中得以生存下来，并将危机所造成的损害限制在最低限度的目的"。

随着危机管理研究的深入，国内外学界更倾向于将危机管理定义为一种包含事前、事中、事后管理的动态管理过程，在危机发展的不同阶段采取一系列的控制行为，以达到有效的预防、处理和消弭危机的效果。

4.3.1.2 危机管理的模型

在危机管理的研究中，国内外学界更倾向于将危机的发生过程界定为不同的阶段来进行研究。在众多的危机管理阶段分析法中，有三种模型最为学界认可，分别是：芬克（Fink）的四阶段生命周期模型（1986）、米特罗夫（Ian I. Mitroff）的五阶段模型（1994）和最基本的三阶段模型。

芬克（Fink）从危机的生命周期角度提出危机管理四阶段生命周期模型。芬克将危机的形成发展分为四个阶段：征兆期（Prodromal）、发作期（Breakout or Acute）、延续期（Chronic）、痊愈期（Resolution）。征兆期是危机的潜伏期，有线索显示可能发生潜在的危机。这个时期最容易解决危机，但因为没有明显的标志事件发生而使危机不易被察觉。发作期中具有伤害性的事件突然发生并引发危机。这个

[①] 丁辉. 论突发事件与应急机制 [J], 安全, 2003（增刊）: 12.
[②] 苏伟伦. 危机管理——现代企业失误管理手册 [M]. 北京: 中国纺织出版社, 2000.
[③] 鲍勇剑、陈百助. 危机管理——当最坏的情况发生时 [M]. 上海: 复旦大学出版社, 2003.

时期持续的时间是最短的，但却是危害性最大、冲击性最大的。延续期中危机的影响仍在持续，虽然危机事件已经得到初步的控制，但危机并没有被彻底解决，仍然需要努力去清除。痊愈期中危机事件已经解决，影响已经消除。芬克认为危机在发生之前是处于矛盾积累的量变阶段，必然存在危机预警的信号，因此，一个优秀的危机管理者应该更积极主动地去识别这些信号，并防范危机事件的爆发。

著名的危机管理专家米特罗夫（Ian I. Mitroff）提出危机管理的五阶段模型，将危机管理分为五个阶段：信号侦测、探测和预防、控制损害、恢复阶段、学习阶段。信号侦测阶段要求对新的危机发生的警示信号进行识别，确定是否存在危机预警信号，并采取积极的预防措施。探测和预防阶段要求组织成员搜寻已知的危机风险因素，并尽可能地减少潜在损害。控制损害阶段处于危机发生阶段，要求组织成员努力使危机不影响组织运作的其他部分或外部环境。恢复阶段要求尽可能地让组织正常运转起来。学习阶段要求组织成员回顾和审视所采取的危机管理措施，并整理总结，使之成为今后的运作基础。

三阶段模型是最基本的一种模型，分成危机前（Precrisis）、危机（Crisis）和危机后（Postcrisis）三个大的阶段。每个阶段又包含子阶段：危机前阶段包含危机征兆、信号侦测、危机预警和应对准备；危机阶段包含从危机爆发到危机正在解决期间的全部阶段，控制损害、危机发作和延续期都可归为这个阶段；危机后阶段就包含危机影响的消除、痊愈和反省学习阶段。三阶段模型是许多专家更为推崇的。

除了上述提到的学界较为认可的三种危机管理阶段模型外，著名的美国危机管理大师罗伯特·希斯（Robert Heath）在《危机管理》一书中提出的4R危机管理理论也是危机管理的基本框架之一。

在介绍4R危机管理理论之前，先对危机管理过程进行简单的阐述。

如图4-1所示为描述完整的危机管理过程的示意图。图中，左边两个象限代表危机管理的沟通活动，而右边两个象限表示危机管理的行为构成。上面两个象限反应的是开始清理危机事件的初期阶段，以生理上可见的影响为主，而下面两个象限反映的是恢复管理时期，在该阶段精神影响更加突出。反映和恢复管理中强调的重点是公众认知。

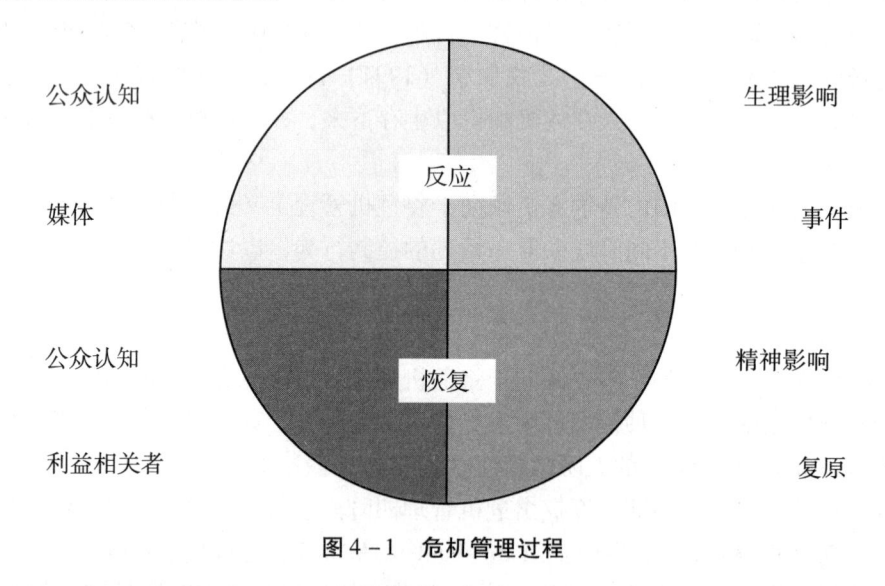

图4-1 危机管理过程

危机管理过程示意图有助于管理者从总体战略高度进行危机管理，了解危机管理中应该考虑的四个方面：如何减少危机情境的发生；如何做好危机管理的准备工作；如何规划及如何培训有关人员以应对危机局面。罗伯特·希斯将上述危机管理过程所涉及的工作任务按4R理论进行划分——减少危机情境的攻击力和影响力，使企业做好处理危机情况的准备，尽力应对已发生的危机，以及从危机中恢复。

4R危机管理模型（见图4-2）分为四个阶段：缩减（Reduction）、预备（Readiness）、反应（Response)、恢复（Recovery）。缩减阶段是整个危机管理的核心，通过后三个阶段的完善来减少危机发生的概率，贯穿整个危机管理过程。预备阶段是进行危机的防范工作。这个阶段可以组织危机管理团队，制订危机管理计划，进行日常的危机管理工作。同时还需建立一套完整有效的危机预警系统，并对成员进行培训使其掌握一定的危机处理方法。反应阶段是在危机发生时，危机管理者快速决策、协调组织和资源、阻止危机扩散的过程，其中，包含危机沟通、媒体管理、决策制定，与利益相关者进行沟通的工作。恢复阶段是危机消除后的恢复阶段和总结学习阶段，为今后的危机管理提供理论和经验，避免重蹈覆辙。

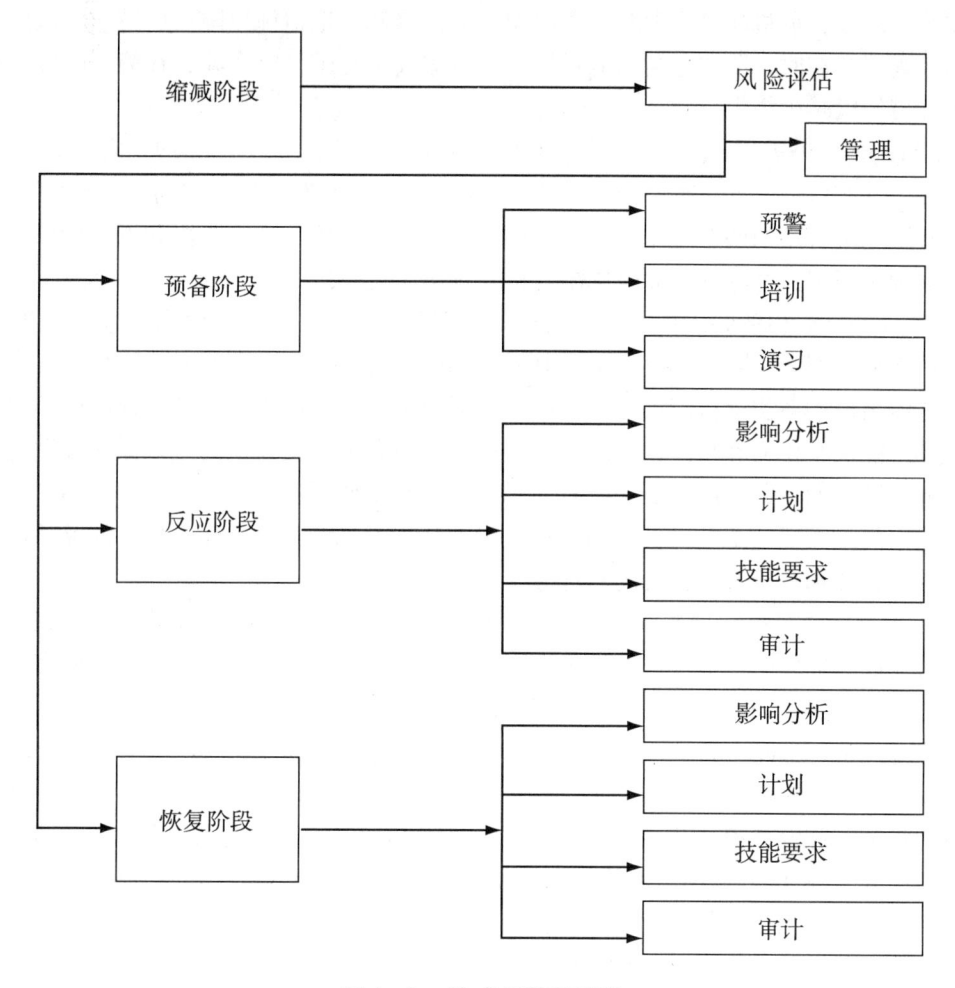

图 4-2 4R 危机管理模型

值得说明的是，4R 危机管理模型是一个涵盖危机的事前控制、事中控制、事后控制的动态系统管理过程，符合危机发展的客观规律。缩减是目的，预备是关键，反应是重点，恢复是基础——这四个阶段相互依存、环环相扣。前一个阶段为后一个阶段提供基础支持，后一阶段的成功也依赖前一阶段的有效执行。任何一个阶段的执行乏力，都可能导致整个危机管理系统瘫痪[①]。

4.3.2 旅游危机管理模型

所谓旅游危机管理，是旅游地对旅游开发、经营过程中可能产生的风险因素采取预防或消除措施，

---

① 周扬明，赵连容. 基于 4R 模型下我国公共危机管理体系建设的思考 [J]. 石家庄经济学院学报，2009.

以及在危险发生后采取弥补措施的科学管理方法[①]。旅游危机管理方面的研究依据研究的内容和目标大致可以分为两类，一类是对旅游危机管理基础理论的研究，另一类则是对某些特定的突发事件（灾害事件）导致的旅游危机的影响及其程度进行测度并提出针对性的意见或建议。前者注重系统性和全面性，旨在通过一个相对完整的体系对旅游危机进行控制，更类似一种工程性的研究，侧重广度和宽度；而后者则从旅游危机的某一点入手进行深入研究，结论往往指向旅游危机管理中的某一个点，研究更侧重于精度和深度。

Arbel 和 Bargur（1980）是较早提出旅游危机管理框架模型的学者，他们提出旅游危机管理三阶段管理模型。在第一阶段，危机尚未爆发时，采取相应的预警和防范措施以降低旅游业的敏感性；在第二阶段，危机已经确定存在时，采取适当的应对策略以规避其可能带来的风险；在第三阶段，选择多种具体的短期补偿性措施以减少损失。

Murphy 和 Bayley（1989）注意到自然灾害对旅游业造成的危害。他们以1980年美国圣海伦斯火山（Mount St. Helens）的爆发和东库特内（East Kootenay）森林火灾为样本对如何进行旅游业危机管理进行说明，提出旅游危机管理的四个主要阶段：评估阶段、预警阶段、冲击阶段和恢复阶段，建立了旅游灾害管理的基本理论框架，并呼吁学界对旅游危机管理给予更多的关注。

同 Fink 一样，Robert（1994）在研究洪水灾害的问题时，也将危机的生命周期分为四个阶段，但又略有不同。他将危机划分为：事前期，此阶段所能做的工作是强化危机管理意识、完善危机管理方案，尽可能将可能出现的各类危机消灭在萌芽状态；紧急期，危机所带来的负面效应已经显现，此阶段的工作目标是尽可能挽救生命和财产；中间期，在此阶段应着重满足民众的短期需求并重建公共设施和提供基础性服务；恢复期，此阶段是上一阶段的延续，但是工作任务不能像上一阶段的工作任务一样在短期内就能完成，而是需要一个较为长期的过程，包括基础设施的全面重建、环境问题整治、伤残人员的安抚、政府的再投资和危机管理方案的修订等。

2001年在灾害型旅游危机管理的发展史上是值得标记的一年。Faulkner 在其研究中完整、细致而又系统地提出旅游业面对灾害时所能实行的管理框架。他进行广泛而又深入的相关文献研究，通过归纳整理，模拟出灾害发生的各个阶段并提出旅游危机的生命周期，包括事件前期（Pre - event）、征兆期（Prodromal）、紧急期（Emergency）、中间期（Intermediate）、长远恢复期（Long - term）和痊愈期（Resolution）六个阶段，然后抽象出在各阶段旅游管理所要识别出的反应元素，并针对各个阶段提出一整套行之有效的灾害型旅游危机管理的措施和手段，如图4-3所示。之后，他又和 Vikulov 一起，以1998年澳大利亚北部的 Katherine 河洪水为例，检验并丰富了他先前提出的理论框架。其后的若干年里，Faulkner 不断丰富和完善该研究成果。

侯国林（2005）认为，旅游危机一般要经历潜伏期、爆发期和恢复期三个阶段，且在不同的阶段，危机管理的主题应该采取不同的危机管理战略。他认为，危机管理的主体包括五类：第一类是中央和地方各级政府，第二类是国家和地方各级旅游主管部门，第三类是包括诸如民航、卫生、交通、公安、消防等部门在内的其他相关部门，第四类是旅游行业组织，第五类是相关行业组织和旅游企业。具体而言，危机管理机构与政府有关部门之间是信息反馈与指导实施的关系；与中枢决策机构之间是情况汇报与决策保障的关系。中枢决策机构负责组织协调和舆论引导。在危机潜伏期，危机管理机构启动危机信息与预警系统，实施危机监测和危机预警，将尚处于萌芽状态的危机尽可能消除，最大限度地降低危机爆发带来的风险；对于危机管理的关键阶段，在旅游危机爆发后，应启动危机决策与行动系统，实施危机紧急状态预案，对危机进行控制和干预，将危机带来的损失尽可能降低；而在危机过后的恢复阶段，

[①] 刘锋. 旅游地灾害风险管理初探[J]. 全国首届灾害风险评估研讨会论文集, 1996.

危机管理机构应启动危机反馈与评估系统,接受社会各方面的反馈信息,对旅游危机影响、损失等进行评估。旅游危机管理模型如图 4-4 所示。

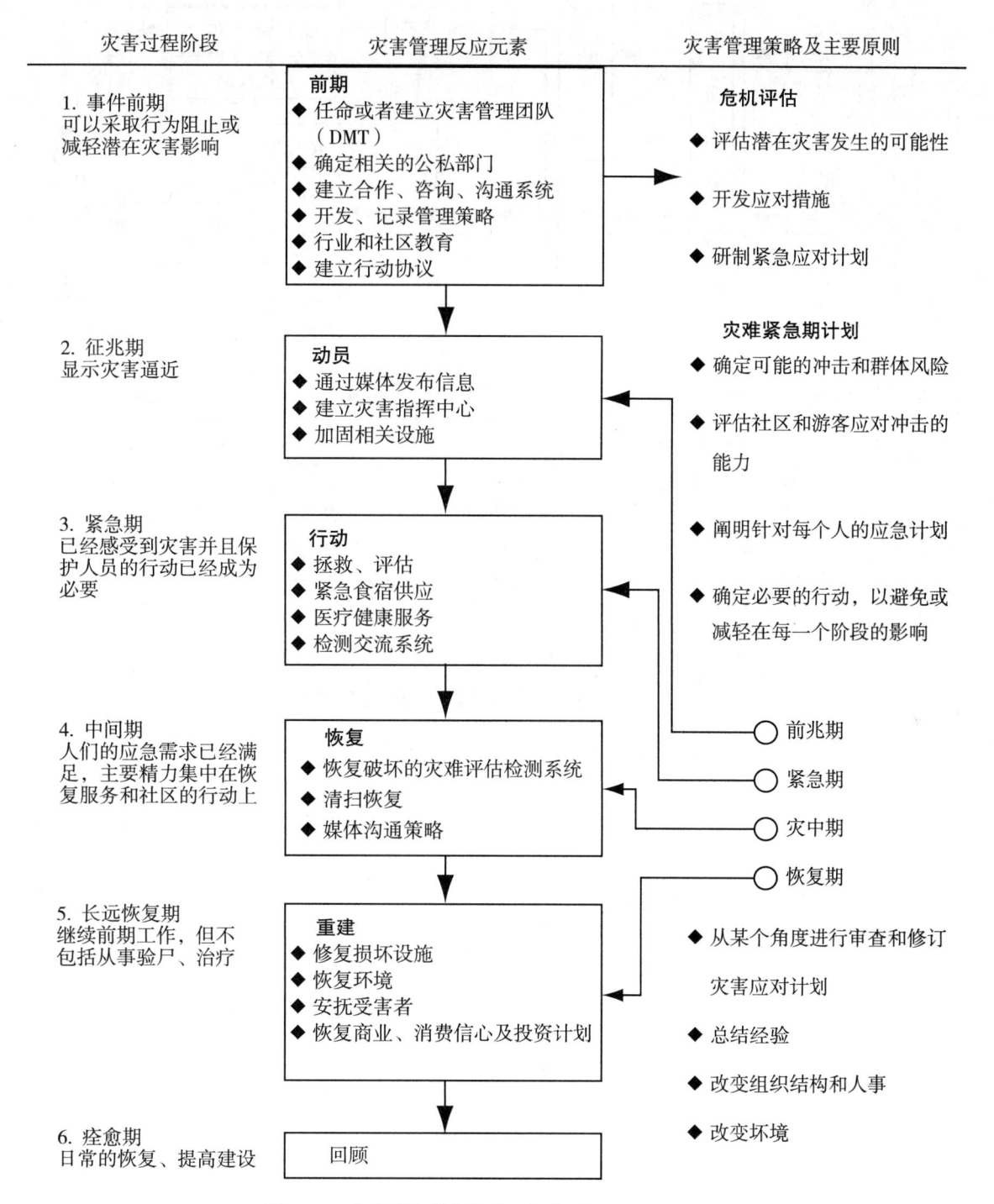

灾害过程阶段	灾害管理反应元素	灾害管理策略及主要原则
1. 事件前期 可以采取行为阻止或减轻潜在灾害影响	**前期** ◆ 任命或者建立灾害管理团队（DMT） ◆ 确定相关的公私部门 ◆ 建立合作、咨询、沟通系统 ◆ 开发、记录管理策略 ◆ 行业和社区教育 ◆ 建立行动协议	**危机评估** ◆ 评估潜在灾害发生的可能性 ◆ 开发应对措施 ◆ 研制紧急应对计划
2. 征兆期 显示灾害逼近	**动员** ◆ 通过媒体发布信息 ◆ 建立灾害指挥中心 ◆ 加固相关设施	**灾难紧急期计划** ◆ 确定可能的冲击和群体风险 ◆ 评估社区和游客应对冲击的能力
3. 紧急期 已经感受到灾害并且保护人员的行动已经成为必要	**行动** ◆ 拯救、评估 ◆ 紧急食宿供应 ◆ 医疗健康服务 ◆ 检测交流系统	◆ 阐明针对每个人的应急计划 ◆ 确定必要的行动,以避免或减轻在每一个阶段的影响
4. 中间期 人们的应急需求已经满足,主要精力集中在恢复服务和社区的行动上	**恢复** ◆ 恢复破坏的灾难评估检测系统 ◆ 清扫恢复 ◆ 媒体沟通策略	○ 前兆期 ○ 紧急期 ○ 灾中期 ○ 恢复期
5. 长远恢复期 继续前期工作,但不包括从事验尸、治疗	**重建** ◆ 修复损坏设施 ◆ 恢复环境 ◆ 安抚受害者 ◆ 恢复商业、消费信心及投资计划	◆ 从某个角度进行审查和修订灾害应对计划 ◆ 总结经验 ◆ 改变组织结构和人事 ◆ 改变坏境
6. 痊愈期 日常的恢复、提高建设	回顾	

图 4-3　灾害型旅游危机管理框架（Faulkner,2001）

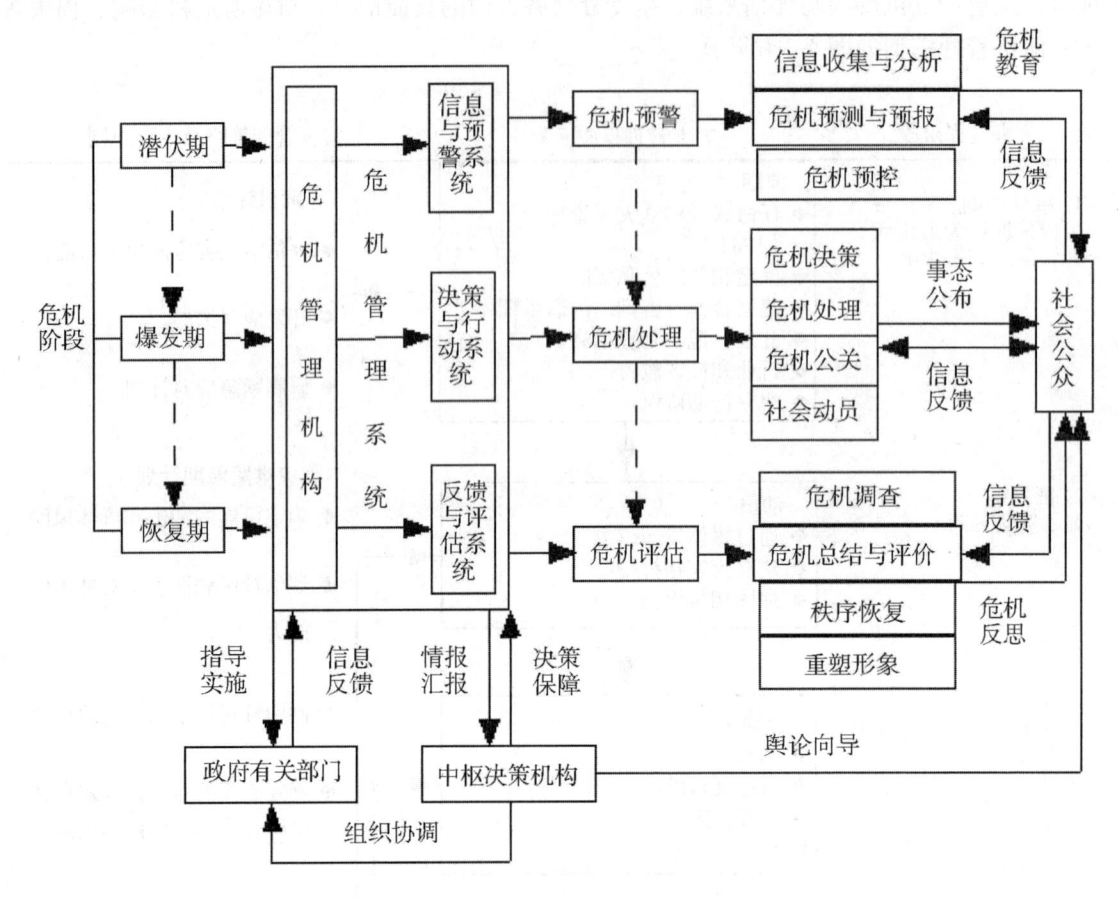

图 4-4 旅游危机管理模型（侯国林，2005）

从以上学者的管理模型可以看出，随着时间的推移和旅游危机爆发频率的增大，学者们对于旅游危机的生命周期的确定已经逐渐向两端延伸，并且越发细致化和细节化，相信这也将成为这一研究领域的一个趋势。

5. 旅游意愿相关理论

5.1 购买意愿理论

5.1.1 购买意愿的定义

意愿是个人从事特定行为的主观概率，经由相同的概念延伸，购买意愿即消费者愿意采取特定购买行为的概率高低。Mullet（2001）认为，消费者对某一产品或品牌的态度，加上外在因素的作用，构成消费者的购买意愿，购买意愿可视为消费者选择特定产品的主观倾向，并被证实可作为预测消费行为的重要指标。Dodds（2003）等认为，购买意愿是指消费者购买某种特定产品的主观概率或可能性，也有学者认为购买意愿就是消费者对特定商品的购买计划。我国学者韩睿，田志龙（2005）认为，购买意愿是指消费者购买该产品的可能性；朱智贤（2002）则认为，购买意愿是消费者买到适合自己某种需要的商品的心理顾问，是消费心理的表现，是购买行为的前奏[①]。综上所述，旅游意愿可按照不同学者的研究，被定义为潜在旅游者对某一旅游产品或品牌的态度，加上外在因素的作用，构成潜在游客的旅游意愿；潜在游客购买某种特定旅游产品的主观概率或可能性或计划性。

5.1.2 购买意愿与购买行为的关系

基于意愿基础上的购买行为研究已经在市场营销学中发展了20多年，关于购买意愿与购买行为的关系，主要集中于争论购买意愿能否有效地预测消费者的购买行为。先前的学者大多认为购买意愿可以被用来预测消费者的购买行为，而Lee和Steven在他们的研究中质疑消费者的购买意愿对购买耐用品的预测作用，通过比较基于意愿的预测和基于推理的预测，他们认为基于购买意愿的预测是低效率和不准确的。然而，随后Armstrong和Morwitz（2001）选取四种耐用品的消费作为实验对象，研究证明用购买意愿预测消费者未来的购买行为是有效的。Bruce进一步提出，购买行为与购买意愿直接相关，购买意愿是衡量消费者是否会产生进一步购买行为的指标。

基于消费者理性决策的购买行为可以分为需求识别、信息收集、选择评估、购买决策、购后评价五个阶段。国内外的学者基本一致认为，购买意愿处于消费者购买行为五阶段中的购买决策阶段，此时消费者心中已有品牌偏好，通过收集信息和比较评估产生购买意愿，此时若没有其他情况出现，消费者就会采取购买行为。学者们比较一致地认为购买意愿是消费心理活动的内容，是一种购买行为发生的概率。购买意愿与购买行为的关系也被大多数学者所肯定，普遍认为购买意愿能够用来预测消费者的购买行为。所以，购买意愿是购买行为的基础，可用来预测消费者的行为[②]。消费者产生购买意愿（intention）是购买决策的一个重要部分，购买意愿一直是评估消费者行为与购买决策的指标。旅游意愿作为潜在旅游者购买某种旅游产品或到达某个目的地的意愿，被认为可以用来预测潜在游客的旅游行为。所以，本书用旅游意愿来预测潜在游客的旅游行为，以帮助理解受灾害影响的旅游目的地的旅游恢复过程。

5.1.3 购买意愿的影响因素

购买意愿的理论基础是指购买意愿的形成和作用机制，以及购买意愿的相关构成。学界对消费者购买意愿的研究有以下三种角度，本节对三个研究角度中关于购买意愿影响因素的内容进行介绍。

[①] 冯建英，穆维松，傅泽田. 消费者的购买意愿研究综述 [J]. 现代管理科学, 2006 (11).
[②] 同上。

(1) 基于消费者态度的购买意愿研究。

态度是指对某一刺激所持有的赞同或反对的情感程度，心理学认为个人对事物的态度影响其行为意愿。Kim 和 Littrell（2003）采用著名的 Fishbein 模型测量游客的态度，这是迄今为止被众多学者公认适合测量态度的模型，其研究证明游客对旅游地文化的态度会影响他们对纪念品的购买意愿。周应恒等从食品安全的角度研究消费者的购买意向，认为消费者对食品安全的态度影响他们对食品的接受程度，进而影响购买意愿。Sondergaard 通过研究公众对酶制品的购买意愿，指出消费者对酶制食品的态度是一种自上而下的结构过程：首先，消费者形成一般的对该食品的态度；其次，进行技术上的整体评估，接着是具体的风险、利得的评估；最后，产生购买意愿，也就是说，态度在消费者形成购买意愿时起着先入为主的作用，态度上的赞同易于产生积极的购买意愿。

(2) 基于感知价值最大的购买意愿研究。

感知价值定义为消费者对所能感知到的利得和其在获取产品时所付出的成本进行权衡后对产品或服务效用的总体评价。感知价值和购买意愿具有正相关关系，消费者在做购买决策时，会选择感知价值最大的方案。

Dodds 和 William（2003）在研究中提到，消费者是否愿意购买决定于他从想要购买的产品中所获得的与为此产品所要付出的代价二者的相对关系。也就是说，消费者对某产品的感知价值是源自该产品所带来的利得和为了得到该产品所需付出的代价。他们建立了关于感知价值的模型，把消费者的感知利得、感知价值和产品的价格纳入一个模型，认为购买意愿和感知价值正相关，而感知价值则受感知利得和产品的价格影响。Zeithaml（1998）从消费者心理的角度，展开了他的消费者感知价值理论。他通过大量的实证研究指出：消费者对产品或服务的感知利得越高时，对于价值的感受也就随之提高，而高的感知价值则会提高消费者对产品的购买意愿。

陈新跃（2003）等研究了基于顾客价值的消费者购买决策模型，认为顾客的感知价值受到顾客自身的心理、生理等个人因素以及所处社会、政治、文化等环境因素的影响，尤其与个人的成长经历和学习经历密切相关。他们提出用产品效用、顾客成本、顾客需求和顾客个性四个基本概念来评价顾客的感知价值。吴亮锦、糜仲春（2005）进行珠宝的知觉价值与购买意愿的经济学分析，认为顾客的知觉价值直接影响其购买意愿，价值是知觉利得与知觉牺牲之间的权衡；知觉利得与知觉牺牲之间的差额就是消费者获得的净价值，即消费者剩余，要使消费者产生购买意愿，就要使消费者的知觉利得大于知觉牺牲[①]。

由以上研究可以看出，通过引入心理学元素（如感知、权衡、评价）和经济学元素（如收益、成本、效用），学者们从感知价值的角度将消费者而非企业置于交易的决定性地位，完全站在消费者角度去审视公司为消费者设计、创造、提供的价值，强调消费者导向的重要性，而且指出感知价值的构成及其影响因素，目前从感知价值角度研究购买意愿已经比较成熟。

(3) 基于感知风险最小的购买意愿研究。

如果说追求价值最大化是正向的购买决策原则，那么追求感知风险最小化则是一种逆向决策原则，以 Bauer（2006）为代表的学者认为消费者购买时会选择感知风险最小的方案。感知风险的概念最初是由哈佛大学的 Bauer（2006）从心理学延伸出来的。1960 年，Bauer 将"风险认知"这一概念引入营销学，他将感知风险定义为由消费者的行为产生的、而他自己不能明确预期的后果。感知风险有两个纬度——不确定性和不利的后果。不确定性是指对产品本身的性能等属性不明确；不利的后果是指购买产品后，会带来的时间、货币、心理等方面的损失。

---

① 冯建英，穆维松，傅泽田. 消费者的购买意愿研究综述［J］. 现代管理科学，2006（11）.

Wood 和 Scheer（1996）把感知风险和对交易的整体评估加入感知价值模型中，将感知风险视为为获得某产品所必须付出的成本之一，他们认为感知利得、货币成本及感知风险会透过交易的整体评估来影响购买意愿，其中，感知风险也会直接影响购买意愿。

高海霞（2003）以手机市场为例系统地研究感知风险和减少风险的措施对消费者购买意愿的影响，她认为感知风险与购买意愿呈负向相关的关系，即感知风险越大，购买意愿越低；但是有效合理地采取减少感知风险的措施可以提高消费者的购买意愿。

综上可见，消费者的购买意愿与感知风险呈负向关系，当感知风险降低到消费者可以接受的程度或者完全消失时，消费者就决定购买。

5.2 旅游决策理论

5.2.1 旅游决策定义

旅游决策是指个人根据自己的旅游目的，收集和加工有关的旅游信息，提出并选择旅游方案或旅游计划，最终把选定的旅游方案或旅游计划付诸实施的过程。（邱扶东等，2005）旅游决策与其他决策一样，是一个包括从内在的心理活动到外显行为的连续体，可以划分为一系列相关的阶段或者步骤。

当旅游者遇到旅游问题与其日常生活及工作问题相同或基本相同时，他们通常会采用长期处理此类问题的经验来解决问题，也就是基于习惯不假思索地做出决定，这就是旅游者的常规性决策方式。例如，学生外出旅游都会选择坐火车和住旅馆，这都属于常规性决策。但是，当旅游者按照常规性决策却没能达到预期目标时，在做另一次决策时，他们往往会花费相当多的时间和精力去收集资料和考虑各种不同的方案，此后做出的决策即称为广泛性决策。此外，还有些决策者在事先并没有经过考虑立即做出决策，或因为受到各种价值信息的影响及广告的鼓舞而做出计划之外的选择，都称为瞬时性决策。通常在每个旅游者做决策时，这三种决策方式并不是孤立的，而是根据不同的情况转变相互作用的。

5.2.2 旅游决策与购买意愿的关系

对于旅游决策过程的研究，古戴尔（1991）提出个人的旅游度假决策过程，由五个基本环节构成，即旅游动机、信息收集、旅游度假方案评价、购买决定和旅游体验。甘朝有等1995年提出，旅游决策过程包含五个心理步骤即识别问题或需要、寻找情报、最后决定、消费旅游产品和服务、购买后的感觉。安东尼认为，旅游决策过程可以分成五个阶段：第一阶段是在个体价值观基础上，形成有关旅游目的地的价值尺度；第二阶段是确认旅游目的地的目标效用；第三阶段是在个体价值观和目标效用约束下，加工信息，形成决策环境；第四阶段是最终决策；第五阶段是反馈修正目标效用。在购买决定环节，游客的购买意愿体现了游客的购买决定，体现了游客的最终决策。因此，本文将用游客意愿来反映游客的最终决策。

5.2.3 旅游决策的影响因素

旅游者通常不是孤立地对待一种刺激，而是倾向于将多种来源的信息组成一个有意义的整体以便更好地理解它和处理它。在旅游决策的过程中，面对纷杂繁多的各种信息，人们通常都采取知觉组织的形式来整合自己需要的信息，并对刺激信息选择性注意和保持。通常，旅游者的知觉在旅游决策中往往发挥巨大作用。

Peter 和 TarPey（1975）提出三个广义的、策略性的消费者决策架构。第一个是风险认知架构，描述消费者是以将购买过程中的负面结果或效用降至最低为出发点。第二个是态度架构，是以正面评估为导向的。第三个则是价值架构，假设消费者对产品的认知同时包含正面及负面的属性，消费者行为是由这些正向及负向属性，来最大化净价值。Peter 和 Tarpey（1975）发现第三种模式对于解释品牌偏好有较好的效果。然而，此结果并不令人讶异，因为同时使用正面及负面的属性，其解释的变异量会接近其他模式的两倍，能够更清楚地解释风险认知的负面属性与产品正面属性同时对消费者决策的影响。

尽管在实际的旅游决策过程中，涉及的影响因素相当复杂，但是环境感知一直是影响旅游决策行为的重要因素之一。在众多的旅游地点中，旅游者选择的关键在于对这些地点所获得的感知。这些感知中，包括人们怎样看待风险、如何评价目的地形象能提供的正面价值。

在旅游研究方面，知觉风险对旅游决策行为的影响在于进行观光和度假的旅游者自由地选择目的地并且要对选择的结果尽情享受，所以很容易因各种风险打消去某地旅游的念头。旅游风险认知的研究特别受到中国台湾地区学术界的关注，王国钦、曹胜雄、谢淑芬、林凌仲、林俊升、苏筠云、黄静怡等人都对旅游风险认知进行比较系统深入的研究。

Jacoby 和 Kaplan（1972）的研究中提出的风险认知包括功能性风险（产品功能无法预期）、财务性风险（购买的产品是否符合其价值）、实体性风险（购买的产品是否伤害身体）、心理性风险（产品是否配合自己形象）、社会性风险（选择的产品是否被他人认同）、时间性风险（购买前收集信息，购买后进行维修）。在我国学者焦彦（2006）提出的基于旅游者偏好和知觉风险的旅游者决策模型中，旅游者在从目的地倾向到对目的地进行选择时，可能准备一组可供选择的决策方案，于是，大量的信息主动或被动地进入旅游者脑海，与旅游者的经验一起帮助旅游者进行方案的筛选。在这一过程中，旅游者将有可能形成或强化对旅游价值风险、身体风险、心理风险、安全风险和交通风险的知觉，而旅游者对所承担风险的容忍程度会和旅游者知觉风险的程度共同影响旅游者的旅游决策。所以，游客对于目的地的风险认知会影响旅游决策。

游客对于目的地形象的感知也会影响旅游意愿。人们在决定出游时，会主动收集资料并对其进行分析和评价，了解出游的风险，同时选出最大限度满足自己需要和兴趣的旅游点，像旅游点特色和知名度的感知等，就是普通情况下影响旅游决策行为的重要因素之一，这些相关感知形成游客的旅游目的地形象。通常，旅游者因个体或外界刺激作用产生旅游动机，开始有意识地收集自己有意向的旅游目的地的旅游信息。此阶段旅游者主要考虑个人相关因素而做出是否旅游的决定；当旅游者获得相应旅游信息后对其进行评价并对出行目的地进行决策，其决策行为会产生三种结果：继续原先旅游计划、取消旅游计划或选择其他旅游地。第三种决策结果又会返回到对环境感知因素信息的收集，开始新的旅游决策。

其他学者也研究旅游决策的影响因素。保继刚（1996）等提出影响旅游决策行为的主要因素是感知环境、最大效益原则和旅游偏好。陈建昌（2008）等研究发现，旅游决策的主导因素是感知环境和最大效益原则。石井真治根据环境压力理论提出，旅游者的知觉、目的地环境的特点、旅游者所在社会的文化约束力量等，在旅游决策过程中发挥着重要作用。王家骏（1994）分析了旅游者出游前对旅游目的地的选择决策，将其分为惯例决策和外延性决策两个方面，并区分了感知机会、可达机会、现实机会、考虑机会、选择机会和决策机会等概念。郭亚军（2002）等提出影响旅游决策的社会因子、放松因子、知识因子和技能因子以及相关的14个子因子。由此可以看出，旅游的动机会影响游客目的地决策，这些研究表明，旅游动机也许可以作为游客细分的标准。卢昆（2003）分析了知觉距离对旅游者旅游决策的影响，认为知觉距离主要对旅游行为产生阻碍和诱导作用。潜在游客对于某个目的地的心理知觉距离也许会导致旅游决策的区别。邱扶东（2004）等通过访谈和问卷调查，最终发现个人的旅游决策过程可以划分为产生旅游的需要或动机、收集有关旅游的信息、确定旅游目的地或旅游线路、进行旅游预算、确定出游方式、决定是否外出旅游、外出旅游七个阶段。

在这些阶段中，学者们发现游客个性、年龄、性别，以及对目的地的熟悉度也会影响潜在游客的具体决策。勒温认为，人的行为是他们的个人特征与环境相互作用的产物。个人心理感知因素会影响人们怎样认识、评价旅游环境，以及持有什么样的决策标准，从而影响他们最终的旅游决策。孙玉贞（1999）在入境旅游调查中发现，影响旅游者目的地决策的因素，主要有他们对旅游目的地的感知程度和对旅游资源的偏好度。

6. 基于计划行为理论的影响因素研究

6.1 计划行为理论研究

计划行为理论由 Ajzen（1985）提出，由 Fishbein 和 Ajzen（1975）提出的理性行为理论演化而来。理性行为理论主要是用来预测人们的行为。根据理性行为理论，个人的某一行为是其行为意图的结果。而行为意图则是由态度（Attitude）和主观规范（Subjective Norm）之间的相互影响决定的。态度是喜欢不喜欢的感觉，是行为信念（Behavioral Belief）的总和。主观规范是指他人对该行为的意见，是规范信念（Normative Belief）的总和。该理论的前提是假定个人的某一行为完全出自自愿控制，没有考虑行为人的个体特点，如文化背景、教育、所处社会环境等，也没有考虑到个体环境文化下形成的伦理道德对行为个体的影响。因此，Ajzen（1985）在理性行为理论的基础上做了修改，增加了认知行为控制（Perceived Behavioral Control），形成计划行为理论（Theory of Planned Behavior，TPB）。计划行为理论将行为模式的形成过程分为三个阶段：外生变量影响行为态度、主观规范、认知行为控制，行为态度、主观规范、认知行为控制决定个人行为意图，即行为意向，行为意图决定个人行为。计划行为理论的结构模型，如图 6-1 所示。

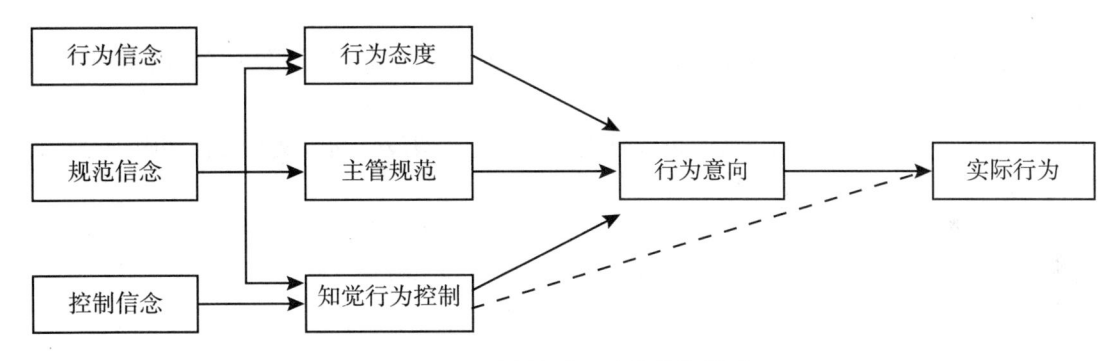

图 6-1 计划行为理论的结构模型

注：实线部分是理性行为理论，加上虚线的部分是计划行为理论；箭头方向是影响方向。

一般来说，个人基于自己的意愿决定是否要执行某一行为。但是，由于外在的环境因素并不受个人的影响和主导，比如时间、金钱、政策、法律、技术等都可能影响行为个体采取某种行为，都会构成影响人们行为的因素。因此，计划行为理论着重于强调行为控制认知。行为控制认知是控制信念（control belief）的总和，是指个人基于过去形成的经验和行为预期，对将来行为的认识和判断，包括内在和外在两大因素。内在因素是指个人的差异性、技术能力、个人意志力、记忆力等。这些有的可以依靠训练及经验获得。而外在因素更多的是指天时、地利及人和的组合。这些外在因素变化性强，会随着时间和环境等的改变而导致行为意向的暂时改变。

就旅游而言，Montinho（1987）认为，在旅游环境下，态度是建立在多重产品属性感知上的倾向或者是关于度假目的地或服务的感觉。根据 Fishbein 和 Ajzen（1975）的观点，态度是行为信念和行为结果评估的基础。行为信念是将导致特殊结果的特殊行为信念。结果评估是特别结果的个人评价。态度可以通过倍增与行为相联系的每个显著性属性的个体行为理念，总括形成产品的一系列信念。Montinho（1987）还认为，作为参考群体的人群会对个体的信念、态度、选择形成关键性的影响，因为，个体会遵守他的参考群体。这是遵守形成客观规范并组成引导行为的概念或一般法则。Schiffman 和 Kanuk（1983）认为，通过不同类型的参考群体可以识别个体联系的相应人群。认知行为控制是关于个体对事物的难易的思考。认知行为控制和行为意愿之间的关系建立在两个假设的基础上：第一，认知行为控制的增加将导致行为意愿增加和行为发生的可能性。第二，认知行为控制将在某种程度上直接影响行为。Lam 和 Hsu（2004）通过对打算到香港旅游的内地消费者的研究发现，态度和认知行为控制与旅游意愿相关。Terry Lam 和 Cathy H. C. Hsu（2006）通过对从中国台湾到中国香港的潜在旅游者的研究证明了计划行为理论作为目的地选择，探查行为意愿的理论框架的部分功能。该研究发现过去的行为、客观规范和认知行为控制直接影响行为意愿。

6.2 研究思路

本章在汶川大地震背景下，从计划行为理论角度，对严重自然灾害后旅游意愿的影响因素进行研究。研究思路分为七个步骤。

第一步，通过观察发现严重自然灾害后景区游客流失是一个普遍存在的现象。是什么造成游客的流失？只有先解决这个问题，灾害地景区才能在赢回游客上对症下药，采取有效的赢回策略。因此，探明灾后旅游意愿的影响因素在恢复灾后旅游市场上十分重要和迫切。于是，本章初步把这个问题拟定为研究方向。

第二步，基于这些问题检索相关文献，了解国内外其他学者对旅游者行为理论、旅游危机管理及旅游意愿相关问题的研究情况，定位该课题目前的研究现状，清楚现在的研究进展和目前该课题研究尚存在的不足。

第三步，结合既定的研究方向和已有的相关研究成果，从中找到值得研究而尚未研究的"机会点"，确定本文的研究内容和目标。

第四步，基于研究内容和目标，展开正式研究，形成研究假设。通过文献分析和因子分析，提取出严重自然灾害危机影响旅游意愿的主要因素。

第五步，通过聚类分析探讨影响因素对不同游客的影响是否有差异。

第六步，本章通过回归分析探讨各影响因素对旅游意愿的影响程度。

第七步，得出研究结论及研究展望。

6.3 研究设计

6.3.1 灾后旅游意愿影响因素假定

计划行为理论是被广泛认同的能有效解释个体行为的理论框架。计划行为理论不仅能有效解释社会行为，而且也能够有效解释旅游行为，如中国台湾地区的游客到中国香港旅游的意愿（Lam 和 Hsu，2006）、中国游客出国旅游意愿（Sparks 和 Pan，2009）和葡萄酒旅游（Wine Tourism）意愿（Sparks，2007）等。计划行为理论指出，有三个方面因素影响个体行为意愿：一是行为信念（Behavior Belief），个体关于特定行为结果的信念通过态度影响意愿；二是规范信念（Normative Belief），个体预期到重要他人或团体对其特定行为的期望通过主观规范影响意愿；三是控制信念（Control Belief），个体感知到执行某特定行为容易或困难的程度通过感知行为控制影响意愿（Ajzen，2003；Ajzen，1991）。计划行为理论较强调工具性和认知性成分，却忽视情感性成分（Bagozzi 等，2001）。在严重自然灾害危机背景下，旅游景区人员伤亡和设施破坏很严重，可能引起游客的负面情感。因此，游客对旅游地的负面情感也可能影响游客的旅游意愿。综上所述，本章从行为信念、规范信念、控制信念和负面情感四个方面探析严重自然灾害后旅游意愿降低的原因。

(1) 行为信念。

就消费者行为来说，消费者往往先评价产品属性，而后做出购买决策；也就是说，消费者会对产品的各种属性形成可供评价的信念（Fishbein，2005）。当游客选择旅游目的地时，也会形成相关信念、决策。在旅游研究中，现有文献已经证实自然风光、文化特色、服务设施等是游客看重的主要旅游目的地属性（Chi 和 Qu，2008；Echtner 和 Ritchie，1991；Echtner 和 Ritchie，1993）。多数学者认为游客会对旅游目的地做多维评价（Kim 等，2005；Pike，2002；Stepchenkova 和 Morrison，2008）。（姜科，2010）研究发现，汶川大地震后，感知价值正向影响预期满意和旅游意愿。JenHung 和 YuRu（2008）研究发现，印度洋海啸发生后，国际游客不去该地区旅游是因为当地旅游服务设施遭到破坏，特别是卫生保障设施和旅游设施。结合严重自然灾害危机的实际和旅游动机，对生活体验、文化体验、特色商品、自然风光和放松休闲 5 个因素的评价是行为信念的主要构成因素。因此，游客就这五个因素对受灾景区的评价而形成的信念会影响旅游意愿。

(2) 规范信念。

主观规范影响个体是否进行某项行为感知到的社会压力（Ajzen，1991）。Floyd 等（2004）研究发现，"9·11"事件发生后，家人、朋友和同事的反对负向影响游客到纽约地区旅游的意愿。姜科（2010）研究发现，汶川地震后，家人、朋友和同事的支持正向影响游客的预期满意度而对旅游意愿无显著影响。在正常旅游情况下，研究发现主观规范影响中国台湾游客对中国香港旅游的意愿（Lam 和 Hsu，2006）、中国游客出境游的意愿（Hsu 等，2006）和中国游客对澳大利亚旅游的意愿（Sparks 和 Pan，2009）。计划行为理论仅强调由重要他人和群体影响形成的主观规范。其实，行为规范（Behavior Norm）和道德规范（Moral Norm）也会影响行为意愿。就行为规范而言，行为规范是个体感知到的行为普遍性对行为的影响（Cialdini 等，1991），也称描述性规范（Descriptive Norm）。社会学习理论指出，观察学习（Observational Learning）是影响行为意愿的决定性因素（Bandura，1978）。有学者发现行为规范不同于主观规范，因子分析显示两者是不同的因子（Grube 等，1986；White 等，1994），并且行为规范和主观规范对行为意愿的联合解释优于各自单独解释的效力（Albarracin 等，1998）。严重自然灾害危机后，随着受灾景区游客量显著下降信息的传播，游客可能会感知到游客普遍放弃去灾区旅游，因而产生从众现象，降低旅游意愿。就道德规范而言，西方学者认为，个体认为应该进行某行为（Should do）而产生的压力会影响其行为（Budd 和 Spencer，1985），因此也被称为道德规范（Harland，1999）。旅游背景下，旅游伦理更能体现道德规范的内涵。旅游伦理强调旅游利益和旅游利益相关者的关系问题（夏赞才，2003）。游客对旅游利益和旅游相关者的利益关系的价值判断会影响旅游决策。如果游客认为旅游利益与旅游相关者的利益一致，就会强化旅游意愿；如果游客认为两者的关系不一致，就会产生认知失调，进而降低旅游意愿。借鉴旅游伦理的研究，将严重自然灾害后形成的降低旅游意愿的道德规范称为伦理规范。综上所述，主观规范、行为规范和伦理规范是影响灾区旅游的规范信念。

(3) 控制信念。

控制信念是个体感知到的进行某项行为的轻松程度或困难程度（Ajzen，1991）。具体而言，控制信念是个体对影响具体行为完成所需因素的满足程度的评估。目前，安全担忧在旅游危机研究中出现的频次最高。有调查发现安全性是游客最关心的因素（Poon 和 Adams，2000）。学者们普遍认同安全担忧是旅游危机后重要的游客流失原因（Dimanche 和 Lepetic 1999；Floyd 等，2004；JenHung 和 YuRu，2008；Poon 和 Adams，2000；Rittichainuwat 等，2008；Sonmez 和 R，1998；Zhang，2005）。Rittichainuwat 等（2008）发现，恐怖主义事件和公共卫生事件发生后，安全担忧导致泰国流失大量游客；Mazzocchi 和 Montini（2001）发现，1997 年意大利 Umbria 地区地震后，担忧地震再次发生导致 44% 的游客推迟或取消旅游计划。姜科（2010）研究发现，汶川大地震后，感知风险负向影响预期满意度和旅游意愿。安全担忧只是控制信念的一个方面。旅游研究表明，控制信念会影响游客旅游意愿（Lam 和 Hsu，2006；Sparks，2007）。综合 Han 等（2010），Phetvaroon（2006），Sparks（2007），Sparks 和 Pan（2009）对旅游活动中控制信念的看法可见，严重自然灾害危机背景下旅游费用、旅行时间、服务质量、旅行同伴、旅游安全和被选景点吸引力是影响旅游意愿的重要控制信念。

（4）负面情感。

旅游意愿不仅受到认知因素的影响，还受到情感因素的影响。旅游意愿是游客对旅游目的地认知评价和情感评价的结果（Kim 和 Richardson，2003；Pike 和 Ryan，2004；San Martin 和 Rodríguez Del Bosque，2008）。认知因素是游客关于旅游目的地特点或属性的信念和知识；情感因素是游客关于旅游目的地的感觉（feeling）（Chen 和 Uysal，2002；Kim 和 Richardson，2003；Pike 和 Ryan，2004）。两个因素能够更好地解释旅游意愿（San Martin 和 Rodríguez Del Bosque，2008）。不仅旅游过程中形成的情感体验构成游客对目的地情感认知的基础（Walmsley 和 Young，1998），关于旅游目的地的信息也是形成游客情感状态的来源（Russell，1980）。旅游是以体验为主的消费活动，重复消费的比例较低，因此，游客对旅游地的情感体验主要来自后者。现有研究发现，"9·11"事件形成的负面情感降低了游客去纽约地区旅游的意愿（Floyd 等，2004）；印度洋海啸发生后，由于灾区死伤人员众多使人产生心理畏惧，进而导致当地游客的大量流失（JenHung 和 YuRu，2008）。Oliver（1993）指出外部归因的负面情感包含忧虑（Warry）、悲伤（Sadness）和恐惧（Fear）。严重自然灾害背景下，游客倾向于对危机进行外界归因，因此本书认为忧虑、悲伤和恐惧是游客主要的负面情感。此外，媒体报道（JenHung 和 YuRu，2008；Richter，1983）、社会风俗（JenHung 和 YuRu，2008）和游客社会责任感（姜科，2010）也影响旅游危机后的旅游意愿，但这里没有予以探讨。主要因为：①媒体报道不是灾后旅游活动的特质因素；②社会风俗和游客社会责任感更接近游客特质因素，不是由严重自然灾害危机引起的。

6.3.2 变量测量

这里采用 7 级 Likert 量表测量相关变量。一是行为信念，综合参照 Kim 等（2005）；Pike（2002），Stepchenkova 和 Morrison（2008）的量表，从自然风光（bbel_1）、放松休闲（bbel_2）、生活体验（bbel_3）、文化体验（bbel_4）和特色商品（bbel_5）五个方面测量。二是规范影响，就主观规范而言，综合参照 Sparks（2007），Sparks 和 Pan（2009）的研究，用 3 个题项测量家人和朋友不支持去汶川旅游的程度（subn_1、subn_2 和 subn_3）；就行为规范而言，参照 Albarracin 等（1998）的研究，用 3 个题项测量被试者感知到的他人去汶川旅游情况（desn_1、desn_2 和 desn_3）；就伦理规范而言，参照 Harland 等（1999）的研究，用 4 个题项测量被试者认为去汶川旅游是否符合道德和伦理（ethn_1、ethn_2、ethn_3 和 ethn_4）。三是控制信念。综合 Han 等（2010），Phetvaroon（2006），Sparks（2007），Sparks 和 Pan（2009）的研究，旅游费用（cbel_1）、旅游时间（cbel_2）、服务质量（cbel_3）、旅行同伴（cbel_4）、旅游安全（cbel_5）和被选景点（cbel_6）是影响旅游意愿的重要控制信念。四是负面情感，参照 Oliver（1993）和 Richins（1997）的量表从忧虑（emot_1）、悲伤（emot_2）和恐惧（emot_3）3 个角度测量。五是旅游意愿，参照 Sparks 和 Pan（2009）的量表，用 3 个题项测量（inten_1、inten_2 和 inten_3）。

6.3.3 样本获取

样本获取于 2011 年 4 月在成都旅游集散地对出行游客进行问卷调查。以汶川作为旅游目的地调查游客对四方面变量的评价和旅游意愿。共发放问卷 480 份，剔除 44 个填答不完全的样本和 6 个不了解汶川大地震严重性的样本（问卷采用 7 分 Likert 量表测量，1 表示非常不同意，7 表示非常同意，题项为"汶川在地震中受灾很严重"，删除此题得分小于 4 的样本）。最后得到 430 个有效样本。

6.4 研究分析

6.4.1 样本描述

样本中来自四川地区的游客占83%（357个），16~24岁的游客占78.9%（337个），女性游客占61.7%（264），本科学历游客占62.6%（267个），学生游客占61.7%（265个）。成都的高校较多，同时学生是重要的游客来源，因此样本比较具有代表性。

6.4.2 因子分析

首先，进行因子分析适用性检验。Bartlett球形检验的显著性为0.00；KMO值为0.813。说明数据较适合进行因子分析。其次，因子提取。根据特征值大于1的标准进行因子提取，共提取7个因子，累积贡献率为73.13%。正交旋转后的因子载荷显示，控制信念的6个测量中，前两个测量（旅游费用和旅游时间）归属第7个因子，后4个测项（服务质量、旅行同伴、旅游安全和被选景点）归属为第5个因子。仔细分析6个控制信念测项，发现旅游费用和旅游时间是个人控制因素，服务质量、旅行同伴、旅游安全和被选景点是非个人控制因素。由此，本章将第五个因子命名为"他控信念"，反映游客感知到的受非个人因素影响的对旅游行为的控制程度；第7个因子命名为"自控信念"，反应游客感知到的受个人因素影响的对旅游行为的控制程度。7个因子依次表示：伦理规范、主观规范、行为信念、他控信念、行为规范、负面情感和自控信念，如表6-1所示。其中，3个规范影响因素分属3个因子，这也表明3个规范信念因素具有明显的差异。

表6-1 因子分析结果（正交旋转后的因子载荷）

	1	2	3	4	5	6	7
emot_1						0.884	
emot_2						0.796	
emot_3						0.878	
bbel_1			0.781				
bbel_2			0.763				
bbel_3			0.669				
bbel_4			0.685				
bbel_5			0.648				
subn_1		0.921					
subn_2		0.925					
subn_3		0.891					
ethn_1	0.915						
ethn_2	0.915						
ethn_3	0.939						
ethn_4	0.870						
desn_1					0.833		
desn_2					0.861		
desn_3					0.854		
cbel_1							0.822

续表

	1	2	3	4	5	6	7
cbel_2							0.685
cbel_3				0.721			
cbel_4				0.687			
cbel_5				0.737			
cbel_6				0.677			
贡献率（%）	14.990	11.384	11.038	10.287	10.136	9.482	5.812

通常，严重自然灾害后往往有五个方面的因素影响灾害景区旅游（主观规范、伦理规范和行为规范同属规范影响，这里将其进一步合并为规范信念，因此，最终包含五个方面因素）。从游客角度看，严重自然灾害危机后，行为信念、规范信念、他控信念、自控信念和负面情感会影响游客去受灾景区旅游的行为。这五个方面因素可进一步细分为17个子因素，如图6-2所示。

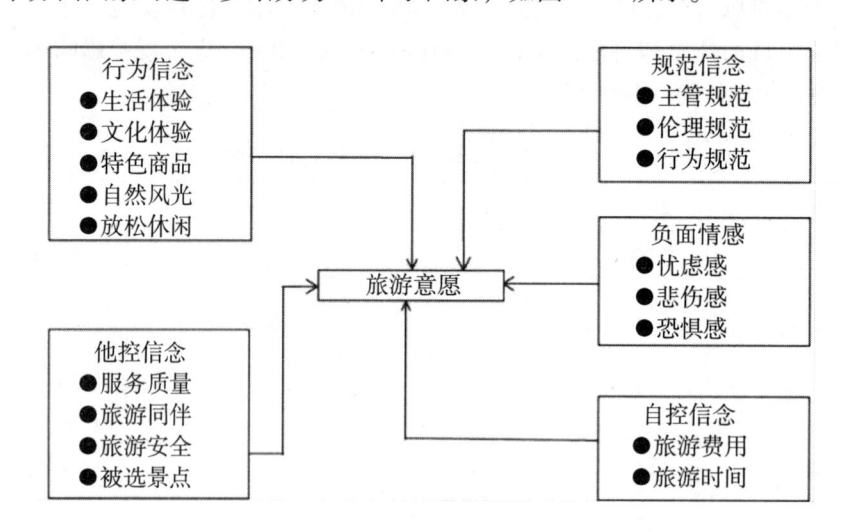

图6-2 严重自然灾害危机对旅游意愿的影响因素

6.4.3 聚类分析

本节通过聚类分析探讨影响因素对不同游客的影响是否有差异，分别计算7个因子的因子得分，并保存为新变量。基于7个因子，对有效样本做 K-means Cluster（迭代聚类法）聚类分析。通过设置不同的聚类数，发现聚为2类时的结果较理想。除了行为信念在两类游客间没有显著差异外，其他6个变量在两类游客间有明显差异。行为信念反映游客对汶川旅游的感知结果，说明游客对去汶川旅游能带来的收益的感知较为一致。第一类游客受自控信念和他控信念影响较明显，而第二类游客受负面情感、主观规范、行为规范和伦理规范影响较明显。可见，第一类游客比较关注对旅游活动的控制程度，可称为"控制型游客"；而第二类游客受情感和规范因素影响更大，可称为"敏感型游客"，游客细分如表6-2所示。

表6-2 游客细分

	1	2	F	Sig.
负面情感	-0.20	0.18	16.60	0.000
主观规范	-0.57	0.51	175.94	0.000
行为信念	-0.05	0.05	1.01	0.316
伦理规范	-0.67	0.60	292.07	0.000
行为规范	-0.68	0.61	306.85	0.000
自控信念	0.16	-0.15	11.17	0.001
他控信念	0.24	-0.21	23.59	0.000
样本量	217	213		

控制型游客和敏感型游客的旅游意愿是否有差异，通过表6-2比较分析两类游客的旅游意愿差异。首先，对旅游意愿的三个题项进行因子分析，结果显示：①Bartlett球形检验显著性为0.00，KMO值为0.766；②共提取一个因子，能够解释87.5%的变差。然后，以旅游意愿因子得分为因变量，对两类游客进行方差分析，结果显示控制型游客的旅游意愿显著高于敏感型游客（$M_{控制型}=0.189$，$M_{敏感型}=-0.192$，$F=34.766$，$p<0.00$）。结果说明，严重自然灾害危机对敏感型游客的影响更大。

6.4.4 回归分析

本节通过回归分析探讨各因素对旅游意愿的影响。考虑到影响因素较多，以五个方面的因子得分为自变量，以旅游意愿因子得分为因变量，进行因子分析，而不考虑子因素。回归分析结果显示，①调整后的R^2为0.312。7个因素的VIF值都较小，说明不存在多元共线性；②行为信念显著正向影响旅游意愿（$\beta=0.33$，$p<0.00$），主观规范显著负向影响旅游意愿（$\beta=-0.20$，$p<0.00$），他控信念显著正向影响旅游意愿（$\beta=0.32$，$p<0.00$），如表6-3所示。

表6-3 影响因素对旅游意愿的影响

	非标准化系数		标准化系数	T值	Sig.	共线性诊断	
	系数	标准误	Beta			Tolerance	VIF
常数项	0.00	0.040		0	1		
负面情感	0.08	0.042	0.08	1.888	0.06	0.93	1.08
行为信念	0.33	0.043	0.33	7.633	0.00	0.88	1.14
主观规范	-0.20	0.046	-0.20	-4.368	0.00	0.77	1.31
伦理规范	-0.06	0.046	-0.06	-1.330	0.18	0.75	1.34
行为规范	-0.03	0.046	-0.03	-0.529	0.56	0.74	1.34
自控信念	-0.16	0.045	-0.02	-0.349	0.73	0.79	1.27
他控信念	0.32	0.046	0.32	6.876	0.00	0.76	1.32

注：$R^2=0.324$；调整后的$R^2=0.312$。

6.5 研究结论

目前，旅游危机研究主要集中在产业经济角度研究旅游危机的影响，从危机管理角度研究旅游危机的预防和应对。以上从供给角度的研究忽视了旅游活动中最主要的主体——游客。旅游价值链理论指出，游客才是旅游价值链的终点（Georgantzas，2003）。游客是旅游业得以生存和发展的源泉，也是判断旅游危机影响的标准。因此，从游客心理和行为视角研究严重自然灾害危机对游客旅游意愿的影响是理解严重自然灾害危机如何影响旅游活动的关键，是制定恢复措施的基础。为此，本章通过文献分析和现实观察总结了严重自然灾害危机对旅游意愿的影响因素。

6.5.1 灾后旅游意愿影响因素确定

研究发现，严重自然灾害危机后，以下五个方面因素会影响旅游意愿。

一是行为信念，游客对灾区景区旅游的感知结果影响旅游意愿，主要包括生活体验、文化体验、特色商品、自然风光和放松休闲五个子因素。

二是规范信念，主观规范、伦理规范和行为规范三个方面的规范作用会影响游客去灾区旅游的意愿，家人和朋友等重要参照群体的不支持态度（主观规范）、个体感知到旅游利益和旅游相关者理论的矛盾而产生的压力（伦理规范）和游客感知到他人放弃灾区旅游的行为而产生的从众（行为规范）会影响严重自然灾害危机后的旅游意愿。

三是他控信念，游客感知到的受非个人因素影响的对旅游行为的控制程度会影响严重自然灾害危机后的旅游意愿，主要包括服务质量、旅游同伴、旅游安全和被选景点四个子因素。

四是自控信念，游客感知到的受个人因素影响的对旅游行为的控制程度会影响严重自然灾害危机后的旅游意愿，主要包括旅游费用和旅游时间两个子因素。

五是负面情感，严重自然灾害危机在游客心目中形成的对于灾区旅游的负面情感会影响旅游意愿，主要包括忧虑感、悲伤感和恐惧感三个子因素。

本章发现严重自然灾害危机从五个方面影响旅游意愿，五个方面的因素可以具体为17个子因素，如图6-1所示。因此，严重自然灾害危机对游客的影响是多方面的，既有理性因素，如行为信念、自控信念和他控信念，又有感性因素，如负面情感，还有规范因素，如主观规范、伦理规范和行为规范。

6.5.2 影响因素对不同游客的差异性

本章通过聚类分析探讨五个方面因素在游客群体中的差异。具体而言，行为信念对游客群体影响较为一致。这可能是由于游客对类似于汶川大地震的严重自然灾害危机的了解程度较高，因此，游客对旅游活动的感知结果的看法较为一致。控制型游客受自控因素和他控因素的影响较大，敏感型游客受到负面情感、主观规范、伦理规范和行为规范的影响更大。说明严重自然灾害危机对两类游客的影响不同。对于控制型游客而言，他们更加理性，更关注完成旅游活动需要满足的条件；对敏感型游客而言，他们更加敏感，内心的情感感受和受规范因素的影响更大。因此，严重自然灾害危机后，要根据两类游客做好市场细分，来制定针对性的恢复措施。景区常用的安全策略和价格策略对控制型游客影响较大，但难以吸引敏感型游客，因为他们更需要情感策略以减弱负面情感，规范重塑策略（将灾区旅游行为重新阐释为游客责任行为或献爱心行为）以减弱规范影响。

6.5.3 影响因素对旅游意愿影响程度

本章通过回归分析进一步探讨了各因素对旅游意愿的影响。结果发现，行为信念、主观规范和他控信念对旅游意愿的影响显著，这与计划行为理论的预测类似。就影响效力而言，行为信念最高，他控因素其次，主观规范最低。这与Lam和Hsu（2006）以及Sparks和Pan（2009）对中国游客的研究结果有明显差异（他们发现主观规范的影响最大、控制信念其次、行为信念最低）。这可能是严重自然灾害危机的背景造成的，在该背景下，游客更关注旅游价值和能否顺利安全地完成旅游。这也从侧面反映了严重自然灾害危机改变了游客的旅游决策标准。回归分析发现，自控信念、负面情感、伦理规范和行为规范的影响不显著。然而，聚类分析结果显示，这四个因素在两类游客间存在显著差异。可能是由于从成都出发到汶川的旅游费用和旅游时间较少，因此，自控信念对旅游意愿影响不大，但控制型游客依然比较关注旅游的成本问题。另外,汶川当地旅游活动已经逐步恢复,因此负面情感、伦理规范和行为规范的影响减弱,然而,严重自然灾害危机在敏感型游客内心深处的影响仍未平复。而这种内隐的意识虽然没有明显地表达出来(Kihlstrom,1987;Mandler,1982),却仍然负向影响旅游行为,只是没有呈现线性关系。

6.6 本章总结

本章基于计划行为理论,对严重自然灾害危机影响旅游意愿的因素进行探究。研究通过文献分析和因子分析发现行为信念、规范信念、自控信念、他控信念和负面情感是严重自然灾害危机影响旅游意愿的主要因素。通过聚类分析,得出游客可以分为控制型和敏感型两类,并且敏感型游客去灾区旅游的意愿显著低于控制型游客。通过回归分析,得出行为信念、他控信念和主观规范是影响旅游意愿的最重要的因素。

本章的研究在三个方面仍存在局限。

(1) 样本的局限。

研究主要调查从成都出发或转乘游客对汶川旅游的评价和意愿,受到地域限制较大。

(2) 旅游目的地的局限。

汶川不是四川地区的主流景区,研究考虑到汶川地区受到地震影响最严重且传播范围最广,是受严重自然灾害危机影响的典型,而选择以汶川旅游为调查背景。

(3) 时间的局限。

汶川大地震已经过去了,负面情感、伦理规范和行为规范的影响会削弱。

(4) 导向的局限。

研究以严重自然灾害危机减弱旅游意愿的现实观察出发,分析负向影响旅游意愿的因素,因此,没有考虑灾害旅游吸引游客的因素。

在此章研究的基础上,之后可以在以下三个方面进行进一步的研究:一是恢复措施的制定,根据研究结果,价值彰显策略、安全保障策略、价格促销策略、规范重塑策略和情感舒缓策略可能是有效的恢复措施,但仍需进一步验证;二是关注灾害旅游,考察严重自然灾害危机衍生出的哪些因素会吸引游客到受灾景区旅游;三是关注五个方面因素与旅游意愿的关系模式,研究发现负面情感、伦理规范和行为规范与旅游意愿的线性关系不显著,到底是什么样的关系仍需探讨。

7. 基于游客流失原因的影响因素研究

7.1 研究思路

本章在汶川大地震背景下,从灾后游客流失原因的角度,对严重自然灾害后旅游意愿的影响因素进行研究。本章的研究分为两个部分,两部分研究所用的调查数据是在同一调查问卷上进行同一调查测试所得,为了研究思路能清晰地呈现出来,故将研究分为"灾后游客流失原因的实证研究"和"灾后游客流失原因与旅游意愿关系研究"两个部分进行阐述。

本章的研究思路分为七个步骤。

第一步,观察发现严重自然灾害后景区游客流失是一个普遍存在的现象。是什么造成游客的流失?只有先解决这个问题,灾害地景区才能在赢回游客上对症下药,采取有效的赢回策略。因此,探明灾后旅游意愿的影响因素,弄清游客流失原因与旅游意愿之间的关系对于灾后赢回游客非常重要。于是,本章初步把这个问题拟定为研究方向。

第二步,基于这些问题检索相关文献,了解国内外其他学者对顾客流失和赢回理论、旅游危机管理及旅游意愿相关问题的研究情况,定位该课题的研究现状,清楚现在的研究进展和目前该课题研究尚存在的不足。

第三步,结合既定的研究方向和已有的相关研究成果,从中找到值得研究而尚未研究的"机会点",确定本文的研究内容和目标。

第四步,基于研究内容和目标,先对严重自然灾害景区游客流失原因展开正式研究。通过文献梳理和深度访谈,经过测项纯化后,建立严重自然灾害后游客流失原因的测量量表。

第五步,通过问卷调查,对数据进行探索性因子分析和验证性因子分析,提取出严重自然灾害后游客流失的主要原因,并进行因子命名。

第六步,通过 SPSS 16.0 检验问卷的信度和效度,得出研究结论。

第七步,基于研究得出的严重自然灾害景区游客流失原因,再对游客流失原因与旅游意愿之间的关系开展正式研究。先建立理论模型,再进行研究假设,通过对问卷调查的数据进行结构方程分析后,得出游客流失原因与旅游意愿之间的关系的研究结果,分析研究结论。

7.2 灾后游客流失原因的实证研究

7.2.1 研究设计

7.2.1.1 测项建立

(1) 深度访谈。

2009 年 2 月,作者在广州市干部疗养院通过对在此疗养的广州市公务员和离退休干部进行访谈,选择在地震前计划一年内到四川旅游,因为地震放弃计划的 22 名人员进行访谈。在这 22 人中间选择愿意为灾区重建课题接受访谈的 15 人,围绕地震后他们放弃到四川旅游计划的原因进行一对一的深度访谈。访谈中首先让受访者叙述放弃到四川旅游计划的主要原因,然后了解他们所熟悉的亲戚朋友中有没有同样放弃四川旅游计划的,以及放弃原因。随后,根据在前期文献中归纳的游客流失原因逐一进行沟通。最后,通过对文献中归纳的流失原因的探讨,启发访谈者发现他们可能没有注意的原因。每个访谈者的访谈时间控制在两个小时内,并在访谈结束时才告知予以体检优惠。

该项访谈的目的在于:①探索汶川地震后游客流失的主要原因;②探索现有研究文献中提到的流失

原因是否存在中西文化的差异；③探索现有文献中的流失原因之外还有没有新的导致游客流失的原因，为下一步的测项设计提供第一手素材。访谈以四川大学灾后旅游恢复课题组的名义进行，访谈中作者对所有的访谈主要观点做了文字记录，不断地进行归纳整理和总结，并不断地改进访谈的沟通技巧和内容。访谈的主要收获有以下几点：

第一，发现中外媒体报道对灾害地旅游恢复的影响差异。受访者除了2人之外，不认同媒体报道对旅游决策构成负面影响。通过进一步的具体访谈分析，发现之所以受访者对媒体报道的反应和相关文献有区别应该与媒体的管制、地震期间所激发的强烈爱国情感有关。因为和外国媒体不同的是，在汶川地震期间，基本上没有有关灾害地的负面报道。这一点也反证了媒体对灾害地旅游影响的重要性。

第二，发现一个前期文献中没有发现的一个游客流失原因：伦理冲突。在访谈进行到中期的时候，作者注意到有两个访谈者提到"现在灾区死了那么多人还去旅游，游山玩水，怎么好意思"，因此发现在现有文献中没有提到的一个问题：伦理冲突。在随后的访谈中，作者在流失原因的探讨中有意加进这一原因，发现大部分受访者不同程度地存在这样的想法。不过，也有部分人认为到灾区旅游是拉动灾区经济，帮助恢复重建。

第三，发现东西方文化对灾害后游客流失原因影响不大。除了对媒体报道给灾区旅游带来负面影响不认同外，现有中外文献中提到的灾害后游客流失原因在汶川地震灾害后都有不同程度的存在，这说明不同类型的自然灾害对游客的影响有一定的共同性，同时，东西方文化和种族差异在灾害给游客的冲击面前所表现的差异不大。

具体访谈反应情况，如表7-1所示。

表7-1 地震后放弃旅游计划原因

流失原因	编号	响应频次	响应频率/%
安全疑虑	1	14	93
心理忌讳	2	10	67
设施损坏	3	13	87
形象破坏	4	7	47
媒体报道	5	2	13
规范影响	6	5	33
健康担忧	7	6	40
成本增加	8	6	40
交通影响	9	7	47
伦理冲突	10	6	40
备注	伦理冲突访谈项目在第5个访谈者中开始加入，对前面已经访谈过的人员没有做补充访谈		

（2）测项发展。

根据前期文献研究和流失顾客的相对访谈，根据Churchill（1979），Gerbing和Anderson（1988）等的观点，作者从以下三个方面获得测项。

①前期文献。灾害后游客流失原因的文献主要来自Sajaniemi, P（2008）；Bongkosh Ngamsom Rittichainuwat (2008); Myron F. Floyd (2003); Reas Kondraschow (2006); Somrudee Meprasert (2006); Jen – Hung Huanga, Jennifer C. H. Min (2002); Reas Kondraschow (2006); Andrea Valentin (2003); Katherine Jean Milo (1991); Jen – Hung Huang, Shu – Ting Chuang, Yu – Ru Lin (2008); 刘阳炼 (2008); Jennifer C. H. Min (2007); 贾银忠、覃江荣 (2009) 等对严重自然灾害后游客流失原因的研究。对访谈的具体测项主要来自 Somrudee Meprasert (2006), Reas Kondraschow (2006) 等的研究。

②根据深度访谈获得。在量表中加入根据深度访谈消费者发现的新的导致游客流失的原因：伦理冲突。同时根据深度访谈的交流，调整文献中量表的语言表达。

③专家修正。根据文献研究和消费者的深度访谈后初步设计出量表测项，然后将量表和四川大学营销研究的1个博导、6个博士进行探讨，对量表所涉及的指标和测试语句进行讨论修改。初步获得的严重自然灾害后游客流失原因测项，如表7-2所示。

表7-2 严重自然灾害后游客流失原因测项量表

问卷组成	题项	来源
安全、健康担忧	我很担心地震后的山体和建筑物松垮会威胁到我的人身安全	借鉴 Somrudee Meprasert (2006) 研究修正
	担心地震余震及继发性灾害会威胁到我的人身安全	
	我觉得地震的余震预报很不准确，到灾区旅游有风险	
	我担心灾区疫情没有完全消除	
	我感觉地震后医疗卫生机构没有及时恢复，担心旅游中出现医疗问题	
景观形象损害	地震破坏了景区的观赏价值	借鉴 Somrudee Meprasert (2006) 研究修正。部分自拟
	地震将很多旅游景点破坏了	
	负责接待的餐厅、宾馆设施的损毁会降低旅游的舒适性	
	景区旅游设施还没有修复完善	
	地震后交通道路的破坏会影响旅游的舒适性	
心理冲突	我不愿意住在发生很大伤亡的灾区所在地宾馆	借鉴 Reas Kondraschow (2006) 研究修正
	我很忌讳到人员伤亡很大的地方去旅游	
	我认为到伤亡很大的地方去不吉利	
	去灾区旅游是不顾忌灾区人民痛苦的行为	在访谈基础上产生，结合专家意见自拟
	到灾区旅游是对遇难者及其家属的不尊重	
	我认为灾后到灾区旅游是一种惊扰逝者安息的行为	
规范影响	亲戚朋友不赞同我去四川旅游	借鉴 Reas Kondraschow (2006) 研究修正
	家人阻止我去四川旅游	
成本担忧	去四川旅游会比灾前增加费用	借鉴 Peter 和 Tarpey (1975), Cox (1967) 等人理论研究基础上结合访谈自拟
	到灾区旅游有很多不确定性，会增加我的旅游支出	
	灾区资源有限，物价可能会上涨	
	到四川旅游因为交通不方便会占用我更多的时间	
	因为交通被破坏我在四川旅游的路途时间可能会增加	
	在四川旅游我担心会由于其他原因被困陷在灾区	

由于目前社会科学研究中的变量测量常见方式为主观感知方法 Likert 5 级量表和 Likert 7 级量表，因此本章采用 Likert 量表形式测量。与 5 级量表比较，虽然 7 级量表增加变量的变异量，提高变量之间的区分度，但是 7 级量表往往超出一般问卷填写人的辨别力，会增添填写人对问卷的抵触情绪。因而，5 级量表最为可靠（江青虎，2007）。因此，本章采用 5 级量表。本测量量表中"1"表示绝对不同意，"2"表示不同意，"3"表示说不清，"4"表示同意，"5"表示绝对同意。

（3）测项纯化。

2009 年 4 月，作者首先在广州市干部疗养院的 200 余名干部职工中进行初步测试，然后根据问卷填写错误和初步信度等方面对问卷的语言表达、测项顺序进行了测项纯化。

测项纯化（Item Purification）是指通过一系列的标准和方法将量表中初始的测项进行筛选，去掉部分测项，以确定合适的测项进入最后的计算量表。总的来说，经过测项纯化的量表其信度和效度都会得到有效提高。本测项纯化的方法如下。

①去掉无法应答测项。去掉无法应答测项是测项纯化最基本的方法。根据 Oliver（1994）的观点，如果测项无法应答水平超过 10%，则表明该测项不可靠，应该予以淘汰。由于本次研究的量表经过文献研究、深度访谈、专家意见、初测等程序最终确定，各测项应答率达到 100%，没有无法应答测项，也没有需要剔除项。

②测项与总体相关系数（Item–total Correlation）检验。一般标准是总体相关系数小于 0.4，并且删除项目后 Cronbach α 值会增加（Yoo 和 Donthu，2001；Aaker, Fournier 和 Brasel，2001）。根据这个标准，删除"我感觉地震后医疗卫生机构没有及时恢复，担心旅游中出现医疗问题""我担心灾区疫情没有完全消除""地震后交通道路的破坏会影响旅游的舒适性""去四川旅游会比灾前增加费用""在四川旅游我担心会由于其他原因被困陷在灾区"五个测项。

③因子负荷检测。按照一般的规则，旋转后的因子负荷值小于 0.4 或者两个因子的负荷值都大于 0.4 的测项应该删除（Nunnally，1978；黄胜兵，2002；周志民，2003）。根据这个标准，删除"亲戚朋友不赞同我去四川旅游""家人阻止我去四川旅游"两个测项。

④双因子负荷值临界点检验。如果一个测项同时在 A 因子和 B 因子上的负荷值都高于临界点，则应考虑删除（张绍勋，2001），但如果删除该项后，两个因子又合并了，则不应删除。在本量表中没有双因子负荷值高于临界点的，因此没有要删除的测项。根据以上四个标准，最终量表剩下 17 个测项如表 7-3 所示。

表 7-3　测项纯化后量表

题号	题项
1	我很担心地震后的山体和建筑物松垮会威胁到我的人身安全
2	担心地震余震及继发性灾害会威胁到我的人身安全
3	我觉得地震的余震预报很不准确，到灾区旅游有风险
4	地震破坏了景区的观赏价值
5	地震将很多旅游景点破坏了
6	负责接待的餐厅、宾馆设施的损毁会降低旅游的舒适性
7	景区旅游设施还没有修复完善
8	我不愿意住在发生很大伤亡的灾区所在地宾馆
9	我很忌讳到人员伤亡很大的地方去旅游

续表

题号	题项
10	我认为到伤亡很大的地方去不吉利
11	去灾区旅游是不顾忌灾区人民痛苦的行为
12	到灾区旅游是对遇难者及其家属的不尊重
13	我认为灾后到灾区旅游是一种惊扰逝者安息的行为
14	到灾区旅游有很多不确定性，会增加我的旅游支出
15	灾区资源有限，物价可能会上涨
16	到四川旅游因为交通不方便会占用我更多的时间
17	因为交通被破坏我在四川旅游的路途时间可能会增加

7.2.1.2 正式调查

考虑到四川旅游市场的主要客源地为广东、北京、重庆等，其次则为湖北、广西壮族自治区等，考虑到抽样的代表性，作者分别选取主要客源地广东广州，次级客源地湖北武汉、广西南宁，再次级客源地海南海口为样本选取点，同时结合旅行社寻找流失客户和互联网进行问卷调查。该次调查样本来源如下。

（1）通过旅行社寻找流失客户。主要是通过成都国旅、熊猫旅行社寻找震前已经报名来四川旅游，但是因为地震放弃行程的游客125人。通过电话填写问卷，53人接受访谈，将其中42个震后一年内没有意愿也实际上没有到四川旅游的游客作为流失客户进行电话问卷调查。

（2）通过广州市妇幼中心党委在全院3000名员工中以支援灾区重建课题的名义发放问卷，回收1500余份有效问卷，通过问题甄别选出震前计划到四川旅游，因为地震一年内不到四川旅游的问卷77份。

（3）通过武汉、南宁、海口等学校发放家长问卷1800份，收回有效问卷1580份，通过问题甄别选出震前计划到四川旅游，因为地震一年内不到四川旅游的问卷96份。

（4）在海口机场游客中问卷调查500余份，通过问题甄别选出震前计划到四川旅游，因为地震一年内不到四川旅游的问卷41份。

（5）制作互联网网页，通过四川大学在校外省籍博士在QQ上委托网友填写问卷873份，通过问题甄别选出震前计划到四川旅游，因为地震一年内不到四川旅游的问卷106份。

（6）在调查结束后发现缺少老年样本，又在广州市干部疗养院对在此疗养的退休老干部群体做了200份问卷调查，获取流失客户样本16份。

整个过程发放问卷6000余份①，在其中筛查出放弃行程和放弃计划客户问卷378份，占总的访问人数的6%，样本基本资料如表7-4所示。

表7-4 样本基本资料

基本资料	项目	人数	百分比/%
性别	男	212	56.1
	女	166	43.9
	合计	378	100

---

① 因为本调查只把流失客户作为统计样本，因此具体的问卷数只是约数。

续表

基本资料	项目	人数	百分比/%
年龄	18~25 岁	26	6.9
	26~35 岁	144	38.1
	36~50 岁	155	41.0
	51~60 岁	34	9.0
	61 岁及以上	19	5.0
	合计	378	100
学历	高中及以下	23	6.1
	大专	107	28.3
	本科	158	41.8
	研究生及以上	90	23.8
	合计	378	100

7.2.2 研究分析

7.2.2.1 探索性因子分析

Nunnally（1978）认为，探索性因子分析的样本量至少应是量表测项数目的 10 倍。游客流失原因量表共包含 17 个题项，也就是说，本部分的研究样本量最少为 17 的 10 倍。本项测试所收集样本量为 378 个，任意选取其中的 200 个样本进行分析，符合此要求。探索性因子的分析方法是利用统计软件 SPSS16.0 中的因子分析命令对剩下的 17 个测项数据进行处理。

根据计算，本项测试 17 个测项的 KMO 值为 0.744，根据 Kaiser（1974）的观点，当 KMO 值大于 0.7 时很适合做因子分析，Bartlett 球状检验的显著性水平为 0.000，小于 0.05，也表明很适合作因子分析，如表 7-6 所示。从特征值来看，前 5 个因子的的值都大于 1，说明应该存在 5 个因子。由方差解释贡献来看，前 5 个因子累计解释 66.589%，超过 60% 的指标（Malhotra，1999）；从碎石图走势来看，前 5 个因子的变动较大，从第 6 个因子开始变动趋于平缓，也说明应该取 5 个因子，如图 7-1 所示。从定性来看，这 5 个因子之间有可能相关，用最大方差法处理（卢纹岱，2000），结果 17 个测项很好地归属为 5 个因子，并且所有的测项因子负荷值都大于 0.5，如表 7-5 所示，这说明汇聚得很好。

表 7-5 探索性因子分析结果

测项 \ 因子	1	2	3	4	5
X11				0.885	
X12				0.899	
X13				0.697	
X21		0.734			
X22		0.827			
X23		0.671			

续表

因子 测项	1	2	3	4	5
X24		0.755			
X31					0.755
X32					0.878
X33					0.740
X41			0.864		
X42			0.885		
X43			0.760		
X51	0.700				
X52	0.741				
X53	0.792				
X54	0.785				

表 7-6 KMO and Bartlett's 检验

KMO 值		0.744
Bartlett's Test of Sphericity	Approx. Chi – Square	2748
	df	136.000
	Sig.	0.000

Scree Plot

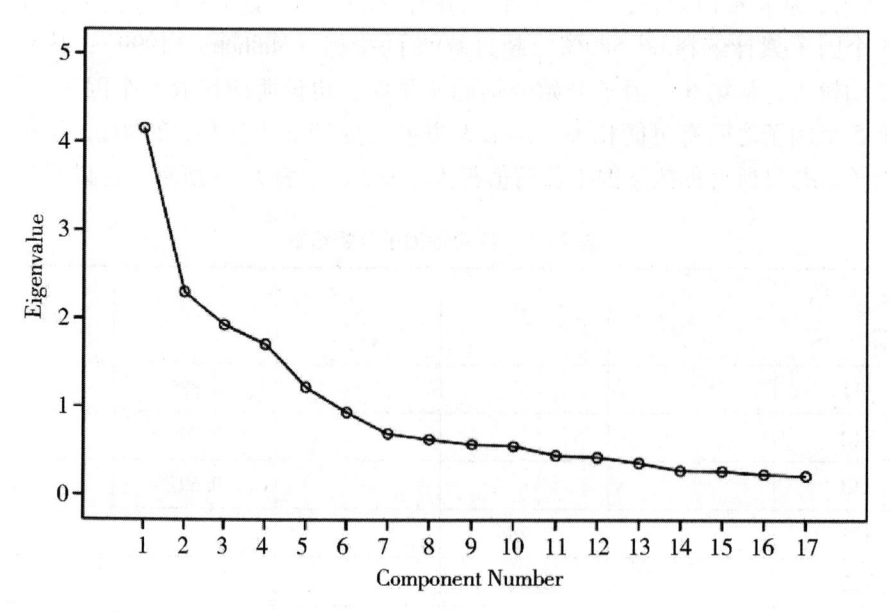

图 7-1 碎石图

7.2.2.2 验证性因子分析

探索性因子分析结束后进一步对5个因子进行验证分析。在这里主要是应用结构方程软件模型软件 LISREL 8.70 进行操作。目前学界对验证性因子分析中的样本量存在分歧。有的学者认为，大部分结构方程模型研究样本数量为 200~500（Shumacker 和 Lomax，1996），Marsh（1998）则认为 N 越大越好。但是，样本量带来的问题是样本越大，模型被接受的机会就会越小。所以 Bentler 和 Chou（1987）建议：如果观测变量符合正态或椭圆分布，每个变量5个样本就足够了；如果是其他分配，每个变量10个样本就足够了。本项分析中，综合以上两种观点，取样本量 200 个，以在样本数和拟合度之间取得平衡。在分析中将 17 个测项作为观测变量（x），5个因子变量作为潜在变量（§），两类变量的归属关系如表 7-7 所示，由此构建一个流失原因的路径模型。现在通行的路径模型的评价方法是依据各种拟合指数。模型的拟合指数要求是，χ^2/df 在 2.0~5.0 之间，RMSEA 低于 0.08，CFI 和 NNFI 均在 0.9 以上（侯杰泰，温忠麟，成子娟，2004）。本模型的拟合指数分别是：$\chi^2/df = 4.41$，RMSEA = 0.090，CFI = 0.92，NNFI = 0.90。虽然 RMSEA 数值略高，但考虑到样本的有限性和人文科学的相对模糊性，纵览整个数据，可以看出在本项研究中的路径模型拟合度较高。如表 7-7 所示中，t 值大于 2，表示各因子之间路径关系显著，也就是说，通过探索性因子分析所得出的5个因子和17个测项关系是如预期存在的，并且两者之间存在稳固的联系。

表 7-7 路径关系和路径系数

路径	路径系数	t 值	路径	路径系数	t 值
§1 - X11	0.59	20.54	§3 - X33	0.53	14.62
§1 - X12	0.66	24.90	§4 - X41	0.69	21.38
§1 - X13	0.43	13.07	§4 - X42	0.76	23.59
§2 - X21	0.58	16.24	§4 - X43	0.56	15.51
§2 - X22	0.76	18.86	§5 - X51	0.35	9.94
§2 - X23	0.47	13.44	§5 - X52	0.44	11.69
§2 - X24	0.60	14.75	§5 - X53	0.71	21.99
§3 - X31	0.73	17.00	§5 - X54	0.89	20.83
§3 - X32	0.80	23.81			

7.2.2.3 因子命名

第一个因子下属的测项原来包括生命损害和健康损害，这两个指标都属于人身安全的范畴。但在实际的探索性分析的时候，涉及健康疑虑的测项因为相关系数没有通过检验被删除。又因为，这两种损害只是游客感知到的，并没有现实的已经存在的损害，只是一种对可能状态的疑虑。因此将其归纳为"安全疑虑"。

第二个因子下属的测项包括景区景观的破坏、设备设施的破坏。实际上在很多灾害发生地，像汶川地震发生后一样，在灾害过程中其景观大部分完好，在旅游重新开放后设施设备也基本恢复完好，消费者往往在灾害发生后将灾害画面和景区的景观结合起来，错误感知为景区遭到了破坏，从而改变对景区的既有形象认知。因此将其归纳为"景观损坏"。

第三个因子在 Sajaniemi P（2008）研究印度洋海啸对旅游的冲击时将忌讳作为一个因子进行测量，认为，人们会出于对死亡地的忌讳而在一段时间内回避去灾害地海滩或江河。因此，第三个因子命名为

"心理忌讳"。

第四个因子是在访谈的基础上发现灾害后部分游客认为在灾区正在吊唁亲人,忙于灾区重建的时候,去游山玩水是对灾区人民的不尊重。根据专家意见自拟题项后将其命名为"伦理冲突"。

第五个因子是游客担心在灾害发生后去旅游的话可能会增加财务成本和时间成本,因此,命名为"成本担忧"。

7.2.3 信度和效度检验

经过探索性因子分析和验证性因子分析,按照现在学术界通行的标准对初始量表进行了筛选,最终验证了严重灾害后游客流失的5个主要因素,保留17个测项,形成一个较为稳定可靠的量表。为初步检验问卷的可靠性与有效性,通过SPSS 16.0检验其信度和效度。

(1) 信度检验。

信度(Reliability)是指测量的正确性或精确性。用哪种方法估计信度取决于测量的种类、测量的目的,以及计算信度工具的可利用性。本研究采用目前社会科学研究最常使用的由Cronbach提出的Cronbach α值进行量表的信度分析。信度的Cronbach α值大于0.6,表明数据是可靠的。通过SPSS 16.0的计算,5个因子Cronbach α值几乎都在0.6~0.8之间,而且校正后的内部相关系数都在0.4以上,可见量表的信度较好,基于流失客户问卷的信度与效度检验,如表7-8所示。

表7-8 基于流失客户问卷的信度与效度检验

潜在变量	测项	校正后的内部总相关系数	Cronbach's α	被解释的方差/%
安全疑虑	1	0.635	0.773	59.990
	2	0.704		
	3	0.574		
景观损坏	4	0.536	0.762	58.566
	5	0.640		
	6	0.512		
	7	0.562		
心理忌讳	8	0.573	0.775	69.148
	9	0.738		
	10	0.532		
伦理冲突	11	0.719	0.829	74.560
	12	0.758		
	13	0.589		
成本担忧	14	0.505	0.773	59.518
	15	0.551		
	16	0.635		
	17	0.612		
旅游意愿	18	0.413	0.584	70.650
	19	0.413		

(2) 效度检验。

常见的效度检验包括内容效度（Content Validity）、建构效度（Construct Validity）和效标关联效度（Criterion-related Validity）。

①内容效度。是指测量内容或指标与测量目标之间的适合性和逻辑相符性。一般凭借逻辑去判断一项测量工具是否有效，凭借对概念的了解去鉴别该变量的特征是否都被考虑到，在理论层次上概念所具有的各种特征，在经验层次上的测量也应具有。量表是否具备内容效度，主要考虑两者之间的吻合情况，如果相吻合，则表示具有内容效度，否则便是无内容效度。内容效度一般可采用专家意见法考核。具体方法是请有关专家对测项与测量目标的符合性做出判断，看测项是否代表规定的内容。本项检验中，将量表多次交由四川大学营销工程研究所的6位博士进行讨论，就测项的表述再三讨论和审核，最终确定17个初始测项，因此，该量表具备内容效度。

②建构效度。是指量表能够测量概念的程度。包括收敛效度（Convergent Validity）和区分效度（Discriminant Validity）。收敛效度根据探索性因子分析中的拟合指数和因子负载系数值来判断（Mueller, 1996）。如果数据拟合效果好，则进一步研究因子负载情况。具体而言，就是观测变量因子负荷的t值来判断。根据（Bentler 和 Wu, 1983; Karl G. Jöreskog 和 Dag Sörbom, 1989）等的观点，外测变量的因子载荷应该是显著的，其值应该大于0.45，17个因子载荷中有14个的值大于0.45的门槛值，虽然有3个小于0.45，但都与0.45非常接近，因此，可以认为量表具有较好的收敛效度，如表7-9所示。

表7-9 区别效度检验值

因子		安全疑虑	景观损坏	心理忌讳	伦理冲突	成本担忧
安全疑虑	r (SE)					
	CI					
景观损坏	r (SE)	(0.28, 0.05)				
	CI	(0.18, 0.38)				
心理忌讳	r (SE)	(0.21, 0.05)	(0.34, 0.05)			
	CI	(0.11, 0.31)	(0.24, 0.34)			
伦理冲突	r (SE)	(-0.03, 0.05)	(0.20, 0.05)	(0.37, 0.05)		
	CI	(-0.10, 0.97)	(0.10, 0.30)	(0.27, 0.47)		
成本担忧	r (SE)	(0.22, 0.05)	(0.29, 0.05)	(0.15, 0.05)	(0.23, 0.05)	
	CI	(0.12, 0.32)	(0.19, 0.39)	(0.05, 0.25)	(0.13, 0.33)	

关于因素之间的区别效度分析，Joreskog 和 Sorbom 建议，可以采用标准误来形成真实相关的近似信赖区间，常用的信赖水平为0.95，因而，区别效度的计算方法即为：r±1.96×标准误（其中r指因素之间的相关系数）。若求得的置信区间包含1，则说明区别效度较低；若求得的置信区间不包含1，则说明区别效度较高。

从表7-9可以看出，所有因素之间的近似信赖区间都不包含1，说明各因素之间具备合理的区分效度。

③效标关联效度。效标关联效度表现的是测量分数与外在标准的相关程度，即对个体行为表现进行预测的有效性程度。效标关联效度包括同时效度和预测效度。同时效度是指测试分数与外在效标取得在

同一时间内连续完成，此二者之间的相关系数即为同时效度。预测效度是指测试分数与外在效标取得相隔一段时间，计算此二者之间的相关系数，即为预测效度。由于每个游客的流失原因并不相同且不受固定的某一个或几个因素限制，因此只可能存在某一类人的效标关联效度高。比如，收入高的一类人对成本担忧的分数普遍偏低，女性对安全的感知分数更高一些等。从人群的分类来看，量表具有较高的效标关联效度。

7.2.4 研究结论

经过问卷测项的建立和发展，并通过探索性因子分析，发现在汶川地震后游客流失的五个主要因子，包括本文探索发现的伦理冲突。随后的信度和效度检验证明五个因子的合理性。

通过以上研究过程可以得出以下几点结论：

第一，安全感知风险不是严重自然灾害发生后影响游客旅游决策的唯一因素。在灾后旅游恢复中应当采取不仅限于消除安全风险的措施。现实中，灾害发生后灾害地景区为吸引游客，往往采取风险消除、风险保障等措施以消除消费者的安全疑虑。作者实证检验灾害后影响游客流失的五个主要原因，说明灾害后影响游客流失因素的多重性和游客流失原因的复杂性。虽然此处讨论的内容有局限性，还没有研究各个流失原因对游客旅游决策的影响权重，但是研究已经证实严重自然灾害后游客产生包括安全疑虑在内的多重风险感知。因此，如果灾后的旅游恢复措施仅限于消除安全担忧的话，其效果将会受到局限。

第二，心理忌讳和伦理冲突是灾后影响游客流失的重要原因。作者通过深度访谈，发现伦理冲突是灾害后游客流失的原因，并在随后的探索性因子分析实证中，证实伦理冲突是造成游客流失的因子之一。显然，景区安全措施对消除消费者伦理冲突、心理忌讳的作用尚存在局限性。因此，在灾后的旅游恢复中应该通过心理影响措施来解决或者降低消费者的这两种风险感知，以达到尽快恢复旅游的目的。

第三，舆论导向作用在灾后旅游恢复中作用重大。在深度访谈过程中，由于本研究是以汶川地震为背景进行的，媒体对旅游决策的负面影响没有得到调查者较高的响应，所以本研究没有将媒体影响列入因子分析测项。但是，这恰好反证媒体对灾后恢复的影响。在现有的文献中，很多研究都认为媒体的负面报道影响到旅游者的决策和灾后旅游的恢复，而本研究的被测者，由于灾害期间鲜有媒体负面报道而不认同媒体报道对游客流失原因的影响。这充分说明，舆论导向在严重自然灾害中对旅游的影响和作用是非常重要的。由此可以得出结论，严重自然灾害发生后要善用媒体的力量，帮助灾区恢复和重建。

7.3 灾后游客流失原因与旅游意愿关系研究

7.3.1 研究设计

7.3.1.1 理论框架与模型

本研究的实证分析旨在找出严重自然灾害后游客流失的原因和旅游意愿之间的关系，即各个流失原因对游客旅游意愿的影响权重，为后续的赢回策略做出理论探讨。在本研究中将涉及游客流失原因、旅游意愿两个变量。Catherine M. Nicho 和 David J. Serener 认为，旅游是现代人生活的重要组成部分，旅游决策的复杂程度取决于旅游者的社会经济特征、旅游目的地的具体特征及其相关的时空可变因素，也就是说，消费者的购买意愿是时空环境和消费者条件自变量的函数，其中，自变量的改变都会导致消费者购买意愿的改变。因此，流失原因和旅游意愿之间构成因变量和自变量关系，旅游意愿是流失原因的函数。在上一节对于严重自然灾害后游客流失的研究中，通过消费者深度访谈、问卷调查和因子分析，最后将严重自然灾害后游客流失的原因归结为5个因子：安全疑虑、景观损害、心理忌讳、伦理冲突、成本担忧，并形成研究结构模型，如图7-2所示。

```
┌─────────────┐
│  流失原因    │
│  安全疑虑    │                    ┌──────┐
│  景观损害    │ ──────────────→   │ 旅游 │
│  心理忌讳    │                    │ 意愿 │
│  伦理冲突    │                    └──────┘
│  成本担忧    │
└─────────────┘
```

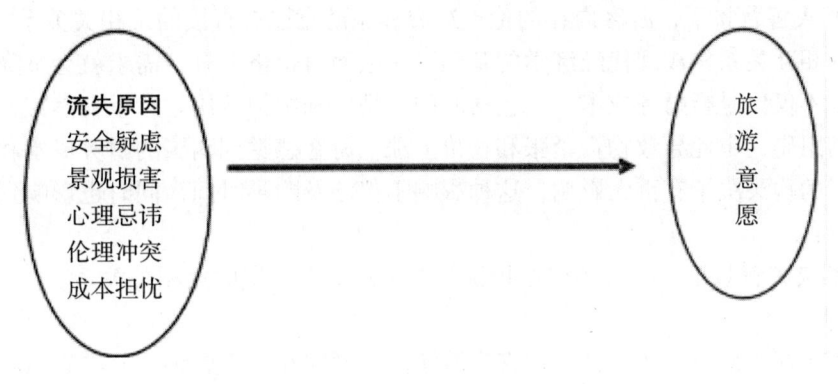

图 7-2　研究结构模型

7.3.1.2　研究假设

购买意愿是消费者愿意采取特定购买行为的可能性，是消费者选择特定产品的主观倾向和预测消费行为的重要指标，这个指标受多重因素的影响，并且由于每个因素的影响强度存在差异，因此五种流失原因对游客旅游意愿的影响存在差异。

大多数游客旅游的目的是改变精神状态，获取最大的身体和心理满足，达到精神愉快，而安全是旅游正常进行的保障和发展的前提，是旅游的生命线。因此，在严重自然灾害发生后，安全因素历来被研究者认为是游客流失的重要因素。Bongkosh Ngamsom Rittichainuwat 和 Goutam Chakraborty 发现，游客会选择相对安全的地方去旅游，而回避安全风险。Huang Jen-hung, Chuang Shu-ting 和 Lin Yu-ru 也认为安全感知是游客前往灾害地旅游的最大障碍之一，是游客流失的主要原因。Mario Mazzocchi 研究发现，44% 的游客由于担心灾害的再次发生，会推迟或取消游览灾害地。基于此，提出以下假设。

H1：严重自然灾害背景下，游客的安全疑虑和旅游意愿有直接的负相关关系。

一般严重自然灾害发生后必然导致地理破坏、人员伤亡及设施设备的损毁。即便是在灾害中有的旅游景观设施没有遭破坏，但由于信息不对称，很容易给消费者形成景观、设施已被破坏的感知，从而形成负面的景区形象。Huang Jen-hung, Chuang Shu-ting 和 Lin Yu-ru 认为目的地设施损坏和安全感知是游客前往灾害地旅游的最大障碍，是游客流失的主要原因。基于此，提出以下假设：

H2：严重自然灾害背景下，游客感知的景观损害和旅游意愿有直接的负相关关系。

忌讳，按照新华词典（1980年版）的解释是：①由于迷信思想、风俗习惯或个人成见而形成的对某些言语或事情的避讳；②对可能产生不良后果的事力求避免。在西方的文化人类学上"忌讳"称为taboo，是关于神圣或不洁事物约定俗成的一种禁止。SajaniemiP 认为忌讳是指对某些不能接近的实体，不能看，不能摸，不能吃，不能惊扰。他也指出亚洲游客不想去受灾地区旅游主要是出于心理忌讳。基于此，提出以下假设：

H3：严重自然灾害背景下，游客存在的心理忌讳和游客旅游意愿有直接的负相关关系。

Philip Kotler 的经典理论认为，一个人的购买意愿受五种主要心理因素影响，即动机、知觉、归因、学习，以及信念和态度。消费者的信念及伦理规范属于信念和态度层次，影响到消费者的购买意愿和行为。也就是说，消费者的消费决策也是一种伦理选择行为，对伦理价值的判断影响并决定消费者的消费行为。亚当·斯密在《道德情操论》中认为：由于我们无论何时见到同伴的痛苦都会同情他的悲伤，所以我们同样理解他对引起这种痛苦的任何因素的憎恶；我们的心，由于它承受他的悲伤并与之保持一致。严重自然灾害发生后伴随而来的是灾害地的物质和人员伤亡，灾区的人员在很长一段时间里将处于悲痛之中。而在一般的认识中，旅游是快乐的事情，无疑，这和悲痛的情绪是相冲突的。基于此，提出以下假设。

H4：严重自然灾害背景下，游客内在的伦理冲突和旅游意愿有直接的负相关关系。

成本和需求的相互关系构成现代经济学的基础。一般而言价格上升，需求就会下降。根据 Kotler 的观点，总顾客成本不仅仅是指财务成本，它包括时间、精力和精神费用。严重自然灾害后，一般伴随的是交通损毁、道路阻碍，由此导致物资紧张和物价上涨，游客感觉到购买的财务成本和时间成本可能会增加，这对消费者的购买决策有重大影响，这种影响不仅涉及购买时间，同时也影响到购买的量。基于此，提出以下假设：

H5：严重自然灾害背景下，游客的成本担忧和旅游意愿有直接的负相关关系。

7.3.1.3 量表建立

本项目的量表包括两部分，严重自然灾害后游客流失原因和灾害后游客旅游意愿测量部分。流失原因主要采用 Somrudee Meprasert, Reas Kondraschow 等的研究成果，加上自拟测项共建立 24 个测项，在通过测项纯化后采用 17 个测项。购买意愿的测量已经比较成熟，一般包括重游、重购和推荐意愿。Lee 测量推荐意愿时采用 3 个测量条款：推荐给家庭成员或朋友，对其他人说积极的方面，推荐给那些希望得到建议的人。Zeitham lV A 测量支付意愿用支付意愿和溢价意愿两个测量条款：如果 XYZ 价格有点上涨，我愿意继续购买；我愿意为 XYZ 支付相对更高的价格。综合来看，测量意愿主要是测量重购意愿、重游意愿、推荐意愿、支付意愿、溢价意愿。本研究中，考虑到现在的旅游除了休闲旅游之外，大多数观光性质景区消费者在较长时间内是一次购买，而区分休闲景区和观光景区并非本研究的内容，因此不检测重游意愿。同时，考虑到在严重自然灾害背景下，景区的首要目标是重新赢回游客，而不是谋求增加游客人数以增加效益，所以本研究侧重于测量行为意愿、推荐意愿。

7.3.1.4 样本获取

本项目的调查主要集中在 2009 年 5 月展开，采取随机抽样方式，通过问卷中的甄别问题获取流失客户样本，实证检验数据与流失原因探索性因子分析数据为同一问卷并一同调查测试。

7.3.2 研究分析

7.3.2.1 样本描述

整个过程共计发放问卷 6000 余份①，在其中筛查出放弃行程和放弃计划客户问卷 378 份，占总的访问人数的 6%。样本基本资料，如表 7 - 10 所示。表中数据通过效度和信度检验。

表 7 - 10 样本基本资料

基本资料	项目	人数	%
性别	男	212	56.1
	女	166	43.9
	合计	378	100
年龄	18 ~ 25 岁	26	6.9
	26 ~ 35 岁	144	38.1
	36 ~ 50 岁	155	41.0
	51 ~ 60 岁	34	9.0
	61 岁及以上	19	5.0
	合计	378	100

---

① 因为本调查只把流失客户作为统计样本，因此具体的问卷数只是约数。

续表

基本资料	项目	人数	%
学历	高中及以下	23	6.1
	大专	107	28.3
	本科	158	41.8
	研究生及以上	90	23.8
	合计	378	100

7.3.2.2 结构方程和路径分析

应用 LISREL 8.70 软件,输入相关数据后得到如图 7-3 所示的结构方程模型的估计结果。从拟合度分析来看,WLS 卡方值为 591.36,自由度为 138,卡方自由度比为 4.28,小于 5,符合标准;RM SEA 值为 0.088,小于 0.1,也在可接受的范围内;GFI = 0.92,AGFI = 0.83,CFI = 0.92,NFI = 0.90,都符合要求,表示结构方程模型的拟合优度较为理想。

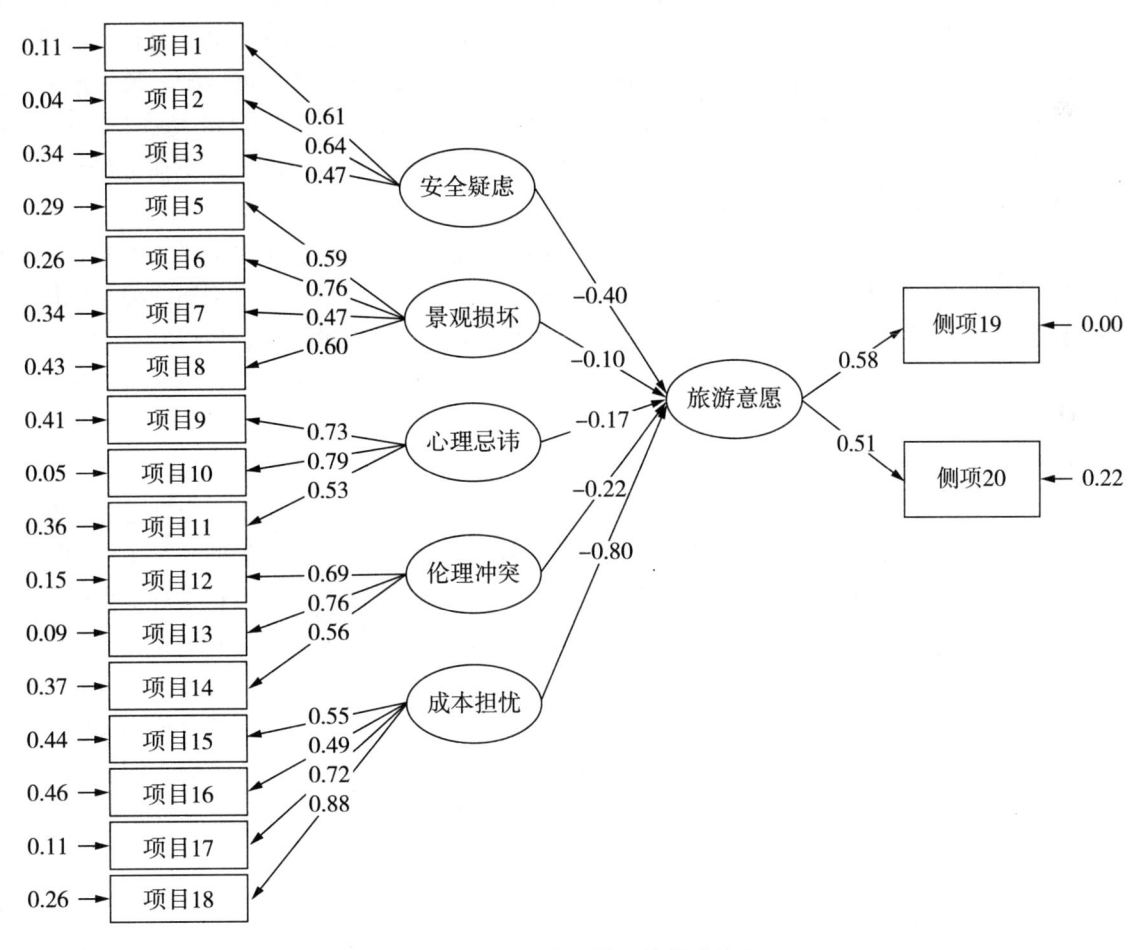

图 7-3 结构方程模型的估计结果

如表 7-11 所示中报告了各条路径系数所对应的 t 值,通过 t 值就可以反映出一个变量的显著性。从表 7-11 可知,安全疑虑与旅游意愿之间的 t 值为 -8.81,在 1% 的水平下显著,与此同时两者之间的路径系数为 -0.40,即两者之间存在负相关关系,H1 得到验证。景观损坏和旅游意愿之间的 t 值为 -

2.08，在5%的水平下显著，两者之间的路径系数为-0.10，表明两者之间存在显著的负相关关系，H2得到验证。心理忌讳与旅游意愿之间的t值为-3.66，在1%的水平下显著，两者之间的路径系数为-0.17，表明两者之间存在显著的负相关关系，H3得到验证。伦理冲突与旅游意愿之间的t值为-4.65，在1%的水平下显著，两者之间的路径系数为-0.22，表明两者之间存在显著的负相关关系，H4得到验证。成本担忧与旅游意愿之间的t值为-1.67，两者之间的关系不显著。即成本因素并不是造成旅游意愿发生改变的显著性因素，H5不成立。

表7-11 各路径系数的t值

因变量	自变量				
流失因素	安全疑虑	景观损害	心理忌讳	伦理冲突	成本担忧
t值	-8.81**	-2.08*	-3.66**	-4.65**	-1.67

注：**表示在1%的水平下显著，*表示在5%的水平下显著。

7.3.3 研究结论

严重自然灾害发生后，由于多方面原因的影响，人们对到灾害发生地旅游产生犹豫，影响旅游意愿和旅游决策。弄清游客流失原因与旅游意愿之间的关系对于灾后赢回游客非常重要，但是目前研究缺乏对二者关系的实证检验。因此，本研究以汶川地震后四川旅游为例，在上节对灾后游客流失原因研究的基础上，构建灾后流失原因与旅游意愿关系的理论模型，进行研究假设，确定量表后进行问卷调查，最后通过结构方程实证分析了灾后游客流失原因与旅游意愿之间的关系，得出以下研究结论。

（1）安全是影响游客决策的主要因素。

就安全疑虑而言，实证检验证明其对旅游意愿的影响是最大的，这证实了许多学者的观点。也就是说，虽然从理性的角度来说，严重自然灾害大多是一次性的，在同一个地方短期内再次发生相同严重自然灾害的可能性极低，但由于安全是旅游的基础，人们对安全存在高度敏感性，所以在严重自然灾害发生后消费者对安全疑虑的担心依然是最强烈的，安全疑虑依然是严重自然灾害后影响游客流失的最重要的原因。

（2）伦理冲突是游客流失的重要原因。

本节研究证明伦理冲突对游客旅游意愿的影响路径系数为-0.22，是仅次于安全疑虑之后对游客旅游意愿影响最大的因素，这说明伦理冲突确实是游客流失的重要原因。之所以如此，最主要的原因可能是由东西方文化的差异性造成的，现有旅游灾害管理的经典文献来自西方，西方在管理上更多的思考是理性的。与西方文化不同，中国人为了对个体所属的群体表达自己的情感、立场和形象，特别强调社会需求。严重自然灾害发生后伴随而来的是灾害地的物质和人员伤亡，灾区的人员在很长一段时间里将处于悲痛之中，而就一般的中国人伦理观而言，旅游是快乐的事情，这和悲痛的情绪是相冲突的。在别人悲伤的时候我们应当报以同情，这是中国人的伦理观，这种观点导致严重自然灾害后人们不好意思去灾害地旅游。

（3）景观损坏的风险对旅游决策的影响较低。

虽然证明了景观损坏与旅游意愿之间的负相关关系，但是，从路径系数来看，景观损坏对旅游意愿的影响并不大。由于媒体的报道，严重自然灾害发生后消费者会接触到大量的灾害地破坏信息，消费者对旅游地景观损毁的感知程度普遍较高，但是，高感知景观损坏并不一定意味着旅游意愿的急剧下降。

（4）灾害地大量人员伤亡引起的心理忌讳影响到游客决策。

心理忌讳主要验证灾害地大量人员伤亡对游客的心理影响。本研究发现，心理忌讳与旅游意愿之间存在负相关关系，说明灾害地大量的人员伤亡在很大程度上左右着旅游者的决策。

（5）价格因素对旅游意愿的影响不显著。

从实证可以看出，消费者的成本担忧与旅游意愿之间的路径系数不显著。成本担忧主要侧重于货币成本，即对灾害发生后灾害地景区可能的物质资源匮乏和物价上涨并不担心。这可能是由于本研究以汶川地震为案例展开，而在汶川地震中由于中国政府的快速救灾反应和当时全国人民万众一心的救灾行为，使得当地灾后并没有出现物价上涨等情况。价格与旅游意愿之间的这种关系是只在汶川地震后出现，还是严重自然灾害后所具有的共性，尚有待进一步探讨。但是实证分析从某一个角度也说明，在严重自然灾害背景下，在其他风险感知因素存在的情况下，价格因素对游客旅游意愿影响有限。

7.4 本章总结

本章研究和上章研究都是探究严重自然灾害后旅游意愿的影响因素，以探明游客内心，为灾后旅游市场的恢复提供理论基础，帮助灾害地针对游客心理实施有效的旅游赢回策略。但不同的是，上章研究运用计划行为理论来对游客到灾害地旅游的意愿进行解释。而本章研究则是通过找出灾后游客流失的原因，来进一步探明流失原因对旅游意愿的影响权重，最后得出影响旅游意愿的因素这一系列研究来解释游客到灾害地旅游的意愿。两章研究的目的相同，只是从两个不同的角度进行操作分析。

本章的研究分为两个部分，采用随机抽样的方法，两部分研究所用的调查数据是在同一调查问卷上进行同一调查测试所得，为了研究思路能清晰地呈现出来，故将研究分为"灾后游客流失原因的实证研究"和"灾后游客流失原因与旅游意愿关系研究"两个部分进行阐述。

第一部分是灾后游客流失原因的实证研究。研究通过文献梳理和深度访谈，发现一个以前文献中没有发现的游客流失原因：伦理冲突，并建立严重自然灾害后游客流失原因的测量量表，确定17个测项如表7-3所示。进入正式调查阶段，选取主要客源地广东广州，次级客源地湖北武汉、广西南宁，再次级客源地海南海口为样本选取点，同时结合旅行社寻找流失客户和互联网进行问卷调查，在回收的问卷中筛查出放弃行程和放弃计划客户问卷378份，并对样本数据进行描述（如表7-4所示）。随后通过因子分析，归纳出严重自然灾害后游客流失的5个原因：安全疑虑、景观损坏、心理忌讳、伦理冲突和成本担忧。

第二部分是对灾后游客流失原因与旅游意愿关系的研究。第二部分研究在第一部分研究得出的5个灾后游客流失原因的基础上，建立了流失原因与旅游意愿的关系模型如图7-2所示，并进行实验假设，确定量表，进行问卷调查，并对调查数据进行效度和信度检验。最后通过结构方程得出灾后游客流失原因和旅游意愿的关系：安全疑虑是主要的旅游意愿影响因素，其次是伦理冲突和心理忌讳，景观损坏对旅游意愿影响较小，成本担忧（主要侧重于货币成本）对旅游意愿几乎没有影响。

本章研究结论在一定程度上完善旅游危机管理理论，对于严重自然灾害后灾害地旅游市场的恢复也具有重要的参考意义。

（1）慎重采用价格促销策略。

严重自然灾害后，很多景区为了迅速赢回游客，都采取低价促销策略。在这种情况下如果单独采用价格促销策略，可能带来双重负面影响：没有达到赢回游客的目的，只损失有限的利润。因此，在严重自然灾害背景下，景区应该慎重采用价格促销策略。

（2）采取不仅限于消除安全风险的措施。

现实中，灾害发生后灾害地景区为吸引游客，往往采取风险消除、风险保障等措施以消除消费者的安全疑虑。作者实证检验灾害后影响游客流失的主要原因有四个，说明灾害后影响游客流失因素的多重性和游客流失原因的复杂性。因此，如果灾后的旅游恢复措施仅限于消除安全担忧的话，效果并不理想。

（3）更多采用心理影响策略。

研究发现伦理冲突是影响消费者旅游意愿的第二大因素，同时，心理忌讳对旅游意愿的影响也得到证实。伦理冲突和心理忌讳是心理影响。事实上，消费者对灾害地景区的安全疑虑、景观损坏的担忧等，都是灾害发生后消费者的一种心理感知，这种感知也许事实上不存在，因此，灾后景区管理者及景区政府应该采取更多的心理影响措施，以消除或降低潜在游客的风险感知水平，迅速赢回游客。

8. 灾后交通成本对旅游意愿影响研究

8.1 研究目的

8.1.1 研究结论回顾

本卷第6章和第7章分别从计划行为理论和灾后游客流失原因两个角度，对严重自然灾害后旅游意愿影响因素进行探究。在第6章研究中得到的一个结论是：旅游成本对比较关注旅游活动过程的游客有一定影响，但对于受感情和规范因素影响更大的游客，旅游成本对他们没有明显的影响。在第7章的研究中得出：成本担忧（主要是货币成本）对灾后旅游意愿没有明显影响。两类研究的结论中都提到旅游的成本，包括货币成本和时间成本，对旅游意愿没有明显的影响。对于这个结论，两类研究结合其实际的研究环境，分别做出相应解释。

第6章中基于计划行为理论角度的灾后旅游意愿影响因素研究中，考虑到样本选取点主要是在成都的旅游集散中心，受访者主要是从成都出发或在成都转乘的出行游客，而从成都到汶川的旅游费用和旅游时间较少，因此受访者反映出的自控信念（对旅游费用和旅游时间的重视）对其旅游意愿的影响并不大。第7章中基于灾后游客流失原因角度的灾后旅游意愿影响因素研究中，对"成本担忧"的因素主要侧重于货币成本。同时，考虑到研究是以汶川大地震为案例展开，而在汶川地震中由于中国政府的快速救灾反应和当时全国人民万众一心的救灾行为，使得当地灾后并没有出现物价上涨等情况，因此旅游费用并没有构成影响旅游者旅游意愿的因素。

两类研究都从各自研究的实际环境对结论做出一定的解释。两类研究都得出同样的结论，从某一个角度也可以考虑，在严重自然灾害背景下，旅游成本对游客旅游意愿影响有限。当然，这个结论和人们现实生活的认知有一定差异。首先，可随意支配收入和足够的闲暇时间是旅游需求产生的主要影响因素；其次，旅游目的地或旅游企业为增加游客量，尤其是灾后旅游市场恢复时，价格策略是最常使用的策略。基于以上情况，有必要对旅游成本和游客意愿影响的关系进行进一步的探究。

考虑到旅游活动是由"行、住、食、游、购、娱"一系列活动的构成，因此，旅游成本中仅货币成本就包含交通费用、住宿费、餐饮费、景区门票、购物费等多种费用，覆盖范围太过广泛，在人力、物力、财力等有限的情况下，难以进行系统的研究。同时，考虑到交通成本在旅游成本中所占比重较大，且严重自然灾害后旅游交通也是旅游市场恢复的关键，因此初步考虑用交通成本对灾后旅游意愿的影响来间接地反应旅游成本对灾后旅游意愿的影响。为进一步确定研究的思路和目的，下面将在旅游需求、价格赢回策略、旅游交通这几个方面进行简单的阐述。

8.1.2 旅游需求影响因素

旅游需求是旅游者对旅游活动渴求满足的一种欲望，是激发旅游者旅游动机及行为的内在动力。通常，旅游需求是指人们在一定时间和价格条件下，具有一定支付能力时，为了满足自身对旅游活动的欲望，而对旅游产品的需求。

影响旅游需求的因素有主观因素和客观因素。旅游动机是影响旅游需求的主观因素，可随意支配收入和足够的闲暇时间是旅游需求实现的必要的客观条件。此外，还有一些其他的客观条件也影响着旅游需求的形成，如年龄、性别、受教育程度、微观社会环境等。

（1）旅游动机。

动机是激励人们行动的主观因素。旅游动机是激励人们产生旅游行为的意向，以及到何处去怎么去并进行何种旅游活动的内在驱动力。旅游动机的形成受到主观、客观两方面因素的影响。主观因素包括个人探索的需求和解脱压力的需求、旅游者心理类型、审美背景和知识框架、年龄、性别等；客观因素包括社会历史条件、政治经济条件、微观社会环境等。

(2) 可随意支配收入。

可随意支配收入是指居民在一定时期内的全部收入，在扣除必须缴纳的税金，日常生活必需消费，以及必要的储蓄之后，剩下的收入部分。可随意支配收入越高，旅游支付能力就越强。而旅游支付能力直接关系到旅游需求的实现程度，影响旅游者对旅游目的地及旅行方式的选择，以及在旅游目的地的消费水平。可以看出，足够的可随意支配收入是决定一个人成为现实旅游者的重要经济因素。

(3) 闲暇时间。

闲暇时间是指人们在工作学习之外，除去满足生理需求和必要的社会交往的时间外，剩下用于个人兴趣发展、消遣娱乐等可由个人自由支配的时间。闲暇时间的长短直接影响人们对旅游的地域范围及旅游方式的选择。闲暇时间可分为每日工作学习之余的闲暇时间、每周末的闲暇时间、法定假日的闲暇时间和带薪假期。其中，每日的闲暇时间基本不能形成旅游需求，每周末闲暇时间倾向于形成短时间近距离的旅游需求，法定假日和带薪假期的闲暇时间更倾向于长时间远距离的旅游需求。可以看出，足够的闲暇时间是旅游需求产生的必要条件。

综上所述，足够的可随意支配收入和足够的闲暇时间是旅游需求实现的必要客观条件。因此，旅游费用和旅游时间所构成的旅游成本也应是产生旅游需求的必要条件，对旅游意愿产生重要的影响。

8.1.3 价格促销策略研究

价格促销策略是指厂商通过价格削减、打折和现金返还等形式来刺激产品更快销售，顾客更多购买，从而使销售增长的一种短期性质的重要营销手段（韩睿，田龙志，2005）。在旅游危机发生后，旅游地政府、企业通常都会采取价格促销策略来赢回客源市场。

印度洋海啸后，泰国政府制订旅游业恢复振兴计划，其中重要的一个组成部分，就是对本国游客的让利：对于在海啸灾区停留两晚以上的泰国本国游客，将获准购买高达两万泰铢的免税商品，享受与外国游客一样的特别待遇，以便振兴南部安达曼海沿岸的旅游业；降低交通成本，主要措施是降低机场的航班着陆费，从而使航空飞行费用更加便宜，同时鼓励其国内政府的官方会议更多地在灾区各政府举行。

遭受印度洋海啸破坏的还有度假胜地马尔代夫。海啸过后，马尔代夫政府以 200 万美元的营销预算向旅游贸易界和游客发出一个统一的促销信息，表明马尔代夫作为旅游目的地是安全的。

汶川大地震后，2009 年 3 月四川省 21 个市州整体推出了旅游"价格洼地"的优惠政策，九寨沟、峨眉山、乐山大佛、海螺沟等全省数百景区将在 2009 年 5 月 12 日当天免费向游客开放，5 月份除 12 日外的其他日期实行半价优惠，全年实行不同程度的优惠。九寨沟、黄龙景区向对口援建省市赠票 15 万张。

价格促销策略在刺激消费上确实存在一定作用，但在国内外学者的相关研究中也提出价格促销策略的一些负面影响。影响主要表现在以下几个方面。

(1) 损害品牌形象，降低品牌价值。

Grewal 等（1998）发现价格打折能提高交易量，但会对品牌感知质量和内部参考价格带来负面影响，也会伤害到商店的整体形象。Jedidi，Mela，Gupa（1999）研究发现长期价格促销对消费者的品牌最终选择和品牌价值有重大的负面影响。Gupta 和 Sunil（1988）Manjit 和 Seiders（1998）等认为长期频繁的价格促销会损坏产品品牌形象，使品牌资产下降。

(2) 对销售额的影响是短期的。

Walters 和 Rinne（1986）研究认为多数情况下，促销不存在对销售额的长期影响。Srinuvasan 等

(2004)通过对商品制造商、零售商的大规模调查发现：价格促销不会长期给厂商带来持久性的收益。

(3) 增加消费者的价格敏感度，降低品牌忠诚度。

Dodson, Tybout, Sternthal (1978) 用自我感知理论解释了促销的负面结果。如果一个人总是在促销时才去购买产品，那么消费者去解释自己行为时很可能认为他们的购买是因为促销才产生的，而不是因为他们真正喜欢这个品牌。这种结论会导致消费者对这个品牌产生负面的态度，从而减少重复购买的可能性。

价格促销策略对市场的影响会受到促销的场景、力度、频率、产品品牌等方面的制约。在严重自然灾害的背景下，旅游地旅游资源受到损坏会降低旅游吸引力，灾害造成的人员伤亡会增加游客的心理负担，灾害带来的次生或衍生灾害将增加游客对自身安全的担忧。在灾后复杂的旅游环境下，价格促销策略是否有效，游客是否像普通旅游情景下一样看重旅游成本，这仍难以确定。

8.1.4 交通对旅游的影响研究

旅游交通是指旅游者在整个旅游过程中所搭乘的交通基础设施、设备和享受的运输服务（卞显红、王苏洁等，2003）。交通是旅游业重要的组成部分之一。国内对旅游交通的研究主要集中在旅游交通理论研究、旅游交通规划研究、旅游交通管理和政策效力分析研究方面。交通对旅游的影响研究国外学者关注的较多，且主要集中在交通如何影响旅游需求以及交通如何影响旅游目的地发展这两个方面。

Rugg (1973) 第一次探讨交通条件与旅游目的地发展之间的关系时，建立旅游目的地消费者选择模型。在Rugg的模型中，旅游者被假定为追求效用最大化的理性消费者，在固定的旅游时间中，游览时间越长效用越高，旅行花费的时间越长效用越低。因此，为获得效用最大化，旅游者会追求更快速便捷的交通方式来降低交通时间成本，从而增加游览时间。据此，高速铁路的出现将会大大增强远距离旅游目的地对旅游者的吸引力（Sophie Masson等，2009）。Prideaux (1999) 提出旅游地发展频谱（Resort Development Spectrum）模型。模型中，旅游地的发展被分为四个阶段和一个后成长阶段（衰落或复兴）。模型认为当旅游目的地在加速发展时，交通条件就越发显得至关重要。模型还指出交通与住宿等都是旅游地发展的主要因素。Martin和Mitt (1988) 指出可替代的目的地旅游交通费用在旅游目的地选择过程中起到至关重要的作用。Crouch (1994) 在对短途和长途旅游者的旅游需求弹性研究中，发现由于长途旅游者和短途旅游者对交通费用的敏感性不同，他们对于旅游需求的敏感性也有非常大的差别，并证明长途旅行的旅游需求受交通因素影响更为显著。Ankomah, Crompton (1992) 和 Walsh, Sanders Mckean (1990) 关注旅游交通的时间价值以及不同交通方式的时间机会成本（Morrison&Winston, 1985）。这些研究认为旅行时间的价值与消费者剩余之间存在密切的关系。

从国外学者的研究可以看出，交通与目的地的旅游发展紧密相连，并起着至关重要的作用。交通的时间成本和货币成本都是影响旅游者对旅游目的地进行选择的重要因素。

8.1.5 灾后交通情况

严重自然灾害对当地旅游交通破坏严重。以汶川大地震为例，据有关部门统计，四川省因地震造成交通基础设施损失达580亿元，已接近前三年全省交通建设完成投资的总和。包括九寨沟旅游环线在内的旅游公路损坏2890千米，公路沿线标志标牌、服务设施以及道路两侧的自然人文景观受损严重[①]。统计灾后重建重点范围内的37个风景区，其中有25个风景区的道路交通受损，占统计风景区总数的67%，共有1900千米的游览道路损毁，桥梁损毁150座。其中，14个风景区的道路交通受损严重，损失金额高达34.9亿元[②]。作为四川旅游主线之一的川西旅游环线，包括"都江堰—映秀—卧龙—四姑

---

① 平文艺，笞宝毅等. 汶川大地震后四川旅游目的地建设战略研究 [M]. 四川：四川科学技术出版社，2008.
② 引自《汶川地震灾区风景名胜区灾后重建指导意见》。

娘山—丹巴—雅安—成都"段的交通受损严重。国家级"熊猫之乡"卧龙自然保护区、世界级"自然与文化遗产地"九寨沟、世界级"国际生物圈保护区"的黄龙由于汶川路段的受损，导致游客难以前往，昔日的旅游胜地变成孤岛。

严重自然灾害后，公路交通设施的损坏不仅给灾害发生后的救援工作增加困难，更给灾害地旅游业的恢复造成严重影响。交通中断后，游客从原路无法进入景区，如果选择绕道必然会增加前往景区的时间成本，而选择航空方式必然会增加前往景区的经济成本。此外，鉴于交通中断的原因，景区的道路安全和景区内的游览安全也会使得潜在游客对前往灾害地旅游心有顾虑。

据统计，汶川大地震中的六个重灾区：阿坝藏族羌族自治州、成都市、雅安市、绵阳市、广元市、德阳市，在灾害发生前的2007年中，旅游接待人数为8469.18万人次、入境游客为129.20万人次、旅游收入为680.42亿元、外汇收入为40362.32亿美元，分别占全省比例的45.6%、75.6%、55.9%、78.7%[①]。地震发生后，省内大部分主要的旅游交通路段受损中断，这些区域的旅游业几乎瘫痪。

8.1.6 小结

上述内容分别对旅游需求的影响因素、价格促销策略、交通对旅游的影响，以及灾后交通情况进行简单的阐述。其中，足够的可随意支配收入和足够的闲暇时间是形成旅游需求的必要因素，是决定一个人成为现实旅游者的重要客观条件。可随意支配收入和闲暇时间的多少影响旅游者选择去何处旅游、乘坐何种交通工具的决策，可随意支配收入的多少也影响旅游者在旅游期间的消费水平。可以看出，在正常情况下，经济成本和时间成本对于旅游者的旅游意愿具有重要的影响。此外，价格促销策略作为企业刺激消费，提高销售额的重要营销手段，也在促进旅游经济中被政府和企业普遍采用。而优惠的价格确实对旅游者具有一定的吸引力，尤其是对价格敏感型旅游者，有助于降低旅游者的经济成本，提高旅游者的效用。因此，可以看出，货币成本和时间成本在影响旅游意愿方面具有明显的作用。然而，在本书对旅游意愿影响因素的研究中得出成本担忧对严重自然灾害后的旅游意愿影响不大。对于两者间的矛盾，有必要对旅游成本和灾后旅游意愿的关系进行进一步的探究。

国内外学界在交通对旅游的影响方面进行研究。学者普遍认为交通对旅游业的发展至关重要。交通费用对旅游者选择去哪个目的地旅游具有重要影响，而长途旅游者较短途旅游者对交通费用更加敏感。旅游者为获得效用最大化，会追求更快速便捷的交通方式来降低交通时间成本，从而增加游览时间。可以看出旅游中的交通成本，即交通时间成本和交通货币成本，对旅游者是否开展旅游活动，去何处旅游，选择何种交通工具都具有重要影响。此外，交通货币成本和时间成本在旅游货币和时间成本中所占的比重大。旅游成本覆盖面广，包含的成本种类多且烦琐，如包括在旅行途中花费的成本、在景区旅游花费的成本、在旅游地住宿餐饮花费的成本等，在人财物有限的情况下，难以对旅游成本对灾后旅游意愿的影响进行全面系统的研究。因此，本章将研究交通成本对灾后旅游意愿的影响情况。

在对灾后交通旅游情况的描述中，可以了解到自然灾害损坏了公路交通设施，阻碍景区的可进入性，增加了游客旅游的交通费用和时间，同时也增加了游客对交通安全和景区安全的顾虑，这些影响导致游客取消或者改变旅游计划，对灾害地旅游业带来重创。自然灾害后，政府在积极抢修公路交通设施的同时，也在旅游交通方面采取营销策略，但效果如何仍有待研究。

综上考虑，本章研究的是严重自然灾害后交通成本对旅游意愿的影响，并间接地探讨旅游成本对灾后旅游意愿的影响情况。同时旅游交通作为灾后旅游恢复的重要组成部分，探究交通成本改变下的营销策略效果，从而为灾后旅游恢复营销提供理论依据，帮助灾区实现旅游市场的快速恢复。

---

① 平文艺，昝宝毅．汶川大地震后四川旅游目的地建设战略研究[M]．四川：四川科学技术出版社，2008．

8.2 研究内容与思路

8.2.1 研究内容和关键学术探究

本章采用实验经济学的方法，研究在不同交通成本组合下，游客的旅游意愿差异，以获得交通受损景区消费者对恢复营销措施的反应，为灾后使用有效的恢复营销措施提供理论依据。本章关键学术的探讨体现在以下四个方面。

第一，在交通成本所包含的属性类别和对应水平的不同组合下，探究游客的旅游意愿，并进行对比分析。与已有研究不同的是，本研究更侧重对交通成本的属性类别和水平的有效组合进行分析，包括识别不同属性类别和水平是否会导致旅游意愿的显著性差别。同时，将研究对象分为对价格敏感和非敏感的游客，这样可以更进一步地探讨和对比对价格不同感知的游客的旅游意愿是否存在差异，使得分析结果更加准确，同时更有助于营销策略的合理制定。

第二，非市场价值评估方法主要用于尚未或不存在市场价格的物品的价值评估，已广泛应用于健康、环境公共物品及企业新产品等的价格制定研究。由于地震灾害的影响使得当前旅游交通的供需市场尚未成熟。因此，本研究进一步采用非市场价值评估中的选择实验分析方法，探讨灾后交通方式的不同属性的边际效用及相应的边际价值。

第三，基于陈述偏好法（Stated Preference）的实验经济学模拟情景设计中，通常会提供"假想基线情景"对受访者进行询问。而这些假想的情景通常是基于非实际的情景进行模拟设计的，受访者被要求忽略当前他们所存在的实际情景而转向研究者所提供的假想情景进行价值或意愿评估。当前，对于"假想基线情景"的研究主要集中于探讨采用假设基线情景进行模拟设计和问卷调查，对估计结果可能产生的偏误。在回顾已有文献理论探讨的基础上，本研究的侧重点与已有研究有所不同，所要讨论的是假想基线情景是否会影响受访者对服务价值的评估，即在不同的假想基线情景背景下，受访者在回答相同的价值评估问题时，购买意愿是否会受到假想基线情景的影响，即是否存在"锚定效应"。所分析的是以不同的假想基线情景为背景，在分别面对相同价值评估问题时，游客的旅游意愿是否具有显著差异。本研究虽然不是直接对非实际的假想基线情景可能导致的评估偏差进行验证分析，但通过对不同假想基线情景的探讨，从侧面反映假想基线情景的不同设计对价值评估结果的影响，从而体现对该问题的探讨在整个价值评估研究中的重要意义。此外，可以丰富实验经济学中对"锚定效应"的研究案例。

第四，本研究对旅游交通方式偏好转变的现象在一定程度上进行识别和检验。与已有研究不同的是，已有研究对偏好逆转现象的研究主要集中在探讨不确定性下，概率的变化所引致的偏好逆转现象。而本研究将讨论直接的收益变化可能导致的偏好逆转现象，即探讨当两种商品的价格同比例减少，而相对价格保持不变时，游客的偏好是否会发生逆转。本研究除了作为不确定性下的偏好逆转现象研究的补充外，也能够对传统经济学理论在价格理论方面的探讨提供行为研究的案例分析。

8.2.2 研究思路

本章研究的思路分为以下几个步骤。

第一步，首先对灾后旅游意愿影响因素研究中成本担忧对旅游意愿影响不显著的结论进行讨论。其次，通过对旅游需求理论、价格促销策略相关研究进行回顾，归纳出旅游成本对旅游意愿具有显著影响，考虑与研究结论矛盾，初步确定对旅游成本对灾后旅游意愿的影响进行进一步探究。再次，考虑到旅游成本涵盖的成本多而烦琐，难以进行全面研究，而旅游交通成本在旅游成本中占比较大，所以，初步考虑用交通成本替代旅游成本进行研究。因此，接下来对灾后交通情况及交通对旅游影响情况的相关文献进行回顾，发现交通对灾后旅游恢复至关重要，而且交通成本对旅游意愿具有显著影响。最后，初步拟定该研究的研究目的和方向：通过研究交通成本对灾后旅游意愿的影响，以间接探讨旅游成本对灾后旅游意愿的影响情况，并深入研究交通成本改变下的营销策略效果，为灾后旅游恢复营销提供理论依据，帮助灾区实现旅游市场的快速恢复。

第二步，基于研究的目的和方向，回顾已有的相关研究文献，了解国内外其他学者的研究情况，定位课题的研究现状，清楚现在的研究进展，确定本章研究的内容和目标。

第三步，基于研究内容和目标，设计问卷，定义总体，采取简单随机抽样的方式进行问卷调查，并对样本进行描述。

第四步，运用实验经济学法，在交通成本的不同模拟情景下，即交通成本的属性类别和对应水平的不同组合下，分析游客的旅游意愿。

第五步，对交通成本各属性进行价值评估，估计游客对各成本属性的边际效用及价值。

第六步，在探讨以上两步骤时，其隐含的假设是不同模拟情景对应的假想基线情况，不会对模拟情景的回答产生影响。因此，本研究对不同假想基线情景对游客旅游意愿的影响进行了探讨。

第七步，对交通方式选择中是否存在偏好逆转现象进行验证，为主流经济学关于偏好一致性假设的验证提供案例分析。

第八步，对实证分析的结果进行总结，并提出营销策略的相关建议，指出本研究的意义和不足之处。

8.3 数据概况

8.3.1 问卷设计

本项目的问卷调查内容共分为四部分，分别是前测题、策略题、对汶川地震的感知及被调查者的基本信息。其中，策略题是调查和问卷分析的核心。

第一部分为前测题项。由于研究对象必须是有意愿去案例地区旅游的游客，因此，通过前测题对受访对象进行筛选。同时，进一步询问了被调查者前往九寨沟旅游的初步意愿；第二部分主要是通过实验设计获得不同情景下游客的旅游意愿。用李克特7级量表衡量旅游意愿的水平。每个问题分别给予-3到3的量化分数。其中，"-3"代表"十分不愿意"，"3"代表"十分愿意"，"0"代表"不确定"。分值越小代表游客的旅游意愿越小；第三部分是考察实验主体对汶川地震的自我认识和判断。由于游客往往是基于自我认识和判断的基础上进行行为决策的，因此自我认识和判断将可能成为影响旅游意愿水平的关键因素；第四部分是统计被调查者的个人基本信息，包括性别、年龄、学历、职业和月生活费等人口统计学特征（问卷见附录3）。

8.3.2 样本获取

（1）定义总体。

本项目的目标游客是在川常住的城市家庭住户及在校大学生，将其作为总体。而总体边界定义为成都市的九个区，包括青羊区、锦江区、金牛区、成华区、武侯区、青白江区、龙泉驿区、新都区、温江区。对于受访者的选择要求除了为城市家庭住户外，受访者的年龄为18~70周岁较为适宜。

（2）构建抽样框。

抽样框的构建是在成都市的9个区中的居民休息、驻足区，以及高校校园，以尽可能低的成本开展调查。

（3）抽样设计。

由于本项目采用的抽样方法是简单随机抽样，并没有总体样本的信息，因此，对于涉及旅游意愿分值的问题，尽可能地使总体分值呈正态分布。此外，也尽可能地使其他题目的答案（如家庭特征变量等）呈正态分布。

8.3.3 调查的旅游目的地选取

汶川大地震后，包括九寨沟旅游环线在内的旅游公路损坏2890千米，公路沿线标志标牌、服务设施,以及道路两侧的自然人文景观受损严重[①]。世界级"自然与文化遗产地"九寨沟景区由于汶川路段的受损,导致游客难以前往,昔日的旅游胜地变成了孤岛。其实,九寨沟景区的受损程度较轻,灾后不久便对外开放,可正常进行游客接待。但由于交通受阻和游客的灾后顾虑,九寨沟的旅游业遭到沉重的打击。

8.3.3.1 地震对九寨沟旅游市场的影响

汶川大地震后,严重影响游客到九寨沟的旅游,地震后的一个月内,每日游客到访量同比大幅度下降,有时整天没有一个游客,地震给当地带来的损失达到近180亿元。其中,九寨沟县损失36亿元,松潘县损失25.5亿元,茂县经济损失34.66亿元。更重要的是,地震带来的次生灾害对前往景区的道路产生极大的破坏,严重影响游客在路途中的旅游安全感,这给灾后旅游市场的恢复带来阻碍。虽然九寨沟旅游市场已经逐渐呈现微弱的恢复态势,但恢复发展尚需投入大量的人力、物力、财力,同时也需要有关政府部门的政策支持。九寨沟"5·12"大地震后月接待人数,如表8-1所示。

表8-1 九寨沟"5·12"地震后月接待人数

月份	2007年人数	2008年人数	增长人数	增长率/%
1~4月总人数	250634	239817	-10817	-4.32
5月	228817	68171	-160646	-70.21
6月	223135	1199	-221936	-99.46
上半年	702586	309817	-392769	-55.90
7月	428737	23768	-404969	-94.46

数据来源:九寨沟风景名胜区管理局。

8.3.3.2 地震对九寨沟旅游环境的影响

(1) 政策环境因素。

地震后,国家发布对地震灾区及途经灾区的旅游实行限入性政策,该政策直接影响九寨沟的游客市场,而在8月初官方宣布正式恢复九寨沟旅游市场时,也只是宣布恢复空中团队进入,对于陆路团的恢复没有明确说法,造成市场中旅行商和游客对九寨沟旅游的信心不足。

(2) 区域周边交通受损。

地震发生之后,通往九寨沟的主要陆路交通干线受损严重,可进入性大大降低,尽管空中通道保持运行,但航班量同比下滑严重。

(3) 周边城镇接待服务设施。

震后,景区周边90%以上的宾馆饭店、购物和娱乐场所因地震影响而处于停业状态,影响旅游体验的完整性。

综上所述,本章研究选择九寨沟作为调查的旅游目的地。

8.3.4 样本描述

本项目的调查时间为2011年9月、10月,共访问1058个实验主体,其中,有效问卷有1032份,无效问卷有26份。无效问卷包括两类:第一类,在调查过程中,受访者由于突然事件而中断受访的样本;第二类,没有对模拟情景问题作答的样本。总样本中,男性和女性所占比例分别为56%和44%。年龄的统计结果为,18~24岁所占比例为36%,25~34岁所占比例为40%,35~44岁所占比例为

[①] 平文艺,昝宝毅等.汶川大地震后四川旅游目的地建设战略研究[M].四川:四川科学技术出版社,2008.

15%，45~64岁所占比例为6%，65岁以上所占比例为3%。

8.4 灾后交通成本对不同游客旅游意愿的影响研究

8.4.1 交通成本界定

在进行实证分析之前，需要对交通成本进行界定。本研究对现有文献关于哪些成本会影响消费者对营销策略的评估和选择的研究进行综述，以确定本研究对交通成本的界定。哪些成本会影响消费者对营销策略的选择实际上也就是对应通过调整哪些成本的制定水平，从而影响消费者对策略的选择。

8.4.1.1 调整价格的营销策略

价格促销是一种临时性或者时间短暂的降价策略，在短时间内可以有效地促进消费的提高。可为顾客提供包括价值表现、探索和娱乐在内的享乐利益，以及包括省钱、更高的产品质量和方便性在内的功能性利益（杨德锋，王新新，2008）。通过对价格促销的营销策略及该策略的作用方式和机制的探讨，在该领域已达成共识，如 Manjit（1998）；Lichtenstein 等（1993）；Folkes 和 Wheat（1995）所提出的重要观点，只有通过影响顾客对促销产品的价格感知，价格促销的营销策略才能够发挥作用。而诸多的价格促销方式，包括优惠价、特价、现金返还及打折等都是旨在影响消费者的心理感知，促使其购买产品，并节省其在该消费上的开支。因此，只有了解了顾客对促销产品的感知方式和评价，才能理解价格促销对消费者购买决策和行为的影响机制。在主流经济学中，在消费者行为理论分析中的一个重要的假设前提为信息对消费者来说是完全和完备的。该假设条件具体指的是，对于市场经济活动中的卖方和买方，都掌握完全和完备的市场信息，包括买方对每种商品的质量、性能以及价格都有充分的认识和了解，从而依据自己的偏好来做出最优的购买决策。但是，现实的市场情况并不可能就一定符合主流经济学的前提假设。信息在买方和卖方方面前往往有可能是非对称的。在顾客不能掌握和拥有关于购买物品价格、质量等充分信息的前提下，顾客只能够通过自己对商品的主观感知和认识来进行决策。因此，在这种情况下，价格的主观感知对于消费者的决策尤为重要。

国外诸多学者对价格促销的营销策略进行探讨。Folkes 和 Wheat（1995）对优惠价、现金返回以及打折这三种不同类别的促销策略进行对比分析，并探讨在这三种促销策略下，顾客对价格感知的差异性。其结论为现金返回和优惠券通过一定现实的变通来降低消费者实际支付的价格，而打折这是最直接的降低价格的手段。因此与 Folkes and Wheat（1995）在开展研究前的预期有所不同。在开展研究前，他们认为打折会最为显著地降低消费者对产品将来价格的预期，优惠券则次之，而现金返还的营销策略所具有的这种效应是最小的。但实际研究的结果表明，优惠券与打折这两种促销手段在降低消费者对未来价格预期方面并没有任何显著的不同（韩睿，2005）。Bearden（1983）对比顾客对零售商和制造商品牌产品的促销价格的感知价值。其结果表明，当两者同时进行价格促销时，零售商品牌的促销效果要劣于制造商品牌。Lichtenstein 等（1993）不仅研究这三种营销策略，他还对免费礼品、买一赠一等其他促销手段进行探讨，分析了是否企业应该依据顾客对不同促销手段具有的差异性的偏好来对市场进行更进一步的细分的必要性。Alford 和 England（2000）则认为相较于低价的品牌，高价品牌的价格促销有更强的正向吸引作用。在提价时，低价品牌的品牌资产受到的影响要大于高价品牌。Laroch 等（2001）认为，消费者的诸多个人因素会影响自身的感知价值，这些因素包括多样性追求、品牌忠诚度、市场专家、忙碌程度和经济能力。Larochetal（2001）研究了每种因素对价格促销反应的不一致性。追求多样性的消费者会积极应对价格促销，可能有利于促销效果。品牌忠诚高的消费者对某品牌的价格促销有积极效应。市场专家型消费者由于对市场信息全面掌握，因而不会对某商家的价格促销过于敏感。忙碌而没有时间的消费者无暇顾及价格促销给自身带来的感知价值利益，因而对促销效果有负面影响。经济支付能力强的消费者属于价格不敏感型，因此他们对价格促销的态度较为消极；而经济支付能力较弱的消费者正好相反（王堃，2011）。Munger 和 Grewal（2001）对打折、现金返还和免费赠送这三种不同的促销手段进行对比，比较在这三种促销方式下，消费者的价格接受程度、购买意愿、感知价值及质量选择。其研究结果表明，当价格减让幅度相同的情况下，消费者对提供可选择免费赠品这种促销方式所给出的评分是最高的。相反，接受程度最低的是现金返还的促销方式。而打折则介于两者之间。Laroche（2001）探讨消费者对于买一送一和优惠券这两种零售促销方式的反应差异性。其研究结果表明，当面对优惠券促销时，消费者更愿意购买用于储存和备用。买一送一的促销策略并没有时间方面的限制，消费者通常倾向于在使用完现有的存货以后再进行购买。而对于优惠券，一般都有额定的时间限制，这就使得消费者必须在规定的时间消费完优惠券。Chen 等（1998）探讨了优惠券和打折这两种促销方式在让利幅度相同的情况下，消费者对价格的感知及购买意愿有何不同的效果。其研究结果表明相比打折，采用优惠券促销的方式，消费者对价格会更容易接受一些。同时，消费者对零售商所宣传的其产品的常规出售价格的置信度要更高。

此外，消费者通常不太可能会将优惠券视为一种永久价格下降的信号。而打折的价格信号则相对更容易被视为具有永久性。同时，在对消费者购买意愿的调整上，打折这种促销方式对购买意愿的改变要显著小于优惠券。其原因为有些零售商在进行打折促销时，采取的方式可能是先提高商品的价格，然后在提高后的价格上进行打折，这样可能导致的结果是消费者会质疑打折促销上的原价，因此会质疑该价格促销是否真正地让消费者享受到实惠，还是一种欺骗手段，从而并不能为自己带来显著的实惠。但对于优惠券促销手段，优惠并不是针对所有的顾客，而针对的是仅有优惠券的消费者，因此，对于零售商来说，基本上不太可能提高商品的常规价格，否则将会对没有优惠券的消费者造成显著影响。此外，当零售商由于竞争而被迫将价格降低至常规价格以下时，可以通过选择另一种促销方式来吸引对该商品的常规价格不知情的消费者，即以临时的打折促销来伪装长期性永久降价。其可能实现的预期效果是让不知情的消费者以为抓住了难得的降价促销，以激励他们来购买该商品。而如果用优惠券促销来伪装永久性降价，则除非所有的有意愿购买的用户能够广泛获得优惠券，否则要在价格竞争中取胜是相当困难的。这就表明，顾客把打折这种促销形式中的降价视为一种永久性降价的可能性要高于把优惠券促销中的降价看作是一种永久性降价。

正是因为以上所述的两类原因，表明优惠券促销方式能够更为有效地提升顾客交易的感知价值。因此，只要顾客对于优惠券的收集与赎回并不需要花额外较大成本时，相对于打折的促销方式，顾客将会对有优惠券的促销商品有更强的购买意愿。此外，Chen 的研究结果还表明，在价格向下调整幅度相同的情况下，消费者自己的内部参照价格不太可能下调。因为与优惠券相比，打折在改变消费者购买意向方面的能力更弱一些，同时在优惠券促销中，消费者没有面对一个被下调的销售价格，优惠券提供的价格减让也无法传递一种质量下降的信号。此外，采用对部分少数的顾客如对 VIP 顾客提供优惠券，则可能带给这些顾客一种身份上的优越感。在调查问卷中，现实受访者在收到优惠券时，通常会有一种独尊的感觉。正如生活中所遇到的实际情况一样，有些人会认为我周围的人没有能够像我一样能获得优惠券或者我的朋友支付商品的全价，而我则达成一笔优惠的交易。这种具有特权性质的荣誉感将会进一步提高消费者使用优惠券的感知价值。Grewal（1998）提出消费者对价格感知的倒 U 形曲线。价格折扣水平较低时，促销所提供的利益很少，顾客不必花很大精力对价格促销信息进行分析与处理，而在价格折扣水平很高时，交易的价值是显而易见的，顾客也无须花很大精力对价格促销信息进行分析与处理；只有在价格折扣水平处于中等水平时，交易是否划算有着更大的不确定性，所以预期顾客会更加仔细地处理价格促销信息。Alba（1994；1999）研究了两种情况下打折的频率和幅度对顾客感知的影响。分析结果表明，对于经常性低幅度折扣的商家，消费者通常会认为他们的商品的价格会比偶尔打折的商家的商品价格低一些。因此，该结果实际上表明了消费者对于商品价格的感知不仅受到折扣幅度的影响。同时，折扣的频率也是影响感知价格的重要因素。Hardesty 和 Bearden（2003）认为让利程度会影响消费者对不同促销类型所带来的交易价值感知。他们在研究中引入促销利益水平作为研究的调节变量,研究消费者在不同的优惠幅度下,对打折与特惠包装这两种价格促销形式的感知价值有何差异。根据Hardesty与Bearden的假设,由于对特惠包装价值的评价要难以对直接打折的价值评价,所以当促销的利益水平为低水平或者高水平时,消费者由于没有花太大的精力用于信息处理,可能会认为打折促销的价值更大,当促销利益水平为中等水平时,消费者会对两种促销方式提供的利益进行更加深入的比较,所以会认为两种促销方式在此时所提供的交易价值是相等的。

相比已有的研究结果,他们的研究结论与已有的研究结果有所不同。其研究结果表明,在促销利益为中低的利益水平下,顾客对于两种促销方式所带来的交易的感知价值并不存在显著的不同。但是,在较高的促销水平下,顾客则认为打折的促销方式会具有更高的交易感知价格(何炼,2008)。Michel 等(2001)的研究结果表明,价格促销策略是通过临时性的价格让渡来刺激消费,实现消费者更多、更快地购买指定促销的商品和服务,这是企业增加销售量的其中一种重要和常用的营销策略。国内学者韩睿和田龙志(2005)的研究结果表明,价格促销的方式包括打折、价格让渡和现金返还。通过采用这三种方式能够刺激消费者更快、更多地购买商品,从而有利于企业增加其销售量和利润。Raghubir 和 Corfman(1999)认为,在进行销售活动时,针对某个产品或某项服务给予较低的价格,或在相同价格下给予较多的产品或服务就是价格促销。Blattberg 等(1995)认为提供给顾客的临时价格减让就是价格促销。Harrison J, Hitt M A 和 Ireland R D.(1991)认为,价格促销是一种有效的营销手段对于厂商或渠道参与者刺激顾客增加购买量。刘琴(2009)指出,降价促销的有效性与顾客的价格敏感度有关,影响旅游者旅游目的地价格敏感度的主要因素有四个——年龄、家庭阶段、教育水平、客源地距离,并得出结论:受过高等教育的中青年近程旅游者应当成为旅游目的地价格促销的主要对象。韩睿(2008)进一步指出,降价促销的有效性与产品的选择有关,应选择消费者频繁购买的和价格弹性大的产品。唐黎明和徐文蔚(2001),张黎等(2007)都指出降价促销的有效性与降价策略的制定有关,企业应在对消费者心理进行充分的研究、分析并加以合理地利用的基础上,正确制定折扣降价策略,其中包括折扣降价促销的范围与对象、降价幅度、降价促销时机和降价技巧四个方面。韩睿(2005)依据"获得—效用"理论,指出降价策略应围绕三个方面展开:提高消费者的内心参考价格、降低消费者所感知的销售价格、提高消费者所感知的产品质量。深度折扣的价格促销对提高顾客购买意向有一定的积极作用(江明华,董伟明,2003)[①]。Ailawadi 和 Neslin(1998)观察发现,促销能够引诱消费者购买更多,消费得更快。rewal 等(1998)和 Dodson 等(1978)认为,价格促销短期内可以使销售量增加,扩大市场占有份额。

促销手段中价格促销是最为常用和重要的促销策略。该策略已广泛地应用于商业过程,包括提高产销数量、增加产销的市场份额、刺激消费者需求等。Blattberg 和 Neslin(1990)的分析结果显示,对于一些日常用品,采用价格促销的营销策略所能实现的销售量可超过总销售的50%。Gupta(1988)在研究中发现,价格对消费者的购买决策有着重大的影响,消费者对产品或服务价值进行评估的依据往往是根据感知到的价格高低而做出来的,价格对消费者决定购买什么,在什么时候购买和购买多少都会产生重大的影响。此外,还有一些学者对消费者购买行为与价格促销之间的关系进行分析。Walters 和 Rinne(1986)的分析结果表明,借助广告为媒介的价格促销策略可以提升零售商商店的客流量,从而有助于增加商店的收益。Cronin 和 Taylor(1992)通过对服务行业价格促销与消费者满意度之间的关系进行实证分析,结果表明价格促销是一种具有高效率的营销策略。

---

① 江明华,董伟民. 价格促销的折扣量影响品牌资产的实证研究[J]. 北京大学学报(哲学社会科学版),2003年9月第40卷第5期,48-56.

8.4.1.2 调整感知利益的营销策略

诸多学者基于从消费者感知价格理论的提出到成为研究的热点,对感知价值理论给出差异性的定义。在回顾和总结过去几十年西方研究者对感知价值定义的基础上,这里为了阐述的便利和容易理解,将感知价值的定义划分为三种不同的类别。一类是权衡说,其代表的研究者为 Zeitham;另一类是多因素说,以 Sweeney 和 Soutar 为代表。还有一类是 Woodruff 所提出的综合评价说。以下分别对这三类定义进行阐述。

(1) 权衡说。

Parasurama,Berry(1990)认为顾客感知价值是基于所得与所失的感知,对产品效用所做的总体评价。而 Zeithaml(1988)则认为顾客的感知价值为顾客所能感知到的收益与在获得该产品或服务时的成本支出进行权重之后,对产品或服务所进行的效用即满足感的评价。Zeithaml,Andeson,Jain,Chintagunte(1993)则将其定义为购买方企业参照可选供应商的产品和价格,对某一产品为其带来以货币单位计量的经济、技术、服务和社会利益中的感知溢价。Gronroos(2000)的分析结果表明,关系营销策略由于受关系的支配和影响,该营销策略被期望能够比通常的营销策略具有更高的价值。感知价值可以表示为:感知价值 =(核心产品 + 附加服务)(价格 + 关系成本)。感知价值 = 核心价值 ± 附加价值。

(2) 多因素说。

顾客感知价值还是一个多因素的概念。Bruns(1993)基于对消费者对商品评价过程的分析,将消费者对商品的价值分为四种不同的类别,产品价值、占有价值、使用价值及全部价值。Holbrook(1994)的研究结果表明,消费者在整个消费过程中的不同体验,包括得到的象征、美感和愉悦的体验对购买决策(在功利性的要求之外)有十分重要的影响。而消费者对价值的判断来源于功利和体验两方面。Chandon(2000)的研究结果表明,在帮助消费者追求效用最大化、节约各种成本(包括金钱、时间等成本)、提高决策和消费效率方面,功利主义的价值起到非常显著的作用。Sheth(1991)的观点认为,顾客的感知并不能等同于性价比,它是比性价比更为复杂的概念且包括更多的因素。仅仅通过质量和价格构建起来的消费者感知价值的概念会过于狭隘。

因此,这也促进了多因素学说的产生和发展。Sheth,Gross,Newman(1991)的研究结果表明,社会性价值、情感性价值、认知价值、情景性价值以及功能性价值的不同组合构成了任何产品或服务的价值。即任何产品或服务所具有的价值仅包括这几种不同价值的组合。而享乐主义价值主要是提供内在刺激、娱乐以及自我尊重等。Woodruff,Flint(2002)将感知价值定义为实收价值(Received value)和愿望价值(desired value),实收价值,即在具体产品使用中感受到的价值;愿望价值,即顾客渴望得到的价值。实际上,任意一种产品或者服务的价值绝非只有一种价格意义上的价值,而可能包括不同维度的价值及它们之间的组合。在具体情况下,不同类别的价值的重要性和权重可能是不一样的。以 Shelt 对价值的划分为例,比如,我们买一本百科全书所获得的价值就是以知识价值为主体,而顾客买一辆名贵的奔驰轿车所获得的价值除了功能价值外,更多的可能还是社会价值,也可能还兼有情感价值。由于这些价值具有通用和潜在性,因此,无法将其应用至具体的消费行为中,这正是这些价值的特点所在。Gasseheimer,Houston 和 Davis 将交易关系中的经济及社会价值进行定义,即价值分为经济和社会两类不同的价值。经济价值用交易成本来进行定义。实现经济需求最低的交易成本则定义为经济价值。同时,将社会价值定义为与其他的可选择的关系相比,对现存关系的满足。此外,Zeithaml,Lai 和 Richins 也采用不同的划分方式和标注来划分价值。从国内研究的现状来看,目前对于消费者感知价值理论的研究较少,而该领域在国内也处于起步阶段。从对国内研究文献的梳理中发现,白长虹教授是最早将西方经济和管理学中的消费者感知价值理论引入国内的学者之一。在其所出版的《西方的顾客价值研究及其实践启示》(2001)中,该学者对国外在该领域具有代表性的著作和文献及重要的思想进行梳理和回顾，并给予自己的评价，提出相应的见解。他认为消费者的感知价值是基于顾客的获得和支出而对产品和服务带给自己的效用所做出的总体评价。虽然不同的顾客对所得的不同维度要求（如所得的数量要求、质量要求及交易便利性等要求）有所不同，由此所对应的付出也相应不同，但价值始终是可以从产品或服务中所获得的利益与相应的成本（包括购买、拥有和使用时付出的成本）来衡量。从而，消费者根据其感受到的价值做出是否购买的消费决策，而并不只是受价格让渡的影响。同年，该学者在对顾客感知价值与满意度相关关系的研究中发现，消费者的感知价值是基于消费者在权衡利益获得和相应成本后，做出的评价和形成的对应消费偏好，这是决定消费者满意程度的重要前提。在消费者的满意程度与感知价格之间存在层次上的互动，不同层次对应不同的消费者满意。因此，该研究结果为企业能够有效实现顾客满意提供新的管理理论和营销策略的制定方向。此外，该学者还对关系顾客的价值感知进行探讨。其研究结果表明，如果在顾客与企业之间除了建立交易之外的市场关系，还建立某些其他的关系，则在分析交互提供物及方式对感知价值的影响时，还应该纳入对关系价值的分析（如交互双方所做出的承诺价值）。

（3）综合评价说。

在前人的研究成果上，范秀成和罗海成进一步修正和完善消费者感知价格的概念和界定。根据"权衡说"和"多因素说"的理论，他们对消费者感知价格给出更为全面和精确的定义：消费者的感知价值不仅可以视为等于功能、情感以及社会价值的函数，同时又可视为等价于消费者感知的利得和因此而付出成本的函数。武永红、范秀成（2004）在该结论上，又得出进一步的阐释——消费者的感知价值就是具有特定需求与意图的顾客个体或顾客群体，在具体使用情景下，针对特定企业为满足顾客这些需求而提供的特定市场提供物，感知到通过这一具体的市场提供物在满足其需求的过程中已经、正在或者将能得到的各种利益之和减去得到这些利益已经、正在或者将要做出的各种付出，并对这些利益和付出进行权衡比较后形成的总体评价。

另一些学者，如董大海则认为消费者的感知价值可以解释为消费者在购买和使用某种产品时，该产品所带来的效用与购买和使用所付出的成本之间的比较。公式为：$V = U/C$，式中，U 为顾客得到的效用；C 为购买付出的成本；V 为顾客价值。张文建等（2003）的分析结果表明，是否能给顾客带来利益从某种程度上决定企业是否能够获得利益及利益的大小。而这种利益势必会通过企业本身及产品或服务的各种要素得以反映。而价值概念就是在消费者对这些属性进行评价的过程中得以形成。值得关注的是，消费者感知价值中的各种构成属性的要素，需要通过着重关注消费者价值的结构来衡量和判断消费者的感知价格。该结果对应的营销策略的建议为：对这些构成属性要素进行分析是提升企业提供的价值的基础。根据 Zeithaml 对感知价格所做出的界定，马玉波，陈荣秋（2003）进一步提出更为明确的产品或服务价值的定义和概念，以期有助于企业创新的指导和产品或服务价值的提升。其定义为——产品或服务的价值是指企业在生产、销售过程中所能够让消费者接受、认可并感知到的普遍的效用。该感知效用实际上是一种主观的判断，但它是以客观的产品和服务为判断依据的。因此，最终不仅对消费者在客观收益上有直接的体现，同时也影响消费者对产品和服务的主观认知。成海清（2007）的分析结果表明，这种感知价格是在消费者与企业产品或服务的整个过程中，对企业生产、销售及相关的互动过程中的不同认识中形成的。在该过程中，消费者会对企业本身、企业产品或服务的存在、作用及其变动与顾客的需求相接近、相适应的程度进行评价和所受到的感知。因此，该定义暗示消费者感知价值实际上包括有正、负面两种情况。该学者将正面的情况称为消费者感知价值，将负面的情况定义为消费者感知所付出的成本。虽然当前已有诸多学者在消费者感知价值的概念界定的研究上得出重要的研究结论，但也正是透过这些界定的差异，可以总结出消费者价值的本质是对价值的感知，也就是在与企业接触、交互过程中，消费者的主观感受（白琳，2007）。

而针对旅游业旅游者的感知价格研究，随着旅游业的不断兴起和发展，从20世纪90年代开始，诸多研究者对游客的感知价值进行探讨。黄颖华，黄福才（2007）将旅游者的感知价值定义为受诸多因素影响的综合性评价。这些因素包括对旅游过程中，涉及所有成本的属性的判断、旅游者对产品或服务的期望程度及所带给他们的满足感的水平等。而旅游产品所指的是获得一次完整的旅游经历。实际上，该感知价值就是指旅游者对旅游目的价值的感知水平。国外诸多文献对感知价值进行探讨。Cheek Field和Burdge（1978）认为，游客重游主要是为了参与未竟或错过的活动。Gitelson和CromPton（1984）指出，旅游者对旅游地了解和参与程度越高，其产生重游的可能性也越大。Gitelson和Grompton（1954）同时指出，重游者最可能是那些寻求放松与探亲访友、度假的老年旅游者，并归纳产生重游的五个动机（杨旸等将其译为：①降低不愉快经历发生的风险；②找到"同类"的人群；③情感依恋；④体验先前被忽略的场景；⑤让别人体验先前自己的感受）。此外，对于重游者来说，由于他们对该旅游地的需求更为强烈，且由于年龄的不断增长，重游的欲望会更加明显和强烈，而之前游玩的体验是重游感知价值的重要影响因素。同时，该研究者还分析一个非常有趣的现象，即如果重游的次数增加，则对于重游者来说，他重游的目的性和动机会越趋于多元化。Murphy（1985）的研究结果从另一方面说明了重游者由于重游次数的增加，会产生多元化的效果。如可能会因与当地居民建立起一种互动，从而获得相比第一次旅游更为真实的感受和体验。Schmidhanse（1976）区分游客的类别，将游客划分为嗜好多次重游的旅客和一次性旅游的游客两大类。对于不同类别的游客可能采取区别性的营销策略。

一些研究成果（Oliver，1980；Tylor和Baker，1994；Zeithaml，Berry和Parasuraman，1990；Heung，1999）采用统计学的方法，用实证分析验证重游意愿与旅游者满意度之间存在一致的正向相关性。Fakeye和Cmpton（1991）的分析结果表明，对于嗜好重游的旅客，他们重游的目的可能并不在于对旅游地有足够的满意程度，而可能跟认知和体验旅游地的其他属性有关（陈海波，2010）。Jos Lemmink（1998）等对酒店业服务传递过程中的价值感知维度进行分解，价值被分为三个维度——感情价值、实际价值和逻辑价值。Javier Sa'nchez等（2006）对包价旅游产品购买全过程中，旅游者对整体感知价值的评价进行了详细分析，将感知价值的维度归纳为：旅行社功能价值（设施设备）、旅行社工作人员功能价值（专业程度）、旅游包价购买的质量功能价值、价格功能价值、情感价值和社会价值。Martina G. Gallarza和Irene Gil Saura（2006）研究大学生旅游的价值维度，采用Holbrook的分类标准，并与负面成本相结合，把大学生的旅游感知价值维度分为五类——服务质量、社会价值、玩乐价值、美学价值及时间和精力花费。Choong - Ki Lee等（2007）以韩国非武装区（DMZ）游客的感知进行调查，这是有关战争旅游的游客价值研究，通过相关调查尽力满足DMZ旅游需求，通过实证分析得到DMZ区游客感知价值的功能价值、整体价值和情感价值三个维度。Ada S. Lo和Candy Y. S. Lee（2011）采用焦点访谈和单独深访法对中国香港志愿旅游者的动机和感知价值进行研究，得到中国香港志愿旅游者的五大动机和感知价值，包括生活观点的改变、关系加强、开阔视野、增加生活经历、对未来职业、学业及生活方向的影响。Kotler和Barieh（1991）认为旅游感知形象应建立在旅游者对旅游产品和旅游服务的利益、价值的预先假设基础之上。Sheth，Newlnan和Gross（1991）认为，一个有效和合理的旅游感知形象的消费者选择模型应该包括五大价值，分别是认知价值、情感价值、功能价值、社会价值及环境价值。Butle（1980）基于旅游需求周期理论的研究结果表明，新型旅游目的地感知的市场营销可能导致的结果是对游客的过度吸引。如果旅游地的旅游人流承载力超过了该旅游地可纳人流的临界值时，在需求曲线上可能会出现拐点，即需求会下降。同时，进一步推动需求增加的营销策略也将无法发挥有效的作用（郭英之，2003；程兴火，2006）。国内学者也对旅游感知价值维度进行较为全面深刻的研究。秦雪（2008）基于汉中生态旅游游客的感知价格分析的结果表明，在影响生态旅游游客的效用方面，实际上有六大主要的价值在发挥作用。这些价值包括生态旅游个性化价值、生态旅游成本价值、非基础旅游产品的附加值、基础游览服务产品价值、产品环境价值及动态服务价值。此外，该学者还对这六类价值的重要性进行对比分析，并基于分析的结果提出相关营销策略的建议。李文兵和张宏梅（2010）对张谷英村所进行的案例研究的结果表明该村游客感知价值最为重要的六大维度也包括情感价值、认知价值等，得到了与之前研究相同的结论。关华（2007）用携程旅行网作为案例进行分析，通过统计方法对该旅游网站的用户价值感知的要素、顾客实际感受的价值及期望价值之间的差别、用户满意程度与感知价值之间的关系进行探讨。该研究结论从消费者满意程度与感知价值的层面探讨如何完善和加强旅游网站的服务质量。并指出旅游网站信息资源用户的价值实际上应该包括六大要素：服务、质量、体验、成本、形象及安全。因此，得出的结论为顾客在旅游营销过程中，所感受到的感知方面的获利及利失都会影响他们对该营销策略的选择及评价（程兴火，2006）。刘倩和徐勇（2008）选择国内服务性企业作为案例分析，基于 Perval 指标体现及其他学者在证券业所进行的实证研究结果的基础上，探讨消费者价值的维度及对应衡量价值的指标。基于分析结果，制定除了服务性行业外的指标衡量的体系。该体现包括四种主要价值：社交性价值、情感性价值、质量方面的功能性价值及感知利失方面的功能性价值。该研究首次探讨认知性价值的指标衡量体系。钟小娜（2005）分析网络模式下的消费者感知价值。基于分析结果，阐述了在网络购物下，消费者感知价值的形成过程及该过程所对应的过程模型。该学者认为影响消费者感知价值的因素不仅包括消费者的感知利得与利失，还包括消费过程中的感知风险及消费者本身的特征。此外，基于分析结果，提出网络购物情景下，提高消费者感知的营销策略。许统邦等（2006）基于钟小娜（2005）所提出的消费者感知价值模型，在该模型基础上，增加购买情景因素。此外，还对原模型中的三类因素进行深入的分析。基于此，提出自己的消费者感知价值模型。

纪峰和梁文玲（2007）在已有消费者价值理论梳理和总结的基础上，针对饭店顾客的价值构成维度用统计学的方法进行实证分析。同时，对饭店顾客的购买行为与顾客价值之间的相关性进行了探讨。其研究结果表明，饭店顾客的价值与其他商品或者服务的顾客价值相似，包括八个维度：地理位置、情感和情景价值等。而对于不同的顾客，不同的价值的受视程度并不是相同的。此外，还观察到顾客购买行为与顾客价值之间存在显著的相关性。而另一些学者如沙绍举（2008）也对国内经济型酒店的消费者的感知价值进行探讨。张立章（2007）以移动通信企业的服务作为案例分析，其研究结果表明，提高服务质量实际上就是要使顾客在整个消费过程中拥有愉悦的心情，并且要达到企业承诺的预期服务效果。因此，说明服务质量是消费者价值形成的重要因素。刘敬严（2008）、孙强和司有和（2007）的研究对象为网上购物的消费者。他们将该类消费者的感知价值划分为满意度与信任感两类不同的感知价值。基于划分的结果，构建网上购买的消费者感知价值构成的理论模型。马勇和刘卓林（2004）运用统计方法，定量分析感知价值与顾客服务质量之间的相关性。其分析结果表明，由于感知价格包括消费者所感知到的忠诚度及满意度，而两者与服务质量在统计学上呈正相关性。因此，提高服务质量是增进顾客忠诚度和满意度的有效途径。俞健和郭朝晖（2006）应用 Logistic 曲线探讨消费者关系的形成过程及形成的机理。他们认为消费者关系是消费者价值不可缺少的重要部分。消费者关系定义为消费者与企业之间的伙伴和交易关系。而前者产生的前提是通过双边和多边的合作以产生协同效应而使得彼此之间获利，或者至少不损害一方的利益的帕累托优化。而消费者关系价值可以运用 Logistic 曲线来探讨其随时间变化的变化过程（王启万，2009）。Wood 和 Scheer 认为，成本除了包括用于购买产品所支付的货币及花费的精力和时间（购买成本）外，还包括无形的精神成本，即感知风险。而风险成本在诸多不同的成本中，对消费者决策行为的影响是最为显著的。Huber 和 Herrman 认为，产品或服务所蕴含的潜在风险是独立于质量和价格之外的影响消费者感知价值的新变量（万苑微，2011）。刘合友和冷明月（2006）认为应该对消费者视角给予特别的关注，这是提升竞争能力的必要手段。通过提升消费者的感知价值及对企业内部资源进行重新整合可以获取消费者更多的忠诚度和满意度，从而促使消费者进行更为频繁的重复购买，进而提高企业的绩效和相应收益。刘芳和乜堪雄（2008）从价值营销本身的定义和内涵出发，对旅行合作社采取的营销模式进行探讨，同时，该研究者对价值营销的理念给予更多的关注和探讨。其研究结果表明，现代旅游产品的价值体现在情景价值、功能价值及社会价值三个方面。

8.4.1.3 调整交通时间的营销策略

在主流经济学中，芝加哥学派较早开启对时间成本的探讨和分析。1992年诺贝尔经济学奖得主加里·贝克尔首先将时间因素纳入家庭经济活动的分析框架中。他指出时间是有价值的，体现的是一种机会成本。家庭的经济和社会活动不仅与物质和人力方面的投入成本有关，同时还与时间的投入有关，时间作为一种稀缺资源，是影响家庭整个资源的有效配置。因此，结合主流经济学的分析范式，贝克尔将时间也纳入家庭最优选择的行为分析中来。将时间与预算收入一样，成为家庭选择的约束条件。即将时间作为等同于物资和人力资源的一种重要的资源。并且基于此，他提出时间价值的定义。将时间作为稀缺资源，采用机会成本的定价理论将时间成本定义为耗费单位时间所放弃的货币收入。同时，该机会成本也等同于家庭把这段时间用于其他工作时能为之带来的额外货币收入。他指出时间成本的概念实际上就是指时间的机会成本。同时，他发现时间的机会成本与时间本身呈显著的线性相关性。进而，在此分析基础上探讨家庭是如何对时间和物品这两类不同类别资源进行最优配置，以实现家庭效用最大化（Becker，1956）。

基于对时间机会成本的研究成果，贝克尔及后来的学者纳入时间成本探讨家庭的最优消费活动。在以芝加哥大学为核心的主流经济学分析框架下不能解释的与时间有关的某些现象，如排队购物、婚姻市场、家庭成员的就业决策及家庭劳务分工和生儿育女等问题得到了统一的解释（Becker，1973；Becker，1965；Juster，F. Thomas 和 Stafford. Frank P，1991）。时间价值的概念被贝克尔引入至主流经济学后，诸多研究开始对时间价值对家庭最优决策的影响进行更为深入的分析（刘晨晔，2006）。同时，贝克尔不局限于将时间价值纳入家庭分析的框架，他还将时间价值纳入对社会科学的其他学科的分析中来，如对心理学、种族学等的研究。由此，突出经济学的社会科学和人类学的本质（余东华，2006）。同时，由于时间价值和成本日益受到广泛地关注，对时间成本的分析也逐渐从经济学领域延伸到其他领域，如政治（Becker G.，1983）、休闲（Reuben Gronau，1977）、犯罪（Becker G.，2001）、国际贸易（Udayan Roy，2005）等。这势必能够增加社会科学在解释人的行为或者家庭决策方面的置信度及解释能力。通过对时间成本的研究，建立起与主流经济学相关的其他学科，如时间经济学、休闲经济学及种族经济学等（Bobert B. Ekelund，Jr&Shawn Rifenour，1999）。贝克尔在"时间价值"理论方面的杰出贡献是获得诺贝尔经济学奖的重要原因之一。时间成本的测度指标包括小时工资、最少工资、个人工资的一定比例及经济学中的"影子价格"（一个潜在的劳动力提供给市场劳动时间将要获得的工资率）等（Juster，F. Thomas 和 Stafford，Frank P，1991）。在探讨成本和时间这两种要素的关系时，管理学主要将时间作为单独的要素来进行分析，以及分析它与成本之间的相关性。

诸多文献研究的结果表明，时间和成本集中在具体经营过程上时，两者通常会存在相互折中的关系。Ansfield（1988）和 Prabuddha（1995）的研究结果表明，产品的开发中需要对时间和成本进行权衡和选择。Kaplan 和 Norton（2004）的分析结果表明，在经营的流程上，通常会遇到在成本与时间之间进行选择的问题。Stalk 和 Hout（1990a）基于对飞机装备生产商的案例分析结果表明，如果能够以持续压缩时间的方式提供给消费者所需要的产品，就能够在加快速度的同时，消除在价值增值流程中所遇到的有关成本和质量的问题。当前，诸多案例案件已证实缩短时间有助于成本的节约。TBC 在对成本与时间两者关系的研究上，集中讨论新产品的开发速度和订单交货速度两个方面。因此，对于管理层而言，在研发、流程及其他问题上必须在其成本和时间中做出权衡。然而，诸多研究的经验结果表明，时间与成本之间并不一定是负相关的关系。如对于英国汽车市场的 3DayCar 项目的分析结果表明，如果能够缩短研发时间并提高交货的速度，就能够促进生产力的提高及降低成本，增加企业的产出和销售量，提升企业的利润（3DayCar research team，2002）。以上结论表明，如果将时间纳入管理的核心思想，企业效率的提高与成本的降低之间可能是正相关的，速度的提高有助于降低成本。

然而，另一个重要的结果表明，单纯的缩减成本，如裁员、减少必要的存活及讨论会等都会给速度造成负面效应。尤其是在传统管理模式下以降低成本为单一的目标时，成本降低势必将会导致速度下降（Stalk 和 Hout，1990a）。因此，随着竞争逐渐从价格竞争转向质量和品种，尤其是时间竞争上，质量与成本、品种与成本之间具有内在的一致性，它们之间不存在负相关关系。对于时间竞争方面的研究，诸多研究的分析结果表明成本与时间这两类不同的竞争要素之间具有一致性。如杨卫东和李羹（2005）基于对项目管理来探讨时间成本。他们指出时间成本的衡量方式应以时间作为计量的单位，其中包括项目的损失时间、固定时间及比较时间（项目实际耗费的时间与项目平均耗费时间之间的差距）这三项。同时指出，时间成本可以用货币来衡量。杨启华（1992）基于对商品的探讨来分析时间成本。指出商品的时间成本可定义为购进商品支付货款到商品售出收回货币（或偿还借款）期间商品的购进价加时间费用，即商品购进的本、费（利息、保管费等）之和。同时认为，商品的购买和销售的速度与空间运动耗费的时间之间呈负相关。杨颖等（2004）将时间成本划分为发生在管理过程中的管理成本及在生产过程中所产生的不必要的时间浪费。同时，用小时劳动生产率及管理人员的平均工资来进行衡量和计算时间成本的多少。虽然这种划分可以简化计算，但不利于对具体原因进行分析和提出相应的营销策略。实际上，该学者所定义的时间价值本质就是一种机会成本（崔松，2007）。

本研究中，定义时间成本衡量的是交通上所花费的时间价值，可以理解为人们对于"等待"的忍耐。在相同的价格和感知利益下，旅途时间越长，则人们的旅游意愿就会越小。当前，尚未收集到有关交通时间成本对消费者旅游意愿影响的研究结论。因此，以期通过本研究的分析为该领域的研究提供案例的分析方法和相应的研究结论，为该领域的探讨提供更丰富的案例分析素材。

基于以上文献调研的分析，并结合案例地区旅游交通本身所具有的特点，本研究将交通成本界定为三种不同的属性类别，即货币成本、时间成本、感知利益。货币成本衡量的是顾客购买特定交通形式所直接支付的交通费用；时间成本衡量的是交通上所花费的时间价值；感知利益是指在交通过程中，是否有额外增加的旅游景点或特定的遗址遗迹。如果顾客选择某种没有额外旅游景点或遗址遗迹的交通方式，则感知利益表现为感知利失，反之则为感知利得。感知利益实际上表现的是选择不同交通方式的一类机会成本。

8.4.2 研究设计

8.4.2.1 研究变量

交通成本改变对游客旅游意愿大小的影响分析选择的因变量为市场恢复绩效，用游客重新恢复的近期前往灾害景区的旅游意愿作为变量尺度，来衡量市场恢复绩效的高低。意愿旅游人数反应的是可预测的市场恢复绩效，采取对潜在游客的调查，调查他们在不同交通成本属性类别和水平的组合下，恢复旅游的不同意愿，并从中探讨恢复旅游的动因。

基于对交通成本界定的讨论，理论上，可以将成本所包含的属性类别和对应水平进行不同的组合。而每一种可作为一种特定的、具体的交通形式。例如，当货币成本为"3200元/人"，时间成本为"1小时"，感知利益为"无新增景点和灾后遗迹遗址"，可以表征为"飞机无折扣"这种交通形式。因此，这里将这些不同组合所对应的交通形式作为研究的自变量。研究的结构模型，如图8-1所示。

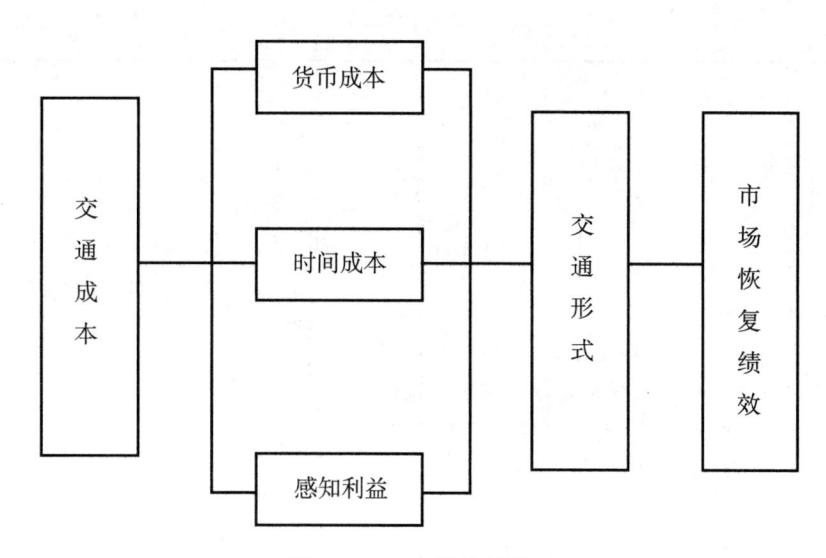

图 8-1 研究的结构模型

8.4.2.2 研究对象类别划分

本项目以是否对价格敏感作为标准，将研究对象划分为价格敏感和价格非敏感两类游客。按照经济学对"价格敏感"的定义，控制其他因素不变时，价格变动引起消费者的购买量变化则表示消费者对价格敏感（Milton Friedman，1962，Eorge J. Stigler，1946）。基于此，本研究通过设计以下四道题，识别出对价格敏感的游客如表 8-2 所示，以第一版本问卷为例。识别方式是，如果实验主体对第 1 题和第 2 题或者是第 3 题和第 4 题所给的分值不一样，则表示在时间成本和感知利益相同的情况下，价格的变化导致该实验主体旅游意愿的变化。因此，从对"价格敏感"的定义出发，最后通过计算，确定出价格敏感游客的样本共计 609 份。样本中，女性比例为 49%，男性比例为 51%。年龄统计方面，18~24 岁的占 38%，25~34 岁的占 38%，35~44 岁的占 14%，45~64 岁的占 8%，65 岁以上年龄的占 2%。价格非敏感的游客样本 432 份。样本中，女性比例为 46%，男性比例为 54%，年龄统计方面，18~24 岁的占 28%，25~34 岁占 36%，35~44 岁的占 20%，45~64 岁的占 12%，65 岁以上的占 4%。

表 8-2　价格敏感游客识别的实验问题设计

1. 假如您计划去四川九寨沟旅游，汶川地震的发生中断了您的行程。地震后九寨沟景区基本完好，只是原线路要穿过灾区，且桥梁、公路被震毁。恢复重建需要较长时间，您需要坐汽车绕道前往九寨沟旅游。绕道需要多花四个小时的时间，但仍是当天晚上到达。绕道不会多花费用，与地震前到达九寨沟的费用相同，您愿意去九寨沟旅游吗？	如果将旅游意愿的分值给予 -3 到 3 的量化分数。其中，"-3"代表"十分不愿意"，"3"代表"十分愿意"，"0"代表"不确定"。 请您对旅游意愿的分值进行选择： □ -3 □ -2 □ -1 □ 0 □ 1 □ 2 □ 3
2. 在上述情况下，如果绕道去九寨沟旅游的汽车团团费享五折优惠，您愿意去九寨沟旅游吗？	请您对旅游意愿的分值进行选择： □ -3 □ -2

续表

	☐ -1 ☐ 0 ☐ 1 ☐ 2 ☐ 3
3. 假如您计划去九寨沟旅游，汶川地震的发生中断了您的行程。地震后九寨沟景区基本完好，只是原线路要穿过灾区，且桥梁、公路被震毁，恢复重建需要较长时间。您会愿意乘坐飞机去九寨沟旅游吗？双飞团价格（3200元/人）是汽车团（800元/人）的四倍。	请您对旅游意愿的分值进行选择： ☐ -3 ☐ -2 ☐ -1 ☐ 0 ☐ 1 ☐ 2 ☐ 3
4. 如果去九寨沟的双飞旅游团做活动，其团费是汽车团的两倍，您愿意去九寨沟旅游吗？	请您对旅游意愿的分值进行选择： ☐ -3 ☐ -2 ☐ -1 ☐ 0 ☐ 1 ☐ 2 ☐ 3

8.4.2.3 研究假设

在货币成本研究方面，一种产品的价格简单来说就是获得这一产品的条件。需求理论中最古老、最基本的规则就是，当一种商品价格降低时，人们不会少买，而通常会增加该商品的消费（Stigler, 1946）。同时，Stigler（1946）指出，没有人会因为一种产品的价格下降而减少其消费，这一说法适用于某些不可分割的产品。例如，当报纸价格降低时，一个家庭可能仍然只订一份报纸。这种产品的不可分割性并没有带来令人感兴趣的困难，但要强调的是这不是普遍的。人们能够以其他方式不断地改变即使是不可分割的产品的消费量。Randolph E. Bucklin，Sunil Gupta 和 S. Siddarth（1988）在研究中发现，价格是消费者购买决策的重要变量，消费者对产品或服务价值评估的依据往往是受价格水平所决定的。Ailawadi K. L. 和 Neslin S. A（1998）认为，价格是调节消费者购买行为和公司利润的最为重要的工具。

时间成本研究可以追溯到 Rha 和 Rajagopal（2001）对时间预算的研究。该研究分析人们是否会对时间进行心理核算。他们发现，人们会根据情景为时间设置不同的账户。比如人们看待驾车时间或等待时间的态度随情景改变而发生变化。对工作时间和非工作时间的理解具有显著的区别。另外，该研究发现人们试图使花费在不同活动中的时间与时间的获取来源保持一致。因而人们尝试把从某个特定类别获得的时间用在这个类别中。更近的研究，如 Duxbury 等（2005）对于有关时间花费和节省钱财之间的权衡问题进行分析。受试者为节省 5 美元愿意驱车 20 分钟。时间成本的研究结果说明时间成本与货币成本之间存在显著的替代关系。刘芳和乜堪雄（2008）认为，价值营销策略可以视为相对于价格营销策略而提出的，它同时包括对消费者物质和精神两方面产品的提供。因此，该研究结果反映感知这种侧重于精神价值的收益对营销策略制定的重要性。其他相关文献对这三方面的成本对顾客购买意愿影响进行探讨（Blattberg 和 Neslin，1995，Monroe 和 Krishnan，1985，Cronin 和 Taylor，1992，Sproles，1986）。

此外，在促销类型的有效性的研究中，很多研究是通过比较顾客对价格促销方法和非价格促销方法的反应，来确定不同类型的促销活动的有效性。但直到最近，针对此差异化反应才出现一种不充分的理解。Jha Dang 和 Banerjee（2005）利用 Thaler（1985）建立的心理核算体系解释有效性的差异化现象。他们在实验室中测试消费者对货币价值相同但促销类型不同的反应，包括产量增量促销（价格不变，产量数量增加）、减价促销（暂时降价至常规价格之下）及赠品促销（免费赠予额外补充产品）。第一种方式没有将收益分割，收益与购得的商品呈同一形态；而另两种方式都将收益分割，促销获得收益或者货币或呈补充产品的形式。研究者在实验前提出假说，认为第二种和第三种促销类型更加有效。Johnson 等（1992）也对不同促销手段进行比较研究。在该项研究中，邀请受试者比较两种汽车保险金额报价，一种以免赔框架表述，另一种以返还框架表述。实验结果表明，免赔框架（保费1000美元，保期一年），这款保单具有600美元的免赔额度，这600美元将从对保单提出的全部索赔款中扣除。也就是说，如果在保单的基础上提出任何索赔，保险公司赔付的数额将在索赔中扣除免赔的金额。如果一年中的索赔金额少于600美元，公司不会给予任何赔付；如果索赔金额高于600美元，公司将赔付超过600美元的所有部分。另一种是返还框架（保费1600美元，保期一年），在这款保单下，公司会在年底把这600美元扣除赔付款后交予顾客手中，即如果你没有根据保单提出索赔，公司会在年底返还600美元；如果提出一次或多次索赔，则可以拿回600美元减去公司赔付之后的余额；如果总赔付高于600美元，公司不会返还任何金额，但仍赔付索赔。这两款保单在财务上是一致的，即无论受试者是否提出索赔或者索赔金额为多少，最后的财富状态都相同。实际上，如果考虑未来的贴现，第一种方案应该更受偏好，因为第二种方案意味着给予公司一年600美元的无息贷款，然而，研究发现只有44%的受试者会接受第一种选择，68%的受试者接受第二种选择。也就是说，实际上不同的保险方式，除了具有货币成本的因素外，人们可能还对其有感知方面的效用。因此，货币成本以外的其他成本对消费者购买决策的影响也是不能忽略的。

基于对灾害实地调查掌握的相关信息所进行的分析，以及结合文献调研，本研究提出分别对价格敏感和非敏感游客的研究，并提出以下的研究假设。

（1）对价格敏感游客分析的研究假设。

①货币成本。

H1：自然灾害危机发生后，在其他条件相同的情况下，对于价格敏感的游客，交通的货币成本会显著影响他们的旅游意愿，即显著影响市场恢复的绩效。交通货币成本的增加会降低价格敏感游客的旅游意愿，反之亦然。

②时间成本。

H2：自然灾害危机发生后，在其他条件相同的情况下，对于价格敏感游客，交通的时间成本会显著影响他们的旅游意愿，即显著影响市场恢复的绩效。交通时间成本的增加会降低价格敏感游客的旅游意愿，反之亦然。

③感知利益。

H3：自然灾害危机发生后，在其他条件相同的情况下，对于价格敏感游客，是否有新增的景点或灾后的遗址遗迹会显著影响他们的旅游意愿，即显著影响市场恢复的绩效。有新增的景点或灾后的遗址遗迹会增加价格敏感游客的旅游意愿，反之亦然。

（2）对价格非敏感游客分析的研究假设。

①时间成本

H4：对于价格非敏感的游客，他们可能更加关注时间成本，而价格对他们的影响不显著。旅途时间的增加会降低价格非敏感游客的旅游意愿，反之亦然。

②感知利益

H5：自然灾害危机发生后，在其他条件相同的情况下，对于价格非敏感的游客，感知利益会显著影响市场恢复的绩效。有新增的景点或灾后的遗址遗迹会增加价格非敏感游客的旅游意愿，反之亦然。但是，用增加感知收益的方式来提高旅游意愿的效果可能并没有减少旅途时间的效果更显著。

8.4.2.4 模拟情景设计

该部分的研究采用实验情景模拟法，通过对交通成本的属性类别和对应水平进行不同的组合，共设计出10种不同的情景，如表8-3所示。对于案例地区，旅游的交通方式仅为汽车和飞机两类。实际上，以上的组合是基于这两类交通方式的特点模拟设计出的。这里需要强调的是，模拟情景是在本项目前期调研所获得的相关信息分析上，对各种属性类别和对应水平进行相应的估测而设计出的。因此，具有较强的实现意义。本研究将集中探讨在这两种不同的交通方式下，游客的旅游意愿及进行的对比分析。

表8-3 模拟情景设计

模拟情景编号	成本属性 交通方式	货币成本（元/人）	时间成本/小时	感知利益（是否有新增的景点）
T（基线情景）	汽车	800	8，当天抵达	无
A1	汽车	800	12，当天抵达	无
A2	汽车	400（五折）	12，当天抵达	无
A3	汽车	800	12，当天抵达	有
B1	汽车	800	24，第二天中午抵达	无
B2	汽车	400（五折）	24，第二天中午抵达	无
B3	汽车	800	24，第二天中午抵达	有
C1	飞机	3200	1，当天抵达	无
C2	飞机	1600	1，当天抵达	无
C3	飞机	800	1，当天抵达	无

注："汽车8小时，当天抵达"表示乘坐汽车，交通时间为8小时，且当天抵达旅游地；"汽车12小时，当天抵达"表示乘坐汽车，交通时间为12小时，且当天抵达旅游地；"汽车24小时，第二天中午抵达"表示汽车行驶时间为24小时，并且第二天中午到达旅游目的地；"飞机1小时，当天抵达"表示乘坐飞机，交通时间为1小时，且当天抵达旅游地。"A"表示第一版本问卷，"B"表示第二版本问卷。C1、C2和C3三种情景分别同时设计在两个版本中。

刺激物的设计方式和实验程序的设计方式为：在对实验主体进行调查时，调查员首先要大致介绍本次调查的目的，同时需要询问被调查者是否愿意参加本次调查。如果实验主体愿意，则请实验主体阅读刺激物。在阅读完刺激物后开始回答问卷。对于交通成本变化的刺激物，本项目将2008年四川汶川地震后，旅游交通重新恢复情况的假设作为刺激物。在问卷中，实验主体阅读的刺激物如下："您计划去九寨沟旅游，汶川地震的发生中断了您的行程。地震中九寨沟景区基本完好，只是原线路要穿过灾区，且桥梁、公路被震毁。恢复重建需要较长时间，您需要坐汽车绕道或者坐飞机前往九寨沟旅游。"

8.4.3 研究分析
8.4.3.1 对价格敏感游客的分析

本项目旨在探讨在不同的模拟场景下的有效性，同时考察在两个不同的交通工具下，在不同的策略之间的差异性。统计方法采用配对 T 检验。此外，考虑到变量正态分布性的问题，例如，当样本的正态分布性较弱时，将会降低配对 T 检验的可靠性，本研究同时提供 Wilcoxon 符号秩检验。该检验是不进行正态分布假定的非参数检验，仅需假定分布是对称的和连续的。因此，同时采用这两种方法其目的是使检验更为稳健。为了更清晰地呈现分析的过程，对各种情景下，游客旅游意愿的均值进行统计分析。同时，考虑到飞机这种交通方式的三种模拟情景，仅包含货币成本水平的变化，因此，选择这三种模拟情景，并从成本水平最高的模拟情景 C1 开始，逐个与交通方式为汽车的各种模拟情景进行对比，对三种假设进行验证。分析不仅包括检验假设，并通过对比分析，提供更有价值的结论。

（1）模拟情景 C1 的旅游意愿均值为 -0.55，即在飞机团全价的模拟情景下，游客旅游意愿均值显著低于交通方式为汽车的所有模拟情景，如表 8-4 所示。因此，对于价格敏感的游客，采用交通方式为汽车的营销策略将显著优于采用模拟情景为 C1 的营销策略。同时，与不同时间成本（如模拟情景 T 与 A1 及 T 与 B1 的对比）或是感知利益（如模拟情景 A1 与 A3 及 B1 与 B3 的对比）下，旅游意愿的差别程度相比，C1 情景与交通方式为汽车的模拟情景下的货币成本的差额导致的是旅游意愿相对更大的差别，即该游客意愿的差额大于 T 与 A1 或 B1 的差额，以及 A1 与 A3 和 B1 与 B3 的差额。因此，如果游客对价格敏感，那么货币成本将成为影响游客旅游意愿的最敏感的因素①。该结论也同时验证了假设 H1 的合理性。

表 8-4 模拟情景 C1 与交通方式为汽车的各种模拟情景的对比分析

统计方法 模拟情景对比	配对 T 检验	Wilcoxon 符号秩检验
C1 vs T	1.3 (9.5)	1989431 (8.7)
C1 vs A1	1.1 (8.1)	2705355 (7.5)
C1 vs A2	1.8 (13.0)	2717111 (10.5)
C1 vs A3	1.9 (15.0)	2665202 (11.7)
C1 vs B1	0.48 (3.3)	1978487 (3.5)
C1 vs B2	1.5 (10.6)	1994895 (9.3)
C1 vs B3	1.4 (10.2)	1976772 (9.1)

注：配对 T 检验中，提供旅游意愿差的均值及对应的 t 值。Wilcoxon 符号秩检验提供了调整后的方差及对应的 z 值。

（2）基于第一点所推断得出影响游客旅游意愿最为敏感的因素可能是货币成本，因此本研究将模拟情景 C1 的货币成本降低 50%，即半价 1600 元/人作为情景 C2 做进一步分析。分析结果表明，当飞机的货币成本下调 50% 后，即模拟情景 C2，以汽车作为交通方式的某些情景下的旅游意愿低于 C2。例

---

① 实际上，由于很难将不同属性成本的单位转化为同一单位进行分析，因此，也就很难对不同属性的成本对旅游意愿的影响进行精确的量化比较。该结论是结合经验的判断而推断出来的。

如，A1 和 B1 的旅游意愿均值分别为 0.54 和 0.25，都要显著低于 C2。基于两种方法的统计分析的结果表明：①当将交通方式为"飞机"的货币成本下调 50% 后，该模拟情景 C2 下游客旅游意愿与基线情景 T 在 5% 的置信水平下无显著差异，表示这两类营销策略对于游客的旅游意愿是无差异的；②在 T 模拟情景的基础上，如果将汽车交通的时间成本增加 4 小时（A1 模拟情景），C2 与 A1 下的游客旅游意愿仅在 10% 的置信水平下显著，因此，如果汽车交通增加 4 小时的时间成本将有可能使游客更倾向于选择 C2 营销策略；③在 A1 的基础上，如果降低 50% 的货币成本（模拟情景 A2），游客的旅游意愿将显著高于 C2 情景。该结果表示，在增加游客的感知利益的同时，如果再能适当下调货币成本，但不需要下调 50% 这么大的幅度，这种水平组合的营销策略将能够实现与 C2 同样的作用效果。同时也说明如果存在感知利得，则游客旅游的意愿越高，即假设 H3 获得支持；④如果在 T 模拟情景的基础上，将汽车交通的时间成本再增加 12 小时（模拟情景 B1），结果表明游客对 C2 营销策略的旅游意愿显著高于 B1，假设 H2 获得支持。同时，对比 C2 与 A1 比较的结果可以发现，虽然时间成本是影响游客旅游的意愿的重要因素，但就针对本研究设计的这些模拟情景的分析结果表明，通过改变时间成本的营销策略对游客旅游意愿的影响效果可能并没有通过改变货币成本的影响效果显著。结果如表 8-5 所示。

表 8-5　模拟情景 C2 与交通方式为汽车的各种模拟情景的对比分析

统计方法 模拟情景对比	配对 T 检验	Wilcoxon 符号秩检验
C2 vs T	0.1 (0.8)	2597910 (0.6)
C2 vs A1	-0.2 (-1.8)	2621258 (-1.8)
C2 vs A2	0.4 (4.2)	2604628 (4.1)
C2 vs A3	0.5 (5.4)	2562154 (5.7)
C2 vs B1	-0.5 (-3.7)	1944455 (-3.4)
C2 vs B2	0.5 (4.7)	1939145 (4.3)
C2 vs B3	0.4 (3.6)	1915477 (3.6)

注：配对 T 检验中，提供旅游意愿差的均值及对应的 t 值。Wilcoxon 符号秩检验提供调整后的方差及对应的 z 值。

（3）当飞机交通的货币成本再进一步降低至原价的 1/4，等于汽车的货币成本 800 元/人（C3 情景）时，发现该情景下游客旅游的意愿均值高于其他所有情景。而统计分析的结果表明，仅 A3 情景下游客旅游的意愿与 C3 在 10% 的置信水平下不存在显著差异，但在 5% 的置信水平下，C3 情景下游客旅游的意愿显著高于 A3 如表 8-6 所示。此外，本研究还发现交通方式为飞机的货币成本从 3200 元/人下降至 1600 元/人，对应游客旅游意愿均值从 -0.55 上升至 0.79，而从 1600 元/人下降至 800 元/人，对应游客旅游意愿均值从 0.79 上升至 1.55。前者的单位价格下降所对应的旅游意愿均值的增加值等于后者。该结果表示交通方式为飞机的货币成本变化与旅游意愿均值变化之间存在线性关系，即当单位货币成本的变化所导致的旅游意愿均值变化为常数。由于数据的限制，无法通过统计分析给出更为精确的分析结果，但通过直接估算得出的结果也能够提示营销策略的制定者，货币成本变化与游客旅游意愿变化之间可能存在的关系（如线性、二次或者其他形式的函数关系）。掌握该规律将有可能为营销策略的合理制定提供更有价值和科学的信息。

表 8-6 模拟情景 C3 与交通方式为汽车的各种模拟情景的对比分析

统计方法 模拟情景对比	配对 T 检验	Wilcoxon 符号秩检验
C3 vs T	-1.5 (3.7)	1928275 (-4.3)
C3 vs A1	-0.9 (-6.5)	1974877 (-6.2)
C3 vs A2	-0.3 (-2.4)	1953613 (-3.3)
C3 vs A3	-0.2 (-1.6)	1916959 (-2.5)
C3 vs B1	-1.3 (-10.3)	1964132 (-9.1)
C3 vs B2	-2.2 (-2.1)	1877753 (-3.3)
C3 vs B3	-3.6 (3.4)	1852103 (-4.5)

注：配对 T 检验中，提供旅游意愿差的均值及对应的 t 值。Wilcoxon 符号秩检验提供调整后的方差及对应的 z 值。

（4）基于在汽车交通方式下的不同模拟场景，本研究也进行了简要的对比分析。如本研究发现，如果营销策略是增加感知利益（模拟情景 A3），则会实现与减少 50% 货币成本的营销策略 A2 同样的效果。该结果表明，改变货币成本与改变感知利益的营销策略之间可能存在显著的替代关系；汽车交通方式的时间成本变化与游客旅游意愿变化之间可能不是线性关系等。

8.4.3.2 对价格非敏感游客的分析

采用同样的方法，对价格非敏感游客分析的结果主要体现在以下三个方面。

（1）对于价格非敏感的游客，他们在 C1、C2 和 C3 模拟情景下的旅游意愿分值是一样的。同理，在 A1 和 A2 及 B1 和 B2 下，也分别对应相等如表 8-4 所示。在模拟情景 C1 下的旅游意愿均值约为 1.9，明显高于其他模拟情景下的均值。同时，配对 T 检验和 Wilcoxon 符号秩检验的结果也支持该结论如表 8-7 所示。从中可以显示出，对于价格非敏感的游客，他们可能更注重时间成本，货币成本大小对他们虽然也有影响，但是对他们的影响是不显著的。因此，该结论验证了假设 H4 的合理性。

表 8-7 模拟情景 C1/C2/C3 与交通方式为汽车的各种模拟情景的对比分析

统计方法 模拟情景对比	配对 T 检验	Wilcoxon 符号秩检验
C1/C2/C3 vs T	0.8 (9.2)	2645340 (8.7)
C1/C2/C3 vs A1/A2	0.3 (3.8)	2610035 (3.6)
C1/C2/C3 vs A3	0.4 (4.1)	2610469 (3.9)
C1 vs B1/B2	0.5 (4.8)	26203359 (4.3)
C1 vs B3	0.5 (4.8)	26203174 (4.3)

（2）虽然价格非敏感的游客重视的是时间成本，但是从 A1、A2 与 A3 的比较及 B1、B2 与 B3 的比较可以发现，感知收益对他们具有正面的影响。在没有感知收益，即"地震遗址遗迹"的模拟情景 A1、A2 和 B1、B2 下，游客旅游意愿的均值都要小于存在感知收益的模拟情况 A3 和 B3 下的均值。C1、C2、C3 模拟情景下的旅游意愿均值与 A3 和 B3 的差值大小要高于 A3 与 A1 和 A2 及 B3 与 B1 和 B2 之间的差值。该结论说明，虽然增加感知收益能够提高价格非敏感游客的旅游意愿均值，但以增加感知收益的方式来提高旅游意愿的效果可能并没有以减少旅途时间的效果更显著。虽然较难以量化的方

式比较两者之间对游客旅游意愿的相对大小，但是本研究仍倾向于支持该结论，该结论验证了 H5 的合理性。对于营销策略制定的建议为，对于价格非敏感的游客，营销策略的制定应该首先考虑通过调整时间成本以影响这类旅客的选择行为。

8.4.3.3 价格敏感和非敏感游客的对比

对两类游客旅游意愿分值比较的结果为：①价格敏感游客的旅游意愿均值约为 0.9，而价格非敏感游客为 1.6。该结果表示在旅游成本相同的情况下，价格敏感游客旅游的意愿要低于价格非敏感的游客。导致这样的结果很可能是收入的约束。从两类游客在模拟情景 C1 和 C2 下的统计结果来看，两类游客旅游意愿的差异表现得尤其显著；②一方面货币成本对价格非敏感游客的作用力度要小于对价格敏感的游客，另一方面分析的结果也表明价格非敏感游客更加看重的是时间成本。价格敏感游客在时间成本不同，而其他成本相同的模拟情景如 A1 与 B1 及 A2 与 B2 下，时间成本的差异导致的游客旅游意愿差异要高于价格敏感的游客。通过以上两个方面的分析，可以看出，相比价格敏感的游客，货币成本对价格非敏感的游客的影响相对更小，而时间成本对他们的影响相对较大。

8.4.4 研究结论

交通成本改变对游客旅游意愿大小的影响分析结果如下，首先，对价格敏感游客的分析结果表明，三种不同类别的成本都会对价格敏感游客的旅游意愿产生显著的影响；影响游客旅游意愿最为敏感的因素可能是货币成本。通过改变时间成本或者感知利益的营销策略对游客旅游意愿的影响效果可能并没有通过改变货币成本的影响效果显著。但另一重要且与之不相矛盾的分析结果表明，改变货币成本与改变感知利益的营销策略之间可能存在显著的替代关系。此外，本研究还发现各类成本的变化与游客旅游意愿变化之间的关系可能存在一定的规律性。其次，对价格非敏感游客的分析结果为，对于价格非敏感的游客，他们可能更加关注时间成本，而货币成本的大小对他们的影响不显著。同时，虽然价格非敏感的游客重视的是时间成本，但是从分析中发现，感知收益对他们具有正面的影响。此外，对两类游客进行的对比分析中，发现在旅游成本相同的情况下，价格敏感游客旅游的意愿要低于价格非敏感的游客，导致这样的结果很可能是收入的约束。此外，一方面货币成本对价格非敏感游客的作用力度要小于对价格敏感的游客，另一方面，分析的结果也表明价格非敏感游客更加看重的是时间成本。

8.5 游客对灾后交通方式的价值评估研究

8.5.1 价值评估法

自然资源尤其是赖以生存的自然环境都属于社会资源，因此很多自然资源是无法通过商品交易来起到真实的内在价值的。因此，为了获得它们的真实价值，必须通过经济学中特定的评价方法揭示出来。这样，才能有效地将它们纳入市场运行过程，以实现其有效配置和利用。对于该类物品的价值评估方法的研究正是来源于对没有市场价格的环境与自然资源的价值评估的分析基础上逐渐形成和完善的。对于无法量化的自然资源的估值方法有很多种，基于成本构成的评估方法称为资源内在价值评估法，该方法具体包括机会成本法、防护费用法、重置成本法、影子工程法及人力资本法。

8.5.1.1 基于成本分析的评估方法

（1）机会成本法。

机会成本法是指无法作为商品交易度量的情况下，可根据其他替代资源的价值，以最高产生的价值作为评判标准来进行估算。例如，为评估禁止砍伐树木，保护国家公园的植被的价值，并不是用直接评估从保护树木的收益来策略其成本，而是为了保护树木而损失的最大替代的价值去衡量。再如，保护湖泊，是通过衡量为保护水资源而放弃的利益来测量其内在的价值。奥地利学派弗·冯·维塞尔在其《自然价值》中，通过对成本定律的分析，将效用与成本联系起来，独创"机会成本"这一概念（曾明华，1998）。因此，机会成本反映的并不是直接的"支出"，而是潜在收益的降低。机会成本的概念对西方经济学理论产生重要的影响和贡献，从另一种类别的成本来反映收益的问题。该理论已被管理学所应用，并成为管理活动最具实践意义的概念之一。对于机会成本本身的内涵，当前的学术界已获得一致的认可。一项决策的机会成本是选择某一决策而不选择另一决策时所舍弃的东西（萨缪尔森，1992）。由于资源的稀缺性，当人们在做出一项决策时，通常会面临其他备选方案。而人们只能选择其中一种方案实施。因此，机会成本则被定义为被弃方案中可能获得的最大收益。同时，从另一角度讲，机会成本也可指建设项目需占用某种有限资源时，会减少这种资源用于其他用途的边际收益。

因此，如果基于该概念，则可引申出稀缺资源的影子价格（吴恒安，1994）。值得注意的是，运用机会成本概念需要具备以下三个基本前提假设。一是资源的稀缺性。只有具备稀缺性的资源，才会有机会成本的概念。因此，这是机会成本产生的基础。如果资源是充足而不稀缺的，则每一方案所需的资源都能无成本地获取，也就不存在放弃机会而失去相应的收益这种代价了。二是资源的多用性。机会成本存在的前提是资源使用的广泛性，只有这样才会出现各种方案的利益产出的不同，从而计算出替代成本。三是资源能实现充分的利用。这一前提包含两方面的含义。一方面，资源能实现充分的利用意味着将有潜在的多种用途的稀缺资源用于某些用途后，会导致其他用途所需要的该资源无法得到满足，这将导致收益可能会受损。另一方面，如果资源的所有用途都得到满足后，仍然有多余资源，即资源无法实现充分利用，则多余的被闲置的资源不能获取收益，也就是使用闲置资源的机会成本为零（常荆莎，严汉民，1998）。由于在应用机会成本法时，机会成本法要求市场化的程度和各种用途之间自由转换较高，因此，在使用机会成本法时，必须要满足以上三个假设前提。在不满足的情况下，所得出来的结果是不可信的。然而，只有在充分竞争、非常理想的市场下，才可能满足以上三条假设，在现实中不太可能出现，因此机会成本法的应用受到了很大的限制（谢建豪，袁伟伟，王秀兰，2007）。

（2）防护费用法。

防护费用法的概念是采取类似日常生活的补偿概念对环境进行重新估价，相当于个体在规避环境危害或者获取环境资源时所愿承担的费用。防护费用的内涵是指在避免和减少外在环境的恶化带来的生态影响时，人们愿意为此支付的最高费用。防护费用法摒弃了传统的语言评价，而是依据人们的行为进行估值，相对于其他方法更为有效。但是使用此方法的几个前提是：①个人拥有足够的信息量，以便做出正确的决策，并判断出环境变化所产生的危害；②个人采取的防护行为不受外在市场或经济条件的制约。在实际操作中，常因动机的不同和环境目标的差异导致估价结果的差别。另外，防护费用法得到的是可衡量的环境经济价值，但是对于隐形的环境资源的非量化的经济价值则难以衡量。因此，该方法的应用研究较少，行业内比较匮乏。国内李怀恩，谢元博，史淑娟（2009）采用该方法，为南水北调中线工程水源区所产生的环境污染，计算出最后的生态补偿的量化提供非常重要的决策依据。

（3）重置成本法。

重置成本法是模拟现实环境，重新再造一个类似的评估对象，再用再造的成本减去旧有评估对象的贬值价值，以其作为衡量和测算环境资源价值的一种方法。应用重置成本法，在现实中需要四个前提条件：①购买者不能擅自改变以前的用途。②评估对象的各种功能效用必须与模拟重置的对象具有可比性。③如果被评估的对象能够重新复制或拥有再生的特点，在此前提条件下才能采用重置成本法。④评估对象在存在的时间周期范围内，必须有贬值或折旧损耗的属性，否则无法运用该法评估。同时，运用重置成本法进行评估时，对评估对象的范围也有相应的限制：①例如类似机器设备、房屋建筑物及贬值的技术专利、版权等无形资产或商誉等，具备可复制、可再生、可重新建造和购买的特点，或者也具有损耗特性的单项资产，不管是无形还是有形。②可重建、可购置的整体资产。例如，宾馆、剧院、企业、车间等。但是，与整体资产相关的土地不能采用重置成本法评估。根据重置成本法使用的优势，其使用的范围是没有经济价值产出、市场上又缺乏类似特点的评估对象。例如，学校、医院、公路、桥梁、涵洞等。这类资产既很难计算出交易中的商品价值，也因为无法计算去收益，而使用收益现值法，所以最后只能采用重置成本法。该法具有科学性和可行性双重优点，当需要评估无形陈旧贬值的资产时，只要找到重置对象的成本和实体损耗贬值的真实数据即可，而该两项依据在现实中比较容易量化和简单易得。因此，该方法在资产评估中具有非常广阔的应用前景，得到业内的重视。尤其是面对评估单项资产和没有收益、没有交易参照物的评估对象。

但是，重置成本法也有诸多缺点。主要表现为：①在具体的市场环境中，该方法所针对的评估对象较少，实际的需求量不多。因此，重置成本法在应用中有一定的局限性。②在使用重置成本法评估对象时，需要将被评估整体拆分成一个个局部的单项资产，并逐一确定其每个局部的重置成本、实体和无形陈旧的贬值。因此，很费工费时，有时会发生重复和遗漏。③由于牵涉到现在和未来、内部和外部等许多难以预测的变量，无形陈旧贬值的概念非常抽象，且难以具体量化。此外需采用收益现值法，测算内因和外因分别带来的经营性折旧贬值。④运用重置成本法评估资产，很容易将无形资产漏掉。为获取更精准的评估结果，还可以采取收益法或市场法佐证。⑤在整体资产中，不是每一项资产都适用于重置成本法。⑥只有判断出评估对象的功能性及经济性的贬值情况，才能使用重置成本法进行资产评估，这是一个非常重要的前提。有的评估项目光有重置成本法不行，同时必须借助收益现值法，比如涉及的超额营运成本是对买主持续的经济惩罚，确定其造成的贬值，必须使用另外的收益现值法计算公式来评估。当前，重置成本法的应用研究也相对有限。考虑到林木资产及其经营的特殊性，学者陈平留，郑德样（1999）对林业资产价值的评估，采用重置成本法，评估和测算比较难以衡量的林木资产的价值。周显然（2012）通过应用重置成本法，对云南森林自然中心管护的7个林区的华山松幼林的价值进行评估，并认为重置成本法比较适用于未成林造林地和幼龄林森林资源资产的评估。

（4）影子工程法。

影子工程法是恢复费用的一种特殊形式。人工重新建造类似被污染或被破坏以后的环境，来代替前者的环境功能，而重建该工程的费用则是估计环境污染或破坏造成的经济损失的一种方法。例如，某个湖泊被污染了，则另建造一个湖泊代替它，以满足人们的度假要求。某个自来水水源被污染，就需要另外寻找一个水源替代它，以满足正常的生活需求。新工程的投资就可以用来估算环境污染的最低经济损失。重新模拟建造一个相同功能的替代遭到破坏工程的环境，该建造费用的计算就可以得出该环境价值的一种估价方法。常用于环境的经济价值难以直接估算时的环境估价。比如森林、江湖、水源地、治理水土流失的生态价值等都可采用此法。影子工程法将难以量化的生态价值转换为容易衡量的经济价值，从而将不可量化的价值转化为可量化的数字，简化环境资源的评估手段和方法。当然此方法也有问题，表现在：①替代工程的非唯一性。由于现实中和原环境系统具有类似功能的替代工程不是唯一的，而每一个替代工程的费用各不相同。因此，这种方法的估价结果不是唯一的。②替代工程与原环境系统功能效用的异质性。影子工程法在使用的过程中存在偏差，那是因为替代工程只能是尽力地模仿，但是环境系统的很多功能在替代再造中无法实现。为了尽可能地减少偏差，提高准确度，实际运行过程中可考虑采用几种替代工程，然后取平均值或者最符合实际的替代方案进行估算。初兆娴，韩泽治（2010）利用影子工程法对矿山开采给环境造成的经济损失进行评测和分析，包括可用于矿区环境经济损益分析等生态资源的经济损失和生态系统功能受到影响的经济损失。

（5）人力资本法。

用收入的损失去评估由于污染引起的过早死亡的成本，叫作人力资本法，也叫工资损失法。根据边际劳动生产力理论，个人劳动的价值等于人失去寿命或工作时间价值的总和。一个人的劳动价值是考虑年龄、性别、教育程度等各种因素情况下，每个人在未来所能产生的总收入贴现折算成的现值。用人力资本法估算出的经济损失价值只能说明环境被污染后流失的经济价值,因此很难以代表环境的所有内在价值和外在价值;在使用人力资本法时,估算早亡的损失是用损失的劳动收入来评价的,为避开伦理上的争论和道德困境,实际中可用改进的人力资本法来计算人的健康损失和生命价值。

所有通过成本分析的估计方法都拥有共同点,即它们估计的不是环境所带来的效益和价值,而是人类为了获得该价值而必须支付的费用。这部分体现了环境物品的成本,所以只能估算出的环境价值总量的其中一部分。防护费用的使用在预防或治理环境污染的效果相同条件下,有不同的标准和效果,在评估的选择中选择防护费用最低的来执行。被恢复的生态环境系统和影子项目工程要达到和原有生态环境系统有完全相同的生态环境功能,这是恢复费用法和影子工程法都存在的相似的假设前提,但是这在实际中很难落到实际来操作。

8.5.1.2 基于收益途径的评估方法

这里将介绍基于收益途径的资源环境价值评估方法。收益是指资源环境所生产的物质和提供的生态服务。资源环境价值评估收益途径的主要方法有许多种,主流的方法有市场价值法、收益资本化法、替代市场法(冯俊,孙东川,2009)。

(1)市场价值法。

市场价值法又称生产率法。通过某地由环境质量变化带来的经济效益尤其是产值或利润的变化来计量。把环境看成生产要素,是这种观点的主要前提,环境质量的变化导致经济活动如具体产品的变化,然后再用产品在市场交易中的价格,计量由此引起的具体损失,从而得出环境变化所带来的可量化的经济数据。采用可量化具体指标评测项目的环境经济效益,将项目对环境产生的效益分解成各项具体的经济指标,如环保费用等逐项计算,这种方法称为市场价值法。然后通过环境经济的参数分析,得出项目环保投资的年收益率,代表环保投资的直接经济效益,并通过引入海洋行业系数对环境容量价值计算公式进行修正。于谨凯,张亚敏(2012)根据市场价值法的原理进而建立溢油事故对海洋环境容量损失的评估模型。两广酸雨导致玉米减产幅度为10%~15%。采用市场价值法,评估通过计算玉米产量和利润的降低,从而解决了环境影响如何量化的难题。市场价值法用于评估环境污染和生态破坏造成的实际的经济价值的损失。

(2)收益资本化法。

收益资本化法一般情况下包含以下步骤:①要得到精准的财务数据,必须先获得被评估企业过往的财务数据,并汇总进行分析,对与环境变量无关的经营性数据进行删减;②计算用于资本化计算的收益。通常可用近几年的平均收益作为资本化计算的标准基数,也可以以财务年度或者12个月的经过调整的收益率进行资本化计算。在某些情况下,预测的下一年的收益率,或者历史几年的平均收益率都被用来作为进行资本化计算的测算基准;③计算资本化率;④将收益资本化以计算待估价值;重新修正被评估经济主体的非经营性资产和溢余资产的价值,收益资本化法也并非完美无缺,需要提供更多的参数和假设信息,而此类信息难以概括全面,具有片面性,同时数据不够精准难以估计。在取数的过程中可能被人为地操纵,用于满足个体的利益要求。比如房地产项目,通过高估现金流和低估资本化率,就可获得一个更高的估价。因而收益资本化法从理论上看虽然严谨无缺陷,但操作上具有主观性和随意性,不同的评估师对同一项目的评估数值往往差别较大。为防止收益资本化法在评估房地产收购项目时可能出现的问题,实际操作中还要运用其他方法(如市场比较法)予以校准和对比(林国雄,2006)。目前,尚未查阅到国内该方法应用的相关文献,而国外该方法的应用也相对较少。

(3)替代市场法。

所谓替代市场法就是找到类似的市场等价物间接衡量无法量化的资源环境物品的价值,其主要包括物品替代法、旅行费用法和享乐价格法等。

物品替代法，用于估算如涵养水源、保持水土、防风固沙，以及营养循环等由环境带来的生态功能效益。但是它们无法作为商品在市场上交易，因此不能体现出价值，这就要寻找类似的等价物作为参照物，来间接估算该项生态功能的价值。例如，为获得保护一片水源的价值可以用自来水厂销售自来水带来的利润做替代。

旅行费用法（Travel Cost Method，TCM），用于评估资源环境如钓鱼、狩猎、森林观光等旅游中产生的价值。虽然这些功能不能直接作为商品体现其市场价值。但可通过人们在该环境服务相关联的交易行为中所支付的价格，以此来估算这些环境服务的市场价值，如门票等其他相关的费用。这里需要强调的是，通过旅行的方式并不能很准确地得到评估结果，因为消费者根据其个人收入水平、文化层次、距离远近及其他情况的不同会得到完全不同的价值。学术界对 TCM 有不同的评价。Eberle 和 Hayden 是为数不多的持全盘否定态度的学者。他们认为该方法无论是在理论上还是应用上都是不合法的，尽管 TCM 广泛地应用于生态系统的价值评估，尤其是从新古典经济学、计量心理学等角度考量，该方法缺乏方法学及理论与实证的基础，继续使用将产生许多误差。关于 TCM 的认知，Randall（1994）认为有两种可能的途径，可以让 TCM 取得有效的福利估计值。①通过调整费用核算和分析方法，让该结果与其他方法所得到的分析结果一致；②利用其他不同方法的估计结果对 TCM 结果进行修正。也就是说，TCM 不能单独应用。TCM 是有关非市场可量化价值的商品评价的一种成功的方法，在现代的资源与环境经济学领域内占有主要的地位。Smith（1993）认为，只有 TCM 在揭示偏好的所有方法中获得广泛的应用。因而，用方法学和评估结果的有效性对该方法进行检验是十分必要的（谢贤政，马中，2005）。

享乐价格法（Hedonic Pricing Method，HPM）。环境质量的价值由人们为优质环境物品享受所愿意支付的价格来判断，将享受某种产品在不同的环境中所带来的不同差价，作为区分环境差别的价值。商品的价值包含了它所处的环境质量，是此方法的立足点。同样的房屋或者建筑，人们因为地域的不同而支付不同的价格，那么这一差价则可以归结为环境因素。享乐价格法的估价过程为：首先选择环境指标，选取的指标是可以量化和衡量的，且必须与所研究资产的价格具有关联性。其次确定资产价格函数，建立资产价格与其相关属性（包括环境属性）之间的功能关系。最后进行回归分析，要得出环境属性的真实价值，可以采用回归分析法来研究房地产价值与其周边的环境属性之间的相关性。享乐价格法适用于下列环境影响的价值评估：①居民区空气和水质的变化；②居民区噪声骚扰，特别是飞机和公路交通噪声；③对社区舒适程度的影响；④对环境有不良影响的设施的选址；改造城市贫穷地区、街区所带来的影响。

上述资源环境价值评估方法，都是基于收益途径的分析，每个方法都各有优劣，分析如下：①最广泛和最直观的方法是市场价值法，这种方法简单适用，其结果更容易被接受，尤其在估算生态环境产品的显性的商品价值上。但在市场价格有误差时，就需要做出调整。预期收益资本化法运用需要有个首要条件，即当年或每年生态环境系统的收益或租金，每年的收益的涵盖面很广，由于每年的生态环境系统收益受外界因素影响较大，实际计算出来的估值误差可能很大。将无法交易的生态服务功能转化为有市场价格的商品，从而核算出其价值，这是物品替代法最大的特点。这种方法主要适用于属于可变现的自然资产存量的估价，比如海洋中鱼类的存量、原始森林的木材砍伐等，因为鱼类、木材都有市场价格，但该方法很难全面评估自然资源的流动存量或者环境的损害等情况。旅行费用法是使用较为广泛的方法，但该方法需要通过发放问卷调查来收集大量数据，估算过程较为烦琐。同时，旅行费用法局限于独立的景区，对同时具备多个旅游目标的信息不够精确。也难以适用于城市内景点的估价，因为这些景点的旅行费用少，游客的流量也较少。此外，当该方法运用到诸如娱乐区或野生生物保护区时，由于忽略这些景点的非景点价值和非使用价值，会导致价值的估计较低，建立的模型相对简单，难以概括全貌。

主流应用的模型大多是 ZTCM，只有李巍和李文军（2003）对传统 TCM 模型进行改进，提出旅行费用区间分析方法；②对如何解决 TCM 普遍存在的问题缺乏有效深入的研究。对 TCM 存在的问题，大多沿用国外的方法（如时间成本的折算），或者予以忽略或简单化处理（如多目的地旅行成本分摊问题）。③研究范围过于狭窄。TCM 不仅适用于各种旅游景点的旅游价值评估，也适用于兼有娱乐等其他用途的地理环境的价值评估，也可用于旅游资源开发的经济评价。但在我国，TCM 研究范围涉及面较窄，仅仅表现在公园等风景区的旅游价值的评估上。而且，研究还处于萌芽阶段，暂且还不能为区域开发项目进行经济评估、为环境政策与措施提供决策依据。

对于我国的 TCM 研究，在了解国际发展趋势的背后，必须促进基础工作。①加强 TCM 设计与调查技术的基础研究工作。TCM 的思想主要发端于发达国家，是一项新兴的对非市场物品价值的评估方法。通过市场调查取得真实可信的基础数据，是 TCM 应用成功的先决条件。同时，TCM 抽样的工作好坏决定了最后数据的准确性。②结合我国国情现实特点，努力探索 TCM 现有不足的解决办法。结合我国消费者旅游的行为特点，根据自己的特色对其方法做出修正，以便得到更佳的结果。只有形成一整套适合我国国情的 TCM 方法，不断扩大 TCM 研究范围，并积累经验，TCM 才有可能成为区域开发项目经济评估、环境政策与措施决策咨询的工具。③注重数据的可靠性。为管理和决策层制定政策提供参考依据，是 TCM 估计环境资源价值的主要存在目的，因此需要极其关注数据的真实性和可靠性。国外学者认识到，短时间内影响需求的因素很多，基于短期数据产生的长期政策措施难以达到预期的结果，因而，长期的数据监测十分重要（Chakraborty 和 Keith，2000；Loomis，2000）。就我国的现阶段研究而言，积累长期监测数据，加强对现有研究成果的后续检验、评估，将有利于提高 TCM 建模质量（谢贤政，马中，2005）。享乐价格法需要有足够容量的市场作为检测的样本，需要依赖大量的勘测数据，才能得到相应的结果，其优点在于所有的数据来源于实际的市场数据，比假想的评价方法误差更小（冯俊，孙东川，2009）。

诸多学者采用市场价值法对资源进行价值评估。根据景观资源不同环境下的特点，高鑫，解建仓，汪妮等（2012）将水资源价值分为三类，包括自然资源价值、旅游景观价值及居民舒适性享受价值。利用替代市场法的优势，建立水资源的价值总量的评估和资源价格的计算模式，分析水资源同人口自然增长率、GDP 等指标的关系；并选择某个生态区为例，对其水资源价值进行估算。谢贤政，马中（2006）讨论了 TCM 问卷设计与抽样调查的问题。同时，在客源地分析基础上，确定每个客源省份（出游小区）的出游选择方式，并将此作为依据来分摊多目的地旅行费用。同时，通过建立 ZTCM 模型得到黄山风景区的旅游价值。通过与其他相关研究成果的比较分析，可以确定旅游景点的名气、多目的地旅行的计算方法对消费者游憩价值的剩余的计算结果影响很大。针对九寨沟这类旅游地，李巍，李文军（2003）提出了改进的旅行费用分析方法，全称旅行费用区间分析（TCIA），并用该方法评估九寨沟 2000 年的自然资源游憩价值。戴广翠等（1998）按照森林植被类型对我国 27 个省份 748 个森林公园进行了归类，并运用 TCM 对各个类型公园的游憩价值进行了评估。王连茂和尚新伟（1993）评估了北京香山公园的游憩价值。此外，陈海和康慕谊（2003）等还从理论的角度，梳理和评述了 TCM。近年来出版的自然资源与环境经济学专著也对 TCM 进行了介绍（谢贤政，马中，2005）。

8.5.1.3 基于市场调查的评估方法

通过市场调查的方法对资源环境价值进行评估，主要包括两种具体的评估方法，一种是条件价值评估方法（Contingent Valuation Method，CVM），另一种是选择实验法（Choice Experiment）。购买者支付的价格高低反映购买者个人对该物品或者服务的偏好，这就是商品的经济价值，它通过许多购买者的支付意愿的总和来衡量。同样，人们对环境物品或者服务的喜好和选择就是对环境进行的经济价值评估。

(1) 条件价值评估法。

比较流行的陈述偏好评估法是条件价值评估法（CVM）。这种评估法模拟了市场环境中的两种经济价值。一是以人们对某种环境效益改善或资源质量损失的愿意接受的赔偿意愿（Willingness To Pay, WTP）的强弱程度来估计的环境效益改善或者环境质量损失的经济价值；二是以对环境或者资源质量损失愿意接受的赔偿意愿（Willingness To Accept Compensation, WTA）来估计的环境效益改善或者环境质量损失的经济价值。通过类似街头拦截的方式直接询问调查对象的支付意愿既是该方法的优点也是主要缺点。条件价值评估法（CVM）一般被用来评估环境物品的价值，包括利用价值和非利用价值，同时也被认为是评估环境物品和服务的非利用价值的唯一有效方法。（Loomis, 1997. Bateman 和 Willis, 1999. Asafu - Adjaye, 2000; Bjornstad and Kahn, 1999），是近10年来国外生态与环境经济学中最重要和应用最广泛的关于公共物品价值评估的方法。条件价值评估法由 Davis 于 1963 年提出。他第一次将这种评估法应用在对缅因州林地的宿营、狩猎的娱乐价值的研究上（Anthony 和 Krutilla, 1972; Randall, Ives B 和 Eastman, 1974）。Loomis 在其著作中记录了 CVM 在美国走向辉煌的过程：1979 年，CVM 被美国水资源委员会应用于水资源规划中。CVM 在水资源规划中对成本——效益分析大放异彩，美国水资源委员会因此而出台一系列的原则和程序。尝到甜头的水资源委员会力荐 CVM 成为评估休憩效益的两种优先方法之一。包括美国垦务局（US Bureau of Reclamation）、美国陆军工程部队（US Army Corps of Engineering）等在内的诸多与水资源相关的美国联邦机构在此影响下也开始对 CVM 方法的应用。

1986 年，美国内政部甚至将 CVM 推荐为策略自然资源和环境存在价值及遗产价值的基本方法（Loomis, 1997, 1999; Mitchell, 1989）。1992 年，美国国家海洋和大气管理局（NOAA）任命了一个高级委员会（Blue - Ribbon Panel），这个委员会由两位诺贝尔经济学奖获得者罗伯特与肯勒斯牵头，评估 CVM 在测量自然资源的存在价值或非利用价值方面的可应用性，"对于将 CVM 应用于评估自然资源的非利用价值或存在价值，他们还提出一些指导原则"（Loomis, 1997, 1999; Mitchell, 1989; Arrow, 1993; Bateman, Langford, Turner 等, 1999）。例如，规定 WTP 的问题格式应该采取投票表决的方式，而不是大家常用的非开放式问题格式，同时规定调查实施应该面对面或者电话，而不是此前使用的非邮寄问卷的方式。

在美国政府的大力推动下，CVM 被广泛应用于美国环境物品经济价值中，并得到快速发展。20世纪80年代，英国、瑞典和挪威引入 CVM 研究法。20世纪90年代，法国、丹麦等国也引入 CVM 研究法。"欧洲联盟国际过去20余年的研究表明，CVM 在帮助公共决策方面是一个很有潜力的技术"（Bonnieux F, Raineli, 1999）。欧洲联盟国家的环境价值评估研究起步虽比美国晚，但其发展成就也了得。截至1999年，在高达650多例各类环境价值评估的案例中，CVM 是主要的技术。经过不断的研究，尤其是调查与数据统计方法的日趋完善，目前，CVM 已经成为一种评价资源的经济价值和非市场环境物品最常见、最有力的工具。Mitchell 在 1989 年做过的统计显示，"从20世纪60年代初 CVM 的提出到20世纪80年代末的20余年时间里，公开发表的 CVM 研究案例已有120余例"。而 Carson 在 1998 年的统计表明，当时全球就已经有超过40个国家、超过2000例的案例。加州大学的统计结果显示，20世纪90年代以来，已经有超过500篇重要文献是运用 CVM 来评估非市场资源价值的。1974 年，Randall 首次将 CVM 应用于研究环境质量改善。此后，有关环境恢复与环境改善的条件评估价值研究文献便越来越多。近年来，关于 CVM 的应用研究主要集中在评估水质改善、石油泄漏、湿地恢复、健康风险减少的价值等方面。其中最具代表性的是 Loomis 2000 年对恢复流域生态系统的总经济价值评价。2001 年 Jorgensen 对环境公共物品条件估值的公平性研究等。发展中国家主要将 CVM 应用于评估基本公共服务供应，如废弃物处置、水资源供应、生态环境恢复等方面的价值。由于社会制度、文化习惯等诸多原因，CVM 在发展中国家的应用案例并不多。

20世纪90年代末,我国开始引入CVM研究法。但迄今为止,国内只有个别采用CVM来做评估环境资源经济价值的研究。CVM在我国的应用还包括个别国外科研人员应用该技术对我国个别地区的环境改善经济价值的评估研究。随着我国市场经济体制的进一步完善,绿色国民经济核算,即符合可持续发展标准的环境经济综合核算体系的建立和完善,模拟市场评估生态环境公共物品的经济价值的工作方法必将迅速发展,这也是环境经济政策制定的一项基本工作。因而,在我国急需将CVM发展为树立典范的陈述偏好价值评估技术中,条件价值评估法明显具有很大优势。从引导个人对非市场环境物品或服务的估价方面来看,CVM是一种相对直接的方法。其最显著的优点与揭示偏好等方法相比较,是不需要任何理论假设、易于应用。CVM在应用中的唯一前提是被访者清楚自己的个人喜好,并且有足够的能力对环境物品或者服务做出估价,同时愿意诚实地说出自己的支付意愿。

我国开展CVM方法也存在制约因素。我国研究自然资源和生态系统服务的条件兼评估研究主要在四个方面受制约：①经济发展水平的限制。研究表明,收入与支付意愿存在显著的相关性。一般来说,收入越高,人们对生活质量的要求就越高,自然而然地会对环境质量或者自然资源状态（生活质量的重要组成部分）产生更高的要求。我国现有的收入水平,可用于改善环境资源的支付能力还较低。只有随着收入的提高,这种对环境资源的支付意愿才会逐渐的变化。②经济体制的约束。我国的市场尚不成熟,缺乏对消费者进行市场调查,几乎没有接触到过对类似保护自然资源或改善环境质量的支付意愿的调查。如果我们假设一个陌生的场景来调查,被调查者可能又很难体会这种场景中的真实感受,也不能完全正确地表达其真实的接受赔偿意愿和支付意愿。③政府制度条件的影响。在我国,政府负责和推动几乎所有的公益性、福利性、服务性活动。同时,政府分配几乎所有重要的资源包括自然资源。对政府机构的高度依赖性,导致在环境保护意识上,对自然资源保护或环境质量保护的支付意愿调查不够配合,有支付意愿的群体的支付意愿又变成追求道德的满足。④技术条件的滞后。环境资源价值的条件价值评估有一个必经的开始阶段,那就是对环境质量的描述和资源状态变化对人力福利的影响。而我国居民普遍受教育程度不高,因此,在问卷设计过程中,如何描述所评估的环境资源物品提供的生态服务数量和质量的问题就给调查者带来很大困难,同时也让受访者难以理解。也就是说,不能有效地将生态系统服务功能和过程与条件价值法的自身理论相结合,这是现阶段环境资源价值研究的一个弱点。例如,一项研究的调查结果显示,调查者中愿意为增强对森林的保护支付费用的占74%,支持增强森林保护,但不愿为此支付费用的人占16%。此外,观点比较淡漠的人占5%,并且支持减少对森林的保护的人占5%。支付意愿因为描述的项目不同、度量的方法不同,人们的支付意愿介于60元~223元之间。

目前,国内外诸多学者运用该方法对资源价值进行评估。Holmes在2004年对不同恢复尺度带来的不同经济利益进行研究。研究采用CVM方法中的离散型两分式问卷格式来进行估值,同时采用5种各异的生态服务功能。研究结果显示出令人振奋的相关性：恢复尺度与其带来的经济效益之间并不是线性的关系。Holmes甚至还发现,如果生态系统得到全部的恢复,将带来超值的利益,其效益成本比为4.03~15.64。这就表明,生态恢复的资金投入具有经济的可行性。韩国Leea Choong-Ki等学者在2002年对五个国家级公园旅游资源进行评估,使用的同样是条件价值评估方法。结果显示,这些公园的经济价值非常可观,大大超出每个旅行者所花费的费用。由于这五个公园的定价并不相同,这项研究还为不同公园门票的差异化管理,以及公园门票的制定提供政策支持。

2006年,西班牙学者Colombo等利用条件价值评估方法和选择实验法进行研究,带来减少水土流失的巨大社会效益。通过设计向调查者介绍现状的方法在调查中减少偏差。实验结果提供每公顷土壤的保护费用的上限。日本学者Nishizawa做过一个关于支付意愿的研究。研究内容是恢复外来鱼种入侵而造成的Biwa湖生态系统损害的支付意愿,对象是Shga地区的居民。结果是当地居民总支付意愿为每年 87600 万日元，相当于每户每年的平均支付意愿为 1850 日元。P0blo Campos 等 2007 年对西班牙两处森林保护区的非食用价值进行评估，分别采用门票费用法和旅行费用法两种方法，结果发现，采用旅行费用法的支付意愿是门票费用法的 3 倍。蔡春尤（2009）采用条件价值评估方法，调查了北京市居民改善空气质量的支付意愿，初步分析居民对空气质量这种公共环境物品的需求状况，探讨了影响居民对公共环境物品需求的人口和社会经济因素。结果表明，居民经济状况的好坏对公关环境物品的需求呈正相关特性，但支付意愿与家庭收入弹性小于 1。随着教育水平的提高，对公共环境物品的需求也在增加。邹亮、董长贵、王海滨 2008 年采用 CVM 技术，估计出密云水库的生态价值，结果城八区居民人均支付意愿为 100 元/年～500 元/年。描述统计的结果则给出平均值 333.09 元/年，中位值 100 元/年和 Spike 修正均值 291.05 元/年 3 个标准。2007 年，贺桂珍，吕永龙，王晓龙在实际审计案例中运用条件价值评估法，以无锡市当地居民和外来游客为调查研究对象，采用问卷调查方式，针对五里湖环境改善前后公众的满意度、对综合整治工程的资助意愿及受访者的旅游支付意愿进行研究。452 位受访者对五里湖环境改善的满意度有着显著的提升。在环境改善后受访者的旅游支付意愿为 89.1 元，与改善前的支付意愿 22.6 元相比，有较大的提高；受访者对综合整治工程的资助意愿平均每人为 140.2 元（总支付金额 62063 万元）。林逢春，陈静在 2005 年发现，CVM 可以评估资源的总经济价值，这就可以弥补市场评估方法对难以量化的无形效益计算的不足。他们将此运用于上海城市轨道交通社会效益评估的研究中，运用条件价值评估法对上海城市轨道交通的社会效益进行评估，并利用计量经济学检验法来检验评估结果的有效性。这就解决无形效益难以用市场评价法来定量化估算的问题。张旭升、刘东娇（2012）开创性地运用条件价值评估法，对中国巨灾风险的保险模式中的主要项目进行研究，他们通过网络问卷调查取得，根据巨灾风险保险的准公共物品特性，从消费者意愿角度进行定量设计，从而克服非寿险常规费率厘定方法的不足，在纠正巨灾风险保险市场失灵方面做出积极的探索。

我国学者对 CVM 的理论方法研究做了大量的工作，比较有代表性的成果有：CVM 方法中的 WTA 与 WTP 的不对称问题（赵军，杨凯，2007）；CVM 方法的准确性和有效性问题（李华生，徐慧，2007）；单双边界二分式条件价值法评估结果的偏差（金建军，王志石，2006）等。赵军和杨凯以上海某河流生态系统的服务评价为研究对象，深入对比分析和探讨了 WTP 与 WTA 的不同表现。他们发现，WTA 受学历、家庭人口等变量的影响较大，但是不受收入等变量的约束；而 WTA 尤其和 WTP 显著正相关联。而在作为环境资源价值的表征尺度方面，WTA 可能也有一定的有效性。WTA 和 WTP 不对称的主要决定因素是学历和收入。这项研究显示，保护和改善环境资源所引起的福利改进，远小于污染或破坏同样质量和数量的环境资源所引起的福利损失。李华生和徐慧等的研究，以安徽鹞落坪国家级自然保护区为对象，比较单纯随机抽样与分层随机抽样两种不同的模型。研究发现，分层抽样模型在一定程度上可保证评估结果的准确性和可靠性。王瑞雪，颜廷武等于 2006 年对 CVM 方法进行本土化改进的尝试。他们用耕地的市场价值评估为研究对象，发现 WTA、WTP 差异悬殊的主要原因是农村土地及其所有制产权及被调查者潜在地与政府博弈的心理。顾及绝大多数农村居民抗拒支付，他们在支付方式的选择上，尝试改进为货币支付与义务工两种方式，结果显示 93% 的被调查者赞同做"义务工"。评估研究对象范围、数据统计技术等方面又有了显著性发展。

国内外学者目前对 CVM 的研究主要有问卷设计方法与引导术、数据的统计分析及可靠性检验这三个方面需要更进一步深入研究，以消除对 CVM 存在局限性所导致的各种偏差，尤其是对其计算的准确性的忧虑。我国在 CVM 方法的研究虽然已经取得较大的进展，但是与国外的研究相比，研究内容和方式都有所不同，总体上还存在较大的差距。陈琳，欧阳志云（2006）对国内外 CVM 研究情况进行对比。他们从四个方面进行比较研究，分别是研究重点、研究领域、引导工具、研究结果四个方面。结论是：第一，中国 CVM 研究方法仍然不够全面，尤其是在自然环境和濒危野生动物保护的价值评估领域，陈琳，欧阳志云认为中国目前基本属于空白；第二，国内目前的研究重点主要集中在森林生态系统的服装功能、医疗卫生等与人民切身利益相关的方面；第三，同一类型的项目研究结果要少于国外，主要原因是研究时间、研究地区发展水平影响较为显著；第四，国外 CVM 研究多为封闭式两分式和支付卡式的问卷设计方式，但是国内目前主要是以支付卡式问卷为主。不过，焦扬和敖长林在 2008 年的一项研究中指出，张志强等对于双边界两分式问卷的研究填补了该领域的空白。（焦扬，敖长林，2008）。

(2) 选择实验法。

与 CVM 同样重要，并且日益备受关注的一种陈述偏好法是选择实验法（Choice Experiment）。环境经济学家们对一种新兴的评估环境非市场价值陈述偏好技术表现出浓厚的兴趣，那就是与 CVM 同样重要的选择实验法。这种评估法的特点在于突破传统方法的限制。这种方法将所要研究的问题或者商品所有可能的属性集组成 CE，货币价值属性自然也就包含在这众多的属性之中。这就意味着要明确需要支付的费用中，有多少是用来改变目前状况的。研究者设置不同属性状态组合而成的选择集，然后要求受访者需要在不同的选择集中选择最合适的替代情景。因而，属性之间属性水平的权衡，也就在受访者做出选择时间接地做出。通过以上实验步骤获得的大量的个体对特定环境或者商品偏好的信息，就可以运用经济计量模型来分析某个环境或者商品的不同属性与特征价值，从而进一步确定了各种方案的非市场价值。CVM 适用于评估对象的不同属性（如物品的颜色、形状、质地等）之间具有较高的相关性，即个人在选择物品时，做出的选择是基于对整体的考虑，而不是通过比较物品不同属性及其水平做出的。相反，如果需要针对物品的各属性进行研究，包括属性的偏好和属性的边际效用等，则需要采用选择实验的分析方法。

选择实验法是从 Lancasterian 的微观分析法所发展起来的。Adamowicz 等（1994）第一次将该方法应用于评估无市场存在的物品的价值。Hanley，Robert 和 Wright 等（1998）应用该方法评估森林和河流的边际价值和环境资源的总价值。2008 年 Travisi 与 Nijkamp 为了提高健康安全与农业环境，使用选择实验方法对意大利农业中减少农药等杀虫剂所带来的经济价值进行评估。2007 年 Rambonilaza 和 Dachary-Bernard 又再次利用选择实验法评估居民在土地规划中对环境景观的喜好度的选择价值。Ekin Birol，Katia Karousakis 和 Phoebe Koundouri（2006）也通过应用该方法对湿地生态资源的价值进行评估，估计得到湿地资源在不同属性上所具有的边际价值。其他研究如 Adamowicz 等（1998a），Boxall 等（1996），Layton 和 Brown（2000），Ryan 和 Hughes（1997），Vick 和 Scott（1998）都采用该分析方法。国内运用选择实验法进行环境公共物品价值评估的案例不是很多。针对我国已经实施的退耕还林工程，国内的研究学者如翟国梁，张世秋利用选择实验方法对该政策进行详细的评估，其研究主要基于选择实验的基本理论。谢旭轩，张世秋（2008）在对 PM2.5 排放对人体健康的危害研究中，采用该方法评估人们为避免 PM2.5 污染对健康的损害所愿意支付的费用。关于中国澳门固体废弃物管理所进行的价值评估，由王志石，金建在 2006 年用选择实验法完成。关于黑河流域额济纳旗生态系统管理，学者张志强，徐中民等在 2003 年进行 CE 评价。CE 的起步较晚，特别在国内应用较少，依然存在一定的技术难题。CE 方法在实验设计和统计分析技术上较为复杂，选择和确定合适属性及其属性水平、分析实验设计及其统计结果，每个步骤都具有一定的实施障碍与难度。因而 CE 方法核算支付意愿可能存在各种偏差。对于 CE 的结果应该仅仅作为一种近似值，通过不断优化问卷设计，让受访者越有足够的耐心，我们主观意愿调查核算结果便能越逼近真实结果。

这里是以九寨沟景区在地震灾害后，为恢复游客旅游的意愿，将基于交通成本的营销策略作为案例分析。由于地震灾害的影响使得当前旅游交通的供需市场尚未成熟。因此，从需求方对交通方式进行价值评估的研究有助于更准确地认识消费者对灾后不同交通方式的偏好和行为选择。同时，将选用当前受国外关注的选择实验的评估方法进行分析。通过实证分析的结论为营销策略的设计和制定提供理论的指导。

8.5.2 研究设计

8.5.2.1 选择实验方法

实验选择方法通过观测个体实现，在个体随机效用理论基础上做出选择。建立的计量经济学模型，是用来分析选择物品的属性其边际效用价值。假设物品的间接效用函数为

$$V = \beta a + \mu(M+W) + \varepsilon = \hat{V} + \varepsilon$$

式中，V：物品的效用；

a：物品各属性的水平；

M：收入；

W：物品的价值。

假设观测到个人所做出的选择为：选择某个物品 i 而没有选择其他物品 j，说明物品 i 对个体的效用水平大于物品 j：

$$V_i(a_i, M+W_i, \varepsilon_i >) V_j(a_j, M+W_j, \varepsilon_j)$$

式中，V_i，V_j：选择第 i、j 种物品的效用；

a_i，a_j：第 i、j 种物品各属性的水平；

M：收入；

W_i，W_j：第 i、j 种物品的价值。

因此，可以计算得到个人选择物品 i 的概率为

$$P_i = P[V_i(a_i, M+W_i) > V_j(a_j, M+W_j)]$$
$$= P[\varepsilon_j - \varepsilon_i < \hat{V}_i - \hat{V}_j]$$

假设随机扰动项服从第 I 型极值分布（Gumbel），且为独立同分布，则相应的概率分布和密度函数分别为：

$$F(\varepsilon) = \exp[-e^{-\delta(\varepsilon-\eta)}]$$
$$f(\varepsilon) = \delta e^{-\delta(\varepsilon-\eta)} \exp[-e^{-\delta(\varepsilon-\eta)}]$$
$$\mathrm{var}_\varepsilon = \pi^2/6\delta^2$$

式中，δ：尺度参数；

η：位置参数。

因此，可以将个人选择物品 i 的概率表示为：

$$P_i = \frac{1}{1+\exp[-\mu(\hat{V}_i - \hat{V}_j)]} = \frac{\exp(\mu\hat{V}_i)}{\exp(\mu\hat{V}_i) + \exp(\mu\hat{V}_j)}$$
$$= \frac{\exp(\mu\hat{V}_i)}{\sum \exp(\mu\hat{V}_j)}$$

求得最大似然函数为：

$$\ln L = \sum_{n=1}^{N} \sum \eta_{jn} \ln P_{jn}$$

通过对最大似然函数求最优，求解出物品属性边际效用对应的价值：

$$aprice = MRS = \frac{\partial \widehat{V}/\partial a_i}{\partial \widehat{V}/\partial M} = \frac{\beta_i}{\mu}$$

式中，*aprice*——属性 a 的边际效用对应的价值；

MRS——属性 a 与收入 M 之间的边际替代率。

8.5.2.2 模拟情景设计

该部分同样采用实验情景模拟方法，首先通过对交通成本的属性类别和对应水平进行不同的组合，特定的一种组合对应一种模拟情景（选择集）下的一个选项，询问的题目设计如表 8-8 所示。例如，该问题实际上包含时间成本为"12 小时"、感知利益为"无新增景点"及货币成本为"400 元/人"所组合出的一种交通方式的选择。而货币成本实际上就是消费者对该交通旅游方式的支付意愿，即物品的价值。其次，这里一共设计出 6 种不同的选项。而将其中三个选项结合在一起，构成一个选择集。同时，结合消费者对不同选项，即对应不同属性水平的组合给出的意愿分值大小，可知消费者在包含三个选项的一个选择集里，它的选择结果，即选择哪个选项。最后，通过构建计量经济学模型估算不同属性选择的边际概率和相应的边际价值，该方法即为选择实验法。这里通过对问卷的整理和分析，呈现两个不同选择集的设计，每一个选择集对应三种不同的选项。每位受访者随机对其中一个选择集进行回答如表 8-9～表 8-11 所示。具体的方法不是直接给出选择集让受访者进行选择，而是采用间接的方式。首先通过对每个选择集下的选项作为独立的一题进行单独的询问如表 8-8 所示，得到每个选项的旅游意愿分值；其次，对意愿分值进行排序就可以间接地判断消费者的选择结果，实际上与直接进行选择实验的设计，即表 8-9～表 8-11 所体现的设计原理是一致的。

表 8-8 选择集一所包括的三个问题（对应第一版本问卷）

13. 假如您计划去四川九寨沟旅游，汶川地震的发生中断了您的行程。地震后九寨沟景区基本完好，只是原线路要穿过灾区，且桥梁、公路被震毁。恢复重建需要较长时间，您需要坐汽车绕道前往九寨沟旅游。绕道需要多花 4 个小时的时间，即 12 小时才能到达旅游地。同时在绕道的路途中，没有任何其他新增的景点。但费用仅为地震前费用的一半，即 400 元/人，您愿意去九寨沟旅游吗？	如果将旅游意愿的分值给予 -3 到 3 的量化分数。其中，"-3"代表"十分不愿意"，"3"代表"十分愿意"，"0"代表"不确定"。 请您对旅游意愿的分值进行选择： □ -3 □ -2 □ -1 □ 0 □ 1 □ 2 □ 3
18. 绕道会经过一些地震遗址遗迹，可以停车留影，近距离参观，且不加收额外费用，在此情况下，您愿意去九寨沟旅游吗？	请您对旅游意愿的分值进行选择： □ -3 □ -2 □ -1 □ 0 □ 1 □ 2 □ 3

续表

25. 如果去九寨沟的双飞旅游团做活动,其团费是汽车团的2倍,即1600元/人,您愿意去九寨沟旅游吗?	请您对旅游意愿的分值进行选择: □ -3 □ -2 □ -1 □ 0 □ 1 □ 2 □ 3

注:题号与对应问卷中的题目相对应。例如,"13"指问卷中的第13题。

表8-9 选择集一的呈现方式

属性 \ 选项	交通方式 A	交通方式 B	交通方式 C
时间成本/小时	12	12	1
感知获益 (是否有新增景点)	无	有	无
货币成本(元/人) (支付意愿)	400	800	1600
意愿分值			
选择结果			

表8-10 选择集二所包括的三个问题(对应第二版本问卷)

13. 假如您计划去四川九寨沟旅游,汶川地震的发生中断了您的行程。地震中九寨沟景区基本完好,只是原线路要穿过灾区,且桥梁、公路被震毁。恢复重建需要较长时间,您需要坐汽车绕道前往九寨沟旅游。绕道要第2天才能到达旅游地,整个行程需要24小时。同时在绕道的路途中,也没有任何其他新增的景点。但费用仅为地震前费用的一半,即400元/人,您愿意去九寨沟旅游吗?	如果将旅游意愿的分值给予-3到3的量化分数。其中,"-3"代表"十分不愿意","3"代表"十分愿意","0"代表"不确定"。 请您对旅游意愿的分值进行选择: □ -3 □ -2 □ -1 □ 0 □ 1 □ 2 □ 3
18. 绕道会经过一些地震遗址遗迹,可以停车留影,近距离参观,且不加收额外费用,在此情况下,您愿意去九寨沟旅游吗?	请您对旅游意愿的分值进行选择: □ -3 □ -2 □ -1 □ 0 □ 1 □ 2 □ 3

续表

25. 如果去九寨沟的双飞旅游团做活动,其团费是汽车团的4倍,即3200元/人,您愿意去九寨沟旅游吗?	请您对旅游意愿的分值进行选择: ☐ -3 ☐ -2 ☐ -1 ☐ 0 ☐ 1 ☐ 2 ☐ 3

表 8-11 选择集二的呈现方式

属性 \ 选项	交通方式 A	交通方式 B	交通方式 C
时间成本/小时	24	24	1
感知获益（是否有新增景点）	无	有	无
货币成本（元/人）（支付意愿）	400	800	3200
意愿分值			
选择结果			

8.5.3 研究分析

在计量经济学模型中,为控制其他因素对模型随机扰动项的影响,除了选项的属性变量外,本研究还加入家庭特征变量,包括性别、年龄、学历和月生活费。还对这些变量对选择决策的影响进行简要的探讨。变量标注如表 8-12 所示。

表 8-12 变量标注

变量标注名	变量名称	单位	备注
tc	时间成本	小时	—
sen	感知获益	—	虚拟变量:有新增景点 =1,无新增景点 =0
wtp	货币成本	元/人	—
ge	性别	—	虚拟变量:男性 =1,女性 =0
ag	年龄	—	虚拟变量
ed	学历	—	虚拟变量
ex	月生活费	元/人*月	虚拟变量
constant	常数项	—	—

注:年龄、学历、月生活费都为虚拟变量。其中,年龄:18~24 岁 =1;25~34 岁 =2;35 岁以上 =3。学历:高中及以下 =1;大专 =2;本科 =3;研究生及以上 =4。月生活费:499 元/人以下 =1;500 元~999 元/人 =2;1000 元~1499 元/人 =3;1500 元~1999 元/人 =4;2000 元/人及以上 =5。

从模型回归结果看来，对人们选择交通方式的影响因素只有时间成本和货币成本。当某种交通方式的时间或者货币成本增加，游客就会降低选择该交通方式的概率。时间成本对选择的边际概率影响大小为 -0.049，即当时间增加一个小时，会使游客选择该交通方式的概率减少 4.9%。同样，当该交通方式的货币成本增加一个单位时，会导致选择的概率减少 0.03%。进一步可以估计出时间成本的单位价值约为 163 元。该计算结果有助于在制定营销策略时权衡时间成本与货币成本的大小，使游客对所设计的各属性水平的组合对应的交通方式，有尽可能高的购买/选择概率。对于"感知收益"变量，虽然回归系数不显著，但并不能定论"是否有新增的景点"不会影响游客的选择。系数不显著的一个可能的原因是该变量的变异性过小。同时，基于第 12.4 节中分析感知利益的结果，游客的旅游支付意愿很可能会受到感知利益影响。因而，第 12.4 节中的分析结果正好可以作为该部分由于数据的局限性而可能带来分析结果的偏差。此外，在问卷访问过程中，我们发现如果该景点是"地震后的遗址遗迹"，受访者的反应会比较敏感，以及对此表现出显著的偏好。而如果是其他通常意义上的景点，则不会表现出显著的兴趣。因此，在制定营销策略时，特别需要注意如何考虑对不同性质的景点的旅游出行进行设计和规划。

此外，对于其他家庭变量，包括受访者性别、年龄、学历和月生活费，其回归系数都不显著。对于性别和学历变量，回归系数不显著表明，不同性别和教育水平的游客对于交通方式的偏好是相同的。一个有趣的结论是年龄变量不会影响交通方式的选择。该结论推翻了本研究事前认为年龄越大的游客更偏向于选择时间较短的交通方式的一种猜测。同样一个有趣的结论也发生在对月生活费变量的回归结果上。月生活费支出越高的人，并不一定就会选择货币成本越高的交通方式。如果月生活费支出与收入是正相关关系，则表明在制定营销策略时，针对不同消费阶层的游客，采用不同的价格策略可能并不会有助于收益的提高。而如果月生活费支出不能用收入衡量时，表示出的一种现象是，该研究的受访游客对于旅游消费的行为偏好异同可能有别于受收入水平影响所反映出来的日常生活消费的偏好异同，而旅游消费的偏好更具有同质性。回归结果如表 8-13 所示。

表 8-13 回归结果

变量	回归系数
tc	-0.049** (0.00)
sen1	0.014 (0.93)
wtp	-0.0003** (0.00)
ge1	0.030 (0.818)
ag1	-0.755 (0.086)
ag3	-0.472 (0.622)
ed1	-0.008 (0.996)
ed3	-0.472 (0.622)
ed4	-0.883 (0.366)
ex1	-1.004 (0.428)
ex2	-0.493 (0.694)
ex3	-0.713 (0.571)
ex4	-0.218 (0.867)

续表

变量	回归系数
ex5	-1.578（0.260）
constant	1.804（0.260）

注："sen1"是回归时自动生成的虚拟变量，它的回归系数表示在有新增的景点时，人们的边际效用水平比没有新增景点情况下所高出的值（没有新增的景点的情况是"sen0"）。在回归时，以缺省的变量作为其他水平比较的基准。其他变量的系数也是相同的解释方式。"＊＊＊"表示在5%的置信水平下显著。

8.5.4 研究结论

本研究对成本属性进行的价值评估分析结果表明，只有时间成本和货币成本会影响人们对交通方式的选择。时间成本和货币成本对游客选择交通方式的边际概率影响大小分别为4.9%和0.03%。同时估算得到单位时间成本的货币价值为163元；对于"感知收益"变量，虽然回归系数不显著，但并不能定论"是否有新增的景点"不会影响游客的选择。此外，本研究也对其他家庭变量，包括受访者性别、年龄、学历和月生活费进行回归，其系数都不显著。

8.6 不同假想基线情景对灾后旅游意愿影响研究

8.6.1 锚定效应

在行为经济学的研究中，通过需要关注受访者对情景的依赖所发生的锚定效应（Anchoring Effect）。锚定效应通常是指人们在定量判断某些事情时，通常都会假定一个参照值，决策之时会不由自主地考虑这个参照值，这个参照值就像锚一样，在很大程度上决定对未来预测的判断。

锚定效应是Tversky和Kahneman对行为经济学研究所得出的重要结论。Kahneman, Schkade（1974）进行这样一个行为案例分析。让受试者看着一个刻度在0~100的占卜轮转到某一点，然后猜想联合国中的非洲国家的数量是比这一点上的数字大还是小，再给出所猜想的具体数值。很显然，占卜轮是随机而停的，但是受试者的猜测却大大受到轮转结果的影响。Tversky和Kahneman的解释是，受试者将起点"锚定"在轮转的数字上，然后再根据自己所想或所知进行调整。但调整的程度不够。这里有趣的是，"锚定效应"不仅在判断场合上，而且在选择场合上也有所表现。Kahneman, Schkade等（1998）对陪审团决定赔偿金融的心理学原因所进行的研究得出，在对由产品质量问题导致的补偿性赔偿案件的研究中发现，在惩罚性赔偿和补偿性赔偿之间存在很高的相关性。当案件导致严重的金融性损失时，补偿性赔偿普遍会很高，而惩罚性赔偿也往往相应会很高。这可能是由较高的补偿性惩罚的锚定效应引起的。另外，在涉及个人伤害的案件中，惩罚性赔偿一般会较低，原因是补偿性赔偿也较低。值得注意的是，在现实生活中，这些案件是分别审判并由不同的陪审团参加的。然而一个极有可能的情形是，在涉及个人伤害的案件中，人们对被告的可恶程度（如儿童被劣质商品灼伤）的判断要高于涉及商业欺诈的案件。这一点对如下理论提供一个可能的检验，即陪审团对可恶程度的判断与要求多少惩罚性赔偿有关。该研究所进行的一项实验为，让受试者同时对两起案件做出审判，或者对其中一起案件做出审判。在这两种情形下，补偿性赔偿的决定都已做出，其中个人伤害案件中的赔偿金为50万美元，金融性案件中的赔偿金是1000万美元。正如所预期的那样，那些只审判一起案件的受试者对金融性案件做出的惩罚性赔偿决定要高于对个人伤害的案件。另外，在那些同时对两起案件进行审判的受试者中，75%对个人伤害案件做出更高的惩罚性赔偿决定，这意味着出现一个显著的偏好逆转现象。这一研究结果表明个体行为存在情景依赖与锚定效应（Wilkinson, 2012）。后来的研究在不同的案例中对锚定效应进行分析和检验。例如，(Kristensen和Garling, 2000)的研究表明，事先锚定点低于建议售价点的，最后的售价会更低，反之亦然。在对比参照点实验中，受试者的锚定点是以建议售价为准的，建议售价与市场评估价同时影响定价预期。

另一项研究显示，极端锚值对于判断的影响要大于适中锚值的影响（Wegener, Petty, Detweiler-Bedell 和 Jarvis, 2001）。另一项关于谈判的科学研究表明，在美国，谈判者中出价时间比较早的会形成行为锚，影响谈判过程及谈判结果（Adair 和 Weingart, 2007）。Ariely, Loewenstein 和 Prelec（2003）向一些商学院 MBA 学生出售高档消费品（一个 100 美元的无线键盘、一个新潮的计算机鼠标、一些葡萄酒和一盒高档巧克力），学生们对摆在他们面前的某一个产品可以用等于自己社会保险号（基本上随机给定的在美国工作需要的身份证号）的两位尾数的价格来购买，比如尾数 79，价格就为 79 美元。学生先回答的是/非问题是：你是否愿意以 79 美元来买这个物品，然后说出他们最多愿意出的购买价钱（有一定机制来使受试者有动机说出真实的想法）。虽然受试者得到提醒说社会保险号是随机的，尾数大的人仍愿意出更高的收购价格。例如，尾数较小的一半的人愿意为一瓶葡萄酒——1998 年的丘隆河酒出的平均购买价为 11.62 美元，而尾数较大的一半的人愿意出的平均购买价是 19.95 美元。人们进行判断时喜欢关注那些非常显著的，令人难忘的证据，这是锚定心理的一个特点，但是在这种情况下，很容易形成扭曲的认识（Kahneman 和 Tversky, 1973）。锚定心理还会影响人们的偏好。例如，在服装精品店，1500 元的衣服和 1000 元的衣服，消费者在两种之间选择，答案肯定是 1000 元的衣服。然而另外一家普通的服装店，基本上衣服都在 500 元以下的水平，1000 元的衣服对于消费者来说就是极为奢侈的物品，此时的 1000 元的衣服消费者会拒绝购买。这是因为后一种情况下消费者锚定在 500 元的衣服上。可见，人们选择的偏好发生变化，导致偏好的不稳定性。锚定心理的存在，让人产生一种心理账户或心理距离，比如，即使是同一个人对等量的货币，在不同的情景下也可以区别对待。对于彩票奖金花费可能如流水，而辛苦赚来的钱就非常节俭。锚定心理容易让人只看到表面现象就对具体事件做出判断，看不到全局的东西，而是局限于比较小的场景（Thaler, 1987）。

锚定心理是一个非常重要的几乎贯穿整个行为经济学的概念。原因在于锚定心理是人们在选择时进行对比的内心决策基础，行为经济学中的前景理论正是基于参照点和取值点的相对位置来判断决策者的价值函数的。因此，学术界认为行为经济学就是锚定心理（姜奇平，2004）。这种理论一方面从心理学的角度解释认知和判断问题时的通常趋势，为参照标准理论提供心理学上的支持；另一方面，由锚定心理确定的参照系改变传统价值标准的判断标准。马克思主义政治经济学中用社会必要劳动时间来衡量价值，而传统西方经济学则运用期望效用值来确定人们对未来风险行为的判断，二者均采用"一点定价"的估计方法。而锚定心理价值的参考系统的不确定性，由参照点和取值点之间的相对位置的不同来决定，通过价值函数得到的价值判断，这种创新的价值确定方法解决了定位问题的个性化价值（董志勇，2008）。许多金融和经济现象都受锚定效应的影响。比如，由于锚定效应，股票现在的价格定价肯定会受之前的价格影响。证券市场股票的价值是不明确的，人们很难知道它们的真实价值。

Cutler, Poterba 和 Summers（1989）经过研究发现有比较大的消息时，股票市场价格只会有一点小的变化，之后才会有大幅度变化。Cutler, Poterba 和 Summers（1991）也发现，一年当中的短期报酬率也呈现正相关规律。这意味着价格对信息的反应会呈现一定的延迟现象，通常在一段时间之后才看得出来。Benard 和 Thomas（1992）观察到公司盈余的信息同样也会延迟一段时间之后才映射到公司股价上。La Porta（1996）发现这样一个规律，被分析师预期低盈余成长的公司股价在盈余宣布的时候会出现上涨的趋势，反之亦然。他们认为这是由于分析师（与市场）预测会保持一定的惯性，而且当盈余的消息产生时，对错误的调整速度会减小甚至非常慢。然而，并不是所有的数字都会产生锚定效应。Chapman 和 Johnson（1994）研究发现，锚值和目标预测值处在同一数量级（如都为货币单位）的时候会呈现锚定效应；如果两个数值不是一个单位（假如一个是货币的度量单位，一个是时间的度量单位），则这种效应不会存在。产生"显著"锚定效应通常会满足两个条件：一是受试者充分关注"锚值"；二是锚值与目标值相兼容（Chapman 和 Johnson，2002）。Brown 和 Mitchel（2008）运用中国 A 股市场和 B 股市场日数据，发现 A 股市场存在尾数"8"多"4"少的现象，而 B 股市场因为大部分是境外投资者并不存在这种类型的价格聚类现象。Kee – Hong Bae and WeiWang（2010）研究公司的名称与公司价值之间是否有关系。除了传统的会计学认为的对公司价值有影响的因素（如公司的具体特征、风险或流动性差异情况等）之外，在 2007 年中国股票市场处于高繁荣之时，在美国证交所的股票中，含有"中国"或"中国的"字样的比没有这个字样的股票的平均购买及持有回报率超过 100%。此外，相关资料还发现有中国名称的股票显示的首次公开发行中有显著增加的异常高额回报率和巨额交易量。

国内的学者也对此进行探讨。最初对锚定效应的研究，国内基本是借鉴 Solt 和 Statman（1988）的投资者情绪指标 BSI，以此来检验机构投资者是不是受历史收益率影响，判断证券市场的未来趋势。也就是说，投资者是否受过去信息的影响，可以根据以前的信息来判断与调整。这种方法被茅力可（2004）、黄松，张宇，尹昌列（2005）运用到中国的股票市场，最后证明投资者通常只是用简单或局限的启发方法来做出决定，是非理性的。换句话说，投资者往往依据"经验法则"来进行投资决策。中国基金投资者（封闭式）也呈现这种特征（李学峰，陈曦，茅勇峰，2008），与此有关的研究表明，如果上一阶段市场是出现上涨的趋势，他们往往会预期现在市场将会出现下跌，反之亦然。投资心理预期变动在中长期内具有反转封闭式基金的特点。国内学者近些年来也把锚定效应运用到股权改革的具体领域中。许年行，吴世农（2007）收集 526 家股改公司的资料，研究对价格的制定和影响因素的两大类问题。研究显示，对价基本上为 10 送 3，这就是锚定效应的体现。锚定值还呈现"动态性"的特征，没有进行股改的公司，会参照之前的锚定值，同时还会参照新股改的对价锚定值（谭跃，陈知烁，2010）。在缺乏具体明确的信息时，人们一般会根据以前的价格资料来对现在的价格进行决策，这是锚定的惯性。这种效应与宏观经济学中的"黏性价格"比较相似，而且在商品定价及其他经济现象中比较常见，就是以过去的价格作为参考依据，新价格基于历史价格进行推定。如果商品的价值心中无数，这种历史参考价格就相当重要，这时锚定基本上成为价格的决定因素。在越来越多的领域中出现锚定偏差的时候，学者就开始研究减少这种偏差的负面影响。Koehler 发现一个规律：只是对假设进行评价的被测试者比自发产生假设的被测试者显得比较自信，后来的研究表明，自发所产生的偏差要小（Chapman 和 Johnson，2002）。Epley 等发现，锚定效应的负面效应虽然不能完全消除，但是也是可以通过适当的努力降低的。可以根据锚定类别和偏差产生的原因，采取不同的措施。比如，"反向思维"的策略可以矫正锚的外部效应（Epley 和 Gilovich，2005），这在测试汽车技师和经销商的实验中得到证明。其中，要求第一组测试者判断二手车卖出的价格，再要求第二组来判断这一价格是否合适。结果第二组建议的价格比第一组低（Mussweiler，Strack 和 Pfeiffer，2000）。后来有人提出"类比的锚"（Analogical Anchors）与因果调整（Causal Adjustment）的思路。通过建立模型，研究发现类比锚确实可以减少锚定效应所产生的偏差（Paritosh 和 Klenk，2006）。

一般来说，"锚"既然引起了广泛的关注，那么无论其数据准确与否，所举事例是否具有实际参考价值，锚定效应都是存在的。当然，参照物与估测答案的相关性、相似性越大，锚定效应越显著。具体为：第一，参考物是否能够引起决策者的足够注意。大多数的锚定实验都分为两个部分，先比较后估计。这样做是为了保证受试者能够注意到那个"锚"或参照物。通常情况下，第一步并不需要比较，只要确保参照物能够引起受试者足够的重视就算大功告成。第二，参照物与目标之间的相似性。参照物与估测答案或者目标之间是否需要有一定的共性。心理学研究表明：锚定效应只有参照物与目标答案在同一个类别单位才会发生。比如，如果"锚"是金钱的数额，可问题却是估算百分数，这就不会有锚定效应。当然，即使是相同单位，但某些其他因素的不同也会产生其影响。比如，"锚"是一个长度数值，问题却是某个宽度数值；或者"锚"是北京市人口数量，问题却是非洲的野生大象的数量。在这种虽然单位相同但特质相差太大的情况下,锚定效应也会大打折扣。第三,极端型的参照物。研究也发现,即便是很极端的参照物,人们依然会产生一定的锚定效应。当然,其越是极端,锚定效应越小。第四,受试者的认知能力和学识程度。即使告知或暗示受试者不要受之前的影响,而且受试者也表示不会受影响,但锚定效应仍然会发生,而且不会有减弱的迹象。可见,知晓程度并不能帮助改善锚定效应。第五,奖励的效果。如果告诉受试者给出接近的答案就会有奖励,无论这种奖励是何种形式的,锚定现象依然没有减弱的迹象,即便有,变化也微乎其微。由上可见,锚定效应是人类潜意识的作用,是一种本能的东西。正是这种本能,使人们在决策过程中出现偏差,影响最终结果(陆剑清,2009)。

锚定效应包括四种研究范式。一是经典锚定效应:语意启动范式。从研究方式来说,Tversky 和 Kahneman 被其后来的研究者称为传统锚定或经典锚定效应。Tversky 和 Kahneman 的研究采用两步方式(Two – step Paradigm)(Epley 和 Gilovich,2005),第一步要求被试者对目标值进行大概估计,第二步要求被试者说出绝对数量。例如,在 Jacowitz 和 Kahneman(1995)的研究中,第一步要求被试者判断密西西比河长于还是短于 5000 米,第二步要求给出精确的长度。由于两步范式是从问题的背景出发,研究证明其存在语意启动(Semantic Priming)效应,因此,这又被称为语意启动范式(Wong 和 Kwong,2000)。目前为止,大量研究都采用这种方法,它被作为标准的锚定范式(Standard Anchoring Paradigm)。二是基础锚定效应:数字启动范式。基础锚定效应(Basic Anchoring Effect)是在对经典锚定效应的辩证思考之后出现的,Wilson 在传统锚定效应的研究之下,让被试者在锚值与未知目标值之间进行比较,给出估计值,这个实验证明锚定效应是客观存在的,但有可能会因为数字呈现信息引起判断上的偏差。为此,Wilson 利用数字启动(Numerical Priming)方式设计了一系列实验,考察了单纯的数字呈现下的锚定效应,研究结果发现被测试者依然受到启动数字的影响,并称其为基础锚定效应(Wilson,Houston,Eitling 等,1996)。Brewer 等进一步验证和扩展 Wilson 等的研究结论。(Brewer 和 Chapman,2002)但也有实验结果表明,数字启动的锚定效应是较弱且不稳定的(Strack 和 Mussweiler,1997)。三是潜意识锚效应:阈下启动范式。大量研究表明,即使在没有比较明显的锚的情况下,锚定效应仍然会发生。针对这样一种现象,Mussweiler 等提出新的研究设想,即一个潜在的锚如果快速呈现给判断者,是否会产生锚定效应,是否会受到潜意识锚(Subliminalanchoring)的影响。四是自生锚与实验者锚的锚定效应:基于控制论思想的研究范式。自生锚(Sel – generated Anchoring)实际上与阈下启动(Subliminal Priming)的方式相对应。通过对受访者展示潜在锚的值,用定量的方式来分析受访者锚定效应的程度(Mussweiler 和 Englich,2005)。与自生锚(Sel – generated Anchoring)相对应的另一个非常重要的概念是实验者锚(Experimenter – provided Anchoring)。此概念是指实验人员提供的传统锚定中的锚值,因此,相比自生锚,该锚值实际上是外生的。从有关锚定效应研究早期的观点中发现,锚定效应的产生机制是,当人们进行判断时,通常会出现对未知目标的感知,该未知目标即为锚。遗憾的是,该早期观点并没有得到后来诸多研究结果的支撑。Epley 和 Gilovich(2001)等将锚划分为自生锚和实验者锚,探讨个体自生的锚定效应,并对两种锚进行对比,验证了"调整不足"的启发式。他们借鉴控制理论,在调节过程中遵循"测试—操作—检查—停止(米勒等人提出的停止)"(Test – Operate – Test – Exit)范式,根据这种范式,设计相应的实验程序,要求被试者回答一系列问题(例如,华盛顿当选为美国总统的时间等)。基于以上各种锚定效应的分析,研究人员开始更接近现实的锚种类研究(Jasper 和 Christman,2005)。Janiszewski 在最近的研究中对锚定效应的不同精度的锚值的影响进行比较(Janiszewski 和 Uy,2008),结果表明,与粗锚值比较(Roundanchor),精确锚值(Precise Anchor)的主观量表具有更高的分辨率,主观尺度的反复调整,导致锚值的精确调整小,出现更大程度的锚定偏差(王晓庄,白学军,2009)。

三种不同的心理学模型被诸多研究者用于解释锚定效应的心理机制。这里以其中一种心理机制,即选择通达模型为例进行介绍。Strack 和 Mussweiler 从信息在不同的情境下，社会大众所体现的不同认知的研究成果基础上，提出了选择通达模型。该模型通过标准锚定范式下的实验，验证了对锚定效应心理机制解释的合理性（Mussweiler 和 Strack，1999，2001，2002；Mussweiler，2001，2002）。他们提出的主要观点是，当人们判断一个问题，而该问题有标准答案时，会有以下三种情况：一是确切地知道目标值（如一个人知道地球最高山峰是珠穆朗玛峰，那么可以直接从他的个体记忆中提取相关信息，并给予准确回答）；二是虽然不知道确切的答案，但可以通过提取和加工与目标答案类似的知识，然后进行预判，而这时只有当锚值在类似知识之外时，类似知识才能发挥作用；三是既不能简单地运用类似知识，也不知道确切答案，那么判断者才会做出更复杂的认知操作，并形成一种 SA 心理模型。这种模型与锚相一致（Anchor Consistent），知识的选择性通达的增长对锚定效应起到调节作用，当回答锚的比较问题时，判断者首先进行正向的假设检验加工（Hypothesis Testing），也就是假定锚就是目标值，然后通过确认假设来检验假设。例如，思考"占地球 2/3 的是海洋"时，首先假定实际比例就是 2/3，其次收集证据进行支持，于是就很容易从记忆中提取相一致的知识，最后在此基础上再进行判断。

对情景依赖所导致的锚定效应分析的研究，很多是基于陈述偏好法（Stated Preference）的实验经济学法为研究方法。通过设计不同的假想基线情景来识别受访者对某个物品的支付意愿是否会由于假想情景基线的不同而不同。在模拟情景设计中，通常会提供"假想基线情景"对受访者进行询问。而这些假想的情景通常是基于非实际的情景进行模拟设计的，受访者被要求忽略当前他们所存在的实际情景而转向研究者所提供的假想情景进行价值或意愿评估。当前，对于支付意愿的锚定效应的研究主要集中于探讨采用假想基线情景进行的模拟设计和问卷调查，对估计结果可能产生偏误。Tversky 和 Kahnemann（1979）指出，如果设计的假想基线情景并不是受访者所面对的实际情景，研究者需要特别注意从实际情景转向假想情景时，受访者的效用函数可能也会随之变化。在经济计量模型中表现为，假想情景下所估计得到的效用函数（或需求函数）的常数项通常与实际情景下的数值不同。反映出实际情景下的效用函数并没有完全捕捉到假想情景下的效用函数的所有性质及效用函数的非独立性。导致效用函数非独立性的一种可能的原因是受访者通常会将现状而不是将假想的基线情景作为偏好的基点，以此评估情景变化对应效用的变化（Scarpa et al，2005；Boxall et al，2009）。DellaVigna（2009）的研究也同样证实了假想情景基线的选择将直接影响效应函数的估计。在分析中构建将基线情景作为控制条件下的任何一种情景所对应的效用函数。例如，如果某一种情景下所消费的物品数量高于基线情景，则该情景下的效应函数并不等于基线情景下的效应函数，从实证分析的结果表明，其效应函数的水平是基线情景的函数水平再加上 2.25 倍的以基线情景作为条件的条件函数的水平。Barton 和 Berglund（2010）研究表明，将实际情景下的经济行为纳入行为模型，即在模型中加入实际情景或通常现状作为一类经济参数会有助于提高计量模型的估计效率。Hess 和 Rose（2009）在对交通方式的行为选择的研究中发现，实际情景对应的模型估计参数与假想情景存在显著差异。该差异暗示如果将实际情景作为基线情景来设计和调查问卷，将更有助于理解和解释受访者的需求偏好。同时，提供实际情景的实验设计实际上也就是提供给受访者一种更容易理解的行为选择，将更有助于受访者当面对包含该实际情景的多个实验情景选择时，能更有效地去权衡不同的选择。

在回顾已有文献理论探讨的基础上，本研究的侧重点与已有研究有所不同，所要讨论的是假想基线情景是否会影响受访者对服务价值的评估，即在不同的假想基线情景背景下，受访者在回答相同的价值评估问题时，购买意愿是否会受到假想基线情景的影响。所分析的是以不同的假想基线情景为背景，在分别面对相同价值评估问题时，游客的购买意愿是否具有显著差异。本研究虽然不是直接对非实际的假想基线情景可能导致的评估偏差进行验证分析，但通过对不同假想基线情景的探讨，从侧面反应假想基线情景的不同设计对价值评估结果的影响，从而体现对该问题的探讨在整个价值评估研究中的重要意义。

8.6.2 研究设计

8.6.2.1 研究模型

该部分分析的因变量同样是市场恢复绩效，用游客重新恢复的近期前往灾害景区的旅游意愿作为变量尺度，来衡量市场恢复绩效的高低。意愿旅游人数反应的是可预测的市场恢复绩效，采取对潜在游客的调查，需要获得他们在不同的营销策略模拟情景下恢复旅游的意愿。该部分要考察的是在不同的假想基线情景下，相同的营销策略对游客购买意愿的影响是否存在差异。因此，该部分研究将不同的假想基线情景作为自变量，而"同一"营销策略作为中间变量。研究的结构模型如图8-2所示。

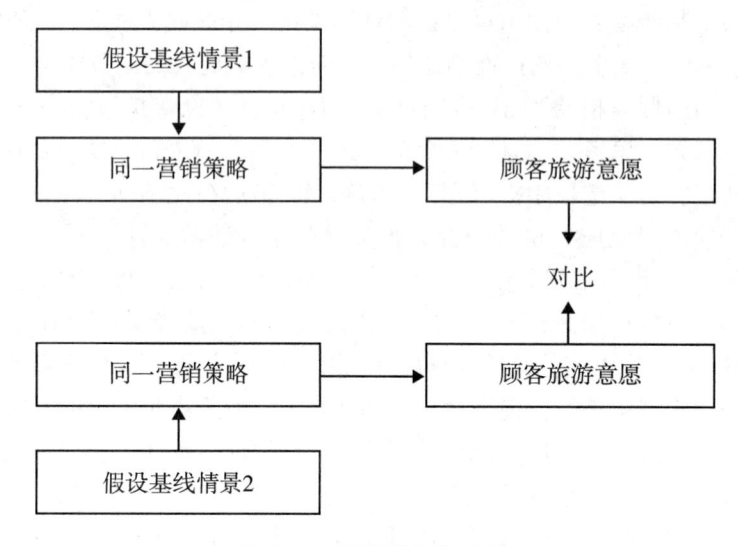

图8-2 研究的结构模型

8.6.2.2 研究假设

本研究在回顾和总结已有文献及深入了解案例目标区域后所掌握的相关信息，并对此进行识别和相关问题判断的基础上，将最可能优先作为恢复市场的营销策略，即交通方式为汽车和飞机的营销策略作为分析的模拟情景。基于此，提出以下的研究假设。

假设1：以交通方式为"汽车"的完全相同的营销策略（包括价格制定水平、旅途时间、沿途中是否存在其他景点等的设计水平完全相同）。当以不同假想基线情景作为背景时，游客购买该营销策略服务的意愿存在显著差异。

假设2：以交通方式为"飞机"的完全相同的营销策略（包括价格制定水平、旅途时间、沿途中是否存在其他景点等的设计水平完全相同）。当以不同假想基线情景作为背景时，游客购买该营销策略服务的意愿存在显著差异。

8.6.2.3 模拟情景设计

该部分研究同样采用实验情景的模拟方法，分别设计三种不同的实验，每一种实验包括两种不同的假设基线情景的设计，以及一种相同的营销策略如表8-14~表8-16所示。例如，"实验一"的具体问卷设计方式是：首先，提供假想基线情景给受访者，如提供"BL1"或"BL2"，让受访者给出该情景下的旅游意愿分值；其次，在受访者对假设基线情景有认知的情况下，将模拟情景从假设基线情景转向对应的"MS1"或"MS2"情景，再让受访者给出该情景下的旅游意愿分值。受访者在回答"MS1"或"MS2"价值评估问题时，实际上就是将"BL1"或"BL2"作为他/她的假想基线情景，即"锚"。例如，可以将"BL1"和"MS1"两道问题合并为一道问题以便于理解："假如您计划去四川九寨沟旅游，汶川地震的发生中断了您的行程。地震后九寨沟景区基本完好，只是原线路要穿过灾区，且桥梁、公路被震毁。恢复重建需要较长时间,您需要坐汽车绕道前往九寨沟旅游。绕道需要多花 4 个小时,即共计 12 小时的时间,但仍是当天晚上到达。绕道不会多花费用,与地震前到达九寨沟的费用相同,即 800 元/人。现在,如果绕道去九寨沟旅游的汽车团团费在此基础上打五折优惠,您愿意去九寨沟旅游吗?"因此,"BL1"实际上就是"MS1"的假想基线情景,如表 8 - 17 所示。

表 8 - 14　"实验一"的问卷设计

BL1 假如您计划去四川九寨沟旅游,汶川地震的发生中断了您的行程。地震后九寨沟景区基本完好,只是原线路要穿过灾区,且桥梁、公路被震毁。恢复重建需要较长时间,您需要坐汽车绕道前往九寨沟旅游。绕道需要多花 4 个小时,即共计 12 小时的时间,但仍是当天晚上到达。绕道不会多花费用,与地震前到达九寨沟的费用相同,即 800 元/人,您愿意去九寨沟旅游吗?	如果将旅游意愿的分值给予 -3 到 3 的量化分数。其中,"-3"代表"十分不愿意","3"代表"十分愿意","0"代表"不确定"。请您对旅游意愿的分值进行选择: □ -3 □ -2 □ -1 □ 0 □ 1 □ 2 □ 3
MS1 在上述 BL1 情况下,如果绕道去九寨沟旅游的汽车团团费打五折优惠,您愿意去九寨沟旅游吗?	请您对旅游意愿的分值进行选择: □ -3 □ -2 □ -1 □ 0 □ 1 □ 2 □ 3
BL2 假如您计划去九寨沟旅游,汶川地震的发生中断了您的行程。地震后九寨沟景区基本完好,只是原线路要穿过灾区,且桥梁、公路被震毁。恢复重建需要较长时间,您需要坐汽车绕道前往九寨沟旅游。原本是当天到达,但要延迟到第二天中午到达景区,即交通时间为 24 小时。绕道不会多花费用,与地震前到达九寨沟的费用相同,即 800 元/人,您会去九寨沟旅游吗?	请您对旅游意愿的分值进行选择: □ -3 □ -2 □ -1 □ 0 □ 1 □ 2 □ 3
MS2 在上述 BL2 情况下,如果绕道去九寨沟旅游的汽车团团费打五折优惠,您愿意去九寨沟旅游吗?	请您对旅游意愿的分值进行选择: □ -3 □ -2 □ -1 □ 0 □ 1 □ 2 □ 3

表 8-15 "实验二"的问卷设计

BL1 假如您计划去四川九寨沟旅游,汶川地震的发生中断了您的行程。地震后九寨沟景区基本完好,只是原线路要穿过灾区,且桥梁、公路被震毁。恢复重建需要较长时间,您需要坐汽车绕道前往九寨沟旅游。绕道需要多花 4 个小时,即共计 12 小时的时间,但仍是当天晚上到达。绕道不会多花费用,与地震前到达九寨沟的费用相同,即 800 元/人,您愿意去九寨沟旅游吗?	如果将旅游意愿的分值给予 -3 到 3 的量化分数。其中,"-3"代表"十分不愿意","3"代表"十分愿意","0"代表"不确定"。 请您对旅游意愿的分值进行选择: □ -3 □ -2 □ -1 □ 0 □ 1 □ 2 □ 3
MS1 在上述 BL1 情况下,绕道会经过一些地震遗址遗迹,可以停车留影,近距离参观,且不加收额外费用,在此情况下,您愿意去九寨沟旅游吗?	请您对旅游意愿的分值进行选择: □ -3 □ -2 □ -1 □ 0 □ 1 □ 2 □ 3
BL2 假如您计划去九寨沟旅游,汶川地震的发生中断了您的行程。地震后九寨沟景区基本完好,只是原线路要穿过灾区,且桥梁、公路被震毁。恢复重建需要较长时间,您需要坐汽车绕道前往九寨沟旅游。原本是当天到达,但要延迟到第二天中午到达景区,即交通时间为 24 小时。绕道不会多花费用,与地震前到达九寨沟的费用相同,即 800 元/人,您会去九寨沟旅游吗?	请您对旅游意愿的分值进行选择: □ -3 □ -2 □ -1 □ 0 □ 1 □ 2 □ 3
MS2 在上述 BL2 情况下,绕道会经过一些地震遗址遗迹,可以停车留影,近距离参观,且不加收额外费用,在此情况下,您愿意去九寨沟旅游吗?	请您对旅游意愿的分值进行选择: □ -3 □ -2 □ -1 □ 0 □ 1 □ 2 □ 3

表 8-16 "实验三"的问卷设计

BL1 假如您计划去四川九寨沟旅游,汶川地震的发生中断了您的行程。地震后九寨沟景区基本完好,只是原线路要穿过灾区,且桥梁、公路被震毁。恢复重建需要较长时间,您需要坐汽车绕道前往九寨沟旅游。绕道需要多花 4 个小时,即共计 12 小时的时	如果将旅游意愿的分值给予 -3 到 3 的量化分数。其中,"-3"代表"十分不愿意","3"代表"十分愿意","0"代表"不确定"。 请您对旅游意愿的分值进行选择:

续表

间,但仍是当天晚上到达。绕道不会多花费用,与地震前到达九寨沟的费用相同,即800元/人,您愿意去九寨沟旅游吗?		☐ -3 ☐ -2 ☐ -1 ☐ 0 ☐ 1 ☐ 2 ☐ 3
MS1 在上述BL1情况下,如果选择乘坐飞机去九寨沟旅游,飞机价格是汽车团的4倍,即3200元/人。您愿意去九寨沟旅游吗?		请您对旅游意愿的分值进行选择: ☐ -3 ☐ -2 ☐ -1 ☐ 0 ☐ 1 ☐ 2 ☐ 3
BL2 假如您计划去九寨沟旅游,汶川地震的发生中断了您的行程。地震后九寨沟景区基本完好,只是原线路要穿过灾区,且桥梁、公路被震毁。恢复重建需要较长时间,您需要坐汽车绕道前往九寨沟旅游。原本是当天到达,但要延迟到第二天中午到达景区,即交通时间为24小时。绕道不会多花费用,与地震前到达九寨沟的费用相同,即800元/人,您会去九寨沟旅游吗?		请您对旅游意愿的分值进行选择: ☐ -3 ☐ -2 ☐ -1 ☐ 0 ☐ 1 ☐ 2 ☐ 3
MS2 在上述BL2情况下,如果选择乘坐飞机去九寨沟旅游,飞机价格是汽车团的4倍,即3200元/人。您愿意去九寨沟旅游吗?		请您对旅游意愿的分值进行选择: ☐ -3 ☐ -2 ☐ -1 ☐ 0 ☐ 1 ☐ 2 ☐ 3

表8-17 实验情景设计

编号	成本属性\交通方式	货币成本/(元/人)	时间成本/小时	感知利益(有新增景点=1,无=0)
实验一			
BL1	汽车	800	12	0
BL2	汽车	800	24	0
MS1	汽车	400	12	0
MS2	汽车	400	24	0

续表

编号	成本属性/交通方式	货币成本/(元/人)	时间成本/小时	感知利益(有新增景点=1,无=0)
实验二				
BL1	汽车	800	12	0
BL2	汽车	800	24	0
MS1	汽车	800	12	1
MS2	汽车	800	24	1
实验三				
BL1	汽车	800	12	0
BL2	汽车	800	24	0
MS1	飞机	3200	1	0
MS2	飞机	3200	1	0

注："BL1"和"BL2"分别表示不同实验设计下，第一种和第二种假想的基线情景；"MS1"和"MS2"分别表示在"BL1"和"BL2"下的需要游客进行服务评估的营销策略。

需要说明的是，"实验一"和"实验二"的两种营销策略设计不同，区别在于交通时间设计上有所不同，前者交通时间的设计是"12小时"，后者是"24小时"。为了将两种不同的营销策略转化为同一种营销策略，采用的方法是将这两种营销策略下所得到的游客旅游意愿分别与所对应的假想基线情景下的意愿相减。例如，在实验一中，用"MS1"和"MS2"营销策略下的游客旅游意愿分别减去对应的"BL1"与"BL2"下的游客旅游意愿。在相减的过程中，扣除了"MS1"和"MS2"在时间成本上的差异（12小时和24小时的差异）。通过这样转化后，所得到的旅游游客意愿所表征的营销策略可以视为同一营销策略，即可理解为相同时间和货币成本（400元/人）的营销策略。同理，实验二扣除的也是时间成本差异的影响。而对于实验三，则没有时间成本上的差别。

这里需要强调的是，整个实验是在对本项目前期调研所获得的相关信息分析上进行的模拟设计。因此，具有较强的现实意义。为了分析方便，本研究将基于交通方式的营销策略所包含的成本界定为三类不同的属性类别，即货币成本、时间成本、感知利益。货币成本衡量的是游客购买特定交通形式所直接支付的交通费用；时间成本衡量的是交通上所花费的时间价值。感知利益衡量的是在交通过程中，是否有额外增加的旅游景点或特定的遗址遗迹。例如，"BL1"表示交通方式为"汽车"，交通费用为800元/人，交通时间为12小时且在旅途过程中没有新增景点的营销策略，如表8-18所示。

8.6.3 研究分析

本项目考察的是在不同的假想情景背景下，受访者在面对同样的营销策略时，购买该营销服务的意愿是否具有显著差异。因此，统计分析方法选择配对T检验。此外，考虑到变量正态分布性的问题，例如，当样本的正态分布性较弱时，将会降低配对T检验的可靠性，本项目同时提供Wilcoxon符号秩检验。该检验是不进行正态分布假定的非参数检验，仅需假定分布是对称和连续的。同时采用这两种方法其目的是使得检验更为稳健。三种实验的分析结果如下。

（1）对"实验一"的不同模拟情景下的游客旅游意愿均值的计算结果表明，"MS1"与"BL1"的均值差为0.4，低于"MS2"与"BL2"的均值0.7，两均值相差0.3。同时，从统计分析的结果也表明"BL1-MS1"与"BL2-MS2"之间，在5%的置信度下存在显著差别。分析结果表示，如果受访者面对假想基线情景"BL1"后,又面对假想基线情景"BL2",并分别回答对应的"MS1"及"MS2"意愿评估问题,所得到的扣除时间成本差别后的意愿分值会显著不同。导致该结果的原因是由于"BL2"中所假想的交通时间为24小时,因此当假想情景从基线"BL2"变为"MS2"时,对游客意愿的"正冲击效应"可能会高于当假想情景从基线"BL1"变为"MS1"时的情况,即两种情况下,游客旅游的边际旅游意愿(或效用函数)可能是不同的。

(2)对于"实验二","MS1"与"BL1"的均值差为0.5,低于"MS2"与"BL2"的均值0.6,两均值相差0.1。从统计分析的结果看,"BL1-MS1"与"BL2-MS2"之间,在10%的置信度下存在显著差别。因此,实验一和实验二的分析结果支持我们提出的研究假设1。

(3)对于实验三,在两种不同假想基线背景"BL1"和"BL2"下,同样都询问了如果去九寨旅游的飞机价格为3200元/人,您旅游意愿是多少,并分别得到的意愿均值为-0.37和-0.15。统计结果表明:意愿均值在相同模拟情境下存在明显差异,该结论支持我们提出的前提假设2。三个实验的研究结论都表明,假想基线背景情景是"BL1"下,游客对于相同营销策略所给出的意愿分值要普遍低于"BL2"的情况。具体表现为,对于相同的营销策略,在假想基线情景下所设计的交通时间越久,游客旅游意愿值很可能会相对更高。所得到的研究结论反映出假想基线情景对价值评估结果具有规律性的影响。因此,该研究结论提示营销策略的制定者,在销售营销服务时,如果改变销售策略中假想情景的某些属性水平,可能更有助于提高游客的购买意愿,如表8-18所示。

表8-18 实验统计结果

实验编号	统计方法 / 模拟情景对比	配对T检验	Wilcoxon符号秩检验
实验一	MS1-BL1 vs BL2-MS2	-0.32(-3.0)	7836222(-2.8)
实验二	MS1-BL1 vs BL2-MS2	-0.19(-1.8)	7849663(-1.7)
实验三	MS1 vs MS2	-0.38(-3.4)	7825088(-3.2)

注:"MS1-BL1"表示"MS1"模拟情景下的游客旅游意愿减去"BL1"下的游客旅游意愿。

8.7 交通方式选择的偏好逆转现象研究

8.7.1 偏好逆转现象研究综述

偏好逆转是1971年由心理学家Lichtenstein Slovic在研究风险决策中所发现的一种奇怪但又十分普遍的现象,即在期望值大致相等的期望游戏中,人们往往会选择概率较高但损益较小的游戏(称为安全游戏),却给低价值的损益游戏(所谓的风险游戏)定高价格,这意味着人们比较偏爱选择和定价不一致的概率。这对于经济学来说是个谜,因为从标准理论观点出发,两项任务给出提出同一个问题的方法,即"你偏好两个期望中的哪个"。这些实验表现出来的有序性依赖得出的程序,对于偏好逆转的解释指出,选择和估价任务可能会引发不同的心智过程。因此,选择和估价任务中观察到的排序无法对单一的偏好有序性加以解释。一个替代解释认为,偏好逆转意味着传递性的失灵(Loomes和Sugden,1983):假设估价任务显示出了真实的货币估价[如M($)~$,M(P)~P],偏好逆转暗含P>$~M($)M(P)~P;这涉及对传递性的违背(假设数额大的钱比数额小的钱得到更多的偏好)。大量的实验证明偏好逆转广泛存在于人们的经济行为中。由于偏好逆转现象违背传动经济学模型的假设,因此该现象备受经济学界的质疑。

Grether和Plott(1979)对偏好逆转现象提出十三点质疑,包括缺乏动机、收入效用、策略反应等。他们试图通过实验程序设计来消除偏好逆转现象,但即使在控制住其他可能成为偏好逆转现象解释的因素外，偏好逆转现象依然存在。而另一位质疑偏好逆转现象的研究者 Reilly（1982）通过对抽彩的分析，发现在其实验中，为了使受访者对实验有充分的理解，采用小组受试，其间受访者可以随时询问任何问题。同时，为了加强动力，将增加损失部分的收益以现金形式直接放置在办公桌上，告知有关受访者期望的信息和每个彩票的期望。结果发现，偏好逆转现象在相当程度上依然存在，进一步证实该现象可能存在普遍性。随后，Tversky 和 Kahneman（1986）对前景理论的研究结果也支持该心理学现象的存在。他们的研究发现 80% 的受访者相较于不确定前景（4000，0.8）更喜欢确定性前景（3000）。但是这些结果由于一个 1/4 的共同因素减少了它们的概论，形式就会发生逆转。其结果是他们的受访者有 65% 更偏爱不确定前景（4000，0.2），而不是确定性前景（3000，0.25）。Ainslie 和 Haslam（1992）对偏好跨期的不一致性的研究表明，绝大多数的受试者更偏好可立即兑换 100 美元的支票而不是两年后可兑换 200 美元的支票。但这些受试者却同时表示，他们更偏好 8 年后可兑换 200 美元的支票而不是 6 年后可兑换 100 美元的支票。当受试者面临的是上述第二种选择时，他们偏好的是等到 8 年后兑换一张更大数额的支票。

然而，在接下来 6 年中的某一时点，他们更偏好那张可以早兑换的小数额支票，即他们的偏好发生了逆转。Loewenstein 和 Prelec（1993）对消费计划的研究发现，当人们面临一个"简单"的选择时——（A）下周末去一家法国餐厅享用梦幻晚餐；（B）下下周末去这家餐厅用餐——大部分人都会选择第一个选项，即选择下周末去。然而研究者却发现，当受试者面临一个"被复杂化"的选择时——（C）下周末去一家法国餐厅享用梦幻晚餐，下下周末在家吃饭；（D）下周末在家吃饭，下下周末去法国餐厅用餐——实验结果会发生变化。在这一情景下，大部分人会选择偏好第二个选项。对于受试者来说，在家吃饭是很平常的事，因此"被复制化"的选项（C）和（D）与"简单"的选项（A）和（B）在本质上是一样的，这说明，在"被复杂化"的选项中存在一个框架效应，它使得受试者出现偏好逆转。Hsee（1996）的研究也证实偏好逆转现象的存在，可以将其定义为可估性效应（Evaluability Effect）。其实验为受试者面对两本二手的音乐辞典，其中一本包含 20000 个词条，但封面有破损，而另一本包含 10000 个词条，但封面较新。当受试者对这两本辞典分别进行评估时，他们愿意花更多的钱来买第二本封面较新的辞典。然而，当他们对这两本辞典同时进行评估时，大部分受试者却偏好第一本词条较多的辞典。尽管它的封面已有破损。Green, Fristoe 和 Myerson（1994）及 Kirby 和 Herrnstein（1995）发现，人们的偏好在两个延迟奖赏间会出现逆转。当两种奖赏都提前时，人们会偏好于更临近的奖赏。例如，在 31 天以后的 110 美元和 30 天后的 100 美元之间，人们会更偏好于前者，但对于明天的 110 美元，人们却更倾向于选择今天的 100 美元（Camerer, Loewenstein 和 Rabin, 2009）。对偏好逆转现象的质疑直到 20 世纪 80 年代后期，该现象的稳定性和真实性才得到了学术界的承认。Kahneman 通过提出的前景理论解释了如预期理论、交易理论及工资理论等大量主流经济学无法解释的现象，并将其作为解释经济现象的关键钥匙。董志勇（2008）进行这样一个实验：假设某公司需要招聘一位工程师。一个合格的工程师首先应该具有良好的相关专业技能，在这一前提下，还需要具备良好的人际沟通能力。相对而言，专业技能更为重要。参加实验的每个人都设想自己就是那个负责招聘的人力主管。现在有两份应聘材料，其中一位应聘者 x 专业技能水平为 86，人际关系水平为 76；而另一位应聘者 y 专业技能水平为 78，人际关系水平为 91。面对这两位应聘者，让受试者决定谁将被最终录用。最终结果显示选择录用应聘者 y 的只有 35% 的受试者，而选择录用应聘者 x 的却达到 65%。结果表明，尽管两位应聘者的专业技能和人际关系技能各有所长，甚至相较于应聘者 x 的专业技能，应聘者 y 在人际关系方面的优势更为突出，但是在决策过程中，大多数实验参与者们却认为对于一个合格的工程师来说，专业技能是更为重要的素质。

而另一批受试者被分为四组，给予每个受试者一份应聘者的材料。和前一组唯一不同的是，应聘者

x 的人际关系的分数并不是直接给定的,而是让受试者填写,使得应聘者 x 与 y 的条件相当。在受试者填完数字后,将其与 76 作比较,如果所填写的数字大于 76,那么说明受试者选择应聘者 y,如果小于,则认为选择应聘者 x。结果显示,四个小组的人选择应聘者 x 的比例分别为 32%、33%、44% 和 26%,将其第 2 组的结果定义为 M 值。这与第一组结果刚好相反。受试者的选择是随机的。按照正常的解释不会出现截然相反的结果,唯一的可能是在两种不同的实验方法下,受试者的偏好已经发生逆转。这一实验结果表明,偏好的形成过程不是独立的。不同的设问方式有可能形成不同的偏好,从某种程度上来说这一过程其实就是一个"诱导"的过程。

此外,对于宏观层面的研究也发现消费者偏好逆转现象。基于里昂惕夫理论,维拉范利斯—维尔指出,如果所探讨的比较优势仅是基于各国的要素禀赋,以及依据要素禀赋所形成的国际贸易和对应的商品和货物的流通,实际上就把比较优势的理论限制在从供给的角度进行的探讨。即基于供给分析要素的流通与商品供应之间的一致性问题。维拉范利斯—维尔认为这是不全面的,应该从各国消费偏好可能发生的"逆转"现象来进行分析。依据维拉范利斯—维尔的观点,如果劳动禀赋要素相对丰裕国家的消费者对劳动密集型商品具有超强的偏好,或者资本禀赋要素相对丰裕的国家的消费者对资本密集型商品有超强的偏好时。那么会出现的结果是:无论对于哪类国家,消费偏好的"逆转"可能会导致供应相对不足。这就必然要求两国通过进口来对国内市场的供给进行补充。一类商品的进口最终都是要由另一类商品的出口来支付的贸易模型分析,是仅由商品生产中资本和劳动的耗费比例所决定的。这样会出现一种与主流贸易经济学理论所不一致的一种"异常"现象,即劳动要素相对丰裕的国家将会出口资本密集型的商品,进而用于抵消劳动密集型商品的出口。反之,资本要素丰裕的国家将会出口劳动密集型商品。虽然,该研究者所提出的对外贸易中的"偏好逆转"所导致的与主流经济学理论对应的不一致的"异常现象"只是一种可能性,但实际上他非常有见地的将经济学研究的视角从供给领域引致需求领域,为未来对外贸易的行为经济学分析提供了宝贵的理论观点和分析视角。维拉范利斯—维尔的推论得到间接验证,是在霍特哈克为纪念"恩格尔法则"(Engel Law)一百周年所撰写的论文中。尽管如此,但用消费偏好"逆转"理论来解释里昂惕夫之谜并没有得到国际经济学理论界的一般认同。其原因在于:第一,该理论从根本上改变了赫克歇尔和俄林理论最核心的理论假定前提之一——各国的消费偏好一致,且固定不变,因而消费对贸易不发生影响;第二,大量的实证研究材料表明,在工业发达国家之间,各国的消费结构基本认同,而且出现了随着经济发达程度的提高和人均国民收入的增加,这些发达国家的服务性消费呈现日益增多的共同趋势。里昂惕夫在对美国对外贸易的研究中发现,服务性消费量的提高与进口资本密集型商品的"异常"现象不存在显著的相关性。同时,依据"林德命题"分析消费者在现实生活中可能发生的"偏好逆转",由于人均收入水平和经济总量在发达和发展中国家之间存在巨大的差距,由消费偏好和结构对对外贸易品的流向与对外贸易结构的影响是相当显著的,在经济发展水平不同的国家之间,存在显著不同的消费模式和偏好。前者的"恩格尔系数"很低,而后者的"恩格尔系数"要高得多。也就是说,当年维拉范利斯—维尔所推断的消费者偏好"逆转"存在于各国之间,即"资本要素相对富裕的国家对资本密集型产品有超强的消费偏好;劳动要素相对丰裕的国家对劳动密集型商品有超强的消费偏好"。

对偏好逆转的解释主要有四种模式:非传递性选择后悔理论、锚定调整理论、高估风险博弈和低估安全博弈理论及衡量假设理论。

(1)非传递性选择后悔理论,不同的人对偏好逆转对期望效用理论的违背进行不同的论证。非传递性选择模式认为偏好逆转主要违背了传递性。人们所选择的方案所带来的后果是其所能给人带来的效用的决定性因素。由于所放弃的选择能够带来更好的结果,因此人们时常会感到后悔,进而由于后悔而降低选择的愉悦感。相反,如果人们对选择后的结果感到愉悦,则一定说明被放弃的选择与当前选择相比，给人们带来的愉悦感更低。让人们去回忆过去的经历将直接导致人们对过往决策后悔或者愉悦的感知结果。因此，通过比较过去相似的情景与正式情景，可能有助于人们在面对新的选择时，做出合理和理性的选择。诸多行为经济学家已建立新的决策模型，即后悔模型。该模型将个人对过往决策所导致的后果所感知的后悔或者是愉悦纳入对新决策的判断中来。对应的效用函数为无选择效用函数（Choiceless Utility Function）。无选择效用是指自然力或者独裁力量而不是依靠主观判断所强加的事物，对其产生的效用。因此，如果不考虑后悔要素对决策的影响，后悔理论不考虑其他可选的方案，而是对每个方案的价值进行单独评价，则可以满足传递性的假设。如果将后悔要素纳入对决策的影响，则传递性假设就无法成立。这样导致的结果就是偏好的逆转（张玲，1999）。

（2）锚定调整理论假设决策者会通过锚定调整的过程来决策评价。因此，是否要得到最大的报酬是决策首先考虑的要素，其次根据赢的概率以及较小的报酬来向下调整其评价。对博弈的评价会产生偏差往往出现在调整不充分的情况下。同时，在假设没有一个方案具有绝对优势的前提下，他们利用所提出的几种不同的方法来做出决策。所以当决策者面临两种不同的决策任务时，锚定调整过程便会产生偏好逆转。例如，选择和出价间、出价和评比间的偏好逆转等。在效用评估上，风险决策和确定性决策间不一致行为的重要决定因子可能是定锚和调整。

（3）高估风险博弈 S 和低估安全博弈 H 理论，兼容性的假设认为评价目标的某些方面权重会因其反应的兼容而增加。根据兼容下假设可知，对博弈出价时更强调收益，因为出价和收益都是以金钱来衡量的，所以，损益值在博弈的出价中所占比重大于在博弈选择中所占比重，而在选择博弈时，被试者更看重获胜的概率。匹配性错觉导致的一个显著的结果就是会高估 S 的价格。同时，博弈 S 中的损益值要比 H 中的损益值显著偏大。因此，将 H 与 S 博弈的损益由货币改为非货币度量，将会出现偏好逆转现象的这一假设受到诸多实验的支持。显著性假设也强调在面对多个选择时，被试者根据维度的显著性来选择。出价时，金钱是更为重要的维度，而在选择任务时，概率则是更重要的维度。Tversky 等（1990）使用了一个新颖的实验设计，结果发现：非传递性偏好只能解释 10% 的所观察到的偏好逆转现象，而高估 S 可以解释 65.5%，低估 H 可以解释 6.1%，同时高估 S 和低估 H 可以共同解释 18.4%。该理论对偏好逆转的心理学解释认为，人们显示偏好的过程可看作是一个"表征—评估—反应"的过程，表征阶段是将客观刺激转换为相应的心理量，评估阶段是将各种心理量整合，形成一个整体的印象，反应阶段是将整体的印象在测量工具上表示出来。偏好逆转主要是由决策者在选择与定价中运用不同的信息加工方式而导致的反应偏差所致（熊远来，2008；张玲，1998，1999）。

（4）衡量假设理论认为，如果一种属性相对来说较难评估而另一种属性较易评估，则偏好逆转现象将会出现。此外，诸多研究结果还表明，偏好逆转现象在同时和分开评估的方式下，该现象的消失将会出现在交易评估的时刻或者两种属性都较难的情况下。Hsee（1996）指出，该评估方式下所发生的偏好逆转现象可能可以用于假设解释的衡量，例如，用于解释同时评估的过程中的差异权重模式或者解释在分开评估过程中的加法模式。但是，在偏好逆转出现在相对较难的评估属性的选择中时，此时解释假设的衡量是最为恰当的。

本研究对旅游交通方式偏好转变的现象在一定程度上进行识别和检验。

8.7.2 研究设计

8.7.2.1 研究模型

该部分的研究变量同样为市场恢复绩效，用游客重新恢复的近期前往灾害景区的旅游意愿作为变量尺度，来衡量市场恢复绩效的高低。具体研究方式为，假设当前消费者面对的模拟情景是：汽车交通方式的费用为 B_1 而飞机交通方式的费用为 F_1。在该情景设计下，对于选择汽车作为交通方式消费的意愿分值为 PB_1，选择飞机作为交通方式的意愿值为 PF_1。当同比例分别降低汽车费用和飞机费用 1/2 时，

即得 B_2 和 F_2，在这种情况下，消费者选择汽车交通方式的意愿分值为 PB_2，选择飞机交通方式的意愿分值为 PF_2。探讨的内容为：①检验是否总体样本对汽车和飞机交通方式的选择在两种情景下不一样，即在第一种情景下 PB_1 与 PF_1 的分值比较结果与第二种情况下 PB_2 与 PF_2 的分值比较结果不一样。若不一样，则从绝对值水平上说明当同比例分别降低汽车费用和飞机费用 1/2 时，消费者的偏好发生逆转。②如果两种情景下比较结果一样，可进一步检验 PB_1 与 PF_1 的差值与 PB_2 与 PF_2 的差值之间是否存在显著性差异。若存在显著性差异，则反映当两种交通方式的费用同比例趋于降低的同时，两种交通方式的替代程度可能也会越明显，对应消费者对两种交通方式的偏好也就越不显著，可能会有向偏好逆转的方向渐近的趋势。此外，需要强调一点，由于该部分探讨的是价格变化所引致的偏好逆转现象分析，因此所选用的样本人群为价格敏感人群。研究的结构模型如图 8-3 所示。

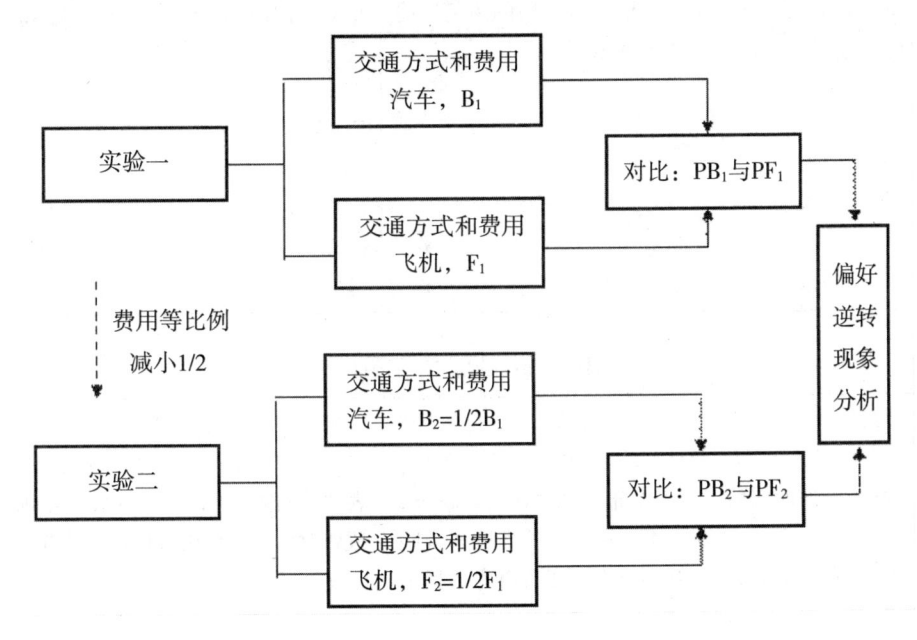

图 8-3　研究的结构模型

8.7.2.2　研究假设

该部分首先探讨绝对值意义上，是否出现偏好逆转。若消费者在两种情景涉及下的选择一致，则从相对意义上，进一步探讨当两种交通方式的费用同比例趋于降低，是否可能会有向偏好逆转的方向渐近的趋势。因此，提出以下研究假设：在其他条件不变的情况下，如果将以汽车和飞机为交通方式的费用分别同比例减小，则有可能导致游客对这两种交通方式的偏好程度发生改变，甚至有可能发生偏好逆转。

8.7.2.3　模拟情景设计

本研究同样采用实验情景的模拟方法，在实验一中，包含两个情景模拟：分别询问受访者在汽车和飞机交通方式的费用为 B_1 和 F_1 时，受访者的旅游意愿分值；在实验二中，也包括两个实验，即分别询问受访者在汽车和飞机交通方式的费用为实验一的 1/2 时，即 B_2 和 F_2，受访者的旅游意愿分值，如表 8-19、表 8-20 所示。

表 8-19　实验一的设计

1. 假如，您计划去四川九寨沟旅游，汶川地震的发生中断了您的行程。地震后九寨沟景区基本完好，只是原线路要穿过灾区，且桥梁、公路被震毁。一段时间后，政府发布了九寨沟道路修复，	如果将旅游意愿的分值给予 -3 到 3 的量化分数。其中，"-3"代表"十分不愿意"，"3"代表"十分愿意"，"0"代表"不确定"。

安全通车的信息,并得知加固了沿途山体,还安排了维护和排险人员。在汽车团的团费依然为800元/人,即团费没有发生变化的前提下,你是否愿意选择坐汽车去九寨沟旅游?	请您对旅游意愿的分值进行选择: □ -3 □ -2 □ -1 □ 0 □ 1 □ 2 □ 3
2. 在上述情况下,如果飞机双飞团的价格是汽车团的4倍,即3200元/人,您会愿意选择坐飞机去九寨沟旅游吗?	请您对旅游意愿的分值进行选择: □ -3 □ -2 □ -1 □ 0 □ 1 □ 2 □ 3

表8-20 实验二的设计

1. 假如,您计划去四川九寨沟旅游,汶川地震的发生中断了您的行程。地震后九寨沟景区基本完好,只是原线路要穿过灾区,且桥梁、公路被震毁。一段时间后,政府发布了九寨沟道路修复,安全通车的信息,并得知加固了沿途山体,还安排了维护和排险人员。如果汽车团的团费打五折,即400元/人,您会愿意选择坐汽车去九寨沟旅游吗?	如果将旅游意愿的分值给予-3到3的量化分数。其中,"-3"代表"十分不愿意","3"代表"十分愿意","0"代表"不确定"。 请您对旅游意愿的分值进行选择: □ -3 □ -2 □ -1 □ 0 □ 1 □ 2 □ 3
2. 在上述情况下,如果飞机双飞团的价格是1600元/人,您会愿意选择坐飞机去九寨沟旅游吗?	请您对旅游意愿的分值进行选择: □ -3 □ -2 □ -1 □ 0 □ 1 □ 2 □ 3

8.7.3 实验分析

在实验一中,汽车和飞机的团费分别为800元/人和3200元/人。当同比例减少两种交通方式的团费为原来的1/2后,即实验二中分别设计的400元/人和1600元/人,结果表明有88.6%的游客在两种交通方式下的旅游意愿值的偏好排序保持不变。有9.0%的受访者，在实验一中对于汽车交通方式下的旅游意愿值高于飞机，而在实验二中，则发现汽车交通方式下的旅游意愿值低于飞机，表明当同比例减少两种交通方式的团费为原来的1/2后，该类受访者会改变自己的偏好，从偏好汽车转变为飞机。同时，另有2.4%的受访者则会从之前偏好飞机的交通方式转变为偏好汽车。而传统经济学理论框架下的假设前提是当两种商品的相对价格不变，则不会改变消费者的偏好，同样也不会改变消费者对两种商品的相对消费数量。因此，这两类游客的消费行为并不满足传统经济学的基本假设。

进一步分析，虽然同比例减少两种交通方式的团费为原来的1/2的水平所得出的结果并没有表明多数受访者的偏好会发生改变，但对两种交通方式的旅游意愿值的分析结果，则表明当两种交通方式的费用同比例趋于降低的时候，两种交通方式的替代程度会越明显，对应消费者对两种交通方式的偏好也就越不显著。同样，该部分采用配对T检验和Wilcoxon符号秩检验来分析，实验一下两类交通方式对应的旅游意愿的差值是否与实验二下两类交通方式对应的旅游意愿的差值存在显著性差异。统计分析结果表明，实验一下的汽车和飞机交通方式下游客的旅游意愿分值差值（$PB_1 - PF_1$）与实验二下的差值（$PB_2 - PF_2$）具有显著性差别，均值相差0.7。该结果说明当两类交通方式对应的费用同比例减少，则有可能引致游客对两类交通方式的偏好程度发生改变，即在相对价格不变的情况下，两类交通方式的替代程度会显著增加。该结果并不符合传统经济学对偏好的基本假设。此外，注意到一个有趣的结果是，一部分受访者的偏好改变方向为，在实验一中偏好汽车交通方式，而在实验二中虽然仍然选择该交通方式，但对该交通方式的偏好程度有所减少。另一部分受访者的偏好行为结果正好相反。在本项目中，虽然无法进一步地分析导致该结果的可能性及其因素，但需对该结果给予必要的阐述，如表8-21所示。

表8-21 偏好变化程度的统计分析

统计方法 旅游意愿	配对T检验	Wilcoxon 符号秩检验
（$PB_1 - PF_1$） vs （$PB_2 - PF_2$）	0.7 (5.5)	2643036 (5.2)

注：PB_1和PF_1分别表示在实验一下，汽车和飞机交通方式下游客的旅游意愿分值。PB_2和PF_2分别表示在实验二下，汽车和飞机交通方式下游客的旅游意愿分值。配对T检验中，提供（$PB_1 - PF_1$）与（$PB_2 - PF_2$）的均值及对应的t值。Wilcoxon符号秩检验提供了调整后的方差以及对应的z值。

8.7.4 研究结论

对受访者的偏好逆转现象的研究结果表明，当两种交通方式的费用同比例趋于降低时，两种交通方式的替代程度会越明显，对应消费者对两种交通方式的偏好也就越不显著。而该结果并不符合传统经济学对偏好的基本假设。

8.8 本章总结

8.8.1 研究结论

本研究通过实验设计，以九寨沟旅游为例，探讨严重自然灾害发生后交通成本对游客旅游意愿的影响。包括以下四个方面的分析结果。

第一，在交通成本的改变下，分析不同类别的游客的旅游意愿受影响情况，得出的结论为：货币成本、时间成本和感知利益的变化都会对价格敏感游客的旅游意愿产生显著的影响，且影响机制都与本研究所提出的三个假设一致。对于价格敏感的人群，影响游客旅游意愿最为敏感的因素可能是货币成本。针对本研究设计的这些模拟情景的分析结果表明，通过改变时间成本或者感知利益的营销策略对价格敏感游客的旅游意愿的影响效果可能并没有通过改变货币成本的影响效果显著。对于价格敏感游客，改变货币成本与改变感知利益的营销策略之间可能存在显著的替代关系。同时，各类成本的变化与价格敏感游客旅游意愿变化之间的关系可能存在一定的规律性。而对于价格非敏感游客的分析结果表明，他们可能更加关注时间成本，而货币成本的大小对他们的影响不显著。同时，虽然价格非敏感的游客重视的是时间成本，但是从分析中发现，感知收益对他们具有正面的影响。此外，对两类游客进行的对比分析发现在旅游成本相同的情况下，价格敏感游客旅游的意愿要低于价格非敏感的游客，导致这样的结果很可能是收入的约束。此外，一方面相对于价格敏感的游客，货币成本对价格非敏感游客的作用力度要小些，而另一方面，分析的结果也表明，对于时间成本，价格非敏感游客更为看重。

第二，分析灾后交通方式的不同属性的边际效用及相应的边际价值，得出以下结论。①只有时间成本和货币成本会影响人们对交通方式的选择。时间成本和货币成本的边际概率分别为 4.9% 和 0.03%。同时估算得到单位时间成本的货币价值为 163 元。②对于"感知收益"变量，虽然回归系数不显著，但并不能定论"是否有新增的景点"不会影响游客的选择。同时，结合问卷受访的情况，表明不同新增景点的性质可能会影响游客对交通方式的选择。③对于其他家庭变量，包括受访者性别、年龄、学历和月生活费，其回归系数都不显著。该结论对营销策略制定的提示是对于有区别的价格政策可能并不会有效地提高营销收益。

第三，本研究还对假想基线情况对游客旅游意愿的影响进行探讨。分析结果表明，如果受访者面对不同的假想基线情景，会导致相同的营销策略在不同的假想基线情景下，游客给出的意愿分值存在显著不同。同时发现，游客面对相同营销策略，在假想基线背景情景是"BL1"（货币成本为 800 元/人，时间成本为 12 小时，无新增景点）下所给出的意愿分值要普遍低于假想基线背景情景是"BL2"（货币成本为 800 元/人，时间成本为 24 小时，无新增景点）时的情况。两种假设基线情景的区别在于交通时间的设计上后者设计得更长。因此，该结论具体表现为，当假想基线情景下所设计的交通时间越长，服务价值评估所得到的游客旅游意愿值很可能会相对更大。该结论的重要性体现为假想基线情景对服务价值的评估的影响可能存在规律性。掌握这种规律性将能够有助于指导合理营销策略的制定。

第四，对受访者的偏好逆转现象的研究结果表明，当同比例降低汽车和飞机交通方式的费用后，虽然大多数受访者的偏好选择没有发生改变，但仍有部分受访者会从偏好汽车转变为偏好飞机。同时，也有另一部分受访者则会从偏好飞机转变为偏好汽车。通过进一步的统计分析结果表明，当两种交通方式的费用同比例趋于降低的时候，两种交通方式的替代程度也会越明显，对应消费者对两种交通方式的偏好也就越不显著。而该结果并不符合传统经济学对偏好的基本假设。

本研究的目的之一是通过研究交通成本对灾后旅游意愿的影响来间接反映旅游成本对灾后旅游意愿的影响情况，从而探究第 6 章和第 7 章中"灾后旅游意愿影响因素研究"提到的旅游成本对灾后旅游意愿没有显著影响的结论。在本研究中，新增了感知利益作为对旅游意愿影响的一个自变量。研究结果显示，严重自然灾害后，交通成本中的货币成本对价格敏感游客的旅游意愿影响明显，但对价格非敏感游客影响不大；交通成本中的时间成本对价格敏感游客的旅游意愿影响不大，但对价格非敏感游客影响明显；增加感知利益，如有新增的景点或灾后的遗址遗迹，可抵消价格对敏感游客的一定影响，货币成本和感知利益之间可能存在显著的替代关系；增加感知利益，能够提高价格非敏感游客的旅游意愿，但效果并没有降低时间成本来的明显。研究还发现，在旅游成本相同的情况下，价格敏感游客旅游的意愿要低于价格非敏感的游客。导致这种结果的原因很可能是收入的约束。从以上结论可以看出，严重自然灾害后，交通成本对游客的旅游意愿有一定的影响，而通过增加游客的感知利益，如开发新的景点或灾后的遗址遗迹，可以在一定程度上减少交通成本对游客带来的部分负面影响，从而提高游客的旅游意愿。因此，第 6 章和第 7 章中"灾后旅游意愿影响因素研究"提到的旅游成本对灾后旅游意愿没有显著影响的结论，除了调研地点的局限性和汶川地震后灾害地物价平稳等原因外，抗震救灾中体现出的抗震救灾精神和大爱精神增加地震旅游的吸引力，使游客的感知利益增加，从而一定程度上减少旅游成本对于游客的感知。同时，旅游成本中的货币成本对于价格敏感的游客可能具有显著的影响，时间成本对于价格非敏感的游客也可能有明显的影响。当然，本章的结论是基于交通成本的研究基础上得出的，而旅游成本不止有交通成本一种，不能完全代表旅游成本。同时在本章的研究变量中暂未加入安全顾虑、伦理冲突、心理忌讳这几个因素，而在严重自然灾害下游客对这些因素的重视在一定程度上也可能减弱对旅游成本的感知。因此，旅游成本对灾后旅游意愿影响的以上推论仅提供给读者参考。

8.8.2 研究意义与不足之处

（1）研究意义。

本研究的意义主要体现在以下两个方面。

第一，本项研究成果，可以直接用于指导汶川地震灾区的旅游业恢复，同时通过这种应用也可以对研究成果进行检验和完善。

第二，灾害危机几乎每年都在发生，面对灾害危机，如何快速恢复市场，需要恢复营销理论指导。本研究基于汶川自然灾害危机所提出的恢复营销策略，可以为自然灾害危机发生后的市场恢复提供直接借鉴，帮助灾区实现旅游市场的快速恢复。此外，对战争灾害危机、疾病灾害危机的市场恢复，也有借鉴参考价值。

（2）不足之处。

本研究在以下两方面仍有不足之处。

第一，本研究虽然采用实验经济学的方法，但仍然是以静态的分析方式进行探讨。由于随着时间的推移，游客对受自然灾害后的景区的旅游意愿很可能会随之变化。因此，静态的分析方法所导致的局限性表现在无法分析时间变化对游客旅游选择行为的响应机制的影响。

第二，由于调查的样本是现居住在四川省的受访对象。居住在去外地的游客在九寨旅游的游客中占有相当大的部分。由于不同地区居住的旅客可能存在异质性（包括对四川和九寨现行情况的了解程度等），为了获得更为准确的信息，可以考虑扩大样本，尤其是异地居住的受访人群样本。

9. 总结与展望

9.1 研究总结

9.1.1 灾后旅游意愿影响因素研究总结

9.1.1.1 基于计划行为理论的影响因素研究总结

(1) 研究概述。

观察发现自然灾害发生后，景区都有游客流失的现象。虽然灾害地政府和企业采取诸多营销策略来赢回客源市场，但旅游市场的恢复依然缓慢，恢复营销策略效果普遍不佳。追究其原因主要是严重自然灾害下，影响游客的心理的因素尚未探明，以采取的策略针对性不强。同时，学界对严重自然灾害后的旅游危机从行业、企业、景区和政府的视角进行研究，对旅游活动的核心要素——游客的关注相对较少。基于以上的现状，研究以汶川大地震为例，基于游客视角，从计划行为理论出发，对严重自然灾害后旅游意愿的影响因素进行研究，为实现灾后旅游市场的快速恢复提供理论基础。

基于研究方向和目的，回顾旅游者行为理论、旅游危机管理及旅游意愿等相关理论的研究，并对既定研究方向的相关研究成果进行了解，确定研究的内容和目标。

在正式研究中，首先，通过文献分析提出影响灾后旅游意愿的四个方面的研究假设，并采用7级Likert量表测量相关变量。其次，对成都旅游集散地的出行游客进行问卷调查，收集数据，并对样本数据进行描述。再次，通过因子分析提取出影响灾后旅游意愿的五个因素。通过聚类分析，将比较关注旅游活动的控制程度的游客为"控制型游客"，将受情感和规范因素影响更大的游客为"敏感型游客"，以此研究两类游客的旅游意愿情况。最后，通过回归分析得出对灾后旅游意愿影响显著的因素。

(2) 研究结论。

研究发现，严重自然灾害后，五个方面因素会影响旅游意愿，分别是：行为信念、规范信念、他控信念、自控信念、负面情感。其中，行为信念中主要是生活体验、文化体验、特色商品、自然风光和放松休闲这几个因素对灾后旅游意愿有一定影响。主观规范中家人和朋友等重要参照群体的不支持态度、伦理规范中个体感知到旅游利益和旅游相关者理论的矛盾而产生的压力，以及行为规范中游客感知到他人放弃灾区旅游的行为而产生的从众心理，这些都会影响严重自然灾害危机后的旅游意愿。此外，非个人因素的他控信念，如服务质量、旅游同伴、旅游安全、旅游景点的情况等都会成为影响旅游意愿的因素。当然，个人因素的自控信念中，旅游费用和旅游时间将影响游客的旅游决策。研究中针对严重自然灾害情况，新增的"负面情感"，如游客到灾害地旅游会感觉恐惧、焦虑、悲伤，会使游客改变或取消出游计划。

然而，各影响因素对旅游意愿的影响权重也各有不同。研究发现，行为信念、规范信念和他控信念对旅游意愿的影响显著。对于比较关注对旅游活动的控制程度的"控制型游客"受到的自控信念和他控信念的影响较大；"敏感型游客"受负面情感、主观规范、伦理规范和行为规范的影响更大。研究发现，随着时间的推移，灾害地旅游逐步恢复，游客受到的负面情感、伦理规范和行为规范方面的影响在逐渐消退，但对于受内心的情感感受和规范因素的影响更大的敏感型游客来说，仍然在心中对去灾害地旅游存在一定的阴影。

9.1.1.2 基于游客流失原因的影响因素研究总结

（1）研究概述。

基于严重自然灾害后旅游市场恢复缓慢的现象，研究认为探明灾后旅游意愿的影响因素，弄清游客流失原因与旅游意愿之间的关系对于灾后赢回游客非常重要。并将此作为研究的方向。

通过对顾客流失和赢回理论、旅游危机管理及旅游意愿相关问题的研究情况进行回顾，并了解与研究方向相关的研究成果后，确定课题的研究现状和进展，找到研究中的机会点，并确定研究的具体内容和目标。

研究分为"灾后游客流失原因的实证研究"和"灾后游客流失原因与旅游意愿关系研究"两个部分。这两部分研究是在同一调查问卷上进行同一调查测试的基础上开展的，为了研究思路能清晰地呈现出来，故作为两部分研究进行阐述。

正式研究中，首先通过文献梳理和深度访谈来拟定初步的测项，访谈过程中发现一个以前文献中没有发现的游客流失原因：伦理冲突。通过专家修正和测项纯化，最终确定 17 个测项。在正式调查中，选取主要客源地广东广州，次级客源地湖北武汉、广西南宁，再次级客源地海南海口为样本选取点，同时结合旅行社寻找流失客户和互联网进行问卷调查，在回收的问卷中筛查出放弃行程和放弃计划客户问卷 378 份，并对样本数据进行描述。其次，通过探索性因子分析和验证性因子分析，得出灾后游客流失的原因：安全疑虑、景观损坏、心理忌讳、伦理冲突和成本担忧。最后，进行效度和信度的分析，以检验问卷的可靠性和有效性。

基于研究得出的五个灾后游客流失原因，首先，建立流失原因与旅游意愿的关系模型，并分别对五个流失原因与灾后旅游意愿的相关关系进行假设。其次，对问卷调查数据进行效度和信度检验。最后，通过结构方程得出灾后游客流失原因对旅游意愿的影响权重。

（2）研究结论。

在对严重自然灾害后游客流失原因的研究中发现，安全顾虑不是严重自然灾害后唯一影响游客做出旅游决策的因素，灾后游客流失的原因是复杂多样的。自然灾害导致旅游景观受损，影响景区的吸引力，是游客流失的原因之一。觉得到灾害地去旅游是对灾区人民的不尊重，在伦理道德上无法接受，以及人员伤亡惨重的灾害地令人在心理上有所忌讳，这些都是造成灾后游客流失的重要原因。此外，游客也担心在灾害发生后去旅游会增加货币成本和时间成本，这种对旅游成本的担忧也导致灾后游客的流失。

在进一步的研究中发现，不同游客流失原因对灾后旅游意愿的影响存在差异。严重自然灾害除了会造成严重的人员伤亡和财产损失外，还会引发一系列的次生灾害和衍生灾害，对人身健康和财产安全构成严重威胁，使得安全顾虑成为影响游客旅游意愿最主要的原因。严重自然灾害带来的惨重的人员伤亡也使灾害地笼罩在莫大的悲痛中，游客认为灾后前往灾害地旅游是不道德的行为，因此伦理冲突仅次于安全疑虑之后成为对游客旅游意愿影响最大的因素。同时，灾害地大量人员伤亡引起的心理忌讳也在很大程度上影响旅游决策。灾后景观受到破坏对旅游意愿的影响不大，价格因素对旅游意愿的影响也不显著。

9.1.1.3 研究小结

在对灾后旅游意愿的影响因素研究中，从计划行为理论和灾后游客流失原因两个角度分析都归纳出相关的影响因素，这里对这些因素进行简单的归纳。

两组研究都从旅游安全、景点受损情况、伦理道德、心理忌讳、旅游成本方面进行探讨。都得到两个一致的结论：一是灾后的旅游安全是游客最为关心的因素；二是旅游成本对灾后游客的旅游意愿影响不明显，其中第 7 章的结论更侧重于货币成本，而第 6 章的结论补充旅游成本对于关注旅游活动过程控制的游客具有一定的影响。在景观受损情况、伦理道德和心理忌讳上的研究结论则不同。第 6 章研究中将景观受损情况作为对灾害地景区的评价纳入行为信念中，认为行为信念对灾后旅游意愿的影响明显；而第 7 章研究中发现景观受损对旅游意愿的影响不大，原因主要是游客会通过媒体接触大量的灾害地破坏信息，从而对旅游地景观损毁的感知程度普遍较高。在伦理道德和心理忌讳方面，第 6 章将伦理道德和心理忌讳归纳到伦理规范中，并认为随着时间的推移，游客对于伦理规范方面的感知降低，伦理道德和心理忌讳对游客影响不大，主要是受感情和规范影响较大的游客心中仍有忌讳。第 7 章中研究认为伦理道德是影响灾后游客旅游的仅次于安全顾虑的第二大因素，而心理忌讳也在很大程度上降低游客的旅游意愿。研究结论的不同，考虑到两组研究调查的时间不同，第 7 章的调查是在 2009 年 5 月进行的，第 6 章的调查是在 2011 年 4 月进行的。可以看出在近两年的时间内，游客对伦理道德和心理忌讳的感知明显下降，这也启示我们在进行灾后旅游恢复中，需要对各时间阶段进行针对性的营销。

两类研究除了在上述四个方面进行探究外，第 6 章还从计划行为理论的角度对主观规范、行为规范及负面情绪的影响进行研究。研究中认为主观规范，即家人和朋友等重要参照群体的不支持态度，会明显降低游客的旅游意愿。他控信念中除了旅游安全会影响游客旅游意愿外，服务质量、旅游同伴及旅游景点吸引力等情况也会在一定程度上影响游客的旅游决策。此外，研究认为行为规范，即游客感知到他人放弃灾区旅游的行为而产生的从众心理，以及去灾害地旅游而产生的焦虑、担心、悲伤等负面情绪随着时间的推移，对游客的旅游意愿影响已基本没有太大影响，但在一定程度上还是会降低受情感和规范因素影响较大的游客的旅游意愿。

9.1.2 交通成本对旅游意愿影响研究总结

（1）研究概述。

研究方向和目的，基于两方面的考虑而提出。一方面，在第 6 章和第 7 章中关于灾后旅游意愿影响因素的研究中提到旅游成本对灾后旅游意愿的影响不显著，考虑到交通成本在旅游成本中占比较大，且交通成本是旅游恢复的重要组成，故通过交通成本对灾后旅游意愿影响的研究来侧面思考旅游成本对灾后旅游意愿的影响。另一方面，通过查阅文献和结合灾后旅游市场的恢复情况，了解到交通对于旅游业的发展至关重要，交通成本的改变会影响游客的旅游决策。而且，严重自然灾害后灾害地交通普遍因受损而中断，阻碍游客进入许多仍具有游客接待能力的景区，同时也给游客带来负面的安全顾虑。因此对严重自然灾害后交通对旅游意愿的影响研究十分迫切，对研究灾后交通成本改变的营销策略的影响也十分重要。

基于研究的目的和方向，回顾已有的相关研究文献，并了解国内外其他学者的相关研究成果，对课题目前的研究现状和研究进展有了一定的认识，从而确定研究的内容和目标。

正式研究的开展中，结合研究目的和文献分析，选取货币成本、时间成本和感知利益作为实验变量。采用实验经济学法，基于不同模拟情景设计了问卷，并对研究总体进行定义，采取简单随机抽样进行问卷调查，进一步对样本进行相应的描述。在研究分析阶段，首先，运用实验经济学法，在交通成本的不同模拟情景下，即交通成本的属性类别和对应水平的不同组合下，分析游客的旅游意愿。其次，研究进一步对交通成本各属性进行价值评估，估计游客对各成本属性的边际效用及价值。再次，考虑到在做上述两类研究分析时是在"不同模拟情景对应的假想基线情况不会对模拟情景的回答产生影响"的假定前提下进行的。因此为了使实验的结论更加严谨，研究不同假想基线情景对游客旅游意愿的影响进行了探讨。然后，对交通方式选择中是否存在偏好逆转现象进行验证，并以此对主流经济学关于偏好一致性假设的验证提供案例分析。最后，对研究的结果进行总结，并对研究中存在的不足加以指出，以作为后续相关研究的方向。

（2）研究结论。

在交通成本对灾后旅游意愿影响的研究中发现，价格敏感的游客受交通中的货币成本的影响显著，而对于时间成本不敏感。当提高感知利益，如新增景点或遗址遗迹，价格敏感游客的旅游意愿会有所提升。对于价格非敏感游客，他们可能更加关注时间成本，而货币成本的大小对他们的影响不显著。感知收益的提高，价格非敏感游客的旅游意愿也会有所提高。研究还发现，在旅游成本相同的情况下，价格敏感顾客旅游的意愿要低于价格非敏感的顾客，并考虑结果的出现很大程度上是受到收入的影响。

在交通方式的选择上，研究发现只有时间成本和货币成本会影响人们对交通方式的选择，当某种交通方式的时间或者货币成本增加，顾客就会降低对该交通方式的选择意愿。同时通过对数据的研究估算出单位时间成本的货币价值为163元。同时研究发现，性别、年龄、学历和月生活费这些家庭变量对交通方式的选择没有太大影响。

在假想基线情况对游客旅游意愿的影响研究中发现，相同的营销策略在不同的假想基线情景下，顾客给出的意愿分值存在显著不同。当假想基线情景下所设计的交通时间越长，服务价值评估所得到的顾客旅游意愿值很可能会相对更大。在对受访者的偏好逆转现象的研究中表明，当两种交通方式的费用同比例趋于降低的时候，两种交通方式的替代程度可能也会越明显，对应消费者对两种交通方式的偏好也就越不显著。

交通成本在旅游成本中占比较大，灾后交通成本对旅游意愿影响的研究结论进行一定的推论，可以考虑旅游成本中的货币成本对于价格敏感的游客可能具有显著的影响，时间成本对于价格非敏感的游客也可能具有明显的影响。同时，抗震救灾中体现出的抗震救灾精神和大爱精神增加地震旅游的吸引力，使游客的感知利益增加，从而在一定程度上可能减少旅游成本对于游客的感知。然而，交通成本仅是旅游成本的一部分，不能完全代表旅游成本。同时在对交通成本的研究中暂未加入安全顾虑、伦理冲突、心理忌讳的相关变量，在严重自然灾害下，游客对这些变量的重视是否在一定程度上减弱对旅游成本的感知，这种可能性也需要考虑。因此，以上旅游成本对旅游意愿影响的相关推论仅提供给读者参考。

9.2 实践启示

9.2.1 严重自然灾害后应采取多种策略恢复旅游

在本书对严重自然灾害后游客旅游意愿影响的因素的探究中，发现影响游客旅游意愿的因素不是单一的，而是有多种。基于计划行为理论的影响因素研究中得出五个方面影响因素：行为信念、规范信念、他控信念、自控信念和负面情感。基于灾后游客流失原因的影响因素研究中也得到五个游客流失原因：安全疑虑、心理忌讳、伦理冲突、景观损坏、成本担忧。消除或降低这些因素带来的负面影响，不是一两种赢回策略能够应对的。再加上旅游决策本身就是一个复杂的过程，会受到旅游产品无形性、消费和生产同时性等特征的影响，还会受到游客个人的特征如文化程度等的影响，同时也会为外部环境如社会政治环境所干扰。在严重自然灾害后，旅游决策的这种复杂性会更加突出。因此，灾后的旅游市场面临的是一个复杂的局面，需要探明游客的心理，针对影响游客旅游决策的主要因素，推出相应的策略来降低游客对灾后旅游目的地的负面印象，增强游客的旅游信心。

目前，旅游危机爆发后，政府和企业为了赢回游客，主要采取的是价格促销策略和安全策略，现实也说明灾后旅游市场恢复缓慢。研究发现游客在面对严重自然灾害产生的其他旅游顾虑时，成本担忧对游客意愿影响并不显著，因此灾后的价格策略应该合理使用，不应单一使用，尽量和其他策略搭配使用。在本研究中发现，安全顾虑是最重要的影响因素，同时心理忌讳也会对游客产生明显影响，尤其是在灾后1年内。因此，可以采取沟通策略通过官方媒体等渠道发布旅游地景区的安全信息及旅游地良好的人文氛围，同时可邀请游客或权威媒体人进行旅游体验。此外，研究发现伦理冲突也在一定程度上阻碍游客的旅游意愿。因此，可以将因地震而产生的自然和人文景观、因抗震救灾而产生的情感体验作为灾后重建景区的旅游吸引力，让游客在参观地震遗迹、了解震后生活方式和体会抗震救灾精神和大爱精神。

9.2.2 对不同细分市场采取侧重不同的营销策略

本研究中发现，对不同类型的游客，旅游意愿的影响因素各有侧重。因此需要针对不同的细分市场采取不同的营销策略。

在基于计划行为理论的影响因素研究结果中，严重自然灾害危机对两类游客的影响不同，一种是受自控因素和他控因素的影响较大的控制型游客，另一种是受到负面情感、主观规范、伦理规范和行为规范的影响更大的敏感型游客。对于控制型游客而言，他们更加理性，更关注完成旅游活动需要满足的条件；对敏感型游客而言，他们更加敏感，内心受情感感受和规范因素的影响更大。因此，严重自然灾害危机后，要根据两类游客做好市场细分，来制定有针对性的恢复措施。景区常用的安全策略和价格策略对控制型游客影响较大，但难以吸引敏感型游客，因为他们更需要情感策略以减弱负面情感，和规范重塑策略（将灾区旅游行为重新阐释为游客责任行为或献爱心行为）以减弱规范影响。

在交通成本对旅游意愿的影响的研究中发现，价格敏感的游客的旅游意愿更容易受到交通成本中货币成本的影响，但他们对于交通中的时间成本却并不敏感。对于价格非敏感游客，他们更加关注交通中的时间成本，而货币成本的多少对他们的影响不大。研究还发现，在旅游成本相同的情况下，价格敏感顾客旅游的意愿要低于价格非敏感的顾客，并考虑结果的出现很大程度上是受到收入的影响。对于价格敏感的游客可以有针对性地采取交通费用的促销活动，而对于价格非敏感的游客可以通过提供更加便捷和舒适的交通设施来降低他们对于交通成本增加的顾虑，从而获得更大的感知收益。

因此，在严重自然灾害后，有必要针对不同的细分市场采取必要的策略，从而快速赢回客源市场。

9.2.3 对不同的恢复阶段采取侧重不同的营销策略

严重自然灾害发生后，游客对于到灾害地旅游会产生多种顾虑，这些顾虑共同作用于游客的旅游决策。但随着时间的推移，以及媒体等对灾后重建和恢复的正面报道，一部分顾虑会慢慢地在游客心中淡化，而有些影响因素会对游客的旅游决策影响加强。因此，对于不同的恢复阶段，游客着重关心的内容也会不同。这时就需要从游客心理的发展方面入手调整营销策略，以求实现策略的高效性和旅游市场的快速恢复。

在灾后游客旅游意愿影响因素的研究中发现，基于计划行为理论的影响因素研究的部分结论和基于灾后游客流失原因的影响因素研究的部分结论不同。通过比较发现，基于计划行为理论的研究是在2011年4月进行的，而另一组研究则是在2009年5月进行的，两组研究在调查时间上相差近两年，这也使得到的结论变得有趣。基于计划行为理论的研究中发现随着时间的推移，游客对于伦理规范方面的感知降低，伦理道德和心理忌讳对游客影响不大，主要是受感情和规范影响较大的游客心中仍有忌讳。另一组研究的结果是伦理道德是影响灾后游客旅游的仅次于安全顾虑的第二大因素，而心理忌讳也在很大程度上降低了游客的旅游意愿。虽然两组研究的样本选取不同，但也可以大致看出，在旅游危机爆发的一年左右，心理忌讳和伦理冲突仍是降低游客前往灾害地旅游的重要影响因素。而随着时间的推移，这两个因素在游客心中的重要性在不断地降低。因此，在灾后一年左右的时间都应该对伦理冲突和心理忌讳采取积极的策略，如开展体验旅游、采用情感策略等。

9.3 研究的局限与展望

9.3.1 研究的局限

9.3.1.1 样本的局限

在第6章基于计划行为理论的影响因素研究和第8章交通成本对灾后旅游意愿的两组研究中，由于研究经费、时间、渠道等的限制，调查的样本分别是从成都出发或转乘游客，以及在成都常住的城市家庭住户和在校大学生。样本受地域限制较大。

9.3.1.2 时间的局限

本书中对灾后旅游意愿影响因素的研究和交通成本对旅游意愿影响的研究，一共进行了三组，都是以静态的分析方式进行探讨的。由于随着时间的推移，游客对受自然灾害后的景区的旅游意愿很可能会随之变化。因此，静态的分析方法所导致的局限性表现在无法分析时间变化对游客旅游选择行为的响应机制的影响。

9.3.1.3 旅游目的地的局限

在第6章基于计划行为理论的影响因素研究中，应考虑到汶川地区受到地震影响最严重且传播范围最广，是受严重自然灾害危机影响的典型，应选择以汶川旅游为调查背景。但汶川不是四川地区的主流景区，因此在目的地的调查选择上有所限制。

9.3.1.4 导向的局限

在第6章和第7章灾后旅游意愿影响因素的研究中，从严重自然灾害危机减弱旅游意愿的现实观察出发，分析负向影响旅游意愿的因素，因此没有考虑灾害旅游吸引游客的因素，如黑色旅游。

9.3.2 研究的展望

9.3.2.1 进一步探究赢回策略的有效性

基于对灾后旅游意愿的影响因素的研究，根据研究结果，价值彰显策略、安全保障策略、价格促销策略、规范重塑策略和情感舒缓策略可能是有效的恢复措施，但仍需进一步验证。

9.3.2.2 进一步探究旅游意愿的综合影响模型

目前对于灾后旅游意愿的影响因素探究，主要都是关于影响因子对意愿作用的单独分析。而灾后游客做旅游决策时，各因子都是共同对旅游决策行为进行作用的，目前的研究忽略了因子间的相互作用。因此，有必要建立一个针对严重自然灾害下的旅游意愿综合影响模型，将各影响因素纳入模型中，研究他们对灾后旅游意愿的共同作用情况。这对于快速恢复市场，探明游客心理更加有效。这将在本卷书的第三部分中进行探讨。

9.3.2.3 关注灾害旅游

灾害地旅游对于灾后旅游恢复具有重要作用，在研究影响旅游意愿因素时应该考虑到灾害地旅游对于灾后旅游意愿的提升。这个可以在今后的研究中进行探究。

9.3.2.4 采取动态的分析方法

本书的三组研究，都是以静态的分析方式进行探讨的，而其局限性表现在无法分析时间变化对顾客旅游选择行为的响应机制的影响。因此在今后的研究中，如果经费充足，可以考虑进行动态的分析方法来探究灾后游客旅游意愿的变化，这对于灾后市场各阶段的恢复具有重大的意义。

第三部分
灾后旅游意愿综合影响模型研究

10. 绪论

10.1 研究背景

10.1.1 实践背景

10.1.1.1 自然灾害影响旅游恢复

近年来，全世界自然灾害频繁发生，从里斯本大地震、坦博拉火山爆发、关东大地震、华县大地震到近十年，造成巨大伤亡的"9·21"大地震、印度洋海啸、新奥尔良飓风、"8·8"中国台湾水灾、四川"5·12"汶川地震等，有的灾害甚至可以毁灭文明。自然灾害的发生有自然环境的原因，也有人为的原因。自然环境的原因中，随着地球自身运动变化，地壳运动、太阳等其他天体作用的影响，如太阳黑子活动高峰阶段引发的太阳风暴，造成人类生存环境的变化，甚至引发各类自然灾害。人类在不断地改造环境的过程中，许多破坏性的行为对自然环境带来严重的破坏，如温室效应带来的全球气候变暖，这些人为的破坏活动打破了生态平衡，也诱发了越来越多的自然灾害。

在自然灾害中，许多大型的、严重的灾害发生之后，常常会诱发一连串的次生灾害，这种现象就称为灾害的连发性或灾害链。灾害链中最早发生的起主导作用的灾害称为原生灾害，通常强度和造成的损失都很大；由原生灾害所诱导出来的灾害称为次生灾害；自然灾害发生之后，破坏人类生存的和谐条件，由此还可以衍生一系列其他灾害，这些灾害泛称为衍生灾害。

地震是典型的既包含原生灾害又包括次生灾害和衍生灾害的严重灾害。同样，热带风暴、飓风、洪水、恶性传染病等，也包含原生灾害和次生灾害。在发生类似灾害的旅游目的地，通常在重大的原生灾害后，会发生一系列的次生灾害。正是这段时期，毁灭性的原生灾害通常不再发作，旅游目的地进入灾后的旅游恢复期。但是，由于次生灾害及衍生灾害的影响，游客风险认知程度很高，极大地影响旅游恢复的效果。这些灾害大多都对当地的旅游造成了毁灭性的打击，各地的旅游恢复都经历了各种困难，耗费了很长时间。

10.1.1.2 汶川地震后四川旅游恢复迟缓

严重自然灾害发生后，由于旅游目的地景区基础设施和服务设施受损，旅游者安全需求难以得到满足，以及旅游目的地形象受损等多方面原因，人们对去受灾地旅游产生犹豫，影响旅游意愿和旅游决策。因此，几乎无一例外，严重自然灾害发生后立即给当地旅游业带来冲击并且灾害后旅游恢复缓慢。以中国台湾"9·21"地震为例，中国台湾地区1999年1~8月入境旅游人数较上年同期增长15%，"9·21"地震发生后，9~12月游客人数较上年减少15%，230个主要旅游景点游客人数下降27%，客房占有率骤降约60%。在采取一系列市场恢复措施后，通过近1年的时间才恢复到灾前水平。"5·12"汶川地震使四川省旅游恢复缓慢。根据四川省旅游局的统计数据，就旅游人数而言，地震后至2009年10月四川省旅游还未恢复至灾前水平。其中，四川省的代表性景点如九寨沟、黄龙、峨眉山的旅游人数也验证上述结论：九寨沟2009年10月旅游人数为26.06万人，仅为2007年同期的54%、2006年同期的65%；黄龙景区和九寨沟景区由于客流相当，旅游恢复状况大致相同；峨眉山景区每年的旅游高峰是8月，2009年8月旅游人数为35.22万人，是2007年同期的87%、2006年同期的106%。从总体上看，受汶川地震的影响，在灾害发生一年半后，四川省旅游业还未完全恢复到灾害前的水平。

2000—2007年，四川省旅游业收入呈持续上升趋势，汶川地震发生之后，据四川省旅游局的统计，仅5月全省旅游总收入就下降64.7%。40余万直接从业人员中，至少有30万人接近失业；受汶川大地震的影响，四川省入境旅游人数同比下降59.1%，收入同比下降58.1%；15个主要旅游景区接待游客同比下降50.34%，收入同比下降60.76%；旅行社接待团队游客同比下降66.74%；宾馆行业接待住宿游客数同比下降32.2%。其中，接待入境住宿游客数同比下降59.06%。四川省旅游业迄今仍未恢复到正常状态。

10.1.1.3 灾后潜在游客心理未探明

四川省旅游局、地震灾区所在地旅游局，及其地震景区已经采取一系列市场恢复措施，但效果参差不齐，总体而言效果不佳。根据四川省旅游局的统计，在汶川地震发生一年后四川省的旅游人数只恢复到震前的2/3。究竟应该怎样进行恢复期的市场细分及营销沟通？由于旅游决策在很大程度上受到游客风险认知的影响，而潜在游客对目的地旅游形象的感知又是旅游目的地选择行为的开始，被认可的旅游形象可以驱动潜在的游客产生旅游动机，从而产生前往该地旅游的现实行为。被认知的旅游风险又可以阻止游客产生旅游意愿。对于旅游目的地有不同熟悉度的游客，对于目的地有不同的形象感知的游客和存在不同风险认知的游客，其市场细分及营销沟通策略应该是不一样的。与游客心理有关的作用机制是怎样工作的？目前对此并无具体的实证及理论研究，以指导灾后旅游恢复工作。

10.1.2 理论背景

10.1.2.1 旅游风险认知消减旅游意愿

Schmoll（1977）开发研究旅行限制、风险评估及其对决策过程的影响的第一个模型。他建议使用一个四部分构成的模型，广泛地描述旅行决策过程，这四个部分包括旅行的刺激、外部变量、旅游行为的个人和社会决定因素，以及服务目的地的特色和特点。该模型说明与旅行决策过程可能相关的一切可能因素，但其中的有关变量难以量化，变量的相互关系也很难测试。

关于风险认知和旅游决策的关系，Yavas（1987）认为："风险认知可能是境外旅游决策背后的主要力量"，对此他提出三大理由：第一，服务和有形产品有根本区别，其无形的特性导致无法事先推断从某次旅行期望获得的收益，这可能导致焦虑；第二，在国际目的地度假是一种高度参与的情境，国际旅游的决策对个人非常重要；第三，当尝试某种新事物时，风险认知会大大影响个人决策。Ankomah等（1996）研究相对度假目的地的认知距离和个人的目的地选择集之间的关系。认知距离是"由个人的社会、文化和一般生活经验构成的实际距离在心理上的表征"。从逻辑上说，灾害是一个重大事件，一个可能改变我们的所有认知的事件。灾害的发生，超出潜在游客的一般生活经验，增大游客对于灾后景区目的地的认知距离。所以，即使是国内游客到灾区旅游，也因为灾害的发生，产生无法推断期望收益的焦虑，将灾后的旅游转变为高度参与的活动，这种活动也因此变为对于新事物的尝试。这种情况下，风险认知会大大影响个人决策。

另一项研究发现，风险的存在有可能改变旅游决策的性质（Sonmez和Graefe，1998a）。Sonmez和Graefe（1998a）研究了10个特定地区的访问和避免意愿后发现，当个体认为某个地区风险水平较高时，个体更有可能避免到这些地区旅行。Moutinho（2000）提出假期旅游模型，其中包含三个流程：①决策前和决策过程；②购买后评价；③未来的决策。该模型也描述了"风险认知"会影响旅游决策。总的说来，风险认知对旅游的意愿起到了负面的影响作用，旅游恢复需要降低灾后游客风险认知。

10.1.2.2 目的地形象感知增强旅游意愿

20世纪70年代，美国科罗拉多州大学J. D. Hunt（1971）在一篇题为 *Image: a factor in tourism*《形象——旅游发展的一个因素》的论文中，第一次探讨形象因素在旅游地开发中的意义，成为旅游形象研究领域的开端。此后40年，旅游形象始终是旅游界探讨的热点问题。旅游形象感知也成为讨论焦点。关于目的地形象感知的作用，学者们关注于个体持有的目的地形象，即个体如何看待目的地，以及个体所接受的目的地形象如何影响其原有的观点和购买行为。

在旅游决策和旅游行为理论中，旅游形象感知是影响潜在旅游者旅游目的地选择的重要因素。Gartner（1993）等特别强调了目的地形象在旅游决策中的重要性。这些学者认为旅游形象感知极为重要，潜在旅游者选择目的地的过程很大程度上取决于旅游目的地的感知形象。Enrique（2001）等研究了旅游者感知的目的地形象与其行为意向及购后评价之间的因果关系，认为目的地感知形象对游客重游意向有正向的关系，与消费者推荐该目的地的意愿有积极关系。

由于旅游产品无法在旅游前被试用，潜在旅游者对以前没有到过的地方的感知有限，关于目的地重要属性特征方面的客观信息，潜在旅游者很难获得，因此潜在游客对旅游产品的主观判断往往会多于客观判断。如何解决这个问题，尽可能让潜在游客的主观判断和客观信息相重合，从而吸引游客到达目的地或推荐他人游览？

Goodall（1990）和 Gartner（1993）认为在旅游市场中，旅游目的地营销工作者为了在旅游目的地竞争中获得优势地位，为了在潜在旅游客源市场中建立理想的旅游感知形象，往往投入大量的人力、财力、物力。不过，在严重自然灾害后，在有限的资金和时间条件下，怎样提升目的地形象才能更有效率呢？从逻辑上说，灾害是一个重大事件，一个可能改变我们的所有认知的事件。灾害后，在危险和人类的脆弱性共同作用下，游客认为目的地有价值的东西可能已经不复存在或者转变为另外的事物，游客对于目的地形象的感知会因灾害而改变。怎样在灾后旅游的恢复期，利用目的地形象感知因素，尽快地提升游客旅游意愿？这个问题鲜有学者研究。作者作为"5·12"汶川地震灾后重建市场恢复专家组成员，认为该问题很有价值。

10.1.2.3 熟悉度消减风险认知增强形象感知和旅游意愿

旅游地的熟悉度是直到近年来才开始获得重视。在过去的研究中发现熟悉度对目的地形象及旅游意愿的影响呈现正、负向皆有的结果。（MacKay 和 Fesenmaier，1997）认为，越熟悉的旅游目的地越有吸引力，然而，一旦达到特定的转折点后，熟悉将使目的地逐渐丧失吸引力，两者间的关系呈钟形曲线，因此目的地必须适当地操作熟悉度，以引起潜在游客对旅游的渴望并前往该地旅游。但是，和灾害相关的旅游文献指出，灾害发生之后，虽然人们认为安全很重要，但这并不总是影响某一特定目的地的决策。一些游客，特别是重复游客，即使有风险，也要重到目的地（Shoemaker，1994；B. N. Rittichainuwat 和 G. Chakraborty，2009）。Pinhey 和 Inverson（1994）发现以前的针对特定目的地的旅游经验会强化安全感。还有一些学者认为个人经验可能比外界来源获得的信息更影响旅行决策（Mazursky，1989；Sonmez 和 Graefe，1998b；B. N. Rittichainuwat 和 G. Chakraborty，2009）。那么，自然灾害后熟悉度对目的地感知和旅游意愿的影响是否是正面的？关于熟悉度和风险认知的关系，Hales（1990）等研究了阿拉伯海湾居民对欧洲度假目的地的决策行为，发现80%的回应者指出他们选择目的地的原因就是对于目的地的熟悉。Cheron（1982）等发现，风险认知和熟悉度之间有强烈的反向关系。对于某一种休闲活动越是熟悉，个体认知的风险越小。Sonmez 和 Graefe（1998b）、Rittichainuwat 和 Chakraborty（2009）提出，游客与目的地联系和经验增多，他们的风险认知水平降低。基于这些研究，本书希望了解自然灾害后熟悉度对灾后风险认知的影响是否是反向的，并从汶川地震后的数据得到验证。

10.2 灾后旅游意愿影响因素研究成果回顾

10.2.1 研究概述

本书第6章和第7章分别从计划行为理论和灾后游客流失原因两个角度，以汶川地震为例，对灾后游客的旅游意愿影响因素进行研究。这里将对两组研究进行分别概述。

10.2.1.1 基于计划行为理论的影响因素研究概述

观察现实中自然灾害发生后，景区都有游客流失的现象。虽然灾害地政府和企业采取诸多营销策略来赢回客源市场，但旅游市场的恢复依然缓慢，恢复营销策略效果普遍不佳。追究其原因主要是严重自然灾害下，影响游客的心理因素未探明，以致采取的策略针对性不强。同时，学界对严重自然灾害后旅游危机的研究中多行业、企业、景区和政府的视角进行研究，对旅游活动的核心要素——游客的关注相对较少。基于以上现状，研究以"5·12"汶川大地震为例，基于游客视角，从计划行为理论出发，对严重自然灾害后旅游意愿的影响因素进行研究，为实现灾后旅游市场的快速恢复提供理论基础。

基于研究方向和目的，回顾旅游者行为理论、旅游危机管理及旅游意愿等相关理论的研究，并对既定研究方向的相关研究成果进行了解，确定研究的内容和目标。

在正式研究中，首先通过文献分析提出影响灾后旅游意愿的四个方面的研究假设，并采用7级Likert量表测量相关变量。其次对成都旅游集散地的出行游客进行问卷调查，收集数据，并对样本数据进行描述。再次，通过因子分析提取出影响灾后旅游意愿的5个因素。通过聚类分析，将比较关注对旅游活动的控制程度的游客称为"控制型游客"，将受情感和规范因素影响更大的游客称为"敏感型游客"，以此研究两类游客的旅游意愿情况。最后，通过回归分析得出对灾后旅游意愿影响显著的因素。

10.2.1.2 基于游客流失原因的影响因素研究概述

基于严重自然灾害后旅游市场恢复缓慢的现象，研究认为探明灾后旅游意愿的影响因素，弄清游客流失原因与旅游意愿之间的关系对于灾后赢回游客非常重要。并将此作为研究的方向。

通过对顾客流失、赢回理论、旅游危机管理及旅游意愿相关问题的研究情况进行回顾，并了解与研究方向相关的研究成果后，确定课题的研究现状和进展，找到研究中的机会点，并确定研究的具体内容和目标。

研究分为"灾后游客流失原因的实证研究"和"灾后游客流失原因与旅游意愿关系研究"两个部分。这两个部分研究是在同一调查问卷上进行同一调查测试的基础上开展的，为了研究思路能清晰地呈现出来，故作为两部分研究进行阐述。

正式研究中，首先通过文献梳理和深度访谈来拟定初步的测项，访谈过程中发现一个以前文献中没有发现的游客流失原因：伦理冲突。通过专家修正和测项纯化，最终确定17个测项。在正式调查中，选取主要客源地广东广州、次级客源地湖北武汉、广西南宁，再次级客源地海南海口为样本选取点同时结合旅行社寻找流失客户和互联网进行问卷调查，在回收的问卷中筛查出放弃行程和放弃计划客户问卷378份，并对样本数据进行描述。其次，通过探索性因子分析和验证性因子分析，得出灾后游客流失的原因：安全疑虑、景观损坏、心理忌讳、伦理冲突和成本担忧。最后，进行效度和信度的分析，以检验问卷的可靠性和有效性。

基于研究得出的5个灾后游客流失原因，首先建立流失原因与旅游意愿的关系模型，并分别对5个流失原因与灾后旅游意愿的相关关系进行假设。其次，对问卷调查数据进行效度和信度检验。最后，通过结构方程得出灾后游客流失原因对旅游意愿的影响权重。

10.2.2 研究结论

在对灾后旅游意愿的影响因素研究中，从计划行为理论和灾后游客流失原因两个角度分析都归纳出相关的影响因素，这里对这些因素进行简单的归纳。

两组研究都从旅游安全、景点受损情况、伦理道德、心理忌讳、旅游成本方面进行探讨。都得到两个一致的结论：一是灾后的旅游安全是游客最为关心的因素；二是旅游成本对灾后游客的旅游意愿影响不明显，其中第7章的结论更侧重于货币成本，而第6章的结论补充了旅游成本对于关注旅游活动过程控制的游客具有一定的影响。在景观受损情况、伦理道德和心理忌讳上的研究结论则不同。第6章研究中将景观受损情况作为对灾害地景区的评价纳入行为信念中，认为行为信念对灾后旅游意愿的影响明显；而第7章研究中发现景观受损对旅游意愿的影响不大，原因主要是游客会通过媒体接触大量的灾害地破坏信息，从而对旅游地景观损毁的感知程度普遍较高。在伦理道德和心理忌讳方面，第6章将伦道德和心理忌讳一起归纳到伦理规范中，并认为随着时间的推移，游客对于伦理规范方面的感知降低，伦理道德和心理忌讳对游客影响不大，主要是受感情和规范影响较大的游客心中仍有忌讳。第7章中研究认为伦理道德是影响灾后游客旅游的仅次于安全顾虑的第二大因素，而心理忌讳也在很大程度上降低游客的旅游意愿。研究结论的不同，考虑到两组研究调查的时间不同，第7章的调查是在2009年5月进行的，第6章的调查是在2011年4月进行的。可以看出在近两年的时间内，游客对伦理道德和心理忌讳的感知明显下降，这也启示我们在进行灾后旅游恢复中，需要对各时间阶段进行针对性的营销。

两类研究除了在上述四个方面进行了探究外，在第6章的研究中从计划行为理论的角度还对主观规范、行为规范及负面情绪的影响进行研究。研究中认为主观规范，即家人和朋友等重要参照群体的不支持态度，会明显降低游客的旅游意愿。他控信念中除了旅游安全会影响游客旅游意愿外，其中服务质量、旅游同伴及旅游景点吸引力等情况也会在一定程度上影响游客的旅游决策。此外，研究认为行为规范，即游客感知到他人放弃灾区旅游的行为而产生的从众心理，以及去灾害地旅游而产生的焦虑、担心、悲伤等负面情绪随着时间的推移，对游客的旅游意愿影响已基本没有太大影响，但在一定程度上还是会降低受情感和规范因素影响较大的游客的旅游意愿。

10.3 问题提出与研究目标

10.3.1 问题提出

前人的研究（Fesenmaier和Jeng，2000；J. Jeng和Fesenmaier，2002；Moutinho，1987）指出，旅行决策包括一系列的子决策，①信息搜索的范围和特性；②是否带小孩；③停留或旅行的时间长度；④一年中旅行的时节；⑤交通工具的形式；⑥旅行预算；⑦活动；⑧住宿；⑨目的地。然而，人们并不清楚究竟哪些因素会影响个人的旅行决策及子决策。同时，由于严重灾害是一个几乎影响人们所有认知的重大事件，严重自然灾害后的影响因素可能比普通情况下的影响因素更为复杂。

旅游意愿作为旅游决策的主要构成部分，对于目的地景区的恢复有重要的意义。旅游意愿的提升可促使更多游客到景区旅游，促进当地旅游恢复。本书重点关注与灾害相关的风险认知在灾后恢复期对旅游意愿的负面影响，普遍适用于灾后景区的目的地形象感知对灾后旅游意愿的正面影响。由于文献表明熟悉度与风险认知、目的地形象感知及旅游意愿都有影响，所以本书首次提出一个将灾后风险认知和目的地形象感知对旅游意愿相互抵消的影响及熟悉度的相关影响纳入一个整体的概念模型。同时，为了验证概念模型中的各种关系，本书将重点开发针对重大自然灾害的游客灾后风险认知量表和普遍适用于灾后景区的目的地形象感知的量表。

为了吸引游客，目的地营销工作者或旅游服务提供者需要获得潜在游客风险认知及形象感知的精确信息。明确灾后风险认知及目的地形象感知在熟悉度的影响下对旅游意愿的综合作用，能帮助目的地营销工作者有效设计营销工具减少游客风险认知，提升目的地形象感知，进而有效地进行灾后旅游恢复工作。

10.3.2 研究目标

灾后的游客心理是游客决策的重要决定因素。本课题旨在对通过灾后游客风险认知与旅游意愿之间关系的研究，以及目的地形象感知熟悉度等因素对上述因素及关系的影响，为以后景区可能出现的类似的（同时具有原生灾害和次生灾害的）大型自然灾害的恢复期市场细分及沟通提供参考。

10.3.3 风险认知、目的地形象感知、熟悉度概念界定

10.3.3.1 灾后风险认知

Sitkin和Weingart等（1995）根据其他学者对风险的研究将风险定义为"决策中可能的重要结果和（或）不想要的结果有不确定性的存在"。Sitkin和Pablo（1992）认为风险为多维度的概念，其中包含三个维度：结果的不确定性（Outcome Uncertainty）、结果的预期（Outcome Expectations）、结果的可能

性（Outcome Potential）。灾后游客风险认知就是灾后目的地的风险因素对潜在游客的影响的不确定性特征。风险认知的测量并不是对风险本身的测量，而是测量人们在心理上对各种风险因素的感知和认识。Floyed 等（2004）关于旅游行为的研究指出，旅游行为包括旅游目的地的选择，受到感知安全和安全管理、风险等信息的影响。游客的风险认知作为游客意愿的归因（Norman，1995），称为近年来国际旅游学术界的研究热点，其重要性被普遍认可。

10.3.3.2 目的地形象感知

科特勒（Kotler，1994）认为形象是个人关于某地或某物的信念、想法、感觉、期望和印象形成的结果。旅游（目的）地形象（Tourism Destination Image，TDI），即目的地形象（Destination Image，DI），也被简称旅游形象（Tourism Image，TI），已成为近30年来国际旅游学术界最为流行的研究领域之一，其重要性被普遍认可。

现代心理学研究的主要流派——认知心理学派对感知的定义认为，感觉是对刺激的觉察，知觉则是将感觉信息组成有意义的对象，也就是在自己存储的知识经验的介入作用下，对一系列连续信息进行加工处理，从而解释刺激的意义。根据营销学关于形象的定义和心理学中关于感知的研究，旅游目的地形象的感知，就是潜在游客在刺激因素与个人因素的共同影响下，形成的对旅游目的地的信念、感觉、认识、期望和印象的整体的关联结果，其最终的评价影响游客行为。

10.3.3.3 熟悉度

以前的研究调查"熟悉度"和旅行决定（Lepp 和 Gibson，2003）或信息搜索（Hales 和 Shams，1990；Millman 和 Pizam，1995）的关系。然而，"熟悉度"有几种不同定义方式。Srull（1983）将此概念描述为关于产品或服务的认识或看法，不一定是来自实际经验。Millman 和 Pizam（1983）使用以前对目的地的访问次数作为熟悉度的衡量，他发现对某一目的地的熟悉度与到访某一目的地的兴趣和可能性产生积极影响。Baloglu（1995）制定一个熟悉度的指数，其中包含信息维度和经验维度。Dann（1996）将"熟悉度"定义为使用在旅游手册上的特殊策略，经由传达"当地土著都很友善而且会说英文"的方式，来消除潜在游客担心可能被排斥的疑虑。Gursoy（2001）将熟悉度作为一个单位的可操作定义，这个概念影响外部信息搜索，他使用了多个指标来衡量该熟悉度的结构。另外，Cho（2001）发现，"熟悉度"和"专业性"强烈相关，于是他将两种结构结合起来作为检验知识的一个维度。在本研究中，熟悉度被定义为潜在游客通过各种渠道对旅游目的地产生的熟悉感的程度。

10.3.4 灾后风险认知、目的地形象感知与熟悉度对旅游意愿的影响

10.3.4.1 熟悉度、目的地形象感知、灾后风险认知

从逻辑上说，灾害是一个重大事件，一个可能改变我们所有认知的事件。"5·12"汶川大地震使我们原本熟悉的很多自然景观消失，潜在游客原来认为某景区熟悉的东西都没有，一切变得陌生起来，游客对该景区的熟悉度因为灾害而发生变化。同时，游客认为此地有价值的东西可能已经不复存在，游客对于目的地形象的感知因灾害而改变。Mitchell 和 Vasso（1997），Irvine 和 Anderson（2006），Rittichainuwat 和 G. Chakraborty（2009）的研究认为，影响游客避免或取消到某特定目的地的行为的，是风险认知，而不是真实风险环境或风险事件。灾害之后的风险认知，相对于普通情况下潜在游客对于景区的担心，由于灾害的发生，而产生变化。潜在游客所担心的问题，可能从纯粹针对景区的问题变为了与灾害更为相关的问题，也就是说，灾后风险认知相对于一般情况下的风险认知，维度应该是不同的。为了证实或证伪这个观点，本文用汶川地震后的实证数据分析灾后风险认知的维度构成。

10.3.4.2 灾后风险认知和旅游意愿的关系

Sonmez 和 Graefe（1998a）等发现，个体认知到的风险越高，越有可能避免到某个目的地旅游。Bongkosh Ngamsom Rittichainuwat（2008）等探讨游客风险认知是如何影响到游客决策的，Rittichainuwa

(2008)关于恐怖主义和疾病对旅游风险认知影响的研究发现,危机发生时游客不是完全中断旅行,而是选择一个危险很小的目的地,并且,超过一半的人不会忽视安全。也就是说,对于某个具体景区而言,风险认知取值越高,旅游意愿越低。根据前人的研究,在一般情况下,风险认知对旅游意愿的影响是负向的,自然灾害后又是怎样的?本书据此提出在原生自然灾害发生之后,灾后的游客风险认知对旅游意愿有负面影响。本书研究的另一个变量——旅游目的地形象,是否会在灾后影响风险认知和旅游意愿之间的关系,本书也想得到答案。

10.3.4.3 目的地形象感知和旅游意愿的关系

在旅游决策和旅游行为理论中,旅游目的地形象感知是影响潜在旅游者做出旅游目的地选择的重要因素,Boulding(1956)、Gartner(1991)、Chon(1990)、Moutinho(1982)以及Woodside(1989)等,特别强调目的地形象在旅游决策中的重要性。旅游感知形象极为重要,潜在旅游者选择目的地的过程很大程度上取决于旅游目的地的感知形象。旅游目的地感知形象越好,游客的旅游意愿越高。Um S.和J. L. Crompton(1992)认为,游客由于旅游产品无法在旅游前试用,因此旅游产品得到的主观判断往往会多于客观判断,潜在旅游者对以前没有到过的地方的感知是有限的。Gensch(1978)认为,潜在旅游者很难获得关于目的地或度假地重要属性特征方面的客观信息,因此目的地形象的感知研究在旅游目的地评估中起到重要作用。既然一般情况下,目的地形象感知对旅游意愿的影响是正面的,那么灾后是怎样的?其影响系数有多大呢?尽管大量研究都认为旅游形象的感知研究对旅游地形象起着重要作用,旅游感知形象影响着旅游行为选择,但衡量旅游目的地的最主要特性仍需探讨,研究旅游感知形象、预测旅游者旅游感知选择行为模式仍需深入。本书在前人研究的基础上,测量灾后旅游目的地感知形象对旅游意愿的影响是否是正面的,其影响有多大。另外,本书研究的另外一个变量——灾后风险认知,会不会影响目的地形象感知和旅游意愿的关系,也需要通过汶川的实证数据来研究,在本书可以得到论证。

10.3.4.4 熟悉度和目的地形象、旅游意愿及灾后风险认知的关系

旅游地的熟悉度是直到近年来才开始获得重视。在过去的研究中发现熟悉度对目的地形象及旅游意愿的影响呈正、负向皆有的结果。(MacKay和Fesenmaier,1997)认为,越熟悉的旅游目的地越有吸引力,然而,一旦达到特定的转折点后,熟悉将使目的地逐渐丧失吸引力,两者间的关系呈钟形曲线,因此目的地必须适当地操作熟悉度,以引起潜在游客对旅游的渴望并前往该地旅游。但是,和灾害相关的旅游文献指出,灾害发生之后,虽然人们认为安全很重要,但这并不总是影响到某一特定目的地的决策。一些游客,特别是重复游客,即使有风险,也要重到目的地(Shoemaker,1994;B. N. Rittichainuwat和G. Chakraborty,2009)。Pinhey和Inverson(1994)发现以前的针对特定目的地的旅游经验会强化安全感。还有一些学者认为个人经验可能比外界来源获得的信息更影响旅行决策(Mazursky,1989;Sonmez和Graefe,1998b;B. N. Rittichainuwat和G. Chakraborty,2009;ffB. N. Rittichainuwat & G. Chakraborty,2009)。根据这些文献,本书提出自然灾害后熟悉度对目的地感知和旅游意愿的影响是正面的,希望得到验证。关于熟悉度和风险认知的关系,Hales(1990)等研究阿拉伯海湾居民对欧洲度假目的地的决策行为,发现80%的回应者指出他们选择目的地的原因就是对于目的地的熟悉。Cheron(1982)等发现风险认知和熟悉度之间有强烈的反向关系。对于某一种休闲活动越是熟悉,个体认知的风险越少。Sonmez和Graefe(1998b),Rittichainuwat和Chakraborty(2009)提出,游客与目的地联系和经验增多,他们的风险认知水平就会降低。基于这些研究,本书提出自然灾害后熟悉度对灾后风险认知的影响是反向的假设,希望从汶川震后的数据得到验证。

10.4 研究意义

10.4.1 理论意义

本部分的创新之处主要体现在五个方面：①识别出灾后风险认知的八个维度，其中包括提出道德风险维度，与普通情况下的游客风险认知有所不同；②识别出目的地形象感知的三个维度，与普通情况下的目的地形象感知有所不同；③明确灾后风险认知对旅游意愿产生显著影响的种类，与普通情况有所不同；④明确目的地形象感知对旅游意愿产生显著影响的种类，与普通情况有所不同；⑤首次提出灾后旅游意愿综合影响模型，明确灾后风险认知、目的地形象感知及熟悉度对旅游意愿的共同作用机制。具体结论和讨论综述如下。

（1）识别出灾后风险认知的八个维度。

在先前文献提出的风险认知维度中，采用与自然灾害最为相关的八个维度：人身风险、健康风险、经济风险、时间风险、设施风险、满意风险、心理风险和犯罪风险，并提出与灾区旅游密切相关的道德风险作为补充。

汶川灾后的实证数据表明，灾后风险认知在测项纯化的过程中时间风险和设施风险合并，探索性因子分析中，提取的八个因子根据相关文献分别命名为：人身风险、健康风险、经济风险、道德风险、社会风险、便捷风险、心理风险、犯罪风险。该八个因子通过验证性因子分析。

另外，本部分还假设这八个初阶因素由一个共同的灾后风险认知因子所决定，并进行高阶验证性因子分析，各研究变量的信度和效度均已达到可接受水平值，根据 Anderson 和 Gerbing（1988）、Williams 和 Hazer（1986）等学者的建议，在此基础上，可将多个度量题项缩减为少数或单一的度量指标，再运用 LISREL 进行更简化的结构方程模型分析，使各种因素间的结构更加清晰。

（2）识别出目的形象感知的三个维度。

参考国内外旅游形象感知研究的文献成果，结合灾害后的具体情况及考虑灾后研究的普适性，依据 McCleary 和 Baloglu（1999）等学者的目的地形象感知内容测度指标，筛选并增加具体的内容维度，提炼出风景名胜、景区活动、旅游设施、餐饮名吃、环境卫生、旅游购物、当地居民及游客、景区管理八个维度。根据文献综述中总结的，感情维度分解结论目前还不成熟，同时，调查对象对感情维度用词的理解差异也会影响到测量的效度。事实上测量目的地形象感情成分的研究很少。虽然认为目的地形象既包括认知成分又包括感情成分的观点占主流地位，但是在测量的实践中，很少有针对感情成分的测量。关于感情的维度用于测量目的地形象是否可行尚无定论。另外，根据作者对潜在游客的访谈结果，发现灾后潜在游客的情感状态极为复杂，普通情况下情感评价的维度已经不适合对于灾后情感的测量，所以，本书借鉴的指标主要侧重于认知评价作为潜在游客感知到的目的地形象。

汶川灾后的实证数据表明，在目的地形象感知的测项纯化过程中，环境卫生和旅游购物合并，当地居民及游客和景区管理合并，探索性因子分析中，分析出三个因子，根据相关文献分别命名为：目的地特色形象感知、目的地设施形象感知和目的地管理形象感知。该三个因素已通过验证性因子分析。提取的三个因子与普通情况下的目的地形象感知不同。

另外，本部分还假设这三个初阶因素由一个共同的目的地形象感知因子所决定，并进行高阶验证性因子分析，再运用 LISREL 进行更简化的结构方程模型分析，使各种因素间的结构更加清晰。

（3）明确灾后风险认知对旅游意愿产生显著影响的种类，与以往文献针对普通情况的结论有所不同。

"5·12"汶川地震后的实证结果表明灾后风险认知的三个维度——经济风险、道德风险、犯罪风险对旅游意愿的影响是显著负相关的，另外五个维度——人身风险、健康风险、社会风险、便捷风险、心理风险对旅游意愿的影响不显著。

(4) 明确目的地形象感知对旅游意愿产生显著影响的种类，与以往文献针对普通情况的结论有所不同。

在分析目的地形象感知三个维度的基础上，分别探讨目的地形象感知不同维度对目的地形象感知的影响。目的地形象感知的两个维度——目的地特色形象感知和目的地管理形象感知对旅游意愿的影响是显著正相关的，另外一个维度——目的地设施形象感知对旅游意愿的影响是正向的，但不显著。

(5) 首次提出灾后旅游意愿综合影响模型，明确灾后风险认知、目的地形象感知及熟悉度对旅游意愿的共同作用机制。

在前人理论研究的基础上，本书提出五大假设：①潜在游客由严重自然灾害引起的灾后风险认知与旅游意愿显著负相关；②潜在游客的目的地形象感知与旅游意愿显著正相关；③潜在游客对目的地的熟悉度与灾后风险认知显著负相关；④潜在游客对目的地的熟悉度与目的地形象感知显著正相关；⑤潜在游客对目的地的熟悉度与旅游意愿显著正相关。汶川地震后的数据证明，除潜在游客对目的地的熟悉度与灾后风险认知不相关外，其他根据文献提出的假设都成立，能够验证前人的研究结果。

10.4.2 实践意义

10.4.2.1 有利于汶川地震灾区快速恢复

"5·12"汶川地震给四川省带来严重损失。鉴于灾区的特殊情况和第一、第二产业对环境的影响，国家将旅游业作为灾后经济恢复的支柱产业。旅游业作为四川省的重点产业，也在灾后遭到重创，如何实现灾区旅游业的快速恢复，重振灾区旅游经济，重新恢复在灾区的旅游产业，解决灾区、景区民众和相关配套产业链的生存问题，不仅是四川省各级政府关心的重要问题，也是党和国家十分关心的民生问题。根据相关专家预测，对于卧龙大熊猫基地、汶川萝卜寨等重灾区景区，鉴于交通道路、设施的恢复需要比较长的时间，旅游市场的恢复至少需要五年时间。与此同时，还可以发现，对于九寨沟、黄龙、峨眉山、乐山、海螺沟、西岭雪山等基本没有受到交通硬件影响的旅游景区，其旅游市场仍然受到严重的影响。这使得景区员工与导游的就业，以及旅行社、宾馆饭店、航空航班、交通运输、餐饮娱乐、商业购物等的正常经营，都受到非常严重的影响，甚至造成不稳定的社会因素。

恢复旅游业，关键在于恢复游客意愿，而游客意愿很大程度上取决于灾后游客的风险认知，厘清汶川震后游客的风险认知，以及不同的目的地感知情况下，不同熟悉度情况下，风险认知和旅游意愿的不同，可以帮助旅游恢复营销中有的放矢地进行市场细分和营销沟通，加快汶川地震灾区旅游的恢复。

10.4.2.2 有利于指导发生类似灾害的景区旅游快速恢复

全球自然灾害频发，近年来造成巨大伤亡的自然灾害就有"9·21"大地震、印度洋海啸、新奥尔良飓风、"5·12"汶川大地震、SARS爆发等。自然灾害发生后不仅造成巨大的物质损害和人员伤亡，更对人类的生存、生活、心理造成巨大影响，改变人们的生活方式和生活习惯、生活结构。灾害发生后，旅游目的地的潜在旅游者的心理状态和行为方式也会发生重大变化，这就对当地的旅游业产生巨大的影响。旅游业如何快速从灾害危机中走出来，实现旅游市场的快速恢复，是当地政府和景区都需要考虑的问题。本研究，从汶川地震后的实证数据所提出的结构方程模型，可以为灾害危机发生后的市场恢复提供借鉴，帮助灾区实现旅游市场的市场细分和营销沟通，以实现快速恢复。

10.5 研究方法与技术路线

10.5.1 研究方法

(1) 文献研究。

通过大量的相关文献检索、阅读与研究，对已有的旅游景区灾后风险认知、目的地形象感知及熟悉度和旅游意愿等方面的研究成果进行归纳总结，找出以前研究成果存在的不足与局限性，发现研究的机会点。

(2) 理论研究。

借助管理科学中的营销理论、旅游理论、营销工程理论、风险管理理论、行为心理学理论、社会心理学理论等诸多理论，将游客决策作为一个多因素、多策略影响的复杂系统，分析原生灾害发生后灾后风险认知、目的地形象感知及熟悉度和旅游意愿的关系，进一步完善研究命题和研究假设，建立更加科学的理论研究框架，为进一步的实证研究奠定理论基础。

(3) 专家意见。

将通过文献研究法、理论研究法、典型案例研究法得到的初步理论研究模型，提交给相关的专家，然后根据专家的意见，对游客灾后风险认知的维度模型、游客灾后风险认知、目的地形象感知及熟悉度和旅游意愿的关系模型等模型进行进一步的完善。

(4) 调查研究。

根据省旅游局公布的四川省景区游客数据，采取以地区、性别、年龄、文化程度等为变量的配额抽样法或者分层抽样法进行抽样，然后再根据进行结构方程分析所需样本容量来确定需要调查的问卷数量，最后通过当面访问、电话调查、网络调查等手段进行四川省景区潜在游客的数据收集。

(5) 案例研究。

"5·12"汶川大地震原生灾害损失大、影响广、次生灾害周期长，作为地震发生地的四川是一个旅游大省，辖区范围内具有大量的旅游景区。在汶川卧龙、萝卜寨、三江、都江堰、青城山、平武王朗、江油猿王洞、窦团山、银厂沟、绵竹欢乐谷10个重灾区的景区及九寨沟、黄龙、峨眉山、乐山、蜀南竹海、剑门关、海螺沟、蒙顶山、四姑娘山、西岭雪山10个地震波及区的景区中选择部分典型景区的潜在游客为研究对象。作者参与"汶川地震旅游业灾后重建规划""映秀一日游方案策划""三江旅游规划"，这给研究的顺利进行提供良好的客观现实基础。本书借助已有的研究数据和进一步收集的数据，以及进一步的景区潜在游客调研访谈，进一步研究旅游景区灾后风险认知、目的地形象感知及熟悉度和旅游意愿的关系，初步形成研究结论，然后以此结论为基础，进一步完善理论研究模型，形成能够代表同类型自然灾害的研究结论。

(6) 数据分析。

对所有调查数据，运用因子分析法和主成分分析法、聚类分析法和判别分析法、相关分析法和回归分析法等统计分析方法，借助 SPSS 17.0、LISREL 8.70 等统计软件进行数据分析处理，对相关假设与模型进行检验与修正，最终得出研究所需要的结论。

10.5.2 技术路线

在研究工作中，作者始终坚持理论分析和实证研究相结合的原则。首先，在文献查阅和梳理的基础上，深入剖析相关理论，并在此过程进行实地访谈，以不断修正理论分析的不足和缺陷。其次，在理论分析、访谈研究和案例分析之后，构建研究模型并提出假设，随后进行设计问卷和问题条款，发放调查问卷，并对回收得到的数据进行严格规范的统计分析，并结合实际进行系统理论研究，进一步以系统分析灾后风险认知、目的地形象感知和熟悉度对游客意愿的作用机制，考察模型和假设的合理性和科学性。最后，得出结论，并总结归纳其学术价值和实践意义。

技术路线如图10-1所示。

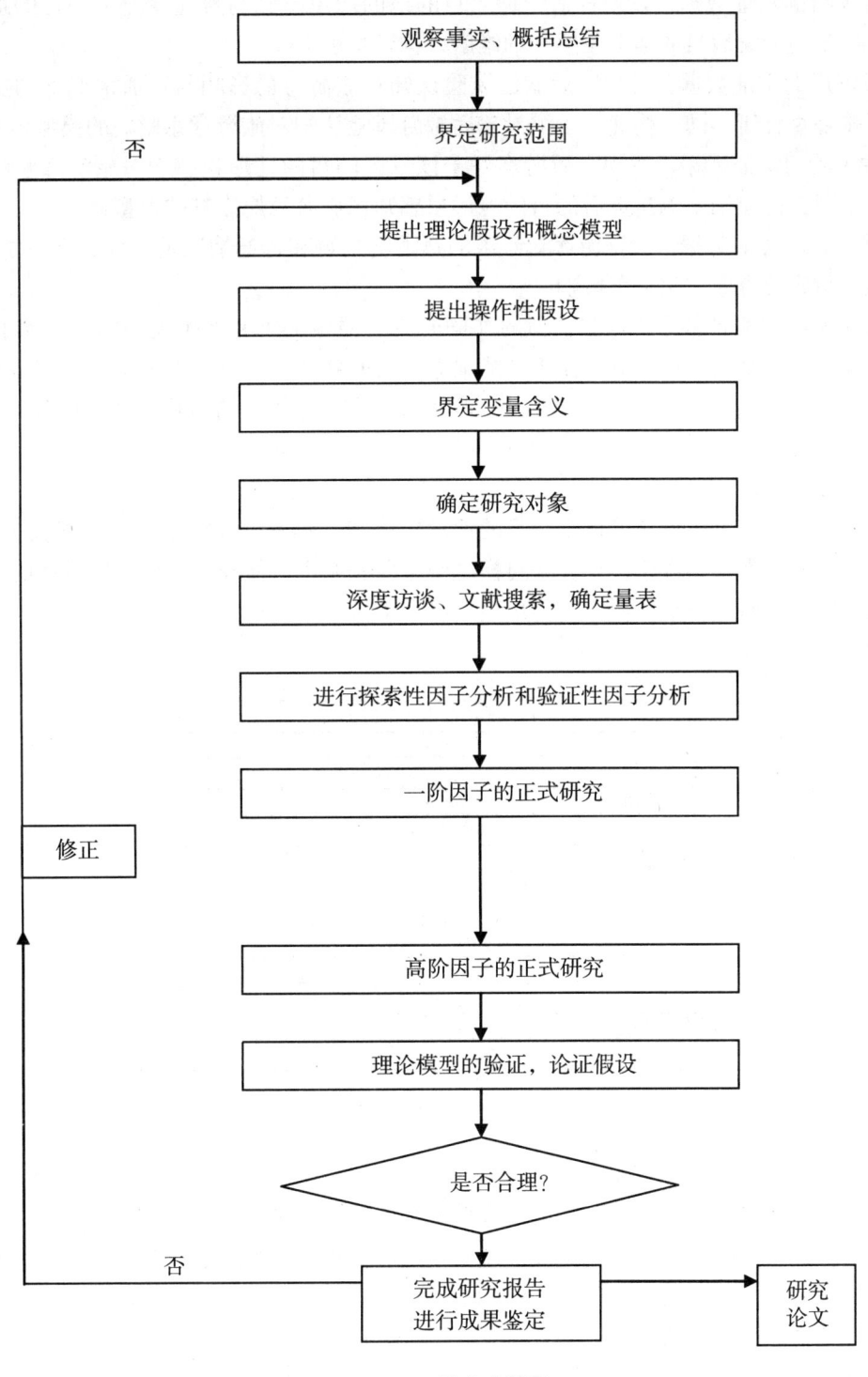

图 10-1 技术路线图

10.6 研究内容与框架

10.6.1 研究内容

（1）通过灾后的实证数据，发现灾后旅游风险认知与普通情况下的旅游风险认知不同之处，提出用于测量灾后旅游风险认知的维度，构建量表。

（2）通过灾后的实证数据，发现普适于灾后目的地的形象感知与普通情况下的目的地形象感知不同之处，提出用于测量灾后目的地形象感知的维度，构建量表。

（3）通过灾后的实证数据，发现灾后旅游风险认知对旅游意愿影响与普通情况下的旅游风险认知对旅游意愿影响是否有所不同，构建用于测量灾后旅游风险认知对旅游意愿影响的模型体系。

（4）通过灾后的实证数据，发现灾后游客对于该景区的目的地形象感知对旅游意愿的影响是否和普通情况有所不同，构建用于测量灾后的目的地形象感知对旅游意愿影响的模型体系。

（5）通过灾后的实证数据，验证游客对景区的熟悉度是否和普通情况下一样，会对游客风险认知、目的地形象感知与旅游意愿产生显著影响。

（6）把汶川地震的实证数据推广到类似的（同时具有原生灾害和次生灾害的）大型自然灾害后的旅游恢复，指导景区恢复的市场细分，使市场能根据不同的熟悉度和目的地形象，对灾后潜在游客进行市场细分，并且针对不同类型的游客（如年龄、收入、教育程度等）进行恢复产品的设计及营销沟通。

10.6.2 研究框架

10.6.2.1 研究思路

首先对目前国内外有关灾后风险认知、目的地形象感知、熟悉度及旅游意愿的相关文献进行梳理。其次在此基础上，提出本书的理论模型，并对模型中主要关系进行假设。最后，以景区的潜在游客作为研究对象，通过问卷调研进行实证研究，得出整个研究结论。

研究思路如图10-2所示。

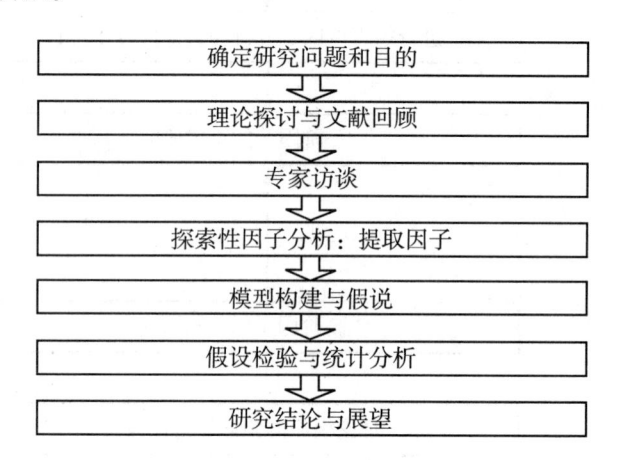

```
确定研究问题和目的
    ↓
理论探讨与文献回顾
    ↓
专家访谈
    ↓
探索性因子分析：提取因子
    ↓
模型构建与假说
    ↓
假设检验与统计分析
    ↓
研究结论与展望
```

图10-2 研究思路

研究思路具体分为以下七个步骤。

第一步，观察现实中自然灾害发生后，凡是原生灾害后伴有次生灾害的景区，旅游恢复都有具体困难，由于不清楚游客具体的灾后风险认知及相关影响因素如何对旅游意愿产生作用，市场细分及沟通策略并没有充足的理论及实证的指导。在全世界灾害频繁发生的背景下，类似的原生灾害很多，景区的恢复营销急需相关理论的支持。初步拟定该问题为本部分研究方向。

第二步，基于这些问题检索相关文献，了解国内外其他学者对原生灾害后风险认知及旅游意愿相关问题的研究情况，定位该课题目前的研究现状，清楚现在的研究进展和目前该课题研究尚存在的不足。

第三步，结合既定的研究方向和已有的相关研究成果，从中找到值得研究而尚未研究的"机会点"，确定本书的研究内容和目标，界定研究范围，确定文章研究的变量为灾后风险认知、目的地形象感知及熟悉度和旅游意愿。

第四步,基于研究内容和目标,展开正式研究,形成研究假设。采用主成分分析法进行探索性因子分析,开发灾后风险认知及目的地形象感知的量表,并进行验证性因子分析。

第五步,建立灾后风险认知、目的地形象感知及熟悉度和旅游意愿的概念模型。

第六步,用汶川地震后的数据对概念模型进行实证,建立普适性的模型。

第七步,得出研究结论以及研究展望。

10.6.2.2 结构安排及逻辑关系

本卷第 10 章绪论部分提出研究问题,明确研究目标。第 11 章对相关的文献进行综述。第 12 章、第 13 章分别对本书涉及的两个子研究进行有针对性的理论和实证分析。第 14 章进行总结,并指出其理论价值、实践意义、研究局限,以及未来研究的方向,结构安排如图 10-3 所示。

章节安排	要解决的问题
第10章 绪论	**本研究要解决的问题** 灾后游客意愿的影响机制
第11章 灾后旅游意愿相关理论文献综述	**灾后旅游意愿理论脉络** 灾后旅游意愿的影响因素及重要变量
第12章 灾后风险认知、目的地形象感知测量维度的文献研究	**重要变量的构成** 灾后风险认知、目的地形象感知的维度、类型
第13章 灾后风险认知、目的地形象感知与熟悉度对旅游意愿影响模型研究	**重要变量对旅游意愿的影响** 灾后风险认知、目的地形象感知与熟悉度对旅游意愿的综合作用
第14章 结论与展望	**本研究得出什么结论** 结论、学术价值和实践意义等

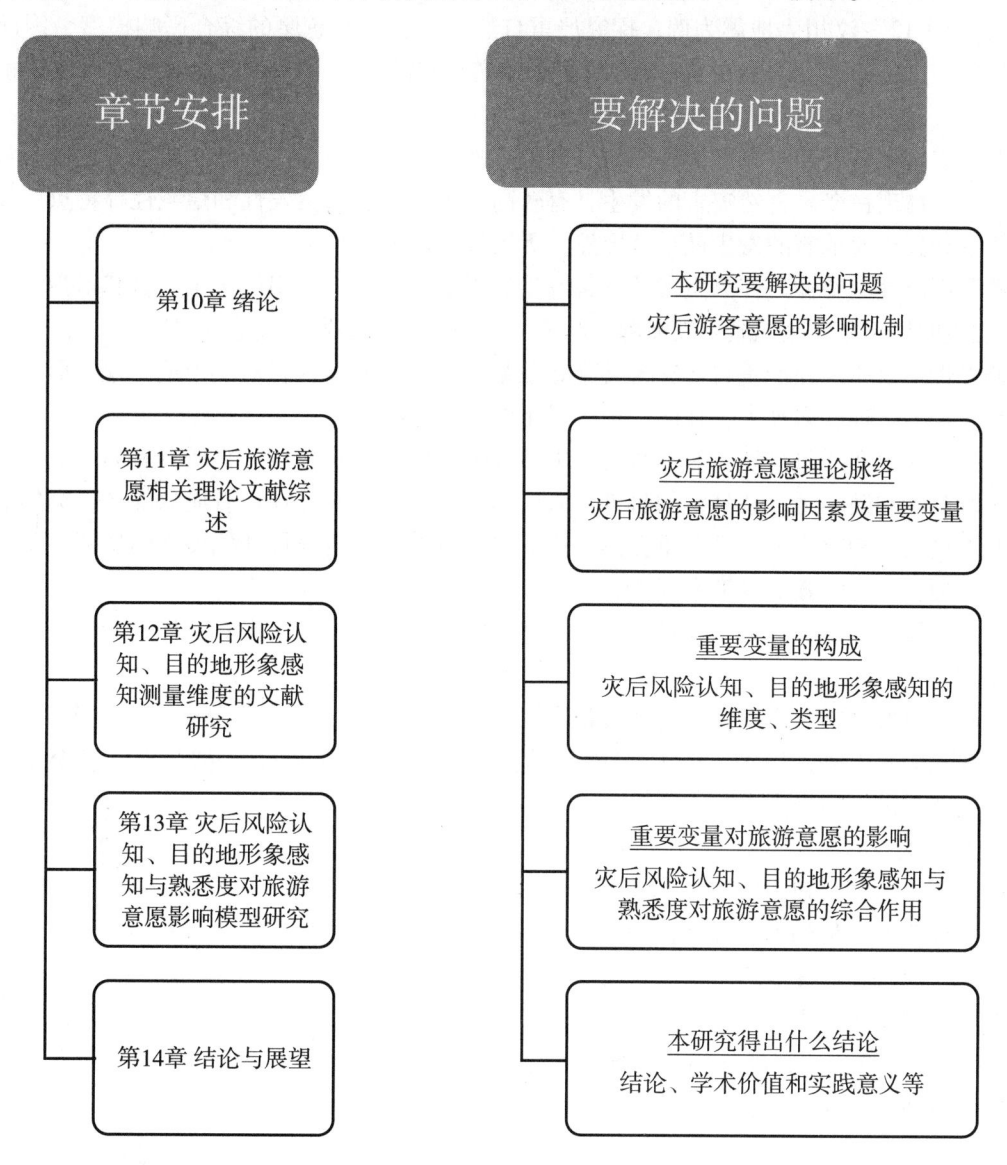

图 10-3 结构安排

11. 灾后旅游意愿相关理论文献综述

11.1 自然灾害特征理论

为了使汶川大地震后的数据能够普适到更广泛的自然灾害后的旅游意愿研究，本章将讨论有可能导致旅游意愿不同影响情况的严重自然灾害特征。

11.1.1 地震灾害特征

研究以"5·12"汶川大地震为例，探究严重自然灾害后旅游意愿的综合影响模型，因此先对严重自然灾害的特征进行阐述。本书在"8.2.2 灾害型旅游危机特征"一节中已经对严重自然灾害的特征进行介绍，这里仅对严重自然灾害特征进行简单的回顾。

严重自然灾害主要有四个方面的特征，分别是意外性、连发性和耦合性、时空群发性、危害性。

意外性主要体现在严重自然灾害的发生具有较高的不确定性、突发性和隐藏性等特点，仪器往往难以准确预测。如汶川大地震的发生就十分突然，无明显强震前征兆。

连发性和耦合性主要体现在严重自然灾害发生后常常会引发一连串的次生灾害和衍生灾害。如日本在2011年发生的里氏9.0级地震引发海啸，从而导致福岛核电站发生核泄漏。

时空群发性主要体现在严重自然灾害常常是在某一段时间或地区相对集中地出现，形成灾害频发的局面。通常表现为一种或多种灾害在同一地区或不同地区相继发生。

危害性主要体现在严重自然灾害本身的巨大破坏力，同时严重自然灾害所具有的以上三个特征也加剧灾害的波及范围和破坏力。意外性的特点使人们面对灾害的爆发往往没有应急准备，突然的灾害常常导致惨重的人员伤亡和财产损失。严重自然灾害的时空群发性、连发性和偶发性的特征，常常造成灾害群发的场面，加剧灾害的救援难度和损失程度。

汶川大地震属于严重自然灾害，具有严重自然灾害主要特征，同时也具有如下的地震灾害特征。

(1) 突发性强。

相对于其他自然灾害，突发性强是地震最突出的特点。地震的发生十分突然，一次7、8级地震震源的形成一般只需几十秒，最多一百几十秒[1]。地震的爆发持续时间短，一般只有几秒至十几秒，但瞬间迸发的巨大能量破坏力极大。

(2) 破坏性大。

在我国，如台湾、福建、四川、云南等人口密集的地区都是地震的多发区。在这些区域爆发地震，往往都会造成惨重的人员伤亡和经济损失。其中大量的人员伤亡是地震相对于其他自然灾害更突出的特征。如1976年7月28日发生的里氏7.8级唐山大地震，共造成24.2万人遇难，重伤16.4万人，累计直接经济损失达100亿元人民币；2008年5月12日爆发的汶川大地震造成69227人遇难，374643人受伤，17923人失踪，造成直接经济损失8452.15亿元人民币。据联合国统计，近70年来，全世界死于地震灾害的约有265万人，占各类自然灾害总人数的58%[2]。

---

[1] 韩渭宾. 地震灾害基本特点及防震减灾对策的几点思考 [J], 四川地震, 2004 (3): 1.
[2] 马勇、倪波等. 川西地震灾害遗迹的旅游开发利用初探——以德阳市重灾区为例 [R].

(3) 社会影响深远。

地震的发生对于一个地区甚至是一个国家的社会生活和经济活动都造成巨大的影响。尤其是在经济发达、人口稠密的地区，地震引发的灾害更加深远。首先，大地震对当地的经济发展带来沉重的打击。基础设施、企业、工厂等的破坏阻碍当地生产经营活动的有序开展，灾害的连发性和偶发性也阻碍当地的投资引进。尤其对于以旅游经济为主的地区，大地震的发生往往使游客量骤降，灾后旅游恢复缓慢，直接影响当地的物流和资金流。其次，大地震灾害可能会造成大范围的社会恐慌。最后，地震灾害对人们心理的影响也比较大，幸存者常常会出现急性应激障碍和创伤后应激障碍。

(4) 次生灾害频发。

地震发生后常常会伴随一系列的次生灾害，地震可能引起的次生灾害种类很多，如滑坡、泥石流、火灾、水灾、瘟疫、饥荒等。原生灾害引发许多次生灾害，次生灾害又会引发下一级的灾害，从而形成一条灾害链。如汶川大地震引发滑坡、崩塌，滑坡堵塞河道形成堰塞湖，堰塞坝发生溃决，洪水引发了泥石流。据调查，汶川地震诱发了1701处滑坡，1844处岩石崩塌，以及1093处边坡失稳[1]。

(5) 防御难度大。

不同于台风、洪水、干旱等气象灾害，地震灾害的预测要困难很多。同时，减轻地震灾害的负面影响是一项长期的工作，如提高建筑物的抗震性能、建立紧急避难处等，向全民普及抗震减灾知识。因此，相对于其他自然灾害，地震灾害的防御工作更加困难，需要社会各方面更多地协调配合。

11.1.2 地震代表的链式灾害种类与旅游意愿

在长期的自然灾害研究过程中，人们逐渐认识到自然灾害不是孤立存在的，特别是巨大的自然灾害常诱发一系列的次生灾害和衍生灾害，形成灾害链；许多自然灾害常同时或同地出现构成灾害群。自然界中气候灾害、地质灾害和生物灾害之间存在关联性，即自然灾害存在链式关系的复杂性问题。

根据灾害链的形成机制、性态演变规律、灾害破坏形式和表现力度及各类灾害种类之间的本质区别，学者们总结出灾害链式类型特征，作为研究灾害链的核心理论。按链式载体反映不同形状的链式类型特征，可将其归纳为以下8种形态[2]。

①崩裂滑移链；②周期循环链；③支干流域链；④树枝叶脉链；⑤蔓延侵蚀链；⑥冲淤沉积链；⑦波动袭击链；⑧放射杀伤链。

各种链式类型的影响因素、形成过程、链式性质及其所对应的灾害形态均有着对应的关系。

其中，地震被归为波动袭击链式灾害。波动袭击链式过程是在短时间范围内释放和传递巨大能量而诱发其他积聚的能量释放和转换或导致物质的转移的灾变过程，形成直接和间接破坏力。波动袭击链示意图，如图11-1所示[3]。这种灾害链式效应的结构特征概括如下：该类灾害链式过程存在以能量的形式链源，通过某种介质进行传播，诱发其他积聚的能量释放和转换或导致物质转移的突发性灾变过程，形成直接和间接破坏力。灾害之间的作用影响也短时间内呈现或完成，其作用强度和影响范围受链源灾害释放的能量大小和作用位置（发生区域）控制。例如地震，强烈的振源产生的动力作用，在物质介质中传播而形成巨大的能量破坏力。

---

[1] 徐梦珍，王兆印，漆力健. 汶川地震引发的次生灾害链 [J]. 山地学报，2012，30 (4)：502.
[2] 肖盛燮. 生态环境灾变链式理论原创结构梗概 [J]. 岩石力学与工程学报，2006，25 (增1).
[3] 范海军. 自然灾害链式效应结构理论及其应用研究 [D]. 硕士学位论文，2006.

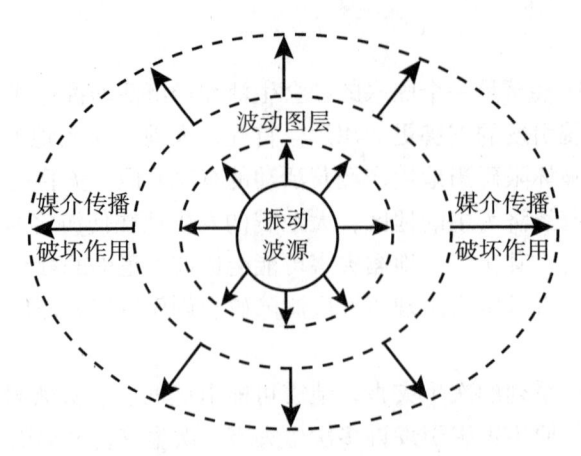

图 11-1 波动袭击链示意图

波动袭击链典型的例子——地震和台风，其链式形态举例如下。

地震—结构倒塌—人员伤亡、火灾、瘟疫、社会秩序和治安问题等。

地震—滑坡、山崩—冲毁桥梁、道路、房屋、堵塞河道等—人员伤亡、水灾等。

地震—海啸—冲毁海上平台及海底电缆、冲决港口、冲毁城市等—水灾、人员伤亡—瘟疫等。

台风—风暴潮—洪涝灾害。

台风—暴雨—洪水。

台风—暴雨—洪水—滑坡、泥石流。

对于地震引发的波动袭击链来说，地震为灾害源（链源），地震的演化形成是在一定因素影响作用下能量突然释放引起地表快速颤动的灾变过程，并以地震波的形式传递能量。具有突发性和毁灭性。地震与滑坡、山崩之间的作用影响在短时间内即呈现和完成。其作用强度和影响范围受地震释放的能量大小和作用点（发生的区域）控制，而滑坡、山崩以物质能量的形式作用于结构物上造成损害破坏，并由此引发的火灾、水灾等次级灾害。

基于以上的文献研究，在波动袭击链的次生灾害频繁发作时期，由于受伤害的风险高于次生灾害已经消退的时期，所以，恢复期后期人们愿意到某受灾目的地旅游的程度应该是不同的。

11.1.3 地震代表的无逃生灾害与旅游意愿

对于有的灾害来说，危机管理规划可能是最关键的，对于其他种类的灾害，游客行为研究可能是最重要的。例如，在某个特定的地理区域不常发生的，并且没有逃脱的关键时间（无逃生），制订或者公布救援计划可能对旅游者的旅行决策有负面的影响。

在自然灾害之中，地震及海啸等（从发现到摧毁某个区域时间极短）可以被看作特殊的灾害。当灾害发生时，不可能告知游客完善的逃离计划或提供安全的保护时，情况就和可逃生灾害不同。甚至板块移动、火山爆发和类似的现象等也可以是无逃生灾害（NEND）。中国在 1975 年成功预测辽宁海城的地震，使人们成功逃离，拯救了无数生命（Levy, 1995）。然而，1976 年的唐山地震却预测失败，242000 人失去生命，城市几乎毁灭（Young, 1988）。21 世纪初期，准确的地震预测几乎不可能实现（PBS, 2003; Vergano, 2001）。由于海啸是海下地震或板块移动的结果，它们作为无法预测的杀手的历史也许还会续写（Monastersky, 1998）。带来毁灭性后果的地震，经常被新闻报道，对某个特定目的地来说，这些却并不是时常发生的事件（Tao, 1999）。从逻辑上说，游客考虑去加利福尼亚、土耳其之类的目的地时会知道，或者会在信息搜索时明白，这些地点地震发生的情况，因此理解存在遭遇地震的风险。

为了建立缓解无逃生灾害影响建议的心理和行为研究的坚实基础，必须考虑到无逃生因素。Huan 等（2003）提出研究框架以帮助理解这类灾害对目的地选择的影响由此产生减缓影响的知识。Huan 等（2003）还研究该框架的实践应用。虽然无逃生灾害主要集中在前述灾害上，恐怖袭击（Sonmez，1999；Sonmez 和 Graefe，1998），"军事"政变（Cassedy，1991），可能还有其他现象也可能是无逃生灾害。Huan 等（2003）的文章只考虑无逃生的自然灾害，因为更宽泛的研究需要包含更多文献和概念，它们对缓解无逃生灾害对旅游影响有直接实践价值的框架贡献不大。例如，减少政变和恐怖袭击的威胁包括对人类行为的管理。虽然可以设计抗击冲击的建筑和选择合适的建筑地址（Coburn，1992），地震和海啸却不能被人为地直接控制或减少。

与可逃生灾害的潜能相比，无逃生灾害的潜能对旅游决策产生不同影响，因为人们的决策会被某种不能逃脱事件的恐惧或风险所影响。这里的风险不是激励人们参与冒险旅游的风险（Jonas，1999；Wall，1997），也不是不愉快经历的风险（Mitchell、Davies、Moutinho 和 Vassos，1999）。在无逃生灾害中受伤或丧生的细微可能性导致对风险的关注。由于无逃生灾害的一些次生灾害也可能是致命的，所以次生灾害频发的阶段风险的被关注程度应比后期更重。

Huan 等（2003）在 Woodside 和 Lysonski（1989）提出的目的地考虑集（Destination Awareness Sets）的基础上分析中国台湾"9·21"大地震对游客目的地决策的具体影响情况，还提出个体由无逃生灾害的发生或个体认为存在这种灾害的风险引发的不同的考虑集或唤起集（Evoked Sets）之间的转换。例如，潜在游客知道中国台湾"9·21"大地震后，通过信息搜索至少相信在地震中受伤是确实可能的。潜在游客还发现确凿的信息表明造访时建筑物的条件很好。在这种情况下，该文给出这种信息知晓状况可能导致中国台湾或其他目的地在考虑集中改变位置的不同情况，从而给出对游客意愿的影响。然而，目的地在考虑集位置的改变取决于具体的旅游计划和参与其中的个体或团体。如果某个打算旅行的个体不擅管理焦虑（Reiss，1987），中国台湾就可能不在访问选项内，即使旅行区域不包括可能发生地震的区域。一些一起旅行的人可能认为如果发生事情，灾害也不会降临到他们头上。有的人可能会进行仔细的研究以决定是否有风险以及风险存在时接受的程度。所以，游客意愿还与个人特征有关。

地震具备链式灾害和无逃生灾害两种特征，可以代表海啸等符合这两种特征的自然灾害。无逃生灾害的特征决定其对于旅游意愿的影响与可逃生灾害不同，其波动袭击型链式灾害特征决定在次生灾害频发期与消退期间的旅游意愿影响不同。

11.2 旅游危机研究

11.2.1 旅游危机的研究界定与分类

11.2.1.1 旅游危机的定义

为了对本章所要研究的旅游危机类型进行界定，需要先对旅游危机的定义进行一定了解。

在本书"4.1.1 旅游危机的定义与分类"部分，已经对危机和旅游危机的定义进行阐述，这里仅对之前的内容进行简要的回顾。

危机的定义学界目前没有一致的定论，不同的学者从不同的角度对危机进行定义。如罗森塔尔（Rosenthal，1991）和皮恩伯格（Pi-jnenburg，1991）从不确定性角度出发认为：危机是指具有严重威胁、不确定性和有危机感的事件[①]。格林（Gerne，1992）从危机控制的角度，认为危机中的时间因素非常关键，危机主要任务是减少损失。巴顿（Batno，1993）从危机影响的蔓延角度出发，认为危机是引起潜在负面影响的具有不确定性的大事件，这种事件及其后果可能对组织及其员工、产品、服务、

[①] 罗伯特·希斯. 危机管理 [M]. 北京：中信出版社，2001：18-19.

资产和声誉造成巨大的损害①。危机研究先驱赫尔曼（Hermann，1972）则将危机定义为一种状态，而非一个或多个事件。赫尔曼"将危机定义为一种形势，在这种形势中，决策者的根本目标受到威胁，做出反应的时间有限，形势的发生出乎决策者的意料"。这个观点也得到我国危机管理专家胡百精的支持，他认为危机更倾向于一种涉及内部与外部多重关系的形势、情境或者状态。可以看出，学者对于危机的定义普遍强调三个要素：价值威胁、时间压力和高度不确定性。

旅游危机的定义在学界也没有得到一致的评论。但世界旅游组织（World Tourism Organization）给出的定义目前在学术界较为认可。世界旅游组织指出旅游危机是"影响旅行者对一个目的地的信心和扰乱旅游业继续正常经营的非预期性事件。这类事件可能以无限多样的形式在许多年中不断发生"。

旅游危机是影响到旅游者的旅游信心并扰乱旅游目的地旅游业正常运行的事件的出现所带来的一种伴随着各种风险和不确定性的状态，它既可由非预期性的事件引起，也可以由在一定时期内可预见到的事件引发。本书的研究，正是在由自然灾害而引起的旅游危机的背景下展开的。

11.2.1.2 旅游危机的研究界定

上述对旅游危机的定义进行了回顾，并强调了研究是以严重自然灾害作为背景进行的。明确这一点便有利于对研究的旅游危机类型进行界定。

目前，很多学者把危机称为存在于社会中的环境风险，并认为危机可以分为两种，分别由自然风险和人为风险引起（A Baum 等，1983；Wiegman 等，1995；Renn，2004）。A Baum 等（1983）认为，自然灾害是人类无法控制的。Wiegman 等（1995）认为自然风险和人为风险引起的危机有一个重要差异——人为原因造成的危机（特别是科技发展引发的灾害）比自然灾害（如地震、火山爆发等）造成的危机影响更为严重和持久。本书研究的是自然灾害造成的危机。

虽然有学者认为人为原因造成的危机比自然灾害造成的危机影响更为严重和持久，但由于这类事件可能以"无限多样的形式在许多年中不断发生"，而且自然灾害相比人为灾害更加缺乏控制性，更加不可避免，所以研究自然灾害危机非常重要，应致力于讨论自然灾害后"旅行者对目的地的信心"的影响因素。由于游客到特定目的地的旅游意愿可以反映游客的这种信心，所以选用灾后游客旅游意愿来研究这种旅游危机。

11.2.1.3 旅游危机的分类

在本书"4.1.1 旅游危机的定义与分类"部分，已经对旅游危机的分类进行阐述，这里仅对旅游危机的三种分类进行简要的介绍。

李九全等（2003）从旅游的角度将危机事件分为背景型旅游危机和内在型旅游危机。突发的自然灾害（包括火山爆发、地震、泥石流、洪水、海啸、瘟疫等）、经济动荡与经济危机或社会动荡等事件属于影响旅游业正常经营的外部因素，可称为背景型旅游危机。另外，在旅游的食、住、行、游、购、娱六大活动过程中也会有给旅游业造成巨大损失的非预见性事件发生，这些事件是旅游业内部因素，可称为内在型旅游危机，如表 11-1 所示。

---

① 刘德艳. 旅游危机管理[M]. 上海：上海人民出版社，2010：5.

表 11-1 旅游危机的性质、类型与影响分析

	危机类型	影响内容	影响范围
背景型危机	自然灾害	旅游资源破坏，旅游经营停顿，威胁旅游者人身财产安全	灾害发生地及与之有关的旅游线路
	战争或武装冲突	全面影响	战争或冲突各方及周边区域及至全球
	恐怖主义事件	全面影响	恐怖袭击发生国家和地区及至全球
	外交危机	人员交往停顿，对旅游者的攻击	交恶双方
	社会动乱	全面影响	动乱发生地区或国家
	经济动荡	出境游，旅游经营	所在国家或地区；其公民的旅游目的地
	突发性公共卫生事件	全面影响	事件发生地及至发生国家甚至波及全球
	重大事故	旅游者人身财产安全	事故发生地及波及范围
内在型危机	重大旅游犯罪	旅游者人身财产安全	事件发生地及至发生国家
	旅游资源破坏	旅游经营	事件发生地
	旅游事故	旅游设施，旅游人身财产安全	事件发生地，相关旅游项目

资料来源：李九全等（2003）。

罗美娟等（2008）将旅游危机的类型划分为传统旅游危机与非传统旅游危机。传统旅游危机是伴随旅游活动的产生与旅游业的发展而出现，且为多数人所熟知的危机类型，如表 11-2 所示。

表 11-2 传统旅游危机的类型

类型	细分
自然灾害	雪灾、地震、火山爆发、洪水、雪崩、山体滑坡等
社会灾害	国内动乱和暴力冲突 突发性公共卫生事件 战争和恐怖活动
流行疾病	动物流行病、人类流行病
政治事件	国内政治局势动荡、外交危机、国际关系动荡等
经济事件	经济秩序动荡、经济形势恶化、经济危机、汇率变动、货币贬值等
意外事故	重大事故 旅游事故
旅游犯罪	旅游盗窃、欺诈与暴力犯罪等

资料来源：罗美娟等（2008）。

非传统旅游危机是近年来伴随着科技的发展与社会的进步所引发的、并伴随旅游者需求的多样化与市场竞争的加剧化等因素而出现的新的危机类型[①]，如表 11-3 所示。

[①] 罗美娟，郑向敏，沈慧娴. 解读旅游危机的类型与特征 [J]. 昆明大学学报，2008，19（2）：59-63.

表 11-3 非传统旅游危机的类型

类型	细分	具体类型
旅游媒体危机	宏观环境危机	政治危机、经济危机、社会危机、市场危机等
	竞争环境危机	供应商的背离、替代品的压力、潜在竞争者的挑战、同行竞争的威胁等
	内部环境危机	产品与价格危机、信誉与形象受损、资金威胁、突发事故危机、管理危机、营销危机、运营危机、研发危机、人力资源危机、战略危机、市场危机等
旅游客体危机	资源危机	旅游资源破坏与匮乏、过度开发或破坏而导致的景区生态破坏与景观的破坏、自然灾害或人为因素引起的突发性事件等
	经营危机	战略危机、产品危机、服务质量危机、形象和品牌危机、财务危机、人才危机、客源地危机、目的地危机等
其他		媒体误导、谣言传播、新科技对旅游媒体与客体的挑战等

资料来源：罗美娟等（2008）。

罗美娟等（2008）依据旅游危机的影响范围与扩散方式划分出地理扩散型和类型扩散型危机。地理扩散型旅游危机是指影响旅游业正常发展的有害因素沿着地理区域范围扩散，在一定区域内破坏和影响旅游业正常发展的危机类型，如表 11-4 所示。

表 11-4 地理扩散型旅游危机的类型

类型	细分
自然灾害	雪灾、地震、火山爆发、洪水、雪崩、山体滑坡等
社会灾害	国内动乱和暴力冲突 突发性公共卫生事件 战争和恐怖活动
政治事件	国内政治局势动荡、外交危机、国际关系动荡等
经济事件	经济秩序动荡、经济形势恶化、经济危机、汇率变动、货币贬值等

资料来源：罗美娟等（2008）。

类型扩散型旅游危机指危机所产生的消极影响由于多种因素的作用，而使具有相似属性的旅游主体、旅游客体或旅游媒体等受到影响，从而共同面临的危机类型[①]，如表 11-5 所示。

表 11-5 类型扩散型旅游危机的内容

类型	细分	具体类型
流行疾病	动物流行病	口蹄疫、禽流感、鼠疫等
	人类流行病	流感、艾滋病等
突发性公共卫生事件		食物中毒等
意外事故	重大事故	重大交通事故等
	旅游事故	旅游交通事故、旅游安全事故（如旅游娱乐设施事故）等

---

① 罗美娟，郑向敏，沈慧娴. 解读旅游危机的类型与特征 [J]. 昆明大学学报，2008，19（2）：59-63.

续表

类型	细分	具体类型
旅游犯罪		旅游盗窃、欺诈与暴力犯罪等
旅游媒体危机	宏观环境危机	政治危机、经济危机、社会危机、市场危机等
	竞争环境危机	供应商的背离、替代品的压力、潜在竞争者的挑战、同行竞争的威胁等
	内部环境危机	产品与价格危机、信誉与形象受损、资金威胁、突发事故危机、管理危机、营销危机、运营危机、研发危机、人力资源危机、战略危机、市场危机等
旅游客体危机	资源危机	旅游资源破坏与匮乏、过度开发或破坏而导致的景区生态破坏与景观的破坏、自然灾害或人为因素引起的突发性事件等
	经营危机	战略危机、产品危机、服务质量危机、形象和品牌危机、财务危机、人才危机、客源地危机、目的地危机等
其他		媒体误导、谣言传播、新科技对旅游媒体与客体的挑战等

资料来源：罗美娟等（2008）。

本研究的自然灾害造成的旅游危机，按照上述的分类标准，应属于背景型旅游危机、传统旅游危机、地理扩散型旅游危机。由于不同类型的旅游危机区别于其他类型危机的独有特点，这些不同的危机类型中游客旅游意愿受影响的情况也是不同的。具体区别将在本章第三部分详述。

11.2.2 旅游危机研究的理论基础

旅游危机研究成为近30年来新兴的研究方向，目前的研究主要以混沌论、组织管理学、心理学等学科的相关理论作为基础。

（1）混沌论。

用混沌论的核心概念"蝴蝶效应"，可以很好地解释旅游业高度敏感性及连锁反应与危机的联系。这个概念指对初始条件的敏感性依赖，是气象学和数学家在气象学方面的一个发现——蝴蝶效应，假设初始条件的细微变化将导致终端事件的动态大变革。换句话说，初始一个小小的错误通过相互加强反馈的正向过程，将可能导致将来一个巨大的错误，后来成为混沌论的核心概念。旅游业的综合性、依赖性和脆弱性导致旅游业的高敏感性。因此，旅游系统中某种旅游因素的变化或者外界的依托因素的变化，都有可能引起旅游业的震荡或波动（李峰等，2007）。

（2）组织管理学。

组织管理理论也是旅游业危机管理的一个重要的理论基础。此时把目的地看作组织，管理的目的在于从混乱中创造出秩序，在混沌中确保生存，传统的管理理论关注如何确保组织的连贯性。自从20世纪80年代初开始，管理的传统方法受到西方社会中日益增长的不确定性的挑战，如今我们已经接受这样的观念，不变的只有变化本身，变化却是持续的。因此，今天的管理理论把防止组织衰弱和危机情况的管理整合到规划，协调和指导组织作为一个经常的过程。危机管理不再是事后的，同时也是事前的，旅游业危机管理尤其应关注组织理论中有关危机发生之前、之中、之后的管理。

（3）心理学理论。

心理学中与旅游业危机最为相关的是感知与目的地形象等理论。心理领域被认为是全部与人相关的信息，我们每个人都可能向某个方向移动和控制。游客对某地的感知，形成了目的地形象，游客决定是否前往某个目的地，是根据形象而不是现实。因此，目的地营销能否成功，在很大程度上依靠潜在游客头脑中确定和创造的目的地形象。

在心理学中风险和形象是不可分的。因为两者都是通过个人对未来不确定是否会发生的事件（风险），而不是当前的目标/事件的认知过程和感知联系在一起的。正是两个概念之间这种不可分的关系将旅游者和目的地联系在一起，游客选择目的地依赖于游客心理认为潜在目的地能提供给他们需要的相关事物。因此，目的地形象是激发游客的重要刺激物，不管形象是否真实地代表该地所能提供的东西。它都有可能是目的地选择过程中的关键因素。

这里是从心理学的角度入手分析缓解自然灾害危机的重要因素，即游客意愿的主要影响因素——风险认知和目的地形象的作用。张玉玲认为，旅游危机的影响机制是从减少客流开始，按照客流—物流—资金流的相继减少顺序削弱经济活动的频率，进而使经济增长势头受到抑制[①]。自然灾害引发潜在旅游者旅游的行为意愿降低，从而取消或改变他们的旅游计划，导致当地旅游业衰退。通过游客意愿的提升，本书也将结合组织管理学为危机管理提供理论依据和实践建议。

11.2.3　不同危机中旅游意愿受影响的区别

Sinclair（2006）建立一个包含时间序列的模型，验证美国、法国、德国游客到苏格兰旅游的需求，发现不同国家的游客在不同类型的旅游危机面前，旅游需求的变化不同，即旅游意愿不同。自然灾害、疾病、恐怖主义或战争引发的不同类型的旅游危机能够产生不同的影响效果，不同的危机属性对当地旅游业的伤害程度也不同。

根据前述的文献，目前旅游危机按照不同的划分标准，主要有背景型旅游危机和内在型旅游危机、传统旅游危机与非传统旅游危机、地理扩散型旅游危机与类型扩散型旅游危机。背景型旅游危机和内在型旅游危机的划分方式主要是根据危机发生在行业外部和内部。传统旅游危机与非传统旅游危机、地理扩散型旅游危机与类型扩散型旅游危机的划分主要根据导致危机的原因或特性划分。不同的危机原因或特性就会导致游客旅游意愿受到影响有所不同。罗美娟等（2008）认为传统旅游危机、非传统旅游危机、地理扩散型旅游危机以及类型扩散型旅游危机四者在征兆、危害程度、持续时间、影响范围、可控制性等方面都存在较大的差异，具体表现如表11-6所示。

表11-6　四种类型旅游危机特征比较表

危机类型 演化差异	传统型	非传统型	地理扩散型	类型扩散型
征兆	较明显	较不明显	较明显	较不明显
持续时间	较长	一般	较长	一般
危害程度	大	一般	大	较小
影响范围	大	较小	大	小
可控制性	低	较高	低	较高

资料来源：罗美娟等（2008）。

传统型旅游危机主要由旅游系统外部因素引起，引起该类型危机的因素不仅导致旅游的危机，还导致其他诸如交通、通信等行业的危机，因此可控制性低、影响范围大、危害程度较大，且持续时间一般较长；非传统型旅游危机一般是由旅游系统内部因素所致，因此与传统型旅游危机相比，具有危害程度与影响范围较小、可控制性较高的特点。地理扩散型旅游危机在特定区域范围内蔓延，影响多主体、多

---

① 张玉玲. 非典对经济有何启示 [N].

行业的发展，因此可控制性低，且在演化过程中存在危害程度与影响范围大的特点；而由于类型扩散型旅游危机的扩散介质与旅游者直接相关，因此可控制性较高，且影响范围与危害程度较小[①]。所以，本研究的自然灾害后潜在游客旅游意愿主要由旅游系统外部因素——自然灾害导致，游客感知到的风险和目的地形象的破坏主要由外部因素引起，而且，游客感知到的风险是不可控制的，风险认知的程度相对较高，受影响的目的地范围也较广，旅游意愿恢复时间相对更长。然而，由于旅游意愿恢复的周期长，恢复期不同时间段内的旅游意愿影响情况是否有所区别？自然灾害的特性会不会导致这种区别，从而使旅游恢复期的阶段划分有别于普遍情况？本章收集的数据取自汶川地震发生一年之后，也是地震的次生及衍生灾害不再频繁发作和被频繁报道的时期，这样的数据能否得出与普通情况不同的结论？回答这些问题还应先回顾灾害危机管理理论中管理周期的划分情况。

11.2.4 旅游危机管理研究

广义的危机管理被认为包含4个R，分别代表危机的四个阶段：减少、准备、回应和恢复（Evans和Elphick，2005）。然而，实体的管理者面对的是要实行这些管理程序的现实，大量的文献围绕成功的危机管理程序展开。Caplan（1970，Arnold's（1980），Slatter（1984），Smith（1990），Booth（1993），Smith和Sipika（1993），Seymour和Moore（2000），Clarke和Varma（2004）等学者都研究了危机管理的模型和构思。这些人的研究方法及其研究局限被整理在如表11-7所示中。

表11-7 危机管理模型

模型	方法、途径	范围
Caplan（1970）危机模型	从心理学的角度出发，重点分析个人如何应对危机	模型缺乏精确的解释，限于描述性。最重要的批评是它的同质性
Slatter（1984）危机的敏感性模型	解决危机的经济学方法	它是组织内部的敏感性危机因素。这不是一个过程，只是一个说明哪些因素可能导致危机的模型
Arnold's（1980）危机模型	从社会学的观点研究社区如何应对危机	只侧重于社会学的看法，集中研究与组织有关的个人。个人对危机的看法可能有别于组织
危机的发展过程模Booth（1993）	旨在找出许多危机的共同特征	过于笼统和简单——由于所有危机都涉及特殊原因和影响，它们都是独一无二的
危机生命周期Seymour和Moore（2000）	研究危机决策中的障碍	过于描述化和普遍化，虽然可适合于任何组织
Clarke和Varma（2004）	介绍作为一个战略进程的风险管理模式	难以实施
危机管理模型Smith（1990），Smith和Sipika（1993）	危机从开始至结束的流程	有些过于描述化和普遍化

资料来源：Evans和Elphick（2005）。

所谓旅游危机管理，是旅游地对旅游开发、经营过程中可能产生的风险因素采取预防或消除措施，以及在危险发生后采取弥补措施的科学管理方法[②]。国内的研究中，侯国林（2005）建立了旅游危机期潜在游客旅游决策模型和危机管理模型，将危机按发展时期分为潜伏期、爆发期和恢复期三个阶段，并

[①] 罗美娟，郑向敏，沈慧娴. 解读旅游危机的类型与特征 [J]. 昆明大学学报，2008，19（2）：59-63.
[②] 刘锋. 旅游地灾害风险管理初探 [J]. 全国首届灾害风险评估研讨会论文集，1996.

提出不同阶段应当采取的应对机制。舒波等（2008）建立突发性逆境管理的模型，其中也包含三个阶段：逆境预警期、逆境表现期和逆境恢复期，并提出相应的应对策略重点。国内研究普遍存在的问题是，危机阶段的划分过于笼统，没有考虑到每个时期还可以划分为不同性质的阶段，这些阶段危机的具体情况可能有所不同，游客的旅游意愿受到的影响也不一致，使得具体阶段的危机管理缺乏可操作性。

在国外的研究中，Murphy 和 Baley（1989）把危机划分为四个阶段：评估、预警、冲击、恢复，并建立第一个旅游危机管理基本理论框架。Faulkner（2001）在《关于旅游危机的管理框架》中，系统描述了旅游危机孕育、产生和发展的过程，还建立了危机管理的通用模型。Faulkner 的模型是在目的地研究的大范围理论讨论后产生的，危机管理周期的划分总结 Fink（1986）和 Robert（1994）的研究成果。Faulkner 的危机管理的研究总结 Murphy 和 Bayley（1989）、Cassedy（1991）、Drabek（1995）、Young 和 Montgomery（1998）的研究。Cassedy（1991）列出目的地成功危机管理反应的战略步骤，而 Drabek's（1995）集中讨论应对紧急情况必要的更细致的操作步骤。Young 和 Montgomery（1998）提出的危机管理框架中强调危机管理的沟通层面。Faulkner 这篇论文是系统论述旅游危机管理的重要的开创性文章，成为旅游危机管理的经典论文。

Faulkner 的模型借用医学术语提出"灾害生命周期"，将灾害后的危机划分为六个连续的阶段：事件前期（Pre-event）、征兆期（Prodromal）、紧急应对期（Emergency）、恢复中期（Intermediate）、长远恢复期（Long-term）和痊愈期（Resolution）同时，针对这六个阶段 Faulkner（2001）提出了相应的危机反应阶段：前期、动员、行动、恢复、重建和回顾，如表 11-8 所示。

表 11-8　危机和灾害周期

Faulkner（2001）阶段划分	Fink（1986）阶段划分	Rebert（1994）阶段划分
1. 事件前期		发生前：可采取行动，以防止灾害（如管理规划或计划，旨在减轻潜在的灾害影响）
2. 征兆期	征兆期：征兆变得很明显，这场危机是不可避免的	
3. 紧急应对期	紧急应对期	紧急应对期：对于灾害已经有明显感受，拯救和保护行动成为必要
4. 恢复中期		恢复中期：人们的应急需求已得到满足，主要的精力集中在恢复服务和社区的行动上，这时对于灾害反应的要点是恢复——包括恢复被破坏的灾害评估监测系统、清扫整理和制定媒体沟通策略
5. 长远恢复期	恢复期	长远恢复期：人们继续前期工作，但这时的工作已不包括验尸、治疗等前期工作，这时的反应要点是重建——包括修复损坏设施、恢复环境、安抚受害者、恢复商业和消费信心以及投资计划
6. 痊愈期	痊愈期：日常的恢复与提高的建设	

资料来源：Faulkner（2001）。

其中，事件前期是可以采取行动阻止或减轻危机影响的时间段；征兆期有征兆显示灾害逼近；紧急应对期对于灾害已经有明显感受，拯救和保护行动成为必要；在恢复中期，人们的应急需求已得到满足，主要的精力集中在恢复服务和社区的行动上，这时对于灾害反应的要点是恢复——包括恢复被破坏的灾害评估监测系统、清扫整理和制定媒体沟通策略；长远恢复期内人们继续前期工作，但这时的工作已不包括验尸、治疗等前期工作，这时的反应要点是重建——包括修复损坏设施、恢复环境、安抚受害者、恢复商业和消费信心以及投资计划；最后的阶段是痊愈期，日常的恢复与提高的建设在这个时期进行，该阶段主要工作就是回顾灾害和总结经验。

这里收集的数据是"5·12"汶川大地震一年之后的数据，此时地震后的次生及衍生灾害已不再高频率发作，大规模高密度的媒体沟通策略已告一段落，重建工作已按阶段进行，对于震后的旅游产业来说，主要任务在恢复潜在游客旅游信心即提升旅游意愿上。按照Faulkner模型的阶段划分，应该属于长远恢复期。不过，汶川地震发生突然，前期由于没有准确预报，根本没有采取减灾行为的时间，也就不存在"事件前期"；另外，也没有预报显示灾害逼近，所以造成惨重伤亡，"征兆期"在这一案例中也不存在。这说明突发性严重地震的特殊属性，可能会导致旅游危机管理时期划分的区别。而Faulkner的模型并未体现出不同旅游危机在阶段划分或危机管理方面的不同。

有很多学者都研究旅游危机管理的具体案例（Beirman，2003；Cassedy，1991；Cioccio 和 Michael，2007；Faulkner，2001；Faulkner 和 Vikulov，2001；Glaesser，2003；Hystad 和 Keller，2005；Lee 和 Harrald，1999；Ritchie，2004；Santana，1999）。但是，Hystad 和 Keller（2008）总结这些研究发现，很少有案例研究从旅游业的角度探讨重大灾害危机的长期影响、恢复和经验。文献表明，从1986年以来（Fink，1986）针对旅游危机长期影响的具体的案例研究非常缺乏，旅游危机事件研究大多集中在危机事件爆发的当年，长远和时间后的研究很少（朱明芳等，2007）。

这既提出了研究机会也说明了其研究价值，本书要解答汶川大地震长远恢复期内旅游意愿受到的影响有无特殊之处，可以丰富这一方面的研究。

根据前述的文献，不同的旅游危机对于旅游意愿会有不同的影响，所以，在长远恢复期，除了旅游意愿受到的影响可能有所不同外，不同的旅游危机所导致的旅游意愿影响也应该不同。那么汶川地震所能代表的自然灾害具有何种特征？由汶川地震得出的结论适用于哪一类自然灾害？要解答这两个问题，需要在下一节讨论自然灾害的特征。

11.3 购买意愿理论

11.3.1 旅游意愿与旅游行为的关系

本书在"5.1.2 购买意愿与购买行为的关系"中通过文献梳理对购买意愿与购买关系进行阐述，同时也进一步引出旅游意愿与旅游行为的关系，这里仅做简要的回顾。

购买意愿是指消费者愿意采取特定购买行为的概率高低。因此，旅游意愿也可定义为潜在游客购买某种特定旅游产品的主观概率或可能性或者计划。

对于购买意愿能否有效地预测消费者购买行为上的研究，国外大多数学者已经证实购买意愿预测消费者未来的购买行为是有效的。消费者理性决策的购买行为可以分为需求识别、信息收集、选择评估、购买决策、购后评价五个阶段。国内外学者基本一致认为，购买意愿处于消费者购买行为五阶段中的购买决策阶段，此时消费者心中已有品牌偏好，通过收集信息和比较评估产生购买意愿，此时若没有其他情况出现，消费者就会采取购买行为。因此，旅游意愿作为潜在旅游者购买某种旅游产品或到达某个目的地的意愿，被认为可以用来预测潜在游客的旅游行为。

11.3.2 购买意愿的影响因素

国内外学者对消费者购买意愿的影响因素的研究中主要有三种观点，这三种观点都在本书的"5.1.3 购买意愿的影响因素"中进行了文献梳理和归纳，这里再对这三种观点做一下简要回顾。

(1) 个人态度。

态度是指对某一刺激所持有的赞同或反对的情感程度，心理学认为个人对事物的态度影响其行为意愿。Kim 和 Littrell（2003）采用著名的 Fishbein 模型测量游客的态度，研究证明游客对旅游地文化的态度会影响他们对纪念品的购买意愿。周应恒等从食品安全的角度研究消费者的购买意向，认为消费者对食品安全的态度影响他们对食品的接受程度，进而影响购买意愿。

(2) 感知价值。

感知价值是指消费者对所能感知到的利益和其在获取产品时所付出的成本进行权衡后对产品或服务效用的总体评价。消费者会选择购买感知价值最大的产品。本研究的消费者是潜在旅游者，产品是某个受灾害影响的目的地景区，该景区能体现的价值是从潜在游客感知到的正面目的地形象体现的，所以，研究将提取目的地形象感知因素来研究其对旅游意愿的影响，进而预测游客的购买行为。

(3) 感知风险。

Bauer（1960）认为，感知风险指由消费者的行为产生的，而他自己不能明确预期的后果。这种后果是指购买产品后，会带来的时间、货币、心理等损失。当感知风险降低到消费者可以接受的程度或者完全消失时，消费者就决定购买。所以，本部分研究将游客灾后的风险认知作为变量之一，研究它对游客购买意愿的影响，期望能有助于预测购买行为。

11.4 旅游决策研究

11.4.1 旅游决策与旅游意愿的关系

旅游决策是指个人根据自己的旅游目的，收集和加工有关的旅游信息，提出并选择旅游方案或旅游计划，最终把选定的旅游方案或旅游计划付诸实施的过程。

本书在"5.2.3 旅游决策与购买意愿的关系"中对旅游决策与旅游意愿的关系进行了阐述，这里仅做简要的回顾。

购买行为可以分为需求识别、信息收集、选择评估、购买决策、购后评价五个阶段。相应的，古戴尔（1991）提出个人的旅游度假决策过程，也由五个基本环节构成，即旅游动机、信息收集、旅游度假方案评价、购买决定和旅游体验。在购买决定环节，游客的购买意愿体现了游客的购买决定，即旅游决策。因此，用游客意愿来反映游客的旅游决策是有效的。

11.4.2 旅游决策的影响因素

对于旅游决策的影响因素，本书的"5.2.4 旅游决策的影响因素"中已经对相关文献综述进行整理，这里仅做简要的回顾。

通常，旅游者的知觉在旅游决策中往往发挥巨大作用。其中，环境感知一直是影响旅游决策行为的重要因素之一。旅游者对于旅游目的地的选择关键在于对这些旅游地所获得的感知，包括如何认知风险、如何评价目的地形象能提供的正面价值。因此，本书将建构一个模型从游客对某目的地负面的风险认知和对目的地正面形象感知两大方面研究对游客决策的影响。

旅游风险认知的研究在学界备受关注。我国学者焦彦（2006）提出，旅游者在旅游决策过程中可能会形成或强化旅游价值风险、身体风险、心理风险、安全风险和交通风险的知觉，旅游者对风险的容忍程度和知觉风险的程度会共同影响旅游决策。所以，旅游者对于目的地的风险认知会影响旅游决策。本研究将对风险认知对旅游意愿的影响进行探究。

人们在决定出游时，会主动收集资料并了解出游的风险，同时选出最大限度满足自己需要和兴趣的旅游点，如旅游点特色和知名度的感知等，就是普通情况下影响旅游决策行为的重要因素之一，这些相关感知形成游客的旅游目的地形象。因此，旅游者对于目的地形象的感知也会影响旅游意愿。本研究将对目的地形象感知对旅游意愿的影响进行探究。

旅游目的地的熟悉程度也会影响对旅游目的地的感知程度和对旅游资源的偏好度，还会对旅游者目的地决策造成直接影响。在此基础上，研究将提取熟悉度作为旅游决策的影响因素，研究熟悉度对旅游意愿的影响。

11.5 游客风险认知理论

11.5.1 游客风险认知的定义

自从20世纪20年代（Knight，1948）经济学引入风险的概念，它已成功应用于经济学、金融学、决策科学的决策理论中（Dowling 和 Staelin，1994）。对于风险之下的决策分析，预期效用理论（Von Neumann 和 Morgenstern，1947）已被接纳为理性选择的规范模式（Kahneman 和 Tversky，1979），直到前景理论（Kahneman 和 Tversky，1979），作为预期理论的替代被提出，然后 Fishburn（1982）提供一个新的理论称为斜对称双线性（SSB）的效用理论。预期效用理论建立一套评估可选择决策的基础公理，而这些公理已经被一系列的学者减少到3个基本公理：传递性，独立性，以及连续性偏好（Bell 和 Farquhar，1986）。前景理论可以用来预测违反预期效用理论的行为（Currim 和 Sarin，1989）。斜对称双线性（SSB）效用理论使用的公理，"可以弱到足以容纳观察到的行为，同时可以强到足以拥有规范性诉求"（Bell 和 Farquhar，1986）。

在营销研究中，Bauer（1960）首先提出将消费行为看作为承担风险的实例，因为"消费者的任何行动将产生他无法预料大致确定性的后果，这其中一些至少很可能是不愉快的，消费行为涉及在这个意义上的风险"。他还指出，"个人能够应对和处理的只有他主观感知到的风险"，只有"感知风险"影响消费者的决定。在韦氏辞典中，"风险"被定义为"损失或伤害的可能性"。在韦氏辞典中，"风险"被定义为"损失或伤害的可能性"。Knight（2001）的"风险"的定义是，当"不确定性"存在又缺乏确切概率的知识时，有与各种决策的结果相关的一个已知的概率。Bauer（1960）"感知风险"的论断和 Knight 的"风险"的定义表明排除"风险"未知可能性的相同的概念。Cox（1967）还评论说，消费者很少能够了解与购买有关的确切的概率。然而，营销人员互换使用两个概念（Mitchell，1994）。

许多研究人员采用 Hofstede（1984）的"不确定性规避"作为对风险不容忍的一个测量标准，例如，Money 和 Crotts（2003）用它来调查国际游客购买行为。然而，Hofstede（2001）指出，许多研究人员将"不确定性规避"解释为"风险规避"，同时又明确地指出，"不确定性规避"并不等于"风险规避"。他说："风险通常以一个特定事件可能发生的百分比或可能性表示，而不确定性是一种任何事情都有可能发生但人们不知道的情况。"但是，对风险的定义似乎仍然尚未标准化，最近的一项研究表提出风险认知的另一个定义——消费者不能预见到的购买决定的后果的不确定性（Schiffman 和 Kanuk，2000）。这个定义强调了两个风险认知的两个相关维度：不确定性和后果。Yates 和 Stone（1992）从三个方面解释风险定义为何如此模糊：①风险由不同的要素构建而成，而单独的风险要素常常被当作整体的风险；②不同的情境以不同的方式影响风险；③风险的主观性质导致个人对风险的理解分歧。

所以，风险认知关系到人们对影响日常生活和工作的各种因素的心理感受和认识。很多社会和自然方面的因素，会不同程度地影响人们的生活和工作，比如政治经济改革、能源交通、自然灾害等。而这些因素的影响往往具有不确定性，所以称其为风险因素。这里所说的风险是一个广义的概念，主要强调风险因素对人们生活和工作影响的不确定性特征。

本章要研究的灾后游客风险认知就是目的地由于自然灾害引起的风险因素对潜在游客的影响的不确定性特征。风险认知的测量并不是对风险本身的测量，而是测量人们在心理上对各种风险因素的感知和认识。这里的灾后游客风险认知与普通情况的游客风险认知不同，是指专门由灾害引起的游客风险认知。因为灾害不直接影响游客旅游意愿，而是风险认知，它通过灾害引起的风险认知间接影响旅游意愿，所以要研究灾害引起的风险认知对旅游意愿的影响。因此，本书研究与自然灾害有关的或由自然灾害引起的游客风险认知,与普通情况下游客对于某一目的地的风险认知是有所不同的。具体的不同之处表现在灾后游客风险认知的内容里。为什么有这种区别也在内容部分里提出。

11.5.2 灾后游客风险认知的内容

由于风险认知对消费者行为的解释更加重要(Mitchell,1994),受 Bauer(1960)开创性研究的启发,许多消费者行为实证研究测试风险认知结构(Brooker,1984;Jacoby 和 Kaplan,1972;Kaplan、Szybillo 和 Jacoby,1974;Laroche、McDougall、Bergeron 和 Yang,2004;Mitchell 和 Greatorex,1990;Peter 和 Ryan,1976;Roselius,1971;Stone 和 Gronhaug,1993;Verhage 等,1990)。Jacoby 和 Kaplan(1972)首次研究了与 12 种不同消费品(如电视机,西装,牙膏,维生素)相关的风险认知的结构,不同消费产品,并确定了五个方面的风险维度:心理、经济、绩效、物理和社会风险。他们发现,绩效风险与总体风险认知有最高的相关性,其次是有形产品的经济风险。这些结果后来在使用同样的风险尺度和相同的 12 个产品集的新数据验证研究中被交叉验证(Kaplan 等,1974)。后来的研究还发现,绩效风险对大部分产品而言是对整体风险最具预测性的。另一项研究调查了与风险相关的 4 各种损失(时间上损失、灾害损失、自我损失、金钱损失),并确定品牌的忠诚度和主要品牌形象对减少风险最为有利(Roselius,1971)。在购买汽车情境下风险认知和品牌忠诚的关系也有研究(Peter 和 Ryan,1976)。研究人员发现,风险认知只有对认为风险很重要的消费者才是品牌偏好的预测因素。他们还建议,"损失的概率是可操纵的风险现象和损失的重要性是一种固有的风险现象"。Brooker(1984)检验前人的两个研究中的六种风险认知类型(Jacoby 和 Kaplan,1972;Roselius,1971)。他的研究结果显示与百货购物相关性最强的风险维度是经济风险和绩效风险;心理风险和社会风险是两个相关性最小的维度。Stone 和 Gronhaug(1993)开发了衡量以往研究中发现的六个风险维度的多指标体系,(Jacoby 和 Kaplan,1972;Roselius,1971)。他们的研究显示,经济和心理风险是影响个人电脑购买中整体风险认知的最重要的方面。Verhage 等(1990)研究了四个国家存在风险认知(荷兰、沙特阿拉伯、泰国和土耳其)。虽然在所有的四个国家中,与购买浴皂和牙膏有关的风险认知已被发现,但风险认知和品牌忠诚度的关系没有被验证。另外,不同国家之间风险认知程度不同。土耳其的消费者购买浴皂和牙膏的风险认知水平明显低于其他国家。该研究认为,风险认知的概念是在不同的国家都是有效度的,但每个国家减少风险的策略应不同。Mitchell 和 Greatorex(1990)研究了美国的本国和国外消费者风险认知的区别。国外消费者风险认知水平更高,心理损失是本国和国外消费者间区别最大的。这项研究表明,品牌忠诚对于减少风险最为有用的,而这一结果与先前介绍的 Verhage 等(1990)的研究刚好形成对比。

Laroche 等(2004)用六种代表不同程度的无形性的产品研究了无形性对风险认知的影响,六种产品分别是:牛仔裤和计算机(高有形性的商品),音乐 CD(低有形性的商品),匹萨晚餐(有形的服务),支票账户和互联网浏览器(无形的服务)。在无形性的三个方面(物理无形性、精神无形性和一般无形性),物理无形性与商品的风险维度密切相关,精神无形性与服务的风险维度显著相关。这一结果表明无形性对风险认知的影响在商品和服务之间是不同的。

在旅游风险认知的研究中,许多研究通过 Jacoby 和 Kaplan(1972)的研究确定了五个方面:"经济风险""绩效风险""人身风险""社会风险"和"心理风险"(Cheron 和 Ritchie,1982;Mitra、Reiss 和 Capella,1999;Stone 和 Gronhaug,1993;Stone 和 Mason,1995)。"时间风险"是 Roselius(1971)补充的。其他研究将这六个方面放在一起进行调查(Stone 和 Gronhaug,1993;Stone 和 Mason,1995),但其中一个维度(人身风险),在一些研究中被排除(Laroche 等,2004)。"满意风险"最早出现在关于风险认知和休闲活动的研究中(Cheron 和 Ritchie,1982)。一些研究以特定的维度为重点,如"政治不稳定风险"(McCleary 和 Whitney,1994;Seddighi、Nuttall 和 Theocharous,2001;Sonmez 和 Graefe,1998b),和"恐怖主义风险"(Sonmez 和 Graefe,1998a,1998b)

除了 Roehl 和 Fesenmaier（1992）研究中的七种风险类型外，Sonmez 和 Graefe（1998b）增加三个其他类型的风险："健康风险"——在旅途中或在目的地患病的可能性，"政治不稳定风险"——被卷入所访问国家的政治动荡的可能性；以及"恐怖主义风险"——被卷入恐怖主义行为的可能性。

在高风险沙特认知者中，风险有四种显著的维度：①属于阿拉伯国家；②食物好；③物有所值；④租住公寓容易（Yavas，1987）。虽然他的研究并没有采用其他研究中使用的风险，结果表明，不同的风险维度因国籍不同而有所不同。

虽然上述讨论的大多数研究使用单一的量表测量每个维度，有几项研究使用多重量表来测量风险认知维度（Havlena 和 Desarbo，1991；Laroche 等，2004；Stone 和 Gronhaug，1993；Stone 和 Mason，1995）。Havlena 和 DeSarbo（1991）通过从以前的研究确定六个维度（绩效、经济、安全、社会，心理和时间/机会），但发展专门与车辆购买相关的十三个风险属性。Stone 和 Mason（1995）与 Stone 和 Gronhaug（1993）衡量与个人计算机购买行为相关风险的六个维度（社会、时间、经济、人身、绩效、心理），每个维度用三个项目测量。Laroche 等（2004）采纳 Stone 和 Gronhaug（1993）的量表，但"社会风险"的一个测项被排除在他们的研究之外。以下是各种文献中对各种风险认知内容的概述。

（1）人身风险。

"人身风险"与"社会风险"在 Brooker（1984）的文章中是与杂货购物最不相关的感知风险维度。然而，Roehl 和 Fesenmaier（1992）发现对于一般性的度假或某个具体度假而言，"人身风险"和"设备风险"是风险认知相关性最强的维度，他们将"人身风险"定义为"该特定目的地之旅将导致人身危险，伤害或疾病的可能性"。另一项研究将组团包价游相关的"人身风险"定义为"由于旅行过程中的法律和秩序、天气和卫生问题，使个人健康暴露在风险之下，受伤或生病的可能性"（Tsaur、Tzeng 和 Wang，1997）。

（2）健康风险。

根据 Richter（2003）的报告，与游客的健康相关的组织，如世界卫生组织（WHO）和美国疾病控制和预防中心（CDC），在履行最初的使命——报告和防止新的或严重的疾病方面都没有成功。然而，越来越多的人知道当他们出门旅行时所面临的健康问题的严重性。严重急性呼吸系统综合征（SARS）在 2003 年上半年给亚太地区的国际旅游带来毁灭性的打击。纽约的西尼罗热和欧洲的疯牛病也对旅游客流造成显著影响（Richter，2003）。"健康风险"对访问或未访问过德国的沙特人来说，都是最关注的风险维度（Yavas，1990）。

（3）经济风险。

虽然在许多其他服务行业中，价格不是需求的主要决定因素，在旅游业中，它却是影响需求的主要因素（Schmoll，1977）。在英国游客中，参加旅行团的游客和非组团游客报告旅行的物有所值对他们来说同等重要（Hsieh 等，1994）。参加旅行团的游客同意为额外商品和奢侈品支付更多费用；而廉价旅行对非组团游客来说更为重要。然而，这两组游客都认为"花在旅游上的钱是值得的"（Hsie 等，1994）。

（4）社会风险。

Reimer（1990）认为，度假的风格会给旅行者的同龄人留下深刻印象。度假风格包括旅行地点的数量、旅行的频繁程度、旅行的距离以及目的地的异国情调。加拿大多伦多旅游经营者报告说，同侪压力是购买高档的冒险之旅的强烈动机；在冬季去阳光目的地旅游可能是成功的标志（Reimer，1990）。在对美国居民的抽样调查中，社会风险是对欧洲旅游意愿唯一显著的预测指标；个体具有的社会风险认知水平越高，打算前往欧洲旅游的意愿越小（Sonmez 和 Graefe，1998b）。与上述的"社会风险"重要作用的调查结果相反，Roehl 和 Fesenmaier（1992）发现，"社会风险"与其他六个风险类型的相关性最低，因此他们的进一步分析中去掉社会风险。他们把"社会风险"定义为"特定目的之旅会影响别人对我的看法"的可能性。

（5）时间风险。

Roehl 和 Fesenmaier（1992）把"时间风险"定义为"特定目的之旅耗费太多的时间或浪费时间的可能性"。与"时间风险"相关的服务（酒店、快餐店、理发店、饭店餐）被认为比食物、方便耐用品和购物商品更为重要（Mitchell 和 Greatorex，1990）。

（6）设备风险。

Roehl 和 Fesenmaier（1992）将"设备风险"定义为"度假时产生的机械、设备或组织的问题"。他们的研究结果表明，在一般化的度假旅游和在最近访问的目的地的受访者将设备风险评为七个风险类别中风险最高的因素。类似的研究中，英国和塞浦路斯的本科学生样本的测试结果指出在购买希腊科孚岛组团度假游 42 个风险中，与设备的风险有关的陈述最为重要（Mitchell 和 Vassos，1997）。该陈述为"您的酒店可能没有广告手册上看起来那么好"。

Tsaur，Tzeng 和 Wang 对中国台湾组团游客风险认知研究做出设备风险的定义（Tsaur 等，1997）。该定义为"由于设备不可用或故障引起的危险，如电信设施不足、不安全的运输和车辆的损毁"。

有线电视新闻网总结了设备风险的另一个例子：2004 年 1 月 3 日埃及包机在红海坠毁（有线电视新闻网，2004b）。飞机坠毁的原因完全是技术性的。这次事故将导致人们避免搭乘航班前往事故地区。

（7）满意风险。

Cheron 和 Ritchie（1982）在探索性访谈中发现个体"关注休闲活动提供自我实现和个人满足感的能力"，在此基础上，他们增加"满意风险"作为风险认知的一个新维度。他们研究了与 20 种不同的休闲活动相关的风险认知水平，但不包括旅行。Roehl 和 Fesenmaier（1992）将"满意风险"定义为"到特定目的地访问将不会提供个人满足感的可能性"。Sonmez 和 Graefe（1998b）发现，越可能避免到非洲旅游的人越具有高水平的"满意风险"认知。

（8）心理风险。

Roehl 和 Fesenmaier（1992）将"心理风险"定义为"前往特定目的地将不会反映一个人的个性和自我形象的可能性"。一项研究比较英国的本国和国外消费者对购买四种不同产品（食品，非食品的方便消费品，购物商品和服务）（Mitchell 和 Greatorex，1990）。在调查的所有商品类别中，心理损失在四种风险认知类型中对国外消费者明显更重要的。

（9）政治不稳定风险。

Hall 和 O'Sullivan（1996）将"政治不稳定"定义为"正常政治制度以外的运营因素引起对于治理条件和法治机制及其政治合法性的挑战局面"（第 106 页）。政治不稳定对旅游业造成严重影响；具有高水平"政治不稳定风险"认知的个人明显更可能避免前往亚洲和南美洲旅游（Sonmez 和 Graefe，1998b）。

（10）恐怖主义风险。

Sonmez 和 Graefe（1998b）研究三种涉及恐怖主义风险的旅游决策：国际旅游倾向是与较低水平的恐怖主义风险相联系的；个人的恐怖主义风险认知增加其信息收集的范围；被访者的恐怖主义风险增加了他们在目的地评价中对安全的关注。他们还发现，具有更高的"恐怖主义风险"水平的个人更有可能避免前往中东和非洲。由于美国 2001 年的"9·11"事件，"恐怖主义风险"已成为风险认知一个重要方面。

根据以上的文献可以得知，大多数文献研究的是普通情况下的游客风险认知，其中，关于自然灾害的风险认知是作为某一个或几个方面提出的。本章专门研究灾害后的风险认知，这种情境下风险认知的每一个构成部分直接与灾害相关。本章认为这样的构成才可以回答由自然灾害引起的风险认知是否影响旅游意愿的问题，才可以验证自然灾害恢复期由自然灾害引起的所有游客风险认知是否都对旅游意愿产生影响，如果不是，是哪几种具体的风险认知产生影响，才能据此提出针对性的营销措施。专门由灾害引起的游客风险认知鲜有学者系统研究，这也是本章的创新点之一。

11.5.3 灾后游客风险认知与旅游意愿的关系

风险被视为介入的一个方面和其他三个方面（重要性、享乐/快乐、符号价值）一样，直接影响着信息搜索（Gursoy，2001）。Gursoy 和 Gavcar（2003）发现国际游客参与是一种三维度的结构：快乐/兴趣，风险概率和风险的重要性。然而，Chaudhuri（2000）测试信息搜索中风险角色的四种不同模式：①作为涉入的；②作为前提条件的风险；③作为后果的风险；④作为调节变量的风险。他的研究结果显示，风险可分为两个因素，功能和情感的风险；享乐的参与与信息检索直接相关；功能风险的介入和搜索的重要性维度的中介变量；情感风险与享乐维度相关但对享乐介入和搜索没有中介作用，介入和搜索模式的这些不同的结果还需要进一步研究。

在有关旅游的研究中，Moutinho（2000）提供与对旅游行为相关的风险的全面的分析。他的感知风险的定义是"不确定性和后果的函数"，这比上面所讨论的其他定义更一般化。他还列出风险认知的四个方面：①产品中所固有的不确定性；②购买地点和方式的不确定性；③经济和社会心理后果的程度；④游客体验到的主观不确定性。为了了解旅游风险认知在旅游购买决策中的参与度，应研究风险变量之间的关系（Moutinho，2000）。这些变量是：游客过去的行为；游客对与旅游有关的概念的学习过程，游客的内部的个人特征，购买的决定前后使用的资料来源类型，旅游的水平，风险意识和游客的评价产品属性。该图说明游客风险认知对旅游决策的影响过程。本章采用旅游意愿来反映旅游最终决策，所以该图同时也反映游客风险认知对于旅游意愿的作用过程，如图 11-2 所示。

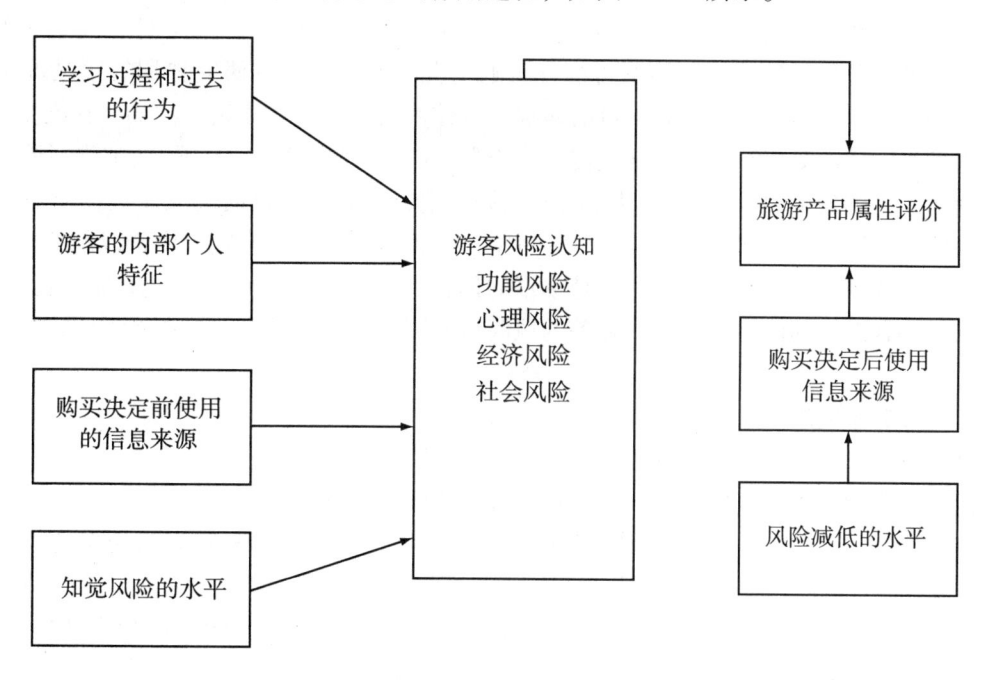

图 11-2 旅游风险变量间的关系 Moutinho（2000）

许多研究调查与休闲活动及旅行有关的风险认知，及其与旅行决策的关系（Cheron 和 Ritchie，1982；Lepp 和 Gibson，2003；Martinez，2000；Mitchell 和 Vassos，1997；Roehl 和 Fesenmaier，1992；Sonmez，1994；Sonmez 和 Graefe，1998a，1998b；Yavas，1987）。Cheron 和 Ritchie（1982）指出，分别与有形商品和休闲活动相关的风险认知在性质上存在显著差异。心理层面的风险认知，与休闲活动整体感知的风险最为相关，而绩效风险是有形的产品最重要的预测（Jacoby 和 Kaplan，1972）。Yavas（1987）首先研究了风险认知与国际旅行决策的关系。他提出风险认知可能是国际旅游决策的主要影响因素的四个原因：①无法推断出旅行的预期效益可能导致焦虑；②国际旅游决策伴随着高参与情况；③风险认知对第一次到目的地旅游的国际游客有特别的重大影响；④文化差异可能导致风险认知水平更高。Yavas（1990）比较两组沙特人（一组人到德国度假，另一组人没有去德国度假）关于人口结构、到其他国家的旅游模式、旅游动机、信息搜索行为和风险认知。在他的研究中，在国外旅游的风险类型包括五种：自我、金钱、时间、健康和社会风险。虽然他未能提供测量项目的描述和对测量信度的解释，结果表明，健康的风险是游客首要关注的，其次是时间风险。

7个维度被应用于与休闲旅行相关的风险认知研究中（Roehl,1988；Roehl和Fesenmaier,1992）。Roehl和Fesenmaier（1992）按照最近的旅行不同和从旅游中获得的益处不同，确定三个风险群体：风险中立组，功能风险组，地域风险组。他们采用了风险认知的七个组成部分作为独立的变量。其中包括人身风险，到该目的地旅行可能导致人身风险，受伤或患病的可能性；经济风险，到这目的地旅行可能花钱不值的可能性；社会风险，到该目的地可能会影响他人对个体的看法的可能性；时间风险，到该目的地旅行可能会花费太多时间或者时间浪费的可能性；设备风险，对这一目标访问将导致机械或设备问题的可能性；满意风险，到该目的地旅行不能得到个人满意的可能性；心理风险，到该目的地旅行将不会反映个人人格或自我形象的可能性。Sonmez和Graefe（1998）确定风险认知和旅行期间的安全感对特定区域的避免有很大的影响。他们还发现，风险认知和旅游行为之间的关系是情境化的，这表明将商品购买行为普适到旅游决策可能并不适当。

根据以上的研究可知，不同的情况下，影响游客意愿的风险认知可能是不同的，游客首要关注的风险认知也不一样。在地震所能代表的链式的无逃生自然灾害发生之后，在恢复期（次生灾害不再频发的时间段）影响游客意愿的风险认知类型可能和普通情况有所不同。本研究要回答该情况下的具体区别，并根据这种区别为被类似灾害影响的目的地提出具体的营销和沟通建议。比如，在恢复期的风险沟通方面，灾害发生之后恢复营销沟通应该宣传"安全"，不过一直强调"安全"会加强风险认知，在恢复期（次生灾害不再频发的时间段）是否还应该强调安全？如果是，这时的安全沟通是不是应该针对与灾害相关的所有风险方面？本研究的灾后游客风险认知可以解答这个问题，由于以前的研究很少涉及此类灾害后具体游客风险认知的探讨，这也是本章的创新点之一。不过，本章没有研究与灾害没有直接联系的风险认知，有没有其他的与灾害不相关的风险认知因素会影响游客的旅游意愿？这是下一步研究的工作。

11.5.4 灾后游客风险认知的影响因素

11.5.4.1 个体特征对风险认知的影响

在传统的店内购物背景下，有一些人口统计学变量影响着消费者的风险认知，如年龄、性别以及家庭收入等。年龄往往与某些类型的风险相联系，例如，老年消费者比年轻消费者更多地知觉到身体风险。Summers考察在打折店购买服装时所知觉到风险，发现与年龄较大的女性相比，年轻女性对购买低社会风险/低经济风险的产品表现出更强烈的偏好。研究发现，性别也影响着风险认知的水平。例如，在冒险导向的购买情境中，男性比女性倾向于承担更小的风险。家庭收入与风险认知存在负相关，并且收入也是打折店中影响高社会风险/高经济风险产品的惠顾偏好的一个重要因素。收入相对较低的消费者比收入较高的消费者更容易知觉到财务风险。

消费者的个性特征也是风险认知的一个影响因素。Lambert（1972）研究发现，革新者在购买有疑问的八种不同产品时，与非革新者相比更不容易考虑不确定性，也更不关心负面的后果。此外，消费者对产品的使用频率、熟悉程度等因素都可能影响他们对风险的认知[①]。在旅游业的研究中，Sonmez 和 Graefe（1998）指出，游客与目的地联系和经验越多，即游客熟悉度越高，他们的风险认知水平越低。

11.5.4.2 产品类别对风险认知的影响

产品类别也是影响风险认知的重要因素。Zikmund（1973）考察个人办公用品、割草机和彩色电视这三种产品类别的风险性质和维度，发现消费者对三者认知到的总体风险依次是从低到高的，而且风险的评价维度和风险要素在不同产品中也是不同的。他指出，研究的结果充分说明，应该根据特定的产品或服务多维度地来看待风险认知。

大多数对消费者风险认知的研究都是针对产品的，然而风险认知的概念在服务业里也许具有更加重要的意义。Murray（1991）指出，对风险认知在服务消费中作用的研究从理论上和实证上都说明人们对服务认知的风险比对产品认知的风险要高。Turley 和 LeBlanc（1993）对购买服务的风险进行调查，评价六种风险，即社会风险、质量风险、身体风险、时间风险、心理风险和财务风险。他们对八种服务的调查结果发现，对服务的风险认知与耐用品和非耐用品不同，前者只有四个维度，而没有心理风险和时间风险这两个维度。Murray 和 Schlacter（1999）在研究六种风险和总风险的评价以及它们在产品与服务中的重要性差异时发现，服务的风险结构中确实有六种类型的风险，而且服务的总风险、社会风险、便利风险、身体风险和心理风险比产品的这些风险要高，而性能风险和财务风险却没有差异。

对产品与服务的风险结构差异的争论也许与研究者选用的实验材料不同有关，即研究中用于代表服务的是哪些具体形式。正如产品类别对风险认知的影响一样，不同的服务中各个风险要素的权重是不同的，比如人身保险和会计管理，消费者对二者的风险评价也许会很不相同。以上这些差异都意味着，研究者和营销者都应当更多地了解消费者认为产品或服务有风险的原因，以便更好地探索和制定降低风险的策略。

根据以上文献的综述，不同的产品风险认知不同，服务的风险认知和有形产品的风险认知有所不同，旅游作为服务行业的一种，应该有特定的风险认知构成因素，而这些因素在不同的情况下可能也不相同。所以需要针对特定情况研究旅游风险认知。另外，消费者的不同情况也会影响风险认知，其中消费者对于产品的熟悉程度也会影响风险认知。Lepp 和 Gibson（2003）调查了游客追求新奇或熟悉度的偏好与旅行风险认知之间的关系。Sonmez 和 Graefe（1998b）指出，游客与目的地联系和经验越多，即游客熟悉度越高，他们的风险认知水平越低。所以，熟悉度是游客风险认知的影响因素之一。不过，在地震所能代表的链式无逃生自然灾害发生之后，在恢复期（次生灾害不再频发的时间段）熟悉度对灾后游客风险认知的影响是否和普通情况有所不同？本研究要收集实际数据回答这个问题，并以此为基础，为被类似灾害影响的目的地提出具体的营销建议，如营销细分方面是否可以根据熟悉度预测风险认知。由于以前的研究很少涉及此类灾害后熟悉度对灾后游客风险认知影响的探讨，这也是本章的创新点之一。

11.6 目的地形象感知研究

11.6.1 目的地形象感知定义

目前，旅游目的地形象还缺乏统一的概念界定，但绝大多数学者是从旅游者心理活动角度定义旅游目的地形象。科特勒（Kotler，1994）认为，形象是个人关于某地或某物的信念、想法、感觉、期望和印象形成的结果。现代心理学研究的主要流派——认知心理学派对感知的定义认为，感觉是对刺激的觉察，知觉则是将感觉信息组成有意义的对象，也就是在自己存储的知识经验的介入作用下，对一系列连续信息进行加工处理，从而解释刺激的意义。Seyhmus Baloglu 等（1999）认为，旅游目的地形象是一种

[①] 张硕阳，陈毅文，王二平. 消费心理学中的风险认知 [J]. 心理科学进展，2004（2）.

表示旅游者个人态度的概念，它是指个体对旅游目的地的认识、情感和印象。Martin Selby 等（1996）从旅游者认知的角度提出朴素形象（Naive Image）和再评估形象（Re – Evaluated Image）的概念。Martina G. Gallarza 等（2002）提出的旅游目的地形象的概念化模型同样着眼于旅游者的视角。其他大多数的研究虽未直接涉及旅游目的地形象的概念阐释，但都是以旅游者对旅游目的地的"感知形象（Perceived Image）"作为研究对象的。此外，也有少数学者从供给角度研究旅游目的地形象，如 Michael Grosspietsch（2006）在其研究中专门区分旅游者"感知形象（Perceived Image）"和目的地的"投射形象（Projected Image）"；前者是潜在旅游者和现实旅游者对旅游目的地产生的认识和印象，后者是旅游经营商意图在潜在旅游者心目中树立的形象。除了从需求与供给两个角度认识旅游目的地形象之外，还有研究者按时间区分旅游者的"感知形象"。Martin Selby（1996）等用"原生形象"表示潜在旅游者在访问旅游目的地之前形成的有关旅游目的地的印象和认识，用"再评估形象"表示旅游者在访问旅游目的地之后所持有的目的地形象（1996）。与此类似的提法还有"访问前形象（Before Image）"和"访问后形象（After Image）"，前者相当于原生形象，后者相当于再评估形象[1]。

根据营销学关于形象的定义和心理学中关于感知的研究，本研究认为，旅游目的地形象的感知，就是潜在游客关于目的地的信念、想法、感觉、期望和印象等方面的感知。由于旅游产品无法在旅游前试用，因此旅游产品得到的主观判断往往会多于客观判断，潜在旅游者对以前没有到过的地方的感知是有限的。潜在旅游者很难获得关于目的地或度假地重要属性特征方面的客观信息，因此目的地形象的感知研究在旅游目的地评估中起到了重要作用。

11.6.2 目的地形象感知内容

Gunn（1992）把旅游者或潜在旅游者形成的旅游感知形象概括为原生形象和诱导形象，原生形象是指潜在旅游者还未到旅游目的地之前所形成旅游感知形象，而诱导形象则在旅游者实地旅游之后形成。Fakeye 和 Crompton（1991）在此基础上，进一步把旅游者和潜在旅游者所形成的旅游感知形象概括为原生形象、诱导形象和混合形象。Gartner（1993）在旅游感知形象形成过程的研究中，把旅游感知形象分为明显诱导、隐藏诱导、自主原生等 8 个类型。Gartner 和 Hunt（1989）在旅游感知形象变化的分析研究中指出，由原生形象和诱导形象构成的混合形象，决定旅游感知形象在非本地居民和旅游者的变化。Echtner 和 Ritchie（1993）为了构建更为精确的旅游感知形象，衡量旅游者所形成的海外旅游目的地感知形象，分析许多旅游目的地感知形象的类型特性，对旅游感知形象的评估起了很大作用。

Baloglu 和 Brinberg（1980）则提出旅游形象情感模型，运用 Russell 等提出的情感环绕丛模型，由于旅游目的地的积极与消极形象的差异，旅游感知形象的情感模型可以作为旅游市场战略定位手段。Robert（2000）认为，旅游感知形象是心理预景，只有积极的旅游形象才能影响潜在旅游者，可以运用分类法对旅游目的地积极的感知形象进行分析。只有当积极的形象对旅游者的影响超过消极形象的影响时，潜在的旅游者才会选择该旅游目的地。由于旅游感知形象具有持续性，形象无论是积极的还是消极的，在一段时间内一般不会改变（Crompton，1986）；实际上，旅游感知形象无论是积极的还是消极的，在形成旅游目的地因素改变后，仍可持续相当长时间；同时，由于潜在旅游者的体验经历、文化背景、地理缘源、对目的地的熟悉程度，以及对目的地的期望值不同，因而对目的地形象感知也会有所不同或改变[2]。

关于旅游目的地形象组成要素的提法很多，但有一个共同点，即其研究的都是旅游者的"感知形

---

[1] 臧德霞，黄洁. 国外旅游目的地形象研究综述——基于 Tourism Management 和 Annals of Tourism Research 近 10 年文献 [J]. 旅游科学，2007（6）.

[2] 同上。

象"。如 Martin Selby 等（1996）认为，旅游者的原生形象由机制性形象（Organic Image）和诱导形象（Induced Image）组成，前者源于流行文化、媒体、文学以及教育等与旅游不直接相关的渠道；后者则是源于导游手册、广告等旅游商业渠道。Seyhmus Baloglu 等（1999）认同将旅游者感知形象分为认知形象（Cognitive Image）和情感形象（Affectve Image）的做法，其中，认知形象主要是基于旅游者对旅游目的地属性的认识，而情感形象则是旅游者对旅游目的地的一种感情。还有研究者从旅游目的地形象的属性角度入手分析其概念要素。旅游者的感知形象包含复杂性（Complexity）、多样性（Multiplicity）、相对性（Relativistic）和动态性（Dynamic）等属性，进而旅游目的地形象需包含思路、行动、战略以及战术等层面的组成要素，即复杂性提供了一种分析视角，多样性提供了一种行动维度，相对性将旅游目的地形象转化为一种战略工具，而动态性则涉及一些基于旅游目的地形象的具体策略。

11.6.2.1 认知成分的属性构成与维度分解

在关于旅游目的地形象的研究中，基于目的地属性开展的研究在数量上占到绝对优势。由于旅游目的地的属性是复杂的、多样化的，因此研究人员一直试图为目的地属性进行分类，以方便测量。

Bonn 等（2005）将目的地属性分为环境气氛属性和服务属性两类，Chen 等（2002）将目的地属性分为活动专门属性和吸引物专门属性，Lee 等（2005）将目的地的认知属性分为吸引物、舒适度、费用的价值和异国氛围四个方面，而 Beerli 和 Martin（2004）在总结相关研究中所使用的所有的目的地属性之后，将其总结为9个类别，分别是自然资源，常规设施，旅游设施，旅游休闲和娱乐，文化、历史和艺术，政治和经济因素，自然环境，社会环境以及当地气氛。

Echtner 和 Ritchie（1993）所总结的旅游目的地形象的测量维度模型是对目的地形象认知成分比较好的概括，在相关的研究中经常被引用。如图11-3所示，他们的模型以3个维度建构目的地形象。这3个维度分别是"整体的—属性的"连续体，"功能的—心理的"连续体，"通用的—独特的"连续体。例如，O'Leary 和 Deegan（2005）在研究爱尔兰在法国的目的地形象时，将17个目的地属性按照"功能的—心理的"连续体依次排列，指出由于抽象程度不同，测量的难度有异。值得注意的是，这三个连续体只能深化对目的地属性的理解，却不能直接用来生成量表进行测量[①]。

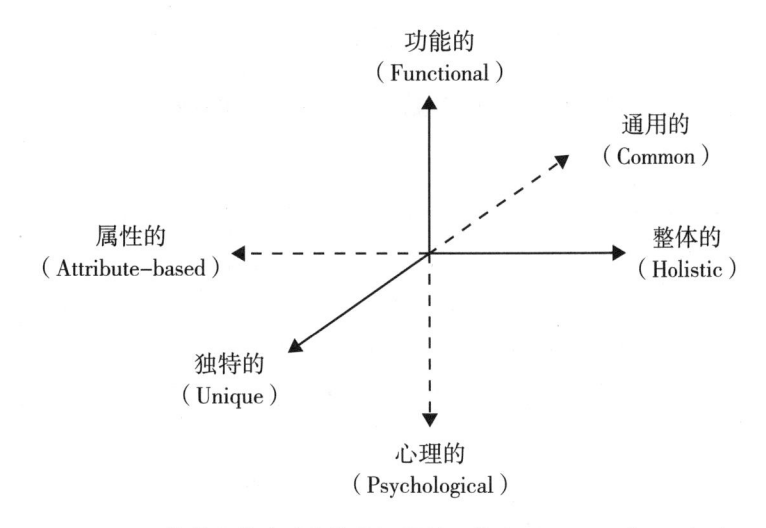

图11-3 旅游目的地形象的认知属性三维度（Echtner 和 Ritchie）

[①] 李宏. 旅游目的地形象测量的内容与工具研究［J］. 人文地理, 2007（2）.

11.6.2.2 感情成分的维度分解

关于旅游目的地形象的感情成分的维度分解，可以借鉴心理学领域关于情感体验的一般结构。在关于人际行为的研究中，有两个主要的评价维度："愉快—不愉快"（Pleasantness – Unpleasantness）和"唤醒—激活"（A Rousal – A Ctivation）。这两个维度也可应用于评价环境（Watson 和 Tellegen，2005）。

在环境心理学中，有专门针对环境进行感情评价的研究。其中引用次数较多的是 Russell 及其同事的研究成果"感情的环状模式"（The Circumplex Model of Affect）（1980）。如图 11 – 4 所示，个体对环境的感情评价或感情形象被概念化为一个二维的双极空间（Two – dimensional Bipolar Space），由 8 个落入环内的变量来定义。这 8 个变量可以分别被看作从中心发射出去的向量，同时也可以组成 4 个双极量表。其中"愉快的—不愉快的"和"唤起的—沉睡的"两个维度是定义感情空间所必需的，而另外两个维度，即"兴奋的—沮丧的"和"放松的—烦恼的"，可以用这两个维度推导出来。具体来讲，强烈的愉快情绪可以用"兴奋的"来表示，强度一般的愉快情绪可以用"放松的"来表示，强烈的不愉快情绪可以用"烦恼的"来表示，强度一般的不愉快情绪可以用"沮丧的"来表示。与认知成分的维度分解不同的是，感情成分的维度分解可以直接用来生成量表，进行测量[①]。

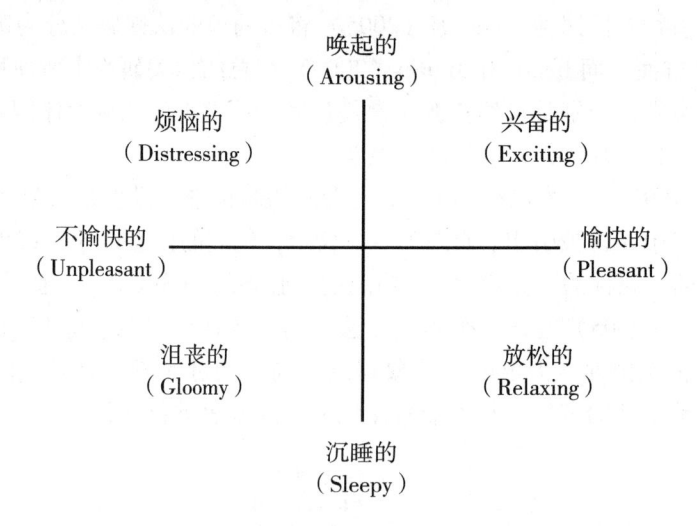

图 11 – 4　情感的环绕模式（Watson 和 Tellegen）

11.6.2.3 旅游目的地形象测量常用量表

旅游目的地形象认知成分的测量，较多地使用李克特类型量表。具体的做法是将目的地的属性列在量表中，请调查对象根据自己的赞成程度打分。例如，Baloglu 和 Mangaloglu（2005）在测量土耳其、埃及、希腊和意大利在旅行代理商心目中的认知形象时，开发了一个包含 14 个项目的 5 级量表，请调查对象根据自己对项目的认知程度打分，5 分代表目的地"提供的很多"，1 分代表目的地"提供的很少"。再如，Beerli 和 Martin（2003）为了测量目的地的认知形象开发了一个包含 24 个项目的 7 级李克特类型量表。

由于旅游目的地的类型多样，特色各异，因此测量认知形象时不可能使用通用的量表。而每次测量时应该选择哪些属性，要根据每个目的地的吸引物、定位和测量目标来决定。所谓测量目标是指测量是为了描述某地的旅游形象，还是为了与竞争对手进行比较等，这些将决定是选择比较特殊的属性，还是选择更一般的属性。

[①] 李宏. 旅游目的地形象测量的内容与工具研究 [J]. 人文地理，2007（2）.

旅游目的地形象感情成分的测量量表比较统一，常见的有三种形式。第一种形式，是基于感情的环型模式的4个维度构建语义差异量表。第二种形式，只采用感情环型模式中的2个主要维度构建语义差异量表，即"愉快的—不愉快的"和"唤醒的—沉睡的"。第三种形式，采用心理学中测量人际关系的"愉快—不愉快"和"唤醒—激活"这2个维度构建语义差异量表。Baloglu和Brinberg认为，可以将四维语义差异量表中的4个分数综合起来，计算出一个指数，用来代表某地的感情形象。然而这只是一家之言，事实上测量目的地形象感情成分的研究很少，这大概与感情维度分解结论的不成熟有关，同时，调查对象对感情维度用词的理解差异也会影响测量的效度[1]。

Gunn（1972）、Dann（1977）、Stabler（1988）、Fakeye和Crompton（1991）、Gatner（1993）、Echtner和Ritchie（1993）都研究过目的地形象感知的测量维度。这些学者主要是从两个角度进行研究：一是客体研究，即从供给—需求的视角讨论旅游目的地的形象构建；二是主体研究从旅游者的视角讨论旅游感知形象的形成过程。Bloglu（1997）在这些学者们研究的基础上，提出形象构建包括认知评价（Perceptual/Cognitive Evaluation）和情感评价（Affective Evaluation），也就是目的地形象的感知包括认知元素和情感元素。但用于衡量灾害发生后的目的地的形象感知量表，鲜有学者研究。

Echtner和Ritchie（1993）对1990年以前关于旅游者对目的地环境评价的4篇文献进行回顾，总共列出34个评价指标，此后的研究几乎都以这些指标为核心。Baloglu和McCleary（1999）归纳的"认知—情感"模型的构建和指标选择，建立在对多个领域的大量文献研究的基础上，很大程度上保证指标选择的信度和效度。他们的指标包括14项考察旅游地认知形象和4个衡量旅游地情感形象的维度，其中，认知评价的指标为大量国内外学者采用。

旅游目的地形象是目的地营销的核心概念之一，对目的地形象的测量是开展相关研究的必要步骤，在理论建设和实践应用两个方面发挥着极其重要的作用。进行科学的测量，首先要明确测量的内容，然后选择合适的测量工具。通过对国内外相关研究的分析，可以得出以下结论。

首先，旅游目的地形象研究处于初始阶段，理论框架的缺乏导致测量内容存在分歧。在理论研究层面，关于旅游目的地形象是否具有感情成分并未达成一致意见。虽然认为目的地形象既包括认知成分又包括感情成分的观点占主流地位，但是在测量的实践中，很少有针对感情成分的测量。关于目的地形象感情成分的研究，如是否包含感情成分，感情成分的形成与表现，以及如何测量感情成分等，是未来目的地形象测量研究要解决的问题。

其次，定量方法与定性方法都可以用于目的地形象的测量，具体使用哪一种方法，应该根据测量的目的而定。如果测量的目的在于获得目的地定位分析或竞争分析所需要的数据，那么定量方法是唯一可行的方法，常用的测量工具是基于目的地属性构建的利克特类型量表。有些研究利用目的地形象的感情成分进行分析，可以使用的工具是根据感情的维度构建的语义差异量表。值得注意的是，关于感情的维度用于测量目的地形象是否可行尚无定论。然而，如果测量的目的仅仅是为了掌握旅游者或者潜在旅游者对目的地的感知状况，也可以采用定性的方法，文中提到的利益形象测量法就是一个例子。用定性的方法测量目的地形象并不常见，主要原因在于其过程复杂，获得的结果不具备结构化的特点，不便于分析与比较。

通过研究发现，汶川地震后游客的情感非常复杂，已超出现有工具能测量的范围，所以现有的情感维度并不适合本书的研究，本书只采用认知维度部分，另外，通过旅游目的地形象感知文献回顾，发现没有专门衡量灾后景区的普适性量表，本书在前人的基础上经过访谈提出的测量量表，也是本书的创新点之一。

---

[1] 李宏．旅游目的地形象测量的内容与工具研究［J］．人文地理，2007（2）．

11.6.3 目的地形象感知与旅游意愿的关系

目的地形象研究是一个相对较新的旅游业研究领域。然而，一些研究已经说明，目的地的形象的确在事实上影响游客行为（Hunt，1975；Pearce，1982）。从本质上讲，研究表明，拥有强大的正面形象的目的地更可能在旅行决策过程中被考虑和选择（Goodrich，1978；Woodside 和 Lysonski，1989）。因此，迄今为止，目的地形象在各种各样的旅行决策制定模式中扮演着非常重要的角色（Schmoll，1977；Moutinho，1984；Woodside 和 Lysonski，1989）。一旦到达目的地，满意度主要取决于人们在曾经持有的形象基础上产生的期望与现实中实际感受到的形象之比较（Chon，1990）。

旅游目的地形象的作用主要表现在两个方面：一是影响旅游者的行为，尤其是旅游者的购后行为；二是反映现有目的地营销策略的优劣，进而指导旅游目的地营销工作。

（1）对旅游者行为的影响。

旅游目的地形象，尤其是旅游者的情感形象首先作用于旅游者的目的地选择决策（2006），然后通过影响旅游者的感知质量与满意度，进而作用于旅游者的购买后行为。

很多学者就上述变量之间的相互关系做过实证研究，其中 J. Enrique Bigné 等（2001）曾使用结构方程模型，探讨旅游目的地形象、感知质量、旅游者满意度与购后行为（重游意愿、向他人推荐）的关系，并得出结论：旅游目的地形象对旅游者的评价变量与行为变量都有着积极影响，即旅游目的地总体形象的改善既可以提高旅游者对目的地的质量感知及其满意度，也有助于增强旅游者的重游和推荐意愿。

ChoongKi 和 Lee（2005）就旅游目的地形象与旅游者行为之间的关系做过类似研究，其研究内容主要集中于旅游目的地形象的四个方面（吸引物、舒适程度、价有所值、异域风情）对旅游者的旅游经历、满意度及其进一步行动意图（重游或向他人推荐）的影响。研究结果显示，旅游目的地形象的四个方面对旅游者的旅游经历有着不同程度的影响，其中，吸引物既影响认知形象又影响情感形象，舒适程度和价有所值仅作用于认知形象与情感形象中的一方，而异域风情与认知形象和情感形象之间并无显著相关关系；旅游者的旅游经历对其满意度具有积极影响，对重游或推荐意愿的影响不显著；旅游者的满意度与推荐意愿之间呈正相关关系。

ChoongKi Lee 的研究已经证实，旅游者目的地形象可以通过感知质量与满意度传递其对旅游者购后行为的影响，但旅游目的地形象与旅游者购后行为的关系远比以上假设复杂得多，Carmen 和 Barroso 和 Castro（2007）在研究以上四个变量的关系时，便引入另外一个中间变量——市场异质性（Market Heterogeneity）。所谓市场异质性是指按照旅游者多样化需求程度的不同可以将目标市场细分为四个部分，而旅游目的地形象对四个部分的作用是有差别的。对于最大的细分市场——对多样化具有"中等需求"的旅游者，在感知质量与满意度较高的情况下，他们倾向于重游和向他人推荐该目的地；对于第二大细分市场——对多样化具有"强烈需求"的旅游者，旅游目的地形象对其购后行为的影响是通过满意度来传递的，他们几乎不再重游该目的地，但是他们乐于向他人推荐满意的目的地；对于第三大细分市场——对多样化"没有任何需求"的旅游者，满意度是影响其重游和推荐意愿的关键变量，其中满意度与推荐意愿之间的相关关系更为显著；对于最后一组细分市场——对多样化具有"较强需求"的旅游者，感知质量影响他们对目的地的推荐意愿。

最近的一项研究表明，旅游目的地形象是旅游者未来行为意向的最重要的影响因素，它通过直接和间接两种方式发挥作用。一方面，旅游目的地形象直接决定着旅游者对旅游目的地的选择；另一方面，旅游目的地形象通过影响旅游者的感知质量、感知价值以及满意度来间接作用于其未来行为（重游与推荐）（Ching-Fu Chen 等，2007）。

（2）对旅游目的地营销的作用。

旅游目的地形象除了影响旅游者行为之外，还可以反映现有营销策略的优势和劣势，并为旅游目的地营销工作提供相应的指导。Martin Oppermann 等（1997）在其研究中提到，旅游目的地形象是影响企业或社会团体选择会议地点的首要因素之一，因而会议型旅游目的地在其宣传促销工作中应该突出其能够满足潜在顾客需求的能力，树立更受潜在顾客欢迎的旅游目的地形象。原生形象是潜在旅游者做出购买决策的基础，原生形象积极的旅游目的地更受潜在旅游者的青睐；再评估形象是影响旅游者满意度及购后行为的重要因素之一。因此，Martin Selby 等（1996）指出，旅游目的地营销人员在制定营销战略时，应该突出其积极形象、识别并消除消极形象的来源，争取将潜在旅游者转化为现实旅游者；还应该采取措施尽量满足旅游者的预期，提高其满意度，增强其口碑效应及重游比率。此外，Joseph S. Chen 等（2002）还讨论了旅游目的地形象对旅游目的地市场定位的作用，他们指出旅游目的地营销人员可以通过对旅游者感知形象的把握，有针对性地制定其定位策略。此外，旅游目的地形象是旅游目的地品牌打造的核心所在，它在品牌资产评估中也起着非常重要的作用[①]。

综上所述，旅游目的地形象感知主要对旅游意愿产生正面影响，同时，可以根据这种影响采取针对性的营销措施。不过，在地震所能代表的链式的无逃生自然灾害发生之后，在恢复期（次生灾害不再频发的时间段）目的地形象感知对旅游意愿的影响是否和普通情况有所不同？本研究要收集实际数据回答这个问题，并以此为基础，为被类似灾害影响的目的地提出具体的营销建议，如恢复期的阶段应着重塑造哪种类型的目的地感知形象。由于以前的研究很少涉及此类灾害后具体目的地形象感知对游客意愿影响的探讨，这也是本书的创新点之一。

11.6.4 目的地形象感知的影响因素

由于潜在旅游者的体验经历、文化背景、地理缘源、对目的地的熟悉程度，以及对目的地的期望值不同，因而对目的地形象感知也会有所不同或改变[②]。

Goodrich，Pearce 和 Phelps 等以及 Milman 和 Pizam 分析研究旅游目的地感知形象的影响因素，认为旅游感知形象与旅游者或潜在旅游者的行为动机、旅游决策、服务质量的感受及满意程度等因素存在密切关系（臧德霞等，2007）。Mayo（2005）认为旅游感知形象的影响因素主要体现在景色、气候和交通等方面的差异。Anderssen 和 Colberg（2005）也做了类似研究，发现目的地的感知形象存在 8 种属性差异。Goodrich（2005）则对旅游者关于旅游目的地感知和判断的相似性做了评估，发现旅游者选择旅游目的地时，在娱乐和文化生活模式方面有相似性影响因素。Po-Ju and Deborah（2006）在调查中发现，旅游目的地形象主要取决于旅游者或潜在旅游者的行为和社会人口等统计变量。态度、行为和社会阶层方面的文化差异，会影响旅游形象的感知（Lewis, 1991），在旅游目的地吸引下，在旅游客源国的影响下，不同文化背景、不同国家的旅游者会产生不同的旅游满意度；收入较低和教育水平较低的旅游者、低层社会的旅游者、老年旅游者对旅游形象感知的期望较低，会认为到国外度假是奢侈消费，因而旅游满意度较高。

由于旅游决策归因于目的地形象，国外许多研究者试图解释影响选择目的地感知形象的因素，Crompton（2007）的实证研究表明，不是所有的形象因素都会影响旅游决策。旅游形象的感知属性，可以通过感知的目的地之间的类似性，识别旅游目的地形象相对于其他目的地形象的优势与劣势。John（2000）认为，通过 RG 方法对旅游感知形象进行评估，避免其他方法所产生的固有偏见，使旅游感知形象更利于解释旅游者或潜在旅游者各自特有的旅游环境结构，更有可能成为决策的相关因素。Dann，Crompton 和 IsoAhola 等则根据推拉理论，认为旅游者以及潜在旅游者的旅游动机，从本质上受制于旅游

[①] 臧德霞, 黄洁. 国外旅游目的地形象研究综述——基于 Tourism Management 和 Annals of Tourism Research 近 10 年文献 [J]. 旅游科学, 2007 (6).
[②] 郭英之. 旅游感知形象研究综述 [J]. 经济地理, 2003 (2).

者对旅游目的地的感知形象,理解旅游者所感知的旅游目的地形象能够有助于更好的研究旅游者、潜在旅游者行为动机以及相关因素[①]。

11.6.4.1 旅游目的地形象形成的影响因素

(1) 访问前形象形成的影响因素旅游目的地形象在形成的过程中受诸多因素的影响。其中,影响访问前形象形成的因素可以归纳为外部刺激因素和旅游者个人因素两大类。

就外部刺激因素而言,促销中的视觉内容(Visuals)是一个重要方面,它是旅游目的地形象的预测器,其吸引力、独特性以及结构是影响目的地形象形成的主要维度。信息来源的数量和种类也是影响访问前形象形成的重要外部因素,但它们仅仅作用于旅游者的认知形象。相关研究表明,信息来源的数量与旅游者认知形象之间呈中度正相关关系;信息来源中"口碑效应"和"广告"与旅游者认知形象之间也呈中度相关关系,但"专业咨询意见"和"书籍、电影、新闻"与旅游者认知形象之间的相关关系未能得到证实。旅游宣传手册对访问前形象也有影响,其所提供的有关旅游目的地的相关信息对旅游者访问前形象的形成具有积极影响。

明信片可以引发旅游者对某一旅游目的地的积极情感,进而影响其对该旅游目的地的选择。此外,还有研究者探讨互联网和旅行代理商对访问前形象的影响,研究结果表明,与单纯使用旅行代理商获取相关信息相比,旅游者同时使用互联网和旅行代理商获取信息对访问前形象的形成具有消极作用,这种消极作用的程度取决于旅游者使用因特网经验的多少。

就旅游者个人因素而言,旅游者的心理特征(如价值观、动机、人格等)和社会特征(如年龄、受教育程度、婚姻状况等)是两个重要方面。Seyhmus Baloglu 等(1999)的研究表明,年龄和受教育程度既影响旅游者的认知形象,也影响其情感形象;而旅游动机仅影响其情感形象。Asunción Beerli 等(2004)以访问西班牙兰萨罗特岛(Lanzarote)的旅游者为样本就此问题进行实证研究,并得出与 Seyhmus Baloglu 基本相符的研究结论,即旅游者的动机影响情感形象;积累的旅游经验与认知形象、情感形象之间都有非常重要的关系;社会人口学特征同时影响认知形象和情感形象。Héctor San Martín 等(2007)也通过实证研究得出结论,即旅游者的某些心理因素,例如动机、文化价值观等对旅游者的访问前形象具有显著影响。

熟悉度对目的地形象的影响呈现正、负向皆有的结果。MacKay 和 Fesenmaier(1997)认为,越熟悉的旅游目的地越有吸引力,然而,一旦达到特定的转折点后,熟悉将使目的地逐渐丧失吸引力,两者间的关系呈钟形曲线,因此目的地必须适当地操作熟悉度,以引起潜在游客对旅游的渴望并前往该地旅游。

程圩和隋丽娜(2007)在研究以长三角居民对韩国旅游形象感知中指出,熟悉度会显著影响认知形象各维度及情感形象。在探讨熟悉度的研究中,主、客方之间的文化差异与接近度是影响旅游形象主要的先天性因素。

(2) 访问后形象形成的影响因素。

访问后形象的形成也受诸多因素的影响。Asunciòn Beerli 等(2004)分析了信息来源与旅游者个人因素对访问后形象的影响。其中,信息来源包括一手信息(之前的旅行经历所提供的信息)和二手信息(如宣传手册、旅行经营商、促销活动以及网络等提供的信息),个人因素包括动机、积累的旅游经验以及旅游者的社会人口学特征(如性别、年龄、受教育程度、社会阶层、国籍等)。研究结果表明,一手信息影响旅游者访问后形象的形成,其影响程度取决于旅游者的访问次数、逗留时间和参与水平等;二手信息与认知形象并不显著相关;旅游经验水平与初次造访某一旅游目的地的旅游者的认知形象和重

[①] 郭英之. 旅游感知形象研究综述 [J]. 经济地理, 2003 (2).

游旅游者的情感形象呈显著的正相关关系；旅游者的动机影响情感形象；旅游者的社会人口学特征与认知形象和情感形象之间也有重要关系。

此外，Birgit Trauer 等（2005）还在其研究中提到，旅游目的地人与人之间，尤其是旅游者之间的亲密程度（intimacies）也是影响旅游者访问后形象形成的重要因素。

11.6.4.2 旅游目的地形象改变的影响因素

旅游目的地形象一经形成并非一成不变，它会随着时间的推移而发生改变。影响其改变的因素主要包括旅游目的地所具有的各种资源特质以及旅游者在不同季节产生的不同旅游需求、重大灾害、政治动乱、流行文化、历史电影、各种媒体（电影、旅行指南、杂志等）、体育活动以及国际性重大赛事等。

政治动乱和重大灾害会给现有的旅游目的地形象造成负面影响；以流行电影为代表的流行文化对一些旅游者的认知形象与情感形象、对该目的地的访问兴趣具有显著影响，但并不能增强人们对该旅游目的地的熟悉程度；历史电影在旅游目的地形象开发中有五种作用模式：基于故事情节的目的地形象，真实性成为目的地形象的一个重要组成部分，通过历史电影所弘扬的精神使该目的地声名远播，利用历史电影所提供的过去的一些信息来源来进一步开发目的地形象，历史电影对目的地形象的影响是渐进的而不是突变的；各种媒体（电影、旅行指南、杂志等）对旅游目的地形象的影响介于强烈和中等程度之间；作为重塑城市形象的有效手段之一，体育活动在重塑城市形象过程中能够展示这个城市的某些优点，但也存在诸如可控性差、缺乏想象空间等一系列问题；国际性的重大赛事在短时间内可以改变旅游者对一个旅游目的地的形象感知，但这种变化与旅游者的国籍、受教育程度、年龄以及职业等都有关系。

综上所述，熟悉度也是影响旅游形象的因素之一，由于熟悉度对灾后风险认知和目的地形象感知均有影响，因此将其纳入研究模型，讨论在地震所能代表的链式的无逃生自然灾害发生之后，在恢复期（次生灾害不再频发的时间段）熟悉度对二者的影响是否和普通情况有所不同，并将在 11.7 节综合讨论熟悉度对二者的影响，进而对旅游意愿的影响研究。

11.7 熟悉度研究

11.7.1 定义和内容

旅游地的熟悉度直到近年来才开始获得重视。前人的研究主要集中在熟悉度和旅游决策的关系（Lepp 和 Gibson，2003）或信息搜索（Hales 和 Shams，1990；Millman 和 Pizam，1995）方面。然而，"熟悉度"有几种不同定义方式。Srull（1983）将此概念描述为关于产品或服务的认识或看法，不一定是来自实际经验。Millman 和 Pizam（1983）使用以前对目的地的访问次数作为熟悉度的衡量，他发现对某一目的地的熟悉度与到访某一目的地的兴趣和可能性产生积极影响。Baloglu（1995）制定一个熟悉度的指数，其中包含信息维度和经验维度。Dann（1996）将"熟悉度"定义为：使用在旅游手册上的特殊策略，经由传达"当地土著都很友善而且会说英文"的方式，来消除潜在游客担心可能被排斥的疑虑。Gursoy（2001）将熟悉度作为一个单位的可操作定义，这个概念影响外部信息搜索，他使用多个指标来衡量该熟悉度的结构。另外，Cho（2001）发现，"熟悉度"和"专业性"强烈相关，于是他将两种结构结合起来作为先验知识的一个内容。

11.7.2 熟悉度和灾后风险认知的关系

关于熟悉度和风险认知的关系，Hales（1990）等研究了阿拉伯海湾居民对欧洲度假目的地的决策行为，发现 80% 的回应者指出他们选择目的地的原因就是对于目的地的熟悉。Cheron（1982）等发现风险认知和熟悉度之间有强烈的反向关系。对于某一种休闲活动越是熟悉，个体认知的风险越少。Sonmez 和 Graefe（1998b），Rittichainuwat 和 Chakraborty（2009）提出，游客与目的地联系和经验增多，他们的风险认知水平降低。

11.7.3 熟悉度和目的地形象感知的关系

在过去的研究中发现熟悉度对目的地形象的影响呈正、负向皆有的结果。MacKay 和 Fesenmaier (1997) 认为，越熟悉的旅游目的地越有吸引力，然而，一旦达到特定的转折点后，熟悉将使目的地逐渐丧失吸引力，两者间的关系呈钟形曲线。程圩和隋丽娜 (2007) 在研究以长三角居民对韩国旅游形象感知中指出，熟悉度会显著影响认知形象各维度及情感形象。杨杰等 (2009) 根据前人研究结果提出以熟悉度作为前因变量，认知形象与情感形象为中介变量的旅游形象感知行为模型，并以重庆市民对上海旅游形象感知为例进行实证研究。

11.7.4 熟悉度和旅游意愿的关系

旅游地的熟悉度是直到近年来才开始获得重视。在过去的研究中发现熟悉度对目的地形象及旅游意愿的影响呈正、负向皆有的结果。(MacKay 和 Fesenmaier，1997) 认为越熟悉的旅游目的地越有吸引力，然而，一旦达到特定的转折点后，熟悉将使目的地逐渐丧失吸引力，两者间的关系呈钟形曲线，因此目的地必须适当地操作熟悉度，以引起潜在游客对旅游的渴望并前往该地旅游。但是，和灾害相关的旅游文献指出，灾害发生之后，虽然人们认为安全很重要，但这并不总是影响某一特定目的地的决策。一些游客，特别是重复游客，即使有风险，也要重到目的地 (Shoemaker, 1994; B. N. Rittichainuwat 和 G. Chakraborty, 2009)。Pinhey 和 Inverson (1994) 发现以前的针对特定目的地的旅游经验会强化安全感。还有一些学者认为个人经验可能比外界来源获得的信息更影响旅行决策 (Mazursky, 1989; Sonmez 和 Graefe, 1998b; B. N. Rittichainuwat 和 G. Chakraborty, 2009)。

11.8 文献小结

11.8.1 针对严重自然灾害构建游客灾后风险认知量表的必要性

从文献综述可以看出，风险认知具有非常高的情境依赖性。前述的研究，如 Jacoby 和 Kap lan (1972)，Lutz 和 Reilly (1973)，Szybillo 和 Jacoby (1974)，Evans (1981) 和 Brooker (1983) 考察了风险突出的层面的数量和类型。这些研究都发现，在不同的购买情境下，感知风险所具有的维度很少一致。产品的类型、回答者 (respondent) 和购买情境都会影响损失的数量和类型 (Dowling, 1986)。因此，国内外关于风险认知的研究，大部分集中在特定购买情景或者特定产品感知风险特点的研究。这些研究当中，虽然都需要涉及风险认知测量的问题，但自然灾害后旅游风险认知的测量却鲜有系统研究。这为本研究带来了机会。根据文献，本研究从汶川地震提取的实践数据可以推广到链式的无逃生严重自然灾害的情况。

11.8.2 构建普适于灾后目的地的形象感知量表必要性

前面的文献综述对灾后游客风险认知和旅游目的地形象感知的定义做了明确的界定，即灾后游客风险认知是灾害发生之后潜在游客对于各种风险因素的感知和认识；旅游目的地形象的感知，就是潜在游客在刺激因素与个人因素的共同影响下，形成的对旅游目的地的信念、感觉、认识、期望和印象的整体的关联结果。从这两个定义可以看出，灾后游客风险认知和目的地形象感知是潜在游客的某些心理机制发挥作用的结果，这种心理机制直接影响潜在游客旅游决策行为。已有的系统研究涉及的风险认知和目的地形象感知情境多为普通情况，针对严重自然灾害之后的系统研究很少见。

然而，严重自然灾害是一种重大事件，灾害中的当事人会产生应激反应，进而影响事后的工作和生活，目睹或听闻灾害的人会产生由与灾害相关的感知或认知，如果他同时也是受灾害影响的目的地的潜在游客，那么他作为游客风险认知的构成和维度可能由于灾害发生变化，他对于目的地形象的感知的构成和维度也可能由于灾害发生变化。所以，严重自然灾害后游客的风险认知和目的地形象的感知和普通情况下的游客风险认知和目的地形象感知既有联系又有区别。我们可以借鉴普通情况下的研究，但是必须考虑严重自然灾害发生情境的特殊性。因此，有必要针对严重自然灾害发生之后的特殊情况，专门开发灾后游客风险认知量表，也有必要针对严重自然灾害发生之后受到不同程度影响的目的地景区，开发普适性的游客目的地形象感知量表。换句话说，从汶川地震提取的实践数据可以推广到链式的无逃生严重自然灾害的情况。

11.8.3 构建灾后风险认知、目的地形象感知和熟悉度对旅游意愿影响的必要性

在心理学中风险和形象是不可分的。因为两者都是通过个人对未来不确定是否会发生的事件（风险）、而不是当前的目标/事件的认知过程和感知联系在一起的。正是两个概念之间这种不可分的关系将旅游者和目的地联系在一起，游客对目的地的规避取决于游客心理认为潜在目的地旅游会带来的损失；游客选择目的地依赖于游客心理认为潜在目的地能提供给他们需要的相关事物。因此，风险认知是游客权衡是否去目的地旅游的重要因素，不管心理的认知与真实的风险差距多大；目的地形象是激发游客的重要刺激物，不管形象是否真实地代表该地所能提供的东西。它们都有可能是目的地选择过程中的关键因素。

文献表明，风险认知对旅游意愿有负面影响，目的地形象感知对旅游意愿有正面影响。由于文献表明熟悉度与风险认知、目的地形象感知以及旅游意愿都有影响，所以将风险认知和目的地形象感知对旅游意愿相互抵消的影响以及熟悉度的相关影响纳入一个整体的概念模型有了可行性。另外，通过文献综述发现，风险认知的理论体系已形成，但缺乏灾后游客风险认知的实证研究；目的地形象感知相关理论的基础已建立，但缺乏灾后目的地形象感知对游客意愿影响的实证研究；熟悉度的基本理论已形成，但缺乏在灾害后对目的地形象感知、风险认知及游客意愿的实证研究。所以，本书将重点关注与灾害相关的风险认知在灾后恢复期对旅游意愿的负面影响，普适于灾后景区的目的地形象感知对灾后旅游意愿的正面影响，并将首次提出一个将灾后风险认知和目的地形象感知对旅游意愿相互抵消的影响，以及熟悉度的相关影响纳入一个整体的概念模型。

12. 测量维度研究

灾后游客风险认知是灾害发生之后潜在游客对于各种风险因素的感知和认识；旅游目的地形象的感知，就是潜在游客在刺激因素与个人因素的共同影响下，形成的对旅游目的地的信念、感觉、认识、期望和印象的整体的关联结果。这两种感知和认识对于游客意愿会产生较大影响。要深入地分析游客的灾后风险认知和旅游目的地形象的感知，首先需要了解灾后游客风险认知和目的地形象感知的构成和维度。对于理论研究而言，识别灾后游客风险认知和目的地形象感知的维度是一切相关研究的基础，在此基础上才能有力地探讨灾后游客风险认知和目的地形象的感知对游客旅游意愿的影响，以及潜在游客对于目的地的熟悉度是如何影响以上三者的，从而深入地刻画出潜在游客的心理状态对于其旅游意愿的影响。深入地分析灾后游客风险认知和目的地形象的感知对于灾后旅游恢复有重要的意义，有助于我们更明确地认识灾后游客风险认知和目的地形象的感知维度和构成，可以更有效地认识和塑造灾后游客风险认知和目的地形象的感知，提升灾后旅游意愿，加快自然灾害后旅游恢复的进程。

随着学者们对风险认知研究的不断深入，已经积累了一些关于游客风险认知测量维度的研究成果，但是以往关于游客风险认知的维度研究大多基于普通情况下的研究，鲜有针对严重自然灾害之后的游客风险认知维度的系统研究。考虑到严重自然灾害对潜在游客各方面的感知和认知都会有重大影响，既往的普通情况下的游客风险认知量表的外部效度不高，有必要重新审视游客风险认知在严重自然灾害影响之后的测量及专门针对灾后游客风险认知进行测量。

关于目的地形象的感知的测量维度，也积累了一定数量的国内外研究成果，但这些研究还没有得到大多学者的认可，这些量表的外部效度受到学者们的质疑。对于受到灾害影响的景区，具有普适性的衡量目的地形象感知的维度还没有被学者系统地研究，有必要重新审视目的地形象感知在受到灾害影响的目的地的测量。

本章的目的。第一，深入探讨针对严重自然灾害之后的游客风险认知测量维度，以及普适于受灾害影响景区的目的地形象感知测量维度，可以更好地认识潜在游客在严重自然灾害之后的心理机制。第二，通过对灾后游客风险认知及目的地形象感知的分析，可以帮助相关政府和企业恰当地影响与控制潜在游客的心理感知及认知方式，提升灾后旅游意愿，加快自然灾害后旅游恢复。

12.1 研究思路

前面的文献综述对灾后游客风险认知和旅游目的地形象感知的定义做了明确的界定，即灾后游客风险认知是灾害发生之后潜在游客对于各种风险因素的感知和认识；旅游目的地形象的感知，就是潜在游客在刺激因素与个人因素的共同影响下，形成的对旅游目的地的信念、感觉、认识、期望和印象的整体的关联结果。从这两个定义可以看出，灾后游客风险认知和目的地形象感知是潜在游客的某些心理机制发挥作用的结果，这种心理机制直接影响潜在游客旅游决策行为。已有的系统研究涉及的风险认知和目的地形象感知情境多为普通情况，针对严重自然灾害之后的系统研究很少见。

然而，严重自然灾害是一种重大事件，灾害中的当事人会产生应激反应，进而影响事后的工作和生活，目睹或听闻灾害的人会产生与灾害相关的感知或认知，如果他同时也是受灾害影响的目的地的潜在游客，那么他作为游客风险认知的构成和维度可能由于灾害发生变化，他对于目的地形象的感知的构成和维度也可能由于灾害发生变化。所以，严重自然灾害后游客的风险认知和目的地形象的感知和普通情况下的游客风险认知和目的地形象感知既有联系又有区别。我们可以借鉴于普通情况下的研究，但是必须考虑严重自然灾害发生情境的特殊性。因此，有必要针对严重自然灾害发生之后的特殊情况，专门开发灾后游客风险认知量表，也有必要针对严重自然灾害发生之后受到不同程度影响的目的地景区，开发普适性的游客目的地形象感知量表。

Churchill（1979）认为，开发一个营销概念的测量方法，应该包括以下几个环节：第一，回顾已有文献；第二，与学术专家和实务人员讨论；第三，详细说明概念的范围；第四，形成测项和量表；第五，收集资料；第六，对量表的品质（measurement properties）进行评估。罗伯特·F. 德威利斯（2004）总结了量表编制的几个步骤：第一，清楚地决定你要测量什么；第二，建立一个题项库；第三，决定测量的模式；第四，让专家评价最初的题项库；第五，考虑确认题项的包含性；第六，在一个试测样本中测试题项；第七，求题项值；第八，优化量表长度。石贵成，王永贵，邢金刚等（2005）认为实证过程可以采纳当前西方研究中常用的几个步骤：测量发展、受试行业与品牌选择、数据收集、数据质量、测项纯化、因子分析、因子命名、因子信度效度检验。

借鉴这些学者的观点，结合地震这一严重自然灾害的特征，采用以下几个步骤来确定灾后风险认知和目的地形象感知的测量维度和量表：第一，回顾已有文献，了解已有研究在处理顾客参与测量维度时所用的方法以及得到的结论；第二，小组访谈，在回顾文献的基础上，将他们的研究结论同地震的特征和相关影响相结合，开发出合适的测量条款，选取合适的测量模式，形成一个题项库；第三，问卷测项的优化，请相关领域的专家对已经形成的题项库进行审查，而后进行小规模的调查，最终形成正式的测量条款；第四，测量问卷的形成，将经过优化的问卷进行大规模调研，对收集到的数据进行实证分析，并最终确定灾后风险认知和目的地形象感知的测量维度和量表。

12.2 灾后风险认知、目的地形象感知测量维度的文献研究

随着学者们对风险认知研究的不断深入，已经积累了一些关于游客风险认知测量维度的研究成果，但是以往关于游客风险认知的维度研究大多基于普通情况下的研究，鲜有针对严重自然灾害之后的游客风险认知维度的系统研究。考虑到严重自然灾害对潜在游客各方面的感知和认知都会有重大影响，既往的普通情况下的游客风险认知量表的外部效度不高，有必要重新审视游客风险认知在严重自然灾害影响之后的测量，以及专门针对灾后游客风险认知进行测量。

关于目的地形象的感知的测量维度，也积累了一定数量的国内外研究成果，但这些研究还没有得到大多学者的认可，这些量表的外部效度受到学者们的质疑。对于受到灾害影响的景区，具有普适性的衡量目的地形象感知的维度还被学者系统的研究，有必要重新审视目的地形象感知在受到灾害影响的目的地的测量。

12.2.1 灾后风险认知测量维度的文献研究

根据文献综述得知，Han 和 Weaver（2003），Hsieh 等（1994），Mitchell、Davies、Moutinho 和 Vassos（1999），Roehl（1988），Sonmez（1994），Stone 和 Gronhaug（1993），Stone 和 Mason（1995），Tsaur 等（1997），Um 和 Crompton（1992）等学者都研究过风险认知的维度。为了更好地理解风险认知的维度，以及建立可信的灾后风险认知结构量表，本章从这些学者确立的维度中，根据本研究的需要，采纳部分维度及测量条款，并根据专家访谈结果，进行增删和调整。本章采用与自然灾害最为相关的八个维度：人身风险、健康风险、经济风险、时间风险、设施风险、满意风险、心理风险和社会风险，并提出了与灾区旅游密切相关的道德风险和犯罪风险作为补充。

八个维度相应的测项研究基础如下。

（1）人身风险。

关于人身风险的测量条款，由 Mitchell 和 Vassos（1997），Roehl（1988），Um 和 Crompton（1992）等提出。分别是：度假时人身危险、伤害或疾病的可能性；度假期间我可能经历或者目击暴力事件；对我来说去某地旅游不是绝对安全的。

(2) 健康风险。

关于健康风险的测量条款，由 Mitchell 和 Vassos (1997), Roehl (1988), Um 和 Crompton (1992) 等提出。分别是：在旅途中你可能会因食物或水生病；染上传染病的可能性；如果我到某地去，可能发生的健康问题是一个顾虑。

(3) 经济风险。

关于经济风险的测量条款，由 Hsieh 等 (1994), Roehl (1988), Stone 和 Mason (1995) 等提出，分别是：假期不会物有所值；这将是一种坏的花钱方法；宁愿把钱花在除旅行之外的其他事情上。

(4) 社会风险。

关于社会风险的测量条款，采纳 Roehl (1988), Sonmez (1994), Um 和 Crompton (1992) 等的研究成果，分别是：假期影响他人对我的看法的可能性；朋友/家人/同事对假期的选择或活动的不赞同；我想到某地旅游，因为这是每个人都去的地方。

(5) 时间风险。

关于时间风险的测量条款，采纳 Roehl (1988) 的研究成果，分别是：假期耗费太多的时间或浪费时间的可能性；假期会浪费时间；这将需要太多的规划时间。

(6) 设施风险。

关于设施风险的测量条款，采纳 Mitchell 等 (1999), Roehl (1988), Tsaur 等 (1997) 的研究成果，分别是：度假时产生机械，设施或组织问题的可能性；电信设施的便利；行李可能会被放错位置或延迟（由于航空公司，宾馆或短程运输）。

(7) 满意风险。

满意风险的测量条款，采纳 Um 和 Crompton (1992) 的研究成果，分别是：想到在度假时每件事都可能出错会很失望；到某地的旅行可能会增强我的幸福感。

(8) 心理风险。

心理风险的测量条款，采纳 Roehl (1988), Stone 和 Mason (1995) 的研究成果，分别是：度假将不能反映我的个性或自我形象的可能性；在这里度假的想法使我感到不舒服；在这里度假的想法使我感到意外的焦虑；在这里度假的想法使我体验不必要的紧张。

关于前面综述中提到的政治不稳定风险和恐怖主义风险，由于这两种风险认知与本研究中的自然灾害的影响不甚相关，经专家讨论及初步的访谈测试，所以没有采纳。不过，由于严重自然灾害对灾区的毁灭性打击，在灾区面对灾民集体痛失亲友和家园的事实前，人们所受到的心理冲击远远超过面对晚期癌症病人缓慢死亡的现实（庄孔韶，2009）。所以，在灾后的恢复期在灾区进行旅游活动，很有可能会受到道德的质疑，这意味着潜在游客会承担道德风险。在探索性访谈和专家讨论的基础上，尝试性提出道德风险的维度，其中包括我担心到该景区旅行，别人会认为我为了满足好奇心，不顾当地人灾后悲痛的感受；我担心到该景区旅行，别人会认为我幸灾乐祸；我担心到该景区旅行，别人会认为我到灾区取乐，对当地人和死伤者不尊重。此外，严重自然灾害发生后，到灾区旅游所需承担的犯罪风险也是影响游客旅游意愿的重要因素。

12.2.2 目的地形象感知测量维度的文献研究

Gunn (1972), Dann (1977), Stabler (1988), Fakeye 和 Crompton (1991), Gatner (1993), Echtner 和 Ritchie (1993) 都研究过目的地形象感知的测量维度。这些学者主要是从两个角度进行研究：一是客体研究，即从供给—需求的视角讨论旅游目的地的形象构建；二是主体研究从旅游者的视角讨论旅游感知形象的形成过程。Bloglu (1997) 在这些学者们研究的基础上，提出形象构建包括认知评价 (Perceptual/Cognitive Evaluation) 和情感评价 (Affective Evaluation)，也就是目的地形象的感知包括认知元素和情感元素。但用于衡量灾害发生后的目的地的形象感知量表，鲜有学者研究。

Echtner 和 Ritchie（1993）对 1990 前关于旅游者对目的地环境评价的四篇文献进行回顾，总共列出 34 个评价指标，此后的研究几乎都以这些指标为核心。Baloglu 和 McCleary（1999）归纳的"认知—情感"模型的构建和指标选择，建立在对多个领域的大量文献研究的基础上，很大程度上保证指标选择的信度和效度。他们的指标包括 14 项考察旅游地认知形象和 4 个衡量旅游地情感形象的维度。其中，认知评价的指标为大量国内外学者采用。

作者参考国内外旅游形象感知研究的文献成果，结合灾害后的具体情况及考虑灾后研究的普适性，依据 McCleary 和 Baloglu（1999）等学者的目的地形象感知内容测度指标，筛选并增加了具体的内容维度。本章借鉴的目的地形象感知测度指标，如表 12-1 所示。

表 12-1 McCleary 和 Baloglu 等学者归纳的目的地形象感知测度指标

目的地形象感知	测度指标
认知形象	卫生和清洁标准
	基础设施质量
	个人安全
	丰富的夜生活
	合适的住宿
	诱人的当地食物
	美丽的沙滩
	有趣好客的居民
	有趣的文物吸引物
	有趣的历史吸引物
	优美的景色
	物有所值
	未污染的环境
	好的气候
情感形象	唤醒—倦怠
	愉快—不愉快
	兴奋—沮丧
	轻松—痛苦

根据文献综述中总结的，感情维度分解结论目前还不成熟，同时，调查对象对感情维度用词的理解差异也会影响测量的效度。事实上测量目的地形象感情成分的研究很少。虽然认为目的地形象既包括认知成分又包括感情成分的观点占主流地位，但是在测量的实践中，很少有针对感情成分的测量。关于目的地形象感情成分的研究，如是否包含感情成分，感情成分的形成与表现，以及如何测量感情成分等，是未来目的地形象测量研究要解决的问题。所以，关于感情的维度用于测量目的地形象是否可行尚无定论。另外，根据作者对潜在游客的访谈结果，发现灾后潜在游客的情感状态极为复杂，普通情况下情感评价的维度已经不适合对于灾后情感的测量，所以，本章借鉴的指标主要侧重于认知评价作为潜在游客

感知到的目的地形象。

12.3 测量条款的开发

12.3.1 实地访谈

访谈是研究者观察现实世界，发现问题的有效途径。通过小规模访谈来修改问卷，是问卷设计的必经之路（马庆国，2002）。已有的研究虽然提供了游客风险认知和目的地形象感知的测量量表，但是这些量表的外部效度还没有得到证明。此外，与普通的情况相比，严重自然灾害后的情况比较特殊，因此需要通过访谈进一步地完善量表，开发出适用于严重自然灾害后的游客风险认知和目的地形象感知的量表。通过这次访谈考察潜在游客的灾后风险认知和目的地形象感知的构成维度、汶川地震作为一种严重自然灾害，哪些因素影响潜在游客的灾后风险认知和目的地形象感知，作为一种探测性研究为下面的分析奠定基础。

本次访谈的对象界定为汶川地震后四川景区的潜在游客，但是潜在游客有不同的灾害体验，因此在确定访谈对象时考虑人口统计变量的影响，分析走访了不同地区、年龄阶段、不同性别以及不同职业的潜在游客。地区包括四川、重庆、广东、北京、云南、陕西、上海、浙江、江苏、湖南。年龄跨度从20~65岁。职业包括学生、企业员工、公务员、退休人员等。其中男性8位，女性5位。

本探测性研究采用深度访谈这种直接的定性调研方法，为了让访谈的工作顺利进行，我们采用非结构、开放式询问的方式，并预先拟定出主要的研究问题，以防遗漏问题。在访谈中除了针对预先拟定研究问题加以询问外，更多的是由研究者提出一些线索性的问题，让受访者自由发挥，以便尽可能地了解与研究有关的信息，发现研究中忽视的问题，拓展研究视野。我们的非结构化访谈，让被调查者以自身感受和实际经验总结汶川地震后到四川旅游的影响因素。通过开放式的交谈，分析潜在游客有哪些旅游风险认知和目的地形象感知因素；地震的哪些因素影响灾后游客风险认知和目的地形象感知。最后，作者将已有的关于游客风险认知和目的地形象感知的测量条款修改成适用于地震灾害发生之后的表述方式后，与访谈对象进行讨论，识别出有效的条款。

2009年9月下旬，作者在四川大学约请并访谈了如前所述的13位潜在游客。最终的访谈结果如表12-2、表12-3所示。

表12-2 灾后风险认知的访谈结果

因素提炼	典型语句描述
人身风险	地震引起的滑坡造成人身伤害；地震引起的泥石流造成人身伤害；余震造成人身伤害
健康风险	我担心地震造成的细菌及放射性物质扩散污染人畜生存环境，污染食物，进而威胁我的健康；我担心地震造成的有毒物泄漏会污染水体，导致生病；我担心地震后易发瘟疫，各种流行性疾病比其他时候更易传染，旅途中我会被传染
经济风险	我担心此时到该景区旅游会不划算；我担心此时到该景区旅游所花的钱不值；我担心这趟旅行会对我的经济状况产生影响；我担心由于地震的原因，旅途中会产生未预期的花费，如住酒店需要支付额外费用；我担心由于地震的原因，四川景区的旅游花费会比其他省更贵；我担心由于地震的原因，旅途中会产生更多未想到的偶然花费，如因气候条件变化需另买衣物、因道路改变需另买地图
时间风险	我担心由于地震带来的不确定因素，计划和准备该旅行会花费太多的时间；我担心由于地震造成的交通不便，旅行途中将会在交通工具上浪费太多时间；我担心由于地震带来的不确定因素，到该景区旅游会浪费不必要的时间
道德风险	我担心到该景区旅行，别人会认为我为了满足好奇心，不顾当地人灾后悲痛的感受；我担心到该景区旅行，别人会认为我幸灾乐祸；我担心到该景区旅行，别人会认为我到灾区取乐，对当地人和死伤者不尊重

续表

因素提炼	典型语句描述
设施风险	我担心地震造成的通信设施、互联网的破坏,会使我旅行时沟通不便;我担心地震造成的交通各部门的调整,容易造成混乱,导致我的行李被放错位置或延迟(由于航空公司、宾馆或短程运输)
满意风险	我担心由于地震带来的不确定因素,旅行后我可能会失望;我担心由于地震带来的不确定因素,这次旅行可能证明我的旅游目的地选择是错的;我担心由于地震带来的不确定因素,这次旅行可能达不到我的期望
心理风险	到该景区旅行的想法使我体验到不必要的紧张感;到该景区旅行的想法使我感到不必要的担心;到该景区旅行的想法使我感到心理上的不舒服
犯罪风险	我担心地震后一段时间的混乱会使我在该地旅游过程中,成为犯罪分子盗窃的目标;我担心地震后一段时间的混乱会使我在该地旅游过程中,成为犯罪分子抢劫的目标;我担心地震后该地区容易发生群体事件,造成旅行不便甚至影响人身安全

表 12-3 目的地形象感知的访谈结果

因素提炼	典型语句描述
风景名胜	我认为该景区应该有美丽的风景;我认为该景区应该有很多绿色植被;我认为该景区应该有许多人文景观
景区活动	景区内活动项目应该很丰富;景区内的活动可参与程度应该很高
旅游设施	我认为该景区应该有高质量的旅游服务设施;我认为该景区应该有高质量的酒店服务设施;我认为该景区应该有高质量的旅游信息服务设施;我认为该景区应该有高质量的交通服务设施
餐饮名吃	我认为该景区应该有各种档次的中餐;我认为该景区应该有口味好的特色餐饮;我认为该景区内饮食应该很方便
环境卫生	我认为该景区内应该很干净、整洁;我认为该景区应该可以提供好而干净的休息设施,如桌椅等;我认为该景区厕所应该很卫生
旅游购物	我认为该景区的商品种类应该很多;我认为该景区应该有很好的购物环境;我认为该景区的纪念品质量应该很好
当地居民及游客	我认为该景区的其他游客的行为应该很文明;我认为该景区的当地居民应该很友善;我认为与该景区其他游客沟通我应该会感到很愉快
景区管理	我认为景区内的收费应该很合理;我认为景区的综合管理应该很好;我认为投诉该景区应该很方便

12.3.2 开发前测问卷

合理地利用相关的技巧可以提高问卷设计的质量。对此有很多学者提供了问卷设计的技巧,马庆国(2002)总结了设计问卷的若干重要问题:凡是不能获得诚实回答的问题,都应设置在问卷中;对"怀疑得不到诚实回答"的问题,应当在问卷的不同位置,设置相同、相近、相反的问题以相互验证;备选答案之间不能有多重含义;对于得不到诚实回答而又必须了解的数据,可以通过变换问题的提法来获得相应的数据。本研究借鉴这些经验,进行以下几方面的设计以提高问卷的信度和效度:在问卷中设立了相近条款,用于排除没有认真作答的问卷;在条款用语上反复推敲,争取做到简洁、准确的表达;考虑了各项表述测量条款的比例和次序,减少答卷者的疲劳感;将比较抽象、比较难回答需要答题者认真思考的条款放在问卷的前半部分，容易回答的条款放在问卷的后半部分，避免答题者在后半程相对疲劳时遇到比较难回答的条款。

通过对文献的梳理，我们得到学者们对游客风险认知和目的地形象感知测量维度的分解方法，以及相应的测量条款。这些测量条款是在对普通情况的研究分析基础上得到，不能直接用来测量严重自然灾害后的游客风险认知和目的地形象感知。本研究在设计问卷时提取多个量表中的共同测量的维度，用适合于严重自然灾害的修辞来表述测量条款，同时又加入体现严重自然灾害发生后的特征的条款。结合国内外对各个维度的量表开发，通过与潜在游客的访谈，总结出严重自然灾害后的游客风险认知和目的地形象感知的测量条款，采用李克特五级量表收集应答者对该陈述的同意程度（1 为非常不同意，5 为非常同意），如表 12-4、表 12-5 所示。

表 12-4 灾后风险认知的前测问卷

维度	条款
人身风险	1. 我担心旅游时会发生滑坡造成人身伤害
	2. 我担心旅游时会发生泥石流造成人身伤害
	3. 我担心旅游时会发生余震造成人身伤害
健康风险	4. 我担心地震造成的细菌及放射性物质扩散污染人畜生存环境，污染食物，进而威胁我的健康
	5. 我担心地震造成的有毒物泄漏会污染水体，导致生病
	6. 我担心地震后易发瘟疫，各种流行性疾病比其他时候更易传染，旅途中我会被传染
经济风险	7. 我担心此时到该景区旅游会不划算
	8. 我担心此时到该景区旅游所花的钱不值
	9. 我担心这趟旅行会对我的经济状况产生影响
	10. 我担心由于地震的原因，旅途中我会产生未预期的花费，如住酒店需要支付额外费用
	11. 我担心由于地震的原因，四川景区的旅游花费会比其他省更贵
	12. 我担心由于地震的原因，旅途中我会产生更多想到的偶然花费，如因气候条件变化需另买衣物、因道路改变需另买地图
道德风险	13. 我担心到该景区旅行，别人会认为我为了满足好奇心，不顾当地人灾后悲痛的感受
	14. 我担心到该景区旅行，别人会认为我幸灾乐祸
	15. 我担心到该景区旅行，别人会认为我到灾区取乐，对当地人和死伤者不尊重
社会风险	16. 我担心到该景区旅行会改变朋友对我的看法
	17. 我担心到该景区旅行不符合我的自我形象
	18. 我担心到该景区旅行将不能反映我的个性
	19. 我担心到该景区旅行会改变家人对我的看法
	20. 我担心到该景区旅行不符合我的社会地位
	21. 我担心亲友不会同意我到该景区旅行
时间风险	22. 我担心由于地震带来的不确定因素，计划和准备该旅行会花费太多的时间
	23. 我担心由于地震造成的交通不便，旅行途中将会在交通工具上浪费太多时间
	24. 我担心由于地震带来的不确定因素，到该景区旅游会浪费不必要的时间

续表

维度	条款
设施风险	25. 我担心地震造成的通信设施、互联网的破坏，会使我旅行时沟通不便
	26. 我担心由于地震造成的各种管线破坏，可能会导致大面积停水、停电、停气等情况，影响我在景区的基本生活
	27. 我担心地震造成的公路、铁路或机场损毁及震后容易发生的塌方事故，造成交通堵塞或中断，给我的旅行带来麻烦
	28. 我担心地震造成的交通各部门的调整，容易造成混乱，导致我的行李被放错位置或延迟（由于航空公司、宾馆或短程运输）
满意风险	29. 我担心由于地震带来的不确定因素，旅行后我可能会失望
	30. 我担心由于地震带来的不确定因素，这次旅行可能证明我的旅游目的地选择是错的
	31. 我担心由于地震带来的不确定因素，这次旅行可能达不到我的期望
心理风险	32. 到该景区旅行的想法使我体验到不必要的紧张感
	33. 到该景区旅行的想法使我感到不必要的担心
	34. 到该景区旅行的想法使我感到心理上的不舒服
犯罪风险	35. 我担心地震后一段时间的混乱，会使我在该地旅游过程中，成为犯罪分子盗窃的目标
	36. 我担心地震后一段时间的混乱，会使我在该地旅游过程中，成为犯罪分子抢劫的目标
	37. 我担心地震后该地区容易发生群体事件，造成旅行不便甚至影响人身安全

表 12-5 目的地形象感知的前测问卷

维度	条款
风景名胜	1. 我认为该景区应该有美丽的风景
	2. 我认为该景区应该有很多绿色植被
	3. 我认为该景区应该有许多人文景观
景区活动	4. 景区内活动项目应该很丰富
	5. 景区内的活动可参与程度应该很高
旅游设施	6. 我认为该景区应该有高质量的旅游服务设施
	7. 我认为该景区应该有高质量的酒店服务设施
	8. 我认为该景区应该有高质量的旅游信息服务设施
	9. 我认为该景区应该有高质量的交通服务设施
餐饮名吃	10. 我认为该景区应该有各种档次的中餐
	11. 我认为该景区应该有口味好的特色餐饮
	12. 我认为该景区内饮食应该很方便
环境卫生	13. 我认为该景区内应该很干净、整洁
	14. 我认为该景区应该可以提供好而干净的休息设施，如桌椅等
	15. 我认为该景区厕所应该很卫生

续表

维度	条款
旅游购物	16. 我认为该景区的商品种类应该很多
	17. 我认为该景区应该有很好的购物环境
	18. 我认为该景区应的纪念品质量应该很好
当地居民及游客	19. 我认为该景区的其他游客的行为应该很文明
	20. 我认为该景区的当地居民应该很友善
	21. 我认为与该景区其他游客沟通我应该会感到很愉快
景区管理	22. 我认为景区内的收费应该很合理
	23. 我认为景区的综合管理应该很好
	24. 我认为投诉该景区应该很方便

12.3.3 测项纯化

本研究参考已有的文献结合地震灾害的影响特征最终形成前测问卷。在团队例会时，研究旅游及市场营销的博士生和教授对形成的前测量问卷进行讨论。然后，作者又与研究灾害的相关专家进行讨论，听取相关专家对前测量问卷的意见。同时请了几位潜在游客试填问卷，征求他们在填答过程中的疑问和建议。在这些专家学者意见的基础上，作者对前测问卷进行了初步的优化。这些工作体现在以下几个方面：对某些表述方式进行调整精简；排除某些不必要或不合理的条款；对问卷没有涉及的条款做了一些补充。

为了提高测量的质量，前测条款经过初步优化后，又进行小样本调查。马庆国（2002）认为，在进行大规模调查之前，首先要通过小规模的前测来发现问卷设计中存在的问题。本研究于 2009 年 10 月中旬进行小样本调查，向四川大学的大学生及其省内外的亲朋好友发放问卷。总计发出问卷 200 份，回收问卷 198 份，剔除回答不全或前后矛盾的问卷之后，得到有效问卷 187 份。

测项纯化标准。①测项与总体的相关系数（Item – total Correlation）小于 0.4 且删除项目后 Cronbach α 值会增加者删除（Yoo 和 Donthu，2001；Aaker、Fournier 和 Brasel，2001；McAlexander, Schouten 和 Koenig，2002）；②旋转后因子负荷值小于 0.5，或者同时在两个因子上的负荷值都大于 0.5 者删除（Nunnally，1978）；③如果一个测项同时在因子 A 和因子 B 上的负荷值都高于临界点，则应考虑删除（张绍勋，2001），但如果删除该测项后，因子 A 和因子 B 又合并了，则该测项不删除。根据以上 3 个标准，得到各结构变量的信度和因子负荷分析结果。

12.3.3.1 灾后风险认知测项纯化

如表 12 – 6 所示可以看出，灾后风险认知测项中的条款 10、11、12 的 CITC（纠正的项目 – 总体相关系数 Corrected Item – Total Correlation）分别为：0.2708、0.2898、0.2729，均低于 0.4 的规定值，其他条款都大于规定值，而且，删除这三项条款之后量表 Alpha 系数由原来的 0.9366 分别提高到 0.9367、0.9368、0.9367，因此，可以考虑删除这三项条款，然后进行灾后风险认知的因子负荷分析。

表 12-6 灾后风险认知的 Cronbach α 值分析

条款	CITC①	Alpha-ID②
1	0.4449	0.9355
2	0.4579	0.9354
3	0.4379	0.9356
4	0.4784	0.9353
5	0.4526	0.9355
6	0.4888	0.9352
7	0.4574	0.9355
8	0.4597	0.9354
9	0.4526	0.9355
10	0.2708	0.9367
11	0.2898	0.9368
12	0.2729	0.9367
13	0.5479	0.9347
14	0.5622	0.9346
15	0.5464	0.9347
16	0.4664	0.9349
17	0.5357	0.935
18	0.514	0.9351
19	0.4654	0.9354
20	0.5303	0.9349
21	0.4973	0.9351
22	0.4548	0.9355
23	0.4477	0.9355
24	0.3544	0.9361
25	0.5183	0.9350
26	0.4489	0.9355
27	0.4951	0.9352
28	0.4435	0.9355
29	0.4947	0.9352
30	0.5845	0.9345

① CITC 是纠正的项目-总体相关系数 (Corrected Item-Total Correlation)，是在同一变量维度下，每一条款与其他所有条款之和的相关系数。
② Alpha-ID (Alpha IF Deleted) 的含义是删除该条款后，剩余测量条款的信度 Alpha 系数值。

续表

条款	CITC	Alpha – ID
31	0.5094	0.9351
32	0.4809	0.9353
33	0.5401	0.9348
34	0.6156	0.9342
35	0.4844	0.9352
36	0.4871	0.9352
37	0.6497	0.9339
量表 Alpha 系数		0.9366

灾后风险认知的因子负荷分析如表12－7所示，结果显示时间风险和设施风险合并为一个因子，测项条款21和28的因子负荷分别只有0.237和0.378，低于0.5的规定值，其他条款都大于规定值，将条款21和条款28删除以后，因子负荷都大于0.5，因此，按照Cronbach α值和因子负荷的分析结果，应该删去条款10、11、12和条款21、28。

表12－7 灾后风险认知的因子负荷分析

条款	灾后风险认知旋转后的因子负荷								
	因子								
	1	2	3	4	5	6	7	8	9
1	0.868								
2	0.857								
3	0.837								
4		0.810							
5		0.794							
6		0.732							
7			0.684						
8			0.588						
9			0.586						
13				0.867					
14				0.861					
15				0.839					
16					0.735				
17					0.725				
18					0.722				
19					0.721				
20					0.707				

续表

条款	灾后风险认知旋转后的因子负荷									
	因子								
	1	2	3	4	5	6	7	8	9
21					0.237				
22						0.769			
23						0.760			
24						0.738			
25						0.516			
26						0.826			
27						0.800			
28						0.378			
29							0.744		
30							0.732		
31							0.654		
32								0.826	
33								0.821	
34								0.634	
35									0.784
36									0.777
37									0.734
KMO 值①						0.853			

从表12-7中的37个测项删除5个，最终剩下32个测项形成用于分析的正式调查问卷，如表12-8所示。

表12-8　灾后风险认知的正式测量条款

维度	条款
人身风险	1. 我担心旅游时会发生滑坡造成人身伤害
	2. 我担心旅游时会发生泥石流造成人身伤害
	3. 我担心旅游时会发生余震造成人身伤害
健康风险	4. 我担心地震造成的细菌及放射性物质扩散污染人畜生存环境，污染食物，进而威胁我的健康
	5. 我担心地震造成的有毒物泄漏会污染水体，导致生病
	6. 我担心地震后易发瘟疫，各种流行性疾病比其他时候更易传染，旅途中我会被传染

---

① 为了判断样本数据是否适合进行因子分析可考察KMO值。马庆国（2002）认为，KMO在0.9以上非常适合进行因子分析；0.8~0.9，很适合；0.7~0.8适合；0.6~0.7，不太适合；0.5~0.6很勉强；0.5以下，不适合。

续表

维度	条款
经济风险	7. 我担心此时到该景区旅游会不划算
	8. 我担心此时到该景区旅游所花的钱不值
	9. 我担心这趟旅行会对我的经济状况产生影响
道德风险	10. 我担心到该景区旅行，别人会认为我为了满足好奇心，不顾当地人灾后悲痛的感受
	11. 我担心到该景区旅行，别人会认为我幸灾乐祸
	12. 我担心到该景区旅行，别人会认为我到灾区取乐，对当地人和死伤者不尊重
社会风险	13. 我担心到该景区旅行会改变朋友对我的看法
	14. 我担心到该景区旅行不符合我的自我形象
	15. 我担心到该景区旅行将不能反映我的个性
	16. 我担心到该景区旅行会改变家人对我的看法
	17. 我担心到该景区旅行不符合我的社会地位
时间风险	18. 我担心由于地震带来的不确定因素，计划和准备该旅行会花费太多的时间
	19. 我担心由于地震造成的交通不便，旅行途中将会在交通工具上浪费太多时间
	20. 我担心由于地震带来的不确定因素，到该景区旅游会浪费不必要的时间
设施风险	21. 我担心地震造成的通信设施、互联网的破坏，会使我旅行时沟通不便
	22. 我担心由于地震造成的各种管线破坏，可能会导致大面积停水、停电、停气等情况，影响我在景区的基本生活
	23. 我担心地震造成的公路、铁路或机场损毁及震后容易发生的塌方事故，造成交通堵塞或中断，给我的旅行带来麻烦
满意风险	24. 我担心由于地震带来的不确定因素，旅行后我可能会失望
	25. 我担心由于地震带来的不确定因素，这次旅行可能证明我的旅游目的地选择是错的
	26. 我担心由于地震带来的不确定因素，这次旅行可能达不到我的期望
心理风险	27. 到该景区旅行的想法使我体验到不必要的紧张感
	28. 到该景区旅行的想法使我感到不必要的担心
	29. 到该景区旅行的想法使我感到心理上的不舒服
犯罪风险	30. 我担心地震后一段时间的混乱，会使我在该地旅游过程中，成为犯罪分子盗窃的目标
	31. 我担心地震后一段时间的混乱，会使我在该地旅游过程中，成为犯罪分子抢劫的目标
	32. 我担心地震后该地区容易发生群体事件，造成旅行不便甚至影响人身安全

12.3.3.2 目的地形象感知测项纯化

如表12-9所示可以看出，目的地形象感知测项中的条款7、18的CITC（纠正的项目－总体相关系数 Corrected Item - Total Correlation）分别为：0.2965、0.1968，均低于0.4的规定值，其他条款都大于规定值，而且，删除这两项条款之后量表的Alpha系数由原来的0.9249分别提高到0.9299、0.9418，因此，可以考虑删除这两项条款，然后进行目的地形象感知的因子负荷分析。

表12-9 目的地形象感知的 Cronbach α 值分析

条款	CITC	Alpha - ID
1	0.5287	0.9224
2	0.5341	0.9224
3	0.5069	0.9227
4	0.5145	0.9226
5	0.4974	0.9228
6	0.5934	0.9216
7	0.2965	0.9299
8	0.6612	0.9208
9	0.6997	0.9199
10	0.5888	0.9215
11	0.6025	0.9215
12	0.6009	0.9215
13	0.7148	0.9197
14	0.6519	0.9208
15	0.7319	0.9196
16	0.5227	0.9224
17	0.637	0.9209
18	0.1968	0.9418
19	0.6134	0.9215
20	0.5312	0.9223
21	0.5521	0.9222
22	0.6275	0.9208
23	0.5639	0.9218
24	0.5842	0.9215
量表 Alpha 系数		0.9249

目的地形象感知分析如表12-10所示，结果显示环境卫生和旅游购物合并为一个维度，当地居民与游客和景区管理合并为一个维度，测项条款16的因子负荷同时在因子4和因子5上的负荷值都高于临界点0.5，其他条款都只在一个因子上大于规定值0.5，应考虑将条款16删除。因此，按照 Cronbach α 值和因子负荷的分析结果，应该删去条款7、18和条款16。

表 12-10　目的地形象感知的因子负荷分析

条款	目的地形象感知旋转后的因子负荷					
	因子					
	1	2	3	4	5	6
1	0.806					
2	0.792					
3	0.766					
4		0.779				
5		0.767				
6			0.833			
8			0.762			
9			0.728			
10				0.730		
11				0.618		
12				0.518		
13					0.752	
14					0.679	
15					0.640	
16				0.516	0.519	
17					0.503	
19						0.729
20						0.726
21						0.722
22						0.716
23						0.694
24						0.671
KMO 值	0.904						

24 个测项删除 3 个，最终剩下 21 个测项，共 6 个维度，形成用于分析的正式调查问卷，如表 12-11 所示。

表 12-11　目的地形象感知的正式测量量表

维度	条款
风景名胜	1. 我认为该景区应该有美丽的风景
	2. 我认为该景区应该有很多绿色植被
	3. 我认为该景区应该有许多人文景观

续表

维度	条款
景区活动	4. 景区内活动项目应该很丰富
	5. 景区内的活动可参与程度应该很高
旅游设施	6. 我认为该景区应该有高质量的旅游服务设施
	7. 我认为该景区应该有高质量的交通服务设施
	8. 我认为该景区应该有高质量的旅游信息服务设施
餐饮名吃	9. 我认为该景区应该有各种档次的中餐
	10. 我认为该景区应该有口味好的特色餐饮
	11. 我认为该景区内饮食应该很方便
环境卫生旅游购物	12. 我认为该景区内应该很干净、整洁
	13. 我认为该景区应该可以提供好而干净的休息设施，如桌椅等
	14. 我认为该景区厕所应该很卫生
	15. 我认为该景区应该有很好的购物环境
当地居民及游客景区管理	16. 我认为该景区的其他游客的行为应该很文明
	17. 我认为该景区的当地居民应该很友善
	18. 我认为景区内的收费应该很合理
	19. 我认为与该景区其他游客沟通我应该会感到很愉快
	20. 我认为景区的综合管理应该很好
	21. 我认为投诉该景区应该很方便

12.4　样本获取

基于研究的可行性采用便利抽样的方法，问卷以国内居民为调查对象，时间为2009年11月，方法为滚雪球法（Snowball Sampling Technique）和配额法，即从作者所在学院随机抽取100名本地学生完成问卷，然后学生推荐并邀请他们所认识的国内居民参加本次问卷调查，要求每个学生负责在全国范围内寻找9个潜在游客完成问卷，其中，各个省份潜在游客的比例按照四川省旅游局近期发表的四川景区各省游客比进行配额，如表12-12所示。之所以选择国内居民为抽样对象，主要原因在于近些年来国内居民出游率持续增高，尤其是四川省旅游局公布出来的主要客源省的居民，即便该地居民在被访时不一定属于游客范畴，但频繁的出游经历缩小了市民与游客的共同认识，特别是从心理认知记忆的角度讲更是如此，所以将它作为潜在游客的样本。

表12-12　四川景区各省游客比

客源省比例	
省份及直辖市	要求比例/%
四川	65.3
重庆	8.61
广东	5.93

续表

客源省比例	
省份及直辖市	要求比例/%
北京	4.02
云南	3.59
陕西	3.22
上海	2.77
浙江	2.34
江苏	2.19
湖南	2.03

本研究的正式调查在 2009 年 11 月进行。共发放问卷 1000 份，问卷回收后 928 份，剔除不合格问卷，得到有效问卷 846 份，有效回收率为 84.6%。

12.5 探索性因子分析

为了判断样本数据是否适合进行因子分析，需要考察多项指标。一是要考察巴列特球体检验的显著性指标，二是考察 KMO 值。适合进行因子分析的样本有如下要求：巴列特球体检验的结果应该是具有显著性，对于 KMO 值而言，马庆国 (2002) 认为没有针对 KMO 测试的显著性检验。数据是否适用于做因子分析，一般采用主观的判断：KMO 在 0.9 以上非常适合；0.8~0.9，很适合；0.7~0.8，适合；0.6~0.7，不太适合；0.5~0.6，很勉强；0.5 以下，不适合。

12.5.1 灾后风险认知探索性因子分析

探索性因子分析技术为：采用主成分分析法求解初始因子，并对初始因子采用方差最大（VARI-MAX）正交旋转方法来解释因子。灾后风险认知探索性因子分析以后，得到的 KMO 值为 0.898，样本分布的巴列特球体检验的卡方检验值为 15216.522，显著性为 0.000，这说明样本数据适合进行因子分析，如表 12-13 所示。

表 12-13 灾后风险认知探索性因子分析
KMO 测度和巴特莱特球体检验结果

KMO 取样适当性检验		0.898
巴特莱特球体检验	卡方值	15216.522
	自由度 df	496
	显著性水平 Sig.	0.000

如图 12-1 所示，灾后风险认知的因子碎石图显示有 8 个因子的特征值（Eigenvalue）大于 1。按照特征值大于 1 这个标准，从顾客参与的调查量表中可以提取 8 个因子。

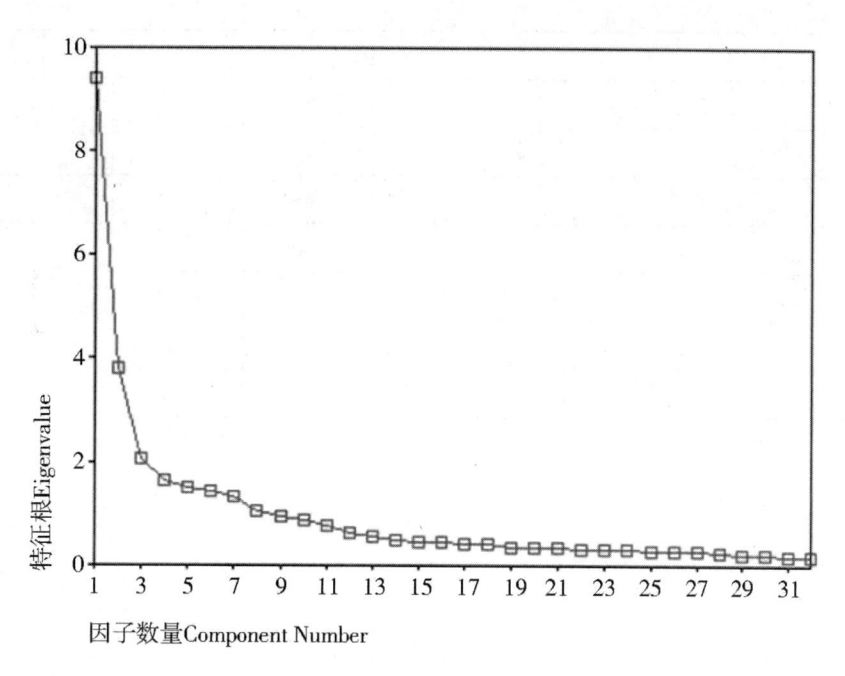

图 12-1 灾后风险认知碎石图

首次探索性因子分析结果如表 12-14（结果一）所示，结果显示测项 26 分别在因子 3 和因子 7 上的符合都大于 0.5，应考虑删除，删除后因子 3 和因子 7 并未合并，说明删除的做法是正确的，测项 24、25 的因子负荷分别只有 0.314 和 0.326，低于 0.5 的规定值，其他测项都大于规定值。

表 12-14 灾后风险认知探索性因子分析（结果一）

题项	因子							
	1	2	3	4	5	6	7	8
1	0.830							
2	0.833							
3	0.759							
4		0.556						
5		0.621						
6		0.555						
7			0.747					
8			0.778					
9			0.552					
10				0.856				
11				0.863				
12				0.795				
13					0.776			
14					0.835			

续表

题项	因子							
	1	2	3	4	5	6	7	8
15					0.814			
16					0.834			
17					0.800			
18						0.690		
19						0.765		
20						0.685		
21						0.752		
22						0.702		
23						0.704		
24							0.314	
25							0.326	
26			0.503				0.546	
27							0.773	
28							0.770	
29							0.676	
30								0.821
31								0.826
32								0.782

将测项24、25和测项26删除以后，减少一个因子，其他测项因子负荷都大于0.5，如表12-15所示，保留因子负荷超过0.5的测量条款共29项。

正式调查问卷的32个条款删除3个，保留29个，具体结果如表12-15所示。提取的八个因子根据相关文献分别命名为：人身风险、健康风险、经济风险、道德风险、社会风险、便捷风险、心理风险、犯罪风险，其中，各个维度具体包括的条款为表中正式问卷所对应的题项。

表12-15 灾后风险认知探索性因子分析（结果二及因子命名）

题项	因子							
	人身风险	健康风险	经济风险	道德风险	社会风险	便捷风险	心理风险	犯罪风险
1	0.831							
2	0.809							
3	0.724							
4		0.768						
5		0.789						
6		0.724						
7			0.801					

续表

题项	因子							
	人身风险	健康风险	经济风险	道德风险	社会风险	便捷风险	心理风险	犯罪风险
8			0.817					
9			0.603					
10				0.868				
11				0.863				
12				0.798				
13					0.779			
14					0.836			
15					0.813			
16					0.833			
17					0.799			
18						0.705		
19						0.776		
20						0.699		
21						0.746		
22						0.694		
23						0.701		
27							0.773	
28							0.770	
29							0.676	
30								0.814
31								0.808
32								0.705

12.5.2 目的地形象感知的探索性因子分析

本研究采用的探索性因子分析技术为：采用主成分分析法求解初始因子，并对初始因子采用方差最大（VARIMAX）正交旋转方法来解释因子。目的地形象感知探索性因子分析以后，得到的 KMO 值为 0.944，样本分布的巴列特球体检验的卡方检验值为 10843.532，显著性为 0.000，如表 12-16 所示，这说明样本数据适合进行因子分析。

表 12-16 灾后风险认知 KMO 测度和巴特莱特球体检验结果

KMO 取样适当性检验		0.944
巴特莱特球体检验	卡方值	10843.532
	自由度 df	210
	显著性水平 Sig.	0.000

如图 12-2 所示，目的地形象感知的因子碎石图显示有 3 个因子的特征值（Eigenvalue）大于 1。按照特征根大于 1 这个标准，从顾客参与的调查量表中可以提取三个因子。

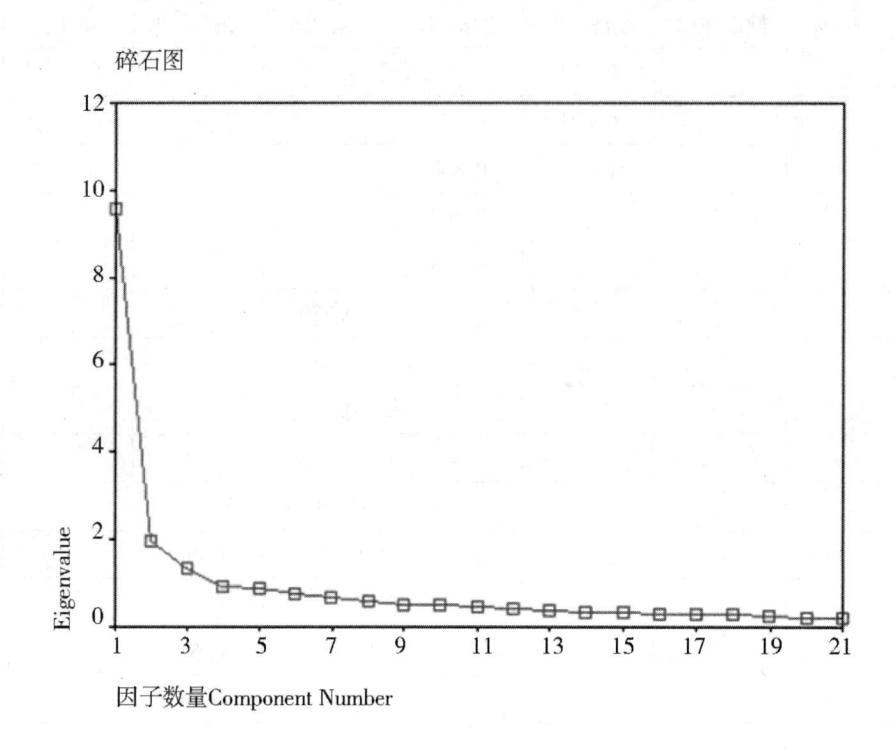

图 12-2 目的地形象感知碎石图

探索性因子分析结果显示所有测项的因子负荷都大于规定值 0.5。本研究保留了所有因子负荷超过 0.5 的测量条款共 21 项，如表 12-17 所示。

表 12-17 目的地形象感知探索性因子分析结果及因子命名

题项	因子		
	目的地特色形象感知	目的地设施形象感知	目的地管理形象感知
1	0.818		
2	0.784		
3	0.751		
4	0.683		
5	0.606		
6		0.771	
7		0.754	
8		0.752	
9		0.740	
10		0.673	
11		0.653	

续表

题项	因子		
	目的地特色形象感知	目的地设施形象感知	目的地管理形象感知
12		0.650	
13		0.643	
14		0.609	
15		0.445	
16			0.779
17			0.760
18			0.757
19			0.728
20			0.726
21			0.599

具体结果提取的三个因子根据相关文献分别命名为：目的地特色形象感知、目的地设施形象感知、目的地管理形象感知，其中，各个维度具体包括的条款为表中正式问卷所对应的题项，分别为目的地特色形象感知（内容包括美丽风景、绿色植被、人文景观、活动丰富、活动参与度高）、目的地管理形象感知（内容包括游客行为文明、当地居民友善、与其他居民沟通愉快、收费合理、综合管理良好、投诉景区方便）和目的地设施形象感知（内容包括旅游住宿设施、交通设施、旅游信息设施、休息设施、干净整洁、厕所卫生、购物环境好、中餐档次多、特色餐饮好、饮食方便）。

12.6 灾后风险认知的验证性因子分析

邱皓政（2009）提出，一般而言，CFA测量模型所处理的问题是测量变量与潜在变量的关系。利用一组测量变量实际测得的共变结构，抽离出适当的潜在因素，用于检验研究者所提出的假设模型是否合宜、拟合，这些潜在因素直接由测量变量抽离得出，称为初阶因素（First-order factors）。如果一个测量模型有多个初阶潜在因素，因素之间的共变关系可以加以估计，计算出两两因素相关系数来反映潜在变量之间的关系强度。此时，潜在因素之间存在平行的相关关系，各个初阶因素并无特定的隶属结构关系，称为初阶因素验证性因素分析（First-order CFA）。如果研究者认为在初阶潜在因素之间，存在有共同的、更高阶的潜在因素，称为阶层验证性因素分析（Hierarchiacal CFA，HCFA）。

影响初阶因素的共同影响源成为高阶因素（Higher-order Factors）。初阶因素之上的一层潜在因素称为二阶因素（Second-order Factors）。高阶验证性因素分析的适用时机可以从两方面检视。一是理论的观点，如果研究者所关心的议题，在理论或概念上可能存在一个高阶因素时，可利用HCFA程序加以检测。在本研究中，灾后风险认知在前人研究的基础上，纳入人身风险、健康风险、经济风险、道德风险、社会风险、便捷风险、心理风险、犯罪风险八个初阶因素。本章还可以假设这八个初阶因素受到一个共同的灾后风险认知因子所决定，因而构成一个高阶验证性因素模型。另外，目的地形象感知在前人研究的基础上，纳入目的地特色形象感知、目的地设施形象感知、目的地管理形象感知三个初阶因素。本章还可以假设这三个初阶因素受到一个共同的目的地形象感知因子所决定，因而构成另一个高阶验证性因素模型。

另一个考虑的层次是实证数据的需要与技术上的考虑。如果研究者从 CFA 模型中观察到初阶因素之间具有一致的高相关时即可进行高阶验证性因素模型分析，决定是否初阶因素间具有更高阶的共同影响因素。如果研究结果发现初阶因素间具有更高阶的共同影响因素，研究者即可利用此模型在后续的应用上，或是将初阶因素加以组合分数简化成观察变量，将 HCFA 模型降级成 CFA，此方式的优点是可以减低测量模式的复杂度，提高模式的简效性，有利于研究者去解释这些潜在因素之间的关系。利用此方式可以提高模型收敛的能力，得到较佳的估计结果。

所以，不论是灾后风险认知还是目的地形象感知，本章都探讨了其低阶和高阶的验证性分析结果，为更为简化的因素模型关系做铺垫。如果本章的高阶分析结果显示，本研究各研究变量的信度和效度均已达到可接受水平值，那么根据 Anderson 和 Gerbing（1988）；Williams 和 Hazer（1986）等学者的建议，本研究即可将多个度量题项缩减为少数或单一的度量指标，再运用 LISREL 进行更简化的结构方程模型分析，使各种因素间的结构更加清晰。

12.6.1 低阶验证性因子分析整体拟合指数结果

灾后风险认知维度的验证性因子分析模型如图 12 - 3 所示。运用 Lisrel 8.71 软件，基于固定负荷法，对模型进行分析。从图中可以看出，除了经济风险的第三个条款的因子负荷是 0.44，小于 0.6，但接近 0.45 之外，人身风险、健康风险、道德风险、社会风险、便捷风险、心理风险、犯罪风险七个因子的负荷都在 0.6~0.8。

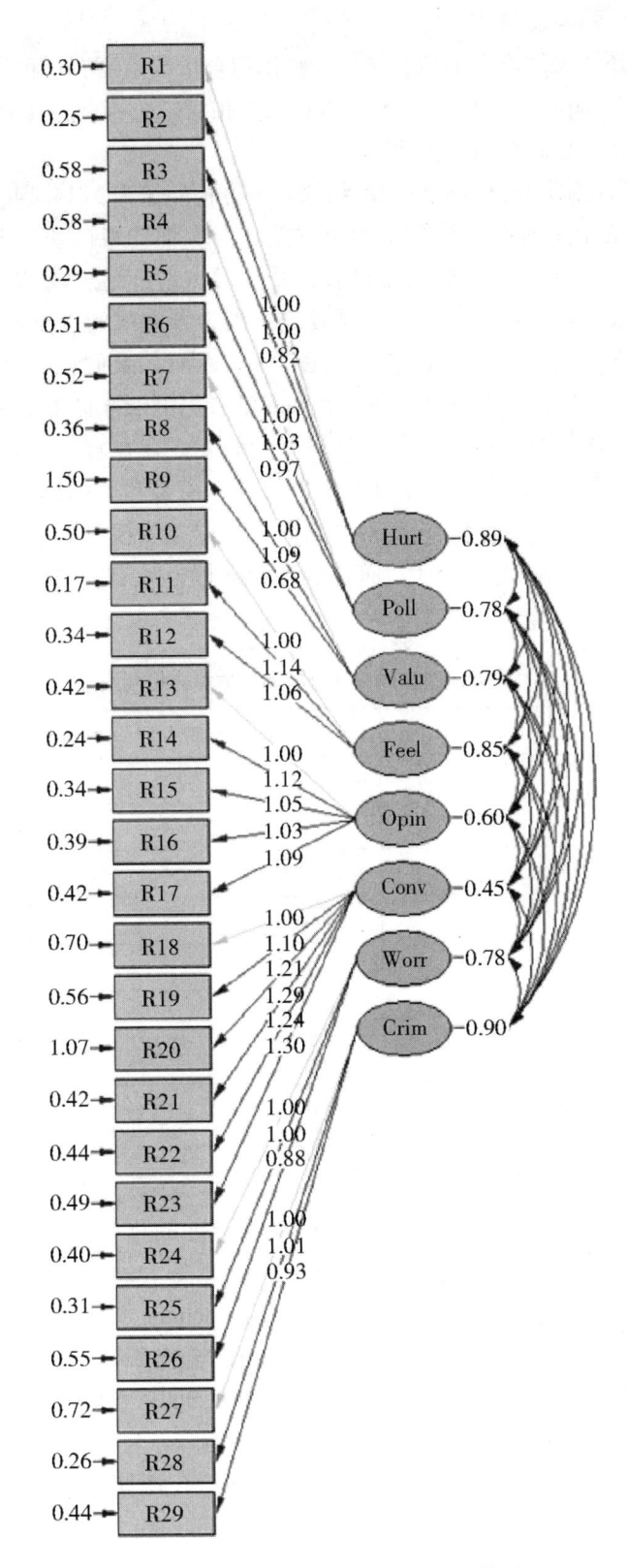

图 12-3 验证性因子分析模型

注：Hurt 代表人身风险；Poll 代表健康风险；Valu 代表经济风险；Feel 代表道德风险；Opin 代表社会风险；Conv 代表便捷风险；Worr 代表心理风险；Crim 代表犯罪风险。

12.6.2 低阶模型的整体拟合度评价

进行验证性因子分析里还要关注模型的拟合指标。整体拟合指数主要有三种类型：一是绝对拟合指数，常用的指数为卡方（Chi-square）、CFI 以及 RMR；二是相对拟合指数，也称增值拟合指数，常用的指数为 CFI、NNFI 和 NFI；三是简约拟合指数。

如表 12-18 所示为验证性因子分析以后得到的结果。卡方检验值为 1214.14，自由度为 349，显著性水平为 0.0000。这一结果表示本研究假设模型的协方差阵与实证资料的协方差矩阵没有显著差异，灾后风险认知高阶验证性因子分析的维度结构可以被接受。侯杰泰，温忠麟和成子娟（2004）指出，直接应用卡方检验判断一个模型是否与数据拟合并不妥当，因为卡方值的大小与样本容量 N 有关，容易受 N 的波动而波动，即当样本容量很大时，卡方值也很大，这时如果假设模型与真实模型有很小差距，也可能被认为是拟合不好。因此，在模型比较中，许多学者提出卡方自由度比更有参考价值。关于卡方自由度比值在多大的范围内模型和数据是拟合比较好的问题，存在较大争议。美国社会统计学家 Carmines 和 Mclver（1981）认为，卡方自由度比值在 2.0~3.0，模型和数据的拟合程度是可以接受的。中国香港学者侯杰泰认为，当卡方自由度值在 2.0~5.0 时，可以接受模型。灾后风险认知高阶验证性因子分析的卡方自由度值为 3.48，在 2.0~5.0，符合侯杰泰的拟合标准。除卡方自由度比值外，这时候需要考察其他的拟合指数。

表 12-18 灾后风险认知因子分析的整体拟合指数结果

卡方/自由度（chi-square/df）	chi-square = 1214.14，df = 349，P-VALUE = 0.0000
卡方自由度比	3.48
拟合优度指数（GFI）	0.91
近似误差均方根（RMSEA）	0.054
残差均方根（SRMR）	0.040
常模拟合指数（NFI）	0.96
非常模拟合指数（NNFI，即 TLI）	0.97
比较拟合指数（CFI）	0.97
AGFI	0.89
RFI	0.96

近似误差指数（Error of Approximation）也是鉴别模型拟合度的指数，包括 SRMR、RMR、RMS、RMSEA、MSEA 和 RMSEA。一般来讲，近似误差指数是越小越好。通常情况下使用的评价指标是 SRMR、RMR 和 RMSEA。标准化残差均方根（SRMR），Hu 和 Bentler（1994）的研究发现，SRMR 对误设模型敏感，Hu 和 Bentler 对 SRMR 推荐的界值是 0.08，即当 SRMR > 0.08 时，模型拟合得不好。RMR 反应残差的大小，其值越小表示模型的适配越佳。Marsh 和 Balla（1994）认为，若分析矩阵为相关矩阵，则 RMR 必须低于 0.05，最好低于 0.025；若以协方差矩阵作为分析矩阵时，可依标准化 RMR（SRMR），其值应小于 0.05。近似均方根残差（RMSEA），被用户广泛使用，与 RMR 相比，RMSEA 受样本量 N 的影响较小，对参数过少的误设模型稍微敏感一些。Steiger（1990）认为，RMSEA 低于 0.1 表示好的拟合；低于 0.05 表示非常好的拟合；低于 0.01 表示非常出色的拟合。

相对拟合指数（Comparative Fit Index），是通过将理论模型和基准模型比较得到的统计量，也可用于衡量拟合水平。考虑到一系列嵌套（Nested）模型 $M_0 \cdots M_S$，其中 M_0 为虚模型（Null Model），是限制最多、拟合最不好的模型，Ms 为饱和模型，拟合程度最好，Mt 介于两者之间。相对拟合指数就是将理想模型与虚模型进行比较，看看拟合程度改进多少。相对拟合指数一般常用的指标有这样 7 个，即规范拟合指数（NFI）、不规范拟合指数（NNFI）、比较拟合指数（CFI）、增量拟合指数（IFI）、拟合优度指数（GFI）、调整后的拟合优度指数（AGFI）和相对拟合指数（RFI）。这些指标的取值范围是 0 -1，学术界一般认为，这 7 个指标大于 0.90，就表明模型和数据之间的拟合程度比较好。

从表 12 -18 中的数据可以看到，其他的拟合指数如 RMSEA = 0.054、SRMR = 0.040，均处于可以接受的范围之内，此外，相对拟合指数 GFI = 0.91、NFI = 0.96、NNFI = 0.97、CFI = 0.97、AGFI = 0.89、RFI = 0.96，除 AGFI 非常接近临界值，其他指数均大于建议的门槛值 0.90。以上结果表明，在考虑到大样本量的情况下，灾后风险认知的维度理论假设模型可以接受。

12.6.3 高阶验证性分析整合指数结果

灾后风险认知维度的高阶验证性因子分析模型如图 12 -4 所示。运用 Lisrel 8.71 软件，基于固定负荷法，对模型进行分析。从图中可以看出，第三、第四、第五个一阶因子——经济风险、道德风险、社会风险的因子负荷是 0.57、0.44、0.48，小于 0.6，但接近或大于 0.45 之外，人身风险、健康风险、便捷风险、心理风险、犯罪风险五个一阶因子的负荷都在 0.6~0.8。

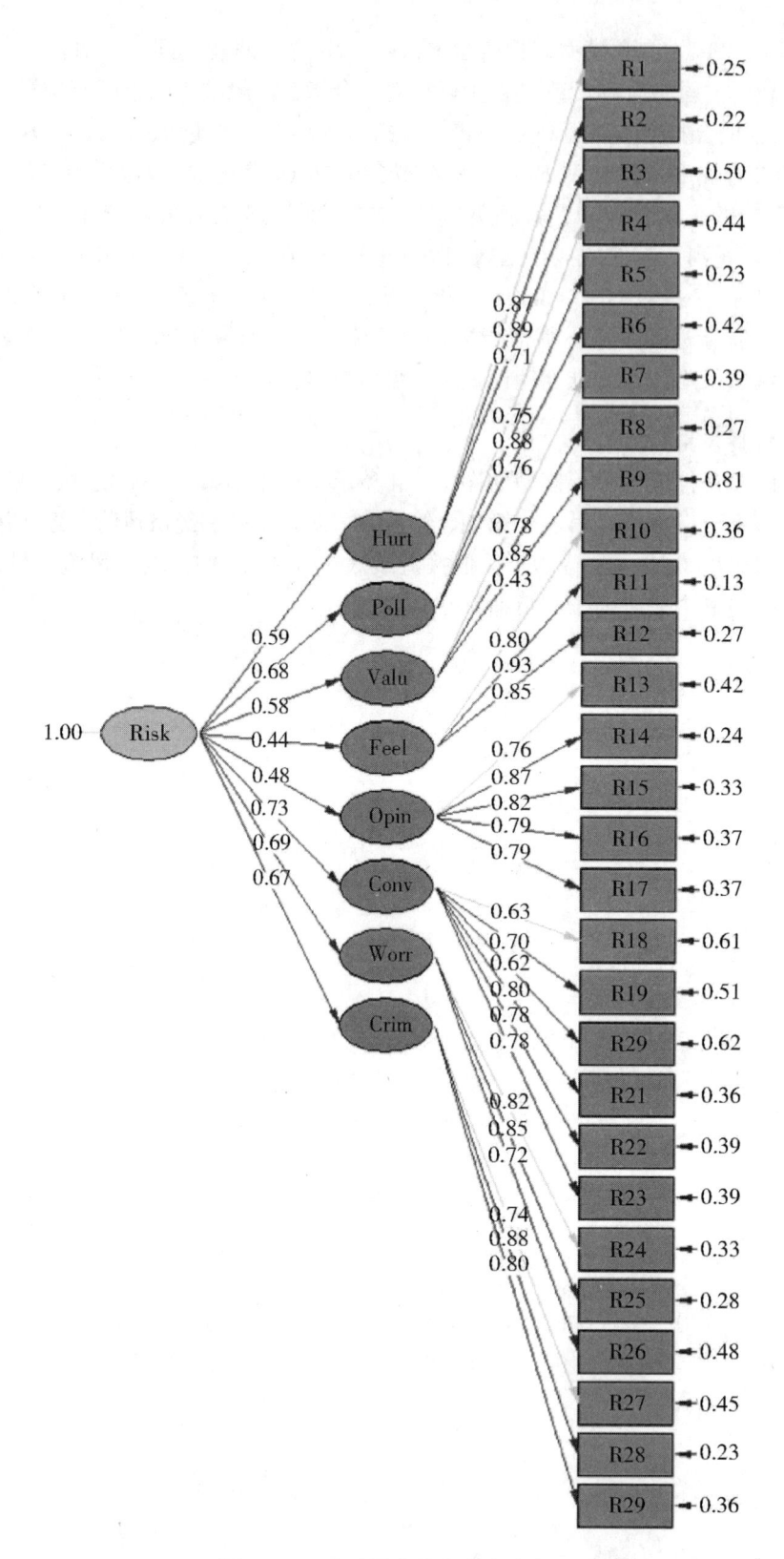

图 12-4　灾后风险认知维度的高阶验证性因子分析模型

注：Hurt 代表人身风险；Poll 代表健康风险；Valu 代表经济风险；Feel 代表道德风险；Opin 代表社会风险；Conv 代表便捷风险；Worr 代表心理风险；Crim 代表犯罪风险。

12.6.4 高阶模型的整体拟合度评价

如表12-19所示为验证性因子分析以后得到的结果。卡方检验值为1651.72，自由度为369，显著性水平为0.0000。这一结果表示本研究假设模型的协方差阵与实证资料的协方差矩阵没有显著差异，灾后风险认知高阶验证性因子分析的维度结构可以被接受。灾后风险认知高阶验证性因子分析的卡方自由度比为4.48，在2.0~5.0，符合侯杰泰的拟合标准。从表12-19中的数据可以看到，其他的拟合指数如RMSEA=0.064、SRMR=0.079，均处于可以接受的范围之内。此外，相对拟合指数GFI=0.88、NFI=0.95、NNFI=0.96、CFI=0.96，AGFI=0.86，RFI=0.95，除GFI和AGFI非常接近临界值，其他指数均大于建议的门槛值0.90。以上结果表明，在考虑到大样本量的情况下，灾后风险认知高阶验证性因子分析的维度理论假设模型可以接受。

表12-19 灾后风险认知高阶因子分析的整体拟合指数结果

卡方/自由度（chi-square/df）	chi-square=1651.72，df=369，P-VALUE=0.000000
卡方自由度比	4.48
拟合优度指数（GFI）	0.88
近似误差均方根（RMSEA）	0.064
残差均方根（SRMR）	0.079
常模拟合指数（NFI）	0.95
非常模拟合指数（NNFI，即TLI）	0.96
比较拟合指数（CFI）	0.96
AGFI	0.86
RFI	0.95

12.6.5 测量条款的信度和效度分析

信度（Reliability）反映的是量表的一致性、稳定性及可靠性，一般来说多以内部一致性来衡量。本研究采用Cronbach α值来评价量表的信度。如表12-20所示可以看到，人身风险、健康风险、经济风险、道德风险、社会风险、便捷风险、心理风险、犯罪风险八个维度的Cronbach α值分别为：0.86、0.84、0.70、0.89、0.90、0.86、0.84、0.84。Cronbach a值均大于0.7，表明数据有较强的内部一致性，信度较高。在效度方面，从内容效度、建构效度两方面对顾客参与的测量条款进行分析。

内容效度（Contentvalidity）代表将概念拆解成维度与要素的过程是否完善的指标，内容效度的建立是要确保量表中包含能够测量该概念的适当的且有代表性的题项。这里所涉及测量项目，都是在理论分析的基础上参考已有的量表形成的。首先借鉴前人研究成果，再深入地分析灾后风险认知的测量方式，将已有研究的测量条款与实地访谈得到的结果相结合产生，适用于本项目的测量条款，最后通过预检验和小样本测试，从而确保问卷的内容效度。

建构效度（Construct Validity）也称结构效度，是用来证明从量表所获得的结果与设计该量表进所依据的理论之间的契合程度。一般来说，建构效度可通过聚合效度（Convergent Validity）和辨别效度（Discriminant Validity）来评估。聚合效度是指当采用两种不同的测量工具来测量同一概念时，所获得的分数是高度相关的。而辨别效度是指如果根据理论预测两个变量是不相关的，则两个变量的实际测量分数也应该是不相关的。这里的所有风险种类下的低阶测项的因子负荷都在0.6~0.8，高阶因子人身风险、健康风险、经济风险、道德风险、社会风险、便捷风险、心理风险、犯罪风险八个因子的负荷除道德风险是0.44非常接近0.45；社会风险0.48接近0.5，其他因子的负荷都在0.58~0.8。同时，模型中所有建构的平均提炼方差（AVE）除灾后风险认知为 0.40 接近临界值，其他都高于临界值 0.50，从而保证能够解释更多的有效方差。

表 12-20 灾后风险认知的低阶及二阶验证性因子分析信度和效度

变量	标准载荷	T 值	衡量误差	Cronbach α	组成信度	平均提炼方差
灾后风险认知（包含 29 个题项）					0.83	0.40
人身风险	0.59	15.16	0.65	0.86	0.86	0.68
R1	0.87	—	0.25			
R2	0.89	28.54	0.22			
R3	0.71	22.67	0.5			
健康风险	0.68	15.93	0.53	0.84	0.84	0.64
R4	0.75	—	0.44			
R5	0.88	22.83	0.23			
R6	0.76	21.06	0.42			
经济风险	0.58	13.03	0.67	0.70	0.74	0.51
R7	0.78	—	0.39			
R8	0.85	17.58	0.27			
R9	0.43	11.45	0.81			
道德风险	0.44	11.14	0.8	0.89	0.90	0.74
R10	0.8	—	0.36			
R11	0.93	29.65	0.13			
R12	0.85	27.94	0.27			
社会风险	0.48	11.89	0.77	0.90	0.90	0.65
R13	0.76	—	0.42			
R14	0.87	26.33	0.24			
R15	0.82	24.54	0.33			
R16	0.79	23.67	0.37			
R17	0.79	23.77	0.37			
便捷风险	0.73	15.21	0.47	0.86	0.87	0.52
R18	0.63	—	0.61			
R19	0.7	16.84	0.51			
R20	0.62	15.22	0.62			
R21	0.8	18.52	0.36			
R22	0.78	18.24	0.39			
R23	0.78	18.19	0.39			

续表

变量	标准载荷	T值	衡量误差	Cronbach α	组成信度	平均提炼方差
心理风险	0.69	16.93	0.52	0.84	0.84	0.64
R24	0.82	—	0.33			
R25	0.85	24.31	0.28			
R26	0.72	21.15	0.48			
犯罪风险	0.67	15.65	0.55	0.84	0.85	0.65
R27	0.74	—	0.45			
R28	0.88	23.36	0.23			
R29	0.8	22.21	0.36			

区别效度是指不同变量测量之间的差异化程度。比较 AVE 值的平方根与因子间相关系数的大小，是分析区别效度的常用方法。只要模型中每个建构的平均提炼方差（AVE）的平方根比该建构与其他所有建构的相关系数大，就表明该测量模型具有较好的判别效度。如表 12-21 所示列出人身风险、健康风险、经济风险、道德风险、社会风险、便捷风险、心理风险、犯罪风险八个低阶因子的相关系数和各个因子 AVE 的平方根（显示于对角线），从中可发现，各因子的 AVE 值的平方根均大于其与其他因子间的相关系数，表明判别效度较好。

表 12-21　灾后风险认知低阶因子 AVE 的平方根和因子相关系数的比较

	人身风险	健康风险	经济风险	道德风险	社会风险	便捷风险	心理风险	犯罪风险
人身风险	0.82							
健康风险	0.41	0.80						
经济风险	0.34	0.40	0.71					
道德风险	0.26	0.30	0.26	0.86				
社会风险	0.29	0.33	0.28	0.21	0.81			
便捷风险	0.43	0.50	0.42	0.32	0.35	0.72		
心理风险	0.41	0.47	0.40	0.31	0.33	0.50	0.80	
犯罪风险	0.40	0.46	0.39	0.3	0.32	0.49	0.46	0.81

12.7　目的地形象感知的验证性因子分析

12.7.1　低阶验证性因子分析整体拟合指数结果

目的地形象感知维度的验证性因子分析模型如图 12-5 所示。运用 Lisrel 8.71 软件，基于固定负荷法，对模型进行分析。从图中可以看出，目的地特色形象感知、目的地设施形象感知、目的地管理形象感知三个因子的负荷都在 0.6~0.86。

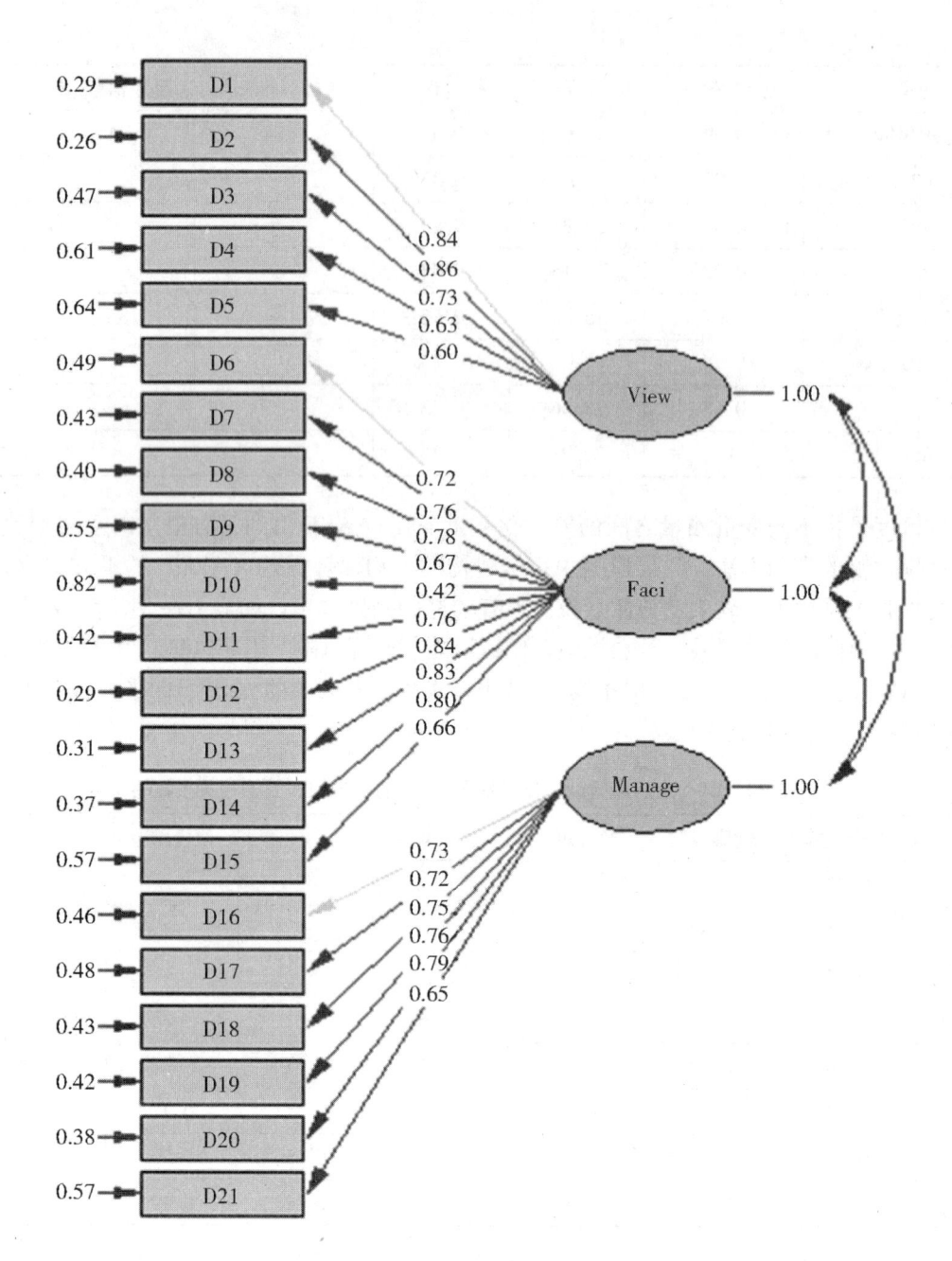

图 12-5 目的地形象感知维度的验证性因子分析模型

注：View 代表目的地特色形象感知；Faci 代表目的地设施形象感知；Manage 代表目的地管理形象感知。

12.7.2 低阶模型的整体拟合度评价

进行验证性因子分析里还要关注模型的拟合指标。整体拟合指数主要有三种类型：一是绝对拟合指数，常用的指数为卡方（Chi-square）、CFI 以及 RMR；二是相对拟合指数，也称增值拟合指数，常用的指数为 CFI、NNFI 和 NFI；三是简约拟合指数。

如表 12-22 所示为是验证性因子分析以后得到的结果。卡方检验值为 920.7，自由度为 186，显著性水平为 0.0000。这一结果表示本研究假设模型的协方差阵与实证资料的协方差矩阵没有显著差异，灾后风险认知高阶验证性因子分析的维度结构可以被接受。灾后风险认知高阶验证性因子分析的卡方自由度比为 4.95，其他的拟合指数如 RMSEA = 0.091、SRMR = 0.056，均处于可以接受的范围之内，此外，相对拟合指数 GFI = 0.86、NFI = 0.96、NNFI = 0.96、CFI = 0.97、AGFI = 0.82、RFI = 0.96，除 GFI 和 AGFI 非常接近临界值外，其他指数均大于建议的门槛值 0.90。以上结果表明，在考虑到大样本量的情况下，灾后风险认知的维度理论假设模型可以接受。

表 12-22 目的地形象感知验证性因子分析的整体拟合指数结果

卡方/自由度（chi-square/df）	chi-square = 920.7, df = 186, P-VALUE = 0.000000
卡方/自由度比	4.95
拟合优度指数（GFI）	0.86
近似误差均方根（RMSEA）	0.091
残差均方根（SRMR）	0.056
常模拟合指数（NFI）	0.96
非常模拟合指数（NNFI，即 TLI）	0.96
比较拟合指数（CFI）	0.97
AGFI	0.82
RFI	0.96

12.7.3 高阶验证性分析整合指数结果

灾后风险认知维度的高阶验证性因子分析模型如图 12-6 所示。运用 Lisrel 8.71 软件，基于固定负荷法，对模型进行分析。目的地特色形象感知、目的地设施形象感知、目的地管理形象感知三个因子的负荷都在 0.7~0.89。

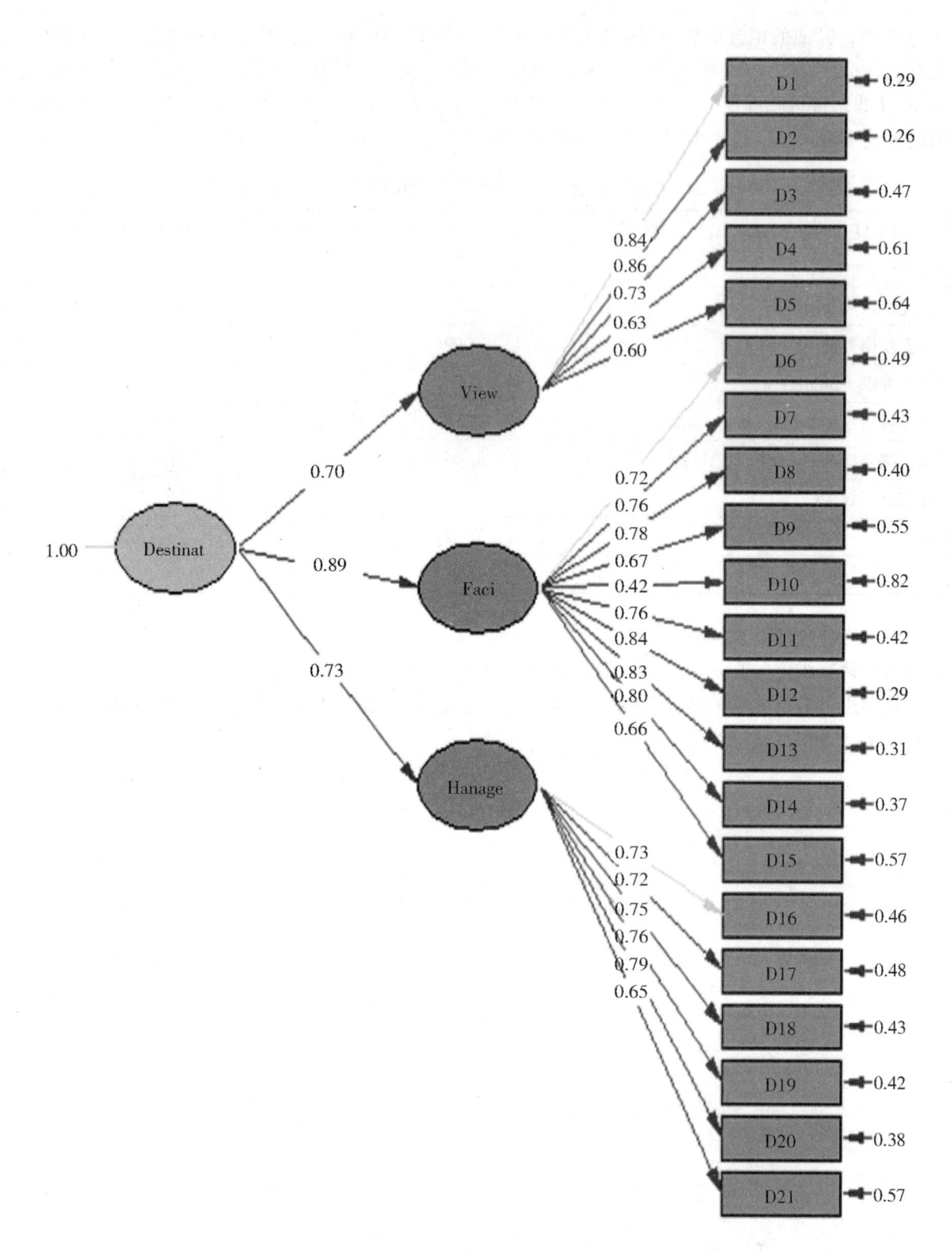

图 12-6　目的地形象感知高阶验证性因子分析的整体拟合指数结果

12.7.4　高阶模型的整体拟合度评价

如表 12-23 所示为验证性因子分析以后得到的结果。卡方检验值为 920.7，自由度为 186，显著性水平为 0.0000。这一结果表示本研究假设模型的协方差阵与实证资料的协方差矩阵没有显著差异，灾后风险认知高阶验证性因子分析的维度结构可以被接受。灾后风险认知高阶验证性因子分析的卡方自由度比为4.95，其他的拟合指数如RMSEA＝0.091、SRMR＝0.056，均处于可以接受的范围之内，此外，相对拟合指数GFI＝0.86、NFI＝0.96、NNFI＝0.96、CFI＝0.97，AGFI＝0.82，RFI＝0.96，除GFI和AGFI非常接近临界值外，其他指数均大于建议的门槛值0.90。以上结果表明，在考虑到大样本量的情况下，灾后风险认知高阶验证性因子分析的维度理论假设模型可以接受。

表12-23 目的地形象感知验证性因子分析的整体拟合指数结果

卡方/自由度（chi-square/df）	chi-square=920.7，df=186，P-VALUE=0.000000
卡方/自由度比	4.95
拟合优度指数（GFI）	0.86
近似误差均方根（RMSEA）	0.091
残差均方根（SRMR）	0.056
常模拟合指数（NFI）	0.96
非常模拟合指数（NNFI，即TLI）	0.96
比较拟合指数（CFI）	0.97
AGFI	0.82
RFI	0.96

12.7.5 测量条款的信度和效度分析

信度（Reliability）反映量表的一致性、稳定性及可靠性，一般多以内部一致性来衡量。本研究采用Cronbach α值来评价量表的信度。如表12-24所示可以看到目的地特色形象感知、目的地设施形象感知、目的地管理形象感知三个维度的Cronbach a值分别为：0.86、0.90、0.87。Cronbach a值均大于0.86，表明数据有较强的内部一致性，信度较高。在效度方面，本研究从内容效度、建构效度两方面对顾客参与的测量条款进行分析。内容效度（Contentvalidity）代表将概念拆解成维度与要素的过程是否完善的指标，内容效度的建立是要确保量表中包含能够测量该概念的适当的且有代表性的题项。本研究所涉及测量项目，都是在理论分析的基础上参考已有的量表形成的。首先借鉴前人研究成果，再深入地分析灾后风险认知的测量方式，将已有研究的测量条款与实地访谈得到的结果相结合产生，适用于本研究的测量条款，最后通过预检验和小样本测试，从而确保问卷的内容效度。

建构效度（Construct Validity）也称结构效度，是用来证明从量表所获得的结果与设计该量表所依据的理论之间的契合程度。一般来说，建构效度可通过聚合效度（Convergent Validity）和辨别效度（Discriminant Validity）来评估。聚合效度是指当采用两种不同的测量工具来测量同一概念时，所获得的分数是高度相关的。而辨别效度是指如果根据理论预测两个变量是不相关的，则两个变量的实际测量分数也应该是不相关的。本研究的所有目的地形象感知种类，除目的地设施形象下的第5个测项是0.42，接近0.45外，所有的测项负荷都在0.6~0.9，同时，模型中所有建构的平均提炼方差（AVE）都高于临界值0.50，从而保证能够解释更多的有效方差。

表12-24 目的地形象感知信度和效度

变量	标准载荷	T值	衡量误差	Cronbach α	组成信度	平均提炼方差
目的地形象感知（包含21个题项）			—		0.52	0.61
目的地特色形象感知	0.70	18.01	0.51	0.86	0.86	0.54
D1	0.84	—	0.29			
D2	0.83	28.99	0.26			
D3	0.73	28.25	0.47			
D4	0.63	19.27	0.51			
D5	0.60	18.27	0.64			
目的地设施形象感知	0.89	20.86	0.11	0.90	0.92	0.54
D6	0.72	—	0.49			
D7	0.76	21.57	0.43			
D8	0.78	22.11	0.40			
D9	0.67	19.01	0.55			
D10	0.42	11.92	0.82			
D11	0.76	21.68	0.42			
D12	0.84	24.09	0.29			
D13	0.83	23.65	0.31			
D14	0.80	22.68	0.37			
D15	0.66	18.69	0.57			
目的地管理形象感知	0.73	17.05	0.47	0.87	0.88	0.54
D16	0.73	—	0.46			
D17	0.72	20.24	0.48			
D18	0.75	21.04	0.43			
D19	0.76	21.31	0.42			
D20	0.79	22.07	0.38			
D21	0.65	18.23	0.57			

区别效度是指不同变量测量之间的差异化程度。比较AVE值的平方根与因子间相关系数的大小，是分析区别效度的常用方法。只要模型中每个建构的平均提炼方差（AVE）的平方根比该建构与其他所有建构的相关系数大，就表明该测量模型具有较好的判别效度。如表12-25所示列出目的地特色形象感知、目的地设施形象感知、目的地管理形象感知三个低阶因子的相关系数和各个因子AVE的平方根（显示于对角线），从中可发现，各因子的AVE值的平方根均大于其与其他因子间的相关系数，表明判别效度较好。

表 12-25　目的地形象感知低阶因子 AVE 的平方根和因子相关系数的比较

	目的地特色形象感知	目的地设施形象感知	目的地管理形象感知
目的地特色形象感知	0.73		
目的地设施形象感知	0.70	0.73	
目的地管理形象感知	0.51	0.72	0.73

12.8　研究结论

要深入地分析游客的灾后风险认知和旅游目的地形象感知，首先需要了解灾后游客风险认知和目的地形象感知的构成和维度。对于理论研究而言，识别灾后游客风险认知和目的地形象感知的维度是一切相关研究的基础，在此基础上才能有力地探讨灾后游客风险认知和目的地形象感知对游客旅游意愿的影响，以及潜在游客对于目的地的熟悉度是如何影响以上三者的，从而深入地刻画出潜在游客的心理状态对于其旅游意愿的影响。深入地分析灾后游客风险认知和目的地形象感知对于灾后旅游恢复有重要的意义，有助于更明确地认识灾后游客风险认知和目的地形象感知的维度和构成，可以更有效地认识和塑造灾后游客风险认知和目的地形象感知，提升灾后旅游意愿，加快自然灾害后旅游恢复的进程。

关于灾后风险认知，根据文献综述得知，Han 和 Weaver（2003），Hsieh 等（1994），Mitchell、Davies 和 Moutinho 和 Vassos（1999），Roehl（1988），Sonmez（1994），Stone 和 Gronhaug（1993），Stone 和 Mason（1995），Tsaur 等（1997），Um 和 Crompton（1992）等学者都研究过风险认知的维度。关于目的地形象感知，Gunn（1972）、Dann（1977）、Stabler（1988）、Fakeye 和 Crompton（1991）、Gatner（1993）、Echtner 和 Ritchie（1993）都研究过目的地形象感知的测量维度。为了更好地理解风险认知和目的地形象感知的维度以及建立可信的灾后风险认知结构量表和普适于灾后目的地形象感知量表，本章从这些学者确立的维度中，根据本研究的需要，采纳部分维度及测量条款，并根据专家访谈结果，进行增删和调整。本章在先前的灾后风险认知维度中，采用与自然灾害最为相关的八个维度：人身风险、健康风险、经济风险、时间风险、设施风险、满意风险、心理风险和犯罪风险，并提出与灾区旅游密切相关的道德风险作为补充。另外，本章参考国内外旅游形象感知研究的文献成果，结合灾害后的具体情况及考虑灾后研究的普适性，依据 McCleary 和 Baloglu（1999）等学者的目的地形象感知内容测度指标，筛选并增加具体的内容维度，提炼出风景名胜、景区活动、旅游设施、餐饮名吃、环境卫生、旅游购物、当地居民及游客、景区管理八个维度。根据文献综述中总结的，感情维度分解结论目前还不成熟，同时，调查对象对感情维度用词的理解差异也会影响测量的效度。事实上测量目的地形象感情成分的研究很少。虽然认为目的地形象既包括认知成分又包括感情成分的观点占主流地位，但是在测量的实践中，很少有针对感情成分的测量。关于感情的维度用于测量目的地形象是否可行尚无定论。另外，根据作者对潜在游客的访谈结果，发现灾后潜在游客的情感状态极为复杂，普通情况下情感评价的维度已经不适合对于灾后情感的测量，所以，本章借鉴的指标主要侧重于认知评价作为潜在游客感知到的目的地形象。

汶川地震灾后的实证数据表明，灾后风险认知在测项纯化的过程中时间风险和设施风险合并，探索性因子分析中，提取的八个因子根据相关文献分别命名为：人身风险、健康风险、经济风险、道德风险、社会风险、便捷风险、心理风险、犯罪风险。在目的地形象感知的测项纯化过程中，环境卫生和旅游购物合并，当地居民及游客和景区管理合并，探索性因子分析中，析出三个因子，根据相关文献分别命名为：目的地特色形象感知、目的地设施形象感知和目的地管理形象感知。

邱皓政（2009）提出，影响初阶因素的共同影响源成为高阶因素（Higher-order Factors）。初阶因素之上的一层潜在因素称为二阶因素（Second-order Factors）。高阶验证性因素分析的适用时机可以从两方面检视。一是理论的观点,如果研究者所关心的议题,在理论或概念上可能存在一个高阶因素时,可利用 HCFA 程序加以检测。在本章的研究中,灾后风险认知在前人研究的基础上,纳入人身风险、健康风险、经济风险、道德风险、社会风险、便捷风险、心理风险、犯罪风险八个初阶因素。本章还可以假设这八个初阶因素受到一个共同的灾后风险认知因子所决定,因而构成一个高阶验证性因素模型。另外,目的地形象感知在前人研究的基础上,纳入目的地特色形象感知、目的地设施形象感知、目的地管理形象感知三个初阶因素。本章还可以假设这三个初阶因素受到一个共同的目的地形象感知因子所决定,因而构成另一个高阶验证性因素模型。

另一个考虑的层次是实证数据的需要与技术上的考虑。如果研究者从 CFA 模型中观察到初阶因素之间具有一致的高相关时即可进行高阶验证性因素模型分析,决定是否初阶因素间具有更高阶的共同影响因素。如果研究结果发现初阶因素间具有更高阶的共同影响因素,研究者即可利用此模型在后续的应用上,或是将初阶因素改以组合分数简化成观察变量,将 HCFA 模型降级成 CFA,此方式的优点是可以降低测量模式的复杂度,提高模式的简效性,有利于研究者去解释这些潜在因素之间的关系。利用此方式可以提高模型收敛的能力,得到较佳的估计结果。

所以,无论是灾后风险认知还是目的地形象感知,本章都探讨了其低阶和高阶的验证性分析结果,为第 13 章更为简化的因素模型关系做铺垫。本章的高阶分析结果显示,各研究变量的信度和效度均已达到可接受水平值,那么根据 Anderson 和 Gerbing(1988)及 Williams 和 Hazer(1986)等学者的建议,第 13 章即可将多个度量题项缩减为少数或单一的度量指标,再运用 LISREL 进行更简化的结构方程模型分析,使各种因素间的结构更加清晰。

13. 综合影响模型研究

在心理学中风险和形象是不可分的。因为两者都是通过个人对未来不确定是否会发生的事件（风险），而不是当前的目标/事件的认知过程和感知联系在一起的。正是两个概念之间这种不可分的关系将旅游者和目的地联系在一起，游客对目的地的规避取决于游客心理认为潜在目的地旅游会带来的损失；游客选择目的地依赖于游客心理认为潜在目的地能提供给他们需要的相关事物。因此，风险认知是游客权衡是否去目的地旅游的重要因素，不管心理的认知与真实的风险差距多大；目的地形象是激发游客的重要刺激物，不管形象是否真实地代表该地所能提供的东西。它们都有可能是目的地选择过程中的关键因素。

文献表明风险认知对旅游意愿有负面影响，目的地形象感知对旅游意愿有正面影响。由于文献表明熟悉度与风险认知、目的地形象感知以及旅游意愿都有影响，所以将风险认知和目的地形象感知对旅游意愿相互抵消的影响以及熟悉度的相关影响纳入一个整体的概念模型有了可行性。另外，通过文献综述发现，风险认知的理论体系已形成，但缺乏灾后游客风险认知的实证研究；目的地形象感知相关理论的基础已建立，但缺乏灾后目的地形象感知对游客意愿影响的实证研究；熟悉度的基本理论已形成，但缺乏在灾害后对目的地形象感知、风险认知及游客意愿的实证研究。所以，本章的目的是验证与灾害相关的风险认知在灾后恢复期对旅游意愿的负面影响，普适于灾后景区的目的地形象感知对灾后旅游意愿的正面影响，并将首次提出一个将灾后风险认知和目的地形象感知对旅游意愿相互抵消的影响以及熟悉度的相关影响纳入一个整体的概念模型。

13.1 研究设计

13.1.1 研究假设

13.1.1.1 灾后风险认知和旅游意愿的关系

Sonmez 和 Graefe (1998a) 等，发现当个体认知到的风险越高，越有可能避免到某个目的地旅游。Bongkosh、Ngamsom 和 Rittichainuwat (2008) 等探讨了游客风险认知是如何影响到游客决策的，Rittichainuwa (2008) 的关于恐怖主义和疾病对旅游风险认知的影响的研究发现，危机发生时游客不是完全中断旅行，而是选择一个危险很小的目的地，并且，超过一半的人不会忽视安全。也就是说，对于某个具体景区而言，风险认知取值越高，旅游意愿越低。根据前人的研究，普通情况下，风险认知对旅游意愿的影响是负向的，研究据此提出在严重自然灾害发生之后，灾后的游客风险认知对旅游意愿有负面影响。具体假设如下。

H1：潜在游客由严重自然灾害引起的灾后风险认知与旅游意愿显著负相关。

根据第 12 章验证的灾后风险认知的八个维度——人身风险、健康风险、经济风险、道德风险、社会风险、便捷风险、心理风险和犯罪风险，研究提出灾后风险认知的潜变量因子与旅游意愿的关系假设。

H1a：潜在游客由严重自然灾害引起的灾后人身风险认知与旅游意愿显著负相关；

H1b：潜在游客由严重自然灾害引起的灾后健康风险认知与旅游意愿显著负相关；

H1c：潜在游客由严重自然灾害引起的灾后经济风险认知与旅游意愿显著负相关；

H1d：潜在游客由严重自然灾害引起的灾后道德风险认知与旅游意愿显著负相关；

H1e：潜在游客由严重自然灾害引起的灾后社会风险认知与旅游意愿显著负相关；

H1f：潜在游客由严重自然灾害引起的灾后便捷风险认知与旅游意愿显著负相关；

H1g：潜在游客由严重自然灾害引起的灾后心理风险认知与旅游意愿显著负相关；

H1h：潜在游客由严重自然灾害引起的灾后犯罪风险认知与旅游意愿显著负相关。

3.1.1.2 目的地形象感知和旅游意愿的关系

在旅游决策和旅游行为理论中，旅游目的地形象感知是影响潜在旅游者做出旅游目的地选择的重要因素，Boulding（1956）、Gartner（1991）、Chon（1990）、Moutinho（1982）以及Woodside（1989）等，特别强调目的地形象在旅游决策中的重要性。旅游感知形象极为重要，潜在旅游者选择目的地的过程很大程度上取决于旅游目的地的感知形象。旅游目的地感知形象越好，游客的旅游意愿越高。Um，S. 和 J. L. Crompton（1992）认为，游客由于旅游产品无法在旅游前试用，因此旅游产品得到的主观判断往往会多于客观判断，潜在旅游者对以前没有到过的地方的感知是有限的。Gensch（1978）认为潜在旅游者很难获得关于目的地或度假地重要属性特征方面的客观信息，因此目的地形象的感知研究在旅游目的地评估中起到了重要作用。既然普通情况下，目的地形象感知对旅游意愿的影响是正面的，那么灾后是怎样的？其影响系数有多大呢？尽管大量研究都认为旅游形象的感知研究对旅游地形象起着重要作用，旅游感知形象影响着旅游行为选择，但衡量旅游目的地的最主要特性仍需探讨，研究旅游感知形象、预测旅游者旅游感知选择行为模式仍需深入。下面在前人研究的基础上，提出测量灾后旅游目的地感知形象对旅游意愿的影响是正面的假设。

H2：潜在游客的目的地形象感知与旅游意愿显著正相关。

根据第3章验证的普适于灾后目的地的形象感知的三个维度——目的地特色形象、目的地设施形象、目的地管理形象，本章提出了灾后风险认知的潜变量因子与旅游意愿的关系假设。

H2a：潜在游客的目的地特色形象感知与旅游意愿显著正相关；

H2b：潜在游客的目的地设施形象感知与旅游意愿显著正相关；

H2c：潜在游客的目的地管理形象感知与旅游意愿显著正相关。

13.1.1.3 熟悉度和灾后风险认知的关系

关于熟悉度和风险认知的关系，Hales（1990）等研究阿拉伯海湾居民对欧洲度假目的地的决策行为，发现80%的回应者指出他们选择目的地的原因就是对于目的地的熟悉。Cheron（1982）等发现风险认知和熟悉度之间有强烈的反向关系。对于某一种休闲活动越是熟悉，个体认知的风险越少。Sonmez 和 Graefe（1998b），Rittichainuwat 和 Chakraborty（2009）提出，游客与目的地联系和经验增多，他们的风险认知水平降低。基于这些研究，研究提出自然灾害后熟悉度对灾后风险认知的影响是反向的假设，希望从汶川震后的数据得到验证。具体假设如下。

H3：潜在游客对目的地的熟悉度与灾后风险认知显著负相关。

在这里需要说明，虽然灾后风险认知之下还有八个潜变量，但是在这个假设中，灾后风险认知是作为熟悉度的因变量的，如果用潜变量作为灾后风险认知和旅游意愿的中间变量会导致结构方程模型太过复杂无法计算，出于可操作性的考虑，在此假设关系中，本章只研究熟悉度与灾后风险认知高阶因子的关系情况。

13.1.1.4 熟悉度和目的地形象感知的关系

在过去的研究中发现熟悉度对目的地形象的影响呈正、负向皆有的结果。MacKay 和 Fesenmaier（1997）认为，越熟悉的旅游目的地越有吸引力，然而，一旦达到特定的转折点后，熟悉将使目的地逐渐丧失吸引力，两者间的关系呈钟形曲线。程圩和隋丽娜（2007）在研究以长三角居民对韩国旅游形象感知中指出，熟悉度会显著影响认知形象各维度及情感形象。杨杰等（2009）根据前人研究结果提出以熟悉度作为前因变量，认知形象与情感形象为中介变量的旅游形象感知行为模型，并以重庆市民对上海旅游形象感知为例进行实证研究。研究表明：在该文的旅游形象感知行为模型中，对于旅游意向影响最大的因素是熟悉度，它通过4条路径对旅游意向产生间接和直接影响，其总影响效果达到0.1591；其次为认知形象和情感形象，它们对旅游意向的总影响效果分别为0.1546和0.1378。

在前面分析基础上提出如下的假设。

H4：潜在游客对目的地的熟悉度与目的地形象感知显著正相关。

在这里需要说明，虽然目的地形象感知之下还有三个潜变量，但是在这个假设中，目的地形象感知是作为熟悉度的因变量的，如果用潜变量作为目的地形象感知和旅游意愿的中间变量会导致结构方程模型太过复杂无法计算，出于可操作性的考虑，在此假设关系中，只研究熟悉度与目的地形象感知高阶因子的关系情况。

13.1.1.5 熟悉度和旅游意愿的关系

旅游地的熟悉度是直到近年来才开始获得重视。在过去的研究中发现熟悉度对目的地形象及旅游意愿的影响呈正、负向皆有的结果。（MacKay 和 Fesenmaier，1997）认为越熟悉的旅游目的地越有吸引力，然而，一旦达到特定的转折点后，熟悉将使目的地逐渐丧失吸引力，两者间的关系呈钟形曲线，因此目的地必须适当地操作熟悉度，以引起潜在游客对旅游的渴望并前往该地旅游。但是，和灾害相关的旅游文献指出，灾害发生之后，虽然人们认为安全很重要，但这并不总是影响到某一特定目的地的决策。一些游客，特别是重复游客，即使有风险，也要重到目的地（Shoemaker, 1994; ffB. N. Rittichainuwat 和 G. Chakraborty, 2009）。Pinhey 和 Inverson（1994）发现以前的针对特定目的地的旅游经验会强化安全感。还有一些学者认为个人经验可能比外界来源获得的信息更影响旅行决策（Mazursky, 1989; Sonmez 和 Graefe, 1998b; B. N. Rittichainuwat 和 G. Chakraborty, 2009）。根据这些文献，本章提出自然灾害后熟悉度对目的地感知和旅游意愿的影响是正面的，具体假设为

H5：潜在游客对目的地的熟悉度与旅游意愿显著正相关。

13.1.2 概念模型与假设

从以上的分析可以看出，灾后风险认知和目的地形象感知分别对旅游意愿产生不同方向的影响，熟悉度对前述三个变量都产生影响。在前面理论分析的基础上，提出概念模型和假设。

13.1.2.1 灾后风险认知、目的地形象感知的高阶因子与熟悉度和旅游意愿的关系

H1：潜在游客由严重自然灾害引起的灾后风险认知与旅游意愿显著负相关。

H2：潜在游客的目的地形象感知与旅游意愿显著正相关。

H3：潜在游客对目的地的熟悉度与灾后风险认知显著负相关。

H4：潜在游客对目的地的熟悉度与目的地形象感知显著正相关。

H5：潜在游客对目的地的熟悉度与旅游意愿显著正相关。

灾后风险认知、目的地形象感知的高阶因子与熟悉度和旅游意愿的关系，如图13-1所示。

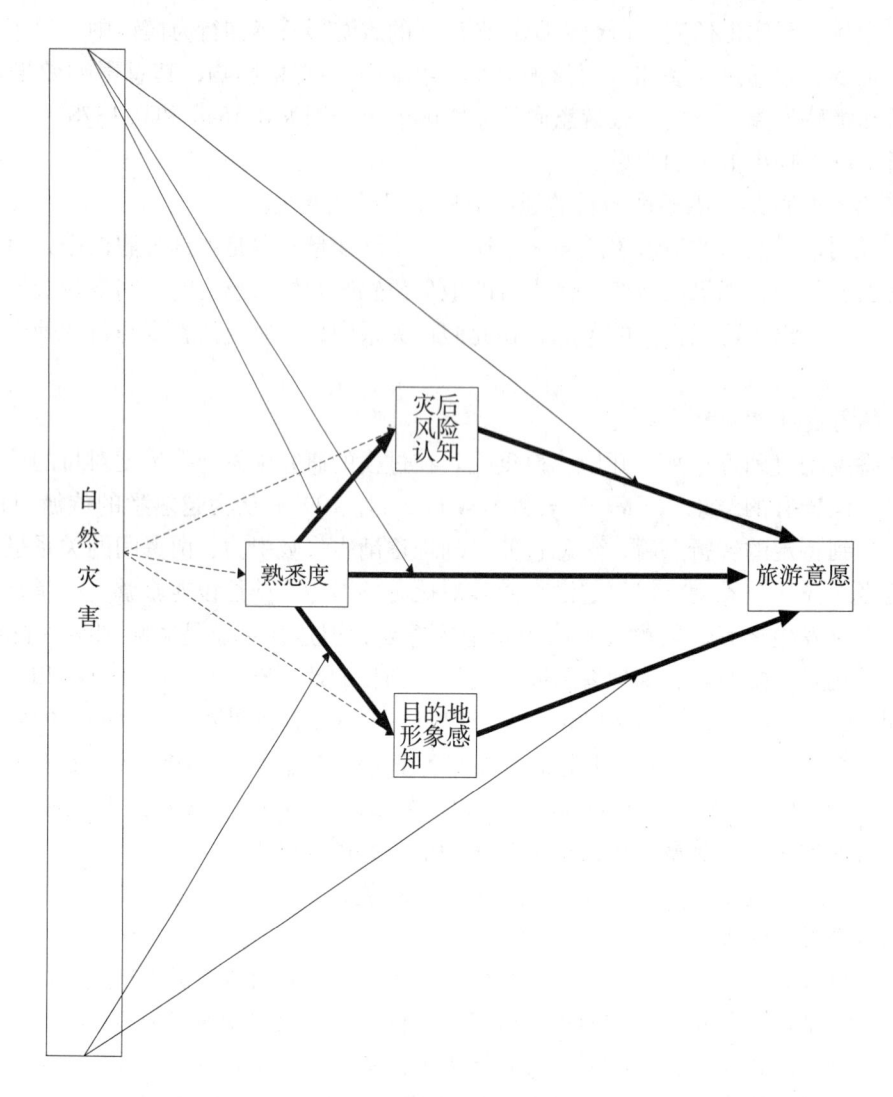

图 13-1　灾后风险认知、目的地形象感知的高阶因子与熟悉度和旅游意愿的关系

13.1.2.2　灾后风险认知和目的地形象感知的一阶因子与旅游意愿的关系

H1a：潜在游客由严重自然灾害引起的灾后人身风险认知与旅游意愿显著负相关；

H1b：潜在游客由严重自然灾害引起的灾后健康风险认知与旅游意愿显著负相关；

H1c：潜在游客由严重自然灾害引起的灾后经济风险认知与旅游意愿显著负相关；

H1d：潜在游客由严重自然灾害引起的灾后道德风险认知与旅游意愿显著负相关；

H1e：潜在游客由严重自然灾害引起的灾后社会风险认知与旅游意愿显著负相关；

H1f：潜在游客由严重自然灾害引起的灾后便捷风险认知与旅游意愿显著负相关；

H1g：潜在游客由严重自然灾害引起的灾后心理风险认知与旅游意愿显著负相关；

H1h：潜在游客由严重自然灾害引起的灾后犯罪风险认知与旅游意愿显著负相关。

H2a：潜在游客的目的地特色形象感知与旅游意愿显著正相关；

H2b：潜在游客的目的地设施形象感知与旅游意愿显著正相关；

H2c：潜在游客的目的地管理形象感知与旅游意愿显著正相关。

灾后风险认知和目的地形象感知的一阶因子与旅游意愿的关系，如图 13-2 所示。

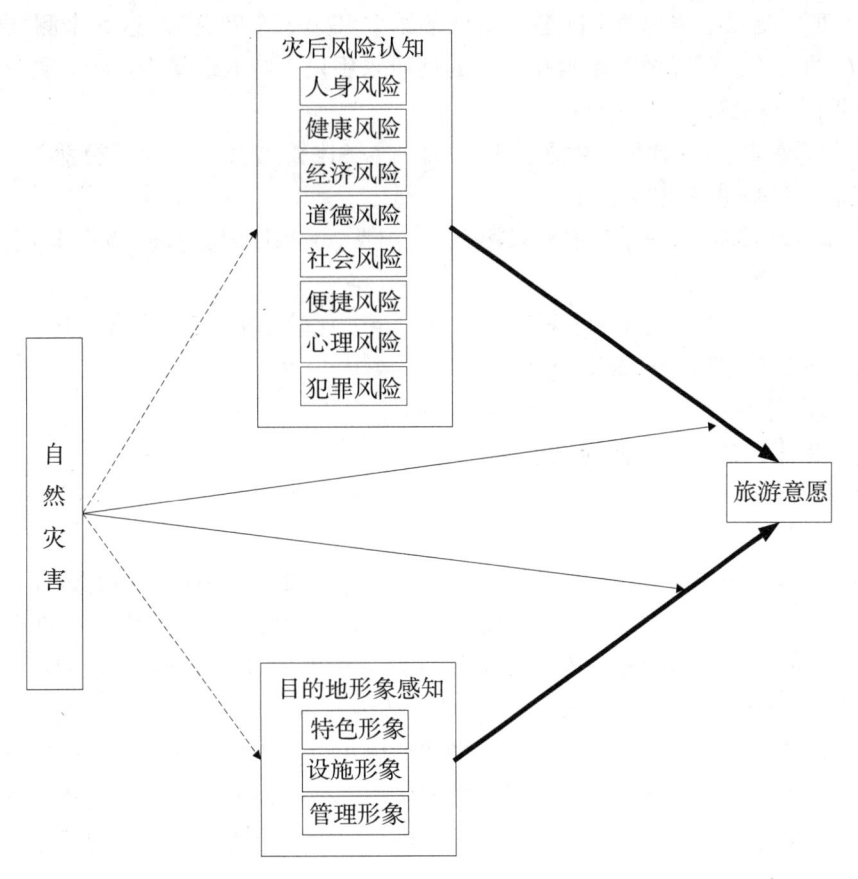

图13-2 灾后风险认知和目的地形象感知的一阶因子与旅游意愿的关系

13.1.3 测量条款

13.1.3.1 测量条款建立

购买意愿是指消费者购买某种特定产品的主观概率或可能性，旅游意愿则是游客到目的地旅游消费的主观概率或可能性。Ajzen、Driver 认为意向是行为发生的必须过程，是行为显现前的决定。旅游意愿对游客的旅行决策有重要影响，潜在消费者旅游的愿望越强烈，到某目的地旅游消费的可能性就越大，反之，旅游消费的可能性就越小。因此，旅游意愿是衡量潜在游客旅行决策的一个重要指标。

在设计旅游意愿测量项目时，借鉴国外学者的研究成果，同时，结合我国游客的决策心理，从支付意愿、推荐意愿、主观看法等方面设计了三个测量项目。这三个测项的信度和效度在后面的部分有专门的讨论。问题的答案根据问题的性质采用李克特五级量表设计。具体测项如下。

(1) 如果我有时间、有财力，我会在一年内到该景区旅游。
　　(1—非常不同意　2—比较不同意　3——般　4—比较同意　5—非常同意)
(2) 我会在一年内向亲朋好友推荐到该景区旅游。
　　(1—非常不同意　2—比较不同意　3——般　4—比较同意　5—非常同意)
(3) 如果我有时间、有财力，一年之内亲朋好友如提议到四川景区旅游，我会积极响应。
　　(1—非常不同意　2—比较不同意　3——般　4—比较同意　5—非常同意)

熟悉度的测量条款是在 Cho (2001) 的"熟悉度"量表上产生的。Cho (2001) 发现，"熟悉度"和"专业性"强烈相关，于是他将两种结构结合起来作为先验知识的一个内容。本研究根据研究目的和适用性在修改了这些测项的具体内容，并根据游客访谈、专家讨论结果和相关的研究，在 Cho

(2001) 的"熟悉度"测项上增加两个问题（下面的第 2 和第 3 个问题）。这 5 个测项的信度和效度在后面的部分有专门的讨论。问题的答案根据问题的性质采用里克特五级量表设计。具体测项如下：

（1）您对该景区有多熟悉？
（1—非常不熟悉　2—比较不熟悉　3—一般　4—比较熟悉　5—非常熟悉）

（2）您对该景区有多感兴趣？
（1—非常不感兴趣　2—比较不感兴趣　3—一般　4—比较感兴趣　5—非常感兴趣）

（3）您对该景区了解多少？
（1—非常不了解　2—比较不了解　3—一般　4—比较了解　5—非常了解）

（4）请对您了解的该景区的旅游知识打分。
（5 分为最高分）（1　2　3　4　5）

（5）同其他人相比，请对您掌握的该景区的知识打分。
（5 分为最高分）（1　2　3　4　5）

13.1.3.2　小样本分析

借鉴已有的研究结合访谈形成初步的测量条款后，为了保证大规模调查的有效性，本研究先做了预调研。马庆国（2002）、刘怀伟（2003）都建议在进行大规模调查之前，首先要通过小规模的前测来发现问卷设计中存在的问题。通过对小样本调查数据进行分析得到各结构变量的 CITC、信度和单维度性的分析结果。其次侯杰泰，温忠麟和成子娟（2004）认为在一些探索性研究，或设计问卷的初期，可以在每个因子上多设计几个题目，让预试结果协助我们删去一些不好的题目，最后每个因子应有 3 个或更多的题目。本研究于 2009 年 10 月中旬进行小样本调查，向四川大学的大学生及其省内外的亲朋好友发放问卷。总计发出问卷 200 份，回收问卷 198 份，剔除回答不全或前后矛盾的问卷之后，得到有效问卷 187 份。

（1）游客意愿的 CITC、信度和单维度分析。

游客意愿包含三个测量条款，其 CITC 如表 13-1 所示，三个测量条款的 CITC 指标均大于 0.4，删除任何一个测量条款都不会使剩余测量条款的 Alpha 值增加。量表 Alpha 系数接近于 0.8 表示内在信度可以接受。如表 13-2 所示为游客意愿单维度分析显示因子负荷都大于 0.5。

表 13-1　游客意愿的 CITC、信度分析

条款	CITC	Alpha – ID
1	0.6213	0.7517
2	0.6904	0.6836
3	0.6263	0.7461
量表 Alpha 系数		0.7994

表 13-2　游客意愿单维度分析

条款	因子负荷
1	0.872
2	0.835
3	0.831

(2) 熟悉度的 CITC、信度和单维度分析。

熟悉度包含五个测量条款，其 CITC 如表 13-3 所示，除第一和第二个测量条款之外，三个测量条款的 CITC 指标均大于 0.4，删除任何一个测量条款都不会使剩余测量条款的 Alpha 值增加。如表 13-4 所示为熟悉度单维度分析显示删除第一和第二个测量条款后其余因子的负荷都大于 0.5。

表 13-3　熟悉度的 CITC、信度分析

条款	CITC	Alpha-ID
1	0.3671	0.8546
2	0.3268	0.8631
3	0.6720	0.7715
4	0.6356	0.7125
5	0.6156	0.7380
量表 Alpha 系数		0.8253

表 13-4　熟悉度单维度分析显示

条款	因子负荷
3	0.868
4	0.827
5	0.859

13.1.3.3　测量条款确定

经过对小样本的 CITC 以及单维度分析，灾后风险认知、目的地形象感知和熟悉度对游客意愿作用机制的模型中所涉及的变量都进行筛选，优化测量条款，提高本研究模型的信度和效度。最终形成的测量条款，如表 13-5 所示。

表 13-5　经小样本筛选形成的测量条款

维度	条款
旅游意愿	1. 如果我有时间、有财力，我会在一年内到该景区旅游 （1—非常不同意　2—比较不同意　3—一般　4—比较同意　5—非常同意） 2. 我会在一年内向亲朋好友推荐到该景区旅游 （1—非常不同意　2—比较不同意　3—一般　4—比较同意　5—非常同意） 3. 如果我有时间、有财力，一年之内亲朋好友如提议到四川景区旅游，我会积极响应 （1—非常不同意　2—比较不同意　3—一般　4—比较同意　5—非常同意）
熟悉度	1. 您对该景区了解多少？（1—非常不了解　2—比较不了解　3—一般　4—比较了解　5—非常了解） 2. 请对您了解的该景区的旅游知识打分。（5 分为最高分）（1　2　3　4　5） 3. 同其他人相比，请对您掌握的该景区的知识打分。（5 分为最高分）（1　2　3　4　5）

13.1.4　样本获取

对于结构方程本身而言，样本越大越好，但是样本量增加会影响绝对拟合指数的大小。样本量越大，模型被拒绝的机会也越大。要取得两者的平衡是很困难的。Andrerson 和 Gerbing（1988）认为

100~150是满足样本大小的最低底线。Shumacker和Lomax（1996）的观察发现，大部分的结构方程研究，样本数在200~500。Bentler和Chou（1987）建议，如果收集到的数据符合正态分布，则平均每个变量5个样本就足够，如果样本不符合正态分布，则平均每个变量有10个样本就足够。

侯杰泰，温忠麟和成子娟（2004）指出样本量和指标数或自由估计参数的数目的比值大于10。Hair（1998）认为以最大似然估计法进行参数估计时，样本数大于100以上是最起码的要求，因为样本数太小可能导致不能收敛或得到不合适的解。

综上所述，不同的研究对样本量有不同的要求，样本量太小会使得模型不稳定，样本量太大，则会影响到拟合指数的大小，会影响对模型拟合效果的判断。在本研究中，一共有56个测量条款，经过小样本预调查，以及对测量模型的探索性和验证性因子分析，绝大多数潜变量都包含有三个以上的测量条款。本研究收集到846份有效问卷，可以满足以上学者所提供的参考标准，可以保证模型的有效识别。

本研究基于研究的可行性采用便利抽样的方法，问卷以国内居民为调查对象，时间为2009年11月，方法为滚雪球法（Snowball Sampling Technique）和配额法，即从作者所在学院随机抽取了100名本地学生完成问卷，然后学生推荐并邀请他们所认识的国内居民参加本次问卷调查，要求每个学生负责在全国范围内寻找9个潜在游客完成问卷，其中各个省份潜在游客的比例按照四川省旅游局近期发表的四川景区各省游客比进行配额，如表13-6所示。之所以选择国内居民为抽样对象，主要原因在于近些年来国内居民出游率持续增高，尤其是四川省旅游局公布出来的主要客源省的居民，即便该地居民在被访时不一定属于游客范畴，但频繁的出游经历缩小了市民与游客的共同认识，特别是从心理认知记忆的角度讲更是如此，所以将它作为潜在游客的样本。

表13-6 四川景区各省游客比

客源省游客比例	
省份及直辖市	比例/%
四川	65.3
重庆	8.61
广东	5.93
北京	4.02
云南	3.59
陕西	3.22
上海	2.77
浙江	2.34
江苏	2.19
湖南	2.03

数据来源：四川省旅游局网站震前统计数据。

13.2 研究分析

13.2.1 样本描述

本研究的正式调查在2009年11月进行。共发放问卷1000份，问卷回收后928份，剔除不合格问卷，得到有效问卷846份，有效回收率为84.6%。有效样本的人口统计变量分布情况如表13-7所示。从被调查者的性别分布来看，有461位被调查者是男性，占总数的比例为54.55%，有385位被调查者是女性，占总数的比例为 45.45%。

从被调查者的年龄分布上看，18~25 岁的被调查者有 161 人，占总数的比例为 19%；21~30 岁的被调查者有 211 人，占总数的比例为 25%；31~40 岁的被调查者有 271 人，占总数的比例为 32%；41~50 岁的被调查者有 127 人，占总数的比例为 15%；51~60 岁的被调查者有 42 人，占总数的比例为 5%；60 岁以上的被调查者有 34 人，占总数的比例为 4%。从年龄的分布来看，30 岁以上的样本所占的比重比较大，这与实际情况比较吻合，年龄越大得病的概率也大，对医疗服务的认识更深刻。

从被调查者的文化程度来看，小学及以下的被调查者有 13 人，占总数的比例为 1.5%；初中文化的被调查者有 121 人，占总数的比例为 14.3%；高中或中专的被调查者有 222 人，占总数的比例为 26.3%；大专或本科的被调查者有 396 人，占总数的比例为 46.8%；本科以上文化程度的被调查者有 94 人，占总数的比例为 11.1%。

从被调查者的职业状况来看，农民有 1 人，占总数的比例为 0.1%；企业职工 383 人，是主要的调查对象，占总数的比例为 45.3%；教师 41 人，占总数的比例为 4.9%；公务员或事业单位人员 135 人，占总数的比例为 15.9%。被调查对象还包括有个体经营者 41 人、军人 3 人、学生 21 人，所占的比重分别为 4.8%、0.4% 和 2.5%。

从被调查者的年均收入状况来看，年收入在 2 万以下的被调查者有 38 人，占总数的 4.5%；2 万元~5 万元的被调查者有 301 人，占总数的 35.6%；5 万元~10 万元的被调查者有 229 人，占总数的 27.1%；10 万元~15 万元的被调查者有 178 人，占总数的 21%；15 万元~20 万元的被调查者有 53 人，占总数的 6.3%；年收入在 20 万元以上的被调查者有 47 人，占总数的 5.5%。

到外地过夜旅游的年平均花费在 2000 元以下的有 98 人，占总数的 11.6%；2000 元~5000 元的有 624 人，占总人数的 73.8%；5000 元以上的有 123 人，占总人数的 14.6%。

表 13-7 样本人口统计变量分布情况

人口统计变量	分类项目	样本数目	百分比/%
性别	男	461	54.55%
	女	385	45.45%
	合计	846	100.00%
年龄	①18~25 岁	161	19%
	②26~30 岁	211	25%
	③31~40 岁	271	32%
	④41~50 岁	127	15%
	⑤51~60 岁	42	5%
	⑥61 岁以上	34	4%
	合计	846	100%
文化程度	小学及以下	13	1.5%
	初中	121	14.3%
	高中或中专	222	26.3%
	大专或本科	396	46.8%

续表

人口统计变量	分类项目	样本数目	百分比/%
	本科以上	94	11.1%
	合计	846	100%
职业	农民	1	0.1%
	企业职员	383	45.3%
	教师	41	4.9%
	公务员或事业单位人员	135	15.9%
	个体经营者	41	4.8%
	军人	3	0.4%
	学生	21	2.5%
	其他	221	26.1%
	合计	846	100.0%
年收入	2万元以下	38	4.5%
	2万元~5万元	301	35.6%
	5万元~10万元	229	27.1%
	10万元~15万元	178	21.0%
	15万元~20万元	53	6.3%
	20万元以上	47	5.5%
	合计	846	100.0%
外地过夜旅游花费	2000元以下	98	11.6%
	2000~5000元	624	73.8%
	5000元以上	123	14.6%
	合计	846	100.0%

13.2.2 数据质量分析

13.2.2.1 高阶因子模型数据质量分析

问卷收回以后，对数据的信度和效度进行分析。在进行信度分析时，本研究使用建构信度和Cronbach两个指标。建构信度（Construct Reliability）也称组合信度，是结构方程模型本身发展出可用于检验潜变量的信度指标。一些学者建议个别潜变量的建构信度需要大于0.60（Bagozzi和Yi，1988）。有些学者建议大于0.5即可（Raines Eudy，2000）。本研究的实证表明，复合信度（Composite Validity，CR）和Cronbach α值均大于0.7，说明本研究的信度水平可以接受。

量表效度的考查指标主要有包括内容效度（Content Validity）和建构效度（Construct Validity）。内容效度主要考查测量条款，是否具有代表性和综合性。本研究所涉及测量项目，都是在理论分析的基础上参考已有的量表形成的。首先借鉴前人研究成果，接着进行实地参与式访谈，最后通过预检验和小样本测试，以确保问卷有合适的内容效度。

所谓建构效度，是指问卷中的测量条款与研究中的理论构想之间的一致程度。量表的建构效度评价主要从收敛效度（Convergent Validity）和区别效度（Discriminant Validity）两个方面入手。收敛效度，也称聚合效度，是指测量同一构念的不同测量条款之间的一致性。各个变量的因子负荷都超过0.6，平均提取方差（AVE）等于临界值0.5，说明本量表的收敛效度可以接受，如表13-8所示。

表13-8 高阶因子模型信度效度

	标准载荷	标准残差值	T值	Cronbach α 值	组合信度 CR	AVE
旅游意愿				0.76	0.75	0.5
R1	0.71	0.49	—			
R2	0.7	0.51	15			
R3	0.7	0.52	1.97			
熟悉度				0.73	0.73	0.5
R1	0.58	0.67	—			
R2	0.74	0.46	13.16			
R3	0.75	0.43	13.1			

区别效度是指不同变量测量之间的差异化程度。比较AVE值的平方根与因子间相关系数的大小，是分析区别效度的常用方法。如表13-9所示列出各因子间的相关系数和AVE的平方根（显示于对角线），从中可发现，各因子的AVE值的平方根均大于其与其他因子间的相关系数，表明判别效度较好。显示了较好的区别效度。

表13-9 AVE的平方根和因子相关系数的比较

	灾后风险认知	目的地形象感知	旅游意愿	熟悉度
灾后风险认知	0.67			
目的地形象感知	0	0.4		
旅游意愿	-0.11	0.36	0.5	
熟悉度	-0.04	0.1	0.31	0.52

13.2.2.2 一阶因子模型数据质量分析

如表13-10所示中可以看出，组合信度（Composite Validity，CR）和Cronbach α 值均大于0.7，说明本研究的信度水平可以接受。变量的因子负荷都超过0.6，平均提取方差（AVE）等于临界值0.5。说明本量表的收敛效度可以接受。

表13-10 低阶因子模型信度效度

	标准载荷	标准残差值	T值	Cronbach α 值	组合信度 CR	AVE
旅游意愿				0.76	0.74	0.5
R1	0.71	0.5	—			
R2	0.65	0.58	14.51			
R3	0.74	0.46	15.02			

区别效度是指不同变量测量之间的差异化程度。比较AVE值的平方根与因子间相关系数的大小，

是分析区别效度的常用方法。如表 13-11 所示列出各因子间的相关系数和 AVE 的平方根（显示于对角线），从中可发现，各因子的 AVE 值的平方根均大于其与其他因子间的相关系数，表明判别效度较好。显示了较好的区别效度。

表 13-11 AVE 的平方根和因子相关系数的比较

	旅游意愿	人身风险	健康风险	经济风险	道德风险	社会风险	便捷风险	心理风险	犯罪风险	目的地特色形象感知	目的地设施形象感知	目的地管理形象感知
旅游意愿	0.5											
人身风险	0.03	0.82										
健康风险	0.02	0.64	0.8									
经济风险	-0.18	0.24	0.33	0.71								
道德风险	-0.23	0.17	0.19	0.38	0.86							
社会风险	-0.21	0.1	0.22	0.38	0.55	0.81						
便捷风险	0.01	0.46	0.54	0.48	0.23	0.25	0.72					
心理风险	-0.13	0.38	0.41	0.36	0.37	0.47	0.51	0.8				
犯罪风险	-0.14	0.39	0.46	0.38	0.27	0.33	0.5	0.47	0.81			
目的地特色形象感知	0.32	0.12	0.09	-0.03	-0.14	-0.17	0.1	-0.07	0.05	0.73		
目的地设施形象感知	0.3	0.1	-0.01	0.01	-0.18	-0.24	0.03	-0.11	-0.02	0.7	0.73	
目的地管理形象感知	0.31	0.07	0.04	0.01	-0.17	-0.22	0.11	-0.11	-0.06	0.51	0.72	0.73

13.3 结构模型的分析结果与理论假设验证

13.3.1 高阶因子模型的结果和验证

如表 13-12 所示结构模型的分析结果。卡方检验值为 763.87，自由度为 113，显著性水平为 0.000。卡方自由度比是 6.76，略高于 5。这些数据表示本研究假设模型的整体拟合度较好，假设模型的协方差阵与实证资料的协方差矩阵没有显著差异。卡方以及自由度并不能完全反应模型的拟合优度，为了更加准确地考察模型的拟合情况还需要考虑其他指标。

其他的拟合指数如 GFI=0.90、RMSEA=0.083、SRMR=0.067，均处于可以接受的范围之内，此外，相对拟合指数 NFI=0.89、NNFI=0.89、CFI=0.910，除 NFI，NNFI 接近门槛值外，其余指数均大于建议的门槛值 0.90。以上结果表明，在考虑到大样本量的情况下，理论假设模型可以接受。

表 13-12 高阶因子模型的整体拟合指数结果

卡方/自由度（chi-squre/df）	chi-square=763.87 df=113，P-VALUE=0.000000
卡方/自由度比	6.76
拟合优度指数（GFI）	0.90
近似误差均方根（RMSEA）	0.083
残差均方根（SRMR）	0.067
常模拟合指数（NFI）	0.89
非常模拟合指数（NNFI，即 TLI）	0.89

续表

卡方/自由度（chi-squre/df）	chi-square = 763.87 df = 113，P-VALUE = 0.000000
比较拟合指数（CFI）	0.91
AGFI	0.87
RFI	0.87

13.3.1.1 灾后风险认知高阶因子对旅游意愿的影响结果

H1：潜在游客由严重自然灾害引起的灾后风险认知与旅游意愿显著负相关。

通过结构方程模型的路径系数测算结果可以发现，潜在游客由严重自然灾害引起的灾后风险认知对旅游意愿的影响路径系数为 -0.14，标准化影响路径系数为 -0.1，T 值为 -2.38，显著性水平为 0.06，假设 H1 成立，因此，潜在游客由严重自然灾害引起的灾后风险认知与旅游意愿显著负相关，如表 13-13 所示。

表 13-13　高阶因子模型的路径检验和假设检验的结果

原假设			路径系数	标准化路径系数	T 值	P	结论
旅游意愿	←	灾后风险认知	-0.14	-0.1	-2.38	0.06	支持
旅游意愿	←	目的地形象感知	0.41	0.33	7.52	0.05	支持
灾后风险认知	←	熟悉度	-0.04	-0.04	-0.84	0.04	不支持
目的地形象感知	←	熟悉度	0.11	0.1	2.34	0.05	支持
旅游意愿	←	熟悉度	0.36	0.27	5.74	0.06	支持

13.3.1.2 目的地形象感知高阶因子对旅游意愿的影响结果

H2：潜在游客的目的地形象感知与旅游意愿显著正相关。

通过结构方程模型的路径系数测算结果可以发现，潜在游客的目的地形象感知对旅游意愿的影响路径数为 0.41，标准化影响路径系数为 0.33，T 值为 7.52，显著性水平为 0.05，假设 H2 成立，因此，潜在游客的目的地形象感知与旅游意愿显著正相关。

13.3.1.3 熟悉度对灾后风险认知高阶因子、目的地形象感知高阶因子以及旅游意愿的影响结果

H3：潜在游客对目的地的熟悉度与灾后风险认知显著负相关。

通过结构方程模型的路径系数测算结果可以发现，潜在游客对目的地的熟悉度对灾后风险认知的影响路径数为 -0.04，标准化影响路径系数为 -0.04，T 值为 -0.84，统计意义上不显著，假设 H3 不成立，因此，潜在游客对目的地的熟悉度与灾后风险认知不相关。

H4：潜在游客对目的地的熟悉度与目的地形象感知显著正相关。

通过结构方程模型的路径系数测算结果可以发现，潜在游客对目的地的熟悉度对目的地形象感知的影响路径数为 0.11，标准化影响路径系数为 0.1，T 值为 2.34，显著性水平为 0.05，假设 H4 成立，因此，潜在游客对目的地的熟悉度与目的地形象感知显著正相关。

H5：潜在游客对目的地的熟悉度与旅游意愿显著正相关。

通过结构方程模型的路径系数测算结果可以发现，潜在游客对目的地的熟悉度对旅游意愿的影响路径数为 0.36，标准化影响路径系数为 0.27，T 值为 5.74，显著性水平为 0.06，假设 H5 成立，因此，潜在游客对目的地的熟悉度与旅游意愿显著正相关。

13.3.1.4 熟悉度、灾后风险认知高阶因子、目的地形象感知高阶因子以及旅游意愿的关系结果讨论

Sonmez 和 Graefe（1998a）；Bongkosh、Ngamsom 和 Rittichainuwat（2008）等的研究提出，普通情况

下，风险认知对旅游意愿的影响是负向的，本章据此提出在严重自然灾害发生之后，灾后的游客风险认知对旅游意愿有负面影响的假设；Boulding（1956）、Gartner（1991）、Chon（1990）、Moutinho（1982）以及 Woodside（1989）等学者的研究显示，旅游目的地感知形象对旅游意愿的影响是正面的，本章据此提出普适于灾后目的地的形象感知对旅游意愿的影响是正向的假设；Hales（1990）、Cheron（1982）、Sonmez 和 Graefe（1998b），Rittichainuwat 和 Chakraborty（2009）等的研究说明，游客对于目的地的熟悉度与游客风险认知之间有强的反向关系，本章据此提出自然灾害后熟悉度对灾后风险认知的影响是反向的假设；MacKay 和 Fesenmaier（1997）、程圩和隋丽娜（2007）及杨杰等（2009）的研究表明，游客对于目的地的熟悉度与目的地形象感知之间是正向关系，本章据此提出自然灾害后熟悉度对目的地形象感知的影响是正向的假设；Shoemaker（1994）、Pinhey 和 Inverson（1994）、Mazursky（1989）、Sonmez 和 Graefe（1998b）等学者的研究，成为本章提出自然灾害后熟悉度对目的地感知和旅游意愿的影响为正的假设的理论基础。

汶川震后的数据证明，除潜在游客对目的地的熟悉度与灾后风险认知不相关外，其他根据文献提出的假设都成立，能够验证前人的研究结果。潜在游客对目的地的熟悉度与灾后风险认知不相关的原因可能是：本研究中的灾后风险认知根据研究目的，所有的测项中的风险都被调整为与自然灾害高度相关或有自然灾害引起，以突出灾害在风险认知形成中的作用以及灾后的特殊情境。文献中的游客风险认知，不是专门的灾后风险认知，所以其风险的构成是综合的，不仅由灾害引起，还有目的地其他方面的原因。所以游客对目的地的熟悉度增加，在普通情况下可以使综合的风险认知减低；而在汶川震后的恢复期内，潜在游客即使对某个目的地熟悉，对引起灾后风险认知的主体——汶川大地震却不熟悉，这导致了游客的目的地熟悉度对灾害引起的风险认知并无显著抑制作用。

13.3.2 低阶因子模型的结果和验证

如表 13-14 所示为结构模型的分析结果。卡方检验值为 4000.94，自由度为 1259，显著性水平为 0.000。这些数据表示本研究假设模型的整体拟合度较好，假设模型的协方差阵与实证资料的协方差矩阵没有显著差异。卡方以及自由度并不能完全反映模型的拟合优度，为了更加准确地考察模型的拟合情况还需要考虑其他指标。

表 13-14　阶因子模型的整体拟合指数结果

卡方/自由度（chi-squre/df）	chi-square = 4000.94　df = 1259，P-VALUE = 0.000000
卡方/自由度比	3.18
拟合优度指数（GFI）	0.85
近似误差均方根（RMSEA）	0.040
残差均方根（SRMR）	0.047
常模拟合指数（NFI）	0.95
非常模拟合指数（NNFI，即 TLI）	0.96
比较拟合指数（CFI）	0.96
AGFI	0.83
RFI	0.94

其他的拟合指数如 GFI = 0.85、RMSEA = 0.040、SRMR = 0.047，均处于可以接受的范围之内，此外，相对拟合指数 NFI = 0.95、NNFI = 0.96、CFI = 0.96，均大于建议的门槛值 0.90。以上结果表明，

在考虑到大样本量的情况下，理论假设模型可以接受。

13.3.2.1 灾后风险认知低阶因子对旅游意愿的影响结果

H1a：潜在游客由严重自然灾害引起的灾后人身风险认知与旅游意愿显著负相关。

通过结构方程模型的路径系数测算结果可以发现，潜在游客由严重自然灾害引起的灾后人身风险认知对旅游意愿的影响路径数为 0.01，标准化影响路径系数为 0.02，T 值为 0.26，统计意义上不显著，假设 H1a 不成立。因此，潜在游客由严重自然灾害引起的灾后人身风险认知与旅游意愿不相关。

H1b：潜在游客由严重自然灾害引起的灾后健康风险认知与旅游意愿显著负相关。

通过结构方程模型的路径系数测算结果可以发现，潜在游客由严重自然灾害引起的灾后健康风险认知对旅游意愿的影响路径数为 0.06，标准化影响路径系数为 0.07，T 值为 1.15，显著性水平为 0.05，假设 H1b 不成立。因此，潜在游客由严重自然灾害引起的灾后人身风险认知与旅游意愿不相关。

H1c：潜在游客由严重自然灾害引起的灾后经济风险认知与旅游意愿显著负相关。

通过结构方程模型的路径系数测算结果可以发现，潜在游客由严重自然灾害引起的灾后经济风险认知对旅游意愿的影响路径数为 -0.13，标准化影响路径系数为 -0.16，T 值为 -2.85，显著性水平为 0.04，假设 H1c 成立。因此，潜在游客由严重自然灾害引起的灾后经济风险认知与旅游意愿显著负相关。

H1d：潜在游客由严重自然灾害引起的灾后道德风险认知与旅游意愿显著负相关。

通过结构方程模型的路径系数测算结果可以发现，潜在游客由严重自然灾害引起的灾后道德风险认知对旅游意愿的影响路径数为 -0.08，标准化影响路径系数为 -0.1，T 值为 -2.05，显著性水平为 0.04，假设 H1d 成立。因此，潜在游客由严重自然灾害引起的灾后道德风险认知与旅游意愿显著负相关。

H1e：潜在游客由严重自然灾害引起的灾后社会风险认知与旅游意愿显著负相关。

通过结构方程模型的路径系数测算结果可以发现，潜在游客由严重自然灾害引起的灾后社会风险认知对旅游意愿的影响路径数为 0.00，标准化影响路径系数为 0.00，T 值为 -0.05，统计意义上不显著，假设 H1e 不成立。因此，潜在游客由严重自然灾害引起的灾后社会风险认知与旅游意愿不相关，如表 13-15 所示。

表 13-15 低阶因子模型的路径检验和假设检验的结果

原假设			路径系数	标准化路径系数	T 值	P	结论
旅游意愿	←	人身风险	0.01	0.02	0.26	0.05	不支持
旅游意愿	←	健康风险	0.06	0.07	1.15	0.05	不支持
旅游意愿	←	经济风险	-0.13	-0.16	-2.85	0.04	支持
旅游意愿	←	道德风险	-0.08	-0.10	-2.05	0.04	支持
旅游意愿	←	社会风险	0.00	0.00	-0.05	0.05	不支持
旅游意愿	←	便捷风险	0.11	0.11	1.58	0.07	不支持
旅游意愿	←	心理风险	-0.02	-0.03	-0.52	0.05	不支持
旅游意愿	←	犯罪风险	-0.10	-0.13	-2.37	0.04	支持
旅游意愿	←	目的地特色形象	0.14	0.19	3.01	0.05	支持
旅游意愿	←	目的地设施形象	0.02	0.02	0.39	0.08	不支持
旅游意愿	←	目的地管理形象	0.15	0.15	2.25	0.07	支持

H1f：潜在游客由严重自然灾害引起的灾后便捷风险认知与旅游意愿显著负相关。

通过结构方程模型的路径系数测算结果可以发现，潜在游客由严重自然灾害引起的灾后便捷风险认知对旅游意愿的影响路径数为 0.11，标准化影响路径系数为 0.11，T 值为 1.58，统计意义上不显著，假设 H1f 成立。因此，潜在游客由严重自然灾害引起的灾后便捷风险认知与旅游意愿不相关。

H1g：潜在游客由严重自然灾害引起的灾后心理风险认知与旅游意愿显著负相关。

通过结构方程模型的路径系数测算结果可以发现，潜在游客由严重自然灾害引起的灾后心理风险认知对旅游意愿的影响路径数为 -0.02，标准化影响路径系数为 -0.03，T 值为 0.52，统计意义上不显著，假设 H1g 不成立。因此，潜在游客由严重自然灾害引起的灾后心理风险认知与旅游意愿不相关。

H1h：潜在游客由严重自然灾害引起的灾后犯罪风险认知与旅游意愿显著负相关。

通过结构方程模型的路径系数测算结果可以发现，潜在游客由严重自然灾害引起的灾后犯罪风险认知对旅游意愿的影响路径数为 -0.1，标准化影响路径系数为 -0.13，T 值为 -2.37，显著性水平为 0.04，假设 H1h 成立。因此，潜在游客由严重自然灾害引起的灾后犯罪风险认知与旅游意愿显著负相关。

13.3.2.2 灾后风险认知低阶因子对旅游意愿的影响结果讨论

灾后风险认知的各个维度对旅游意愿有不同的影响，在与目的地形象感知共同作用的条件下这些的维度可能会有不同的影响，导致作为一个整体的灾后风险认知对旅游意愿产生不同的影响，因此深入分析灾后风险认知所包含的每个维度对旅游意愿的影响可以更加有效地发现灾后风险认知对旅游意愿的影响。本研究在分析目的地形象感知维度的基础上，分别探讨了灾后风险认知不同维度对旅游意愿的影响。实证结果表明灾后风险认知的三个维度对旅游意愿的影响是显著负相关的，另外五个维度对旅游意愿的影响不显著。

关于风险认知和旅游决策的关系，Yavas（1987）认为："风险认知可能是境外旅游决策背后的主要力量"，对此他提出三大理由。第一，服务和有形产品有根本区别，其无形的特性导致无法事先推断从某次旅行期望获得的收益，这可能导致焦虑。第二，在国际目的地度假是一种高度参与的情境，国际旅游的决策对个人非常重要。第三，当尝试某种新事物时，风险认知会大大影响个人决策。Ankomah 等（1996）研究了相对度假目的地的认知距离和个人的目的地选择集之间的关系。认知距离是"由个人的社会、文化和一般生活经验构成的实际距离在心理上的表征"。从逻辑上说，灾害是一个重大事件，一个可能改变我们的所有认知的事件。灾害的发生，超出潜在游客的一般生活经验，增大了游客对于灾后景区目的地的认知距离。所以，即使是国内游客到灾区旅游，也因为灾害的发生，产生无法推断期望收益的焦虑，将灾后的旅游转变为高度参与的活动，这种活动也因此变为对于新事物的尝试。这种情况下，风险认知会大大影响个人决策。

另一项研究发现，风险的存在有可能改变旅游决策的性质（Sonmez 和 Graefe，1998a）。Sonmez 和 Graefe（1998a）研究了 10 个特定地区的访问和避免意愿后发现，当个体认为某个地区风险水平较高时，个体更有可能避免到这些地区旅行。Moutinho（2000）提出假期旅游模型，其中包含三个流程：①决策前和决策过程；②购买后评价；③未来的决策。该模型也描述"风险认知"会影响旅游决策。总的说来，风险认知对旅游的意愿起到负面的影响作用，旅游恢复需要减低灾后游客风险认知。

实证研究的结论显示，灾后风险认知的三个维度——经济风险、道德风险、犯罪风险对旅游意愿的影响是显著负相关的，另外五个维度——人身风险、健康风险、社会风险、便捷风险、心理风险对旅游意愿的影响不显著。

造成这一结果的原因之一是，灾后恢复期游客意愿高的主要是冒险型和近冒险型游客。灾害这个可能改变我们的认知的事件，使想到某目的地的旅游者的购买决策增加不确定性（Uncertainty）和不利结果（Consequence），也就是增加了对旅游风险的认知。在灾后的恢复时期，人们在了解目的地存在风险之后，通常人们会选择规避风险，也就是不再计划或到某目的地旅游，或选择其他类似的风险小的目的地旅游，即潜在游客针对某一目的地的旅游意愿降低。这里的风险是潜在游客感到的，而不是真实世界的客观风险，所以，不同的游客，感知到的风险可能不同。

普洛格将游客按照不同心理细分为五种类型：依赖型、近依赖型、中间型、近冒险型、冒险型。这五类游客的分布呈正态分布曲线。灾后恢复的一两年时间内，风险相对其他时期较大，意识到风险后，通常人们会选择规避风险。灾后游客都意识到了风险，但冒险型和近冒险型的游客更倾向于冒险，他们的风险认知通常比其他类型低。所以在灾后恢复期到灾害影响的目的地旅游的游客，主要是冒险型和近冒险型游客。对于冒险型和近冒险型游客，应该更加注重对这类游客影响更大的风险认知方面。

造成这一结果的另一个原因是，灾后恢复期各阶段对旅游意愿起作用的游客风险认知种类不同。全世界许多自然灾害，特别是等级高、强度大的自然灾害发生以后，常常诱发出一连串其他灾害，这种相关灾害接连发生的现象称为灾害链。灾害链中最早发生的起作用的灾害称为原生灾害。原生灾害后陆续发生的灾害是次生灾害和诱发灾害。对于地震而言，原生灾害指地震直接产生的地表破坏、各类工程结构的破坏及由此引发的人员伤亡与经济损失。次生灾害是指由地震破坏间接引发的火灾、水灾、毒气泄漏扩散、爆炸、放射性污染、海啸、滑坡、泥石流等。诱发灾害是指地震引起的各种社会性灾害，如瘟疫、饥荒、社会动乱、人的心理创伤等。有时次生灾害造成的损失比原生灾害还要大，其中火灾最常见也最严重。

经过对世界类似自然灾害影响的景区的统计，原生灾害后的受灾景区，次生灾害和诱发灾害通常还将频繁发作约一年的时间，而景区的完全恢复需要约五年的时间。据此，将灾后旅游恢复期分为前期和后期。作者经过深度访谈及问卷调查发现，汶川地震后一年时间之内，到四川景区的游客几乎都具有冒险倾向，此时潜在游客主要关心的是：四川景区的基本安全——灾害风险和健康风险；到四川景区的行为是否会被误认为不尊重灾区死难同胞——道德风险；到四川景区的行为与自己的社会形象不符——社会风险；到四川景区的想法让自己不舒服——心理风险；到四川景区旅游会造成时间耽搁和各种不便——时间和便捷风险；以及到四川景区的旅行是否值得——经济风险。汶川地震后一年半的时间再进行调查，作者发现经过政府和当地相关企事业的努力，冒险型和近冒险游客逐步带动了其他类型的游客来到景区。由于对四川省政府及旅游局对安全的强调及其"爱心游巴蜀，旅游助四川"的宣传，这时潜在游客对安全的担忧已经大大减少，被误会为"幸灾乐祸"的担忧也逐渐减少，变为"到四川景区旅游实际上是一种义举"的自豪感。其社会风险和心理风险都不再是主要的风险担忧。潜在游客仍旧十分关心的是：到四川景区的旅行是否值得——经济风险；另外，潜在游客还特别关心犯罪风险，担心灾区恢复到一定程度之后，景区会慢慢出现对游客不利的犯罪行为。基于以上情况，政府和相关企业在时间和资金有限的情况下，应将主要精力和财力投入到恢复期各个阶段最主要的风险认知的降低上。

13.3.2.3 目的地形象感知低阶因子对旅游意愿的影响结果

H2a：潜在游客的目的地特色形象感知与旅游意愿显著正相关。

通过结构方程模型的路径系数测算结果可以发现，潜在游客的目的地特色形象感对旅游意愿的影响路径数为0.14，标准化影响路径系数为0.19，T值为3.01，显著性水平在0.05以上，假设H2a成立。因此，潜在游客的目的地特色形象感知与旅游意愿显著正相关。

H2b：潜在游客的目的地设施形象感知与旅游意愿显著正相关。

通过结构方程模型的路径系数测算结果可以发现，潜在游客的目的地设施形象感知对旅游意愿的影响路径数为0.02，标准化影响路径系数为0.02，T值为0.39，统计意义上不显著，假设H2b不成立。因此，潜在游客的目的地设施形象感知与旅游意愿不相关。

H2c：潜在游客的目的地管理形象感知与旅游意愿显著正相关。

通过结构方程模型的路径系数测算结果可以发现，潜在游客的目的地管理形象感知对旅游意愿的影响路径数为 0.15，标准化影响路径系数为 0.15，T 值为 2.25，显著性水平为 0.07，假设 H2c 成立。因此，潜在游客的目的地管理形象感知与旅游意愿显著正相关。

13.3.2.4 目的地形象感知低阶因子对旅游意愿的影响结果讨论

目的地形象感知的各个维度对旅游意愿有不同的影响，在与灾后风险认知共同作用的条件下这些目的地形象感知的维度可能会有不同的影响，导致作为一个整体的目的地形象感知对旅游意愿产生不同的影响，因此深入分析目的地形象感知所包含的每个维度对旅游意愿的影响可以更加有效地发现目的地形象感知对旅游意愿的影响。本研究在分析目的地形象感知维度的基础上，分别探讨目的地形象感知不同维度对目的地形象感知的影响。实证结果表明，目的地形象感知的两个维度对旅游意愿的影响是显著正相关的，另一个维度对旅游意愿的影响是正向的，但不显著。

在旅游决策和旅游行为理论中，旅游形象感知是影响潜在旅游者旅游目的地选择的重要因素。Gartner（1993）等特别强调目的地形象在旅游决策中的重要性。这些学者认为旅游形象感知极为重要，潜在旅游者选择目的地的过程很大程度上取决于旅游目的地的感知形象。Enrique（2001）等研究旅游者感知的目的地形象与其行为意向及购后评价之间的因果关系，认为目的地感知形象对游客重游意向有正向的关系，与消费者推荐该目的地的意愿有积极关系。

由于旅游产品无法在旅游前被试用，潜在旅游者对以前没有到过的地方的感知有限，关于目的地重要属性特征方面的客观信息，潜在旅游者很难获得，因此潜在游客对旅游产品的主观判断往往会多于客观判断。所以要尽可能让潜在游客的主观判断和客观信息相重合，从而吸引游客前往目的地或推荐他人游览。

实证研究的结论显示，目的地形象感知的两个维度——目的地特色形象感知和目的地管理形象感知对旅游意愿的影响是显著正相关的；另外一个维度——目的地设施形象感知对旅游意愿的影响是正向的，但不显著。造成这一结果的原因讨论如下。

根据前述的文献，吸引游客前往某目的地旅游，也就是增加旅游意愿的重要因素，是游客对于目的地形象的感知。灾后若要提高旅游意愿，就要使游客产生正面的目的地形象感知，让这种正面的感知提供给游客以目的地的价值，以抵消风险认知对旅游意愿的负面影响。

潜在游客在旅行决策时会衡量潜在消极后果与获得的潜在价值的大小。当认为将会获得的潜在价值大于风险时，游客产生旅游意愿。受严重自然灾害影响，景区目的地形象中的目的地设施的形象感知（内容包括旅游住宿设施、交通设施、旅游信息设施、休息设施、干净整洁、厕所卫生、购物环境好、中餐档次多、特色餐饮好、饮食方便）有所降低，由于这种变化是由不可抗力引起，潜在游客对其是可以理解和容忍的，不会明显影响旅游意愿。然而，目的地景区特色和目的地景区管理的形象感知，与景区自身高度相关，对这些游客尤为重要，会明显影响其旅游意愿。对于他们，这两种类型的目的地形象感知提供的，恰恰就是目的地景区的潜在价值，就是吸引他们冒风险到目的地的原因。Shoemaker（1994）、Pinhey 和 Inverson（1994）曾发现灾害发生之后，虽然人们认为安全很重要，但这并不总是影响到某一特定目的地的决策。一些游客，特别是能感知道景区价值的重复游客，即使有风险，也要重游目的地。这些研究更进一步说明为游客提供潜在价值对于提升旅游意愿的重要性。所以，在灾区目的地景区都因不可抗力有不同程度的设施损毁情况下，游客会更重视目的地景区特色和目的地景区管理两方面形象的感知。

Goodall（1990）和 Gartner（1993）认为在旅游市场中，旅游目的地营销工作者为了在旅游目的地竞争中获得优势地位，为了在潜在旅游客源市场中建立理想的旅游感知形象，往往投入大量的人力、财力、物力。然而，在严重自然灾害后，在有限的资金和时间条件下，目的地形象提升应该更重视效率。从逻辑上说，灾害是一个重大事件，一个可能改变我们的所有认知的事件。庄孔昭和张庆宁（2009）将灾害定义为"H（危险）+V（脆弱性）"。灾害后，在危险和人类的脆弱性共同作用下，游客认为目的地有价值的东西可能已经不复存在或者转变为另外的事物，游客对于目的地形象的感知会因灾害而改变。在灾后旅游的恢复期，应利用目的地形象感知因素尽快地提升游客旅游意愿。本研究发现，目的地景区特色感知（内容包括美丽风景、绿色植被、人文景观、活动丰富、活动参与度高）和目的地景区管理感知（内容包括游客行为文明、当地居民友善、与其他居民沟通愉快、收费合理、综合管理良好、投诉景区方便）这两方面与目的地景区自身高度相关，也是竞争力的体现，政府和相关企业应将主要精力和财力投入到目的地景区特色和目的地景区管理的形象感知提升上。

13.4 研究结论

本章研究了与灾害相关的风险认知在灾后恢复期对旅游意愿的负面影响，普遍适用于灾后景区的目的地形象感知对灾后旅游意愿的正面影响，并首次提出一个概念模型，将灾后风险认知和目的地形象感知对旅游意愿相互抵消的影响以及熟悉度的相关影响纳入一个整体。模型的路径检验和假设的验证结果如表13-16所示。

表13-16 模型的路径检验和假设检验的结果

假设标号	假设含义	检验结果
H1：	潜在游客由严重自然灾害引起的灾后风险认知与旅游意愿显著负相关	支持
H1a：	潜在游客由严重自然灾害引起的灾后人身风险认知与旅游意愿显著负相关	不支持
H1b：	潜在游客由严重自然灾害引起的灾后健康风险认知与旅游意愿显著负相关	不支持
H1c：	潜在游客由严重自然灾害引起的灾后经济风险认知与旅游意愿显著负相关	支持
H1d：	潜在游客由严重自然灾害引起的灾后道德风险认知与旅游意愿显著负相关	支持
H1e：	潜在游客由严重自然灾害引起的灾后社会风险认知与旅游意愿显著负相关	不支持
H1f：	潜在游客由严重自然灾害引起的灾后便捷风险认知与旅游意愿显著负相关	不支持
H1g：	潜在游客由严重自然灾害引起的灾后心理风险认知与旅游意愿显著负相关	不支持
H1h：	潜在游客由严重自然灾害引起的灾后犯罪风险认知与旅游意愿显著负相关	支持
H2：	潜在游客的目的地形象感知与旅游意愿显著正相关	支持
H2a：	潜在游客的目的地特色形象感知与旅游意愿显著正相关	支持
H2b：	潜在游客的目的地设施形象感知与旅游意愿显著正相关	不支持
H2c：	潜在游客的目的地管理形象感知与旅游意愿显著正相关	支持
H3：	潜在游客对目的地的熟悉度与灾后风险认知显著负相关	不支持
H4：	潜在游客对目的地的熟悉度与目的地形象感知显著正相关	支持
H5：	潜在游客对目的地的熟悉度与旅游意愿显著正相关	支持

灾后风险认知的各个维度对旅游意愿有不同的影响，目的地形象感知的各个维度对旅游意愿有不同的影响，灾后风险认知和目的地形象感知又分别受熟悉度的影响，这三者都对旅游意愿产生作用。本章提出灾后风险认知、目的地形象感知和熟悉度对旅游意愿的影响模型和16个理论假设。理论假设的实证结果回答了灾后风险认知和目的地形象感知如何与熟悉度一起影响满意，主要的分析结论如下。

（1）潜在游客由严重自然灾害引起的灾后风险认知对旅游意愿有显著负面影响。

Sonmez 和 Graefe（1998a）；Bongkosh、Ngamsom 和 Rittichainuwat（2008）等的研究提出，普通情况下，风险认知对旅游意愿的影响是负向的，本章据此提出在严重自然灾害发生之后，灾后的游客风险认知对旅游意愿有负面影响的假设。汶川震后的数据证明，根据文献提出的假设成立，能够验证前人的研究结果。

然而，灾后风险认知的各个维度对旅游意愿有不同的影响，在与目的地形象感知共同作用的条件下这些维度可能会有不同的影响，导致作为一个整体的灾后风险认知对旅游意愿产生了不同的影响。本研究在分析灾后风险认知维度的基础上，分别探讨了灾后风险认知不同维度对旅游意愿的影响。汶川地震后的实证结果表明灾后风险认知的三个维度——经济风险、道德风险、犯罪风险对旅游意愿的影响是显著负相关的，另外五个维度——人身风险、健康风险、社会风险、便捷风险、心理风险对旅游意愿的影响不显著。造成这一结果的原因之一是，灾后恢复期游客意愿高的主要是冒险型和近冒险型游客。灾害这个可能改变我们的认知的事件，使想到某目的地的旅游者的购买决策增加了不确定性（Uncertainty）和不利结果（Consequence），也就是增加了对旅游风险的认知。普洛格将游客按照不同心理细分为五种类型：依赖型、近依赖型、中间型、近冒险型、冒险型。这五类游客的分布呈正态分布曲线。灾后恢复的一两年时间内，风险相对其他时期较大，意识到风险后，通常人们会选择规避风险。灾后游客都意识到了风险，但冒险型和近冒险型的游客更倾向于冒险，他们的风险认知通常比其他类型低。所以在灾后恢复期到受灾害影响的目的地旅游的游客，主要是冒险型和近冒险型游客。对于冒险型和近冒险型游客，应该更加注重对这类游客影响更大的风险认知的方面。

（2）潜在游客的目的地形象感知与旅游意愿有显著正面影响。

Boulding（1956）、Gartner（1991）、Chon（1990）、Moutinho（1982）以及 Woodside（1989）等学者的研究显示，旅游目的地感知形象对旅游意愿的影响是正面的，本章据此提出普遍适用于灾后目的地的形象感知对旅游意愿的影响是正向的假设。汶川震后的数据证明，根据文献提出的假设成立，能够验证前人的研究结果。

然而，目的地形象感知的各个维度对旅游意愿有不同的影响，在与灾后风险认知共同作用的条件下这些目的地形象感知的维度可能会有不同的影响，导致作为一个整体的目的地形象感知对旅游意愿产生不同的影响。本研究在分析目的地形象感知三个维度的基础上，分别探讨目的地形象感知不同维度对目的地形象感知的影响。目的地形象感知的两个维度——目的地特色形象感知和目的地管理形象感知对旅游意愿的影响是显著正相关的，另外一个维度——目的地设施形象感知对旅游意愿的影响是正向的，但不显著。造成这一结果的原因如下。

根据前述的研究文献表明，吸引游客到某目的地旅游，也就是增加旅游意愿的重要因素，是游客对于目的地形象的感知。灾后若要提高旅游意愿，就要使游客产生正面的目的地形象感知，让这种正面的感知提供给游客以目的地的价值，以抵消风险认知对旅游意愿的负面影响。

潜在游客在旅行决策时会衡量潜在消极后果与获得的潜在价值的大小。当认为将会获得的潜在价值大于风险时，游客产生旅游意愿。受严重自然灾害影响，景区目的地形象中的目的地设施的形象感知（内容包括旅游住宿设施、交通设施、旅游信息设施、休息设施、干净整洁、厕所卫生、购物环境好、中餐档次多、特色餐饮好、饮食方便）有所降低，由于这种变化是由不可抗力引起，潜在游客对其是可以理解和容忍的，不会明显影响旅游意愿。然而，目的地景区特色和目的地景区管理的形象感知，与景区自身高度相关，对这些游客尤为重要，会明显影响其旅游意愿。对于他们，这两种类型的目的地形象感知提供的，恰恰就是目的地景区的潜在价值，就是吸引他们冒风险到目的地的原因。Shoemaker（1994）、Pinhey 和 Inverson（1994）曾发现灾害发生之后，虽然人们认为安全很重要，但这并不总是影响前往某一特定目的地的决策。一些游客，特别是能感知景区价值的重复游客，即使有风险，也要重游目的地。这些研究更进一步说明为游客提供潜在价值对于提升旅游意愿的重要性。所以，在灾区目的地景区都因不可抗力有不同程度的设施损毁情况下，游客会更重视目的地景区特色和目的地景区管理两方面形象的感知。

Goodall（1990）和Gartner（1993）认为在旅游市场中，旅游目的地营销工作者为了在旅游目的地竞争中获得优势地位，为了在潜在旅游客源市场中建立理想的旅游感知形象，往往投入大量的人力、财力、物力。然而，在严重自然灾害后，在有限的资金和时间条件下，目的地形象提升应该更重视效率。从逻辑上说，灾害是一个重大事件，一个可能改变我们的所有认知的事件。庄孔昭和张庆宁（2009）将灾害定义为"H（危险）+V（脆弱性）"。灾害后，在危险和人类的脆弱性共同作用下，游客认为目的地有价值的东西可能已经不复存在或者转变为另外的事物，游客对于目的地形象的感知会因灾害而改变。在灾后旅游的恢复期，应利用目的地形象感知因素尽快地提升游客旅游意愿。本研究发现，目的地景区特色感知（内容包括美丽风景、绿色植被、人文景观、活动丰富、活动参与度高）和目的地景区管理感知（内容包括游客行为文明、当地居民友善、与其他居民沟通愉快、收费合理、综合管理良好、投诉景区方便）这两方面与目的地景区自身高度相关，也是竞争力的体现，政府和相关企业应将主要精力和财力投入目的地景区特色和目的地景区管理的形象感知提升上。

（3）潜在游客对目的地的熟悉度与灾后风险认知不相关。

Hales（1990）、Cheron（1982）、Sonmez和Graefe（1998b），Rittichainuwat和Chakraborty（2009）等的研究说明，游客对于目的地的熟悉度与游客风险认知之间有强的反向关系，本章据此提出自然灾害后熟悉度对灾后风险认知的影响是反向的假设。汶川地震后的数据证明，该假设不成立，即潜在游客对目的地的熟悉度与灾后风险认知不相关。原因可能是，本研究中的灾后风险认知根据研究目的，所有的测项中的风险都被调整为与自然灾害高度相关或有自然灾害引起，以突出灾害在风险认知形成中的作用以及灾后的特殊情境。文献中的游客风险认知，不是专门的灾后风险认知，所以其风险的构成是综合的，不单由灾害引起，还有目的地其他方面的原因。所以游客对目的地的熟悉度增加，在普通情况下可以使综合的风险认知减低；而在汶川震后的恢复期内，潜在游客即使对某个目的地熟悉，对引起灾后风险认知的主体——汶川大地震却不熟悉，这导致了游客的目的地熟悉度对灾害引起的风险认知并无显著抑制作用。

（4）潜在游客对目的地的熟悉度与目的地形象感知显著正相关。

MacKay、Fesenmaier（1997），程圩和隋丽娜（2007）及杨杰等（2009）的研究表明，游客对于目的地的熟悉度与目的地形象感知之间是正向关系，本章据此提出自然灾害后熟悉度对目的地形象感知的影响是正向的假设。汶川震后的数据证明，根据文献提出的假设成立，能够验证前人的研究结果。

（5）潜在游客对目的地的熟悉度与旅游意愿显著正相关。

Shoemaker，1994，Pinhey和Inverson（1994）Mazursky（1989），Sonmez和Graefe（1998b）等学者的研究，成为本章提出自然灾害后熟悉度对目的地感知和旅游意愿的影响为正的假设的理论基础。汶川震后的数据证明，根据文献提出的假设成立，能够验证前人的研究结果。

14. 结论与展望

14.1 研究结论

14.1.1 研究概述

消费者的购买意愿是购买行为的基础，可用来预测消费者的行为。所以购买意愿一直是评估消费者购买决策的指标，旅游意愿也成为潜在游客旅游决策的一个重要部分。在发生严重自然灾害的旅游目的地，通常在重大的原生灾害后，会发生一系列的次生灾害。正是这段时期，毁灭性的原生灾害通常不再发作，旅游目的地进入灾后的旅游恢复期，这时尽快地恢复潜在游客的旅游意愿，成为增加游客对目的地的旅游购买行为的重要手段。但是，由于次生及衍生灾害的影响，该阶段游客风险认知程度很高，潜在游客原有的目的地形象发生变化，极大地影响了旅游意愿的提升，进而影响了旅游恢复的效果。这些灾害大多都对当地的旅游造成毁灭性的打击，各地的旅游恢复都经历了各种困难，耗费了很长时间。

以"5·12"汶川大地震为例，四川旅游由于地震遭受了毁灭性的打击。四川省旅游局、地震灾区所在地旅游局及其灾区景区已经采取一系列市场恢复措施，但效果参差不齐，总体而言效果不佳。究其原因，汶川地震后的潜在游客心理机制未探明。由于旅游决策在很大程度上受到游客风险认知的影响，而潜在游客对目的地旅游形象的感知又是旅游目的地选择行为的开始，被认可的旅游形象可以驱动潜在的游客产生旅游动机，从而产生前往该地旅游的现实行为。被认知的旅游风险又可以阻止游客产生旅游意愿。对于旅游目的地有不同熟悉度的游客，对于目的地有不同的形象感知的游客和存在不同风险认知的游客，其市场细分及营销沟通策略应该是不一样的。这些游客心理因素对旅游意愿的作用机制急需探明，以指导灾后旅游恢复工作，并为类似灾害后的景区恢复提供参考。

基于感知风险最小的购买意愿研究和基于感知价值最大的购买意愿研究是购买意愿的主要研究模式。游客风险认知是衡量潜在游客感知风险的指标，目的地形象感知是可以提供感知价值的指标。本研究希望建立一个较为全面的模型，将两方面同时纳入一个模型考虑影响灾后游客意愿的心理机制。同时，根据文献综述，潜在游客对目的地的熟悉度对风险认知、目的地形象感知以及旅游意愿都有影响，所以，将熟悉度纳入该模型可以使灾后游客意愿的影响因素的理解更为全面。

所以，在前人研究的基础上，以影响决策的正、负面主要因素——灾后风险认知和旅游目的地形象感知为主要因素，纳入对旅游意愿的正、负面影响因素及对意愿本身产生影响的熟悉度因素，构建灾后影响旅游意愿的三因素关系模型，同时，解析灾后风险认知的内在结构、目的地形象感知的内在结构，明确了对旅游意愿有显著影响的灾后风险认知种类及目的地形象感知种类。研究结论和创新之处主要体现在五个方面：①识别出灾后风险认知的八个维度，②识别出目的形象感知的三个维度，③明确了灾后风险认知对旅游意愿产生显著影响的种类，④明确了目的地形象感知对旅游意愿产生显著影响的种类，⑤明确了灾后风险认知、目的地形象感知以及熟悉度对旅游意愿的共同作用机制。具体结论和讨论综述如下。

14.1.2 结论总结

14.1.2.1 识别出灾后风险认知的八个维度

关于灾后风险认知，根据文献综述得知，Han 和 Weaver，2003；Hsieh 等，1994；Mitchell，Davies，Moutinho 和 Vassos，1999；Roehl，1988；Sonmez，1994；Stone 和 Gronhaug，1993；Stone 和 Mason，1995；Tsaur 等，1997；Um 和 Crompton（1992）等学者都研究过风险认知的维度。关于目的地形象感知，

Gunn（1972）、Dann（1977）、Stabler（1988）、Fakeye 和 Crompton（1991）、Gatner（1993）、Echtner 和 Ritchie（1993）都研究过目的地形象感知的测量维度。为了更好地理解风险认知和目的地形象感知的维度以及建立可信的灾后风险认知结构量表和普遍适用于灾后目的地的形象感知量表，本书从这些学者确立的维度中，根据本研究的需要，采纳了部分维度及测量条款，并根据专家访谈结果，进行增删和调整。本书在先前文献提出的风险认知维度中，采用与自然灾害最为相关的八个维度：人身风险、健康风险、经济风险、时间风险、设施风险、满意风险、心理风险和犯罪风险，并提出与灾区旅游密切相关的道德风险作为补充。

汶川灾后的实证数据表明，灾后风险认知在测项纯化的过程中时间风险和设施风险合并，探索性因子分析中，提取的八个因子根据相关文献分别命名为：人身风险、健康风险、经济风险、道德风险、社会风险、便捷风险、心理风险、犯罪风险。该八个因子通过了验证性因子分析。

另外，本书还假设这八个初阶因素受到一个共同的灾后风险认知因子所决定，并进行高阶验证性因子分析，各研究变量的信度和效度均已达到可接受水平值，根据 Anderson 和 Gerbing（1988）及 Williams 和 Hazer（1986）等学者的建议，在此基础上，可将多个度量题项缩减为少数或单一的度量指标，再运用 LISREL 进行更简化的结构方程模型分析，使各种因素间的结构更加清晰。

14.1.2.2 识别出目的地形象感知的三个维度

本书参考国内外旅游形象感知研究的文献成果，结合灾害后的具体情况及考虑灾后研究的普适性，依据 McCleary 及 Baloglu（1999）等学者的目的地形象感知内容测度指标，筛选并增加具体的内容维度，提炼出风景名胜、景区活动、旅游设施、餐饮名吃、环境卫生、旅游购物、当地居民及游客、景区管理八个维度。根据文献综述中总结的，感情维度分解结论目前还不成熟，同时，调查对象对感情维度用词的理解差异也会影响测量的效度。事实上测量目的地形象感情成分的研究很少。虽然认为目的地形象既包括认知成分又包括感情成分的观点占主流地位，但是在测量的实践中，很少有针对感情成分的测量。关于感情的维度用于测量目的地形象是否可行尚无定论。另外，根据作者对潜在游客的访谈结果，发现灾后潜在游客的情感状态极为复杂，普通情况下情感评价的维度已经不适合于灾后情感的测量，所以，本书借鉴的指标主要侧重于认知评价作为潜在游客感知到的目的地形象。

汶川灾后的实证数据表明，在目的地形象感知的测项纯化过程中，环境卫生和旅游购物合并，当地居民及游客和景区管理合并，探索性因子分析中，析出三个因子，根据相关文献分别命名为：目的地特色形象感知、目的地设施形象感知和目的地管理形象感知。该三个因素已通过验证性因子分析。

另外，本书还假设这三个初阶因素受到一个共同的目的地形象感知因子所决定，并进行高阶验证性因子分析，各研究变量的信度和效度均已达到可接受水平值，根据 Anderson 和 Gerbing（1988）及 Williams 和 Hazer（1986）等学者的建议，在此基础上，可将多个度量题项缩减为少数或单一的度量指标，再运用 LISREL 进行更简化的结构方程模型分析，使各种因素间的结构更加清晰。

14.1.2.3 灾后风险认知的低阶因子对旅游意愿的影响

Sonmez 和 Graefe（1998a）；Bongkosh、Ngamsom 和 Rittichainuwat（2008）等的研究提出，普通情况下，风险认知对旅游意愿的影响是负向的，本书据此提出在严重自然灾害发生之后，灾后的游客风险认知对旅游意愿有负面影响的假设。汶川震后的数据证明，根据文献提出的假设成立，能够验证前人的研究结果。

然而，灾后风险认知的各个维度对旅游意愿有不同的影响，在与目的地形象感知共同作用的条件下这些的维度可能会有不同的影响，导致作为一个整体的灾后风险认知对旅游意愿产生不同的影响。本研究在分析灾后风险认知维度的基础上，分别探讨了灾后风险认知不同维度对旅游意愿的影响。汶川地震后的实证结果表明灾后风险认知的三个维度——经济风险、道德风险、犯罪风险对旅游意愿的影响是显著负相关的，另外五个维度——人身风险、健康风险、社会风险、便捷风险、心理风险对旅游意愿的影响不显著。造成这一结果的原因之一是，灾后恢复期游客意愿高的主要是冒险型和近冒险型游客。灾害这个可能改变我们的认知的事件，使想到某目的地的旅游者的购买决策增加了不确定性（Uncertainty）和不利结果（Consequence），也就是增加对旅游风险的认知。普洛格将游客按照不同心理细分为五种类型：依赖型、近依赖型、中间型、近冒险型、冒险型，这五类游客的分布呈正态分布曲线。灾后恢复的一两年时间内，风险相对其他时期较大，意识到风险后，通常人们会选择规避风险。灾后游客都意识到了风险，但冒险型和近冒险型的游客更倾向于冒险，他们的风险认知通常比其他类型低。所以在灾后恢复期到灾害影响的目的地旅游的游客，主要是冒险型和近冒险型游客。对于冒险型和近冒险型游客，应该更加注重对这类游客影响更大的风险认知的方面。

造成这一结果的另一个原因是，灾后恢复期各阶段对旅游意愿起作用的游客风险认知种类不同。全世界许多自然灾害，特别是等级高、强度大的自然灾害发生以后，常常诱发出一连串的其他灾害，这种相关灾害接连发生的现象叫灾害链。灾害链中最早发生的起作用的灾害称为原生灾害。原生灾害后陆续发生的灾害是次生灾害和诱发灾害。

经过对世界类似自然灾害影响的景区的统计，原生灾害后的受灾景区，次生灾害和诱发灾害通常还将频繁发作约一年的时间，而景区的完全恢复需要约五年的时间。据此，作者将灾后旅游恢复期分为前期和后期。作者经过深度访谈及问卷调查发现，汶川地震后一年时间之内，到四川景区的游客几乎都具有冒险倾向，此时潜在游客主要关心的是：游客到四川景区的基本安全——灾害风险和健康风险；到四川景区的行为是否会被误会成不尊重灾区当地死难同胞——道德风险；到四川景区的行为与自己的社会形象不符——社会风险；到四川景区的想法让自己不舒服——心理风险；到四川景区旅游会造成时间耽搁和各种不便——时间和便捷风险；以及到四川景区的旅行是否值得——经济风险。汶川地震后一年半的时间再进行调查，作者发现经过政府和当地相关企事业的努力，冒险型和近冒险游客逐步带动了其他类型的游客来到景区。由于对四川省政府及旅游局对安全的强调及其"爱心游巴蜀，旅游助四川"的宣传，这时潜在游客对安全的担忧已经大大减少，被误会为"幸灾乐祸"的道德也逐渐减少，变为"到四川景区旅游实际上是一种义举"的自豪感。其社会风险和心理风险都不再是主要的风险担忧。潜在游客仍旧十分关心的是：到四川景区的旅行是否值得——经济风险；另外，潜在游客还特别关心犯罪风险，担心灾区恢复到一定程度之后，景区会慢慢出现对游客不利的犯罪行为。基于以上情况，政府和相关企业在时间和资金有限的情况下，应将主要精力和财力投入到恢复期各个阶段最主要的风险认知的降低上。

14.1.2.4 目的地形象感知的低阶因子对旅游意愿的影响

Boulding（1956）、Gartner（1991）、Chon（1990）、Moutinho（1982）以及 Woodside（1989）等学者的研究显示，旅游目的地感知形象对旅游意愿的影响是正面的，本书据此提出普遍适用于灾后目的地的形象感知对旅游意愿的影响是正向的假设。汶川地震后的数据证明，根据文献提出的假设成立，能够验证前人的研究结果。

然而，目的地形象感知的各个维度对旅游意愿有不同的影响，在与灾后风险认知共同作用的条件下这些目的地形象感知的维度可能会有不同的影响，导致作为一个整体的目的地形象感知对旅游意愿产生了不同的影响。本研究在分析了目的地形象感知三个维度的基础上，分别探讨了目的地形象感知不同维度对目的地形象感知的影响。目的地形象感知的两个维度——目的地特色形象感知和目的地管理形象感知对旅游意愿的影响是显著正相关的，另外一个维度——目的地设施形象感知对旅游意愿的影响是正向的，但不显著。造成这一结果的原因如下。

根据前述的文献，吸引游客到某目的地旅游，也就是增加旅游意愿的重要因素，是游客对于目的地形象的感知。灾后若要提高旅游意愿，就要使游客产生正面的目的地形象感知，让这种正面的感知提供给游客以目的地的价值，以抵消风险认知对旅游意愿的负面影响。

潜在游客在旅行决策时会衡量潜在消极后果与获得的潜在价值的大小。当认为将会获得的潜在价值大于风险时，游客产生旅游意愿。受严重自然灾害影响，景区目的地形象中的目的地设施的形象感知（内容包括旅游住宿设施、交通设施、旅游信息设施、休息设施、干净整洁、厕所卫生、购物环境好、中餐档次多、特色餐饮好、饮食方便）有所降低，由于这种变化是由不可抗力引起，潜在游客对其是可以理解和容忍的，不会明显影响旅游意愿。然而，目的地景区特色和目的地景区管理的形象感知，与景区自身高度相关，对这些游客尤为重要，会明显影响其旅游意愿。对于他们，这两种类型的目的地形象感知提供的，恰恰就是目的地景区的潜在价值，就是吸引他们冒风险前往目的地的原因。Shoemaker（1994）、Pinhey 和 Inverson（1994）曾发现灾害发生之后，虽然人们认为安全很重要，但这并不总是影响到某一特定目的地的决策。一些游客，特别是能感知道景区价值的重复游客，即使有风险，也要重游目的地。这些研究更进一步说明为游客提供潜在价值对于提升旅游意愿的重要性。所以，在灾区目的地景区都因不可抗力有不同程度的设施损毁情况下，游客会更重视目的地景区特色和目的地景区管理两方面形象的感知。

Goodall（1990）和 Gartner（1993）认为在旅游市场中，旅游目的地营销工作者为了在旅游目的地竞争中获得优势地位，为了在潜在旅游客源市场中建立理想的旅游感知形象，往往投入大量的人力、财力、物力。然而，在严重自然灾害后，在有限的资金和时间条件下，目的地形象提升应该更重视效率。从逻辑上说，灾害是一个重大事件，一个可能改变我们的所有认知的事件。庄孔昭和张庆宁（2009）将灾害定义为"H（危险）+V（脆弱性）"。灾害后，在危险和人类的脆弱性共同作用下，游客认为目的地有价值的东西可能已经不复存在或者转变为另外的事物，游客对于目的地形象的感知会因灾害而改变。在灾后旅游的恢复期，应利用目的地形象感知因素尽快地提升游客旅游意愿。本研究发现，目的地景区特色感知（内容包括美丽风景、绿色植被、人文景观、活动丰富、活动参与度高）和目的地景区管理感知（内容包括游客行为文明、当地居民友善、与其他居民沟通愉快、收费合理、综合管理良好、投诉景区方便）这两方面与目的地景区自身高度相关，也是竞争力的体现，政府和相关企业应将主要精力和财力投入到目的地景区特色和目的地景区管理的形象感知提升上。

14.1.2.5 构建灾后风险认知、目的地形象感知和熟悉度对旅游意愿的综合影响模型

Sonmez 和 Graefe（1998a）；Bongkosh、Ngamsom 和 Rittichainuwat（2008）等的研究提出，普通情况下，风险认知对旅游意愿的影响是负向的，本书据此提出在严重自然灾害发生之后，灾后的游客风险认知对旅游意愿有负面影响的假设；Boulding（1956）、Gartner（1991）、Chon（1990）、Moutinho（1982）以及 Woodside（1989）等学者的研究显示，旅游目的地感知形象对旅游意愿的影响是正面的，本书据此提出普适于灾后目的地的形象感知对旅游意愿的影响是正向的假设。

研究表明，潜在游客对目的地的熟悉度对风险认知、目的形象感知、旅游意愿都有影响，于是本研究将熟悉度纳入本研究的框架，使对灾后旅游意愿的影响机制理解更全面。Hales（1990），Cheron（1982），Sonmez 和 Graefe（1998b），Rittichainuwat 和 Chakraborty（2009）等的研究说明，游客对于目的地的熟悉度与游客风险认知之间有强的反向关系，本文据此提出自然灾害后熟悉度对灾后风险认知的影响是反向的假设；MacKay 和 Fesenmaier（1997）、程圩和隋丽娜（2007）及杨杰等（2009）的研究表明，游客对于目的地的熟悉度与目的地形象感知之间是正向关系，本书据此提出自然灾害后熟悉度对目的地形象感知的影响是正向的假设；Shoemaker（1994），Pinhey 和 Inverson（1994），Mazursky（1989），Sonmez 和 Graefe（1998b）等学者的研究，成为本书提出自然灾害后熟悉度对目的地感知和旅游意愿的影响为正的假设的理论基础。

汶川地震后的数据证明，除潜在游客对目的地的熟悉度与灾后风险认知不相关外，其他根据文献提出的假设都成立，能够验证前人的研究结果。潜在游客对目的地的熟悉度与灾后风险认知不相关的原因可能是，本研究中的灾后风险认知根据研究目的，所有的测项中的风险都被调整为与自然灾害高度相关或有自然灾害引起，以突出灾害在风险认知形成中的作用以及灾后的特殊情境。文献中的游客风险认知，不是专门的灾后风险认知，所以其风险的构成是综合的，不单由灾害引起，还有目的地其他方面的原因。所以游客对目的地的熟悉度增加，在普通情况下可以使综合的风险认知减低；而在汶川震后的恢复期内，潜在游客即使对某个目的地熟悉，对引起灾后风险认知的主体——汶川大地震却不熟悉，这导致了游客的目的地熟悉度对灾害引起的风险认知并无显著抑制作用。

14.2 研究创新点

本书的创新之处主要体现在五个方面。①识别出灾后风险认知的八个维度，其中包括提出道德风险维度，与普通情况下的游客风险认知有所不同；②识别出目的形象感知的三个维度，与普通情况下的目的地形象感知有所不同；③明确灾后风险认知对旅游意愿产生显著影响的种类，与普通情况有所不同；④明确目的地形象感知对旅游意愿产生显著影响的种类，与普通情况有所不同；⑤首次提出灾后旅游意愿综合影响模型，明确灾后风险认知、目的地形象感知以及熟悉度对旅游意愿的共同作用机制。具体结论和讨论综述如下。

（1）识别出灾后风险认知的八个维度。本书在先前文献提出的风险认知维度中，采用与自然灾害最为相关的八个维度：人身风险、健康风险、经济风险、时间风险、设施风险、满意风险、心理风险和犯罪风险，并提出了与灾区旅游密切相关的道德风险作为补充。

汶川灾后的实证数据表明，灾后风险认知在测项纯化的过程中时间风险和设施风险合并，探索性因子分析中，提取的八个因子根据相关文献分别命名为：人身风险、健康风险、经济风险、道德风险、社会风险、便捷风险、心理风险、犯罪风险。该八个因子通过了验证性因子分析。

另外，本书还假设这八个初阶因素受到一个共同的灾后风险认知因子所决定，并进行了高阶验证性因子分析，各研究变量的信度和效度均已达到可接受水平值，根据 Anderson 和 Gerbing（1988）及 Williams 和 Hazer（1986）等学者的建议，在此基础上，可将多个度量题项缩减为少数或单一的度量指标，再运用 LISREL 进行更简化的结构方程模型分析，使各种因素间的结构更加清晰。

（2）识别出目的形象感知的三个维度。本书参考国内外旅游形象感知研究的文献成果，结合灾害后的具体情况及考虑灾后研究的普适性，依据 McCleary 及 Baloglu（1999）等学者的目的地形象感知内容测度指标，筛选并增加具体的内容维度，提炼出风景名胜、景区活动、旅游设施、餐饮名吃、环境卫生、旅游购物、当地居民及游客、景区管理八个维度。根据文献综述中总结的，感情维度分解结论目前还不成熟，同时，调查对象对感情维度用词的理解差异也会影响到测量的效度。事实上测量目的地形象感情成分的研究很少。虽然认为目的地形象既包括认知成分又包括感情成分的观点占主流地位，但是在测量的实践中，很少有针对感情成分的测量。关于感情的维度用于测量目的地形象是否可行尚无定论。另外，根据作者对潜在游客的访谈结果，发现灾后潜在游客的情感状态极为复杂，普通情况下情感评价的维度已经不适合对于灾后情感的测量，所以，本书借鉴的指标主要侧重于认知评价作为潜在游客感知到的目的地形象。

汶川灾后的实证数据表明，在目的地形象感知的测项纯化过程中，环境卫生和旅游购物合并，当地居民及游客和景区管理合并，探索性因子分析中，析出三个因子，根据相关文献分别命名为：目的地特色形象感知、目的地设施形象感知和目的地管理形象感知。该三个因素已通过验证性因子分析。提取的三个因子与普通情况下的目的地形象感知不同。

另外，本书还假设这三个初阶因素受到一个共同的目的地形象感知因子所决定，并进行高阶验证性因子分析，再运用 LISREL 进行更简化的结构方程模型分析，使各种因素间的结构更加清晰。

（3）明确灾后风险认知对旅游意愿产生显著影响的种类，与以往文献针对普通情况的结论有所不同。汶川地震后的实证结果表明灾后风险认知的三个维度——经济风险、道德风险、犯罪风险对旅游意愿的影响是显著负相关的，另外五个维度——人身风险、健康风险、社会风险、便捷风险、心理风险对旅游意愿的影响不显著。

（4）明确目的地形象感知对旅游意愿产生显著影响的种类，与以往文献针对普通情况的结论有所不同。本研究在分析了目的地形象感知三个维度的基础上，分别探讨目的地形象感知不同维度对目的地形象感知的影响。目的地形象感知的两个维度——目的地特色形象感知和目的地管理形象感知对旅游意愿的影响是显著正相关的，另外一个维度——目的地设施形象感知对旅游意愿的影响是正向的，但不显著。

（5）首次提出灾后旅游意愿综合影响模型，明确灾后风险认知、目的地形象感知以及熟悉度对旅游意愿的共同作用机制。在前人理论研究的基础上，本书提出了五大假设——潜在游客由严重自然灾害引起的灾后风险认知与旅游意愿显著负相关；潜在游客的目的地形象感知与旅游意愿显著正相关；潜在游客对目的地的熟悉度与灾后风险认知显著负相关；潜在游客对目的地的熟悉度与目的地形象感知显著正相关；潜在游客对目的地的熟悉度与旅游意愿显著正相关。汶川震后的数据证明，除潜在游客对目的地的熟悉度与灾后风险认知不相关外，其他根据文献提出的假设都成立，能够验证前人的研究结果。

14.3 实践意义及建议

14.3.1 实践意义

14.3.1.1 有利于汶川地震灾区快速恢复

汶川地震给四川省带来严重损失。鉴于灾区的特殊情况和第一、第二产业对环境的影响，国家将旅游业作为灾后经济恢复的支柱产业。旅游业作为四川省的重点产业，也在灾后遭到重创，如何实现灾区旅游业的快速恢复，重振灾区旅游经济，重新恢复在灾区的旅游产业，解决灾区、景区民众和相关配套产业链的生存问题，不仅是四川省各级政府关心的重要问题，也是党和国家十分关心的民生问题。根据相关专家预测，对于卧龙大熊猫基地、汶川萝卜寨等重灾区景区，鉴于交通道路、设施的恢复需要比较长时间，旅游市场的恢复至少需要五年时间。与此同时，还可以发现，对于九寨沟、黄龙、峨眉山、乐山、海螺沟、西岭雪山等基本没有受到交通硬件影响的旅游景区，其旅游市场仍然受到严重的影响。这使得景区员工与导游的就业，以及旅行社、宾馆饭店、航空航班、交通运输、餐饮娱乐、商业购物等的正常经营，都受到非常严重的影响，甚至造成不稳定的社会因素。

恢复旅游业，关键在于恢复游客意愿，而游客意愿很大程度上取决于灾后游客的风险认知，厘清汶川震后游客的风险认知，以及不同的目的地感知情况下，不同熟悉度情况下，风险认知和旅游意愿的不同，可以帮助旅游恢复营销中有的放矢地进行市场细分和营销沟通，加快汶川地震灾区旅游的恢复。

14.3.1.2 有利于指导发生类似灾害的景区旅游快速恢复

全球自然灾害频发，近年来造成巨大伤亡的自然灾害就有"9·21"大地震、印度洋海啸、新奥尔良飓风、"5·12"中国汶川大地震、SARS 爆发等。自然灾害发生后不仅造成巨大的物质损害和人员伤亡，更是对人类的生存、生活、心理造成巨大影响，改变人们的生活方式和生活习惯、生活结构，灾害发生后，旅游目的地的潜在旅游者的心理状态和行为方式也会发生重大变化，这就对当地的旅游业产生巨大的影响。旅游业如何快速从灾害危机中走出来，实现旅游市场的快速恢复，是当地政府和景区都需要考虑的问题。本课题研究，从汶川地震后的实证数据所提出的结构方程模型，可以为灾害危机发生后的市场恢复提供借鉴，帮助灾区实现旅游市场的市场细分和营销沟通，以实现快速恢复。

14.3.2 建议

汶川大地震的实证数据可以推广到类似的（同时具有原生灾害和次生灾害的）大型自然灾害的旅游恢复，指导景区恢复的市场细分，使市场能根据不同的熟悉度和目的地形象及游客的灾后风险认知，对灾后潜在游客进行市场细分，并且针对不同类型的游客进行恢复产品的设计及营销沟通。

旅游业作为四川省的重点产业，在灾后遭到重创。如何实现灾区旅游业的快速恢复，重振灾区旅游经济，重新恢复在灾区的旅游产业，解决灾区、景区民众和相关配套产业链的生存问题和稳定问题，不仅是四川省各级政府关心的重要问题，也是党和国家十分关心的民生问题。基于对灾后风险认知的文献梳理和推导，结合目前四川的目的地景区的实际状况，本书提出了选择性减低游客灾后风险认知的恢复营销策略如图14-1所示。

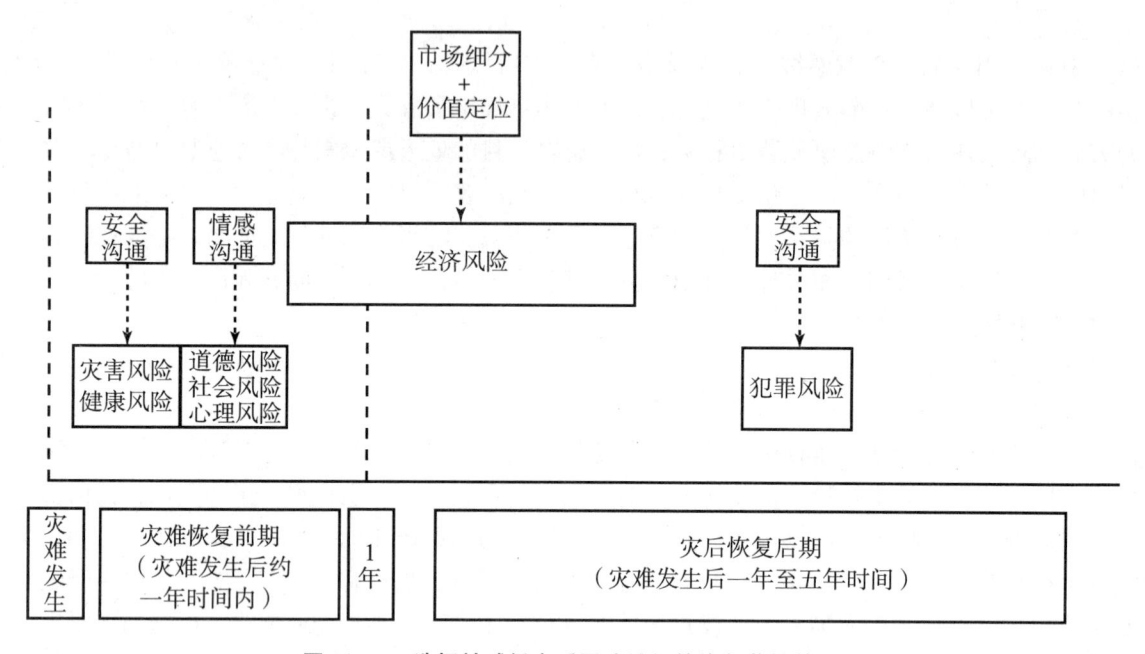

图14-1 选择性减低灾后风险认知的恢复营销策略

14.3.2.1 按照不同恢复阶段侧重不同沟通内容

前述的研究发现，在灾后恢复前期和后期潜在游客着重关心的内容不同，据此，四川省政府和企业应该按照不同恢复阶段，侧重不同的风险沟通内容，以降低相应的风险认知水平，从而提升灾后游客意愿。在灾后恢复前期（灾害发生后约一年时间内），之所以潜在游客对灾害风险和健康风险反映强烈，是因为很多游客误认为汶川地震使四川全境遭到毁灭性打击。实际上有很多景区并未被地震损毁，或者有的景区地震的实际影响不大，游客到允许开放的景区可以保证其人身安全和健康。政府和企业此时应着重进行安全沟通，采用多种主体（政府、专家、游客、当地居民）、多种媒介（新闻、报纸、广播、网络）的方式集中进行安全营销。针对道德风险、社会风险和心理风险，政府和企业应采用情感沟通的方式，宣传到景区旅游是对灾区人民的帮助，让游客打消被人误会为猎奇和幸灾乐祸的顾虑，放心前往。

在灾后恢复后期（灾害发生后1~5年时间），游客产生新的安全顾虑，即担心灾害发生一段时间后，在重建过程之中，会有不法分子趁乱犯罪。这时政府和企业应着重进行灾后景区稳定性的报道和宣传，使汶川地震后四川重建的成绩和有序性深入人心，打消潜在游客的安全顾虑。

14.3.2.2 针对不同游客群体进行细分和定位，形成有效的目的地特色及管理感知形象

经济风险是在灾后恢复前期和后期都对游客影响很大的风险认知内容，也是四川省政府和相关企业

应该持续降低的灾后风险认知类型。要降低潜在游客的价值风险认知，就是让其意识到四川景区之行会物有所值。由于不同的顾客群体可能有不同的价值需求，首先应该进行市场细分。市场细分是依据消费者各方面的属性，按照科学方法把市场分解为具有不同性格、需要或行为的购买者群体。目前普遍采用的细分方法有地理细分的标准（地区、城市规模、人口密集度、气候等）、人口统计的标准（性别、年龄、家庭周期、收入、教育、职业等）、行为的细分（媒介使用、品牌忠实等）、社会文化的细分（文化、亚文化、社会阶层、婚姻状况等）以及情感和认知的细分（熟悉度、态度、知识水平等），另外还有游客动机的细分，可将游客划分为观光放松型、追求刺激型、文化求知型、社会需求型和名誉声望型游客。各个细分市场之间界限并不一定非常鲜明，各种旅游动机的细分市场也可能存在重合的部分，当地政府和相关企业应能满足主体细分市场的大部分旅游心理需求。同时不要忽视旅游者的其他利益诉求，应能针对相应的细分市场，设计主题鲜明的旅游产品，降低潜在游客价值风险，以提升旅游意愿，促进旅游恢复。

观光放松型游客倾向于观光型旅游产品，希望到特定目的地旅游能使其轻松愉悦，从日常生活中琐碎和繁杂的事务解脱出来。灾后仍具有优美的自然风光的景区，如九寨沟、峨眉山，以及恢复后的部分青城山景区，应着重满足这种诉求。民俗和文化型游客注重特别的民风民俗、愉快的旅游氛围及丰富的夜生活。例如，没有遭到破坏的羌藏文化景区应该着力凸显景区的民俗特色，设计更好体验民风民情的互动活动，如既能反映民俗文化，又能使游客参与互动的大型自然舞台大剧。文化求知型的游客更愿意学习新事物、增长见识、增加新阅历，有文化和历史积淀的景区以及建设有博物馆的景区可以着力宣传文化历史吸引物，突出景区的文化含量，增加游客对本地文化和生活习俗的兴趣。环境优美及配套设施齐全、较为现代化的景区可以下功夫吸引社会需求型的游客，这些游客愿意通过外出同游建立友谊、结交朋友、解除关系困扰，针对他们可以设计商贸会议旅游产品和探亲访友、家庭亲子旅游产品，为其旅游制造更多的交流机会。设施恢复较慢或配套设施还不完善的景区要重视追求刺激型游客。他们一般旅游经验相对丰富，渴望更冒险、更灵活和更多自主性的旅游经历，他们抱着探新、求异、猎奇心理参与旅游活动，在游客中通常处于领导者的地位，不容易受人影响，容易带动其他游客。针对他们可以设计探险跋涉型旅游产品，如果他们能对景区产生旅游意愿并满足先前的旅游期望，通常会在相关的游客范围中形成推荐热度，使受灾害影响的景区尽快恢复游客数目或使灾害后新建立的景区尽快成为旅游热点。名誉声望型游客期望能通过旅游活动被注意、被承认、被尊重，以使自己获得良好声誉。对于这类游客，景区应该设计创新型的旅游产品，使其新奇、独特、高档，即与人不同，以吸引游客前往旅游。

针对不同的游客群体，应做好旅游目的地的价值定位，也就是对目的地景区旅游产品（包含服务）的重要价值特征进行定义，也即与竞争的目的地景区旅游产品相比，本产品在消费者心目中的地位。在景区的类型方面，消费者很容易对景区的特色进行归类，灾后的四川景区要在同类型的目的地景区中获得竞争优势，提升旅游意愿，就要在目的地管理形象感知，也就是景区的"软件"上下足功夫。所以，对于灾后的四川景区，所谓的市场定位也可以就是企业及其产品在消费者心目中的形象定位。形象定位首先要识别可能作为定位依据的竞争优势，这种竞争优势就主要体现在目的地管理的感知方面。灾后恢复中的景区应和具有同种特色类型的景区相比较，考虑景区的管理是否已经满足了消费者所追求的利益和偏好，根据景区自身的管理，景区对于当地居民的管理和对于游客的管理三个方面，识别出目的地形象的竞争力。同时还要考察目的地现有形象在旅游者心目中的弱势项目，才能避免在形象定位的过程中的"短板"效应对旅游意愿的负向抵消。

最后，汶川地震后目的地景区的恢复应将市场细分与价值定位相结合，不能孤立运作。应该在市场细分的基础上，确定一个或几个目标市场，识别出分众市场，针对不同的目标市场对目的地的旅游期望进行不同方面的价值定位。

14.4 研究不足与展望

14.4.1 样本数据的局限性

本研究中的问卷调查设计的多为心理及态度的相关问题，信息的收集可能会受被调查者的记忆、认知、判别等因素的影响，从而影响调查资料的准确性。在本研究中，受限于时间、人力和成本等因素，所选取样本的代表性可能存在不足。在实证情境的选择上，仅针对汶川地震后的四川景区潜在游客进行了调查和实证研究。对于其他类型的严重自然灾害，由于条件的限制，目前还不能收集到实证数据。其中的研究结论有待其他的自然灾害后的实证数据进一步验证；研究的外部效度有待于进一步验证。

14.4.2 人口统计变量对旅游意愿影响的调节作用

基于感知风险最小的购买意愿研究和基于感知价值最大的购买意愿研究是购买意愿的主要研究模式。游客风险认知是衡量潜在游客感知风险的指标，目的地形象感知是可以提供感知价值的指标。本研究建立了一个较为全面的模型，将两方面同时纳入一个模型考虑影响灾后游客意愿的心理机制。同时，根据文献综述，潜在游客对目的地的熟悉度，对风险认知、目的地形象感知以及旅游意愿都有影响，所以，本研究将熟悉度也纳入该模型。该模型涉及的路径，可能都受到人口统计变量的调节，区分出不同性别、年龄、收入对旅游意愿的影响路径的调节作用。有重要的实践意义。鉴于本研究的中介变量灾后风险认知和目的地形象感知之下分别有八个维度和三个维度，如果引入人口统计变量对灾后旅游意愿的影响路径进行调节效应分析，会加大模型的复杂程度，由于时间和精力的限制，这个问题还有待于进一步研究。

14.4.3 加入更多中介变量探讨对旅游意愿的影响

基于感知风险最小的购买意愿研究和基于感知价值最大的购买意愿研究是购买意愿的主要研究模式。游客风险认知是衡量潜在游客感知风险的指标，目的地形象感知是可以提供感知价值的指标。本研究建立的模型，首次将游客灾后风险认知、目的地形象感知两方面同时纳入一个模型考虑影响灾后游客意愿的心理机制。不过，考虑到模型的简洁度和时间精力的限制，还未将感知价值纳入模型。另外，基于消费者态度的购买意愿研究也是购买意愿研究模式的一种，同样的原因，还未将态度纳入模型，下一步的研究应加入更多的变量，以完善灾后旅游意愿的研究。

附 录

長州

附录1 《四川汶川地震灾后旅游业恢复重建规划（2008—2010)》

总　则

一、规划依据和性质

本规划依据国务院关于灾后重建的战略部署，《汶川地震灾后恢复重建条例》《汶川地震灾后恢复重建总体规划》编制。本规划属于《汶川地震灾后恢复重建总体规划》中的《生产力布局和产业调整规划》中的旅游业恢复重建专项规划。

二、规划范围

本次规划的范围是汶川地震重灾区，以大龙门山区域为核心，包括成都市、德阳市、绵阳市、广元市、雅安市、阿坝藏族羌族自治州、巴中市、南充市、遂宁市、资阳市、眉山市、乐山市、甘孜藏族自治州13个市（州）的51个县（市、区），适当兼顾其他受灾地区。其中市场恢复和政策保障涵盖全省，调整规划涉及甘肃陇南市和陕西汉中市。

三、指导思想和规划原则

全面贯彻落实科学发展观，坚持以人为本；坚持可持续发展，尊重科学、尊重自然，充分考虑资源环境承载能力，实现人与自然的和谐；坚持统筹兼顾，统筹灾区恢复重建与旅游业的发展提高，统筹推进城镇化建设和新农村建设。

民生优先原则：通过灾后旅游业的恢复重建，增加就业和收入，改善和提高灾区人民的生活水平，安民富民，促进社会稳定。

供需并重原则：既要恢复旅游业的生产能力，又要恢复旅游业的消费需求，实现旅游市场的全面恢复。这也是旅游业的特殊性。

安全减灾原则：旅游项目布局要充分考虑地质条件，避开地震断裂带高危区域；建立旅游安全救援应急设施及系统。

文化保护原则：重视灾区物质文化遗产和非物质文化遗产的保护，重视羌民族文化的保护与抢救。

重建为主原则：突出灾区旅游业的恢复重建，兼顾旅游业的提升和发展。

分步实施原则：先恢复受损小、易修复的项目，先启动安全旅游区域和线路，有计划按时序组织本规划实施。

四、规划目标

1. 到2010年，灾区各项旅游经济指标达到"十一五"旅游规划目标的90%，非灾区超额完成"十一五"旅游规划的目标。

2. 经过3年的恢复重建，按国际标准全面提升灾区旅游设施档次和服务质量。

3. 重树游客和投资者信心，促进灾区旅游市场尽快恢复。

4. 发挥旅游业安民富民的职能，促进灾区人民恢复就业和重建家园。

5. 把汶川地震区域建设成世界知名的旅游目的地、著名品牌和新时期中华民族精神的展示地，进一步提升四川省在国际国内旅游市场的整体形象。

五、旅游业在灾区恢复重建中的地位

（一）灾区灾前产业结构的特点

灾区平原、浅丘、山区产业结构差异性大。山中地带如北川、平武、汉源等以第一、第二产业为主，农业开发强度较大；半山及平原地带如什邡、绵竹、江油等地第二产业比重较大，第三产业比重较低。浅丘和平原地带如安县、彭州、崇州以第一、第二产业为主，都江堰以第三产业为主。

（二）旅游业是灾区恢复重建的优势产业和先导产业

地震灾害改变了灾区地质地貌状况，改变了灾区现有产业基础条件。因此，在恢复重建中，应强调产业结构的调整优化，因地制宜，宜农则农，宜工则工，宜旅游则旅游。国内外地震灾害恢复重建经验证明，旅游业是灾区恢复重建中的优势产业和先导产业。

其原因有以下几点：

一是山中地带生产力布局和产业结构调整"限一退二进三"是必然选择。在地震灾害比较严重的地震断裂带区域，应限制发展资源耗费型的矿产、水能等第一产业，高耗能、高污染的第二产业应全部退出，大力发展以旅游为主的第三产业。

二是灾区环境承载能力的客观要求，是保护生态环境和经济社会可持续发展的必然选择。

三是灾区旅游资源禀赋的必然选择。震中区龙门山造山带是世界上的地质奇观，是世界上迄今为止地震遗址保留最丰富、最完整的地区，是大熊猫栖息地，是我国重要的世界遗产地，气候和动植物的垂直带谱分布明显，是生物多样性宝库，是中国著名的自然地理过渡带。

该区拥有丰富的文化遗产，文化多样性特征鲜明。龙门山是中国道教的发源地，中国神仙文化的一个中心；是古蜀文明的发源地；是民族文化走廊和中国唯一的羌族聚居区；古蜀道及其栈道体系、翠云廊的驿道文化在世界交通史中独一无二；三国文化在汉文化圈中影响力大；世界文化遗产都江堰水利工程，体现了道法自然的独特水文化；南方丝绸之路是中国最早开辟的从成都到南亚、西亚的民间商道和官道，丝绸之路河南道从成都穿越龙门山与北方丝绸之路相连，向西与茶马古道部分重合。

该区旅游资源富集，组合条件优良，世界级品牌众多，发展旅游业符合经济社会发展的规律。

四是旅游业拥有强大的市场基础。灾区紧依成都平原经济圈和成渝经济走廊，市场需求旺盛。世界级品牌众多，对国内外旅游市场号召力大。

五是旅游业关联度高，拉动效应大。优先发展旅游业可以较快推动灾后经济社会的恢复发展，扩大就业和增加灾区人民收入，使经济社会呈现良性局面。

六、规划结构和技术路径

本规划提出了灾后旅游业恢复重建产业布局的调整，重点是旅游景区、旅游城镇、旅游村落和旅游通道的恢复重建，新建旅游应急救援系统。

规划分总则、正文和附录三部分。规划通过对灾区旅游业受损情况和产业结构的分析，提出构建"大龙门山旅游试验区"，将旅游业定位为灾区恢复重建的优势产业和主导产业。在旅游试验区建设乡村休闲旅游产业带、观光休闲度假旅游产业带、生态保护及科考探险专项旅游产业带"三个旅游产业带"；羌文化体验旅游区、龙门山休闲旅游区、三国文化旅游区和大熊猫国际旅游区"四个旅游经济区"；九环线精品旅游线、羌文化旅游走廊、中国汶川地震遗址旅游线、大熊猫栖息地旅游线、三国文化旅游线和红色文化旅游线"六条主题精品线路"。旅游产业要素向旅游景区、旅游城镇、旅游村落和旅游通道四个空间集中；提出了五大旅游生产能力恢复重建项目和旅游市场消费需求恢复主要项目，并对建设内容、建设时序和资金预算进行了计划安排；提出了组织、资金、政策等保障措施，以确保规划实施。

第一章 灾后旅游业损失评估

一、灾区自然条件与社会经济概况

此次受灾地区主要沿龙门山脉分布，地处龙门山断裂构造带。龙门山东部迎风坡雨泽充沛；西部背风坡岷江河谷雨水稀少，气候十分干燥。龙门山东坡是汉族分布区，西坡为羌族和部分藏族聚居地。龙门山是大熊猫等多种珍稀动物栖息地，是大熊猫自然保护区之一。龙门山的煤、铁、铜、硫铁矿、磷、石棉、水泥用灰岩等矿产资源也很丰富。

二、灾前灾区旅游业发展状况

此次汶川地震的重灾区是四川省重要旅游资源聚集区，特别是成都、德阳、绵阳、广元、阿坝、雅安等极重灾区，拥有九寨沟、黄龙、大熊猫栖息地、青城山—都江堰4大世界遗产，有2个国家5A级景区，12个国家4A级景区，12个国家非物质文化遗产，11个国家级风景名胜区，12个国家级自然保护区，9个国家地质公园，15个国家级森林公园，39个国家重点文物保护单位，8个全国农业旅游示范点，1个全国科技（工业）旅游示范基地，8个中国优秀旅游城市，6个国家历史文化名城（镇）。还有一大批的省级风景名胜区、省级历史文化名城、名镇和省级文物保护单位，以及沿龙门山麓形成的乡村旅游休闲度假旅游地。这个地区是四川省旅游业相对发达地区。2007年，成都等6个市州的旅游总收入达680亿元，旅游业总收入占全省旅游总收入的56%；接待国内外旅游者8500万人次，占全省46%。其中，成都市作为全国三个中国最佳旅游城市之一、四川省的旅游口岸地和客源地，其旅游总收入及总接待人次占了四川全省份额的1/3左右。受损较重的13个市州的51个县（市、区）接待国内外旅游者6931.46万人次；旅游总收入达323.31亿元。

三、旅游业受损情况

由于旅游业具有生产与消费的同时性特点，生产的过程就是消费的过程，因此，旅游业的损失既包括生产能力的损失，也包括消费需求的损失。地震对四川省旅游业的破坏是巨大的，除了造成灾区旅游资源的大量破坏，更主要是对旅游业生产能力的重创，不仅造成灾区旅游基础设施和服务设施的毁灭性破坏，也导致灾区和四川省旅游市场消费几乎为零，乃至影响了全国旅游市场。

（一）灾区旅游业生产能力受到毁灭性的重创

根据21个市州旅游局上报的统计数据进行灾害损失评估核准，2008年5月12日地震灾害给四川旅游业造成的直接损失初步统计为465.92亿元，各灾区经过10多年累计投资形成的旅游基础设施和服务设施损失严重。

1. 旅游景区受灾严重，损失达338.53亿元。有361家景区不同受损程度情况，占全省旅游业直接损失量的72.66%，可见地震灾害对旅游业造成的损害，主要在旅游景区的基础设施与景观方面，包括：旅游公路等损坏5315千米；景观损坏1979处；供水损坏1605.58千米；供电设施损坏2896.13千米；通信设施损坏2163.9千米；索道损坏15个；旅游厕所损坏1925个；标识标牌损失14528个；房屋损坏368770间。其中，成都等6个重灾区347家景区，损失336.68亿元，分别占全省受损景区的96.12%和99.4%。

2. 旅游接待企业受损严重，共计损失达96.85亿元。地震造成全省宾馆饭店设施损失96.87亿元，占全省旅游业直接损失的20.79%。其中，6个重灾区宾馆饭店损失96.4亿元，占全省受损宾馆饭店损失的99.5%。全省682家旅行社，地震致使旅行社200家受灾，造成直接损失4181.06万元，其中，6个重灾区的受损值达4149.18万元，占旅行社受损额的99.23%。地震也使四川创造的特色旅游——"农家乐"遭受重创，尤其是龙门山东坡山前地带的乡村旅游全部受损，如成都彭州市龙门山镇882家农家乐，70%的房屋倒塌；银厂沟九峰村，从1985年开始从事旅游服务，600户村民有480户经营农家乐，年收入可达1500多万元，全村户均资产50万元以上，高的有两三百万元甚至上千万元，人均收入为彭州市乡镇第一。作为国家级农业旅游示范点的德阳绵竹市沿山乡村旅游带，800余家农家乐遭受到了毁灭性破坏。

3. 旅游城镇损毁严重，损失达28.92亿元。绵阳、德阳、广元、雅安、乐山、遂宁、南充、都江堰、崇州、邛崃、江油11个中国优秀旅游城市，绵竹市、什邡市、茂县、平武县、江油市、青川县以及九环线沿线的 100 多个城镇普遍受损严重，城镇内的旅游基础设施和服务设施遭受严重毁坏，其中，旅游咨询中心受损 283 个，旅游购物商店购物点受损 8259 处，自驾车服务设施受损 2085 个，其他设施设备受损 3213 个。

4. 旅游行业系统受灾严重，损失达 1.18 亿元。地震造成许多旅游行政机关和事业单位的办公用房及设施设备严重损毁。其中，成都等 6 个重灾区旅游局办公用房、车辆及其他设施设备损失 1.14 亿元，占市县旅游局受损额的 96.43%。北川、汶川、茂县、青川等旅游局办公楼全部倒塌，绵阳、德阳、什邡、绵竹、都江堰、朝天区等旅游局的办公楼均成危房，共损毁房屋 4164 间，旅游车辆 57 辆，其他设施设备 1263 个。

5. 旅游通道设施损失严重。不仅许多景区内旅游通道遭受重创，乡村道路以及城镇之间的道路体系都受到破坏，其中尤其是九环线全部中断，无法进入九寨沟、黄龙景区。

（二）四川省旅游业生产能力大幅度下降

近年来，四川旅游业发展迅速，已成为我国旅游发展的重要支撑。2007 年，全省有国家 A 级旅游景区 122 个，4000 多个旅游景区，星级饭店 506 家，旅行社 682 家，旅游总收入首次突破千亿元大关，达到了 1217.31 亿元，是全国第 9 个旅游总收入突破千亿元的省市。

"5·12" 汶川地震给四川旅游业造成了重大损失。全省上报统计的 497 个旅游景区中，完全损坏的有 56 个，占总数的 11%；中度损坏的有 232 个，占总数的 47%；轻度损坏的有 73 个，占 15%，未受影响的占 27%。全省上报统计的 1384 家宾馆饭店、旅馆等旅游接待设施中，完全损坏的有 28 家，占 2%；中度损坏的有 952 家，占 69%；轻度损坏的有 404 家，占 29%。全省上报统计的 50 个县市旅游局设施中，受到完全损坏的有 8 个，中度损坏的有 26 个，轻度损坏的有 17 个。全省上报统计的 200 家旅行社受损情况中，其中完全受损的有 6 家，中度受损的有 98 家，轻度受损的有 96 家。全省上报统计的 2311 处旅游城镇受损接待设施中，其中完全损坏的有 2238 处，中度损坏的有 15 处，轻度损坏的有 58 处。

四川省旅游市场消费需求大幅下降，旅游生产停滞。全省旅行社遭遇大规模退团，绝大多数旅行社关门歇业；旅游景区处于歇业关停状态；灾后酒店平均入住率不到 20%，特别是重灾区酒店基本关门，旅游从业人员全部或部分失业。四川旅游目的地安全形象遭受重创，后期的形象重塑及游客消费信心的恢复重建是一个长期的过程。

第二章 旅游业调整战略、空间布局及恢复重建主要任务

地震灾害对灾区地质环境和经济环境的改变，导致灾区旅游业的恢复重建，一是不能完全原地重建和复制，应创新性地提升发展；二是基于生产力布局和产业结构调整的要求，应对地震灾区旅游业发展做战略性的调整；三是旅游业恢复重建应包括生产能力和市场消费需求的恢复提升。

一、调整战略——规划建设大龙门山旅游试验区

将大龙门山旅游试验区作为成渝城乡统筹城乡综合配套改革试验区的延展区（因成都市已享有该政策，德阳市已是四川省确定的综合配套改革试验区），建议规划建设大龙门山旅游试验区，理顺开发管理体制，确立边界，范围可扩大到甘肃陇南和陕西汉中地区。

作为中国的一个重要的生物多样性和文化多样性的旅游试验区，整合生产力要素，合理调整产业结构，保护好自然遗产和文化遗产，重建区内的羌族文化，形成遗产保护、生态保护、观光游憩、山地休闲度假、休闲农业的多元化产业体系。

整合区内资源体系和开发管理体系，统筹产业，统筹城乡，发展成为一个功能设施完善、产业结构合理、服务体系上乘、世界知名的大龙门山旅游试验区。

在大龙门山旅游试验区应着重开展以下项目的建设：

1. 大龙门山旅游试验区的整体开发规划项目。

2. 大龙门山旅游试验区旅游管理体制研究项目。

3. 大龙门山山前旅游通道体系建设项目：一是打通彭州至什邡龙门山快速通道，与成都龙门山山前省道106线相连接。建设沿龙门山山前雅安—广元的旅游公路快速通道；二是修建彭州—什邡、什邡—绵竹—广元、邛崃—雅安龙门山轻轨，与成都龙门山国际旅游度假区规划建设的轻轨连接，形成大龙门山轻轨旅游环线。

4. 中国汶川地震遗址保护及纪念地规划建设项目。

汶川地震留给世界一个国际品牌，应好好加以维护和利用，做好项目建设，突出这一项目内部的产品差异性，使其成为世界上著名的科普教育、警示后人、缅怀罹难者的地震遗址旅游地，成为展示新时期中华民族精神的展示地。

在都江堰市建立地震科学博物馆，使其成为地震科普教育中心和地震观摩现场；在映秀建立汶川地震纪念馆及震中纪念碑，保护好映秀中学地震断面；在萝卜寨建设古羌寨地震遗址纪念地；建立北川城市地震遗址博物馆及唐家山堰塞湖旅游景区；建设青川沙州地震遗址公园；建设安县桑枣逃生教育基地；建立绵竹汉旺和什邡穿心店地震工业遗址博览园，在穿心店建设志愿者公园；在彭州银厂沟建地震地质公园。

通过该项目的建设，形成世界罕有的地震遗址公园的庞大体系，打造震撼世界的地震纪念旅游产品。

二、布局与调整依据

地震灾害使灾区的旅游设施受到毁灭性打击，有的景区边界已经消失，原来分散式的小景区开发模式应乘势进行调整布局。

地震灾害使灾区的城镇和村落受损严重。根据地质灾害评估，处于地震带上的城镇和村落，将会依据安全度及环境承载力进行旧址新建或新址新建。在重建和迁建过程中，应相对集中旅游设施及旅游项目，完善城镇和村落的旅游功能。

整个龙门山东坡山前地带，在地震前依托成绵、成雅经济带及其城市群落形成的较完备的乡村旅游带已经在地震中全部损毁，需要尽快恢复重建民房和村落，恢复乡村旅游。但乡村旅游的发展仅靠农村居民的安置补偿资金，难以形成乡村旅游的接待能力。这些农民的安置既关系到产业结构调整、农民就业，又关系到社会安定，因此在农业基础条件较好的山前地带，应安排资金重点扶持旅游村落的建设和发展。

三、布局与调整思路

根据优化灾区生产力布局和产业结构调整的要求，为促进灾区经济社会的可持续发展，产业结构应做出重大调整。

首先应将大龙门山地区作为一个整体进行开发规划。结合区域内自然灾害的限制、新农村建设、人口的集聚、景区开发模式的调整以及城镇旅游附加值提升等因素，其旅游业生产能力的恢复不完全是克隆式的恢复重建，而必须实现从分散到集中的布局转变。统筹旅游景区、旅游城镇、旅游村落和旅游通道，形成产业集群，发挥集聚效益，实现以下四个集中：

1. 旅游生产要素向旅游景区、旅游城镇、旅游村落和旅游通道四个空间集中；

2. 休闲度假服务设施向山前和山中的旅游城镇集中；

3. 乡村旅游和观光农业向山前和平原集中；

4. 整合九寨沟、黄龙、大熊猫栖息地、青城山—都江堰、羌族村寨、汶川地震遗址旅游产品，旅游影响力向六大品牌集中。

四、空间布局

大龙门山旅游试验区内要充分整合区域内的各开发主体的行为，促进该区整体发展，减少资源浪费。

（一）三个旅游产业带

按照大龙门山旅游试验区的资源特点和资源结构以及生态环境承载力与生态保护的要求，调整区内的旅游产业沿三个带布局，即平原丘陵地区以旅游城镇为中心的乡村休闲旅游产业带；低山至中山山地观光休闲度假旅游产业带；高山生态保护及科考、探险专项旅游产业带。

（二）四个旅游经济区

在三个产业带中，结合各区域的特点，形成四大不同主题的旅游经济区。

1. 羌文化体验旅游区。

以阿坝州、绵阳市为主，以九环线为依托，打通省道213线，以汶川、理县、茂县、松潘、北川、平武为支撑，以桃坪羌寨、黑虎羌寨、萝卜寨（新建）、色尔古寨、营盘山羌文化遗址、北川新县城、禹穴沟、西羌九黄山、药王谷、小寨子沟羌寨等为载体，构建羌文化体验旅游经济区。

2. 龙门山休闲旅游区。

以成都市、德阳市为主，以沿龙门山山前乡村旅游为依托，以青城山—都江堰、西岭雪山、龙门山风景名胜区等风景游赏体系为载体，以大邑花水湾温泉、什邡—绵竹—安县罗浮山温泉带为承载点，发展观光、休闲度假产业，形成龙门山休闲旅游经济区。

3. 三国文化旅游区。

以成都、德阳、绵阳、广元市为主，涵盖南充、遂宁、巴中市，依托武侯祠、庞统祠、双忠祠、富乐山、江油关、七曲山、窦团山、仙海、涪江六峡、李白故里、郪江汉墓群、翠云廊、剑门关、昭化古城、明月峡、皇泽寺、千佛崖、阴平古道、苍溪红军渡、苍溪梨文化博览园、光雾山、诺水河等景区，打造三国文化旅游经济区。

4. 大熊猫国际旅游区。

以成都市、雅安市、阿坝州为主，涵盖甘孜州的康定，依托蜂桶寨、卧龙、四姑娘山、夹金山、康定跑马山—木格错、碧峰峡、汉源鲜花碧水阳光城、蒙顶山—百丈湖国际茶文化景区、周公山温泉等，打造大熊猫国际旅游区。

（三）六条主题精品线路

在大龙门山旅游试验区内通过线路统筹，形成具有市场竞争力的精品旅游线路。

1. 九环线精品旅游线（包括九寨沟北环线）。

成都—汶川—茂县—九寨沟、黄龙—平武—江油—成都。

该线路以九寨沟—黄龙世界自然遗产地为中心，依托成都市目的地口岸城市青城山—都江堰世界文化遗产地、羌民族文化展示区、松潘古城、平武报恩寺、广汉三星堆等国内外著名的城市、城镇和精品景区景点，形成四川省最具有旅游价值的重要线路。

九寨沟北环线：

广元—青川—文县—九寨沟—松潘—王朗—平武—北川—绵阳—广元。

该线路以九寨沟—黄龙世界自然遗产地为中心，是从四川北部广元进入九寨沟—黄龙的重要通道。该快速通道的建设能有效促进九寨沟—黄龙市场的恢复，并带动沿线新资源的开发、新城镇的发展。

2. 羌文化旅游走廊。

成都—理县—汶川—茂县—北川—绵阳—成都。

该走廊依托汶理茂北四县城镇和村落，集中展示中国唯一的羌民族文化。

3. 中国汶川地震遗址旅游线。

都江堰—映秀—汶川—茂县—北川—青川—绵竹汉旺—什邡穿心店—彭州银厂沟—都江堰。

依靠汶川大地震所带来的知名度，对各地的新增地震遗迹资源进行整合利用，形成吸引旅游者的新线路。

4. 大熊猫栖息地旅游线。

成都—卧龙—日隆—康定—（夹金山—宝兴—）碧峰峡—西岭雪山—成都。

依托大熊猫世界遗产栖息地资源，以多元化的自然环境和文化环境，塑造吸引国际游客的精品线路。

5. 三国文化旅游线。

成都武侯祠—德阳白马关、庞统祠—绵阳富乐山、七曲山—广元剑门关、皇泽寺、昭化古城—阆中古城—南充万卷楼—成都。

以武侯祠、剑门蜀道国家级景区为核心，通过恢复重建升级沿线的三国文物古迹点和城镇，增强线路的吸引力，实现线路的新发展。

6. 红色文化旅游线。

广元—旺苍—南江—巴中—仪陇—阆中—苍溪—广元。

以光雾山、诺水河、川陕革命根据地博物馆、红四方面军烈士墓、阆中古城、苍溪红军渡等景区为核心，整合红色旅游、绿色旅游和历史文化旅游，建设红色文化旅游精品线路。

五、恢复重建的主要任务

根据旅游业的产业特点，旅游业恢复重建的主要任务包括两个方面的内容：一是旅游业生产能力的恢复；一是旅游市场的恢复振兴。由于旅游业的生产和消费具有同时性特征，决定了两者不可偏废其一。

1. 旅游业生产能力的恢复包括旅游通道、旅游景区、旅游城镇、旅游村落生产能力的恢复。

旅游通道主要是九黄机场扩建、重新规划设计九环线及升级建设九寨沟环线北环线、建设德阿快速通道等。

旅游景区的恢复重建主要是旅游景区（点）、旅游设施和文物古迹的恢复重建，其中世界遗产级景区如九寨沟、黄龙的排危，都江堰—青城山的恢复重建，包括二王庙的重建，大熊猫栖息地的新址重建、三星堆古蜀文化遗址的恢复重建，三国文化旅游区景区景点的恢复重建，羌族文化生态旅游区的恢复重建及羌族历史文化的抢救保护，茶马古道上重要景区景点的恢复重建，以及为了升级四川省旅游产品结构而恢复重建龙门山休闲度假项目。恢复重建阿坝、成都、德阳、绵阳、广元等地的文化产业带，形成六条主题精品旅游线路。

旅游城镇是区域旅游经济的中心，山中的旅游城镇大多是以旅游功能为主的城镇，平原区的城镇也应突出城镇的旅游形象，突出城镇建筑风格的地域文化特征和建筑形式的多元化的统一，完善城镇的旅游功能，完善城镇的公共服务设施，升级城镇的接待设施，恢复重建旅游城镇的星级宾馆、经济型酒店，打造城镇个性化的、有地域文化特色的休闲空间和特色街区。

旅游村落的恢复重建，是安民惠民工程的基础性工作，重点是恢复重建乡村旅游的接待设施和恢复乡村旅游的生产能力。统一规划布局旅游村落，提升乡村旅游产品。重点是对龙门山山前地带和龙泉山脉的乡村旅游进行恢复重建，主要是青城山—都江堰—彭州乡村旅游带、什邡—绵竹—安县乡村旅游带、江油李白文化乡村旅游带、青川白龙湖乡村旅游带、汶川三江农业生态旅游区、汉源花海果都乡村旅游区、龙泉山乡村旅游带等。

在旅游通道、旅游景区、旅游城镇、旅游村落恢复重建中，要建立旅游安全应急救援系统。

2. 旅游市场的恢复振兴。

旅游市场恢复振兴的主要任务是恢复市场对四川旅游的消费信心，树立四川旅游安全的形象，通过有计划的行动，恢复和提升四川作为旅游目的地的良好形象，应分阶段、分地域、分受灾轻重有组织、有计划地向国内外推出四川目的地营销的项目和市场促销计划。

第三章 旅游业生产能力恢复重建项目

旅游业生产能力恢复重建项目旨在全面恢复灾区旅游业的生产能力，这是灾区恢复生产、安民富民、促进就业的民生大计。由于产业结构的调整，旅游业生产能力的恢复是灾区经济恢复的重中之重。

旅游业生产能力的恢复主要依托于旅游通道、旅游景区、旅游城镇、旅游村落生产能力的恢复重建。这些重建项目分列到以上四个空间体系中，是政府投入的重点。政府在旅游业恢复重建中的引导性投入，会有力地引导社会投资者对旅游业的投入，尤其是对旅游服务设施的投入。项目投资总额为8392574万元，其中国家拨款2574053万元，占30.67%，社会投资5818521万元，占69.33%。项目总计346项。

其中，(1) 旅游通道和服务设施项目94项，占项目总数的27.17%；(2) 景区项目总数83项，占项目总数的23.99%；(3) 旅游城镇项目93项，占项目总数的26.88%；(4) 乡村旅游项目45项，占项目总数的13.01%；(5) 旅游应急救援项目21项，占项目总数的6.07%；(6) 发展提高旅游项目16项，占项目总数的4.62%。

其中，(1) 加固项目85项，占项目总数为24.57%；(2) 修复项目133项，占项目总数的38.44%；(3) 新建项目128项；占项目总数的36.99%。

主要有五大类项目。

一、重点旅游通道项目

项目意义：旅游通道是灾区恢复重建旅游业的生命线，是为了确保灾区及其旅游业发展的基本通达能力，没有重点旅游通道项目的建设，灾区旅游业的恢复重建就无从谈起。

项目目标：构建立体型的四川旅游交通网络体系，尤其是要加强空中运载能力，提升旅游的可进入性和游客集散功能。

行业建议和要求：将旅游通道建成旅游风景道，道路沿线进行绿化美化；按道路等级建设不同级别的旅游服务区和旅游服务站，包括旅游咨询处、汽车站、机场、汽车旅馆、购物点、医疗服务站、观景点、餐饮点、旅游厕所、停车场、修车点等设施；在旅游通道两旁、道路出口、旅游景区、旅游城镇按国家标准设置旅游标识标牌，包括道路里程、出口方向、邻近景区名称等；在位于重要交通要道的城镇景区处建设自驾车营地、租赁网点等服务项目；加强道路安全应急项目建设，危险地段均应设置糙化路面和振动标线，危险弯道处增设反光镜。具体参照四川省交通厅、四川省旅游局发布的《四川省旅游道路建设标准》(2008—04—16) 建设旅游通道。

项目主要内容如下。

1. 九黄机场扩建项目：该项目旨在恢复重建期间替代九环线陆路运输，增加灾区旅游业的空中运力，对构建灾区快进快出的安全通道和应急系统，对尽快恢复和提升灾区旅游业的生产能力起着举足轻重的作用。

2. 升级建设九寨沟环线北环线：北环线广元—青川—甘肃文县—九寨沟道路，在这次地震中没有被损毁，是三年恢复重建中进出九寨沟最便捷的陆路通道，广元将成为进出九寨沟的陆路门户。

3. 德阿快速通道：在地质条件允许的条件下，新建德阳—茂县的德阿快速通道，对改变灾区的旅游交通环境起着重要的作用，也可避开都江堰到汶川段的地质脆弱区。

4. 其他通道：成都 S106 川西旅游环线，国道 108、212 广元段，九环东线，六市州旅游通道服务设施等。

重点旅游通道项目统计如下。

项目建设时序：2008—2010 年。

项目细项：100 项，占总项目细项数的 31.7%。

项目投资总额：655818 万元，占重点项目总投资的 7.81%，其中国家投资 593818 万元，占项目总投资的 7.08%，社会投资 66000 万元，占项目总投资的 0.79%。

加固项目投资：71900 万元，占项目总投资的 0.86%，其中国家投资 31900 万元，占 0.38%，社会投资 40000 万元，占 0.48%。

修复项目投资：366550 万元，占项目总投资的 4.37%，其中国家投资 342050 万元，占 4.08%，社会投资 24500 万元，占 0.29%。

新建项目投资：221368 万元，占项目总投资的 2.64%，其中国家投资 219868 万元，占 2.62%，社会投资 1500 万元，占 0.02%。

二、旅游景区项目

项目意义：景区是灾区吸引旅游者特别是跨区域旅游者的核心吸引物，是灾区旅游资源最集中的地区，是灾区旅游生产能力的集中体现，对灾区经济的恢复有着重要的作用。同时景区恢复建设也会促进灾区生态环境的恢复重建。

项目建设目标：通过对景区项目的建设，实现项目区生产能力的恢复和对当地市场启动的带动与号召效力。

行业建议与要求：充分考虑旅游市场的新需求，简化景区内的固定设施的建设与投入；针对安全性的需要，在景区建筑材料、建筑方式、建筑规模和设施布局等方面提高安全标准；强调道路和设施建设的审美价值，以及减少景区的硬化面积；强调景区开发的集聚效应；强调观光资源与休闲度假资源的整合，自然旅游资源与文化旅游资源的整合。在旅游景区恢复建设中，严格按照国家标准《A 级景区服务质量标准》并参照四川省旅游局发布的《四川省旅游景区建设标准》(2008-04-16)。

（一）世界遗产恢复重建项目

项目意义：世界遗产是灾区级别最高、影响力最强的旅游品牌，是恢复重建灾区旅游业的重中之重。

项目主要内容：九寨沟、黄龙排危、都江堰—青城山恢复重建、大熊猫栖息地新址重建、三星堆古蜀文化遗址恢复重建。

项目建设时序：2008—2010 年。

项目细项：19 项，占总项目细项数的 5.49%。

项目投资总额：375700 万元，占重点项目总投资的 4.48%，其中国家投资 134700 万元，占项目总投资的 1.61%，社会投资 241000 万元，占项目总投资的 2.87%。

加固项目投资：154600 万元，占项目总投资的 1.84%，其中国家投资 51400 万元，占 0.61%，社会投资 103200 万元，占 1.23%。

修复项目投资：200100 万元，占项目总投资的 2.32%，其中国家投资 76600 万元，占 0.85%，社会投资 123500 万元，占 1.47%。

新建项目投资：21000 万元，占项目总投资的 0.25%，其中国家投资 6700 万元，占 0.08%，社会投资 14300 万元，占 0.17%。

（二）三国文化旅游区景区景点恢复重建项目

项目意义：本区是四川省旅游重点打造的区域，也是受地震损害较小的区域，启动快，见效快，对恢复市场信心，获得近期效益具有重要作用。

项目主要内容：明月峡、昭化古城、白龙湖、剑门关、皇泽寺—千佛崖、翠云廊、罗江三国文化旅游区、江油关、窦圌山、李白故里、光雾山、诺水河、川陕革命根据地博物馆、红四方面军烈士墓、朱德故里、阆中古城、苍溪红军渡等。

项目建设时序：2008—2010 年。

项目细项：31 项，占总项目细项数的 8.96%。

项目投资总额：827778 万元，占重点项目总投资的 9.86%，其中国家投资 178575 万元，占项目总投资的 2.13%，社会投资 649203 万元，占项目总投资的 7.74%。

加固项目投资：517833 万元，占项目总投资的 6.17%，其中国家投资 130650 万元，占 1.56%，社会投资 387183 万元，占 4.61%。

修复项目投资：241345 万元，占项目总投资的 2.88%，其中国家投资 41725 万元，占 0.5%，社会投资 199620 万元，占 2.38%。

新建项目投资：68600 万元，占项目总投资的 0.82%，其中国家投资 6200 万元，占 0.07%，社会投资 62400 万元，占 0.75%。

（三）羌族文化生态旅游区恢复重建项目

项目意义：羌族是我国最古老的少数民族，其唯一聚居地受灾最为严重，羌族历史文化急需抢救保护。

项目主要内容：小寨子沟羌寨、西羌九黄山景区、禹穴沟、大禹纪念馆、羌文化抢救工程等。

项目建设时序：2008—2010 年。

项目细项：7 项，占总项目细项数的 2.02%。

项目投资总额：1089700 万元，占重点项目总投资的 12.98%，其中国家投资 217600 万元，占项目总投资的 2.59%，社会投资 872100 万元，占项目总投资的 10.39%。

加固项目投资：17600 万元，占项目总投资的 0.21%，其中国家投资 2000 万元，占 0.02%，社会投资 15600 万元，占 0.19%。

修复项目投资：83200 万元，占项目总投资的 0.99%，其中国家投资 13200 万元，占 0.16%，社会投资 70000 万元，占 0.83%。

新建项目投资：988900 万元，占项目总投资的 11.78%，其中国家投资 202400 万元，占 2.41%，社会投资 786500 万元，占 9.37%。

（四）茶马古道恢复重建项目

项目意义：茶马古道历史悠久，是集大熊猫、茶文化、民族文化、优美生态于一体的重点项目。

项目主要内容：邛崃的平乐古镇、临邛古城、夹金山、康定跑马山—木格错、碧峰峡、上里古镇、鲜花碧水阳光城、蒙顶山—百丈湖、周公山等。

项目建设时序：2008—2010 年。

项目细项：6 项，占总项目细项数的 1.73%。

项目投资总额：216500 万元，占重点项目总投资的 2.58%，其中国家投资 80600 万元，占项目总投资的 0.96%，社会投资 135900 万元，占项目总投资的 1.62%。

加固项目投资：92000 万元，占项目总投资的 1.1%，其中国家投资 50000 万元，占 0.6%，社会投资 42000 万元，占 0.5%。

修复项目投资：86500万元，占项目总投资的1.03%，其中国家投资15000万元，占0.18%，社会投资71500万元，占0.85%。

新建项目投资：38000万元，占项目总投资的0.45%，其中国家投资15600万元，占0.18%，社会投资22400万元，占0.27%。

（五）龙门山休闲度假恢复重建项目

项目意义：龙门山特别是东坡沿山地带是成德绵经济圈人气最旺、环境最佳的休闲度假区，在地震中受灾严重。恢复重建龙门山休闲度假项目对于尽快解决就业，加速恢复正常生产生活秩序、完善旅游产业结构具有重要意义。

项目主要内容：虹口、丹景山、剑南老街景区、罗浮山、鋈华山、千佛山景区、唐家河等。

项目建设时序：2008—2010年。

项目细项：20项，占总项目细项数的5.78%。

项目投资总额：2310700万元，占重点项目总投资的27.53%，其中国家投资378500万元，占项目总投资的4.51%，社会投资1932200万元，占项目总投资的23.02%。

加固项目投资：59300万元，占项目总投资的0.71%，其中国家投资4000万元，占0.05%，社会投资55300万元，占0.66%。

修复项目投资：1056400万元，占项目总投资的12.59%；其中国家投资238000万元，占2.84%，社会投资818400万元，占9.75%。

新建项目投资：1195000万元，占项目总投资的14.24%，其中国家投资136500万元，占1.63%，社会投资1058500万元，占12.61%。

三、乡村旅游安民工程

项目意义：村落的旅游恢复建设对四川省旅游业重建的作用异常显著，一是乡村旅游接待游客量最大。分布范围广的乡村旅游区，长期是四川省旅游业的重要构成部分，许多灾区乡村接待的旅游者数量占当地旅游市场的50%以上；二是乡村旅游恢复最快。地震中，乡村大部分农田景观基本无损，主要是大量民居接待设施遭受重创。因此，乡村民居和村落建筑的恢复建设能迅速启动乡村旅游；三是旅游村落环境最美。乡村建筑作为乡村景观的核心构成部分，直接决定乡村旅游区的旅游价值。灾后安民工程如果不具备审美价值和服务能力，只能解决村民的安置，而难以满足乡村旅游发展的需要，影响安民工程效益最大化。目前灾区的民居建筑单从安置补助标准看，难以达到发展乡村旅游所需要的接待面积和美化标准。

项目目标：各地可选择最适宜发展乡村旅游乡镇；通过村落的建设实现灾区居民的尽快安置、旅游业生产能力的迅速恢复并为未来的美丽乡村、富饶乡村奠定要素基础。

行业建议与要求：建设布局上"大分散，小聚居"；增加乡村民居建筑、院落、花园、绿化的面积；厨房、卫生间按星级农家乐标准配置；提高建筑的安全标准；保障村落建筑的个性化和多元化选择，避免城市化的倾向；增加乡村的公共性活动空间和公共性服务设施的配置，提升审美价值；合理规划建设乡村小道，通过道路的宽度、坡度、曲度、路面颜色、绿化方面的设计提升乡村道路审美价值；提升村落的绿化率与绿化审美价值。

项目主要内容：青城山—都江堰—彭州乡村旅游带，什邡—绵竹—安县乡村旅游带，江油李白文化乡村旅游带，青川白龙湖乡村旅游带，汶川三江农业生态旅游区，汉源花海果都乡村旅游区、龙泉山旅游带等。

项目建设时序：2008—2010年。

项目细项：45项，占总项目细项数的13.01%。

项目投资总额：443210万元，占重点项目总投资的5.28%，其中国家投资148510万元，占项目总投资的1.77%，社会投资294700万元，占项目总投资的3.51%。

加固项目投资：125700万元，占项目总投资的1.50%，其中国家投资77500万元，占0.92%，社会投资448200万元，占0.58%。

修复项目投资：270410万元，占项目总投资的3.22%，其中国家投资64410万元，占总投资的0.77%，社会投资206000万元，占总投资的2.45%。

新建项目投资：47100万元，占项目总投资的0.56%，其中国家投资6600万元，占0.08%，社会投资40500万元，占0.48%。

四、旅游城镇恢复重建项目

项目意义：旅游城镇是灾区的旅游集群区，是旅游经济区的要素支撑点，是区域经济的增长极。地震灾害前，许多城镇因规划建设中缺乏特色、旅游空间与旅游功能不完善以及建筑审美价值低等导致城镇旅游生产能力降低。通过城镇旅游恢复重建项目建设，促进城镇旅游功能的完善和旅游环境的再塑造，提升城镇的旅游生产能力。

项目目标：通过对旅游城镇的建设，实现城镇旅游功能完善、生产能力的恢复和城镇形象鲜明，其对旅游者的吸引力提升。

行业建议与要求：城镇文化应与地方民族民俗文化相结合；提高城镇的审美价值，城镇建筑风格的地域文化特征和建筑形式多元化相统一，提高城镇绿化率和绿化的美化水平，构建尺度宜人的城镇街巷体系；扩大和保护城镇的公共性开放空间，保留城镇的自然地貌特征；充分考虑城镇旅游设施的空间需求和项目建设用地规模；旅游城镇体系的构建中，强调多构建社区型小镇，包括休闲小镇、度假小镇、观光小镇等。参照国家旅游局《中国优秀旅游城市标准》和四川省旅游局发布的《四川省旅游城镇建设标准》（2008—04—16）建设特色小镇。

阿坝州的旅游城镇要突出羌藏文化风貌；黑水、理县和松潘建筑风貌以嘉绒藏族为主；茂县、汶川县城以羌族文化风貌为主；北川新县城突出羌族文化风貌；青川新县城以川北民居风貌为主；平武突出羌族和白马藏族风格；都江堰突出川西民居建筑风格；汉源突出汉代建筑风貌特征。

项目主要内容：成都市都江堰城区、青城山镇、龙门山镇、怀远镇、德阳城区、剑南镇、莹华镇、方亭镇、土门镇、白马关镇、绵阳江油市区、南坝镇、擂鼓镇、青莲镇、响岩镇、沉抗镇、广元市区、昭化镇、曾家镇、武连镇、东河镇、阿坝州杂谷脑镇、映秀镇、凤仪镇、雅安蜂桶寨镇、栗子坪镇、清溪镇等。

项目建设时序：2008—2010年。

项目细项：93项，占总项目细项数的26.88%。

项目投资总额：1833688万元，占重点项目总投资的21.85%，其中国家投资414320万元，占项目总投资的4.94%，社会投资1419368万元，占项目总投资的16.91%。

加固项目投资：359238万元，占项目总投资的4.28%，其中国家投资35850万元，占0.43%，社会投资323388万元，占3.85%。

修复项目投资：1086250万元，占项目总投资的12.94%，其中国家投资324630万元，占3.87%，社会投资761620万元，占9.07%。

新建项目投资：388200万元，占项目总投资的4.63%，其中国家投资53840万元，占0.65%，社会投资334360万元，占3.98%。

五、旅游应急救援项目：旅游安全应急救援系统建设项目

项目意义：旅游安全应急救援系统的建设，是以人为本理念在旅游项目建设中的具体体现，是旅游

现代化的标志，也是这次地震给予我们的经验教训，在本次地震灾区建立这一应急救援系统，对树立中国旅游和四川旅游的新形象，功莫大焉。

项目目标：经过三年的努力，初步建立起旅游应急救援系统。

项目内容：建立旅游安全预警系统，建立山地旅游救援系统，建设直升机停机坪、医疗网点、安全警示标牌，配备卫星电话、GPS 系统，建立一支省级旅游救援队伍，建设旅游远程监控系统、旅游应急通信项目、医疗急救站（点）体系、游客急救远程医疗协调项目。

项目建设时序：2008—2010 年。

项目细项：21 项，占总项目细项数的 6.07%。

项目投资总额：33080 万元，占重点项目总投资的 0.39%，其中国家投资 29430 万元，占项目总投资的 0.35%，社会投资 3650 万元，占项目总投资的 0.04%。

第四章 旅游市场恢复振兴项目

汶川地震使四川旅游遭受重创，四川旅游安全形象受损、境内外旅游业界和游客对四川旅游的信心遭受打击，到四川旅游的需求量同比下降了 90%。但全省旅游的基本面并没有改变，除受到地震影响的九环线、三国线、小西环线等旅游沿线的部分旅游基础设施和配套服务设施遭到较大程度损毁外，省内其他地区的景区、旅游线路产品和旅游配套设施仍然完好。尽快启动全省市场恢复项目，消除到四川旅游的安全顾虑，恢复中外游客的信心，增强灾区人民恢复重建的信心，增强旅游企业恢复生产的信心，增强投资商对四川旅游的投资信心，充分利用全世界对汶川地震的关注，提升四川旅游形象，是灾后恢复重建的另一重要内容。

一、市场恢复振兴三阶段

1. 第一阶段，2008 年下半年，消除潜在旅游者疑虑，增强来川旅游信心，开展"四川人游四川"活动，全面恢复性启动非灾区旅游，争取 2008 年下半年非灾区市场恢复超过震前 20%；轻灾区力争达到震前水平。树立"汶川地震百年不遇，四川旅游依然美丽"的安全旅游形象。

2. 第二阶段，2009 年，积极稳妥开展城市周边的乡村旅游，增强人气。配合逐步开放的灾区和轻灾区的旅游景区，稳步拓展境外省外市场，全面恢复四川旅游，使旅游发展水平达到或超过 2007 年水平，树立"天下四川有爱，熊猫故乡更美"的舒适旅游形象。

3. 第三阶段，2010 年及以后，旅游市场全方位恢复，逐渐推出震后形成的新资源和新产品，使灾区的旅游业成为主导产业，重塑"天下四川 熊猫故乡"的完美旅游形象。

二、启动恢复区域

1. 从 2008 年 6 月 15 日起全面启动恢复自贡、攀枝花、泸州、遂宁、内江、乐山、南充、宜宾、广安、达州、眉山、资阳、凉山 13 个市州旅游市场。

2. 从 2008 年 6 月 15 日起部分启动恢复成都除都江堰市、彭州市、崇州市、大邑县西岭雪山的旅游市场、巴中除光雾山桃园景区的旅游市场。

启动恢复雅安的碧峰峡、上里古镇、周公山温泉公园、蒙顶山等景区，甘孜州泸定、海螺沟、丹巴景区。

3. 从 2008 年 7 月起，巴中全面恢复启动旅游市场；德阳恢复启动除什邡和绵竹以外的旅游市场；绵阳恢复启动梓潼县七曲山大庙景区，两弹城景区，游仙区富乐山景区，中国工程物理研究院科技馆，仙海水利风景区，三台县云台观景区、潼川镇杜甫草堂及城周乡村旅游区，游仙区老龙山生态农业旅游示范点，涪城区小桥村农业旅游示范点，盐亭县乡村旅游点；部分恢复启动广元市除青川县、剑阁县剑门关、元坝区昭化古城、朝天区明月峡古栈道、四川天台国家森林公园外的旅游市场。

4. 其余重灾区，当前的主要任务是抗震救灾和安置受灾群众，还不具备接待旅游者的条件，旅游市场的恢复启动将按分类指导原则，分别不同情况分期、分批对外公布。

三、市场恢复主要项目

（一）调研和评估项目

项目意义：调研和评估是市场恢复的基础，也是市场振兴策略和计划的理论依据。

项目内容：聘请专业公司，对四川省的国内和入境客源市场进行抽样调查和综合分析，提出报告；聘请专业人员对四川旅游景区、城镇及线路的特种设施设备、接待设施设备、旅游服务和舒适度进行评估。

项目时序：2008年6月—2010年。

项目投资：1500万元。

（二）信心和形象恢复项目

项目意义：市场信心和形象是影响游客选择的驱动因素，重树旅游形象、恢复游客信心、激发消费欲望，是四川旅游市场恢复的关键所在。

项目内容：以"市场恢复启动、线路推出、灾区重建项目"等为主题的四川旅游专场新闻发布会；

制作以"千年峨眉、神游三星堆、荷塘蛙声、巍巍大佛、走马锦官城"等为主题的"四川旅游安全"访谈专题节目；

邀请全球有影响的媒体和中国旅游报、对口支援省（市）各种媒体到四川考察采风；

邀请主要客源国（地）主流媒体和旅行商到四川考察；

利用海内外网站宣传四川旅游恢复重建，消除信息不对称带来的负面影响。

项目时序：2008年6—12月。

项目投资：610万元。

（三）市场启动项目

项目意义：市场启动项目是市场恢复的开篇之作，关系到能否抓住机遇，实现市场恢复目标的全局。

项目内容：将四川主要线路分阶段纳入全国重点旅游线路向国内外推广。线路如下：

人类瑰宝—成（都）乐（山）世界遗产线路；

温暖的南国冰雪世界—四川冬季旅游线路；

新农村、新农民—青城山、都江堰、彭州等乡村旅游带；

海之韵—竹海、石海、酒海为主要内容的川南旅游线路；

童话世界·人间天堂—九（寨沟）黄（龙）线；

最后的净土—香格里拉旅游线；

三足鼎立今安在—三国文化旅游线；

萧瑟秋风今又是—汶川地震遗址旅游环线。

制作多语种的宣传品向驻外办事处、境外大旅行商、国外主要媒体和国内相关机构及公众派发。

举办"四川爱心之旅""四川舒心之旅""四川同心之旅"——汶川地震遗址环线旅游大型活动；参加中国国际、国内旅游交易会及各省市区举办的各类旅游活动。

支持和鼓励开展"四川人游四川"的活动；安排到18个对口援建四川灾区的省市促销；赴中国台湾、中国香港特别行政区、韩国、日本、新加坡、马来西亚、泰国、美国、德国等国家及地区的主要客源市场开展宣传促销活动。

邀请境内外名人、世界性的旅游组织、境内外主流媒体、境外主要客源地旅行商和国内百强旅行社每年2次连续3年到四川考察旅游线路，每次120人。

项目时序：2008—2010年。

项目投资：5000万元。

（四）资源整合开发项目

项目意义：围绕主题整合市场资源，能调动海内外一切力量，保持世界对中国特别是对四川的关注、关心、关爱的进程；有利于形成跨区域、跨国界的宣传推广力量，全面刺激对中国、四川的旅游需求愿望，形成强大的消费能力。

项目内容：四川旅游精品线路纳入国家旅游局驻海外办事处宣传项目；世界旅游业理事会（WTTC）、世界贸易组织（WTO）以及其他非政府组织（NGO）的年会或活动在四川举行；

"让我再看你一眼"——以地震遗址为背景的大型赈灾义演活动；

"藏羌碉楼，你还好吗"——申报世界文化遗产论坛；

对口支援的18个省市每年分别向四川输送1万名旅游者。

项目时序：2009—2010年。

项目投资：2700万元。

第五章 保障措施

一、组织保障

本规划应与国家发展和改革委员会、住房和城乡建设部、交通部、国土资源部、农业部、商务部、环保部、文化部等专项规划衔接协调，把项目、资金、政策落实到位。此外，应明确A级景区、乡村旅游、旅游公共服务设施的项目管理和组织实施的责任主体是各级政府的旅游行政管理部门。

二、资金保障

恢复重建重点项目可以通过财政投入、信贷、对口支援、社会募集、市场运作等多种方式筹集资金。投入到A级景区、乡村旅游、旅游公共服务设施的资金由两级旅游部门进行监管。

三、政策保障

按照《汶川地震灾后恢复重建条例》，保障汶川地震灾后恢复重建工作的有力、有序、有效地开展，从有利于国家产业布局和结构调整、有利于发挥灾区旅游资源优势、有利于灾区经济社会可持续发展出发，进一步加强对四川省受灾地区旅游产业的支持，把旅游产业作为四川省灾区恢复重建的先导产业和优势产业重点培育，现提出如下政策保障措施。

（一）政府投入

争取中央财政连续三年安排灾后旅游恢复重建资金的支持，重点用于受灾旅游企业（旅游景区、星级饭店、旅行社和旅游车公司）的经济补助，支持灾区主要旅游景区、旅游公共服务设施的恢复重建，扶持重点旅游地区的旅游应急救援系统建设、重大灾害后旅游公共服务设施恢复重建等。

对旅游企业、乡村旅游经营户恢复经营贷款贴息，支持灾区开展旅游整体形象宣传、旅游人才培训。

（二）税费政策

依据国家对灾后重建的有关政策，争取对重灾旅游企业税费减免或缓征。对在灾区开办"农家乐"的业主一次性给予政策补助，三年内实行免缴各种税费。

（三）金融政策

争取给予旅游企业、农业旅游经营户低息贷款等优惠政策。

（四）土地政策

充分利用灾后重建政策，保障灾后旅游业恢复重建新增用地，对没有永久建筑的旅游景区公共服务土地，按农林用地对待。

（五）对口支援

将旅游业恢复建设纳入省外对口帮扶工作重要内容。

四、人才保障

实施对口人才援助计划，鼓励全国人才对口支援灾区，特别是将对口人才援助纳入省外对口帮扶的重要内容。通过各种方式为灾区发展旅游业培养人才。

附录2 四川灾区主要高速公路受损情况一览表

	项目名称	路段路程（千米）	主要受损情况
在建高速公路	广元—棋盘关	59	7座桥梁和2座隧道受损
	广元—巴中	149	1处路基沉陷、垮塌，23处滑坡、崩塌，59座桥梁、8座隧道受损
	雅安—石棉	121	114处路基沉陷、垮塌，8处滑坡、崩塌，13座桥梁、2座隧道受损
	都江堰—映秀	26	10处路基沉陷、垮塌，10处滑坡、崩塌，35座桥梁、4座隧道受损，受损路段约20千米
	成都—绵阳	92	2处路基滑坡、崩塌，12座桥梁受损，受损路段0.4千米
已建成高速公路	绵阳—广元	228	53处路基沉陷、垮塌，128座桥梁、2座隧道受损，受损路段约3千米
	成都—邛崃	65	10座桥梁受损，受损路段约36千米
	成都—都江堰	40	61座桥梁受损，受损路段约21千米
	成都—彭州	21	7座桥梁受损，受损路段约21千米

附录3　四川灾区主要国省干线公路受损情况一览表

路线名称	里程（千米）	主要受损情况
国道108线	725	39万立方米/230处路基沉陷、垮塌，227万立方米/391处滑坡、崩塌，6203延米/92座抢粮、3521延米/5座隧道受损，受损路段约160千米，安全设施严重受损
国道212线	321	广元青川县、利州区段，30万立方米/265处路基沉陷、垮塌，3322延米/46座桥梁受损，影响公路里程165千米
国道213线	369	2.95亿立方米/6287处路基沉陷、垮塌，106.8万立方米/3482处滑坡、崩塌，11611延米/113座桥梁，8051延米/7座隧道受损，影响公路里程312千米
国道317线	266	7321万立方米/785处路基沉陷、垮塌，16.8万立方米/617处滑坡、崩塌，715延米/21座桥梁受损，影响公路里程133千米
国道318线	114	3.5万立方米/59处滑坡、崩塌，492延米/7座桥梁受损，影响公路31千米
省道101线	269	3.5万立方米/87处路基沉陷、垮塌，3.2万立方米/57处滑坡、崩塌，3551/44座桥梁、937米/1座隧道受损，影响公路里程53千米
省道105线	365	77万立方米/566处路基沉陷、垮塌，162万立方米/2547处滑坡，5315延米/91座桥梁、1996延米/2座隧道受损，影响公路里程226千米
省道106线	240	95万立方米/405处路基垮塌，907延米/14座桥梁受损，影响公路里程137千米
省道202线	112	2.7万立方米/13处路基坍塌，1473延米/18座桥梁受损，影响公路里程18千米
省道205线	422	35万立方米/82处路基垮塌、106.6万立方米/182处滑坡崩塌，1147延米/24座桥梁受损，影响公路里程131千米
省道210线	280	64万立方米/96处路基垮塌，1002延米/15座桥梁受损，影响公路里程139千米
省道211线	136	6.1万立方米路基沉陷垮塌，0.4万立方米滑坡，1208延米/9座桥梁受损，影响公路里程101千米
省道301线	212	1.5万立方米/33处路基沉陷垮塌，影响公路里程30千米
省道302线	606	4912万立方米/906处路基沉陷、垮塌，72万立方米/500处滑坡、垮塌，5537延米/128座桥梁，192延米/3座隧道受损，影响公路里程278千米
省道303线	219	188万立方米/53处路基沉陷、垮塌，1.7亿立方米/645处滑坡、垮塌，部分桥梁损毁，影响公路里程50千米
省道306线	55	7万立方米/42处路基沉陷、垮塌，912延米/5座桥梁，5069延米/5座隧道受损，影响公路里程6千米

附录4　广元市极重灾区和重灾区交通基础设施灾情统计表

灾区划分	地区	主要灾情	经济损失
极重灾区	青川县	公路滑坡塌方1120万立方米，损毁各级公路1826千米，桥梁157座5510延米、隧道2座2664延米、涵洞3132道，损毁客运站7个，码头39座，损毁养护设施44台（套）、道班房7800平方米、办公用房9730平方米，损毁防护工程140万立方米和80%以上安全设施	49.38亿元
重灾区	利州区	公路塌方59065立方米、沉陷188平方米、滑塌25545立方米，损毁公路1145.07千米、挡土墙15810立方米、桥梁127座5510延米、涵洞47道、边沟2.52万米、客运站点8个、码头7、护栏（坡）696米、标识标牌6块、道班房1.93万平方米	7.83亿元
重灾区	朝天区	损毁公路1457.951千米、桥梁79座3034.313延米、航道114千米、码头78座、客运站点3个、养护设备机具11套、道班房和办公用房等2.8万平方米	7.29亿元
重灾区	元坝区	损毁公路1159千米、桥梁56座1936.07米、客运站22个、航道60千米、码头8座、养护设备3台（套）、道班房及办公用房2.25万平方米	6.23亿元
重灾区	旺苍县	损毁公路1707千米、桥梁137座5113延米、客运站8个、码头4座、养护设施11台（套）、道班房及办公房1.74万平方米	6.14亿元
重灾区	剑阁县	损毁公路1499.08千米、桥梁193座6993延米、客运站17个、码头11座、治理超限超载点3处、道班房及办公用房6.42万平方米	9.18亿元
重灾区	苍溪县	损毁公路2182千米、桥梁99座4134延米、隧道2座260延米、客运站点12个、码头4座、道班房及办公用房8.82万平方米	6.9亿元

附录5　成都市极重灾区和重灾区交通基础设施灾情统计表

灾区分化	地区	主要灾情	经济损失
极重灾区	都江堰市	10条66.6千米公路严重损毁，246条700.23千米公路受损；损毁桥梁2座，受损桥梁158座；交通安全设施损毁率达40%；客运中心站严重损毁，客运、公交、出租车全部停运，10辆营运车被压毁；4座码头及虹口漂流停业；大量办公用房垮塌或受损	12.58亿元
极重灾区	彭州市	20个乡镇9条干线公路，147条农村公路受损，总里程达620千米；受损桥梁50座	7.6亿元
重灾区	崇州市	损毁道路约207千米，损毁桥梁18座、隧道1座，北部沿山乡镇及旅游千米遭到毁灭性破坏	7亿元
重灾区	大邑县	损毁道路约200千米，道路塌方150余处30万立方米，受损桥梁34座，部分办公用房及设备被毁	7亿元

附录6 德阳市极重灾区交通基础设施灾情统计表

地区	主要灾情	经济损失
绵竹市	国省干线（含经济干线）公路受损里程95千米，农村公路受损里程1371千米，其中县道205千米、乡道430千米、村道735.25千米，297座桥梁均受到不同程度损毁	46.57亿元
什邡市	受损公路82条980余千米，占全市公路总里程的82%，损毁桥梁46座2000余延米，其中2座垮塌、2座严重损毁；损毁隧道1座650延米；损毁标志（标牌）150余套、安保设施3万余米；损毁汽车站房5.9万平方米；养护道班房2.5万平方米	37.63亿元

附录7 阿坝州极重灾区和重灾区交通基础设施灾情统计表

灾区分化	地区	主要灾情	经济损失
极重灾区	汶川地区	270千米国省干线、1344千米农村公路、137座11927.196延米桥梁、7座8051.6延米隧道、1个县级客运站、29个农村客运站损毁	73.87亿元
极重灾区	茂县	107.4千米国道、84.4千米省道、26千米县道、123.7千米乡道以及1648.3千米村道公路路基、路面严重损毁，35座国省道桥梁、19座县乡道桥梁和104座村道桥梁全部损毁，对外交通全部中断，沦为"孤岛"	12.35亿元
重灾区	理县	127千米国道、906千米农村公路、70座1834延米桥梁、2个县级客运站、12个农村客运站被毁	23.35亿元
重灾区	小金县	806.7千米国省干线和县乡公路、27座1004.3延米桥梁以及大量道班房、安防工程、县乡客运站受损	6.65亿元
重灾区	黑水县	162千米省道、51.52千米县道、135.67千米乡道、769.1千米村道路基、路面、桥涵、防护设施等损毁严重，县境大部分公路因严重损毁而断道	3.38亿元
重灾区	松潘县	365.2千米国省干线和农村公路、10座桥梁、6个客运站、1.07万平方米道班房及办公楼、1座码头受损	3.67亿元
重灾区	九寨沟县	133千米国省干线公路、75.1千米县道、82.9千米乡道、187.8千米村道、40千米旅游专用道路受损，58座桥梁以及大量安保工程和站房损毁	3.07亿元

附录8 绵阳市极重灾区和重灾区交通基础设施灾情统计表

地区	主要灾情	经济损失
北川县	损毁各级公路1900千米、桥梁120座、隧道2座；损毁养护设施16台（套），道班房4950平方米；损毁客运站10个、码头4座；损毁大量办公建筑、车辆设备及客运车辆等	44.9896亿元
安县	损毁公路826.2千米，占全县公路总里程的54%；损毁桥梁254座，其中省道23座、县乡道114座、村道117座；损毁隧道1座；损毁县级客运站1个、农村客运站14个、招呼站24个；损毁渡口码头4座；损毁道班18个、养护设施及其他办公设施28套等	22.7936亿元
平武县	损毁公路1543千米、桥梁198座、隧道1座；损毁县级客运站1座、农村客运站10座；损毁码头4座；损毁道班房21座6720平方米、养护机械7台（套）等	35.5亿元
江油县	损毁公路716.566千米，占全市公路总里程的38.5%；损毁村道桥梁188座；损毁客运站场18个、招呼站16个；损毁水运码头4个；23个乡镇、258个建制村公路完全中断	17.9亿元

附录9　雅安市主要重灾区交通基础设施灾情统计表

地区	主要灾情	经济损失
宝兴县	国省干线公路受损里程125.99千米，农村公路受损里程496.6千米，其中县道74.2千米、村道367.2千米；8座桥梁不同程度损毁	3.327亿元
汉源县	国省干线公路受损里程118千米，农村公路受损里程575千米，其中县道70千米、村道505千米；20座桥梁不同程度损毁	6.36亿元

附录10 四川旅游业历年收入概况

四川旅游业历年收入如附图 10-1 所示。

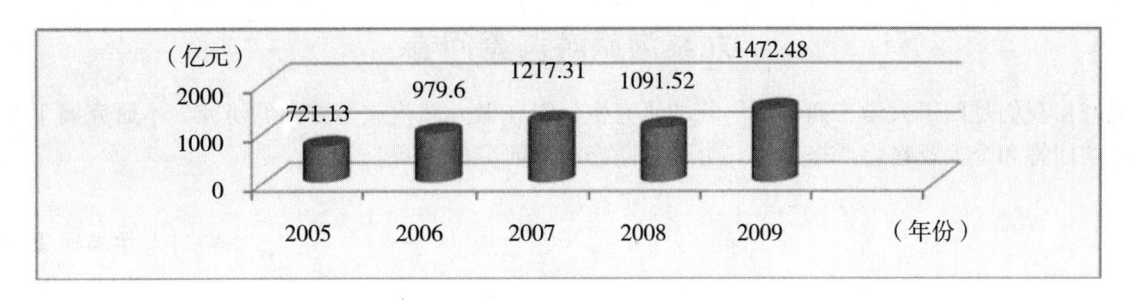

附图 10-1 四川旅游业历年收入

附录 11 九寨沟旅游调查问卷

问卷编号：

九寨沟旅游调查问卷

您好！我们是四川大学工商管理学院的研究生，正在做九寨沟旅游方面的研究。本研究属于学术研究，您的回答和个人资料将严格保密。十分感谢您对本研究的支持！

四川大学工商管理学院
2011 年 9 月

第一部分 前测题项

1. 请问，您知道九寨沟吗？　　　　　　（1）知道　　　　　（2）不知道
2. 请问，您想去九寨沟旅游吗？　　　　（1）有　　　　　　（2）没有

第二部分 九寨沟旅游意愿

下面是我们给出的一些场景描述，请您阅读完以下场景描述后根据您的真实想法给问题打分，分值从 -3 到 3，-3 表示您对表述十分不同意，3 表示您对表述十分同意，0 表示不确定。请在您选择的答案上画圈。

（一）假如，您计划去四川九寨沟旅游，突然发生了汶川地震，中断了您的行程。但地震中九寨沟景区基本完好，只是原线路要穿过灾区，且桥梁、公路被震毁。一段时间后，政府发布了九寨沟道路修复，安全通车的信息，并得知加固了沿途山体，还安排了维护和排险人员，您会去九寨沟旅游吗？

3.	我相信政府的信息是准确可靠的	-3	-2	-1	0	1	2	3
4.	我感觉这些措施能保证旅途安全	-3	-2	-1	0	1	2	3
5.	我愿意去九寨沟旅游	-3	-2	-1	0	1	2	3
6.	我会去九寨沟旅游	-3	-2	-1	0	1	2	3
7.	我会推荐其他人去九寨沟旅游	-3	-2	-1	0	1	2	3

问卷版本一：假如，您计划去四川九寨沟旅游，突然发生了汶川地震，中断了您的行程。但地震中九寨沟景区基本完好，只是原线路要穿过灾区，且桥梁、公路被震毁。恢复重建需要较长时间，您需要坐汽车绕道前往九寨沟旅游。绕道需要多花四个小时的时间，但仍是当天晚上到达。绕道不会多花费用，与地震前到达九寨沟的费用相同，您会去九寨沟旅游吗？

问卷版本二：假如，您计划去九寨沟旅游，突然发生了汶川地震，中断了您的行程。但是地震中九寨沟景区基本完好，只是原线路要穿过灾区，且桥梁、公路被震毁。恢复重建需要较长时间，您需要坐汽车绕道前往九寨沟旅游。原本是当天到达，但要延迟到第二天中午到达景区。绕道不会多花费用，与地震前到达九寨沟的费用相同，您会去九寨沟旅游吗？

8.	我感觉绕道四个小时是可以接受的	−3	−2	−1	0	1	2	3
9.	我愿意去九寨沟旅游	−3	−2	−1	0	1	2	3
10.	我会去九寨沟旅游	−3	−2	−1	0	1	2	3
11.	我会推荐其他人去九寨沟旅游	−3	−2	−1	0	1	2	3

接以上两个版本分别对应的第2题继续询问。如果绕道去九寨沟旅游的汽车团团费五折优惠，在此情况下：

12.	我感觉这个折扣优惠幅度大	−3	−2	−1	0	1	2	3
13.	我愿意去九寨沟旅游	−3	−2	−1	0	1	2	3
14.	我会去九寨沟旅游	−3	−2	−1	0	1	2	3
15.	我会推荐其他人去九寨沟旅游	−3	−2	−1	0	1	2	3

绕道沿线会经过一些地震遗址遗迹，可以停车留影，近距离参观，且不加收额外费用，在此情况下：

16.	我感觉地震遗迹对我有吸引力	−3	−2	−1	0	1	2	3
17.	我感觉这种安排增加了此次旅游的价值	−3	−2	−1	0	1	2	3
18.	我愿意去九寨沟旅游	−3	−2	−1	0	1	2	3
19.	我会去九寨沟旅游	−3	−2	−1	0	1	2	3
20.	我会推荐其他人去九寨沟旅游	−3	−2	−1	0	1	2	3

（二）假如，您计划去九寨沟旅游，突然发生了汶川地震，中断了您的行程。但是地震中九寨沟景区基本完好，只是原线路要穿过灾区，且桥梁、公路被震毁，恢复重建需要较长时间。您会选择乘坐飞机去九寨沟旅游吗？双飞团价格（3200元/人）是汽车团（800元/人）的四倍。

21.	我愿意选择乘坐飞机去九寨沟旅游	−3	−2	−1	0	1	2	3
22.	我会选择乘坐飞机去九寨沟旅游	−3	−2	−1	0	1	2	3
23.	我会推荐其他人选择乘坐飞机去九寨沟旅游	−3	−2	−1	0	1	2	3

问卷版本一：如果去九寨沟的双飞旅游团做活动，其团费是汽车团的两倍，您愿意去九寨沟旅游吗？

问卷版本二：如果有九寨沟旅游双飞团特价活动，双飞团费与汽车团团费相同，在此情况下，您愿意去九寨沟旅游吗？

24.	我感觉这个优惠幅度大	−3	−2	−1	0	1	2	3
25.	我愿意去九寨沟旅游	−3	−2	−1	0	1	2	3
26.	我会去九寨沟旅游	−3	−2	−1	0	1	2	3
27.	我会推荐其他人去九寨沟旅游	−3	−2	−1	0	1	2	3

	完全不了解					非常了解	
28. 请问，您了解汶川地震吗？ | 1 | 2 | 3 | 4 | 5 | 6 | 7

29. 请问，地震后您外出旅游过吗？　　　　　　（1）是　　　　　　（2）否

30. 请问，地震后您是否到四川境内的景区旅游过？　（1）是　　　　　　（2）否

31. 请问，您感觉在5·12地震中四川的受灾范围达到？
　　　10%　　20%　　30%　　40%　　50%　　60%　　70%　　80%　　90%　　100%

32. 我做出以上（第31题）的选择，是因为我感觉四川地震（可多选）：
（1）给当地人的心理造成了很大的创伤　　（2）经济损失大　　（3）伤亡惨重
（4）震级高　　　（5）恢复时间长　　（6）我亲身经历了　　（7）发生范围广
（8）其他（请注明）

第三部分　人口特征

请填写如下基本信息，我们将严格保密：

33. 请问您来自何省何市？

34. 2008年地震时，您是否在四川？　　　（1）是　　　（2）否

35. 您的性别是：
　　A. 男　　　B. 女

36. 您的年龄是：
　　A. 18~24岁　　B. 25~34岁　　C. 35~44岁　　D. 45~64岁　　E. 65岁及上

37. 您的学历是：
　　A. 小学及以下　　B. 初中　　C. 高中　　D. 大专　　E. 本科　　F. 研究生及以上

38. 您的职业是：
　　A. 公务员　　B. 企事业单位职员　　C. 自由职业者　　D. 个体　　E. 专业文教科技人员
　　F. 服务销售人员　　G. 工人　　H. 军人　　I. 农民　　J. 离退休人员　　K. 学生
　　L. 其他

39. 您的月生活费是：
　　A. 499元及以下　　B. 500元~999元　　C. 1000元~1499元　　D. 1500元~1999元
　　E. 2000元及以上

附录 12　价格敏感顾客旅游的意愿均值统计

价格敏感顾客旅游的意愿均值统计如附图 12-1 所示。

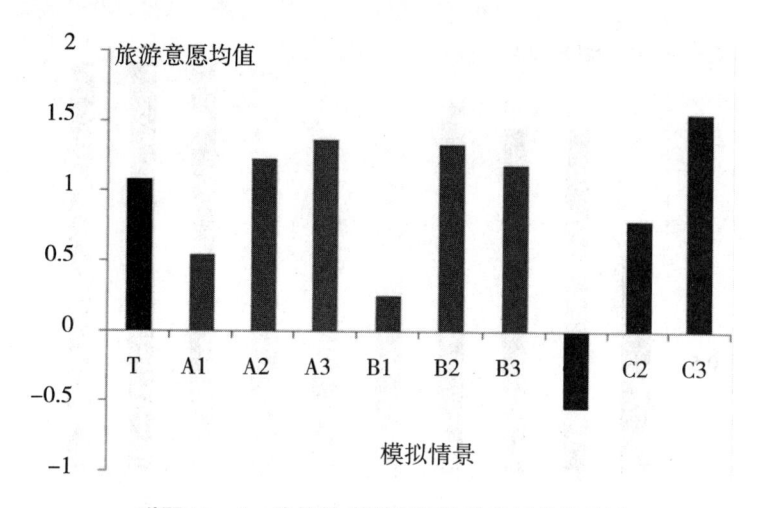

附图 12-1　价格敏感顾客旅游的意愿均值统计

附录13 价格非敏感顾客旅游的意愿均值统计

价格非敏感顾客旅游的意愿均值统计如附图13-1所示。

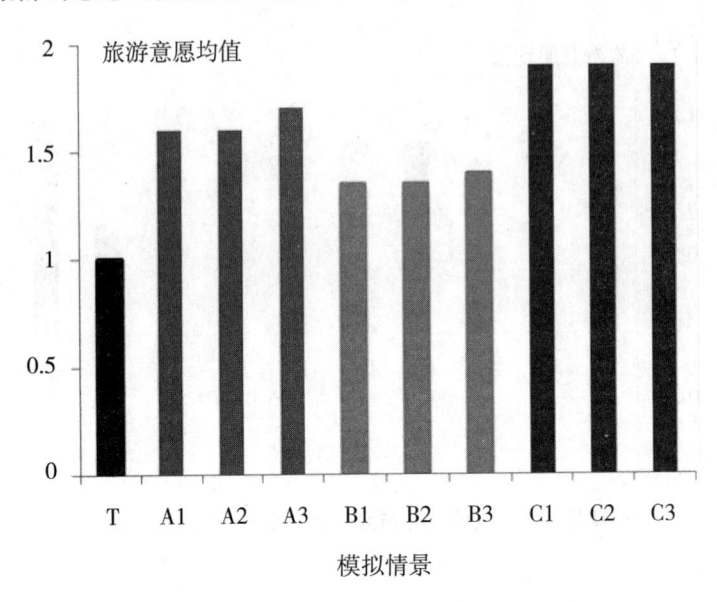

附图13-1 价格非敏感顾客旅游的意愿均值统计

附录14 不同假想基线情景下的顾客旅游意愿统计

不同假想基线情景下的顾客旅游意愿统计如附图14-1所示。

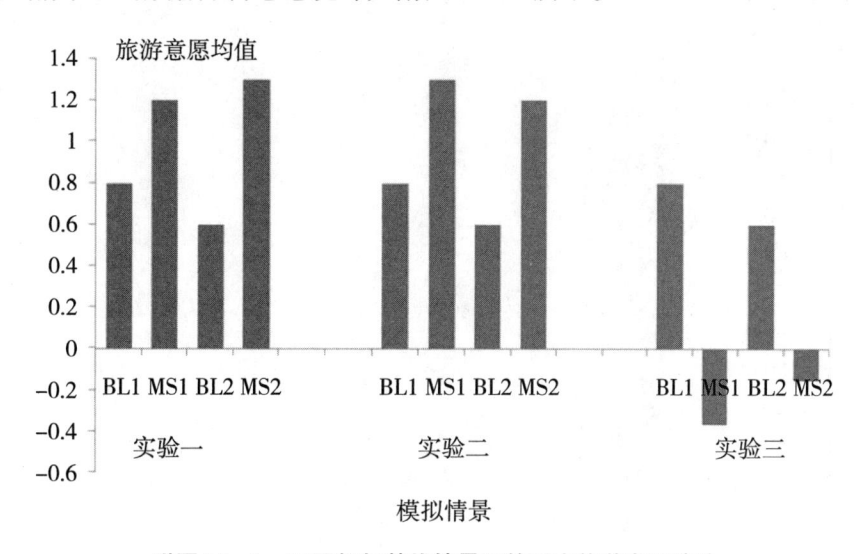

附图14-1 不同假想基线情景下的顾客旅游意愿统计

附录15 交通方式选择偏好改变的统计

交通方式选择偏好改变的统计如附图 15-1 所示。

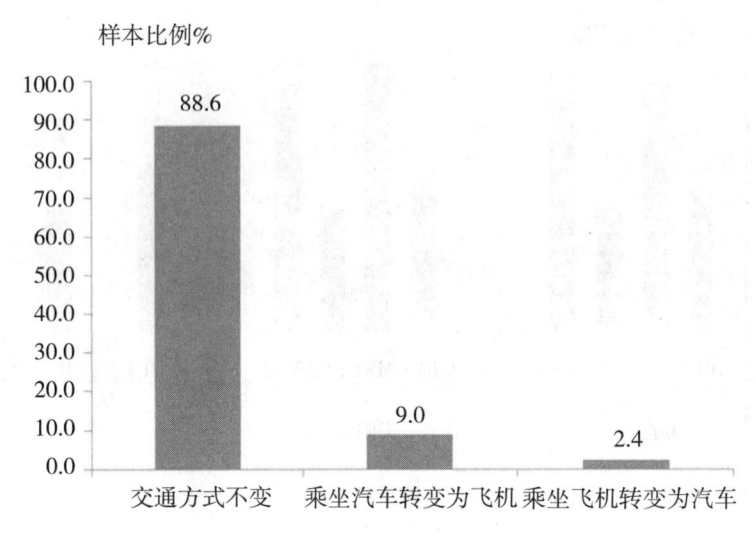

附图 15-1 交通方式选择偏好改变的统计

附录16　重大灾害后旅游意愿及其影响因素研究调查问卷

问卷编号：

重大灾害后旅游意愿及其影响因素研究调查问卷

尊敬的朋友：

汶川大地震给四川旅游带来了巨大冲击，作为旅游大省的四川，旅游市场恢复是灾后重建的重要组成部分。为了帮助四川旅游恢复，为未来重大灾难后的旅游恢复提供科学依据，我们需要了解您对于这场灾害的感受。请您帮助我们，如实填写这份问卷。该问卷仅用于学术讨论，所有收集的数据都将进行统一处理，我们保证您的回答将不会对您个人带来任何不利的影响，并且保证您的数据对第三方保密。

衷心感谢您为灾区重建与恢复做出的贡献！

四川大学灾后旅游恢复课题组

第一部分　目的地选择

汶川大地震使四川很多国际著名景区受到巨大破坏，如都江堰、卧龙、青城山等景区。没有遭到破坏的景区旅游也因为地震带来的次生灾害、交通问题或其他因素受到严重影响，如九寨沟、峨眉山等景区。地震形成的奇特地理现象及地震中体现出的人类精神还形成了新景区，如映秀、北川等遗址公园。请在具体序号上打钩。

1. 请您选择一个至少听说过的四川景区：
①都江堰　　②卧龙　　③青城山　　④九寨沟　　⑤峨眉山　　⑥映秀地震遗址公园
⑦北川地震遗址公园　　⑧其他_____（若答案中没有，请补充一个具体景区）

2. 请问您是否到过该景区？到过几次？（如果没到过，请选择0次，到过请选择具体次数）
　　①0次　　　②1~2次　　　③3次以上

第二部分　游客风险认知

请针对每个条目后面评价的具体内容，在每个条目后勾出您灾后到该景区旅行前，担心的各种因素的相应判断等级：

非常不同意	不同意	一般	比较同意	非常同意
1	2	3	4	5

3	我担心旅游时会发生滑坡造成人身伤害	1	2	3	4	5
4	我担心旅游时会发生泥石流造成人身伤害	1	2	3	4	5
5	我担心旅游时会发生余震造成人身伤害	1	2	3	4	5

续表

6	我担心地震造成的细菌及放射性物质扩散污染人畜生存环境，污染食物，进而威胁我的健康	1	2	3	4	5
7	我担心地震造成的有毒物泄漏会污染水体，导致生病	1	2	3	4	5
8	我担心地震后易发瘟疫，各种流行性疾病比其他时候更易传染，旅途中我会被传染	1	2	3	4	5
9	我担心此时到该景区旅游会不划算	1	2	3	4	5
10	我担心此时到该景区旅游所花的钱不值	1	2	3	4	5
11	我担心这趟旅行会对我的经济状况产生影响	1	2	3	4	5
12	我担心到该景区旅行，别人会认为我为了满足好奇心，不顾当地人灾后悲痛的感受	1	2	3	4	5
13	我担心到该景区旅行，别人会认为我幸灾乐祸	1	2	3	4	5
14	我担心到该景区旅行，别人会认为我到灾区取乐，对当地人和死伤者不尊重	1	2	3	4	5
15	我担心到该景区旅行会改变朋友对我的看法	1	2	3	4	5
16	我担心到该景区旅行不符合我的自我形象	1	2	3	4	5
17	我担心到该景区旅行将不能反映我的个性	1	2	3	4	5
18	我担心到该景区旅行会改变家人对我的看法	1	2	3	4	5
19	我担心到该景区旅行不符合我的社会地位	1	2	3	4	5
20	我担心由于地震带来的不确定因素，计划和准备该旅行会花费太多的时间	1	2	3	4	5
21	我担心由于地震造成的交通不便，旅行途中将会在交通工具上浪费太多时间	1	2	3	4	5
22	我担心由于地震带来的不确定因素，到该景区旅游会浪费不必要的时间	1	2	3	4	5
23	我担心地震造成的通信设施、互联网的破坏，会使我旅行时沟通不便	1	2	3	4	5
24	我担心由于地震造成的各种管线破坏，可能会导致大面积停水停电停气等情况，影响我在景区的基本生活	1	2	3	4	5
25	我担心地震造成的公路、铁路或机场损毁及震后容易发生的塌方事故，造成交通堵塞或中断，给我的旅行带来麻烦	1	2	3	4	5

续表

26	我担心由于地震带来的不确定因素,旅行后我可能会失望	1	2	3	4	5
27	我担心由于地震带来的不确定因素,这次旅行可能证明我的旅游目的地选择是错的	1	2	3	4	5
28	我担心由于地震带来的不确定因素,这次旅行可能达不到我的期望	1	2	3	4	5
29	到该景区旅行的想法使我体验到不必要的紧张感	1	2	3	4	5
30	到该景区旅行的想法使我感到不必要的担心	1	2	3	4	5
31	到该景区旅行的想法使我感到心理上的不舒服	1	2	3	4	5
32	我担心地震后一段时间的混乱,会使我在该地旅游过程中,成为犯罪分子盗窃的目标	1	2	3	4	5
33	我担心地震后一段时间的混乱,会使我在该地旅游过程中,成为犯罪分子抢劫的目标	1	2	3	4	5
34	我担心地震后该地区容易发生群体事件,造成旅行不便甚至影响人身安全	1	2	3	4	5

第三部分 目的地形象

请针对每个条目后面评价的具体内容,在每个条目后的括号内勾出您对该景区应该具有的目的地形象因素的判断程度:

非常不同意	不同意	一般	比较同意	非常同意
1	2	3	4	5

35	我认为该景区应该有美丽的风景	1	2	3	4	5
36	我认为该景区应该有很多绿色植被	1	2	3	4	5
37	我认为该景区应该有许多人文景观	1	2	3	4	5
38	景区内活动项目应该很丰富	1	2	3	4	5
39	景区内的活动可参与程度应该很高	1	2	3	4	5
40	我认为该景区应该有高质量的旅游服务设施	1	2	3	4	5
41	我认为该景区应该有高质量的交通服务设施	1	2	3	4	5
42	我认为该景区应该有高质量的旅游信息服务设施	1	2	3	4	5
43	我认为该景区应该有各种档次的中餐	1	2	3	4	5

续表

44	我认为该景区应该有口味好的特色餐饮	1	2	3	4	5
45	我认为该景区内饮食应该很方便	1	2	3	4	5
46	我认为该景区内应该很干净、整洁	1	2	3	4	5
47	我认为该景区应该可以提供好而干净的休息设施，如桌椅等	1	2	3	4	5
48	我认为该景区厕所应该很卫生	1	2	3	4	5
49	我认为该景区应该有很好的购物环境	1	2	3	4	5
50	我认为该景区的其他游客的行为应该很文明	1	2	3	4	5
51	我认为该景区的当地居民应该很友善	1	2	3	4	5
52	我认为景区内的收费应该很合理	1	2	3	4	5
53	我认为与该景区其他游客沟通我应该会感到很愉快	1	2	3	4	5
54	我认为景区的综合管理应该很好	1	2	3	4	5
55	我认为投诉该景区应该很方便	1	2	3	4	5

第四部分 熟悉度

56. 您对该景区有多熟悉？
　　（1-非常不熟悉　2-比较不熟悉　3--般　4-比较熟悉　5-非常熟悉）

57. 您对该景区有多感兴趣？
　　（1-非常不感兴趣　2-比较不感兴趣　3--般　4-比较感兴趣　5-非常感兴趣）

58. 您对该景区了解多少？
　　（1-非常不了解　2-比较不了解　3--般　4-比较了解　5-非常了解）

59. 请对您了解的该景区的旅游知识打分（5分为最高分）
　　（1　2　3　4　5）

60. 同其他人相比，请对您掌握的该景区的知识打分（5分为最高分）
　　（1　2　3　4　5）

第五部分 游客意愿

61. 如果我有时间有财力，我会在一年内到该景区旅游
　　（1-非常不同意　2-比较不同意　3--般　4-比较同意　5-非常同意）

62. 我会在一年内向亲朋好友推荐到该景区旅游
　　（1-非常不同意　2-比较不同意　3--般　4-比较同意　5-非常同意）

63. 如果我有时间有财力，一年之内亲朋好友如提议到四川景区旅游，我会积极响应
　　（1-非常不同意　2-比较不同意　3--般　4-比较同意　5-非常同意）

第六部分 人口统计特征

64. 您的性别：①男　　②女

65. 您的所在地：（　　　）省（/直辖市）（　　　）市（/区）
66. 您的年龄：　①18~25岁　②26~30岁　③31~40岁　④41~50岁
　　⑤51~60岁　⑥61岁以上
67. 您的文化程度：①小学及以下　②初中　③高中或中专　④大专或本科　⑤本科以上
68. 您的年收入：①2万元以下　②2万元~5万元　③5万元~10万元　④10万元~15万元
　　⑤15万元~20万元　⑥20万元以上
69. 您的职业：①农民　②企业职员　③教师　④公务员或事业单位人员　⑤个体经营者　⑥军人
　　⑦学生　⑧其他
70. 请问您多久到外地过夜旅游一次：①一年三次及以上　②一年两次　③一年一次
　　④几年一次　⑤好多年没旅游了
71. 近年来，您个人年平均花费在到外地过夜旅游上的费用是
　　①无　②2000元及以下　③2000元~5000元（含5000元）　④5000元以上

参考文献

参考文献

[1] 艾运盛. 武夷山国家风景名胜区游憩效益的评价 [J]. 北京林业大学学报, 1996, 18 (3): 89-97.
[2] 安辉, 付蓉. 影响旅游者主观风险认知的因素及对旅游危机管理的启示 [J]. 浙江学刊, 2005 (1): 196-200.
[3] 白凯, 马耀峰, 李天顺, 等. 西安入境旅游者认知和感知价值与行为意图 [J]. 地理学报, 2010, 65 (2): 244-255.
[4] 白凯, 马耀峰, 李天顺. 北京市入境游客感知行为研究 [J]. 消费经济, 2005 (6): 63-67.
[5] 白凯, 马耀峰, 李天顺. 旅华法国游客认知及偏好行为研究 [J]. 经济纵横, 2005 (11): 18-21.
[6] 白凯, 马耀峰, 周忠学. 入境游客消费决策行为影响研究——以北京市为例 [J]. 北京社会科学, 2005 (3): 66-71.
[7] 白琳. 顾客感知价值驱动因素识别与评价方法研究——以手机为例 [D]. 南京: 南京航空航天大学, 2007.
[8] 白长虹, 武永红. 基于顾客关系的价值创新途径研究 [J]. 科学学与科学技术管理, 2002 (12): 86-90.
[9] 宝贡敏, 杨静. 企业技术管理在技术创新中的角色——基于浙江省企业的研究 [J]. 科学学研究, 2004, 22 (5): 546-551.
[10] 保继刚, 等. 旅游开发研究——原理、方法、实践 [M]. 北京: 科学出版社, 1996.
[11] 保罗. A. 萨缪尔森. 经济学 [M]. 12版. 北京: 中国发展出版社, 1992.
[12] 鲍勇剑, 陈百助. 危机管理——当最坏的情况发生时 [M]. 上海: 复旦大学出版社, 2003: 4.
[13] 卞显红, 张树夫. 应用有利形象模式衡量旅游目的地形象研究——以西安市与上海市为例 [J]. 人文地理, 2005 (1): 62-67.
[14] 卞显红. 旅游目的地形象、质量、满意度及其购后行为相互关系研究 [J]. 华东经济管理, 2005, 19 (1): 84-88.
[15] 蔡春光. 条件价值评估法研究居民改善空气质量需求 [J]. 上海环境科学, 2009, 28 (6): 238-274.
[16] 蔡竞编. 地方政府应急管理论纲 [M]. 北京: 科学出版社, 2010.
[17] 曹辉, 兰思仁. 福州国家森林公园森林景观游憩效益评价 [J]. 林业经济问题, 2001, 21 (5): 296-298.
[18] 曹诗图, 郑宇飞, 黄蓉. 旅游概念的哲学辨析 [J]. 地理与地理信息科学, 2006 (4): 71-74.
[19] 曹媛, 吕建中. 关于饭店业实施危机管理程序的思考 [J]. 技术经济与管理研究, 2004 (6): 96.
[20] 岑仲勉. 黄河变迁史 [M]. 北京: 人民出版社, 1957: 582-586.
[21] 曾本祥, R. W. (Bill) Carter T. De Lacy. 短期事件对旅游的影响: 以中国SARS危机为例 [J]. 桂林旅游高等专科学校学报, 2005 (4): 30-39.
[22] 曾明华. 关于机会成本的几点认识 [J]. 漳州师院学报, 1998, (3): 68-71.

[23] 柴寿升, 曹艳梅, 龙春凤. 国内旅游危机管理研究综述 [J]. 青岛酒店管理职业技术学院学报, 2011 (3): 6-11.

[24] 常荆莎, 严汉民. 浅谈机会成本概念的内涵和外延 [J]. 石家庄经济学院学报, 1998, 21 (3): 257-262.

[25] 陈传康, 等. 神仙世界与泰山文化旅游城的形象策划 [J]. 旅游学刊, 1996 (1).

[26] 陈海, 康慕谊. 森林旅游资源价值核算研究进展 [J]. 资源科学, 2003, 25 (3): 104-111.

[27] 陈海波. 顾客感知价值视角的旅游者重游意愿调查——以凤凰古城为例 [D]. 长沙: 湖南师范大学, 2010.

[28] 陈淮莉, 张洁, 马登哲. 基于成本和时间平衡优化的供应链协同计划研究 [J]. 计算机集成制造系统, 2004 (12): 1518-1522.

[29] 陈进忠, 陈红涛. 四川旅游资源学 [M]. 四川: 西南交通大学出版社, 2010.

[30] 陈琳, 欧阳志云, 王效科, 等. 条件价值评估法在非市场价值评估中的应用 [J]. 生态学报, 2006, 26 (2): 610-619.

[31] 陈平留, 郑德祥. 林木资产评估中的重置成本法的研究 [J]. 华东森林经理, 1999 (13): 25-28.

[32] 陈文君. 我国旅游景区的主要危机及危机管理初探 [J]. 旅游学刊, 2005 (6): 65-66.

[33] 陈小平. 顾客资产份额研究 [J]. 经济管理·新管理, 2002 (18): 31-35.

[34] 陈晓锋. 锚定分红下的投资者异质信念与 ARCH 效应 [J]. 福州大学学报, 2008 (2): 43-46.

[35] 陈新跃, 杨德礼. 基于顾客价值的消费者购买决策模型 [J]. 管理科学, 2003, 16 (2): 59-62.

[36] 陈鑫连, 傅征祥. 十年尺度中国地震灾害损失预测研究 [M]. 北京: 地震出版社, 1995: 1-106.

[37] 陈娅玲, 马耀峰. 基于旅游市场调查的游客旅游体验研究——以桂林市为例 [J]. 西北农林科技大学学报 (社会科学版), 2006 (2): 102-106.

[38] 陈正昌. 多变量分析方法: 统计软件应用 [M]. 北京: 中国税务出版社, 2005: 223-224.

[39] 成海清. 顾客价值驱动因素剖析 [J]. 软科学, 2007, 21 (2): 48-59.

[40] 程金龙, 吴国清. 我国旅游形象研究的回顾与展望 [J]. 旅游学刊, 2004 (2): 92-96.

[41] 程圩, 隋丽娜. 旅游形象感知模型及其应用研究 [J]. 旅游科学, 2006 (21): 7-12.

[42] 初兆娴, 韩泽治. 影子工程法计算矿山生态经济损失 [J]. 黑龙江环境通报, 2010, 34 (3): 87-88.

[43] 崔松. 时间成本研究 [D]. 武汉: 华中科技大学, 2007.

[44] 戴广翠. 对森林游憩价值经济评估的研究 [J]. 林业经济, 1998 (2): 65-74.

[45] 邓冰, 吴必虎, 蔡利平. 国内外旅游业危机管理研究综述 [J]. 旅游科学, 2004, 18 (1): 1-8.

[46] 丁辉. 论突发事件与应急机制 [J]. 安全, 2003 (增刊): 12.

[47] 董大海, 权晓研, 曲晓飞. 顾客价值及其构成 [N]. 大连理工大学学报, 1999 (2): 18-20.

[48] 董长贵, 邬亮, 王海滨. 基于条件价值评估法的北京密云水库生态价值评估 [J]. 安徽农业科学, 2008, 36 (33): 14707-14709.

[49] 董志勇. 行为经济学 [M]. 北京: 北京大学出版社, 2008.

[50] 范海军. 自然灾害链式效应结构理论及其应用研究 [D]. 重庆: 重庆交通大学, 2006.

[51] 范秀成, 罗海成. 基于顾客感知价值的服务企业竞争力探析 [J]. 南开管理评论, 2003 (6):

41-45.

[52] 冯建英, 穆维松, 傅泽田. 消费者的购买意愿研究综述 [J]. 现代管理科学, 2006 (11): 7-9.
[53] 冯俊, 孙东川. 资源环境价值评估方法述评 [J]. 财会通讯, 2009 (9): 138-139.
[54] 付秋芳, 马士华, 林勇. 基于时间竞争的即时顾客化定制供应链管理模式研究 [J]. 企业经济, 2005 (2): 37-38.
[55] 高庆华, 张业成, 苏桂武. 自然灾害风险初议 [J]. 地球学报, 1999, 20 (1): 81-86.
[56] 高鑫, 解建仓, 汪妮等. 基于物元分析与替代市场法的水资源价值量核算研究 [J]. 西北农林科技大学学报（自然科学版）. 2012, 40 (5): 224-230.
[57] 谷明. 大连城市旅游形象定位及整体策划 [J]. 旅游学刊, 2000 (5).
[58] 郭伟, 陆旸. 目的地居民对旅游影响的感知研究综述 [J]. 燕山大学学报（哲学社会科学版）, 2005 (4): 89-92.
[59] 郭英之, 姜静娴, 李雷, 等. 旅游发展对中国旅游成熟目的地居民生活质量影响的感知研究 [J]. 旅游科学, 2007 (2): 23-28.
[60] 郭英之. 旅游感知形象研究综述 [J]. 经济地理, 2003 (2): 280-284.
[61] 国家科委国家计委国家经贸委自然灾害综合研究组. 中国自然灾害区划研究进展 [M]. 北京: 海洋出版社, 1998: 110-136.
[62] 国家科委全国重大自然灾害综合研究组. 中国重大自然灾害及减灾对策（总论）[M]. 北京: 科学出版社, 1994: 5-7.
[63] 韩美清, 王路光, 韩灵灵, 等. 基于影子工程法和影子价格法的河北省水环境污染经济损失研究 [J]. 中国水运, 2009, 9 (2): 76-78.
[64] 韩睿. 基于消费者感知的价格促销策略研究 [D]. 华中科技大学, 2005.
[65] 韩笑飞. 旅游业危机管理研究 [D]. 武汉: 华中师范大学, 2006.
[66] 郝鑫萍. 旅游景区的危机管理浅析 [J]. 山西科技, 2004 (4): 221.
[67] 何德炬, 方金武. 市场价值法在环境经济效益分析中的应用 [J]. 安徽工程科技学院学报, 2008, 23 (1): 68-70.
[68] 何炼. 基于消费者感知的价格促销策略研究 [D]. 成都: 西南交通大学, 2008.
[69] 贺桂珍, 吕永龙, 王晓龙, 等. 应用条件价值评估法对无锡市五里湖综合治理的评价 [J]. 生态学报, 2007, 27 (1): 270-280.
[70] 亨利·阿塞尔（Henry Assael）. 消费者行为和营销策略 [M]. 韩德昌, 等译. 6版. 北京: 机械工业出版社, 2000.
[71] 侯国林. SARS型旅游业危机及危机后旅游业发展新思维 [J]. 南京师大学报（自然科学版）, 2004, 27 (3): 31-39.
[72] 侯国林. SARS型旅游业危机及危机后旅游业发展新思维 [J]. 南京师大学报（自然科学版）, 2004, 27 (3): 97-100.
[73] 侯国林. 旅游危机: 类型、影响机制及管理模式 [J]. 南开管理评论, 2005 (1): 79.
[74] 侯杰泰, 温忠麟, 成子娟. 结构方程模型及其应用 [M]. 北京: 教育科学出版社, 2004: 87.
[75] 侯杰泰, 温忠麟, 成子娟. 结构方程模型及其应用 [M]. 北京: 教育科学出版社, 2004: 125-127.
[76] 花海燕, 刘世明, 李蔚. 严重自然灾害地景区游客流失原因和旅游意愿关系研究——以汶川地震后四川旅游为例 [J]. 海南大学学报（人文社会科学版）, 2010, 28 (4): 75-81.

[77] 黄芳铭. 结构方程模式: 理论及应用 [M]. 北京: 中国税务出版社, 2005: 88.
[78] 黄胜兵, 卢泰宏. 品牌个性维度的本土化研究 [J]. 南开管理评论, 2003 (1): 4-9.
[79] 黄震方, 李想, 高宇轩. 旅游目的地形象的测量与分析——以南京为例 [J]. 南开管理评论, 2002 (3): 69-73.
[80] 黄震方, 李想. 旅游目的地形象的认知与推广模式 [J]. 旅游学刊, 2002 (3): 65-70.
[81] 霍特哈克. 家政开支结构的国际比较——纪念恩格尔法则一百周年 [J]. 计量经济学杂志, 1957 (25).
[82] 纪峰, 梁文玲. 我国饭店企业顾客价值实证研究 [J]. 旅游学刊, 2007, 22 (9): 23-28.
[83] 江东权. 试论我国旅游企业的危机意识和风险管理 [J]. 经济师, 2004 (9): 1371.
[84] 姜奇平. 锚定的价值取向 [J]. 互联网周刊, 2004, 11.
[85] 蒋水心. 水资源价值量的实用计算方法 [J]. 水利经济, 2001 (3): 43-49.
[86] 焦扬, 敖长林. CVM方法在生态环境价值评估应用中的研究进展 [J]. 东北农业大学学报, 2008, 39 (5): 131-136.
[87] 杰格迪什·N. 谢斯, 本瓦利·米托. 消费者行为学管理视角 [M]. 罗立彬, 译. 2版. 北京: 机械工业出版社, 2004: 153-154.
[88] 解杼, 张捷, 刘泽华, 等. 旅游者入游感知距离与旅游空间行为研究——以江西省龙虎山为例 [J]. 安徽师范大学学报 (自然科学版), 2003 (4): 396-400.
[89] 金建军, 王志石. 条件价值法在澳门固体废弃物管理经济价值评估中的比较研究 [J]. 地球科学进展, 2006, 21 (6): 605-609.
[90] 金建君, 王志石. 选择试验模型法在澳门固体废弃物管理中的应用 [J]. 环境科学, 2006, 27 (4): 820-825.
[91] 亢新刚. 芦芽山自然保护区的森林旅游价值评估 [J]. 北京林业大学学报, 2001, 23 (3): 60-63.
[92] 科技部国家计委国家经贸委灾害综合研究组. 灾害·社会·减灾·发展 [M]. 北京: 气象出版社, 2000: 1-228.
[93] 黎洁, 吕镇. 论旅游目的地形象与旅游目的地形象战略 [J]. 商业经济管理, 1996 (6): 62-65.
[94] 李丹. 危机传播应对的方法论研究 [J]. 现代视, 2006 (9): 7-10.
[95] 李飞, 黄耀丽, 郑坚强, 李凡. 旅游目的地形象测量方法研究进展与评述 [J]. 江苏商论, 2005 (11): 91-93.
[96] 李宏. 对旅游目的地形象概念的两种理解 [J]. 旅游学刊, 2006 (6): 9.
[97] 李宏. 旅游目的地形象测量的内容与工具研究 [J]. 人文地理, 2007 (2).
[98] 李华生, 徐慧, 彭补拙. 两种统计分析模型在CVM应用中的比较研究 [J]. 地理科学, 2007, 27 (1): 115-120.
[99] 李怀恩, 谢元博, 史淑娟, 等. 基于防护成本法的水源区生态补偿量研究——以南水北调中线工程水源区为例 [J]. 西北大学学报, 2009, 39 (5): 875-878.
[100] 李九全, 李开宇, 张艳芳. 旅游危机事件与旅游业危机管理 [J]. 人文地理. 2003 (6): 35-39.
[101] 李君轶, 马耀峰. 我国入境游客旅游认知分析研究 [J]. 社会科学家, 2005 (1): 144-146.
[102] 李蕾蕾. 旅游地形象策划: 理论与实务 [M]. 广州: 广东旅游出版社, 1999.

[103] 李蕾蕾. 旅游目的地形象的空间认知过程与规律 [J]. 地理科学, 2000 (6): 563-568.
[104] 李树民, 温秀. 论我国旅游业突发性危机预警机制建构 [J]. 西北大学学报 (哲学社会科学版), 2004 (9): 45.
[105] 李巍, 李文军. 用改进的旅行费用法评估九寨沟的游憩价值 [J]. 北京大学学报 (自然科学版), 2003, 39 (4): 548-555.
[106] 李巍, 张树夫. 旅游地形象的认知与构建 [J]. 资源开发与市场, 2002 (6): 27-30.
[107] 李卫华, 赵振斌, 李艳花. 古村落旅游地居民综合感知及差异分析——以陕西韩城党家村为例 [J]. 旅游科学, 2006 (6): 52-58.
[108] 李蔚, 刘世明, 刘晓彬. 论灾害遗址地旅游资源开发研究—以汶川大地震旅游环线设计为例 [J]. 海南大学学报 (人文社会科学版), 2009, 27 (1): 74-78.
[109] 李文海, 周原. 灾荒与饥馑 [M]. 北京: 高等教育出版社, 1991: 4-6.
[110] 梁雪松, 马耀峰, 李天顺. 入境游客对旅游服务质量感知评价的分析研究 [J]. 生产力研究, 2006 (4): 107-108.
[111] 廖卫华. 旅游地形象构成与测量方法 [J]. 江苏商论, 2005 (1): 140-142.
[112] 林逢春, 陈静. 条件价值评估法在上海城市轨道交通社会效益评估中的应用研究 [J]. 华东师范大学学报 (哲学社会科学版), 2005, 37 (1): 48-53.
[113] 林国雄. "货比三家"与收益资本化法——房地产基金收购项目的定价问题 [J]. 中国房地产报, 2006 (15).
[114] 林建煌. 消费者行为 [M]. 北京: 北京大学出版社, 2004: 40.
[115] 林聚任, 刘玉安. 社会科学研究方法 [M]. 济南: 山东人民出版社, 2004: 88-91.
[116] 林炎. 旅游形象设计: 我国旅游城市面临的新课题 [J]. 北京第二外国语学院学报, 1995 (3).
[117] 刘晨晔. 论休闲经济研究的理论经济学意义 [J]. 旅游学刊, 2006 (10): 20-25.
[118] 刘春济, 高静. 基于风险认知概念模型的旅游风险认知分析——以上海市民为例 [J]. 旅游科学, 2008 (5).
[119] 刘德艳. 旅游危机管理 [M]. 上海: 上海人民出版社, 2010: 5.
[120] 刘芳, 乜堪雄. 基于价值营销理念的旅行社合作营销模式探讨 [J]. 市场营销导刊, 2008 (6): 65-69.
[121] 刘锋. 旅游地灾害风险管理初探 [J]. 首届全国灾害风险评估研讨会论文集, 1999: 413.
[122] 刘刚. 危机管理 [M]. 北京: 中国经济出版社, 2004: 1.
[123] 刘合友, 冷明月. 顾客感知价值导向的服务企业核心竞争力的构建 [J]. 黑龙江对外贸易, 2006 (9): 68-74.
[124] 刘敬严. 顾客感知价值决定要因关系质量的影响研究 [J]. 软科学, 2008 (5): 18-22.
[125] 刘开榜. 改革开放30年四川省旅游业实现历史性大跨越 [J]. 西华大学学报 (哲学社会科学版), 2008, 27 (4): 26-29.
[126] 刘丽, 陆林, 陈浩. 基于目的地形象理论的旅游危机管理——以中国四川地震为例 [J]. 旅游学刊, 2009, 24 (10): 26-31.
[127] 刘睿文, 吴殿廷, 肖星, 雷引周. 旅游形象认知的时间顺序对旅游目的地形象认知的影响研究——以银川沙湖与榆林红碱淖为例 [J]. 经济地理, 2006 (1): 145-150.
[128] 刘睿智, 丁远丙. 上市公司高管薪酬的"锚定"效应 [J]. 财会通讯, 2009 (6): 114-116.

[129] 刘世明, 李蔚, 刘晓彬. 灾害遗址地旅游资源开发研究——以汶川大地震旅游环线设计为例 [J]. 海南大学学报 (人文社会科学版), 2009, 7 (1): 74-78.

[130] 刘世明, 尚玮, 李蔚. 论旅游规划中营销概念设计——基于汶川地震震中映秀镇的案例 [J]. 海南大学学报 (人文社会科学版), 2009, 27 (4): 429-433.

[131] 刘亚萍, 廖蓓, 金建湘. 广西巴马盘阳河沿岸长寿资源的游憩价值评价——基于修正的区域旅行费用法 [J]. 资源科学, 2012 (5).

[132] 刘亚琴. 股价会受股票名称影响吗?——基于行为金融学的调查研究 [J]. 南开经济研究, 2008 (1): 45-56.

[133] 刘燕霞. 旅游者情绪与认知的可控性研究 [J]. 天津市工会管理干部学院学报, 2004 (3): 37-39.

[134] 陆鼎煌, 吴章文. 张家界国家森林公园效益的研究 [J]. 中南林学院学报, 1985, 5 (2): 160-170.

[135] 陆剑清. 现代投资心理学 [M]. 北京: 首都经济贸易大学出版社, 2009.

[136] 陆林, 焦华富. 山岳旅游者感知行为研究——黄山、庐山实证分析 [J]. 北京大学学报 (哲学社会科学版), 1996 (3): 41-46.

[137] 罗伯特·F. 德威利斯. 量表编制: 理论与应用 [M]. 魏勇刚, 等译. 重庆: 重庆大学出版社, 2004: 104-109.

[138] 罗伯特·希斯. 危机管理 [M]. 北京: 中信出版社, 2001: 18-19.

[139] 罗关娟, 郑向敏, 沈慧娴. 解读旅游危机的类型与特征 [J]. 昆明大学学报, 2008, 19 (2): 59-63.

[140] 罗海青. 顾客价值感知要素实证研究 [D]. 杭州: 浙江大学, 2003: 22-23.

[141] 罗杰·珀曼. 自然资源与环境经济学 [M]. 侯元兆译. 2版. 北京: 中国经济出版社, 2002.

[142] 罗美娟, 郑向敏, 沈慧娴. 解读旅游危机的类型与特征 [J]. 昆明大学学报, 2008, 19 (2): 59-63.

[143] 罗子明. 顾客时间满意度 [J]. 商业研究, 2002 (11): 27-29.

[144] 马爱慧, 蔡银莺, 张安录. 基于选择实验法的耕地生态补偿额度测算 [J]. 自然资源学报, 2012, 27 (7): 1154-1163.

[145] 马骏, 沙润. 论旅游业危机管理体系的构建 [J]. 经济师, 2004 (6): 120-121.

[146] 马丽君, 孙根年, 等. 汶川地震对四川及周边省区旅游业的影响 [J]. 中国人口·资源与环境, 2010, 20 (3): 168-174.

[147] 马琳. 我国危机管理研究述评 [J]. 公共管理学报, 2005, 2 (1): 84-90.

[148] 马秋芳, 杨新军, 康俊香. 传统旅游城市入境游客满意度评价及其期望——感知特征差异分析——以西安欧美游客为例 [J]. 旅游学刊, 2006 (2): 30-35.

[149] 马耀峰, 张佑印, 梁雪松. 旅游服务感知评价模型的实证研究 [J]. 人文地理, 2006 (1): 25-28.

[150] 马勇, 刘卓林. 基于顾客价值的顾客感知服务质量研究 [J]. Market Weekly Economics, 2004 (12): 92-93.

[151] 马勇, 王宏坤. 基于全价值链的我国旅游地产投资策略研究 [J]. 商业研究, 2011 (10): 208-211.

[152] 马玉波, 陈荣秋. 价值创造领域内的产品/服务价值的内涵研究 [J], 价值工程, 2003 (3):

20-22.
- [153] 马中. 环境与资源经济学概论 [M]. 北京：高等教育出版社, 1999.
- [154] 马宗晋, 李闽锋. 自然灾害评估、灾度和对策 [A] //中国科学技术协会学会工作部. 中国减轻自然灾害研究. 北京：中国科学技术出版社, 1990: 11-19.
- [155] 迈克尔·R. 所罗门, 卢泰宏. 消费者行为学 [M]. 6版. 中国版. 北京：电子工业大学出版社, 2006: 220.
- [156] 聂高众, 高建国, 马宗晋, 等. 中国的地震灾害风险评估 [J]. 自然灾害学报, 2002, 11 (1): 68-70.
- [157] 聂献忠. 旅游形象建设与都市旅游业发展——以香港、上海为例 [J]. 城市规划汇刊, 1998 (1).
- [158] 欧根·冯·庞巴维克. 资本实证论（译本）[M]. 北京：商务印书馆, 1997.
- [159] 彭耽龄. 普通心理学 [M]. 北京：北京师范大学出版社, 1997: 277-280.
- [160] 彭新育. 评价旅游景点经济价值的数学模型 [J]. 经济地理, 2002, 20 (4): 109-113.
- [161] 皮亚杰. 发生认识论原理 [M]. 北京：商务印书馆, 1981: 1-7.
- [162] 平文艺. 汶川大地震后四川旅游目的地建设战略研究 [M]. 成都：四川科学技术出版社, 2008.
- [163] 钱紫华, 陈晓键. 华山客源市场结构和游客行为调查分析 [J]. 干旱区资源与环境, 2004 (6): 118-122.
- [164] 邱扶东, 吴明证. 认知方式与消极情绪对旅游决策影响的实验研究 [J]. 心理科学, 2005 (5): 112-114.
- [165] 屈海林, 邱汉琴. 香港都市旅游的形象及竞争优势 [J]. 旅游学刊, 1996 (1).
- [166] 饶品贵, 赵龙凯, 岳衡. 吉利数学与股票价格 [J]. 管理世界（月刊）, 2008 (11): 44-49.
- [167] 任斐, 周胜男, 李世平. 基于条件价值评估法的耕地非市场价值：以河南省偃师县为例 [J]. 贵州农业科学, 2012, 40 (11): 243-246.
- [168] 荣泰生. 企业研究方法 [M]. 北京：中国税务出版社, 2005: 40-50.
- [169] 沈和江, 陈淑荣. 旅游业危机管理的内涵、模式与动因分析 [J]. 河北师范大学学报（哲学社会科学版）, 2006, 29 (6): 49-55.
- [170] 世界旅游组织. 旅游业危机管理指南 [EB/OL]. 2007.
- [171] 舒波, 赵艳. 旅游企业突发性逆境及其三阶段管理模型 [J]. 商业研究, 2008 (8): 130-133.
- [172] 宋章海. 从旅游者角度对旅游目的地形象的探讨 [J]. 旅游学刊, 2000 (1).
- [173] 苏桂武, 刘惠敏, 张玲. 中小城镇和城市边缘区自然灾害风险构成要素的基本特征 [A] //邓楠. 可持续发展：人类生存环境. 北京：电子工业出版社, 1999: 478-484.
- [174] 苏伟伦. 危机管理——现代企业失误管理手册 [M]. 北京：中国纺织出版社, 2000: 15.
- [175] 孙强, 司有和. 网上购物顾客感知价值构成研究 [J]. 科技管理研究, 2007 (7): 185-187.
- [176] 谭跃, 陈知烁. 锚定效应在金融市场中的应用综述 [J]. 会计之友, 2010 (10): 13-14.
- [177] 唐小飞, 周庭锐, 陈淑青. 赢回策略对消费者行为影响的内在机理剖析 [J]. 预测, 2007 (2): 14-57.
- [178] 唐小飞. 客户关系赢回策略对客户行为和企业绩效影响的理论与实证研究 [D]. 成都：西南交通大学, 2007.
- [179] 汪侠, 顾朝林, 梅虎. 旅游景区顾客的满意度指数模型 [J]. 地理学报, 2005, 60 (5): 807-816.

[180] 王德刚, 于静静. 旅游开发与居民感知态度影响因素实证研究 [J]. 旅游科学, 2007 (4): 49-56.

[181] 王家骏. 旅游者对旅游目的地的选择——旅游决策行为研究 [A] //旅游地理纵横谈, 1997.

[182] 王堃. 价格促销对顾客忠诚的影响研究 [D]. 西安: 西北大学, 2011.

[183] 王磊, 赵西萍. 旅游目的地形象的内涵研究 [J]. 西安交通大学学报 (社科版), 1999 (1).

[184] 王丽芳. 论信息不对称下产品外部线索对消费者购买意愿的影响 [J]. 消费经济, 2005 (2): 41-42.

[185] 王莉, 陆林. 国外旅游地居民对旅游影响的感知与态度研究综述及启示 [J]. 旅游学刊, 2005 (3): 87-93.

[186] 王连茂, 尚新伟. 香山公园森林游憩效益的经济评价 [J]. 林业经济, 1993 (3): 66-71.

[187] 王良举. 旅游业危机管理: 国外的实践与中国的选择 [J]. 技术经济, 2006 (8): 62-65.

[188] 王瑞雪, 颜廷武. 条件价值评估法本土化改进及其验证——来自武汉的实证研究 [J]. 自然资源学报, 2006, 21 (6): 879-887.

[189] 王郅强, 黄珍潇. 对危机沟通管理中公众性指向问题的分析 [J]. 理论界, 2007 (9): 49-50.

[190] 维拉范利斯-维尔. 里昂惕夫的稀缺要素之谜 [J]. 政治经济学杂志, 1954 (52).

[191] 魏小安, 曾博伟. 汶川地震后中国旅游形势分析与判断 [J]. 旅游学刊, 2008, 23 (8).

[192] 吴必虎, 等. 中国城市居民旅游目的地选择行为研究 [J]. 地理学报, 1997 (2).

[193] 吴必虎, 王晓, 李咪咪. 中国大学生对旅游安全的感知评价研究 [J]. 桂林旅游高等专科学校学报, 2001 (3): 62-68.

[194] 吴昌南. 试论旅游企业的危机管理 [J]. 江苏商论, 2004 (9): 116.

[195] 吴楚材, 邓立阳. 张家界国家森林公园游憩效益的研究 [J]. 林业科学, 1992, 28 (5): 423-430.

[196] 吴恒安. 关于国民经济评价中的影子价格问题 [J]. 东北水利水电, 1994 (7): 21-27.

[197] 吴琳, 郑莉君. 试论心理知觉对旅游决策的影响? [J]. 宁波大学学报 (教育科学版), 2008 (1).

[198] 吴琳. 发生认识论的哲学来源 [J]. 武汉理工大学学报 (社会科学版), 2005 (1): 76-79.

[199] 吴章文, 罗艳菊. 鼎湖山风景区森林游憩价值评价研究 [J]. 林业经济, 2002 (9): 40-42.

[200] 武永红, 范秀成. 基于顾客价值的企业竞争力整合模型探析 [J]. 中国软科学, 2004 (11): 86-92.

[201] 肖盛燮. 生态环境灾变链式理论原创结构梗概 [J]. 岩石力学与工程学报, 2006, 25 (增1).

[202] 谢朝武, 黄远水. 论旅游地形象策略的参与型组织模式 [J]. 旅游学刊, 2001 (2).

[203] 谢飞帆. 旅游地形象研究在西方的崛起 [J]. 社会科学家, 1998 (1).

[204] 谢建豪, 袁伟伟, 王秀兰. 运用机会成本法进行土地评估的理论探讨 [J]. 广东土地科学, 2007, 6 (3): 45-48.

[205] 谢贤政, 马中. 应用旅行费用法评估环境资源价值的研究进展 [J]. 合肥工业大学学报, 2005, 28 (7): 730-738.

[206] 谢贤政, 马中. 应用旅行费用法评估黄山风景区游憩价值 [J]. 资源科学, 2006, 28 (3): 128-136.

[207] 谢旭轩, 张世秋. 健康的价值: 环境效益评估方法与城市空气污染控制策略 [D]. 北京: 北京

大学，2011.
[208] 谢彦君．基础旅游学［M］．北京：中国旅游出版社，2004：66－73.
[209] 熊远来．偏好反转及其理论解释述评［J］．浙江树人大学学报，2008，8（5）：68－72.
[210] 徐中民，张志强，龙爱华，等．环境选择实验模型在生态系统管理中的应用［J］．地理学报，2003，58（3）：398－405.
[211] 许年行，吴世农．我国上市公司股权分置改革中的锚定效应研究［J］．经济研究，2007（1）：114－125.
[212] 许统邦，梁嘉成，夏剑龙．B2C模式下的顾客感知价值研究［J］．商场现代化，2006（7）：106－107.
[213] 薛达元，包浩生，李文华．长白山自然保护区生物多样性旅游价值评估研究［J］．自然资源学报，1999，14（2）：140－145.
[214] 薛薇．基于SPSS的数据分析［M］．北京：中国人民大学出版社，2006：368－369.
[215] 薛玉梅．旅游形象感知模式的心理机制及相关营销策略［J］．贵州社会科学，2005（2）：27－29.
[216] 杨杰，胡平，苑炳慧．熟悉度对旅游形象感知行为影响研究——以重庆市民对上海旅游形象感知为例［J］．旅游学刊，2009（4）：24.
[217] 杨启华．商品的时间成本初探［J］．财会通讯，1992（3）：25－26.
[218] 杨卫东，李羹．项目管理中的时间成本探讨［J］．上海管理科学，2005（3）：58－59.
[219] 杨兴柱，陆林．旅游危机管理初步研究［J］．资源开发与市场，2004（20）：478.
[220] 杨颖，等．成本概念的新拓展——时间成本［J］．德州学院学报，2004（6）：41－43.
[221] 杨永德，白丽明，苏振．旅游目的地形象的结构化与非结构化比较研究［J］．旅游学刊，2007（4）：53－57.
[222] 杨渝果．旅游业危机管理的理论与实证分析［D］．武汉：武汉理工大学管理学院，2003.
[223] 姚志勇．环境经济学［M］．北京：中国发展出版社，2002.
[224] 尹之潜，杨淑文．城市地震防御能力评价和防御水准问题［J］．自然灾害学报，1998，7（1）：27－33.
[225] 尹之潜．结构易损性分类和未来地震灾害估计［J］．中国地震，1996，12（1）：49－58.
[226] 于波，张峰，等．对于环境资源价值评估方法——条件价值评估法的综述［J］．科技信息．2010（1）：1040－1041.
[227] 于谨凯，张亚敏．基于市场价值法的溢油对海洋环境容量损失评估研究［J］．河北渔业，2012（5）：9－13.
[228] 余东华．从诺贝尔经济学奖看西方主流经济学的发展与演进［J］．天津社会科学，2006（5）：72－79.
[229] 俞健，郭朝晖．基于顾客关系价值的顾客关系形成分析［J］．商场现代化，2006（14）：50－52.
[230] 喻自觉，凌文辁．偏好反转现象及其理论解释［J］．统计与决策，2007（20）：59－61.
[231] 苑丽．构建旅游企业危机管理模式［J］．市场论坛，2005（9）：116.
[232] 臧德霞，黄洁．国外旅游目的地形象研究综述——基于Tourism Management和Annals of Tourism Research近10年文献［J］．旅游科学，2007（6）．
[233] 翟国梁，张世秋．选择实验的理论和应用——以中国退耕还林为例［J］．北京大学学报（自然科学版），2007，43（2）：235－239.

[234] 张安,任黎秀,丁登山. 试论旅游地 DI 设计 [J]. 社会科学家,1998 (4).
[235] 张帆. 环境与自然资源经济学 [M]. 上海:上海人民出版社,1998.
[236] 张建. 旅游危机的诱因及对策初步研究 [J]. 淮阴工学院学报,2004,13 (4):8-10.
[237] 张立章,张欣瑞. 移动通信企业服务质量与顾客价值形成分析 [J]. 商业经济研究,2007 (24):102-104.
[238] 张玲. 偏好反转的兼容性假设的实验研究 [J]. 应用心理学,1998,4 (2):28-32.
[239] 张玲. 偏好反转研究述评 [J]. 心理科学,1999 (2):545-548.
[240] 张眉. 条件价值评估法下三城市公益林补偿支付意愿影响因素比较分析 [J]. 绿色经济,2012 (2):39-43.
[241] 张秋惠,杨絮飞. 旅游企业危机管理探讨 [J]. 管理科学,2006 (6):61.
[242] 张硕阳,陈毅文,王二平. 电子商务交易中的风险来源与风险认知 [J]. 两岸三地网络与心理学学术研讨会学术文稿专辑,2002:187-196.
[243] 张硕阳,陈毅文,王二平. 消费心理学中的风险认知 [J]. 心理科学进展,2004 (2).
[244] 张文建,范辉. 旅行社营销中的顾客价值探悉 [J],华东师范大学学报,2003 (3):107-113.
[245] 张晓勇. 中国消费者对食品安全的关切——对天津市消费者的调查与分析 [J]. 中国农村观察,2004 (1):14-21.
[246] 张旭升,刘冬姣. 于条件价值评估法的中国巨灾风险保险模式定量设计——基于网络问卷调查的实证研究 [J]. 生态经济,2012 (2):110-115.
[247] 张艳丽,吴铁雄,呼格吉勒图. 条件价值评估法对伊金霍洛旗生态系统服务价值的评估应用 [J]. 生态经济,2011 (1):365-369.
[248] 张茵,蔡运龙. 基于分区的多目的地 TCM 模型及其在游憩资源价值评估中的应用——以九寨沟自然保护区为例 [J]. 自然资源学报,2004,19 (5):651-661.
[249] 张志强,徐中民,程国栋. 条件价值评估法的发展与应用 [J]. 地球科学进展,2003,18 (3):454-462.
[250] 章小平,任佩瑜,邓贵平. 论旅游景区危机管理模型的构建 [J]. 财贸经济,2010 (2):130-135.
[251] 赵静梅,吴风云. 数学崇拜下的金融资产价格异象 [J]. 经济研究,2009 (6):129-141.
[252] 赵军,杨凯,刘兰岚,等. 环境与生态系统服务价值的 WTA/WTP 不对称 [J]. 环境科学学报,2007,27 (5):854-860.
[253] 赵刘,郭胜. 国外旅游危机管理及其对我们的启示 [J]. 城市发展研究,2009 (10):I0008-I0010.
[254] 赵玉宗,李东和,黄明丽. 国外旅游地居民旅游感知和态度研究综述 [J]. 旅游学刊,2005 (4):85-92.
[255] 钟小娜. 网络购物模式下的顾客感知价值研究 [J]. 经济论坛,2005 (15):131-133.
[256] 钟新. 危机传播——信息流及噪音分析 [J]. 北京:中国传媒大学出版社,2007 (6).
[257] 周庭锐,陈淑青. 价格促销与 D and B 忠诚模式关联实证研究 [J]. 中国工业经济,2006 (10):121-128.
[258] 周显然. 重置成本法在森林资源资产评估中的应用分析 [J]. 广西林业科学,2012,41 (2):159-162.
[259] 周扬明,赵连荣. 基于 4R 模型下我国公共危机管理体系建设的思考 [J]. 石家庄经济学院学

报，2009，32（6）：80-83.

[260] 邹其嘉，毛国敏，孙振凯，等. 地震人员伤亡易损性研究[J]. 自然灾害学报，1995，4（3）：60-68.

[261] A Parasuraman. Reflections on Gaining Competitive Advantage Through Customer Value [J]. Journal of the Academy of Marketing Science, 1997, 25 (2): 158-161.

[262] Aaker D A, J G Shansby. Positioning Your Product [J]. Business Horizons, 1982: 56-62.

[263] Adair W L, Weingart L R, Brett JM. The Timing of Offers and Information Exchange in U. S. and Japanese Negotiations [J]. Journal of Applied Psychology, 2007, 92 (4): 1056-1068.

[264] Adamowicz W, Louviere J, Williams M. Combining Revealed and Stated Preference Methods for Valuing Environmental Amenities [J]. Journal of Environmental Economics and Management, 1994, 26 (3): 271-292.

[265] Adamowicz, Wiktor, Peter Boxall, Michael Williams, and Jordan Louviere. Stated Preference Approaches to Measuring Passive Use Values: Choice Experiments versus Contingent Valuation [J]. American Journal of Agricultural Economics, 1998, 80 (1): 64-75.

[266] AdyMilman, Abraham Pizam. The Role of Awareness and Familiarity with a Destination: The Central Florida Case [J]. Journal of Travel Research, 1995, 33 (3): 21-27.

[267] Ahmed Z U. The Influence of the Components of a State's Tourist Image on Product Positioning Strategy [J]. Tourism Management, 1991 (12): 331-340.

[268] Ailawadi KL, Neslin SA. The Effect of Promotion on Consumption: Buying More and Consuming it Faster [J]. Journal of Marketing Research, 1998 (139): 390-398.

[269] Ainslie G, Nick Haslam. "Hyperbolic Discounting." In George Loewenstein and Jon Elster (eds), Choice Over Time [M]. New York: Russell Sage Foundation, 1992: 57-92.

[270] AjzenI. From intentions to actions: A theory of planned behavior [M]. New York: Springer, 1985.

[271] Akaah I P, Korgaonkar P A. Conjoint Investigation of the Relative Importance of Risk Relievers in Direct Marketing [J]. Journal of Advertising Research, 1998: 38-44.

[272] Alba J W, Hutchinson J W. Dimensions of Consumer Expertise [J]. Journal of Consumer Research, 1987 (13): 411-454.

[273] Alba J W, Mela C E, Shimp T A, UrbanyJE. The Effect of Discount Frequency and Depth on Consumer Price Judgements [J]. Journal of Consumer Research. 1999, 26 (3): 459-484.

[274] AlfordEngland. Advertised Reference Price Effects on Consumer Price Estimates, Value Perception, and Search Intention [J]. Journalof Business Research, 2000 (48): 93-100.

[275] Alpizar F F, Carlsson, O Johansson-Stenman. Does Context Matter More for Hypothetical than Actual Contributions? Evidence from a Natural Field Experiment [J]. Experimental Economics, 2008 (11): 299-314.

[276] Amirnejad H, Khalilian S, Mohammad H A, et al. Estimating the Existence Value of North Forests of Iran by Using a Contingent Valuation Method [J]. Ecological Economics, 2006 (57): 430-441.

[277] Amos Tversky, Daniel Kahneman. Judgment under Uncertainty: Heuristics and Biases [J]. Science, New Series, 1974, 185 (4157): 1124-1131.

[278] Anderson James C, David W. Gerbing. Structural Equation Modeling in Practice: A Review and Recommended Two-Step Approach [J]. Psychological Bulletin, 1988 (3): 328.

[279] Anderssen P, R T Colberg. Multivariate Analysis in Travel Research: A Tool for Travel Package Design and Market Segmentation [M]. Washington, 1973.

[280] Andes N. Social Class and Gender: An Empirical Evaluation of Occupational Stratification [J]. Gender Society, 1992, 6 (2): 231-251.

[281] Andrew Smith. Reimaging the City: The Value of Sport Initiatives [J]. Annals of Tourism Research, 2005, 32 (1): 217-236.

[282] Ankomah P K, Crompton J, Baker D. Influence of cognitive distance in vacation choice [J]. Annals of Tourism Research, 1996, 23 (1), 138-150.

[283] Anne Gregory. Communication Dimensions of the UK Foot and Mouth Disease Crisis, 2001 [J]. Formal of Public Affairsf. Publ Aff 5, 2005: 312-328.

[284] Anthony F, Krutilla J. Determination of Optimal Capacity of Resource-Based Recreation Facilities [J]. Natural Resources Journal, 1972 (12): 417-444.

[285] ArielyD, LoewensteinG, PrelecD. Coherent Arbitrariness: Stable Demand Curves Without Stable Preferences [J]. Quarterly Journal of Economics, 2003 (118): 73-105.

[286] Armstrong E Kate, Ritchie, Brent W. The Heart Recovery Marketing Campaign: Destination Recovery After a Major Bushfire in Australia's National Capital [J]. Journal of Travel and Tourism Marketing, 2007 (23): 175-189.

[287] Armstrong E, Kate, Betty Weiler. Getting the Message Across: An Analysis of Messages Delivered by Tour Operators in Protected Areas [J]. Journal of Ecotourism, 2002, 1 (2): 104-121.

[288] Arrow K, Solow R, Portney P, et al. Report of the NOAA Panel on Contingent Valuation. Report to the General Council of theUSNational Oceanic and Atmospheric Administration [M]. Washington DC: Resources for the Future, 1993.

[289] Arturo Molina, Agueda Esteban. Tourism Brochures: Usefulness and Image [J]. Annals of Tourism Research, 2006, 33 (4): 1036-1056.

[290] Asafu-Adjaye J. Environmental Economics for Non-economists [M]. Singapore: World Scientific Publishing Co Pte Led, 2000.

[291] Assael H. Consumer Behavior and Marketing Action [M]. 3rd ed. Boston: PWS-Kent, MA, 1987.

[292] Asunción Beerli, Josefa D. Martín. Factors Influencing Destination Image [J]. Annals of Tourism Research, 2004, 31 (3): 657-681.

[293] Asunción Beerli, Josefa D. Martín. Tourists'Characteristics and the Perceived Image of Tourist Destinations: a Quantitative Analysis —a Case Study of Lanzarote, Spain [J]. Tourism Management, 2004 (25): 623-636.

[294] Atila Yuksel, Olcay Akgü. Postcards as Affective Image Makers: An Idle Agent in Destination Marketing [J]. Tourism Management, 2007 (28): 714-725.

[295] Bacharach S B. Organizational Theories: Some Criteria for Evaluation [J]. Academy of Management Review, 1989, 14 (4): 496-515.

[296] Backman S J, Veldkamp C. Examination of the Relationship between Service Quality and User Loyalty [J]. Journal of Park and Recreation Administration, 1995, 13 (2): 29-42.

[297] Bakerd A, Cromptonj L. Quality, Satisfaction and Behavioral Intentions [J]. Annals of Tourism Research, 2000, 27 (3): 785-804.

[298] Baloglu S, McCleary K W. A model of destination image formation [J]. Annals of Tourism Research, 1999, 26 (4): 868-897.

[299] Baloglu S, McCleary KW. International Pleasure Travelers' Images of Four Mediterranean Destinations: A Comparison of Visitors and Nonvisitors [J]. Journal of Travel Research, 1999, 38 (2): 144-152.

[300] Baloglu S. A Path Analytic Model of Visitation Intention Involving Information Sources, Socio Psychological Motivations, and Destination Images [J]. Journal of Travel and Tourism Marketing, 1999, 8 (3): 81-90.

[301] Baloglu S. An Empirical Investigation of Determinants of Tourist Destination Image. Across a Vacation" [J]. Journal of Travel Research, 2003, 41 (5): 348-354.

[302] Baloglu S. Image Variations of Turkey by Familiarity Index: Informational and Experiential Dimensions [J]. Tourism Management, 2001 (22): 127-133.

[303] BalogluS, Brinberg. Affective Images of Tourism Destinations [J]. Journal of Travel Research, 1997, 35 (4): 11-15.

[304] Barry Markovsky. Ancoring Justice [J]. Social Psychology Quarterly, 1988, 51 (3): 213-224.

[305] Barton D N, O Berglund. Valuing Irrigation Water Using a Choice Experiment: an Individual Status Quo Modelling of Farm Specific Water Scarcity [J]. Environment and Development Economics, 2010 (15): 321-340.

[306] Basala S L, Klenosky D B. Travel-Style Preferences for Visiting a Novel Destination: A Conjoint Investigation across the Novelty-Familiarity Continuum [J]. Journal of Travel Research, 2001 (40): 172-182.

[307] Bateman I J, Langford I H, Turner R K, et al. Elicitation and Truncation Effects in Contingent Valuation Studies [J]. Ecological Economics, 1999 (12): 161-179.

[308] Bateman I J, Willis K G. Valuing Environmental Preferences: Theory and Practice of the Contingent Valuation Method in the US, EU, and Developing Countries [M]. New York: Oxford University Press, 1999.

[309] Bateman I, K Willis. Valuing Environmental Preferences [M]. New York: Oxford University Press, 1999.

[310] Bauer R A. Consumer Behavior as Risk Taking. In R S H (Ed), Dynamic Marketing for a Changing World [J]. American Marketing Association, 1960: 389-398.

[311] Bauer. A Direct Mail Customer Purchase Model [J]. Journal of Direct Marketing. 2006, 2 (3): 16-24.

[312] Bean A G, Roszkowski M J. The Long and Short of It: When does Questionnaire Length Affect Response Rate? [J]. Marketing Research, 1995, 7 (1): 21-26.

[313] Bearden WO Teel, JE. Selected Determinants of Customer Satisfaction and Complaint Reports [J]. Journal of Marketing Research, 1983, 20 (1): 21-28.

[314] Becker C, Murrmann S K. Methodological Considerations in Multi-Cultural Research [J]. Tourism Analysis, 2000, 5 (1): 29-36.

[315] Beerl I A, Martin J D. Factors Influencing Destination Image [J]. Annals of Tourism Research, 2004, 31 (3): 657-681.

[316] Beerli A, MartinJ D. Tourists' Charateristics and Perceived Image of Tourist Destinations: a Quantitative Analysis – a Case Study of Lanzarote, Spain [J]. Tourism Management, 2004 (25): 623 – 636.

[317] Beggs, Alan, Kathryn Graddy. Anchoring Effects: Evidence from Art Auctions [J]. American Economic Review, 2009, 99 (3): 1027 – 1039.

[318] Bell D E, Farquhar P H. Perspectives on Utility Theory [J]. Operations Research, 1986, 34 (1): 179 – 183.

[319] Bettman J R, Park C W. Effects of Prior Knowledge and Experience and Phase of the Choice Process on Consumer Decision Processes: A Protocol Analysis [J]. Journal of Consumer Research, 1980 (7): 234 – 248.

[320] Bettman J R. Information Integration in Consumer Perception: A Comparison of two Models of Component Conceptualization [J]. Journal of Applied Psychology, 1975 (60): 381 – 385.

[321] Bigné J E, Andreu L, Gnoth J. The Theme Park Experience: An Analysis of Pleasure, Arousal and Satisfaction [J]. Tourism Management, 2005, 26 (6): 833 – 844.

[322] BignéJ E, Sanchez M I, Sanchez J. Tourism Image, Evaluation Variables and After Purchase Behaviour: Inter – Relationship [J]. Tourism Management, 2001, 22 (6): 607 – 616.

[323] Bill Bramwell, Liz Rawding. Tourism Marketing Images of Industrial Cities [J]. Annals of Tourism Research, 1996, 23 (1): 201 – 221.

[324] Birgit Trauer, Chris Ryan. Destination Image, Romance and Place Experience—an Application of Intimacy Theory in Tourism [J]. Tourism Management, 2005 (26): 481 – 491.

[325] Bjornstad D J, Kahn J R. The Contingent Valuation of Environmental Resources: Methodological Issues and Research Needs [M]. Cheltenham: Edward Elgar Publishing Limited, 1999.

[326] Blattberg, Neslin. How Promotions Work [J]. Marketing Science, 1995, 14 (3): 122 – 153.

[327] Bongkosh Ngamsom, Rittichainuwat, Goutam. Perceived Travel Risks Regarding Terrorism and Disease: The Case Goutam Chakraborty [J]. Tourism Management, 2008: 1 – 9.

[328] Bongkosh Ngamsom, Rittichainuwat, Goutam Chakraborty. Perceived Travel Risks Regarding Terrorism and Disease: The Case of Thailand [J]. Goutam, 2009 (3): 410 – 418.

[329] Bonnieux F, Rainelli P. Contingent Valuation Methodology and the EU Institutional Framework [A] //. Bateman I J, WillisKG. Valuing Environmental Preferences: Theory and Practice of the Contingent Valuation Method in the US, EU, and Developing Countries. NewYork: Oxford University Press, 1999: 585 – 612.

[330] Boonghee Yoo, Naveen Donthu. Developing and Validating a Multidimensional Consumer – based Brand Equity Scale [J]. Journal of Business Research 2001 (52): 1 – 14.

[331] Boulding K. The Image [M]. Ann Arbor: University of Michigan Press, 1956.

[332] Boulding W, Kalra A, Staelin R, et al. A Dynamic Process Model of Service Quality: from Expectations to Behavioral Intentions [J]. Journal of Marketing Research, 1993 (30): 7 – 27.

[333] Boxall P, W Adamowicz, A Moon. Complexity in Choice Experiments: Choice of the Status quo Alternative and Implications for Welfare Measurement [J]. Land Economics, 2009, 53 (4): 503 – 519.

[334] Boxall P, W Adamowicz, J Swait, M Williams, J Louviere. A Comparison of Stated Preference Methods for Environmental Valuation [J]. Ecological Economics, 1996 (18): 243 – 253.

[335] BradenJ, C Kolstad. Measuring the Demand for an Environmental Improvement [M]. Amsterdam:

North – Holland, Amsterdam, 1991.

[336] Breffle WS, RDRowe. Comparing Choice Question Formats for Evaluating Natural Resource Tradeoffs [J]. Land Economics, 2002, 78 (2): 298 – 314.

[337] Brewer N T, Chapman G B, Schwartz J, Bergus G R. The Influence of Irrelevant Anchors on the Judgments and Choices of Doctors and Patients [J]. Medical Decision Making, 2007 (27): 203 – 211.

[338] Brian Wansink, Robert J. Kent, Stephen J. Hoch. An Anchoring and Adjustment Model of Purchase Quantity Decisions [J]. Journal of Marketing Research, 1998, 35 (1): 71 – 81.

[339] Brooker G. An Assessment of an Expanded Measure of Perceived Risk [J]. Advances in Consumer Research, 1984 (11): 439 – 441.

[340] Brown P, Chua A, Mitchell J D. The Influence of Cultural Factors on Price Clustering: Evidence from Asia – Pacific Stock Markets [J]. Pacific – Basin Finance Journal, 2002 (10): 307 – 332.

[341] Bruce Prideauxa, Eric Lawsb, Bill Faulknerc. Events in Indonesia: Exploring the Limits to Formal Tourism Trends Forecasting Methods in Complex Crisis Situations [J]. Tourism Management, 2003 (24): 475 – 487.

[342] Butler R W. The Concept of a Tourist Area Cycle of Evolution: Implications for Management of Resources [J]. Canadian Geographer, 1980, 24 (1): 7.

[343] C Wood, M Scheer. Incorporating Perceived Risk into Model of Consumer Deal Assessment and Purchase Intent [J]. Advances in Consumer Research, 1996, 23 (1): 399 – 404.

[344] Calantone R J, C ABenedetto, A Hakam, D C Bojanic. Multiple Multinational Tourism Positioning Using Correspondence Analysis [J]. Journal of Travel Research, 1989, 28 (4): 25 – 32.

[345] Campos P, Caparrós A, Oviedo J L, et al. Comparing Payment Vehicle Effects in Contingent Valuation Studies for Recreational Use in two Protected Spanish Forests [J]. Journal of Leisure Research, 2007 (39): 60 – 82.

[346] Carlsen Jack, Michael Hughes. Tourism Market Recovery in the Maldives After the 2004 Indian Ocean Tsunami. Journal of Travel and Tourism Marketing [J]. 2008, 23 (2): 139 – 149.

[347] Carmen Barroso Castro, Enrique Martín Armario, DavidMartín Ruiz. The Influence of Market Heterogeneity on the Relationship Between a Destination's Image and Tourists'Future Behavior [J]. Tourism Management, 2007 (28): 175 – 187.

[348] Carmen Tideswell, Bill Faulkner. Multidestination Travel Patterns of International Visitors to Queensland [J]. Journal of Travel Research, 1999: 364 – 374.

[349] Carson R, R Mitchell M. Hanemann, R Kopp, S Presser, P Ruud. Contingent Valuation and Lost Passive Use: Damages from the Exxon Valdez Oil Spill [J]. Environmental and Resource Economics, 2003 (25): 257 – 286.

[350] Carson RT. Valuation of Tropical Rainforests: Philosophical and Practical Issues in the Use of Contingent Valuation [J]. Ecological Economics, 1998 (24): 15 – 29.

[351] Caruana A, Money A H, Berthon P R. Service Quality and Satisfaction: the Moderating Role of Value [J]. European Journal of Marketing, 2000, 34 (11/12): 1338 – 1352.

[352] Castroc B, Armario M, Martinr D, et al. The Influence of Market Heterogeneity on the Relationship Between a Destination's Image and Tourist s' Future Behaviour [J]. Tourism Management, 2007, 28 (1): 175 – 187.

[353] Cathy H C Hsu, Kara Wolfe, Soo K. Image Assessment for a Destination with Limited Comparative Advantages [J]. Tourism Management, 2004 (25): 121-126.

[354] Cavlek N. Trends in Outdoor Recreation, Leisure and Tourism [J]. Annals of Tourism Research, 2002, 29 (2): 478-496.

[355] Cawley J. Contingent Caluation Analysis of Willingness to Pay to Reduce Childhood Obesity [M]. Cambridge: NBER Working Paper Series, 2006.

[356] Centre for International Economics. The CRC for Weed Management Systems [R]. Kutztown: CRCfor Weed Management SystemsReport, 2001.

[357] Chacko, Harsha E, Marcell, Marianne Hawkins. Repositioning a Tourism Destination: The Case of New Orleans After Hurricane Katrina [J]. Journal of Travel and Tourism Marketing, 2007, 23 (2-4): 223-235.

[358] ChafetzJ S, J Lorence, C Larosa. Gender Depictions of the Professionally Employed: A Content Analysis of Trade Publications, 1960-1990 [J]. Sociological Perspectives, 1993, 36 (1): 63-82.

[359] Chakraborty K, Keith J E. Estimating the Recreation Demand and Economic Value of Mountain Biking in Moab, Utah: An Application of Count Data Models [J]. Journal of Environmental Planning and Management, 2000, 43 (4): 461-469.

[360] Chandler J A, Costello C A. A Profile of Visitors at Heritage Tourism Destinations in East Tenessee According to Plog's Lifestyle and Activity Level Preferences Model [J]. Journal of Travel Research, 2002 (41): 161-166.

[361] Chapma G B, Johnson, EJ. The Limits of Anchoring [J]. Journal of Behavioral Decision Making, 1995 (7): 223-242.

[362] Cha S, McCleary KW, Uysal M. Travel Motivations of Japanese Overseas Travelers: A Factor-Cluster Segmentation Approach [J]. Journal of Travel Research, 1995, 34 (1), 33-39.

[363] Chaudhuri A. A Macro Analysis of the Relationship of Product Involvement and Information Search: the Role of Risk [J]. Journal of Marketing Theory and Practice, 2000, 8 (1): 1-14.

[364] Chen C F, Tsai D. How Destination Image and Evaluative Factors Affect Behavioral Intentions? [J]. Tourism Management, 2007 (28): 1115-1122.

[365] Chen J S. A Case Study of Korean Outbound Travelers Destination Images by Using Correspondence Analysis [J]. Tourism Management, 2001, 22 (4): 345-350.

[366] Chen J S. A Comparison of Information Usage Between Business and Leisure Travelers [J]. Journal of Hospitality Leisure Marketing, 2000, 7 (2): 65-76.

[367] Chen Shih-Fen, Monroe Kent B. Lou Yung-Chien. The effects of framing price promotion messages on consumers perceptions and choice decisions [J]. Journal of Retailing, 1998, 74 (3): 353-372.

[368] Cheron E J, Ritchie J R B. Leisure Activities and Perceived Risk [J]. Journal of Leisure Research, 1982 (14): 139-154.

[369] ChingFu Chen, DungChun Tsai. How Destination Image and Evaluative Factors Affect Behavioral Intentions [J]. Tourism Management, 2007 (28): 1115-1122.

[370] Cho MH. The Role of Prior Knowledge, Need for Information and Credibility of Information Sources in Tourists Information Search Behavior [M]. Pennsylvania: Unpublished Ph, The Pennsylvania State University, 2001.

[371] Choi W M, Chan A. A Qualitative and Quantitative Assessment of Hong Kong's Image as a Tourist Destination [J]. Tourism Management, 1999, 20 (3): 361-365.

[372] Chon K S. The Role of Destination Image in Tourism: A Review and Discussion [J]. The Tourist Review, 1990 (2): 2-9.

[373] Choong-Ki Lee, Yong-Ki Lee, BongKoo Lee. Korea's Destination Image Formation By the 2002 World Cup [J]. Annals of Tourism Research, 2005, 32 (4): 839-858.

[374] Choudhry Y A. Pitfalls in International Marketing Research: Are You Speaking French Like a Spanish Cow? [J]. Akron Business and Economic Review, 1986, 17 (4): 18-28.

[375] Clayton C, Mendelsohn R. The Value of Watchable Wildlife: a Case Study of McNeil River [J]. Journal of Environmental Management, 2003 (39): 101-106.

[376] Cohen E, Cooper R L. Language and Tourism [J]. Annals of Tourism Research, 1986 (13): 533-563.

[377] Cohen E. Toward a Sociology of International Tourism [J]. Social Research, 1972, 39 (1): 164-182.

[378] Cohen E. Who is a Tourist? A Conceptual Clarification [J]. Sociological Review, 1974, 22 (4): 527-555.

[379] Colombo S, Calatrava-Requena J, Hanley N. Analysing the Social Benefits of Soil Conservation Measures Using Stated Preference Methods [J]. Ecological Economics, 2006 (58): 850-861.

[380] Corby N H, Jamner M S, Wolitski R J. Using the Theory of Planned Behavior to Predict Intention to Use Condoms Among Male and Female Injecting Drug Users [J]. Journal of Applied Social Psychology, 1996, 26 (1): 52-75.

[381] Coshall J T. The Threat of Terrorism as an Intervention on International Travel Flows [J]. Journal of Travel Research, 2003 (42): 4-12.

[382] Court B, R A Lupton. Customer Portfolio Development: Modeling Destination Adopters, Inactive, and Rejecters [J]. Journal of Travel Research, 1997, 35 (1): 35-43.

[383] Crompton J L, P C Fakeye, Chi-Chuan Lue. Positioning: The Example of the Lower Rio Grande Valley in the Winter Long Stay Destination Market [J]. Journal of Travel Research, 1992, 31 (4): 20-26.

[384] Crompton J L, C W Lamb. Marketing Government and Social Services [M]. New York: John Wiley, 1986.

[385] Crompton J L. An Assessment of the Image of Mexico as a Vacation Destination and the Influence of Geographical Location upon That Image [J]. Journal of Travel Research, 1979, 17 (spring): 18-23.

[386] Crompton J, AnkomahP K. Choice Set Propositions in Destination Decisions [J]. Annals of Tourism Research, 1993 (20): 461-476.

[387] Crompton J. Motivation for Pleasure Vacation [J]. Annals of Tourism Research, 1979 (6): 408-424.

[388] Crompton J. Structure of Vacation Destination Choice Sets [J]. Annals of Tourism Research, 1992 (19): 420-434.

[389] Crompton J L, C W. Lamb. Marketing Government and Social Services [M]. New York: John Wiley, 1986.

[390] Croninj J, Brady M K, Hul T G T M, et al. Assessing the Effects of Quality, Value and Customer

Satisfaction on Consumer Behavioral Intentions in Service Environments [J]. Journal of Retailing, 2000, 76 (2): 193-218.

[391] Crouch G I, Louviere J J. A Review of Choice Modeling Research in Tourism, Hospitality, and Leisure [J]. Tourism Analysis, 2000 (5): 97-104.

[392] Crouch G I. Demand Elasticities for Short-Haul Versuslong-Haul Tourism [J]. Journal of Travel Research, 1994, 33 (2): 112-134.

[393] Cunningham S M. The Major Dimensions of Perceived Risk [A] //. Cox D Fed. Risk Taking and Information Handling in Consumer Behavior. Graduate School of Business Administration, Harvard University Press, Boston, 1967: 82-108.

[394] Currim I, Sarin R K. Prospect Versus Utility [J]. Management Science, 1989, 35 (1): 22-41.

[395] D J Walmsley, M Young. Evaluative Images and Tourism: The Use of Personal Constructs to Describe the Structure of Destination Images [J]. Journal of Travel Research, 1998, 36 (Winter): 65-69.

[396] Dan G, Bakhai A, Neumann P J, et al. Willingness to Pay for Avoiding Coronary Restenosis and Repeat Revascularization: Results from a Contingent Valuation Study [J]. Health Policy, 2004, 19 (6): 795-803.

[397] Dann G. Anomie Ego-Enhancement and Tourism [J]. Annals of Tourism Research, 1977 (17): 155-169.

[398] Dann G. Tourists images ofa Destination: An Alternative Analysis [J]. Tourism Marketing Research, 1996, 5 (1): 41-55.

[399] Davis R K. Recreation Planning as an Economic Problem [J]. Natural Resources Journal, 1963 (3): 239-249.

[400] Da-yuan, BAOHao-sheng, LI Wen-hua. Study on Tourismvalue of Biodiversity in Changbaishan-Mountain Biosphere Reserve (CMBR) in Northeast China [J]. Journal ofNatural Resources, 1999, 14 (2): 140-145.

[401] Dellaert B G C, EttemaD F, Lindh C. Multi-Faceted Tourist Travel Decisions: a Constraint-Based Conceptual Framework to Describe Tourists' Sequential Choices of Travel Components [J]. Tourism Management, 1998, 19 (4): 313-320.

[402] DellaVigna, Stefano. Psychology and Economics: Evidence from the Field [J]. Journal of Economic Literature, 2009, 47 (2): 315-72.

[403] Demby E H. Psychographics Revisited: The Birth of a Technique [J]. Marketing Research, 1994, 6 (2): 26-29.

[404] Dholakia U M. A Motivational Process Model of Product Involvement and Consumer Risk Perception [J]. European Journal of Marketing, 2001, 35 (11/12): 1340-1360.

[405] Dhruv Grewal, R Krishnan, Julie Baker, Norm Borin. The Effect of Store Name, Brand Name and Price Discounts on Consumers' Evaluations and Purchase Intentions [J]. Journal of Retailing, 1998, 74 (3): 331-352.

[406] Dolores M Frías, Miguel A Rodríguez, J Alberto Castaeda. Internet vs. Travel Agencies on Pre-visit Destination Image Formation: An Information Processing View [J]. Tourism Management, 2007 In Press.

[407] Donglas M, Hanley N, Daw M, et al. Costs and benefits of wild goose conservation in Scotland [J].

Biological Conservation, 2004 (119): 475 – 485.

[408] Dowling G R, Staelin R. A Model of Perceived Risk and Intended Risk – Handling Activity [J]. Journal of Consumer Research, 1994 (21): 119 – 134.

[409] D Prabuddha, et al. The Discrete Time – Cost Tradeoff Problem Revisited [J]. European Journal of Operational Research 1995 (81): 225 – 238.

[410] Eberle W D, Hayden F G. Critique of Contingent Valuationand Travel Cost Methods for Valuing Natural Resources and Ecosystems [J]. Journal of Economic Issues, 1991 (3): 649 – 687.

[411] Echtner C, J R B Ritchie. The Meaning and Measurement of Destination Image [J]. The Journal of Tourism Studies, 1991, 2 (2): 2 – 12.

[412] Echtner C, J R B Ritchie. The Measurement of Destination Image: An Empirical Assessment [J]. Journal of Travel Research, 1993, 22 (4): 3 – 13.

[413] Edwin Mansfield. The Speed and Cost of Industrial Innovation In Japan and the US [J]. Management Science, 1988, 34 (10): 1157 – 1168.

[414] Elizabeth Baxter, David Bowen. Anatomy of Tourism Crisis: Explaining the Effects on Tourism of the UK Foot and Mouth Disease [M]. Medford: The International Journal of Tourism Research, 2004: 263.

[415] Eorge J, Stigler. Price Theory [M]. Massachusetts: Press of Massachusetts Institute of Technology, 1946.

[416] Epley N, Gilovich T. Are Adjustments Insuf: cient? [J]. Personality and Social Psychology Bulletin, 2004 (30): 447 – 460.

[417] Epley N, Gilovich T. Putting Adjustment Back in the Anchoring and Adjustment Heuristic: Differential Processing of Self – Generated and Experimenter – Provided Anchors [J]. Psychological Science, 2001 (12): 391 – 396.

[418] Epley N, Gilovich T. When Effortful Thinking In? uences Judgmental Anchoring: Differential Effects of Forewarning and Incentives on Self – Generated and Externally – Provided Anchors [J]. Journal of Behavioral Decision Making, 2005 (18): 199 – 212.

[419] Ercan Sirakayam, Sevil Sonmez. Gender Images in State Tourism Brochures : An Overlooked Area in Socially Responsible TourismMarketing. [J]. Journal of Travel Research, 2000 (May): 323 – 362.

[420] Fakeye P, J Crompton. Image Differences between Prospecfive, First – Time, and Repeat Visitors to the Lower Rio Grande Valley [J]. Journal of Travel Research, 1991, 29 (2): 10 – 16.

[421] Fenton M, P Pearce. Multidimensional Scaling and Tourism Research [J]. Annals of Tourism Research, 1988 (15): 236 – 254.

[422] Ferber R. The Problem of Bias in Mail Returns: A Solution [J]. The Public Opinion Quarterly, 1948 – 1949, 12 (4): 669 – 676.

[423] FesenmaierD, Jeng, JM. Assessing Structure in the Pleasure Trip Planning Process [J]. Tourism Analysis, 2000 (5): 13 – 27.

[424] Fink. Crisis Management: Planning for the Inevitable. Crisis Management: Planning for the Inevitable [M]. New York: Amacom, 1986.

[425] FishburnP C. The Foundations ofExpected Utility [M]. Donrdrecht, Holland: Reidel, 1982.

[426] Fiske D W, Maddi S R. Functions of Varied Experience [M]. Homewood, IL: Dorsey, 1961.

[427] Folkes Wheat. Consumers Price Perceptions of Promoted Products [J]. Journal of Retailing, 1995,

71 (3): 317-328.
[428] Fornell C, Larcker D F. Evaluating Structural Equation Models with Unobservable Variables and Measurement Error [J]. Journal of Marketing Research, 1981: 39-50.
[429] G SBecker. A Theory of the Allocation of Time [J]. Economic Journal, 1965: 493-517.
[430] G SBecker. Crime and Punishment [J]. Journal of Political Economy, 2001 (3): 169-217.
[431] Gallarza M G, Saura I G, Garcia H C. Destination Image: towards a Conceptual Framework [J]. Annals of Tourism Research, 2002, 29 (1): 56-78.
[432] Garner W C, J Hunt. An Analysis of State Image Change over a Twelve-Year Period (1971-1983) [J]. Journal of Travel Research, 1987, 26 (2): 15-19.
[433] Gartner C M. The Meaning and Measurement of Destination Image [J]. Journal of Tourism Studies, 1991, 2 (2): 2-12.
[434] Gartner L. Image Formation Process [A]. In Communication and Channel Systems in Tourism Marketing [C]. edited by Muzaffer Uysal and Daniel R. Fesenmaier. New York: Haworth, 1993: 191-215.
[435] Gartner L. Tourism Image: Attribute Measurement of State Tourism Products Using Multidimensional Techniques [J]. Journal of Travel Research, 1989, 28 (Fall): 16-20.
[436] Gartner W C. Image Formation Process [J]. Journal of Travel and Tourism Marketing, 1993, 2 (3): 191-215.
[437] Gartner W C. Temporal Influences on Image Change [J]. Annals of Tourism Research, 1986 (13): 635-644.
[438] Gartner W C. Tourism Image: Attribute Measurement of State Tourism Products Using Multidimensional Scaling Techniques [J]. Journal of Travel Research, 1989, 28 (2): 16-20.
[439] Gartner W C. Image Formation Process [J]. Journal of Travel and Tourism Marketing, 1993 (2): 199-212.
[440] Gavan Doig. Responding to Formal Complaints about the Emergency Department: Lessons from the Service Marketing Literature [J]. Emergency Medicine Australasia, 2004 (16): 353-360.
[441] Gensch D H. Image-Measurement Segmentation [J]. Journal of Marketing Research, 1978 (15): 384-394.
[442] Georgantzas. Tourism Dynamics: Cyprus' Hotel Value Chain and Proability [J]. System Dynamics Review, 2003, 19 (3): 175-212.
[443] George Stalk Jr, Thomas M Hout. Redesign Your Organization for Time-Based Management [J]. Planning Review, 1990, 18 (1): 4-9.
[444] Gilovich T, GriffinD, KahnemanD. Heuristics and Biases [J]. Cambridge University Press, 2002: 120-138.
[445] Giraud K, Turicn B, Loomis J, et al. Economic Benefit if the Protection Programfor the Steller Sea Lion [J]. Marine Policy, 2002 (26): 451-458.
[446] Goeldner C R, Ritchie, J R B, McIntosh, R W. Tourism: Principles, Practices, Philosophies [M]. New York: John Wiley Sons, Inc, 2000.
[447] Goodall B. How Tourists Choose Their Holidays: An Analytical Framework [A] //. B. Goodall, G. Ashworth. In Marketing in the Tourism Industry: The Promotion of Destination Regions. London:

Routledge, 1990: 1-17.

[448] Goodrich J N. The Relationship between Preferences for and Perceptions of Vacation Destinations [J]. Journal of Travel Research, 1978, 16 (Fall): 8-13.

[449] GoodrichJ N. A New Approach to Image Analysis through Multidimensional Scaling [J]. Journal of Travel Research, 1977, 16 (3): 3-7.

[450] Greatorex M, Mitchell V W. Developing the Perceived Risk Concept, Emerging Issues in Marketing [A] //. Davies M et al. Proceedings of Marketing Education Group Conference, Loughborough, 1993 (1): 405-415.

[451] Green L, Fristoe N, Myerson J. Temporal Discounting and Preference Reversals in Choice Between Delayed Outcomes [J]. Psychonomic Bulletin and Review. 1994 (1): 383-389.

[452] Grosspietsch M. Perceived and Projected Images of Rwanda: Visitor and International Tour Operator Perspectives [J]. Tourism Management, 2006, 27 (2): 225-234.

[453] G S Becker. A theory of Competition Among Pressure [J]. Quarterly Journal of Economics, 1983 (3): 371-401.

[454] G S talk A Webber. Japan's Dark Side of Time [J]. Harvard Business Review, 1993 (7-8): 93-102.

[455] Gunn C. Tourism Planning [M]. New York: Taylor Francis, 1988.

[456] Gunn C. Vacationscape. Austin: Bureau of Business Research [M]. Texas, USA: University of Texas. 1992.

[457] Gursoy D, Gavcar E. International Leisure Tourists' Involvement Profile [J]. Annals of Tourism Research, 2003, 30 (4): 906-926.

[458] Gursoy D. Development of a Travelers' Information Search Behavior Model [M]. Virginia, USA: Unpublished PhD, Virginia Tech, Blacksburg, 2001.

[459] Guseman D S. Risk Perception and Risk Reduction in Consumer Services [J]. Marketing of Services, 1981: 200-204.

[460] Hair J F J, Anderson R E, Tatham R L, Black, WC. Multivariate Data Analysis (5th ed) [M]. Upper Saddle River, New Jersey: Prentice-Hall, Inc, 1998.

[461] Haiyan Song, Stephen F. Witt And Gang L I. Modelling and forecasting the Demand for Thai Tourism [J], Tourism Economics, 2003, 9 (4): 363-387.

[462] Hales C, Shams H. Cautious Incremental Consumption: A Neglected Consumer Risk Reduction Strategy [J]. European Journal of Marketing, 1990, 25 (7): 7-21.

[463] Hall C M, O Sullivan V. Tourism, Political Stability and Violence [A] //. A Pizam, Y Masfeld. Tourism, Crime, and International Security Issues. Wiley, 1996: 105-121.

[464] Han H, Hsu L T J, Sheu C. Application of the Theory of Planned Behavior to Green Hotel Choice: Testing the Effect of Environmental Friendly Activities [J]. Tourism Management, 2010, 31 (3): 325-334.

[465] HanJ, Weaver P. Communication Problems in Foreign Travel [Z]. Paper Presented at the Eighth Annual Graduate Education and Graduate Students Research Conference in Hospitality and Tourism, Las Vegas, Nevada, 2003.

[466] Hanley N, Wright R E, Alvarez-Farizo B. Estimating the Economic Value of Improvements in River

Ecology Using Choice Experiments: An Application to the Water Framework Directive [J]. Journal of Environmental Management, 2006 (78): 183 – 193.

[467] Harsha E, Chacko. Positioning a Tourism Destination to Gain a Competitive edge. Asia Pacific Journal of Tourism Research [J]. 1996, 1 (2): 65 – 79.

[468] Havlena WJ, Desarbo, W S. On the Measurement of Perceived Consumer Risk [J]. Decision Sciences, 1991 (22): 927 – 939.

[469] Héctor San Martín, Ignacio A. RodríGuez del Bosque. Exploring the Cognitive Affective Nature of Destination Image and the Role of Psychological Factors in its Formation [J]. Tourism Management, 2007 In Press.

[470] Hellier P K, Geursen G M, Carr R A, et al. Customer Repurchase Intention: A General Structural Model [J]. European Journal of Marketing, 2003, 37 (11/ 12): 1762 – 1800.

[471] Henrik Jacobsen Kleven. Optimum Taxation and the Allocation of Time [J]. Journal of Public Economics, 2004 (88): 545 – 557.

[472] Heskett J L, Jones T O, Loveman G W, et al. Putting the Service – Profit Chain to Work [J]. Harvard Business Review, 1994 (5/ 6): 164 – 174.

[473] Hess S, JM Rose. Should Reference Alternatives in Pivot Design SC Surveys be Treated Differently? [J]. Environmental and Resource Economics, 2009 (42): 297 – 317.

[474] Hofstede G. Culture's Consequences: International Differences in Work – Related Values [M]. Beverly Hills, California: Sage Publications, Inc, 1984.

[475] Hofstede G. Management Scientists Are Human [J]. Management Science, 1994, 40 (1): 4 – 13.

[476] Hofstede G. Culture's Consequences: Comparing Values, Behaviors, Institutions, and Organizations Across Nations [M]. 2nd ed. Thousand Oaks, California: Sage Publications, Inc, 2001.

[477] Hong bumm Kim. Perceived Attractiveness of Korean Destinations [J]. Annals of Tourism Research, 1998, 25 (2): 340 – 361.

[478] Howard J A. Marketing Management: Analysis and Planning (Revised ed) [M]. Homewood, Illinois: RICHARD D. IRWIN, Inc, 1963.

[479] Howell D C. Statistical methods for psychology [M]. Pacific Grove, CA: Duxbury, 2001.

[480] Hsee C K. The Evaluability Hypothesis: An Explanation for Preference Reversals Between Joint and Separate Evaluations of Alternatives [J]. Organizational Behavior and Human Decision Processes, 1996 (67): 247 – 257.

[481] Hsu C H C, Wolfe K, Kang S K. Image Assessment for a Destination wit h Limited Comparative Advantages [J]. Tourism Management, 2004, 25 (1): 121 – 126.

[482] HUANG Jen – hung, Chuang Shu – ting, Lin Yu – ru. Folk Religion and Tourist Intention Avoiding Tsunami – affected Destinations [J]. Annals of Tourism Research, 2008 (4): 1074 – 1078.

[483] Huang L, Tsai H T. The Study of Senior Traveler Behavior in Taiwan [J]. Tourism Management, 2003, 24 (5): 561 – 574.

[484] HuangaJen – hung, Jennifer C H M. Earthquake Devastation and Recovery in Tourism: the Taiwan Case [J]. Tourism Management, 2002 (23): 145 – 154.

[485] Huber, Frank, A Herrmann. The Role of Customer Value in Arriving at an Assessment of Satisfaction: Results of a Causal Analytic Study [J]. Developments in Marketing Science, 2000, 30 (1):

110-115.

[486] Huber, J W Kip Viscusi and J Bell. Reference Dependence in Iterative Choices [J]. Organizational Behavior and Human Decision Processes, 2008, 106 (2): 143-152.

[487] HudsonS, Gilbert D. Chapter eight. Tourism Constraints: the Neglected Dimensions of Consumer Behavior Research. In A G Woodside, G I Crouch, J AMazanec, M Oppermann M Y Sakai (Eds), Consumer Psychology of Tourism, Hospitality and Leisure [J]. CABI Publishing, 2000 (1): 137-154.

[488] Hui T K, Wan T W D. Singapore's Image as a Tourist Destination [J]. International Journal of Tourism Research, 2003, 5 (4): 305-313.

[489] Hurley R F, Estelami H. Alternative Indexes for Monitoring Customer Perceptions of Service Quality: a Comparative Evaluation in a Retail Context [J]. Journal of the Academy of Marketing Science, 1998, 26 (3): 209-221.

[490] Hyde K F, Lawson R. The Nature of Independent travel [J]. Journal of Travel Research, 2003 (42): 13-231.

[491] Hyounggon Kim, Sarah L Richardson. Motion Picture Impacts on Destination Images [J]. Annals of Tourism Research, 2003, 30 (1): 216-237.

[492] Ingrid Schneider, Sevil Senmez. Exploring the Touristic image of Jordan [J]. Tourism Management, 1999 (20): 539-542.

[493] Iso-Ahola, S. Toward a Social Psychological Theory of Tourism Motivation: A Rejoinder [J]. Annals of Tourism Research, 1982 (9): 156-262.

[494] J Enrique Bigné, M Isabel Sánchez, Javier Sánchez. Tourism Image, Evaluation Variables and after Purchase Behavior: Inter-relationship [J]. Tourism Management, 2001 (22): 607-616.

[495] J Joseph Cronin Jr, Steven A Taylor. Measuring Service Quality: A Reexamination and Extension [J]. The Journal of Marketing, 1992, 56 (3): 55-68.

[496] Jacob Jacoby, Leon B Kaplan. The Components of Perceived Risk [J]. Association for Consumer Research, 1972: 382-393.

[497] Jacowitz KE, Kahneman D. Measures of Anchoring in Estimation Tasks [J]. Personality and Social Psychology Bulletin, 1995 (21): 1161-1166.

[498] Jacquelyns Thomas, Robert C Blattberg, Edward J Fox. Recapturing Lost Customers [J]. Journal of Marketing Research, 2004.

[499] Jakobsson, Andrew K Dragun. The Worth of a Possum: Valuing Species with the Contingent Valuation Method [J]. Environmental and Resource Economics, 2001, 19 (3): 211-227.

[500] Jang S C S, Feng R. Temporal Destination Revisit Intention: The Effects of Novelty Seeking and Satisfaction [J]. Tourism Management, 2007, 28 (2): 580-590.

[501] Jasper C R, Ouellette S. Consumers' Perceptions of Risk and the Purchase of Apparel from Catalogs [J]. Journal of Direct Marketing, 1994 (8): 23-36.

[502] Javalgi R G, E G Thomas, S R Rao U S. Pleasure Travelers'Perceptions of Selected European Destinations [J]. European Journal of Marketing, 1992, 26 (7): 45-64.

[503] JC Henderson. Tourism Crises: Causes, Consequences and Management [M]. Oxford: Elsevier-Butterworth-Heinemann, 2007.

[504] Jeng J, Fesenmaier D. Conceptualizing the Travel Decision-Making Hierarchy: a Review of Recent De-

velopments [J]. Tourism Analysis, 2002 (7): 15-32.

[505] Jeng JM. Exploring the Travel Planning Hierarchy, an Interactive Web Experiment [D]. Champaign: Unpublished PhD, Univeristy of Illinois at Urbana-Champaign, Urbana-Champaign, 2000.

[506] Jen-Hung Huanga, Jennifer CH Min. Earthquake Devastation and Recovery in Tourism: the Taiwan case [J]. Tourism Management, 2002 (23): 145-154.

[507] Jennifer CH Min. Strategies for Inbound Tourism Recovery from a Catastrophe: The Case of Severe Acute Respiratory Syndrome in Taiwan [J]. Contemporary Management Research, 2007 (3): 253-266.

[508] JiangJ, Havitz M E, O'Brien, R M. Validating the International Tourist Role Scale [J]. Annals of Tourism Research, 2000, 27 (4): 964-981.

[509] Jillian C Sweeney, Geoffrey N Soutar. Consumer Perceived Value: The Development of a Multiple Item Scale [J]. Journal of Retailing, 2001 (77): 203-220.

[510] Joan C. Henderson. Communicating in a Crisis: Flight SQ 006 [J]. Tourism Management, 2003 (24): 279-287.

[511] Johnson, Eric J, David A Schkade. Bias in Utility Assessments: Further Evidence and Explanations [J]. Management Science, 1989 (35): 406-424.

[512] John T Coshall. Measurement of Tourists' Images: The Repertorygrid Approach [J]. Journal of Travel Research, 2000, 38 (Aug): 85-89.

[513] Joreskog Karl G, Dag Sorbom. Lisrel 8, a Guid to the Program and Applications [M]. Chicago: SPSS Inc, 1983: 294-295.

[514] Jorgenson B S, Wilson MA, Heberlein TA. Fairness in the Contingent Valuation of Environmental Public Goods: Attitude Toward Paying for Environmental Improvements at two Levels of Scope [J]. Ecological Economics, 2001, 36 (1): 133-148.

[515] Joseph S Chen, Muzaffer Uysal. Market Positioning Analysis: A Hybrid Approach [J]. Annals of Tourism Research, 2002, 29 (4): 987-1003.

[516] Joseph S Chen. A Case Study of Korean Outbound Travelers'Destination Images by Using Correspondence Analysis [J]. Tourism Management, 2001 (22): 345-350.

[517] Joseph Sirgy, Chenting Su. Destination Iimage, Self-congruity, and Travel Behavior: Toward an Integrative Model [J]. Journal of Travel Research, 2000, May: 340-352.

[518] Juan L Eugenio-Martina, M Thea Sinclaira, Ian Yeoman. Quantifying the Effects of Tourism Crises: An Application to Scotland [J]. Journal of Travel and Tourism Marketing, 2005, 19 (3): 21-34.

[519] Julie L Andsager, Jolanta A Drzewiecka. Desirability of Differences in Destination [J]. Annals of Tourism Research, 2002, 29 (2): 401-421.

[520] Julien Mercille. Media Effects on Image: The Case of Tibet [J]. Annals of Tourism Research, 2005, 32 (4): 1039-1055.

[521] Juster, F Thomas, Stafford, Frank P. The Allocation of Time: Empirical Findings, Behavioral Models, and Problems of measurement [J]. Journal of Economic Literature, 1991, (29) 2: 471-522.

[522] Kahneman D, Tversky A. Prospect Theory: An Analysis of Decision Under Risk [J]. Econometrica, 1979, 47 (2): 263-291.

[533] Kahnemann, Daniel, Amos Tversky. Prospect Theory: An Analysis of Decision Under Risk [J]. Econometrica, 1979, 47 (2): 263-292.

[524] Kaiser H F. An Index of Factorial Simplicity [J]. Psychometrika, 1974 (39): 31-36.
[525] KaplanL B, Szybillo G J, Jacoby J. Components of Perceived Risk in Product Purchase: a Cross - Validation [J]. Journal of Applied Psychology, 1974, 59 (3): 287-291.
[526] Kashyap R Bojanic, D C. Astructural Analysis of Value, Quality and Price Perceptions of Business and leisure Travelers [J]. Journal of Travel Research, 2000 (39): 45-51.
[527] Kee - Hong Bae, Wei Wang. What's in a "China" Name? A Test of Investor Sentiment Hypothesis [J]. working paper, 2010.
[528] Kelly J Mackay, Daniel R Fesenmaier. Pictorial Element of Destination in Image Formation [J]. Annals of Tourism Research, 1997, 24 (3): 537-565.
[529] Kelly J. Mackay, Christine M Could well. Using Visitor - Employed Photography to Investigate Destination Image [J]. Journal of Travel Research, 2004, 42 (5): 390-396.
[530] Keng K A, Cheng J L L. Determining Tourist Role Typologies: An Exploratory Study of Singapore Vacationers [J]. Journal of Travel Research, 1999 (37): 382-390.
[531] Kenji Kutsuna, Janet Kiholm, Smith Richard, L Smith. Public Information, IPO Price Formation, and Long - run Returns: Japanese Evidence [J]. The Journal of Finance, 2007 (64): 505-546.
[532] Kim H, Richardsons L. Motion Picture Impacts on Destination Images [J]. Annals of Tourism Research, 2003, 30 (1): 216-237.
[533] Kim S S, Guo Y, Agrusa J. Preference and Positioning Analyses of Overseas Destinations by Mainland Chinese Outbound Pleasure Tourists [J]. Journal of Travel Research, 2005, 44 (2): 212-220.
[534] Kim S, Yoon Y. The Hierarchical Effects of Affective and Cognitive Components on Tourism Destination Image [J]. Journal of Travel and Tourism Marketing, 2003, 14 (2): 1-22.
[535] Kimenju S C, Ulrich B M, Hugo D G. Comparing Contingent Valuation Method, Choice Rxperiments and Experimental Auctions in Soliciting Consumer Preference for Maize in Western Kenya: Preliminary Results [C]. Nairobi: African Econometric Society 10th Annual Conference on Econometric Modeling in Africa, 2005: 6-8.
[536] Kirby K N, Herrnstein R J. Preference Reversals Due to Myopic Discounting of Delayed Reward [J]. Psychological Science, 1995, 6 (2): 83-89.
[537] Klenosky D B. The "Pull" of Tourism Destinations: A Means - End Investigation [J]. Journal of Travel Research, 2002 (40): 385-395.
[538] Knight F H. Risk, Uncertainty and Profit [M]. Boston, MA: Houghton - Mifflin, 1948.
[539] Knight Don, Cathy C Durham, Edwin A Locke. The Relationship of Team Goals, Incentives, and Efficacy to Strategic Risk, Tactical Implementation, and Performance [J]. The Academy of Management Journal, 2001, 44 (2): 326-338.
[540] Kondraschow R. The Lessons of Disaster [J]. Journal of Retail and Leisure Property, 2006 (5): 204-211.
[541] Kotler P, Bowen J, Makens J. Marketing for Hospitality and Tourism [M]. New Jersey: Prentice Hall, 1996.
[542] Kotler P, D H Haider, I Rein. Marketing Places: Attracting Investment, Industry, and Tourism to Cities, States, and Nations [M]. New York: Free Press, 1993.
[543] Kotler P, H Barich. A Framework for Marketing Image Management [J]. Sloan Management Review,

1991, 32 (2): 94 -104.
[544] Kristensen H, G ärlingT. Anchor Points, Reference Points, and Counter Offers in Negotiations [J]. Group Decision and Negotiation, 2000 (9): 493 -505.
[545] Lam T, Hsu C H C. Predicting Behavioral Intention of Choosing a Travel Destination [J]. Tourism Management, 2006, 27 (4): 589 -599.
[546] Lambert Z V. Perceptual Patterns, Information Handling, and Innovativeness [J]. Journal of Marketing Research, 1972 (9): 427 -431.
[547] Lancaster K. A New Approach to Consumer Theory [J]. Journal of Political Economy, 1966 (74): 132 -157.
[548] LaPierre. Customer - Pereeived ValueinIndustrial Contexts [J]. Journalof Business and Industrial Marketing, 2000, 15 (2): 122 -140.
[549] Laroche M, McDougall, G H G, Bergeron J, Yang Z. Exploring How Intangibility Affects Perceived Risk [J]. Journal of Service Research, 2004, 6 (4): 373 -389.
[550] Laroche Michel, Chankon Kim, Lianxi Zhou. Brand Familiarity and Confidence Determinants of Purchase Intention: An Empirical Test in a Multiple Brand Coniext [J]. Journal of Business Research, 2001 (37): 15 -120.
[551] Layton D, G Brown. Heterogenous Preferences Regarding Global Climate Change [J]. Review of Economics and Statistics, 2000 (82): 616 -624.
[552] Leah Cioccio, Ewen J Michael. Hazard or Disaster: Tourism Management for the Inevitable in Northeast Victoria [J]. Tourism Management Volume 28, Issue 1, February 2007: 1 -11.
[553] Lee C K, Crompton J. Korea's Destination Image Formed by the 2002 World Cup [J]. Annals of Tourism Research, 2005, 32 (4): 839 -858.
[554] Lee G, O'Leary J T, Lee S, Morrison A. Comparison and Contrast of Push and Pull Motivational Effects on Trip Behavior: an Application of a Multinomial Logistic Regression Model [J]. Tourism Analysis, 2002 (7): 89 -104.
[555] Lee T - H, Crompton J. Measuring Novelty Seeking in Tourism [J]. Annals of Tourism Research, 1992 (19): 732 -751.
[556] Leea Choong Ki, Hanb Sang Yoel. Estimating the Use and Preservation Values of National Parks'Tourism Resources Using a Contingent Valuation Method [J]. Tourism Management, 2002 (23): 531 -540.
[557] Lehtonen E, Kuuluvainen J, Pouta E, et al. Non - market Benefits of Forest Conservation in Southern Finland [A] //. Environmental Science Policy, 2003 (6): 195 -204. Holmes T P, Bergstrom J C, Huszar E, et al. Contingent Valuation, net Marginal Benefits, and te Scale of Riparia Ecosystem Restoration [J]. Ecol Econ, 2004 (49): 421 -429.
[558] Lepp A, Gibson H. Tourist Roles, Perceived Risk and International Tourism [J]. Annals of Tourism Research, 2003, 30 (3): 606 -624.
[559] Lewis, Barbara R. Service Quality: An International Comparison of Bank Customers'Expectations and Perceptions [J]. Journal of Marketing Management, 1991, 7 (1): 47 -62.
[560] Lichtenstein, Donald R, Nancy M Ridgway, Richard G. Netemeyer. Price Perceptions and Consumer Shopping Behavior: A Field Study [J]. Journal of Marketing Research, 1993 (30): 234 -245.
[561] Lindh C. Decision Processes in Discretionary Long - Range Travel [M]. Stockholm, Sweden: Royal

Institute of Technology, 1998: 16.
[562] Liping A Cai. Cooperative Branding for Rural Destination [J]. Annals of Tourism Research, 2002, 29 (3): 720-742.
[563] Loomes, Graham, Robert Sugden. Regret Theory and Measurable Utility Theory [J]. Economics Letters, 1983 (12): 19-22.
[564] Loomis J B, Kent P, Strange L, et al. Measuring the Total Economic Value of Restoring Ecosystem Services in an Impaired River Basin: Results from a Contingent Valuation survey [J]. Ecological Economics, 2000 (33): 103-117.
[565] Loomis J B, Walsh R G. Recreation Economic Decisions: Comparing Benefits and Costs (2nd) [M]. Edmonton Venture Publishing Inc, 1997.
[566] Loomis J B. Contingent Valuation Methodology and the US Institutional Framework [A] //. Bateman I J, WillisKG, eds. Valuing Environmental Preferences: Theory and Practice of the Contingent Valuation Method in the US, EUand Developing Countries. NewYork: Oxford University Press, 1999: 613-62.
[567] Loomis J B. Counting on Recreation Use Data: A Call for Long-Term Monitoring [J]. Journal of Leisure Research, 2000, 32 (1): 93-96.
[568] Lue C C, JL Crompton, W P Stewart. Evidence of Cumulative Attraction in Multidestination Recreational Trip Decisions [J]. Journal of Travel Research, 1996, 35 (Summer): 41-49.
[569] Lue C C, J L Crompton, D R Fesenmaier. Conceptualisation of Multi-Destination Pleasure Trips [J]. Annals of Tourism Research, 1993 (20): 289-301.
[570] MacKay KJ, Fesenmaier D R. Pictorial Element of Destination in Image Formation [J]. Annals of Tourism Research, 1997, 24 (3): 537-565.
[571] Madrigal R. Personal, Traveler Personality Type, and Leisure Travel Style [J]. Journal of Leisure Research, 1995, 27 (2): 125-142.
[572] Maja Konecnik, William C Gartner. Customer-Based Brand Equity for a Destination [J]. Annals of Tourism Research, 2007, 34 (2): 400-421.
[573] Manjit S Yadav, Kathleen Seiders. Is the Price Right? Understanding Contingent Processing in Reference Price Formation [J]. Journal of Retailing, 1998, 74 (3): 311-329.
[574] Manjula Chaudhary. Indias Image as a Tourist Destination —a Perspective of Foreign Tourists [J]. Tourism Management, 2000 (21): 293-297.
[575] Mansfeld Y. From Motivation to Actual Travel [J]. Annals of Tourism Research, 1992 (19): 399-419.
[576] Mark A Bonn, Sacha M Joseph, Mo Dai. International versus Domestic Visitors: An Examination of Destination Image Perceptions [J]. Journal of Travel Research, 2005, 43 (2): 294-301.
[577] Mark M Davis, Thomas E, Vollmann. A Framework for Relating Waiting Time and Customer Satisfaction in a Service Operation [J]. Journal of Services Marketing, 1990, 4 (1): 61-69.
[578] Mark Wardman. A Review of British Evidence on Time and Service Quality Valuations [J], Transportion Research, 2001 (37): 107-128.
[579] Martin Oppermann, Key-Sung Chon. Convention Participation Decision-making Process [J]. Annals of Tourism Research, 1997, 24 (1): 178-191.
[580] Martin Oppermann. Convention Destination Images: Analysis of Association Meeting Planners, Percep-

tions [J]. Tourism Management, 1996, 17 (3): 175-182.
[581] Martin Selby, Nigel J Morgan. Reconstruing Place Image: a Case Study of its Role in Destination Market Research [J]. Tourism Management, 1996, 17 (4): 287-294.
[582] Martina G Gallarza, Irene Gil Saura, Haydée Calderón García. Destination Image: Towards a Conceptual Framework [J]. Annals ofTourism Research, 2002, 29 (1): 56-78.
[583] Mathieson A, Wall G. Tourism: Economic, Physical and Social Impacts [M]. New York: Longman Inc, 1982.
[584] Mayo E J, L P Jarvis. The Psychology of Leisure Travel [M]. Boston: CBI. 1981.
[585] Mazanec M Oppermann M, Y Sakai. Consumer Psychology of Tourism, Hospitality and Leisure [J]. CABI Publishing, 2000 (1): 137-154.
[586] MazurskyD. Past Experience and Future Tourism Decisions [J]. Annals of Tourism Research, 1989 (16): 333-344.
[587] McCleary K W, Whitney D L. Projecting Western Consumer Attitues Toward Travel to Six Eastern European Countires [J]. Journal of International Consumer Marketing, 1994, 6 (3/4): 239-256.
[588] McClearyK W, WeaverP, Hsu C H C. The Relationship Between Leisure Travelers' Origin Country and Product Satisfaction, Value, Service Quality, and Intent to Return [N]. Working Paper, 2004.
[589] McLellan R W, K D Foushee. Negative Images of the United States as Expressed by Tour Operators from Other Countries [J]. Journal of Travel Research, 1982, 22 (Summer): 2-5.
[590] Mert Tokman, Lenita M. Davis, Katherine N Lemon. The WOW factor: Creating Value Through Win-Back Offers to Reacquire Lost Customers [J]. Journal of Retailing, 2007, 83 (1): 47-64.
[591] Michael Grosspietsch. Perceived and Projected Images of Rwanda: Visitor and InternationalTour Operator Perspectives [J]. Tourism Management, 2006 (27): 225-234.
[592] Michaelson G A. Sun Tzu Strategies for Winning the Marketing War: 12 Essential Principles for Winning the War for Customers [M]. New York: McGraw-Hill, 2003.
[593] Michaelson G A. Sun Tzu: The Art of War for Managers: New Translation With Commentary: 50 Rules for Strategic Thinking [M]. Alcoa, Tenn: Executive Excellence, 1998.
[594] Millman, Pizam, A. The Role of Awareness and Familiarity with a Destination [J]. Journal of Travel Research, 1995, 33 (3): 21-27.
[595] Milo K J, Yoder S L. Recovery From Natural Disaster: Travel Writers and Tourist Destinations [J]. Journal of Travel Research, 1991 (1): 36-39.
[596] Milton Friedman. Price Theory [M]. Chicago: University of Chicago Press, 1962.
[597] Mitchell D C, Carson RT. UsingSurveystoValue Public Goods: The Contingent ValuationMethod [M]. Washington DC: Resources for the Future, 1989.
[598] Mitchell V W. Consumer Perceived Risk: Conceptualizations and Models [J]. European Journal of Marketing, 1999 (33): 163-195.
[599] Mitchell VW, Vassos V. Perceived Risk and Risk Reduction in Holiday Purchases: A Cross-Cultural and Gender Analysis [J]. Journal of Euromarketing, 1997, 6 (3): 47-79.
[600] Mitchell VW, Davies F, Moutinho L, Vassos V. Using Neural Networks to Understand Service Risk in the Holiday Product [J]. Journal of Business Research, 1999 (46): 167-180.
[601] Mitchell, VW, Greatorex M. Consumer Purchasing in Foreign Countries: A Perceived Risk Perspective

[J]. International Journal of Advertising, 1990 (9): 295-307.

[602] MitraK, Reiss M C, Capella L M. An Examination of Perceived Risk, Information Search and Behavioral Intentions in Search, Experience and Credence Services [J]. Journal of Services Marketing, 1999, 13 (3).

[603] Mo C M, Havitz ME, Howard D R. Segmenting Travel Markets with the International Tourism Role (ITR) Scale [J]. Journal of Travel Research, 1994, 20 (2): 319-335.

[604] Money R B, Crotts J C. The Effect of Uncertainty Avoidance on Information Search, Planning, and Purchases of International Travel Vacations [J]. Tourism Management, 2003 (24): 191-202.

[605] Monreo R, Krishnan R. Perceived Quality: How Consumer View Stores and Merchandise [M]. New York: McGraw-Hill, 1985.

[606] Moutinho L. Consumer Behaviour in Tourism [J]. European Journal of Marketing, 1987, 21 (10): 5-44.

[607] Moutinho L. Vacation Tourist Decision Process [J]. The Quarterly Reiew of Marketing, 1984, 9 (spring): 8-17.

[608] Moutinho L. Consumer Behaviour in Tourism. European Journal of Marketing, 1987, 21 (10): 5-44.

[609] Moutinho L. Strategic Management in Tourism [M]. New York: CABI Publishing, 2000.

[610] Munger Grewal. The Effects of Alternative Price Promotional Methods on Consumers Product Evaluations and Purchase Intentions [J]. The Journal of Product and Brand Management, 2001, 10 (3): 185-197.

[611] Murphy P, Pritchard M P, Smith B. The Destination Product and it Simpact on Traveler Perceptions [J]. Tourism Management, 2000, 21 (1): 43-52.

[612] Murphy R Tourism. A Community Approach [M]. New York: Methuen, 1985.

[613] Murry K B, John L S. The Impact of Services Versus Goods on Consumers' Assessment of Perceived Risk and Variability [J]. Journal of the Academy of Marketing Sciences, 1999 (18): 51-65.

[614] Murry K B. A test of Services Marketing Theory: Consumer Information Acquisition Activities [J]. Journal of Marketing, 1991 (55): 10-25.

[615] Mussweiler T, Strack F, Pfeiffer T. Overcoming the Inevitable Anchoring Effect: Considering the Opposite Compensates for Selective Accessibility [J]. Personality and Social Psychology Bulletin, 2000 (26): 1142-1150.

[616] Mussweiler T, Strack F. Comparing is Believing: A Selective Accessibility Model of Judgmental Anchoring. In W Stroebe and M Hewstone (Eds.), European Review of Social Psychology [M]. Chichester, England: Wiley, 1999 (10).

[617] Mussweiler T, Strack F. Numeric Judgments Under Uncertainty: The Role of Knowledge in Anchoring [J]. Journal of Experimental Social Psychology, 2000 (36): 495-518.

[618] Mussweiler T, Strack F. The Use of Category and Exemplar Knowledge in the Solution of Anchoring Tasks [J]. Journal of Personality and Social Psychology, 2000, 78 (6): 1038-1052.

[619] Mussweiler T, StrackF. Hypothesis-Consistent Testing and Semantic Priming in the Anchoring Paradigm: A Selective Accessibility Model [J]. Journal of Experimental Social Psychology, 1999 (35): 136-164.

[620] Mussweiler T, Neumann R. Sources of mental contamination: Comparing the effects of self – generated versus externally – provided primes [J]. Journal of Experimental Social Psychology, 2000 (36): 194 – 206.

[621] Muzaer Uysal, Joseph S Chen, Daniel R Williams. Increasing State Market Share Through a Regional Positioning [J]. Tourism Management, 2000 (21): 89 – 96.

[622] Myron F Floyd, H Gibson, Lori PBrijesh T. The Effect of Risk Perceptions on Intentions to Travel in the Aftermath of September 11, 2001 [J]. Journal of Travel and Tourism Marketing, 2003 (15): 19 – 38.

[623] Nickerson N P, Ellis G D. Traveler Types and Activation Theory: A Comparison Of Two Models [J]. Journal of Travel Research (Winter), 1991, 29 (3): 26 – 31.

[624] Nicolau J L, Mas F J. Stochastic Modeling: A Three – Stage Tourist Choice Process [J]. Annals of Tourism Research, 2005, 32 (1): 49 – 69.

[625] Niininen, Outi Gatsou, Maria. Crisis Management For Tourism – A Case Study Of The Greek Passenger Shipping Industry [J]. Journal of Travel and Tourism Marketing, 2007, 23 (2 – 4): 191 – 202.

[626] Nina K. Prebensen. Exploring tourists'Images of a Distant Destination [J]. Tourism Management, 2007 (28): 747 – 756.

[627] Nirundon Tapachai, Robert Waryszak. An Examination of the Role of Beneficial Image in Tourist Destination Selection [J]. Journal of Travel Research, 2000, 39 (8): 37 – 44.

[628] Nishizawa E, Kurokawa T, Yabe M. Policies and Resident's Willingness to Pay for Restoring the Ecosystem Damaged by Alien Fish in Lake Biwa, Japan [J]. Environmental Science Policy, 2006 (9): 448 – 456.

[629] Norman W C. The Influence of Perceived Constraints on the Generic Travel. Unpublished Ph [D]. Minnesota: University of Minnesota, 1995.

[630] Nunnally J C. Psychometric theory [M]. New York: McGraw – Hill, 1978: 103.

[631] Nunnally J C. Introduction to Statistics for Psychology and Education [M]. New York: McGraw – Hill, Inc, 1975.

[632] Núria GalíEspelt, JoséAntonio Donaire Benito. The Social Construction of the Image of Girona : A Methodological Approach [J]. Tourism Management, 2005 (26): 777 – 785.

[633] OH H. Diners' Perceptions of Quality, Value and Satisfaction [J]. Cornell Hotel and Restaurant Administration Quarterly, 2000, 41 (3): 58 – 66.

[634] Oliver R L. Conceptual Issues in the Structural Analysis of Consumption Emotion, Satisfaction, and Quality: Evidence in A Service Setting [J]. Advances in Consumer Research, 1994 (21): 16 – 24.

[635] Oliver R L. A Cognitive Model for the An Tendents and Consequences of Satisfaction Decisions [J]. Journal of Marketing Research, 1980 (27): 460 – 469.

[636] Oppermann M. Convention Destination Images : Analysis of Association Meeting Planners' Perceptions [J]. Tourism Management, 1996, 17 (3): 175 – 182.

[637] Paritosh P K, Klenk M E. Cognitive Processes in Quantitative Estimation: Analogical Anchors and Causal Adjustment [C]. Mahwah: In the Proceedings of the 28th Annual Conference of the Cognitive Science Society, Vancouver, 2006.

[638] Patric R Spence, Kenneth A. Lachlan and Donyale R. Griffin. Crisis Communication, Race, and Natu-

ral Disasters [J]. Journal of Black Studies, 2007 (37): 539.
[639] Pearce P L. The Social Psychology of Tourist Behavior [M]. New York: Pergamon Press Inc., 1982.
[640] Pearce P L. Perceived Changes in Holiday Destinations [J]. Annals of Tourism Research, 1982 (9): 145-164.
[641] Pedro Moreira. Journal of Travel and Tourism Marketing [J]. Binghamton, 2007, 23 (2/3/4): 15.
[642] Pedro Moreira. Stealth Risks and Catastrophic Risks: On Risk Perception and Crisis Recovery Strategies [J]. Journal of Travel & Tourism Marketing, 2007, 23 (2-4): 15-27.
[643] Peggy O, Shitlds. Customer Correspondence: Corporate Responses and Customer Reactions [J]. Marketing Management Journal, Fall, 2006: 155-170.
[644] Perugini M, Bagozzi R P. The Role of Desires and Anticipated Emotions in Goal - Directed Behaviours: Broadening and Deepening the Theory of Planned Behaviour [J]. British Journal of Social Psychology, 2001, 40 (1): 79-98.
[645] Peter J P, RyanM J. An Investigation of Perceived Risk at the Brand Level [J]. Journal of Marketing Research, 1976 (13): 184-188.
[646] Peters M, Pikkemaat B. Crisis Management in Alpine Winter Sports Resorts - The 1999 Avalanche Disaster in Tyrol [J]. Journal of Travel and Tourism Marketing, 2005, 19 (2/3): 9-20.
[647] Petrick J F. The Roles of Quality, Perceived Value and Satisfaction in Predicting Cruise Passengers' Behavioral Intentions [J]. Journal of Travel Research, 2004, 42 (4): 397-407.
[648] Phelps A. Holiday Destination Image - The Problems of Assessment: An Example Developed in Menorca [J]. TourismManagement, 1986, 7 (3): 168-180.
[649] Phetvaroon K. Application of the Theory of Planned Behavior to Select a Destination After a Crisis: A Case Study of Phuket, Thailand [D]. Oklahoma: Oklahoma State University, 2006.
[650] Philip. Kotler Reconcep Tualizing Marketing: An Interview with Philip Kotler [J]. European Management Journal, 1994, 12 (4): 353-361.
[651] Pike S. Destination Image Analysis: A Review of 142 Papers from 1973 to 2000 [J]. Tourism Management, 2002, 23 (5): 541-549.
[652] Pinhey T K, Iverson T J. Safety Concerns of Japanese Visitors to Guam [J]. Journal ofTravel Tourism Marketing, 1994, 3 (2): 87-94.
[653] Plog S. Developing and Using Psychographics in Tourism Research [M] // Britchie J R B Goeldner C R (Eds). Travel, Tourism, and Hospitality Research: a Handbook for Managers and Researchers (2nd ed). New York John Wiley Sons, Inc, 1994.
[654] Plog S. Leisure Travel: A Marketing Handbook. Upper Saddle River [M]. New Jersey: Pearson Prentice Hall, 2004.
[655] Plog S. Vacation Places Rated [M]. Redondo Beach, California: Fielding Worldwide, Inc., 1995.
[656] Plog S. A Carpenter's Tools: An Answer to Stephen LJ. Smith's Review of Psychocentrism/Allocentrism [J]. Journal ofTravel Research, 1990, 28 (4): 43-45.
[657] Plog S. Leisure Travel: Making it a Growth Market... Again! [M]. New York: John Wiley SonsInc., 1991.
[658] Plog S. The Power of Psychographics and the Concept of Venturesomeness [J]. Journal of Travel Research, 2002 (40): 244-251.

[659] Po-Ju Chen, Deborah L Kerstetter. International Students' Image of Rural Pennsylvania as a Travel Destination [J]. Journal of Travel Research, 1999, 29 (Feb): 256-266.

[660] Pongsak Hoontakul, Jukka M Laitamaki. Tourism Crisis Management Framework: The Thai Experience. "Tourism Crises Management Model: The Thai Experience" [J]. Jukka Laitamaki, New York University (NYU), 2007.

[661] Post Crisis Recovery. The Case of After Cyclone Larry Bruce Prideaux, Alexandra Coghlan, Fay Falco-Mammone [J]. Journal of Travel and Tourism Marketing. Binghamton, 2007, 23 (2/3/4): 163.

[662] Prentice R. The Distant Familiar? Young British Adults Imaginings of Australia [A] // Riding the Wave of Tourism and Hospitality Research. Southwale: Southern Cross University, 2003.

[663] Prentice R. Tourist Familiarity and Imagery [J]. Annals of Tourism Research, 2004, 31 (4): 923-945.

[664] QuirogaI. Characteristics of Package Tours in Europe [J]. Annals of Tourism Research, 1990 (17): 185-207.

[665] Rambonilaza M, Dachary-Bernard J. Land-use Planning and Public Preferences: What can We Learn from Choice Experiment Method [J]. Landscape and Urban Planning, 2007 (83): 318-326.

[666] Randall A, Ives B, Eastman C. Biddinggames for Valuation of Aesthetic EnvironmentalImprovements [J]. Journalof Environmental Eco-nomics and Management, 1974 (1): 132-149.

[667] Randall A. A Difficulty with the Travel Cost Method [J]. Land Economics, 1994, 70 (1): 88-96.

[668] Randolph E. Bucklin, Sunil Gupta and S. Siddarth. Determining Segmentation in Sales Response AcrossConsumer PurchaseBehaviors [J]. Journal of Marketing Research, 1998, 35 (2): 189-197.

[669] Raymond Yeh, Keri Pearlson, George KozmeLsky. Zero Time TM: Providing Instant Customer Value Every Time, All the Time [M]. Chichester: John Wiley&Sons, 2000.

[670] Raza I. Heads in Beds: Hospitality and Tourism Marketing [M]. Upper Saddle River, New Jersey: Pearson Prentice Hall, 2004.

[671] REAS Kondraschow. The Lessons of Disaster [J]. Journal of Retail and Leisure Property, 2006 (5): 204-211.

[672] Organization Recommendations on Tourism Statistics [Z]. New York: United Nations, 1994.

[673] Reimer G D. Packaging Dreams [J]. Annals of Tourism Research, 1990 (17): 501-512.

[674] Reuben Gronau, Leisure. Home Production, and Working---the Theory of the Allocation of Time Revisited [J]. Journal of Political Economy, 1977, 85 (6): 1099-1123.

[675] Richter L K. International Tourism and Its Global Public Health Consequences [J]. Journal of Travel Research, 2003 (41): 340-347.

[676] Ritchie, Brent W. Dorrell, Humphrey; Miller, Daniela; Miller, Graham A. Crisis Communication and Recovery for the Tourism Industry: Lessons from the 2001 Foot and Mouth Disease Outbreak in the United Kingdom [J]. Journal of Travel and Tourism Marketing, 2003, 15 (2/3): 199-216.

[677] Ritchie, C R Goeldner. Travel, Tourism, and hospitality Research: A Handbook for Managers and Researchers [M]. 2nd ed. New York: John Wiley Sons, Inc., 1994.

[678] RittichainuwatB N, SonmezS. Thailand's International Travel Image: Mostly Favorable [J]. The Cornell Hotel and Restaurant Administration Quarterly, 2001, 42 (2): 82-95.

[679] Robbennolt J K, Studebaker C A. Anchoring in the Courtroom: The Effects of Caps on Punitive Damages [J]. Law and Human Behavior, 1999 (23): 353-373.

[680] Robert Waryszak. An Examination of the Role of Beneficial Image in Tourist Destination Selection [J]. Journal of Travel Research, 2000 (8): 37-44.

[681] Robinson J P, Shaver P R, Wrightsman L S. Criteria for Scale Selection and Evaluation [M] // J P Robinson, P R Shaver, L SWrightsman (Eds). Measures of Personality and Social Psychological Attitudes [M]. San Diego, California: Academic Press, Inc., 1991: 1-16.

[682] Roehl W S, Fesenmaier D R. Risk Perceptions and Pleasure Travel: An Exploratory Analysis [J]. Journal of Travel Research, 1992: 17-26.

[683] Roehl WS. A Typology of Risk in Vacation Travel [Z]. Unpublished Ph. D., Texas AM University, College Station, 1988.

[684] Roselius T. Consumer Rankings of Risk Reduction Methods [J]. Journal of Marketing, 1971 (35): 56-61.

[685] Roy Brouwer, Ian J Bateman. Benefits Transfer of Willingness to Pay Estimates and Functions for Health - Risk Reductions: a Cross - Country Study [J]. Journal of Health Economics, 2005 (24): 591-611.

[686] Russell J A, G Pratt. A Description of Affective Quality Attributed to Environment [J]. Journal of Personality and Social Psychology, 1980, 38 (2): 311-322.

[687] Russell J A, J Snodgrass. Emotion and Environment [A] // D Stockols, LAltman. Handbook of Environmental Psychology [M]. New York: John Wiley, 1987: 245-280.

[688] Russell J A, L M Ward, G Pratt. Affective Quality Attributed to Environments: A Factor Analytic Study [J]. Environment and Behavior, 1981, 13 (3): 259-288.

[689] Russell J A. A CircumplexModel of Affect [J]. Journal of Personality and Social Psychology, 1980, 39 (6): 1161-1178.

[690] Ryan C. From the Psychometrics of Servqual to Sex: Measurementsof Tourist Satisfaction [M] // Pizama, Mansfeld Y. Consumer Behaviourin Travel and Tourism [M]. New York: The Haworth Hospitality Press, 1999.

[691] Ryan M, J Hughes. Using Conjoint Analysis to Assess Women's Preferences for Miscarriage Management [J]. Health Economics, 1997 (6): 261-273.

[692] Sajaniemi P. Impacts of Natural Disaster on Tourism: the Case of 26th December 2004 Tsunami [J]. Annals of Tourism Research, 2008 (4): 1078-1082.

[693] Salah S Hassan. Determinants of Market Competitiveness in an Environmentally Sustainable Sourism Industry [J]. Journal of Travel Research, 2000 (2): 239-245.

[694] Samuel Seongseop Kim, Alastair M Morrsion. Change of Images of South Korea among Foreign Tourists after the 2002 FIFA World Cup [J]. Tourism Management, 2005 (26): 233-247.

[695] Samuelson, William, Richard Zeckhauser. Status Quo Bias in Decision Making [J]. Journal of Risk and Uncertainty, 1988 (1): 7-59.

[696] Scarpa, Riccardo, Silvia Ferrini, Kenneth Willis. " Performance of Error Component Models for Status - Quo Effects in Choice Experiments. " In Applications of Simulation Methods in Environmental and Resource Economics [J]. Riccardo Scarpa and Anna Alberini. Dordrecht: Springer, 2005.

[697] Schewe C D, Calantone R J. Psychographic Segmentation of Tourists [J]. Journal of Travel Research, 1977, 16 (3): 14-20.

[698] Schiffman L G, Kanuk L L. Consumer Behavior [M]. Englewood Cliffs, NJ: PrenticeHall, 1994.

[699] Schkade D, Kahneman D, Sunstein C. Assessing Punitive Damages [J]. Yale Law Journal, 1998 (107): 2071-2153.

[700] Schmoll GA. Tourism Promotion: Marketing Background, Promotion Techniques and Promotion Planning Methods [M]. London: Tourism International Press, 1977.

[701] Schneider I, Sonmez S. Exploring the Touristic Image of Jordan [J]. Tourism Management, 1999, 20 (4): 539-542.

[702] Seddighi H R, NuttallM W, Theocharous A L. Does Cultural Background of Tourists Influence the Destination Choice? An Empirical Study with Special Reference to Political Instability [J]. Tourism Management, 2001, 22 (2): 181-191.

[703] Sehmidhauser, H Neue Erkenntnisse UIber Gesetzmassig Keiten Bei Der Wahl Des Reiseziels [J], Jahrbuch Fur Fremdenverker, 1976 (24-25): 86-102.

[704] Sevil F Snmez. Tourism, Terrorism, and Political Instability [J]. Annals of Tourism Research, 1998, 25 (2): 416-456.

[705] Seyhmus Baloglu, Ken W McCleary. A Model of Destination Image Formation [J]. Annals of Tourism Research, 1999, 26 (4): 868-897.

[706] Seyhmus Baloglu, David Brinberg. Affective Images of Tourism Destinations [J]. Journal of Travel Research, Spring 1997: 11-14.

[707] Seyhmus Baloglu, Ken W McCleary. U. S. International Pleasure Travelers'Images of Four Mediterranean Destinations: A Comparison of Visitors and Non-visitors [J]. Journal of Travel Research, 1999 (11): 144-152.

[708] Seyhmus Baloglu, Mehmet Mangaloglu. Tourism Destination Images of Turkey, Egypt, Greece, and Italy as Perceived by US-based Tour Operators and Travel Agents [J]. Tourism Management, 2001 (22): 1-9.

[709] Sheldon P J, MakJ. The Demand for Package Tours: A Mode Choice Model [J]. Journal of Travel Research, 1987, 25 (3): 13-17.

[710] Sheth JN, Newman BI, Gross BL. Why We Buy What We Buy: a Theory of Consumption Values [J]. Journal of Business Research, 1991 (22): 159-170.

[711] Sheth J N, Newman B I, Gross B L. Consumption Values and Market Choices: Theory and Application [M]. Cincinnati, OH: Southwestern Publishing, 1991: 44.

[712] Shin H C. The Hierarchical Effects of Perceived Constraining Attributes Influencing Tourists' Travel Decision Process [D]. Pennsylvania: The Pennsylvania State University, 1998.

[713] Simon S M, Ng T F. Customers' Risk Perceptions of Electronic Payment Systems [J]. International Journal of Bank Marketing, 1994, 12 (8): 26-38.

[714] Sinead O 'Leary, Jim Deegan. Ireland's Image as a Tourism Destination in France: Attribute Importance and Performance [J]. Journal of Travel Research, 2005, 43 (2): 247-256.

[715] Sjoberg L. The Risks of Risk Analysis [J]. ActaPsychologica, 1980 (45): 301-321.

[716] Skelly G U, W J Lundstrom. Male Sex Roles in Magazine Advertising, 1959-1979 [J]. Journal of

Communication, 1981, 31 (4): 52 -57.

[717] Smith K V. Nonmarket Valuation of Environmental Resources: An Interpretive Appraisal [J]. Land Economics, 1993, 69 (1): 1 -26.

[718] Smith S L J. Tourism Analysis: A Handbook [M]. 2nd ed. Essex, England: Longman, 1995.

[719] Smith S L. A Test of Plog'sAllocentric/ Psychocentric Model: Evidence from Seven Nations [J]. Journal of Travel Research, 1990, 28 (4): 40 -43.

[720] Snepenger D J. Segmenting the Vacation Market by Novelty - Seeking Role [J]. Journal of Travel Research, 1987, 26 (2): 8 -14.

[721] Sondergaard HelleAlsted, Grunert Klaus G, Scholderer Joachim. Consumer Attitudes to Enzymes in Food Production [J]. Trends in Food Science Technology, 2005 (16): 466 -474.

[722] Sonmez S F, Graefe A R. Influence of Terrorism Risk on Foreign Tourism Decisions [J]. Annals of Tourism Research, 1998, 25 (1): 112 -144.

[723] Sonmez S F, Graefe A R. Determining Future Travel Behavior from Past Travel Experience and Perceptions of Risk and Safety [J]. Journal of Travel Research, 1998, 37 (2): 171 -178.

[724] Sonmez S F. An Exploratory Analysis of the Influence of Personal Factors on International Vacation Decisions within the Context of Terrorism and/or Political Instability Risk [D]. Pennsylvania: The Pennsylvania State University, Univeristy Park, 1994.

[725] SoojinChoi, Xinran Y Lehto, Alastair M Morrison. Destination Image Representation on the Web: Content Analysis of Macau Travel Related Websites [J]. Tourism Management, 2007 (28): 118 -129.

[726] Sparks B, Pan G W. Chinese Outbound Tourists: Understanding Their Attitudes, Constraints and Use of Information Sources [J]. Tourism Management, 2009, 30 (4): 483 -494.

[727] Sparks B. Planning a Wine Tourism Vacation? Factors That Help to Predict Tourist Behavioural Intentions [J]. Tourism Management, 2007, 28 (5): 1180 -1192.

[728] Sproles G B. The Concept of Quality and the Efficiency of Markets: Issues and Comments [J]. Journal of Consumer Research, 1986, 13 (6): 146 -148.

[729] Srull T. The Role of Prior Knowledge in the Acquisition, Retention, and Use of New Information [J]. Advances in Consumer Research, 1983 (10): 572 -576.

[730] Stepchenkova S, Morrison A M. Russia's Destination Image Among American Pleasure Travelers: Revisiting Echtner and Ritchie [J]. Tourism Management, 2008, 29 (3): 548 -560.

[731] Steve Pike. Destination Image Analysis —A Review of 142 Papers from 1973 to 2000 [J]. TourismManagement, 2002 (23): 541 -549.

[732] Steven J, Venette. Special Section Introduction: Best Practices in Risk and Crisis Communication [J]. Journal of Applied Communication Research, 2006, 34 (3): 229 -231.

[733] Stone R N, Gronhaug K. Perceived Risk: Further Considerations for the Marketing Discipline [J]. European Journal of Marketing, 1993, 27 (3): 39 -50.

[734] Stone R N, Mason J B. Attitude and Risk: Exploring the Relationship [J]. Psychology Marketing, 1995, 12 (2): 135 -153.

[735] Stone R N, Winter F W. Risk: Is It Still Uncertainty Times Consequences? [M] // Belk R W, et al. Proceedings of the American Marketing Association, Chicago: Winter Educators Conference, 1987: 261 -265.

[736] Sung-kwon Hong, et al. The Roles of Categorization, Affective Image and Constraints on Destination Choice: An Application of the NMNL Model [J]. Tourism Management, 2006 (27): 750-761.

[737] Sun-Tzu. The Art of War [M]. S BGriffith Trans. London: Oxford University Press, 1971.

[738] Svetlana Stepchenkova, Alastair M Morrison. The Destination Image of Russia: From the Online Induced Perspective [J]. Tourism Management, 2006 (27): 943-956.

[739] Swarbrooke J, Horner S. Business Travel and Tourism [M]. Oxford, UK: Butterworth-Heinemann, 2001.

[740] Sweeney CJ, Soutar NG. Consumer Perceived Value: The Development of a Multiple Item Scale [J]. Journal of Consumer Research, 2001 (77): 203-220.

[741] Tam J L M. The Effects of Service Quality, Perceived Value and Customer Satisfaction on Behavioral Intentions [J]. Journal of Hospitality and Leisure Marketing, 2000, 6 (4): 31-43.

[742] Tan S J. Strategies of Reducing Consumers' Risk Aversion in Internet Shopping [J]. Journal of Consumer Marketing, 1999, 16 (2): 163-180.

[743] Tapachai N, Waryszak R. An Examination on the Role of Beneficial Image in Tourist Destination Selection [J]. Journal of Travel Research, 2000 (39): 37-44.

[744] Tarlow P E, Gui S. Providing Safety for Tourists: A Study of a Selected Sample of Tourist Destinations in the United States and Brazil [J]. Journal of Travel Research, 2002 (40): 424-431.

[745] Taylor SA, Baker T L. An Assessment of the Relationship Between Dervice Quality and Customer Satisfaction in the Formation of Customers, Purchase Intentions [J]. Journal of Retailing, 1994, 70 (2): 163-178.

[746] Taylor G D. Styles of Travel [M] // W F Theobald. Global Tourism [M]. 2nd ed. Boston: Butterworth-Heinemann, 1998: 267-277.

[747] Thaler RH. The January Effect [J]. Journal of Economic Perspective, 1987, 1 (1): 21.

[748] Thomas J, Robert C. Blattberg, Edward J. Fox. Recapturing Lost Customers [J]. Journal of Marketing Research, Vol. XLI, 2004: 31-45.

[749] Tokman M, Lenita M. Davis, Katherine N. Lemon. The WOW Factor: Creating Value Through Win-back Offers to Reacquire Lost Customers [J]. Journal of Retailing, 2007, 83 (1): 47-64.

[750] Travisi C M, Nijkamp P. Valuing Environmental and Health Risk in Agriculture: A Choice Experiment Approach to Pesticides in Italy [J]. Ecological Economics, 2008 (67): 598-607.

[751] Tsaur SH, Tzeng GH, Wang KC. Evaluating Tourist Risks from Fuzzy Perspectives [J]. Annals of Tourism Research, 1997, 24 (4): 796-812.

[752] Tuchman G. Women's Depiction by the Mass Media [J]. Signs, 1979 (4): 528-542.

[753] Turley L W, Ronald P L. An Exploratory Investigation of Consumer Decision Making in the Service Sector [J]. Journal of Services Marketing, 1993 (7): 11-18.

[754] Tversky A, Kahneman D. Availability: A Heuristic for Judging Frequency and Probability [J]. Cognitive Psychology, 1973 (5): 207-232.

[755] Tversky A, Kahneman D. Judgment under Uncertainty: Heuristics and Biases [J]. Science, 1974 (185): 1124.

[756] Tversky A, Kahneman D. Rational Choice and the Framing of Decisions [J]. Journal of Business, 1986 (59): S251-S278.

[757] Tversky A, Slovic P, Kahneman D. The Causes of Preference Reversal [J]. American Economic Review, 1990 (80): 204-217.

[758] Udayan Roy. International Trade and the Value of Time [J]. Review of International Economics, 2005, 13 (4): 757-769.

[759] Um S, Crompton J. The Roles of Perceived Inhibitors and Facilitators in Pleasure Travel Destination Decisions [J]. Journal of Travel Research, 1992: 18-25.

[760] Um S, Crompton J. Attitude Determinants in Tourism Destination Choice [J]. Annals of Tourism Research, 1990 (17): 432-448.

[761] Um S, J L Crompton. The Roles of Perceived Inhibitors and Facilitates in Pleasure Travel Destination Decisions [J]. Journal of Travel Research, 1992, 30 (3): 18-25.

[762] Uysal M, C Jurowski. An Empirical Testing of the Push and Pull Factors of Tourism Motivations [J]. Annals of Tourism Research, 1993 (21): 844-846.

[763] V Andersen, R Prentice, S Guerin. Imagery of Denmark among Visitors to Danish Fine Arts Exhibition in Scotland [J]. Tourism Management, 1997, 18 (7): 453-464.

[764] Valarie A Zeithaml. Consumer Perceptions of Price, Quality, and Value: A Means-End Model and Synthesis of Evidence [J]. The Journal of Marketing, 1988, 52 (3): 2-22.

[765] Van Raaij W F, Crotts J C. Introduction: The Economic Psychology of Travel and Tourism [J]. Journal of Travel Tourism Marketing, 1994, 3 (3): 1-19.

[766] Van Raaij W F, Dick A Francken. Vacation Decisions, Activities, and Satisfactions [J]. Annals of Tourism Research, 1984 (11): 101-112.

[767] Vann J W. A Multi-Distributional Conceptual Framework for the Study of Perceived Risk [J]. Advances in Consumer Research, 1984 (9): 442-446.

[768] Verhage B J, Yavas U, Green R T. Perceived Risk: A Cross-Cultural Phenomenon [J]. International Journal of Research in Marketing, 1990, 7 (4): 297-303.

[769] Vick S, A Scott. Agency in Health Care: Examining Patients' Preferences for Attributes of the Doctor-Patient Relationship. Journal of Health Economics, 1998 (17): 587-605.

[770] Vogt C A, Andereck K L. Destination Perceptions across a Vacation [J]. Journal of Travel Research, 2003 (41): 348-354.

[771] Von Neumann J, Morgenstern O. Theory of Games and Economic Behavior [M]. Princeton N. J.: Princeton University Press, 1947.

[772] Voss K E, Spangenberg E R, Grohmann B. Measuring the Hedonic and Utilitarian Dimensions of Consumer Attitude [J]. Journal of Marketing Research, 2003, 40 (3): 310-320.

[773] Ward F A, Beal D. Valuing Aature with Travel Cost Model [M]. UK: Edward Elgar Publishing, 2000.

[774] Warick Frost. Braveheart-ed Ned Kelly: Historic Films, Heritage Tourism and Destination Image [J]. Tourism Management, 2006 (27): 247-254.

[775] Wegener D T, Petty R E, Detweiler-Bedell B T, Jarvis W B G. Implications of Attitude Change Theories for Numerical Anchoring: Anchor Plausibility and the Limits of Anchor Vectiveness [J]. Journal of Experimental Social Psychology, 2001 (37): 62-69.

[776] Wei L, Crompton J, Reid L M. Cultural Conflicts: Experiences of US Visitors to China [J]. Tourism

Management, 1989 (12): 322 – 332.
[777] Whitehead J C. A Comparison of Contingent Valuation Method and Random Utility Model Estimates of the Value of Avoiding Reductions in King Mackerel Bag Limits [J]. Applied Economics, 2006, 38 (15): 1725 – 1735.
[778] W M Choi, Andrew Chan, Janice Wu. A Qualitative and Quantitative Assessment of Hong Kong's Image as a Tourist Destination [J]. Tourism Management, 1999 (20): 361 – 365.
[779] Wood Charles M, Scheer Lisa K. Incorporating Perceived Risk into Models of Consumer Deal Assessment and Purchase Intent [J]. Advances in Consumer Research, 1996, (23): 399 – 405.
[780] Woodside A G, S Lysonski. A General Model of Traveler Destination Choice [J]. Journal of Travel Research, 1989, 16 (winter): 8 – 14.
[781] Woodside A G, Sherrell D. Traveler Evoked, Inept, and Inert Sets of Vacation Destinations [J]. Journal of Travel Research, 1977, 16 (1): 14 – 18.
[782] WTO. Concepts, Definitions and Classifications for Tourism Statistics [Z]. Madrid, Spain: World Tourism Organization, 1995.
[783] WTO. WTO World Tourism Barometer [Z]. Madrid, Spain: World Tourism Organization, 2003b.
[784] X. Frank Zhang. Information Uncertainty and Stock Returns [J]. The Journal of Finance, 2004: 1149.
[785] Yamamoto D, Gill A M. Emerging Trends in Japanese Package Tourism [J]. Journal of Travel Research, 1999 (38): 134 – 143.
[786] Yates J F, Stone E R. The Risk Construct [M] // J F Yates. Risk – taking Behavior [M]. England: John Wiley and Sons Ltd, 1992: 1 – 26.
[787] Yavas U. Correlates of Vacation Travel: Some Empirical Evidence [J]. Journal of Professional Services Marketing, 1990, 5 (2): 3 – 17.
[788] Yavas U. Foreign Travel Behaviour in a Growing Vacation Market: Implications for Tourism Marketers [J]. European Journal of Marketing, 1987, 21 (5): 57 – 69.
[789] Yiannakis A, Gibson H. Roles Tourists Play [J]. Annals of Tourism Research, 1992 (19): 287 – 303.
[790] Yuan S, McDonald C. Motivational Determinates of International Pleasure Time [J]. Journal of Travel Research, 1990: 42 – 44.
[791] Yu – Shan Wang, The Impact of Crisis Events and Macroeconomic Activity on Taiwan's International Inbound Tourism Demand [J]. Tourism Management, 2009 (30): 75 – 82.
[792] Zeithaml V A, Berry L L. The Behavioral Consequences of Service Quality [J]. Journal of Marketing Research, 1996, 60 (2): 31 – 46.
[793] Zeithaml V A, Bitner M J. Services Marketing: Integrating Customer Focus across the Firm [M]. 2nd ed. Boston: McGraw – Hill Companies, Inc., 2000.
[794] Zeithaml V A. Consumer Perceptions of Price, Quality, and Value: A Means – End Model and Synthesis of Evidence [J]. The Journal of Marketing, 1988, 52 (3): 2 – 22.
[795] Zeithaml V A. How Consumer Evaluation Processes Differ between Goods and Services [J]. Marketing of Services, 1981: 186 – 190.
[796] Zhai Guofang, Sato T, Fukuzono T. Willingness to Pay for Flood Risk Reduction and its Determinants in Japan [J]. Journal of the American Water Resources Association, 2006, 42 (4): 927 – 940.

[797] Zikmund W G. An Empirical Investigation of the Multidimentsional Nature of Perceived Risk and Related Variables [D]. Boulder: University of Colorado, 1973.
[798] Zikmund W G. Business Research Methods [M]. 6th ed. Orland, Florida: Harcourt, Inc., 2000.
[799] Zimmer Z, Brayley R E, Searle M S. Whether to Go and Where to Go: Identification of Important Influences on Seniors'Decisions to Travel [J]. Journal of Travel Research, 1995, 33 (3): 3-10.

国家自然科学基金资助研究项目（项目批准号：71072067）

旅游景区灾害危机与恢复营销策略研究
——基于汶川大地震

（中卷）

李 蔚　李 悦　刘世明　主编

企业管理出版社

图书在版编目(CIP)数据

旅游景区灾害危机与恢复营销策略研究:基于汶川大地震:全3册/李蔚,李悦,刘世明主编. —— 北京:企业管理出版社,2017.12

ISBN 978 – 7 – 5164 – 1164 – 3

Ⅰ.①旅… Ⅱ.①李…②李…③刘… Ⅲ.①旅游区 – 突发事件 – 公共管理 – 研究 – 中国 Ⅳ.①F592.6

中国版本图书馆 CIP 数据核字(2017)第 325825 号

书　　　名	旅游景区灾害危机与恢复营销策略研究——基于汶川大地震(中卷)
作　　　者	李　蔚　李　悦　刘世明
责任编辑	张　平　程静涵　郑　亮　徐金凤
书　　　号	ISBN 978 – 7 – 5164 – 1164 – 3
出版发行	企业管理出版社
地　　　址	北京市海淀区紫竹院南路 17 号　　邮编:100048
网　　　址	http://www.emph.cn
电　　　话	编辑部(010) 68701638　发行部(010) 68701816
电子信箱	qyglcbs@ emph.cn
印　　　刷	北京环球画中画印刷有限公司
经　　　销	新华书店
规　　　格	210 毫米×285 毫米　大 16 开本　16.75 印张　479 千字
版　　　次	2017 年 12 月第 1 版　2019 年 2 月第 3 次印刷
定　　　价	400.00 元(全三卷)

版权所有　翻印必究・印装有误　负责调换

《旅游景区灾害危机与恢复营销策略研究
——基于汶川大地震》编委会

主　编　李　蔚　李　悦　刘世明

副主编　李　珊　杨　洋　杨启智

分卷主编
上卷：吴家灿
中卷：刘　江
下卷：黄　鹂

导　读

2008年5月12日14时28分，一场特大地震灾害突袭川渝陕甘，地震波及大半个中国及亚洲多个国家和地区，北至辽宁，东至上海，南至越南、泰国，西至巴基斯坦均有明显震感，波及范围之大，旷世罕见。地震涉及四川、甘肃、陕西、重庆、云南、贵州等10个省市417个市县的4667个乡镇。受灾总面积达50万平方公里，受灾群众达4625万多人，灾情之惨烈，令人触目惊心。

受地震影响，四川入境旅游人数同比下降59.1%，收入同比下降58.1%；15个核心旅游景区接待游客同比下降50.34%，收入同比下降60.76%；旅行社接待团队游客同比下降66.74%；宾馆行业接待住宿游客数同比下降32.2%。其中，接待入境住宿游客数同比下降59.06%。灾区大量的景区停业、交通停运、宾馆歇业、商店关门、人员失业，灾区赖以生存的旅游经营秩序被骤然破坏。不仅如此，川、陕、甘、渝、滇、贵等众多非灾害景区，也都受到汶川地震的波及，旅游经营业步履维艰。

为了帮助灾区从地震灾害中快速恢复，国家旅游局和四川省旅游局联合成立汶川大地震灾后旅游业重建专家服务团，负责编制灾害景区旅游业恢复规划，提供灾害景区市场恢复方案，并作为《汶川地震灾后旅游业恢复重建规划》的组成内容之一。本课题组负责人作为灾后旅游业恢复重建专家组副组长，与20多位专家学者一道，全面展开了景区旅游市场恢复重建课题的研究，调查了四川各灾害景区游客流失现状和游客流失原因，提出了有针对性的灾害景区和波及景区市场恢复营销策略，并取得了良好的市场效果。

本书是汶川大地震灾后旅游市场恢复研究课题组近十年的研究成果，是灾害市场恢复营销研究的集大成。自1994年Durocher Joe. Cornell在他的*Recovery Marketing：What to Do after a Natural Disaster*一文中提出"恢复营销"概念以来，学术界对恢复营销理论与实证研究的成果不多，本课题组结合汶川地震、雅安地震、玉树地震等的实际环境，对灾害旅游市场的恢复营销策略进行探索，针对灾害危机属性、游客流失原因、恢复营销策略与市场恢复绩效的关系进行研究，提出了恢复营销策略匹配模型，丰富与发展了灾害危机发生后的恢复营销理论，完善了灾害危机发生后的恢复营销理论体系。

本书共分为上、中、下三卷。上卷旨在探明灾后游客到灾区旅游的心理，为灾后旅游恢复营销策略的制定提供理论基础。通过深入研究严重自然灾害发生后游客流失的原因，以及造成游客到灾区旅游的意愿降低的主要因素，构建了一个影响灾后游客旅游意愿的综合影响模型。中卷基于上卷的研究成果，旨在探析灾后游客赢回策略及策略效果。通过引入相应的旅游恢复营销策略，深入研究了恢复营销策略与市场恢复绩效的关系，同时，还针对灾害地区中未受灾景区的旅游恢复进行探究，解析了未受灾景区旅游受到影响的原因，并提出了相应的恢复营销策略。下卷在上卷和中卷的研究成果的基础上，从提高旅游目的地特色形象感知、提高目的地管理形象感知，以及降低游客的灾后风险认知三个角度，提出了一系列的严重自然灾害后旅游恢复营销措施。

近年来，全球自然灾害频发，仅在中国，自汶川大地震之后，就发生了四川雅安地震和九寨沟地震、西藏林芝地震和那曲地震、青海玉树地震、甘肃岷县地震、新疆于田地震、云南普洱地震、台湾地区南投地震，以及甘肃舟曲泥石流等自然灾害。因此研究灾害之后的产业恢复与产业重建，已成为国际国内学术界的重大课题。我们对灾害危机与市场恢复营销的探索还任重道远。希望本书的研究成果能在灾后旅游景区的市场恢复中发挥作用，并为人文社会科学的研究奉献一份力量。

本书对其他类型的灾害，包括海啸、战争、冲突、疾病等危机下的旅游市场恢复，也具有借鉴作用。

序

  2018年是汶川大地震10周年，由四川大学"汶川大地震灾后旅游市场恢复研究课题组"历时10年完成的《旅游景区灾害危机与恢复营销策略研究——基于汶川大地震》一书即将出版，课题组请我作序，我欣然接受。这是对地震灾区恢复和发展有意义的事，积淀了课题组的辛勤付出，理当全力支持，以此表达对遇难同胞的深切哀悼、向贡献者深深致敬。

  汶川大地震，是中华人民共和国成立以来破坏力最大、也是波及面最广的地震，在中国历史乃至世界历史上都是罕见的。地震带来的不仅是财产的损失和人员的伤亡，更是对经济秩序的严重破坏，对灾区产业经济的持续发展，也带来严峻的挑战。汶川大地震发生在龙门山脉，绵延300公里，地震带沿线没有良好的工业基础，也没有丰富的农业产出，其支柱产业多数都是旅游业。灾情发生后，灾区旅游业遭受重创。旅行社的经营秩序被打乱，正常的旅游业务被迫终止，造成数十个行业的生产经营无法正常进行，旅游经济的次生灾害，甚至远大于地质次生灾害。对于灾区而言，经济上的捐助很重要，但更为重要的是重建正常的生产秩序。对于灾害景区而言，只要流失的游客重新回来，就意味着景点能重新开业、饭店能重新开张、商店能重新开门、交通能重新开放、导游能重新上岗，灾区人民就可以实现自救，经济也就能实现恢复性增长。所以，在地震灾害发生后，国家发展和改革委员会和四川省人民政府迅速成立汶川大地震灾后重建专家顾问团，分成若干个专家组同时工作。其中，旅游专家组迅速完成了《汶川大地震灾害景区损失评估报告》和《汶川地震灾后旅游业恢复重建规划》，作为指导灾后旅游业恢复的纲领性文件。

  深处灾害景区第一线的四川大学，迅速组成"汶川大地震灾后旅游市场恢复研究课题组"。作为汶川大地震灾后恢复专家团的成员，他们不仅参与了灾后旅游景区损失评估工作，还直接负责了《汶川大地震灾害旅游景区市场恢复重建规划》的起草，并在国家自然科学基金的支持下，先后对四川的汶川地震、雅安芦山地震、九寨沟地震及青海玉树地震、云南盈江地震、甘肃定西地震、新疆于田地震等进行研究，探索了旅游景区游客流失的主要原因，研究了影响灾害景区市场恢复的主要因素，提出了景区市场恢复的系统性策略，在多个地震灾区推广运用，取得了良好的效果。本书是目前该领域第一部系统研究灾害景区市场恢复的专著，对灾害多发的中国旅游市场的恢复，具有重要的指导意义，对国际灾害景区的市场恢复，也有重要的借鉴价值。

  通读本书，不仅了解了灾害旅游市场如何恢复，更能感受到课题组的使命与追求。这种使命感凝结到书中，使得该成果充满温度。是为序，共同感受美丽中国的感动，共同感受伟大中国的坚韧，共同感受旅游发展的活力，共同感受承担的责任使命。

石培华 博士

中国旅游智库秘书长、委员

南开大学教授、博导，现代旅游业发展协同创新中心主任

全国旅游管理专业研究生教育指导委员会副主任

全国旅游职业教育教学指导委员会副主任

中国旅游发展改革咨询委员会委员

原中国旅游研究院创始副院长

目 录

第一部分　常用的灾后恢复赢回策略对旅游意愿的影响研究 ……………………（1）
- 1. 绪论 ………………………………………………………………………………（3）
  - 1.1 研究背景 …………………………………………………………………（3）
    - 1.1.1 实践背景 …………………………………………………………（3）
    - 1.1.2 理论背景 …………………………………………………………（4）
  - 1.2 研究目标 …………………………………………………………………（5）
    - 1.2.1 问题提出 …………………………………………………………（5）
    - 1.2.2 研究目标 …………………………………………………………（5）
  - 1.3 研究意义 …………………………………………………………………（6）
    - 1.3.1 理论意义 …………………………………………………………（6）
    - 1.3.2 实践意义 …………………………………………………………（6）
  - 1.4 研究方法 …………………………………………………………………（6）
  - 1.5 研究内容与框架 …………………………………………………………（7）
    - 1.5.1 研究内容 …………………………………………………………（7）
    - 1.5.2 研究框架 …………………………………………………………（9）
- 2. 灾后赢回策略相关理论综述 ……………………………………………………（13）
  - 2.1 严重自然灾害后的旅游危机管理理论 …………………………………（13）
    - 2.1.1 灾害型旅游危机管理研究现状 …………………………………（13）
    - 2.1.2 严重自然灾害后游客流失原因研究 ……………………………（14）
    - 2.1.3 严重自然灾害后游客赢回研究 …………………………………（16）
  - 2.2 旅游决策理论 ……………………………………………………………（18）
    - 2.2.1 旅游动机研究 ……………………………………………………（18）
    - 2.2.2 旅游决策研究 ……………………………………………………（21）
    - 2.2.3 旅游决策模型 ……………………………………………………（24）
  - 2.3 旅游体验理论 ……………………………………………………………（26）
    - 2.3.1 体验的经济学意义 ………………………………………………（26）
    - 2.3.2 消费体验研究 ……………………………………………………（26）
    - 2.3.3 旅游体验 …………………………………………………………（27）
  - 2.4 旅游安全理论 ……………………………………………………………（29）
    - 2.4.1 旅游安全与旅游的关系 …………………………………………（29）
    - 2.4.2 影响旅游安全感知的因素 ………………………………………（30）
  - 2.5 价格促销理论 ……………………………………………………………（32）
    - 2.5.1 价格促销释义 ……………………………………………………（32）
    - 2.5.2 价格促销对市场的影响 …………………………………………（33）
  - 2.6 情感营销理论 ……………………………………………………………（35）

  2.6.1 情感理论 …………………………………………………… (35)
  2.6.2 情感与营销 ………………………………………………… (36)
 2.7 顾客赢回理论 …………………………………………………… (37)
  2.7.1 顾客流失研究 ……………………………………………… (38)
  2.7.2 顾客赢回探讨 ……………………………………………… (39)
 2.8 消费者态度理论 ………………………………………………… (41)
  2.8.1 态度与消费行为 …………………………………………… (41)
  2.8.2 消费者态度影响因素 ……………………………………… (42)
  2.8.3 消费者态度测量 …………………………………………… (44)
 2.9 购买意愿研究 …………………………………………………… (45)
  2.9.1 购买意愿与购买行为 ……………………………………… (45)
  2.9.2 购买意愿的理论基础 ……………………………………… (45)
  2.9.3 购买意愿测量 ……………………………………………… (47)
 2.10 文献评价 ……………………………………………………… (48)
3. 严重自然灾害后游客流失原因探索性因子分析 ………………………… (51)
4. 研究设计 …………………………………………………………………… (54)
 4.1 模型构建 ………………………………………………………… (54)
  4.1.1 模型设计 …………………………………………………… (54)
  4.1.2 研究方法 …………………………………………………… (54)
 4.2 问卷设计 ………………………………………………………… (55)
  4.2.1 赢回策略引入 ……………………………………………… (55)
  4.2.2 策略刺激物设计 …………………………………………… (58)
  4.2.3 策略态度及旅游意愿测量设计 …………………………… (59)
  4.2.4 调查问卷结构 ……………………………………………… (60)
 4.3 假说形成 ………………………………………………………… (61)
  4.3.1 严重自然灾害后游客流失因素与旅游意愿的假设 ……… (61)
  4.3.2 赢回策略调节效果假设 …………………………………… (63)
 4.4 本章小结 ………………………………………………………… (66)
5. 研究分析 …………………………………………………………………… (67)
 5.1 数据描述 ………………………………………………………… (67)
  5.1.1 数据来源 …………………………………………………… (67)
  5.1.2 数据整体描述 ……………………………………………… (67)
  5.1.3 量表信度与效度检验 ……………………………………… (71)
 5.2 流失原因与旅游意愿之间关系假设检验 ……………………… (72)
  5.2.1 结构方程模型方法引入 …………………………………… (72)
  5.2.2 假设验证 …………………………………………………… (73)
 5.3 赢回策略对流失原因与旅游意愿之间关系调节假设检验 …… (75)
  5.3.1 调节效应验证方法引入 …………………………………… (75)
  5.3.2 体验赢回策略调节结果验证 ……………………………… (77)
  5.3.3 价格赢回策略调节结果验证 ……………………………… (81)

　　5.3.4　安全赢回策略调节结果验证 ………………………………………………………… (84)
　　5.3.5　情感赢回策略调节结果验证 ………………………………………………………… (88)
　　5.3.6　赢回策略对旅游意愿影响效果比较 ………………………………………………… (92)
　　5.3.7　赢回策略调节效果比较 ……………………………………………………………… (92)
5.4　研究结论 …………………………………………………………………………………… (93)
　　5.4.1　游客流失原因与旅游意愿关系 ……………………………………………………… (93)
　　5.4.2　赢回策略调节作用 …………………………………………………………………… (94)
　　5.4.3　赢回策略效果 ………………………………………………………………………… (94)
5.5　本章小结 …………………………………………………………………………………… (95)
6.　结论与展望 ……………………………………………………………………………………… (97)
6.1　研究结论 …………………………………………………………………………………… (97)
　　6.1.1　研究概述 ……………………………………………………………………………… (97)
　　6.1.2　主要结论总结 ………………………………………………………………………… (97)
6.2　研究创新点 ………………………………………………………………………………… (98)
6.3　实践运用 …………………………………………………………………………………… (99)
6.4　研究局限与展望 …………………………………………………………………………… (100)
　　6.4.1　研究不足 ……………………………………………………………………………… (100)
　　6.4.2　研究展望 ……………………………………………………………………………… (100)

第二部分　灾害景区对非灾害景区的波及效应及游客赢回策略研究 ……………………… (103)
7.　绪论 ……………………………………………………………………………………………… (105)
7.1　研究背景 …………………………………………………………………………………… (105)
　　7.1.1　实践背景 ……………………………………………………………………………… (105)
　　7.1.2　理论背景 ……………………………………………………………………………… (106)
7.2　研究目标 …………………………………………………………………………………… (108)
　　7.2.1　研究问题 ……………………………………………………………………………… (108)
　　7.2.2　研究目标 ……………………………………………………………………………… (109)
　　7.2.3　研究界定 ……………………………………………………………………………… (109)
　　7.2.4　研究范围 ……………………………………………………………………………… (111)
7.3　研究意义 …………………………………………………………………………………… (112)
　　7.3.1　理论意义 ……………………………………………………………………………… (112)
　　7.3.2　实践意义 ……………………………………………………………………………… (112)
7.4　研究方法与技术 …………………………………………………………………………… (112)
　　7.4.1　研究方法 ……………………………………………………………………………… (112)
　　7.4.2　技术路径 ……………………………………………………………………………… (113)
7.5　研究内容与框架 …………………………………………………………………………… (114)
　　7.5.1　研究内容 ……………………………………………………………………………… (114)
　　7.5.2　研究框架 ……………………………………………………………………………… (115)
8.　理论综述 ………………………………………………………………………………………… (116)
8.1　灾害型旅游危机管理理论 ………………………………………………………………… (116)

8.1.1 灾害型旅游危机管理 …………………………………………………………… (116)
     8.1.2 灾害型旅游危机下的游客流失原因研究 …………………………………… (119)
  8.2 游客赢回理论 ……………………………………………………………………………… (121)
     8.2.1 游客赢回定义 …………………………………………………………………… (121)
     8.2.2 游客赢回策略 …………………………………………………………………… (122)
     8.2.3 汶川大地震后四川省的游客赢回措施 ……………………………………… (124)
     8.2.4 对游客赢回理论文献的总结 ………………………………………………… (125)
  8.3 旅游行为理论 ……………………………………………………………………………… (126)
     8.3.1 旅游动机研究 …………………………………………………………………… (126)
     8.3.2 旅游决策研究 …………………………………………………………………… (128)
     8.3.3 旅游决策模型 …………………………………………………………………… (130)
  8.4 购买意愿理论综述 ………………………………………………………………………… (133)
     8.4.1 购买意愿与购买行为的关系 ………………………………………………… (133)
     8.4.2 购买意愿的理论研究 ………………………………………………………… (134)
     8.4.3 购买意愿的影响因素 ………………………………………………………… (138)
     8.4.4 购买意愿的测量 ……………………………………………………………… (138)
  8.5 文献述评 …………………………………………………………………………………… (139)
9. 灾害景区对非灾害景区的波及效应研究 …………………………………………………… (141)
  9.1 研究的类型和策略 ………………………………………………………………………… (141)
     9.1.1 思考方法与理论和问题的关系 ……………………………………………… (141)
     9.1.2 定性研究的策略 ……………………………………………………………… (141)
  9.2 研究设计 …………………………………………………………………………………… (142)
     9.2.1 研究方法选取 ………………………………………………………………… (142)
     9.2.2 样本获取 ……………………………………………………………………… (142)
  9.3 研究分析 …………………………………………………………………………………… (142)
     9.3.1 样本描述 ……………………………………………………………………… (142)
     9.3.2 开放式编码 …………………………………………………………………… (143)
     9.3.3 主轴编码 ……………………………………………………………………… (144)
     9.3.4 选择性编码 …………………………………………………………………… (145)
  9.4 理论饱和度检验 …………………………………………………………………………… (146)
  9.5 研究结论 …………………………………………………………………………………… (147)
10. 影响模型构建 ………………………………………………………………………………… (149)
  10.1 联结性波及效应的研究模型 …………………………………………………………… (149)
  10.2 联结性波及效应及其赢回策略的研究假设 …………………………………………… (149)
     10.2.1 旅游空间尺度与旅游意愿之间的关系假设 ……………………………… (149)
     10.2.2 旅游空间拓展策略的调节效果假设 ……………………………………… (150)
     10.2.3 有关省外且尚无到访体验游客的假设 …………………………………… (150)
     10.2.4 有关省内且尚无到访体验游客的假设 …………………………………… (150)
     10.2.5 有关省外且有过到访体验游客的假设 …………………………………… (151)
     10.2.6 有关省内且有过到访体验游客的假设 …………………………………… (151)

10.3　整体性波及效应和泛化性波及效应的研究模型 …………………………………（151）
　10.4　整体性波及效应和泛化性波及效应及其赢回策略的研究假设 …………………（152）
　　　10.4.1　对相似性与旅游景区形象混淆之间关系的假设 …………………………（152）
　　　10.4.2　对区格策略调节效果的假设 …………………………………………………（152）
　　　10.4.3　对相似性和旅游意愿之间关系的假设 ……………………………………（153）
　　　10.4.4　对旅游景区形象混淆和旅游意愿之间关系的假设 ………………………（153）
　　　10.4.5　对旅游景区形象混淆中介效应的假设 ……………………………………（153）
　　　10.4.6　对男性游客的假设 …………………………………………………………（154）
　　　10.4.7　对女性游客的假设 …………………………………………………………（154）

11. 影响模型的实证研究设计 …………………………………………………………（156）
　11.1　研究方法选取 ……………………………………………………………………（156）
　11.2　组间设计 …………………………………………………………………………（157）
　11.3　刺激物设计 ………………………………………………………………………（158）
　　　11.3.1　旅游景区选取 ………………………………………………………………（158）
　　　11.3.2　实验刺激物设计 ……………………………………………………………（159）
　11.4　量表设计 …………………………………………………………………………（164）
　　　11.4.1　测项建立 ……………………………………………………………………（164）
　　　11.4.2　测项确定 ……………………………………………………………………（165）
　　　11.4.3　题项库构建 …………………………………………………………………（169）
　　　11.4.4　题项纯化 ……………………………………………………………………（170）
　　　11.4.5　量表开发完成 ………………………………………………………………（171）
　11.5　抽样设计 …………………………………………………………………………（171）
　11.6　问卷设计 …………………………………………………………………………（172）
　11.7　实验描述 …………………………………………………………………………（172）
　　　11.7.1　实验程序和样本概况 ………………………………………………………（172）
　　　11.7.2　变量设计 ……………………………………………………………………（173）
　　　11.7.3　量表信度 ……………………………………………………………………（175）
　11.8　操控检验 …………………………………………………………………………（177）

12. 联结性波及效应中赢回策略的调节作用 …………………………………………（179）
　12.1　旅游空间尺度对旅游意愿的影响分析 …………………………………………（179）
　12.2　旅游空间拓展策略的效果分析 …………………………………………………（180）
　　　12.2.1　旅游空间拓展策略对旅游意愿的调节效果分析 …………………………（180）
　　　12.2.2　旅游空间拓展策略对旅游空间尺度影响旅游意愿过程的调节效果分析 ………（181）
　　　12.2.3　旅游空间拓展策略对省外且尚无到访体验游客的作用分析 ……………（182）
　　　12.2.4　旅游空间拓展策略对省内且尚无到访体验游客的作用分析 ……………（184）
　　　12.2.5　旅游空间拓展策略对省外且有过到访体验游客的作用分析 ……………（185）
　　　12.2.6　旅游空间拓展策略对省内且有过到访体验游客的作用分析 ……………（187）
　12.3　研究结论 …………………………………………………………………………（189）

13. 整体性和泛化性波及效应中赢回策略的调节作用 …………………………………（192）
　13.1　相似性对旅游意愿的影响分析 …………………………………………………（192）

13.1.1　相似性对旅游景区形象混淆的影响分析 (192)
13.1.2　旅游景区形象混淆对旅游意愿的影响分析 (193)
13.1.3　旅游景区形象混淆的中介效应分析 (194)
13.1.4　相似性对旅游意愿的影响分析 (196)
13.2　区格策略的效果分析 (197)
13.2.1　区格策略对旅游景区形象混淆的调节效果分析 (197)
13.2.2　区格策略对相似性影响旅游景区形象混淆过程的调节效果分析 (198)
13.2.3　区格策略对男性游客的作用分析 (199)
13.2.4　区格策略对女性游客的作用分析 (201)
13.3　研究结论 (203)

14. 总结与展望 (206)
14.1　研究总结 (206)
14.1.1　研究概述 (206)
14.1.2　结论总结 (206)
14.2　研究创新点 (207)
14.3　实践运用 (208)
14.3.1　重视灾害旅游景区对非灾害旅游景区的波及效应 (208)
14.3.2　针对灾害地非灾害景区的游客赢回提供有效策略 (208)
14.3.3　灵活运用灾害型旅游危机下的旅游产品再设计 (208)
14.3.4　合理再开发景区资源以提高重游率 (208)
14.4　研究局限与展望 (209)
14.4.1　对于波及效应产生原因的归纳与挖掘 (209)
14.4.2　对于国外样本的研究 (209)
14.4.3　对于赢回策略组合方式和效果的研究 (209)

附　录 (211)
　附录1　严重地质灾害后景区游客流失及管理研究调查问卷 (213)
　附录2　非灾害旅游景区旅游意向调查问卷（EGN） (216)
　附录3　非灾害旅游景区旅游意向调查问卷（EGJ） (217)
　附录4　非灾害旅游景区旅游意向调查问卷（EGS） (218)
　附录5　非灾害旅游景区旅游意向调查问卷（EGG） (219)
　附录6　非灾害旅游景区旅游意向调查问卷（EGC） (220)
　附录7　非灾害旅游景区旅游意向调查问卷（EGN） (221)
　附录8　非灾害旅游景区旅游意向调查问卷（EGP） (222)

参考文献 (223)

第一部分
常用的灾后恢复赢回策略对旅游意愿的影响研究

1. 绪论

1.1 研究背景

人类发展的历史从某种角度来看就是一部自然灾害历史。中国传说中的女娲补天，西方传说中的诺亚方舟都讲述了人类共同的历史：人类的早期文明经历了灾害的浩劫并在灾害后复苏。人类是自然界灾害嬗变的产物，灾害也伴随着人类发展进程，改变着人类历史。古希腊火山爆发、雅典瘟疫、维苏威火山爆发、东罗马鼠疫、欧洲黑死病、墨西哥天花、里斯本大地震、19世纪霍乱、爱尔兰饥荒、芝加哥大火、通古斯大爆炸、华县大地震、印度洋海啸、新奥尔良飓风、"5·12"汶川大地震……人类在灾害中诞生，在灾害中发展，在灾害中前进。研究自然灾害就是研究人类的历史，就是研究人类自己。

本部分研究基于这样一个社会现象：严重自然灾害后，灾害地景区游客迅速流失，且市场恢复迁延日久。基于上卷中对自然灾害后游客旅游意愿影响因素的研究，本卷书回顾了现有灾害后游客赢回的理论文献，试图从游客视角出发，在现有游客赢回策略的基础上找出新的旅游恢复营销的方法。

该研究既有社会的现实背景，也有其理论背景。

1.1.1 实践背景

1.1.1.1 严重自然灾害后旅游恢复缓慢

由于旅游业本身的脆弱性，导致人们对到灾害发生地旅游产生犹豫，影响了旅游意愿和旅游决策。同时，由于自然灾害对原有景观的破坏，景点失去观赏价值和观赏意义，因而失去了对旅游者的吸引力。因此，无一例外，严重自然灾害发生后立即给当地旅游业带来冲击并且恢复缓慢。以下三个案例可以得到验证。

(1) 中国台湾"9·21"地震。

1999年1~8月赴台旅游人数较1998年同期增长15%，"9·21"地震发生后，1999年9~12月赴台人数较1998年反而减少15%，230个主要旅游景点游客下降27%，客房占有率骤降大约60%。在采取一系列措施后，在近1年的时间后恢复到灾前水平（Jen – Hung Huanga, Jennifer C. H. Min, 2002）。

(2) 新奥尔良飓风。

2005年8月29日，新奥尔良风灾死亡1800余人，财产损失超过812亿美元，灾后完成重建需要8~11年，旅游恢复估计4年（Harsha E. Chacko, Kim H. Williams, John A. Williams）。自然灾害发生后，灾区不仅需要的是基础设施的重建，更需要的是经济重建。旅游业恢复缓慢影响灾区的经济重建。

(3) 印度洋海啸。

2004年12月26日，苏门答腊9.0级地震引发印度洋海啸。大约25万人遇难，环印度洋8个国家自然资源遭到极大的破坏，百万人无家可归，损失超过100亿美元。灾害导致泰国当年GDP下降1.2%。泰国在2005年1月入境游客环比2004年由灾前的增长30%到灾后下降75%，旅游酒店房间入住率在2005年上半年仅为40%，比2004年减少30%，酒店收入减少40%。虽然在灾害后6个月泰国的入境人数恢复到灾前水平，但是受海啸直接冲击的沿海景区和海洋公园却在一年半以后才恢复到灾前水平（Somrudee Meprasert, 2006）。

1.1.1.2 汶川地震灾后一年半四川旅游业依然没有完全恢复

HAN Qin、QIU Zhang（2009）认为，汶川地震后的第5个月四川旅游已经恢复，其根据是，在2008年10月，四川的旅游人数超过了2008年的4月（地震前1个月）。但是他们忽略了旅游季节性这一个旅游的基本特征。综观四川的连续4年的旅游人数统计,可以看到,四川旅游具有明显的季节性特征,每年的5~10月为其峰值,如图1-1所示,2008年10月旅游人数超过2008年4月是四川旅游的季节性特征体现。将2008年10月旅游人数和2007年10月、2006年10月、2009年10月比较,我们可以看出,四川旅游业距离完全恢复还有一定距离。这在四川的代表性景点九寨沟、黄龙、峨眉山的旅游人数上可以得到验证。九寨沟2009年10月旅游人数达到26.06万人次是2007年同期的54%、2006年同期的65%;黄龙景区和九寨沟景区由于客流相关,旅游恢复状况大致相同;峨眉山景区每年的旅游高峰是每年的8月。2009年8月旅游人数达到35.22万人次,是2007年同期的87%、2006年同期的106%。受2008年"5·12"汶川地震影响,在灾害发生一年半后,四川的几个主要景点整体都还没有恢复到灾害前的水平。

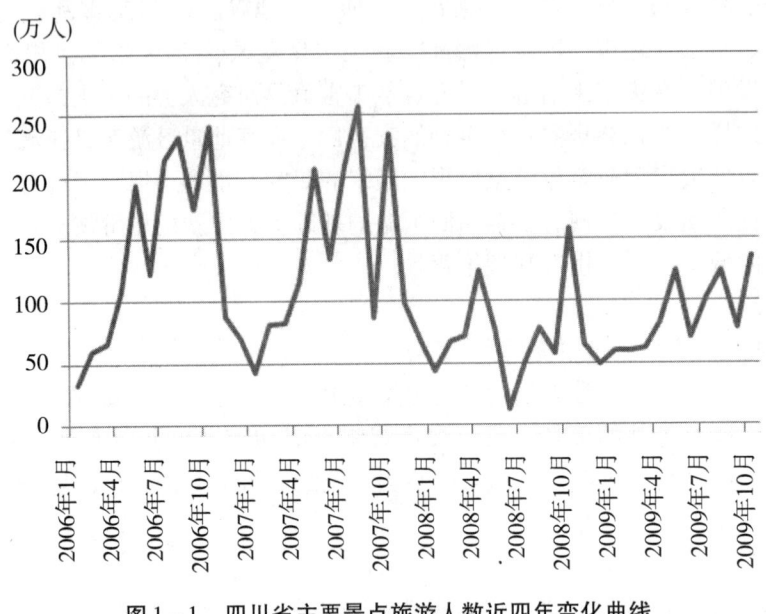

图1-1 四川省主要景点旅游人数近四年变化曲线

1.1.2 理论背景

1.1.2.1 灾害后各种游客流失原因对游客流失的影响权重没有研究

国内外学者对严重自然灾害后,游客流失的原因通过诸如中国台湾"9·21"地震、新奥尔良飓风、SARS、印度洋海啸、澳大利亚洪水等地的严重自然灾害的研究有较多的探讨,可以归纳为:安全担忧、心理冲突、设施损坏、形象破坏、媒体负面报道、目的地替代、社会规范影响、健康担忧、成本增加、交通影响等。但是这些原因散见于各个文献,缺乏系统的研究和实证研究,对各个流失原因以及对游客流失的影响权重没有做具体的分析。

1.1.2.2 现有赢回策略对灾害后旅游恢复作用缓慢的原因尚不清楚

以Bill Faulkner(2001)为主要代表将旅游灾害管理分为事件前期、事件先兆期、事件紧急期、事件中间期、事件恢复期、事件回顾期6个期间,提出了灾害管理的基本理论观点,从而建立旅游灾害管理理论的基本框架。后来J. N. Goodrich(2002)、Jen-Hung Huang(2002)、Bongkosh Ngamsom Rittichainuwat, Goutam Chakraborty等学者对灾害前景区的应对准备、灾害对旅游目的地的影响、灾后游客流失的原因、灾后旅游企业的应对、灾后旅游恢复等角度进行深入的探讨。这些文献都认可灾害对旅游地的影响,认为旅游受灾害的影响后大多会逐渐恢复回归到旅游的趋势线(Trend Line)(SUN Gen-nian, 2000)。但是,现在所有的理论都没有回答一个问题:严重自然灾害后虽然采取了积极的旅游恢复策略，但为什么旅游业的恢复非常缓慢。

1.1.2.3 严重自然灾害给灾区旅游业带来的多维度影响没有研究

现有的文献只是研究灾害带给景区、游客的负面影响及由此带来的游客流失，以及采取何种方式、方法、策略、手段降低和减少这种负面影响，重新恢复灾害地的旅游。但是没有文献触及灾害给灾区带来的多层面多维度的影响。比如，由于现代传媒业的发达，人们对生命的珍视，在灾害发生后灾害地往往形成厚重的品牌资源和全社会的同情。这种品牌资源和社会同情的形成与灾害的强度、破坏程度、媒体的关注度呈正相关关系。如何引导和利用这种情绪，为灾区重建所用，这是现有的研究基本没有提及的。

1.1.2.4 现有赢回理论没有研究突发事件影响后的顾客流失问题

现有的顾客赢回研究都是以客户消费为前提，着眼于因为顾客与厂商交易过程中的瑕疵而导致的客户因忠诚问题造成的客户流失。没有研究在某种外界环境突变的环境下造成的客户流失的恢复，同时，现有的赢回理论更多地将赢回手段局限于价格促销、关系赢回，没有脱离传统的商业和服务业的讨论。

1.2 研究目标

1.2.1 问题提出

基于上述的研究背景，本部分的研究主要探究以下几个问题。

1.2.1.1 严重自然灾害后游客流失的原因及其对游客流失的影响权重如何

影响游客最终的决策应该是多方面的，特别是在严重自然灾害发生后，游客往往会由于各种原因考虑不再选择灾区的旅游目的地，那么是否还有别的影响因素文献没有提及，这些影响因素造成游客流失的权重是多少，这是本书第一部分首先要解决的问题。

1.2.1.2 灾害发生后景区恢复缓慢，还可以引入什么赢回策略

由于旅游业所涉及社会层面的广泛性，灾害发生后，灾害地政府、景区、旅游经营企业无一例外的致力于旅游恢复，但是在现实中我们发现，虽然相关主体采取了很多措施，但是没有哪个景区能够很快迅速恢复。很显然，现有的赢回策略还有不足的地方，那么在现有的游客赢回的策略上还可以引入什么策略？

1.2.1.3 严重自然灾害的特殊背景对游客的赢回策略有什么影响

现有的赢回理论，只研究一般条件下的顾客赢回问题。严重自然灾害背景有别于一般的顾客赢回，应该考虑灾害带给社会的改变，如情感实现、灾害地的体验等，这对赢回效果有没有影响，能否利用这些改变促进游客恢复？

1.2.1.4 游客赢回策略对游客的流失原因和旅游意愿之间关系影响如何

游客流失原因是多样的，从市场营销的观点来看，赢回策略也应该有很多种，那么赢回策略和具体的流失原因之间是否存在对应关系？如果有，在灾害发生后的市场恢复中可以采取权变策略，针对具体的原因，采取不同的赢回手段。

1.2.2 研究目标

第一，在理论层面上解决以下五个问题。

（1）严重自然灾害后游客流失原因的挖掘，即在现有研究的流失原因之外，是否还存在其他的流失原因造成游客流失？

（2）各个流失原因对游客流失的权重是多少？

（3）在现有赢回策略显然不能有效解决游客迅速赢回的情况下引入什么赢回策略？

（4）赢回策略对流失原因和旅游意愿之间关系是否存在调整的问题？

（5）在严重自然灾害背景下基于消费者的态度而言，什么赢回策略是最有效的？

第二，在实践层面上解决以下两个问题。

（1）检讨现有的赢回策略简单和赢回效果有限问题，解决在严重自然灾害发生后，针对不同原因流失的客户应该采取何种赢回策略？

（2）在严重自然灾害发生后，主要的赢回策略应该是什么？

1.3 研究意义

1.3.1 理论意义

本部分研究不仅完善了灾害型旅游危机管理的研究，而且还拓展了自然灾害后游客赢回的研究空间，具体表现在以下几个方面。

（1）从严重自然灾害对灾害地的多维度影响入手，发现灾害发生后人们产生对灾害地的情感实现需求和体验需求，并将其作为赢回策略应用于严重自然灾害后的景区恢复之中，区别于以往对灾区旅游恢复研究时，只是研究严重灾害造成景区的负面影响——针对性地采取措施——恢复旅游，这一个固定研究模式，为灾害地旅游恢复的理论研究找到一个新的研究方向。这项研究不仅开拓了灾害地旅游恢复研究新的空间，而且更是对 Bill Faulkner 等的灾害型旅游危机管理理论的补充和完善。

（2）对现有灾害后游客流失原因研究文献梳理，系统归纳整理严重自然灾害后游客流失的原因，开发游客流失原因的测量量表，检验游客流失原因的权重，是对现有灾害型旅游危机管理理论研究的完善。

（3）对游客流失原因和赢回策略之间的关系研究，发现赢回策略和流失原因之间的对应关系是对现有灾害型旅游危机管理理论的完善。

（4）发现实践中经常采用的价格促销策略其效果有限，这是对现有灾害型旅游危机管理的相关理论的修正。

1.3.2 实践意义

本部分研究成果能帮助灾害地景区，采取有效的赢回策略较快地恢复灾害地景区的旅游。

（1）利用严重灾害后社会对灾害地的情智资源和灾害发生后社会舆论关注所形成的品牌资源，发现情感实现策略和体验实现策略，拓展现有的灾害发生后，灾害地景区对游客只有安全赢回和优惠赢回策略的局限，为灾害地景区的游客赢回找到新的手段。

（2）发现灾害发生后游客流失原因和赢回策略之间非严格对应关系，从某种角度诠释为什么现在灾害发生后景区的主要赢回策略——针对安全担忧采取安全赢回策略效果有限的原因，为实践更精准的赢回游客找到依据。

（3）发现严重自然灾害背景下，目前实践中普遍使用的优惠策略效果并不好，这为现实中以后赢回策略的实施提出新的思考。

1.4 研究方法

（1）理论研究。

借助管理科学中的营销理论、旅游理论、危机管理理论、行为心理学理论等诸多理论，分析严重自然灾害后，游客流失原因和赢回策略对旅游意愿的调节作用，进一步完善研究命题和研究假设，建立更加科学的理论研究框架，为进一步的实证研究奠定理论基础。

（2）文献研究。

文献研究法是根据一定的研究目的或课题，收集、鉴别、整理文献，并通过对文献的研究形成对研究问题的科学认识的方法。本次研究通过大量的相关文献检索、阅读与研究，对已有的灾后游客流失、游客赢回等方面的研究成果进行归纳总结，找出以前研究成果存在的不足与局限性，发现研究机会点。

（3）专家意见。

根据文献研究和消费者的深度访谈后初步设计出量表测项，提交给相关的专家，与专家探讨后，对量表所设计的指标和测试语句进行修改。

(4) 调查研究。

根据四川景区主要客源情况,采取随机抽样法进行抽样,通过深度访问、问卷调查等手段进行四川景区潜在游客的数据收集。

(5) 数据分析。

对所有的调查数据,研究将运用因子分析法、回归分析法、结构方程模型法等统计分析方法,借助SPSS16.0、LISREL8.70等统计软件进行数据分析处理,对相关假设进行分析与检验,最终得出研究所需结论。

1.5 研究内容与框架

1.5.1 研究内容

1.5.1.1 研究界定

本部分的研究范围界定包括:严重自然灾害、游客流失、游客赢回。

(1) 严重自然灾害。

根据研究的目的和内容,需要对"严重自然灾害"进行界定。在上卷"3.2.1 研究界定"中,已经对研究所针对的严重自然灾害所属的范围进行了阐述。根据目前我国各地部门依照的划分标准,即为《国家突发公共事件总体应急预案》所制定的《特别重大、重大突发公共事件分级标准》中规定的突发事件分级标准如表1-1所示,本部分的研究将"严重自然灾害"界定为属于"特别重大"等级的自然灾害。

表1-1 特别重大、重大突发自然灾害分级标准

自然灾害类别	特别重大	重大
水旱灾害	1. 一个流域发生特大洪水,或多个流域同时发生大洪水 2. 大江大河干流重要河段堤防发生决口 3. 重点大型水库发生垮坝 4. 洪水造成铁路繁忙干线、国家高速公路网和主要航道中断,48 小时无法恢复通行 5. 多个省(区、市)发生特大干旱 6. 多个大城市发生极度干旱	1. 一个流域或其部分区域发生大洪水 2. 大江大河干流一般河段及主要支流堤防发生决口或出现重大险情 3. 数省(区、市)多个市(地)发生严重洪涝灾害 4. 一般大中小型水库发生垮坝或出现对下流安全造成直接影响的重大险情 5. 洪水造成铁路干线、国家高速公路网和航道通行中断,24 小时无法恢复通行 6. 数省(区、市)多个市(地)发生严重干旱,或一省(区、市)发生特大干旱 7. 多个大城市发生严重干旱,或大中城市发生极度干旱
气象灾害	1. 特大暴雨、大雪、龙卷风、沙尘暴、台风等极端天气气候事件影响重要城市和50平方千米以上较大区域,造成30人以上死亡,或5000万元以上经济损失的气象灾害 2. 1个或多个省(区、市)范围内将出现极端天气气候事件或极强灾害性天气过程,并会造成特大人员伤亡和巨大经济损失的气象灾害 3. 在其他国家和地区发生的可能对我国经济社会产生重大影响的极端天气气候事件	1. 暴雨、冰雹、龙卷风、大雪、寒潮、沙尘暴、大风和台风等造成10人以上、30人以下死亡,或1000万元以上、5000万元以下经济损失的气象灾害 2. 对社会、经济及群众生产、生活等造成严重影响的高温、热浪、干热风、干旱、大雾、低温、霜冻、雷电、下击暴流、雪崩等气象灾害 3. 因各种气象原因,造成机场、港口、国家高速公路网线路连续封闭12 小时以上的

续表

自然灾害类别	特别重大	重大
地震灾害	1. 造成300人以上死亡，直接经济损失占该省（区、市）上年国内生产总值1%以上的地震 2. 发生在人口较密集地区7.0级以上地震	1. 造成50人以上、300人以下死亡，或造成一定经济损失的地震 2. 发生在首都圈、长江和珠江三角洲等人口密集地区4.0级以上地震 3. 发生在国内其他地区（含港澳台地区）5.0级以上地震 4. 发生在周边国家6.5级以上、其他国家7.0级以上地震（无人地区和海域地质灾害除外） 5. 国内震级未达到上述标准但造成重大经济损失和人员伤亡损失或严重影响的地震。
地质灾害	1. 因山体崩塌、滑坡、泥石流、地面塌陷、地裂缝等灾害造成30人以上死亡，或直接经济损失1000万元以上的地质灾害 2. 受地质灾害威胁，需转移人数在1000人以上，或潜在可能造成的经济损失在1亿元以上的灾害险情 3. 因地质灾害造成大江大河支流被阻断，严重影响群众生命财产安全	1. 因山体崩塌、滑坡、泥石流、地面塌陷、地裂缝等灾害造成10人以上、30人以下死亡，或因灾害造成直接经济损失500万元以上、1000万元以下的地质灾害 2. 受地质灾害威胁，需转移人数在500人以上、1000人以下，或潜在经济损失5000万元以上、1亿元以下的灾害险情 3. 造成铁路繁忙干线、国家高速公路网线路、民航和航道中断，或严重威胁群众生命财产安全、有重大社会影响的地质灾害
海洋灾害	1. 风暴潮、巨浪、海啸、赤潮、海冰等造成30人以上死亡，或5000万元以上经济损失的海洋灾害 2. 对沿海重要城市或者50平方千米以上较大区域经济、社会和群众生产、生活等造成特别严重影响的海洋灾害	1. 风暴潮、巨浪、海啸、赤潮、海冰等造成10人以上、30人以下死亡，或1000万元以上、5000万元以下经济损失的海洋灾害 2. 对沿海经济、社会和群众生产、生活等造成严重影响的海洋灾害 3. 对大型海上工程设施等造成重大损坏，或严重破坏海洋生态环境的海洋灾害
生物灾害	1. 在2个以上省（区、市）病虫鼠草等有害生物暴发流行，或新传入我国的有害生物在2个以上省（区、市）内发生，或在1个省（区、市）内2个以上市（地）发生，对农业和林业造成巨大危害的生物灾害	1. 因蝗虫、稻飞虱、水稻螟虫、小麦条锈病、草地螟、草原毛虫、松毛虫、杨树食叶害虫和蛀干类害虫等大面积成灾并造成严重经济损失的生物灾害 2. 新传入我国的有害生物发生、流行，对农业和林业生产等造成严重威胁的生物灾害
森林草原火灾	1. 受害森林面积超过1000公顷、火场仍未得到有效控制，或受害草原面积8000公顷以上明火尚未扑灭的火灾 2. 造成30人以上死亡或造成重大影响和财产损失的森林火灾，造成10人以上死亡，或伤亡20人以上的草原火灾 3. 距重要军事目标和大型军工、危险化学品生产企业不足1千米的森林草原火灾 4. 严重威胁或烧毁城镇、居民地、重要设施和原始森林的，或需要国家支援的森林草原火灾	1. 连续燃烧超过72小时没有得到控制的森林火灾，或距我国界5千米以内的国外草原燃烧面积蔓延500千米以上，或连续燃烧120小时没有得到控制的草原火灾 2. 受害森林面积超过300公顷以上、1000公顷以下或受害草原面积2000公顷以上、8000公顷以下的火灾 3. 造成10人以上、30人以下死亡的森林火灾，或者造成3人以上、10人以下死亡的草原火灾 4. 威胁居民地、重要设施和原始森林，或位于省（区、市）交界地区，危险性较大的森林草原火灾 5. 国外大面积火场距我国界或实际控制线5千米以内，并对我境内森林草原构成较大威胁的火灾

(2) 游客流失。

对于游客流失的定义现在并无明确的定义。根据 Keaveney（1995）的观点，对于某项产品和服务而言，客户不再使用某项产品或服务、转换到其他替代产品或服务、转换到不同的产品或服务品牌，都是客户流失。或者换而言之，顾客流失是指本企业的顾客由于种种原因转向购买其他企业产品或服务的顾客（张波，2003）。据此可以将游客流失定义为，对于某旅游景区而言，游客已经产生购买意愿，但是由于某种原因短时期内游客放弃行程和计划，不再选择该地旅游、并转换到其他旅游目的地的客户，称为游客流失。

(3) 游客赢回。

游客赢回现在没有定义。Thomas、Blattberg 和 Fox（2004）在 *Recapturing Lost Customers* 这篇文章中，对"顾客赢回"做了概念界定，顾客赢回是指重新恢复和管理与公司已经中止的顾客关系，而赢回策略则是指厂商赢回顾客所采用的营销手段和工具，通常厂商赢回顾客的策略主要有价格促销和非价格促销两种。根据专家访谈及相关文献，将游客赢回定义为，对于景区已经流失的游客，采取某一种游客外在的措施和策略，使游客重新产生旅游购买意愿，称为游客赢回。

1.5.1.2 研究内容

本研究主要分为四个层次：第一个层次，对严重自然灾害后游客流失原因的实证研究；第二个层次，选择赢回策略层次，通过现有文献和严重灾害发生后对灾害地的多维度影响引入情感实现和体验需求两个赢回策略；第三个层次，赢回策略对流失原因和游客旅游意愿关系影响关系的研究；第四个层次，对各个赢回策略效果的实证研究。

需要额外说明的是，第一个层次的研究已经在上卷的第 7 章"基于游客流失原因的因素研究"中分为"7.2 灾后游客流失原因的实证研究"和"7.3 灾后游客流失原因与游客意愿关系研究"两个部分进行探究。并且这两部分的研究和本书第一部分的研究都是在用同一调查问卷进行同一调查测试基础上进行的。为了满足上卷中"第二部分 灾后旅游意愿影响因素研究"的研究需要，将第一个层次的研究单独作为一个对灾后旅游意愿影响因素的研究，在上卷的第二部分进行研究阐述。

在第一个层次，即严重自然灾害发生后游客流失原因的实证研究中，本研究主要通过对现有灾害型旅游危机管理的文献进行研究，归纳整理出严重自然灾害后游客流失的原因，同时通过对消费者的访谈，根据专家意见和景区可控原则，发现现有文献中没有明确表述的原因。然后根据文献和专家意见构建量表进行实证研究，验证流失原因及流失原因对游客流失的影响权重。

在第二个层次，即选择赢回策略层次中，通过三个方面选择赢回策略。其一，现有景区危机管理的文献，归纳出相关的赢回策略；其二，通过对灾害后社会心理的分析，引入情感实现赢回策略；其三，结合旅游本身的行业特点和旅游产品本身的特点。旅游本身是一种体验，而自然灾害后，对灾害地的特殊体验有别于一般的旅游体验，因而对游客产生吸引力。

在第三个层次，赢回策略与流失原因与游客旅游意愿关系影响研究中，确定赢回策略及各个赢回策略的消费者态度测量指标，引入不同的情景刺激物，测试不同赢回刺激后的消费者态度，分析不同赢回策略后的消费者态度对不同流失原因和旅游意愿之间关系的影响，研究不同的流失原因和不同赢回策略之间是否存在对应关系。

在第四个层次，即对各个赢回效果的实证研究中，基于消费者对不同赢回策略的态度差异，通过不同赢回策略刺激后的旅游意愿改变，测试在严重自然灾害背景下，赢回策略效果，为以后可能的严重自然灾害发生后景区对赢回策略的选择提供借鉴。

1.5.2 研究框架

为了解释现实和理论上存在的问题，实现研究目标，本研究制定了以下研究思路和方法。

1.5.2.1 研究思路

本研究所遵循的总体思路具体分为以下四个步骤。

首先,观察现实中自然灾害发生后,景区都有游客流失的现象,这是一个普遍存在的现象,并且由于现代社会旅游的影响,景区都会积极采取一些促销措施,尽快恢复当地的旅游产业。但是,各个地方采取的措施不同,恢复的期间也各有不同。而赢回策略对游客旅游意愿的影响是目前理论的空白,也是社会普遍关心的问题,于是初步把这一问题拟定为研究方向。

其次,基于这些问题检索相关文献,了解国内外其他学者对自然灾害或者灾害后对旅游恢复的问题的研究情况,以定位该课题目前的研究现状,清楚现在的研究进展和目前该课题研究尚存的不足。

再次,结合既定的研究方向和已有的相关研究成果,从中找到值得研究而尚未研究的"机会点",确定本研究的内容和目标。

最后,基于研究内容和目标,展开正式研究,包括建立概念模型、形成研究假设、选择研究方法、设计研究变量、设计调查问卷、展开调研工作、进行数据分析、得出研究结果、分析研究结论。

研究思路如图1-2所示。

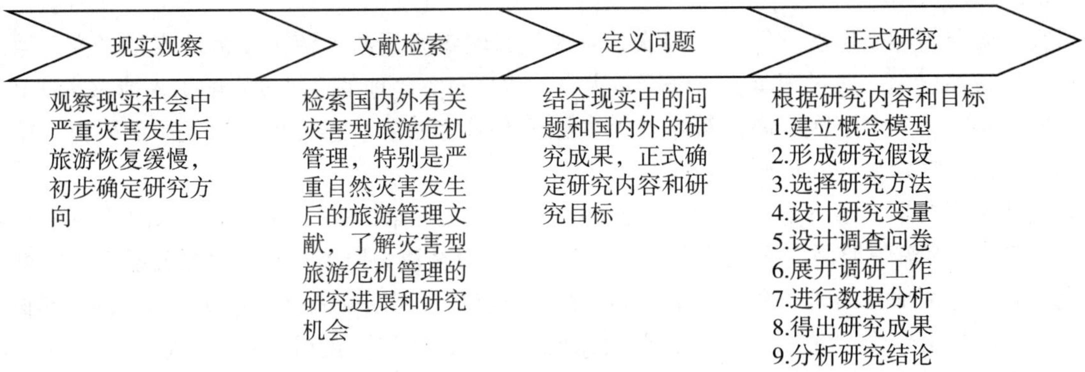

现实观察	文献检索	定义问题	正式研究
观察现实社会中严重灾害发生后旅游恢复缓慢,初步确定研究方向	检索国内外有关灾害型旅游危机管理,特别是严重自然灾害发生后的旅游管理文献,了解灾害型旅游危机管理的研究进展和研究机会	结合现实中的问题和国内外的研究成果,正式确定研究内容和研究目标	根据研究内容和目标 1.建立概念模型 2.形成研究假设 3.选择研究方法 4.设计研究变量 5.设计调查问卷 6.展开调研工作 7.进行数据分析 8.得出研究成果 9.分析研究结论

图1-2 研究思路

本书第一部分的论文框架是研究思路的反映和延续,研究框架和逻辑结构如图1-3所示。

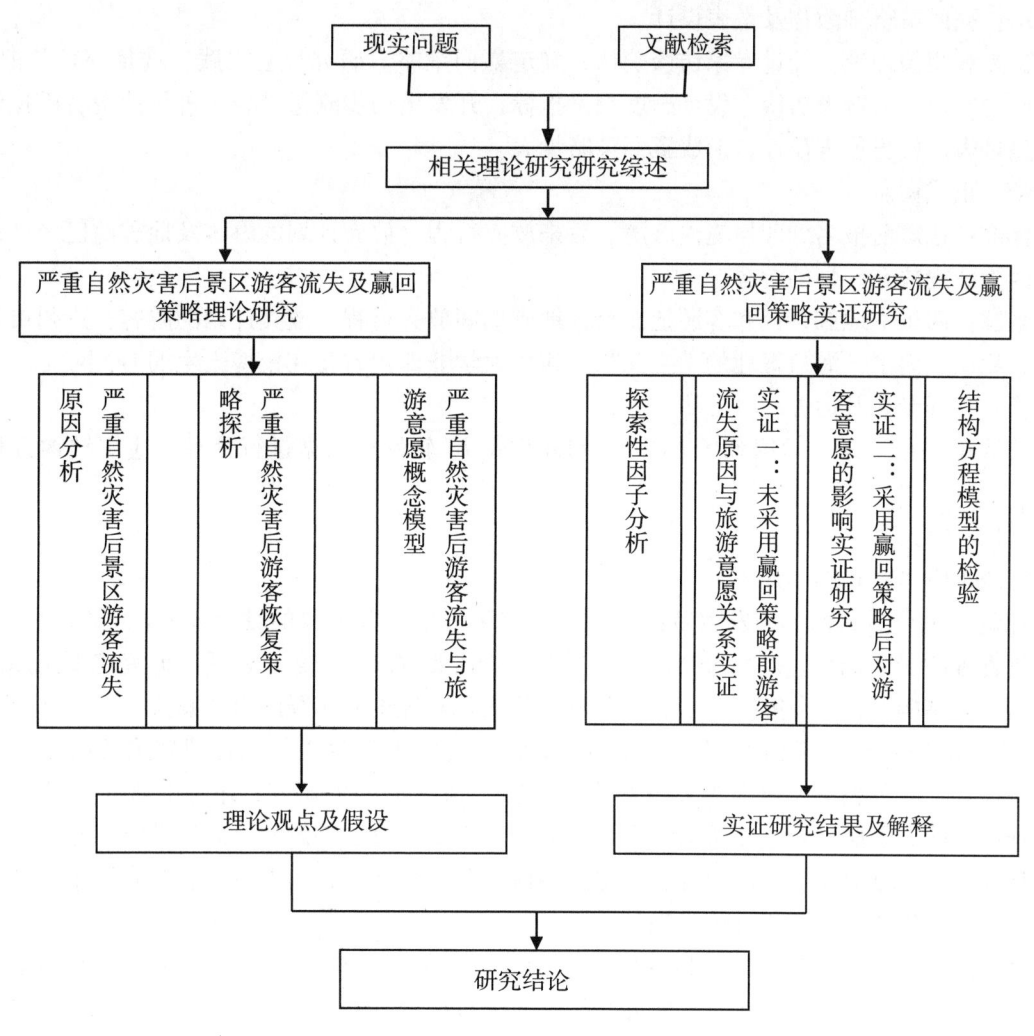

```
                    ┌──────────┐  ┌──────────┐
                    │ 现实问题 │  │ 文献检索 │
                    └────┬─────┘  └────┬─────┘
                         └──────┬──────┘
                                ▼
                    ┌──────────────────────┐
                    │ 相关理论研究研究综述 │
                    └──────────┬───────────┘
                   ┌───────────┴───────────┐
                   ▼                       ▼
      ┌────────────────────┐   ┌────────────────────┐
      │ 严重自然灾害后景区 │   │ 严重自然灾害后景区 │
      │ 游客流失及赢回     │   │ 游客流失及赢回     │
      │ 策略理论研究       │   │ 策略实证研究       │
      └────────────────────┘   └────────────────────┘
```

图 1-3 研究框架和逻辑结构

1.5.2.2 研究步骤

为了使本研究更加规范、科学，较好地完成预定研究目标，本研究采用理论与实证相结合的方式，具体步骤如下。

第一步：确定研究题。

根据严重自然灾害频发且在灾害发生后灾害地景区迟迟不能有效恢复的实际情况，确定研究课题。

第二步：文献研究。

就灾害后的旅游危机管理，特别是严重自然灾害后的旅游危机管理文献进行梳理，找出现有文献的研究成果，研究结论，研究方法及研究局限。同时，结合该课题相关的内容，研究顾客赢回理论、购买意愿、消费者态度等相关理论。

第三步：流失原因量表开发。

根据文献整理出严重自然灾害后游客流失的原因，和专家座谈、对消费者访谈。根据文献、座谈、访谈情况，开发出初步测量指标，并据此形成初步量表。然后开始试调研，在试调研的基础上修正量表设计，形成量表。

第四步：赢回策略刺激物及量表设计。

根据文献和相关理论，经过专家访谈确认，确定赢回策略。研究社会实践，选择赢回策略刺激物。结合前期专家座谈、消费者访谈，设计态度测量指标，开发出初步测量量表，进行消费者模拟调查。试调研后调整量表，修正量表设计，形成赢回策略量表。

第五步：正式调研。

取样标准：地震前报名到四川境内旅游，后来放弃行程、放弃计划的游客及地震前已经计划去四川旅游但是因为地震放弃计划的游客。

样本来源：四川本地旅行社和客源地旅行社地震期间放弃行程、放弃计划的游客；广州市行政事业单位员工、武汉、南宁、海口等地的学生家长；四川大学非四川省籍在校博士生的QQ网友。

第六步：数据录入及运算。

对调研数据进行录入，运用SPSS16.0和LISREL8.70软件对数据进行处理，应用结构方程找出相关关系。

1.5.2.3 结构安排

本研究的逻辑思路和内容如下。

（1）绪论。从严重自然灾害发生后灾害地景区旅游迟迟不能恢复的社会现实问题出发，结合灾害型旅游危机管理的研究现状，发现研究机会，提出本研究要解决的问题。介绍本研究将要采用的研究方法、研究路线、结构安排、研究创新点、将要取得的成果对理论和实践的重要意义。

（2）灾后赢回策略相关理论综述。在本章中，作者对灾害型旅游危机管理理论的研究现状、理论管理框架做梳理，整理相关文献对严重自然灾害后游客流失原因的研究，并对本研究涉及的重要理论——赢回理论、购买意愿理论、旅游动机理论、消费者态度理论、旅游安全赢回策略、旅游价格赢回策略等做文献综述。本章对要研究的内容进行全面的梳理和理论探讨，为下一步新的赢回策略的提出和模型的建立与假设提出提供坚实的理论基础。

（3）严重自然灾害后游客流失原因探索性因子分析。本章结在因子分析的深度访谈中发现游客流失的另外一个目前灾害型旅游危机管理研究文献中尚没有提到的一个流失原因：伦理冲突。然后开始量表构建、测项整理、信度及效度分析。最后，将严重灾害后游客流失原因归为5个因子。

（4）研究设计。根据前期文献、体验赢回与情感赢回策略的提出及严重自然灾害后游客流失原因的探索性因子分析的研究，本章提出模型构建，分别以流失原因作为自变量、以游客旅游意愿为自变量、以体验策略、安全策略、价格策略、情感策略为调节变量，并以因变量、自变量、调节变量之间的关系提出流失原因与游客意愿之间、赢回策略与流失原因与游客旅游意愿的调节、赢回策略与旅游意愿之间、赢回策略之间的假说。

（5）研究分析。实证研究———流失原因与游客旅游意愿之间的关系研究。本章主要是通过结构方程模型，利用LISREL软件，对严重自然灾害后游客流失的原因与游客旅游意愿之间的关系进行检验，发现安全担忧是游客流失的主要原因，验证在探索性因子分析时，发现伦理冲突也是游客流失的主要原因；在严重自然灾害背景下，成本担忧对游客的旅游意愿不构成显著的负相关关系。实证研究二——赢回策略对流失原因与游客旅游意愿之间关系调节研究。本章主要通过收集的问卷数据利用LISREL8.70软件实际演算各个赢回策略对各个流失原因与旅游意愿之间的关系调节作用，验证前期提出的体验、情感赢回策略的有效性。

（6）结论与展望。本章主要讨论以上各研究假说检验的结果并进行分析，研究管理结论对管理带来的启示，陈述本研究的成果创新和理论贡献，总结本研究的局限，展望未来的研究方向。

2. 灾后赢回策略相关理论综述

2.1 严重自然灾害后的旅游危机管理理论

2.1.1 灾害型旅游危机管理研究现状

旅游业的综合性、依赖性和脆弱性的产业特征,决定旅游业的高敏感性。旅游系统中某旅游因素的负向变化或外界依托因素的负向变化,都有可能引起旅游业的波动震荡(李峰、孙根年,2007)。由于旅游业发展的普遍性和其高度敏感性,导致任何自然灾害或是人为灾害都可能对相关的旅游业产生巨大冲击,也就是说任何灾害都有可能转化为旅游危机。

在灾害型旅游危机管理中,Peter E. Murphy 和 Robin Bayley(1989)应该是最早对灾害型旅游危机进行系统研究的学者。他们在《旅游和灾害规划》中将灾害分为四个主要阶段:评估、预警、冲击、恢复,从而建立了第一个灾害型旅游危机管理的基本理论框架。

灾害型旅游危机管理中最有代表性的是 Bill Faulkner,其《关于灾害型旅游危机管理的框架》一文是作者现在所能查到的最为系统的论述灾害型旅游危机管理的最为重要的开创性论文。Faulkner(2001)在该文中不仅对危机(Crisis)和灾害(Disaster)进行了区分,建立"危机和灾害"模型,更为重要的是,该文第一次系统描述了灾害萌芽、产生、发展的过程,并建立危机管理模型,成为现在灾害型旅游危机管理的经典理论。Bill Faulkner 通过对大量危机管理文献进行研究,借用医学术语提出"灾害生命周期"的概念,建立了一个通用模型,来分析和建立旅游灾害管理系统,并为不同的灾害型旅游危机管理系统提供了一系列的原则和条件,包括灾后危机沟通和短期、长期的旅游市场恢复策略。文中他对灾害的生命周期进行了描述,把灾害生命周期划分为六个阶段:事件前期(Pre-event)、事件征兆期(Prodromal)、事件紧急期(Emergency)、事件恢复中间期(Intermediate)、事件长远恢复期(Long-term)和事件痊愈期(Resolution)。他认为,灾害的生命周期也就是灾害在不同时间所呈现的状态,在不同的周期里面,做出怎么样的反应决定了我们应对灾害的态度和能力和危机管理的效率。比如,在长远恢复期,修复损坏设施、恢复环境、安抚受害者、恢复商业和消费信心及投资计划。随后,Bill Faulkner 将其灾害型旅游危机管理理论在澳大利亚的 Katherine 水灾管理上进行了验证。

Brent W. Ritchie(2004)在 Bill Faulkner 的灾害型旅游危机管理理论基础上对旅游行业的危机管理策略做了进一步的探讨。他在《混乱、危机和灾害:对旅游业危机管理提出的一个战略方针》的一文中把灾害分为三个类型,分别是①瞬间灾害(Immediate Crises),此灾害是指很少或根本没有灾前警告,因此在危难来临之前有关部门没办法制订计划去应对;②慢性灾害(Emerging Crises),此灾害是慢慢形成发展的,因此有时可以被阻止或减轻灾害带来的损失;③持久灾害(Sustained Crises),此灾害是指那些会持续几周,几个月,甚至几年的灾害。他指出采取什么样的战略去处理这些不同的灾害取决于时间压力、控制程度和事件的严重性。他认为,复杂性和混沌理论可以为组织机构在旅游业上提供一些洞察危机和灾害管理的方法,并且不管什么样的组织机构在处理灾害时都要灵活应对,在危机即将来临时,你要很清楚到底什么时候会出现、它属于哪一种危机、打算采取哪一种方式去处理它。虽然灾害或者危机的冲击可能不能避免,但是可以通过公司管理部门的管理者限制其影响。并且他认为对灾害的理解和随后的事件管理通过对灾害型旅游危机管理理论、概念的应用会有提高。为此,Brent W. Ritchie 提出了双环学习理论(Double Loop Learning)。

2009 年,Chung-Hung Tsai 和 Cheng-Wu 在研究中国台湾地震后的旅游管理研究的基础上,提出了基于风险评估信息的旅游行业的地震管理机制,对自然灾害后的旅游管理机制做了进一步探讨,这是现在能检索到的对旅游管理基础理论探讨的最新文献之一。

众多研究表明,灾害对旅游的影响和灾害的属性相关。英国诺丁汉大学 Juan L. Eugenio - Martin (2005) 建立了一个包含时间序列的模型,对美国、法国和德国旅游者到苏格兰旅游的需求进行了验证,研究结果表明,不同国家的消费者对于不同类型的灾害,其旅游需求的变化是不同的。不同的灾害类型(自然灾害、恐怖主义、疾病和战争)能够产生不同的影响效应,不同的灾害属性对旅游造成的伤害同样会呈现不同的影响程度。灾害属性研究是作为灾害型旅游危机管理研究的重要前提,针对不同的灾害属性应该采取不同的灾害管理方法。英国牛津大学的 J. C. Henderson (2006) 在《旅游危机:成因、结果及管理》一书中陈述了旅游灾害的三个属性:灾害严重程度、灾害持续时间、灾害空间范围。了解不同灾害的严重程度、持续时间、灾害影响的空间范围,可以成为游客决定是否出游的重要参考信息。Mario Mazzocchi、Anna Montini (2001) 两位学者也曾利用事件收益分析方法,以 1997 年 9 月 26 日发生在意大利中部 Umbria 的地震为例,与地震前一年同样月份到达游客的比较,评估地震的相关时空影响。研究表明,外国游客能较快地被重新吸引。所以说不同的灾害属性其影响广度和深度是不一样的。

国内目前对灾害型旅游危机管理的文章较多,但多是对国外相关管理理论的验证。较具代表性的侯国林 (2005) 对旅游危机的类型、影响内容、影响范围和影响机制的研究。他创建了旅游危机时期潜在旅游者风险决策模型和旅游危机管理模型,指出在危机的不同阶段应采取的管理措施和对策。侯国林还将危机分为背景性危机和内在性危机,将危机按发展期间分为潜伏期、爆发期、恢复期,并研究了各个期间的应对机制。舒波和赵艳 (2008) 构建了突发性逆境管理的三阶段模型:包括逆境预警期、逆境表现期及逆境恢复期三个时期不同的应对策略和重点。沈和江和陈淑荣 (2006) 构建了旅游业危机管理技术处理模式。张建 (2004) 综合灾害旅游的研究成果,归纳了引起旅游危机的六大诱因,提出了应对旅游危机的宏观对策和措施。

2.1.2 严重自然灾害后游客流失原因研究

汶川大地震后,根据四川省旅游局的统计,旅游酒店的入住率从 2008 年 4 月的 53% 下降到 44%,境外游客人数从 4 月的约 95000 人次下降到约 26000 人次,国内游客从 4 月 140 万人次下降到 120 万人次 (Hanqin Qiu Zhang、Mimi Li、Honggen Xiao, 2009),并且截至 2009 年 10 月,在灾害发生一年半后四川省的旅游业仍未完全恢复到灾前水平。中国台湾地区的"9·21"地震后游客下降了 15%,230 个景点的游客数量同比下降 27% (Jen - Hung Huang, 2002)。印度洋大海啸造成这一区域的游客急剧减少 (Jen - Hung Huang、Shu - Ting Chuang、Yu - Ru Lin, 2008)。研究证实,严重自然灾害后对灾害地旅游业而言最直接的后果就是景区出现大量的游客流失,并且流失原因并不相同。

对灾害后游客流失的原因基本上所有的学者都认同一个观点,这就是安全感知对旅游者的影响。

Hystad 和 Keller (2008) 指出,2003 年加拿大森林大火使当地的旅游业持续低迷,其中造成游客流失最重要的原因便是游客对于当地安全方面的顾虑。Bongkosh Ngamsom Rittichainuwat 和 Goutam Chakraborty (2005) 以泰国为例,通过对 80 位游客的访谈,研究了恐怖主义和疾病威胁下的游客风险感知,发现安全因素是影响游客流失的重要原因。作者认为,相对于风险很大的目的地,游客会选择去相对安全的地方去旅游,而不是完全地取消旅游计划。Jen - Hung Huang、Shu - Ting Chuang、Yu - Ru Lin (2008) 也认为,目的地设施损坏和安全感知是游客前往灾害地旅游的最大障碍,是造成游客流失的主要原因。游客对风险和安全的感知在做出是否到某地旅游时候会起到决定性的影响。有关旅游的调查研究也都表明安全保障是游客出游最为关心的点 (Poon and Adams, 2000)。Mario Mazzocchi、Anna Montini (2001) 指出,有 50% 的游客不会去最近发生过重大灾害的地方旅游,44% 的游客认为由于担心灾害的再次发生会推迟或取消游览这些地方。59%的游客认为他们会更愿意选择一个没有受到灾害影响更安全的地方旅游。这项调查表明，自然灾害对游客目的地的选择，影响是持久的。Sönmez 和 Graefe（1998）向经常在不同国度间穿梭的游客邮寄了 500 份问卷并且得到了 48% 的问卷回收率，在所有有效问卷中，游客均认为安全因素（感知风险和感知安全）是对未来出国旅游最有影响力的因素。其他学者 Simmons（2001）、Myron F 等（2003）都验证了安全因素是游客流失的主要原因之一。Jen – Hung Huang、Shu – Ting Chuang，Yu – Ru Lin 在另一个研究中指出，第一次去的游客和回头游客对疾病风险、旅游成本的增加和旅游出现的不方便的感知程度不一样，或是采取不同的方法和角度进行感知。作者认为，媒体的大幅报道也将对游客的风险感知造成影响。因此，当恐怖袭击在电视媒体或其他大众媒体反复播放的时候，潜在游客的担心和焦虑就会提升，从而使游客不预定旅游或者取消预定旅游。

旅游景观、旅游设施和旅游服务是旅游产品的三大要素，自然灾害发生后，往往会对旅游地的旅游设施造成破坏，这也成为阻碍灾害地旅游恢复的一大障碍。

Jen – Hung Huang、Shu – Ting Chuang、Yu – Ru Lin（2008）指出，在研究印度洋海啸时对潜在游客进行调查发现，对大多数计划前往受海啸影响的区域旅游的游客来说，他们想了解更多关于受海啸影响的地区信息，特别是关于健康和卫生的，以及是否打扫干净、海啸给设备和旅游设施带来的影响等。作者认为，灾后前往受灾区的国际游客急剧下降，旅游地设施损坏对游客的选择存在负面影响。Jen – Hung Huanga、Jennifer C. H. Min（2002）和 Jen – Hung Huang、Shu – Ting Chuang、Yu – Ru Lin（2008）的观点相同，他们认为交通的通达度会严重影响游客的旅游意愿，游客将会选择旅游设施更加舒适的地方去旅游。

心理忌讳也会在一定程度上降低游客的旅游意愿，这在亚洲游客身上尤其明显。

在研究印度洋海啸对游客的影响后，Jen – Hung Huang、Shu – Ting Chuang、Yu – Ru Lin（2008）指出印度洋大海啸造成这一区域的游客急剧减少，即使灾后重建工作已经基本结束，亚洲游客也还没有恢复到受海啸影响区域的旅游。作者认为，由于灾区死伤人员众多，民间信仰（Folk Religion）是影响亚洲游客决定不去灾区旅游的主要原因。比如，心理忌讳等影响了游客的目的地选择。Sajaniemi（2008）在会议论文《自然灾害对旅游业的影响——基于 2004 年 12·26 大海啸的案例研究》一文中也证实了此观点，Sajaniemi 认为，亚洲游客不想去受灾区旅游主要原因是出于心理忌讳，这与游客的民族背景和文化传统是不可分割的。Rittichainuwat（2011）在其研究中也证实了 Sajaniemi 的观点，他以亚洲的中国、泰国和欧洲的英国、德国为对比样本，证实了不同文化背景的游客在灾害地旅游决策上的差异，提到了心理忌讳在亚洲游客尤其是中国游客的身上尤为明显，而欧洲游客则不存在这种现象。

另外，消极公共信息（Negative Publicity）也使游客旅游之心挫败。虽然灾害基础设施已经快速的恢复，让游客相信灾后旅游地点很安全还是一项艰巨的挑战。

Andrea Valentin（2003）认为，媒体影响游客心中的目的地形象感知。Mario Mazzocchi 和 Anna Montini（2001）分析了地震对意大利中部地游客流失的影响，研究结果表明，地震发生后，市民广泛关注地震破坏的报道和持续的风险，使得旅游人数显著减少，并得出了游客流失受离震中的距离及媒体负面报道影响的结论。Ritchie. Brent 以口蹄疫为例，对英国危机沟通管理的国家层面（通过对权威旅游专家的响应的研究）和地方层面（通过对地方自治会的响应的研究）进行研究，指出信息的混乱是影响市场恢复的重要原因之一。Nevenka Cavlek（2002）认为危机发生时，当地政府部门的行动并不总是足够迅速，而记者的反应却是快速的，记者的报道通常会夸大负面影响。重复的负面报道会改变游客对目的地形象感知，而目的地的形象是游客选择的一个关键的因素。在一场灾害后，媒体报道的准确性在对潜在游客对目的地形成的态度起到了至关重要的作用，然而在这个时候，新闻或是报道总是不真实。相反的是，一些新闻出版机构为了有卖点往往会夸大事实，由此导致媒体，在灾后恢复期间不仅复杂了程序,更减低了游客或潜在游客的旅游意愿(Milo 和 Yoder,1991)。这一观点和 Bongkosh Ngamsom Rittichainuwat 和 Goutam Chakraborty 的观点一致。

黑色旅游的兴起也使学界更加关注伦理失衡角度的研究。

Seaton(1996)对于这一问题关注较早,并且做出自己的规范性研究,他对人类对死亡理解的历史脉络进行梳理后,给出游客在去往灾害地旅游时应该持有的对待死亡的看法,并对灾害地居民死亡的看法做出自己的回应和理解。Foley 和 Lennon(1996)也较早地关注到游客在进行黑色旅游时,旅游动机方面的矛盾现象。2000 年,他们又发表著作,称死亡和灾害同时也可以成为旅游的驱动力,因为它们对游客具有一定的吸引力。Stone(2006)则针对以死亡为主题的黑色旅游景点或展览进行专门的研究,结果发现,病态的嗜好和单纯的好奇都构成游客对于死亡的兴趣驱动力。Reas Kondraschow(2006)在另一研究中发现一个经常被忽视的问题,他发现不同的文化背景的游客受自然灾害的影响不同,有些国家的游客会明显减少前往灾区的旅游,但是在有些国家,灾害对旅游反而有积极地推进作用,特别是西方国家,如英国、加拿大、瑞士等国家,他们坚定地相信,去灾区旅游是一种很好地帮助灾区社会经济恢复的有效方法。

此外,游客地理知识的相对匮乏致使其在对旅游目的地认知时出现偏差。Cavlek(2002)认为,除了危机中接待国面临严重的现实困难外,许多旅游者还可能会缺乏合理的地理知识。这一问题可能产生负面的影响也可能产生正面的影响。如今已经有很多的度假选择,人们通常不会考虑在有风险地方的邻近地区旅行。一个目的地很容易被一个相似的地方替代,甚至被一个完全不同的地方替代。旅游者宁愿等到这个国家恢复正常以后再去旅游。这种态度会对这些国家国际旅游的经济效果产生不利的影响。

灾害后游客流失的研究国内学者成果较少,刘阳炼(2008)在《浅议震区灾后旅游市场的重建》中体现了游客流失的原因主要表现在以下几点:地震对旅游产品设施的损坏、羌族文化遭受严重破坏、旅游服务质量下降、社会规范的影响、恐惧心理的扩散、其他旅游目的地的替代。贾银忠、覃江荣在汶川地震后通过田野调查,发现旅游地形象损坏、旅游资源受损、旅游配套设施破坏、旅游地交通阻隔是灾后造成游客流失的原因。

2.1.3 严重自然灾害后游客赢回研究

2.1.3.1 严重自然灾害后游客赢回定义

Thomas、Blattberg、Fox(2004)在 *Recapturing Lost Customers* 这篇文章中,对"顾客赢回"做了概念界定:顾客赢回是指重新恢复和管理与公司已经中止的顾客关系,而赢回策略则是指厂商赢回顾客所采用的营销手段和工具,通常厂商赢回顾客的策略主要有价格促销和非价格促销两种。虽然顾客赢回管理(Customer Win-back)的重要性已经得到理论界和管理者关注,但是迄今为止,营销学界在顾客赢回管理理论和实证方面的研究成果仍旧非常缺乏。现在的顾客赢回研究都是以客户消费为前提,没有考虑在外界环境突变的环境下造成的客户流失的恢复,同时更多地将赢回策略局限于价格促销。

Peter E Murphy 和 Robin Bayley(1989)将灾害后的恢复分为四个阶段:紧急阶段、恢复阶段、重建阶段、提升和纪念阶段。他们认为,在灾害的冲击和恢复阶段必须给旅游行业以特定的关照,因为旅游企业不仅承担灾害对受灾区域安全和旅游吸引力的影响,同时也将带来有助于灾区重建新的财政收入。但是由于旅游产业的依赖性和脆弱性,灾害危机后旅游产业的恢复比其他产业更加复杂(Nevenka Cavlek,2002),游客的完全恢复可能需要更长、超过预期的时间,需要更多的努力,可能要花费几年的时间重建这个行业并恢复到灾前水平(Durocher,1994)。也就是说,灾后的游客赢回较一般的顾客赢回而言更具挑战性。

Sonmez、Apostolopoulos 和 Tarlow(1999)强调,尽管旅游产业善于利用现有的市场原则,但负面事件引起的挫折要求采取比常用的努力更多的措施。旅游业必须实施一整套恢复性营销计划,并且需要与危机管理活动结合在一起。而旅游产业的恢复就是必须采取某一种游客外在的措施和策略，使游客重新产生旅游购买意愿，也即游客赢回。这种外在的措施根据 Thomas、Blattberg、Fox（2004）"顾客赢回"的观点，是指采用的"营销手段和工具"直接针对游客本身重新恢复和管理与公司已经中止的顾客关系，因此区别于类似诸如灾害后企业信心恢复等旅游恢复措施。

也就是说，对于景区已经流失的游客，采取某一种游客外在的措施和策略，使游客重新产生旅游购买意愿，称为游客赢回。而在此过程中针对游客的营销手段就是游客赢回策略。

2.1.3.2 严重自然灾害后旅游恢复研究

学者在灾后旅游恢复的实践上的研究成果比较多。

Joe Durocher、Cornell（1994）在《市场恢复：自然灾害后我们怎么做》一文中指出，自然灾害后的旅游恢复决定于破坏的程度、设备恢复的效率和公布目的地现状。从夏威夷飓风可以得出以下经验，旅游行业最初几个月的应对极为关键。灵活、有计划的行动、尽快获得传播语言、安装电话热线、保持媒体顺畅、提供最新的信息给旅游经销商和其他旅游合作伙伴有关恢复的状态和努力、确保旅行社和媒体看到恢复的程度。

克罗地亚的经验支持了 Sonmez 和 Graefe（1998）关于度假决策的发现，过去的旅游经验对未来的行为只有间接的效应。因此，可以这样认为，为了使旅游者重新回到刚刚发生过危机的国家，仅仅依靠旅游者知道目的地危机发生之前的情况是不够的。在这种情况下，需要做出承诺和大量的投资，包括与包价旅游承包商、旅行机构重新建立商业关系，恢复交通，赢回在国际市场上先前的地位。

1999年8月，土耳其发生的地震同样也对其国家的旅游业产生重大影响，土耳其政府为了把美国游客吸引回来，在纽约和洛杉矶的网络上发出"安全"和"土耳其是世界历史的中心"这样的信号，并取得很显著的效果，旅游业在短时间内恢复到了震前水平。同样的事情发生在日本，日本在遭遇的7.2级大地震后，Kobie（神户）和 Kyoto（京都）两个城市的旅游业遭受了重大打击，作为超过一千年古都的 Kyoto 在地震过后急剧衰落，城市旅游局随后采取很多的恢复措施，发出"京都安全（Kyoto is OK）"的宣传口号。这些地方都把安全作为旅游恢复的主要策略。

Carl Bonham（2006）等采用经济学的错误矢量修正模型（Vector Error Correction Model）证明夏威夷没有受到"9·11"事件的影响，表明夏威夷旅游恢复的主要原因是美国国内游客不愿意到国外旅游而转向夏威夷。Carl Bonham 等引用美国恢复国际旅游市场的方法，让外国游客认识到美国政府放宽外国游客赴美限制，让外国游客感受到美国人民的热情好客，放宽美国国民去其他国家旅游的限制，以及开发出新的旅游目的地供游客选择，证明对旅游者的各种友好政策将促进旅游业的恢复。

Leah Cioccio（2007）等研究了澳大利亚森林大火后旅游经营者们的恢复策略，指出虽然旅游经营者缺乏灾前防范措施，而其经营者的实践经验积累和灾后旅游经营者的联盟互助非常有助于旅游市场的恢复。Katherine Jean Milo（1991）在《灾后恢复：旅游记者和旅游目的地》中阐述，因为有报道重大新闻为特色的记者，许多媒体使灾后的旅游恢复变得复杂。他通过对1989年旧金山地震后的一项旅游记者的调查证实，媒体在恢复阶段的态度和消息的采用与灾后恢复有关。作者建议，建立给予目的地帮助的忠诚策略，减少媒体的负面报道。

Jennifer C H Min（2007）应用 Fuzzy AHP（Analytic Hierarchy Process）方法，通过一定范围内专家咨询获得的不同旅游恢复策略评价标准的权重，结果表明最优选的是发展和提升国内旅游的吸引力。文章最后得出对政府合适的未来灾害处理策略，处理策略指标用头脑风暴法和在领域内的专家预调研。一致认为，政府加强旅游资源、改善基础设施、鼓励投资将有助于创造一个友好、多元的世界级旅游环境。参加世界规模的旅游展示会被列为倒数第二，而设置一个旅游重振任务小组，被列为最后。

Noel Scott、Eric Laws、Bruce Prideaux（2008）在《旅游中人身财产安全：危机中的旅游市场恢复》

指出，随着灾害的频繁出现和强度的增大，有关灾后旅游的管理，对旅游业产生的影响，以及旅游业遭受创伤的研究越来越多。大多数的研究都采取相对宽泛的研究方法，主要探讨灾害对旅游业的影响、对当地居民、旅游组织和环境、设施的影响。同时还探讨采取的一些补救措施，以及灾后立即使用的危机管理手段，往往提到在灾害发生之前应该做好准备。该文主要回答怎样恢复受到严重灾害后的目的地旅游市场，并且怎样吸取经验以更好地应对后来的危机。该文认为，"恢复到正常"的任务，是一个挑战，比很多文献认为的变化更大、更复杂。文章提出，危机后的旅游恢复人身财产安全是首要问题，因此提出了安全恢复策略。

刘世明（2009）认为，重大灾害的发生，其影响的不仅是受灾的部分群体，而是整个人类群体都必须共同面对和承担的苦难。灾害发生之后，灾区的人们经受着灾害、痛苦、重大财产损失，甚至死亡，灾区外的人们关心灾区的受灾情况，关心灾害发生时充满人性光辉的故事，关心灾害后的救援进展和救援情况，关心受伤和死亡的灾民，关心灾害对自然环境、地质构造、生物种群等的影响。这种关心形成巨大的心智资源。当灾害结束，所有参与救援、关注救援的人们会有到当地去看看的冲动。灾害遗址地的旅游开发可以最大程度地利用这一由巨大生命和财产损失而来之珍贵的心智资源。他认为这是灾害后旅游恢复可以利用的心智资源和品牌资源，有利于旅游业灾后恢复。

2.1.3.3 严重自然灾害后游客赢回策略总结

由此可见，所有灾害后旅游恢复策略包括安全促销、价格促销、活动促进、增加投资、积极沟通、政府支持等。但是这些手段真正地直接针对消费者的"营销手段和工具"主要就是安全和价格策略，也即严重自然灾害后现有的主要直接针对消费者的赢回策略是：安全赢回、优惠赢回。

2.2 旅游决策理论

消费者购买过程实际上是一个消费者的决策过程。一个完整的消费心理到行为的转换过程包括唤起消费者的需求、产生消费动机、形成消费态度直至购买行为发生（高海霞，2003）。实际上可以将其简化如图2-1所示。

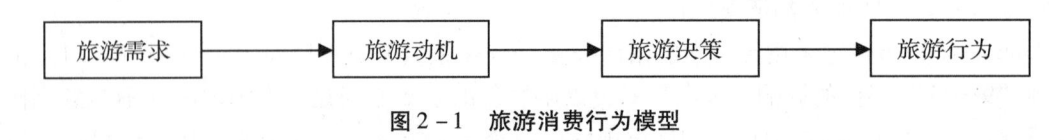

旅游需求 → 旅游动机 → 旅游决策 → 旅游行为

图2-1 旅游消费行为模型

在旅游需求已经产生的情况下，最终对旅游行为起决定作用的就是旅游动机到旅游决策的过程。

2.2.1 旅游动机研究

2.2.1.1 旅游动机释义

旅游者行为研究的主要内容之一就是旅游动机（Tourism Motivation），因为旅游动机是推动一个人或一个组织进行旅游活动的内在动力。

"动机（Motivation）"一词来源于"激励（Motivate）"一词，是指促使人们以某种方式采取某种行动之意。传统的心理学把动机解释为：推动个人行为的内在的动力，是唤起与维持个体行为，并使该行为朝向特定目标的内在心理过程。

由于动机的多样性，对动机有很多分类，目前普遍为学界接受的最为常见的分类是根据动机的起源不同把动机分为两大类：生理动机和心理动机。生理动机（Physiological Motivation）是指由于生理性需要而产生的动机，如进食、饮水、睡眠、性等。心理动机（Psychological Motivation）是指个体的内在动机，也称为社会动机，如好奇、成就、权利、交往等。

旅游的研究对象主要包括四大要素：旅游者、旅游企业、旅游景区、景区政府。研究旅游者首先研究旅游者行为、旅游者的心理及旅游动机，因为他们在很大程度上决定了目的地的选择和活动的参与。

因此，国际上旅游动机的研究一直以来就是旅游学术研究的核心问题之一。按照（Crompton，1979）的定义，旅游动机是行为者个体内在心理需求产生的心理紧张和使个体恢复心理平衡状态。国内学者谢彦君（2004）认为，旅游动机是旅游需要所催发，受社会观念和规范所影响，直接规定旅游行为内在的动力源泉。由于动机的复杂性，导致旅游动机理论的众说纷纭，虽然目前国际上已经就旅游动机是旅游行为的基本原因、是解释度假决策的关键因素、旅游体验评价的基础等研究达成基本共识（Jamal 等，2003），但目前还没有一种理论能解释所有旅游者的动机。Ryan（1991）指出，由于旅游动机的多样性，我们不可能推测旅游者对个别情景的反映。

2.2.1.2 旅游动机研究的发展

旅游动机的本质是消费者购买动机的一种，只是有别于传统的心理学研究，旅游研究更多的是从人本主义的动机理论角度来研究动机。

旅游动机中经典的解释就是马斯洛需求理论。美国心理学家亚伯拉罕·马斯洛（Abraham Harold Maslow）是西方人本主义心理学的主要创始人，美国比较心理学家和社会心理学家。1943 年，马斯洛创设需要层次理论并用它来解释人们的动机，从而形成所有动机理论中最著名的理论——马斯洛需求层次理论。马斯洛把个体的需求按照由低到高的层次排列为：生理需求、安全需求、社交需求、尊重的需求和自我实现的需求。马斯洛认为，如果低级的层次没有得到满足，那么该层次的需要将主导个体行为。反之，如果低层次的需要已经满足，那么该需求就失去对行为的驱动力，人们将转向更高层次的需求。如果更高层次的需求得到满足，又会转向更高层次，如此继续，直到每一层次的需要都得到满足。

马斯洛理论最早出现在临床心理学研究中。由于其简明性，后来在组织心理学、市场营销、旅游等诸多领域得到了广泛应用。Mill 和 Morrison 将马斯洛理论和旅行动机、旅行文化相结合，认为旅行能满足一种需要和欲望。Dann（1977）建立的旅游驱动因子理论也与马斯洛的需求层次理论相联系，认为决定旅行决策的因素是推动因素和拉动因素，并提出七种类型的旅游动机，包括旅行是对缺失和欲望的反应、目的地拉动和内在驱动相对应、因幻想而产生动机、分类目的动机、类型学动机、旅游者经历相关动机及自定义动机。

其后，美国学者 J L Crompton（1979）认为，在旅游研究的文献中没有实证支持马斯洛的需求理论，因此认为该理论对旅游的研究用途不大。他在其学术论文《快乐假期的动机》（*Motivations for Pleasure Vacation*）一文中，解释了人们旅游是因为他们被许多不同的内在的力量牵引，这些内在的力量可以简要描述为个体如何被心理力量推动和如何被目的地所吸引——也就是拉动。Chon（1989）认为，推动因子包括认知过程和促使人们去旅游的社会心理动机。许多推动因素产生无法确定的或者模糊的人性愿望，包括对生活的逃避、对新事物的追求、冒险、圆梦、休息和放松、健康、宗教及社会活动。拉动因子是一旦人们做出旅游的决定后，吸引人们去一个特定地方的牵引力。包括确定的和不确定的特定目的地的线索，以拉动人们去实现特殊的旅游经历和满足其内在的需要，包括自然历史的吸引、美食、娱乐设施、目的地的市场形象等（Uysal 和 Hagan，1993）。推动的动机可以解释旅游的愿望，拉动的动机可以解释目的地的选择。

Pearce（1983）以马斯洛的需要层次理论模型为基础提出了旅行需求模式，该理论模式被旅游学术界广泛接受，成为旅游动机实证研究非常重要的指导。但是，马斯洛理论自诞生以来由于缺乏明确稳定的研究支持，他的部分主张和观点也遭到质疑。Witt 和 Wright（1992）就批评认为，马斯洛理论没有涵盖控制、自卑、游戏和侵略等几种需要。

1974 年，Plog 与航空公司合作提出的激进—温和动机模型在旅游学界得到了广泛应用。Plog 将旅游者依据两个维度来划分：激进—温和维度和精力维度。根据 Plog 的观点，相对来说，激进的旅游者对无组织的旅游和新奇的旅游目的地更感兴趣，而对到熟悉的目的地、常规旅游区进行的包价旅游不感兴趣。但是温和的旅游者则与此相反。Plog率先引入了"精力"这一指标来描述旅游者，精力旺盛者的期望活动水平高，更偏爱活动，精力缺乏的旅游者期望活动水平低，倾向于较少的活动。但是Gilbert（1991）也对此提出异议，认为旅游者在不同的场合有不同的动机。比如，一个度假者，他在度假过程中可能选择比较新奇的滑雪或探险，然后也可能在终止这些活动后进行常规的旅游。因此他认为Plog的理论不适用。

2.2.1.3 旅游动机的实证研究

一个实证的旅游动机测量非常重要，因为它有助于确认目的地的特性以便在促销时和旅游者的动机相适应（Kozak，2001）。在旅游动机的实证方面国内外产生了丰富的成果。

国外的实证研究主要是从几个维度进行：动机的简单访谈描述、动机的结构维度、具体旅游活动的动机研究、动机理论的验证研究等方面。国外早期的实证研究主要是通过对旅游者访谈或问卷调查，然后汇总旅游者的动机。比如，1972年，加拿大旅游局（CGTB）通过对不同城市的游客进行访谈，得出：探亲访友、观赏风景、寻求放松、追求迷人气候、品味美味、体验习俗、参与活动、访问人民、海滨度假等12种旅游动机。1980年，美国民意测验公司通过对600名现在和潜在的远途游客调查，得出远途游客的18种动机。

随着新的统计方法出现，旅游动机不再停留于简单的描述，开始借用因子分析方法来分析旅游动机的结构，这其中以Iso-Ahola、Crompton等的研究具有代表性。1991年Iso-Ahola通过对到美国华盛顿的旅游者研究识别出19项旅游动机，并归纳为6个因子。常识因子包括游览名胜、获取知识、到访向往的地方、观赏更多的事物、增长见识、了解首都的历史、华盛顿久负盛名；社交因子包括与一群人观光更有趣、与人交往、与一群人一起更安全、享受观光；逃避因子包括忘记工作和责任、忘掉烦恼；冲动因子包括冲动的决定、在名胜前留影、提前支付、了解首都的历史（重复项）；专业知识因子包括了解首都的历史（重复项）、了解联邦政府；购买纪念品因子包括购买纪念品、打发时间。Crompton在探讨人们旅游的新奇动机时得出21项旅游动机，归纳为4个因子。刺激因子包括做恐惧的事情、做大胆的事情、受点惊吓的乐趣、体验惊险感觉、喜欢刺激活动、喜欢春汛时激流的橡皮筏、寻觅冒险；改变惯例因子包括探索新事物、体验不同新事物、体验不同风俗文化、体验改变的环境、见没有见过的事情、发现的感觉、到有探险的地方、探索未知；缓解厌倦因子包括减轻厌倦、避免墨守成规、厌倦日常事务；新奇因子包括期待无法预料的事情、喜欢不可预知的旅行、喜欢没有计划的旅行等。Pearce（2005）在对西方国家游客的娱乐旅游动机进行调查，发现72项旅游动机和14个旅游动机因子。

其后，学者们的关注点不再局限于泛泛地了解旅游动机的因子构成，而是集中于某一项具体的旅游活动进行旅游动机的研究工作。Choong-Ki Lee（2004）、Crompton（1997）等学者则对参与具体的某项旅游活动的动机进行研究。Choong-Ki Lee（2000）在《旅游管理》上发表了他对以日本为代表的亚洲游客和以欧美为代表的西方游客参加1998年韩国庆州世界文化博览会旅游动机的对比研究成果，设计31项旅游动机，归纳出6个因子。文化探索因子包括欣赏工艺美术品、体验当地文化、增加知识、体验外国文化、欣赏民间艺术、新体验、学习文化活动、欣赏土著文化；家庭团聚因子包括增进亲缘关系、和家人娱乐、与家人相聚、帮助家人；逃避因子包括改变日常事务、减轻厌倦、改变日常节奏、减轻压力；新奇因子包括寻找新事物、冒险、猎奇、体验刺激、满足；社交因子包括和欣赏的人在一起、见到世界各地的人、和同爱好的人一起、和朋友一起活动、和团队一起活动；活动吸引因子包括参与特殊活动、见到不同的事情、欣赏独特氛围、享受心情、文化博览会听起来很有趣。对灾害遗址地的旅游动机研究中，Marina Novelli（2005）在《利基旅游》（*Niche Tourism*）一书中指出，黑色旅游的主要动机是怀旧（Nostalgia）。Ryan和Chris（2006）在研究新西兰塔拉维拉（Tarawera）火山爆发后被整体掩埋的一个村子Te Wairoa后认为，旅游者的经历和文化在黑色旅游的动机中扮演着重要角色。

也有的学者以某一特定的旅游目的地为样本，研究到访游客的旅游动机。比如，Fodness（1994）以佛罗里达为旅游目的地，对到访的背包客的旅游动机进行调查，共得到 65 项旅游动机，其后，又通过因子分析的方法，获得了 5 个旅游动机因子。

有的学者验证和发展了 Dann 的"推—拉"动机模型，如 Uysal（1996）通过分析美国和加拿大游客到欧洲和地中海的旅游动机，归纳出 5 项推力因素动机和 6 项拉力因素动机。拉力因素包括历史遗产和文化、舒适休闲、户外资源、娱乐活动、度假胜地、预算；推力因素包括运动与冒险、文化体验、加深亲属关系、声望、逃避。

由于我国在 1985 年年底才正式将旅游业确定为国民经济体系中的一个产业，因此对于整个旅游学术的研究来说落后于西方国家。在旅游动机的研究上我们更是缺少原创性的理论研究，多只是应用性的实证研究。

1999 年，Zhang Qiu、Hanqin 等通过对中国内地到中国香港地区旅游的人群进行研究，利用旅游中的"推—拉"理论，进行定量分析，得出了 4 个推力因子和 6 个拉力因子。推力因子包括知识、声望、人际关系、放松，拉力因子包括高科技形象、消费、方便、服务态度、服务质量、文化联系。这 10 项"推—拉"因子包括 42 项旅游动机，分别是参观文化、看不同的事情、增加知识、经历不同生活方式、到朋友没有去过的地方、满足梦想、参观一个知名地、去朋友想去的地方、参观能够给家人和朋友留下深刻印象的目的地、增进家庭和血缘关系、见到新人、回家后分享旅游经历、探亲访友、和家人团聚、逃避日常生活、锻炼、休息/放松、缓解压力、寻找刺激、勇于冒险、旅游商品和服务花费、国际大都市、现代技术之都、独特的当地居民的生活方式、感兴趣的夜生活、购物天堂、美食、交通方便、悠闲的旅行安排、邻近性、签证政策、本地居民对内地游客的积极态度、高质量的食宿、高质量的交通系统、高质量的旅游服务、节庆活动、历史/文化吸引物、美丽风景、文化联系、相似的文化背景、在本地的家庭、共同的语言。中国台湾的学者林威呈在 2001 年，通过对休闲农场假日游客的研究，设计了 27 项旅游动机，得出人际关系与能力培养、身心松弛与修养、积极求知与学习、独处与灵感寻求、亲情与友情培养 5 个因子。

在我国，以陆林、吴必虎在该领域的研究具有代表性。陆林在 1997 年针对到黄山的旅游者做了旅游动机的研究，列举了 20 项旅游动机，包括领略黄山大自然风光、喜欢名山、向往自然、回归自然、了解本地文化、了解当地风情、与亲友相聚、躲避烦扰、摆脱工作、变换环境、体验生活经历、考察、摄影、绘画、选购纪念品、选购旅游商品、享受舒适旅馆、享受风味食品、一时冲动、打发时间。吴必虎（1999）在研究了上海市居民国内旅游的动机后识别出 6 个旅游动机因子，包括身心健康、怀旧、文化、交际、求美、从众。此外，卢松、陆林和王丽（2003）调查了游客参观西递古村落的旅游动机，包括欣赏古民居、领略徽州文化、感受古村落天人合一的文化氛围、参观文物古迹、领略乡村田园风光、了解当地的风土人情、回归大自然、开阔视野提高文化素养等 19 项旅游动机。陈德广和苗长虹（2006）列举出了开封市居民出游的 31 项动机，并识别出 8 个动机因子：精神动机、渴求与享受动机、顺便旅游动机、新奇和身体动机、休闲游览动机、情感动机、单位出游动机和名胜古迹动机。

2.2.2 旅游决策研究

2.2.2.1 旅游决策的概述

决策（Decision Making）是一个非常古老的概念，它伴随人类的起源而产生，是人类意识的产物。Schiffman L G（2000）认为，就最一般的意义而言，决策是指从两个或更多的选择项中选出一个来。根据管理大师西蒙（Simon H A，1955）的观点，决策就是决策者提出可能的备选方案，并依次序检查它们，确认一个满意方案作为实际选择方案的过程。而受一系列可能限制或激发人们非理性行为因素的影响，大多数的人类决策是非理性的（Bettman、Luce 和 Payne，1998）。决策偏见通常发生在决策过程中，这种偏见的发生部分是因为用于简化决策的探索法或单凭经验法的使用（Tversky 和 Kahneman，1971，1973，1974；Kahneman，1973；Kahneman 和 Tversky，1979）。

消费者决策作为市场营销的核心问题，长期以来，国内外学者对其研究广泛而深入。目前著名的理论包括：Von Neuman 和 Morgenstern（1947）的期望效益理论（The Expected Utility Theory），Simon（1956）的满意理论（Santisifying Theory），Kahneman 和 Tversky（1972）的前景理论（Prospect Theory），Ajzen 和 Fishbein（1980）的理性行为理论（The Theory of Reasoned Action），Bell（1982）的遗憾理论（Regret Theory），以及 Ajzen（1985）的计划行为的派生理论（Derivative Theory of Planned Behavior）。这些理论被广泛运用于各种背景之下，然而这些决策理论因为太过宽泛，只可以解释个体在给定背景下的决策的某一方面，而不能解释多种背景下消费者的一系列的决策行为。因此到目前为止，还没有一个单一的理论能够描述、解释、预测消费者决策，没有一个决策理论与个体决策过程完全适宜。因为购买行为受特定购买需求的触发，其参与度受个体、产品、环境特征相互作用的影响（Hawkins、Best 和 Coney，1995）。

旅游决策过程是一个复杂的过程，受到多方面的影响。这些影响大致可归为旅游者内部的影响，如旅游者的态度、认知等；还有外部环境的影响，如恐怖袭击、自然灾害、疾病等；最重要的还有旅游产品自身的特点，如旅游产品的无形性、不可分割性等。吴必虎（2001）认为，旅游产品是一种复合概念，是吸引物、交通、住宿、娱乐等的组合；而在消费者看来，旅游产品是在其出游期间各种经历的总和，旅游者购买和消费的是收益束（Abundle of Benefits）。与一般商品不同，旅游产品在大多数情况下，只有旅游者（消费者）本人亲临旅游地（产品的主要部分）才能实现购买行为，即旅游产品一般不能异地购买，具有明显的空间特性。旅游目的地是旅游活动重要的承载体。Catherine M Nichols 和 David J Serener（1988）认为，旅游是现代人生活的重要组成部分，旅游决策的复杂程度取决于旅游者的社会经济特征或旅游目的地的具体特征及其相关的可变因素。因此，旅游决策很大程度上是旅游个体对目的地的选择过程。

旅游决策是一个从一般决策到重大决策的连续体，旅游者将采用不同的方式对不同的决策条件做出决策。当采用一般决策方式时，他们能快速决策，似乎决策已经成为一种习惯。当采用重大决策方式时，他们会感到掌握的信息不够，希望了解更多的情况。大量、复杂的和危险的决策，如旅游服务的购买都是阶段性发生的。在这个过程中，决策者的思想受到效用因素和情感因素的影响（Mansfeld，1992）。

2.2.2.2 旅游决策理论

（1）计划行为理论（Theory of Planned Behavior, TPB）。

计划行为理论由 Ajzen（1985）提出，由 Fishbein 和 Ajzen（1975）提出的理性行为理论演化而来。理性行为理论主要是用来预测人们的行为。根据理性行为理论，个人的某一行为是其行为意图的结果。而行为意图则是由态度（Attitude）和主观规范（Subjective Norm）之间的共同及相互影响决定。态度是喜欢不喜欢的感觉，是行为信念（Behavioral Belief）的总和。主管规范是指他人对该行为的意见，是规范信念（Normative Belief）的总和。该理论的前提是假定个人的某一行为完全出自自愿控制，没有考虑行为人的个体特点，如文化背景、教育、所处社会环境等，也没有考虑个体环境文化下形成的伦理道德对行为个体的影响。因此，Ajzen（1985）在理性行为理论的基础上做了修改，增加认知行为控制（Perceived Behavioral Control），形成计划行为理论（Theory of Planned Behavior, TPB）。计划行为理论将行为模式的形成过程分为三个阶段：外生变量影响行为态度、主观规范、认知行为控制，行为态度、主观规范、认知行为控制决定个人行为意图，个人意图决定个人行为。

一般来说，个人基于自己的意愿决定是否要执行某一行为。但是，由于外在环境因素并不受个人的影响和主导，如时间、金钱、政策、法律、技术等因素都可能影响行为个体采取某种行为，都会构成影响我们行为的因素。因此，计划行为理论着重于强调行为控制认知。行为控制认知是控制信念（Control Belief）的总和，是指个人基于过去形成的经验和行为预期，对将来行为的认识和判断，包括内在和外在两大因素。内在因素指个人的差异性、技术能力、个人意志力、记忆力等。这些有的可以依靠训练及经验获得。而外在因素更多的是指我们常说的天时、地利及人和的组合。这些外在因素变化性强，会随着时间和环境等的改变而导致行为意向的暂时改变。

就旅游而言，Montinho（1987）认为，在旅游环境下，态度是建立在多重产品属性感知上的倾向或者是关于度假目的地或服务的感觉。根据 Fishbein 和 Ajzen（1975）的观点，态度是行为信念和行为结果评估的基础。行为信念是将导致特殊结果的特殊行为信念。结果评估是特别结果的个人评价。态度可以通过倍增与行为相联系的每个显著性属性的个体行为理念，总括形成产品的一系列信念。Montinho（1987）还认为，作为参考群体的人群会对个体的信念、态度、选择形成关键性的影响，因为，个体会遵守他的参考群体。这种遵守形成客观规范并组成引导行为的概念或一般法则。Schiffman 和 Kanuk（1983）认为，通过不同类型的参考群体可以识别个体联系的相应人群。认知行为控制是关于个体对事物难易的思考。认知行为控制和行为意愿之间的关系是建立在两个假设基础之上的：第一，认知行为控制的增加将增强行为意愿和行为实施的可能性。第二，认知行为控制将在某种程度上直接影响行为。Lam 和 Hsu（2004）通过对打算到中国香港旅游的中国内地消费者调查研究发现，态度和认知行为控制与旅游意愿相关。Terry Lam 和 Cathy H C Hsu（2006）通过对中国台湾地区到中国香港的潜在旅游者的研究，证明计划行为理论作为目的地选择，探查行为意愿的理论框架的部分功能。该研究发现过去的行为、客观规范和认知行为控制直接影响行为意愿。

（2）"手段—目的"理论（Means-end Theory）。

Gutman（1982）提出手段—目的理论。按照该理论，影响游客目的地选择有多种因素，这些因素构成一个从具体、有形的目的地到旅游满足个体的利益、需求、动机、期望等个人价值的区间。将影响游客决策具体因素和无形的因素纳入一个统一的框架，关注目的地产品的具体属性（"手段"）与这些属性带给消费者较为抽象的结果，以及这些结果强化为更为抽象个人价值（"目的"）间的认知与对旅游决策的联系。

手段—目的理论重点在于了解产品对消费者的决策影响。该理论将产品分为三个概念层次：产品属性、产品消费结果、个人价值（Olson 和 Reynolds，1983）。产品属性是一个具体的概念，指产品的物理特性和可视特性。比如，到自然灾害遗址地参观，受灾地区的断垣残壁带给人的冲击就是产品属性。消费消费结果较为抽象，反映特定大的属性和的感知效用。再如，受灾地区的断垣残壁可能带来强烈心灵震撼。个人价值是指消费者通过购买旅游消费所带来核心持久的信仰，或存在的终极状态（Rokeach，1973）。综上所述，在受灾地区看到灾害遗址地后对生命的感悟和珍惜，对自然的珍重就是个人价值。从属性到结果，再从结果到个人价值的这种连接方式所影响的游客决策结构，是手段—目的理论的核心（Gutman，1982；Howard，1977）。

简而言之，手段—目的理论的基本原理就是游客在目的地选择时将旅游产品产生他们希望的结果和不希望的结果作为选择产品的依据。而这些结果的重要性、期望性又与游客的个人价值相关，并由个人价值决定。因此，根据手段—目的理论，价值是影响偏好与选择行为的关键因子（Homer 和 Kahle，1988；Rokeach，1973）。与其他目的地选择理论不同，传统旅游目的地选择注重产品是否重要及重要性程度，而手段—目的理论关注产品为什么重要及如何重要，并通过产品属性与个人价值关联的评估来解决。通过手段—目的理论，可以得出，个人的价值选择是目的地选择的关键。

（3）推拉理论（Push and Pull Theory）。

推拉理论（Push and Pull Theory）最初由 E. G. 雷文斯坦在《人口转移》一书中提出。作者认为，受歧视、受压迫、沉重的负担、气候不佳、生活条件不合适都是促使人口转移的原因，而其中的经济因素是主要的。唐纳德·博格（D J Bogue）在1959年发表的系统人口转移推拉理论从运动学的观点，将人口转移看作两种不同方向力的相互作用的结果，即促成人口转移的力量和阻碍人口转移的力量相互作用的结果。1977年Dann系统地提出了关于旅游活动的"推—拉"动机模型。

推动因子曾经被Crompton等学者（1979）概念化为在动机系统中由于不平衡或者紧张而引起的动机因子或者需求因子。Iso-Ahola（1982，1989）认为，推动因子是旅游者行为研究的基础，他认为逃避和追求两者同时影响人们的休闲行为。举例来说，游客想通过旅游逃离现有的人际环境，寻求内在的回报。这些动机因素解释旅游者需要什么样的旅游、什么形式的旅游、旅游目的地及旅游行为（Ryan，1991）。许多旅游动机研究结论都出自于某一旅游区域或者某一特殊的旅游目的地。一般的推动因子是逃离日常环境、新奇、社会交往和尊重（Samuel Seongseop Kim、Choong-Ki Lee、David B Klenosky，2003）。Loker-Murphy（1996）通过对澳大利亚国家公园的国内外背包客的研究细分他们的旅游动机，其主要因子是兴奋或历险、遇到当地人等。通过主成分分析，这些因子可以分为：成就感、自我发展、寻求刺激和逃避。这些动机因子明显区别于年龄、教育水平、先前经历、口碑促销等。

有别于推动因子，拉动因子曾经被概念化为与目的地特征、吸引力、自身属性等，如海滩、水景资源、山景、历史文化资源等。Fakeye and Crompton（1991）曾经在以冬季旅游驰名的得克萨斯州从游客认知的32个属性中确认7个拉动因子，包括社会机会和吸引、社会文化设施、住宿和交通、基础设施、美食及友善的人民、体育及娱乐设施、夜晚娱乐。Hu 和 Ritchie（1993）探索吸引游客前往一个旅游目的地16个重要的目的地属性。Turnbull 和 Uysal（1995）发现文化遗产、城市飞地、舒适松弛、海滨度假、户外活动、农村和廉价6个拉动因子，并且发现，游客来自不同的国度，这些拉动因子对他们感知的重要性不一样。Kim、Crompton 和 Botha（2000）论述了如娱乐、基础设施、物理环境、高调娱乐机会四类目的地属性，后来的分析显示这些推动因素因与被调查者与的相关不同而重要性不同。Jeong（1997）曾经就韩国的国家公园环境调查游客感知的6个相关重要的拉动因子，包括自然资源、历史文化、攀爬设施、休息娱乐设施、信息及便利、商业和住宿。

推拉因素实际上是一个决定是否出行，另一个决定向哪儿出行。Dann（1981）将此解释为，一旦决定旅游，去哪儿，看什么或者怎么做（这些相关的具体目的）就可以解决。因此，从理论上和时间上分析，推动因素都先于拉动因素。与此观点相比，其他研究者认为推拉因素不应被看成完全独立的，二者之间是相互联系的（Klenosky，2002）。尤其是，当人们在内部推动力作用下决定旅游，目的地这一外部因素会同时拉动人们选择具体的目的地。类似的，Dann（1981）曾指出，潜在旅游者在决定"去哪儿"时会考虑各种与他们的推动动机相关的拉动因素。

2.2.3 旅游决策模型

目前关于消费者决策模型很多，以 Um 和 Crompton（1990）等为代表。

2.2.3.1 Um 和 Crompton 休闲旅游目的地选择模型

Um 和 Crompton（1990）认为，旅游消费者的目的地选择分为两个阶段，第一个阶段是属性阶段，也就是消费者首先要确定要不要度假。在这个阶段确定后才开始进入第二个阶段，去哪里度假。去哪里度假由个体的认知来决定。个体的认知由信念的形成、知觉域、选择域、激活域等构成。影响个体认知是外部环境和个体的社会心理。外部环境是指消费者存在的社会环境，如消费者的社会交往、经济收入、社会地位，决策时存在的旅游营销活动的刺激等。而内部环境是指消费者的动机、态度、价值观、个性等。Um 和 Crompton 通过纵向研究的方法收集调查旅游者的决策发现，态度对于旅游者的最终目的地选择起着重要作用。Um 和 Crompton 休闲旅游目的地选择模型，如图 2-2 所示。

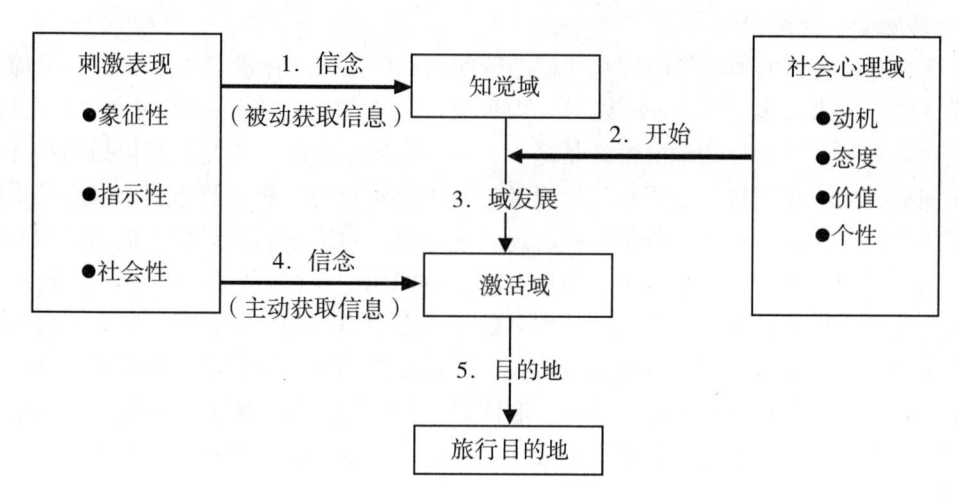

图 2-2　Um 和 Crompton 休闲旅游目的地选择模型

2.2.3.2　Woodside 和 Lysonski 旅游决策模型

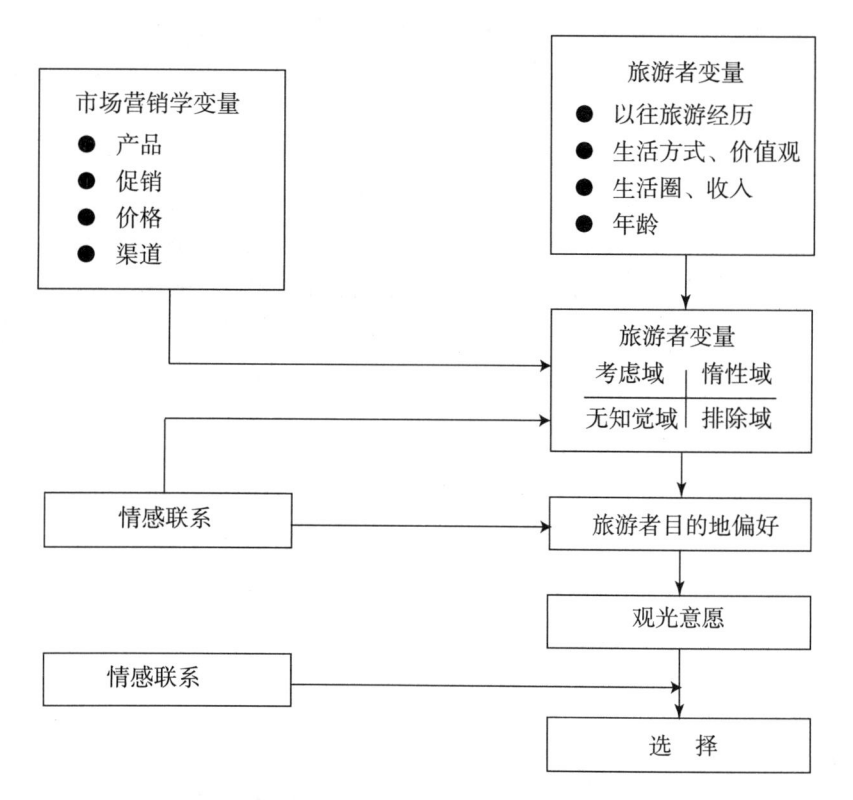

Woodside 和 Lysonski 旅游决策模型与 Um 和 Crompton 旅游决策模型有一致之处，都有外部输入与内部输入，都涉及选择域。所不同的是 Woodside 和 Lysonski 将外部输入明确为市场营销变量。由于该模型将目的地知觉分为 4 类：考虑域、惰性域、无知觉域、排除域，这四个域同时受到营销组合变量和旅游者变量的共同影响，这种分类既简洁，又和实际决策过程相互一致，使得这种方法更为准确。另外，此决策模型还增加了情感联系、目的地偏好、观光意愿、情景等变量。Woodside 和 Lysonski 旅游决策模型，如图 2-3 所示。

图 2-3　旅游决策模型（Woodside 和 Lysonski，1989）

2.2.3.3 Moutinho 旅游模型

Moutinho 在对旅游者目的地决策的研究文献进行回顾和概括后将旅游者决策分为三个部分，包括购前影响、购后评价、未来决策。Moutinho 认为，购买前及决策制定过程是一系列事件，由偏好、决定、购买组成。消费者对某个特定目的地的偏好是基于一系列因素形成的，这些因素包括内在环境和个体因素。决定是倾向购买的心理安排。购买则是消费者的具体消费行为。购买前态度和家庭及周围环境的影响对偏好也形成影响。旅游者购后评价是旅游者经验的积累，对未来的购买行为提供反馈和影响，从而影响旅游者新的目的地决策。在此模型中，通过对旅游前的期望和旅游后的现实对比，得出满意与不满意的评价，强化认知，形成积极的接受态度、中立的不表态、消极的拒绝态度。对未来决策，消费者将会有四种决策，包括直接重复购买、将来重复购买、修正重复购买、拒绝重复购买。和其他决策模型区别的是，Moutinho 没有关注目的地的选择过程，他认为，目的地只是旅游决策中的一个因素，是旅游产品组成的一部分。该模型将高度复杂的概念框架简化成为一个更具有操作性的行为模型。

2.3 旅游体验理论

2.3.1 体验的经济学意义

从哲学的高度来说，体验这个概念在历史上可以追溯到西方的古希腊哲学中的"回忆论"和后来的柏拉图的"迷狂论"（谢彦君，2005）。相关学者对体验的定义不尽相同，但其核心都是一致的。Kelly（1987）认为体验不是一种单纯的感觉而已，而是个体经历一段时间或活动后所产生的感知，是对一种行为的解释性意识，是一种与当时的时空相联系的精神过程。Pine II 和 Gilmore（1998，2002）把体验定义为"使每个人以个性化的方式参与其中的事件""体验事实上是当一个人达到情绪、体力、智力甚至是精神的某一特定水平时，他意识中所产生的美好感觉"。体验营销之父 Schmitt（1999）认为，体验是个体对一些刺激做出的内在反应。体验通常不是自发产生的而是被诱发出来的。《新华汉语词典》（2004）将"体验"解释为通过参与而获得的感知和感受。范秀成（2002）认为，体验是当一个人达到情绪、体力、智力甚至是精神的某一特定水平时，他意识中所产生的美好感觉；或者说，是个体对某些刺激产生回应的个别化感受。

"体验"作为一个经济学名词，一般认为，体验理论最初起源于 Alivin Toffler（1970）的《未来的冲击》一书。在该书中 Toffler 提出新的经济时代划分方式：产品经济时代、服务经济时代和体验经济时代。同样在 1970 年，美国的菲利浦·科特勒教授预见未来的教育和旅游将更具有体验性。20 世纪 80 年代，美国未来学家约翰·奈斯比特提出体验经济概念。随后，Pine and Gilmore（1998）在 Toffler 的理念基础上做了深入的研究，认为迄今为止总共出现四种经济提供物，即产品、商品、服务和体验。他将经济发展史划分为产品经济时代、商品经济时代、服务经济时代、体验经济时代。这种对经济的划分和 Toffler（1970）的观点如出一辙。

社会发展的现实现在已经印证了这些学者的理论。现在，与信息技术相关的体验产业——游戏业，正在国民经济中扮演着越来越重要的角色。2000 年，日本 GDP 的近 20% 是电子游戏产业创造的，韩国的游戏产业大约创造了 200 亿美元的产值。在国内，早在 2000 年央视调查咨询中心的调研分析报告《实证未来——中国七城市消费导向研究》中就已经显示，体验消费模式成为中国未来消费市场的十大趋势之一。在现实社会，微软"视窗体验"、惠普整体客户体验等，体验在生活中无处不在，体验经济已在全球上下风起云涌。

2.3.2 消费体验研究

2.3.2.1 消费体验的内涵

消费体验的概念起源于 20 世纪 80 年代，当时的主流消费者行为文献认为消费者是理性决策者，这时"体验"为消费者行为提出新的观点，认为相比传统的理性功能型消费，感性体验型消费将走上历史舞台（Holbrook 和 Hirschman，1982）。Gronroos（1982）在其提出的顾客感知服务质量模型中用到顾客的服务体验这一概念，认为顾客的服务体验就是顾客对服务接触的感知。现在，体验已经被看作是现代零售环境的中心话题之一。DELL、TOYOTA、IBM 等都是如此。星巴克的成功就是创造了独特的体验（Michelli，2007）。

对体验型消费和功能型消费进行区分，这是消费体验研究的始点。但是，如何度量消费体验，也即消费体验的维度怎么去度量，主要有三种观点，其一是目前在学术界引用最多，由 Holbrook 教授提出的 4Es 消费体验观点。Holbrook（2000）的四项消费体验维度——经历（Experience）、娱乐（Entertainment）、表现欲（Exhibitionism）、分享（Evangelizing），简称 4Es。其二是 Csikszentmihalyi（1997）提出的心流体验（flow experience）。Csikszentmihalyi 将其定义为个体完全投入某种活动的整体感觉，当个体处于心流体验状态时，心情非常愉快并且感觉时间过得很快。Novak 和 Michel（2000）后来依据心流体验理论将 Csikszentmihalyi 的九个特征归纳为三类因素：条件因素、体验因素、结果因素。其三是 Schmitt 的战略体验模块。Schmitt（1999）从心理学的角度对消费体验进行分类，提出五项体验形态：感官体验、情感体验、思考体验、行动体验和关联体验。

2.3.2.2 消费体验的发展

Pine 和 Gilmore（1999）认为，创造一个独特的顾客体验能给企业带来巨大价值。根据 Shaw 和 Ivens（2005）的研究，目前 85% 的高级经理相信，仅有的传统区别，如价格、产品、质量不再是持续的竞争优势，更多的管理者认为，消费者体验是竞争的下一个战场。虽然如此，但是市场营销学术文献成果却非常有限，据我们所知只有有限的文章较深入地从学术观点探索顾客体验（Peter C Verhoef，et al，2009）。因为市场营销文献、零售、服务管理文献历史上没有把顾客体验作为一个独立的结构，取而代之的是集中于测量顾客满意和服务质量（Verhoef、Langerak 和 Donkers，2007）。

但是不可否认的是，消费者体验的研究正在向深层次展开。Gentile、Spiller 和 Noci（2007）认为，顾客体验源自顾客和产品、企业、组织的互动，这种体验严格意义上是相当个性化的，并意味着消费者不同程度的参与。Firat 和 Dholakian（1998）认为，对于后现代社会中的消费者来说，消费不仅是消耗、破坏与使用物品的过程，经济活动循环的终点，还是产生消费体验与自我想象的过程。有学者认为，消费者体验是一种内在的、主观的反应。消费者需要与公司保持任何直接或间接的联系。直接联系一般发生在购买、使用、服务并且首先由消费者提出。（客户与公司）间接的联系常涉及与公司代表（这些公司代表负责产品、服务和品牌）未经计划的相遇，并且对口碑的推荐和批判、广告、新闻报道、观点等发生作用（Meyer 和 Schwager，2007）。戴尔首席信息官杰里·格雷瓜尔曾经直言："消费者体验是下一个战场。"由此可见，体验对获得消费者、赢回消费者的重要性。

2.3.3 旅游体验

2.3.3.1 旅游体验的定义

对旅游体验学术上的研究实际上是消费体验研究的延续和深入。但是旅游和体验结合却早于经济学上的理论探索。国外研究旅游体验最早的学者应该是 Boorstin。他在 1964 年就认为旅游体验是一种流行的消费行为，是大众旅游的做作、刻板的体验。他认为，传统的以教育和求知为目的的旅行者消失了，而这些人的旅游才是出自追寻某种真实的体验。Maccannell（1973）认为，旅游体验是一种积极地对现代生活困窘的反应，是旅游者为了克服这种困窘的"本真"（Authentic）体验。他认为，体验是一个发生在一定时空边界的总和，是一个心理或者思想过程，是对生活、生命和生存意义的建构和解构过程，是对现代困窘生活的积极回应。与此相反，Turner 和 Ash（1975）认为，旅游在本质上是一种偏离常态的时代病态行为。但是这种定义实际上将所有的游客看作一体，没有考虑到社会和文化背景的不同（Yiping Li，2000）。谢彦君（2005）认为，旅游体验是旅游个体通过与外部世界取得暂时性的联系从而改变其心理水平并调整其心理结构的过程。

Cohen（1979）认为，不同的人需要不同的体验，这种不同源于旅游者本身和旅游者的社会背景。这种体验反映了一些固定的动机模式。这种有区别的动机模式与游客的内心世界相联系并且提出了一个满足宽泛个人需求的模式。因此，Cohen认为，体验的意义来自每个人的世界观，他将旅游定义为个人与各种"中心"（每个个体的内心想象）之间的关系。随后，Smith等（1992）的研究认同了这种说法。Ryan（1997）认为，旅游体验是一种多功能的休闲活动，涉及个体的娱乐、学习，这种学习一般来说是个不经意的自然过程（Kalinowski，1992）。它是个体空间与目的地相互作用、代替个人地理意识的学习。因此很大程度上来说是一种拥有的，无须知道任何地理知识的感觉愉快和不愉快空间、位置、风景体验（Billinge M，1977）。这种体验既是个体的物质反应，也是个体情感、心情等的反应（Relph，1990）。

在关于旅游体验的文献中，Maccannell（1973）的《舞台化的本真性：旅游情景的社会空间配置》当属开旅游体验先河之作。随后，Maccannell（1976）的《旅游者：有闲阶级新论》奠定了他在旅游体验领域的开创者的位置。Cohen（1979）的《旅游体验现象学》是最早关于体验有着深刻影响的学术论文。这篇文章集中讨论旅游体验的方式。他认为，作为一个连续系统存在旅游世界中不同的点，其一端是现代旅游的空间特征，另一端则是旅游的朝圣性质。

2.3.3.2 旅游和体验之间的耦合关系

Cohen将旅游体验分为五类：娱乐方式、消遣方式、经验方式、实验方式和存在方式。娱乐方式是在性质上类似于如看电影、观赏戏剧的旅游体验形式。这种体验方式没有太多的自我实现和拓展负重。消遣方式仅仅为逃避日常生活的枯燥乏味。经验方式是指Maccannell所言的游离于"中心"外的人在自己所在的社会，追求真实意义的过程。实验方式是指从许多不同的方向寻找一种替代的体验，这种旅游者探寻的是某种自我。存在方式特征就是旅游者投身于一个他选中的但外在于所处主流社会文化的精神中心，对旅游目的地文化的接纳。

国内学者对旅游体验的研究以谢彦君的研究成果最具有代表性。谢彦君（2005）将旅游体验定义为一个过程，即旅游个体通过与外部世界取得暂时性的联系从而改变其心理水平并调整其心理结构的过程。他认为，在整个旅游世界，虽然旅游主体、旅游客体，以及旅游媒体是这个世界的共同要素，但是串联这三者的核心是旅游体验。他甚至认为，如果在旅游世界中抽掉旅游体验，旅游产品就没有必要生产出来。这和Cohen（1972）的观点"说到底，吸引旅游者的东西，实际上是另类的风景、生活方式及文化所具有的那种单纯的陌生和新奇"高度一致，说明旅游的核心就是体验。

虽然说旅游的核心是体验，但是这只能说明旅游与体验的耦合关系，并不能把体验和旅游完全等同起来，事实上，理论和实践上将体验作为一种旅游营销策略研究对象，这本身也说明体验和旅游之间的联系和区别。

2.3.3.3 旅游体验营销的应用

随着社会的发展，消费者的消费观念和消费方式产生了多方面的深刻变革，消费需求的结构、内容、形式发生了显著变化，消费者旅游的情感需求、个性化需求的比重增加，实现这种需求已经不是传统旅游所能满足。体验旅游描述的就是体验经济时代下出现的一种旅游新趋势（周永广，2008）。

Stamboulis、Skayannis（2003）认为，体验旅游为一种预先设计和组织、有一定程序、需要顾客主动投入时间和精力积极参与、追求舒畅和独特的个体感受的旅游方式。他认为，这种旅游方式给旅游者带来的是一种新的附加价值。随着体验和消费结合的深入，体验已经是一种成熟的旅游营销策略。这种成熟表现在体验作为一种旅游营销策略，在实践应用中已经非常广泛。

国外对体验旅游的研究较早，如美国的拉斯维加斯，日本"家庭成员租赁服务"等，都是纯粹的体验营销活动。国外最经典的体验营销案例当属迪士尼乐园。1955年沃特·迪士尼在洛杉矶创建了迪士尼乐园。后来在美国佛罗里达州、日本东京、法国巴黎、中国香港地区又创建四家迪士尼乐园，成为全球最大的主体公园品牌。迪士尼的成功关键在于强调顾客体验，将顾客体验作为营销关键。在迪士尼，员工是演员，游客是客人，整个园区就是一场表演。可以肯定，在迪士尼如果没有妙趣横生的体验，没有卡通电影、电视节目，那么迪士尼将不会有现在的成功。

近年来，在国内也已经将体验普遍应用于旅游营销中，如乌镇通过印花布馆、卷烟作坊、酿酒作坊、皮影戏等的利用，让游客感受乌镇的历史生活。农家乐、渔家乐里让游客自己动手，钓鱼、种菜、采摘水果、喂家禽等旅游项目让游客获得参与劳动的快乐。无锡的三国水浒景区，通过景观展示与影视剧情节模拟，再现旧时风貌和市井风俗，让仿佛置身于古代传奇之中获得很大成功（胡燕雯、张朋，2003）。

由张艺谋导演的《印象·刘三姐》已经成为我国旅游体验营销策略的典型代表。《印象·刘三姐》在一个方圆两千米的漓江水域，演绎了全世界第一部全新概念的"山水实景演出"。剧中的600多名演员全部由当地居民训练组成。《印象·刘三姐》以其独特的表演方式、极具活力的产业模式，显示了体验营销的巨大成功。自2003年10月首演至2009年，仅门票收入就超过2亿元人民币（王昂、陈亮，2009）。

由此可见，体验现在已经不是旅游的附属而日益变成旅游的核心，成为旅游营销的成熟工具。

2.4 旅游安全理论

2.4.1 旅游安全与旅游的关系

2.4.1.1 旅游安全是游客对风险的感知反应

风险与安全是一个事物的一体两面，安全的认知其实也就是风险认知。不同的学者认为，风险认知是一种相当主观的知觉，但它始终是基于各种客观因素的（Renn，2004），是个体对风险情景或事件的评估，是个体对外界环境中的风险刺激最重要的反应方式（谢晓非、李洁、于清源，2008）。但是，主观风险认知与客观事实之间又总是存在差距，风险认知与事实并不一致，风险的发生是客观存在的，但是对风险的感知却是主观的（Kahneman 和 Tversky，1979；Tversky 和 Fox，1995）。

也就是说，消费者基于个体差异，其对同样的安全认知是有差异的，游客对安全的认识并不是事实的安全状况，而是感知的安全和风险。也即游客对风险的感知，不是对事实或者真实的风险环境评价，而是消费者基于自身价值、知识能力、心理等形成的对环境状况的总体认知。

2.4.1.2 安全感知影响旅游决策

一般来说，旅行者是基于感知而不是现实做出他们的旅行决策（Roehl 和 Fesenmaier，1992）。当消费者感到这种风险太高时，他们改变他们的计划或行为，如不预定、取消旅行、避开有感知风险的地方（Mansfeld，2006；Maser 和 Weiermair，1998；Sasso，2005）。

旅游者的出行决策行为很大程度上取决于其对当地感知环境的认知，而其中安全因素起着决定性作用（Schiebler, et al, 1996）。由于信息不对称常态的存在，潜在旅游者对目的地的安全感知水平会随时发生变化。特别是在灾害发生后，目的地在消费者心中的形象，即目的地的感知环境也产生变化，从而形成新的旅游地形象。这时候大部分人会因为担心安全取消推迟旅游计划，或者选择其他的旅游地（Nevenka Cavlek，2002）。也就是说，旅游安全事件影响的是游客的安全感，进而改变旅游地的形象，并影响游客决策。

有研究发现，旅游者对自身安全很关心，超过半数的旅游者即使在旅游成本很低时也不会忽略个人安全。不过，对于有些个体游客而言，即使存在风险，他们照样要旅游（Bongkosh Ngamsom Rittichainuwat 和 Goutam Chakraborty，2008）。这在吴必虎、王晓、李咪咪（2001）的研究中得到证实。他们在研究大学生的旅游安全感之后认为,直接影响旅游决策行为的因素是感知环境的差异。旅游者光临某旅游目的地的决策行为很大程度上取决于其对当地感知环境的认知,而其中安全因素起着决定性的作用。他们发现在大学生中按很关注、比较关注、不太关注三个等级调查对旅游安全的重视程度,其中46%的人选择"很关注",46.8%的人选择"比较关注",上述二个选项的总和高达93%。Edgell(1990)认为,大多旅游者对自身安全的关注已经很明显地表现在游客对旅游目的地的选择上,通常旅游者会拒绝选择不安全的旅游目的地。Mitchell和Vasso(1997)认为,对安全和平安的感知是旅游者出行决策的一个主要决定因素。

从某种角度来说,安全决定了旅游的生死与成败。游客从熟悉的居住地到一个陌生的旅游地,在品味异地生活的同时,由于对周围环境不熟悉,心理上会感觉缺乏安全感。如果这种感觉强烈或者说被外界环境强化,感觉安全没有保证,旅游休闲根本就无从谈起。因此,和平、安全、稳定是一个目的地、一个地区、一个国家发展旅游业的首要条件,并且这一条件也决定了这个区域的发展和成长。因为,没有这一条件,即便该景区有最大的吸引力、最好的自然风光、最好的建筑,它也不可能参与到市场中去(Nevenka Cavlek,2002)。也就是说,和平与安全是一个目的地、区域或国家发展旅游业的基本条件,也是旅游经济增长的基本决定因素(侯国林,2005)。正因为如此,所有的学者一致认为,严重自然灾害发生后,安全是重新赢回游客的首要策略。当然,这一点是不是成立将是本书第一部分要研究和探讨的话题之一。

2.4.1.3 国内外旅游安全研究情况

国际上旅游安全的研究主要集中在恐怖主义、战争、犯罪、政治不稳定、自然灾害等与旅游的关系及对旅游的影响。一般是从社会学的角度,针对某个确定的目的地或某种类型的危机事件提出应对管理策略。比如,Smith(1998)研究战争对旅游的影响。Sonmez(1998)研究政治不稳性与旅游之间的关系。针对恐怖主义的全球扩张及恐怖事件发生后对旅游业的危害,Sonmez(1999)等学者研究了恐怖主义对旅游业的影响。Mazzoeehi M 和 Montini A(2001)、Huang J H 和 Min(2002)研究了地震对旅游业的影响。少数研究对危机的管理框架有所建树,如 Barton L(1994)对酒店危机管理的研究;Drabek(1995)对灾害后旅游行业的反应研究等。还有些学者对旅游目的地及旅行社、饭店等旅游企业进行危机/安全管理及从经济学的角度对危机管理策略的效应进行研究。

1999年以前,中国一直没有足够重视旅游安全问题。1999年实行长假制度以后,旅游开始在中国有了突飞猛进的发展,旅游安全开始成为学术界关注的问题(郑向敏、宋伟,2005)。国内旅游安全研究成果主要集中于旅游业安全系统研究、旅游安全保障体系的构建、旅游危机管理机制建立及旅游犯罪、对旅游合同立法、旅游安全管理状况、表现形态、时空特征的研究等。具有代表性的有王林对旅游决策风险的成因及减轻这种风险的对策研究,吴必虎对中国大学生的旅游安全感知研究等。

国内外学者对旅游安全研究的共同现象,大多是通过具体的案例和文献对旅游安全和旅游危机进行分析。但是危机事件对旅游业的影响机制和实证研究及普遍意义上的危机管理模型的研究尚不够深入(侯国林,2008)。

2.4.2 影响旅游安全感知的因素

Slovic(1987)认为,风险是个体主观界定的,并且个体易被心理、社会、组织等因素所影响。也就是说,游客对安全的感知会被很多因素所左右。现在不同的学者研究发现,游客的旅游安全被媒体报道、游客性别、旅游目的地距离、个体心理、风险认知等所左右。

2.4.2.1 信息传播对安全感知的影响

Wiegman 和 Gutteling(1995)提出当面对大量的灾害事件报道时,人们会感受到极高的不确定感,对风险的态度更加负性,知觉到的威胁更高,表现出更多的不确定感。当消费者缺乏对目的地的感知时，媒体在消费者形成目的地感知风险的过程中起到一个重要的作用（Cavlek，2002）。当关于恐怖袭击的报道在电视和其他媒体上反复报道时，潜在旅游者的恐惧和不安会增加，使得他们停止预订和取消行程（Floyd et al，2003）。Tasci 和 Gartner（2007）认为，关于流行病和恐怖主义的新闻报道和口述的信息增加消费者的感知风险。由于媒体较高的可信度，以及能够在短时间内吸引广大观众，它对消费者改变对目的地的感知有特别的影响。2001年，吴必虎等对旅游地安全印象来源途径的研究显示，50.1%的被试为亲自经历，29.7%的被试为亲友介绍，另有16.7%和3.5%的被试来自新闻广告和公共场合偶然听到陌生人提及。上述结果也表示新闻媒体在一定程度上影响旅游者对目的地安全环境的感知。

安全感知也和信息的呈现方式有关。谢晓非（2008）等证明，风险认知的差异可以由于风险信息的呈现方式不同而有区别，说明个体风险认知受外在因素干扰。旅游市场交易过程中交易双方信息不对等，旅游企业往往拥有比旅游者更多的信息。这使得消费者的消费行为更加谨慎。因此在灾害情况下，消费者可能最终选择放弃消费来规避风险，避免使其基本旅游权益受到侵害。

2.4.2.2　个体心理对安全感知的影响

研究发现，游客的安全感知和游客个体的心理息息相关。因为风险本身应该是客观的，但因为个体的主观状况不同，个体的风险认知带有明显的主观特征。Dunlosky J（2000）等的研究发现，人们对风险的认知经常出现主观性偏差，人们对风险的评估依赖于风险特征，如新奇性、后果的严重性等。Gitelson 和 Crompton（1984）认为，一些旅行者，尤其是背包旅行者，会回到那些有风险的目的地。而对某一特殊的目的地"风险减小/风险满足"和对目的地"风险减小/风险发现"会影响游客的重复访问意愿。也就是说，游客的安全感知和游客个体的风险偏好相关。张晓鸣、戴光全（2002）认为，旅游者本身的行为和心理特征是其旅游决策的重要基础，影响安全感知。旅游者心理感觉风险过大，就会阻碍其出游行为。但现在也有研究证明，对风险偏好高的人，在特定情况下，风险反而刺激决策。低风险情景则诱发了冒险性选择，同时对风险情景的可控感将导致高冒险倾向（支林飞，1993）。

在实际的旅游中，旅游地的距离及消费者的经验也会影响顾客的安全感知。吴必虎（1997）等研究发现，随着旅行距离的增加，首先是旅行成本相应增加，其次是时间和体力的消耗也会增大。这时旅游环境对消费者显得更为陌生，消费者感知的不安全越来越强。宋娜燕、孙晓宇（2007）研究发现，游客在陌生环境和陌生人群中更加容易产生不安全感和风险感。在受到外界环境干扰时，消费者往往存在一种持币待购或规避风险的心理。

2.4.2.3　企业行为对安全感知的影响

Nevenka Cavlek（2002）研究认为，旅游的安全感知和企业的行为也有关系。他认为，最大的包价旅游承包商享有潜在旅游者的信任，从而对游客及游客的需求产生重要影响。只要拥有真实甚至象征意义能力大的参与者没有回到某一特定的接待市场，旅游者将会继续质疑在那里度假的安全性。但是，并不是所有的企业行为都给游客的安全感知带来正面影响，因为当地的包价旅游承办商和接待组织并不能很好地改变目的地的形象。潜在的旅游者更看重来自其他相对独立渠道的信息，如他们会更相信国外包价旅游承办商及媒体的信息。这样，目的地形象的恢复首先应该通过这些渠道改变潜在旅游者对目的地的影响，从而改变消费者的安全感知。

2.4.2.4　其他因素对安全感知的影响

吴必虎等（1997）的研究证明，安全的感知还和性别有关。他们发现不同性别对安全的重要性的感知，女性略高于男性，女性被试选择"很关注"和"比较关注"旅游安全的比例高达96%，而男性的比例为90%。他们认为之所以是这样，一方面源于体质及心理上的区别。男性体魄较女性强健，对不安全境况的应对能力强于女性；另一方面，男性在心理上也较女性富于异向型心理特质。同时，作者还注意到人文文化对这种差别的影响。

学者发现风险类别、风险的可预测性等因素构成安全感知的影响。Bongkosh Ngamsom Rittichainuwat 和 Goutam Chakraborty（2009）认为，恐怖主义的感知风险的影响不如预期的那样大。感知的恐怖主义风险对国外旅行的决策只有短期影响。虽然大多数灾害性事件的发生概率极低，但由于其不可预测的特点，往往给公众带来心理上的威胁和不安。所以，能够预测危险会让个体觉得更安全（Taylor G P, 2004）。

另外，感知的疾病风险会随着旅游者对该国的旅游经验而减小（Bongkosh Ngamsom Rittichainuwat、Goutam, 2009）。政府的防范措施等正向信息更能降低个体风险认知水平（时勘, 2003）。Chauncey Starr 和 Chris Whipple（1984）认为，基于个体对事件有着不同的控制权，事件自愿性差异造成风险认知差异。对于非自愿性事件，感知风险大。个体对所承担风险自愿与非自愿性的感知，以及对其他维度的认知依赖等，都是认知个体环境风险的途径。

2.5 价格促销理论

2.5.1 价格促销释义

2.5.1.1 价格促销的逻辑出发点

传统的西方研究者对消费者的研究建立于两个假设，消费者是理性的、消费信息是透明的。消费者理性是指消费者会为实现效用最大化而努力。消费者实现效用最大化的均衡条件是消费者应使自己所购买的各种商品的边际效用与其价格之比相等，所以商品价格的高低一定程度上决定了顾客在该商品上开支的大小和商品的购买数量。消费者为实现在既定收入水平下的效用最大化，会想方设法合理分配自己花费在各种商品上的开支（Henry Assael, 2000）。也就是说，在正常情况下，价格降低，消费者需求会上升，消费者更愿意以更低的价格购买某一种产品，以获得更大的福利，获取对自己更大效用。Stern B（1997）认为，价格敏感的消费者通常趋向理性消费以追求低价格为目的。Lee P 和 Joglekar P（2005）也认为，价格敏感的消费者通常以追求低成本为目的，这是价格促销的逻辑出发点和理论基础。

2.5.1.2 价格促销定义

对于价格促销不同的学者有不同的定义。Harrison、Hitt 和 Ireland（1991）认为，价格促销是营销组合的重要部分，它是指厂商或渠道参与者刺激顾客增加购买量的一种营销手段。Blattberg et al（1995）认为，价格促销是提供给顾客的临时价格减让。Raghubir 等（1999）认为，价格促销是营销组合的重要部分，它是指厂商或渠道参与者在某个特定的时期通过降低某种品牌的产品价格，或增加单价品牌数量，提高客户价值，增加客户购买刺激的一种营销手段。Michel 等（2001）认为，价格促销是企业促进销售增长的重要手段，其通过提供短期性的价格减让刺激（如打折、现金返还、特价、优惠券等），促使消费者更快更多地购买特定的产品或服务。国内在价格促销方面的权威，韩睿和田龙志（2005）认为，"价格促销是厂商通过价格削减、打折和现金返还等形式来刺激产品更快销售，顾客更多购买，从而使销售增长的一种短期性质的重要营销手段"。

Manjit（1998）、Lichtenstein 等（1998）、Folkes 和 Wheat（1995）认为，价格促销是通过影响顾客对所促销产品的价格感知而起作用的。价格促销是以想方设法影响顾客的心理感知为目的，让顾客觉得促销期间的价格更具有吸引力而引发顾客购买冲动的。临时促销活动能够显著地促进商品的销售，这是该领域里最基础的研究结论（韩睿, 2005）。韩睿认为，顾客对价格变动的感知和反应存在着一定的阈值，只有商品价格的调整幅度超过这个阈值，价格促销才会被消费者所感知。因此，在价格促销时，应当了解顾客的价格变动阈值。降价时，打折的幅度应当大于价格变动阈值，这样才能让顾客感觉到。

2.5.1.3 价格促销作用

Chen 等（1998）认为，消费者购买决策在很大程度上受消费者对交易价格吸引力的主观感知影响，价格促销就是销售商增进顾客所感知的价格吸引力的一种有效方法。Walters 和 Rinne（1986）认为，对于零售商而言，通过广告宣传的价格促销能有效增加商店的客流量，显著提高商店的销售额。Francis J Mulhern 和 Daniel T Padgett（1995）研究了商店的零售促销和正常价格销售量之间的关系，发现正常价格购买的比促销购买的量要多。

价格促销的作用通过对购买意愿的影响实现。Shih-fen S Chen（1998）等研究了建构价格促销信息对消费者认知和购买意愿的影响。在研究了零售商的价格促销后认为，不同价格区间的产品，促销方式不同，消费者感知不同。高价格的产品采取绝对金额促销对于消费者感知节省金钱而言要大于采取百分比价格促销。而对于低价格产品来说，情况则相反。

现在价格促销已经成为市场营销手段中的重要工具。对市场人员来说，在所有可利用的促销工具中，没有什么比价格这种工具更有力的了（Neslin、Shoe-maker，1989）。Gupta（1988）认为，价格促销带来的销售增长能够分解为品牌转换、购买加速和储存备用三个来源。这一结论显示价格促销是一种很有效的竞争手段。Blattberg 和 Wisniewski（1989）的实证研究证明，不同产品类别之间促销销售增量的来源有较大的差异，所以不能一概而论。Grewal 等（1998）认为，价格促销作为一种策略来研究极其普遍，对所有的商家和市场人员而言，在所有可利用的促销工具中，价格是最有力的。价格影响消费者的购买行为，并进而影响企业的利润。

国内外的价格促销费用的变化也实践性的证实价格促销的作用。Srinuvasan 等（2004）指出，自从价格促销作为一个重要的营销组合工具在市场中应用以来，促销费用已经成为大多数消费者包装物品市场预算的主要份额。在我国，各种促销费用结构比例在不断地发生变化，20世纪90年代初期价格促销和广告促销比例结构为4:6，2000年后逐步转变为6:4左右。由此可见，促销活动不仅在西方国家得到了广泛应用，我国同样是价格促销实践的主流之一（卢泰宏，2003）。只是现在欧美学者以欧美市场和欧美消费者为研究对象展开促销效果实证研究得比较多，但在我国实证研究文献较少（韩睿、田志龙，2005）。

2.5.2 价格促销对市场的影响

2.5.2.1 价格促销的负面影响

价格促销的争议问题之一就是价格促销是否对产品的销售有长期的负面影响，但该问题直到如今尚无定论（韩睿，2005）。由于促销的力度、频率、产品品牌等诸多不同，价格促销带给市场的影响也不一样。Blattberg 和 Neslin（1990）就明确指出，价格促销的冲击不能限定为即时的影响。购买加速可能造成促销后的陷阱，如占用未来的购买量等。

Dodson、Tybout、Sternthal（1978）用自我感知理论解释促销的负面结果。如果消费者总是在促销的时候才去购买产品，那么他在解释自己行为时很可能认为他们的购买是因为促销才产生，而不是因为他们真正地喜欢这个品牌。这种结论会导致消费者对这个品牌产生负面的态度，从而减少重复购买的可能性。Grewal 等（1998）指出价格打折能提高交易量，但对品牌感知质量和内部参考价格带来负面影响，也会伤害商店的整体形象。Jedidi、Mela、Gupa（1999）研究指出，长期价格促销对消费者的品牌最终选择和品牌价值有重大负面影响。Villarejo-Ramos 和 Sanchez-Franco（2005）指出，价格促销对洗衣机的品牌权益、品牌忠诚、品牌意识和品牌形象有负面影响。Gupta 和 Sunil（1988）、Manjit 和 Seiders（1998）等认为长期频繁的价格促销会损坏产品品牌形象，使品牌资产下降。但是 Walters 和 Rinne（1986）研究认为，多数情况下，促销不存在对销售额的长期影响。

Diamond 和 Campbell（1989，1992）先是证明重复的折扣会减少产品的参考价格，但随后研究发现没有明显的影响。Krishnamurthi 和 Papatla（2003）不仅证实了过去普遍认为的价格促销会增加消费者的价格敏感度和降低消费者的品牌忠诚度，同时研究了促销对销售和利润产生的负面影响，认为价格促销会影响促销期间的购买行为，并对促销过后的购买行为产生负面影响。

Srinuvasan 等 (2004) 通过对商品制造商、零售商的大规模调查发现，其价格促销对他们的收入及获利的影响有两点：其一，价格促销不会长期给厂商带来持久性的收益；其二，价格促销对制造商收益具有相对持久的正面影响，但对零售商的收益影响不确定。

Kahn 和 Raju (1991) 研究表明，对于次要品牌，价格折扣对惰性的消费行为影响比见异思迁的消费者行为会产生更大的影响。而对于一个主流品牌，价格折扣对见异思迁的消费者行为的影响比惰性消费者行为的影响更大。

2.5.2.2 不同价格促销方式的影响

Chen 等 (1998) 研究消费者打折和优惠券两种促销方式对消费者价格感知和行为意向的影响，发现在优惠券方式促销时，消费者对零售商所宣称的产品常规售价信任度更高一些，视为永久价格下降的信号的可能性更小些，对消费者购买意向的改变可能性要更大些。Chen 等认为，之所以出现这样的情况，可能是消费者怀疑零售商会先涨价然后再打折。而优惠券因为只是针对特定的客户使用，如果零售商先提价的话将会影响所有的顾客，这样并不利于商家的竞争。他们的研究指出，优惠券促销能够更有效地增进消费者所感知的交易价值，同时特权感更进一步增加了使用优惠券的感知价值。因此只要消费者无须太多的成本用于优惠券的收集与赎回，消费者对优惠券促销的商品会有更强的购买意愿。

Munger、Grewal (2001) 研究赠品、打折、现金返还三种促销方式对消费者的感知质量、感知价值、价格接受程度、购买意向的影响，发现消费者对提供可选择的免费赠品这种促销方式评价最好，打折次之，现金返还效果评价最差。Folkes 和 Wheat (1995) 比较了打折、优惠券、现金返还这三种价格促销形式发现打折与优惠券在降价消费者对未来价格的预期方面没有显著区别，现金返还对降低未来的价格预期效应最低。

Hardesty 和 Bearden (2003) 认为，在促销力度较低或中等时，顾客对于打折和返券两种促销方式的评价很相似。Laroche 等 (2003) 研究了消费者对两种优惠券、买送的反应差异，发现在优惠券促销时消费者更加倾向于购买储存备用，他认为，这可能是优惠券有时间限制的原因。而买赠促销时消费者更多倾向于等家里的存货用完后再购买。

促销力度也会影响消费者对交易价值感知。Hardesty 和 Bearden (2003) 认为，在促销力度高时，消费者更偏好打折促销形式。但是在不同的购买类型情形下，相同的促销力度对消费者感知的交易价值有无不同，现在还没有人进行过相关的研究。一般认为，商品价格不同，促销所提供给消费者的实际优惠金额会有很大的差异。比如，以洗衣粉和洗衣机为例，同样是 10% 的优惠，对于洗衣粉而言，可能只有很低的让利；而对于洗衣机而言，优惠让利幅度可能高达几百元。这种差异带给消费者不同的利益水平，因而使用倾向也有所不同。

2.5.2.3 价格促销对不同品类的影响

Vincent R Nijs (2001) 等研究了价格促销对品类的影响，发现价格促销在需求弹性上的影响较大。但是即便是经常性的价格促销会增加这种影响，但是不能对品类销售形成持久的影响。Vincent R (2001) 认为，非价格促销，诸如广告等降低了价格促销的影响。这种影响短期可能持续 10 周，长期影响接近于零。越是在垄断的品类价格促销的影响越小，但是对易腐烂产品而言价格促销作用则较大。Koen Pauwels (2002) 等在研究价格促销对品类影响、品牌选择、购买数量的长期影响问题时也证实了价格促销对可储存产品和易腐烂产品的不同影响。

Hardesty 和 Bearden (2003) 研究认为，在促销力度较大时，在优惠现金金额和优惠百分比两种促销手段中顾客更偏好百分比的形式。Alba 等 (1994) 通过研究每日低价 (Everyday Low Pricing)、高低定价 (Hi-Low Pricing) 两种情境下打折的频率和幅度对顾客价格感知的影响，发现被调查者往往认为经常浅幅度打折的商店总体价位比偶尔深幅度打折的商店更低。

Bitta 等（1981）研究广告上的价格折扣程度对消费者感知的影响，发现广告上的价格折扣程度越高，消费者所感知的价值越高。价格促销引起的销售规模的迅速上升可能来自品牌转换（Gupta，1988）、价格促销的类别延伸效应影响（Chintagunta，1993；Van Heerde，1999）。

Eric T Anderson 和 Inseong Song（2004）研究了价格促销和优惠券促销之间的协调问题。该研究发现，当少数消费者有中度的优惠券兑换成本时，在优惠券活动中降低零售价可能是最优的。该研究认为，优惠券的兑换、货架标示价格、优惠券面值之间存在关系。当小面额优惠券给顾客时，货架标示价格可能会被降低。同时，优惠券的功能对于低零售价格更有效。

2.6 情感营销理论

2.6.1 情感理论

2.6.1.1 情感定义

不同的学者从不同的视角、用不同的研究方法研究情感、定义情感，因而产生不同的情感理论。Lazarus（1991）认为，情感是心理学的范畴，产生于对事件或想法的认知评价，形成于人类社会历史发展过程中，伴随有心理过程，具有肢体上表现的一种精神状态。美国心理学家 William James 是机能心理学的创始人，他从生物学的角度提出情感的外周理论，认为情感产生于植物性神经系统的活动和身体外周活动（田平译，2003）。Cannon - Bard 对 William James 的外周情感理论进一步深化，认为外界刺激所产生的感官神经冲动在经由大脑进行信息加工后传送到大脑皮层，进而产生情感体验。汤姆金斯等心理学家提出了情感的动机唤醒理论，他们将情感和动机相提并论，认为情感是唤醒、激活动机的一种持续状态。Oatley、Johnson - Laird（1987）的观点是，情感是在计划的关键时刻被诱发的对计划改变可能获得成功的（有意识或是无意识的）评价。

休谟认为，人性由两个主要的部分组成，这两个部分是它的一切活动所必需的，那就是感情和知性。宋宽峰（2006）认为，休谟对理性与情感关系理解的一个突出特征是，强调情感相对于理性的优先性和基础性地位。Yang（1994）认为，情感是人们在长期和紧密的社会纽带中形成的一种感觉和相对持久的情感承诺。

2.6.1.2 情感作用：人际调节

Frijda（1986）的论述认为，情感包括从刺激事件到行为直至激励的整个过程。许多应对情感的反应是意志，这一点已被很多人认可（Bagozzi，1992）。Gleason（2003）研究发现，给予对方情感支持，对自己具有积极的作用，会使自己产生积极的心境。Stein、Liwag 和 Wade（1996）认为，积极的情感（如幸福、欢欣、高兴）与达到目标相联系，常常伴随积极情感的是继续计划的决定。而消极的情感（如沮丧、失望、焦虑）将导致正在进行的计划不能实现预期结果。情感会影响行为和目标。正面情感经常涉及分享某人的好运、享受体验、工作继续或者升高回报，积极行动。正面情感经常和高水平的生理唤起有关，引起广泛关注、进一步乐观、提升感应，改变自身同他人之间的中心定位，如变得更友善、更加关心他人。事实上，正面情感常常刺激帮助行为和利他行为。Schaller 和 Cialdini（1990）对此给出两个解释，首先，我们可以提出正面情绪导致提高帮助行为。通过积极的见解和提升行为，这些都从无意识的幸福体验中自动地产生出来。其次，幸福与动机的不平衡有关。

虽然一些研究显示高兴与不高兴独立（Zevon 和 Tellegen，1982），但 Green、Goldman 和 Salovey（1993），Barrett 和 Russell（1998）认为，一旦随机或非随机的系统误差考虑在内，情感是两极的。Bagozzi、Wong 和 Yi（1998）的研究表明，情感两极、独立，与性别、文化、个体情感目标共存。Parkinson（1995）认为，情感是最经常的人际群体的基本反应，只是现在对情感的研究更多地向个体研究倾斜。

2.6.1.3 情感评价理论：情感可以被影响

评价在情感构成中起着主要作用（Frijda，1986；Lazarus，1991）。任何情感的关键决定因素是比较实际状况与理想状况后产生的评价和解释。在情感构成阶段，对目标相关性和目标一致性的评价显得尤为关键。不同的人对于同一事件有不同的情感回应。对事物的评价可以是慎重的、故意的、蓄意的，也可以是不经思索的、自发的、无意识的，这取决于情感激励的人和引发情感的状况。情感评估理论认为，任何情感关键的决定因素是在比较一个真实状态和愿望状态时评估或解读的结果。两种评估在情感模式状态都特别的关键：目标相关或目标一致（Lazarus，1991）。这也就是说，对于一个情感反应来说，一个必需的状态是个体必须与之相关，这种相关可能是他想促进的，也可能是他想阻止的。外界可以根据个体的反应来逆向调节个体情感。

Richard P Bagozzi（1999）认为，情感有四个评估级别。当一个人没有达成一个目标或者经历一次不愉快事件，则结果—愿望冲突（Outcome - desire Conflicts）产生，一个或更多的情感反应发生。应对这种情感的反应是求助、减少支出、避免伤害、重估目标、加倍努力。当一个人获得一个目标、体验一个愉快事件或避免一个不愉快事件，结果—愿望满足（Outcom - desire Fulfillment）发生。当结果愿望满足产生，则一类或更多情感反应会产生。第三个级是结果—愿望避免（Outcom - desire Avoidances），诸如担心、焦虑、失望情感的反应。第四级是结果—愿望追求（Outcom - desire Pursuits），就是不仅希望这类情感反应发生，也期望一个美好的结果和目标发生。Richard P Bagozzi 认为，情感是一个特殊的指示物。虽然事件的分类或者自然环境常常与特殊的情感反应相联系，但是这并不是事件或环境产生情感，而是通过事件或环境的生理评估产生情感。不同的人有不同的情感反应。他也注意到，情感这一生理评估是可以被精心设计、有目的的和有意识的影响。

2.6.2 情感与营销

2.6.2.1 情感营销的理论基础：情感交换

情感交换理论是情感营销的理论基础，这一理论与营销的结合随着相关经济学理论的发展而逐渐得以完善。

早期的古典经济学家认为，市场是开放的，人是理性的人，信息是充分的，因此，人们是在理性支配下，在市场进行交易行为的。人们在交易中只关注成本，在成本和物质收益权衡的基础上开展实现个人物质利益或效用最大化的交易。Mankiw（2003）认为，在最小化原则条件下，人们会思考他们在一个经济关系中投入的总成本，然后和他们感知到的价值相比较。传统经济学理论以"经济理性"为假设前提，人为抽掉其他影响因素后，假定企业和消费者在交易过程中都按个人利益最大化目标进行决策。长期以来，经济理性假设是"经济人"的行为理论，而不是"社会人"的行为理论，因此它表现为如下缺陷：第一，排斥了企业理论的思辨性；第二，经济理性假设夸大了功利主义和目的论。后来，学术界发现这种绝对理性行为在实践中很少发生，理性行为的假设也不符合现实的需要（Dabholkar、Johnston 和 Cathey，1994）。因此，非理性的交换理论开始萌芽。这时候，情感开始作为交换的一部分而正式引起学者的关注，从而形成了两大主流的交换理论：情感关系交换理论和经济关系交换理论。

20 世纪 60 年代，Blau（1975）等开始把功利主义经济学和心理学行为主义结合起来形成社会交换理论。他们认为，第一，人们在社会交往中并不总是考虑利润最大化，而是在交易中也寻求某些其他利益；第二，人们在交易中并不经常做出长期而有理性的计算；第三，交换物除金钱以外，还有诸如认可、顺从、爱恋、尊重、情感等物质性不强的事物；第四，交换关系中，市场不是孤立的，所有的互动都牵涉个人之间交换酬赏和寻求利益的行为。人们相互之间不仅交换物质性的商品和金钱，而且还交换社会性的商品——爱、服务、信息、地位等（Foa，1975）。

Hall（1988）认为，在交换关系中存在情感因素，人们在社会结构中的决策行为是与自身情感因素相关联的。Hyman（1990）认为，消费者在交易过程中追求的不仅仅是在经济方面的利益最大化，而且也有社会方面的追求，即追求一种更高层面心理上的需求满足，包括身份的需求、爱的需求、自我实现的需求、得到他人尊重的需求及实现更高的社会地位等。Hallen、Johanson 和 Seyed – Mohamed 等（1991）否认经济理性是人类决策的唯一因素，认为人应该是社会关系的产物，并认为人与人之间交换系依靠心理纽带来实现的。

2.6.2.2 情感营销的功能：调节、唤醒消费

科特勒（1999）认为，消费者的行为发展可以分为三个基本阶段：第一阶段是量，人们追求买得到和买得起；第二阶段是质，寻求货真价实、质量好的商品；第三阶段是情，注重购买商品的情感体验和人际沟通。由此可见，情感存在于整个市场中，他们影响消费者信息的处理、通过消费者内部反应来影响消费者。大量文献表明，消费情感对市场有极其重要的作用（Oliver，1997；Oliver、Rust 和 Varki，1997）。

最早把情感全面引入营销理论中，并提出"情感营销"的概念的是美国的巴里·费格教授，他认为，"形象与情感是营销世界的力量源泉"（曾思燕，2003）。但是，开启情感与市场营销联系先河的应该是 Schachter 和 Singer（1962），他们在市场实践和营销研究中，考虑并强调不同的刺激对消费者行为的影响，如购物环境、广告、背景音乐、店名、包装、代言人等。其后，各种有关情感营销的研究层出不穷。Milliman（1982，1986）研究了在超市和酒店，音乐对顾客的消费时间和消费数额的影响。

一般认为，情感营销在市场营销中顾客满意的具体体现。情感营销不是特别注意每笔交易效益，而是着眼于拉近企业与消费者之间的距离，并通过建立、拓展、保持、强化顾客关系，实现企业的长期利益最大化。情感营销实现的途径是对消费者购买情感的激发、情绪的调动及关系的维系（陈文玲，2002）。

Westbrook 和 Oliver（1991）检验了情感与消费者购买后的态度之间的关系。他通过大量的实证研究发现，消费者的情感和消费者的购后评价具有很大的相关性。Maheswaru 和 Shavitt（2000）；Scarabis、Florack 和 Gosejohann（2006）认为，情感具有以下三个重要特征：时间性，即个体在不同的时间对同一产品经历不同的情感；个人性，即同一产品对不同个体能唤起不同的情感；混合性，即一个主体在购买产品过程中有时可能同时经历不止一种情感。

Oatley（1992）认为，情感作为顾客心理活动的一种特殊反映形式，既因为顾客判定产品能否满足自己的心理需求而产生，也反映顾客对产品与自己心理联系。Mckeage 和 Najjar（1992）、Oliver（1994）认为，情感能唤起对某一产品或服务在不同的消费情况下的消费。Richins（1997）认为，能引起情感的，不仅有产品的外观，还有对产品的实际消费。Laros 和 Steenkamp（2004）主要探讨了新产品消费环境中情感的重要性。

情感普遍存在于整个营销中。他们影响信息处理、调节行为反应、测量市场刺激的作用、制定目标导向的行为，并作为目的和消费者福利的尺度。然而，我们才刚刚开始认识到在市场营销情绪的作用（Richard P Bagozzi，1999）。尽管大部分研究者认为，情感是人们购买后的行为的决定因素，对此起到重要的作用，但是现有的研究对于情感与营销之间的关系仍没有令人心悦诚服的重大发现（Bigne、Andreu 和 Gnoth，2005）。

2.7 顾客赢回理论

顾客的流失和赢回是相互联系的市场现象，顾客流失是前因，顾客赢回是在顾客流失后的企业应对行为。

2.7.1 顾客流失研究

2.7.1.1 顾客流失定义

保留现存客户是最核心的市场策略,这已经是公司经营上的一般知识(Kim M、Park M、Jeong D,2004)。但是,企业不得不面对一个令人惊骇的事实,企业的客户在不知不觉中大量流失了。根据Keaveney(1995)的观点,对于某项产品和服务而言,客户不再使用某项产品或服务、转换到其他替代产品或服务、转换到不同的产品或服务品牌,都是客户流失。Smith和Bolten(1998)指出,服务失误会导致顾客生气、不满、失望等负面情绪并影响顾客的最终选择。消费者因服务失败退出原有的服务体系就是流失。换言之,顾客流失是指本企业的顾客由于种种原因转向购买其他企业产品或服务(张波,2003)。

2.7.1.2 顾客流失与公司价值

顾客流失不仅仅失去顾客,同时又失去公司的价值(F F Reichheld,1996)。因为顾客之所以离开首先是顾客看到了公司提供的产品和服务价值降低,这实际上也是公司价值的降低,同时每一个顾客离开就意味着现金流的减少。F F Reichheld以细光栅扫描公司为例,介绍了顾客流失的分析方法和失败原因,认为企业对顾客流失原因分析不仅对留住客户重要,对获取新的客户同样重要,因为在现在充分竞争的市场环境中,你所获得的新客户很多都是另外一个公司的流失客户。

Dwyer(1997)提出顾客终身价值(Customer Lifetime Value,CLV)并建立顾客终身价值模型。Gupta等(2004)认为,为公司提供利益和价值是顾客终身价值的基本功能。Nicolas Glady等(2009)改变过去以产品和服务为中心定义顾客忠诚的做法,重新以顾客为中心来定义顾客忠诚的概念,将顾客终身价值定义为消费者行为的未来边际效应的折扣价值。基于此,他们提出,由于在商务活动中,所有的顾客不是平等的,有时候丢失很少有益的顾客较丢失很多不产生效益的顾客糟糕得多,因此,平时真实的顾客流失监测数据并不是最理想的。为解决这一矛盾,Nicolas Glady等提出一个评估流失者分类技术的框架。

在所有顾客流失的研究中,Reichheld属最权威人士。他率先于20世纪90年代提出"零流失"的概念,希望服务型企业以顾客零流失为目标。随后,Reichheld先后对9个行业展开调查,发现顾客每减少流失5%,行业利润就增幅在25%~28%。美国特拉华州一家信用公司降低了10%的顾客流失率,利润增长了125%。Reichheld研究发现,保证顾客不流失可以获得六个方面的经济效益:节省获取顾客成本、顾客重复消费保障公司基本利润、收入增加导致需求增加、成本可以分摊更多客户、老客户推荐降低新客户获取费用、丰厚价格产生的利润。

2.7.1.3 影响顾客流失的因素

国内外学者从不同的角度对客户流失的影响因素做了广泛探讨,主要涉及顾客特征、顾客忠诚、顾客满意、服务品质等方面。

Reicheld和Sasser(1999)研究指出,企业的利润和成长由企业顾客的忠诚度决定。顾客的满意度对顾客的行为构成直接影响。顾客满意度越高,顾客的转换服务就越不易发生,顾客持续使用产品和服务使企业获利并持续成长。也就是说,顾客流失的根本原因在于顾客不满意。Fomell(1992)以期望理论为基础,建立顾客满意指标(Customer Satisfaction Index,CIS)。他认为,顾客的满意程度由顾客购买前的期望和购买后的感受决定。满意程度越高,顾客感知的福利就高,顾客忠诚度就会高,带来持续购买。反之,则顾客转换购买。Cronin和Tayor(1992)也认为,服务品质的好坏影响顾客满意度。而根据Keaveney(1995)的研究,他认为顾客流失主要由八个因素造成的:核心服务的失误、服务人员的失误、价格、不方便、对失误的反应、竞争、伦理道德问题、非自愿的流失。

Jae-Hyeon Ahn、Sang-Pil Han、Yung-Seop Lee(2006)通过对韩国移动通信行业研究流失的影

响因素、调节作用和用户状态之间的关系，发现一些流失影响因素通过直接或者间接的客户状态改变来影响顾客流失，因此顾客状态解释了流失影响因素和流失可能性之间的关系。Jae-Hyeon Ahn、Sang-Pil Han、Yung-Seop Lee 开发测试顾客流失模型，不仅证实了以前已经发现的流失因子，包括通话质量、忠诚点数和业务用途，还发现了手机功能、会员卡项目、客户状况是新的重要因素。

国内的相关研究在金融和电信业中最为成熟。在金融保险业，周蕾（2006）以信用卡为实证对象，从转换成本的角度探讨了转换成本与顾客忠诚之间的关系，分析了转化成本对顾客忠诚影响的机制。史芳丽（2006）以客户数据为依据，提出了顾客流失的模型规则。李睿仙（2006）通过整合电信运营商海量数据，并结合客户属性、缴费、服务投诉等情况，归纳出流失或有流失倾向的客户行为特征，并据此建立客户流失模型和挽留客户反应模型，对有流失倾向的客户进行预警并针对流失原因实施挽留方案形成流失分析和管理的闭环模型。范云峰（2003）从企业提供的产品/服务出现问题、人员流失、顾客主观因素三个方面阐述顾客流失的原因，并提出实施全面质量管理，提高市场的反应速度，与顾客建立关联系统三个角度来应对顾客流失。

霍映宝（2002）提出从顾客满意和顾客价值的视角探讨顾客流失的应对策略，特别是在顾客价值方面，将顾客价值看作是顾客感知利得与感知利失之间的权衡，通过提高顾客感知利得或减少顾客感知利失两种途径来提高顾客价值，从而减少流失。南剑飞、赵丽丽（2002）认为，顾客流失有主观原因和客观原因之分。主观原因包括产品因素、服务因素、员工因素。客观原因包括顾客因素、竞争者因素、社会因素、政策因素等。张波（2004）对零售企业的研究结论认为，零售企业顾客流失的原因包括价格流失、产品流失、服务流失、市场流失、促销流失、技术流失、政治流失。

目前对旅游行业的客户流失的研究，除了刘尊才（2007）的硕士论文就游客因购物伤害而导致游客流失的问题做了探讨外，基本上没有相关的研究。

2.7.2 顾客赢回探讨

2.7.2.1 顾客赢回定义

Thomas、Blattberg、Fox（2004）在 *Recapturing Lost Customers* 这篇文章中，对"顾客赢回"做了概念界定：顾客赢回是指重新恢复和管理与公司已经中止的顾客关系，而赢回策略则是指厂商赢回顾客所采用的营销手段和工具，通常厂商赢回顾客的策略主要有价格促销和非价格促销两种。虽然顾客赢回管理（Customer Win-back）的重要性已经得到理论界和管理者关注，但是迄今为止，营销学界在顾客赢回管理理论和实证方面的研究成果仍旧非常缺乏。

2.7.2.2 国外顾客赢回研究

Griffin 和 Lowenstein（2001）通过对互联网服务供应商、美国长途电话公司、德国移动电话市场，以及服装、报纸订购和法律咨询等行业的统计数据分析发现，赢回一个流失顾客的价值远远大于获得一个新顾客的价值。因此，他们在文章中强调，流失顾客的赢回管理不容忽视。这篇文章同时也归纳总结研究顾客赢回的四大理由：一是因为厂商拥有流失顾客的购买记录和相关信息，所以赢回一个流失顾客比获得一个新顾客的可能性更高；二是赢回一个流失的顾客比获得一个新顾客有更大的投资回报率和成本节省；三是与流失顾客对话，可以帮助厂商发现并改善产品和服务中存在的缺陷，纠正沟通过程中产生的错误信息；四是制订流失顾客补救计划，可以抑制抱怨顾客对厂商的负面信息传播，鼓励他们进行正面宣传，维护厂商形象。

John Hadden 等（2005）认为，当试图去赢得一个新客户时所产生的费用较保留一个老顾客高得多。Stauss 和 Friege（1999）认为，同样的投资，一个流失客户的回报率是 214%，而一个新客户是 23%，其原因是老顾客熟悉原有的公司和产品，不需要再做多的介绍。Griffin（2001）指出，客户赢回是一个非常有挑战性的任务，必须保证员工的专注性和专业性，因为必须招募一支相对稳定的客户赢回团队，对这些员工进行有效的管理，使得他们和赢回工作相匹配。Berry 教授（Texas A&M University）对此发现给予高度评价，他认为，揭示流失顾客经济价值的存在，等同于发现一笔隐藏的财富，同时这一发现也意味着流失顾客赢回管理研究的序幕被揭开。Thomas 等（2004）也认为，顾客赢回管理将成为学术界今后的主要研究方向之一。

但是，以上的研究虽然揭示了流失顾客的赢回价值，但并没有回答用何种策略去赢回顾客更为有效。带着这种疑问，Thomas 等（2004）考查了等差价格与顾客赢回的关系，结果证明高价格的顾客赢回率要以低价格为代价。Thomas、Blattberg 和 Fox（2004）把价格作为一种赢回策略引入研究，考查了等差价格对顾客赢回的可能性和对关系维持时间长短产生的影响。之后，Homburg、Koschate 和 Hoyer（2005）在以餐饮服务业为背景的研究中，讨论顾客满意与愿意支付价格之间的关系，通过建立回归立方模型验证两者之间拟合的函数曲线呈反 S 形，并且曲线可以用失望理论予以解释。Tokman、Davis、Lemon（2007）指出，顾客赢回策略能帮助企业提高其服务质量从而获得更高的经济收益，他们通过两项证模型，确定了赢回驱动因子提供方法的有效性。并尝试构建一个顾客赢回框架供服务企业进行流失顾客的赢回管理。

除此之外，Helfert Markus、Herrmann Clemens、Zellner Gregor（2003）等国外学者对赢回策略的具体措施进行讨论，提出以下策略：刺激性策略，为了恢复和客户的关系，提供某些刺激性的手段，如优惠券，礼物和折扣；补偿性策略，对某些不正确的服务所做出的补偿性措施；对话策略，主要是通过交流赢回客户的信任，如个人电话，邮件；劝说性策略，说服劝说，通过解释说明告知客户产品和服务的优点。其中，Helfert（2003）以电子商务中的顾客赢回管理为例，提出五步框架策略模型用于赢回管理中。

2.7.2.3 国内顾客赢回研究

相比之下，国内的学者对顾客赢回讨论非常少。国内目前对顾客赢回研究最为深入的是唐小飞、周庭锐等学者。2006 年，为了丰富顾客赢回管理理论成果，并更好地指导管理者市场实践，唐小飞等建立一个顾客赢回管理概念模型。该模型的建立有利于揭示价格赢回策略对顾客感知、顾客承诺和顾客忠诚产生不同影响的深层次原因和机理。后来他们在 2007 年把价格促销和中国传统文化背景下的关系投资作为厂商赢回策略引入研究，比较、验证两种策略对公司绩效带来的影响。他们认为，中国市场的关系投资策略与"绩效相对较好且稳定"的厂商绩效显著正相关。研究证明，中国市场的关系投资与其他西方国家的关系投资对厂商绩效的影响具有一致性。验证了 Grewal 等在 1998 年提出的，价格打折短期促使交易量提高，长期可能会对品牌质量和内部参考价格带来负面影响。唐小飞、周庭锐、陈淑青（2007）指出，客户赢回管理已经成为学术界和实业者关注的焦点，比较、验证价格促销和关系投资两种厂商赢回策略对公司绩效带来的影响，对指导厂商的业务实践具有一定的借鉴和参考价值。唐小飞（2007）在其博士论文中对客户关系赢回策略对客户行为和企业绩效之间的关系做了系统的理论和实证研究，在国内第一次系统、完整地建立客户关系赢回的管理模型，提出关系投资和价格促销竞争是理性与非理性在消费者市场中的具体体现。唐小飞以经济理性的关系纽带和非理性的情感纽带两条主线为背景，揭示顾客真正忠诚和表面忠诚形成的机制和买卖持续的本质原因。唐小飞在论文中创新性地用失望理论和展望理论解释顾客流失前和赢回后的顾客满意度与购买份额之间拟合的函数曲线。

国内另外比较明确提出"顾客赢回"这一概念的学者是舒华英、齐佳音（2005），他们在著作中论述了电信流失客户的赢回的必要性和可行性，以及客户关系恢复策略。他们认为，必须根据客户关系的特征，重新定义客户关系，着眼于谋求长期利益。所以必须做到以下五点，一是企业要以诚信为本；二是企业必须从最强的核心能力出发，坚持不懈地保持产品和服务质量，同时重新认识客户需求，明确企业提供的产品和服务不包含客户并不需要或者不愿意购买的特性，保留和增强客户所重视的特性；三是提高对客户抱怨的反应速度；四是向客户灌输长远合作的意义；五是增强客户体验。但是这些策略只是从概念上进行讨论，并没有展开讨论，也没有具体的实施措施和手段的阐述，也没有将客户的需求纳入考虑范围。目前国内在对顾客赢回研究方面的学者寥寥无几，因此，唐小飞、贾建民和周庭锐（2007）强调，迄今为止，营销学界在顾客赢回管理理论和实证方面的研究成果仍旧缺乏。

2.8 消费者态度理论

2.8.1 态度与消费行为

2.8.1.1 态度定义

美国心理学家 Allport（1954）认为，态度可能是社会心理学中最清晰和不可替代的概念，甚至可以取代普通心理学中诸如本性、情感等模糊不清的概念。他认为，态度是一种既成的神智状态，通过对以往消费经验的组织，在所有与之相关的对象和情景反应中发挥直接的和强有力的影响。G L B Murphy 和 T M Newcomb（1937）认为，态度主要是一种"既定的"或倾向于、或反对特定事物的心智状态。English H B 和 A C English（1958）认为，态度是一个人以一致的方式对特定的对象所持的习得性预存倾向。Krech、R S Crutchfield 和 E L Ballachey（1962）认为，态度是一种持久的心理系统，其由对某一个社会对象的正面或反面的评价、情绪的感觉、支持或反对的行为倾向构成。

国内学者于丹（2007）认为，态度是个体或群体对人、对事物所持有的评价性系统和心理反应倾向。它既是一种评价，又是一种倾向性的心理准备状态。[①] 郭国庆（2003）认为，态度是指一个人对某物或观念的评价、感受及由此导致的行为倾向。甘朝有（2001）认为，旅游消费态度是指人们针对某一特定旅游活动的对象，用赞成或不赞成的方式连续表现出来的旅游消费心理倾向。[②]

由此可见，目前在学术界不管是针对态度还是旅游态度，学者对态度的定义略有不同。但是，从不同的心理学家对态度的不同定义中也反映态度丰富的内涵和对态度认知的共性。即态度是一种既定的或者预先存在的心理倾向，通过后天学习和经验形成，态度不会轻易改变，个体的态度对其行为有直接有力的影响。

2.8.1.2 消费者态度与行为意愿

研究表明，消费者态度与购买动机、购买行为之间存在紧密联系。Aaker（1998）认为，在消费心理学中，态度是营销调研学关注的核心内容之一。消费者的态度直接影响消费者行为。现在很多学者很好地预测了意向与行为之间的关系，发现消费者的态度是消费者购买行为的一个有用的预测器（Knox，1989）。Goerge Katona（1960）的研究也印证了汽车购买态度与实际行为之间的密切关系。

国外有的学者研究指出，消费者态度与行为之间并不是单向的影响，不仅仅是消费者态度决定消费者行为，有时候是商家的行为影响到消费者的态度，从而影响消费者的购买意愿。Melody M. Tsang 等（2004）研究手机广告和消费者态度之间的关系及影响，开发出测量手机广告态度的工具，发现消费者态度和消费者行为之间直接相关，在没有预约的情况下向消费者发送手机短信广告会引起消费者反感，这时候，消费者对广告产品的消费意愿明显降低。

郭国庆（2007）对消费者的态度和行为之间互相影响做了研究，发现消费者的态度能够影响行为，同时消费者行为也能影响以后的态度。他认为三种情况可能产生行为对态度的影响：认知和谐、学习和预期。也有研究表明，态度与行为时间间隔也有关系。两者一致性与时间负相关，间隔时间越短，态度

[①] 于丹. 品牌购买理论研究——理性行为理论在品牌购买情境下的深化与拓展 [D]. 大连：大连理工大学，2007：16.

[②] 甘朝有. 旅游心理学 [M]. 天津：南开大学出版社，2001：80.

与行为的一致性越高（屠文淑，2002）。

郭洪仙（2004）以上海大学生为对象所做的"移动电话品牌态度及购买行为"研究表明，95.67%的学生认为国外品牌比国内品牌好。这种态度直接影响大学生的手机购买意向和购买行为。郭洪仙认为，消费者对产品的信念强度受他们的经历影响。在实际使用某产品后，消费者对其信念强度会改变，比通过大量广告宣传或同售货人员交谈而形成的信念更坚固，从而对态度产生更大影响。积极属性强的信念将比消极属性弱的信念产生更大的影响。同样，消极信念评价反方向调整影响消费者对该商品的态度。

周应恒（2004）等利用消费者对食品安全的总体评价和消费者对食源性健康风险的评价研究消费者对食品安全的态度，认为食品安全信息通过影响消费者的态度而影响对食品的购买意愿，消费者在受到一定的信息强化刺激后其行为会发生明显改变。普及相关知识、增加消费者的正面信息可以改善产品的销售状况。

Stephen（1999）认为，态度由三个要素组成，一是信息基础，二是态度，三是态度的行为倾向，即态度好感就倾向于支持或选购，不喜欢就倾向于反对或放弃。甘朝有（2001）的观点与 Stephen（1999）有相似之处，认为行为与信息互相影响，信息影响消费者认知，同时社会因素决定消费者的认知、情感和意向，从而形成态度，态度决定消费偏好和意图，并最终决定消费行为。其相互之间的关系如图2-4所示。

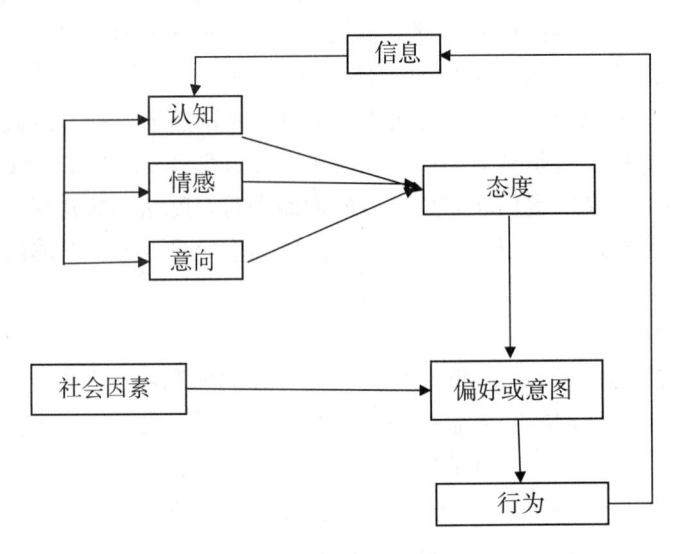

图2-4 态度与旅游行为

现有的研究已经证明，一般情况下，消费者的购买过程：首先在信息刺激下，形成对某一产品或服务的态度；其次才产生购买意愿；最后决定是否购买。

2.8.2 消费者态度影响因素

一般认为，关于风险和利得是态度的重要决定物，感知风险被认为与态度负相关，感知利得与态度正相关，巨大的感知价值会补偿一部分感知风险（Frewer 和 Shepherd，1995）。由于感知风险和感知利得受多因素影响，因此许多因素影响消费者态度。比如，对基因食物的研究发现，最少7个方面影响消费者态度：相关知识、对环境和自然的态度、对科学技术的态度、对食物的恐惧感、规则信任、兴趣、价格敏感（Lone Bredahl，1998）。

态度的主要影响因素包括：消费者的信念、产品品牌、消费者情感、社会氛围、产品信息的接受与传播等。

2.8.2.1 消费者信念

消费者信念是消费者对某一事物的属性及其利益所持的基本看法。消费者通过多种途径获得相关信息，形成对某一产品、品牌的信念。由于人的认知能力所限，一般情况下，消费者大部分信念处于"睡眠"状态，只有很少一部分被消费者有意识地加以运用。这些被消费者激活使用的信念在心理学上被称为显著信念，对消费者态度具有决定性作用。所以，对显著信念的影响成为认识和把握消费者态度的关键。

相关研究表明，被激活信念的选择取决于消费者当时所接受的外部环境的刺激。通常，环境的刺激、事件、消费者情绪、消费者价值等都会影响显著信念的形成，并进而影响消费者的态度。消费者在受到促销的引诱或特定环境或情境的影响，有可能先采取购买行动。但是在购买并形成对所购产品或服务的态度后会影响其后续购买行为（郭洪仙，2004）。

2.8.2.2 产品口碑

郭国庆（2007）认为，口碑信息对消费者态度起重要作用。Wilson 和 Peterson（1992）认为，一致的口碑信息对态度具有强化作用。口碑信息的接受者会依据与以前信息的一致性来判断过滤口碑信息。在某些场合，通过自身体验建立对产品或服务态度的消费者，会与周围有关系的人分享他对产品或服务的态度。显然，如果之前消费者对产品或服务的态度是正面的，那么新的正面口碑信息会强化消费者的这种态度，反之亦然，当消费者接收到的信息与之前的态度不一致，消费者会沿着口碑信息的方向修正态度，特别是当消费者对某项特定产品或服务的缺乏信心时。如果消费者对品牌的态度不坚定，口碑信息会很容易改变消费者态度，但如果消费者是基于自己直接使用产品而建立的品牌态度时，不相一致的口碑信息想要改变消费者的最初态度，则非常困难。

当消费者认为信息的来源可靠时，较容易接受这些消费信息并依据这些信息修改或重新建立自己对某种产品或服务的态度。口碑信息的提供者往往被消费者认为是没有明显误导动机的人，因此是颇具影响力的信息来源。也有观点认为，口碑沟通是一种体验传递机制。在消费者对产品和服务的使用感觉存在风险的时候，他会渴望了解该产品的实际使用情况，也即体验。这时候最好的办法就是听听别人的评价，以提供很好的借鉴（Silverman，1997）。

宋永高（2004）对品牌的态度是消费群体通过组织经验和情感体验形成的对该品牌的正面或反面的评价，并由此产生倾向于购买或不购买该品牌产品的心理状态。作者研究实际的消费者和潜在的消费者对国内企业品牌的态度，认为国内消费者更倾向于选择跨国公司的品牌产品。

2.8.2.3 消费者情感

态度开始被认为是消费者对行为的总体性评价，是由显著性信念决定，进而导致行为意向，最终影响行为。现在很多学者注意到，这个信念到行为的过程中并没有充分地注意决策形成过程中的情感影响。

事实上，一些研究者已经发现情感能够直接影响态度。Edell 和 Burke（1987）研究认为，基于认知模型的测量影响与信息来源的情感相关。显然，忽略情感对消费者个体的作用就会妨碍我们对各种消费者行为的了解。

态度常常被认为是由三个维度构成的（Bagozzi，1979），但是很多社会心理学家仍然将态度看作是单个维度的概念。然而，越来越多的证据表明，情感和认知不仅在测量上有区别，而且对各自的前因与对行为决策的作用也不同（Traimow、Sheeran，1998）。

2.8.2.4 信息传播和社会氛围

消费者对口碑信息的卷入程度越高，口碑信息对消费者态度的影响作用就越大，因为口碑信息对消费者态度可能的作用方向有关。一般而言，口碑信息既可能与接受者最初的品牌态度相一致，也有可能与之相违背,这使得接受者处理信息的方式不同。与消费者最初的判断相一致的信息会引起消费者的共鸣,对不一致的信息会加以驳斥。因此,赞成态度的信息比违反态度的信息更具说服力。但是 Jain 和 Maheswaran(2000)认为,具有强大论据的不一致信息确实也具有说服力,即使消费者最初的态度非常难改变。

有研究证明,态度受周围环境和社会氛围影响。Nagourney(2002)以美国的立法者为例来验证自己的观点。这说明在某种特殊情况下,态度与行为可能并不一致,社会的氛围对态度有影响,同时也说明,态度有时候不一定完全等同于行为。

2.8.3 消费者态度测量

2.8.3.1 态度测量模型

态度是观察和研究消费者行为的一个重要指标。消费者态度的影响和改变会最终促成其购买行为改变。因此,通过测量消费者态度变化的方向及程度可以对产品和服务来做出一个比较客观的评价(郭洪仙,2004)。态度是一种内在的心理过程,测量消费者态度变化方向和程度有一定困难。西方学者20世纪60年代开始采用数学模型测量,学术界态度得到普遍认可的两个态度测量模型是 ABC 模型和 Fishbein 的多属性模型。其共同点是,这两个态度模型都与购买意愿建立了联系。

ABC 模型的主要观点是,态度包括感受(Affects)、行为(Behavior)和认知(Cognition)三种要素。该模型的假设前提是消费者会尽可能地系统处理或利用相关信息,认为消费者是充分思考以后行动的。该理论模型将态度在三要素之间分为不同的生效层次:高度参与层次、低度参与层次和经验层次。该模型中的认知要素是指人作为态度主体对态度客体的知觉、理解、观念和评判。认知包括对态度对象的认识、了解、评判,是在直接或间接经验的基础上形成。感受要素是指个体在对态度对象的情绪反应中起主导作用的是个体情感。态度的行为要素是个体对态度对象的一种行为倾向。

Martin Freibein 所设计的多属性态度测量模型得到广泛认可和应用。该测量模型集中研究消费者与产品或品牌多种属性相关的信念,因此被称为多属性态度模型。其理论基础是,消费者对某一产品或品牌的显著信念,引发消费者对该商品的态度。这些显著信念主要表现为该商品相关的若干属性上,如果分别把这些属性量化并加以计算,就可以测量出消费者态度值。Fishbein 多属性模型与传统的生效层次是相互关联的,如消费者期望的产品属性和品牌利益总是影响品牌的评估。另外,Fishbein 多属性模型还可以用来描述品牌评估与购买意图、实际购买行为之间的关系。即积极的(消极的)态度会增加(减少)消费者购买的可能性,积极的购买意图也可能影响实际的购买行为。

2.8.3.2 态度测量指标

由于研究视角的差异性,不同学者所使用的行为态度的测量也不尽一致。常见的对行为态度测量方法可以分为两类。一是单维度测量,即将行为态度作为单个测量维度的概念进行测量;二是双维度测量,将态度划分为情感和认知两个维度进行测量。常见的行为态度测量如表 2-1 所示。

表 2-1 消费者态度测量

来源	维度	测量	量表
Ajzen 和 Driver,1992	认知态度	渴望—不想要得;有价值—不值得	语义量表
	情感态度	愉快—不愉快;有趣—没趣的	
Eagly,1994	认知态度	值得—不值得;有用—无用	语义量表
	情感态度	高兴—不高兴;满意—不满意	

续表

来源	维度	测量	量表
Trafimow，2004	认知态度	有害的—有利的；安全—不安全	语义量表
	情感态度	高兴的—不高兴的；美好的—令人厌恶的	
French 等，2005	认知态度	正确的—错误的；明智—愚蠢	语义量表
	情感态度	令人厌烦的—感兴趣的	

2.9 购买意愿研究

2.9.1 购买意愿与购买行为

在上卷"5.1 购买意愿理论"一节中已经对购买意愿的定义及与购买行为的关系进行了阐述，为了方便后续理论的介绍，这里对购买意愿的定义及与购买行为关系的内容再简单地介绍一下。

2.9.1.1 购买意愿定义

购买意愿即消费者愿意采取特定购买行为的可能性。Gary M Mullet（1985）认为，消费者意愿是消费者对某一产品或品牌的态度，加上外在因素的作用，构成消费者的购买意愿。因此，购买意愿可以被视为消费者选择特定产品的主观倾向和预测消费行为的重要指标。根据 Ajzen（1985）行为计划理论，个体未来行为的预报器就是他的意愿。从一定程度上，行为意愿直接决定行为。一旦有机会行动，意愿将导致行为。我国学者韩睿、田志龙（2005）认为，购买意愿是指消费者购买该产品的可能性；学者们比较一致地认为购买意愿是消费心理活动的内容，是一种购买行为发生的概率。

国内外对购买意愿相关的研究比较多。Baker 和 Crompton（2000）分析了质量对顾客行为意愿划分为支付意愿和忠诚行为两个维度的影响，研究发现，质量对行为意愿有显著的正相关。吴亮锦（2006）在研究珠宝的知觉价值与购买意愿之间关系后的结论是，未曾拥有珠宝的消费者，购买意愿与珠宝价格显著相关；拥有一件珠宝的消费者购买意愿与珠宝品质和品牌显著相关；拥有珠宝两件及以上消费者的购买意愿与珠宝的品牌、品质、保证、服务显著相关。随着消费者拥有珠宝数量的增加，消费者对珠宝的购买意愿已逐渐从只关注价格到关注珠宝的品质和品牌，最后到既要关注珠宝的品质、品牌，又要关心珠宝的保证及服务。林振旭（2007）在研究网站特性及风险认知后得出结论，认为消费者消费经验中的品牌信任对其购买意愿的影响最为显著，涉入态度次之。

2.9.1.2 购买意愿与购买行为关系

Jang 和 Feng（2007）认为，行为意愿对未来行为的预测是关键的。Sheppard 等（1988）认为，行为意愿和实际行为的平均相关系数为 0.53。Van den Putte（2004）通过更深入的元分析方法，分析 113 篇关于意愿与行为关系的研究论文，发现意愿和行为的平均相关系数为 0.62。事实上，许多研究显示购买意愿与购买行为正相关（Tobin，1959；Juster，1966；McNeil 和 Stoterau，1967；Adams，1974；McNeil，1974；Morwitz 和 Schmittlein，1992；Morwitz、Steckel 和 Gupta，1996）。但也有学者认为，意愿和行为的关系并不强，如认为行为意愿和实际行为的关系可能不同的，即两者之间的关系较弱。

不过从现有的研究可以看出，购买意愿与购买行为的关系也被大多数学者所肯定，普遍认为购买意愿能够用来预测消费者的购买行为（冯建英，2006）。

2.9.2 购买意愿的理论基础

购买意愿的理论基础是指购买意愿的形成和作用机制，以及购买意愿的相关构成。上卷"5.1.3 购买意愿的影响因素"的部分从购买意愿的理论中的三个角度介绍购买意愿的影响因素。本节再次从这几个角度出发，对各角度的研究进行全面的介绍，不再仅限于探究购买意愿的影响因素。学界的主流观点认为消费者购买意愿主要基于消费者感知价值和感知风险。因此，本节仅对消费者感知价值和感知风险两个角度进行阐述。

2.9.2.1 消费者感知价值

1988年，Zeithaml将消费者价值定义为消费者所能感知到的利得与其在获取产品或服务时所付出的成本进行权衡后对产品或服务效用的总体评价。即消费者价值实际上是消费者感知价值（Customer Pereeived Value，CPV）。消费者感知价值就是消费者所能感知到的产品带来的对其个人的利得与其为获取产品或服务所付出的成本进行权衡后对产品或服务效用的总体评价。他认为，在企业为消费者设计、创造、提供价值时应该从消费者导向出发，把消费者对价值的感知作为决定因素。消费者价值是由消费者而不是由企业决定的。Zeithaml认为，价值收益包括产品的内部特性、外部特性、感知质量和其他高层次抽象概念；Zeitham强调产品价值体系中消费者的导向作用和消费者对价值感知的重要性，通过引入感知、权衡、评价等心理学元素和收益、成本、效用等经济学的元素丰富价值概念，认为消费者在价值的创立中处于决定性的地位，企业应该站在消费者的角度去审视其为消费者设计、创造、提供价值是否是从消费者的角度出发，是否被消费者接受。

Monroe和Krishnan（1985）认为，消费者的购买决策由购买该产品后，其从中所获得的利得和为此获得该产品所要付出代价之间的比较决定。也即，对某产品的感知价值是源自该产品被消费者感知到的可能带给消费者个人的利得与消费者为了得到该产品所需付出的感知代价。当感知利得远远大于感知代价时，对消费者而言，其感知价值越大。Monroe和Krishnan（1985）就研究设计感知价值模式中的感知代价的概念，但一直都没有学者加以验证过。后来有很多文献直接探讨价格对感知价值的影响，发现价格对感知价值之间具有直接的负向关系（Doddsetal，1991；Sweeney，1999）。

后来，Wood和Scheer（1996）则扩大了Monroe和Krishnan（1985）感知价值理论，认为感知价值是消费者从产品或服务中获得的利益和为获得该利益付出的成本比较。产品利益包括产品的品质、产品的适用性等，而产品成本包括货币成本、精神成本。精神成本认为其是风险成本，即感知风险。Wood和Scheer（1996）在Monroeand和Krishnan（1985）感知价值模型基础上，加上感知风险，发展了一个包括利得、货币成本、感知风险在内的整体感知价值评估模式。

从上述西方营销学者对感知价值的阐述中可以得出，所有学者对消费者价值的核心认识上是一致的，即产品和服务的价值不是由企业决定，取决于消费者对该产品的价值感知。

2.9.2.2 消费者感知风险

感知风险的概念最初由Raymond Bauer（1960）提出。对感知风险，不同的学者有不同的定义。Raymond Bauer（1960）认为，感知风险是指消费者无法预测自己的购买行为所产生的结果是否正确，所以，游客在购买决策中会顾虑到行为结果的不确定性，这种不确定性，就是风险。Mansfeld（2006），Reichel、Fuchs、Uriely（2007）认为，感知风险是指消费者对整体形势做出的感知并认为情况超出游客的承受能力，从而影响游客行为。也有学者认为，感知风险是消费者在购买产品或服务时所感知到的不确定和不利后果的可能性（Dowling和Staelin，1994）。

感知风险包括两层意思，决策结果的不确定性和错误决策后果的严重性（高海霞，2003）。决策结果的不确定性是指，由于信息不对称，产品和服务的结果在具体使用前不确定。比如，打算随某旅行社到某地旅游，旅行社的服务质量、未来参观景区的质量等是不确定的。错误决策后果的严重性是指，对购买产品或者服务后可能损失的重要性。

感知风险与消费者在购买产品时遇到的客观风险是有区别的，即感知到的风险与客观风险可能并不一致（Mitchell V W和Boustani Pari，1994；Mitchell，1999）。Mitchell和Vasso（1997）认为，决定游客是否到某地出行旅游，既不是事实也不是真正的风险环境，而是游客感知的风险。也就是说，游客的决策行为不仅仅是基于事实的判断，更多的是基于对风险的感知。由于信息的不对称，加上游客个体的经历和心理，对风险的感知水平是不同的，因此每个个体的感知风险和真正的风险也会存在差异。

Cox（1967）认为，感知风险理论的基本假设在于消费者的行为是目标导向的。也就是说，消费者在每一次购买产品时，都有一组购买目标。当消费者主观上不能确定何种产品属性（如地点、产品、品牌、式样、大小、颜色等）能满足其预期消费目标时，就产生感知风险。或者，消费者在购买行为发生后，结果达不到理想目标时，可能产生的不利后果。Cox并进一步将感知风险定义为购买前感知的不利后果可能性和购买后果不利时感知不利后果的函数。Cunningham（1967）后来在Cox的基础上做了修改，认为感知风险是购前不确定性和购后后果函数。后续有关感知风险研究大部分都遵从Cox和Cunningham的界定。

Cox（1967）在提出消费者感知风险的基本理论假设的同时，提出感知风险的构成，认为感知风险与财务或社会心理有关。Ctinningham（1967）认为，消费者的感知风险包括社会后果、资金损失、身体损失、时间损失、产品性能等问题。Cox（1967）和Ctinningham（1967）将感知风险的研究领域拓展到内容要素的探讨上。后来，诸多学者对感知风险的研究显示感知风险是一个多构面的（Multifaceted）概念（Bearden和Mason，1975），并提出不同的观念。Woodside（1968）认为，感知风险可以分为社会的（Social）、功能的（Functional）与经济的（Economic）三个构面。Roselius（1971）认为，感知风险包括时间损失（Time Loss）、危险损失（Hazard Loss）、自我损失（Ego Loss）、金钱损失（Money Loss）。Jacoby和Kaplan（1972）将感知风险分为五种：财务风险（Financial risk）、功能风险（Functional or Performance Risk）、身体风险（Physical Risk）、社会心理风险（Psychological Risk）、社会风险（Social Risk）。Peter和Tarpey（1975）在Jacoby和Kaplan（1972）的五种感知风险上加入第六项时间风险。Stone和Gronhaug（1993）后来的研究证明，财务、功能、身体、心理、社会及时间这六个感知风险对总的感知风险的解释能力达88.8%。

感知风险理论在解释游客购买决策方面，主要是把游客行为视为一种风险承担行为，因为游客在考虑购买时不能确定去某地旅游后的感受结果，因此承担某种风险。旅游意愿实际就是消费者对感知价值和感知风险的权衡。

2.9.3 购买意愿测量

2.9.3.1 购买意愿测量研究

学界对购买意愿能否有效预测购买行为曾经存有争议。有学者认为，基于购买意愿的预测是低效率和不准确的。Young M R（1998）、Bonfield（1974）和Miniard P W（1982）认为，购买行为不能从意愿数据中归纳出来。这些学者也认为有关混合服务构成的经营决策是更重要的。用于预测或者理解购买行为的根本（如顾客对于服务性质的态度）不能从意愿导向的计量中得出。Lee H（1997）分析来自世界大型企业联合会（对汽车和房子购买）的意愿数据和来自不同层级的过去销售资料。他们总结得出的结论是"几乎没有人使用购买意愿作为对现有耐用品销售预测的预报工具"。

不过与此相反，一些研究已经表明，消费者意愿数据可以预测耐用品的销售（Bemmaor，1995）。这些学者同时也注意到某一些案例里的意愿量化不适合代替实际的行为量化。过去对购买意愿的研究中，一些学者试图调整实验购买意愿的比重来帮助修正他们在评价或预测实际购买行为时的局限性（Bemmaor，1995；Jamieson和Bass，1989；Morrison，1979）。这些复合的修正方案包括将规定的意图改为实际的意愿，将假设意愿分散在过去的行为数据基础上并估计合适的参数（Jamieson和Bass，1989；Morrison，1979）等。Bemmaor（1995）强化这一调整方案，延展了Morrison（1979）的原始模型，通过纳入多种变量来调整先前购买意愿测量公式模型中的偏差。Jamieson和Bass（1989）等调整测试的概率，调整后的测试概率取决于购买意愿的规模测量。J Scott Armstrong（2000）发现把意愿与过去的销售结合能大大提高准确性。这一方法使用过去的销售来调整偏差，允许对意愿者和非意愿者使用不同的偏差。他们使用结合性预测，较之原来的典型购买意愿预测方法，预测的误差减少了5.5%。

2.9.3.2 购买意愿测量指标

购买意愿量表的开发被广泛应用于现代的市场营销研究之中。最早的购买意愿量表的开发有 Aker 和 Day（1980），Peterson（1982），Smith 和 Swinyard（1983）等。目前普遍使用的意愿测量标准是 Juster 的 11 级购买概率（Juster，1966）和 5 级购买可能性量表。Day、Gan、Gendall 和 Esslemont（1991）得出结论，Juster 的 11 点购买概率对购买行为提供预测的比其他意愿类型所提供的更充分些。他们的结论是从两篇对新西兰的研究和 Juster（1966）、Byrnes（1964）、Stapel（1968）和 Gabor、Granger（1972）先前研究的基础上获得的。不过由于5级量表简单和计算的方便，在研究中更为常用。

对消费者购买意愿的研究主要集中于四个方面：对重购意愿的研究（Mittal 和 Kamakura，2001；Homburg、Koschate 和 Hoyer，2005）、对推荐意愿的研究（Anderson，1998；Brown T J，2005）、对品牌忠诚的研究（Bolton，1998；Olsen，2002），以及对支付意愿的研究（Homburg、Koschate 和 Hoyer，2005，Homburt、Hoyer 和 Koschate，2005）。Chen 和 Tsai（2008）认为，行为意愿包含推荐意愿，他们将行为意愿定义为游客对于重游某地或向其他人推荐某地的倾向性决策。

现有文献在关于购买行为意愿测量的研究中，往往都包括重游/重购和推荐意愿（Gallarza 和 Saura，2006）。Yoon 和 Lee（2005）用三个条款来测量购买意愿的忠诚度。Lee（2005）测量推荐意愿用采取三个测量条款：推荐给家庭或朋友，对其他人说积极的方面，推荐给那些希望得到建议的人。还有研究者通过支付意愿来测量购买意愿，如 Baker 和 Crompton（2000）就将购买意愿分为两个维度，忠诚行为和支付意愿，用五个条款，采用李克特九点量表来测量。Zeithaml V A（1996）测量支付意愿用两个测量条款，即如果 XYZ 价格有点上涨，我愿意继续购买；我愿意为 XYZ 支付相对更高的价格。

由此可见，行为意愿包括购买意愿和推荐意愿，即行为意愿既包括自己支付购买的倾向，同时也包括向亲戚朋友推荐倾向。本书侧重于行为意愿、推荐意愿的研究。

2.10 文献评价

从文献可以看出，基于严重灾害的背景，旅游赢回的研究目前已经建立相关的旅游危机管理框架，灾害造成游客流失的原因研究也较深入，但是在严重自然灾害发生后游客赢回的学术研究上现在还没有大的突破。这表现为现实的困境，严重自然灾害发生后，灾区急于恢复旅游产业以利于灾区的重建和社会的尽快稳定。但是赢回策略有限，灾区的旅游产业迟迟不能恢复。这就意味着，严重自然灾害发生后的景区游客赢回还有待进一步深入研究。

首先，在严重自然灾害发生后的旅游危机管理研究方面，现有文献很多是对中国台湾地区"9·21"大地震、SARS 疫情、印度洋海啸、汶川大地震等自然灾害中对旅游目的地影响的个案研究，对严重自然灾害发生后会对旅游目的造成的较长时间的负面影响，会造成游客的大量流失有高度共识，对游客流失的原因有很多探讨。认为游客流失的原因除了安全担忧（Sajaniemi P，2008；Bongkosh Ngamsom Rittichainuwat；Myron F Floyd；）外，还有心理忌讳（Jen - Hung Huang、Shu - Ting Chuang、Yu - Ru Lin）、设施损坏（Reas Kondraschow）、形象破坏（Somrudee Meprasert、Jen - Hung Huanga、Jennifer C H Min，2002）、媒体负面报道（Reas Kondraschow；Andrea Valentin，2003；Katherine Jean Milo）、社会规范影响（Jen - Hung Huang、Shu - Ting Chuang、Yu - Ru Lin，2008；刘阳炼，2008）、健康担忧（Reas Kondraschow；Goutam Chakraborty）、成本增加（Jennifer C H Min）、交通影响（贾银忠、覃江荣，2009）等。但是对于这些散见于各个文献中的流失原因没有进行实证分析，也没有进行流失原因的权重分析。

虽然现有很多文献对灾害后旅游的恢复策略做了些探讨，如 Drabek（2000）指出重建旅游目的地形象有助于恢复灾后旅游，Jen - Hung Huanga、Jennifer C H Min（2002）对中国台湾地区"9·21"地震后灾后恢复策略的总结和探讨，Bongkosh Ngamsom Rittichainuwat 和 Goutam Chakraborty（2005）对印度洋海啸后，泰国政府对旅游的恢复策略研究等。但是这些研究没有去验证策略的有效性，同时也没有解释为什么这些策略实施之后，景区的恢复依然缓慢。这为本书的研究提供了一个解释实践现象的空间。

其次，现有的灾害型旅游危机管理虽然对灾害后的游客赢回策略做了一定的探讨，讨论了包括安全促销、优惠促销、活动促进、增加投资、积极沟通、政府支持、企业联合等策略在内的旅游赢回策略。但是，站在消费者的角度，真正直接影响消费者的就是优惠促销和安全促销。赢回策略的有限性是本书的研究着力点。

再次，现在所有的灾害恢复策略研究的路径基本上都是一样的，就是先分析灾害后有哪些流失原因造成游客流失，然后针对流失的原因采取一些针对性的策略或者是一般市场营销意义上的策略。而没有探讨灾害背景的特殊性所形成的营销环境的改变，以及在这种环境下如何利用环境改变对灾害地景区有利的方面并将其转化为赢回策略。任何事物的存在都有其多面性。也就是说，现有的灾害赢回策略只是研究灾害的负面影响方面，相当于只是看到事物的"缺口"，而采取"补"的方式补救，没有看到背景改变后的"得"，没有利用这种"得"将其转化为游客赢回的力量。这为本书的研究留下极大的学术空间。

现有的顾客赢回研究都是以客户消费为前提，没有考虑外界突变环境下造成的客户流失的恢复。根据 Thomas、Blattberg 和 Fox（2004）对顾客赢回的定义可以得出，顾客赢回本身包含一个前置条件，就是以曾经消费为前提，而后来因为某种原因，这种客户关系中断。赢回就是和完全离开商业关系的客户重建这种关系（Stauss 和 Friege，1999），就是公司恢复和流失客户的关系（Thomas 等，2004）。也就是说，现在的顾客赢回只研究因为与厂商交易过程中的瑕疵而导致客户因忠诚问题造成的客户流失。顾客赢回实际上就是恢复这种中断的关系。这种定义忽视顾客决策的一个动态的过程。消费者首先是要有需求，然后激发消费动机，产生消费意愿，形成购买行为。当消费者已经形成购买意愿，在购买行为过程中因为某种外界环境的突发性障碍，造成购买行为没有实际完成，这也应该是一种需要赢回的顾客。这为本书提供另一个研究空间，即突发事件引起的顾客购买意愿消失或减小后的赢回。

最后，现有的文献探讨旅游决策和旅游态度、旅游意愿之间的关系，认为旅游态度和旅游意愿及最终的旅游行为具有相关性。但是，放在严重自然灾害背景下，消费者对待赢回策略的态度是否影响消费者购买意愿的形成，以及消费者对待赢回策略的态度对流失原因和购买意愿之间的关系是否有调节作用没有研究。这也是本书所要寻求的答案。

综上所述，通过对灾害型旅游危机管理相关文献的回顾，本书不仅总结严重自然灾害对旅游的影响、现有文献对灾害后游客流失和游客赢回的研究，还总结与本研究相关的顾客赢回、旅游决策、消费者态度、情感及体验理论等研究成果，并由此得到一些研究机会和启示，如表 2-2 所示。

表 2-2 基于文献综述的研究启示与机会

研究方向	研究学者	研究成果	研究启示与机会
灾害型旅游危机管理框架理论研究	Juan L. Eugenio - Martin；Bill Faulkner；等	建立了旅游管理框架，并且在框架中设计灾害恢复期	灾害恢复期如何赢回游客
游客流失原因研究	Sajaniemi P；Bongkosh Ngamsom Rittichainuwat；Myron F. Floyd；等	灾害后游客流失的原因可以归纳为：安全担忧、心理冲突、设施损坏、形象破坏、媒体负面报道、目的地替代、社会规范影响、健康担忧、成本增加、交通影响等	灾害后流失原因对旅游意愿影响的权重是多少 还有没有其他原因导致游客流失

续表

研究方向	研究学者	研究成果	研究启示与机会
游客赢回研究	Joe Durocher, Cornell; Jen-Hung Huang, Jennifer C H Min; 等	赢回策略主要是：安全赢回、价格赢回	还有没有其他的赢回策略 为什么现有的赢回策略效果有限 除现有"原因—对策"研究路径外还有其他的研究路径
顾客赢回	Thomas、Blattberg、Fox；唐小飞；等	赢回是指重新恢复和管理与公司已经中止的顾客关系；唐小飞等建立了一个顾客赢回管理概念模型，对客户行为和企业绩效之间的关系做了系统的理论和实证研究	对还没有建立消费关系，只是建立购买意愿的游客如何赢回
消费者态度	Knox S, 1989；等	消费者态度与消费意愿和消费行为具有相关性	消费者对赢回策略的态度是否和消费意愿相关
情感、体验理论	Piliavin、Piliavin；等	灾害后社会有体验和情感实现的需求	能否将体验、情感策略作为灾后赢回策略

表2-2分析了先前研究中存在的研究机会。把这些研究机会与启示与本书的研究内容结合可以分析出本书的研究机会点，具体分析过程如表2-3所示。

表2-3 基于文献综述的研究机会判定

本书的研究目标	文献综述中得到的研究启示与机会	本书的研究机会
解释：为什么严重自然灾害发生后，在采取安全和优惠措施之后恢复策略效果有限	灾害后流失原因对旅游意愿影响的权重是多少	找出其他的造成游客流失的原因
	还有没有其他原因导致游客流失	分析各个流失原因对流失的影响权重
	还有没有其他的赢回策略	找出新的赢回策略
	为什么现有的赢回策略效果有限	对现有赢回策略进行实证研究，研究赢回策略效果，探索现有的"原因—对策"赢回策略中原因与对策的对应关系
	除了现有的"原因—对策"研究路径外还有没有其他的研究路径	

通过对先前严重自然灾害后旅游危机管理文献的研究和综合分析，本书得到一些有价值的启示，确认本书的研究机会和研究价值。首先，没有文献不能解释为什么灾害发生后在采取相关的赢回策略之后游客恢复效果有限，这就为新的策略提出了启示。其次，现有的文献证明安全顾虑是游客流失的主要原因，但是使用安全赢回策略后效果有限，可能说明在灾害背景下这种"原因—对策"对应关系不成立。最后，现有的研究没有对流失原因的权重做出实证分析。

3. 严重自然灾害后游客流失原因探索性因子分析

探索性因子分析的测项是在实际操作过程中和策略刺激物设计及策略利得测量一起建立并在同一张问卷上发放，同时填写。

为了满足上卷中"第二部分 灾后旅游意愿影响因素研究"的研究需要，本章"严重自然灾害后的游客流失原因的探索性因子分析"部分已单独作为探究灾后游客旅游意愿影响因素的研究，在上卷的第7章"基于游客流失原因的因素研究"中进行分析阐述。故此处将不再进行详细分析，而仅对研究的关键问题和结论进行阐述。

本章对灾后游客流失原因进行探索性因子分析，旨在探究检验严重自然灾害后，对游客流失造成影响的主要因子，为后续研究赢回策略对游客流失原因与旅游意愿之间关系的调节作用做好准备工作。

在灾后游客流失原因的探索性因子分析中，作者先对灾后游客流失原因的量表进行开发。在量表开发过程中，作者首先通过游客流失原因等相关文献的梳理，初步归纳出可能的流失原因，其次通过深度访谈的方式来进一步了解灾后游客流失的主要原因和有没有新的原因。在深度访谈中，作者发现一个新的可能原因：伦理冲突。具体的访谈情况如表3-1所示。

表3-1 地震后放弃旅游计划原因

流失原因	编号	响应频次	响应频率
安全疑虑	1	14	93%
心理忌讳	2	10	67%
设施损坏	3	13	87%
形象破坏	4	7	47%
媒体报道	5	2	13%
规范影响	6	5	33%
健康担忧	7	6	40%
成本增加	8	6	40%
交通影响	9	7	47%
伦理冲突	10	6	40%
备注	伦理冲突访谈项目在第5个访谈者中开始加入，对前面已经访谈过的人员没有做补充访谈。		

在深度访谈的基础上，作者通过对前期文献的梳理和与专家进行讨论修正后，获得初步的量表。量表采用Likert5级量表，其中"1"表示绝对不同意，"2"表示不同意，"3"表示说不清，"4"表示同意，"5"表示绝对同意。为对测项进行纯化，作者进行预调研，通过检验，最后保留了17个测项，如表3-2所示。

表 3-2 测项纯化后量表

题号	题项
1	我很担心地震后的山体和建筑物松垮会威胁到我的人身安全
2	担心地震余震及继发性灾害会威胁到我的人身安全
3	我觉得地震的余震预报很不准确，到灾区旅游有风险
4	地震破坏了景区的观赏价值
5	地震将很多旅游景点破坏了
6	负责接待的餐厅、宾馆设施可能损毁会降低旅游的舒适性
7	景区旅游设施还没有修复完善
8	我不愿意住在发生很大伤亡的灾区所在地宾馆
9	我很忌讳到人员伤亡很大的地方去旅游
10	我认为到伤亡很大的地方去不吉利
11	去灾区旅游是不顾忌灾区人民痛苦的行为
12	到灾区旅游是对遇难者及其家属的不尊重
13	我认为灾后到灾区旅游是一种惊扰逝者安息的行为
14	到灾区旅游有很多不确定性，会增加我的旅游支出
15	灾区资源有限，物价可能会上涨
16	到四川旅游因为交通不方便会占用我更多的时间
17	因为交通破坏，我在四川旅游的路途时间可能会增加

确定测项后，开始进入正式调查阶段。考虑到抽样的代表性（四川旅游市场的主要客源地为广东、北京、重庆等地，其次为湖北等地），作者分别选取主要客源地广东广州、次级客源地湖北武汉、广西南宁、再次级海南海口为样本选取点，同时结合旅行社寻找流失客户和互联网进行问卷调查。调查共收集到流失客户问卷发放问卷6000余份①，在其中筛查出放弃行程和放弃计划客户问卷378份，占总的访问人数的6%。样本分布如表3-3所示。

表 3-3 样本基本资料

基本资料	项目	人数	百分比
性别	男	212	56.1%
	女	166	43.9%
	合计	378	100%
年龄	18~25岁	26	6.9%
	26~35岁	144	38.1%
	36~50岁	155	41.0%
	51~60岁	34	9.0%

---

① 因为本调查只把流失客户作为统计样本，因此具体的问卷数只是约数。

续表

基本资料	项目	人数	百分比
	60 岁以上	19	5.0%
	合计	378	100%
学历	高中及以下	23	6.1%
	大专	107	28.3%
	本科	158	41.8%
	研究生及以上	90	23.8%
	合计	378	100%

使用 SPSS16.0 对样本数据进行探索性因子分析。结果显示，KMO 值为 0.744（大于 0.7），Bartlett 球状检验的显著性水平为 0.000（小于 0.05），说明数据适合做因子分析。有 5 个因子的特征值大于 1，且这 5 个因子的累计方差解释率为 66.58%，超过 60%。同时，对 17 个测项做四次最大方差方法处理，显示 17 个测项很好的归属为 5 个因子，并且所有的测项因子负荷值都大于 0.5，这说明汇聚得很好，说明取 5 个因子合适。

探索性因子分析结束后进一步使用 LISREL 8.70 对 5 个因子进行验证分析。在分析中将 17 个测项作为观测变量（x），5 个因子变量作为潜在变量（§），由此构建一个流失原因的路径模型。模型的拟合指数分别是卡方自由度比为 4.41，RMSEA = 0.090[1]，CFI = 0.92，NNFI = 0.90，指标达标[2]。在路径系数检验中，t 值大于 2，表示各因子之间路径关系显著，即 5 个因子和 17 个测项关系是存在的，且两者之间存在稳固的联系。

对 5 个因子进行命名，分别为：安全疑虑、景观损坏、心理忌讳、伦理冲突、成本担忧。

最后，为初步检验问卷的可靠性与有效性，通过 SPSS16.0 检验其信度和效度。信度检验结果显示，6 个维度子量表（包括旅游意愿）的 Cronbach α 值绝大部分在 0.6~0.8[3]，校正后的内部相关系数都在 0.4 以上，表明量表的信度较好。效度检验中，17 个因子载荷中有 14 个值大于 0.45 的门槛值，虽然有 3 个小于 0.45，但都与 0.45 非常接近，因此，可以认为量表具有较好的收敛效度。在信赖水平为 0.95 情况下，采用标准误来形成真实相关的近似信赖区间，所有因素之间的近似信赖区间都不包含 1，说明各因素之间具备合理的区分效度。此外，量表的内容效度和效标关联效度都较好。在信度效度检验中，可以看出问卷具有较好的信度和效度，同时也证明 5 个因子的设置是合理的。

---

[1] 虽然 RMSEA 数值略高，但考虑到样本的有限性和人文科学的相对模糊性，纵览整个数据，可以看出在本项研究中的路径模型拟合度较高。
[2] 模型的拟合指数要求卡方自由度比在 2.0~5.0，RMSEA 低于 0.08，CFI 和 NNFI 均在 0.9 以上（侯杰泰、温忠麟、成子娟，2004）。
[3] 旅游意愿的 Cronbach α 值为 0.584，虽然小于 0.6，但也非常接近，可以接受。

4. 研究设计

4.1 模型构建

研究模型是对研究课题的简要描述和概括,它是对相关变量之间逻辑关系的简要描述。模型构建在于厘清变量,清楚各个变量之间的关系,为下一步的研究作准备。因此,模型构建是研究的基础。

4.1.1 模型设计

本研究的实证部分主要达成两个目标:第一,严重自然灾害后游客流失的原因和旅游意愿之间的关系,就是研究各个流失原因对游客旅游意愿的关系影响权重。第二,研究各个赢回策略对流失原因与旅游意愿之间关系的影响。也就是研究在某一种赢回策略存在的情况下,旅游意愿的改变及某种原因与旅游意愿之间关系,从而得出在严重自然灾害背景下何种赢回策略最为有效及何种策略对游客流失原因的调节作用最为显著。

显然,在此研究中将涉及三个变量:游客流失原因、赢回策略、旅游意愿。Catherine M Nichols 和 David J Serener(1988)认为,旅游是现代人生活的重要组成部分,旅游决策的复杂程度取决于旅游者的社会经济特征或旅游目的地的具体特征及其相关的时空可变因素。也就是说,消费者的购买意愿本身就是时空环境和消费者条件自变量的函数,其中自变量的改变都会导致消费者购买意愿的改变。因此,在此三者中,流失因素是导致旅游意愿降低、游客流失的原因,流失原因和旅游意愿之间构成因变量和自变量关系,旅游意愿是流失原因的函数。赢回策略的使用并不能改变流失原因和旅游意愿这种基本关系,而只可能调节流失原因和旅游意愿之间的关系,降低流失原因对旅游意愿的影响,因此,赢回策略的存在是流失原因和旅游意愿之间的调节变量。

赢回策略的本身具有抽象性,在文献综述部分已经论及,消费者的态度对消费意愿构成直接关系。就本课题而言,消费者对赢回策略的接受态度直接影响游客的旅游意愿。本部分的研究目的主要在于测试消费者对赢回策略的认可程度和情感倾向性及这种认知和情感对流失原因和旅游意愿之间关系的调节作用。因此,本书引入赢回策略态度,即消费者对赢回策略的认知和情感倾向作为中间变量。

因此本部分研究形成以下研究模型,如图4-1所示。

图4-1 研究结构模型

4.1.2 研究方法

为解决前述的两个研究目标:灾后流失原因对旅游意愿的影响、消费者关于赢回策略的态度对流失原因与旅游意愿之间关系的调节作用,本书采取以下研究方法。

第一部分采用结构方程分析方法。由于传统的回归分析变量仅被划分为被解释变量和解释变量,并且这些变量都是无误差的测量变量。而在本研究中，由于严重自然灾害后的流失原因存在不确定性，需要通过若干个测项进行因子分析得出，因此，测量过程中会存在误差。与传统统计方法不同的是，结构方程在处理多组回归方程估计时，可以利用潜在变量进行观察值的残差估计，使本研究结果更趋准确。另外，利用结构方程模型可以分析各种流失原因与旅游意愿之间的路径关系，通过路径系数可以直观定量地反映流失原因与旅游意愿之间的关系，也可以通过比对路径系数的大小来反映流失原因对旅游意愿影响的强弱程度。因此，第一部分在研究流失原因和旅游意愿之间关系时采用结构方程分析方法。

第二部分采用回归分析的方法。本研究中所涉及的调节变量消费者赢回策略态度、自变量流失原因因素都是潜变量。当调节变量和自变量都是潜变量时，有许多不同的分析方法。如 Algina 和 Moulder 的中心化乘积指标方法（适用于正态分布情形），Wall 和 Amemiya 的广义乘积指标（GAPI）方法（非正态分布情形也适用），这两种方法都需要用到非线性参数约束（Constraint），使用起来很麻烦且容易出错。[①] 也就是说，目前通过结构方程处理调节变量是结构方程应用的新方法，由于现有 SEM 软件没有得到太好的支持，需要自己编程，较为复杂，容易出错。检索现有的国内外文献可以发现，涉及用结构方程解决调节变量的文章很少。国内现有的寥寥数篇涉及调节变量的文章多是调节变量和自变量其中之一是显变量，计算简单成熟。而回归分析方法由于比较直观、成熟，国内现有很多文献都采用因子得分回归分析方法处理调节变量。因此，第二部分采用回归分析方法。

4.2 问卷设计

在具体的问卷调查中，流失原因因子分析与本节设计的策略态度和旅游意愿测量属于同一问卷。为便于表述，这里将流失原因因子分析部分放在探索性因子分析阐述中。故本节只论及策略态度和旅游意愿测量。

4.2.1 赢回策略引入

检索现有的文献可以发现，在现有的灾害后怎样赢回游客大多数文献基本上都表达这样一个模式，灾害后给景区带来哪些负面影响，如何减轻这种影响或者吸引游客重新回来。也就是说，在研究灾害后景区对游客的赢回策略上，现有的研究起点是基于灾害后的负面影响。基于矛盾论的基本理论，事物不应该仅仅只是负面的。因此，在前文对体验和情感的理论分析的基础上，结合文献研究，提出四种策略作为本部分的研究对象：体验策略、情感策略、安全策略和价格策略。

4.2.1.1 体验策略

由于体验与旅游之间的耦合关系，体验本身已经作为一种成熟的营销策略在旅游营销中被广泛地利用。但是，在严重自然灾害后是否可以采取体验作为一种赢回游客的策略，目前并没有看到相关的文献及研究。作者认为，由于严重自然灾害的稀有性、社会关注对体验氛围的影响、社会关注所形成的品牌资源、灾害对地质地貌的改变刺激了消费者的旅游体验需求，体验可以作为一种灾害后的游客赢回策略。

严重自然灾害发生后由于造成大量的人员伤亡和财产损失，必将成为全社会关注的焦点。以 2004 年印度洋海啸发生后的南京媒体为例，在灾害发生后的第二天，有关灾害的报道无一例外地出现在头版头条，各报竞相开辟专版，长时间报道。《扬子晚报》从 2004 年 12 月 27 日开始 5 天推出 23 个专版，发文 99 篇，同城《金陵晚报》5 天推出 24 版（沈正斌，2005）。现在在百度中输入"唐家山堰塞湖 新闻报道"有 200 多万条搜索结果。输入"映秀镇地震"有 100 多万条搜索结果。由此可见，现代传媒业对严重自然灾害地的关注。这种关注形成一种强烈的社会氛围环境，Peter 等（2009）研究已经证明，消费者体验受社会环境影响，消费者体验的重要考虑因素是社会环境。

[①] 温忠麟，侯杰泰，张雷．调节效应与中介效应的比较和应用 [J]．心理学报，2005，37（2）：268-274．

现代传媒业的持续关注不仅影响社会氛围，往往使以前名不见经传的地方成为一个时代的记忆，客观上形成品牌资源。刘世明（2009）认为，严重自然灾害后，由于现代传媒业的发展和人们对生命关注，景区的灾害地形成厚重的品牌资源。品牌会影响消费者的体验需求已经被许多研究所证明（Fitzsimons、Chartrand、Fitzsimons，2008；Ofir、Simonson，2007；Rust、Zeithaml、Lemon，2000）。品牌在表面上是产品或服务的标志，代表着一定的功能和质量，在深层次上则是对人们心理和精神层面诉求的表达。创造一种强调体验的品牌形象，消费者就会蜂拥而至，争相购买、使用、拥有这种商品（范秀成，2002）。因此，严重自然灾害发生后形成的厚重品牌将会刺激消费者的体验需求。

虽然人类的历史就是一部灾害的历史，自然灾害造成的遗址地无所不在。但是，影响范围广、极为惨烈的重大灾害并不多，所以就旅游资源的角度而言，严重自然灾害及其灾害地有其稀缺性和价值的独特性。特别是灾害地作为严重自然灾害的载体，灾害发生后对地质地貌的改变，以及这种改变所呈现的大自然的强大威力更是对消费者好奇心理的吸引。

Ngamsom Rittichainuwat（2008）在研究印度洋海啸后的普吉岛旅游问题时发现，对海啸结果的好奇是最重要的旅游动机之一，同时该文也揭示了年轻人对黑色旅游更好奇。而体验的功能之一就是满足好奇（Richard C Prentice，1998）。这说明，由于灾害的独特性和稀缺性所引起的对灾害好奇影响消费者的体验需求，体验可以作为一种赢回策略应用于严重自然灾害后的游客赢回策略。

4.2.1.2 情感策略

这是"郴州天下"网登载的一篇汶川地震后一个瘫痪乞丐捐款的感人故事。

他"走"过来，我们以为只是路过……

接下来的一句话令在场的所有人惊讶，"我要捐款！"他从碗中捐出了几个硬币！让警察帮他捐款。警察知道他所捐的钱的分量，所以坚持让他亲手捐，旁边的人都非常感动！

严重自然灾害发生后，乞丐也会帮助灾区，这代表一种灾害发生后的基本社会情感及行为：帮助他人。

传统的研究者在分析斯密的"看不见的手"调节理论时，强调通过市场内在理性竞争来调节"经济人"的利己冲动，从而实现社会中私利与公益的协调。斯密"看不见的手"理论假设基础是纯粹市场理性。但是，在现实社会中，市场理性这只"看不见的手"往往很难制衡"经济人"利己冲动。也就是说，作为社会主体的个体其情感往往也是"看不见的手"，左右着人的行为。

事实上，将整个社会解读为由"看不见的手"调节只是学者对斯密理论上的误读。因为斯密在《道德情操论》里认为，同情是一种人类与生俱来的情感心理现象，"无论人们会认为某人怎样自私，这个人的天赋中总是明显地存在着这样一些本性，这些本性使他关心别人的命运，把别人的幸福看成自己的事情，虽然它除了看到别人幸福而感到高兴以外，一无所得"。[①] 斯密认为同情与人类其他的原始情感一样遍布于全人类。

戴维·迈尔斯从社会交换理论的角度阐释灾害后的社会情感问题。他认为，人们之间不仅互相交换商品和金钱，同时交换社会性的商品：爱、服务、信息、地位等。当我们接近一个痛苦的人的时候，我们也会感到痛苦。帮助痛苦的人，减轻了你因此而产生的痛苦，这就是交换（Piliavin 和 Piliavin，1973）。当我们在帮助弱者的时候，会获得回报，避免惩罚（戴维·迈尔斯，2006）。Dennis Krebs（1975）以哈佛大学学生为研究对象发现，由他人的痛苦唤起的反应最强，给别人提供帮助也是最多的。在严重自然灾害发生的时候，看着灾害带给灾区人民的痛苦和损失，会产生一种同情，这时候帮助灾区会减少内疚感。

[①] 亚当·斯密. 道德情操论 [M]. 北京：商务印书馆，1998：1.

社会心理学家 Dennis Krebs（1975）等学者的研究成果认为，接近痛苦的人的时候，我们也会感到痛苦。由此可见，同情他人的困难是人们在严重自然灾害发生后所表现出来的共同社会情感，是社会的共性。在严重自然灾害发生后，由于受害者是因为不可控制的困境造成的，这种共性因为主动或被动的参与其中而显得更为强烈。

休谟认为，理智是情感的奴隶。他的道德情感理论基于他设定的一条普遍的人性原则："没有人是与他人的幸福和苦难绝对地漠不相关的。他人的幸福有一种产生快乐的自然趋向；他人的苦难有一种产生痛苦的自然趋向"①。

这种在灾害中产生的情感在灾害平息后就产生情感实现的需求。因为，灾害发生时，人们不仅亲身感受灾害对社会的冲击，同时，由于现代传媒业发展，灾害发生后灾害地及灾害地的救援活动不断地展示在我们面前，所有的人实际上自觉不自觉地成为灾害的参与者、经历者，从而产生巨大的情感维系。灾害过后，灾害遗址地是灾害的见证地、承载地，同时也是人们对灾害的情感寄托地。传媒报道所产生的时空距离吸引和品牌效应又加重这种情感。到自己关注过的、亲历过的灾害发生地看看，这就产生情感实现需求（刘世明，2009）。②

提供消费者情感实现的渠道，合理地引导和利用消费者情感实现的需求，为灾害后灾害地景区游客赢回提供可能，因此情感可以作为一种严重自然灾害后的景区赢回策略。

4.2.1.3 安全策略

回避风险是人的一种本能，因此，在严重自然灾害发生后一般都会产生较高的风险感知。Sajaniemi P（2008）认为风险（Risk）是游客在选择旅游目的地时候的主要关心点，并且选择的时候并不单单地关注它的期望价值，同时还关注风险水平。安全和风险感知深深地影响游客行为，因为对安全的印象和感知往往帮助游客做出是否外出旅游的决定。游客如何做出决定，很大部分是在衡量风险和利益，对自然灾害的风险感知可以引导游客做出其他认为更安全的目的地选择。

Beirman（2003）对风险和安全的感知在游客做出是否到某地旅游时候会起到决定性的影响。总的来说，游客是基于风险感知，而不是事实所做出的出游决定（Roehl 和 Fesenmaier，1992）。Bongkosh Ngamsom Rittichainuwat、Goutam（2009）研究证实，旅游者对自身安全很关心，超过半数的旅游者表示，即使在旅游成本很低时也不会忽略个人安全。

因此，Nevenka Cavlek（2002）认为，安全是一个旅游目的地的基本条件，并且这一条件也决定这个区域的发展和成长。如果不具备安全这一条件，即便该景区有最大的吸引力、最好的自然风光、最好的建筑，它也不可能参与到市场中去。也就是说，和平与安全是一个目的地、区域或国家发展旅游业的基本条件。

严重自然灾害发生后，以前的目的地安全感知形象被破坏，这时候恢复这一形象显得尤为重要。在以往的社会实践中我们可以看到，1999 年 8 月，土耳其发生地震时，土耳其政府发出"安全"的口号赢回游客，并取得很显著的效果；1995 年，日本在遭遇的 7.2 级大地震后，Kobi 和 Kyoto 两个城市的旅游业遭受了重大打击，城市旅游局发出"Kyoto is OK"的宣传口号（Horwich，2000）。中国台湾地区"9·21"地震后，向社会宣布各景点已经通过安全检查，使公众可以旅行安全而没有担忧（Jen – Hung Huanga、Jennifer C H Min，2002）。这些都是将安全策略作为灾区恢复旅游，赢回游客的手段。

4.2.1.4 价格策略

价格促销是通过提供价格减让刺激，如打折、特价、优惠券、现金返还等，促使消费者更多、更快

---

① 休谟. 道德原则研究 [M]. 曾晓平，译. 北京：商务印书馆，2006：70.
② 刘世明. 论灾害遗址地旅游资源开发研究——以汶川大地震旅游环线设计为例 [J]. 海南大学学报，2009（1）：74–78.

地购买特定的产品，是企业促进销售增长的一种重要手段。现有研究所达成的共识是，价格促销影响顾客对产品的价格感知而起作用（Manjit，1998），价格促销都是想方设法影响顾客的心理感知，让顾客觉得可以节省支出，从而引发顾客的购买冲动。

Chen等（1998）认为，顾客的购买决策受消费者对价格的主观感知影响，价格促销是增加消费者感知价格吸引力的手段。一方面，价格作为资源分配工具，一个理性的消费者在消费时会尽量在同等成本下获得更多的资源，价格降低，消费者的购买成本降低，购买能力增强，可以获得更多的消费资源。另一方面，价格促销可以使顾客认同和形成一个高于销售价的内部参考价，让消费者感觉获得更大价值。

获得更大的消费者价值是价格促销的目的，而消费者价值是消费者所能感知到的利得与其在获取产品或服务时所付出的成本进行权衡后对产品或服务效用的总体评价（Zeithaml，1988）。Monroe和Krishnan（1985）研究认为，产品的感知价值是源自该产品被消费者感知到的可能带给消费者个人的利得与消费者为了得到该产品所需付出的感知代价。购买产品的货币支出是成本的重要组成部分，降低价格的实质就是降低消费者的支出成本，提高消费者感知价值。

当严重自然灾害发生后，消费者对目的地的感知形象发生改变，一般会认为存在安全风险、景观破坏等，消费者会认为购买行为隐含着购买决策中结果的不确定性，也就是风险。这些感知的实质是增加消费者的感知成本，降低消费者的感知价值。当这种感知价值降低，也就是消费者价值降低时，理性的消费者会和前期形成的心理价值比较，从而减少或放弃购买。这时候的价格促销就构成对消费者降低的感知价值的弥补。

从中国台湾地区"9·21"地震后的酒店降价、门票打折，到奥尔良飓风后的景区降价等，都可以看到景区把价格作为灾后赢回游客的策略和手段。Myron F等（2003）指出，"9·11"事件对美国旅游业造成沉重打击，通过一些减价和激励措施，可以增加游客的出游意愿。由此可见，价格策略不仅应用于日常的销售促进，在严重灾害发生后，价格策略已经成为赢回消费者的重要选择和成熟手段。

4.2.2 策略刺激物设计

4.2.2.1 体验策略刺激物设计

Schmitt（1999）从心理学的角度将消费体验分为五类，包括感官体验、情感体验、思考体验、行动体验和关联体验。其中，感官体验是由视、听、嗅、味、触觉形成知觉刺激；思考体验可通过惊奇感、诱发及刺激而产生，引发好奇心及激发刺激感；Richard C.Prentice（1998）在以工业遗址公园为例，研究体验旅游时认为，体验的维度包括游客对相关工业场景记载的好奇。Kelly（1987）认为，体验不仅是一种单纯的感觉而已，而是个体经历一段时间或活动后所产生的感知，是对一种行为的解释性意识，是一种与当时时空相联系的精神过程。

好奇的满足、对过去的经历和现在的连接就是一种体验。当灾害结束，所有参与救援、关注救援的人们都会有到当地看看的冲动（刘世明，2009）。这种冲动就是体验的需求。Ngamsom Rittichainuwat（2008）在研究印度洋海啸后到普吉岛旅游时发现，对海啸结果的好奇是重要的旅游动机之一。

严重自然灾害发生后产生的新景观、灾害时救援的热点地方、灾害中故事的发生地等由于现代传媒的发展而形成较高的知名度，形成消费者的好奇和体验需求。基于此，作者结合专家意见，将到震中映秀镇去看灾后情况和8.0级地震后的地质地貌改变设计为体验策略刺激物。

具体文字表述为：四川省旅游局在灾后不久推出"到映秀看看""告别老映秀"旅游活动。映秀镇是汶川大地震的震中，地震后，形成包括堰塞湖、独具震中特色的天崩石、震中喷发口、扭曲断桥、塌楼、墙裂呈现X状建筑物、掩埋水中的水下村落等独特的地震景观等。

4.2.2.2 价格策略刺激物设计

Michel 等（2001）认为，价格促销是通过提供短期性的价格减让刺激消费者更快、更多地购买特定的产品或服务，具体手段包括打折、现金返还、特价、优惠券等。国内在价格促销方面的权威，韩睿和田龙志（2005）认为，价格促销是厂商通过价格削减、打折和现金返还等形式刺激产品更快销售。

价格策略的实质是降低消费者购买产品的总成本，提高消费者对产品的感知价值，促进购买。因此本书结合专家意见，选择汶川地震后实际推出的"熊猫金卡"作为本研究的刺激物。

具体文字表述为：四川旅游局灾后不久推出了"熊猫金卡"促销活动，对持四川省外身份证的游客免费发放"熊猫金卡"。持熊猫金卡可以到成都市内主要景区免门票游览。对于传统线路游客而，相当于优惠 300 元。

4.2.2.3 安全策略刺激物设计

本书的文献综述及本章对安全策略的引入中都阐述了安全对于旅游的重要性。Soo Jiuan Tan（1999）在研究互联网购物风险后认为，安全保障、零售商声誉、品牌形象等能够降低消费者的安全感知风险。Ted Roselius（1971）认为，风险消除措施是减少安全担忧的措施之一。

本书根据 Soo Jiuan Tan（1999），Ted Roselius（1971）的观点，结合汶川大地震后，四川当地采取的实际风险消除行动，结合专家意见，设计以下安全刺激物。

具体文字表述为：四川省旅游局当时推出"安全游四川"促销活动。该活动包括：将把安全区与地震区剥离，对存在危险可能的区域一律禁止开放；可开放景区完成内部排险和旅游线路排险；对可能发生的余震做好了防护措施；组织专家鉴定小组对景区安全进行了鉴定；为每位游客提供 20 万元的免费人身保险；政府承诺，来四川旅游若出现安全事故，政府将承担无偿救助责任。

4.2.2.4 情感策略刺激物设计

有研究认为，帮助他人的行为基于两种社会规范：互惠规范和社会责任规范。互惠规范就是，对于那些帮助过我们的人，我们应该施以援手而不是加害（Alvin Gouldner，1960）。社会责任规范就是我们应该帮助那些需要帮助的人，而不是考虑交换（Berkowitz，1972）。Shotland 和 Stebins（1983）的实验表明，即使助人者不为人知，或他们也不期待任何回馈，人们仍会经常帮助那些有需要的人。但是社会规范使他们对帮助的对象有选择性，他们只帮助那些不是由于自己的疏忽才产生需要帮助的人。也就是说，在严重自然灾害情况下，基于社会规范，人们会帮助受害者，灾害后的社会情感表现为社会成员对灾区的同情和帮助。

因此，本书将对灾区的帮助和情感实现作为情感刺激物设计的重点。经过和专家讨论，设计如下。

具体文字表述为：旅游是四川的支柱性产业之一。大多数旅游景区主要的经济来源是旅游，由于地震后到四川来的游客急剧减少，导致灾区人民大量失业，收入急剧下降。四川省旅游局当时推出"爱心助巴蜀"旅游活动，号召大家到灾区旅游，助灾区重建。同时去灾区旅游可以访问受灾学校儿童、看望受灾家庭。

4.2.3 策略态度及旅游意愿测量设计

4.2.3.1 赢回策略态度测量设计

由于各个研究视角的差异性，不同学者在研究态度时所使用的态度测量方法各不相同。综合来看，常见的对态度测量方法有两类：单维度测量和双维度测量。单维测量主要的测量维度是行为态度（Ajzen，1992；Park，2000），双维测量主要的测量维度是认知态度和情感态度（Ajzen 和 Driver，1992；Eagly，1994；Fitzmaurice，2005）。

态度的认知要素是指消费者作为态度主体对于态度对象赢回策略的知觉、理解、观念和评判。严重自然灾害发生后，针对一项赢回策略，消费者的认知是基础，这种认知不仅包括对赢回策略的认识、了解,同时也包括评判。消费者对赢回策略的认知基于消费者以往直接或间接的经验形成。态度的情感要素指消费者个体对态度对象赢回策略的一种情绪反应,在这种反应中个体情感起主导作用,并表现为情感体验的程度。

本研究中对态度的测量主要借鉴 Ajzen 和 Driver（1992）、Eagly（1994）等研究中所使用的态度区分测量方法,区分态度的认知和情感成分,测量消费者对赢回策略的接受程度和情感倾向性。

为了了解刺激物中涉及的策略态度差异,本研究设计了一套李克特 5 级量表来测量消费者心目中的差异。让消费者阅读关于四种策略的文字描述段落,然后让他（她）在 1 ~ 5 的数字中选择 1 个来评价。数字越大代表消费者对这种策略的态度越正面,如表 4 - 1 所示。

表 4 - 1　赢回策略态度测量

测量维度	测项	文献来源
认知态度	到四川旅游如果有这项活动的话对我来说非常值得	Ajzen 和 Driver（1992）、Eagly（1994）
情感态度	如果有这项活动的话到四川旅游我会觉得很有意义	

4.2.3.2　游客旅游意愿测量设计

目前普遍使用的意愿测量标准有 Juster 的 11 级购买概率（Juster, 1966）和 5 级购买可能性量表。但是由于 5 级量表简单和计算的方便,目前在社科研究中更为常用。

现有的消费行为意愿的测量已经比较成熟,一般包括重游/重购和推荐意愿（Gallarza 和 Saura, 2006）。Lee（2005）测量推荐意愿时采用三个测量条款,推荐给家庭成员或朋友,对其他人说积极的方面,推荐给那些希望得到建议的人。Baker 和 Crompton（2000）就将购买意愿分为两个维度,忠诚行为和支付意愿。Zeithaml V A（1996）测量支付意愿用支付意愿和溢价意愿两个测量条款,如果 XYZ 价格有点上涨,我愿意继续购买;我愿意为 XYZ 支付相对更高的价格。综合来看,测量意愿主要是测量重购/重游意愿、推荐意愿、支付意愿、溢价意愿。

本研究中,考虑到现在的旅游除了休闲旅游之外,对大多数观光性质景区而言,大多数游客在较长时间内是一次购买,而要区分休闲景区和观光景区并非本研究所涉及,因此不检测重游意愿。同时考虑到在严重自然灾害背景下,景区的首要目标是重新赢回游客,而不是谋求增加游客人数以增加效益,因此,测量重购意愿对本研究而言没有意义。因此本研究侧重于行为意愿、推荐意愿研究。

测量游客旅游意愿时设计一套李克特 5 级量表,让被测者在 1 ~ 5 的数字中选择 1 个来评价旅游意愿,数字越大代表旅游意愿越高,如表 4 - 2 所示。

表 4 - 2　旅游意愿测量

测量维度	测项	文献来源
购买意愿	如果当时采取这项促销活动,我愿意到四川旅游	Zeithaml V. A.（1996）;Baker 和 Crompton（2000）
推荐意愿	如果当时采取这项促销活动,我愿意推荐朋友到四川旅游	

4.2.4　调查问卷结构

根据上述分析,结合现实情况,本研究的调查问卷包括流失原因探索性因子分析部分共计四部分。

第一部分是被测的统计特征和甄别问题。具体包括年龄、性别、收入、工作单位等。甄别问题主要是甄别出流失游客。

第二部分是流失游客的当时旅游意愿测量。通过购买意愿和推荐意愿测量游客在灾害背景下的旅游意愿。

第三部分是流失原因测试。主要通过对流失原因的调查,分析出灾害背景下游客流失的主要因素。

第四部分是游客对策略态度和旅游意愿测试。通过游客对赢回策略的认知和情感倾向测量游客的策略态度。通过游客的购买意愿和推荐意愿测量在采取赢回策略后的游客购买意愿和推荐意愿。

具体调查问卷见附件。

4.3 假说形成

严重自然灾害后发生后,不仅给当地的旅游资源、旅游环境、旅游设施、设备、交通带来影响,同时也给消费者感知带来影响,这些主观因素与客观因素之间又相互作用,从而影响消费者决策。吴必虎(2001)认为,旅游产品是一种复合概念,是吸引物、交通、住宿、娱乐等的组合,旅游者购买和消费的是收益束(Abundle of Benefits)。Catherine M Nichols 和 David J Serener(1988)认为,旅游决策很大程度上是旅游个体对目的地的选择过程。而这个选择或购买的过程是一个从一般决策到重大决策的连续体,在这个连续决策的过程中影响决策的因素具有多重性。

现代心理学的研究已经证明,不同的诱因会导致消费者产生不同的动机,而不同动机的消费者对同样的诱因又有不同的感知,最终,不同的感知导致消费者行为差异(唐小飞,2007)。本书研究的对象是在灾前已经产生购买意向或购买行为的游客,因此,本书假设基于严重自然灾害发生为唯一外在变量,这一外在诱因对不同的游客将造成多重感知而提出。

4.3.1 严重自然灾害后游客流失因素与旅游意愿的假设

购买意愿是消费者愿意采取特定购买行为的可能性,是消费者选择特定产品的主观倾向和预测消费行为的重要指标(Gary M Mullet,1985)。这个指标受多重因素的影响,并且由于每个因素的影响强度会存在差异,因此,探索性因子分析中所得到的严重自然灾害后,游客流失的5种流失原因对游客的旅游意愿的影响可能存在差异。

4.3.1.1 安全疑虑与旅游意愿之间关系假设

大多数游客的旅游目的是寻找改变精神状态,获取最大的身体和心理满足,达到精神愉快。而安全是旅游正常进行的保障和发展的前提,是旅游的生命线。因此,在严重自然灾害发生后,安全历来被研究者认为是游客流失的重要因素。Somez 和 Graefe(1998b)认为,风险感知和安全担忧在游客做出是否出游的决定中起到极为重要的作用,因为他们会做出理性的选择,选择一个更安全的目的地。Bongkosh Ngamsom Rittichainuwat 和 Goutam Chakraborty(2005)认为,游客会选择相对安全的地方去旅游,而回避安全风险。Jen-Hung Huang、Shu-Ting Chuang、Yu-Ru Lin(2008)也认为,目的地设施损坏和安全感知是游客前往灾害地旅游的最大障碍,是游客流失的主要原因。Hanqin Qiu Zhang(2005)在研究印度洋海啸对中国人出行的影响时发现,大海啸过后,去往东南亚地区的游客大幅度减少,同时,在出游的旅客中增加了买保险的比例。这些都说明安全感知对游客的影响。Mario Mazzocchi(2001)研究认为,50%的游客说不会去最近发生过重大灾害的地方旅游。44%的游客认为由于担心灾害的再次发生,会推迟或取消游览这些地方。59%的游客认为他们会更愿意选择一个没有受到灾害影响,更安全的地方去旅游。这项调查说明安全对游客目的地的选择的影响是持久的。

基于此,提出以下假设。

H1:严重自然灾害背景下,游客的安全疑虑和游客旅游意愿有直接的负相关关系。

H2:严重自然灾害背景下,游客的安全疑虑对游客旅游意愿影响最大。

4.3.1.2 景观损坏与意愿之间关系假设

Kim 和 Richardson(2003)认为,景区形象由文化、自然吸引力、社区特征、基础设施等构成。Martin 和 Bosque(2008)认为,旅游目的地形象包括旅游地的基础设施、社会经济环境、氛围、自然环境、情感形象、文化环境。也就是说,旅游目的地的景观、基础设施等是旅游目的地形象的重要组成部分。一般严重自然灾害发生后必然导致地理破坏、人员伤亡及设施设备的损毁。即便是在灾害中有的景观设施没有破坏，但由于信息不对称，很容易给游客形成景观、设施破坏的感知，从而形成负面景区形象。

而目的地形象对游客的影响已经被很多研究所证实。H San Martin、IA Rodríguez del Bosque（2008）认为，目的地形象是一个由游客通过认知和情感评估得出的一个多维空间概念。他发现心理因素可以对目的地感知产生很显著的影响，游客动机和价值观念也对游客旅游之前对目的地景观、设施、安全、当地形象认知有很大的影响，同时个体在决定是否去某地旅游时，其认知和情感对目的地形象形成作用。J Enrique Bign（2001）认为，旅游形象对游客行为存在影响，对游客的质量感知和他们在度假当中获取的满意度产生影响。

经验主义的研究结果显示旅游形象是旅游质量、满意度、意愿和推荐意愿的直接先行因素。长期以来，目的地形象研究的中心假设一般是，目的地形象在个体的旅游购买决策和个体旅游者的满意和不满意上扮演重要角色，而满意与否很大程度上依赖于他对目的地的期望、先前他存在的目的地景观形象、他感知到的目的地景观设施情况（Steve Pike，2002）。Jen–Hung Huang、Shu–Ting Chuang、Yu–Ru Lin（2008）也认为，目的地设施损坏和安全感知是游客前往灾害地旅游的最大障碍，是游客流失的主要原因。也就是说，旅游目的地景观感知感知损坏直接影响消费者对目的地的感知形象，从而在很大程度上影响消费者对目的地的选择。旅游景观的感知损坏或旅游目的地景观的感知改变影响消费者决策。

基于此，提出以下假设。

H3：严重自然灾害背景下，游客感知的景观损坏和游客旅游意愿有直接的负相关关系。

4.3.1.3　心理忌讳与旅游意愿之间关系假设

"忌讳"按照新华词典（1980）的解释是，"①由于迷信思想、风俗习惯或个人成见而形成的对某些言语或事情的避讳；②对可能产生不良后果的事力求避免"[①]。在西方的文化人类学上"忌讳"称为"Taboo"，是关于神圣或不洁事物约定俗成的一种禁止（任聘，1990）。弗雷泽在《金枝》一书中对忌讳的定义是，它告诉你的不只是应该做什么，也还有不能做什么。也就是说，死亡对大多数人来说都是一种忌讳，这种忌讳形成对发生大量伤亡地的忌讳，人们会在一段时间内回避到该地。

中国和世界上大多数文化一样，中华文化在其发展中形成死亡禁忌的传统。早在西周时期，悦生恶死的观念已经积淀到国人的心理中。由此可见，因为心理忌讳和迷信而形成的心理影响将会影响游客旅游目的地选择，特别是在严重自然灾害造成大量人员伤亡的地方。

基于此，提出以下假设。

H4：严重自然灾害背景下，游客存在的心理忌讳和游客旅游意愿有直接的负相关关系。

4.3.1.4　伦理冲突与旅游意愿之间关系假设

Taylor（1975）认为，伦理是"在道德一词被赋予行为的道德评判、标准、规则含义的地方对道德的属性和基础的调查"。Muncy 和 Vitell（1992）将消费伦理定义为一种指导消费者选择、购买、使用商品和服务过程中的行为原则、规则和标准。Shaw、Grehan、Shiu、Hassan 和 Thomson（2005）认为，消费者特定的价值观影响消费者的伦理决策。消费者作为个体，存在于社会，具有社会属性，具备社会性，也即作为一种结群的社会生物，其观念、行为、心理无不受社会环境的影响（董敏志，1996）。同时，消费者作为社会责任的主体，其消费行为必须符合社会的期望和伦理规范（Yechiam、Barron、Erev，2003）。Philip Ketler（1999）的经典理论认为，一个人的购买选择受5种主要心理因素影响，即动机、知觉、归因、学习及信念和态度。消费者的信念及伦理规范属于信念和态度层次，影响消费者的购

---

① 新华词典编纂组. 新华词典 [M]. 北京：商务印书馆出版社，1980：394.

买意愿和行为。也就是说，消费者的消费决策也是一种伦理选择行为，对伦理价值的判断影响并决定消费者的消费行为。

亚当·斯密在《道德情操论》一书中认为，"由于我们不论何时见到同伴的痛苦都会同情他的悲伤，所以我们同样理解他对引起这种痛苦的任何因素的憎恶；我们的心，由于它承受他的悲伤并与之保持一致""在当事人的原始激情同旁观者表示同情的情绪完全一致时，它在后者看来必然是正确而又合宜的，并且符合它们的客观对象；相反，当后者设身处地发现前者的原始激情并不符合自己的感受时，那么，这些感情在他看来必然是不正确而又不合宜的，并且同激起这些感情的原因不相适应。这种感情相对于激起它的原因或对象来说是否恰当，是否相称，决定了相应的行为是否合宜，是庄重有礼还是粗野鄙俗"[1]。严重自然灾害发生后其伴随而来的是灾害地的物质损坏和人员伤亡，灾区的人员在很长一段时间里将处于悲痛之中。而在一般的认识中，旅游是快乐的事情。无疑，这和悲痛的情绪是相冲突的。

基于此，提出以下假设。

H5：严重自然灾害背景下，游客内在的伦理冲突和游客旅游意愿有直接的负相关关系。

4.3.1.5 成本担忧与旅游意愿之间关系假设

成本和需求的相互关系构成现代经济学的基础。一般而言，价格上升，需求就会下降。根据 Kotler 的观点，总顾客成本不仅仅是指货币成本，它包括时间、精力和精神费用。[2] 严重自然灾害后，一般伴随的是交通损毁，道路阻碍，并由此导致物资紧张和物价上涨。游客会感觉到购买的货币成本和时间成本可能会增加。而包括货币在内的成本对消费者的购买决策有重大影响，这种影响不仅涉及购买时间，同时也影响购买的量（Gupta，1988；Blattberg、Neslin，1990）。

基于此提出以下假设。

H6：严重自然灾害背景下，成本担忧和游客旅游意愿有直接的负相关关系。

4.3.1.6 流失原因与旅游意愿之间影响差异假设

由于消费者的结构多样性，其消费动机多样，因而不同动机的消费者对同样的诱因又产生不同的消费者行为和影响效果（唐小飞，2006）。因此提出以下假设。

H7：严重自然灾害背景下，游客流失原因对游客旅游意愿影响程度存在差异。

4.3.2 赢回策略调节效果假设

4.3.2.1 体验赢回策略对流失原因与旅游意愿之间关系调节假设

体验是旅游的核心。Boorstin（1964）早在 20 世纪 60 年代就将旅游体验定义为一种流行的消费行为，认为旅游体验对社会个体和整个社会都具有重要意义。谢彦君（2005）认为，旅游者的体验构成旅游现象最基本的结构性要素，如果旅游世界当中抽调旅游体验，就等于抽掉旅游现象的基本矛盾，抽掉旅游现象的内核。体验本身是一种成熟的旅游促销策略，如迪士尼乐园，桂林的漓江印象，周庄的水乡体验等。

Schmitt（1999）认为，体验通常不是自发产生的而是被诱发出来的。严重自然灾害带来的必然是一系列地理、地质、人文改变，特别是这种改变通过新闻媒体的报道被放大，增加了体验的魅力，同时，灾害后短期内迅速形成的品牌资源也刺激游客的体验需求。由此，提出以下假设。

H8：严重自然灾害背景下，体验赢回策略能改善游客旅游意愿。

H9：严重自然灾害背景下，体验赢回策略对各种流失原因与旅游意愿之间的负向关系有调节作用。

H9a：严重自然灾害背景下，体验赢回策略对成本担忧与旅游意愿之间的负向关系有调节作用。

---

[1] 亚当·斯密. 道德情操论 [M]. 将自强，等译. 北京：商务印书馆，2003：12-13.
[2] 菲利普·科特勒，等. 市场营销管理 [M]. 梅清豪，译. 北京：中国人民大学出版社，2001：39.

H9b：严重自然灾害背景下，体验赢回策略对景观损坏与旅游意愿之间的负向关系有调节作用。

H9c：严重自然灾害背景下，体验赢回策略对心理忌讳与旅游意愿之间的负向关系有调节作用。

H9d：严重自然灾害背景下，体验赢回策略对伦理冲突与旅游意愿之间的负向关系有调节作用。

H9e：严重自然灾害背景下，体验赢回策略对安全疑虑与旅游意愿之间的负向关系有调节作用。

H9f：严重自然灾害背景下，体验赢回策略对各流失原因与旅游意愿之间的负向关系调节作用存在差异。

4.3.2.2 价格赢回策略对旅游意愿影响假设

Raghu-bir 和 Corfman（1999）将价格促销定义为：它是指厂商或渠道参与者在一个特定的时期通过降低某种品牌产品的价格，或者增加固定单价下商品数量的一种营销手段，价格促销是营销组合的重要部分。价格促销的作用也一直存在争议。Krishnan（1999）认为，价格促销短期内可能提高交易量，但长期而言，不仅伤害到品牌质量和内部参考价，同时由于利润的丧失，对长期经营会带来负面影响。他认为，价格促销使得厂商绩效相对较差且绩效波动不稳定，这证明如果厂商单纯地使用价格促销策略来经营，很容易陷入进退两难困境。Grewal、Krishnan（1999）指出，价格促销来改善厂商绩效的做法有的是失败的，厂商不应希望一直通过价格促销来吸引和维持顾客。特别是当价格促销针对价格不敏感消费者时，降低价格也很难增加消费者的购买需求。

不过，Neslin、Shoemaker（1999）认为，对市场策划人员来说，没有什么工具比价格更有力，没有什么工具比价格对消费者的购买行为和公司利润产生更大的影响。因此，将价格促销作为一种营销策略来研究极其普遍。一般而言，价格下降，需求就会增加，这也是现代营销中价格促销的理论基础。众多学者的研究证明，价格对消费者的购买决策有重大影响，这种影响不仅涉及购买时间，同时也影响购买的量（Gupta，1999；Blattberg、Neslin，1990）。唐小飞（2007）认为，降价的实质就是降低消费者的购买成本，因此把价格作为顾客赢回策略来研究也有其理论和实践的依据。

基于此，提出以下假设。

H10：严重自然灾害背景下，价格赢回策略能改善游客旅游意愿。

H11：严重自然灾害背景下，价格赢回策略对各种流失原因与旅游意愿之间的负向关系有调节作用。

H11a：严重自然灾害背景下，价格赢回策略对成本担忧与旅游意愿之间的负向关系有调节作用。

H11b：严重自然灾害背景下，价格赢回策略对景观损坏与旅游意愿之间的负向关系有调节作用。

H11c：严重自然灾害背景下，价格赢回策略对心理忌讳与旅游意愿之间的负向关系有调节作用。

H11d：严重自然灾害背景下，价格赢回策略对伦理冲突与旅游意愿之间的负向关系有调节作用。

H11e：严重自然灾害背景下，价格赢回策略对安全疑虑与旅游意愿之间的负向关系有调节作用。

H11f：严重自然灾害背景下，价格赢回策略对各流失原因与旅游意愿之间的负向关系调节作用存在差异。

4.3.2.3 安全赢回策略对旅游意愿影响假设

旅游的生命线是安全，这是旅游界公认的底线。对目的地而言，和平、安全、安定是一个旅游目的地、一个地区或者一个国家发展旅游业的首要条件，并且如果没有这些条件，目的地就失去了参与市场竞争的条件（Nevenka Cavlek，2002）。对旅游者而言，安全是马斯洛关于人的需要层次理论的第二层次，仅次于人的基本生理需求，因此，旅游者对自身安全的关注已经很明显地表现在游客对旅游目的地的选择上（Edgell，1990）。Schiebler 等（1996）认为，旅游者的出行决策行为很大程度上取决于其对当地感知环境的认知，而这种感知安全因素起着决定性的作用。因此，安全是旅游者、旅游公司、旅游景区、旅游管理部门不可回避的话题，也是灾害后旅游业恢复中最为关注的一个话题。

安全策略在现实中应用广泛，对旅游灾害后的旅游业恢复有帮助。

基于此，提出以下假设。

H12：严重自然灾害背景下，安全赢回策略能改善游客旅游意愿。

H13：严重自然灾害背景下，安全赢回策略对各种流失原因与旅游意愿之间的负向关系有调节作用。

H13a：严重自然灾害背景下，安全赢回策略对安全疑虑与旅游意愿之间的负向关系有调节作用。

H13b：严重自然灾害背景下，安全赢回策略对景观损坏与旅游意愿之间的负向关系有调节作用。

H13c：严重自然灾害背景下，安全赢回策略对心理忌讳与旅游意愿之间的负向关系有调节作用。

H13d：严重自然灾害背景下，安全赢回策略对伦理冲突与旅游意愿之间的负向关系有调节作用。

H13e：严重自然灾害背景下，安全赢回策略对成本担忧与旅游意愿之间的负向关系有调节作用。

H13f：严重自然灾害背景下，安全赢回策略对各个流失原因与旅游意愿之间的负向关系调节作用存在差异。

4.3.2.4 情感赢回策略对旅游意愿影响假设

情感是一种对事件和想法的认知评估状态，这种状态伴随着生理过程并常常以身体表达（Richard P Bagozzi，1999）。正面情感与获得目标相联系并经常引致计划的继续进行，负面情感导致正在进行的计划产生问题和失败（Stein，1996）。情感影响消费者的信息处理、调节消费者行为反应、测量市场刺激作用、制定目标导向的行为，是消费者衡量福利的尺度。大量研究证明，情感对市场有极其重要的作用（Oliver，1994），因为情感能唤起对某一产品或服务在不同的消费情况下的消费。而现有研究已经证明情感是可以被精心设计、有目的和有意识的影响（Richard P Bagozzi，1999）。

Schaller、Cialdini（1990）认为，积极的情感经常会激发帮助或利他行为并对此做出两种解释：积极的情感会通过更积极的人生观增强帮助行为，而增强的行为会从幸福的经历中自然产生出来；幸福与超出对人情感的关心可能获得额外的个人回报动机相联系（这种回报是指诸如亲和性、成就感、能力和自尊等与自我提升动机相关的因素）。

在严重自然灾害背景下，社会具有普遍的同情和帮助灾区的特殊情感环境。曾凡伟（2004）认为，由于灾害具有对人类巨大的破坏作用，因而成为一种十分敏感的社会心理事件。在未受灾地区，绝大部分人会对此表示关注，并对灾区的社会群体有同情心理，如果可能，还会伸出援助之手[①]。

基于此，提出以下假设。

H14：严重自然灾害背景下，情感赢回策略能改善游客旅游意愿。

H15：严重自然灾害背景下，情感赢回策略对各种流失原因与旅游意愿之间的负向关系有调节作用。

H15a：严重自然灾害背景下，情感赢回策略对安全疑虑与旅游意愿之间的负向关系有调节作用。

H15b：严重自然灾害背景下，情感赢回策略对景观损坏与旅游意愿之间的负向关系有调节作用。

H15c：严重自然灾害背景下，情感赢回策略对心理忌讳与旅游意愿之间的负向关系有调节作用。

H15d：严重自然灾害背景下，情感赢回策略对伦理冲突与旅游意愿之间的负向关系有调节作用。

H15e：严重自然灾害背景下，情感赢回策略对成本担忧与旅游意愿之间的负向关系有调节作用。

H15f：严重自然灾害背景下，情感赢回策略对流失原因与旅游意愿之间的负向关系调节作用存在差异。

[①] 曾凡伟，李青，徐刚. SARS 与灾变心理初探 [J]. 灾害学，2004，19（2）：83-86.

4.3.2.5 赢回策略对旅游意愿影响差异假设

由于消费者的结构多样性，其消费动机多样，因而不同动机的消费者对同样的诱因又产生不同的消费者行为和影响效果（唐小飞，2006）。

基于此，因此提出以下假设。

H16：严重自然灾害背景下，各种赢回策略对游客旅游意愿的影响作用不同。

4.4 本章小结

本章通过分析研究的两个主要目的，构建了研究模型，探讨了研究方法，对研究变量中赢回策略引入、赢回策略刺激物设计、赢回策略态度及旅游意愿的测量做了讨论，并在此基础上构建了调查问卷。随后，形成 40 项假设。

5. 研究分析

在本书第 4 章，作者提出严重自然灾害后游客流失原因对旅游意愿影响及赢回策略态度的调节假设。本章按照第 4 章设定的方法来实证检验相关假设。

5.1 数据描述

5.1.1 数据来源

本书采取随机抽样方式，通过问卷中的甄别问题获取流失客户样本，实证检验数据与流失原因探索性因子分析数据为同一问卷并一同调查测试。

调查对象：四川国旅和四川青旅获取的部分震前计划来四川旅游，震后一年内放弃到四川旅游的游客、网络非四川网友、海南省海口市 16 中学学生家长、武汉市 24 中学学生家长、南宁市 12 中学学生家长、广州市妇幼中心、广州市干部疗养院职工及部分在该院疗养的公务员及离退休干部、海口机场旅客。

调查时间：2009 年 5 月。

调查方式：网络问卷采取建立网页，采取滚雪球方式 qq 推荐填写；旅行社客户通过电话调查；广州市妇幼中心、广州市干部疗养院等单位职工问卷，通过党政系统开展的支援灾区重建活动调查收集；中学生家长通过学校安排填写；机场问卷采取随机拦截访问获取。

选取标准：通过甄别问题测项。即地震前已经计划来四川旅游，但是因为地震一年内放弃到四川旅游的游客。

样本总数：获取放弃计划和放弃行程游客 378 份。

5.1.2 数据整体描述

5.1.2.1 均值分析

对数据做均值处理可以初步看出各个测项、因素与旅游意愿之间的关系。均值分析包括测项均值分析、流失因素均值分析、流失原因和旅游意愿联合分段均值统计分析。

（1）对测项的均值分析。

对流失原因各个因素测项作均值分析，可以观察到流失游客对于何种原因最重视，如表 5 - 1 所示。

表 5 - 1 对测项的均值分析

测项	最小值	最大值	均值	排序
9	1	5	3.3704	1
8	1	5	3.3472	2
18	1	5	3.2801	3
6	1	5	3.2153	4
17	1	5	3.1574	5
2	1	5	3.1412	6
1	1	5	3.1273	7
7	1	5	3.1065	8

续表

测项	最小值	最大值	均值	排序
3	1	5	3.0440	9
10	1	5	3.0139	10
16	1	5	2.9213	11
5	1	5	2.9167	12
15	1	5	2.8079	13
14	1	5	2.6690	14
11	1	5	2.6204	15
12	1	5	2.5625	16
13	1	5	2.4977	17

对于一个放弃计划的流失游客而言，在严重自然灾害发生后，让他失去到灾害地景区旅游的意愿的原因很多。从量表测量结果的均值分析来看，流失游客对于每种具体原因的重视程度是不同的。排名前五位的测项是：测项9，"我当时不愿意住在发生很大伤亡的灾区所在地宾馆"；测项8，"景区设施还没有修复完善"；测项18，"因为交通破坏我在四川旅游的路途时间可能会增加"；测项6，"地震将很多景点破坏了"；测项17，"因为交通破坏我在路途上的时间可能会增加"。

虽然就数据整体而言，造成游客流失原因对流失游客的影响差别不是太大，数值差距跨度小于1。从平均值的绝对量来看，流失游客对各种测项的态度总体来看都在3附近，即"说不清"是否是该种原因造成其不到灾区旅游，由此我们可以初步看出，造成游客流失原因可能是多因素的叠加。

另外，从这里可以发现，造成游客流失游客对灾害后的安全风险的感知程度并不是很高。当然，造成游客流失原因对旅游意愿的影响由该因素的决策权重和因素本身的感知程度共同构成，因此，在这里并不能得出哪个流失因素对旅游意愿的最终影响如何。

（2）对流失原因的均值分析。

对各种因素测项进行平均数分析就可以看出流失游客最重视的是何种因素，如表5-2所示。

表5-2 流失游客流失原因因素平均数排序表

流失原因	平均值	排序
景观损坏	3.1464	1
安全疑虑	3.1042	2
成本担忧	3.0417	3
心理忌讳	3.0016	4
伦理冲突	2.5764	5

从表5-2可知，景观损坏因素排第一位。也就是说，在面对严重自然灾害的时候，由于信息不是充分对称的，游客对景区核心景观损坏的感知可能较高。其次是安全疑虑，再次是成本担忧，结合前述的测项均值分析可知，成本担忧主要表现在时间成本的担忧上。

从表5-2可以看出，流失游客对各流失原因存在的感知情况，但是如前文所言，流失原因对旅游意愿的影响由该因素的决策权重和感知程度共同构成，因此，在这里也不能得出哪个流失因素对旅游意愿的最终影响如何。

（3）流失因素和旅游意愿的联合分段统计。

对流失原因和旅游意愿进行联合分段均值统计可以直观地看出流失原因与旅游意愿之间的变化规律，如表5-3所示。

表5-3 流失因素和旅游意愿联合分段均值统计

意愿测项 测项均值 意愿测项得分	测项19			测项20		
	1	2	3	1	2	3
测项1	3.5529	2.9221	2.3793	3.4219	2.9450	2.3636
测项2	3.5588	2.9394	2.3793	3.4167	2.9679	2.4545
测项3	3.2588	2.9004	2.4483	3.2188	2.9587	2.3636
测项5	3.2235	2.7706	2.3793	3.1250	2.8165	2.0909
测项6	3.4588	3.0779	2.9655	3.3854	3.1284	2.5909
测项7	3.2824	3.0346	2.6897	3.3229	2.9817	2.4545
测项8	3.4765	3.2684	3.2414	3.4792	3.2798	2.8636
测项9	3.6176	3.3506	2.2069	3.5885	3.3303	1.8636
测项10	3.3353	2.9004	2.1034	3.3333	2.8486	1.8636
测项11	2.9000	2.5195	1.7931	2.8333	2.5138	1.8182
测项12	2.8176	2.4545	1.9310	2.8229	2.3807	2.0909
测项13	2.7824	2.3636	1.9310	2.8021	2.2706	2.0909
测项14	2.8647	2.6364	1.8621	2.8802	2.5321	2.1818
测项15	2.9294	2.7662	2.4828	2.9323	2.7385	2.4091
测项16	3.0000	2.9437	2.2759	3.0156	2.8807	2.5000
测项17	3.3412	3.1082	2.5172	3.3177	3.0596	2.7273
测项18	3.3941	3.2554	2.8966	3.3438	3.2798	2.7273

如表5-3所示，测项19和测项20是表示旅游意愿的因素，由于样本是基于流失游客，因此，其得分在1~3。在表5-3中，测项19和测项20下面对应"1""2""3"是指流失游客的旅游意愿。测项1~18对应的数值是指在对应旅游意愿下每个测项得分的平均值。观察表5-3就可发现，随着旅游意愿的增强，各种因素得分平均值在不断下降。从这里可以发现，流失因素和旅游意愿之间确实存在一种此消彼长的关系，然而两者之间是否正如前一章中假设的一样存在显著的负相关关系，还有待进一步的检验。

5.1.2.2 Pearson 相关性分析

Pearson分析可以用来初步检验灾害后游客流失原因因素测项与旅游意愿之间测量项目的相关系数，旨在判断各种流失原因测项与旅游意愿测项之间的相关关系，以初步判断流失原因因素与旅游意愿之间的相关关系，如表5-4所示。

表 5-4 Pearson 相关性分析

旅游意愿测项 流失因素测项		测项 19	测项 20
测项 1	相关系数	-0.360**	-0.277**
	显著性	0.000	0.000432
测项 2	相关系数	-0.346**	-0.254**
	显著性	0.000	0.000
测项 3	相关系数	-0.267**	-0.192**
	显著性	0.000	0.000
测项 5	相关系数	-0.278**	-0.193**
	显著性	0.000	0.000
测项 6	相关系数	-0.255**	-0.213**
	显著性	0.000	0.000
测项 7	相关系数	-0.194**	-0.178**
	显著性	0.000	0.000
测项 8	相关系数	-0.169**	-0.224**
	显著性	0.000	0.000
测项 9	相关系数	-0.107*	-0.153**
	显著性	0.026	0.001
测项 10	相关系数	-0.292**	-0.278**
	显著性	0.000	0.000
测项 11	相关系数	-0.287**	-0.309**
	显著性	0.000	0.000
测项 12	相关系数	-0.248**	-0.213**
	显著性	0.000	0.000
测项 13	相关系数	-0.221**	-0.228**
	显著性	0.000	0.000
测项 14	相关系数	-0.236**	-0.251**
	显著性	0.000	0.000
测项 15	相关系数	-0.143**	-0.148**
	显著性	0.003	0.002
测项 16	相关系数	-0.127**	-0.115*
	显著性	0.008	0.017
测项 17	相关系数	-0.205**	-0.166**
	显著性	0.000	0.001

续表

流失因素测项 \ 旅游意愿测项		测项 19	测项 20
测项 18	相关系数	-0.141**	-0.102*
	显著性	0.003	0.034
**：Correlation is significant at the 0.01 level (2-tailed)			
*：Correlation is significant at the 0.05 level (2-tailed)			

从表 5-4 可以看出，测项 1~18 与测项 19 和测项 20 的相关系数都为负，且都在 5% 的水平下显著相关。即随着测项 1~18 所代表流失因素的强度增加，旅游意愿会出现显著的下降。因此，可以初步判断出游客流失原因因素与旅游意愿之间存在负向关系。

5.1.2.3 数据整体描述情况

从以上的均值分析和 Pearson 相关性分析可以看出，流失客户对相关流失原因因素及相关测项的感知情况，各流失原因因素测项与旅游意愿测项之间的相关性。但是，在严重自然灾害背景下，假设其他条件不变的情况，旅游意愿由游客对流失原因因素的感知权重和因素的决策权重共同构成，即旅游意愿由流失因素和决策权重两个变量决定。以上相关性分析只是得出测项与测项之间关系，而不能解决作为潜在变量的流失原因与作为潜在变量的旅游意愿之间的关系，因此，有必要通过结构方程做进一步分析与检验。

5.1.3 量表信度与效度检验

本章验证调节效应时引入新的量表，即消费者对赢回策略的态度测量及相应策略后的旅游意愿测量，需要对新量表的信度和效度进行检验。因为流失原因的信度和效度已经在第 3 章已进行检测，因此，本章主要检测策略前的消费者旅游意愿、消费者赢回策略态度及赢回策略后旅游意愿的量表的信度和效度。具体的测项如表 5-5 所示。

表 5-5 基于赢回策略量表的信度与效度检验

潜在变量	测项	校正后的内部总相关系数	Cronbach's α	被解释的方差（%）
体验策略	A1	0.411	0.580	70.554
	A2	0.411		
旅游意愿	AY1	0.576	0.725	78.807
	AY2	0.576		
情感策略	B1	0.605	0.754	80.228
	B2	0.605		
旅游意愿	BY1	0.657	0.789	82.866
	BY2	0.657		
安全策略	C1	0.632	0.774	81.600
	C2	0.632		
旅游意愿	CY1	0.736	0.848	86.799
	CY2	0.736		

续表

潜在变量	测项	校正后的内部总相关系数	Cronbach's α	被解释的方差（%）
价格策略	D1	0.690	0.814	84.489
	D2	0.690		
旅游意愿	DY1	0.676	0.806	83.794
	DY2	0.676		

从表5-5可以看出，校正后的内部总相关系数大多数在0.6以上，体验策略对应的校正后的内部总相关系数为0.411，大于0.4的最低水平，Cronbach's α值大都在0.7以上，体验策略的Cronbach's α值为0.580，介于0.35与0.7之间，基本符合要求，说明量表具有较高的结构信度。被解释的方差百分比都大于60%，说明量表具有较高的结构效度。因而，以上检验结果说明新量表的设计是科学严谨的，用该量表得出的数据抽样可以进行进一步的分析。

5.2 流失原因与旅游意愿之间关系假设检验

5.2.1 结构方程模型方法引入

结构方程模型是一种成熟的，日渐被管理学界接受的验证性多元统计技术。结构方程主要用于验证变量与变量之间的相互关系。它的主要功能在于对一些变量之间的关系理论模型做出评价。结构方程建立在潜变量之间存在因果关系的假设上，而每个无法观测的潜变量又通过多个可观测的外测变量来反映，其中潜变量是其对应的外测变量的线性组合。从技术层面上讲，通过计算外测变量之间的协方差，估计出线性回归模型的系数，进而检验模型在统计意义上是否显著，即验证外测变量的协方差矩阵与模型拟合后的引申方程矩阵的拟合程度。如果模型被证实是显著的，那么就可以认为先前假设的潜变量之间的关系是成立的。

结构方程模型的基本原理可以概括为"三个两"：两类变量（外测变量和潜变量）、两个模型（测量模型和结构模型）、两条路径（外测变量与潜变量之间的路径和潜变量之间的路径）。社会科学领域中的许多变量都是不能直接测量的，若采用一些可观测的变量来代替潜变量的话，会产生较大的测量误差，许多方法都无法妥善解决这个问题，而正因为结构方程具有以上"三个两"的特点，因此它能妥善解决测量误差的问题，分析潜变量之间的路径关系。

与传统回归分析不同的是，结构方程能够同时处理多组回归方程的估计。在回归分析中，变量仅被划分为被解释变量和解释变量，同时这些变量都是无误差的测量变量，然而结构方程却可以利用潜在变量进行观察值的残差估计。由于本章要验证的是作为潜在变量的流失原因和作为潜在变量的旅游意愿之间的关系，因此，采用结构方程比采用回归分析更有效。

一个完整的结构方程包括测量模型和结构式模型，可以用以下方程组加以描述：

$$y = \Lambda_y \eta + \varepsilon \quad (5-1)$$

$$x = \Lambda_x \xi + \delta \quad (5-2)$$

$$\eta = B\eta + \Gamma\xi + \delta \quad (5-3)$$

其中式（5-1）和式（5-2）是测量方程，y表示内生测量变量，即测项19和测项20，x表示外生外测变量，即测项1-18，Λ_y表示对潜变量η的因子载荷，Λ_x表示对潜变量ξ的因子载荷，η表示内生潜在变量，即旅游意愿，ξ表示外生潜在变量，即5种流失原因，ε和δ表示测量残差，δ表示估计误差。

采用结构方程模型分析潜变量之间的关系一般有以下具体步骤：

(1) 设定理论模型。明确流失原因和旅游意愿关系的研究中，哪些变量是外测变量，哪些变量是潜变量，以及彼此之间可能存在的因果关系。

(2) 构造因果关系路径图。通过路径图的形式对各变量之间的因果关系进行描述。结构方程模型的分析结果及其相应的评价指标也直观地反映在路径图上，从而可以轻易地看出各潜在变量之间的路径关系，以及各外测变量对潜在变量的影响程度的大小。

(3) 构建模型方程式。将路径图中的结构模型转化为结构方程式，同时在方程式中将测量误差表达出来。

(4) 参数估计及模型识别。参数估计是结构方程模型分析中最核心的部分，一般都是通过一些软件来计算，常用的结构方程分析软件有 LISREL、AMOS 和 Mplus，本研究中采用 LISREL8.70 作为参数估计和模型分析的软件。结构方程模型要被顺利估计的前提条件是可识别的，因此，必须保证模型具有统计与方法上的可识别性。

(5) 模型拟合评价。有多种指标可以用于模型拟合评价，针对不同的目的可以选择不同的指标加以评价，一般来说要对测量模型、结构模型和整体模型分别进行拟合优度评价。

(6) 模型修正。如果模型的参数估计结果不理想，即无法通过理论模型和观测数据的拟合度检验时，研究者可以通过利用不同的程序、不同的方法改进模型，以提高模型的拟合优度和参数估计的质量。

5.2.2 假设验证

为了验证流失原因与旅游意愿之间的关系，前一章提出了 7 点假设。

H1：严重自然灾害背景下，游客的安全疑虑和游客旅游意愿有直接的负相关关系。

H2：严重自然灾害背景下，游客的安全疑虑对游客旅游意愿影响最大。

H3：严重自然灾害背景下，游客感知的景观损坏和游客旅游意愿有直接的负相关关系。

H4：严重自然灾害背景下，游客存在的心理忌讳和游客旅游意愿有直接的负相关关系。

H5：严重自然灾害背景下，游客内在的伦理冲突和游客旅游意愿有直接的负相关关系。

H6：严重自然灾害背景下，成本担忧和游客旅游意愿有直接的负相关关系。

H7：严重自然灾害背景下，游客流失原因对游客旅游意愿影响程度存在差异。

根据结构方程的计算方法，通过对结构方程的估计，可以得到完全标准化的路径系数，如果这些路径系数都是不相等的，且在统计上是显著的，那么 H7 就得到验证。在显著的情况下，观察完全标准化路径系数的正负，即可对 H1、H3、H4、H5、H6 作出验证，再观察其大小即可对 H2 做出验证。

应用 LISREL8.70 软件，输入相关数据后得到如下参数估计结果，如图 5-1 所示。

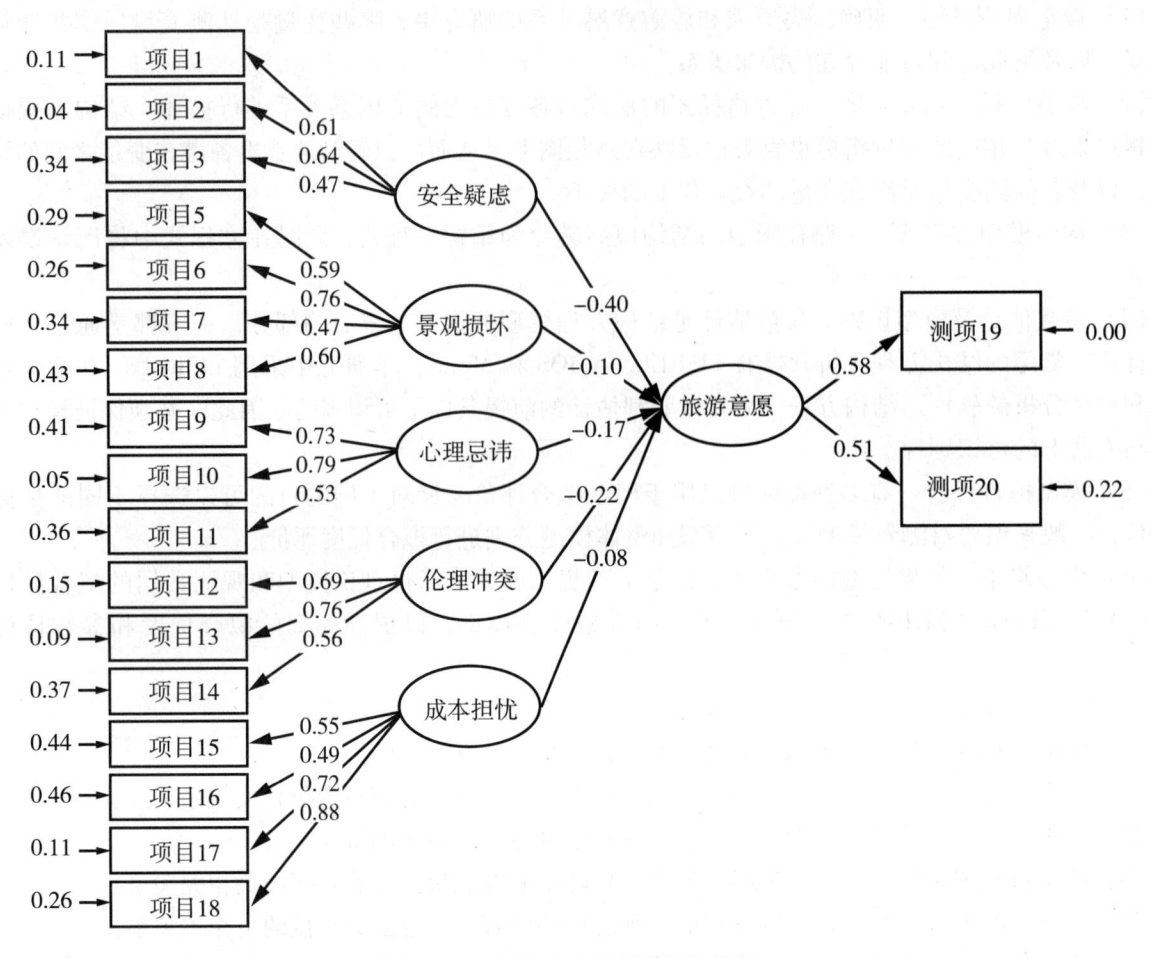

图5-1 结构方程模型的估计结果

从拟合度分析来看，WLS卡方值为591.36，自由度为138，卡方自由度比为4.28，小于5，符合Wheaton（1977）提出的标准；RMSEA值为0.088，小于0.1，也在可接受的范围内；GFI = 0.92，AGFI = 0.83，CFI = 0.92，NFI = 0.90，都符合要求。表示结构方程模型的拟合优度较为理想，其估计结果可用于进一步分析。

在图5-1中，方框表示测量变量，椭圆表示潜在变量，单向箭头表示路径关系。根据要验证的假说，此处只关心潜在变量之间的路径关系。椭圆之间的箭头上的数值就是完全标准化的路径系数。各条路径系数所对应的t值如表5-6所示，通过t值就可以反映出各变量的显著性。

表5-6 各路径系数的t值

因变量	自变量				
	安全疑虑	景观损坏	心理忌讳	伦理冲突	成本担忧
旅游意愿	-8.81**	-2.08*	-3.66**	-4.65**	-1.67

注：**表示在1%的水平下显著，*表示在5%的水平下显著。

从表5-6可知，安全疑虑与旅游意愿之间的t值为-8.81，在1%的水平下显著，与此同时，两者之间的路径系数为-0.40，即两者之间存在负相关关系，在其他条件不变的情况下，安全疑虑每变动一个标准差，将引起旅游意愿 0.40 个标准差做反向变动。因此，H1 得到验证。

景观损坏和旅游意愿之间的 t 值为 -2.08，在 5% 的水平下显著，两者之间的路径系数为 -0.10，表明两者之间存在显著的负相关关系。在其他条件不变的情况下，景观损坏每变动一个标准差，将引起旅游意愿反向变动 0.10 个标准差。因此，H3 得到验证。

心理忌讳与旅游意愿之间的 t 值为 -3.66，在 1% 的水平下显著，两者之间的路径系数为 -0.17，表明两者之间存在显著的负相关关系。在其他条件不变的情况下，心理忌讳每变动一个标准差，将引起旅游意愿反向变动 0.17 个标准差。因此，H4 得到验证。

伦理冲突与旅游意愿之间的 t 值为 -4.65，在 1% 的水平下显著，两者之间的路径系数为 -0.22，表明两者之间存在显著的负相关关系。在其他条件不变的情况下，伦理冲突每变动一个标准差，将引起旅游意愿反向变动 0.22 个标准差。因此，H5 得到验证。

成本担忧与旅游意愿之间的 t 值为 -1.67，两者之间的关系不显著。即成本因素并不是造成旅游意愿发生改变的显著性因素，H6 不成立。结合本章前面分析的成本担忧情况，可以认为，在严重自然灾害背景下虽然游客对到灾害地景区旅游有成本（主要侧重于时间成本的考虑），但是，这种考虑并不对游客旅游意愿构成显著影响。

由于输出的参数估计值是完全标准化解，所以通过比较前四条路径的完全标准化路径系数，观察各个流失原因对旅游意愿的影响大小是否存在差异。由表 5-6 可知，安全疑虑与旅游意愿之间的路径系数的绝对值最大，伦理冲突与旅游意愿之间的路径系数次之，依次是心理忌讳、景观损坏与旅游意愿之间的路径系数。由此可见，各种流失原因对旅游意愿的影响程度存在显著差异，且安全疑虑对旅游意愿的影响程度最大。H2 和 H7 分别得到验证。

5.3 赢回策略对流失原因与旅游意愿之间关系调节假设检验

5.3.1 调节效应验证方法引入

如果变量 Y 与变量 X 之间的关系是变量 M 的函数，那么，我们就称 M 为调节变量（温忠麟、侯杰泰、张雷，2005）。换句话说，Y 与 X 的关系受到第三个变量的影响，其关系可以简单地表述，如图 5-2 所示。

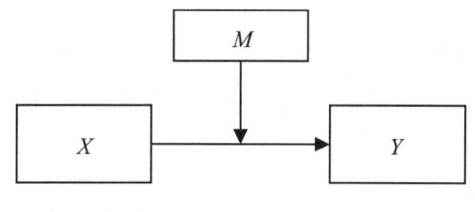

图 5-2 调节变量示意

根据学者的观点（温忠麟、侯杰泰、张雷，2005），为了验证调节效应是否存在，通常情况下需要引入一个交叉项，即

$$Y = \beta_0 + \beta_1 X + \beta_2 M + \beta_3 (X \times M) + e \tag{5-4}$$

对式（5-4）稍加变形有：

$$Y = \beta_0 + (\beta_1 + \beta_3 M) X + \beta_2 M + e \tag{5-5}$$

其中，方程（5-4）或方程（5-5）中的 β_3 刻画了调节效应的大小。在实际使用过程中，只需验证 β_3 是否显著，如果显著则表明调节效应存在，通过 β_3 的正负还可以观察出调节效应是正向的还是负向的。

作为调节变量的 M 可能是显变量也可能是潜变量，在不同情况下的调节效应验证方法有所不同。

(1) 当调节变量为显变量时的计算。

当 M 为显变量时,可分为类别变量和连续变量两种情况。在调节变量为类别变量的情况下,只需按照调节变量的类别将样本划分为两组,然后通过恒等性检验就可验证是否存在调节作用;在调节变量为连续变量的情况下,将自变量和调节变量做中心化处理(变量观测值减去其均值),然后进行分层次回归。

第1步:做 Y 对 X 和 M 的回归,得判定系数 R_1^2。也就是说,对方程(5-6)进行回归,得到判定系数。

$$Y = \beta_0 + \beta_1 X + \beta_2 M + e \qquad (5-6)$$

第2步:做 Y 对 X、M 和 $X \times M$ 的回归,得判定系数 R_2^2。即对方程(5-4)进行回归,得到判定系数。若 R_2^2 显著大于 R_1^2,或者在给定显著水平下,$X \times M$ 的系数显著不为零,则调节效应显著。

(2) 当调节变量为潜变量时的计算。

当 M 为潜在变量时,用结构方程验证调节效应就变得较为困难。因为结构方程是由测量模型和结构模型构成的,在建立验证调节效应模型的时候可以直接构造一个交叉项 $X \times M$,然而,该交叉项的测量模型是什么不清楚。为了解决这个问题,学者们提出多种方法,如 Cortina 和 Dunlap (2001) 提出六种不同的方法来解决,然而这些方法都涉及非常复杂的统计和数学知识,使用起来非常麻烦且相当容易出错,不易为社会科学研究者所掌握因此一般采用 Yang (1998) 提出的化隐为显的方法。即采用 Anderson 和 Rubin (1956) 推出的因子得分来代替潜变量的观测值,然后进行回归分析,验证交叉项的显著水平。这种方法的一个显著优点是,因子得分是一种标准分(均值为零,方差为1),具备验证调节效应的条件。

国内学者黄静(2006)依照此方法在演算调节作用时将演算过程分为两步,第一步先做自变量、调节变量和因变量之间的回归,看调节变量和因变量之间是否显著;第二步,如果调节变量与因变量之间关系显著,做自变量、调节变量、自变量×调节变量的回归,重点观察自变量×调节变量的显著水平,如果显著,则证明调节作用确实存在。[①]

在本书中,X 和 Y 之间的关系即为流失原因和旅游意愿之间的关系,而消费者对待赢回策略的态度则以调节变量的身份出现,它调节流失原因与旅游意愿之间的路径关系。参照相关学者的观点和做法(黄静,2006;吴家喜、吴贵生,2008),本节的调节作用分析思路为:第一步,先做流失原因、调节变量(赢回策略态度)与旅游意愿之间的回归,看赢回策略态度与旅游意愿之间的关系是否显著;第二步,做流失原因、赢回策略,以及流失原因×赢回策略之间的回归,重点观察流失原因×赢回策略的系数,只要在给定显著水平下该系数显著不为零,就认为赢回策略对该条路径具有调节作用。在显著的前提下,系数为正则表明存在正向调节作用,系数为负则表明存在负向调节作用。

由于调研数据属于在一个时间点上获取的截面数据,采用截面数据进行回归分析时很容易出现异方差性,并产生以下后果:①参数估计量非有效;②变量显著性检验失去意义;③模型预测失效。为了克服截面数据模型可能出现的异方差性,通常采用加权最小二乘法对回归模型进行估计。加权最小二乘法的思想是对原模型加权,使之变为一个新的不存在异方差性的模型,然后采用普通最小二乘法进行估计,常用的权重为残差绝对值的倒数。[②]

[①] 黄静,熊巍. 再给我一次机会:犯错品牌的投入对消费者再续关系意愿的影响研究 [A]. JMS 学术年会论文集,2006.

[②] 李子奈,潘文卿. 计量经济学 [M]. 2版. 北京:高等教育出版社,2005.

5.3.2 体验赢回策略调节结果验证

为了验证体验赢回策略的效果，本书曾经在第4章提出以下假设。

H8：严重自然灾害背景下，体验赢回策略能改善消费者旅游意愿。

H9：严重自然灾害背景下，体验赢回策略对各种流失原因与旅游意愿之间的负向关系有调节作用。

H9a：严重自然灾害背景下，体验赢回策略对成本担忧与旅游意愿之间的负向关系有调节作用。

H9b：严重自然灾害背景下，体验赢回策略对景观损坏与旅游意愿之间的负向关系有调节作用。

H9c：严重自然灾害背景下，体验赢回策略对心理忌讳与旅游意愿之间的负向关系有调节作用。

H9d：严重自然灾害背景下，体验赢回策略对伦理冲突与旅游意愿之间的负向关系有调节作用。

H9e：严重自然灾害背景下，体验赢回策略对安全疑虑与旅游意愿之间的负向关系有调节作用。

H9f：严重自然灾害背景下，体验赢回策略对各流失原因与旅游意愿之间的负向关系调节作用存在差异。

5.3.2.1 H8 的验证

为了验证 H8，根据本章的分析思路，构造多元回归模型：

$$Y_i = \beta_0 + \beta_1 X_{1i} + \beta_2 X_{2i} + \cdots + \beta_6 X_{6i} + \mu_i \tag{5-7}$$

其中，X_1 表示安全疑虑，X_2 表示景观损坏，X_3 表示心理忌讳，X_4 表示伦理冲突，X_5 表示成本担忧，X_6 表示体验赢回策略的利得，μ_i 表示随机干扰项。本研究使用的回归分析软件为 SPSS 16.0 和 Eviews 5.0，为了消除异方差性，采用加权最小二乘法进行参数估计，方程（5-7）的回归结果如表5-7所示。

表 5-7 体验赢回策略对旅游意愿的影响

模型	非标准化系数 B	Std. Error	标准化系数 Beta	t	Sig.
常数项	-0.015464	0.000871		-17.76039	0.0000
安全疑虑	0.022351	0.002386	0.022351	9.368707	0.0000
景观损坏	-0.100815	0.003326	-0.100815	-30.31049	0.0000
心理忌讳	0.020144	0.001515	0.020144	13.29554	0.0000
伦理冲突	-0.073969	0.000909	-0.073969	-81.37773	0.0000
成本担忧	0.000895	0.000995	0.000895	0.899822	0.3688
体验策略态度	0.689567	0.002028	0.689567	340.0044	0.0000

注释：非标准化系数与标准化系数一致是由于用于回归的数据进行了标准化处理的数据，即平均值为零，方差为1。以后的表格的非标准化系数与标准化系数一致都是这种原因所形成的

由表 5-7 可知，体验策略态度与旅游意愿之间的显著水平为 0.000，远小于 0.1，说明游客在灾害发生后对体验赢回策略的接受程度比较好。即游客对体验赢回策略态度普遍正面，赢回策略对游客旅游意愿的正向影响强烈。验证了假设 H8，在严重自然灾害背景下的体验赢回策略能改善游客旅游意愿。同时，说明具备下一步调节效用演算条件，可以进行下步演算。

5.3.2.2 H9a 的验证

为了验证 H8，本书构造多元回归模型：

$$Y_i = \beta_0 + \beta_1 X_{1i} + \beta_2 X_{2i} + \cdots + \beta_6 X_{6i} + \beta_7 X_{1i} X_{6i} + \mu_i \tag{5-8}$$

其中，X_1 表示安全疑虑，X_2 表示景观损坏，X_3 表示心理忌讳，X_4 表示伦理冲突，X_5 表示成本担忧，X_6 表示体验赢回策略的利得，X_1X_6 表示交叉项，μ_i 表示随机干扰项。回归结果如表5-8所示。

表5-8 体验赢回策略对安全疑虑的调节作用

模型	非标准化系数 B	Std. Error	标准化系数 Beta	t	Sig.
常数项	3.99E-05	0.001600		0.024943	0.9801
安全疑虑	-0.016778	0.001660	-0.016778	-10.10893	0.0000
景观损坏	0.023976	0.001861	0.023976	12.88212	0.0000
心理忌讳	-0.099634	0.003662	-0.099634	-27.20843	0.0000
伦理冲突	0.016499	0.002418	0.016499	6.824843	0.0000
成本担忧	-0.077053	0.002099	-0.077053	-36.71620	0.0000
体验策略态度	0.690186	0.000807	0.690186	854.7398	0.0000
安全疑虑×体验策略态度	0.019287	0.001553	0.019287	12.42083	0.0000

从表5-8可知，交叉项的系数为0.019287，其显著水平为0.000，接近于0，该参数值在统计意义下显著不为零。交叉项的系数表示，当固定体验策略态度 X_6 后，安全疑虑每增加一个标准差，旅游意愿在原来变动的基础上增加 $0.019287 \times X_6$ 个标准差。这表明体验策略对安全疑虑与旅游意愿之间的路径关系具有显著的调节作用。调节效应显著说明消费者对体验赢回策略的态度变化会调节安全疑虑对旅游意愿的影响。H9a得到实证检验支持。

5.3.2.3 H9b 的验证

为了验证H9b，本书构造多元回归模型：

$$Y_i = \beta_0 + \beta_1 X_1 i + \beta_2 X_{2i} + \cdots + \beta_6 X_{6i} + \beta_7 X_{2i} X_{6i} + \mu_i \quad (5-9)$$

其中，X_1 表示安全疑虑，X_2 表示景观损坏，X_3 表示心理忌讳，X_4 表示伦理冲突，X_5 表示成本担忧，X_6 表示体验赢回策略的利得，X_2X_6 表示交叉项，μ_i 表示随机干扰项。回归结果如表5-9所示。

表5-9 体验赢回策略对景观损坏的调节作用

模型	非标准化系数 B	Std. Error	标准化系数 Beta	t	Sig.
常数项	-0.003769	0.002228		-1.691987	0.0915
安全疑虑	-0.000870	0.005414	-0.000870	-0.160613	0.8725
景观损坏	0.027388	0.006978	0.027388	3.924959	0.0001
心理忌讳	-0.086473	0.006837	-0.086473	-12.64739	0.0000
伦理冲突	0.009864	0.003641	0.009864	2.708912	0.0071
成本担忧	-0.088572	0.004239	-0.088572	-20.89635	0.0000
体验策略态度	0.699052	0.005575	0.699052	125.3907	0.0000
景观损坏×体验策略态度	0.107151	0.005123	0.107151	20.91540	0.0000

从表5-9可以看出，景观损坏×体验策略态度的交叉项的标准化系数为0.107151，显著水平几乎

为 0，表明在 5% 的水平下，体验策略对景观损坏具有显著的调节作用，表现为在固定了 X_6 后，景观损坏每增加一个标准差，游客的旅游意愿就会在原来变动的基础上增加 $0.107151 \times X_6$ 个标准差。换句话说，体验策略本身就是让游客去感知震后灾区的风貌，该策略取得效果之后，随着景观损坏越来越严重，在好奇心驱动下的游客去感知体验的意愿也就越强烈。H9b 得到验证。

5.3.2.4 H9c 的验证

为了验证 H9c，本书构造多元回归模型：

$$Y_i = \beta_0 + \beta_1 X_1 i + \beta_2 X_{2i} + \cdots + \beta_6 X_{6i} + \beta_7 X_{3i} X_{6i} + \mu_i \quad (5-10)$$

其中，X_1 表示安全疑虑，X_2 表示景观损坏，X_3 表示心理忌讳，X_4 表示伦理冲突，X_5 表示成本担忧，X_6 表示体验赢回策略的利得，$X_3 X_6$ 表示交叉项，μ_i 表示随机干扰项。回归结果如表 5-10 所示。

表 5-10 体验赢回策略对心理忌讳的调节作用

模型	非标准化系数 B	Std. Error	标准化系数 Beta	t	Sig.
常数项	0.007004	0.002208		3.171641	0.0016
安全疑虑	-0.024013	0.002866	-0.024013	-8.377504	0.0000
景观损坏	0.022303	0.003318	0.022303	6.722615	0.0000
心理忌讳	-0.093011	0.005479	-0.093011	-16.97656	0.0000
伦理冲突	0.018211	0.002044	0.018211	8.908889	0.0000
成本担忧	-0.076962	0.001765	-0.076962	-43.60906	0.0000
体验策略态度	0.697063	0.003494	0.697063	199.5173	0.0000
心理忌讳×体验策略态度	0.088791	0.006852	0.088791	12.95857	0.0000

从表 5-10 可以看出，心理忌讳×体验策略态度的交叉项的标准化系数为 0.088791，显著水平几乎为 0，在 5% 的水平下显著该参数显著不为零。表明体验策略对心理忌讳具有显著的调节作用，表现为在固定了 X_6 后，心理忌讳每增加一个标准差，游客的旅游意愿就会在原来变动的基础上增加 $0.088971 \times X_6$ 个标准差。也就是说，当体验策略发生效果后，游客的猎奇的心理会促使他（她）在一定程度上打消这种心理忌讳的念头，表现在原本心理忌讳与旅游意愿之间的负相关关系出现削弱。H9c 得到验证。

5.3.2.5 H9d 的验证

为了验证 H9d，本书构造多元回归模型：

$$Y_i = \beta_0 + \beta_1 X_1 i + \beta_2 X_{2i} + \cdots + \beta_6 X_{6i} + \beta_7 X_{4i} X_{6i} + \mu_i \quad (5-11)$$

其中，X_1 表示安全疑虑，X_2 表示景观损坏，X_3 表示心理忌讳，X_4 表示伦理冲突，X_5 表示成本担忧，X_6 表示体验赢回策略的利得，$X_4 X_6$ 表示交叉项，μ_i 表示随机干扰项。回归结果如表 5-11 所示。

表 5-11 体验赢回策略对伦理冲突的调节作用

模型	非标准化系数 B	Std. Error	标准化系数 Beta	t	Sig.
常数项	0.000921	0.001127		0.817097	0.4144
安全疑虑	-0.015992	0.001629	-0.015992	-9.817850	0.0000
景观损坏	0.019527	0.002495	0.019527	7.827525	0.0000
心理忌讳	-0.095533	0.002888	-0.095533	-33.08343	0.0000
伦理冲突	0.015674	0.001602	0.015674	9.784790	0.0000
成本担忧	-0.078352	0.002361	-0.078352	-33.18512	0.0000
体验策略态度	0.686920	0.002765	0.686920	248.4390	0.0000
伦理冲突×体验策略态度	0.031600	0.002826	0.031600	11.18306	0.0000

从表 5-11 可知，伦理冲突×体验策略态度交叉项的标准化系数为 0.031600，显著水平几乎为 0，表明体验策略对伦理冲突与旅游意愿之间的路径关系有显著的调节作用。交叉项的系数表示，当固定体验策略 X_6 后，伦理冲突每增加一个标准差，旅游意愿在原来变动的基础上增加 $0.031600 \times X_6$ 个标准差。调节效应显著说明策略态度的变化会影响伦理冲突对旅游意愿的影响程度。H9d 得到实证检验。

5.3.2.6 H9e 的验证

为了验证 H9e，本书构造多元回归模型：

$$Y_i = \beta_0 + \beta_1 X_{1i} + \beta_2 X_{2i} + \cdots + \beta_6 X_{6i} + \beta_7 X_{5i} X_{6i} + \mu_i \qquad (5-12)$$

其中，X_1 表示安全疑虑，X_2 表示景观损坏，X_3 表示心理忌讳，X_4 表示伦理冲突，X_5 表示成本担忧，X_6 表示体验赢回策略的利得，$X_5 X_6$ 表示交叉项，μ_i 表示随机干扰项。回归结果如表 5-12 所示。

表 5-12 体验赢回策略对成本担忧的调节作用

模型	非标准化系数 B	Std. Error	标准化系数 Beta	t	Sig.
常数项	-0.003409	0.002115		-1.611511	0.1079
安全疑虑	-0.017585	0.001807	-0.017585	-9.733690	0.0000
景观损坏	0.020426	0.001101	0.020426	18.55019	0.0000
心理忌讳	-0.104170	0.003579	-0.104170	-29.10340	0.0000
伦理冲突	0.016266	0.002875	0.016266	5.657922	0.0000
成本担忧	-0.072022	0.003181	-0.072022	-22.63804	0.0000
体验策略态度	0.691578	0.005054	0.691578	136.8450	0.0000
成本担忧×体验策略态度	0.071104	0.003821	0.071104	18.60725	0.0000

从表 5-12 可知，成本担忧×体验策略态度的交叉项的标准化系数为 0.071104，显著水平几乎为 0，表明体验策略对成本担忧与旅游意愿之间的路径关系有显著的调节作用。交叉项的系数表示，当固定体验策略 X_6 后，成本担忧每增加一个标准差，旅游意愿在原来变动的基础上增加 $0.071104 \times X_6$ 个标准差。调节效应显著说明策略态度的变化会影响成本担忧对旅游意愿的影响程度。H9e 得到实证检验。

5.3.3 价格赢回策略调节结果验证

为了验证价格赢回策略的效果，本书在第4章提出以下假设。

H10：严重自然灾害背景下，价格赢回策略能改善游客旅游意愿。

H11：严重自然灾害背景下，价格赢回策略对各种流失原因与旅游意愿之间的负向关系有调节作用。

H11a：严重自然灾害背景下，价格赢回策略对成本担忧与旅游意愿之间的负向关系有调节作用。

H11b：严重自然灾害背景下，价格赢回策略对景观损坏与旅游意愿之间的负向关系有调节作用。

H11c：严重自然灾害背景下，价格赢回策略对心理忌讳与旅游意愿之间的负向关系有调节作用。

H11d：严重自然灾害背景下，价格赢回策略对伦理冲突与旅游意愿之间的负向关系有调节作用。

H11e：严重自然灾害背景下，价格赢回策略对安全疑虑与旅游意愿之间的负向关系有调节作用。

H11f：严重自然灾害背景下，价格赢回策略对各流失原因与旅游意愿之间的负向关系调节作用存在差异。

5.3.3.1 H10 的验证

为了验证 H10，本书构造多元回归模型：

$$Y_i = \beta_0 + \beta_1 X_1 i + \beta_2 X_{2i} + \cdots + \beta_5 X_{5i} + \beta_6 X_{7i} + \mu_i \tag{5-13}$$

其中，X_1 表示安全疑虑，X_2 表示景观损坏，X_3 表示心理忌讳，X_4 表示伦理冲突，X_5 表示成本担忧，X_7 表示价格赢回策略的利得，μ_i 表示随机干扰项。本研究使用的回归分析软件为 SPSS16.0 和 Eviews5.0，回归结果如表 5-13 所示。

表 5-13 价格策略态度对旅游意愿的影响

模型	非标准化系数 B	Std. Error	标准化系数 Beta	t	Sig.
常数项	-0.003671	0.004632		-0.792645	0.4285
安全疑虑	0.052761	0.004590	0.052761	11.49609	0.0000
景观损坏	-0.068736	0.003698	-0.068736	-18.58781	0.0000
心理忌讳	-0.083631	0.005677	-0.083631	-14.73092	0.0000
伦理冲突	-0.015456	0.004095	-0.015456	-3.774013	0.0002
成本担忧	-0.007471	0.007052	-0.007471	-1.059421	0.2901
价格策略态度	0.622064	0.004001	0.622064	155.4586	0.0000

由表 5-13 可知，价格策略态度的显著水平为远小于 1%，说明价格策略态度本身与旅游意愿之间存在显著的正相关关系，即游客对价格策略的态度越正面，游客的旅游意愿越强烈。游客对价格策略的态度每增加一个标准差，旅游意愿就会增加 0.622064 个标准差。H10 得到验证。同时，说明具备下一步调节效用演算条件，可以进行下步演算。

5.3.3.2 H11a 的验证

为了验证 H11a，本书构造多元回归模型：

$$Y_i = \beta_0 + \beta_1 X_1 i + \beta_2 X_{2i} + \cdots + \beta_5 X_{5i} + \beta_6 X_{7i} + \beta_7 X_{1i} X_{7i} + \mu_i \tag{5-14}$$

其中，X_1 表示安全疑虑，X_2 表示景观损坏，X_3 表示心理忌讳，X_4 表示伦理冲突，X_5 表示成本担忧，X_7 表示价格赢回策略的利得，$X_1 X_7$ 表示交叉项，μ_i 表示随机干扰项。回归结果如表 5-14 所示。

表5-14 价格赢回策略对安全疑虑的调节作用

模型	非标准化系数 B	Std. Error	标准化系数 Beta	t	Sig.
常数项	-0.008123	0.003490		-2.327301	0.0205
安全疑虑	0.035542	0.006012	0.035542	5.912336	0.0000
景观损坏	-0.052570	0.005074	-0.052570	-10.36134	0.0000
心理忌讳	-0.081023	0.006285	-0.081023	-12.89048	0.0000
伦理冲突	-0.025177	0.004092	-0.025177	-6.152512	0.0000
成本担忧	-0.015499	0.004226	-0.015499	-3.667548	0.0003
价格策略态度	0.614959	0.002994	0.614959	205.4054	0.0000
安全疑虑×价格策略态度	0.088989	0.002138	0.088989	41.61619	0.0000

从表5-14可知，交叉项的系数为0.088989，其显著水平几乎为0，因而在5%的水平下显著，表明价格策略对安全疑虑与旅游意愿之间的路径关系有显著的调节作用。交叉项的系数表示，当固定价格策略 X_7 后，安全疑虑每增加一个标准差，旅游意愿在原来变动的基础上增加 $0.088989 \times X_7$ 个标准差。调节效应显著说明策略态度的变化会影响安全疑虑对旅游意愿的影响程度。H11a得到验证。

5.3.3.3 H11b 的验证

为了验证H11b，本书构造多元回归模型：

$$Y_i = \beta_0 + \beta_1 X_{1i} + \beta_2 X_{2i} + \cdots + \beta_5 X_{5i} + \beta_6 X_{7i} + \beta_7 X_{2i} X_{7i} + \mu_i \quad (5-15)$$

其中，X_1 表示安全疑虑，X_2 表示景观损坏，X_3 表示心理忌讳，X_4 表示伦理冲突，X_5 表示成本担忧，X_7 表示价格赢回策略的利得，$X_2 X_7$ 表示交叉项，μ_i 表示随机干扰项。回归结果如表5-15所示。

表5-15 价格赢回策略对景观损坏的调节作用

模型	非标准化系数 B	Std. Error	标准化系数 Beta	t	Sig.
常数项	-0.003028	0.003775		-0.802152	0.4230
安全疑虑	0.065817	0.003425	0.065817	19.21820	0.0000
景观损坏	-0.068721	0.002247	-0.068721	-30.58826	0.0000
心理忌讳	-0.082493	0.004225	-0.082493	-19.52499	0.0000
伦理冲突	-0.020452	0.002873	-0.020452	-7.119316	0.0000
成本担忧	-0.027727	0.002696	-0.027727	-10.28357	0.0000
价格策略态度	0.628769	0.001604	0.628769	391.8912	0.0000
景观损坏×价格策略态度	0.110310	0.001430	0.110310	77.14106	0.0000

从表5-15可知，交叉项的系数为0.110310，但其显著水平几乎为0，因而在5%的水平下显著，表明价格策略对景观损坏与旅游意愿之间的路径关系有显著的调节作用。交叉项的系数表示，当固定价格策略 X_7 后，景观损坏每增加一个标准差，旅游意愿在原来变动的基础上增加 $0.110310 \times X_7$ 个标准差。调节效应显著说明策略态度的变化会影响景观损坏对旅游意愿的影响程度。H11b得到验证。

5.3.3.4 H11c 的验证

为了验证 H11c,本书构造多元回归模型:

$$Y_i = \beta_0 + \beta_1 X_{1i} + \beta_2 X_{2i} + \cdots + \beta_5 X_{5i} + \beta_6 X_{7i} + \beta_7 X_{3i} X_{7i} + \mu_i \quad (5-16)$$

其中,X_1 表示安全疑虑,X_2 表示景观损坏,X_3 表示心理忌讳,X_4 表示伦理冲突,X_5 表示成本担忧,X_7 表示价格赢回策略的利得,$X_3 X_7$ 表示交叉项,μ_i 表示随机干扰项。回归结果如表 5-16 所示。

表 5-16 价格赢回策略对心理忌讳的调节作用

模型	非标准化系数 B	Std. Error	标准化系数 Beta	t	Sig.
常数项	-0.018619	0.005580		-3.337089	0.0009
安全疑虑	0.040418	0.006496	-0.018619	6.221669	0.0000
景观损坏	-0.052772	0.005905	0.040418	-8.936948	0.0000
心理忌讳	-0.081316	0.005124	-0.052772	-15.87000	0.0000
伦理冲突	-0.018253	0.006040	-0.081316	-3.021913	0.0027
成本担忧	-0.008649	0.006651	-0.018253	-1.300296	0.1943
价格策略态度	0.621492	0.004360	-0.008649	142.5443	0.0000
心理忌讳×价格策略态度	0.040838	0.003932	0.621492	10.38700	0.0000

从表 5-16 可知,交叉项的系数为 0.040838,但其显著水平几乎为 0,因而在 5% 的水平下显著,表明价格策略对心理忌讳与旅游意愿之间的路径关系有显著的调节作用。交叉项的系数表示,当固定价格策略 X_7 后,心理忌讳每增加一个标准差,旅游意愿在原来变动的基础上增加 $0.040838 \times X_7$ 个标准差。调节效应显著说明价格策略态度的变化会影响心理忌讳对旅游意愿的影响程度。即在促销策略的刺激下,游客会在一定程度上主动克服其心理忌讳,表现为削弱了心理忌讳与旅游意愿之间的负相关关系。H11c 得到验证。

5.3.3.5 H11d 的验证

为了验证 H11d,本书构造多元回归模型:

$$Y_i = \beta_0 + \beta_1 X_{1i} + \beta_2 X_{2i} + \cdots + \beta_5 X_{5i} + \beta_6 X_{7i} + \beta_7 X_{4i} X_{7i} + \mu_i \quad (5-17)$$

其中,X_1 表示安全疑虑,X_2 表示景观损坏,X_3 表示心理忌讳,X_4 表示伦理冲突,X_5 表示成本担忧,X_7 表示价格赢回策略的利得,$X_4 X_7$ 表示交叉项,μ_i 表示随机干扰项。回归结果如表 5-17 所示。

表 5-17 价格赢回策略对伦理冲突的调节作用

模型	非标准化系数 B	Std. Error	标准化系数 Beta	t	Sig.
常数项	-0.004465	0.004686		-0.952900	0.3413
安全疑虑	0.052472	0.004708	-0.004465	11.14540	0.0000
景观损坏	-0.069710	0.004292	0.052472	-16.24174	0.0000
心理忌讳	-0.082108	0.005398	-0.069710	-15.21087	0.0000
伦理冲突	-0.014839	0.002924	-0.082108	-5.075377	0.0000

续表

模型	非标准化系数		标准化系数	t	Sig.
	B	Std. Error	Beta		
成本担忧	-0.005585	0.006580	-0.014839	-0.848792	0.3965
价格策略态度	0.624339	0.004677	-0.005585	133.4885	0.0000
伦理冲突×价格策略态度	-0.012641	0.003169	0.624339	-3.989473	0.0001

从表5-17可知，交叉项的系数为-0.012641，但其显著水平为0.001，因而在5%的水平下显著，表明价格策略对伦理冲突与旅游意愿之间的路径关系有调节作用。交叉项的系数表示，当固定价格策略 X_7 后，伦理冲突每增加一个标准差，旅游意愿在原来变动的基础上减少 $0.012641 \times X_7$ 个标准差。调节效应显著说明价格策略态度的变化会影响伦理冲突对旅游意愿的影响程度。H11d得到验证。

5.3.3.6 H11e的验证

为了验证H11e，本书构造多元回归模型：

$$Y_i = \beta_0 + \beta_1 X_{1i} + \beta_2 X_{2i} + \cdots + \beta_5 X_{5i} + \beta_6 X_{7i} + \beta_7 X_{5i} X_{7i} + \mu_i \quad (5-18)$$

其中，X_1 表示安全疑虑，X_2 表示景观损坏，X_3 表示心理忌讳，X_4 表示伦理冲突，X_5 表示成本担忧，X_7 表示价格赢回策略的利得，$X_5 X_7$ 表示交叉项，μ_i 表示随机干扰项。回归结果如表5-18所示。

表5-18 价格赢回策略对成本担忧的调节作用

模型	非标准化系数		标准化系数	t	Sig.
	B	Std. Error	Beta		
常数项	-0.002982	0.003917		-0.761419	0.4469
安全疑虑	0.052632	0.004102	0.052632	12.83123	0.0000
景观损坏	-0.070435	0.003867	-0.070435	-18.21657	0.0000
心理忌讳	-0.090124	0.004819	-0.090124	-18.70223	0.0000
伦理冲突	-0.010566	0.002430	-0.010566	-4.347452	0.0000
成本担忧	-0.035313	0.005085	-0.035313	-6.944692	0.0000
价格策略态度	0.631337	0.004806	0.631337	131.3615	0.0000
成本担忧×价格策略态度	0.078629	0.005502	0.078629	14.29218	0.0000

从表5-18可知，交叉项的系数为0.078629，其显著水平几乎为0，因而在5%的水平下显著，表明价格策略对成本担忧与旅游意愿之间的路径关系有显著的调节作用。交叉项的系数表示，当固定价格策略 X_7 后，伦理冲突每增加一个标准差，旅游意愿在原来变动的基础上增加 $0.078629 \times X_7$ 个标准差。调节效应显著说明价格策略态度的变化会影响成本担忧对旅游意愿的影响程度。价格策略最直接的效应就是削弱游客的成本担忧，正的调节系数验证了这种效应。H11e得到验证。

5.3.4 安全赢回策略调节结果验证

为了验证安全赢回策略的效果，本书在第4章中提出以下假设。

H12：严重自然灾害背景下，安全赢回策略能改善游客旅游意愿。

H13：严重自然灾害背景下，安全赢回策略对各种流失原因与旅游意愿之间的负向关系有调节作用。

H13a：严重自然灾害背景下，安全赢回策略对安全疑虑与旅游意愿之间的负向关系有调节作用。

H13b：严重自然灾害背景下，安全赢回策略对景观损坏与旅游意愿之间的负向关系有调节作用。

H13c：严重自然灾害背景下，安全赢回策略对心理忌讳与旅游意愿之间的负向关系有调节作用。

H13d：严重自然灾害背景下，安全赢回策略对伦理冲突与旅游意愿之间的负向关系有调节作用。

H13e：严重自然灾害背景下，安全赢回策略对成本担忧与旅游意愿之间的负向关系有调节作用。

H13f：严重自然灾害背景下，安全赢回策略对各个流失原因与旅游意愿之间的负向关系调节作用存在差异。

5.3.4.1 H12 的验证

为了验证 H12，本书构造多元回归模型：

$$Y_i = \beta_0 + \beta_1 X_{1i} + \beta_2 X_{2i} + \cdots + \beta_5 X_{5i} + \beta_6 X_{8i} + \mu_i \quad (5-19)$$

其中，X_1 表示安全疑虑，X_2 表示景观损坏，X_3 表示心理忌讳，X_4 表示伦理冲突，X_5 表示成本担忧，X_8 表示安全赢回策略的利得，μ_i 表示随机干扰项。本研究使用的回归分析软件为 SPSS16.0 和 Eviews5.0，回归结果如表 5-19 所示。

表 5-19 安全赢回策略对旅游意愿的影响

模型	非标准化系数 B	Std. Error	标准化系数 Beta	t	Sig.
常数项	-0.000857	0.002477		-0.345935	0.7296
安全疑虑	0.056467	0.003159	0.056467	17.87715	0.0000
景观损坏	-0.000685	0.002063	-0.000685	-0.332183	0.7399
心理忌讳	-0.106979	0.002124	-0.106979	-50.35575	0.0000
伦理冲突	-0.071339	0.001595	-0.071339	-44.72448	0.0000
成本担忧	-0.003695	0.003850	-0.003695	-0.959581	0.3379
安全策略态度	0.615475	0.001578	0.615475	389.9600	0.0000

由表 5-19 可知，安全策略态度的显著水平为 0.000 小于 0.1，说明游客在灾害发生后对安全赢回策略的接受程度比较好。即游客对安全赢回策略态度普遍正面，安全赢回策略对游客旅游意愿的正向影响强烈。H12 得到验证。同时，说明具备下一步调节效用演算条件，可以进行下步演算。

5.3.4.2 H13a 的验证

为了验证 H13a，本书构造多元回归模型：

$$Y_i = \beta_0 + \beta_1 X_{1i} + \beta_2 X_{2i} + \cdots + \beta_5 X_{5i} + \beta_6 X_{8i} + \beta_7 X_{1i} X_{8i} + \mu_i \quad (5-20)$$

其中，X_1 表示安全疑虑，X_2 表示景观损坏，X_3 表示心理忌讳，X_4 表示伦理冲突，X_5 表示成本担忧，X_8 表示安全赢回策略的利得，$X_1 X_8$ 表示交叉项，μ_i 表示随机干扰项。回归结果如表 5-20 所示。

表 5-20 安全赢回策略对安全疑虑的调节作用

模型	非标准化系数 B	Std. Error	标准化系数 Beta	t	Sig.
常数项	0.016153	0.004258		3.793692	0.0002
安全疑虑	0.037742	0.005421	0.037742	6.962348	0.0000

续表

模型	非标准化系数 B	Std. Error	标准化系数 Beta	t	Sig.
景观损坏	0.008464	0.003753	0.008464	2.255330	0.0247
心理忌讳	-0.091582	0.006383	-0.091582	-14.34862	0.0000
伦理冲突	-0.084400	0.006069	-0.084400	-13.90573	0.0000
成本担忧	-0.008228	0.003072	-0.008228	-2.678674	0.0077
安全策略态度	0.600451	0.003573	0.600451	168.0318	0.0000
安全疑虑×安全策略态度	0.093466	0.004724	0.093466	19.78428	0.0000

从表 5-20 可知，交叉项的系数为 0.093466，其显著水平几乎为 0，因而在 5% 的水平下显著，表明安全策略对安全疑虑与旅游意愿之间的路径关系有显著的调节作用。交叉项的系数表示，当固定安全策略 X_8 后，安全疑虑每增加一个标准差，旅游意愿在原来变动的基础上增加 $0.093466 \times X_8$ 个标准差。调节效应显著，说明安全策略态度的变化会调节安全疑虑对旅游意愿的影响程度。安全策略最直接的效应就是消除游客的安全疑虑，实证结果支持了这个结论。H13a 得到验证。

5.3.4.3 H13b 的验证

为了验证 H13b，本书构造多元回归模型：

$$Y_i = \beta_0 + \beta_1 X_{1i} + \beta_2 X_{2i} + \cdots + \beta_5 X_{5i} + \beta_6 X_{8i} + \beta_7 X_{2i} X_{8i} + \mu_i \quad (5-21)$$

其中，X_1 表示安全疑虑，X_2 表示景观损坏，X_3 表示心理忌讳，X_4 表示伦理冲突，X_5 表示成本担忧，X_8 表示安全赢回策略的利得，$X_2 X_8$ 表示交叉项，μ_i 表示随机干扰项。回归结果如表 5-21 所示。

表 5-21 安全赢回策略对景观损坏的调节作用

模型	非标准化系数 B	Std. Error	标准化系数 Beta	t	Sig.
常数项	0.014222	0.004294		3.312294	0.0010
安全疑虑	0.062640	0.004238	0.062640	14.77973	0.0000
景观损坏	-0.005408	0.006302	-0.005408	-0.858084	0.3914
心理忌讳	-0.086773	0.007724	-0.086773	-11.23484	0.0000
伦理冲突	-0.069558	0.005107	-0.069558	-13.62126	0.0000
成本担忧	-0.010204	0.002276	-0.010204	-4.483301	0.0000
安全策略态度	0.609986	0.004834	0.609986	126.1784	0.0000
景观损坏×安全策略态度	0.082621	0.004866	0.082621	16.97912	0.0000

从表 5-21 可知，交叉项的系数为 0.082621，其显著水平几乎为 0，因而在 5% 的水平下显著，表明安全策略对景观损坏与旅游意愿之间的路径关系有显著的调节作用。交叉项的系数表示，当固定安全策略 X_8 后，景观损坏每增加一个标准差，旅游意愿在原来变动的基础上增加 $0.082621 \times X_8$ 个标准差。调节效应显著说明安全策略态度的变化会影响景观损坏对旅游意愿的影响程度。H13b 得到验证。

5.3.4.4 H13c 的验证

为了验证 H13c，本书构造多元回归模型：

$$Y_i = \beta_0 + \beta_1 X_{1i} + \beta_2 X_{2i} + \cdots + \beta_5 X_{5i} + \beta_6 X_{8i} + \beta_7 X_{3i} X_{8i} + \mu_i \qquad (5-22)$$

其中，X_1 表示安全疑虑，X_2 表示景观损坏，X_3 表示心理忌讳，X_4 表示伦理冲突，X_5 表示成本担忧，X_8 表示安全赢回策略的利得，$X_3 X_8$ 表示交叉项，μ_i 表示随机干扰项。回归结果如表 5-22 所示。

表 5-22 安全赢回策略对心理忌讳的调节作用

模型	非标准化系数 B	Std. Error	标准化系数 Beta	t	Sig.
常数项	0.003668	0.002822		1.299814	0.1945
安全疑虑	0.051777	0.002420	0.051777	21.39799	0.0000
景观损坏	0.007637	0.000430	0.007637	17.76052	0.0000
心理忌讳	-0.104568	0.001551	-0.104568	-67.42412	0.0000
伦理冲突	-0.069551	0.002855	-0.069551	-24.36350	0.0000
成本担忧	-0.012609	0.001744	-0.012609	-7.229740	0.0000
安全策略态度	0.617803	0.004144	0.617803	149.0665	0.0000
心理忌讳×安全策略态度	0.114744	0.003856	0.114744	29.75835	0.0000

从表 5-22 可知，交叉项的系数为 0.114744，但其显著水平几乎为 0，因而在 5% 的水平下显著，表明安全策略对心理忌讳与旅游意愿之间的路径关系有显著的调节作用。交叉项的系数表示，当固定安全策略 X_8 后，心理忌讳每增加一个标准差，旅游意愿在原来变动的基础上增加 $0.114744 \times X_8$ 个标准差。调节效应显著说明安全策略态度的变化会影响心理忌讳对旅游意愿的影响程度。H13c 得到验证。

5.3.4.5 H13d 的验证

为了验证 H13d，本书构造多元回归模型：

$$Y_i = \beta_0 + \beta_1 X_{1i} + \beta_2 X_{2i} + \cdots + \beta_5 X_{5i} + \beta_6 X_{8i} + \beta_7 X_{4i} X_{8i} + \mu_i \qquad (5-23)$$

其中，X_1 表示安全疑虑，X_2 表示景观损坏，X_3 表示心理忌讳，X_4 表示伦理冲突，X_5 表示成本担忧，X_8 表示安全赢回策略的利得，$X_4 X_8$ 表示交叉项，μ_i 表示随机干扰项。回归结果如表 5-23 所示。

表 5-23 安全赢回策略对伦理冲突的调节作用

模型	非标准化系数 B	Std. Error	标准化系数 Beta	t	Sig.
常数项	-0.001257	0.002440		-0.515229	0.6067
安全疑虑	0.056353	0.003186	0.056353	17.68843	0.0000
景观损坏	-0.000696	0.003467	-0.000696	-0.200723	0.8410
心理忌讳	-0.108018	0.003462	-0.108018	-31.19848	0.0000
伦理冲突	-0.071397	0.001902	-0.071397	-37.53020	0.0000
成本担忧	-0.003453	0.003843	-0.003453	-0.898450	0.3695
安全策略态度	0.615343	0.001625	0.615343	378.6940	0.0000
伦理冲突×安全策略态度	0.000168	0.002756	0.000168	0.060881	0.9515

从表 5-23 可知，交叉项的系数为 0.000168，其显著水平几乎为 0，因而在 5% 的水平下显著，表

明安全策略对伦理冲突与旅游意愿之间的路径关系有显著的调节作用。交叉项的系数表示,当固定安全策略 X_8 后,伦理冲突每增加一个标准差,旅游意愿在原来变动的基础上增加 $0.000168 \times X_8$ 个标准差。调节效应显著说明安全策略态度的变化会影响伦理冲突对旅游意愿的影响程度。H13d 得到验证。

5.3.4.6 H13e 的验证

为了验证 H13e,本书构造多元回归模型:

$$Y_i = \beta_0 + \beta_1 X_{1i} + \beta_2 X_{2i} + \cdots + \beta_5 X_{5i} + \beta_6 X_{8i} + \beta_7 X_{5i} X_{8i} + \mu_i \quad (5-24)$$

其中,X_1 表示安全疑虑,X_2 表示景观损坏,X_3 表示心理忌讳,X_4 表示伦理冲突,X_5 表示成本担忧,X_8 表示安全赢回策略的利得,$X_5 X_8$ 表示交叉项,μ_i 表示随机干扰项。回归结果如表 5-24 所示。

表 5-24 安全赢回策略对成本担忧的调节作用

模型	非标准化系数 B	Std. Error	标准化系数 Beta	t	Sig.
常数项	0.004715	0.003214		1.467126	0.1432
安全疑虑	0.049217	0.005423	0.049217	9.076170	0.0000
景观损坏	-0.007143	0.001225	-0.007143	-5.829814	0.0000
心理忌讳	-0.099512	0.006377	-0.099512	-15.60502	0.0000
伦理冲突	-0.067138	0.005144	-0.067138	-13.05064	0.0000
成本担忧	-0.005169	0.006219	-0.005169	-0.831205	0.4064
安全策略态度	0.612515	0.002694	0.612515	227.3702	0.0000
成本担忧×安全策略态度	0.041733	0.003742	0.041733	11.15245	0.0000

从表 5-24 可知,交叉项的系数为 0.041733,但其显著水平几乎为 0,因而在 5% 的水平下显著,表明安全策略对成本担忧与旅游意愿之间的路径关系有显著的调节作用。交叉项的系数表示,当固定安全策略 X_8 后,成本担忧每增加一个标准差,旅游意愿在原来变动的基础上增加 $0.041733 \times X_8$ 个标准差。调节效应显著说明安全策略态度的变化会影响成本担忧对旅游意愿的影响程度。H13e 得到验证。

5.3.5 情感赢回策略调节结果验证

为了验证情感赢回策略的效果,本书在第 4 章提出了以下假设。

H14:严重自然灾害背景下,能改善游客旅游意愿。

H15:严重自然灾害背景下,情感赢回策略对各种流失原因与旅游意愿之间的负向关系有调节作用。

H15a:严重自然灾害背景下,情感赢回策略对安全疑虑与旅游意愿之间的负向关系有调节作用。

H15b:严重自然灾害背景下,情感赢回策略对景观损坏与旅游意愿之间的负向关系有调节作用。

H15c:严重自然灾害背景下,情感赢回策略对心理忌讳与旅游意愿之间的负向关系有调节作用。

H15d:严重自然灾害背景下,情感赢回策略对伦理冲突与旅游意愿之间的负向关系有调节作用。

H15e:严重自然灾害背景下,情感赢回策略对成本担忧与旅游意愿之间的负向关系有调节作用。

H15f:严重自然灾害背景下,情感赢回策略对流失原因与旅游意愿之间的负向关系调节作用存在差异。

5.3.5.1 H14 的验证

为了验证 H14,本书构造多元回归模型:

$$Y_i = \beta_0 + \beta_1 X_{1i} + \beta_2 X_{2i} + \cdots + \beta_5 X_{5i} + \beta_6 X_{9i} + \mu_i \quad (5-25)$$

其中，X_1 表示安全疑虑，X_2 表示景观损坏，X_3 表示心理忌讳，X_4 表示伦理冲突，X_5 表示成本担忧，X_9 表示情感赢回策略的利得，μ_i 表示随机干扰项。本研究使用的回归分析软件为 SPSS16.0 和 Eviews5.0，回归结果如表 5-25 所示。

表 5-25　情感赢回策略对旅游意愿的影响

模型	非标准化系数 B	Std. Error	标准化系数 Beta	t	Sig.
常数项	0.002078	0.004805		0.432482	0.6656
安全疑虑	-0.006944	0.004667	-0.006944	-1.487874	0.1376
景观损坏	-0.001651	0.006767	-0.001651	-0.243956	0.8074
心理忌讳	-0.056106	0.004682	-0.056106	-11.98261	0.0000
伦理冲突	-0.021710	0.006968	-0.021710	-3.115750	0.0020
成本担忧	-0.076689	0.005293	-0.076689	-14.48806	0.0000
情感策略态度	0.679960	0.001767	0.679960	384.7741	0.0000

由表 5-25 可知，情感策略态度的显著水平为 0.0000 远小于 0.1，说明情感策略态度本身与旅游意愿之间存在显著的正相关关系。H14 得到验证。同时，说明具备下一步调节效用演算条件，可以进行下步演算。

5.3.5.2　H15a 的验证

为了验证 H15a，本书构造多元回归模型：

$$Y_i = \beta_0 + \beta_1 X_{1i} + \beta_2 X_{2i} + \cdots + \beta_5 X_{5i} + \beta_6 X_{9i} + \beta_7 X_{1i} X_{9i} + \mu_i \quad (5-26)$$

其中，X_1 表示安全疑虑，X_2 表示景观损坏，X_3 表示心理忌讳，X_4 表示伦理冲突，X_5 表示成本担忧，X_9 表示情感赢回策略的利得，$X_1 X_9$ 表示交叉项，μ_i 表示随机干扰项。回归结果如表 5-26 所示。

表 5-26　情感赢回策略对安全疑虑的调节作用

模型	非标准化系数 B	Std. Error	标准化系数 Beta	t	Sig.
常数项	0.014027	0.007652		1.833071	0.0676
安全疑虑	-0.011039	0.009667	-0.011039	-1.141850	0.2543
景观损坏	0.000710	0.011096	0.000710	0.063988	0.9490
心理忌讳	-0.070611	0.008164	-0.070611	-8.648692	0.0000
伦理冲突	-0.020831	0.010993	-0.020831	-1.894969	0.0589
成本担忧	-0.088611	0.007221	-0.088611	-12.27059	0.0000
情感策略态度	0.697581	0.005748	0.697581	121.3570	0.0000
安全疑虑×情感策略态度	0.031866	0.007406	0.031866	4.302653	0.0000

从表 5-26 可知，交叉项的系数为 0.031886，其显著水平几乎为 0，因而在 5% 的水平下显著，表明情感策略对安全疑虑与旅游意愿之间的路径关系有显著的调节作用。交叉项的系数表示，当固定安全策略 X_9 后，安全疑虑每增加一个标准差，旅游意愿在原来变动的基础上增加 $0.031886 \times X_9$ 个标准差。

调节效应显著说明情感策略态度的变化会影响安全疑虑对旅游意愿的影响程度,由此可见,情感策略能够削弱安全疑虑与旅游意愿之间原来的负相关关系,调节结果显示,安全疑虑已不再是影响旅游意愿的显著因素。H15a 得到验证。

5.3.5.3 H15b 的验证

为了验证 H15b,本书构造多元回归模型:

$$Y_i = \beta_0 + \beta_1 X_{1i} + \beta_2 X_{2i} + \cdots + \beta_5 X_{5i} + \beta_6 X_{9i} + \beta_7 X_{2i} X_{9i} + \mu_i \quad (5-27)$$

其中,X_1 表示安全疑虑,X_2 表示景观损坏,X_3 表示心理忌讳,X_4 表示伦理冲突,X_5 表示成本担忧,X_9 表示情感赢回策略的利得,$X_2 X_9$ 表示交叉项,μ_i 表示随机干扰项。回归结果如表 5-27 所示。

表 5-27 情感赢回策略对景观损坏的调节作用

模型	非标准化系数 B	Std. Error	标准化系数 Beta	t	Sig.
常数项	0.005073	0.005933		0.855100	0.3930
安全疑虑	-0.001287	0.004912	-0.001287	-0.262028	0.7934
景观损坏	-0.008055	0.007172	-0.008055	-1.123071	0.2621
心理忌讳	-0.056102	0.002037	-0.056102	-27.54468	0.0000
伦理冲突	-0.023669	0.003656	-0.023669	-6.474532	0.0000
成本担忧	-0.087809	0.005630	-0.087809	-15.59638	0.0000
情感策略态度	0.672896	0.003215	0.672896	209.2670	0.0000
景观损坏×情感策略态度	0.037401	0.006105	0.037401	6.126057	0.0000

从表 5-27 可知,交叉项的系数为 0.037401,其显著水平几乎为 0,因而 5% 的水平下显著,表明情感策略对景观损坏与旅游意愿之间的路径关系有显著的调节作用。交叉项的系数表示,当固定情感策略 X_9 后,景观损坏每增加一个标准差,旅游意愿在原来变动的基础上增加 $0.037401 \times X_9$ 个标准差。调节效应显著说明情感策略态度的变化会影响景观损坏对旅游意愿的影响程度。实证结果表明情感策略削弱景观损坏与旅游意愿之间的负相关关系,即游客基于对灾区人民的同情,愿意克服对于景区景观损坏的担忧到灾区旅游,调节结果显示,景观损坏不再是影响旅游意愿的显著性因素。H15b 得到验证。

5.3.5.4 H15c 的验证

为了验证 H15c,本书构造多元回归模型:

$$Y_i = \beta_0 + \beta_1 X_{1i} + \beta_2 X_{2i} + \cdots + \beta_5 X_{5i} + \beta_6 X_{9i} + \beta_7 X_{3i} X_{9i} + \mu_i \quad (5-28)$$

其中,X_1 表示安全疑虑,X_2 表示景观损坏,X_3 表示心理忌讳,X_4 表示伦理冲突,X_5 表示成本担忧,X_9 表示情感赢回策略的利得,$X_3 X_9$ 表示交叉项,μ_i 表示随机干扰项。回归结果如表 5-28 所示。

表 5-28 情感赢回策略对心理忌讳的调节作用

模型	非标准化系数 B	Std. Error	标准化系数 Beta	t	Sig.
常数项	0.008413	0.004219		1.994070	0.0469
安全疑虑	-0.008695	0.005071	-0.008695	-1.714756	0.0872

续表

模型	非标准化系数 B	Std. Error	标准化系数 Beta	t	Sig.
景观损坏	-0.002124	0.005609	-0.002124	-0.378769	0.7051
心理忌讳	-0.051293	0.006117	-0.051293	-8.385151	0.0000
伦理冲突	-0.017123	0.009748	-0.017123	-1.756641	0.0798
成本担忧	-0.075998	0.006509	-0.075998	-11.67645	0.0000
情感策略态度	0.713583	0.003523	0.713583	202.5487	0.0000
心理忌讳×情感策略态度	0.070499	0.006317	0.070499	11.16106	0.0000

从表5-28可以看出,交叉项的系数为0.070499,显著水平几乎为0,因而在5%的水平下显著。表明情感策略对心理忌讳与旅游意愿之间的路径关系具有显著的调节作用,表现为在固定X_9后,心理忌讳每增加一个标准差,游客的旅游意愿就会在原来变动的基础上增加$0.070499 \times X_9$个标准差。也就是说,当情感策略发生效果后,游客会在一定程度上克服心理忌讳。H15c得到验证。

5.3.5.5 H15d 的验证

为了验证H15d,本书构造多元回归模型:

$$Y_i = \beta_0 + \beta_1 X_{1i} + \beta_2 X_{2i} + \cdots + \beta_5 X_{5i} + \beta_6 X_{9i} + \beta_7 X_{4i} X_{9i} + \mu_i \quad (5-29)$$

其中,X_1表示安全疑虑,X_2表示景观损坏,X_3表示心理忌讳,X_4表示伦理冲突,X_5表示成本担忧,X_9表示情感赢回策略的利得,$X_4 X_9$表示交叉项,μ_i表示随机干扰项。回归结果如表5-29所示。

表5-29 情感赢回策略对伦理冲突的调节作用

模型	非标准化系数 B	Std. Error	标准化系数 Beta	t	Sig.
常数项	0.000591	0.006142		0.096145	0.9235
安全疑虑	-0.007076	0.004982	-0.007076	-1.420150	0.1564
景观损坏	-0.002113	0.005728	-0.002113	-0.368871	0.7124
心理忌讳	-0.056264	0.005745	-0.056264	-9.792973	0.0000
伦理冲突	-0.024293	0.008014	-0.024293	-3.031154	0.0026
成本担忧	-0.080945	0.006169	-0.080945	-13.12061	0.0000
情感策略态度	0.676896	0.004719	0.676896	143.4410	0.0000
伦理冲突×情感策略态度	-0.009979	0.003483	-0.009979	-2.865086	0.0044

从表5-29可知,交叉项的系数为-0.009979,其显著水平为0.0044,因而在5%的水平下显著,表明情感策略对伦理冲突与旅游意愿之间的路径关系有显著的调节作用。交叉项的系数表示,当固定情感策略X_9后,伦理冲突每增加一个标准差,旅游意愿在原来变动的基础上减少$0.009979 \times X_9$个标准差。调节效应显著说明情感策略态度的变化会影响伦理冲突对旅游意愿的影响程度。H15d得到验证。

5.3.5.6 H15e 的验证

为了验证H15e,本书构造多元回归模型:

$$Y_i = \beta_0 + \beta_1 X_{1i} + \beta_2 X_{2i} + \cdots + \beta_5 X_{5i} + \beta_6 X_{9i} + \beta_7 X_{5i} X_{9i} + \mu_i \quad (5-30)$$

其中，X_1 表示安全疑虑，X_2 表示景观损坏，X_3 表示心理忌讳，X_4 表示伦理冲突，X_5 表示成本担忧，X_9 表示情感赢回策略的利得，X_5X_9 表示交叉项，μ_i 表示随机干扰项。回归结果如表 5-30 所示。

表 5-30 情感赢回策略对成本担忧的调节作用

模型	非标准化系数 B	Std. Error	标准化系数 Beta	t	Sig.
常数项	0.009130	0.004891		1.866539	0.0628
安全疑虑	-0.000619	0.003920	-0.000619	-0.157840	0.8747
景观损坏	-0.009535	0.004728	-0.009535	-2.016673	0.0445
心理忌讳	-0.065196	0.005568	-0.065196	-11.71002	0.0000
伦理冲突	-0.017201	0.007300	-0.017201	-2.356514	0.0190
成本担忧	-0.089823	0.005419	-0.089823	-16.57689	0.0000
情感策略态度	0.678603	0.002909	0.678603	233.2471	0.0000
成本担忧×情感策略态度	-0.016565	0.002352	-0.016565	-7.043393	0.0000

从表 5-30 可知，交叉项的系数为 -0.016565，但其显著水平几乎为 0，因而在 5% 的水平下显著，表明情感策略对成本担忧与旅游意愿之间的路径关系有显著的调节作用。交叉项的系数表示，当固定情感策略 X_9 后，成本担忧每增加一个标准差，旅游意愿在原来变动的基础上减少 $0.016565 \times X_9$ 个标准差。调节效应显著说明情感策略态度的变化会影响成本担忧对旅游意愿的影响程度。H15e 得到验证。

5.3.6 赢回策略对旅游意愿影响效果比较

赢回策略后旅游意愿均值比较如表 5-31 所示。

表 5-31 赢回策略后旅游意愿均值比较

旅游意愿 \ 策略	体验策略	安全策略	价格策略	情感策略
测项均值	3.0887	2.7103	2.7051	3.0251

从表 5-31 可以看出，在四种赢回策略中，体验赢回策略后旅游意愿的均值达到 3.0877，居四种赢回策略之首。其次是情感赢回策略，再次是安全赢回策略，最后是价格赢回策略。

5.3.7 赢回策略调节效果比较

各种策略的调节作用比较如表 5-32 所示。

表 5-32 各种策略的调节作用比较

旅游意愿 \ 策略	体验策略	安全策略	价格策略	情感策略
安全疑虑	0.019287**	0.088989**	0.093466**	0.031866**
景观损坏	0.107151**	0.110310**	0.082621**	0.037401**
心理忌讳	0.088791**	0.040838**	0.114744**	0.070499**

续表

策略 旅游意愿	体验策略	安全策略	价格策略	情感策略
伦理冲突	0.031600 * *	-0.012641 * *	0.000168 * *	-0.009979 * *
成本担忧	0.071104 * *	0.078629 * *	0.041733 * *	-0.016565 * *

注："* *"表示在 5% 的水平下显著。

因为运算过程中采用的都是标准化后的因子得分计算，所以可以直接用调节效用数值比较各项赢回策略的效果。

从表 5-32 可以看出，纵向比较而言，体验赢回策略对景观损坏最有调节作用；安全赢回策略对景观损坏最有调节作用；价格赢回策略对心理忌讳最有效；情感赢回策略对心理忌讳最有调节作用。

从表 5-32 可以看出，各种赢回策略对每种流失原因与旅游意愿之间的调节作用都是显著的，因此，H9、H11、H13、H15 得到验证。又因为每个赢回策略对每种流失与旅游意愿之间的调节作用的大小都不相同，即存在显著差异，因此，H9f、H11f、H13f、H15f 得到验证。

5.4 研究结论

本章的目的在于通过具体的数据演算来验证第 4 章提出的理论模型假设，探究严重灾害背景下的游客流失原因因素、赢回策略、旅游意愿之间的关系。本节在本章实证的基础上对结果予以讨论。

5.4.1 游客流失原因与旅游意愿关系

本书的实证研究表明，经过探索性因子分析后的 5 个因子按照对旅游意愿的影响大小排序分别是：安全疑虑、伦理冲突、心理忌讳、景观损坏、成本担忧。但是按照因子的均值得分依次是景观破坏、安全疑虑、成本担忧、心理忌讳、伦理冲突，如表 5-33 所示。

表 5-33 流失原因排序比较

排序标准 流失原因	路径系数	因子均值
安全疑虑	1	2
景观损坏	4	1
心理忌讳	3	4
伦理冲突	2	5
成本担忧	5	3

分析表 5-33 可以得出以下几点结论：

第一，就安全疑虑而言，本研究发现其对旅游意愿的影响是最大的，这证实了许多学者的观点。但是同时也可以看到，安全疑虑的均值并不是排第一。也就是说，在严重自然灾害发生后游客安全疑虑的感知并没有特别严重。这可能是由两个原因造成的：①现在人们都认识到，严重自然灾害都是一过性的，很少有在同一个地方短期内再次发生严重自然灾害的，因此在严重自然灾害发生后对安全风险的感知并不是最强烈的。②由于现代信息通信的发展，灾害发生后人们对灾害地景区的危险状况，情况发展都有较清楚的认识。但是，由于安全是旅游的基础，人们对安全的高敏感性，所以，安全疑虑依然是严重自然灾害后影响游客流失最重要的原因。

第二，伦理冲突是游客流失的重要原因。本研究认为，伦理冲突是影响游客流失的第二大原因。作者注意到，在因子的均值分析中伦理冲突的数值并不高，位列第五，其问卷答案也趋于两极。这说明，伦理冲突对于游客整体感知风险程度并不是很高，但是，存在伦理冲突的游客旅游意愿较之于其他风险感知者更低。

第三，游客对景观损坏的风险感知较高，但景观损坏对游客的决策和旅游意愿影响程度不高。这可能是在严重自然灾害发生后，游客会接触大量的灾害地破坏信息，受此影响，游客一般会觉得，在如此剧烈地破坏下旅游地的景观肯定大量损毁，因此存在普遍感知程度很高。但是，高感知景观损坏并不一定对应地影响旅游意愿。这与景观损坏对游客影响的权重有关。

第四，成本担忧对旅游意愿的影响不显著。本研究中认为游客对成本风险的感知相对敏感，表现为在均值得分中其数值并不是很低，但是与旅游意愿之间的路径系数不显著。分析测项数值可以看出，成本担忧主要侧重于时间成本，对货币成本，即对灾害发生后灾害地景区可能的物质资源匮乏和物价上涨并不担心。这可能是由于本研究以汶川地震为案例展开的，而在汶川地震中由于中国政府的快速救灾反应和当时全国人民万众一心、众志成城的救灾行为，使得当时在出现如此严重的自然灾害后并没有出现灾害地物价上涨等情况。这种情况是不是只是在中国这种特定背景下出现，还是具有严重自然灾害后的普遍共性，作者认为还有待进一步探讨。

5.4.2 赢回策略调节作用

（1）赢回策略对流失原因与旅游意愿之间关系都有调节作用。

研究证实，体验赢回策略、安全赢回策略、价格赢回策略、情感赢回策略对流失原因与旅游意愿之间的关系调节作用都显著，说明赢回策略对流失原因对旅游意愿的影响都会产生作用。但是应该看到，由于本书研究所限，没有对游客的统计变量及个性特征，如游客的年龄、性格、收入、风险偏好等计入考虑，因此这种作用只是赢回策略调节的整体效果，而不一定适用于个体游客。

（2）各个赢回策略调节效用存在差异。

本研究的实证表明，各个赢回策略的调节效用存在一定的差异。这种差异表现在两个方面：第一，每个赢回策略对不同的流失原因调节作用存在差异。以体验赢回策略为例，体验对各个流失原因与旅游意愿之间的关系调节值并不相等。其他赢回策略也是如此。第二，各个赢回策略对同样的流失原因与旅游意愿之间的关系调节作用也不相同。这说明，其一，由于各个赢回策略带给游客的感知不一样，游客的态度不一样，游客对不同的策略接受程度存在差异。其二，在流失原因和赢回策略之间，某种程度上存在一定的对应关系，如体验赢回策略对景观损坏最有调节作用；安全赢回策略对景观损坏最有调节作用；价格赢回策略对心理忌讳最有效；情感赢回策略对心理忌讳最有调节作用等。

5.4.3 赢回策略效果

实证研究证明本书在策略的引入部分提出的将体验策略和情感策略作为灾后赢回手段的有效性。同时，通过安全赢回策略和价格赢回策略的效果可以发现，两种赢回策略效果相对较低。这从一个侧面解释了一个现实现象，为什么在严重自然灾害发生后，灾害地景区采取针对游客的安全和价格赢回策略，但是往往效果有限，灾区旅游迟迟不能恢复。之所以是这样，可能有以下四个方面的原因。

其一，旅游安全没有给游客增加新的利得。游客购买意愿的产生是感知利得和感知风险的权衡。严重自然灾害发生后，游客的感知安全风险增大。前文已经论及，安全是旅游的前提和基础。也就是说对大多数旅游游客而言，消费意愿是基于安全这一前提产生的。而安全赢回策略只是使游客的感知安全风险削弱，最多回到灾害发生前的安全风险感知水平，即安全赢回策略并不能给游客带来新的利得。本书的实证已经证实，游客流失是多重因素共同作用的产物。在其他感知风险如心理忌讳、伦理冲突等依然存在的情况下，安全疑虑只是最多回到灾害前的水平。在此情况下，安全赢回策略效果有限。

其二，价格在风险背景下不是游客考虑的主要因素。价格赢回策略效果有限，在本书中得到双重论证。在流失原因和游客旅游意愿关系的研究中，本书发现成本担忧和游客的旅游意愿关系不显著。本书的成本担忧因素由时间成本和货币成本归因而成。这从一个方面反映出，在严重自然灾害背景下游客对货币成本（也就是价格）不敏感。在本书的赢回策略调节效果研究中也发现，价格赢回策略是四种赢回策略中效果最低的。这说明，在严重自然灾害背景下，在其他风险感知因素存在的情况下，价格因素对游客旅游意愿影响有限。

其三，严重自然灾害后游客有体验的需求。严重自然灾害是一个特殊的背景，在此背景下，作为社会主体的游客受整体社会环境影响，心理感知产生很大变化。如前文所言，在灾害背景下，越是严重的自然灾害，社会关注程度越高，持续时间越长，灾害地品牌越深厚，游客的体验需求越强烈。而体验对游客来说是一种利得，因此，体验作为一种灾害后的赢回策略效果较好。

其四，严重自然灾害后游客有情感实现的需求。人是一种群体性动物，这一人类的基本社会特征决定了在严重自然灾害发生后人们会自发地产生一种特殊情感：同情和帮助。根据情感交换理论，同情和帮助他人实际上是减轻自己的痛苦。因此，在严重自然灾害后社会成员有情感实现的心理需求。恰当地利用、引导这种需求是情感赢回策略效果较好的原因。

5.5 本章小结

本章通过结构方程、回归分析等方法和手段，实证检验了本书第4章所提出的总计40个假设如表5-34所示，并对相关的结果进行讨论，得出了本研究的主要结论。

表 5-34 假设检验结果汇总

研究假设	验证情况
H1：严重自然灾害背景下，游客的安全疑虑和游客旅游意愿有直接的负相关关系	支持
H2：严重自然灾害背景下，游客的安全疑虑对游客旅游意愿影响最大	支持
H3：严重自然灾害背景下，游客感知的景观损坏和游客旅游意愿有直接的负相关关系	支持
H4：严重自然灾害背景下，游客存在的心理忌讳和游客旅游意愿有直接的负相关关系	支持
H5：严重自然灾害背景下，游客内在的伦理冲突和游客旅游意愿有直接的负相关关系	支持
H6：严重自然灾害背景下，成本担忧和游客旅游意愿有直接的负相关关系	不支持
H7：严重自然灾害背景下，游客流失原因对游客旅游意愿影响程度存在差异	支持
H8：严重自然灾害背景下，体验赢回策略能改善游客旅游意愿	支持
H9：严重自然灾害背景下，体验赢回策略对各种流失原因与旅游意愿之间的负向关系有调节作用	支持
H9a：严重自然灾害背景下，体验赢回策略对成本担忧与旅游意愿之间的负向关系有调节作用	支持
H9b：严重自然灾害背景下，体验赢回策略对景观损坏与旅游意愿之间的负向关系有调节作用	支持
H9c：严重自然灾害背景下，体验赢回策略对心理忌讳与旅游意愿之间的负向关系有调节作用	支持
H9d：严重自然灾害背景下，体验赢回策略对伦理冲突与旅游意愿之间的负向关系有调节作用	支持
H9e：严重自然灾害背景下，体验赢回策略对安全疑虑与旅游意愿之间的负向关系有调节作用	支持
H9f：严重自然灾害背景下，体验赢回策略对各流失原因与旅游意愿之间的负向关系调节作用存在差异	支持
H10：严重自然灾害背景下，价格赢回策略能改善游客旅游意愿	支持

续表

研究假设	验证情况
H11：严重自然灾害背景下，价格赢回策略对各种流失原因与旅游意愿之间的负向关系有调节作用	支持
H11a：严重自然灾害背景下，价格赢回策略对成本担忧与旅游意愿之间的负向关系有调节作用	支持
H11b：严重自然灾害背景下，价格赢回策略对景观损坏与旅游意愿之间的负向关系有调节作用	支持
H11c：严重自然灾害背景下，价格赢回策略对心理忌讳与旅游意愿之间的负向关系有调节作用	支持
H11d：严重自然灾害背景下，价格赢回策略对伦理冲突与旅游意愿之间的负向关系有调节作用	支持
H11e：严重自然灾害背景下，价格赢回策略对安全担忧与旅游意愿之间的负向关系有调节作用	支持
H11f：严重自然灾害背景下，价格赢回策略对各流失原因与旅游意愿之间的负向关系调节作用存在差异	支持
H12：严重自然灾害背景下，安全赢回策略能改善游客旅游意愿	支持
H13：严重自然灾害背景下，安全赢回策略对各种流失原因与旅游意愿之间的负向关系有调节作用	支持
H13a：严重自然灾害背景下，安全赢回策略对安全担忧与旅游意愿之间的负向关系有调节作用	支持
H13b：严重自然灾害背景下，安全赢回策略对景观损坏与旅游意愿之间的负向关系有调节作用	支持
H13c：严重自然灾害背景下，安全赢回策略对心理忌讳与旅游意愿之间的负向关系有调节作用	支持
H13d：严重自然灾害背景下，安全赢回策略对伦理冲突与旅游意愿之间的负向关系有调节作用	支持
H13e：严重自然灾害背景下，安全赢回策略对成本担忧与旅游意愿之间的负向关系有调节作用	支持
H13f：严重自然灾害背景下，安全赢回策略对各个流失原因与旅游意愿之间的负向关系调节作用存在差异	支持
H14：严重自然灾害背景下，情感赢回策略能改善游客旅游意愿	支持
H15：严重自然灾害背景下，情感赢回策略对各种流失原因与旅游意愿之间的负向关系有调节作用	支持
H15a：严重自然灾害背景下，情感赢回策略对安全疑虑与旅游意愿之间的负向关系有调节作用	支持
H15b：严重自然灾害背景下，情感赢回策略对景观损坏与旅游意愿之间的负向关系有调节作用	支持
H15c：严重自然灾害背景下，情感赢回策略对心理忌讳与旅游意愿之间的负向关系有调节作用	支持
H15d：严重自然灾害背景下，情感赢回策略对伦理冲突与旅游意愿之间的负向关系有调节作用	支持
H15e：严重自然灾害背景下，情感赢回策略对成本担忧与旅游意愿之间的负向关系有调节作用	支持
H15f：严重自然灾害背景下，情感赢回策略对流失原因与旅游意愿之间的负向关系调节作用存在差异	支持

6. 结论与展望

本章对本书的研究进行归纳和总结，旨在阐明本研究的结论、学术价值、实践意义、对景区的启示及本书存在的不足、以后继续深入研究的方向。

6.1 研究结论

6.1.1 研究概述

如本书在开始所提及，自然灾害本身是人类历史的一部分，我们无法逃避，我们所能做的就是尽量避免灾害的发生和降低灾害带给我们的损失。在灾害降临的时候逝者已矣，社会还得继续。这时候，尽快地恢复灾害地的社会和经济生机成为人们唯一也是必须要迎接的挑战。但是，我们看到的现实是，实践中灾害地的旅游业恢复非常缓慢，理论上我们还没有有效解决这种恢复缓慢的措施与方法。本研究在梳理灾害型旅游危机管理的基本理论，旅游动机理论、赢回理论及灾害后安全、价格赢回的文献研究基础上，通过对体验与情感的理论剖析，提出严重自然灾害后的体验和情感赢回策略，并通过调查研究、深度访谈、问卷调查，探究严重自然灾害发生后灾害地景区游客流失的原因，赢回策略的影响及有效性。本研究围绕四个方面展开：严重自然灾害发生后新的赢回策略的提出、灾害后游客流失的原因探析、赢回策略对旅游意愿和流失原因之间的影响、赢回策略的有效性。本研究以2008年"5·12"汶川大地震后四川的旅游业恢复为实证对象，通过大样本问卷调查及LISREL8.70和SPSS16.0统计软件分析，对严重自然灾害后游客流失的原因和策略进行深入的探讨，并得到以下几点结论。

6.1.2 主要结论总结

6.1.2.1 各流失原因对游客的意愿影响各不相同

由于消费者个体的复杂性，不同的诱因会导致消费者产生不同的动机，而不同动机的消费者对同样的诱因又有不同的感知，最终，不同的感知导致消费者行为差异（唐小飞，2007）。因此，严重自然灾害发生后各个游客流失原因将会对游客的旅游意愿造成不同的影响，但是，在过去的文献中没有进行相关的实证，也没有研究各个流失原因对游客旅游意愿的影响系数。本书第一次通过实证证实流失原因对游客旅游意愿影响的差异性，并可以就各个原因的影响做出比较。研究证明，各个流失原因对游客旅游意愿的影响排序分别是安全疑虑（-8.78）、伦理冲突（-4.51）、心理忌讳（-3.44）、景观损坏（-2.37）、成本担忧（-0.77）。

6.1.2.2 安全和价格赢回策略对游客旅游意愿影响较小

长期以来，灾害型旅游危机管理的实践形成这样一个思维定式：严重灾害发生—对灾害地旅游造成影响—游客流失—安全和价格策略为主的赢回措施—旅游业缓慢恢复。灾害型旅游危机管理的理论一直认为安全担忧是影响游客选择的重要因素，因此有针对性地将安全和价格策略作为灾害后游客赢回的主要手段。但是这些都不能解决一个问题，为什么在采取这些措施后灾害地旅游业恢复缓慢？本研究的结果证明，安全策略和价格策略对灾害后游客流失的原因和游客旅游意愿之间的关系调节作用不明显。也就是说，在人们对到灾害地旅游有安全疑虑的时候，安全策略没有影响。这从某种角度解释为什么灾害发生后，安全疑虑是游客流失的主要原因，但是安全赢回策略并不能显著改变安全疑虑与旅游意愿之间的关系。

就安全策略而言，安全只是旅游的一个最基本的条件。安全赢回策略只是告知游客安全的信息，本身并没有增加多少游客的感知利得和产品感知价值。并且，在严重自然灾害背景下，灾害地景区的安全宣传很容易被消费者理解为一种功利的宣传，不一定是事实的反应。同时，在整个社会存在安全风险感知的情况下，告诉消费者安全反而是唤起消费者对安全的担忧。因此安全策略在严重自然灾害发生后其作用有限。

就价格策略而言，虽然价格策略增加消费者对产品的感知价值。但是，由于在严重自然灾害背景下，游客对风险的强烈感知往往遮蔽价格所带来的策略利得。特别是在价格策略刺激有限的情况下，对价格不敏感的长途游客来说更是不构成影响。

对传统的安全和价格策略与旅游意愿之间关系的实证研究是本书核心之一，其揭示传统安全和价格赢回策略的局限性，解释为什么严重自然灾害发生后，在使用这些策略后旅游业依然很难恢复的原因。

6.1.2.3 体验和情感赢回策略有效

本书通过对过往灾害型旅游危机管理的文献研究发现，现有的旅游危机管理的研究起点就是灾害带给景区的负面影响。由此可见，本书从灾害带给灾害地的"利得"入手，分析发现在严重自然灾害背景下，由于严重自然灾害的独特性和稀有性，具有体验价值；由于灾害给社会心理造成的影响，社会有情感实现的需求。因此提出体验和情感用于严重自然灾害发生后用于游客赢回策略的可行性。在随后的实证中，不仅证明策略对游客旅游意愿的有效性，而且还发现，体验对安全疑虑、心理忌讳、伦理冲突造成的游客旅游意愿流失有调节作用。情感策略对所有原因造成的游客旅游意愿流失有调节作用。并且综合来看，避开策略的刺激强度不谈，体验和情感策略较安全和价格策略更为有效。

6.2 研究创新点

灾害型旅游危机管理自 Faulkner（2001）后已经建立比较完整的管理框架，提出灾害型旅游危机管理周期的六个阶段，包括事件前期（Pre-event）、灾害征兆期（Prodromal）、紧急期（Emergency）、灾害中间期（Intermediate）、灾害延续恢复期（Long-term）和灾害痊愈期（Resolution）。其后灾害型旅游危机管理框架又在 Brent W. Ritchie（2004）等的进一步研究下得以完善。但是，虽然这些学者提出的管理框架中都有旅游恢复的阶段，但没有针对该阶段的具体策略和方法做进一步的深入探讨。现在有关灾害型旅游危机管理的文献大多集中于灾害管理理论和灾害后对旅游产业、消费者等因素的影响研究，但很少有对灾害后旅游业恢复的研究。

本书从旅游业灾害后恢复困难这一现象出发，探讨灾害后对灾害地景区的影响，研究发现严重灾害后游客流失的又一主要原因——伦理冲突，实证研究流失原因和游客旅游意愿之间的关系，提出新的体验和情感赢回策略并验证包括这两种策略在内的四种策略与流失原因与旅游意愿的影响关系。这是对现有的灾害型旅游危机管理理论的完善和补充。

对现有灾害型旅游危机管理理论的完善主要体现在以下几个方面。

（1）发现一个新的游客流失原因：伦理冲突。

梳理本研究以前的灾害型旅游危机管理文献，对游客流失原因的探讨主要集中于安全因素影响的研究，除此之外发现还有心理忌讳、成本担忧、健康影响、景观损坏等。本研究通过深度访谈，发现在严重自然灾害后灾害地景区游客流失原因还有伦理冲突，并且通过实证研究证实，伦理冲突是严重自然灾害发生后游客流失的原因之一，这是对现有灾害后游客流失原因的一个补充。

（2）提出并实证严重自然灾害后的赢回策略：体验赢回与情感赢回。

本书通过梳理灾害型旅游危机管理文献发现，现有对灾害型旅游危机管理研究具有一个共同的出发点，这就是从灾害后的负面影响出发。本书从相反的角度，发现灾害带给灾害地的正面影响，并由此提出严重自然灾害后的新赢回策略：体验赢回和情感赢回，并在随后证明这两个赢回策略的有效性，补充现有灾害后灾害地景区赢回策略。

（3）生成并实证灾害后游客流失原因的测量条款。

根据作者查阅的文献来看，现在对灾害型旅游危机管理的研究并不是很多，对灾害后游客流失的研究虽然比较充分，但是这些研究都是散见于各个文献。在此之前，没有学者对灾害后游客流失的原因做过系统研究和实证。本研究是对此的补充。

（4）基于消费者态度，比较各个赢回策略的有效性和对流失原因的调节作用。

严重自然灾害发生后采取的游客赢回策略是否有效，在现有的文献中没有发现相关的研究。什么策略对什么原因造成的流失最为有效也没有研究。本书基于游客态度，比较各个策略的有效性，并发现各个策略针对各个原因造成的旅游意愿降低的调节作用差异，为针对性地采取赢回策略提供实证依据。

6.3 实践运用

严重的自然灾害总是出现在人类的历史中，书写着人类的历史。自然灾害的发生就整个人类而言现在尚无法避免，人们所能做的就是在灾害发生后能迅速地走出灾害的阴影，重建家园。这就是本课题研究的意义所在。本课题的研究给出以下几点实践启示。

（1）严重自然灾害后应该采取灵活多样的赢回策略。

现实中各个景区似乎只是注意到安全疑虑所造成的游客流失，因此除了价格吸引外，更多的是采取安全策略，但是往往效果并不是很好。

本研究证明，安全策略对灾后的游客赢回效果有限。这可能是两个方面的原因造成的。其一，在严重自然灾害发生后，由于灾害地形象的改变，因而引起游客对灾害地安全风险感知的降低，因此普遍存在对灾害地的风险感知。而当景区在宣传已经安全的时候，实际上是对游客安全风险感知的唤醒，认为这可能是景区出于利益驱动的一种宣传策略。其二，安全是旅游活动正常进行的保障。就如前文所言，没有安全，景区就失去竞争的资格。也就是说，游客视旅游安全为旅游的基本事项，景区的安全策略最多只是减少游客的风险感知水平，但是并不能给游客增加新的利得。因此，在其他感知风险没有消除的情况下，单独地使用安全策略效果有限，应该予以慎用。

根据经济学的一半原理，降价会促进消费。现实社会也把价格赢回策略作为灾后游客赢回的重要武器。但是本研究认为，在严重自然灾害发生的情况下，成本担忧对游客的旅游意愿的影响不显著，同时，价格策略对各个流失原因和旅游意愿之间关系的调节作用效果较其他赢回策略而言并无优势。这说明，在严重自然灾害发生后，在多重感知风险存在的情况，价格不敏感。因此，价格策略应避免单独使用。

游客在严重自然灾害后流失是多个流失原因共同作用的结果，因此，单纯地针对安全问题进行营销有局限性，应该采取多种综合的赢回策略，消除游客的总体感知风险水平，增加游客感知利得，以此来重新赢回游客。

（2）设计开发旅游产品，灵活应用严重自然灾害后灾害地获得的品牌资源。

现代传媒业的发展，科学技术的进步，人类对生命的珍重使我们生活于社会的每个人都不再置身于灾害之外，而是灾害的直接冲击者：每一场灾害——不管是自然的还是人为的，都变为一场现场直播。灾害发生时，社会会对灾害地形成共同的关注，为灾害地创造品牌资源。这种资源是以巨大的物质损失和惨重的伤亡为代价形成的。灵活有效地利用这些资源，服务于灾害地的重建和恢复，是对逝者的尊重，也是生者的责任。

品牌的一个重要内容就是知晓度。灾害地由于社会的关注在短时间内迅速形成一个强势品牌。以汶川地震震中映秀镇为例，在地震前该地几乎籍籍无名，因为地震而闻名于世。但是，应该看到一个没有产品支撑的品牌会随着记忆逐渐地被人们淡忘。旅游的功能之一就是景区承载的地方品牌的对外沟通。因此，在灾害结束后，及时设计旅游产品，去承载因为灾害而形成的品牌，延续这种品牌不仅有利于灾后旅游业恢复，同时也是灾区长远发展的利益所在。

灾害地旅游产品的设计包括灾害遗址地的旅游开发、旅游纪念品的设计等诸多方面。在旅游产品设计和开发的时候应该考虑消费者的体验需求，灵活地将灾害地品牌和旅游体验结合起来。

（3）建立情感实现的渠道，将社会对灾害地的情感转化为旅游业恢复的动能。

灾害所带给整个社会的冲击通过现代媒体的传播将每一个社会个体变成灾害的参与者：直接受害者、灾害救援者、灾害救助者、灾害关注者、灾害影响者……所有的人，因为灾害、因为灾害地维系和团结在一起，承受着整个人类的苦难悲剧。共同的面对灾害，社会有了共同的关注，共同的情感，从而形成社会对灾害地的特殊情感资源。

严重自然灾害发生后，由于不可直接归咎于人为的原因，社会对灾区和灾区人民会予以更多的同情，这种同情表现为积极地帮助灾区恢复重建。通过旅游让游客在享受旅游的同时实现帮助灾区的愿望，从某种角度而言是建立一个社会情感实现的渠道。通过这种渠道，将社会关心灾区、关注灾区、帮助灾区的愿望转化为一种旅游恢复的动能，应该是现实可行的。

6.4 研究局限与展望

6.4.1 研究不足

严重自然灾害后游客流失原因与赢回策略的研究是一个具有很强社会意义的课题，目前，在这一领域做深入研究的不多，做实证研究的更少。本书虽然在这一领域做了一些探讨，完成了本研究提出的理论构想，并得出一些创造性的研究结果，但仍然存在以下一些不足和缺憾。

6.4.1.1 没有就灾害的属性等变量对游客流失与赢回的影响做出研究

灾害及灾害后的旅游业恢复是个十分复杂的问题，涉及多个变量的影响，比如，灾害的属性问题。灾害的性质、影响范围、破坏程度会对游客造成不同的影响。比如，游客的风险偏好问题。灾害后的旅游业恢复除了心理原因之外，很大程度上是风险感知问题，不同程度的消费者风险偏好会影响游客的旅游决策；本书的重点在于探讨严重自然灾害后游客流失的一般原因及赢回策略对其影响问题。限于研究的重点，本书没有论述其他变量对游客流失与赢回效果的影响。

6.4.1.2 没有研究赢回策略强度对旅游意愿和赢回效果的影响

灾害后的游客赢回策略实质是针对消费者的促销措施和手段。由于消费者的个体感知差异，其对每种促销手段的敏感性会存在差异，同时，每种促销措施的强度对消费者的影响会有不同。以价格促销策略为例，不同的价格折扣对消费者的影响显然不一样。不同的赢回策略其刺激强度如何去认定，这是一个复杂的问题，显然非本书所能一次解决的。但是抛开策略刺激的强度，我们便没有办法讨论何种策略是严重自然灾害后游客赢回的最有效措施和手段，而只能研究策略的有效性。

6.4.1.3 没有对赢回策略的组合效果研究

游客的购买决策由其感知利得和感知风险决定，灾害后的赢回策略，旨在增加游客的感知利得，降低游客的感知风险。单一的某一种策略效果有其局限性，多种策略可以增加游客更多的感知利得。但是在现实中，我们又往往面对资源有限的困境，这时候策略之间的有效组合显然是最好的选择。由于研究的局限，本书没有论述各种策略之间的组合效果。

6.4.1.4 研究样本仅来自国内

在本研究的调查取样中作者尽量做到科学有效，但是，由于研究经费、时间、渠道等因素的限制，本书的调查样本取样全部来自国内。这是本项研究的一个局限。

6.4.2 研究展望

前文所述的本书的研究局限也将是本课题以后研究的方向。具体言之，以后可以在以下几个方面继续深入研究。

6.4.2.1 严重自然灾害对灾害地的正面影响研究

本书基于研究策略提出的需要，就严重自然灾害后带给灾害地的正面影响做了简单的探讨，认为严重自然灾害发生后，由于灾害的原因非人为所能控制，灾区会获得更多同情。同时由于现代传媒业的发展，人们对生命的珍重，灾害地成为社会关注的焦点后无形之中形成灾害地厚重的品牌资源。严重自然灾害的相对稀缺性及严重灾害所展示的大自然威力对自然的改变等。这些都会给消费者带来体验需求和情感实现需求。

这种体验需求和情感实现需求只是作者的文字论述，是否真实存在，其存在的影响，如何将这种灾害后的需求应用于灾害后的旅游业恢复，这是一个很值得探讨的课题。如果这个探讨的空间存在，作者认为，将有别于现在对灾害型旅游危机管理的研究方向和逻辑起点，开辟一片新的灾害型旅游危机管理的研究空间。

6.4.2.2 灾害属性对灾害后旅游恢复的影响

灾害的性质，如灾害的严重性、损害的区域、破坏程度、人员的伤亡情况等给消费者的感知会不同，这种不同对游客旅游意愿的影响情况如何，各种策略对不同的灾害属性下的旅游业恢复影响又如何？这将是本研究下一步深入研究的着力点。

6.4.2.3 策略的刺激强度对旅游业恢复的影响

赢回策略会增加消费者的利得，但不同的策略刺激强度会产生不同的策略利得，其对消费者的影响也不一样。如何增加消费者的策略利得感知，以及不同的策略所产生的策略利得的差异性，如何影响消费者决策，这是本研究还需要深入探讨的地方。

第二部分
灾害景区对非灾害景区的波及效应及游客赢回策略研究

7. 绪论

7.1 研究背景

本部分研究始于对一个现象的关注，即汶川大地震以后，一些位于灾区但又完全具备游客接待能力的旅游景区同丧失接待能力的旅游景区一样，在震后相当长的一段时间内游客量都没能恢复到震前的水平。以此为出发点，本部分研究试图找出其中的原因，并对其给出相应的赢回策略。

7.1.1 实践背景

现实背景是本研究的基本立足点，任何科学命题的凝练都是对现实情况的抽象化，本研究也不例外。

2008年的"5·12"汶川大地震，严重破坏了四川省的经济发展，尤其是四川旅游业的发展。四川省是我国拥有众多世界自然文化遗产和国家重点风景名胜区的省份。据统计，截至2008年年底，四川就已拥有3个5A级景区和42个4A级景区[1]。2007年四川省旅游总收入达到1217.31亿元，占当年四川省GDP比重高达11.6%[2]，是全国第八个旅游总收入突破千亿元的省份，更是在全国率先达到全省旅游总收入占省内GDP比重超过8%的省份[3]，旅游业是四川省的支柱产业之一。仅截至2008年5月20日18时，四川全省旅游行业共计遭受直接经济损失就高达315.47亿元人民币。汶川大地震，使得四川旅游业受到重创。

"5·12"汶川大地震发生后，四川省重灾区面积达到12.5万平方千米，涉及阿坝藏族羌族自治州、绵阳、德阳、成都、广元、雅安6个市州，严重受灾的县区达到44个，受灾乡镇1061个，直接受灾人数1000多万人[4]。而在长约216千米、宽约45千米的这个地震重灾区上，集中了四川省最核心的旅游资源。而事实上，是在"5·12"大地震中，成都地区除都江堰与彭州外，距震中仅100千米的成都主城区及大多数其他区县旅游景区基本上或完全没有造成损害。而德阳、绵阳、广元地区，也主要是位于龙门山区及平原山区交界处的城镇，如汉旺镇、莹华镇、遵道镇、北川县等受到严重破坏，距山区仅20~30千米外的城镇基本未受破坏。在这次大地震中，除龙门山及其相邻地区的旅游景区受到严重损毁外，四川的其他旅游景区实际并未受到影响。如川南的乐山—峨眉山，宜宾—泸州地区，西昌—攀枝花地区；川中的南充—遂宁—阆中地区；川西高原的甘孜地区等，其景区及旅游设施均完好无损。本研究选取四川省内9个主要旅游景区（包括乐山大佛、峨眉山、九寨沟、黄龙、四姑娘山、碧峰峡、卧龙、都江堰和青城山），对其从2007年5月—2010年8月共计39个月的景区游客量数据进行统计[5]。结果显示，从2008年5月开始，所有的景区游客量都出现了大幅下降，有的景区游客量竟然为零。而这其中，不仅包括以卧龙自然保护区为代表的丧失游客接待能力的灾害旅游景区，也包括一些仍然具备游客接待能力的非灾害旅游景区，而且在震后的27个月内，其恢复速度缓慢，很多都未能达到或超越震前水平。

---

[1] 数据来源：四川旅游政务网。
[2] 数据来源：四川统计局网站。
[3] 数据来源：《四川旅游业损失近630亿元需要3到5年才能恢复》。
[4] 平文艺. 汶川大地震后四川旅游目的地建设战略研究[M]. 成都：四川科学技术出版社，2008.
[5] 数据来源：四川旅游政务网。

7.1.2 理论背景
7.1.2.1 游客流失研究

Myron F. Floyd 对仍处于美国"9·11"事件余波中居民的感知风险对旅游意愿的影响进行研究，发现在"9·11"事件后 12 个月中，做一次愉快旅行的意愿取决于游客对安全的考虑、感知的社会风险、旅游体验和收入。Juan L. Eugenio – Martin 建立一个包含时间序列的模型，对美国、法国和德国旅游者到苏格兰旅游的需求进行验证，指出不同国家的消费者对于不同类型的灾害，其旅游需求的变化是不同的。Bruce Prideauxa (1997) 以 1997 年印度尼西亚政治和经济危机为例，针对危机提出包括情景分析、政治危机和运用混沌理论的灾后旅游需求预测模型，并给出一个将意外事件按严重程度、概率、事件类型、确定性进行分类的框架，对不同的意外提出不同的预测模型。Bongkosh Ngamsom Rittichainuwat 和 Goutam Chakraborty 等关于安全与顾客流失关系的研究 (2005) 以泰国为例，通过对 80 位游客的访谈，研究恐怖主义和疾病威胁下的游客风险感知，发现安全是影响游客流失的重要原因。作者认为相对于风险很大的旅游目的地，游客会选择去相对安全的地方去旅游，而不是完全地取消旅游计划。Jen – Hung Huang，Shu – Ting Chuang，Yu – Ru Lin (2008) 对民间信仰、心理忌讳与游客流失问题进行研究，通过研究印度洋海啸对游客的影响后指出，由于灾区死伤人员众多，民间信仰 (Folk Religion) 是影响亚洲游客决定去灾区旅游的主要原因。比如，心理忌讳等影响游客的目的地选择。Jen – Hung Huang，Shu – Ting Chuang，Yu – Ru Lin (2008) 在关于疾病风险与顾客流失问题的研究中，发现第一次去某地旅游的游客和回头游客相比，两者在面对疾病风险、旅游成本的增加和旅游出现的不方便等情况，会往不同程度的感知，对游客的风险感知造成影响，从而导致旅游的不预定或者取消预定。另外，消极公共信息 (Negative Publicity) 也使游客旅游之心挫败。虽然灾害基础设施已经快速的恢复，让游客信服灾后旅游点很安全还是一项艰巨的挑战。u – Shan Wang 研究了从 1997 年到 2003 年的亚洲金融危机、中国台湾地区的地震、美国"9·11"事件对于中国台湾旅游业的影响，指出汇率、收入、相对价格、运输费用等宏观因素对于入境旅游人数有负面影响，并建立在灾后运用宏观经济因素对入境游客变化进行预测的模型。Mario Mazzocchi 和 Anna Montini 研究了地震对意大利中部旅游业影响。两位学者利用事件收益分析方法以 1997 年 9 月 26 日发生在意大利中部 Umbria 的地震为例，与地震前一年同样月份到达游客比较，评估地震的相关时空影响。研究认为，外国游客能较快地被重新吸引。Bongkosh Ngamsom Rittichainuwat 对恐怖主义和疾病对旅游感知风险的影响进行了研究。Bongkosh 等研究在国外旅游时游客的关心和感知旅游风险，探讨游客感知风险是如何影响到游客决策和游客以前在国外旅游的经历是否降低这种风险感知。研究认为，危机发生时游客不是完全中断旅行，而是选择一个危险很小的目的地。研究还认为超过一半的人不会忽视安全。但是对于背包客而言，虽然他们也关注安全，他们会把这种危险看作增加的价值，依然会旅行。Jumpei Ichinosawa 在关于海啸对入境游客的继发性影响的研究中，提出普吉岛在 2004 年海啸后所引发的旅游业下滑的实证理论观点，讨论海啸后继发影响的进程和机制及对区域经济的影响，认为海啸后旅游业的下滑是一个复杂的涉及区域社会脆弱性的问题。

Bongkosh Ngamsom Rittichainuwat, Goutam 等在关于感知疾病风险和感知恐怖主义风险对泰国入境旅游者行为的影响研究中，利用三个阶段的调查结果，分析 SARS 和禽流感及恐怖活动对泰国旅游者旅游决策及行为的影响。结果表明：旅游者对自身安全很关心，超过半数的旅游者即使在旅游成本很低时也不会忽略个人安全；感知的疾病风险会随着旅游者对该国的旅游经验而减小，而且重复旅游者对价格更加敏感，对旅游的不便更不能容忍。首次和重复的旅游者都比较关心旅游目的地退化的风险，比如，景点的污染，当地居民不友善的态度和商业化。

曾本祥等在关于短期事件对旅游的影响的研究中，重点分析 2003 年的 SARS 疫情给中国经济特别是旅游业造成的重大损失，讨论不同的短期危机对旅游的不同影响及旅游在危机后的不同恢复时间。曾本祥等认为，1) SARS 等人类流行病对旅游的影响十分猛烈，但疫后旅游恢复较快；2) 危机管理十分重要；3) 危机对旅游业造成重大影响，也对旅游相关行业、地区造成严重影响。如何应对危机，成为这些行业、地区应重点考虑的战略问题；4) 短期危机后，适当的恢复策略有助于旅游业迅速恢复；5) 危机和其他任何危机一样，也为旅游业发展带来某种机遇。

魏小安和曾博伟对汶川地震后中国旅游形势进行研究。魏小安和曾博伟梳理改革开放 40 年来，国内旅游业发生的七次巨灾。同时，着重探讨 2008 年汶川大地震对整个国内旅游业所造成的冲击。其结论包括四个方面：其一，国内的旅游相对于入境旅游，其受到地震影响的程度较小；其二，中国香港、中国澳门、中国台湾客源市场所受到地震影响的程度相比于外国客源市场要小一些；其三，短途的出游方式可能是国内旅游更热衷的选择方式；其四，对于不同的旅游服务个体，旅游饭店受到的冲击要显著小于旅行社受到的冲击。对游客流失的七大基本原因的研究总结如表 7-1 所示。

表 7-1 游客流失的原因总结

流失原因	主要文章	作者
安全担忧	The Effect of Risk Perceptions on Intentions to Travel in the Aftermath of September 11, 2001; Impact of the tsunami on Chinese outbound tourism; Earthquake Effects on Tourism in Central Italy; September 11, 2001 attack on America: a record of the immediate Impacts and reactions in the USA travel and tourism industry; The Impact of 9/11 and Other Terrible Global Events on Tourism in the U.S. and Hawaii	Sajaniemi P (2008); Bongkosh Ngamsom Rittichainuwat (2009); Myron F Floyd (2003); Hanqin Qiu Zhang (2009); Mario Mazzocchi; J N Goodrich (2002)
信仰及忌讳	Impacts of natural disaster on tourism: the case of 26th December 2004 tsunami; Responding to Disaster: Thai and Scandinavian Tourists' Motivation to Visit Phuket, Thailand	Jen-Hung Huang、Shu-Ting Chuang、Yu-Ru Lin (2008); Sajaniemi P (2008); Ngamsom Rittichainuwat (2008)
设施损坏和形象破坏	The lessons of disaster; The 2004 Indian Ocean Tsunami: Tourism Impacts and Recovery Progress in Thailand's Marine National Parks; Earthquake devastation and recovery in tourism: the Taiwan case; Reputational disaster in Phuket: the secondary impact of the tsunami on inbound tourism; Tourism image, evaluation variables and after purchase behaviour: inter——relationship	Reas Kondraschow (2006); Somrudee Meprasert (2006); Jen-Hung Huanga、Jennifer C H Min (2007); Jumpei Ichinosawa; J Enrique Bign
媒体负面报道	Terrorism, Tourism, and the Issue Attention Cycle; Recovery From Natural Disaster: Travel Writers And Tourist Destinations	Reas Kondraschow (2006); Andrea Valentin; Katherine Jean Milo
社会规范影响	Folk religion and tourist intention avoiding tsunami-affected destinations; 浅议震区灾后旅游市场的重建	Jen-Hung Huang、Shu-Ting Chuang、Yu-Ru Lin; 刘阳炼 (2008);
健康担忧	The lessons of disaster; Perceived travel risks regarding terrorism and disease: The case	Reas Kondraschow (2006); Goutam Chakraborty
成本增加	Strategies for Inbound Tourism Recovery from a Catastrophe: The Case of Severe Acute Respiratory Syndrome in Taiwan	Jennifer C H Min

7.1.2.2 游客赢回研究

Peggy O. Shitlds 对服务商反馈和顾客重购意愿和正面口碑关系进行研究。Peggy O. Shitlds 利用超过一千个有效的好评和抱怨信件及电子邮件，研究公司回应行为和顾客对回应行为的反应。研究发现好评和抱怨一样，顾客希望得到公司的回应，而服务商却不像产品商那样回复这两种顾客反馈。虽然电子邮件的抱怨不如传统信件更希望得到回应，然而其对回应的期望仍然很大。研究说明服务商应该更加努力地对顾客的反馈进行回应，因为这样做的回报十分惊人。对顾客的回应会提高顾客重购意愿和正面口碑。

Gavan Doig 对正式抱怨的回应能力开展了研究。Gavan Doig 认为对于急诊医学来说，正式抱怨的回应能力是一个重要的问题，研究了医学管理中如何管理病人的抱怨或者如何在其抱怨时使其满意。研究认为就算是在抱怨管理部门工作的人，也经常利用他们的个人经验，根据抱怨和类型进行反映。

Mert Tokman 等研究了赢回顾客的因素的有效性后发现，无论顾客原来的满意程度、后悔度和对新的服务提供者的偏爱程度如何，价值决定因素、社会资本和服务的重要性，对形成顾客的回转意向都有显著作用。他们得出了三个主要结论：1）社会资本和服务重要性影响服务利益和赢回付出价值的关系；2）提出了一个更广泛的顾客赢回决策模型；3）价格对转换意向有很大影响，并且价格策略的效果受到顾客转换原因的调节。

Jacquelyns Thomas 等进行了赢回顾客的策略研究，他们通过回顾相关理论，建立了数学模型，将模型产生的数据作为比较的基础，不仅研究了赢回顾客的价格策略，同时还研究了当顾客决定再次选择时，最优的价格策略。通过建立赢回和顾客二次关系持续期的模型，Jacquelyns Thomas 等认为，最优价格策略是低的赢回价格和高的赢回后价格。另外，除了价格策略外，作者还讨论了有关研究中发现的赢回顾客的问题。

在价格促销与 DandB 忠诚模式的相关性方面，唐小飞进行了相应的探讨：基于对价格赢回对顾客感知（其中该感知包括价格的感知度、情感因素以及置信程度）、忠诚度及信誉程度（顾客承诺）的影响机制及对应的原因进行了更深层次的分析。基于此，建立了赢回管理的概念模型。此外，该学者还对消费者关系赢回策略对于消费者行为和企业产销量和绩效进行了探讨，结果表明，如果采用具有非货币性质的关系投资赢回策略，则可能有助于激励流失顾客内在消费的动机。这将会促使情感要素成为消费者购买决策的最为重要的关注。从而，促进消费者和企业之间形成一个具有可持续性和高稳定性的关系纽带。反之，如果采用经济性质的赢回策略，可能会导致客户对价格过于敏感。因此，理性因素会提升至客户决策过程中的首要地位。因此，将出现具有持续时间段和不稳定的关系纽带。

7.1.2.3 灾害地非灾害景区研究

在中国期刊全文数据库（1999—2011 年）和中国优秀硕士（博士）学位论文全文数据库中系统检索包含"非灾害旅游景区""未受损旅游景区"的标题、关键词或摘要，均未能得到与之匹配的文献结果。继而，本研究又将检索重点转移至外文数据库。通过在 EBSCO 数据库中检索关键词"undestroyed tourist/ travel attraction"及与之相关联的"destroyed tourist/ travel attraction""damaged/ undamaged tourist/ travel attraction""impaired/ unimpaired tourist/ travel attraction""harmed/ unharmed tourist/ travel attraction"，也没能得到与本研究主题匹配的文献，而得到大量关于"tourist/ travel attraction"相关的外文文献。在文献回顾过程中，本研究发现有少量中文文献中提到了一些"旅游景区……基本上或完全没有造成损害"的现象，但并未对此对象进行理论上的界定，更没有对其进行更深一步的研究工作，而是将灾害地所有的旅游景区视作一个整体来进行恢复营销研究的。

基于以上事实，本研究认为，国内外学术界缺乏对灾害发生地非灾害旅游景区的研究。

7.2 研究目标

7.2.1 研究问题

结合现实和理论双重背景，本研究提出以下研究问题，以确定本研究的定位与基本研究走向。

(1) 严重自然灾害背景下,非灾害旅游景区被波及的原因。

影响游客进行旅游决策的因素是多方面的,刘世明(2010)在回顾大量文献的基础上,总结出自然灾害发生后游客流失的原因,主要有安全疑虑(Nevenka,2002;Ritchie,2004;Bongkosh and Goutam,2008;刘世明、南剑飞和李蔚,2010)、景观损坏(Nevenka,2002;Bongkosh and Goutam,2008;刘世明、南剑飞和李蔚,2010)、心理忌讳(Huang、Chuang and Lin,2008;Sajaniemi,2008;Rittichainuwat,2011;刘世明、南剑飞和李蔚,2010)、伦理冲突(Seaton,1996;Foley and Lennon,1996;Lennon and Foley,2000;Stone,2006;Kondraschow,2006;王晓华、白凯和马耀峰等,2010;刘世明、南剑飞和李蔚,2010)和成本担忧(Nevenka,2002;Min,2002;Ritchie,2004;刘世明、南剑飞和李蔚,2010;白凯、马耀峰和李天顺等,2010),共5个方面。

这些因素,不仅影响游客对灾害旅游景区的旅游决策,也影响游客对于非灾害旅游景区的旅游决策行为。但事实上,有些因素本不应影响游客对于非灾害旅游景区的旅游决策。那么,原本只对灾害旅游景区起作用的影响因素,是通过怎样的途径被传播到对于非灾害旅游景区的决策路径上的?非灾害旅游景区为什么会被灾害旅游景区波及?

(2) 怎样的游客赢回策略能弱化非灾害景区所受的波及?

本研究属于探索性研究,对于非灾害旅游景区,学术界鲜有人涉足。传统的赢回理论和现有的赢回策略,在非灾害旅游景区的问题上,适用性并不高,这从前面的研究对四川17个主要景区的游客量统计数据上是可以看出的。事实上,从2008年震后到2010年年底,四川省各级政府部门和旅游景区采取了多项旨在重振四川旅游业的重要举措,本研究对其也进行统计。这些举措,其实质就是基于价格促销、信心重拾的多项游客赢回策略,但效果并不好。那么,究竟什么样的赢回策略才是对非灾害旅游景区更加有效的?针对非灾害旅游景区,本研究还可以引入怎样的赢回策略?

7.2.2 研究目标

本课题的研究目标为:

第一,在理论层面达到四个目标:

首先,归纳出严重自然灾害背景下,灾害旅游景区对非灾害旅游景区产生波及效应的原因和途径;

其次,针对不同原因提出相应的游客赢回策略组;

再次,不同赢回策略组内,赢回策略对流失原因和旅游意愿之间关系是否存在调整的作用;

最后,测定各赢回策略的有效性。

第二,在实际操作层面达到两个目标:

首先,帮助严重自然灾害背景下非灾害旅游景区意识到自身的独特性,并提出景区的游客赢回策略,帮助旅游景区在第一时间找到赢回工具,进而完成旅游恢复工作;

其次,为非灾害旅游景区提供适用且效果较好的游客赢回策略,通过对现实情况和景区自身属性的分析,选择出最适合自身的,同时也是效果最好的游客赢回策略。

7.2.3 研究界定

(1) 严重自然灾害。

对于严重自然灾害的界定,以及自然灾害的等级划分标准已经在上卷3.2.1.1中进行详细的介绍,故此处不再加以阐述。

目前,我国各地政府部门对突发的重大自然灾害进行等级划分主要参考国务院制定的《特别重大、重大突发公共事件分级标准》(以下简称《标准》)。《标准》中将各类突发公共事件按照其性质、影响范围、严重程度、可控性等因素,一般分为Ⅰ级(特别重大)、Ⅱ级(重大)、Ⅲ级(较大)和Ⅳ级(一般)四个等级。本文根据此等级标准,将"严重自然灾害"界定为属于"特大灾"等级的自然灾害。

(2) 灾害旅游景区与非灾害旅游景区界定。

基于学术界尚未对灾害地旅游景区从可接待游客能力上进行区分的现实情况，本研究尝试对其进行区分，以便后续研究的开展。

本研究将在自然灾害直接影响的范围内，因自然灾害而遭到破坏，完全丧失或短期内无法具备游客接待能力的旅游景区，称为灾害旅游景区；将在自然灾害直接影响的范围内，并未因自然灾害遭到破坏或遭受破坏程度极小，完全具备或短期内即可具备游客接待能力的旅游景区，称为非灾害旅游景区。

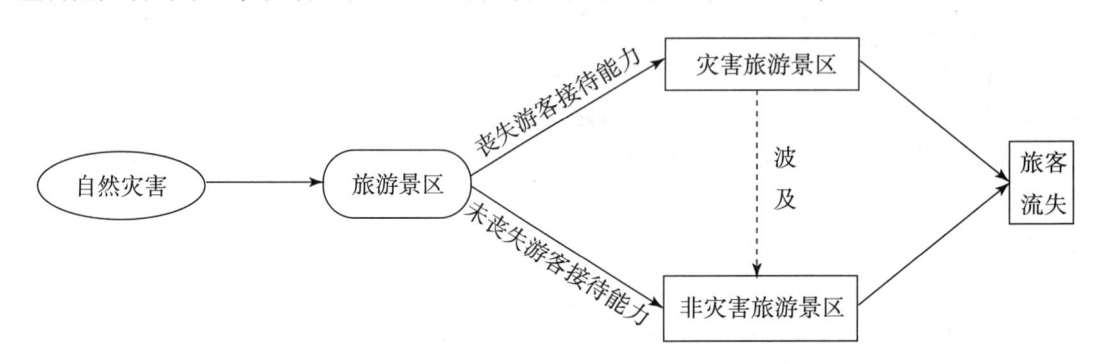

(3) 灾害旅游景区对非灾害旅游景区的波及效应。

以汶川大地震为例，灾后，四川省境内的旅游景区游客量纷纷大幅下降，甚至有些景区几乎没有游客游览，游客量下降为零。这其中，有卧龙自然保护区、青城山景区这样的灾害旅游景区，也有九寨沟、蜀南竹海这样的非灾害景区。历史数据表明①，5月份是四川旅游景区的旺季，地震导致灾害景区的游客流失是合理的，但是非灾害景区的游客流失，以及在其后相当长的一段时期内都无法恢复到震前的游客量水平和游客量增长速度，却是一个令人费解的问题。对于灾害地旅游景区的旅游决策影响因素，根据前人的研究，归纳起来为安全疑虑（Nevenka，2002；Ritchie，2004；Bongkosh、Goutam，2008；刘世明、南剑飞、李蔚，2010）、景观损坏（Nevenka，2002；Bongkosh、Goutam，2008；刘世明、南剑飞、李蔚，2010）、心理忌讳（Huang、Chuang、Lin，2008；Sajaniemi，2008；Rittichainuwat，2011；刘世明、南剑飞、李蔚，2010）、伦理冲突（Seaton，1996；Foley、Lennon，1996；Lennon、Foley，2000；Stone，2006；Kondraschow，2006；王晓华、白凯、马耀峰等，2010；刘世明、南剑飞、李蔚，2010）和成本担忧（Nevenka，2002；Min，2002；Ritchie，2004；刘世明、南剑飞、李蔚，2010；白凯、马耀峰、李天顺等，2010）5个方面，而地震又并未对非灾害旅游景区造成大的影响，在这种情形下，本研究认为，是地震作用于灾害景区，而灾害旅游景区又对非灾害旅游景区起了负面的作用，因此，严重自然灾害背景下，灾害旅游景区对非灾害旅游景区产生波及效应，如图7-1所示。

图7-1 灾害旅游景区对非灾害旅游景区的波及效应

(4) 游客流失与游客赢回。

学术界目前对于游客流失尚无明确的定义。与之相近的概念是营销科学里的"顾客流失"。Keaveney（1995）认为，对于某项产品和服务而言，客户不再使用某项产品或服务、转换到其他替代产品或服务、转换到不同的产品或服务品牌，都是顾客流失。张波（2003）认为，"顾客流失是指本企业的顾客由于种种原因而转向购买其他企业产品或服务的现象"。刘世明（2010）认为，"对于某旅游景区而言，游客已经产生购买意愿，但是由于某种原因一定时期内游客放弃行程和计划，不再选择该地旅游、

---

① 数据来源：四川旅游政务网。

并转换到其他旅游目的地的客户,称为游客流失"。本研究认为,刘世明对于游客流失的定义,为后来学者对于该领域的研究提供了帮助与便利,但尚有不足之处。首先,游客流失指的不应是某一类游客,而应该是某一类游客放弃旅游计划的一种现象。其次,本研究认为,游客无法对旅游景区产生购买意愿,而是对于旅游景区所能提供的产品或服务产生购买意愿。因此,本研究根据前人的研究成果,将游客流失定义为:对于某旅游景区所能提供的旅游服务或旅游产品而言,游客放弃原有购买计划、转换到其他替代景区提供的旅游服务或旅游产品上的现象,本研究称为游客流失。

一般情况下,依据出游方式的不同,本研究可以将游客分为跟团游客和背包客两大类。前者通过与旅行社或旅游公司签订旅游合同来实现旅游计划,多以参团的形式到达旅游目的地和旅游景区,旅游过程中需要服从导游的指挥与安排;而后者则不与旅行社或旅游公司签订任何旅游合同,而是以自助的形式直接到达旅游目的地和旅游景区,因而旅游过程中随意性更强。因此,游客流失在机构层面上产生的途径就可能有两条,一是旅游景区本身的某些因素导致游客流失;二是旅行社或者旅游公司的某些因素导致游客流失。需要声明的是,因研究对象所限,本研究所涉及的游客流失,仅指因旅游景区的某些因素而导致的游客流失。

学术界目前对于游客赢回也无明确的定义。与之相近的概念是营销科学里的"顾客赢回"。Thomas、Blattberg 和 Fox(2004)对"顾客赢回"做了概念界定:顾客赢回是指重新恢复和管理与公司已经中止的顾客关系,而赢回策略则是指厂商赢回顾客所采用的营销手段和工具。刘世明(2010)将游客赢回定义为:对于景区已经流失的游客,采取某一种游客外在的措施和策略,使游客重新产生旅游购买意愿,称为游客赢回。本研究对此定义较为赞同,但是仍然认为不够严谨。首先,游客的赢回可能是一种策略实施的结果,这种情况比较理想,在现实生活中,游客的赢回往往是多策略组合在一起后使用的结果。其次,游客的赢回不应仅以游客对于旅游服务或者旅游产品的购买意愿的重新唤起为终结,而应以产生购买行为为终结。因此,本研究根据前人的结果,在刘世明研究成果的基础上,将游客赢回定义为:对于已经放弃购买某旅游服务或旅游产品的游客,采用一定的手段,以使其重新购买该旅游服务或旅游产品的现象,本研究称为游客赢回。

7.2.4 研究范围

任何一项科学研究都是在一定的时空范围内对一定的研究对象开展的,本研究也不例外。此处,将对本部分研究的时间范围、空间范围和对象类型一一进行界定。

7.2.4.1 时间范围

2011年4月21日,在国家旅游局、四川省人民政府主办的灾后旅游业恢复重建与发展振兴国际论坛上,世界旅游组织(UNWTO)首次向全球发布《中国汶川"5·12"地震灾区旅游业恢复重建评估报告》。该报告指出,"四川旅游恢复重建任务已经提前完成",并且,"短短两年三个月时间四川已经能够创造一个新的旅游业"。也就是说,在2008年5月地震发生后的27个月内,四川旅游业的恢复重建工作已经完成[①]。

此外,四川省委、省政府以灾后重建旅游业估算总投资和累计完工项目均达到90%以上为完成指标,确定两年时间为灾后旅游业恢复重建工作时间,界限为2008年5月至2010年8月[②]。

两相对照,本研究认为2010年8月,四川旅游业恢复重建工作已经基本完成这一观点是可信的。也就是说,在2010年8月之后,基本不存在灾害旅游景区和非灾害旅游景区的对比,绝大部分景区都已完全具备游客接待能力,非灾害旅游景区和灾害旅游景区就此消失。

---

① 数据来源:《废墟上创造奇迹 四川旅游业成为全球灾后重建样本》。
② 数据来源:《川旅游市场全面迎客 已开工71重建项目》。

基于此，本研究将研究的时间范围，界定为 2008 年 5 月—2010 年 8 月。

7.2.4.2 空间范围

四川是汶川大地震受灾最严重的省份，四川的旅游业被汶川大地震破坏最严重，因此也最具有典型性和代表性。

因此，四川境内的旅游景区就成为本研究的首选，本研究的空间范围界定在四川省境内。

7.2.4.3 游客类型

按照出游方式的不同，游客可以分为团体游客（跟团游客）和散客（背包客）。对于以四川为旅游目的地的国内游客的结构而言，尚无有效的资料表明团体游客（跟团游客）和散客（背包客）的比重各占多少。但是可以肯定的是，作为游客构成的重要组成部分，团体游客旅游对于信心的提振一定是灾后旅游业恢复的重要一环。

因此，本研究主要基于团体游客（跟团游客）的旅游意愿来开展赢回策略的研究工作。

7.3 研究意义

7.3.1 理论意义

在理论意义的层面上，本课题的研究成果不仅填补了学术界研究的空白，而且为解释现实中的某些特定现象提供了理论支撑。首先，针对灾害地旅游景区，本课题依据是否或者短期内能否具有游客接待能力的标准进行了细分，区别出灾害旅游景区和非灾害旅游景区，为日后的研究提供了更加细微的视角，也为日后的研究能够更加深入下去做好了理论准备。其次，针对非灾害旅游景区为什么会被灾害旅游景区波及的问题上，本研究借助扎根理论系统的研究方法，通过实地调研和大量访谈工作，获取相关数据，经由分析后提取出了"联结性波及效应""整体性波及效应"和"泛化性波及效应"的研究成果，从理论上对此种波及现象的产生做出了解释。最后，在旅游景区游客赢回策略的层面上，本研究就非灾害旅游景区提出了有针对性的游客赢回策略，并通过实验法验证了其有效性，这就在一定程度上丰富了旅游景区游客赢回策略研究的维度，使得学术界游客赢回的研究更加细致和完整。

7.3.2 实践意义

就现实意义而言，本课题的研究成果能够帮助非灾害旅游景区及其上级主管部门更好地了解灾后景区游客量的影响因素，把握旅游景区的恢复脉络，从而有利于非灾害旅游景区及其上级主管部门选择正确的游客赢回策略，以期尽快完成游客赢回的工作。通过实证研究，本研究针对不同类型的流失游客，提出了不同的游客赢回策略。通过对游客自身属性的研究，对游客进行了距离、有无景区到访体验和性别三个变量上的划分，并针对这些变量不同取值水平上的差异，提出了差异化的游客赢回策略，找到了不同情况下最优效果的赢回策略。不仅丰富了现有游客赢回策略的类型，同时也为新的游客赢回策略的提出开辟新的视角和方法。

7.4 研究方法与技术

下面就本课题的研究方法和研究思路及技术路径进行介绍。

7.4.1 研究方法

对营销问题进行研究时，需要遵循一定的研究框架或者研究计划展开，以便详细描述获取解决问题所需信息的必要程序，这便是研究设计。对于营销问题的研究，大体上可分为探索性研究和结论性研究两大类如表 7-2 所示。其中，结论性研究又可细分为描述性研究和因果研究两大类，基于本研究采用定性研究与定量研究结合的混合研究路径，本研究采用扎根理论研究方法和实验法两种研究方法作为本研究的主要研究方法。

表7-2 研究设计的分类

项目	探索性研究	结论性研究	
		描述性研究	因果研究
目标	发现新的想法和观点	描述市场的特征和功能	确定因果关系
特征	灵活多变,通常是整个研究设计的起始	预先计划好的结构化设计	控制一个或多个自变量;控制其他变量
方法	专家调查;预调查;二手数据分析;定性研究……	二手数据;调查法;观察数据和其他数据	实验法

注:本表来源于 Hulland,Chow and Lam(1996)的研究。

第一,扎根理论研究方法。扎根理论既是一套研究方法又是一种研究方法论(Methodology),其基本研究逻辑是:通过深入情境的研究收集数据和资料,通过对数据间的不断比较,进行抽象化、概念化的思考和分析,从数据资料中归纳提炼出概念和范畴并在此基础上构建理论。

第二,实验法。在一个相对可控的环境中,对自变量进行控制和操纵,然后在此过程中观测其对因变量的影响,并以此作为判别因果关系的依据,这样的研究方法就是实验法。

7.4.2 技术路径

本研究的内容承袭了上面的研究思路,具体技术路径如图7-2所示。

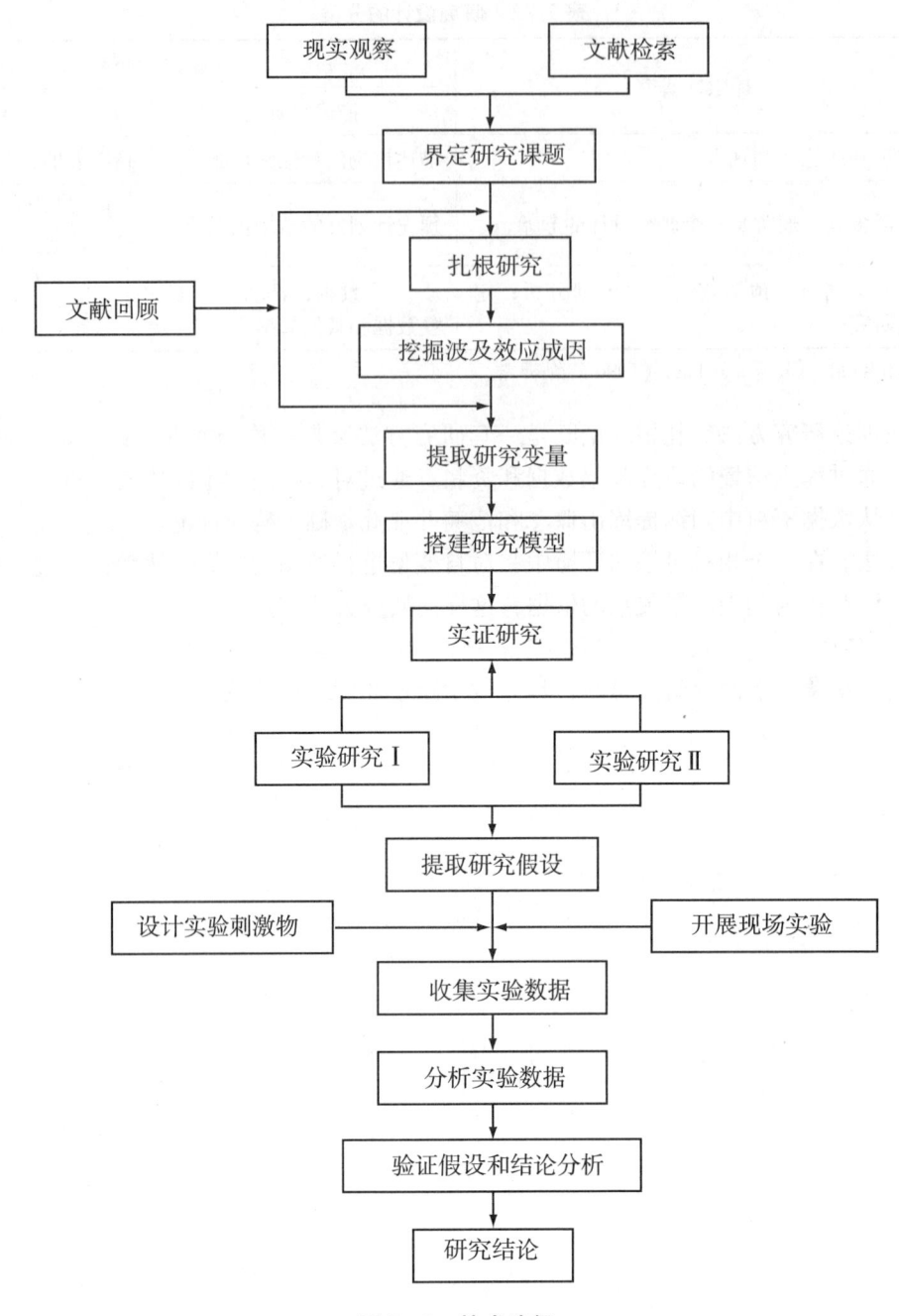

图 7-2 技术路径

7.5 研究内容与框架

7.5.1 研究内容

本部分的研究内容主要有以下四部分。

第一部分，对于严重自然灾害背景下灾害旅游景区对非灾害旅游景区的波及效应进行扎根研究。第二部分，针对第一部分归纳出的成因进行相应的赢回策略研究。第三部分，赢回策略对波及成因和游客旅游意愿关系的影响有研究。第四部分，对各赢回策略的效果进行实证研究。

在第一部分，本研究在对现实进行细致观察的基础上，对灾害旅游景区和非灾害旅游景区做出界定，并在此基础上提出"严重自然灾害背景下，灾害旅游景区对非灾害旅游景区具有波及效应"的科学命题。进而，依据扎根理论的研究方法和手段，通过对140多名各地游客的深入访谈和小组访谈，收集了相关数据，并对数据进行分析后，得出了波及效应的产生原因和不同类型，并提出了波及效应产生的内在机理。

在第二部分，本研究针对扎根研究中波及效应产生的原因和途径进行深入分析，借助实验研究中刺激物的设计方法和原则，本研究针对波及效应产生的不同原因，构建出了不同的游客赢回策略组，并在每一赢回策略组内，细分出了不同类型的赢回策略，以期在不同的调节变量作用下，找到效果最佳的赢回策略，进而达到旅游恢复的目的。

在第三部分，通过对相关文献的梳理，本研究提取了不同波及效应成因涉及的变量，并对变量的含义进行了解释，同时也设计出了变量的测量方法。在此基础之上，本研究验证了这些变量与游客旅游意愿之间的相互关系，进而确认了灾害旅游景区对非灾害旅游景区波及效应的成因。

在第四部分，本研究的实证部分根据研究模型的不同，分别设计并实施了两套实验研究。在两套实验研究中，又根据调节变量的不同，设计出了不同的赢回策略。现场实验中，本研究通过问卷的方式收集了相关数据，进而通过对数据的分析，验证了在不同情况下，不同赢回策略间赢回效果的差异，进而给出了相应情况下的最优解。

7.5.2 研究框架

本书的研究思路有以下四部分。

首先，观察到现实中自然灾害发生后，非灾害旅游景区游客量恢复迟缓的现象，并且发现此现象具有普遍性。在各级政府和旅游景区实施一些措施后，仍然不能使得非灾害旅游景区的游客量迅速回升。这就为本研究的确定提供了一个现实依据和大致的研究方向。

其次，在收集和整理以往的研究成果的基础上，没有发现国内外学者对于此课题专门的、深入的研究，这项研究空白点也就成为本研究的机会所在。

再次，根据既定的研究方向，结合前人文献，从现象描述中提炼出准确的科学命题，继而确定本课题的研究内容和研究目标。

最后，基于研究内容和研究目标，展开正式研究，包括：开展扎根研究、建立概念模型、形成研究假设、选择研究方法、设计研究变量、设计调查问卷、展开调研工作、进行数据分析、分析研究结论。

本书研究的思路如图7-3所示。

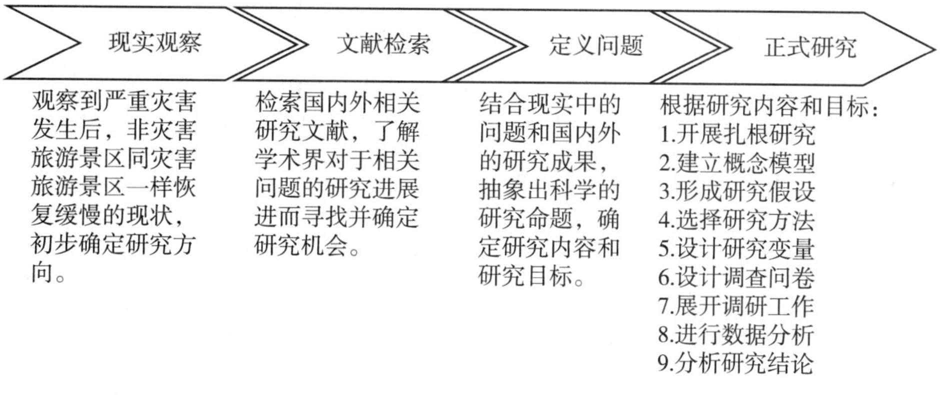

现实观察	文献检索	定义问题	正式研究
观察到严重灾害发生后，非灾害旅游景区同灾害旅游景区一样恢复缓慢的现状，初步确定研究方向。	检索国内外相关研究文献，了解学术界对于相关问题的研究进展进而寻找并确定研究机会。	结合现实中的问题和国内外的研究成果，抽象出科学的研究命题，确定研究内容和研究目标。	根据研究内容和目标： 1.开展扎根研究 2.建立概念模型 3.形成研究假设 4.选择研究方法 5.设计研究变量 6.设计调查问卷 7.展开调研工作 8.进行数据分析 9.分析研究结论

图7-3 研究思路

8. 理论综述

本研究所涉及的理论，主要包括灾害型旅游危机管理理论、游客赢回理论、旅游决策理论和购买意愿理论四个主要方面，下面分别对这四个方面的文献进行综述。

8.1 灾害型旅游危机管理理论

本部分研究的研究对象为"非灾害旅游景区"，在学术界属于研究空白，因此，没有直接的文献可以参考，但这并不妨碍本研究对相关研究领域的研究成果进行一次总结。根据本书的研究主题和研究内容，本节将从灾害条件下的旅游危机管理和灾害型旅游危机下的游客流失两个方面进行文献的综述性研究。

8.1.1 灾害型旅游危机管理

旅游业是脆弱的。从狭义上说，旅游的核心产品——旅游资源本身就具有脆弱性，这主要表现在两个方面（田喜洲，2006）。一是旅游资源本身容易受到外界的破坏，这种破坏可以是自然的也可以是非自然的，尤其是生态旅游资源，其本身可能就是在某种极端自然条件下作用的结果，因而其生态系统在一定意义上并不具有稳定性，也就更容易导致自然灾害的破坏。二是旅游资源本身具有不能够适应过度的市场开发与需求的性质，如果旅游资源在某一段时期内承受超越其游客接待能力的游客数量，就可能会导致旅游资源的破坏甚至消亡。从广义上来看，旅游业是集吃、住、行、游、购、娱六个要素为一体的综合性产业，它涉及面广、关联性强。就行业的角度而言，其脆弱性直接表现为四个方面（孙春华，2003）。一是旅游者数量的非常规减少，而这种表现多源于非常规突发性事件的发生，比如中国四川"5·12"汶川大地震、美国"9·11"事件等。二是旅游收入的减少。旅游人数的减少，势必会导致旅游收入的减少。三是旅游资源被破坏。旅游资源的脆弱性是显著的，自然或者人为的灾害都会对其造成破坏。四是旅游环境遭到污染或破坏。一般而言，旅游环境的污染对于旅游产业的影响是较为迟缓的，但也有极端的案例。比如，2002年"威望号"油轮的燃油泄漏事故就给欧洲著名的避暑胜地——西班牙加利西亚海岸带来严重的旅游危机，致使当地旅游业陷入停滞状态。

在日益复杂的自然条件和社会条件下，旅游资源及旅游行业自身的脆弱性和易破坏性，导致旅游危机的频频出现。对于旅游危机的研究，始于20世纪70年代，至今方兴未艾。1974年，世界范围内的能源危机使得发达国家的经济受挫，旅游研究协会（Travel Research Association）开展了一次主题为"旅行研究在危机年代中的贡献"的年度会议，开启旅游危机管理研究的序幕。在其后的几十年中，研究者们在旅游业危机管理的各个方面展开越来越深入的调查研究。

8.1.1.1 旅游危机的定义

旅游危机最早是作为旅游安全问题来研究的。国外旅游安全的研究兴起于20世纪70年代，主要研究犯罪等社会不安定因素对旅游的影响。随着战争、恐怖主义问题的凸显，旅游安全的研究在20世纪90年代进入了高潮。进入21世纪后，恐怖袭击、疫病、严重自然灾害等频发，给全球旅游业带来巨大的冲击，这促使学界对旅游危机开展更广泛和深入的学术研究。

旅游危机的定义在上卷"8.1.1 旅游危机的定义与分类"中进行了阐述，这里做简要的回顾。

目前，学术界仍未对旅游危机的定义做出一致的定论。国外学者中比较有代表性的是Sönmez, Backman和Allen（1994）。他们认为，对旅游业及其相关业务的正常经营构成威胁的事件；由于它负面地影响游客对目的地的认知，进而对旅游目的地有关安全、吸引力和舒适度的声誉造成损害；结果由于旅游者数量及其旅游支出减少，使当地旅游业和旅游经济出现衰退，中断了当地旅游产业的正常发展，这种事件的出现就可被视为旅游危机。亚太旅游协会（PATA）将旅游危机定义为：具有完全破坏旅游业的潜能的自然或人为的灾害。世界旅游组织（World Tourism Organization）给出的定义为"影响旅行者对一个目的地的信心和扰乱旅游业继续正常经营的非预期性事件。这类事件可能以无限多样的形式在许多年中不断发生"。这也是目前国内外学者较为认可的定义。

作者认为，旅游危机是影响旅游者的旅游信心，并扰乱旅游目的地旅游业正常运行的事件的出现所带来的一种伴随着各种风险和不确定性的状态，它不仅可以由非预期性的事件引起，也可以由在一定时期内可预见到的事件引发。本书的研究，正是在由自然灾害而引起的旅游危机的背景下展开的。

8.1.1.2 旅游危机管理模型

所谓旅游危机管理，是旅游地对旅游开发、经营过程中可能产生的风险因素采取预防或消除措施，以及在危险发生后采取弥补措施的科学管理方法（刘锋，1997）。

在上卷"8.3.2 旅游危机管理模型"部分中，对 Arbel 和 Bargur（1980），Murphy 和 Bayley（1989），Robert（1994），Faulkner（2001），侯国林（2005）的旅游危机管理模型进行介绍，将以上学者的旅游危机管理模型的各阶段进行归纳，如表 8-1 所示。

表 8-1 旅游危机管理阶段研究汇总

Arbel 和 Bargur（1980）	Fink（1986）	Murphy 和 Bayley（1989）	Robert（1994）	Faulkner（2001）	侯国林（2005）
	事件前期	事件前期（评估阶段）	事件前期	事件前期	潜伏期
征兆期（第一阶段）		征兆期（预警阶段）		征兆期	爆发期
紧急期（第二阶段）	紧急期	紧急期（冲击阶段）	紧急期	紧急期	恢复期
	中间期		中间期	中间期	
恢复期（第三阶段）	恢复期	恢复期（恢复阶段）	恢复期	恢复期	
				痊愈期	

由此可见，对于旅游危机管理基础理论的研究，学者们大多先对旅游危机从产生到结束，即危机生命周期所要经历的各个阶段进行确定，然后构建出旅游危机管理的框架模型，进而对各阶段提出应对策略以丰满其旅游危机管理的框架模型。

这里主要对 Faulkner 和侯国林的旅游危机管理模型进行介绍。

Faulkner 的模型借用医学术语提出"灾害生命周期"，将灾害后的危机划分为六个连续的阶段：事件前期（Pre-event）、征兆期（Prodromal）、紧急应对期（Emergency）、恢复中期（Intermediate）、长远恢复期（Long-term）和痊愈期（Resolution）。然后抽象出在各阶段旅游管理所要识别出的反应元素，并针对各个阶段提出了一整套行之有效的灾害型旅游危机管理的措施和手段，如图 8-1 所示。

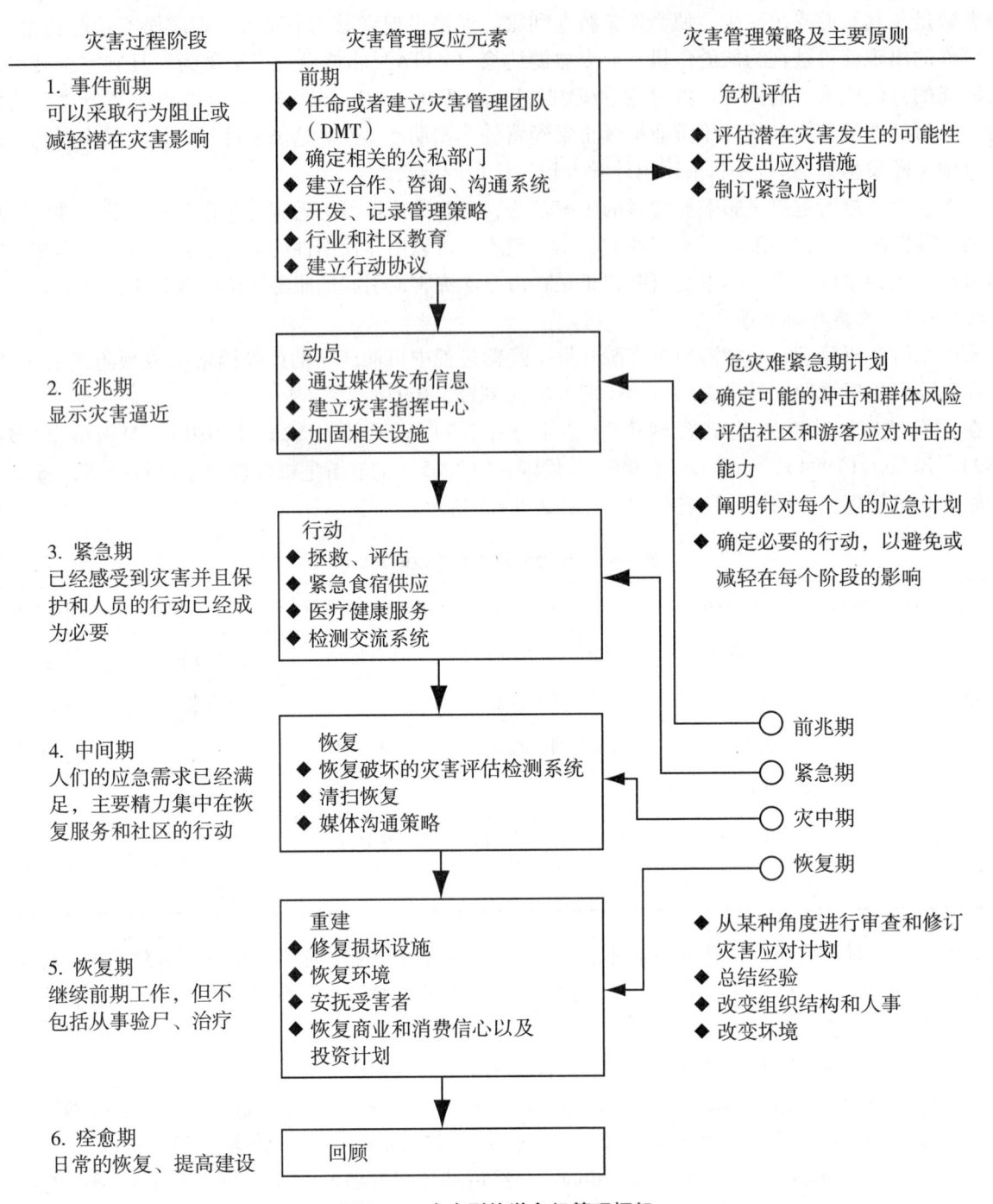

灾害过程阶段	灾害管理反应元素	灾害管理策略及主要原则
1. 事件前期 可以采取行为阻止或减轻潜在灾害影响	前期 ◆ 任命或者建立灾害管理团队（DMT） ◆ 确定相关的公私部门 ◆ 建立合作、咨询、沟通系统 ◆ 开发、记录管理策略 ◆ 行业和社区教育 ◆ 建立行动协议	危机评估 ◆ 评估潜在灾害发生的可能性 ◆ 开发出应对措施 ◆ 制订紧急应对计划
2. 征兆期 显示灾害逼近	动员 ◆ 通过媒体发布信息 ◆ 建立灾害指挥中心 ◆ 加固相关设施	危灾难紧急期计划 ◆ 确定可能的冲击和群体风险 ◆ 评估社区和游客应对冲击的能力 ◆ 阐明针对每个人的应急计划 ◆ 确定必要的行动，以避免或减轻在每个阶段的影响
3. 紧急期 已经感受到灾害并且保护和人员的行动已经成为必要	行动 ◆ 拯救、评估 ◆ 紧急食宿供应 ◆ 医疗健康服务 ◆ 检测交流系统	
4. 中间期 人们的应急需求已经满足，主要精力集中在恢复服务和社区的行动	恢复 ◆ 恢复破坏的灾害评估检测系统 ◆ 清扫恢复 ◆ 媒体沟通策略	○ 前兆期 ○ 紧急期 ○ 灾中期 ○ 恢复期
5. 恢复期 继续前期工作，但不包括从事验尸、治疗	重建 ◆ 修复损坏设施 ◆ 恢复环境 ◆ 安抚受害者 ◆ 恢复商业和消费信心以及投资计划	◆ 从某种角度进行审查和修订灾害应对计划 ◆ 总结经验 ◆ 改变组织结构和人事 ◆ 改变坏境
6. 痊愈期 日常的恢复、提高建设	回顾	

图 8-1 灾害型旅游危机管理框架

侯国林（2005）将旅游危机分为潜伏期、爆发期和恢复期三个阶段。并在不同的阶段提出不同的危机管理战略。在危机潜伏期，危机管理机构启动危机信息与预警系统，实施危机监测和危机预警，将尚处于萌芽状态的危机尽可能消除，最大限度地降低危机爆发带来的风险；在旅游危机爆发后，应启动危机决策与行动系统，实施危机紧急状态预案，对危机进行控制和干预，将危机带来的损失尽可能降低；而在危机过后的恢复阶段，危机管理机构应启动危机反馈与评估系统，接受社会各方面的反馈信息，对旅游危机影响、损失等进行评估，如图 8-2 所示。

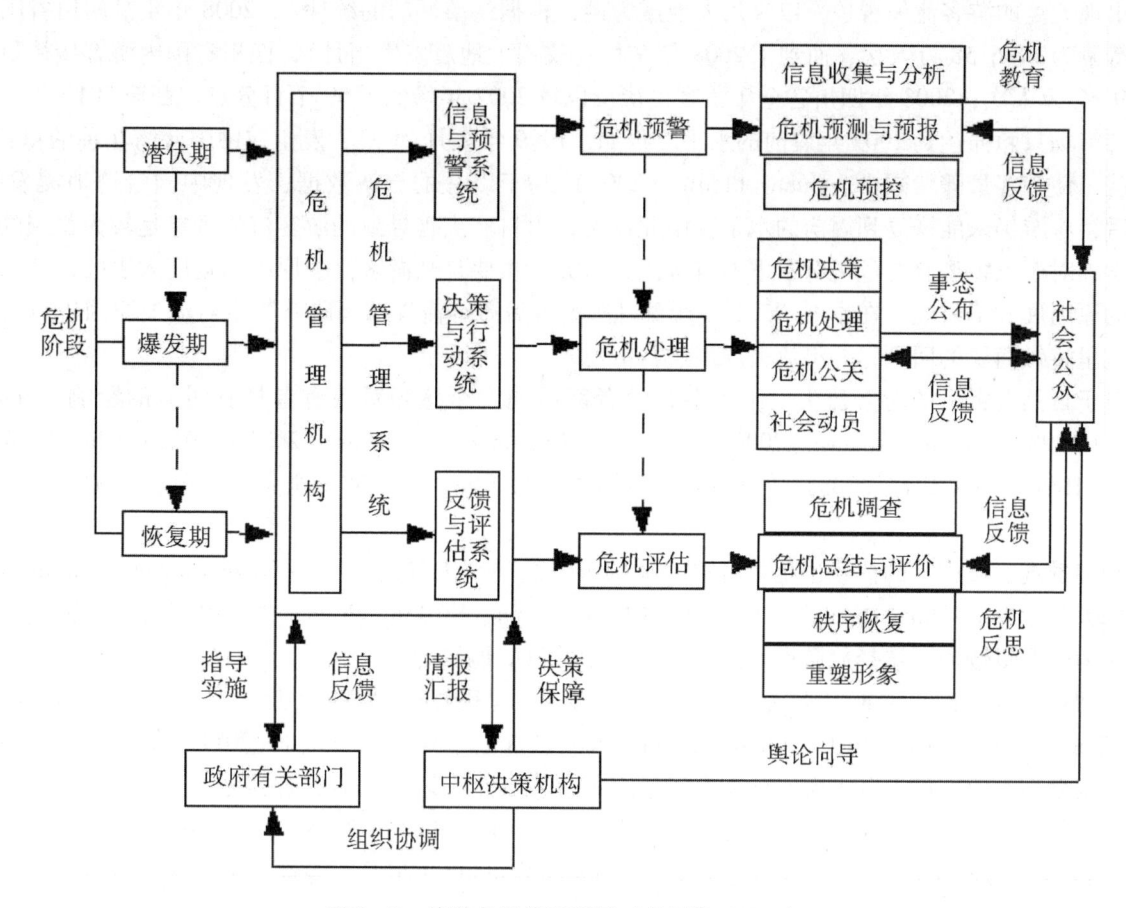

图 8-2　旅游危机管理模型（侯国林，2005）

8.1.1.3　旅游危机下的损失测度

对于灾害对旅游业造成的损失的测算，也成为旅游学者研究的一个热门领域。

Mazzocchi 等（2001）通过长期的观测，研究了 1997 年发生在意大利中部翁布里亚地区的地震对当地旅游业造成的影响，并提出了科学的研究方法测算了地震给当地旅游业带来的经济损失。

Viner 和 Agnew（1999）在其给世界野生动物基金英国基金会（WWF - UK）做的报告中，指出了气候对于旅游业的影响，以及全球气候变化对旅游业造成的巨大威胁和旅游危机的显现。

2003 年，SARS 在全球范围内流行传染，对亚洲各国尤其是中国造成了较大的影响，各国学者也都纷纷对这一旅游危机事件给予了充分的关注。Dwyer，Forsyth 和 Spurr（2006）研究了全球 SARS 危机对澳大利亚旅游业造成的影响，通过运用一般均衡模型，他们模拟出了"非典"对澳大利亚的旅游经济带来的负面影响，并且指出在全球 SARS 肆虐的大背景下，随着出境游客的减少以及内需的扩大，澳大利亚的旅游业所面临的形势并不像当地旅游企业预计的那么严峻。

但是，学者对于灾害对旅游的负面影响并非众口一词，也有学者发出不同的声音。1998 年，美国人类学学者 Smith 提出，战争对于旅游业的影响被学界扭曲了。他运用民族志的研究方法，对从第一次世界大战到 1998 年美国旅游业的数据进行了追踪，并且检验了第二次世界大战遗迹对美国民众和团体游客的影响，研究结果令人吃惊。研究结果表明，战争虽然是旅游危机产生的一大诱因，但它同时又刺激军事旅游、政治旅游等，并且战后遗迹类的旅游景区是已知的数量最为庞大的一类旅游景区。

8.1.2　灾害型旅游危机下的游客流失原因研究

就世界范围而言，凡是遭受过严重自然灾害破坏的地区，都无一例外地出现了相当时期的旅游淡季,出现大量的游客流失现象。以汶川大地震为例,根据旅游部门的统计①,2008年4月四川省国内游客接待量为1436.58万人次,而到了2008年5月(汶川大地震发生当月),四川省国内游客接待量锐减至759.62万人次;2008年四川省全年游客接待量也较2007年降低了59个百分点。截至2010年,四川省旅游市场只勉强达到2007年震前的水平。再如,1999年9月21日,发生在中国台湾花莲的里氏7.3级地震,使游客量骤然减少。Huang和Min(2002)基于以往的旅游数据,发现中国台湾地震发生11个月后,旅游仍未能恢复到震前的水平。由此可见,由自然灾害导致的游客流失现象是较为普遍的。

学界对于灾害型旅游危机背景下的游客流失研究,主要是从游客流失原因的角度入手的,并从多个方面的原因展开了研究。在本书"2.1.2 严重自然灾害后游客流失原因研究"中对流失原因进行文献综述,这里将做简要的回顾,并将流失原因进行汇总。

对于自然灾害后的游客流失,绝大多数学者都认同安全感知对旅游者具有明显的影响。Sönmez、Graefe(1998),Poon、Adams(2000),Becken、Frampton、Simmons(2001),Mazzocchi和Montini(2001)Hystad和Keller(2008)等进行安全感知方面的研究,并证实安全保障是游客出游最关心的问题之一。

旅游景观、设施等的损毁也是阻碍灾害地旅游恢复的一大障碍。Jen-Hung Huanga,Jennifer C. H. Min(2002)、Jen-Hung Huang,Shu-Ting Chuang,Yu-Ru Lin(2008)等在其研究中也证实了这一点,认为游客更倾向于选择旅游设施更加舒适的旅游目的地旅游。

心理忌讳也是自然灾害发生后,导致游客改变或取消旅游计划的原因之一。Jen-Hung Huang,Shu-Ting Chuang,Yu-Ru Lin(2008)、Sajaniemi(2008)、Rittichainuwat(2011)等也证实了对心理的禁忌也会在一定程度上降低游客的旅游意愿,并且发现这种影响在亚洲游客身上尤其明显。

消极的公共信息也使游客旅游之心挫败。Mazzocchi and Montini(2001),Nevenka Cavlek(2002),Jen-Hung Huanga、Jennifer C H Min(2002),Andrea Valentin(2003)等都提出了这个观点,并在研究中发现负面报道会降低游客的旅游意愿,甚至把游客吓跑。

此外,Seaton(1996)和Foley和Lennon(1996)都较早地对黑色旅游进行了研究,并发现死亡和灾害对游客具有一定的吸引力,同时也可以成为旅游的驱动力。此后,其他学者也相继进行了研究,Reas Kondraschow(2006)认为尤其在西方国家,灾害对旅游反而有积极地推进作用,这些国家的游客相信去灾区旅游是一种很好地帮助灾区社会经济恢复的有效方法。

游客地理知识的相对匮乏致使其在对旅游目的地认知时出现的偏差,从而使灾害地的危机影响波及周边的区域。Cavlek(2002)对游客可能缺乏合理的地理知识带来的负面和正面影响进行了一定的介绍。

在综合国内外学者的观点后,本研究认为,灾后游客流失的原因可以归纳为:安全担忧、心理冲突、设施损坏、形象破坏、媒体负面报道、目的地替代、社会规范影响、健康担忧、成本增加、交通影响等,如表8-2所示。

---

① 数据来源:四川旅游政务网。

表 8-2 严重自然灾害后游客流失原因汇总

流失原因	文献出处	作者
安全担忧	Earthquake effects on tourism in central Italy； September 11, 2001 attack on America：a record of the immediate impacts and reactions in the USA travel and tourism industry； The effect of risk perceptions on intentions to travel in the aftermath of september 11, 2001； Impact of the tsunami on chinese outbound tourism； The impact of 9/11 and other terrible global events on tourism in the U.S. and Hawaii； Perceived travel risks regarding terrorism and disease：The case of Thailand	Mazzocchi, Montini (2001)； Goodrich (2002)； Floyd, Gibson, Pennington – Gray, et al. (2004)； Zhang (2005)； Bonham, Edmonds, Mak (2006) Rittichainuwat (2009)
鬼神信仰及忌讳	Folk religion and tourist intention：avoiding tsunami – affected destinations； Impacts of natural disaster on tourism：the case of 26th december 2004 tsunami； Responding to disaster：Thai and scandinavian tourists' motivation to visit Phuket, Thailand	JenHung, YuRu (2008)； Sajaniemi (2008)； Rittichainuwat (2008)
媒体负面报道	Recovery from natural disaster：Travel writers and tourist destinations； Travel safety, terrorism and the media：the significance of the issue – attention cycle； The lessons of disaster	Milo, Yoder (1991)； Hall (2002)； Kondraschow (2006)
健康担忧	The lessons of disaster； Perceived travel risks regarding terrorism and disease：The case of Thailand	Kondraschow (2006)； Rittichainuwat (2009)
设施损坏和形象破坏	Earthquake devastation and recovery in tourism：the Taiwan case； The 2004 Indian Ocean Tsunami：Tourism Impacts and Recovery Progress in Thailand's Marine National Parks； Reputational disaster in Phuket：the secondary impact of the tsunami on inbound tourism； Tourism image, evaluation variables and after purchase behavior：inter – relationship	Huang, Min (2002)； Meprasert (2006)； Kondraschow (2006)； Ichinosawa (2006)； Bigne, Sanchez, Sanchez (2001)
社会规范影响	Folk religion and tourist intention avoiding tsunami – affected destinations 浅议震区灾后旅游市场的重建	JenHung, YuRu (2008)； 刘阳炼 (2008)
成本增加	Strategies for Inbound Tourism Recovery from a Catastrophe：The Case of Severe Acute Respiratory Syndrome in Taiwan	Min (2002)
交通影响	汶川地震后阿坝州旅游业重建调研报告	贾银忠、覃江荣 (2008)

8.2 游客赢回理论

本研究将从游客赢回的定义、游客赢回的策略和汶川大地震发生后四川省采取的游客赢回措施进行总结。

8.2.1 游客赢回定义

游客赢回的定义在本书"2.1.3 严重自然灾害后游客赢回研究"中进行了一定的介绍。其中，Thomas、Blattberg、Fox（2004）对"顾客赢回"的概念进行了界定，认为顾客赢回是重新恢复和管理与公司已经中止的顾客关系。Sönmez, Apostolopoulos 和 Tarlow（1999）对"游客赢回"的概念进行了解释，认为旅游赢回是在发生旅游危机时，为使游客重新产生旅游购买意愿，从而恢复旅游所采取某一种游客外在的措施和策略。而在此过程中针对游客的营销手段就是游客赢回策略。

8.2.2 游客赢回策略

严重自然灾害发生后,恢复当地经济成为灾害地的首要任务,而这其中,自然也包括当地的旅游业。为此,众多学者在灾后旅游恢复的实践上进行了大量的研究和探索。本研究对已有文献当中提及的灾后游客赢回策略进行了归纳总结,发现现有的游客赢回策略主要有信息知晓、对主要客源地的赢回、价格促销、基础设施重建、游客安全和旅游体验等几个主要方面。下面就对其一一进行回顾。

(1) 信息知晓策略。

Milo 和 Yoder(1991)曾在其研究中发现一个现象,即许多媒体的报道使得灾后的旅游恢复变得复杂化。他们通过对 1989 年旧金山地震后一项针对旅游记者的调查研究,证实媒体在恢复阶段的态度和消息的取用与灾后旅游恢复直接相关。他们建议,建立给予旅游目的地帮助的忠诚策略,减少媒体的负面报道。

Durocher(1994)在研究夏威夷飓风给美国旅游业带来的旅游危机后认为,自然灾害后的旅游恢复决定于破坏的程度、设备恢复的效率和公布目的地现状。在遭受自然灾害破坏后,旅游行业最初几个月的应对极为关键。灵活、有计划的行动、尽快获得传播信息、安装电话热线、保持媒体顺畅、提供最新的信息给旅游经销商和其他旅游合作伙伴有关恢复的状态和努力、确保旅行社和媒体看到恢复的程度。

口蹄疫的发生对英国旅游业的负面影响非常严重,为了弱化英国旅游业遭受到负面影响,英国旅游局决定借助媒体的力量,他们参与赞助英超联赛,并在联赛的转播过程中,插入了许多英国著名旅游目的地的画面,由此收到很好的效果。

马尔代夫政府的游客赢回策略则更重视媒体的作用。在 2004 年海啸发生后,马尔代夫积极重塑其旅游形象,并对各国媒体进行游说,希望其不要过分渲染灾情以免吓跑游客。

(2) 赢回主要客源策略。

2004 年,泰国旅游局在印度洋海啸后,针对中国游客推出春节普吉岛免费航班救市计划。

2001 年英国口蹄疫爆发后,给英国的旅游业造成巨大损失。英国旅游局提出了他们的旅游业恢复战略,他们还与各主要航空公司、旅行公司和酒店集团合作,针对主要客源国——美国和加拿大,制定了一系列市场促销战略,吸引这些国家的游客重返英国。具体的促销活动包括邮寄旅游宣传材料、参与推广各种体育比赛活动、组织商务论坛和各种艺术展览等。

马尔代夫在印度洋海啸后,对其主要的客源市场开展积极的宣传和公关活动,希望取消其对马尔代夫的旅游警告。

(3) 价格促销策略。

印度洋海啸后,泰国政府制订旅游业恢复振兴计划,作为其中重要的一个组成部分,就是对本国游客的让利:对于在海啸灾区停留两晚以上的泰国本国游客,将获准购买高达两万泰铢的免税商品,享受与外国游客一样的特别待遇,以便振兴南部安达曼海沿岸的旅游业;同时,降低交通成本:主要措施是降低机场的航班着陆费,从而使航空飞行费用更加便宜,同时鼓励其国内政府的官方会议更多地在灾区各府举行。

遭受印度洋海啸破坏的还有度假胜地马尔代夫。海啸过后,马尔代夫政府以 200 万美元的营销预算向旅游贸易界和游客发出一个统一的促销信息,表明马尔代夫作为旅游目的地是安全的。

(4) 设施重建策略。

克罗地亚的经验支持了 Sönmez 和 Graefe(1998)关于度假决策的发现,即曾经的旅游经验对未来的行为只有间接而非直接的效应。因此,可以这样认为,为了使旅游者重新回到刚刚发生过危机的国家,仅仅依靠旅游者知道目的地危机发生之前的情况是不够的。在这种情况下,需要做出承诺和大量的投资,包括与包价旅游承包商、旅行机构重新建立商业关系,恢复交通,赢回在国际市场上先前的地位。

在2004年年底的海啸发生后，泰国政府启动旅游业恢复振兴计划[①]。该振兴计划首先就是对本国旅游业资源的修护和补助：泰国政府投入3000亿泰铢用于旅游业恢复项目，包括对旅游资源损毁的补助、旅游景点商业行为的补助和普吉岛旅游形象恢复的补助。

Min（2007）应用层次分析（Analytic Hierarchy Process）方法，通过一定范围内专家咨询获得的不同旅游恢复策略评价标准的权重。结果表明最好的恢复策略是发展和提升国内旅游的吸引力。他最后得出对政府合适的未来灾害处理策略是，政府加强旅游资源建设、改善基础设施、鼓励投资将有助于创造一个友好、多元的世界级旅游环境。在这项研究中，作者认为其他的恢复策略的优先顺序排位是，参加世界规模的旅游展示会被列为倒数第二，而设置一个旅游重振任务小组，被列为最后。

Blake和Sinclair（2003）对"9·11"事件对美国旅游业的影响进行了深入研究，基于美国政府对以往应对策略的效果缺乏关注的事实，他们以"9·11"事件后的美国旅游业为案例，借助一般均衡模型分析了此次旅游危机给美国旅游业造成的危害，同时也检验了已使用和潜在的应对措施的效果，得出了多层次目标的政府补贴和减少赋税是最有效的应对手段。

（5）安全策略。

Scott，Laws和Prideaux（2008）的研究指出，随着灾害的频繁出现和强度的增大，有关灾后旅游的管理，对旅游业产生的影响，以及旅游业遭受创伤的研究越来越多。大多数的研究都采取相对宽泛的研究方法，主要探讨灾害对旅游业的影响、对当地居民、旅游组织和环境、设施的影响。同时还探讨采取的一些补救措施，以及灾后立即使用的危机管理手段。该研究主要回答如何恢复受到严重灾害后的目的地旅游市场，并且如何吸取经验以更好地应对后来的危机。该研究认为，"恢复到正常"的任务，是一个挑战，比很多文献认为的变化更大，更复杂。他们提出，危机后的旅游恢复人身财产安全是首要问题，因此提出了安全恢复策略。

早在"9·11"事件以前，Sönmez、Apostolopoulos和Tarlow（1999）就已经预感到恐怖主义给旅游业带来的危机严重性，为此，他们专门撰文提醒旅游目的地的政府有必要将危机管理计划纳入城市总体发展和营销战略中去，以保护和重塑旅游目的地的安全形象，并保持所在地旅游形象的吸引力，进而保证旅游地在危机后的迅速恢复。

（6）体验策略。

一些研究站在政府或管理部门的角度，对灾后旅游业恢复的模式给出了一些赢回策略。

Cioccio和Michael（2007）等研究了澳大利亚森林大火后旅游经营者们的恢复策略指出，虽然旅游经营者缺乏灾前防范措施，而其经营者的实践经验积累和灾后旅游经营者的联盟互助非常有助于旅游市场的恢复。

我国学者曾本祥等（Zeng、Carter和De Lacy，2005）以中国的旅游市场为对象进行了案例研究，通过比较不同类型的短期旅游危机对旅游业的影响后，分析了SARS对中国旅游业产生的不良影响，并且挖掘出了中国市场成功摆脱SARS带来的旅游危机的动因，最后还给出了面对旅游危机时旅游产品多样性和区域合作的建议。

作为以色列旅游局负责澳大利亚和西南太平洋地区的负责人之一，Beirman（2002）曾经对处于危机中的旅游目的地的营销活动进行过研究，不同于以往学者侧重危机过后的恢复性营销研究，他的研究针对的是正处于危机状态中的旅游目的地。2000年9月，巴以冲突的升级使得以色列的旅游业陷入低迷，Beirman的研究就是在这种现实背景下展开的。他站在旅游目的地的立场上，着重从以色列旅游的

---

① 数据来源：《泰国拟投3000亿泰铢"救市"》。

渠道（包括旅游经营者、航空公司、宾馆酒店和旅游景区管理部门）、消费者、政府和媒体四个方面所能采取的措施上，对危机中的旅游营销进行了分析，还专门提到了价格策略和旅游保险策略，并且对因巴以冲突而被波及的以色列邻邦——约旦的旅游业进行了专门的案例分析，而且也针对约旦旅游业提出了相应的营销手段。

Herrero（1997）提到了针对经济危机频发导致旅游危机时常出现的状况，专门提出了预防性旅游营销的必要性。他的研究从1995年开始，至1997年结束，对美国和西班牙进行了实地调研。1995年的4月—6月和1996年的1月—2月，他们分别在美国和西班牙发放了221份和171分调查问卷，调查领域涉及航空公司、租车公司、宾馆酒店、餐馆、游船公司、领域管理局、主题公园、汽车客运公司和铁路客运公司。研究证明了包括积极危机和自然灾害在内的多项因素是导致旅游危机出现的常见诱因，验证了最常用也是弱化危机负面效应最有力的几种运营战略及沟通策略和措施。通过对比研究，他认为美国的旅游业比西班牙的旅游业在应对经济危机方面准备工作更到位，因为他发现美国有78%的旅游业内组织都有自己的危机管理方案，而西班牙有此方案的业内组织大概只有78%，他呼吁全世界的旅游业内组织强化危机管理意识并提出相应的危机管理预案。1988年，他又对收集到的各类旅游企业或组织应对旅游危机时所采取的措施进行了理论分析后，提出了面对旅游危机时旅游业的危机沟通框架模型以及详尽的实施步骤，他最后又针对航空公司、游轮公司、宾馆酒店和餐饮部门的危机沟通提出了具体的实施方案。

8.2.3 汶川大地震后四川省的游客赢回措施

2008年的汶川大地震发生后，极大地破坏了四川的旅游业。四川省政府、四川省旅游局及各地市州政府和旅游景区主管部门，纷纷提出旅游振兴措施，以恢复当地的旅游业。作者进行了简单统计，截止到2010年年底，四川旅游业开展的较大型的营销活动有"四川人游四川"（又名：川人游川）活动、"解禁旅游市场""中国奥运年·文明游四川活动""'四川之夜'旅游推介会""发行熊猫卡""价格洼地政策""2009中国四川国际文化旅游节""迎国庆——金秋黄金假期之旅"大型营销活动、"2009五彩猎艳·四川红叶之旅"和"2010年四川红叶之旅"等，如表8-3所示。

表8-3 四川省旅游恢复措施汇总

活动名称	主办方	持续时间	活动说明
四川人游四川	四川省政府	2008年6月15日—2008年12月30	实施"游客信心提振"行动，解决信息不对称。景区门票只降不升
解禁旅游市场	四川省旅游局	2008年6月	四川旅游重建方案2008年7月出台 适时分区解禁旅游市场，四川省旅游局于2008年6月策划开展"四川人游四川"系列活动，先后启动成乐峨精品旅游线、川南旅游线路和川东北旅游线路
中国奥运年·文明游四川活动	四川省旅游局	2008年7月12日	2008年7月12日，由省旅游局主办的"中国奥运年·文明游四川"活动在红星路步行广场正式启动，我省17个市州旅游局负责人及30余个景区（点）来到启动仪式现场向过往行人宣传安全游四川的信息，并继续推出一些优惠措施
"四川之夜"旅游推介会	四川省政府	2009年3月	2009年3月，省领导亲自率领四川旅游促销团参加德国柏林的ITB展并成功举办"四川之夜"旅游推介会，这是我省在震后首次到欧洲亮相宣传，引起强烈反响。积极开展"请进来"宣传11批次，先后邀请日本、北欧等国家和地区知名媒体来川考察、拍摄

续表

活动名称	主办方	持续时间	活动说明
熊猫卡	成都市旅游局	2009年03月24日—2009年12月31	成都市人民政府为回报社会（答谢全国人民对汶川灾区的支援），拉动内需，针对省外游客提供成都11个国有景区免收门票回馈活动的优惠卡——熊猫金卡，必须配合本人身份证使用，可以在成都市规定的都江堰、熊猫基地、刘氏庄园、天台山、青城山、西岭雪山、西岭雪山滑雪场、武侯祠、杜甫草堂、金沙遗址博物馆、永陵博物馆等11个景区，刷卡免费游览，每个景区各一次。针对省内游客发放的熊猫银卡将于4月1日正式面市。4月1日后，市民可以到指定地点申购熊猫银卡。持熊猫银卡同时配合本人身份证，游客可以半价游览11个成都市内景区（点），和熊猫金卡有所不同的是，持熊猫银卡的游客可以反复享受这一优惠。面向四川省外游客将发放熊猫金卡，共计1500万张；而熊猫银卡则面向四川省内游客发放，共计500万张，总量为2000万张
价格洼地	全省21个市州	2009年5月	2009年3月全省21个市州整体推出旅游"价格洼地"的优惠政策，九寨沟、峨眉山、乐山大佛、海螺沟等全省数百景区将在5月12日当天免费向游客开放，5月实行半价优惠，全年实行不同程度的优惠。九寨沟、黄龙景区向对口援建省市赠票15万张。在汶川大地震一周年即将到来之际，四川旅游推出优惠活动，包括九寨沟、峨眉山—乐山大佛在内的几乎所有知名景区、景点，以及众多新开发的景区、景点，"5·12"当天都推出全免优惠政策，整个5月的其余时间则实施半价优惠
2009中国四川国际文化旅游节	四川省旅游局	2009年9月	9月11日，国家旅游局、四川省人民政府共同举办各地策划推出近50项配套活动及优惠措施
"迎国庆——金秋黄金假期之旅"大型营销活动	四川省旅游局	2009年9月—2009年10月	协办单位：锦江区旅游局、稻城县旅游局、德阳市旅游局、九寨沟风景名胜区管理局、黄龙风景名胜区管理局、青城山都江堰旅游景区管理局、峨眉山—乐山大佛风景区、四川领航旅游策划有限公司、《成都商报》。参展单位：有关地区旅游局、成都旅行社分会会员、有关景区、企业等。成都旅游协会旅行社分会会员，约30家，基本上是四川省重点旅行社，组团总量占全省60%以上
2009"五彩猎艳·四川红叶之旅"	四川省旅游局	2009年10月中旬—11月上旬	9月15日上午，"五彩猎艳·四川红叶之旅"在成都正式启动，四川省旅游局推出多条观赏红叶的"黄金线路"。届时，游客们可通过自驾车等方式奔赴四川各地找寻金秋最美的红叶
2010年四川红叶之旅	四川省旅游局	2010年10月中旬—11月上旬	2010年10月15日，由四川省旅游局、巴中市人民政府主办，南江县人民政府承办的2010第八届中国四川光雾山红叶节新闻通气会在成都锦江宾馆举行，四川省旅游局从即日起将在全省范围内开展以观赏红叶为主题的系列宣传推广活动六条红叶之旅线路亮相：1. 溯源岷江的红叶之旅：成都—九寨黄龙机场—叠溪—松坪沟；2. 冰川红叶自驾游之旅：成都—茂县—卡龙沟；3. 茶马古道红叶之旅：成都—雅安—宝兴—蜂桶寨自然保护区；4. 康巴风情红叶之旅：成都—雅安—康定；5. 将帅故里红叶之旅：成都—广元—光雾山—巴中—仪陇；6. 川南古镇红叶之旅：成都—内江—隆昌

8.2.4 对游客赢回理论文献的总结

由以上本研究可以看出，所有灾害后旅游恢复策略包括安全促销、价格促销、活动促进、增加投资、积极沟通、政府支持等。但是直接针对消费者的"营销手段和工具"主要就是安全策略和价格策略。同时，四川省在汶川大地震发生后施行一系列提振四川旅游业的政策和措施，范围不可谓不广、力度不可谓不大、数目不可谓不多，但是就效果而言，却显得非常有限。在这种情况下，为本研究提供了更多的研究空间。

8.3 旅游行为理论

旅游是一个具有双重含义的词。一方面，它可以指某一行业或者某一产业；而另一方面，它也可以指单个个体的某种特定的行为或者活动，是"个人以前往异地寻求愉悦为主要目的而度过的一种具有社会、休闲和消费属性的短暂经历"（谢彦君，2004）。本研究是从微观的层面，对旅游者个体的行为进行的研究，显然是属于后者。旅游行为本身也是一种消费行为，游客本身也是消费者。旅游消费行为的实质，就是旅游消费者对其旅游产品及服务的购买决策和购买行动的过程，旅游消费行为同其他的消费行为一样，具有其自身的特点，这些特点都是由旅游商品的特殊性所决定的（刘纯，1986）。消费者购买过程实际上是一个消费者的决策过程。一个完整的消费心理到行为的转换过程包括唤起消费者的需求，产生消费动机、形成消费态度、直到购买行为发生（高海霞，2003）。因此，在旅游需求产生的前提下，旅游动机和旅游决策，就成为诱发旅游行为的过程要素。

8.3.1 旅游动机研究

"动机（motivation）"来源于"激励（motivate）"一词，是指促使人们以某种方式采取某种行动之意。传统的心理学把动机解释为：推动个人行为的内在的动力，唤起与维持个体行为，并使该行为朝向特定目标的内在心理过程。动机具有激活、定向、维持、强化功能。旅游动机，则"受旅游需要所催发，受社会观念和规范所影响、直接规定旅游行为内在动力源泉"（谢彦君，2004）。旅游动机一直是国外旅游研究的一个热点领域，成果丰富，虽然得出的结论千差万别，但是理论研究者和实证研究者对于旅游动机的研究仍然取得一些共识（Jamal，2005）。首先，旅游动机是旅游行为的基本原因，旅游行为的发生必然有旅游动机的作用；其次，旅游动机是理解旅游行为的关键因素；最后，旅游动机是根据旅游体验做出满意度评价的基础。

8.3.1.1 旅游动机的理论研究

对于动机的解释，马斯洛的需求层次理论可以说居功至伟，而且在相当长的时期内都占据着并将继续占据无可撼动的基础性地位。而这其中，自然也包括对旅游动机的解释。1943年，美国心理学家亚伯拉罕·马斯洛（Maslow）创立其最著名的理论——需求层次理论。他将个体的需求划分为四个不同的层级，从低到高依次排列为生理需求、安全需求、社会交往的需求、尊重的需求和自我价值实现的需求。并且，他指出，高层次需求的满足要以低层次需求的满足为前提，如果低层次需求尚未得到满足，则高层次需求就不会出现，而当低层次需求得以满足时，人们会趋向于寻求对更高层次需求的满足。这种需求的满足将依照层次的排布而依次进行。

在此基础上，众多学者对旅游动机的分类提出各自的见解。Mill 和 Morrison（1985）将马斯洛的需求层次理论和旅游动机、旅游文化相结合，认为旅游活动能够满足游客的需求和欲望。Dann（1977）建立以马斯洛的需求层次理论为基础的旅游驱动因子理论，他明确提出七种不同类型的旅游动机，具体包括：旅行是对缺失和欲望的反应、目的地拉动和内在驱动相对应、因幻想而产生动机、分类目的动机、类型学动机、旅游者经历相关动机及自定义动机。Witt，Wright，Johnson 等（1992）则提出旅游动机有四种，分别是生理因素诱发的旅游动机、休息和娱乐的旅游动机、种族传统活动动机和其他动机。Mcintosh，Goeldner 和 Ritchie（1995）则认为生理因素引发的旅游动机、文化因素引发的旅游动机、地位和声望因素引发的旅游动机和人际因素引发的旅游动机是旅游动机的四个基本类型。国内学者也在这方面做出研究。刘纯（1986）将旅游动机分为社交的、尊重和自我完善的动机、基本智力的动机、探索的动机、冒险的动机、一致性的动机和复杂性动机六类。黄波和陆明（2006）则将旅游动机按照由低到高的层次划分为放松动机、刺激动机、关系动机、发展动机和实现动机五个层次。

但是遗憾的是，马斯洛的需求层次理论并不完全适用于旅游研究，它只能在很有限的范围内对旅游行为进行解释。Crompton（1979）则更明确地指出，在旅游研究的相关文献中，并没有实证研究的结果能够较好地支持马斯洛的需求层次理论，因此他认为，需求层次理论对旅游研究的用途不大。在众多的动机理论中，期待价值理论、驱动力理论和推拉理论在旅游动机的研究中被广泛运用。

Hull（1943）认为，驱动力由需要产生，驱动力的大小与机体缺乏感的强弱程度直接相关。需要在相应的机体行为下得到满足，并减小驱动力。因此，他提出，个体的行为潜能，由驱动力、习惯强度和抑制力共同决定，可以被表示为：$P = D \cdot H - I$（其中，P 代表行为潜能，D 代表驱动力，H 代表习惯强度，I 代表抑制力）。其后，Hull 认为，原有的驱动力理论无法解释外在环境在引发行为上的作用，只强调个体活动的内在动力，故将诱因变量（K）引入驱动力理论，将公式变更为：$P = D \cdot H \cdot K - I$（其中，$P$ 代表行为潜能，D 代表驱动力，K 代表有因变量，H 代表习惯强度，I 代表抑制力）。驱动力理论认为，个体行为由内部刺激和外部诱因共同作用而成。

Lewin（1942）提出期望价值理论，该理论认为人们的行为，取决于对行为导向目标的可能性（期望）的认知和目标主观价值的判断。通常，个体实现目标的信念越强，目标的诱因价值越高，则行动的倾向性越大。行为由对达到目标的期待所决定并由对未来回报的信念所激发。

Tolman，Hall 和 Bretnall（1932）在研究动机时，曾将动机分为内在动机和外在动机两种类型，并指出内在动机是以内在的驱动力为基础的动机，可以被视为"推力"；而外在动机则是以认知为基础的动机，可以被视为"拉力"。这就为旅游动机研究中著名的"推拉理论"（push – pull theory）提供了理论基础。1977 年，Dann 提出推拉理论，推的因素是指内在的促使旅游意愿产生的不平衡或紧张所引起的动机，而拉的因素则源于游客对于目标属性的认知和评价，它与目标吸引物和目的地本身的属性联系紧密，并影响着旅游目的地的选择。Chon（1989）则更加明确地指出，推动因子包括认知过程和促使人们去旅游的其他社会心理动机。推动因素往往产生于无法确定的或者说模糊的人生愿望，诸如对现实生活的逃避、对新事物的追求、冒险、圆梦、休息和放松、健康、宗教等。拉动因素是一旦人们做出去旅游的决定，吸引人们去一个特定地方的因素。它包括确定的和不确定的特定目的地的线索，以拉动人们去实现特殊的旅游经历和满足其内在的需要，包括自然历史的吸引、美食、娱乐设施、目的地的形象等（Uysal 和 Hagan，1993）。

8.3.1.2 旅游动机的实证研究

旅游动机的实证研究在"2.2.1 旅游动机研究"部分进行了较详细的归纳，这里仅做简要的回顾。

研究方法的发展推动了实证研究的深入。在早期，有关旅游动机的实证研究较为朴实，大多是通过访谈与实地调查取得游客对其旅游动机的语言表述后，经过整理与汇总，归纳出具体的游客旅游动机。

1972 年，加拿大旅游局（CGTB）对五千名来自国内各地的游客进行了旅游动机方面的调查，得出了 12 种旅游动机的调查结果。Eagles（1992）则将加拿大生态旅游游客的旅游动机概括为 15 个方面。Ryan 和 Glendon（1998）将英国度假游客的旅游动机区分为 14 项。Jeffrey（1995）则针对以中国为旅游目的地的英国游客的旅游动机，细化到了 26 项。

随着新的统计方法的出现，旅游动机不再停留于简单的描述，开始借用因子分析方法来分析旅游动机的结构，这其中以 Ross 和 Lee 等的研究具有代表性。Ross 和 Iso – Ahola（1991）通过对到美国华盛顿的旅游者研究识别出 19 项旅游动机，并归纳为 6 个因子。Lee 和 Crompton（1992）则将 21 项旅游动机，归纳为 4 个因子。

其后，学者们的关注点不再局限于泛泛地了解旅游动机的因子构成，而是集中于某一项具体的旅游活动或特定的旅游目的地进行旅游动机的研究工作。Lee（2000，2004）以1998年韩国庆州世界文化博览会为契机，经过5年的持续研究，对亚洲游客和西方游客的旅游动机进行对比研究，结果发现34项旅游动机，并归纳出7项动机因子。Fodness（1994）以佛罗里达为旅游目的地，对到访的背包客的旅游动机进行调查，共得到65项旅游动机，归纳出5个旅游动机因子。

国内学者的相关研究整体起步较晚，相比较而言，中国香港地区、中国台湾地区的学者更具有代表性。整体来说，我国关于旅游动机的研究落后于西方国家。而且，研究现状堪忧：缺少原创性的基础理论研究，而大多是些应用性的实证研究。

中国台湾地区、中国香港地区对旅游动机的研究以 zhang qiu、林威呈等为代表。Zhang 和 Lam（1999）借助因子分析的方法，对到访中国香港地区的大陆游客进行定量研究，经过对41项旅游动机分析后，将其归纳出5个推力因子和6个拉力因子。林威呈（2001），通过对休闲农场假日游客的研究，设计27项旅游动机，得出5个因子。

我国内地对旅游动机的研究甚少，以陆林、吴必虎在该领域的研究具有代表性。陆林（1997）在安徽黄山风景区对游客做了旅游动机方面的研究，列举出20项旅游动机。吴必虎（1999）年在研究上海市居民国内旅游的动机后识别出6个旅游动机因子。

8.3.2 旅游决策研究

8.3.2.1 旅游决策的定义

旅游决策的过程十分复杂，受到旅游者内部因素、外部环境，以及旅游产品特点的影响。尤其是旅游产品的无形性、消费和生产的同时性，以及精神性消费的特征，使学界对旅游决策的定义仍没有一致的认知。在上卷"9.2.1 旅游决策的定义"部分中，引用邱扶东等（2005）的观点，认为旅游决策是指个人根据自己的旅游目的，收集和加工有关的旅游信息，提出并选择旅游方案或旅游计划，最终把选定的旅游方案或旅游计划付诸实施的过程。这里再整理个别国内外学者对于旅游决策的定义，以供读者参考。

Croutts 和 John 认为旅游决策是旅游者先对在出游前收集一系列旅游目的地和旅游产品的信息，并根据对比评估后的结果，理性地选择最能满足自己需要的方案。保继刚和谢彦君等也认可 Croutts 和 John 的观点，认为旅游决策是一个过程，旅游者先对旅游目的地和产品信息进行收集加工，然后结合个人主观判断做出评价，最后选出最佳方案。上述定义中都将旅游者作为理性人看待，但事实上还有很多非理性因素会影响旅游者的决策。Bettman、Luce 和 Payne 将非理性因素考虑到游客的消费刺激研究中，认为旅游决策并非完全理性的。Mayo 和 Jarvis 指出旅游决策是游客可根据环境变化来调整的，具有弹性。

8.3.2.2 旅游决策理论

在本书的"2.2.2 旅游决策研究"部分，对旅游决策的主要三个理论进行了详细的阐述。为了本部分研究的理论参考，这里简要地进行介绍。

（1）计划行为理论（Theory of Planned Behavior，TPB）。

计划行为理论由 Ajzen 于1985年提出，该理论是由他和 Fishbein 于1975年提出的理性行为理论演化而来。

理性行为理论主要是用来预测人们的行为。根据理性行为理论，个人的某一行为是其行为意图的结果。但该理论不足的地方是假定个人的某一行为完全出自自愿控制，并以此作为理论的前提。这忽略了个人因素，如个人的受教育水平；同时也忽略了外部环境对行为人的影响，如社会政治环境；此外，也没有考虑到个人在环境文化下形成的伦理道德对行为个人的影响。因此 Ajzen（1985）在理性行为理论的基础上做了修改，增加了认知行为控制（perceived behavioral control）或称知觉行为控制，形成了计划行为理论（theory of planned behavior，TPB）。计划行为理论将行为模式的形成过程分为三个阶段：外生变量影响行为态度、主观规范、认知行为控制，行为态度、主观规范、认知行为控制决定个人行为意图，即行为意向，行为意图决定个人行为。计划行为理论的结构模型，如图8-3所示。

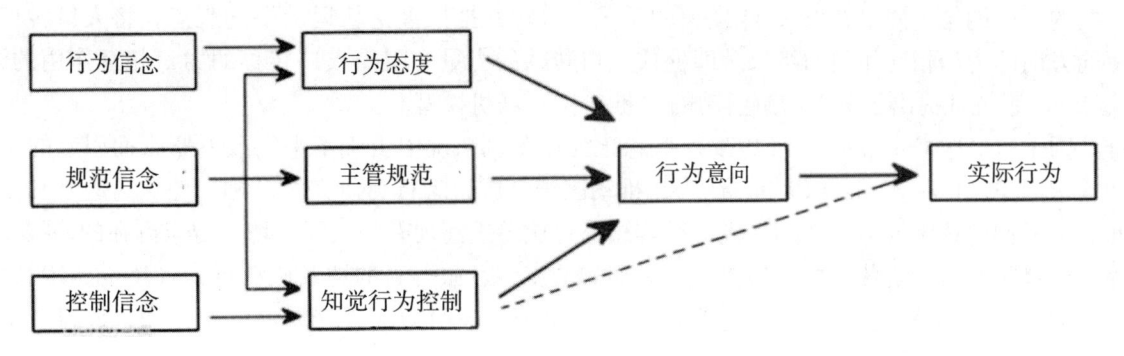

注：实线部分是理性行为理论，加上虚线的部分是计划行为理论；箭头方向是影响方向。

图8-3 计划行为理论的结构模型

就旅游而言，Moutinho（1987）认为，在旅游环境下，态度是建立在多重产品属性感知上的倾向或者是关于度假目的地或服务的感觉。根据Fishbein和Ajzen（1975）的观点，态度是行为信念和行为结果评估的基础。行为信念是将导致特殊结果的特殊行为信念。结果评估是特别结果的个人评价。态度可以通过倍增与行为相联系的每个显著性属性的个体行为理念，总括形成产品的一系列信念。Montinho（1987）还认为，作为参考群体的人群会对个体的信念、态度、选择形成关键性的影响，因为，个体会遵守他的参考群体。这种遵守将形成个体的客观规范，并组成引导个体行为的概念或一般法则。Schiffman和Kanuk（1983）认为，通过不同类型的参考群体可以识别个体联系的相应人群。认知行为控制是关于个体对事物难易的思考。认知行为控制和行为意愿之间的关系建立在两个假设基础上：第一，认知行为控制的增加将导致行为意愿增加和行为实施可能性的增加。第二，认知行为控制将在某种程度上直接影响行为。

（2）"手段—目的"理论（means-end theory）。

Gutman（1982）提出了手段—目的理论。按照该理论，影响游客目的地选择的有多种因素，这些因素构成一个从具体、有形的目的地到旅游满足个体的利益、需求、动机、期望等个人价值的区间。将影响游客决策的具体的因素和无形的因素纳入一个统一的框架，关注目的地产品的具体属性（"手段"）与这些属性带给消费者较为抽象的结果，以及这些结果强化为更抽象的个人价值（"目的"）间的认知与对旅游决策的联系。

手段—目的理论重点在于了解产品对消费者的决策影响。该理论将产品分为三个概念层次：产品属性、产品消费结果、个人价值（Olson和Reynolds，1983）。产品属性是一个具体的概念，指产品的物理特性和可视特性。比如，到自然灾害遗址地参观，灾害地断垣残壁带给人的冲击就是产品属性。消费结果较为抽象，反映特定的属性和的感知效用。比如，灾害地的断垣残壁可能带来的是心灵的震撼感觉。个人价值是指消费者通过购买旅游消费所带来核心的持久的信仰，或存在的终极状态（Rokeach，1973）。

手段—目的理论的基本原理就是游客在目的地选择时，将旅游产品产生他们希望的结果和不希望的结果作为选择产品的依据。与其他目的地选择理论不同，传统的旅游目的地选择注重产品是否重要及重要性程度，而手段—目的理论关注产品为什么重要及如何重要，并通过产品属性与个人价值关联的评估来解决。通过此理论，本研究可以得出，个人的价值选择是目的地选择的关键。

(3) 推拉理论 (Push and Pull Theory)。

推拉理论 (Push and Pull Theory) 最初由 E·G·雷文斯坦在《人口转移》一书中提出。作者认为受歧视、受压迫、沉重的负担、气候不佳、生活条件不合适都是促使人口转移的原因，而其中的经济因素是主要的。唐纳德·博格在1959年发表的系统人口转移推拉理论从运动学的观点，将人口转移看作两种不同方向的力的相互作用的结果。即促成人口转移的力量和阻碍人口转移的力量相互作用的结果。1977年Dann系统地提出了关于旅游活动的"推-拉"动机模型。

推动因子曾经被 Crompton 等 (1979) 概念化为在动机系统中由于不平衡或者紧张而引起的动机因子或者需求因子。Iso-Ahola (1989) 认为，推动因子是旅游者行为研究的基础，他认为逃避和追求两者同时影响人们的休闲行为。举例来说，游客想通过旅游逃离现有的人际环境，寻求内在的回报。这些动机因素解释旅游者需要什么样的旅游、什么形式的旅游、旅游目的地及旅游行为 (Ryan, 1991)。有别于推动因子，拉动因子曾经被概念化为与目的地特征、吸引力、自身属性等。比如，海滩、水景资源、山景、历史文化资源等。

推拉因素实际上是一个决定是否出行，另一个决定向哪儿出行。Dann (1981) 将此解释为，一旦决定旅游，去哪儿，看什么或者怎么做（这些相关的具体目的）就可以解决。因此，从理论和时间上分析，推动因素都先于拉动因素。与此观点相比，其他研究者认为推拉因素不应被看作完全独立的，二者之间是相互联系的 (Klenosky, 2002)。尤其是，当人们在内部推动力作用下决定旅游，目的地这一外部因素会同时拉动人们选择具体的目的地。类似的，Dann (1981) 曾指出，潜在旅游者在决定"去哪儿"时会考虑各种与他们的推动动机相关的拉动因素。

8.3.3 旅游决策模型

学界对于旅游决策的模型化研究成果丰富，现就对较有代表性的模型进行逐一介绍。在本卷"2.2.3 旅游决策模型"中已经对 Woodside 和 Lysonski (1989) 旅游决策模型、Um and Crompton (1990) 休闲旅游目的地选择模型和 Moutinho 的旅游模型进行了介绍。这里补充4个比较有代表性的旅游决策模型。

8.3.3.1 Schmoll (1977) 的旅游决策模型

Schmoll (1977) 将他的旅游决策模型分为4个板块，这4个板块分别代表不同的4类外部因素，共同作用于游客的动机、愿望/需要和期望这三个内在因素，他也认为旅游决策是一个较为复杂的产生过程。他的模型构造较为复杂，但是却较好地描绘出了旅游决策的生成机制，较为明了地说明旅游决策所受的各种不同因素的作用，该模型不仅较好地照顾到了决策的过程性，同时也强调了旅游决策所受的外部作用，如图8-4所示。

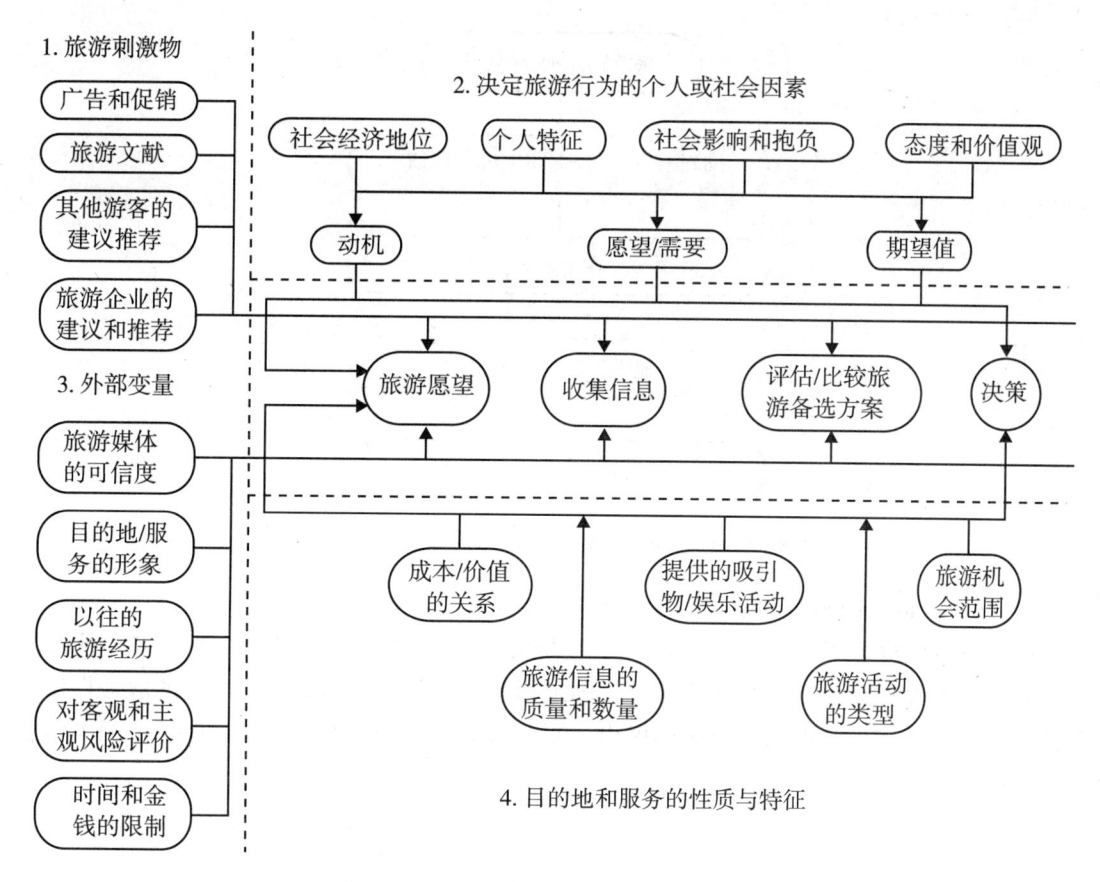

图 8-4 旅游决策模型（Schmoll，1977）

8.3.3.2 Mathieson 和 Wall（1982）的旅游决策模型

Mathieson 和 Wall（1982）认为，旅游决策的制定其实是一个持续的过程，他们将此过程分为感知需求、信息收集、方案评价、旅游经历和旅游评估五个阶段，五个阶段顺次进行，并且又都受到旅游者特点（年龄、收入、受教育程度、宗教信仰等）、旅游意识（旅游目的地形象感知）和旅游特征（物理距离、时间、风险感知）等因素的共同影响。实际上，在这个过程模型中，已经包含对内外部因素进行区分的萌芽，但是并没能在这个维度上拓展，而是将模型的重点定在流程理论的基调上，如图 8-5 所示。

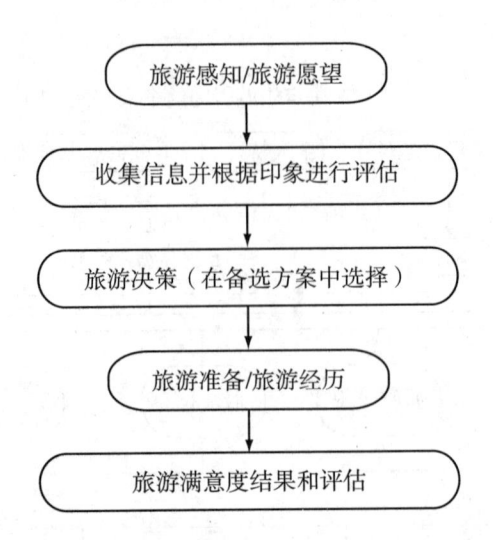

图 8-5 旅游决策模型 (Mathieson 和 Wall, 1982)

8.3.3.3 Moscardo (1996) 的旅游决策模型

Moscardo (1996) 构筑了一个旅游决策过程的循环体系，旅游者的旅游动机受到来自外部的各种市场营销的影响，同时经过信息加工后产生旅游目的地形象，进而为其对旅游目的地的取舍提供依据，以致最后旅游目的地的确定，也即旅游决策的做出，同时又会再次确认有关旅游目的地的相关信息的真实性，如图 8-6 所示。

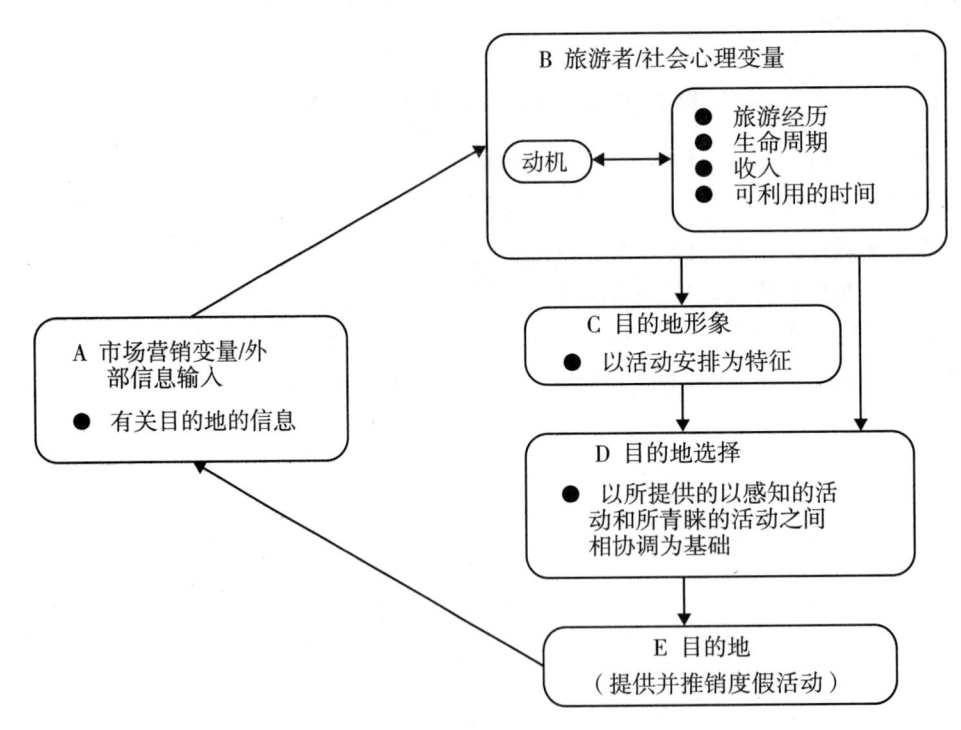

图 8-6 旅游决策模型 (Moscardo, 1996)

8.3.3.4 Petrillo 和 Swarbrooke (2004) 的旅游决策模型

Petrillo 和 Swarbrooke (2004) 认为，旅游决策的过程实质上是一个非常复杂的过程，它受到相当数量因素的共同作用，可以分为内在因素和外在因素两大类。其中，内在因素包括：个人动机、个性、可支配收入、游客身体状况、在家庭中承担的义务及决策角色、工作义务、过去的经历、兴趣爱好、对潜在度假（旅游）产品的了解情况、生活类型、态度和选择及知觉；外在因素主要包括：可获得的替代旅游产品、旅行社的建议、从旅游目的地和旅游组织及旅游媒体获得的相关信息、家庭或朋友的推荐或者口碑、政府的限制、旅游目的地的卫生状况和疫苗接种要求、旅游组织的特别促销和供给、旅游目的地的天气情况（出行条件）。他们的模型明确了游客做出旅游决策时可能作用的影响要素，但是却又没能阐释出它们是怎样作用的，缺少流程上或者说机制上的说明。

由此可见，影响游客做出旅游决策的因素是多种多样的，但是基本上可以分为内在因素和外在因素两大类，同时，旅游行为决策过程是较为复杂的，而这种复杂性，更为研究自然灾害后游客对非灾害旅游景区的决策制定增加了难度和不确定性，如图 8-7 所示。

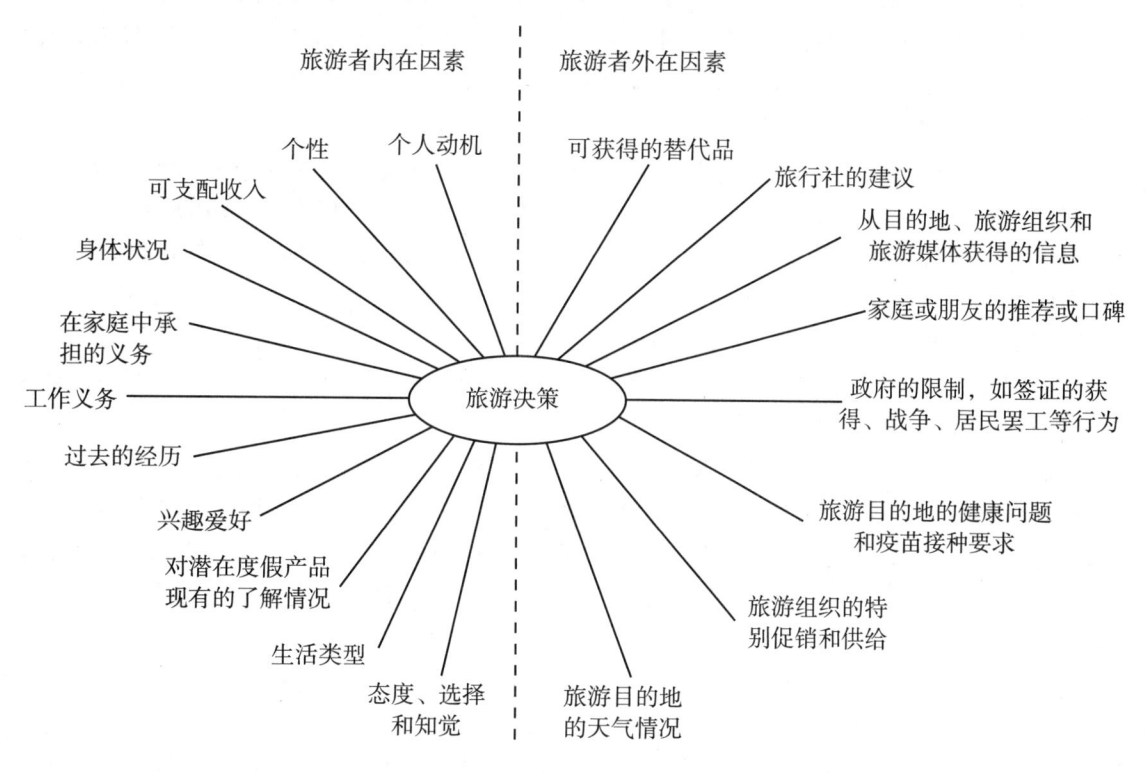

图 8-7 旅游决策模型（Petrillo 和 Swarbrooke，2004）

8.4 购买意愿理论综述

意愿，是个人从事某种特定行为的主观概率。由此可见，购买意愿，即是消费者的特定购买行为的概率或可能性。Dodds，Monroe 和 Grewal（1991）将购买意愿表述为消费者购买某种特定产品的主观概率或可能性。我国学者韩睿和田志龙（2005）则认为购买意愿是指消费者购买某种产品的可能性。

旅游产品也是一种可供消费者购买的产品，与一般的产品不同的是，作为一种集吃、住、行、游、购、娱六种要素于一体的复合型产品，它的属性更加多样化、产品的结构构成也更加复杂化。但这并不妨碍用购买意愿的相关理论对其进行分析和研究。

学界对购买意愿的定义其实大同小异。首先，购买意愿是一种可能性，指明购买这一行为的趋向强度；其次，购买意愿只针对购买这一特定行为。

8.4.1 购买意愿与购买行为的关系

购买意愿与购买行为的关系已在本书"2.9.1 购买意愿与购买行为"部分中进行了介绍。并通过

Sheppard、Hartwick 和 Warshaw（1988），Neijens、Hess 和 Putte（2004），Tobin（1959），Juster（1966），McNeil 和 Stoterau（1967）冯建英（2006）等人的研究，说明了购买意愿能有效地预测购买行为，两者之间呈正相关关系，如图 8-8 所示。

图 8-8　购买意愿与购买行为

8.4.2　购买意愿的理论研究

在本书"2.9.2 购买意愿的理论基础"部分从消费者感知价值和感知风险两个角度对购买意愿的相关理论进行阐述。为后续理论的研究需要，本节补充基于消费者态度的理论研究，并再对感知风险和感知价值两个角度进行简要介绍及补充个别国内学者的研究结论。

8.4.2.1　基于消费者态度的视角

态度是观察和研究消费者行为的一个有效的指标。Krech，Crutchfield 和 Ballachey（1962）认为，态度是一种持久的心理系统，它是由对某一个社会对象的正面或反面的评价、情绪的感觉、支持或反对的行为倾向构成。我国学者郭国庆（2003）认为，态度是指一个人对某物或观念的评价、感受及由此导致的行为倾向。

Kim 和 Littrell（1999）借助结构方程模型的方法和 Fishbein 的态度测量模型（1967），对 277 名去往墨西哥的美国女性游客对当地旅游纪念品的购买行为进行研究后，证明了游客对旅游目的地的文化的态度与其对当地旅游纪念品的购买意愿有较强的相关关系。

Sondergaard，Grunert 和 Scholderer（2005）在研究消费者对酶制品的购买意愿时，发现消费者形成一般是先形成对目标产品的态度，进而对目标产品进行整体评估和判断（这种评估和判断仅针对产品的技术和功能层面），然后是对于购买目标产品的风险和收益的比较，最后才会产生相应强度的购买意愿。也就是说，消费者态度先于消费者购买意愿，而且，态度上的认同更易于使消费者产生高强度的购买意愿或购买倾向。

态度（attitude）常常被用于营销调研中，它是消费者心理学关注的核心内容之一。美国著名营销学者 Aaker 和 Williams（1998）认为，消费者态度直接影响消费者意愿和消费者行为。Knox（1989）认为，消费者的态度是消费者购买行为的一个有用的预测器。早在 1960 年，Katona 通过对消费者汽车购买行为的研究，就发现了汽车购买顾客的态度与其实际购买行为之间存在着密切的关系。

国内学者对于消费者态度的研究也得出了与国外学者相似的结论。

李宝库（2007）将研究的目光停留在了农村消费者身上，他对农村消费者购买家庭耐用品这一购买行为进行了研究。他运用结构方程模型的研究方法，对在机能需求模式、核心需求模式和外延需求模式三种不同的消费模式下的消费者态度、消费者意向和消费者购买行为进行了比较研究，发现农村家庭的行为意向与态度、消费者态度与消费者行为之间存在正向影响关系，而且研究结论还表明，消费模式层次越高的家庭耐用品购买态度与行为相关性越大，越容易发生购买行为，如图 8-9 所示。

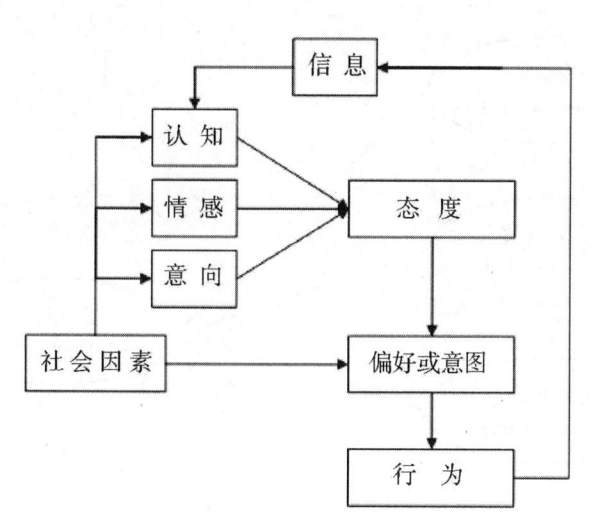

图 8-9 态度与旅游行为（甘朝有，2001）

韩杨，乔娟（2009）在北京市范围内对可追溯食品这一特殊门类的商品进行研究时发现，消费者态度与消费者购买意愿联系紧密。就可追溯食品而言，消费者对其认知度较低，导致消费者购买意愿不明显。

甘朝有（2001）认为，行为与信息有相互影响的作用：信息影响消费者认知，同时社会因素决定消费者的认知、情感和意向，进而形成消费者态度，而消费者态度又影响消费者的购买偏好和意图，并最终决定消费行为。

综上所述，现有的研究已经证明，消费者的购买过程，首先是现有产品信息刺激；其次形成消费者态度；再次产生购买意愿；最后才是购买行为。严重自然灾害发生后，游客对非灾害旅游景区的出游，实际上也是在景区信息的刺激下，形成旅游态度，产生旅游意愿并最终发生旅游行为的过程。而本研究中的游客赢回策略，也正是在这种理论基础上设计完成的，其实质就是实验刺激物。

8.4.2.2 基于消费者感知价值的视角

感知价值（perceived value）是营销学中最常见的研究变量。它通常被定义为顾客评价过程的结果（Zeithaml，1988；Holbrook，1996；Noble，Griffith 和 Weinberger，2005），也就是消费者对购买商品时所能感知到的收益（Perceived Benefit）和所需付出的成本（Perceived Cost）两方面权衡后的总体评价。

Murphy，Pritchard 和 Smith（2000）认为，在旅游营销领域中，"顾客（游客）所能感知的价值，其概念在一定程度上也不是清晰而明确的，是模糊的，因为存在着数目巨大和类型多样的使用者"。而且，旅游领域的学者也对感知价值是一种顾客认知评价这一观点表示认同，Morrison（1989）就曾指出价值是顾客（游客）对旅游产品的心理估算，来自其成本和利益的评价。

对于感知价值的维度，不同的学者有不同的观点。其中，Parasuraman 和 Grewal（2000）也给出自己的观点，他们认为顾客感知价值可以细分为获取价值（Acquisition Value）、交易价值（Transaction Value）、使用价值（In-use Value）和偿还价值（Redemption Value）四个方面。如图 8-10 所示。

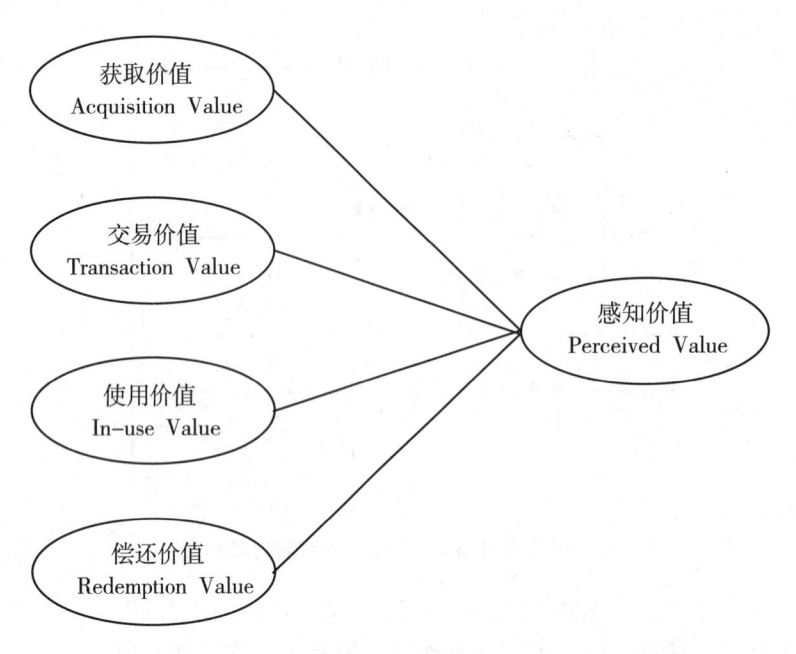

图 8-10 感知价值维度 (Parasuraman 和 Grewal, 2000)

Zeithaml 的研究在学界被认为是感知价值理论领域中具有奠基性意义的研究（Petrick, 2002）。Zeithaml（1988）运用小组访谈和深度访谈技术，收集和分析顾客对价格、质量和价值的感知情况和它们之间的关系。在此基础上，将感知价值定义为消费者根据所得与所失对产品效用的总体评价，其中价值的利益项包括产品或服务的属性（包括内部属性和外部属性）、感知品质及其他相关的高抽象水平的属性，而感知价值的成本项则包括货币成本及时间、精力和努力等非货币性成本。通过大量研究证实，消费者对产品或服务的感知利益越高，感知价值就越高，就越能够提高消费者的购买意愿。

Grisaffe 和 Kumar（1998）指出，在感知价值的作用支配下，会直接导致消费者产生两种行为倾向（behavior intention）可能性的产生，一种是顾客向别人推荐的可能性（推荐意愿），另一种则是顾客重购行为的可能性（购买意愿）。Chang 和 Wildt（1994）的实证研究也发现消费者对于商品的感知质量和感知价格会借助感知价值对其购买行为产生间接的作用。

国内知名旅游学学者白凯、马耀峰和李天顺等（2010）在西安市中心化觉巷清真大寺内，对 2006 年 7—9 月西安入境游客的旅游行为数据进行收集，借助结构方程模型的研究方法分析后得出这样的结论：游客感知价值与其旅游行为（购买行为）呈正相关关系，即游客的感知价值水平越高，个体行为意图越强。

章勇刚（2009）以杭州千岛湖开元度假村为案例，实证研究的结论显示，游客感知价值不仅对游客满意度有显著的正向影响，对游客重购意愿也具有显著的正向影响作用。

从国内外学者的研究中不难看出，顾客感知价值是源于顾客个体的一种综合并且模糊的总体性评价，它不由企业决定，这点在学界已达成共识。

8.4.2.3 基于消费者感知风险的视角

与感知价值最大化这种正向的购买决策原则不同，感知风险最小化成为消费者做出购买决策的一种考量，这更像是一种逆向的购买决策原则。

Cox 和 Rich（1964）认为，当消费者不能确定购买能达到他们的消费目标和消费预期时，他们就会感到恐惧，感知风险由此产生。他们认为，感知风险（Perceived Risk）就是在特定购买决策中，消费者所能感知风险的性质和程度。

Derbaix（1983）将感知风险定义为在产品购买过程中，消费者因无法预料其购买结果的优劣及由此导致的后果而产生的一种不确定性。

Murray（1991）则认为感知风险是关于行为潜在产出的不确定和消费者可能不满意的函数。在一个特殊的交易中，它代表消费者对损失或者利得的不确定。

对于感知风险的维度，Jacoby 和 Kaplan（1972）首先对风险认知的结构进行操作化的研究，有效地识别出财务风险、功能风险、身体风险、心理风险和社会风险 5 个风险维度。

事实上，早在 1967 年，Cunningham 就提出感知风险的 6 个维度，分别是经济风险（Financial Risk）、功能风险（Functional Risk）、身体风险（Physical Risk）、心理风险（Psychological Risk）、社会风险（Social Risk）和时间风险（Temporal Risk），如图 8 - 11 所示。

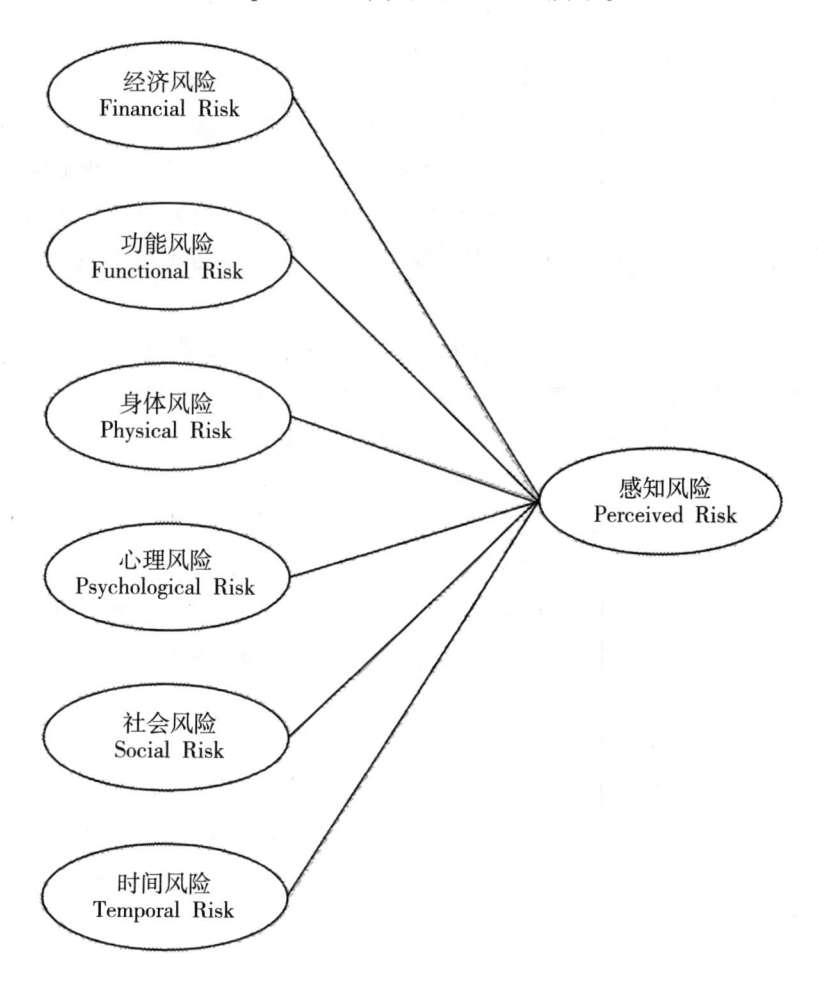

图 8 - 11　感知风险维度（Cunningham，1967）

Roehl 和 Fesenmaier（1992）在使用实验法研究游客对旅游产品的体验和感知时，发现游客对旅游产品的感知风险与其旅游意愿呈显著的负相关关系。也就是说，游客对于出游计划的感知风险越高，则越不易做出出游决策。

于丹、董大海和金玉芳等（2006）对网络购物进行研究后发现，顾客感知风险不仅与网络购物的意愿呈显著负相关关系，而且，与网络购物的频率也有较强的相关关系。网络购物频率越高，网络购物的感知风险就越低。而且，他们的研究还认为，在众多感知风险的维度中，产品绩效风险和服务风险是影响消费者网络购物最重要的两个感知风险维度。

潘煜、张星和高丽（2010）也以网络购物为研究领域，用结构方程模型对消费者购买意愿的影响因素进行深入研究。他们的研究结论表明，顾客感知风险与其购买意愿的相关关系较为显著，感知风险越高，消费者的购买意愿越低；反之，感知风险越低，则消费者的购买意愿就越高。

综上所述，国内外学者对于顾客感知风险和顾客购买意愿的关系的观点是比较一致的，即它们之间存在负向相关关系。

8.4.3 购买意愿的影响因素

对于购买意愿的影响因素的研究，在上卷"9.1.3 购买意愿的影响因素"部分中已经从消费者态度、消费者感知风险和感知价值三个角度进行了介绍。本节将从另一个角度对购买意愿的影响因素进行介绍。

8.4.3.1 消费者个性特征

从已有的研究文献来看，主要包括消费者的性别、年龄、受教育程度，甚至种族等比较常见人口统计学变量。Flynn, Slovic 和 Mertz（1994）认为，女性顾客的风险意识或者说风险认知度要明显高于男性。Krewski, Withey 和 Ku 等（1994）认为，老年人比年轻人更容易对风险的严重性程度进行高估。Slovic（1997）的研究结论表明，顾客的受教育程度与其感知风险呈负相关关系。原因是高学历的消费者往往比低学历的消费者掌握更多的相关信息，因此他们对风险的感知程度也就越强。

8.4.3.2 产品内部属性

产品的属性是消费者产生购买意愿的直接原因，因为它意味着满足消费者的消费需求。Babin, Darden 和 Griffin（1994）认为，产品自身的属性是消费者采取购买行为最主要的动力，消费者对产品属性的评价和认知是影响消费者购买意愿的最直接和主要的因素。

8.4.3.3 产品外在属性

产品的外在属性不同于产品固有的内在属性，它主要包括产品的价格、产品的品牌及产品的包装和产品的售后服务等。在市场中，由于信息不对称现象的普遍存在，消费者往往不能对产品的内部属性有全面的把握和了解，在这种情况下，就会转向对产品外在属性的相关信息收集和获取，以进行评价。价格对购买意愿的影响，以及品牌偏好的现象在现实生活中都是较为普遍的。

8.4.3.4 消费情境因素

消费者的消费行为受到消费情境因素的影响，并随消费情境因素的变化而变化。崔楠、崔庆安和汪涛（2013）从自我决定理论的视角，考察在线零售相关情境中的产品相关情境因素对顾客惠顾意愿的影响，并且提出情境因素影响顾客惠顾意愿的两种内部化机制，即感知控制和感知兴趣。何小洲和李治横（2011）的研究认为，在突发事件情境下，消费者个人的消费行为会发生较大的改变。

8.4.4 购买意愿的测量

本卷的"2.9.3 购买意愿测量"部分对购买意愿测量的相关研究和测量指标进行阐述。为方便后续理论的研究，本节再对购买意愿测量的相关内容进行简要地介绍。

8.4.4.1 购买意愿测量研究

消费者的购买意愿可以预测购买行为，有大量的研究已经采用对购买意愿来研究购买行为的策略。Bemmaor（1995）以家庭耐用品为研究对象，他的研究表明，顾客购买意愿的相关数据完全可以预测顾客的购买行为。Jamieson 和 Bass（1989）调整测试的概率，这样，调整后的测试概率取决于购买意愿的规模测量。Armstrong（2000）认为，把顾客购买意愿与过去的销售记录相结合，能大大提高营销的准确性。

8.4.4.2 购买意愿测量指标

对购买意愿的测量工作在营销研究中通常借助购买意愿量表来完成。Peterson 和 Hochberg (1983)、Smith 和 Swinyard (1983) 是较早对购买意愿量表进行开发的学者。目前被广泛使用的购买意愿测量量表是 Juster 于 1966 年开发的 11 级购买概率量表和 5 级购买可能性量表。由于 5 级购买可能性量表结构简单、计算方便，在当代的营销研究中也广被采用。

现有文献在关于购买意愿测量的研究中，往往都包括重游/重购和推荐意愿（Gallarza 和 Saura, 2006）。Yoon 和 Uysal (2005) 用了三个条款来测量购买意愿的忠诚度。Lee (2005) 采用三个测量条款来测量推荐意愿：即推荐给家庭或朋友、对其他人说积极的方面和推荐给那些希望得到建议的人。还有研究者通过支付意愿来测量购买意愿，如 Baker 和 Crompton (2000) 就将购买意愿分为两个维度，忠诚行为和支付意愿，用五个条款，采用李克特九点量表来测量。Zeithaml (1996) 测量支付意愿用两个测量条款。

综上所述，行为意愿包括购买意愿和推荐意愿，即行为意愿既包括自己支付购买的倾向，同时也包括向亲戚朋友推荐购买的倾向。因此，本研究的购买意愿的测定，将通过对游客的购买意愿和推荐意愿的测定来完成。

8.5 文献述评

通过对灾害型旅游危机管理理论的回顾，本研究发现，在严重自然灾害发生后，对旅游危机的控制和消除的管理框架已经构建出来了，而且国内外学者都在这方面做出了自己的贡献（Faulkner, 2001；侯国林, 2005）。而且，无论对旅游危机类型的划分，还是旅游危机导致的旅游业损失的测算，学术界也都给出丰富而科学的方法。对于在自然灾害发生后导致的游客流失的原因，总结起来主要有以下几点原因：安全担忧、心理禁忌、设施损坏、媒体负面报道、社会规范影响、健康担忧、成本增加和交通不畅等。但是，这些游客流失的原因并不能成为本研究所要挖掘的原因。本研究定位于灾害旅游景区对非灾害旅游景区的波及效应，所要探究之原因恰恰是以上这些原因是通过何种渠道从灾害旅游景区传递到非灾害旅游景区的，也就是说，这些原因实际上是游客放弃或推迟到访非灾害旅游景区的原因，但是从理论上讲，这些原因并不应该作用于非灾害旅游景区。那么，究竟是什么原因，使得这些本不应作用于非灾害旅游景区的因素波及非灾害旅游景区呢？对这个问题的回答，才是本研究的重点之一。对现有文献的回顾表明，尚无有效的文献对此问题做出过回答。

游客赢回不仅是在严重自然灾害后旅游业面临的首要任务，而且在各种类型的旅游危机产生后旅游业面临的最重大的难题。通过对既有文献的梳理，发现常用的游客赢回策略主要包括以下几点：1) 价格策略，通过向游客让利达到价格促销的目的，进而完成游客赢回的任务，比如，印度洋海啸后泰国对本国游客的免税行动和降低机场着陆费的措施等。2) 体验策略，通过邀约游客完成对灾害发生地的旅游来提振更广大范围内游客的旅游信心。3) 知晓策略，借助一定媒体向游客传递灾后旅游地的良好旅游形象，来促使游客旅游。比如，口蹄疫后的英国旅游局在英超联赛中插播旅游地的魅力画面等。4) 安全策略，即向游客宣传旅游地的安全状况，进而赢得游客旅游的方略。5) 重点客源赢回策略，通过对在游客客源构成中比重较大的游客市场的赢回，达到旅游恢复的目的。比如，印度洋海啸后泰国政府对中国游客提出的航班救市计划，再如，口蹄疫后英国旅游局对加拿大和美国游客的重视。6) 资源修护策略，通过对灾后被破坏的旅游资源和旅游设施的修补和维护，达到恢复旅游目的。比如，印度洋海啸后泰国政府对旅游资源损毁的补救措施。这些具体的赢回策略的提出和实施，都为当地的旅游业重建提供了有力的支持和保障。但是，对于本研究中所界定出的非灾害旅游景区的游客赢回，却效果有限。因为本研究对汶川大地震后四川省政府、四川省旅游局提出的旅游振兴战略的具体措施也进行收集，这些措施基本都覆盖前面所总结出的 6 种策略类型，但是市场恢复情况仍欠佳。本研究认为，出现这种情况的原因在于，首先旅游当局没能对非灾害旅游景区这一特殊的现象给予足够的关注，而是将其与灾害景区作为整体一并视之，进而也就未能对其给出具体和细致的赢回策略。已有的赢回策略对于非灾害旅游景区来说，虽然有一定的赢回作用，但是仍然失之于宽泛和不细致。

对旅游行为理论的回顾主要是从旅游动机和旅游决策两个方面进行的。对旅游行为动机的研究原因是显而易见的，没有旅游动机就不会产生旅游行为，旅游动机是旅游行为产生的源头。众多学者的研究，都证明了旅游动机的多样性（Dann，1977；Witt，Wright 和 Johnson 等，1992；Mcintosh，Goeldner 和 Ritchie，1995；刘纯，1986；黄波和陆明，2006）。游客旅游行为的动机，并不拘泥于某一种或某几种，这为游客旅游行为的发生提供更多的可能性。而对旅游决策理论的回顾，则说明在旅游动机产生之后，到游客最终最初旅游决策的过程中，影响游客做出旅游决策的众多因素的存在。而且，通过对前面旅游决策模型的列举，本研究认为旅游决策的过程实际上是较为复杂和极容易受到干扰的一个过程，而这种复杂性和易干扰性主要来源于游客自身内部和旅游环境外部这两大类因素的影响。这为本研究的开展提供一个理论基础，就是赢回策略的设计一定是基于游客自身的特点和非灾害旅游景区的特点两个方面的属性进行的，只有这样才更合乎旅游行为的内在属性，也更具科学性。

购买意愿对购买行为具有直接的指向作用。大多数学者的研究表明（Sheppard，Hartwick 和 Warshaw，1988；Neijens，Hess 和 Putte，2004；冯建英，2006），顾客的购买意愿与其购买行为呈显著的正向相关关系，而且，顾客的购买意愿也常被用作对顾客购买行为的预测。顾客对产品的感知价值与顾客购买意愿的关系也是显著的，感知价值越大，顾客的购买意愿就越大；感知价值越小，则顾客的购买意愿就越小（Zeithaml，1988；白凯、马耀峰和李天顺等，2010；章勇刚，2009）。与感知价值不同的是，感知风险则与顾客购买意愿呈反向的相关关系，即感知风险越大，顾客的购买意愿就越小；反之，感知风险越小，顾客的购买意愿就越大。这对于汶川大地震发生后形成的非灾害旅游景区具有启发意义。游客放弃或推迟到访灾害地旅游景区，运用感知价值和感知风险的观点也是可以解释的，对于怎样的感知价值降低导致游客旅游意愿的降低，之前的研究从旅游成本增加的角度给出了答案，但显然这是不够全面的；而对于怎样感知风险增加导致游客旅游意愿的降低，学者们的研究也从疾病担忧、次生灾害等方面给出答案。对购买意愿测量的研究回顾对本研究的贡献则是非常直接的，借鉴 Juster（1991），Anderson（1998），Brown（2005），Homburg、Koschate 和 Hoyer（2005），Baker 和 Crompton（2000），Zeithaml（1996），本研究拟从购买意愿和推荐意愿两个方面，运用量表技术对游客的旅游行为意愿进行测量。

9. 灾害景区对非灾害景区的波及效应研究

9.1 研究的类型和策略

在面临一项全新的没有前人成果可以借鉴的研究课题时，本研究首先面临的难题是需要通过研究者本人的实地调查取得课题研究资料，这就意味着本研究首先要做的一项工作就是开展规范的定性研究。定性研究，也称作质化研究、质性研究，我国学者陈向明（2000）将其定义为："以研究者本人作为研究工具，在自然情境下采用多种资料收集方法，对社会现象进行整体性探究，主要使用归纳法分析资料和形成理论，通过与研究对象互动对其行为和意义建构获得解释性理解的一种活动。"

9.1.1 思考方法与理论和问题的关系

对定性研究理论和方法的讨论常常将研究者引向对其与研究问题之间关系的思考：理论和方法都不是孤立存在的，它们都是解决问题的手段和途径，也就是说，它们与特定的问题相联系。研究者不应该用方法来限定问题，而应该让自己具有"问题意识"，让最"真实的问题"显露出来，在特定的历史和社会结构中得到恰当的认知定位，然后，才是选择理论和方法的过程。Mills（1959）曾这样表达过自己的观点：方法总是针对一定问题的方法，而理论总是针对一定现象的理论。方法和理论的目的都是为了阐述观点并解决问题、解放而非限制想象力。所以，研究者不应盲目崇拜方法和技巧，而应该做自己的方法论、做自己的理论家，让自己的心智独立地面对人与社会问题。

9.1.2 定性研究的策略

定性研究由来已久，其历史甚至可以追溯到人类文明发源地之一的古希腊（Charmaz，2006）。历史上，有关定性研究的方法可谓纷繁复杂，类型多种多样。从20世纪90年代开始，有关定性研究的数量和类型变得清晰起来，被学界经常采用的定性研究的策略主要有以下几种。

扎根理论。此研究策略需要研究者尝试以参与者的视角获取相关过程、行动和互动的可能全面也可能抽象的理论。在此过程中，需要使用多阶段资料收集方法和提炼各类信息并明细分类资料的相互关系（Strauss and Corbin，1990，1998）。这一研究设计需要注意两点：其一，研究者对不断出现新类别的资料进行的比较需要具有一致性；其二，为了尽可能多地收集反应共性和个性的相关资料，研究者要对不同群体进行理论上的抽样。

民族志研究。在这种研究中，研究者通过收集资料，尤其是观察性资料来研究一个在相当历史区间内文化风貌却完好无损的文化群（Creswell，1998）。这种研究过程是灵活的，并且是典型的结合研究背景逐步探索现场遇到的鲜活的显示情况（LeCompte 和 Schensul，1999）。

案例研究。研究者在这种研究中将对某一项目、某一时间，或者某一行动、某一过程，或者一个或多个个体予以深入讨论。由于案例往往被时间或行动所限制，研究者要持续地在一段时间内使用多种资料收集措施来获取详细信息（Stake，1995）。

现象学研究。在这种研究中，需要研究参与者对现象进行描述，此时，研究者要能够识别关于现象的人类经验"本质"。理解"经历过的经验（Lived Experiences）"就是现象学。它既可作为一种哲学体系，同样可以作为一种具体的研究方法。其间，为了建立关于意义的关系和模式，研究者往往要对少量的对象进行广泛而持久的长期观察（Moustakas，1994）。在此过程中，为了理解研究参与者，研究者往往将其自身的经验也囊括意义系统之中（Nieswiadomy，1993）。

叙事研究。这是一种研究者研究个体生活的调查形式，它通过研究者对相关个体的一对一或者群体询问，进而获得研究个体的生活故事，继而研究者用一种叙事年表的方式将所收集到的信息转述或重新编写下来，最终通过这种叙事法把研究个体的生活及其观点与研究者的生活及观点联结为一种新的叙事体（Clandinin 和 Connelly，2000）。

9.2 研究设计

9.2.1 研究方法选取

作为一项探索性研究，本课题运用扎根理论的研究方法来寻求解决的途径是较为理想的一个选择。扎根理论是美国社会学家 Glaser 和 Strauss 于 20 世纪 60 年代研究医院中的死亡过程时提出，并在其后的研究中不断完善并形成的一套科学规范的定性研究方法，要求通过系统地收集和分析资料，并从资料本身寻求理论。扎根理论强调在资料的研究中发展理论，而不是从已有的理论中去演绎和验证假设。"扎根"于资料本身，就能保证理论的敏感性，就比将一系列概念聚合在一起，更为接近"现实"。扎根理论的核心是资料收集的和分析的过程，在此过程中，更为核心的方法是不断地进行比较，以区分不同类属或概念，进而完成编码。所谓编码，即质性编码，是对数据内容进行定义的过程。编码意味着把数据片段贴上标签，同时对每一部分数据进行分类、概括和说明，它是收集数据和形成结石的关键环节。Strauss 把对资料的分析称为编码，即将扎根于现实的资料（通常来自访谈）加以分解、指认现象、将现象概念化，再以适当方式将概念重新抽象、提升、综合为范畴和核心范畴的操作化过程。扎根理论的编码过程一般可分为三步，分别是：开放式编码、主轴编码和选择性编码（有时主轴编码和选择性编码也会合并为一个阶段）。然后，扎根理论就可以凭借编码的结果，在原始资料上建立概念、范畴和类属，并形成假设。本课题严格按照扎根理论的方法要求，依次按照开放式编码、主轴编码和选择性编码等步骤，对资料进行分析。需要指出的是，持续不断的对比和比较要体现在三段编码的过程中。

9.2.2 样本获取

严格来讲，本研究的调研对象，应该是那些在 2008 年 5 月及其以后的一段时间内，原本打算到四川境内的非灾害旅游景区旅游，但最终因汶川大地震的爆发而放弃原有旅行计划的游客。从 2011 年开始，本研究就一直没有停止对此类调研对象的寻找，但是因为条件过于苛刻，加之距离地震发生已经过去三年，本研究仅仅联系到符合条件的调研对象共计 8 人。但是，在一次与到某旅行社咨询服务的游客群体进行随机访谈时，本研究发现当问及 2008 年地震后愿不愿意去非灾害旅游景区游玩时，大多数人表示在一定时期内是不会去的。说明这个问题是有一定的普适性的，当本研究设定具体的情境后，依然能够使得人们做出相应的判断，因此，针对现实生活中的游客、潜在游客和有过旅游经验的人群，运用问卷和口头询问的方法即可甄别出相应的被试人群。在得到被试人群后，为了使研究能够深入，本研究放弃问卷调查的方式，而采用大量的小组访谈技术和一对一深入访谈技术，具体访谈方法有开放式访谈法和半结构化访谈法，记录手段有笔录和录音两种。访谈地点主要涉有五处：分别是山西长治某旅行社、四川成都四川大学望江校区、四川绵竹市博物馆、九寨沟景区、浙江杭州西湖景区。此外，在本研究的几次旅途中，考虑到该运行区间上获取样本的可能性较大（很多火车乘客本身就是外出旅游的游客）、火车运行时间较长和火车卧铺车厢便于沟通有利于开展深访和小组访谈的特点，有意选择乘坐火车出行，并在运行区间为郑州和成都（郑州火车站为国内最大的铁路枢纽站之一，国内相当多地区的人去往成都都要经由郑州站出发）的（2011 年 8 月 24 日）K870 次、（2012 年 1 月 17 日）K870 次、（2012 年 2 月 5 日）K745 次列车车厢内获取了相当数量的样本并实施调研活动。此外，还有一些较为随机的访谈地点，此处不再一一列出。

9.3 研究分析

9.3.1 样本描述

调查数据显示：在甄别过后的总共 114 个调查对象中，男性样本数为 52，占样本总数的 45.6%；

女性样本数为62，占样本总数的54.4%，男女比例差别不大。样本的年龄结构上，以50~65岁的样本为主，共计42人，占样本总量的36.8%；其次为40~49岁之间的样本，数量为26，所占比例为22.8%；最后为65岁以上的样本，共计18人，占样本总量的15.8%。受教育程度上，学历为大专的样本数所占比例最大，达到了39.5%；其次为本科，所占比例为31.6%；最后为高中，所占比例为18.4%。

9.3.2 开放式编码

开放式编码，也叫初始编码，是对原始资料进行的首次"标签化"过程，即对数据中的每个词句或片段进行命名。在此阶段，范畴生成时的号码按顺序依次编排，并在数字前冠以"开放"的汉语拼音首字母"KF-"（意为此处的编码属"开放式编码"）如表9-1所示。

表9-1 开放式编码分析

编号	范畴	概念	描述
KF-1	饮食风险	水源污染、食品安全	"水都不干净了""对吃的东西不放心""吃（喝）的东西……会让人生病的"
KF-2	疫情担忧	疫情担忧	"伤亡那么大，肯定有疫情的""你不知道而已，不可能没有（疫情）"
KF-3	余震危险	余震不断、余震强烈、余震再造伤亡	"后来一直在震""余震……还挺厉害的"
KF-4	治安担忧	社会秩序担忧、治安水平担忧	"治安不知道怎么样""全社会都忙着救灾，社会秩序……""大灾过后……有点不放心"
KF-5	景观损毁	景观破坏、景区消失	"……都震得差不多了""有个什么沟都震没了""没啥看的了""……还剩下些什么"……
KF-6	可达性降低	路线变长、交通方式更改	"好多路都坏掉了，去也不太好走了，怪麻烦的""……可能得坐飞机进去了吧……""坐汽车估计到不了"
KF-7	心理禁忌	心理畏惧、心理忌讳	"挺恐怖的""……反正挺害怕的""遇难了那么多人，总觉得不太敢去""感觉那个时候不吉利"
KF-8	道德冲突	道德缺失、情绪冲突	"人家那里遇难了那么多人，还去旅游，是不是太不合适了""本来是去游山玩水的，可是人家遭了灾，你还去玩，实在是太那个了""……总不能去灾区放松吧"
KF-9	精神成本提高	精力消耗增加、精神紧张	"……时时刻刻得警惕着吧""各方面都得留心，毕竟大灾刚过，很多不稳定因素"
KF-10	经济成本提高	物价高、货币支付增加	"很多商品都不够用，估计要比震前贵不少吧""……应该是要比原来开销更大"
KF-11	感知利益降低	景区乐趣降低、在途乐趣降低	"原本景区里应该蛮好玩的，这一震，不晓得搞成什么样子了""我听人家说去××景区的路上都有相当漂亮的风景，不亚于风景区的，可是现在……""说是没事，其实肯定还是震坏了些的"
KF-12	配套不完善	物资短缺、酒店宾馆受损	"你想啊，人家遭灾了，肯定有什么都先紧着灾民，哪里顾得上你啊""就算是景区能玩，吃住还能跟以前一样有保障吗""我看整个配套都够呛"

续表

编号	范畴	概念	描述
KF-13	景区联结	线路联结、情感联结	"（九寨沟、黄龙、四姑娘山）都一条线上的，这个毁了，那个还去什么，不完整嘛，总共就那么点时间，还不都转转啊""一直想去看看，就那一条环线，好多景点的，现在毁的毁、坏的坏，再说吧"
KF-14	景区整体化	整体认知	"四川地震了嘛""就四川嘛……""你不管说哪，隔的都不远，它是一个整体，一下子都得完蛋"
KF-15	灾害泛化	泛化认知	"那么大的地震，哪跑得了（哪个地方躲得开）""……说哪都白搭，只要是在四川，都好不了"

通过开放式编码，本研究总共得到15个范畴，分别是：饮食风险、疫情担忧、余震危险、治安担忧、景观损毁、可达性降低、心理禁忌、道德冲突、精神成本提高、货币成本提高、感知利益降低、配套不完善、景区联结、景区整体化和灾害泛化。

9.3.3 主轴编码

主轴编码，也叫作聚焦编码，是在开放式编码之后，针对上一阶段编码（开放式编码）所形成的重要范畴，通过往复循环对比，进行再编码的过程。通过前面的开放式编码，本研究得到可能的12个波及效应产生的原因，但是经过对比后本研究发现，这些原因并非本研究想要的结果，因为提取出的范畴中，无法体现出非灾害旅游景区被灾害旅游景区波及这一指向性。于是，本研究从两条路径上进行突破。首先，是分析各开放式编码得到的范畴，通过对比和归纳，本研究将原有的范畴进行分类合并，提取出安全疑虑、感知价值降低、道德冲突、心理禁忌和设施破坏5个范畴。其次，本研究对原有资料进行了多次重审和进一步挖掘后，保留了少量有特点的数据，经过分析后，据其抽象出了不同于之前的三个范畴，分别是：景区联结、景区整体化和景区泛化。在此阶段，范畴生成时的号码按顺序依次编排，并在数字前冠以"主轴"的汉语拼音首字母"ZZ-"（意为此处的编码属"主轴编码"）如表9-2所示。

表9-2 主轴编码分析

编号	范畴	概念	描述
ZZ-1	安全疑虑	饮食风险、疫情担忧、余震危险、治安担忧	"后来一直在震""水都不干净了""伤亡那么大，肯定有疫情的""大灾过后……有点不放心""肯定不安全嘛"
ZZ-2	感知价值降低	可达性降低、精神成本提高、经济成本提高、感知利益降低	"好多路都坏掉了，去也不太好走了，怪麻烦的""……时时刻刻得警惕着吧""很多商品都不够用，估计要比震前贵不少吧""原本景区里头应该蛮好玩的，这一震，不晓得搞成什么样子了"
ZZ-3	道德冲突	道德缺失、情绪冲突	"本来是去游山玩水的，可是人家遭了灾，你还去玩，实在是太那个了""……总不能去灾区放松吧"
ZZ-4	心理禁忌	心理畏惧、心理忌讳	"挺恐怖的""……反正挺害怕的，不能细说""感觉那个时候不吉利"
ZZ-5	设施破坏	景观损毁、配套不完善	"……都震的差不多了""貌似有个什么沟都震没了""没啥看的了都"
ZZ-6	景区联结	线路联结、情感联结	"（九寨沟、黄龙、四姑娘山）都一条线上的，这个毁了，那个还去什么，不完整嘛，总共就那么点时间，还不都转转啊""一直想去看看，就那一条环线，好多景点的，现在毁的毁、坏的坏，再说吧"

续表

编号	范畴	概念	描述
ZZ-7	景区整体化	整体认知	"四川地震了嘛""就四川嘛……""你不管说哪，隔的都不远，它是一个整体，一下子都得完蛋"
ZZ-8	灾害泛化	泛化认知	"那么大的地震，哪跑的了（哪个地方躲得开）""……说哪都白搭，只要是在四川，都好不了"

安全疑虑是指游客对于自身生命财产安全风险感知较大的一种状态，本研究认为，饮食风险、疫情担忧、余震危险、治安担忧均可对人的生命和财产构成威胁，因此都可将其纳入此范畴内。感知价值（Perceived Value）可以认为是顾客要购买一种产品或服务时，对于感知利益和感知成本的对比评判。当感知成本大于感知利益时，感知价值就小，就不易做出购买决策；当感知利益大于感知成本时，感知价值就大，就容易做出购买决策。可达性降低，就意味着游客需要付出更多的时间成本和经济成本或者精神成本。感知成本的提高和感知利益的降低，共同作用的结果就是感知价值降低。道德冲突则是部分潜在游客的一种认知，在调查中本研究发现，首先，部分游客认为大灾过后去灾害地旅游本身就是一种不道德的行为，因为此时的旅游目的地尚处于艰难时期，需要的是救助，旅游活动与这种大的方向是背道而驰的；其次，也有很多游客认为原本抱着放松的目的去旅游，结果看到的都是灾害过后的凄惨景象，从情绪上会发生冲突。设施破坏包括两方面，一方面是景区本身的损毁；另一方面是与景区配套的设施的损毁，旅游活动是集吃、住、行、游、购、娱为一体的活动，任何一个环节出问题，都可能导致旅游活动的取消。

9.3.4 选择性编码

选择性编码，也叫轴心编码，是对主轴编码后形成的代码进行比较和筛选，形成直接指向研究课题代码的过程。选择性编码的目的是从主范畴中挖掘核心范畴，深入讨论核心范畴与主范畴及其他范畴的关系，并用故事线的形式描述整体的现象或事件。主轴编码过后，再次对比分析，结合研究课题，本研究提取出灾害旅游景区对非灾害旅游景区产生波及效应的成因，并且构建出相应的概念模型，如图9-1所示。

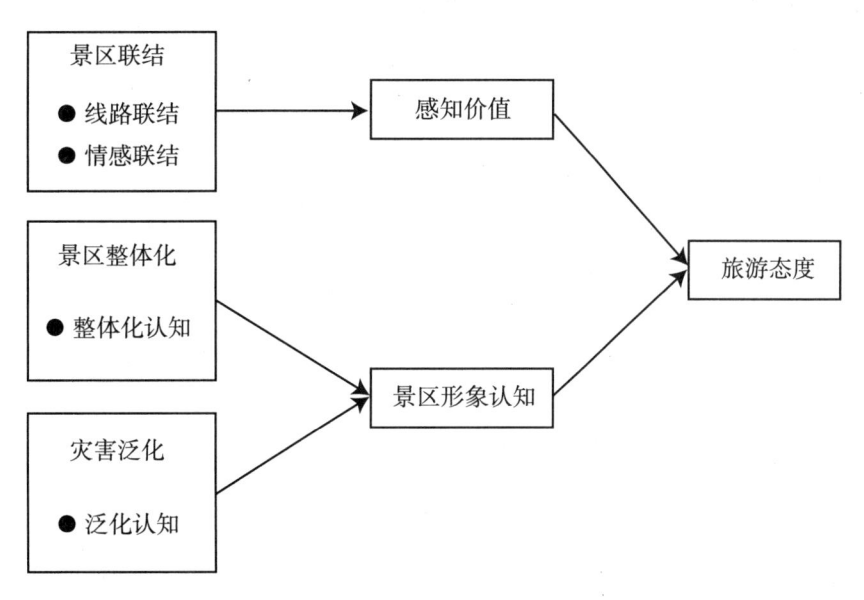

图9-1 非灾害旅游景区所受波及效应成因

从成因上看，灾害旅游景区对非灾害旅游景区的波及效应可以分为三种。第一，联结性波及效应。这是由于旅游企业的产品设计或者游客自身的情感认知，使得非灾害旅游景区和灾害旅游景区被串联在一起而产生的连带效应，进而导致波及。第二，整体性波及效应。这是由于游客对于非灾害旅游景区进行感知时，将其与灾害旅游景区知觉为一个整体而产生的波及。第三，泛化性波及效应。这是指游客在对非灾害旅游景区感知时，并不将其与灾害旅游景区视为一个整体而进行感知，而是类似于归类的行为，通过某些共同的特点，主观上将其也划定为灾害旅游景区一类，进而产生波及。需要说明的是，对于联结性波及效应，游客是认定有非灾害旅游景区存在的；而对于整体性波及效应和泛化性波及效应而言，游客主观上已经不认为有非灾害旅游景区的存在了。

9.4 理论饱和度检验

在进行开放式编码时，本研究保留了14份随机样本数据，其用意就是为了将其用于检验之前提取出的范畴的理论饱和度。14个样本的概况统计如下：男性5位，女性9位；年龄在20~29岁的3位，在30~39岁的2位，在40~49岁的5位，在50~65岁的4位；民族以汉族为主，仅有两位为少数民族，分别是回族和土家族；学历层次上，高中4位，大专5位，本科4位，硕士研究生1位。以下就14位被调查者的访谈记录进行整理，以完成理论饱和度检验。

（1）样本1：提取范畴"安全疑虑"。语言描述："那段时间去的话一定很不安全……总之不会去。"

（2）样本2：提取范畴"安全疑虑"和"景区整体化"。语言描述："如果去的话，会有各种你想都想不到的不安定因素，那时候多乱呀""它们是一块儿的，你去这就离那很近了，对吧？"

（3）样本3：提取范畴"安全疑虑"和"感知价值降低"。语言描述："不会安全的，爸爸妈妈会很担心的。"

（4）样本4：提取范畴"感知价值降低"。语言描述："我个人觉得去没有太大意义了，原来的风景都不能完全复原了，我即使去了也看不到了。"

（5）样本5：提取范畴"道德冲突"。语言描述："那个时候，四川人都特别难过……本研究心情都很沉重，旅什么游！"

（6）样本6：提取范畴"安全疑虑"和"心理禁忌"。语言描述："你能保证没有瘟疫吗""不行，绝对不能去的……反正最好不去我是觉得。"

（7）样本7：提取范畴"安全疑虑"和"灾害泛化"。语言描述："不安全""哪不是灾区？处处是灾区！"

（8）样本8：提取范畴"设施破坏"和"景区联结"。语言描述："去看啥啊，都震得没啥可看的了……配套还能完整？""原本能去很多地方的，一地震大部分都去不成了。"

（9）样本9：提取范畴"安全疑虑"和"灾害泛化"。语言描述："我可知道，后来可是余震了差不多两千次吧……""感觉只要是四川的景区都比较糟糕"。

（10）样本10：提取范畴"安全疑虑"和"景区整体化"。语言描述："你想能安全吗""不行不行，那一片（四川）都不行。"

（11）样本11：提取范畴"安全疑虑"。语言描述："去干什么啊都地震了，多危险哪，对不对呀？"

（12）样本12：提取范畴"感知价值降低"。语言描述："后来我倒是打听过，说是坐车太麻烦，得飞进去（九寨沟）。"

（13）样本13：提取范畴"道德冲突"和"心理禁忌"。语言描述："不合适不合适，遇难了那么多人，再过段时间吧。"

（14）样本14：提取范畴"感知价值降低"。语言描述："危险倒不至于太危险吧，关键能玩的地儿还能像以前那么好玩吗？"

通过分析，用于理论饱和度检验的14个样本，借由其提取出的范畴全部落入之前提取出的范畴内，可以认为并没有发现有新的范畴生成。因此，核心范畴是饱和的，构建出的概念模型也是成立的。

9.5 研究结论

借助扎根理论的研究方法，本研究构建灾害旅游景区对非灾害旅游景区产生的波及效应的概念模型，对于联结性波及效应而言，根据调查结果，使灾害非灾害旅游景区与旅游景区产生联结原因有两方面。一是景区本身被组合在一条旅游线路内，而所谓的旅游线路，其实质就是一种旅游产品的组合设计。二是旅游公司或者旅行社为了能够为顾客提供更多的旅游服务进而创造更多的利润，往往将若干个景区的旅游服务捆绑在一起售出，这便是旅游线路。

整体性波及效应。格式塔心理学认为，距离相近、色彩相近、形状相近的材料容易被知觉为一个整体。在调研过程中，调查对象反馈的数据也验证了这一法则的准确性。大部分将非灾害旅游景区和灾害旅游景区视作整体的调查对象，其判别依据正是距离，而这种距离并非实际的物理距离，而是他们认知的物理距离，这种距离的接近与否则完全是一种主观上的评判；此外，还有少数调查对象（主要是女性），并不从物理距离的维度上去评判景区的远近，而是通过联想景区所在地居民的民族、语言、服饰、习俗等感知其远近程度，而这些正是文化距离所包含的要素，因此本研究将其归纳为文化距离。自从20世纪70年代Hunt将意象概念引入旅游研究后，旅游景区有没有色彩呢？作为旅游目的地重要的外显形式与构成，色彩被广泛地应用于旅游目的地或者旅游景区的建设和发展。国内旅游研究学者白凯在对旅游目的地色彩意象认知进行了深入细致的调查研究，其研究成果填补了国内相关研究领域的空白。在研究旅游目的地城市色彩意象时，他提出目的地城市色彩意象认知由视觉色彩和理念色彩两部分构成，并且在此研究中，他带领的研究团队对旅游景区（旅游吸引物）的色彩意象也进行了有效的测度。而且，其研究资料表明，有的游客将某城市的色彩感知为灰色，其原因是遭受污染后城市的天空和水的颜色。由此可见，旅游景区的色彩是能够被游客识别的。此外，格式塔心理学中还有一条"封闭性原则"，是指人们在对事物进行知觉时，有一种将不完整图形进行缺口填补进而使之封闭成一个整体的倾向，即完形倾向。在调研过程中，很多调查对象并不能明确指出汶川大地震的直接影响范围的边界，然而在封闭性原则的支配下，他们更愿意将这个范围确定为"四川"。

泛化性波及效应。调查中本研究认为，相当数量的游客将汶川大地震称为"四川地震"，进而将景区损坏这一现象泛化到四川境内的所有景区，只要是和受灾严重的旅游目的地同属于四川省的景区都被认知成灾害旅游景区。人们在对某一地理空间进行认知的时候，往往遵循一定的地理层次等级而递进，这种现象被称为"地理认知链"。具体而言，地理空间的层次等级表现在不同空间尺度的区域之间存在数量关系，即高等级的地域空间尺度大，但数量少；而低等级的地域空间尺度虽小，但数量庞大。从人对地理空间的认知过程来看，高等级的地域空间相较于低等级的地域空间更容易被人们记忆，而数量众多的低等级地域空间不易被人们记忆（李蕾蕾，2000）。举例来说，旅游者可能不知道霍尔果斯，但可能知道新疆维吾尔自治区；如果不知道新疆维吾尔自治区，但可能知道中国；如果不知道中国，但可能知道亚洲，这样，相对熟悉和了解的高级空间地域形象就逐层替代相对陌生和不熟悉的低级空间地域形象，这就是地理空间认知的"背景律"。对于给定的任一非灾害旅游景区，游客也都会遵循背景律对其进行层次性解读，"四川"就成为认知链条上的重要一环。泛化现象原指俄心理学家巴甫洛夫在进行条件作用实验时发现的，当刺激物具有某种共同的特点时，被试的反应呈现出一致性。当非灾害旅游景区和灾害旅游景区同时被置于"四川省"的背景下进行考察时，四川省这一行政区划的作用凸显出来，泛化的范围也刚好覆盖住一个省域的范围。

最终，本研究构建出灾害旅游景区对非灾害旅游景区波及效应的不同类别，如图 9-2 所示。

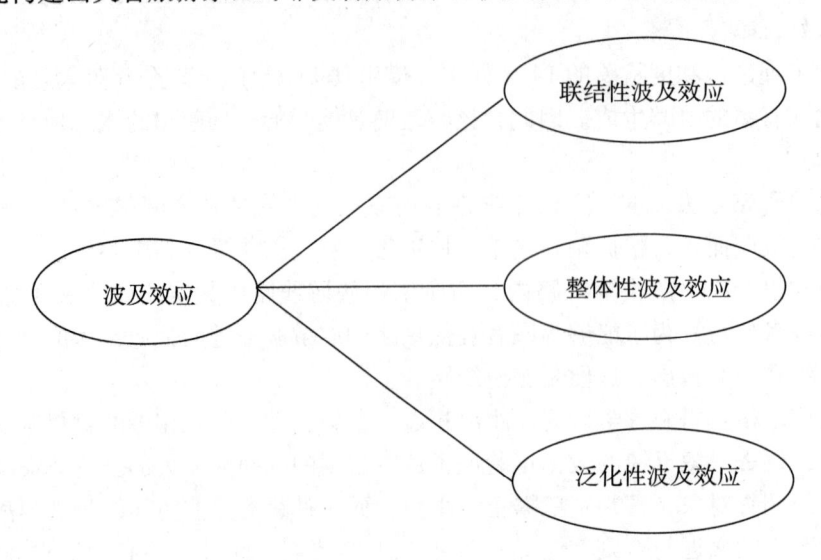

图 9-2　灾害旅游景区对非灾害旅游景区的波及效应分类

10. 影响模型构建

研究模型是实证研究的基础,本章将对研究变量之间的逻辑关系进行梳理,构建出研究模型,为下一步的实证研究工作做准备。

本研究的实证研究部分的目的在于:首先,确定两种不同的情形下,游客流失原因和旅游意愿之间的关系;其次,研究各赢回策略与流失原因对旅游意愿之间的关系是否具有调节作用。

10.1 联结性波及效应的研究模型

就联结性波及效应而言,它所涉及的变量共有三个,分别是旅游空间尺度、旅游意愿和赢回策略(具体指旅游空间拓展策略)。在这三者中,旅游空间尺度的改变成为导致旅游意愿改变进而导致游客流失的原因,也就是说,旅游空间尺度是旅游意愿的自变量,而旅游意愿是旅游空间尺度的因变量,旅游意愿是旅游空间尺度的函数。作为赢回策略,空间拓展策略的使用并不能改变旅游空间尺度和旅游意愿之间的函数关系,而只能对这种关系的紧密程度进行调节。也就是说,空间拓展策略的使用,理论上应该是可以降低旅游空间尺度对旅游意愿的影响效果。因此,空间拓展策略就成为旅游空间尺度和旅游意愿之间的调节变量,如图 10-1 所示。

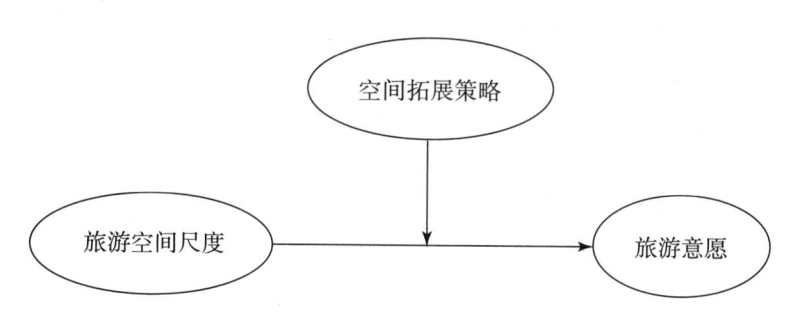

图 10-1 联结性波及效应研究模型

10.2 联结性波及效应及其赢回策略的研究假设

10.2.1 旅游空间尺度与旅游意愿之间的关系假设

国内游客对大尺度旅游空间的偏好是一个较为普遍的现象。根据众多国内学者的研究证实,相对而言,游客在外出旅游的行为特征上存在大尺度旅游空间的偏好。游客在出游时,往往选择多个景点或者多个景区的游览,而不是单个景点或者景区的游览。从效用理论的角度看,不同的景点或景区有着不同的特质,因此能满足游客多维度多角度的出游动机,丰富游客的出游体验,因此可以认为,对大尺度旅游空间的出游行为是更有效用的。

基于此,本研究提出以下假设,如图 10-2 所示。

H1:旅游空间尺度对旅游意愿起正向影响作用。

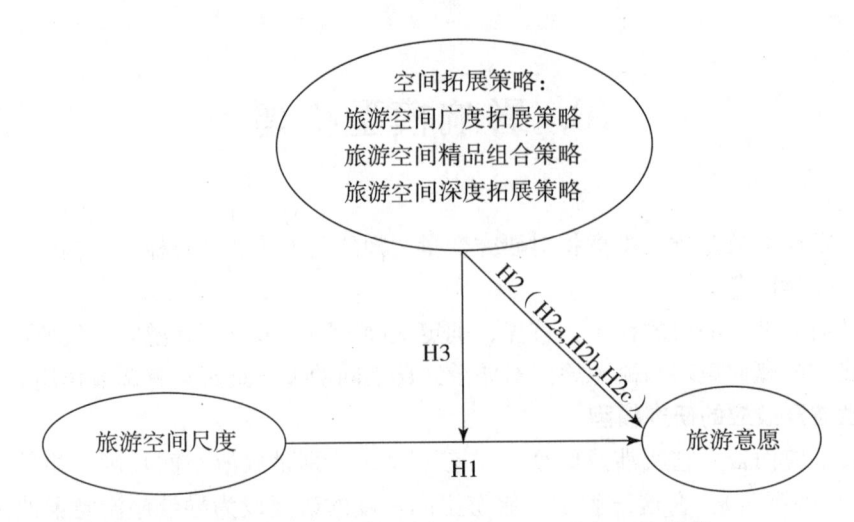

图 10-2 假设 H1、H2（H2a，H2b，H2c）、H3 示意

10.2.2 旅游空间拓展策略的调节效果假设

旅游空间拓展策略组包含旅游空间广度拓展策略、旅游空间精品组合策略和旅游空间深度拓展策略三项策略。它们从旅游空间的广度和深度两个维度上进行拓展。与震后受损的九黄环线相比，旅游空间拓展策略使得游客能够体验的旅游景点增多，客观上增大游客的活动范围、丰富游客的旅游体验，因此，它对旅游意愿的改变应有相应的影响作用。

基于此，本研究提出以下假设：

H2：旅游空间拓展策略对旅游意愿起正向影响作用；

其中：

H2a：旅游空间广度拓展策略对旅游意愿起正向影响作用；

H2b：旅游空间精品组合策略对旅游意愿起正向影响作用；

H2c：旅游空间深度拓展策略对旅游意愿起正向影响作用；

H3：在旅游空间尺度影响旅游意愿的过程中，旅游空间拓展策略起正向调节作用。

10.2.3 有关省外且尚无到访体验游客的假设

杨新军和马晓龙（2004）的研究表明，省外游客对于旅游景点的选取是有所偏好的，体现在旅游景点的数量和旅游景点的等级两个方面。从数量上说，省外游客追求大数目旅游景点的出游计划；从旅游景点的等级上看，省外游客追求旅游景点的典型性，即出游时偏好高等级旅游景点的出游计划。此外，就一般情况而言，级别高的旅游景区往往较级别低的旅游景区具有更高的知名度和美誉度，在游客的心目中也更能够代表一个旅游目的地的整体形象。

因此，本研究提出以下假设：

H4：对于省外且尚无到访体验的游客而言，旅游空间精品组合策略对旅游意愿的正向影响作用比旅游空间广度拓展策略更大；

H5：对于省外且尚无到访体验的游客而言，旅游空间精品组合策略对旅游意愿的正向影响作用比旅游空间深度拓展策略更大。

10.2.4 有关省内且尚无到访体验游客的假设

杨新军和马晓龙（2004）的研究还表明，省内游客与省外游客的出游行为并不相同，相比而言，省内游客对于旅游景区的等级并不敏感，也就是说，他们并不像省外游客那样倾向于去等级较高的旅游景区。

基于此，本研究提出以下假设：

H6：对于省内且尚无到访体验的游客而言，旅游空间精品组合策略对旅游意愿的正向影响作用比旅游空间广度拓展策略更小；

H7：对于省内且尚无到访体验的游客而言，旅游空间精品组合策略对旅游意愿的正向影响作用比旅游空间深度拓展策略更小。

10.2.5 有关省外且有过到访体验游客的假设

从旅游体验的丰富性和多样性原则来看，人们在出游时，往往会选择自己未曾到访过的旅游景区，而不是已经到访过的旅游景区。而且，省外游客对于旅游景区的等级和数量均有更强的偏好，因此，本研究提出以下假设：

H8：对于省外且有过到访体验的游客而言，旅游空间深度拓展策略对旅游意愿的正向影响作用比旅游空间广度拓展策略更小；

H9：对于省外且有过到访体验的游客而言，旅游空间深度拓展策略对旅游意愿的正向影响作用比旅游空间精品组合策略更小。

10.2.6 有关省内且有过到访体验游客的假设

省内游客出游时由于对旅游景区等级的不敏感，所以和省外游客相比，不会有意选择高等级的旅游景区或旅游景点。此外，对于已经到访过的旅游景区或旅游景点，游客的某种旅游体验已经完成，对于该旅游景区的出游动机已经达成，在这种情况下，游客更希望去尚未到访过的旅游景区旅游。因此，本研究提出以下假设：

H10：对于省内且有过到访体验的游客而言，旅游空间广度拓展策略对旅游意愿的正向影响作用比旅游空间精品组合策略更大；

H11：对于省内且有过到访体验的游客而言，旅游空间广度拓展策略对旅游意愿的正向影响作用比旅游空间深度拓展策略更大。

10.3 整体性波及效应和泛化性波及效应的研究模型

就整体性波及效应和泛化性波及效应而言，它们所涉及的变量共有 4 个，分别是相似性、旅游景区形象、旅游意愿和赢回策略（具体指区格策略）。四者的关系是这样的，相似性的改变会导致旅游景区形象的改变，而旅游景区形象的变化又会促使旅游意愿发生变化，即旅游景区形象是相似性的因变量，同时，旅游意愿又是旅游景区形象的因变量。旅游景区形象与相似性之间构成函数关系，旅游意愿和旅游景区形象之间也构成函数关系。作为赢回策略的区格策略，并不改变相似性对旅游景区形象的关系，而是对这种关系起到调节的作用。也就是说，区格策略的使用，理论上应该是可以降低相似性对旅游景区形象的影响效果，进而作用于旅游意愿的改变。因此，区格策略就成相似性和旅游景区形象之间的调节变量，如图 10-3 所示。

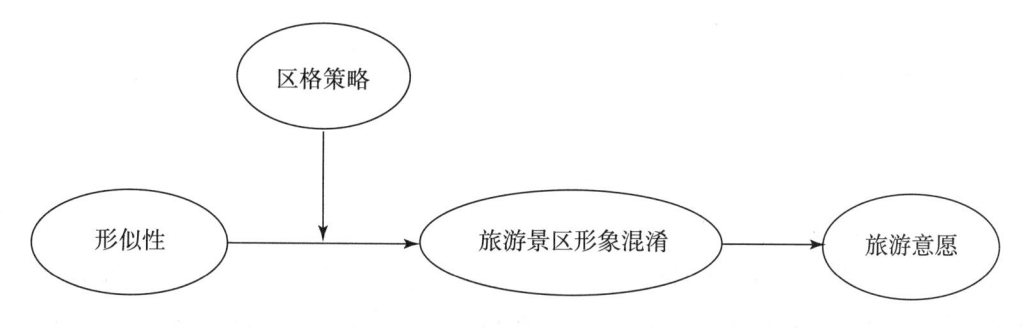

图 10-3 整体性波及效应和泛化性波及效应研究模型

10.4 整体性波及效应和泛化性波及效应及其赢回策略的研究假设

从图 10-3 来看，本实验研究中的研究模型共有"相似性""区格策略""旅游景区形象混淆"和"旅游意愿"四个变量。其中，自变量为相似性，因变量为旅游意愿，中间变量为旅游景区形象混淆，还有区格策略这个调节变量。模型的构成比较复杂，因此，本研究将该研究模型拆解为分模型 1 如图 10-4 所示和分模型 2 如图 10-6 所示，通过对分模型 1 和分模型 2 的检验，来达到完成整个研究模型的验证工作的目的。

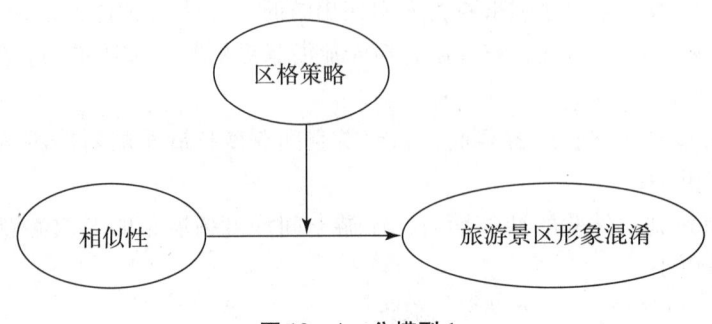

图 10-4 分模型 1

首先，本研究针对分模型 1 提出研究假设。

10.4.1 对相似性与旅游景区形象混淆之间关系的假设

相似性本身就是游客在对旅游目的地的旅游空间构成要素进行感知时的一种综合而又模糊的判断，这种认知本身是不精确的。游客对目标旅游空间与灾害地或灾害旅游景区的旅游空间感知的相似性越高，就越容易将二者混为一谈，越容易将非灾害旅游景区感知为灾害旅游景区；反之，如果游客对目标旅游空间与灾害地或灾害旅游景区的旅游空间感知时，得出的相似性越低，就越能对二者进行有效区分，越不容易将非灾害旅游景区感知为灾害旅游景区。

基于此，本研究提出以下假设，如图 10-5 所示。

H12：相似性对旅游景区形象混淆起正向影响作用。

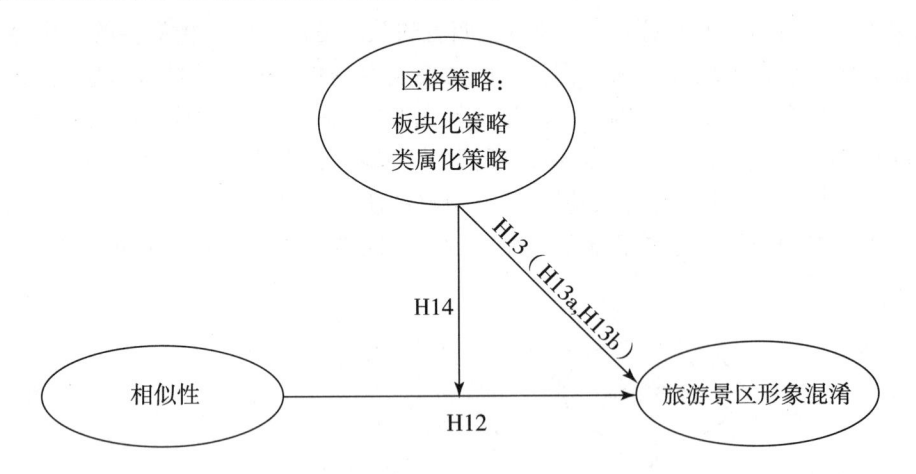

图 10-5 假设 H12、H13（H13a，H13b）、H14 示意

10.4.2 对区格策略调节效果的假设

区格策略组包含版块化策略和类属化策略两项策略，旨在借助游客认知旅游空间时距离和方位要素的使用，将认知空间进行割裂和分类，进而破坏目标认知空间形象与灾害旅游景区空间形象之间的相似性，进而降低旅游景区形象混淆程度，以便于其对非灾害旅游景区的形象认知。

基于此，本研究提出以下假设，如图 10-6 所示。
H13：区格策略对旅游景区形象混淆起负向影响作用；
首先，
H13a：版块化策略对旅游景区形象混淆起负向影响作用；
H13b：类属化策略对旅游景区形象混淆起负向影响作用；
其次，
H14：在相似性影响旅游景区形象混淆的过程中，区格策略起调节作用。

图 10-6 分模型 2

最后，本研究针对分模型 2 提出研究假设。

10.4.3 对相似性和旅游意愿之间关系的假设

相似性是游客对旅游空间形象的感知结果，形似性高就意味着游客越无法分清究竟哪些旅游景区是非灾害旅游景区，进而就会导致旅游意愿的降低，如图 10-7 所示。

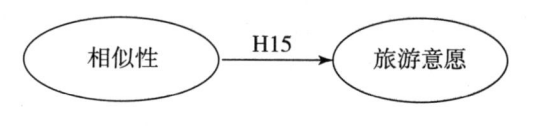

图 10-7 假设 H15 示意

基于此，本研究提出以下假设：
H15：相似性对旅游意愿起负向影响作用。

10.4.4 对旅游景区形象混淆和旅游意愿之间关系的假设

游客在进行旅游决策前，会根据已有的信息对旅游目的地形象进行判断和认知。前人的研究表明，旅游目的地形象与游客旅游意愿之间存在显著的正相关关系。而旅游景区形象混淆，是指游客无法对灾害旅游景区与非灾害旅游景区做出区分的现象，在严重自然灾害发生的大背景下，尤指游客将非灾害旅游景区认知为灾害旅游景区的现象，进而导致游客放弃或推迟到访非灾害旅游景区的旅游计划，如图 10-8 所示。

图 10-8 假设 H16 示意

基于此，本研究提出以下假设：
H16：旅游景区形象混淆对旅游意愿起负向影响作用。

10.4.5 对旅游景区形象混淆中介效应的假设

相似性对于旅游意愿的作用是通过旅游景区形象混淆来完成的。一方面，相似性直接作用于旅游景区形象混淆，在严重自然灾害的大背景下，相似性高导致的直接结果就是游客对旅游景区形象混淆的程度加重；另一方面，旅游景区形象混淆又直接作用于旅游意愿，在严重自然灾害的大背景下，游客对旅游景区形象混淆的程度越高，游客的旅游意愿也就越低，反之，游客对旅游景区形象的混淆程度越低，就越有利于其做出旅游决策。

基于此，本研究提出以下假设：

H17：在相似性影响旅游意愿的过程中，旅游景区形象混淆起中介效应。

10.4.6 对男性游客的假设

先前有学者的研究证明，男性游客在对地理空间进行认知时，更愿意选择科学性强、数据精确的客观要素作为认知旅游空间的依据。而版块化策略在内容设计上较类属化策略更加偏向科学性和客观性，引用有具体的相关数据对策略内容进行支撑。

基于此，本研究提出以下假设：

H18：对于男性游客而言，版块化策略对旅游景区形象混淆的影响效果大于类属化策略；

H19：对于男性游客而言，版块化策略对旅游意愿的影响效果大于类属化策略。

10.4.7 对女性游客的假设

与男性游客的旅游空间认知风格不同，女性在对旅游空间进行认知时，更加相信自己的记忆与以往的经验，并在此基础上对旅游空间进行判断，感性认知的倾向较为明显。而版块化策略在内容设计上较类属化策略更加偏向科学性和客观性。

基于此，本研究提出以下假设：

H20：对于女性游客而言，版块化策略对旅游景区形象混淆的影响效果小于类属化策略；

H21：对于女性游客而言，版块化策略对旅游意愿的影响效果小于类属化策略。

综上所述，本研究共提出假设21个，如表10-1所示。

表10-1 研究假设汇总

编号	假设
H1	旅游空间尺度对旅游意愿起正向影响作用
H2	旅游空间拓展策略对旅游意愿起正向影响作用
H2a	旅游空间广度拓展策略对旅游意愿起正向影响作用
H2b	旅游空间精品组合策略对旅游意愿起正向影响作用
H2c	旅游空间深度拓展策略对旅游意愿起正向影响作用
H3	在旅游空间尺度影响旅游意愿的过程中，旅游空间拓展策略起正向调节作用
H4	对于省外且尚无到访体验的游客而言，旅游空间精品组合策略对旅游意愿的正向影响作用比旅游空间广度拓展策略更大
H5	对于省外且尚无到访体验的游客而言，旅游空间精品组合策略对旅游意愿的正向影响作用比旅游空间深度拓展策略更大
H6	对于省内且尚无到访体验的游客而言，旅游空间精品组合策略对旅游意愿的正向影响作用比旅游空间广度拓展策略更小
H7	对于省内且尚无到访体验的游客而言，旅游空间精品组合策略对旅游意愿的正向影响作用比旅游空间深度拓展策略更小
H8	对于省外且有过到访体验的游客而言，旅游空间深度拓展策略对旅游意愿的正向影响作用比旅游空间广度拓展策略更小
H9	对于省外且有过到访体验的游客而言，旅游空间深度拓展策略对旅游意愿的正向影响作用比旅游空间精品组合策略更小
H10	对于省内且有过到访体验的游客而言，旅游空间广度拓展策略对旅游意愿的正向影响作用比旅游空间精品组合策略更大

续表

编号	假设
H11	对于省内且有过到访体验的游客而言，旅游空间广度拓展策略对旅游意愿的正向影响作用比旅游空间深度拓展策略更大
H12	相似性对旅游景区形象混淆起正向影响作用
H13	区格策略对旅游景区形象混淆起负向影响作用
H13a	版块化策略对旅游景区形象混淆起负向影响作用
H13b	类属化策略对旅游景区形象混淆起负向影响作用
H14	在相似性影响旅游景区形象混淆的过程中，区格策略起调节作用
H15	相似性对旅游意愿起负向影响作用
H16	旅游景区形象混淆对旅游意愿起负向影响作用
H17	在相似性影响旅游意愿的过程中，旅游景区形象混淆起中介效应
H18	对于男性游客而言，版块化策略对旅游景区形象混淆的影响效果大于类属化策略
H19	对于男性游客而言，版块化策略对旅游意愿的影响效果大于类属化策略
H20	对于女性游客而言，版块化策略对旅游景区形象混淆的影响效果小于类属化策略
H21	对于女性游客而言，版块化策略对旅游意愿的影响效果小于类属化策略

11. 影响模型的实证研究设计

在本研究中，前半部分借助扎根研究完成研究模型的构建工作，并在此基础上提出研究假设。接下来，则要通过实证研究（Empirical Research）来完成对研究模型及研究假设的验证工作，以证明研究模型的合理性和研究假设的正确性。

11.1 研究方法选取

实验法是用于验证因果关系的方法，尤其适合对研究假设进行检验。而实验（Experiment）的实质，就是对自变量进行操纵并观测其对因变量影响的过程。在市场营销研究领域，为了验证各种营销变量与目标变量之间的因果关系，实验法也常常被使用。结合实验法的研究属性和本课题的研究特点，本研究的实证研究部分，借助实验法来完成。

实验设计依据实验方法的不同可以划分为预实验设计、真实验设计、准实验设计和统计设计四种类型。其中，预实验设计（Pre-experimental Design）是没用随机化步骤控制外部因素的一类设计，而真实验设计（True-experimental Design）要求研究人员随机地将测试单位和处理分派给各个实验组，然而，当研究人员无法实现对测试单位进程安排的完全操纵或者处理的完全分配，但仍然可采用部分真实验措施时，就产生准实验设计（Quasi-experimental Design），统计设计（Statistical Design）则是指一系列允许对外生变量进行统计控制和分析的基础实验。

统计设计具有其他实验设计不具备的三个优点：首先，它可以测量多个而非仅仅一个变量的影响；其次，它可以控制特定外生变量；最后，当每个测试单位需要被测量多次时，统计设计具有经济性。因此，本研究的实验设计为统计设计。而统计设计又可细分为随机区组设计（Randomized Block Design）、拉丁方设计（Latin Square Design）和因子设计（Factorial Design）三种。其中，随机区组设计只能处理一个操纵自变量的影响，拉丁方设计只能处理两个独立的操纵自变量的影响，而因子设计则能处理不同级别的两个或两个以上的自变量的影响。因此，本研究采用因子设计，如图 11-1 所示。

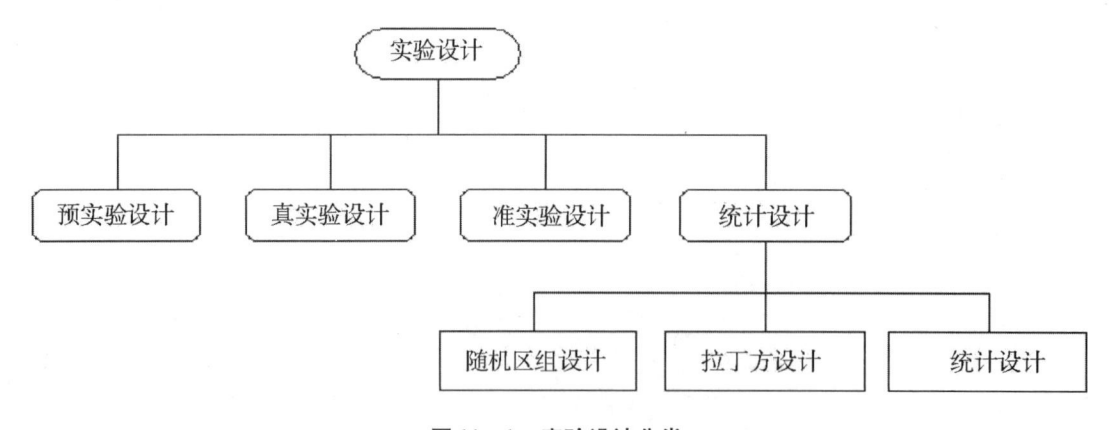

图 11-1 实验设计分类

此外，实验法依据实验环境的不同又可区分为实验室实验（Laboratory Experiment）和现场实验（Field Experiment）。实验室实验需要研究人员构造出一个具备实验期望的一个人工环境，但是现场实验就没有这样一种限制。二者各有优劣，具体如表 11-1 所示。

表 11-1 实验室实验和现场实验的对比

因素	实验室实验	现场实验
环境	人造的	现实的
控制	高	低
反应误差	高	低
迎合假象	高	低
内部效度	高	低
外部效度	低	高
时间	短	长
测试单位数目	小	大
执行容易程度	高	低
成本	低	高

资料来源：本表来源于马尔霍特拉（2002）的研究。

如表 11-1 所示，从本研究可以看出，两种实验方法各有其优点和缺点，没有哪一种实验方法明显优于另一实验方法，因此选择两种实验法都是可行的。为了能够尽可能模拟现实状态而获得较高的外部效度，本研究选择了"现场实验法"。此外，本研究选择现场实验的另一个原因是，就目前的营销学界而言，进行实证研究时多采用现场实验而非实验室实验。本研究在很大程度上借鉴前人的方法，在刺激物设计、实验设计和实验执行等多个方面都参考了他们的实验方案和实验步骤。综上所述，本研究采用"因子设计"和"现场实验"开展研究。对于实验数据的处理，则采用 SPSS19.0 完成。

11.2 组间设计

本研究的实证部分，是通过两个现场实验完成的。其中，第一个实验中设计了实验组别，而第二个实验中因为性别这一人口统计学变量无须进行单独操控而只需在实验完成后进行观测即可得出结论，故该实验中仅根据策略刺激物的加入与否设计出了一个实验组和一个对照组。所以，此处着重对第一个实验的组间设计进行描述。

本研究分别从省内/省外、有过到访体验/尚无到访体验两个变量上对被试进行组间设计，共形成 4 个实验组，分别是：省内且有过到访体验实验组（EGNY）、省外且有过到访体验实验组（EGWY）、省内且尚无到访体验实验组（EGNW）和省外且尚无到访体验实验组（EGWW）。与此同时，每个实验组内，又根据旅游空间广度拓展策略、旅游空间精品组合策略、旅游空间深度拓展策略和无任何策略的实施分为 4 个小实验组，其中，无任何策略的实施的实验组为该实验研究中的对照组，以便其他实验组与之进行效果比对进而达到验证研究假设的目的。因此，本研究共设计出包含对照组在内的 16 个实验组，如表 11-2 所示。

表 11-2 组间设计

	省内	省外
有过到访体验	省内且有过到访体验组（EGNY）： ①省内且有过到访体验的旅游空间广度拓展策略组（EGNYG）； ②省内且有过到访体验的旅游空间精品组合策略组（EGNYJ）； ③省内且有过到访体验的旅游空间深度拓展策略组（EGNYS）； ④省内且有过到访体验的无策略组（EGNYN）	省外且有过到访体验组（EGWY）： ①省外且有过到访体验的旅游空间广度拓展策略组（EGWYG）； ②省外且有过到访体验的旅游空间精品组合策略组（EGWYJ）； ③省外且有过到访体验的旅游空间深度拓展策略组（EGWYS）； ④省外且有过到访体验的无策略组（EGWYN）
尚无到访体验	省内且尚无到访体验组（EGNW）： ①省内且尚无到访体验的旅游空间广度拓展策略组（EGNWG）； ②省内且尚无到访体验的旅游空间精品组合策略组（EGNWJ）； ③省内且尚无到访体验的旅游空间深度拓展策略组（EGNWS）； ④省内且尚无到访体验的无策略组（EGNWN）	省外且尚无到访体验组（EGWW）： ①省外且尚无到访体验的旅游空间广度拓展策略组（EGWWG）； ②省外且尚无到访体验的旅游空间精品组合策略组（EGWWJ）； ③省外且尚无到访体验的旅游空间深度拓展策略组（EGWWS）； ④省外且尚无到访体验的无策略组（EGWWN）

11.3 刺激物设计

本研究的刺激物设计分为两个部分，分别是实验 1 和实验 2 中的刺激物设计，下面逐一进行介绍。

11.3.1 旅游景区选取

本研究对四川省内的旅游景区进行选择，以便被试对实验材料较好地理解，回答也更有针对性和指向性。满足入选条件的旅游景区必须具备两个条件，首先是有较高的代表性，这样被试对其不熟悉的可能性就会降低。其次是属于非灾害旅游景区，即在汶川大地震发生后，它没有受到严重破坏，而且仍然具备游客接待能力。

11.3.1.1 旅游景区选取原则

旅游景区的选取遵循典型性和代表性的原则。首先，九寨沟旅游景区和峨眉山旅游景区在汶川大地震后几乎没有受到损害，景区内景观完好，设施完备，游客接待能力较好。但是地震发生后，游客流失严重，是非灾害景区被波及的一个典型案例。其次，九寨沟旅游景区和峨眉山旅游景区因其较高的旅游等级和高质量的旅游资源，早就被国内外游客所熟知，可以说，从一定程度上，九寨沟和峨眉山的形象就是四川旅游业的形象，因此，本研究选取九寨沟旅游景区和峨眉山旅游景区进行研究。

11.3.1.2 九寨沟旅游景区简介

九寨沟位于四川省阿坝藏族羌族自治州九寨沟县漳扎镇，是白水沟上游白河的支沟，以有九个藏族村寨（又称作何药九寨）而得名，海拔 2000 米以上。1992 年 12 月经联合国教科文组织批准，正式列入《世界自然遗产名录》。2007 年 5 月 8 日，被国家旅游局正式批准为国家 5A 级景区。它是四川旅游资源的杰出代表，在国内国际都具有很高的知名度[①]。

---

① 数据来源：《九寨沟》。

11.3.1.3 九寨沟旅游产品的现实情况介绍

一般情况下，旅行社提供的九黄环线上的九寨沟通常可供游客游玩一天，确切地说，是早上9点左右到下午6点左右。九寨沟是由翠海、叠瀑、彩林、烟云、雪峰及奇异多彩的藏族风情组成格调自然风韵独具的仙境。九寨沟的景观主要分布在树正沟、日则沟、则查洼沟三条主沟内，景区内有最宽、最高、最雄伟壮观的三大瀑布：珍珠滩瀑布、诺日朗瀑布、熊猫海瀑布，108个高山湖泊及数十处流泉飞瀑等景观。最美最奇特的是九寨沟的水，清冽透底，变幻无穷。九寨沟内的景观景点众多，对于旅行社提供的观光线路而言，在规定时间内根本无法完全领略到九寨沟内的所有景观，而只能体验到其中的一小部分。而且，原则上游客只能住宿在九寨沟外，而不能留宿在沟内。每年的11月—次年4月，黄龙景区因封山的原因处于关闭状态，九寨沟会与牟尼沟组成新的旅游线路供游客选择。

11.3.1.4 峨眉山旅游景区简介

峨眉山位于四川省峨眉山市境内，景区面积约154平方千米，最高峰万佛顶海拔3099米。这里地势陡峭，风景秀丽，素有"秀甲天下"的美誉。该地区生物多样性保持较好，共有3000多种植物，其中包括世界上稀有的树种。与山西五台山、安徽九华山和浙江普陀山并称为中国的四大佛教名山。1996年12月6日，被联合国教科文组织列入世界自然遗产和世界文化遗产双重名录。2007年，被国家旅游局正式批准为5A级旅游景区[①]。

11.3.1.5 峨眉山旅游产品的现实情况介绍

一般情况下，旅行社都将峨眉山景区和乐山大佛景区组合在同一旅游线路中，被称为"峨乐线"。通常，游客被安排先游乐山大佛，时间大约半天时间左右，峨眉山则被安排在次日，时间控制在一天内。早餐后（一般上午9点左右），游客被安排乘车至雷洞坪，步行半小时至接引殿，乘坐索道登至峨眉主峰——金顶（海拔3079米），并可在最高的观景平台观云海、佛光、金银铜殿、十方普贤等自然奇观和佛教奇观等，在世界最大的朝拜中心祈福许愿，游览完毕返回雷洞坪乘观光车至万年寺停车场，午餐后乘坐索道至千年古刹万年寺，参观无梁砖殿，以及峨眉山的镇山之宝——重62吨的普贤骑象，随后参观白龙洞、清音阁、一线天、黑龙江栈道、自然生态野生猴群，与峨眉山灵猴零距离接触。

11.3.2 实验刺激物设计

下面分别介绍实验研究Ⅰ和实验研究Ⅱ的刺激物设计。

11.3.2.1 实验研究Ⅰ的刺激物设计

在前面的文献研究中，旅游空间尺度在学界有两种表达方式。一种是借由旅游目的地所在的地理范围来表征（卞显红，2004；朱镇，2009），举例说明，就是国际的旅游空间尺度大于国内的旅游空间尺度，省域的旅游空间尺度大于市域的旅游空间尺度。另一种则是借助空间内的旅游景点或景区的数量来表征旅游空间尺度的大小（杨新军，马晓龙，2004；肖光明，2005），也就是说，在一个旅游空间中，旅游者能够体验或游览的景点数目较多，则旅游空间尺度较大，反之则较小。本研究认为，前一种表征方法虽然简洁明了，也便于比较，但是有失粗略也过于通俗，不适于进行较高精度的科学研究时采用；而后者则阐明旅游空间尺度的内在含义，有利于进行科学的研究工作，因此，本研究采用后者的观点，用一定空间范围内旅游景点的数量来表征旅游空间尺度的大小。

空间是立体的，也是具有延展性的。空间究竟是几维的，这个问题恐怕没有人能够完全说清楚。但是，就人类目前对空间的认知来看，要想对空间进行扩展，至少有两个维度是可以操作的，一个是空间的广度，另一个是空间的深度。前者侧重于横向幅度内的拓展，而后者则体现纵向范围内的延伸。这就成为刺激物设计的前提和基础。

---

① 数据来源：《峨眉山》。

根据杨新军和马晓龙（2004）的研究，省外游客和省内游客相比，显示出尽可能多去不同旅游景区的特征。另外，杨国良、张捷和艾南山等（2006）也认为，游客出游时，对于到访景区或者景点的数量有较高的偏好，与到访单一景区相比，游客更愿意选择多个景区的串联。

国内学者陈志军（2008）认为，区域旅游空间结构的演进脉络至少经历4个不同的阶段。第一阶段，点状模式阶段，该阶段属于旅游地域系统的起步阶段。该结构的特点是：旅游空间较小，且空间内的经典数量很少，规模化程度极低；旅游开发处于R-P共生，彼此独立的阶段，对客源地的吸引力较弱，且仅对于近程市场具有明显的吸引作用，旅游流向呈现单向性，易受外界影响，波动明显，整体较为脆弱。第二阶段，放射模式阶段。它属于旅游地域系统的发展阶段。旅游空间内的景点、设施建设得到进一步加强，旅游的节点也较先前的点状模式增加了很多，与此同时，游客的数量得以扩大，对游客的吸引力（尤其远程游客）也增强了不少，但是客源仍然以近程客源为主。虽然旅游空间有所扩大，但是空间内的景点彼此独立和分散，互通性不够，未能形成规模效应，整体规模仍然偏小。第三阶段，凝聚模式阶段。它属于旅游地域系统相对成熟的一个发展阶段。旅游空间内的景点及其他节点，不仅通过路径被系统的联系在一起，而且"吃、住、行、游、购、娱"的要素组合也较之前的模式更为完善，景区内各景点的互通性得以加强，旅游产业链条上的环节也都紧密相连，整体呈现出一种规模效应。在这种模式下，客源已不是主要问题，旅游地域对于远程客源的吸引已足够强大，控制游客规模，考虑旅游地域环境的游客承载能力成为当务之急。第四阶段，扩展模式阶段。该阶段属于旅游地域系统发展的优化阶段。无论是旅游地的规模效应，还是旅游空间内景区的联动效应，都得到空前的加强，旅游空间尺度进一步扩大，为旅游者提供更好的旅游环境和更多的旅游体验，同时还兼顾旅游环境的承载能力，也增强对不同地区客源的吸引力，如图11-2所示。

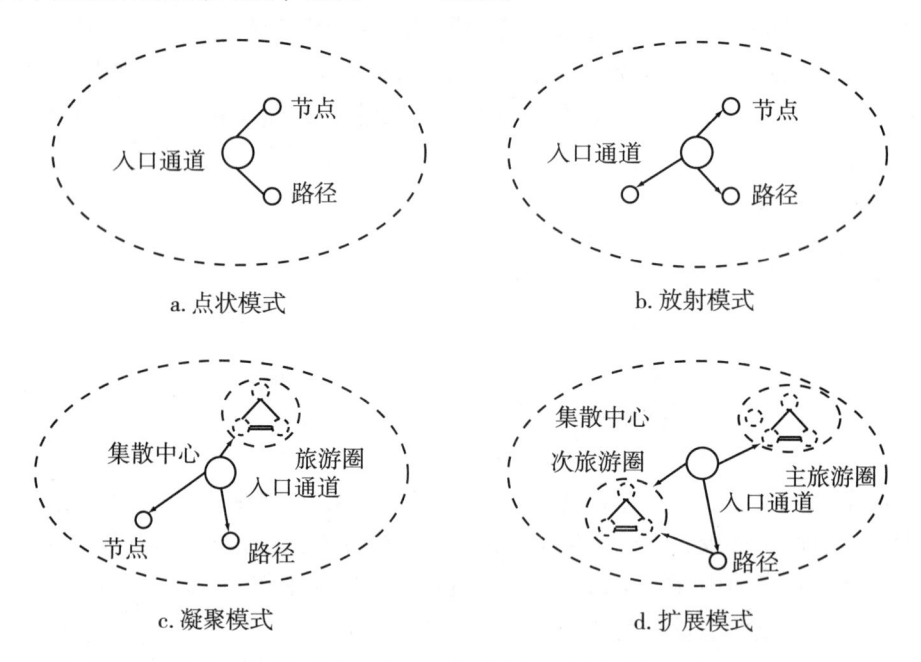

图 11-2 旅游空间结构演进（陈志军，2008）

杨新军、牛栋和吴必虎（2000）也提出自己的旅游行为空间模式：模式1：单一目的地旅游——旅游者的大部分旅游，活动集中在一个目的地；模式2：线形旅游——旅游者选择使用一条线路上的多个旅游目的地，但存在主次之分，主要选择使用的目的地只有一个；模式3：基营式旅游——旅游者在访问主要目的地的同时也选择访问其他几个目的地，但往往以主体目的地作为大本营；模式4：环形旅游

——旅游者在既定的目标区域内环旅游好几个目的地，相当于游览线路空间；模式5：链式旅游——旅游者以客源地为中心进行的链式游览。

他们的研究表明，在旅游活动中，确实存在不同的旅游行为空间模式，也就是旅游活动中涉及的旅游空间存在着尺度上的差异。一方面，将距离相近的不同的旅游景区组合在一个旅游产品内是可行的，而且，这种旅游空间尺度的扩大是能够被旅游者认知和识别的。从单一的目的地旅游模式到链式旅游模式，其实质就是旅游景点的增加，进而旅游空间尺度的扩大；另一方面，就单个旅游目的地系统或者单个旅游景区而言，也存在旅游空间格局的改变，无论点状模式还是扩展模式都可以被运用。也就是说，旅游景区内部，同样可以借助观赏景点的增加来实现旅游空间尺度的扩大，而这种增加，可以来自新的旅游景观的设置，也可以来自对未曾被到访的固有景观的重新认知和到访。

汶川大地震时，九寨沟和黄龙组成九黄线供全国游客游览。黄龙景区有世界三大之最：最壮观的露天钙华彩池群、最大的钙华滩流、最大的钙华塌陷壁。地震后，九寨沟景区内的旅游设施和旅游景观基本未受影响，而作为黄龙景区的主要景观，钙华景观退化（刘再华、田友萍和安德军等，2008）和部分设施受损，使得黄龙景区一度不能对外开放。

通过以上分析，结合现实情况，本研究设计出空间拓展刺激物，具体实施办法就是让非灾害旅游景区九寨沟和其他1~2个邻近景区组成新的旅游线路。这样做的目的，是在空间广度上实现拓展，从更广的范围内增加游客能够体验旅游景点数量，进而达到旅游空间尺度扩大的目的。此时，新的问题出现了。旅游景区是存在不同等级的，在我国，旅游景区的等级分为A级、2A级、3A级、4A级和5A级5个不同的等级。那么，在被联合的1~2个旅游景区中，应该做出怎样的取舍呢？九寨沟和黄龙景区都属于国家的5A级景区，黄龙景区的位置应该由另一个5A级景区补足，还是由2个4A级景区来补足？

吴必虎、李咪咪和黄国平（2002）通过实地调研和网络调研的方法，发现倾向于去世界遗产地旅游的潜在游客占被调查总数的43%，倾向于去非世界遗产地旅游的潜在游客占被调查总数的33%，无明显倾向的潜在游客占被调查总数的24%。杨新军和马晓龙（2004）的研究表明，游客在旅游行为特征上存在两个倾向，一是高等级，游客更愿意去等级高、典型性强的旅游景区游览；二是多数目，即游客更愿意去多个旅游景区游览。具体表现为，省外游客表现出大尺度旅游空间行为的基本特征，他们倾向于尽可能多地去高等级和较有代表性的旅游景点，对景点的级别较为敏感；省内游客则不同，他们对景点的级别并不像省外游客那么敏感，所有的景点无论级别如何，省内游客的到访率均较为平稳，大多在10%~40%。张文磊（2008）根据2006年9月到12月对贵州省都匀市738名市民进行的抽样调查，对都匀市居民国内旅游的行为进行分析，发现在大范围的旅游空间里，旅游者总是力图到级别较高的旅游点旅游，并尽可能游玩更多的高级别旅游点。章锦河、张捷和李娜等（2005）认为，皖南旅游区区内客流的空间行为模式与大中尺度旅游者空间行为相似，主要表现为旅游者多选择高级别的旅游景区（点），而放弃地位、级别较低的旅游景区（点）。

那么，不同等级的旅游景区，可否组合在一起成为新的旅游产品，并为游客所认知和接受呢？

楚义芳（1989）提出不同等级的旅游地之间的相互作用关系。依据旅游地性质的异同，如果旅游地的等级相同，则其存在互补关系或者替代关系；如果旅游地的等级不同，则其存在单项补足关系或者单项替代关系，如表11-3所示。

表 11-3　旅游地相互作用（楚义芳，1989）

	旅游地性质相异	旅游地性质相同
旅游地等级相同	互补关系	替代关系
旅游地等级不同	单补关系（上—下）	单代关系（上—下）

资料来源：本表来源于楚义芳（1989）的研究。

楚义芳的观点是可信的，游客在对旅游地进行认知时，存在遮盖效应，即等级高的旅游地往往能够遮蔽掉等级低的旅游地。互补则更加容易理解，增加景观的丰富性可以使旅游产品更具有吸引力。但是，对于经历过自然灾害的旅游景区是否也同样适用呢？虽然本研究并不能完全同意楚义芳的观点，但是她的理论至少可以成为本研究将不同等级景区组合到同一个旅游产品内的理论基础。

基于此，本研究设计两套广度拓展的刺激物，分别是将九寨沟与四川省内另一5A级旅游景区组合和将九寨沟与四川省内另外两个4A级旅游景区组合。

此外，九寨沟内的景观众多，仅大小湖泊就有108个，还不包括其他类型的自然景观。以往游客游览九寨沟，总是沿着固定的旅游线路乘坐观光车进行的，能够到达九寨沟的旅游景点是有限的，一次旅行并不足以让游客完整体验九寨沟的旅游景观。因此，本研究设计出另一空间拓展刺激物，具体实施办法，就是将游客原本用于游览黄龙景区的时长扩充至九寨沟的游览过程中，在总的旅游时间长度不变的情况下，在九寨沟旅游景区内多待一天，参加篝火晚会，学跳藏族舞蹈，使游客能够畅游九寨沟，完整地体验九寨沟内的所有景点，从而达到深度旅游的目的，进而完成旅游空间尺度上的扩大。

策略形成

根据刺激物的设计原则和方法，本研究拟出三种扩大旅游空间尺度的策略，来测量其对旅游空间尺度和旅游意愿之间的调节作用。具体表述有以下几点。

（1）旅游空间广度拓展策略。

汶川大地震发生后，"九黄环线"遭到破坏。震后黄龙景区受损，而九寨沟完好如初。旅行社在原有价格不变和旅游时长不变的前提下，将提供九寨沟和另两个四川省内的4A级景区供您旅游。在领略九寨沟山水之美的同时，也畅享更多的四川旅游资源。

（2）旅游空间精品组合策略。

汶川大地震发生后，"九黄环线"遭到破坏。震后黄龙景区受损，而九寨沟完好如初。旅行社在原有价格不变和旅游时长不变的前提下，将提供九寨沟和另一个四川省内的5A级景区供您旅游。在领略九寨沟山水之美的同时，体验四川优质的旅游资源。

（3）旅游空间深度拓展策略。

汶川大地震发生后，"九黄环线"遭到破坏。震后黄龙景区受损，而九寨沟完好如初。旅行社在原有价格不变和旅游时长不变的前提下，让您在九寨沟多待一天，免费让您学跳藏族舞蹈、参加篝火晚会，充分体验少数民族风情，比以往更多地徜徉在美丽的山水之间。

11.3.2.2　实验研究Ⅱ的刺激物设计

地理认知具有两个基本特点。一是距离衰减规律。距离观察者近的地理事物，观察者对其了解越详细，其地理事象就越清晰；反之则越笼统，越不清晰。二是动态性。由于时间的流逝，地理环境与事物及其所反映的社会特征会发生变化，同时人们的思想、观念和学识、经验也会发生变化，会影响地理事象的内容变化。

Harvey（1996）认为，地理思维首先表现出形象化思维的特点，是在形象思维基础之上的概念思维。人们心理上的先验模型不过是世界的形式化图像而已，这个图像经人们运用分析手段已塑造得连贯而一致。没有地理概念就没有地理学的理解,而没有图像就不可能有概念,图像是人们解释一切认识之性质的中枢。空间意象(Geographic Mental Images)就是这样的地理思维的产物,一种形象的形式化表示,是地理思维得以进行的"媒介"(Harvey,1993)。从其产生开始,它就对地理思维活动起到决定性的作用,并最终影响地理理论模型的生成。人类的外在行为以地理事象为基础,由此在大脑中通过环境信息刺激而产生的心理图像,也就是人心目中的空间形象是一种认知世界的心理地图。空间意象既是地理认知的基础,又是地理认知的重要表现形式,如图11-3所示。

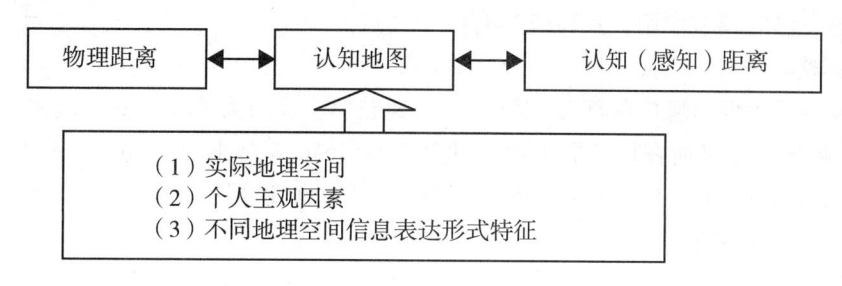

图11-3 空间意象形成(Harvey,1990)

格式塔心理学揭示知觉的相对性、整体性、恒常性和组织性等基本特征,并总结称为组织律的系列知觉组织原则,包括背景原则、接近原则、连续原则、相似性原则、闭合和完整倾向原则、共向性原则和简单原则等。这些原则已得到学界的普遍认同。人们在对地理空间或者地理环境进行认知时,首先需要对所需认知的地理空间或地理环境的信息进行收集,当人们感觉信息不可能正确反映现实地理环境,观察者对地理环境的知觉是包含其过去经验一系列判断过程,个人必须依靠这些可能有错误或歪曲的信息,通过知觉过程重新组合、处理和聚焦感觉刺激,对环境真实性给出概率性判断。这也正是汶川大地震发生后游客对于非灾害旅游景区的错误感知的一大根源。

汶川大地震发生后游客对于非灾害旅游景区的错误感知的另一大根源是对汶川大地震这一自然灾害的泛化认知。从消费者行为学的相关理论看,Miller于1948年发现的刺激泛化(Stimulus Generalization)是普遍存在的一个现象。当消费者已经从某一种刺激处境学习到某一具体的反映时,完全可以利用这种学习的经历和结果来对付其他相似的学习处境。这就是说,消费者是具有概括总结能力的。学习理论对于这种现象的产生给出了更深层次的解释:当某种特定的刺激所引起的条件反射已经存在时,当学习主体(消费者)在遇到其他新的、类似的刺激时,还会倾向于采取同一种条件作用的反应。这种原理反映在游客对旅游目的地的认知上,就成为局部生境效应。局部生境效应(Microhabitat Effect),是指在整个地理认知过程中,有的部分认知条件过于贫瘠,而引起认知结构的"泛化"(Generalization)现象,即认知子系统的生态位比较宽泛、广阔、模糊,而有失细节、精确和清晰的认知现象。

整体性波及效应的存在,可以用格式塔心理学的理论进行解释。格式塔心理学中对事物认知时的完型倾向,是整体性波及效应的根源。另外,泛化性波及效应与游客认知地理空间时产生局部生境效应(Microhabitat Effect)中的认知结构的"泛化"现象也是相吻合的。完型倾向产生的前提是知觉材料的相似性,而泛化产生的前提也同样是刺激物的相似性。在对二者进行梳理后,发现它们都不约而同地收敛到"相似性"这一变量上。于是,相似性的构成要素,就成为首先需要解决的问题。格式塔理论中,对于知觉材料的相似性,给出以下一些范畴:距离、形状、颜色、方位、背景等。而在地理空间认知的理论中,也提出了地理空间认知所依赖的要素,包括距离、方位和上级地理空间。二者相交,就得出构成相似性要素的交集,一是距离;二是方位。

此外,男性和女性在认知地理空间时,也体现出不同的认知风格和认知特点。前人的研究发现,男性更加偏好距离、方位等客观的、科学的数据作为判断和认知地理空间的依据,整体的认知风格较为理性和客观；女性则不同，她们更愿意依靠自己的记忆和过往的经验对地理空间进行认知，认知风格较男性而言显得感性和主观。

本研究在拟定刺激物时，考虑上面两方面的要素，既要通过距离和方位对相似性进行弱化，又要在内容设计和呈现风格上对刺激物有所区分。

策略形成

根据刺激物的设计原则和方法，本研究拟出两种区格策略，来测量其对相似性和旅游景区形象混淆之间及进而对旅游意愿的调节作用。具体表述有以下几点。

（1）版块化策略。

汶川大地震发生后，四川境内的部分旅游景区遭到破坏。汶川大地震及其余震主要发生在狭长的龙门山断裂带上[1]。峨眉山景区所在地峨眉山市（北纬N29°36′，东经E103°28′）[2]地处龙门山版块之外，距离震中汶川（北纬N31°28′，东经E103°35）[3]较远，其直线距离为209.03千米[4]，峨眉山景区基本未受地震影响，属于未受灾旅游景区。

（2）类属化策略。

汶川大地震发生后，四川境内的部分旅游景区遭到破坏。四川省旅游局立即发布未受灾景区名录，并且定期（每月）发布恢复景区名录。在四川省旅游局首先发布的未受灾景区名录中，峨眉山景区赫然在列。峨眉山景区因远离震中汶川，且与龙门山地震带处于完全不同的方位上，所以地震并未对这里造成不良影响。景区内秩序井然、资源配套完好无损，与震前无异。

11.4 量表设计

11.4.1 测项建立

从2011年3月—2011年年底，本研究综合运用小组访谈技术和一对一深入访谈技术，对山西长治赛福旅行社的部分消费者、四川成都四川大学望江校区内的部分在校大学生、四川绵竹市博物馆的部分参观者、九寨沟景区的部分游客、浙江杭州西湖景区的部分游客及部分火车旅客进行访谈。被访者共计114人，访谈内容围绕震后其放弃或推迟去四川境内非灾害旅游景区的旅游计划而展开。访谈的进行主要依赖被访者的回忆，除了涉及被访者本人的直接叙述外，其间也掺杂有与其有着相同经历（指在震后放弃或推迟去四川境内非灾害旅游景区的旅游计划）的亲友对于当时旅游决策的解释的转述。需要说明的是，对于后者，出于转述内容的准确性和可信度的考虑，本研究未采用，仅将其作为一种补充记录进行处理。

本次研究的主要目的在于：第一，探索和获取地震发生后放弃或推迟去四川境内非灾害旅游景区旅游计划的主要原因；第二，补充现有文献中灾后游客流失尚未覆盖的原因；第三，为测项库的构建提供平台和基础。

所有的访谈均未以任何官方的名义与其沟通，而多是通过同行过程中的沟通与交流，取得对方信任后，在较为自然和轻松的环境中以个人的名义开展的。这样做的优势有以下三点：第一，更容易取得被访者深层次的观点和意见。如果冠以官方的名义，反而让访谈的氛围变得严肃，进而更容易限制被访者的思路；第二，节约调研成本。以个人的名义进行调研，被访者不会对访谈提出特定的时间、场地和酬劳等要求，客观上为调研的开展节约成本；第三，适合本研究自身的调研风格和方式。本研究多以同行

---

[1] 数据来源：《汶川地震余震区位于龙门山断裂带》；
[2] 数据来源：gpsspg网站；
[3] 数据来源：gpsspg网站；
[4] 数据来源：gpsspg网站。

游客（乘客）的身份与被访者进行沟通，在旅游和同行的过程中实施调研，若冠以官方的名义，则会限制本研究自身的调研活动开展，不利于理想结果的取得。访谈实施过程中，本研究对被每一个访者的关键内容均做了记录，记录方式有笔录和录音两种。

通过访谈，本研究获得了三个被访者反应强烈的原因，即联结性认知、整体性认知和泛化性认知。但是，通过分析本研究发现，由这三者并不能直接推出被访者直接放弃或推迟去非灾害旅游景区旅游计划这一结果，也就是说，这三个原因并不能成为被访者直接放弃或推迟去非灾害旅游景区旅游计划的直接原因，联结性认知、整体性认知、泛化性认知和放弃或推迟旅游计划之间不能直接划出因果箭头。经过对数据的深度提取和向被访者的求证后，本研究又得到"景区破坏"这个原因。期间的逻辑关系可以被阐释为：由于联结性认知倾向的存在，游客认为与震前能够到访包含非灾害旅游景区在内的多个旅游景区相比，仅是非灾害旅游景区不值一去，所以放弃或推迟了去非灾害旅游景区的旅游活动；又由于整体性认知和泛化性认知作用的存在，游客将非灾害旅游景区认知为灾害旅游景区，进而认为景区已被地震破坏无法成行，故而放弃或推迟去非灾害旅游景区的旅游活动。综上所述，本研究共得到4个游客放弃或推迟到访非灾害旅游景区的直接或间接原因，被访者对其提及和确认的情况，如表11-4所示。

表11-4 地震后放弃或推迟非灾害旅游景区旅游计划原因

流失原因	编号	响应频次	响应频率
联结性认知	1	45	39.5%
整体性认知	2	68	59.6%
泛化性认知	3	58	50.9%
景区破坏	4	69	60.5%

11.4.2 测项确定

量表的开发首先是根据所要监测的变量收集其对应的测项。生成大的测项库，作为量表的最终候选测项的来源，是首要任务。测项库中测项的来源主要有三个方面，分别是扎根研究、已有文献和专家访谈。

首先，需要明确的是，作为地震后放弃或推迟非灾害旅游景区旅游计划原因，联结性认知、整体性认知和泛化性认知仅仅是一种语言表述的概括和抽象，并不能作为测项的名称。即为测项，简而言之，就是可以被测量的项目。其次，本研究首先需要确定与之相对应的测项名称。因前人尚无细致到此处的研究，故本研究只能尝试自行定义测项。

11.4.2.1 旅游空间尺度

之前的扎根研究表明，因为联结性认知而导致的波及效应称为联结性波及效应，是指因为不能通过一次旅游活动完成若干旅游景区的体验而仅能游览其中部分旅游景区，进而放弃或推迟其针对非灾害旅游景区旅游计划的现象。打个比方，原本游客可以完成5个旅游景区的体验活动，可是因为地震或其他自然灾害的原因，游客只能去其中的一个旅游景区游览，于是，游客便主动放弃此次旅游计划。本研究认为，游客之所以放弃或推迟旅游计划，原因是旅游空间尺度发生改变。确切地说，是旅游空间尺度变小所致。

对于"旅游空间尺度"的提法，较早的是卞显红（2004），她在《城市旅游空间一体化研究模式的构建及其分析》中曾经19次提及"旅游空间尺度"，在她的理解中，旅游空间尺度其实就是对旅游地大小的一种表征。比如，城市旅游点空间、区域空间、国内空间和国际空间分属四种不同的空间尺度，且空间尺度依次增大。无独有偶，朱镇（2005）在分析我国大学生旅游空间行为特征时，也借用了"旅游空间尺度"的概念来表征旅游地空间的类型。他将旅游空间尺度分为大、中、小三种类型，并且用大尺度表征涉及省际、全国、国际的空间范围，用中尺度表征涉及省内、地区（市）的空间范围，用小尺度表征涉及县（市）内、风景区内的空间范围。杨新军和马晓龙（2004）在研究陕西境内游客的行为特征时，提出省外游客偏好大尺度旅游空间的特征，并对此进行解释，即省外游客倾向于去尽可能多的景点。肖光明（2009）在研究珠三角地区旅游空间结构的优化问题时，也提及"旅游空间尺度"的概念，在他的理解中，旅游区、城市和旅游景区都泛属于"中小尺度空间范围"。同时，文中在论及珠三角地区旅游资源的大尺度空间分布状况时，选用"有代表性的首批 28 个国家 4A 级旅游区来进行评价（不考虑单个景区内景点的小尺度空间分布状况）"。

从上述学者的研究中不难看出，对于"旅游空间尺度"的理解，学者们存在着差异。卞显红（2004）和朱镇（2005）都用旅游空间尺度来表征一个地理空间的大小，但是对于旅游空间尺度的大与小则是较为含糊的，只能通过两种以上地理空间比对来得出。杨新军和马晓龙（2004）及肖光明（2009）则用景区或者景点的数目来体现旅游空间尺度的大小，而不是简单地从对地理空间的判断上得出尺度的大小。从测量的便利性和研究的科学性上看，显然，后者的理解更加值得推崇。因此，本研究采用后者对旅游空间尺度的理解和把握，即旅游空间尺度的大小，不用旅游地理空间的实际大小来表征，而以一定的旅游空间内旅游景点的数目来测量。

11.4.2.2 相似性

由于整体性认知而导致的波及效应称为整体性波及效应，是指游客将某区域视作一个整体，地震发生后，进而将该区域内所有的景区也进行整体化认知，得出景区受损的结论，从而放弃或推迟其针对非灾害旅游景区旅游计划的现象。格式塔心理学派认为，人们在对事物进行认知加工时，易将距离相近、色彩相近、形状相近的材料容易被知觉为一个整体。德语中的格式塔（Gestalt）一词，其本意有两个：其一是指形状或形式，也就是物体的形质；其二是指一个具体的实体及它所具有的特殊的形状或者形式的特征或特性。格式塔心理学综合这两种含义，用格式塔一词表示物体及其本身所具有的形状或形式上的特征，以及在该种特征被认知过程中所体现出来的"完形"倾向，因而，在我国，格式塔心理学也被称为完形心理学。这就为整体性波及效应的产生提供理论依据。纵观本研究给出的所有旅游景区，可以看出其具有共同的特点，即相较于其他省份内的旅游景区，其不仅彼此之间的物理距离是较为相近的，而且其所在的方位也趋同，这就为整体性认知提供条件。事实上，距离认知和方位认知也正是旅游者对景区地理空间认知上的要素。马耀峰和李君轶（2008）进行旅游者对地理空间的认知研究，结果发现旅游者对旅游景区的认知，是通过对旅游景区距离地标的距离和方位完成的，并给出游客对旅游空间格局进行认知的模式图。他们认为，在距离认知和方向认知的基础上，以旅游功能特征和主要空间对象（主要指旅游景区）为着眼点，依据旅游景区的拓扑关系进行旅游空间的判断。并指出，游客通常会夸大其熟悉的旅游景区的空间尺度，并且表现其细节；而对于不熟悉的旅游景区则倾向于高度概括。但是，心理学在研究整体性认知时，往往是通过实验室实验的方法对这一现象的产生进行解释，而未对其程度进行测量，如图 11-4 所示。

由于泛化性认知而导致的波及效应称为泛化性波及效应，是指游客虽然未将某区域进行整体认知，但也并不能对该区域内的旅游景区进行正确有效的判断，将非灾害旅游景区认知为灾害旅游景区，从而放弃或推迟其针对非灾害旅游景区旅游计划的现象。泛化理论同整体性认知理论一样，都属于心理学的理论范畴。发现并解释泛化现象的是俄国著名的心理学家、生理学家伊万·彼德罗维奇·巴甫洛夫（Иван Петрович Павлов）。泛化理论是建立在条件反射理论的基础上的，因此，在说明泛化现象之前，有必要先对条件反射进行解释。巴甫洛夫在其著名的实验中，利用狗看到食物或进食之前会流口水的现象，在每次喂食前都先发出一些信号（一开始是摇响铃铛，后来还包括吹口哨、使用节拍器、敲击音叉、开灯等），持续数次之后，他尝试仅摇响铃铛而不喂食，结果发现狗虽然没有东西可以吃，却照样

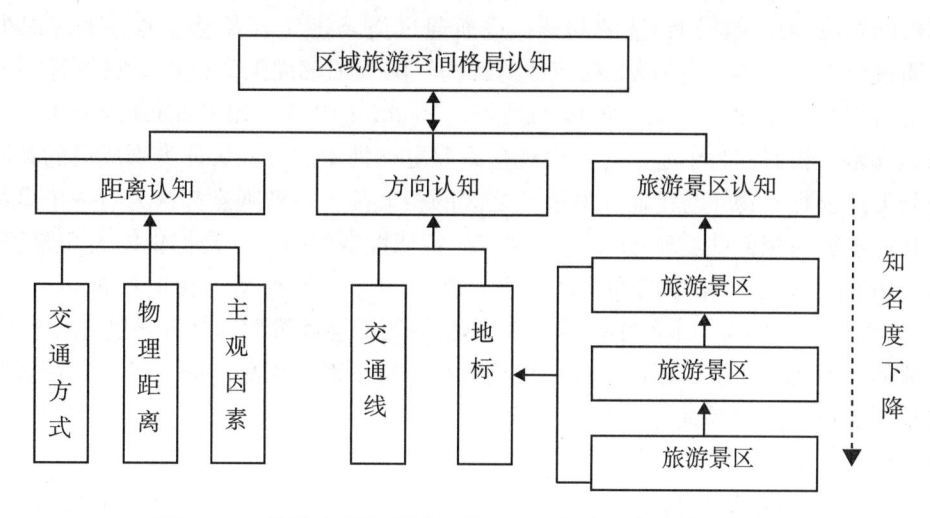

图 11-4 旅游空间格局认知模式（马耀峰和李君轶，2008）

流口水。而在重复训练之前，狗对于铃铛声是不会有反应的。于是，他得到一个结论，即狗经过持续数次的经验后，将铃铛声视作进食的信号，因此引发原本只有进食才会产生的流口水现象。这种现象就称为条件反射，该现象也证明动物的行为是因为受到环境的刺激，将刺激的讯号传到神经和大脑，神经和大脑做出反应而来的。在条件反射开始建立或形成时，除条件刺激本身外，那些与该刺激相似的刺激也或多或少具有条件刺激的效应。举个例子，用 500 赫兹的音调与进食相结合来建立食物分泌条件反射。在实验的初期阶段，许多其他音调同样可以引起唾液分泌条件反射，只不过它们跟 500 赫兹的音调差别越大，所引起的条件反射效应就越小，这种现象被称为条件反射泛化，这便是泛化理论的由来①。在现实生活中，人们在进行认知活动时，也会存在认知泛化的现象。最典型的例子就是"以偏概全"。比如，本研究经常听到人们说"东北人长得高"，以至于当还没有见到本人而只听说其是东北人，就会做出"长得挺高的吧"这样的反应。而实际上却往往不是人们所想的那样。旅游者在认知地理空间时，存在"背景律"的认知现象。以四川省境内的旅游景区为例，旅游者对于旅游景区的认知，往往需要先认知其上层的地理空间，即四川省，然后再根据自己已知的地标性地理空间对目标景区的距离和方位进行对照比较，以确定旅游景区的地理空间格局。汶川大地震发生后，由于"汶川"并非国内游客普遍熟知的地理空间，因而大多数游客尤其省外游客需要借助"四川"这一地理空间去认知"汶川"，"汶川大地震"也就多被定义成为"四川地震"，这在扎根研究过程中确实被许多游客所提及。在这种思维定式下，凡是四川省境内的景区，无论其被地震破坏的严重程度如何，都被认知为破坏严重，因为同"汶川"一样，其他四川旅游景区在被游客进行空间认知时，同样需要借助"四川"来进行定位，而这些景区在"四川地震"这一特殊背景的刺激下，也就顺理成章地被泛化成为"九寨沟被地震破坏了""峨眉山被地震破坏了"等。

无论是整体性认知还是泛化性认知，导致旅游者的这种认知结果出现的原因都指向同一个概念，即"相似性"。无论是格式塔心理学中感知材料属性的形似或相近，还是泛化实验中刺激物的接近与类似，都可以用感知材料的"相似性"来指明。因此，本研究认为"整体性认知"和"泛化性认知"的实质是"相似性"。

那么，究竟何为"相似性"呢？可以说，相似性地提出与认知科学中建构主义的分类是分不开的。

---

① 数据来源：《巴甫洛夫》。

一方面，人们借助相似性完成类别特征的归纳，进而通过类属化（或者说分类）来认识事物；而另一方面，人们又通过分类（归类），完成对相似性的解构，深入了解周围的世界。归类是一项非常重要的认知活动，它是指将某个事物纳入某一群体的操作。Medin（1990）和 Komatsu（1992）的研究认为，原型观和样例观都是以相似性为中心的。原型观是采取更加抽象的方式表征类别成员的共同属性；而样例观则认为，分类涉及判断物体与已储存的表征之间的相似性，两种观点都认为对一个事物分类，涉及判断事物体与其他事物的相似性。Shepard（1974）的相似性空间模型，是把物体表征置于一个空间中，物体间的距离反映出它们之间相似的程度。而且，他提出，任何种类的相似性都可以被解释为"接近"。Tversky（1977）对此并不认同，他认为空间模型使用的连续维度表征并不适用于很多情况，他主张应当按照特征的有或无来表征，据此，他提出相似性的特征对比模型。而且提出，在认知方面，概念化刺激常常引起层次特征分组或聚类。

11.4.2.3 旅游景区形象混淆

人们在对处于同一等级层次的地理空间进行认知时，有时也会将两个不熟悉的地理空间相互混淆、无法区分现象的出现，这种现象在地理学上被称为"替代现象"。如果两个同等级层次的旅游地在地理空间上接近或者相邻，也就是说这两个旅游地之间的物理距离较短，那么，它们就容易被认知为具有相似形象的旅游地，也就是说，它们的旅游目的地形象就会互相替代。比如，国人去欧洲各国旅游之前，大部分人会认为诸如英国、法国、西班牙、德国、瑞士等国家在内的西欧各国的形象几乎没有什么差异，同样，人们即使知道非洲有许多原始部落及其属地，但仍有很多人无法对其有代表性的部落及其属地进行区分，各部落属地的形象认知也是相互替代的，像这样的替代现象，属于"接近替代"。而"相似替代"的产生则主要依赖于一些认知要素上的相似，这些认知要素可以是政治方面的、文化方面的，也可以是民族方面的、宗教方面的等。有研究显示，各个社会主义国家的形象在来自资本主义国家的旅游者心中是相似的、共同的，具有同样的神秘性。

游客放弃或推迟震后去非灾害旅游景区旅游的直接原因中，还有一个被表述为"景区破坏"。但是事实上，"景区破坏"也只是一种错误的认知，是在严重自然灾害发生的大背景下，游客在未能对所掌握信息进行合理加工后得出的结论，因为即便是非灾害旅游景区，在部分游客的心目中仍然成为灾害旅游景区，游客对非灾害旅游景区的整体状况的判断和认知与对灾害旅游景区或者灾害地的判断和认知存在混淆的情况。在深访中，本研究发现，游客对于震后四川旅游景区的完整程度多持质疑的态度，而且质疑多集中于景区的景观本身和景区内的游客接待设施，且前者的质疑集中程度较后者更高。在旅游管理文献中，旅游目的地形象是与被访者的表述是最相近的一个概念。"形象"在旅游学研究中被定义为一种抽象的概念，它包含过去存留的印象、声誉以及同事间的评价。而且，形象更蕴含着游客对目的地的期望。Crompton（1977）将目的地形象定义为一个人对一个目的地的信任、意见及印象的总和。黄震方和李想（2002）认为，旅游目的地形象（Destination Image）是指旅游者对旅游目的地了解和体验所产生的印象的总和。从其概念不难看出，旅游目的地形象与被访者表述的概念并不完全一致。从表述对象的范围上看，旅游目的地形象要比被访者的描述对象要大很多。旅游目的地往往是一个范围更大、层级更高的行政区域，而被访者的描述更集中于单个的旅游景区。为此，本研究拟选用"旅游景区形象混淆"作为"景区破坏"所指向的测项，以方便后续的测量工作。

11.4.2.4 旅游意愿

目前普遍使用的购买意愿测量工具有 Juster 的 11 级购买概率量表（Juster，1966）和 5 级购买可能性量表。由于 5 级量表的结构简单和计算方便等优点，目前在社科研究中更为常用。

现有的消费行为意愿的测量已经比较成熟，一般包括重游/重购和推荐意愿。综合来看，测量意愿主要是测量重购/重游意愿、推荐意愿、支付意愿、溢价意愿。根据前面的文献研究，结合旅游行为的特点，本研究侧重于行为意愿、推荐意愿研究。

因本研究中的被试数目较多，实验组数量也较大，为了便于测量组间效果差异的显著性，故采用李克特7级量表的方式对游客的购买意愿进行测定，测项则均从现有文献中抽取得来，具体如表11-5所示。

表11-5 旅游意愿测量

测量维度	测项	文献来源
购买意愿	我愿意购买该旅游产品	Zeithaml（1996）；Baker and Crompton（2000）
推荐意愿	我愿意推荐好友购买该旅游产品	

11.4.3 题项库构建

根据前期扎根研究的成果和Moore和Benbasat（1991）关于量表开发的观点，本研究从以下三个方面构建测项对应的题项库。

（1）前期文献。在文献研究中，本研究参阅了（卞显红，2004；朱镇，2005；杨新军和马晓龙，2004；肖光明，2009）关于旅游空间尺度的相关研究成果，也参阅了（马耀峰和李君轶，2008；李蕾蕾，2000）关于旅游空间认知的相关研究，以及（Crompton，1977；黄震方和李想，2002）关于旅游目的地形象测定的相关研究。

（2）深度访谈与小组访谈。在扎根研究中多次使用的深度访谈技术与小组访谈技术，使题项获得极大的扩展，同时也相应调整题项的语言表述。

（3）专家修正。通过前期的文献研究与深访、小组访谈技术的运用，本研究获得最初的题项库。之后，经过与四川大学商学院从事市场营销与旅游管理研究的专家（包括1名教授、2名副教授、2名讲师）讨论后，对某些测项的题项进行再次修改。进而，本研究构建出题项库，如表11-6所示。

表11-6 波及效应成因题项库

测项	题项	来源
旅游空间尺度	我感觉能到访的景点挺多的	在文献研究的基础上产生，结合专家意见自拟
	我感觉游玩的线路挺长的	
	我感觉能到访多个不同的地方	
	我认为能玩很长时间	
相似性	我认为它们距离相近	在文献研究和访谈基础上产生，结合专家意见自拟
	我认为它们方位一致	
	我感觉四川省内各地都是灾区	
	我感觉整个四川都地震了	
	四川景区整体遭到地震破坏	
旅游景区形象混淆	我认为景区的景观仍然完好	借鉴Echtner and Ritchie（2003）等理论研究基础上并结合访谈自拟。
	我感觉景区的设施在地震中受到破坏	
	我感觉接待游客的宾馆、游客中心是没有受损的	
	我认为景区的景观在地震中受到破坏	
	我感觉景区的服务在地震后不能完整提供	

续表

测项	题项	来源
旅游意愿	我愿意购买该旅游产品	借鉴 Zeithaml（1996）及 Baker and Crompton（2000）的研究成果
	我愿意推荐好友购买该旅游产品	

目前的社会科学研究中，常见的变量测量方法为主观感知方法中的李克特打分法，即 Likert5 级量表和 Likert7 级量表，本研究中变量的测量也采用 Likert 量表的形式进行。考虑到本研究中的被试数目较多，实验组数量也较大，为了便于测量组间效果差异的显著性，故采用李克特 7 级量表的方式对游客的购买意愿进行测定。本测量量表中"1"表示非常不同意，程度循序渐进，直至"7"表示非常同意。

11.4.4 题项纯化

题项纯化（Item Purification）是指通过一系列的标准和方法将题项库中初始的题项进行筛选，以确定合适的题项进入最后的量表。总的来说，经过题项纯化的量表其信度和效度都会得到有效提高。

2012 年 6 月，在山西长治赛福旅行社和长治医学院，总共对 80 名被访者进行测试，然后根据问卷填写错误和初步信度等方面对问卷的语言表达、题项顺序进行调整，以完成题项的纯化工作。

本研究中具体运用以下几种题项纯化技术来筛选题项。

（1）删除题项的误项冗余，并对有歧义的题项描述进行重新组合。根据 Churchill（1979）和 Moore 和 Benbasat（1991）的理论，题项含义对测项的指向偏差和引申义造成的题项描述的不确定性是题项应该避免的。通过对被访者的测试，本研究删除"我认为四川地震了"这一题项。

（2）去掉无法应答测项。去掉无法应答题项是题项纯化的最基本方法。根据 Oliver 和 Anderson（1994）的观点，如果题项回应水平低于 65%，则表明该测项不可靠，应该予以淘汰。由于本次研究的量表经过文献研究、深度访谈、专家意见、初测等程序最终确定，各测项应答率达到 100%，没有无法应答测项，也没有需要剔除项。

（3）测项与总体相关系数（Item – total Correlation）检验。一般标准是总体相关系数小于 0.4，并且删除项目后 Cronbach's α 值会增加（Yoo 和 Donthu，2001；Aaker、Fournier 和 Brasel，2001）。根据这个标准，删除"我认为能玩很长时间"和"四川景区整体遭到地震破坏"两个题项。

（4）因子负荷检测。按照一般的规则，旋转后的因子负荷值小于 0.4 或者同时两个因子的负荷值都大于 0.4 的测项应该删除（Nunnally，1978；黄胜兵，2002；周志民，2003）。根据这个标准，删除"我感觉整个四川都地震了"和"我认为景区的一切都和地震前相差无几""我感觉接待游客的宾馆、游客中心是没有受损的""四川景区整体遭到地震破坏"4 个题项。

（5）双因子负荷值临界点检验。如果一个测项同时在 A 因子和 B 因子上的负荷值都高于临界点，则应考虑删除（张绍勋，2001），但如果删除该项后，两个因子又合并了，则不应删除。在本量表中没有双因子负荷值高于临界点的，没有因此删除的测项。根据以上四个标准后，最终量表剩下 11 个测项，如表 11 – 7 所示。

表 11 – 7　测项纯化后量表

题号	题项
1	我感觉能到访的景点挺多的
2	我感觉游玩的线路挺长的
3	我感觉能到访多个不同的地方

续表

题号	题项
4	我认为它们距离相近
5	我认为它们方位一致
6	我感觉四川省内各地都是灾区
7	我认为景区的景观在地震中受到破坏
8	我感觉景区的设施在地震中受到破坏
9	我感觉景区的服务在地震后不能完整提供
10	我愿意购买该旅游产品
11	我愿意推荐好友购买该旅游产品

11.4.5 量表开发完成

通过前面的工作，本文最终完成研究变量的测项构建和测量方式的选取。现将测量变量及其测项汇总，如表 11-8 所示。

表 11-8 变量及测项

变量名称	测项
旅游空间尺度	我感觉能到访的景点挺多的
	我感觉游玩的线路挺长的
	我感觉能到访多个不同的地方
相似性	我认为它们距离相近
	我认为它们方位一致
	我感觉四川省内各地都是灾区
旅游景区形象混淆	我认为景区的景观在地震中受到破坏
	我感觉景区的设施在地震中受到破坏
	我感觉景区的服务在地震后不能完整提供
旅游意愿	我愿意购买该旅游产品
	我愿意推荐好友购买该旅游产品

11.5 抽样设计

抽样设计是保证样本随机化的重要步骤。本研究的抽样设计主要包括 4 项工作：定义目标总体、选择抽样技术、确定样本数量和执行抽样过程。

第一是定义目标总体（Target Population）。目标总体的界定通常需要从个体（Element）、抽样单位（Sample Unit）、范围（Scope）和时间（Time）四个方面来界定。

本研究的目标总体界定如下：

个体：汶川大地震发生后 27 个月内有过放弃或推迟到访九寨沟旅游景区（实验研究 Ⅰ）或峨眉山旅游景区（实验研究 Ⅱ）的游客

抽样单位：单个个人

范围：全国（实验研究Ⅰ）、省外（实验研究Ⅱ）

时间：2012年9月—2013年1月（实验研究Ⅰ）、2012年9月—2013年1月（实验研究Ⅱ）

第二是抽样技术的选择。本研究同时研究选择配额抽样（Quota Sampling）和简单随机抽样技术（Simple Random Sampling）。对于每个试验组，指定发放等额数量的问卷。

第三是样本数量（Sample Size）的确定。本研究中对每个实验组发放60份问卷。

第四执行抽样过程。整个抽样过程分别在九寨沟旅游景区、峨眉山旅游景区和成都火车站进行。所有被试均是在对研究人员表示许可后，由研究人员让其阅读含有刺激物的问卷，并回答问题。

11.6 问卷设计

在实验研究Ⅰ中，调查问卷结构如下：

第一部分是流失游客对震后去九寨沟旅游意愿的测量，主要通过购买意愿和推荐意愿测量游客在自然灾害发生后去非灾害旅游景区的意愿。

第二部分是流失原因测试。主要是验证旅游空间尺度的变化是否是旅游意愿改变的原因。

第三部分是游客对策略态度和旅游意愿测试。通过收集采取策略后游客对旅游空间尺度和旅游意愿的相关数据，对比策略实施前后二者的变化情况，进而判断策略的有效性。

第四部分：被试的统计特征和甄别问题。具体包括年龄、性别、收入、居住地和有无到访体验等。甄别问题主要是甄别出流失游客。

具体调查问卷见附件。

在实验研究Ⅱ中，调查问卷结构如下：

第一部分是流失游客对震后去峨眉山旅游意愿的测量，主要通过购买意愿和推荐意愿测量游客在自然灾害发生后去非灾害旅游景区的意愿。

第二部分是流失原因测试。主要是验证相似性的变化是否是旅游景区形象混淆改变的原因，以及旅游景区形象混淆的变化是否是游客旅游意愿改变的原因。

第三部分是游客对策略态度和旅游意愿测试。通过收集采取策略后游客对相似性、旅游景区形象混淆和旅游意愿的相关数据，对比策略实施前后二者的变化情况，进而判断策略的有效性。

第四部分：被试的统计特征和甄别问题。具体包括年龄、性别、收入、居住地和有无到访体验等。甄别问题主要是甄别出流失游客。

具体调查问卷见附件。

11.7 实验描述

本节分别介绍两个实验研究的基本情况。

11.7.1 实验程序和样本概况

实验研究Ⅰ于2012年9月—2013年1月，在九寨沟景区和成都市火车站对过往民众进行拦截式访问。本研究根据对两个甄别问题（①是否在地震后的两年内放弃或推迟过到九寨沟旅游的计划？②是否因为能去的景区太少而推迟或放弃？）的答案来甄选被试。然后，按照被访批次的不同，向被试投放包含不同赢回策略的问卷。其间，共投放问卷1000份，回收有效问卷782份，问卷回收率达78.2%。在所有被试中，省外游客共计356名，占被试总数的45.5%；省内游客共计426名，占被试总数的54.5%；有过到访体验的游客共计394名，占被试总数的50.4%；尚无到访体验的游客共计388名，占被试总数的49.6%；年龄结构则以中老年为主，40岁以上的被试共计567名，占被试总数的72.5%；女性被试比重较高，达67.4%，共有527名。

实验研究Ⅱ于2012年9月—2013年1月，在峨眉山景区和成都市火车站对过往的游客进行拦截式访问。考虑到扎根研究得出的结论，即整体性波及效应和泛化性波及效应主要作用于外省游客的事实，本研究的被试均设定为省外游客。原因是省内游客对于本省的地理情况相对了解较多也较深,也很容易得到省内旅游景区的具体情况的相关信息。本研究根据对两个甄别问题(①是否在地震后的两年内放弃或推迟过到峨眉山旅游的计划?②是否因为感觉当时峨眉山受灾而推迟或放弃的?)的答案来甄选被试。然后,按照被访批次的不同,向被试投放包含不同赢回策略的问卷。其间,共投放问卷 200 份,回收有效问卷 151 份,问卷回收率达 75.5%。在所有被试中,全部为省外游客;其中,男性游客共计 85 名,占被试总数的 56.3%;女性游客共有 66 名,占被试总数的 43.7%;年龄结构则以老年为主,60 岁以上的被试共计 94 名,占被试总数的 62.3%;40~59 岁的被试共计 35 名,占被试总数的 23.2%;20~39 岁的被试共有 22 名,在被试中的比重为 14.6%。

11.7.2 变量设计

11.7.2.1 实验研究 I 的变量设计

距离和有无到访体验是本实验研究中的两个控制变量。距离是一个可以进行精度控制的变量,目前的科学研究中已经可以将长度的单位细化至"微米"和"纳米"这样的级别。但在已有的相关旅游研究中,距离变量往往没有被精确地表述,而是根据实际需要出现"范围内/外"(比如,省内/省外、国内/国外)之类的区别和划分。本研究认为原因可能有两方面,首先,对于游客来说,进行精度控制本身恐怕难度很大,因为游客本身具有流动性、游客的居住地也有可能发生变动;其次,从旅游学本身看,对游客从距离上进行精确地划分,往往没有必要且成本高昂,效果也未必就好。因此,本研究对距离,采用省内/省外的区分,以省内表征短距离、省外表征长距离。此外,有无到访体验是本研究的另一个控制变量。因为,有过到访体验和尚无到访体验的游客是容易被观测和控制的,借助定向甄别技术是容易对有过和尚无到访体验的游客进行区分的。在本研究中,旅游意愿(Travel Intention)为观测变量。

(1)距离(省内/外)。

距离衰减现象是旅游的一个显著的特点。旅游流距离衰减现象,是指旅游地到访游客的人数随旅行距离的增大而减小的现象(Smith and Dempsey,1983;Gregory and DeAngelis,1988)。旅游学界常常用它来描述客源地空间结构的特征,而且凭借此规律对旅游地吸引力的辐射范围和外推趋势进行推测和确定。但是发现,简单的距离衰减并不足以完成这一重任,而且,有学者的研究表明,简单的距离衰减的原理是失灵的(Wall,1980;Smith,1981;Patmore,1983)。于是,Taylor(1971)提出三种距离衰减模式,以解释不同情况下的距离衰减情况。由于其拟合程度较高,普遍为学界所采用。

A 一般模式:$\ln IZ = a - b \cdot f(dz)$;当 $f(dz) = dz$ 时为类型①。

B 双对数模式:$\ln IZ = a - b \cdot [\ln(dz)]m$;当 $m = 1$ 时,为类型②;当 $m = 2$ 时,为类型③。

C 指数模式:$\ln IZ = a - b \cdot (dz)m$;当 $m = 2$ 时,为类型④;当 $m = 1/2$ 时,为类型⑤。

虽然距离衰减效应并不总是能很好地解释和拟合现实生活中各旅游地的客源市场空间结构的特征,但是,不考虑出行距离的精度,仅就旅游地所在省份内外进行划分的话,旅游流的距离衰减效应却非常明显。杨国良和白忠(2003)经过调查后认为,四川本省居民是四川国内旅游的最大客源市场,比重达到国内客源的 45.5%;广东、北京、上海等沿海市场是第二大市场,占来川游客总量的 19.2%;周边重庆、陕西、云南三省市是第三大市场,占 12.7%。曹新向和苗长虹(2009)以河南省的游客流为研究对象,结果表明,河南省内游客远高于省外游客。院玲玲和杨太保(2004)调查研究兰州国内客源市场的特征后发现,到兰州旅游的游客主要来自本省和邻近省区,其他地区的游客则比例较低。其中,甘肃省内游客占游客总量的 53.88%,其中又以兰州本地游客为主,占 45% 左右。此外,和甘肃相邻的青海、陕西、宁夏回族自治区、四川的游客量分别占到 8.80%、3.79%、3.24% 和 2.99%。李巧玲和王乃昂(2003)以武威市的客源为研究对象,发现本省游客是武威市客源市场的主力,比例达到

19.63%。宣国富、陆林和汪德根等（2004）的研究认为，三亚的客源主要以海南本省和邻近省份广东省为主，二者客源所占国内客源比重高达42.79%。章锦河、张捷和李娜等（2005）对国内5大主要旅游集聚场，即长三角旅游集聚场（上海、浙江、江苏）、环渤海旅游集聚场（北京、天津、河北、山东）、珠三角旅游集聚场（广东、海南、广西壮族自治区）、西南旅游集聚场（云南、四川、重庆）和西北旅游集聚场（陕西）的游客流进行调查分析后，得出我国居民近域性旅游特征明显的结论。综观上述研究，从省内和省外的区别看，旅游地客源市场的分布特征是可以用距离衰减的模式来解释的，也就说明，省内省外的划分是有效的，这也为后续的游客赢回策略提供理论基础。

（2）有/无到访体验。

从旅游体验理论的角度看，旅游者的旅游体验过程是一个有一定自组织能力的连续系统，由一个个富有特色和专门意义的情境串联组合而成，这些情境共同构成一个有别于人们日常生活世界的另类行为环境——旅游世界（谢彦君、谢中田，2006）。旅游者出游的动机是多种多样的，当旅游者完成旅游计划时，其旅游需求便得以补偿，旅游动机得以满足，旅游目的也已达成，在这种情况下，旅游者便完成旅游体验的活动。相对而言，有过到访体验的旅游者，更倾向于选择自己未曾到访过的旅游地出游，而不是重复去已有到访体验的旅游景区完成旅游体验。从心理补偿机制来看，旅游者的期望已经通过到访旅游目的地得以补偿，原有的旅游目的地对于旅游者已经没有价值和效用，此时的旅游者，更趋于选择不同于以往的旅游目的地出游。虽然现实生活中，产品的重购现象屡见不鲜，但是旅游产品因其特殊性，重购难以实现。首先，旅游产品往往需要旅游者在空间上发生较大的位移，只有旅游者亲身造访旅游目的地后，旅游活动才算得以实施，这本身就造成旅游产品购买的不便利，故而难以实现重复购买。其次，旅游者对于旅游目的地的选择是有条件的，对于已有到访体验和尚未有过到访体验的旅游目的地而言，旅游者更倾向于选择后者。

11.7.2.2 实验研究Ⅱ的变量设计

性别差异是本研究的控制变量，作为人口统计学的常用变量，它易于观察和控制，常被运用于旅游学研究的各个领域。旅游景区形象混淆（Tourism Attraction Image Confusion）和旅游意愿（Tourism Intention）则是观测变量。

（1）性别。

在对地理空间进行认知时，男性和女性无论从认知的风格和认知的方法上均有所差异。虽然Pearce（1981）在两次研究中都发现男性和女性在旅游认知地图方面的差异并不显著，但他始终认为：女性的地理空间认知的风格更多地表现为直觉风格，即女性更多地依赖自己对所要认知地理空间的记忆和感知等主观因素进行认知；而男性的认知风格则不然，他们更多表现为科学和功能的风格，也就是说，男性在对所要认知的地理空间进行认知时，更多地依赖于方向、距离等客观的因素。Young（1999）则在对男性和女性的地理空间认知过程进行研究时，发现在对于同一目标地理空间，女性往往能够比男性回忆出更多的自然要素和社会要素。

认知映射概念的确立，使得旅游研究中基于个体差异（性别、年龄、教育、职业或文化和环境熟悉水平差异）的游客标志物效用和决策制定的相关研究层出不穷，其中成果较为突出的是探路方面的个体差异研究（Arrowsmith，Zanon和Chhetri，2005）。Schmitz（1999）的研究则认为性别在探路和空间环境知识获取方面的不同，与男性有所区别的是，女性在空间认知时，偏爱借助道路的标志物；而男性则不然，他们往往凭借道路和方向进行探路和空间认知。Lawton和Kallai（2002）的研究又进一步证明，在探路和空间认知的策略上，男性往往比女性能够更准确地定位标志物的方位，并更多地参照基本方位进行探路和空间认知；而女性往往更依赖于记忆以确认标志物的存在和方位。

这些研究都表明，男性和女性在旅游空间的认知上是存在差异的。男性在认知旅游空间时，往往更加精确和细致，也更加倚重客观的空间认知手段，显示出理性化的特点；女性则不然，她们认知旅游空间时，往往无法精确和细致，而是对空间整体进行一种模糊性较强的认知，认知手段也较为主观，往往倚重于自己的记忆和感知而不是精确的地理坐标，显示出感性化的特征。

(2) 相似性。

相似性和分类是人类认识世界的一种方法和手段，但是二者的关系却有些特别。从认知科学的范畴讲，一方面，人们通过事物间的相似性来对事物进行归类，进而完成对事物的认知；另一方面，人们又通过再分类，对事物间的相似性进行破坏，进而达到更深层次的认知。无论是局部生境效应（Microhabitat Effect）中产生的人们对认知空间结构的泛化、消费者行为中的刺激泛化（Stimulus Generalization），还是格式塔理论中对游客认知地理空间时的完形倾向，其根源和实质都落入相似性的范畴。具体而言，在游客对旅游地理空间进行认知时，物理距离的相近、方位的相似及地理空间背景的相同，成为构成相似性最明显也最重要的因素。也就是说，汶川大地震发生后，游客在对目标旅游景区进行知觉时，通常是借助距离、方位和地理背景三个方面来进行的，而距离的相近、方位的相似及地理空间背景的相同又使得他们对目标旅游景区的认知产生巨大的误差，其结果就是将非灾害旅游景区认知成灾害旅游景区，明明是没有受到地震损害的旅游景区被知觉为受损严重的旅游景区。

(3) 旅游景区形象混淆。

本研究中对旅游景区形象混淆的研究主要是借助旅游目的地形象的理论研究相关成果完成的。原因主要是旅游景区形象与旅游目的地形象的实质是一样的，都是游客对某旅游区域的整体感知，但是因为旅游目的地的概念过大，无法细致到旅游景区这一层面，因而借鉴旅游目的地形象的概念来完成旅游景区形象混淆的界定。

Bigné, Sanchez 和 Sanchez（2001）通过对国际游客的研究认为，旅游目的地形象与游客的购买意愿存在显著的正向相关关系（$\beta = 0.628$, $P < 0.001$），而且，也与游客推荐意愿存在显著的正向相关关系（$\beta = 0.250$, $P < 0.01$）；同时，他们的研究也表明，旅游目的地形象与游客的重游意愿也有显著的相关性。Lee（2005）将旅游目的地形象解构为吸引力、舒适性、感知价值和异国情调氛围四个维度，并分析这四个维度对游客购买意愿和推荐意愿的影响，结果表明，这四个旅游目的地形象维度分别会通过服务质量、情感、顾客满意这三个中间变量对推荐意愿和购买意愿产生影响。Castro, Armario 和 Ruiz（2007）则对旅游目的地形象、对游客的推荐意愿和重游意愿做了相关研究。他们将游客市场按照需求的多样化程度细划为中度多样性需求、高度多样化需求、非多样化需求、与时间无关的高度多样化四个游客市场后，他们认为，无论对游客市场是否做出细分，旅游目的地形象都与游客推荐意愿呈显著的正相关关系，而且认为，虽然旅游目的地形象对游客的重游意愿没有直接的显著影响，但会通过服务质量、顾客满意对重游意愿产生间接的影响。Chen 和 Tsai（2007）借助旅游体验质量、感知价值和顾客满意三个中间变量研究旅游目的地形象与游客旅游意愿之间的关系，研究认为，旅游目的地形象与游客意愿之间存在显著的正相关关系。

11.7.3 量表信度

信度（Reliability）是指测量的正确性或精确性，包括测量的一致性和测量的稳定性；即测量工具能否稳定地测量所测的事物或变量（风笑天，2001）。一般情况下，测量结果的可靠性由测项的信度来决定，信度越高，就意味着测量的结果越可靠，反之，信度越低，测量的结果可靠性就越差，越不足为信。目前，"再测信度"（Test-retest Reliability）、"折半信度"（Split-half Reliability）和"内部一致性系数（Cronbach α）"系数是测量信度的常用方法。但是具体测量方法的选取，则取决于测量的种类、测量的目的及计算信度工具的可利用性等（黄芳铭，2005）。

本研究采用内部一致性系数（Cronbach α）法对问卷的信度进行检验。对于 Cronbach α 取水平与量表信度的关系，可以说Cronbach α值越高量表信度就越高，但是究竟Cronbach α的取值落在什么区间内才是可接受的范围，对此，学界至今仍无定论。根据Hair，Black，Babin等（1998）的观点，只有当Cronbach's α值大于0.7时，数据才是较为可靠的；但是，在探索性研究当中，Cronbach's α的值可以小于0.7，但是应大于0.5，才能保证可靠性。一般情况下，当测项的数目高于6时，Cronbach's α的值达到0.6，才是可以接受的最小信度值；如果Cronbach's α值低于0.5，则需要考虑重新修订测量工具或重新编制量表。通过SPSS19.0的计算，实验研究Ⅰ得到旅游空间尺度信度如表11-9所示和旅游意愿信度如表11-10所示2个测项的信度及量表的整体信度如表11-11所示，其Cronbach's α值分别为0.919、0.857和0.880，所有Cronbach's α值均高于0.6，可见量表的信度较好。

表 11-9　旅游空间尺度信度
Reliability Statistics

Cronbach's Alpha	N of Items
0.919	3

表 11-10　旅游意愿信度
Reliability Statistics

Cronbach's Alpha	N of Items
0.857	2

表 11-11　整体信度
Reliability Statistics

Cronbach's Alpha	N of Items
0.880	5

同实验研究Ⅰ中采用的信度分析方法一样，当测项的数目高于6时，Cronbach's α的值达到0.6，才是可以接受的最小信度值；如果Cronbach's α值低于0.5，则需要考虑重新修订测量工具或重新编制量表。通过SPSS19.0的计算，得到了相似性信度如表11-12所示、旅游景区形象混淆信度如表11-13所示和旅游意愿信度如表11-14所示3个测项的信度及量表的整体信度如表11-15所示，所得Cronbach's α值分别为0.631、0.907、0.788和0.695，所有Cronbach's α值均高于0.6，可见量表的信度较好。

表 11-12　相似性测项信度
Reliability Statistics

Cronbach's Alpha	N of Items
0.631	3

表 11-13　旅游景区形象混淆测项信度
Reliability Statistics

Cronbach's Alpha	N of Items
0.907	3

表 11 - 14　旅游意愿测项信度
Reliability Statistics

Cronbach's Alpha	N of Items
0.788	2

表 11 - 15　整体信度
Reliability Statistics

Cronbach's Alpha	N of Items
0.695	8

11.8　操控检验

操控检验是对实验刺激物的有效性的一种检验。本研究中，首先计算测项均值，然后用方差分析的方法比较不同实验组间的均值差异，进而验证刺激物的有效性。需要说明的是，为了保证操控刺激物的外部效度，避免游人如织的现场环境对被试的判断产生负面的干扰作用，所以虽然两个实验均是在景区操作的，但是就前侧实验而言，两个实验均为实验室实验，实验室设置于景区内的宾馆房间内。

在实验研究Ⅰ中，共有75名被试在九寨沟景区参与前测实验，共收到有效样本62个。从如表11 - 16所示中不难看出，三种策略对应的实验组间存在的差异是显著的 [$F_{(2, 59)} = 140.766$，$p < 0.01$；$F_{(2, 59)} = 165.847$，$p < 0.01$]，说明策略刺激物设计是有效的，符合预期实验设计。

表 11 - 16　多重结果比较

LSD Dependent Variable	(I) 策略	(J) 策略	Mean Difference (I - J)	Std. Error	Sig.	95% Confidence Interval Lower Bound	95% Confidence Interval Upper Bound
旅游空间广度拓展策略	旅游空间广度拓展策略	旅游空间精品组合策略	1.75556*	0.24290	0.000	1.2695	2.2416
		旅游空间深度拓展策略	3.78333*	0.22636	0.000	3.3304	4.2363
	旅游空间精品组合策略	旅游空间广度拓展策略	-1.75556*	0.24290	0.000	-2.2416	-1.2695
		旅游空间深度拓展策略	2.02778*	0.23311	0.000	1.5613	2.4942
	旅游空间深度拓展策略	旅游空间广度拓展策略	-3.78333*	0.22636	0.000	-4.2363	-3.3304
		旅游空间精品组合策略	-2.02778*	0.23311	0.000	-2.4942	-1.5613
旅游空间深度拓展策略	旅游空间广度拓展策略	旅游空间精品组合策略	-1.87778*	0.24265	0.000	-2.3633	-1.3922
		旅游空间深度拓展策略	-4.10000*	0.22613	0.000	-4.5525	-3.6475
	旅游空间精品组合策略	旅游空间广度拓展策略	1.87778*	0.24265	0.000	1.3922	2.3633
		旅游空间深度拓展策略	-2.22222*	0.23288	0.000	-2.6882	-1.7562
	旅游空间深度拓展策略	旅游空间广度拓展策略	4.10000*	0.22613	0.000	3.6475	4.5525
		旅游空间精品组合策略	2.22222*	0.23288	0.000	1.7562	2.6882
*. The mean difference is significant at the 0.05 level.							

在实验研究Ⅱ中，共有40名被试在峨眉山景区参与前测实验，共收到有效样本38个。从如表11 - 17所示中不难看出，两种策略对应的实验组间存在的差异是显著的，说明策略刺激物设计是有效

的，符合预期实验设计。

表 11-17　方差分析

		Sum of Squares	df	Mean Square	F	Sig.
版块化策略	Between Groups	148.026	1	148.026	281.250	0.000
	Within Groups	18.947	36	0.526		
	Total	166.974	37			
类属化策略	Between Groups	144.105	1	144.105	289.906	0.000
	Within Groups	17.895	36	0.497		
	Total	162.000	37			

12. 联结性波及效应中赢回策略的调节作用

根据研究需要，本研究运用 SPSS 19.0 对实验研究 I 中收集到的数据进行分析，具体分析方法有信度分析、回归分析和方差分析。分析过程如下。

12.1 旅游空间尺度对旅游意愿的影响分析

在本研究中，由于要看旅游空间尺度这一自变量的不同取值水平是否对观察变量旅游意愿造成显著差异，所以适合采用一元线性回归分析对其进行验证和分析。

判定系数（R Square）和调整判定系数（Adjusted R Square）的值与反映了自变量与因变量的共变率水平，它们与显著性水平（sig. F 值）共同表明模型的拟合程度。从模型摘要（表）中不难看出，判定系数（R Square）和调整判定系数（Adjusted R Square）的值分别为 0.288 和 0.287，显著性水平（sig. F 值）为 0.00，远小于 0.05，由此可见，模型的拟合度是较好的，可以进行进一步的研究，如表 12-1 所示。

表 12-1 模型摘要

Model Summary								
Model	R	R Square	Adjusted R Square	Std. Error of the Estimate	\multicolumn{5}{c}{Change Statistics}
^	^	^	^	^	R Square Change	F Change	df1	df2	Sig. F Change
1	0.536[a]	0.288	0.287	1.17892	0.288	297.987	1	738	0.000
a. Predictors: (Constant), 旅游空间尺度								

方差分析中，F 检验统计量的观察值为 297.987，相伴概率 P 值为 0.00，远小于 0.05，因此，可以认为，自变量旅游空间尺度和因变量旅游意愿之间存在显著线性关系，如表 12-2 所示。

表 12-2 方差分析

ANOVA[b]					
Model		Sum of Squares	df	Mean Square	F	Sig.
1	Regression	414.156	1	414.156	297.987	0.000[a]
^	Residual	1025.704	738	1.390		
^	Total	1439.859	739			
a. Predictors: (Constant), 旅游空间尺度					
b. Dependent Variable: 旅游意愿					

在回归系数如表 12-3 所示中，T 检验的 t 统计量观察值为 1.783，T 检验的概率 P 值为 0.00，远小于 0.05，所以可以认为回归系数有显著意义。由此，H1 得到证明，假设成立。

表12-3 线性回归系数

Model		Unstandardized Coefficients B	Std. Error	Standardized Coefficients Beta	t	Sig.	95% Confidence Interval for B Lower Bound	Upper Bound	Collinearity Statistics Tolerance	VIF
1	(Constant)	1.783	0.121		14.773	0.000	1.546	2.020		
	旅游空间尺度	0.544	0.032	0.536	17.262	0.000	0.483	0.606	1.000	1.000

a. Dependent Variable：旅游意愿

12.2 旅游空间拓展策略的效果分析

12.2.1 旅游空间拓展策略对旅游意愿的调节效果分析

本研究意在测试旅游空间拓展策略，在不同的策略（旅游空间广度拓展策略、旅游空间精品组合策略和旅游空间深度拓展策略）的实施下，观察变量旅游意愿是否有显著的变化，所以，适宜采用多因素方差分析对其进行检验。

方差分析的前提，是各个水平下（组别）的总体方差相等的标准正态分布，其中，对于方差相等的要求要比服从正态分布的要求严格得多。对于方差相等的验证，本研究用方差齐性（一致性）检验（Homogeneity of variance test）方法。通过SPSS19.0的计算，得到Levene Statistic值为2.578，显著性水平为0.053，如表12-4所示。由于方差一致性检验的零假设为各水平总体方差无显著差异，因此可以认定各实验组的总体方差相等，可以进行下一步的方差检验。

表12-4 方差齐性分析

Test of Homogeneity of Variances			
旅游意愿			
Levene Statistic	df1	df2	Sig.
2.578	3	736	0.053

通过方差分析，可以看出，P=0.00<0.05，服从标准正态分布，因而可以认定旅游空间拓展策略对旅游意愿的影响是显著的，如表12-5所示。因此，可以认为，H2得到验证，假设成立。

表12-5 方差分析

ANOVA					
旅游意愿					
	Sum of Squares	df	Mean Square	F	Sig.
Between Groups	439.583	3	146.528	107.815	0.000
Within Groups	1000.277	736	1.359		
Total	1439.859	739			

另外，本研究为了对旅游空间拓展策略下各分策略的实施情况进行观察，进行描述性统计分析。如表12-6所示，在旅游空间广度拓展策略、旅游空间精品组合策略和旅游空间深度拓展策略的实施下，旅游意愿

的均值分别为 4.1771、3.8111 和 4.4778，均大于无任何策略实施下的旅游意愿均值 2.4681。

表 12-6 描述性统计

Descriptive								
旅游意愿								
	N	Mean	Std. Deviation	Std. Error	95% Confidence Interval for Mean		Minimum	Maximum
					Lower Bound	Upper Bound		
对照组	188	2.4681	1.26831	0.09250	2.2856	2.6506	1.00	6.00
广度拓展策略	192	4.1771	1.14631	0.08273	4.0139	4.3403	1.00	6.00
精品组合策略	180	3.8111	1.20190	0.08958	3.6343	3.9879	1.00	6.50
深度拓展策略	180	4.4778	1.03003	0.07677	4.3263	4.6293	1.00	6.50
Total	740	3.7270	1.39585	0.05131	3.6263	3.8278	1.00	6.50

另外，因为通过方差齐性的检验，本研究以最小显著性方法（LSD）观察不同策略对旅游意愿的影响情况。表示 LSD 法多重比较的结果。可以看出，无论是旅游空间广度拓展策略，还是旅游空间精品组合策略和旅游空间深度拓展策略，旅游意愿都存在显著性的差异，如表 12-7 所示。

表 12-7 多重比较检验结果

Multiple Comparisons								
Dependent Variable：旅游意愿								
	（I）策略	（J）策略	Mean Difference (I-J)	Std. Error	Sig.	95% Confidence Interval	
						Lower Bound	Upper Bound
LSD	对照组	广度拓展策略	-1.70900*	0.11961	0.000	-1.9438	-1.4742
		精品组合策略	-1.34303*	0.12157	0.000	-1.5817	-1.1044
		深度拓展策略	-2.00969*	0.12157	0.000	-2.2484	-1.7710
	广度拓展策略	对照组	1.70900*	0.11961	0.000	1.4742	1.9438
		精品组合策略	0.36597*	0.12095	0.003	0.1285	0.6034
		深度拓展策略	-0.30069*	0.12095	0.013	-0.5381	-0.0632
	精品组合策略	对照组	1.34303*	0.12157	0.000	1.1044	1.5817
		广度拓展策略	-0.36597*	0.12095	0.003	-0.6034	-0.1285
		深度拓展策略	-0.66667*	0.12289	0.000	-0.9079	-0.4254
	深度拓展策略	对照组	2.00969*	0.12157	0.000	1.7710	2.2484
		广度拓展策略	0.30069*	0.12095	0.013	0.0632	0.5381
		精品组合策略	0.66667*	0.12289	0.000	0.4254	0.9079
*. The mean difference is significant at the 0.05 level.								

基于以上结果，假设 H2a、H2b、H2c 得到验证，假设成立。

12.2.2 旅游空间拓展策略对旅游空间尺度影响旅游意愿过程的调节效果分析

如表 12-8 所示，为 F 检验的分析结果。可以看出，旅游空间尺度的离差平方和均方为

110.965，旅游空间拓展策略的离差平方和为136.393，均方为45.464；它们的F值，分别为91.711和37.575，相伴概率则均为0.00，远小于0.05的接受值。这说明旅游空间尺度和旅游空间拓展策略都对旅游意愿产生显著影响。基于此，假设H3得到验证，假设成立。

表12-8 F检验

\multicolumn{8}{c}{Tests of Between-Subjects Effects}
\multicolumn{8}{l}{Dependent Variable：旅游意愿}
Source	Type III Sum of Squares	df	Mean Square	F	Sig.	Partial Eta Squared	Noncent. Parameter	Observed Powerb
Corrected Model	550.548a	4	137.637	113.755	0.000	0.382	455.018	1.000
	436.874	1	436.874	361.069	0.000	0.329	361.069	1.000
旅游空间尺度	110.965	1	110.965	91.711	0.000	0.111	91.711	1.000
策略	136.393	3	45.464	37.575	0.000	0.133	112.726	1.000
Error	889.311	735	1.210					
Total	11719.000	740						
Corrected Total	1439.859	739						
\multicolumn{9}{l}{a. R Squared =0.382（Adjusted R Squared =0.379）}
\multicolumn{9}{l}{b. Computed using alpha = 0.05}

12.2.3 旅游空间拓展策略对省外且尚无到访体验游客的作用分析

本研究中，来自四川省外并且没有到访体验的被试共计180人，按照刺激物（无策略、旅游空间广度拓展策略、旅游空间精品组合策略和旅游空间深度拓展策略）的不同，共分为4个实验组。其中对照组（无策略组）的被试共计48人，实验组1（旅游空间广度拓展策略组）的被试有52人，实验组2（旅游空间精品组合策略组）的被试有40人，实验组3（旅游空间深度拓展策略组）的被试有40人。其中，对照组、实验组1、实验组2和实验组3的旅游意愿均值分别为2.8333、4.3462、5.0500和3.6000，由此可见，实验组2旅游意愿的均值最高，如表12-9所示。

表12-9 描述性统计

\multicolumn{8}{c}{Descriptives}
\multicolumn{8}{l}{旅游意愿}
	N	Mean	Std. Deviation	Std. Error	\multicolumn{2}{c}{95% Confidence Interval for Mean}	Minimum	Maximum
					Lower Bound	Upper Bound		
对照组	48	2.8333	1.34217	0.19373	2.4436	3.2231	1.00	6.00
广度拓展策略	52	4.3462	1.05505	0.14631	4.0524	4.6399	2.00	6.00
精品组合策略	40	5.0500	0.97270	0.15380	4.7389	5.3611	4.00	6.50
深度拓展策略	40	3.6000	1.29694	0.20506	3.1852	4.0148	1.00	6.00
Total	180	3.9333	1.42836	0.10646	3.7232	4.1434	1.00	6.50

方差齐性检验中，显著性水平（Sig.值）为0.731，大于0.05，所以可以认为方差一致性不具有明

显差异，方差齐性检验通过，如表 12-10 所示。

表 12-10 方差齐性检验

Test of Homogeneity of Variances			
旅游意愿			
Levene Statistic	df1	df2	Sig.
0.430	3	176	0.731

方差分析发现，如表 12-11 所示，P = 0.00 < 0.05，服从标准正态分布，因而可以认定不同策略对旅游意愿的影响的差异是显著的。

表 12-11 方差分析

ANOVA					
旅游意愿					
	Sum of Squares	df	Mean Square	F	Sig.
Between Groups	121.264	3	40.421	29.164	0.000
Within Groups	243.936	176	1.386		
Total	365.200	179			

在通过方差齐性检验的情况下，借助 LSD 法对不同实验组对旅游意愿的影响进行比较，可以发现，旅游空间广度拓展策略、旅游空间精品组合策略和旅游空间深度拓展策略对旅游意愿的影响都是显著的。与对照组比对发现，旅游空间精品组合策略的均差值最大，且显著性水平低于 0.05，如表 12-12 所示。

表 12-12 多重结果比较分析

Multiple Comparisons						
Dependent Variable：旅游意愿						
	(I) 策略	(J) 策略	Mean Difference (I-J)	Std. Error	Sig.	95% Confidence Interval	
						Lower Bound	Upper Bound
LSD	对照组	广度拓展策略	-1.51282*	0.23565	0.000	-1.9779	-1.0478
		精品组合策略	-2.21667*	0.25204	0.000	-2.7141	-1.7193
		深度拓展策略	-0.76667*	0.25204	0.003	-1.2641	-0.2693
	广度拓展策略	对照组	1.51282*	0.23565	0.000	1.0478	1.9779
		精品组合策略	-0.70385*	0.24760	0.005	-1.1925	-0.2152
		深度拓展策略	0.74615*	0.24760	0.003	0.2575	1.2348
	精品组合策略	对照组	2.21667*	0.25204	0.000	1.7193	2.7141
		广度拓展策略	0.70385*	0.24760	0.005	0.2152	1.1925
		深度拓展策略	1.45000*	0.26325	0.000	0.9305	1.9695

续表

Multiple Comparisons							
Dependent Variable：旅游意愿							
	(I)策略	(J)策略	Mean Difference (I−J)	Std. Error	Sig.	95% Confidence Interval	
						Lower Bound	Upper Bound
LSD	深度拓展策略	对照组	0.76667*	0.25204	0.003	0.2693	1.2641
		广度拓展策略	−0.74615*	0.24760	0.003	−1.2348	−0.2575
		精品组合策略	−1.45000*	0.26325	0.000	−1.9695	−0.9305
*. The mean difference is significant at the 0.05 level.							

综上所述，可以认为，假设 H4、H5 得到验证，假设成立

12.2.4 旅游空间拓展策略对省内且尚无到访体验游客的作用分析

本研究中，来自四川省内并且没有到访体验的被试共计 208 人，按照刺激物（无策略、旅游空间精品组合策略和旅游空间深度拓展策略）的不同，共分为 4 个实验组。其中对照组（无策略组）、实验组 1（旅游空间广度拓展策略组）、实验组 2（旅游空间精品组合策略组）和实验组 3（旅游空间深度拓展策略组）的被试人数均为 52 人。其中，对照组、实验组 1、实验组 2 和实验组 3 的旅游意愿均值分别为 2.3077、4.8462、3.4231 和 4.6923，由此可见，实验组 2 旅游意愿的均值最低，如表 12-13 所示。

表 12-13 描述性统计

Descriptives								
旅游意愿								
	N	Mean	Std. Deviation	Std. Error	95% Confidence Interval for Mean		Minimum	Maximum
					Lower Bound	Upper Bound		
对照组	52	2.3077	1.14684	0.15904	1.9884	2.6270	1.00	5.00
广度拓展策略	52	4.8462	0.60665	0.08413	4.6773	5.0150	4.00	6.00
精品组合策略	52	3.4231	0.92559	0.12836	3.1654	3.6808	1.00	5.00
深度拓展策略	52	4.6923	1.00075	0.13878	4.4137	4.9709	2.50	6.50
Total	208	3.8173	1.39367	0.09663	3.6268	4.0078	1.00	6.50

方差齐性检验中，显著性水平（Sig. 值）为 0.012，小于 0.05，所以可以认为方差一致性具有明显差异，方差齐性检验未能通过，如表 12-14 所示。

表 12-14 方差齐性检验

Test of Homogeneity of Variances			
旅游意愿			
Levene Statistic	df1	df2	Sig.
3.728	3	204	0.012

因此,借助 Tamhane 法进行多重比较检验结果,以对不同实验组对旅游意愿的影响进行比较。可以发现,旅游空间广度拓展策略、旅游空间精品组合策略和旅游空间深度拓展策略对旅游意愿的影响都是显著的。与对照组比对发现,旅游空间精品组合策略的均差值最小,且与旅游空间广度拓展策略和旅游空间深度拓展策略对旅游意愿的影响比较而言,其差异是显著的,显著性水平均小于 0.05,如表 12-15 所示。

表 12-15 多重结果比较分析

Multiple Comparisons

Dependent Variable:旅游意愿

	(I)策略	(J)策略	Mean Difference (I-J)	Std. Error	Sig.	95% Confidence Interval Lower Bound	95% Confidence Interval Upper Bound
Tamhane	对照组	广度拓展策略	-2.53846*	0.17992	0.000	-3.0242	-2.0527
		精品组合策略	-1.11538*	0.20437	0.000	-1.6642	-0.5666
		深度拓展策略	-2.38462*	0.21108	0.000	-2.9512	-1.8181
	广度拓展策略	对照组	2.53846*	0.17992	0.000	2.0527	3.0242
		精品组合策略	1.42308*	0.15347	0.000	1.0100	1.8361
		深度拓展策略	0.15385	0.16229	0.922	-0.2834	0.5911
	精品组合策略	对照组	1.11538*	0.20437	0.000	0.5666	1.6642
		广度拓展策略	-1.42308*	0.15347	0.000	-1.8361	-1.0100
		深度拓展策略	-1.26923*	0.18904	0.000	-1.7765	-0.7620
	深度拓展策略	对照组	2.38462*	0.21108	0.000	1.8181	2.9512
		广度拓展策略	-0.15385	0.16229	0.922	-0.5911	0.2834
		精品组合策略	1.26923*	0.18904	0.000	0.7620	1.7765

*. The mean difference is significant at the 0.05 level.

综上所述,可以认为,假设 H6、H7 得到验证,假设成立。

12.2.5 旅游空间拓展策略对省外且有过到访体验游客的作用分析

本研究中,来自四川省外并且没有到访体验的被试共计 176 人,按照刺激物(无策略、旅游空间广度拓展策略、旅游空间精品组合策略和旅游空间深度拓展策略)的不同,共分为 4 个实验组。其中对照组(无策略组)的被试共计 43 人,实验组 1(旅游空间广度拓展策略组)的被试有 42 人,实验组 2(旅游空间精品组合策略组)的被试有 45 人,实验组 3(旅游空间深度拓展策略组)的被试有 46 人。其中,对照组、实验组 1、实验组 2 和实验组 3 的旅游意愿均值分别为 2.5909、2.8636、4.0000 和 4.8182,由此可见,实验组 3 旅游意愿的均值最高,如表 12-16 所示。

表 12-16　描述性统计

Descriptives								
旅游意愿								
	N	Mean	Std. Deviation	Std. Error	95% Confidence Interval for Mean		Minimum	Maximum
					Lower Bound	Upper Bound		
对照组	44	2.5909	1.59677	0.24072	2.1054	3.0764	1.00	5.00
广度拓展策略	44	2.8636	0.99044	0.14931	2.5625	3.1648	1.00	5.00
精品组合策略	44	4.0000	0.71528	0.10783	3.7825	4.2175	3.00	6.00
深度拓展策略	44	4.8182	0.58161	0.08768	4.6414	4.9950	3.50	5.50
Total	176	3.5682	1.37151	0.10338	3.3641	3.7722	1.00	6.00

方差齐性检验中，显著性水平（Sig. 值）为 0.00，小于 0.05，所以可以认为方差一致性具有明显差异，方差齐性检验未能通过，如表 12-17 所示。

表 12-17　方差齐性检验

Test of Homogeneity of Variances			
旅游意愿			
Levene Statistic	df1	df2	Sig.
32.489	3	172	0.000

因为未能通过方差齐性检验，所以方差分析的结果不可靠。通过 Tamhane 法对不同实验组、对旅游意愿的影响进行比较。可以发现，旅游空间广度拓展策略、旅游空间精品组合策略和旅游空间深度拓展策略对旅游意愿的影响都是显著的。与对照组比对发现，旅游空间深度拓展策略的均差值最大，且与旅游空间广度拓展策略和旅游空间精品组合策略对旅游意愿的影响相比，其显著性水平均小于 0.05，说明存在显著差异，如表 12-18 所示。

表 12-18　多重结果比较分析

Multiple Comparisons								
Dependent Variable：旅游意愿								
	(I) 策略	(J) 策略	Mean Difference (I-J)	Std. Error	Sig.	95% Confidence Interval	
						Lower Bound	Upper Bound
Tamhane	对照组	广度拓展策略	-0.27273	0.28327	0.917	-1.0391	0.4937
		精品组合策略	-1.40909*	0.26377	0.000	-2.1269	-0.6913
		深度拓展策略	-2.22727*	0.25619	0.000	-2.9268	-1.5277
	广度拓展策略	对照组	0.27273	0.28327	0.917	-0.4937	1.0391
		精品组合策略	-1.13636*	0.18418	0.000	-1.6335	-0.6392
		深度拓展策略	-1.95455*	0.17316	0.000	-2.4235	-1.4856

续表

\multicolumn{7}{c	}{Multiple Comparisons}
\multicolumn{7}{l	}{Dependent Variable：旅游意愿}
策略	(I)策略	(J)策略	Mean Difference (I-J)	Std. Error	Sig.	95% Confidence Interval		
^	^	^	^	^	^	Lower Bound	Upper Bound
Tamhane	精品组合策略	对照组	1.40909*	0.26377	0.000	0.6913	2.1269
^	^	广度拓展策略	1.13636*	0.18418	0.000	0.6392	1.6335
^	^	深度拓展策略	-0.81818*	0.13898	0.000	-1.1928	-0.4435
^	深度拓展策略	对照组	2.22727*	0.25619	0.000	1.5277	2.9268
^	^	广度拓展策略	1.95455*	0.17316	0.000	1.4856	2.4235
^	^	精品组合策略	0.81818*	0.13898	0.000	0.4435	1.1928
\multicolumn{7}{l	}{*. The mean difference is significant at the 0.05 level.}

综上所述，可以认为，假设 H8、H9 未能得到验证，假设不成立。

12.2.6　旅游空间拓展策略对省内且有过到访体验游客的作用分析

本研究中，来自四川省外并且没有到访体验的被试共计 176 人，按照刺激物（无策略、旅游空间广度拓展策略、旅游空间精品组合策略和旅游空间深度拓展策略）的不同，共分为 4 个实验组。其中对照组（无策略组）的被试共计 42 人，实验组 1（旅游空间广度拓展策略组）的被试有 44 人，实验组 2（旅游空间精品组合策略组）和实验组 3（旅游空间深度拓展策略组）的被试均为 45 人。其中，对照组、实验组 1、实验组 2 和实验组 3 的旅游意愿均值分别为 2.1364、4.5000、2.9545 和 4.6818，由此可见，实验组 1 旅游意愿的均值居中，如表 12-19 所示。

表 12-19　描述性统计

\multicolumn{9}{c	}{Descriptives}
\multicolumn{9}{l	}{旅游意愿}
^	N	Mean	Std. Deviation	Std. Error	95% Confidence Interval for Mean		Minimum	Maximum
^	^	^	^	^	Lower Bound	Upper Bound	^	^
对照组	44	2.1364	0.78031	0.11764	1.8991	2.3736	1.00	3.50
广度拓展策略	44	4.5000	0.80695	0.12165	4.2547	4.7453	3.00	6.00
精品组合策略	44	2.9545	1.10925	0.16723	2.6173	3.2918	1.00	4.00
深度拓展策略	44	4.6818	0.65673	0.09901	4.4822	4.8815	3.50	5.50
Total	176	3.5682	1.36315	0.10275	3.3654	3.7710	1.00	6.00

方差齐性检验的结果显示，显著性水平（Sig. 值）为 0.019，大于 0.05，所以通过方差齐性检验，如表 12-20 所示。

表 12-20　方差齐性检验

Test of Homogeneity of Variances			
旅游意愿			
Levene Statistic	df1	df2	Sig.
3.390	3	172	0.019

方差分析表明，F 检验统计量的观察值为 91.061，相伴概率 P 值为 0.00，远小于 0.05，因此可以认为组间差异显著，如表 12-21 所示。

表 12-21　方差分析

ANOVA					
旅游意愿					
	Sum of Squares	df	Mean Square	F	Sig.
Between Groups	199.545	3	66.515	91.061	0.000
Within Groups	125.636	172	0.730		
Total	325.182	175			

借助 LSD 法对不同实验组、对旅游意愿的影响进行比较，可以发现，旅游空间广度拓展策略、旅游空间精品组合策略和旅游空间深度拓展策略对旅游意愿的影响都是显著的。与对照组比对发现，旅游空间深度拓展策略的均差值最大，旅游空间广度拓展策略的均差值次之，而旅游空间精品组合策略的均差值最小。在本实验组中，旅游空间广度拓展策略对旅游意愿的影响与旅游空间精品组合策略相比是显著的（Sig. 值为 0.00，远小于 0.05），但是，与旅游空间深度拓展策略对旅游意愿的影响相比，这种差异却是不显著的（Sig. 值为 0.320，大于 0.05），如表 12-22 所示。

表 12-22　多重结果比较分析

Multiple Comparisons							
Dependent Variable：旅游意愿							
	(I) 策略	(J) 策略	Mean Difference (I-J)	Std. Error	Sig.	95% Confidence Interval	
						Lower Bound	Upper Bound
LSD	对照组	广度拓展策略	-2.36364*	0.18221	0.000	-2.7233	-2.0040
		精品组合策略	-0.81818*	0.18221	0.000	-1.1778	-0.4585
		深度拓展策略	-2.54545*	0.18221	0.000	-2.9051	-2.1858
	广度拓展策略	对照组	2.36364*	0.18221	0.000	2.0040	2.7233
		精品组合策略	1.54545*	0.18221	0.000	1.1858	1.9051
		深度拓展策略	-0.18182	0.18221	0.320	-0.5415	0.1778
	精品组合策略	对照组	0.81818*	0.18221	0.000	0.4585	1.1778
		广度拓展策略	-1.54545*	0.18221	0.000	-1.9051	-1.1858
		深度拓展策略	-1.72727*	0.18221	0.000	-2.0869	-1.3676

续表

Multiple Comparisons						
Dependent Variable：旅游意愿						
	(I) 策略	(J) 策略	Mean Difference (I-J)	Std. Error	Sig.	95% Confidence Interval	
						Lower Bound	Upper Bound
LSD	深度拓展策略	对照组	2.54545*	0.18221	0.000	2.1858	2.9051
		广度拓展策略	0.18182	0.18221	0.320	-0.1778	0.5415
		精品组合策略	1.72727*	0.18221	0.000	1.3676	2.0869

＊. The mean difference is significant at the 0.05 level.

综上所述，假设 H10 得到验证，假设成立；而假设 H11 未能得到验证，假设不成立。

12.3 研究结论

在本实证研究中，共提出 14 项研究假设，其中，有 3 项研究假设未能被验证，分别是 H8、H9 和 H11，具体情况如表 12-23 所示。

表 12-23　假设验证情况汇总

编号	假设	验证情况
H1	旅游空间尺度对旅游意愿起正向影响作用	支持
H2	旅游空间拓展策略对旅游意愿起正向影响作用	支持
H2a	旅游空间广度拓展策略对旅游意愿起正向影响作用	支持
H2b	旅游空间精品组合策略对旅游意愿起正向影响作用	支持
H2c	旅游空间深度拓展策略对旅游意愿起正向影响作用	支持
H3	在旅游空间尺度影响旅游意愿的过程中，旅游空间拓展策略起正向调节作用	支持
H4	对于省外且尚无到访体验的游客而言，旅游空间精品组合策略对旅游意愿的正向影响作用比旅游空间广度拓展策略更大	支持
H5	对于省外且尚无到访体验的游客而言，旅游空间精品组合策略对旅游意愿的正向影响作用比旅游空间深度拓展策略更大	支持
H6	对于省内且尚无到访体验的游客而言，旅游空间精品组合策略对旅游意愿的正向影响作用比旅游空间广度拓展策略更小	支持
H7	对于省内且尚无到访体验的游客而言，旅游空间精品组合策略对旅游意愿的正向影响作用比旅游空间深度拓展策略更小	支持
H8	对于省外且有过到访体验的游客而言，旅游空间深度拓展策略对旅游意愿的正向影响作用比旅游空间广度拓展策略更小	不支持
H9	对于省外且有过到访体验的游客而言，旅游空间深度拓展策略对旅游意愿的正向影响作用比旅游空间精品组合策略更小	不支持
H10	对于省内且有过到访体验的游客而言，旅游空间广度拓展策略对旅游意愿的正向影响作用比旅游空间精品组合策略更大	支持
H11	对于省内且有过到访体验的游客而言，旅游空间广度拓展策略对旅游意愿的正向影响作用比旅游空间深度拓展策略更大	不支持

已经被验证的研究假设说明：

在严重自然灾害的现实背景下，旅游空间尺度是影响游客旅游意愿的一个因素，而且，旅游空间尺度与旅游意愿呈正相关关系。旅游空间尺度的拓展，可以从旅游空间的广度和深度两个层面进行，实证研究证明，这不仅是可行的，而且是有效的。无论省内、省外，还是有过到访体验和尚无到访体验的游客，在严重自然灾害的背景下，旅游空间尺度的增加都能有效提高其旅游意愿，根据本研究的实证研究结果，他们都偏好大尺度旅游空间的旅游计划，但在实现的方式上有所不同。首先，就有过到访体验的游客而言，无论省内省外，他们整体上更偏好旅游空间深度拓展的方式，也就是说，他们更希望对旅游景区进行深度游览。而对于尚无到访体验的游客而言，他们则更希望通过旅游空间广度上的拓展实现旅游空间尺度的拓展，而且其中，省外游客对于旅游景区的高等级有较高的偏好，省内游客则没有。其次，从距离的角度看，省外游客的偏好出现有趣的分歧，虽然都喜欢大尺度的旅游空间，但是，有过到访体验的游客偏好旅游空间深度上的拓展，而尚无到访体验的游客则倾向于广度上的拓展，而且，省外游客对于旅游景区有高等级的偏好。而对于省内游客而言，他们也出现了同样的分歧，有过到访体验的游客偏好旅游空间深度上的拓展，而尚无到访体验的游客则倾向于广度上的拓展，所不同的是，他们对补充进来的旅游景区的等级并不敏感。

但是对于未被验证的假设，本研究试图进行解释：

根据前人的研究，一般游客对于省外的旅游景区呈现出高等级、大数目的出游偏好。不仅如此，效用理论表明本研究，对于已经到访过的旅游景区，旅游的动机已经达成、旅游期望可能已经被满足，因此，游客应该倾向于选择更多别的旅游景区作为旅游目的地。在这种情况下，旅游空间深度拓展策略应该是最不被游客看好的，也就是说，旅游空间深度拓展策略对于省外且有过到访体验的游客的旅游意愿应该是作用最小的。这是因为，在旅游空间深度拓展策略中，旅游产品仅仅涉及九寨沟这一个旅游景区，无论从旅游动机的达成，还是旅游景区的数目，都无法满足省外且有过到访体验的游客的旅游需求。然而，根据本研究的实证研究，发现结果却恰恰相反。旅游空间深度拓展策略不仅不是三种策略中对省外且有过到访体验的游客的旅游意愿影响最小的，反而是其中影响最大的策略。这个结果的出现，着实令人吃惊。可能的解释是这样的。首先，九寨沟景区因其优质的旅游资源对省外游客的吸引力是巨大的。作为世界自然文化遗产和国家5A级旅游景区，九寨沟景区内拥有着堪称世界范围内绝无仅有的优质旅游资源（自然资源），这本身对游客就构成巨大的旅游吸引力。同时，距离也是旅游吸引力的一大要素。研究表明，距离与旅游吸引力呈正相关关系。因为人们往往对不熟悉的事物好奇，这种好奇感正是旅游产生的动机之一，而距离却是人们对事物认知的一大障碍因素，而省外游客和省内游客的划分正是基于距离这一变量进行的。其次，有过到访体验的游客对于九寨沟景区的旅游体验质量评价较高。旅游体验是一个过程，它是旅游者通过与外部世界取得联系，从而改变其内在心理水平，并调整其心理结构的过程，这种体验是旅游者内在心理活动与旅游客体所呈现的表面形态和深刻含义之间相互交流和相互作用的结果（安桃艳，2009）。旅游体验质量评价，是在旅游体验过程完成之后，对于该过程中各种要素总和进行的一种主观性较强的模糊评价。在实地调研过程中，本研究总能听到游客在旅游结束后对于九寨沟不绝于口的溢美之词，这就能充分证明游客对在九寨沟景区内获得的旅游体验总体的评价是较高的。最后，有过到访体验的游客对于九寨沟景区的旅游体验呈不饱和状态。九寨沟内景点众多，单就高原湖泊而言，就多达108个，对于团体游客而言，旅行社提供的旅游时间尚不足以让游客将九寨沟内大部分的旅游景点完全体验，而仅能使得游客对于世人熟知的九寨沟景点进行游览，这正好刺激游客对九寨沟这一"童话世界"更多向往。然而，可能由于闲暇时间、价格和景区内旅游线路的单一等因素的影响，游客最终未能重游九寨沟景区。可是，旅游空间深度拓展策略的实施，又刚好能够弥补这一不足，使得游客感知为其能充分寄情于九寨沟的山水之中，充分满足其对于九寨沟景区旅游体验的向往与渴望。这可能成为研究假设 H9 和 H10 不被支持的一种解释。

同前面的解释一样，有过到访体验的游客对于九寨沟景区的旅游体验是不饱和的，旅游空间深度拓展策略的实施，能够有效地让游客将这种体验的饱和度感知为更高的状态，这成为旅游空间深度拓展策略比旅游空间广度拓展策略对省内且有过到访体验游客的旅游意愿正向影响更大的一个解释。此外，相较于省外游客，省内游客去往九寨沟景区的在途成本是较低的，这不仅包括货币成本，也包括时间成本和精神成本，所以省内游客比省外游客更容易实现对九寨沟景区的重游，这也正好支持乌铁红、张捷和张宏磊等（2009）对于九寨沟重游率的研究结论。

13. 整体性和泛化性波及效应中赢回策略的调节作用

人们通过对客观事物的感觉得到相应信息，再经过大脑筛选加工分析，以自己的方式对客观事物进行解释，这就是知觉的过程。人们产生旅游购买动机后，是否采取购买行动，取决于对客观情境的知觉。旅游购买行为实施之前往往都要经历一个从感觉到知觉的过程，而无论是感觉还是知觉，对象都是旅游目的地及在旅游目的地旅游的行为本身。

根据研究需要，本研究仍然运用 SPSS 19.0 对实验研究 II 中收集到的数据进行分析，具体分析方法有信度分析、回归分析和方差分析。分析过程如下。

13.1 相似性对旅游意愿的影响分析

13.1.1 相似性对旅游景区形象混淆的影响分析

在分模型 1 中，相似性是自变量，旅游景区形象混淆为因变量。因为需要看相似性这一自变量的不同取值水平是否对因变量旅游景区形象混淆造成显著差异，所以采用一元线性回归分析对其进行验证和分析。

从模型摘要表中不难看出，判定系数（R Square）和调整判定系数（Adjusted R Square）的值分别为 0.612 和 0.610，显著性水平（sig. F 值）为 0.00，远小于 0.05，由此可见，模型的拟合度是较好的，如表 13-1 所示。

表 13-1 模型摘要

Model Summary								
Model	R	R Square	Adjusted R Square	Std. Error of the Estimate	\multicolumn{4}{c}{Change Statistics}			
					R Square Change	F Change	df1	df2	Sig. F Change
1	0.782[a]	0.612	0.610	0.84762	0.612	384.429	1	244	0.000
a. Predictors：(Constant)，相似性								

从表 13-2 中可以看出，F 检验统计量的观察值为 384.429，相伴概率 P 值为 0.00，远小于 0.05，因此可以认为，自变量相似性和因变量旅游景区形象混淆之间存在显著线性关系，如表 13-2 所示。

表 13-2 方差分析

ANOVA[b]					
\multicolumn{2}{c}{Model}	Sum of Squares	df	Mean Square	F	Sig.
1	Regression	276.196	1	276.196	384.429	0.000[a]
	Residual	175.304	244	0.718		
	Total	451.500	245			
a. Predictors：(Constant)，相似性						
b. Dependent Variable：旅游景区形象混淆						

在回归系数表如表 13-3 所示中，T 检验的 t 统计量观察值为 0.445，T 检验的概率 P 值为 0.00，

远小于 0.05，所以可以认为回归系数有显著意义。由此可见，H12 得到证明，假设成立。

表 13 - 3 回归系数

<table>
<tr><th colspan="10">Coefficientsa</th></tr>
<tr><th rowspan="2">Model</th><th colspan="2">Unstandardized Coefficients</th><th>Standardized Coefficients</th><th rowspan="2">t</th><th rowspan="2">Sig.</th><th colspan="2">95% Confidence Interval for B</th><th colspan="2">Collinearity Statistics</th></tr>
<tr><th>B</th><th>Std. Error</th><th>Beta</th><th>Lower Bound</th><th>Upper Bound</th><th>Tolerance</th><th>VIF</th></tr>
<tr><td rowspan="2">1</td><td>（Constant）</td><td>0.445</td><td>0.203</td><td></td><td>2.193</td><td>0.029</td><td>0.045</td><td>0.845</td><td></td><td></td></tr>
<tr><td>相似性</td><td>0.992</td><td>0.051</td><td>0.782</td><td>19.607</td><td>0.000</td><td>0.893</td><td>1.092</td><td>1.000</td><td>1.000</td></tr>
<tr><td colspan="10">a. Dependent Variable：旅游景区形象混淆</td></tr>
</table>

13.1.2 旅游景区形象混淆对旅游意愿的影响分析

要验证旅游景区形象混淆同旅游意愿之间的关系，也同样采用一元线性回归分析。

首先是模型概要如表 13 - 4 所示，判定系数（R Square）和调整判定系数（Adjusted R Square）的值分别为 0.286 和 0.283，显著性水平（sig. F 值）为 0.00，远小于 0.05，足见模型的拟合度很好。

表 13 - 4 模型摘要

<table>
<tr><th colspan="10">Model Summary</th></tr>
<tr><th rowspan="2">Model</th><th rowspan="2">R</th><th rowspan="2">R Square</th><th rowspan="2">Adjusted R Square</th><th rowspan="2">Std. Error of the Estimate</th><th colspan="5">Change Statistics</th></tr>
<tr><th>R Square Change</th><th>F Change</th><th>df1</th><th>df2</th><th>Sig. F Change</th></tr>
<tr><td>1</td><td>0.535[a]</td><td>0.286</td><td>0.283</td><td>1.16463</td><td>0.286</td><td>97.693</td><td>1</td><td>244</td><td>0.000</td></tr>
<tr><td colspan="10">a. Predictors：(Constant)，旅游景区形象混淆</td></tr>
</table>

如表 13 - 5 所示可以看出，F 检验统计量的观察值为 97.693，相伴概率 P 值为 0.00，远小于 0.05，故可以认为，旅游景区形象混淆和旅游意愿之间的线性关系显著存在。

表 13 - 5 方差分析

<table>
<tr><th colspan="6">ANOVA[b]</th></tr>
<tr><th colspan="2">Model</th><th>Sum of Squares</th><th>df</th><th>Mean Square</th><th>F</th><th>Sig.</th></tr>
<tr><td rowspan="3">1</td><td>Regression</td><td>132.507</td><td>1</td><td>132.507</td><td>97.693</td><td>0.000[a]</td></tr>
<tr><td>Residual</td><td>330.950</td><td>244</td><td>1.356</td><td></td><td></td></tr>
<tr><td>Total</td><td>463.456</td><td>245</td><td></td><td></td><td></td></tr>
<tr><td colspan="7">a. Predictors：(Constant)，旅游景区形象混淆</td></tr>
<tr><td colspan="7">b. Dependent Variable：旅游意愿</td></tr>
</table>

T 检验的 t 统计量观察值为 6.186，T 检验的概率 P 值仍为 0.00，远小于 0.05 的接受水平，可以认为回归系数有显著意义，如表 13 - 6 所示。由此可见，H16 得到证明，假设成立。

表 13 - 6 线性回归系数

Model		Unstandardized Coefficients		Standardized Coefficients	t	Sig.	95% Confidence Interval for B		Collinearity Statistics	
		B	Std. Error	Beta			Lower Bound	Upper Bound	Tolerance	VIF
1	(Constant)	6.186	0.246		25.145	0.000	5.701	6.671		
	旅游景区形象混淆	-0.542	0.055	-0.535	-9.884	0.000	-0.650	-0.434	1.000	1.000

a. Dependent Variable：旅游意愿

13.1.3 旅游景区形象混淆的中介效应分析

在分模型 2 中，相似性对旅游意愿的影响是通过旅游景区形象混淆这一变量来完成的，因此，旅游景区形象混淆在该模型中充当中介变量。对于中介变量产生的中介效应（Mediating Effect）的分析方法，相对于前面自变量、因变量和调节变量的分析方法而言，难度更大也更加复杂。学界承认的中介效应的验证方法主要有三种：①依次检验法（Causual Steps），就是依次对三个方程（Mackinnon，Warsi 和 Dwyer，1995）中的回归系数进行检验；②系数乘积项检验法（Products of Coefficients），此法主要检验 ab 乘积项的系数是否显著，检验统计量为 $Z = ab/s_{ab}$，实际和正态总体分布的总体均值显著性检验差不多；③差异检验法（Difference in Coefficients），此法同样是要找出联合标准误差，MacKinnon，Lockwood 和 Hoffman 等（2002）的在对众多计算公式进行对比研究后认为，Clogg，Petkova 和 Haritou（1995）提出的差异检验公式 $t_{N-3} = \dfrac{C-C'}{r_{xm}s_{c'}}$ 和 Freedman 和 Schatzkin（1992）提出的差异检验公式 $t_{N-2} = \dfrac{c-c'}{\sqrt{S_c^2 + S_{c'}^2 - 2S_c S_{c'} \sqrt{1-r_r m^2}}}$ 的效果最好，这两个公式都采用 t 检验。这三种方法无所谓优劣，在心理学研究和营销科学研究中最常见的是第一种方法，所以，本研究也采用第一种方法，即依次检验法或者叫作因果检验法来验证旅游景区形象混淆的中介效应。

根据 Mackinnon，Warsi 和 Dwyer（1995）的研究，假设变量已经中心化或标准化，那么，可以通过分别验证方程 $Y = cX + e_1$，$M = aX + e_2$ 和 $Y = c'X + bM + e_3$，最终完成 $c = c' + ab$（其中，c 是 X 对 Y 的总效应，ab 是经过中介变量 M 的中介效应，c' 是直接效应）的证明，如图 13 - 1 所示。

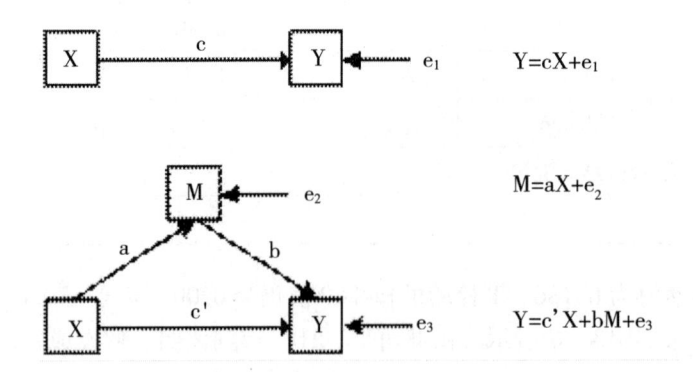

图 13 - 1 中介效应的验证（Mackinnon，Warsi and Dwyer，1995）

也就是说，需要做三个回归分析才能完成中介效应的验证工作。首先，对自变量和因变量做回归分析，以确定自变量和因变量之间存在线性关系；其次，对自变量和中介变量做回归分析，以确定自变量和中介变量之间存在线性关系；最后，再对中介变量和自变量影响因变量做回归分析，以确定其间存在线性关系。

首先，对于方程 $Y = cX + e_1$ 的验证，其实就是对自变量相似性和因变量旅游意愿之间线性关系的验证，也即对研究假设 H15 的验证。前面的研究已经使 H15 得证，相似性和旅游意愿之间存在显著的线性关系，故此，方程 $Y = cX + e_1$ 存在，此出证明完成。

其次，对于方程 $M = aX + e_2$ 的验证，就是对自变量相似性和中间变量旅游景区形象混淆之间线性关系的验证，也即对研究假设 H12 的验证。前面的研究已使 H12 得证，相似性和旅游景区形象混淆之间存在显著新型关系，故此，方程 $M = aX + e_2$ 得证。

最后，方程 $Y = cX + bM + e_3$ 的验证，就是对自变量相似性和中间变量旅游景区形象混淆与因变量旅游意愿之间线性关系的验证，故采用多元线性回归分析的方法。

模型摘要中，判定系数（R Square）为 0.286，调整判定系数（Adjusted R Square）为 0.280，显著性水平（sig. F 值）为 0.00，远小于 0.05，由于可见，模型的拟合度是很好的，如表 13 - 7 所示。

表 13 - 7 模型摘要

Model Summary								
Model	R	R Square	Adjusted R Square	Std. Error of the Estimate	Change Statistics				
^	^	^	^	^	R Square Change	F Change	df1	df2	Sig. F Change
1	0.535[a]	0.286	0.280	1.16682	0.286	48.704	2	243	0.000
a. Predictors: (Constant), 旅游景区形象混淆, 相似性								

如表 13 - 8 所示方差分析中，F 检验统计量的观察值为 48.704，相伴概率 P 值为 0.00，远小于 0.05，因此可以认为，自变量相似性和中间变量旅游景区形象混淆与因变量旅游意愿之间存在显著线性关系。

表 13 - 8 方差分析

ANOVA[b]					
Model		Sum of Squares	df	Mean Square	F	Sig.
1	Regression	132.618	2	66.309	48.704	0.000[a]
^	Residual	330.839	243	1.361		
^	Total	463.456	245			
a. Predictors: (Constant), 旅游景区形象混淆, 相似性					
b. Dependent Variable: 旅游意愿					

如表 13 - 9 所示，T 检验的 t 统计量观察值为 6.147，T 检验的概率 P 值为 0.00，远小于 0.05，所以可以认为回归系数有显著意义。由此可见，旅游景区形象混淆具有显著的中介效应。而且，根据 Mackinnon，Warsi 和 Dwyer（1995）的研究，方程 $Y = c'X + bM + e_3$ 中，如果 c' 显著，则说明是不完全中介效应或者称部分中介效应；如果 c' 不显著，则说明是完全中介效应。因此可以认为旅游景区形象混淆具有部分中介效应，H17 得到证明，假设成立。

表 13-9 线性回归系数

\multicolumn{2}{c	}{Model}	\multicolumn{2}{c	}{Unstandardized Coefficients}	Standardized Coefficients	t	Sig.	\multicolumn{2}{c	}{95% Confidence Interval for B}	\multicolumn{2}{c}{Collinearity Statistics}
		B	Std. Error	Beta			Lower Bound	Upper Bound	Tolerance	VIF
1	(Constant)	6.147	0.282		21.796	0.000	5.591	6.702		
	相似性	0.032	0.112	0.025	0.286	0.775	-0.188	0.252	0.388	2.576
	旅游景区形象混淆	-0.561	0.088	-0.554	-6.371	0.000	-0.735	-0.388	0.388	2.576

a. Dependent Variable: 旅游意愿

13.1.4 相似性对旅游意愿的影响分析

在分模型 2 中，自变量是相似性，旅游意愿则是因变量。仍然采用一元线性回归分析对其进行验证和分析。

从模型摘要表如表 13-10 所示中不难看出，判定系数（R Square）和调整判定系数（Adjusted R Square）的值分别为 0.167 和 0.164，显著性水平（sig. F 值）为 0.00，远小于 0.05，由此可见，模型的拟合度很好，可以进一步的研究。

表 13-10 模型摘要

Model	R	R Square	Adjusted R Square	Std. Error of the Estimate	R Square Change	F Change	df1	df2	Sig. F Change
1	0.409[a]	0.167	0.164	1.25792	0.167	48.891	1	244	0.000

a. Predictors: (Constant), 相似性

方差分析中，F 检验统计量的观察值为 48.891，相伴概率 P 值为 0.00，远小于 0.05，因此可以认为，相似性和旅游意愿之间存在显著线性关系，如表 13-11 所示。

表 13-11 方差分析

\multicolumn{2}{c	}{Model}	Sum of Squares	df	Mean Square	F	Sig.
1	Regression	77.362	1	77.362	48.891	0.000[a]
	Residual	386.094	244	1.582		
	Total	463.456	245			

a. Predictors: (Constant), 相似性
b. Dependent Variable: 旅游意愿

如表 13-12 所示不难看出，T 检验的 t 统计量观察值为 5.897，T 检验的概率 P 值为 0.00，远小于 0.05，所以可以认为回归系数有显著意义。由此可见，H15 得到证明，假设成立。

表 13-12　线性回归系数

Model		Unstandardized Coefficients		Standardized Coefficients	t	Sig.	95% Confidence Interval for B		Collinearity Statistics	
		B	Std. Error	Beta			Lower Bound	Upper Bound	Tolerance	VIF
1	(Constant)	5.897	0.301		19.586	0.000	5.304	6.490		
	相似性	-0.525	0.075	-0.409	-6.992	0.000	-0.673	-0.377	1.000	1.000

a. Dependent Variable：旅游意愿

13.2　区格策略的效果分析

13.2.1　区格策略对旅游景区形象混淆的调节效果分析

本研究意测试区格策略在不同的策略（版块化策略和类属化策略）的实施下，观察变量旅游景区形象混淆是否有显著的变化，所以，适宜采用多因素方差分析对其进行检验。

方差分析的前提，是各个水平下（组别）的总体方差相等的标准正态分布，其中，对于方差相等的要求要比服从正态分布的要求严格很多。对于方差相等的验证，本研究从用方差齐性（一致性）检验（Test of Homogeneity of Variance）方法。通过 SPSS16.0 的计算，得到 Levene Statistic 值为 3.351，显著性水平为 0.037，小于 0.05，如表 13-13 所示。由此可见，方差不齐，方差分析的结果并不可靠，由于方差一致性检验的零假设为各水平总体方差无显著差异，因此可以认定各实验组的总体方差相等，可以进行下一步的方差检验。

表 13-13　方差齐性分析

Test of Homogeneity of Variances			
旅游景区形象混淆			
Levene Statistic	df1	df2	Sig.
3.351	2	243	0.037

通过方差分析，可以看出，P=0.00<0.05。但是此结果无意义，因为方差齐性检验未能通过，如表 13-14 所示。

表 13-14　方差分析

ANOVA					
旅游景区形象混淆					
	Sum of Squares	df	Mean Square	F	Sig.
Between Groups	137.633	2	68.816	53.279	0.000
Within Groups	313.867	243	1.292		
Total	451.500	245			

本研究为了对旅游空间拓展策略组内各策略的实施情况进行观察，进行了描述性统计分析。如表 13-15 所示，在版块化策略和类属化策略的实施下，旅游景区形象混淆的均值分别为 4.3050 和

3.7978，均小于无任何策略实施下的旅游景区形象混淆均值 5.7279。

表 13 - 15　描述性统计

Descriptives								
旅游景区形象混淆								
	N	Mean	Std. Deviation	Std. Error	95% Confidence Interval for Mean		Minimum	Maximum
					Lower Bound	Upper Bound		
对照组	49	5.7279	0.91710	0.13101	5.4645	5.9913	3.00	7.00
类属化策略	47	4.3050	1.29068	0.18826	3.9260	4.6839	1.00	7.00
版块化策略	50	3.7978	1.14946	0.09385	3.6123	3.9832	2.00	7.00
Total	146	4.2791	1.35752	0.08655	4.1087	4.4496	1.00	7.00

Tamhane 方法是在方差不齐的情况下进行事后检验的方法，基于本研究中方差齐性未通过检验的现实，本研究以 Tamhane 方法观察不同策略对旅游意愿的影响情况。如表 13 - 16 所示，无论是版块化策略，还是类属化策略，旅游景区形象混淆都存在显著性的差异。

表 13 - 16　多重比较检验结果

Multiple Comparisons							
Dependent Variable：旅游景区形象混淆							
	(I) 策略	(J) 策略	Mean Difference (I - J)	Std. Error	Sig.	95% Confidence Interval	
						Lower Bound	Upper Bound
Tamhane	对照组	类属化策略	1.42293 *	0.22937	0.000	0.8640	1.9819
		版块化策略	1.93011 *	0.16116	0.000	1.5388	2.3214
	类属化策略	对照组	- 1.42293 *	0.22937	0.000	- 1.9819	- 0.8640
		版块化策略	0.50719	0.21036	0.055	- 0.0073	1.0217
	版块化策略	对照组	- 1.93011 *	0.16116	0.000	- 2.3214	- 1.5388
		类属化策略	- 0.50719	0.21036	0.055	- 1.0217	0.0073
*. The mean difference is significant at the 0.05 level.							

基于以上研究结果，假设 H13、H13a 和 H13b 得到验证，假设成立。

13.2.2　区格策略对相似性影响旅游景区形象混淆过程的调节效果分析

由 F 检验的分析结果如表 13 - 17 所示可以看出，相似性的离差平方和和均方为 210.900，区格策略的离差平方和为 25.432，均方为 12.716；它们的 F 值，分别为 340.542 和 20.532，相伴概率则均为 0.00，远小于 0.05 的接受值。这说明相似性和区格策略都对旅游景区形象混淆产生显著的影响。基于此，假设 H14 得到验证，假设成立。

表 13-17 F 检验

Tests of Between-Subjects Effects

Dependent Variable: 旅游景区形象混淆

Source	Type III Sum of Squares	df	Mean Square	F	Sig.	Partial Eta Squared	Noncent. Parameter	Observed Powerb
Corrected Model	301.628a	3	100.543	162.347	0.000	0.668	487.042	1.000
	11.978	1	11.978	19.341	0.000	0.074	19.341	0.992
相似性	210.900	1	210.900	340.542	0.000	0.585	340.542	1.000
策略 * 相似性	25.432	2	12.716	20.532	0.000	0.145	41.065	1.000
Error	149.872	242	0.619					
Total	4956.000	246						
Corrected Total	451.500	245						

a. R Squared = 0.668 (Adjusted R Squared = 0.664)
b. Computed using alpha = 0.05

13.2.3 区格策略对男性游客的作用分析

本研究中，共有来自四川省外的男性被试共计 77 人。根据组间设计，对照组（无策略组-EGMN）含有被试 24 人，类属化策略组（EGMC）共有被试 26 人，版块化策略组（EGMP）共有被试 27 人。其中，对照组（EGMN）的旅游景区形象混淆和旅游意愿均值分别为 5.6667 和 2.2292，类属化策略组（EGMC）的旅游景区形象混淆和旅游意愿均值分别为 5.0513 和 3.0385，版块化策略组（EGMP）的旅游景区形象混淆和旅游意愿均值分别为 3.2208 和 4.6039。由此可见，版块化策略组（EGMP）的旅游景区形象混淆均值较类属化策略组（EGMC）更低，而其旅游意愿的均值则较类属化策略组（EGMC）更高，如表 13-18 所示。

表 13-18 描述性统计

Descriptives

		N	Mean	Std. Deviation	Std. Error	95% Confidence Interval for Mean Lower Bound	95% Confidence Interval for Mean Upper Bound	Minimum	Maximum
旅游景区形象混淆	对照组	24	5.6667	0.90089	0.18389	5.2863	6.0471	3.00	7.00
旅游景区形象混淆	类属化策略	26	5.0513	0.64424	0.12635	4.7911	5.3115	4.00	7.00
旅游景区形象混淆	版块化策略	27	3.2208	0.61323	0.06988	3.0816	3.3600	2.00	5.00
旅游景区形象混淆	Total	77	4.0577	1.25785	0.11162	3.8369	4.2786	2.00	7.00
旅游意愿	对照组	24	2.2292	1.01059	0.20629	1.8024	2.6559	1.00	5.00
旅游意愿	类属化策略	26	3.0385	1.17408	0.23026	2.5642	3.5127	1.00	5.00
旅游意愿	版块化策略	27	4.6039	0.90080	0.10266	4.3994	4.8084	2.50	6.50
旅游意愿	Total	77	3.8346	1.39024	0.12336	3.5905	4.0788	1.00	6.50

接下来，进行方差齐性的检验（Test of Homogeneity of Variance）。如表 13-19 所示可以看出，旅游

景区形象混淆和旅游意愿的 Levene Statistic 值为 1.913 和 0.695。显著性水平却存在着差异，旅游景区形象混淆的显著性水平（sig. F 值）为 0.0152，小于 0.05；而旅游意愿的显著性水平（sig. F 值）为 0.501，大于 0.05。后者的方差齐性通过检验，而前者方差不齐。后者适合进行下一步的方差分析，而前者则不适宜。

表 13-19　方差齐性检验

Test of Homogeneity of Variances				
	Levene Statistic	df1	df2	Sig.
旅游景区形象混淆	1.913	2	124	0.0152
旅游意愿	0.695	2	124	0.501

方差分析中，旅游意愿的 F 检验统计量的观察值为 64.222，相伴概率 P 值为 0.00，远小于 0.05。而由于旅游景区形象混淆的方差齐性未能通过检验，因此，其结果不可靠，如表 13-20 所示。

表 13-20　方差分析

ANOVA						
		Sum of Squares	df	Mean Square	F	Sig.
旅游景区形象混淆	Between Groups	141.732	2	70.866	152.498	0.000
	Within Groups	57.623	124	0.465		
	Total	199.354	126			
旅游意愿	Between Groups	123.908	2	61.954	64.222	0.000
	Within Groups	119.620	124	0.965		
	Total	243.528	126			

因为旅游景区形象混淆未能通过方差齐性检验，故采用 Tamhane 法完成多重比较结果的检验。在省外男性游客中，版块化策略的使用对于其旅游景区形象混淆的改变的均值最大，而类属化策略对旅游景区形象混淆的改变则很有限。旅游意愿通过方差齐性检验，故采用 LSD 法完成其多重比较结果的检验。如表 13-21 所示可以看出，在省外男性游客中，版块化策略的使用对于其旅游意愿的提高也最大。

表 13-21　多重比较结果检验

Multiple Comparisons							
Dependent Variable		(I) 策略	(J) 策略	Mean Difference (I-J)	Std. Error	Sig.	95% Confidence Interval	
							Lower Bound	Upper Bound
旅游景区形象混淆	Tamhane	对照组	类属化策略	0.61538*	0.22311	0.026	0.0602	1.1706
			版块化策略	2.44589*	0.19672	0.000	1.9484	2.9434
		类属化策略	对照组	-0.61538*	0.22311	0.026	-1.1706	-0.0602
			版块化策略	1.83050*	0.14438	0.000	1.4712	2.1898
		版块化策略	对照组	-2.44589*	0.19672	0.000	-2.9434	-1.9484
			类属化策略	-1.83050*	0.14438	0.000	-2.1898	-1.4712

续表

Multiple Comparisons								
Dependent Variable		(I) 策略	(J) 策略	Mean Difference (I−J)	Std. Error	Sig.	95% Confidence Interval	
							Lower Bound	Upper Bound
旅游意愿	LSD	对照组	类属化策略	−0.80929*	0.27802	0.004	−1.3596	−0.2590
			版块化策略	−2.37473*	0.22962	0.000	−2.8292	−1.9203
		类属化策略	对照组	0.80929*	0.27802	0.004	0.2590	1.3596
			版块化策略	−1.56543*	0.22278	0.000	−2.0064	−1.1245
		版块化策略	对照组	2.37473*	0.22962	0.000	1.9203	2.8292
			类属化策略	1.56543*	0.22278	0.000	1.1245	2.0064

*. The mean difference is significant at the 0.05 level.

综上所述，假设 H18、H19 得到验证，假设成立。

13.2.4 区格策略对女性游客的作用分析

在本实验研究中，共有 69 名女性被试。根据组间设计，对照组（无策略组－EGFN）含有被试 25 人，类属化策略组（EGFC）共有被试 21 人，版块化策略组（EGFP）共有被试 23 人。其中，对照组（EGFN）的旅游景区形象混淆和旅游意愿均值分别为 5.7867 和 2.8200，类属化策略组（EGFC）的旅游景区形象混淆和旅游意愿均值分别为 3.3810 和 4.5000，版块化策略组（EGFP）的旅游景区形象混淆和旅游意愿均值分别为 4.4064 和 4.1027。由此可见，版块化策略组（EGMP）的旅游景区形象混淆均值较类属化策略组（EGFC）高，而其旅游意愿的均值则较类属化策略组（EGFC）低，如表 13－22 所示。

表 13－22　描述性统计

Descriptives									
		N	Mean	Std. Deviation	Std. Error	95% Confidence Interval for Mean		Minimum	Maximum
						Lower Bound	Upper Bound		
旅游景区形象混淆	对照组	25	5.7867	0.94712	0.18942	5.3957	6.1776	3.00	7.00
	类属化策略	21	3.3810	1.30079	0.28386	2.7888	3.9731	1.00	5.00
	版块化策略	23	4.4064	1.26716	0.14831	4.1107	4.7020	2.33	7.00
	Total	69	4.5154	1.42400	0.13054	4.2569	4.7739	1.00	7.00
旅游意愿	对照组	25	2.8200	1.58035	0.31607	2.1677	3.4723	1.00	6.00
	类属化策略	21	4.5000	1.01242	0.22093	4.0392	4.9608	3.00	6.50
	版块化策略	23	4.1027	1.17544	0.13757	3.8285	4.3770	1.00	6.00
	Total	69	3.9034	1.36431	0.12507	3.6557	4.1510	1.00	6.50

方差齐性的检验（Test of Homogeneity of Variance）的结果如表 13－23 所示。可以看出，旅游景区形象混淆和旅游意愿的 Levene Statistic 值为 3.868 和 2.590。显著性水平却存在着差异，旅游景区形象混淆的显著性水平（sig. F 值）为 0.024，小于 0.05；而旅游意愿的显著性水平（sig. F 值）为 0.079，

大于 0.05。这说明，旅游景区形象混淆未能通过方差齐性检验，不适合做进一步的方差分析；而旅游意愿的方差具有一致性，可以做方差分析。

表 13-23 方差齐性检验

Test of Homogeneity of Variances				
	Levene Statistic	df1	df2	Sig.
旅游景区形象混淆	3.868	2	116	0.024
旅游意愿	2.590	2	116	0.079

方差分析中，旅游意愿的 F 检验统计量的观察值为 12.804，相伴概率 P 值为 0.00，远小于 0.05。而由于旅游景区形象混淆的方差齐性未能通过检验，因此，其结果不可靠，如表 13-24 所示。

表 13-24 方差分析

ANOVA						
		Sum of Squares	df	Mean Square	F	Sig.
旅游景区形象混淆	Between Groups	68.297	2	34.148	23.168	0.000
	Within Groups	170.981	116	1.474		
	Total	239.277	118			
旅游意愿	Between Groups	39.719	2	19.860	12.804	0.000
	Within Groups	179.919	116	1.551		
	Total	219.639	118			

因为旅游景区形象混淆未能通过方差齐性检验，故采用 Tamhane 法完成多重比较结果的检验。如表 13-25 所示可以看出，在省外女性游客中，版块化策略的使用对于其旅游景区形象混淆的改变的均值较类属化策略小。旅游意愿通过方差齐性检验，故采用 LSD 法完成其多重比较结果的检验。在省外女性游客中，虽然版块化策略和类属化的使用都对旅游意愿产生较大的提高，但是两者对旅游意愿提高的水平并不存在显著差异。

表 13-25 多重比较结果检验

Multiple Comparisons							
Dependent Variable		(I) 策略	(J) 策略	Mean Difference (I-J)	Std. Error	Sig.	95% Confidence Interval
							Lower Bound	Upper Bound
旅游景区形象混淆	Tamhane	对照组	类属化策略	2.40571*	0.34126	0.000	1.5511	3.2604
			版块化策略	1.38027*	0.24058	0.000	0.7880	1.9726
		类属化策略	对照组	-2.40571*	0.34126	0.000	-3.2604	-1.5511
			版块化策略	-1.02544*	0.32027	0.009	-1.8326	-0.2183
		版块化策略	对照组	-1.38027*	0.24058	0.000	-1.9726	-0.7880
			类属化策略	1.02544*	0.32027	0.009	0.2183	1.8326

续表

Dependent Variable		(I)策略	(J)策略	Mean Difference (I−J)	Std. Error	Sig.	95% Confidence Interval	
							Lower Bound	Upper Bound
旅游意愿	LSD	对照组	类属化策略	−1.68000*	0.36865	0.000	−2.4101	−0.9499
			版块化策略	−1.28274*	0.28860	0.000	−1.8543	−0.7111
		类属化策略	对照组	1.68000*	0.36865	0.000	0.9499	2.4101
			版块化策略	0.39726	0.30839	0.200	−0.2135	1.0081
		版块化策略	对照组	1.28274*	0.28860	0.000	0.7111	1.8543
			类属化策略	−0.39726	0.30839	0.200	−1.0081	0.2135

*. The mean difference is significant at the 0.05 level.

综上所述，假设 H20 得到验证，假设成立；假设 H21 未能得到验证，假设不成立。

13.3 研究结论

在本实证研究中，共提出 12 项研究假设，其中，研究假设 H21 未能被验证，具体情况如表 13−26 所示。

表 13−26 假设验证情况汇总

编号	假设	
H12	相似性对旅游景区形象混淆起正向影响作用	支持
H13	区格策略对旅游景区形象混淆起负向影响作用	支持
H13a	版块化策略对旅游景区形象混淆起负向影响作用	支持
H13b	类属化策略对旅游景区形象混淆起负向影响作用	支持
H14	在相似性影响旅游景区形象混淆的过程中，区格策略起调节作用	支持
H15	相似性对旅游意愿起负向影响作用	支持
H16	旅游景区形象混淆对旅游意愿起负向影响作用	支持
H17	在相似性影响旅游意愿的过程中，旅游景区形象混淆起中介效应	支持
H18	对于男性游客而言，版块化策略对旅游景区形象混淆的影响效果大于类属化策略	支持
H19	对于男性游客而言，版块化策略对旅游意愿的影响效果大于类属化策略	支持
H20	对于女性游客而言，版块化策略对旅游景区形象混淆的影响效果小于类属化策略	支持
H21	对于女性游客而言，版块化策略对旅游意愿的影响效果小于类属化策略	不支持

已被验证的研究假设说明：

在严重自然灾害发生后，游客在对旅游空间进行认知时，目标旅游景区与灾害旅游景区的空间相似性对于游客的影响很大，相似性与旅游景区形象混淆呈显著正相关关系。也就是说，首先，游客对目标旅游景区与灾害旅游景区的感知相似性越大，那么就越容易对二者的形象产生混淆，越容易将非灾害旅游景区认知为灾害旅游景区。

其次，旅游景区形象混淆与旅游意愿呈显著负相关关系。在严重自然灾害发生后，游客会产生对非灾害旅游景区和灾害旅游景区无法有效区分的状况，游客对旅游景区形象混淆的程度越高，其将非灾害旅游景区认知为灾害旅游景区的程度就越深，自然其旅游意愿也就越低，进而放弃或推迟其旅行计划。

再次，相似性与旅游意愿也呈显著负相关关系。与前面研究不同的是，相似性对游客旅游意愿的作用，是借助中介变量旅游景区形象混淆来完成的。严重自然灾害背景下，相似性越高，旅游景区形象混淆的程度就越深，进而游客的旅游意愿也就越低。

最后，区格策略对于调节游客的旅游景区形象混淆和旅游意愿都是有效的。通过对区隔策略的构成要素距离和方位的有效把控，实验研究的结论表明，可以对旅游景区形象混淆和旅游意愿产生不仅有效而且是效果明显的改变。这说明，研究中所设计的赢回策略，无论是版块化策略还是类属化策略，都是有效而可行的。而且，对于男性游客而言，版块化策略对旅游景区形象混淆和旅游意愿的调节效果，都明显优于类属化策略；而对于女性游客而言，版块化策略对旅游景区形象混淆的调节效果明显逊色于类属化策略，但其对女性游客的旅游意愿的调节效果却和类属化策略无明显差异。

对于未被验证的假设，本研究的解释如下：

根据实验研究的结论，版块化策略对女性游客的旅游意愿的调节作用与类属化策略对女性游客旅游意愿的调节作用并无显著差异。从表13－22中不难看出，对照组中，女性被试的旅游意愿均值为2.8200；版块化策略组中，女性被试的旅游意愿均值为4.1027；类属化策略组中，女性被试的旅游意愿均值为4.5000。本研究采用的量表，为李克特7及量表。由此可见，即使是旅游意愿均值最高的实验组，其均值4.5000也只能落在7级量表中的中间水平内。与对照组相比，尽管类属化策略和版块化策略都有效地对女性游客的旅游意愿，但是，就其绝对值而言，仍然处在较低的水平上，尽管其对旅游景区形象的混淆程度已经下降到一个较低的水平上（类属化实验组女性被试的旅游景区形象混淆的均值为3.3810）。赢回策略对于被试的旅游景区形象混淆的调节效果是有显著差异的，但是为什么对其的旅游意愿的调节效果无显著差异呢？

本研究认为，"从众理论"也许能为这样结论的产生找到答案。从众（Conformity）现象是指根据他人的行为而做出的行为改变和信念改变的现象。与之相类似的理论成果，还有规范形成理论、心境连接理论和社会传染效应理论。Sherif（1935，1937）的规范形成理论解释了个体容易受到心理暗示影响的原因和条件，该理论认为，人们会在听到他人的观点以后改变对事物的评价。心境连接（Mind Linkage）理论由 Totterdell 于1998年提出，该理论指出个体在社会环境中非常容易受到周遭人群的行为影响。Charter 和 Barge（1999）人群中存在"社会传染效应"或者说"变色龙效应"，再进一步证实周遭人群的行为和态度会"传染"给个体，并促使个体的行为和态度"变色"，朝着与群体一致的方向发生变化。这些理论为结论的解释提供了一个理论基础。其次，我国女性的从众心理甚于男性。国内学者宋新军（2010）在对女性的从众现象进行分析时认为，女性的从众心理甚于男性，而且这种现象产生的根源在于女性因处在社会性别弱势地位而产生的自我保护意识。高秀峰（2011）在研究网络团购的从众现象时，发现性别对网络团购从众行为有显著影响，具体来讲，女性的从众行为倾向较强，女性的从众行为发生的比例要明显高于男性。江娟丽（2008）认为，从众的性别比例差异明显。她在对大学生旅游行为进行调查后发现，50％以上的女大学生偏好跟团旅游，仅有6％的女大学生喜欢独自出游；与之形成鲜明对比的是，男性普遍更喜欢独自出游，其比重高达55％，而偏好跟团出游的男大学生只占男性受访者的15％左右。由此可见，女性比男性更具有从众和依赖的可能。邵其会（2007）的研究发现，对女性游客而言，朋友、邻居、同事是旅游信息的主要来源，青年女性中有55.5％的人因为"受朋友影响"而购买或消费本来不打算或不需要的产品或服务。女性游客的旅游决策受相关群体影响大。女性对自己的角色定位不同于男性，其受影响、受感染的弹性较大，更易产生群体交互和从众心理，从而引发感染性消费。在本研究的调查中，有这样一种现象，就是严重自然灾害发生后，尽管女性也相信旅游景区是完好无损的，但是仍旧不愿意主动选择出游，而是观察其他游客的出游动向。从众心理可以让其产生感染性消费，当然有理由相信，从众心理也可以让其产生感染性拒绝消费。而这也从另一个角度解释类属化策略和版块化策略对于男性游客旅游意愿的影响具有显著差异。

14. 总结与展望

14.1 研究总结

14.1.1 研究概述

国内外学术界对于旅游景区的营销研究由来已久，其中一项非常重要的内容，就是经历灾害后受灾地旅游景区的恢复营销研究。但是，通过文献检索研究发现，学术界的目光几乎全部落在灾害景区的恢复性营销研究上，或者说，学术界并未对灾害地旅游景区做进一步的细分，而是将其整体作为了研究的对象。但事实证明，即使在受灾严重的地区，仍然有可能存在完全具备游客接待能力的旅游景区，本研究将其界定为非灾害景区。这正是学术界几乎没有涉足过的研究空白点，而它，也正是本课题的研究对象和研究切入点。因此，本研究是一项探索性研究。

在本课题研究中，本研究立足于已有的国内外学术界的相关研究成果，通过对大量游客进行小组访谈和深度访谈，借助建构型扎根理论这一规范的定性研究方法进行数据处理和理论建构，提取出了致使灾害景区对非灾害景区产生波及效应的因素，并运用科学的方法对这些因素进行了确认。进而，本研究针对各个因素提出了相应的赢回策略，并运用实验法分别对各项赢回策略的效果进行了检验。

本章对已取得的研究结论进行归纳和总结，以便日后进行更为深入的研究。

14.1.2 结论总结

本研究取得的研究结论主要有以下几个方面。

14.1.2.1 灾害旅游景区对非灾害旅游景区存在波及效应

以四川省境内的景区为例，汶川大地震发生后的25个月内，灾害旅游景区的恢复缓慢是可以理解的，因为它在相当长的一段时期内丧失了游客的接待能力。但是，非灾害旅游景区也同样恢复迟缓，这就成为一个令人费解的现象。通过长达一年的扎根研究，本研究不仅证实了严重自然灾害背景下，灾害旅游景区对非灾害旅游景区存在波及效应，而且还根据其表现形态，将这种波及效应划分为联结性波及效应、整体性波及效应和泛化性波及效应三个不同的种类，并对每一种波及效应进行了描述。

14.1.2.2 旅游空间尺度影响访非灾害旅游景区旅游意愿

严重自然灾害发生后，对旅游资源的破坏是非常直接而深刻的。在这种情况下，就会形成灾害旅游景区和非灾害旅游景区。就国内的旅游现状而言，除城市游憩景观外，旅游产品的构成往往是多个旅游景区的串联，且这种产品所占的比重非常大。在严重自然灾害的大背景下，旅游产品容易受到破坏，容易被自然灾害肢解成残缺不全的旅游产品，其直接表现就是旅游产品内的若干旅游景区甚至全部旅游景区都变为灾害旅游景区。这种变化的实质，就是旅游空间尺度缩小甚至旅游空间的完全丧失，而这也正是游客放弃对旅游产品内剩余非灾害旅游景区的旅游计划的一个原因。本研究在扎根研究和文献梳理后，界定和提取了旅游空间尺度这一自变量和旅游意愿这一因变量，通过实验研究Ⅰ，证明严重自然灾害背景下，旅游空间尺度对游客旅游意愿存在显著的正向影响作用。

14.1.2.3 景区形象混淆影响游客到访非灾害旅游景区旅游意愿

根据前人的研究，旅游景区形象与游客旅游意愿之间存在显著的正相关关系。一般情况下，游客对不同旅游景区的形象认知是明确的，但是自然灾害发生后，尤其是严重自然灾害发生后，信息的不及时和不对称、距离的隔绝等因素都会使得游客对于某些旅游景区的形象认知出现偏差，使得其无法对灾害旅游景区和非灾害旅游景区做出准确的区分。游客对于灾害旅游景区形象的评价是很低的，也就意味着游客不可能做出去灾害旅游景区的旅游决策,而事实上,灾害旅游景区也不具备接待游客的能力和条件。于是,当游客认知旅游景区时,旅游景区的形象出现混淆,将非灾害旅游景区认知为灾害旅游景区,就自然会放弃或推迟到访非灾害旅游景区的旅游计划。实验研究Ⅱ的结论,也支持旅游景区形象混淆是影响游客到访非灾害旅游景区旅游意愿的重要因素这一观点。

14.1.2.4　相似性是影响景区形象混淆的重要因素

旅游景区形象混淆的现象,在正常情况下是不易被发现的。但是,当严重自然灾害发生后,这种现象又是较为普遍的,而且越是离灾害地距离远,越是对具体的旅游景区认知不准确,就越容易出现旅游景区形象混淆。根据前人的研究,游客在对旅游地理空间进行认知时,游客距其的距离及其所在的方位,构成了游客认知旅游地理空间的基本要素,而当这两个要素与格式塔理论及泛化理论的基本观点重叠时,就更加印证整体性波及效应和泛化性波及效应产生的原因。实验研究Ⅱ中,对实验数据的分析,也给出"严重自然灾害背景下,相似性是影响旅游景区形象混淆的重要因素"这一观点以强有力的支撑和佐证。

14.1.2.5　旅游空间拓展策略能够有效提高游客到访非灾害景区的旅游意愿

根据严重自然灾害后,旅游空间尺度影响游客旅游意愿的事实,本着通过拓展旅游空间尺度提高游客旅游意愿的原则,实验研究Ⅰ中设计出了包含旅游空间广度拓展策略、旅游空间精品组合策略和旅游空间深度拓展策略三个游客赢回策略在内的旅游空间尺度拓展策略组。实证研究中,不仅证明了旅游空间广度拓展策略、旅游空间精品组合策略和旅游空间深度拓展策略对提高游客旅游意愿是有效的,而且还再次印证外省游客对于旅游景区等级的敏感性和对旅游景区大数目的旅游偏好。此外,还有一个重要发现,就是在以九寨沟景区为研究对象时,发现严重自然灾害后,有过到访体验的游客对于深度游览九寨沟景区的偏好度较高,这是之前的研究未能发现的一个有趣的结论。

14.1.2.6　区格策略能够有效提高游客到访非灾害景区的旅游意愿

区格策略是在相似性影响游客旅游意愿的研究背景下提出的游客赢回策略组,它包含版块化策略和类属化策略两个具体的赢回策略。每一个策略内,都从非灾害旅游景区与灾害旅游景区相对的距离和方位上,对其相似性进行了破坏,但在陈述的风格上进行了区别。实验研究Ⅱ的结果发现,无论是版块化策略还是类属化策略,其对游客旅游意愿的调节效果都是显著的。具体而言,对于男性游客,版块化策略的调节效果要显著好于类属化策略,这也再次证明了男性在对旅游地理空间认知时理性客观的认知手段和风格;对于女性游客而言,尽管版块化策略和类属化策略的实施都显著提高了其旅游意愿,但是单就其效果而言,并无显著的差异,本研究认为,原因可能是从众心理的作祟使得女性游客尽管在旅游景区形象混淆程度得到有效降低的情况下仍然未能做到有效地提高其旅游意愿。

14.2　研究创新点

本研究共有以下三个创新点。

第一,本研究对灾害发生后的灾害地旅游景区进行了分类,发现了一个崭新的研究空间。通过对现实状况的观察研究,根据"是否或者短期内能否具备游客接待能力"的标准,将灾害地旅游景区进一步区分为灾害旅游景区和非灾害旅游景区两类,拓展了对灾害地旅游景区的研究视角,开拓非灾害旅游景区新的研究空间。

第二,本研究构建了灾害旅游景区对非灾害旅游景区波及效应的概念模型。通过系统运用扎根理论的研究方法和对上百人的访谈研究,以及对心理学和营销学领域内的文献研究和现实回顾,本文提取出了"关联性认知""整体性认知"和"泛化性认知"三个波及效应产生的原因,并据其构建了灾害旅游景区对非灾害旅游景区波及效应的概念模型。

第三,本研究设计了针对非灾害旅游景区的游客赢回策略,并对其使用效果进行了实证。具体而言，就是通过现场实验的研究方法，验证旅游空间拓展策略组（包括旅游空间广度拓展策略、旅游空间精品组合策略和旅游空间深度拓展策略）和区格策略组（包括版块化策略和类属化策略）。在严重自然灾害的背景下，对游客到访非灾害旅游景区旅游意愿的显著调节作用。在此过程中，本研究不仅通过量表开发技术完成了对"旅游空间尺度""相似性"和"旅游景区形象混淆"三个变量的测量，同时也发现了旅游空间深度拓展策略的重大现实意义。

14.3 实践运用

本研究的研究结论具有一定的实践意义，在一定程度上可以应用于实践并指导实践。本研究的实践启示主要有以下几个方面。

14.3.1 重视灾害旅游景区对非灾害旅游景区的波及效应

严重自然灾害发生后，灾害地的旅游业往往受到比较严重的破坏，导致灾害型旅游危机的发生。在这种情况下，如果存在非灾害旅游景区，也就是说如果有没有被自然灾害破坏的旅游景区，那么可以预见的是，灾害旅游景区对非灾害旅游景区很可能会存在波及效应，而且这种波及效应是负向的而非正向的。人类生活的自然环境随着人类改造活动的深入、持续和扩大已经在很大程度上发生了形态的变化，与此同时，自然环境也变得越发的不稳定和不可预测。现实世界的自然灾害频发，不得不使本研究时刻保持警醒，而旅游主管部门更应该重视灾害旅游景区对非灾害旅游景区的波及效应，保持对外界环境变化的高敏感度。

14.3.2 针对灾害地非灾害景区的游客赢回提供有效策略

针对游客赢回的策略研究，无论学界还是业界都有了一些成果和心得。价格促销策略、情感策略、体验策略、安全策略等，不一而足。现实情况和游客的心理是复杂和多变的，在严重自然灾害发生后更是如此。谁也不能保证某一种策略就对某一类游客最有效。因此，对赢回策略进行组合运用，就成为一种必然。拿本研究中设计的赢回策略来说，与前面提到的价格策略、情感策略、体验策略、安全策略并不互斥，相反，它们是互补的关系。根源就在于本研究中的波及效应可以被比作是一种通道，而通过这种通道传递出去的正是安全疑虑、伦理失衡等灾后游客流失的因子。因此，严重自然灾害发生后，旅游主管部门应该大胆对现有游客赢回策略进行组合运用。

14.3.3 灵活运用灾害型旅游危机下的旅游产品再设计

旅游空间的设计是旅游规划理论中的一个重要课题，它始于旅游产品设计之前，是对旅游资源的一种判定和使用。一旦被设计，旅游空间的尺度往往不会发生大的改变。但是，作为一种非常规突发事件，严重自然灾害的发生往往会将现实生活中的常态打破，这既是对既有资源的一种破坏，又为新的旅游产品的诞生提供了无与伦比的机遇。既然原有的旅游产品因自然灾害的破坏而使旅游空间尺度变小，那么本研究完全有理由相信通过对旅游产品的再设计将缩小的旅游空间尺度再度变大，以恢复甚至提升游客的旅游意愿，创造新的旅游繁荣。

14.3.4 合理再开发景区资源以提高重游率

在本次研究中发现了一个有趣的现象，即是到访过九寨沟景区的游客，无论省内省外，都对旅游空间深度拓展策略表现出了浓厚的兴趣。也就是说，有过到访体验的游客，愿意并且期待对九寨沟的再度游览，但是这是有条件的，即必须是深度游览。这与现有的研究结论既矛盾又不矛盾，矛盾在于根据张捷等人的研究，九寨沟的重游率并不高，而且重游游客多来自省内；不矛盾之处在于，他们的研究，是在九寨沟旅游产品不发生改变的前提下进行的，而本研究的发现却是在九寨沟旅游产品形态发生改变的条件下完成的。本研究认为，之所以出现这种情况，是因为游客对于九寨沟景区的体验是高质量的，但同时又是不饱和的。游客在现有的旅游产品中，不能完全领略整个景区的美。因此，现实生活中的旅游景区主管部门，尤其是那些高等级、高质量的旅游景区的主管部门，应该重新审视自己的旅游资源，在现有水平的情况下，对旅游景区内的优质资源做出合理的开发和规划。

14.4 研究局限与展望

任何一项研究都是承前启后的，都是在前人研究的基础之上完成的，也都是在不完善的情况下被后人所弥补的。因此，从纵向的角度看，任何一项研究都具有局限性，而这也为后来的研究提供了接口。

14.4.1 对于波及效应产生原因的归纳与挖掘

严重自然灾害背景下，灾害旅游景区对非灾害旅游景区的波及效应产生的原因究竟有哪些？不可否认，本研究中提取的旅游空间尺度、相似性及旅游景区形象混淆确实都与游客的旅游意愿显著相关，但是这并不能说明波及效应的产生就没有其他的原因。国内学者白凯的研究认为，游客对旅游目的地进行形象感知时，会用颜色来描述。那么，根据格式塔理论中颜色相近的事物容易被知觉为一个整体的法则，有没有这种可能存在呢？即游客因为将灾后旅游景区的颜色都感知为某一种颜色（比如，灰色），而产生整体性波及效应呢？本研究认为，这是完全有可能的。那么，还有没有其他的原因被本研究遗漏呢？应该还有。这将是本课题研究下一步的重点，相信也是难点。

14.4.2 对于国外样本的研究

作为游客客源的一个组成部分，外国游客的比重虽然不大，但却是不可或缺的一个存在。就四川省而言，外国游客人数从2003年的24.4万人次到2010年的74.97万人次，说明外国游客对于四川旅游资源的知晓与认可，而且相信未来还会有更多的外国游客入川旅游。虽然他们所占游客总量的比重不大，但是对于灾后游客信心的提振，旅游信息的传播和旅游发展的恢复都具有重大的作用。本研究中涉及的调查对象和被试，均来自国内，这成为本研究的一个局限。下一步，本研究的触角将会进一步伸展，尝试对外国入境游客的旅游行为做出研究。

14.4.3 对于赢回策略组合方式和效果的研究

在本次研究中，为了将控制变量（比如，价格、闲暇时间等）保持在一个相对稳定的水平上，本研究没有对所设计的赢回策略进行交叉组合，因此也就没有组合策略效果的测定和验证工作。日后的研究重点，会放在赢回策略组合的方式方法及其效果的测定上，以便为游客赢回提供更加有力的营销工具和营销手段。

附 录

附录1 严重地质灾害后景区游客流失及管理研究调查问卷

严重地质灾害后景区游客流失及管理研究调查问卷

尊敬的女士/先生：

您好！本课题是四川省灾后旅游重建课题。我们承诺对您的个人资料严格保密。感谢您为灾区重建做出的贡献！

四川大学灾后旅游恢复重建课题组
2009年5月12日

第一部分 基本情况

1. 您的性别：①男　②女
2. 您的年龄：

①18~25岁　②26~35岁　③36~50岁　④51~60岁　⑤61岁以上

3. 您的文化程度：

①高中及以下　②大专　③本科　④硕士及以上

4. 您的职业：

①公务员　②企业职员　③事业、企业中高层管理人员　④事业单位员工
⑤自由职业　⑥个体　⑦其他

5. 汶川大地震前你是否计划一年内到四川旅游？　①有　②没有
6. 2008年5月12日—2009年5月12日期间你是否因为地震放弃到四川旅游？　①有　②没有

第二部分

请您根据下列叙述句，按照您自己对到四川旅游的观念或行为程度，选择适当的选项。

题号	问题	绝对不同意	不同意	说不清	同意	绝对同意
2008年5月12日刚刚发生了惨烈的灾害后一年内，您对到四川去旅游的想法是：					
7	我当时愿意到四川旅游					
8	我当时愿意推荐好友去四川旅游					

第三部分

假如您在灾后一年内您有机会选择去四川或者其他地方旅游，按照自己的观念或行为程度，选择适当的选项。

题号	问 题	绝对不同意	不同意	说不清	同意	绝对同意
9	我很担心地震后的山体和建筑物松垮会威胁到我的人身安全					
10	担心地震余震及继发性灾害会威胁到我的人身安全					
11	我觉得地震的余震预报很不准确,到灾区旅游有风险					
12	地震破坏了景区的观赏价值					
13	地震将很多旅游景点破坏了					
14	负责接待的餐厅、宾馆设施可能损毁,会降低旅游的舒适性					
15	景区旅游设施还没有修复完善					
16	我不愿意住在发生很大伤亡的灾区所在地宾馆					
17	我很忌讳到人员伤亡很大的地方去旅游					
18	我认为到伤亡很大的地方去不吉利					
19	去灾区旅游是不顾忌灾区人民痛苦的行为					
20	到灾区旅游是对遇难者及其家属的不尊重					
21	我认为灾后到灾区旅游是一种惊扰逝者安息的行为					
22	到灾区旅游有很多不确定性,会增加我的旅游支出					
23	灾区资源有限,物价可能会上涨					
24	到四川旅游因为交通不方便会占用我更多的时间					
25	因为交通破坏我在四川旅游的路途时间可能会增加					

第四部分

假如您在灾后一年内您有机会选择去四川或者其他地方旅游,按照自己的观念或行为程度,选择适当的选项。

题号	问 题	绝对不同意	不同意	说不清	同意	绝对同意
四川省旅游局在灾后不久推出"到映秀看看""告别老映秀"旅游活动。映秀是汶川地震的震中,地震后形成包括堰塞湖、独具震中特色的天崩石、震中喷发口、扭曲断桥、塌楼、墙裂呈现X状建筑物、掩埋水中的水下村落等独特的地震景观等。					
如果有这个促销活动,你会觉得:					
26	如果到四川旅游有这个活动我会觉得非常值得					
27	如果有这项活动我会感到很满意					
如果单独采取以上促销措施,按照您自己的本身的观念,在适当方格打钩。					
28	我愿意到四川旅游					
29	我愿意推荐好友去四川旅游					

续表

题号	问题	绝对不同意	不同意	说不清	同意	绝对同意
\multicolumn{7}{l}{四川旅游局灾后不久推出"熊猫金卡"促销活动，对持四川省外身份证的游客免费发放"熊猫金卡"。持熊猫金卡可以到成都市内主要景区免门票游览。对于传统线路游客而言，相当于优惠300元。}
\multicolumn{7}{l}{如果有这个促销活动，你会觉得}
30	如果到四川旅游，这个活动我会觉得非常值得					
31	如果有这项活动我会感到很满意					
\multicolumn{7}{l}{如果单独采取以上促销措施，按照您自己的本身的观念，在适当方格打钩。}
32	我愿意到四川旅游					
33	我愿意推荐好友去四川旅游					
\multicolumn{7}{l}{四川省旅游局当时推出"安全游四川"促销活动。该活动包括：将把安全区与地震区剥离，对存在危险可能的区域一律禁止开放；可开放景区完成内部排险和旅游线路排险；对可能发生的余震做好防护措施；组织专家鉴定小组对景区安全进行鉴定；为每位游客提供20万元的免费人身保险；政府承诺，来四川旅游若出现安全事故，政府将承担无偿救助责任。}
\multicolumn{7}{l}{如果有这个促销活动，你会觉得：}
34	如果到四川旅游，这个活动我会觉得非常值得					
35	如果有这项活动我会感到很满意					
\multicolumn{7}{l}{如果单独采取以上促销措施，按照您自己的本身的观念，在适当方格打钩。}
36	我愿意到四川旅游					
37	我愿意推荐好友去四川旅游					
\multicolumn{7}{l}{旅游是四川的支柱性产业之一。大多数旅游景区主要的经济来源是旅游，由于地震后到四川来的游客急剧减少，导致灾区人民大量失业，收入急剧下降。四川省旅游局当时推出"爱心助巴蜀"旅游活动，号召大家到灾区旅游，助力灾区重建。同时去灾区旅游可以访问受灾学校儿童、看望受灾家庭。}
\multicolumn{7}{l}{如果有这个促销活动，你会觉得：}
38	如果到四川旅游，这个活动我会觉得非常值得					
39	如果有这项活动我会感到很满意					
\multicolumn{7}{l}{如果单独采取以上促销措施，按照您自己的本身的观念，在适当方格打钩。}
40	我愿意到四川旅游					
41	我愿意推荐好友去四川旅游					

附录2 非灾害旅游景区旅游意向调查问卷（EGN）

非灾害旅游景区旅游意向调查问卷（EGN）

游客您好！我们来自四川大学灾后旅游研究课题组，正在进行一项国家自然科学基金课题研究。您的参与将会对灾区的恢复和重建起到重要作用。本问卷仅用于学术研究，无任何商业成分。

谢谢您的参与！

请仔细阅读提示内容，根据您的直观感受打分。数字越接近"1"，表示您越不同意；数字越接近"7"，表示您越同意。

汶川大地震发生后，"九黄线"遭到破坏。灾后黄龙景区受损，而九寨沟完好如初。如果旅行社在原有价格减半的前提下，仅提供九寨沟这一个景区供您旅游。和原来的"九黄线"相比，您会：

	非常不同意					非常同意	
1 我感觉能到访的景点挺多的	1	2	3	4	5	6	7
2 我感觉游玩的线路挺长的	1	2	3	4	5	6	7
3 我感觉能到访多个不同的地方	1	2	3	4	5	6	7
在这种情况下：							
4 我愿意购买该旅游产品	1	2	3	4	5	6	7
5 我愿意推荐好友购买该旅游产品	1	2	3	4	5	6	7

请填写您的个人信息：

1. 您的性别：　　①男　　②女
2. 您的年龄：
①18~25岁　　②26~35岁　　③36~50岁　　④51~60岁　　⑤61岁以上
3. 您的文化程度：
①高中及以下　　②大专　　③本科　　④硕士及以上
4. 您的职业：
①公务员　　②企业职员　　③事业、企业中高层管理人员　　④事业单位员工
⑤自由职业　　⑥个体　　⑦学生
5. 您现在生活在：　　①四川省　　②其他省
6. 您是否曾经到访过九寨沟？　　①是　　②否
7. 汶川大地震后两年内，您是否曾因汶川大地震而放弃过到四川旅游？　　①有　　②没有

附录3 非灾害旅游景区旅游意向调查问卷（EGJ）

非灾害旅游景区旅游意向调查问卷（EGJ）

游客您好！我们来自四川大学灾后旅游研究课题组，正在进行一项国家自然科学基金课题研究。您的参与将会对灾区的恢复和重建起到重要作用。本问卷仅用于学术研究，无任何商业成分。

谢谢您的参与！

请仔细阅读提示内容，根据您的直观感受打分。数字越接近"1"，表示您越不同意；数字越接近"7"，表示您越同意。

汶川大地震发生后，"九黄线"遭到破坏。震后黄龙景区受损，而九寨沟完好如初。旅行社在原有价格不变和旅游时长不变的前提下，将提供九寨沟和另一个四川省内的5A级景区供您旅游。在领略九寨山水之美的同时，体验另一四川优质的旅游资源。如果当时您了解到这些，和原来的"九黄线"相比，您会：

	非常不同意					非常同意	
1 我感觉能到访的景点挺多的	1	2	3	4	5	6	7
2 我感觉游玩的线路挺长的	1	2	3	4	5	6	7
3 我感觉能到访多个不同的地方	1	2	3	4	5	6	7
在这种情况下：							
4 我愿意购买该旅游产品	1	2	3	4	5	6	7
5 我愿意推荐好友购买该旅游产品	1	2	3	4	5	6	7

请填写您的个人信息：

1. 您的性别：①男 ②女
2. 您的年龄：
①18~25岁 ②26~35岁 ③36~50岁 ④51~60岁 ⑤61岁以上
3. 您的文化程度：
①高中及以下 ②大专 ③本科 ④硕士及以上
4. 您的职业：
①公务员 ②企业职员 ③事业、企业中高层管理人员 ④事业单位员工 ⑤自由职业
⑥个体 ⑦学生
5. 您现在生活在：①四川省 ②其他省
6. 您是否曾经到访过九寨沟？①是 ②否
7. 汶川大地震后两年内，您是否曾因汶川大地震而放弃过到四川旅游？①有 ②没有

附录4 非灾害旅游景区旅游意向调查问卷（EGS）

非灾害旅游景区旅游意向调查问卷（EGS）

游客您好！我们来自四川大学灾后旅游研究课题组，正在进行一项国家自然科学基金课题研究。您的参与将会对灾区的恢复和重建起到重要作用。本问卷仅用于学术研究，无任何商业成分。

谢谢您的参与！

请仔细阅读提示内容，根据您的直观感受打分。数字越接近"1"，表示您越不同意；数字越接近"7"，表示您越同意。

汶川大地震发生后，"九黄线"遭到破坏。震后黄龙景区受损，而九寨沟完好如初。旅行社在原有价格不变和旅游时长不变的前提下，让您在九寨沟多待一天，免费让您学跳藏族舞蹈、参加篝火晚会，充分体验少数民族风情，比以往更多地徜徉在美丽的山水之间。如果当时您了解到这些，和原来的"九黄线"相比，您会：

	非常不同意					非常同意	
1 我感觉能到访的景点挺多的	1	2	3	4	5	6	7
2 我感觉游玩的线路挺长的	1	2	3	4	5	6	7
3 我感觉能到访多个不同的地方	1	2	3	4	5	6	7
在这种情况下：							
4 我愿意购买该旅游产品	1	2	3	4	5	6	7
5 我愿意推荐好友购买该旅游产品	1	2	3	4	5	6	7

请填写您的个人信息：

1. 您的性别：①男　　②女
2. 您的年龄：
①18～25岁　　②26～35岁　　③36～50岁　　④51～60岁　　⑤61岁以上
3. 您的文化程度：
①高中及以下　　②大专　　③本科　　④硕士及以上
4. 您的职业：
①公务员　　②企业职员　　③事业、企业中高层管理人员　　④事业单位员工
⑤自由职业　　⑥个体　　⑦学生
5. 您现在生活在：①四川省　　②其他省
6. 您是否曾经到访过九寨沟？①是　　②否
7. 汶川大地震后两年内，您是否曾因汶川大地震而放弃过到四川旅游？①有　　②没有

附录5　非灾害旅游景区旅游意向调查问卷（EGG）

非灾害旅游景区旅游意向调查问卷（EGG）

游客您好！我们来自四川大学灾后旅游研究课题组，正在进行一项国家自然科学基金课题研究。您的参与将会对灾区的恢复和重建起到重要作用。本问卷仅用于学术研究，无任何商业成分。

谢谢您的参与！

请仔细阅读提示内容，根据您的直观感受打分。数字越接近"1"，表示您越不同意；数字越接近"7"，表示您越同意。

汶川大地震发生后，"九黄线"遭到破坏。震后黄龙景区受损，而九寨沟完好如初。旅行社在原有价格不变和旅游时长不变的前提下，将提供九寨沟和另两个四川省内的4A级景区供您旅游。在领略九寨山水之美的同时，畅享更多的四川旅游资源。如果当时您了解到这些，和原来的"九黄线"相比，您会：

	非常不同意						非常同意
1 我感觉能到访的景点挺多的	1	2	3	4	5	6	7
2 我感觉游玩的线路挺长的	1	2	3	4	5	6	7
3 我感觉能到访多个不同的地方	1	2	3	4	5	6	7
在这种情况下：							
4 我愿意购买该旅游产品	1	2	3	4	5	6	7
5 我愿意推荐好友购买该旅游产品	1	2	3	4	5	6	7

请填写您的个人信息：

1. 您的性别：①男　　②女
2. 您的年龄：
①18~25岁　　②26~35岁　　③36~50岁　　④51~60岁　　⑤61岁以上
3. 您的文化程度：
①高中及以下　　②大专　　③本科　　④硕士及以上
4. 您的职业：
①公务员　　②企业职员　　③事业、企业中高层管理人员　　④事业单位员工
⑤自由职业　　⑥个体　　⑦学生
5. 您现在生活在：①四川省　　②其他省
6. 您是否曾经到访过九寨沟？①是　　②否
7. 汶川大地震后两年内，您是否曾因汶川大地震而放弃过到四川旅游？①有　　②没有

附录6　非灾害旅游景区旅游意向调查问卷（EGC）

非灾害旅游景区旅游意向调查问卷（EGC）

游客您好！我们来自四川大学灾后旅游研究课题组，正在进行一项国家自然科学基金课题研究。您的参与将会对灾区的恢复和重建起到重要作用。本问卷仅用于学术研究，无任何商业成分。

谢谢您的参与！

请仔细阅读提示内容，根据您的直观感受打分。数字越接近"1"，表示您越不同意；数字越接近"7"，表示您越同意。

汶川大地震发生后，四川境内的部分旅游景区遭到破坏。四川省旅游局立即发布未受灾景区名录，并且定期（每月）发布恢复景区名录。在四川省旅游局首先发布的未受灾景区名录中，峨眉山景区赫然在列。峨眉山景区因远离震中汶川，且与龙门山地震带处于完全不同的方位上，所以地震并未对这里造成不良影响。景区内秩序井然、资源配套完好无损，与震前无异。美丽的峨眉山欢迎您的到来！如果当时您了解到如上信息，您对峨眉山的看法是：

	非常不同意						非常同意
1 我认为它们距离相近	1	2	3	4	5	6	7
2 我认为它们方位一致	1	2	3	4	5	6	7
3 我感觉四川省内各地都是灾区	1	2	3	4	5	6	7
在这种情况下：							
4 我认为景区的景观仍然完好	1	2	3	4	5	6	7
5 我感觉景区的设施仍然完好	1	2	3	4	5	6	7
6 我感觉景区的服务仍然完好	1	2	3	4	5	6	7
在这种情况下：							
7 我愿意购买该旅游产品	1	2	3	4	5	6	7
8 我愿意推荐好友购买该旅游产品	1	2	3	4	5	6	7

请填写您的个人信息：

1. 您的性别：①男　②女
2. 您的年龄：
①18～25岁　②26～35岁　③36～50岁　④51～60岁　⑤61岁以上
3. 您的文化程度：
①高中及以下　②大专　③本科　④硕士及以上
4. 您现在生活在：①四川省　②其他省
5. 汶川大地震后两年内，您是否曾因汶川大地震而放弃过到四川旅游？①有　②没有

附录7　非灾害旅游景区旅游意向调查问卷（EGN）

非灾害旅游景区旅游意向调查问卷（EGN）

游客您好！我们来自四川大学灾后旅游研究课题组，正在进行一项国家自然科学基金课题研究。您的参与将会对灾区的恢复和重建起到重要作用。本问卷仅用于学术研究，无任何商业成分。

谢谢您的参与！

请仔细阅读提示内容，根据您的直观感受打分。数字越接近"1"，表示您越不同意；数字越接近"7"，表示您越同意。

汶川大地震发生后，四川境内的部分旅游景区遭到破坏，且受灾景区主要位于龙门山地震带上。从地震发生后到您通过各种途径了解峨眉山的灾后的具体情况之前，在这一期间内，您对峨眉山的看法是：

	非常不同意					非常同意	
1 我认为它们距离相近	1	2	3	4	5	6	7
2 我认为它们方位一致	1	2	3	4	5	6	7
3 我感觉四川省内各地都是灾区	1	2	3	4	5	6	7
在这种情况下：							
4 我认为景区的景观仍然完好	1	2	3	4	5	6	7
5 我感觉景区的设施仍然完好	1	2	3	4	5	6	7
6 我感觉景区的服务仍然完好	1	2	3	4	5	6	7
在这种情况下：							
7 我愿意购买该旅游产品	1	2	3	4	5	6	7
8 我愿意推荐好友购买该旅游产品	1	2	3	4	5	6	7

请填写您的个人信息：

1. 您的性别：①男　　②女
2. 您的年龄：
①18~25岁　　②26~35岁　　③36~50岁　　④51~60岁　　⑤61岁以上
3. 您的文化程度：
①高中及以下　　②大专　　③本科　　④硕士及以上
4. 您现在生活在：①四川省　　②其他省
5. 汶川大地震后两年内，您是否曾因汶川大地震而放弃过到四川旅游？①有　　②没有

附录8 非灾害旅游景区旅游意向调查问卷（EGP）

非灾害旅游景区旅游意向调查问卷（EGP）

游客您好！我们来自四川大学灾后旅游研究课题组，正在进行一项国家自然科学基金课题研究。您的参与将会对灾区的恢复和重建起到重要作用。本问卷仅用于学术研究，无任何商业成分。

谢谢您的参与！

请仔细阅读提示内容，根据您的直观感受打分。数字越接近"1"，表示您越不同意；数字越接近"7"，表示您越同意。

汶川大地震发生后，四川境内的部分旅游景区遭到破坏。汶川地震及其余震主要发生在狭长的龙门山断裂带上。峨眉山景区所在地峨眉山市（北纬N29°36′，东经E103°28′）地处龙门山版块之外，距离震中汶川（北纬N31°28′，东经E103°35）较远，其直线距离为209.03千米，峨眉山景区基本未受地震影响，属于未受灾旅游景区。美丽的峨眉山欢迎您的到来！如果当时您了解到如上信息，您对峨眉山的看法是：

	非常不同意						非常同意
1 我认为它们距离相近	1	2	3	4	5	6	7
2 我认为它们方位一致	1	2	3	4	5	6	7
3 我感觉四川省内各地都是灾区	1	2	3	4	5	6	7
在这种情况下：							
4 我认为景区的景观仍然完好	1	2	3	4	5	6	7
5 我感觉景区的设施仍然完好	1	2	3	4	5	6	7
6 我感觉景区的服务仍然完好	1	2	3	4	5	6	7
在这种情况下：							
7 我愿意购买该旅游产品	1	2	3	4	5	6	7
8 我愿意推荐好友购买该旅游产品	1	2	3	4	5	6	7

请填写您的个人信息：

1. 您的性别：①男　②女
2. 您的年龄：
①18~25岁　②26~35岁　③36~50岁　④51~60岁　⑤61岁以上
3. 您的文化程度：
①高中及以下　②大专　③本科　④硕士及以上
4. 您现在生活在：①四川省　②其他省
5. 汶川大地震后两年内，您是否曾因汶川大地震而放弃过到四川旅游？①有　②没有

参考文献

参考文献

[1] 安桃艳. 旅游体验质量影响因素及管理对策研究 [J]. 赤峰学院学报: 自然科学版, 2009, 25 (6): 110-111.

[2] 白凯, 马耀峰, 李天顺, 等. 西安入境旅游者认知和感知价值与行为意图 [J]. 地理学报, 2010, 65 (2): 244-255.

[3] 白凯. 旅华美国游客目的地城市色彩意象认知研究 [J]. 地理学报, 2012, 67 (4): 557-573.

[4] 卞显红. 城市旅游空间一体化研究模式的构建及其分析 [J]. 桂林旅游高等专科学校学报, 2004, 5 (6).

[5] 曹新向, 苗长虹. 20世纪90年代以来河南省入境旅游客源市场结构演化——基于SSM方法的分析 [J]. 旅游学刊, 2009, 24 (2): 11-17.

[6] 陈德广, 苗长虹. 基于旅游动机的旅游者聚类研究——以河南省开封市居民的国内旅游为例 [J]. 旅游学刊, 2006, 21 (6): 22-28.

[7] 陈刚, 张永艳. 论城市危机管理机制的构建 [J]. 沿海企业与科技, 2009 (12): 107-109.

[8] 陈向明. 质的研究方法与社会科学研究 [M]. 北京: 教育科学出版社, 2000.

[9] 陈志军. 区域旅游空间结构演化模式分析——以江西省为例 [J]. 旅游学刊, 2008, 23 (11): 35-41.

[10] 楚义芳. 旅游的空间经济分析 [M]. 西安: 陕西人民出版社, 1992: 29-32.

[11] 崔楠, 崔庆安, 汪涛. 在线零售情境因素对顾客惠顾意愿的影响研究 [J]. 管理科学学报, 2013 (1): 6.

[12] 戴维·迈尔斯. 社会心理学 [M]. 张智勇, 等译. 北京: 人民邮电出版社, 2006.

[13] 丁培毅, 范业正, Smith S C. 英国"口蹄疫"危机及其管理 [J]. 2002—2004年中国旅游发展: 分析与预测, 2007.

[14] 董敏志. 关于社会道德控制的几个问题 [J]. 社会科学, 1996 (2): 45-49.

[15] 范宝俊. 适应形势深化改革努力做好新时期的救灾救济工作 [N]. 中国社会报, 1995-01-15.

[16] 范秀成. 顾客体验与体验营销之探索 [J]. 市场营销导刊, 2002 (2): 27-29.

[17] 范云峰. 企业客户流失的原因及防范措施 [J]. 中国流通经济, 2003 (5): 37-40.

[18] 方中权. 旅游灾害的防范与控制系统初探 [J]. 地域研究与开发, 2005 (12): 86-88.

[19] 风笑天. 社会学研究方法 [M]. 北京: 中国人民大学出版社, 2001.

[20] 冯建英, 穆维松, 傅泽田. 消费者的购买意愿研究综述 [J]. 现代管理科学, 2006 (11): 7-9.

[21] 冯建英. 大学生培训消费行为分析及营销建议 [J]. 石家庄联合技术职业学院学术研究, 2006 (6): 39-40.

[22] 冯利华, 赵浩兴, 瞿有甜. 灾害等级的综合评价 [J]. 灾害学, 2002 (4): 16-20.

[23] 冯志泽, 胡政, 何钧. 地震灾害损失评估及灾害等级划分 [J]. 灾害学, 1994 (1): 13-16.

[24] 冯志泽. 自然灾害等级划分及灾害分级管理研究 [J]. 灾害学, 1996, 11 (1): 34-37.

[25] 甘朝有. 旅游心理学 [M]. 天津: 南开大学出版社, 2001.

[26] 高海霞. 消费者感知风险及减少风险行为研究 [D]. 杭州: 浙江大学, 2003.

[27] 高秀峰. 网络团购从众行为研究 [D]. 北京：北京邮电大学, 2011.
[28] 郭国庆. 口碑传播对消费者态度的影响：一个理论模型 [J]. 管理评论, 2007 (3)：20-26.
[29] 郭国庆. 市场营销学通论 [M]. 北京：中国人民大学出版社, 2003.
[30] 郭洪仙. 消费者态度的侧量及其在市场营销中的应用 [J]. 经济管理, 2004 (3)：65-68.
[31] 郭剑英. 中外大灾害对旅游业的影响及对四川旅游业恢复的启示 [J]. 资源开发与市场, 2009, 25 (4)：349-353.
[32] 韩睿, 田志龙. 促销类型对消费者感知及行为意向影响的研究 [J]. 管理科学, 2005 (2)：85-91.
[33] 韩杨, 乔娟. 消费者对可追溯食品的态度，购买意愿及影响因素——基于北京市调查的检验与分析 [J]. 技术经济, 2009, 28 (4)：37-43.
[34] 何小洲, 李治横. 突发事件情境下个人安全动机与消费行为关系研究 [J]. 华东经济管理, 2011 (1)：112-114.
[35] 侯国林. SARS型旅游业危机及危机后旅游业发展新思维 [J]. 南京师大学报（自然科学版), 2004 (3)：97-100.
[36] 侯国林. 旅游危机：类型、影响机制与管理模型 [J]. 南开管理评论, 2005, 8 (3)：78-82.
[37] 侯杰泰, 温忠麟, 成子娟. 结构方程模型及其应用 [M]. 北京：教育科学出版社, 2004.
[38] 胡燕雯, 张朋. 试论体验经济时代的旅游业发展 [J]. 桂林旅游高等专科学校学报, 2003 (3)：48-51.
[39] 黄波, 陆明. 区域旅游产品组合创新一体化研究 [J]. 沿海企业与科技, 2006 (12)：125-128.
[40] 黄芳铭. 结构方程模式——理论与应用 [M]. 北京：中国税务出版社, 2005.
[41] 黄胜兵, 卢泰宏. 品牌个性维度的本土化研究 [J]. 南开管理评论, 2003, 6 (1)：4-9.
[42] 黄震方, 李想. 旅游目的地形象的认知与推广模式 [J]. 旅游学刊, 2002 (3)：65-70.
[43] 霍映宝. 防止顾客流失的对策分析 [J]. 江苏商论, 2002 (8)：28-31.
[44] 贾银忠, 覃江荣. 汶川地震后阿坝州旅游业重建调研报告 [J]. 西南民族大学学报（人文社会科学版), 2008, 29 (8)：121-125.
[45] 贾银忠. 北川"地震遗址旅游"建立的民众诉求——北川震后的调查报告分析 [J]. 西南民族大学学报（人文社科版), 2009 (11)：139-142.
[46] 江娟丽. 我国大学生旅游从众行为的实证研究 [J]. 云南民族大学学报（哲学社会科学版), 2008 (2)：70-73.
[47] 凯西 C. 建构扎根理论：质性研究实践指南 [M]. 边国英, 译. 重庆：重庆大学出版社, 2009.
[48] 库尔特·考夫卡. 格式塔心理学原理 [M]. 李维, 译. 北京：北京大学出版社, 2010.
[49] 李宝库. 农村家庭耐用品购买态度，意向与购买行为 [J]. 经济管理, 2007 (3)：62-65.
[50] 李蕾蕾. 旅游目的地形象的空间认知过程与规律 [J]. 地理科学, 2000, 20 (6)：563-568.
[51] 李巧玲, 王乃昂. 武威旅游客源市场结构特征分析 [J]. 地域研究与开发, 2003, 22 (5)：62-65
[52] 李锐. 浅析旅游灾害成因及政府在减灾中的职责 [J]. 西南师范大学学报（自然科学版), 2001, 26 (3)：341-345.
[53] 李睿仙. 昆明电信客户流失预警的研究 [D]. 昆明：昆明理工大学, 2007.
[54] 林红梅. 论旅游企业危机管理 [J]. 企业经济, 2006 (8)：92-94.
[55] 林振旭. 网站特性与风险认知对消费者网络购买意愿影响之研究 [D]. 上海：复旦大学博士学

位论文，2007.
[56] 刘纯. 试论旅游者的态度对旅游决策的影响［J］. 旅游论坛，1986（3）：31-37.
[57] 刘锋. 旅游地灾害风险管理初探［M］. 北京：地震出版社，1997.
[58] 刘世明，南剑飞，李蔚. 严重自然灾难地景区游客流失原因因子分析——以汶川地震后四川旅游为例［J］. 海南大学学报（人文社会科学版），2010，28（2）：89-94.
[59] 刘世明. 严重自然灾难背景下的景区游客流失及赢回策略研究——基于汶川地震的实证［D］. 成都：四川大学博士学位论文，2011.
[60] 刘世明. 灾后旅游市场赢回策略影响研究——基于汶川地震后四川旅游的实证［J］. 旅游学刊，2011，26（12）：41-48.
[61] 刘阳炼. 浅析震区灾后旅游市场的重建［J］. 阿坝师范高等专科学校学报，2008（3）：35-38.
[62] 刘再华，田友萍，安德军，等. 世界自然遗产——四川黄龙钙华景观的形成与演化［J］. 地球学报，2009，30（6）：841-847.
[63] 刘尊礼. 旅游购物伤害与旅行社顾客流失研究［D］. 成都：四川大学，2007.
[64] 卢松，陆林，王莉. 古村落旅游客流时间分布特征及其影响因素研究［J］. 地理科学，2004，24（2）：250-256.
[65] 卢泰宏，周志民. 基于品牌关系的品牌理论：研究模型及展望［J］. 商业经济与管理，2003，2（5）.
[66] 卢纹岱. SPSS for Windows 从入门到精通［M］. 北京：电子工业出版社，1997.
[67] 陆林. 山岳旅游地旅游者动机行为研究——黄山旅游者动机实证分析［J］. 人文地理，1997（1）：6-9.
[68] 马尔布特拉. 市场营销研究——应用导向［M］. 北京：电子工业出版社，2002.
[69] 马建珍. 浅析政府危机管理［J］. 长江论坛，2003（5）：48-51.
[70] 马俊，沙润. 论旅游业危机管理体系的构建［J］. 经济师，2004（6）：120-121.
[71] 马耀峰，李君轶. 旅游者地理空间认知模式研究［J］. 遥感学报，2008，12（2）：378-383.
[72] 马宗晋，李闽锋. 自然灾害评估、灾度和对策［C］. 北京：中国科学技术出版社，1990：11-19.
[73] 米尔斯. 社会学的想象力［M］. 陈强，张永强，译. 北京：生活·读书·新知三联书店，2001.
[74] 纳雷希·K·马尔霍特拉. 市场营销研究：应用导向［M］. 涂平，译. 北京：电子工业出版社，2002.
[75] 南剑飞，赵丽丽. 顾客流失诊断分析与对策［J］. 经济管理，2002（1）：68-70.
[76] 潘煜，张星，高丽. 网络零售中影响消费者购买意愿因素研究——基于信任与感知风险的分析［J］. 中国工业经济，2010（7）：115-124.
[77] 齐佳音，舒华英. 客户价值评价、建模及决策［M］. 北京：北京邮电大学出版社，2005：26-30.
[78] 任聘. 中国民间禁忌［M］. 北京：作家出版社，1990.
[79] 邵其会. 女性旅游消费行为特点与营销策略［J］. 乐山师范学院学报，2007，22（5）：91.
[80] 沈和江，陈淑荣. 旅游业危机管理的内涵、模式与动因分析［J］. 河北师范大学学报（哲学社会科学版），2006（6）：49-55.
[81] 沈正斌. 新闻同质化竞争中的策略——以南京四家报纸对印度洋海啸报道为例［J］. 当代传播，2005（2）：10-13.
[82] 时勘，等. SARS 危机中 17 城市民众的理性特征及心理行为预测模型［J］. 科学通报，2003，48（13）：1378-1384.

[83] 史芳丽, 周亚莉. 基于粗集理论的客户流失建模研究 [J]. 统计与决策, 2006 (11) (下): 163-166.
[84] 世界旅游组织. 旅游业危机管理指南 [J]. 付雷, 译. 旅游调研, 2003 (6): 7-14.
[85] 舒波, 赵艳. 旅游企业突发性逆境及其三阶段管理模型 [J]. 商业研究, 2008 (8): 130-133.
[86] 宋新军. 女性"从众"心理的合流与阻抗 [J]. 平顶山学院学报, 2010, 25 (4): 103-106.
[87] 宋永高. 国内消费者对本国品牌的态度及其改变的可能性研究 [J]. 南开管理评论, 2004 (2): 41-45.
[88] 孙春华. 浅谈旅游业的脆弱性及其规避途径 [J]. 北京第二外国语学院学报, 2003 (5): 9-12.
[89] 汤爱平. 自然灾害的概念、等级 [J]. 自然灾害学报, 1999 (3): 61-65.
[90] 唐小飞, 贾建民, 周庭锐. 关系投资和价格促销的价值比较研究 [J]. 管理世界, 2007, 164 (5): 73-82.
[91] 唐小飞, 周庭锐. 价格促销与D&B忠诚模式关联实证研究 [J]. 中国工业经济, 2006 (10): 121-128.
[92] 唐小飞. 客户关系赢回策略对客户行为和企业绩效影响的理论与实证研究 [D]. 成都: 西南交通大学, 2007.
[93] 田喜洲. 关于生态旅游资源脆弱性的深入分析 [J]. 林业经济问题, 2006, 26 (1): 64-67.
[94] 王昂, 陈亮. 旅游文艺演出产品体验营销初探——以《印象·刘三姐》为例 [J]. 中国集体经济, 2009 (10) (上): 78-79.
[95] 王晓华, 白凯, 马耀峰, 等. 试论灾害旅游的伦理均衡 [J]. 人文地理, 2010 (5): 128-131.
[96] 王占华, 罗伟. 可控制性旅游灾害的影响分析及防治策略探究 [J]. 防灾科技学院学报, 2007, 9 (4): 14-16.
[97] 乌铁红, 张捷, 张宏磊, 等. 旅游地属性与旅游者感知态度和购后行为的关系——以九寨沟风景区为例 [J]. 旅游学刊, 2009, 24 (5): 36-42.
[98] 吴必虎, 李咪咪, 黄国平. 中国世界遗产地保护与旅游需求关系 [J]. 地理研究, 2002, 21 (5): 617-626.
[99] 吴必虎, 王晓, 李咪咪. 中国大学生对旅游安全的感知评价研究 [J]. 桂林旅游高等专科学校学报, 2001, 12 (3): 62-68.
[100] 吴必虎, 徐斌, 邱扶东. 中国国内旅游客源市场系统研究 [M]. 上海: 华东师范大学出版社, 1999: 3-9.
[101] 吴必虎. 旅游行为空间模式及其评价 [J]. 经济地理, 2000, 20 (4): 105-108.
[102] 吴必虎. 区域旅游规划原理 [M]. 北京: 中国旅游出版社, 2001.
[103] 吴家喜, 吴贵生. 领先市场研究文献综述 [J]. 软科学, 2008 (2): 32-38.
[104] 吴亮锦. 珠宝的知觉价值与购买意愿之研究 [D]. 合肥: 中国科学技术大学, 2006.
[105] 肖光明. 珠江三角洲地区旅游空间结构分析与优化 [J]. 经济地理, 2009, 29 (6): 1036-1041.
[106] 谢晓非, 李洁, 于清源. 怎样会让我们感觉更危险———风险沟通渠道分析 [J]. 心理学报, 2008, 40 (4): 456-465.
[107] 谢彦君, 吴凯. 期望与感受: 旅游体验质量的交互模型 [J]. 旅游科学, 2000 (2): 1-4.
[108] 谢彦君. 基础旅游学 [M]. 2版. 北京: 中国旅游出版社, 2004.
[109] 谢彦君. 旅游体验研究 [D]. 大连: 东北财经大学, 2005.

参考文献

[110] 徐好民. 灾害的级、类、度[J]. 科技导报, 1991 (4): 61-63.

[111] 宣国富, 陆林, 汪德根, 等. 三亚市旅游客流空间特性研究[J]. 地理研究, 2004, 23 (1): 115-124.

[112] 薛澜, 朱琴. 危机管理的国际借鉴: 以美国突发公共卫生事件应对体系为例[J]. 中国行政管理, 2003 (8): 51-56.

[113] 杨国良, 白忠. 四川国内游客结构特征分析[J]. 四川师范大学学报(自然科学版), 2003, 26 (4): 421-425.

[114] 杨国良, 张捷, 艾南山, 等. 旅游流齐夫结构及空间差异化特征——以四川省为例[J]. 地理学报, 2006, 61 (12): 1281-1289.

[115] 杨仕升. 自然灾害等级划分及灾情比较模型探讨[J]. 自然灾害学报, 1997, 6 (1): 8-13.

[116] 杨晓霞. 旅游灾害及防治对策[J]. 西南师范大学学报(自然科学版), 1994 (1): 100-103.

[117] 杨新军, 马晓龙. 大西安旅游圈: 国内旅游客源空间分析与构建[J]. 地理研究, 2004, 23 (5): 695-704.

[118] 于丹, 董大海, 金玉芳, 等. 基于消费者视角的网上购物感知风险研究[J]. 中国市场学会2006年年会暨第四次全国会员代表大会论文集, 2006.

[119] 于丹. 品牌购买理论研究—理性行为理论——以在品牌购买情境下的深化与拓展[D]. 大连: 大连理工大学, 2007.

[120] 袁红, 秦志英. 略论西南地区旅游地灾害风险管理[J]. 兰州教育学院学报, 2003 (1): 24-29.

[121] 院玲玲, 杨太保. 兰州市国内旅游客源市场研究[J]. 科学·经济·社会, 2004, 22 (1): 40-43.

[122] 曾凡伟. SARS 与灾变心理初探[J]. 灾害学, 2004 (2).

[123] 曾思燕. 情感营销浅析[J]. 现代技能开发, 2003 (11): 115-116.

[124] 张波. 零售企业的顾客流失分析[J]. 商场现代化, 2003 (4): 29-32.

[125] 张成福. 公共危机管理: 全面整合的模式与中国的战略选择[J]. 中国行政管理, 2003 (7): 6-11.

[126] 张广瑞. 2002—2004 年中国旅游发展: 分析与预测[M]. 北京: 社会科学文献出版社, 2005: 56-65.

[127] 张建. 旅游危机的诱因及对策初步研究[J]. 淮阴工学院学报, 2008 (8): 25-27.

[128] 张绍勋, 汤宗益. 企业间电子商务采用前后使用信念之径路比较[J]. 资讯管理展望, 2001 (1): 1-25.

[129] 张文磊. 都匀市居民国内出游行为研究[J]. 黔南民族师范学院学报, 2008, 28 (1): 92-96.

[130] 张亦飞, 等. 一种灾难等级的区间数评估模型[J]. 防灾减灾工程学报, 2007 (4).

[131] 章锦河, 张捷, 李娜, 等. 中国国内旅游流空间场效应分析[J]. 地理研究, 2005, 24 (2): 293-303.

[132] 章勇刚. 度假游客消费体验对其重购意愿影响实证研究[J]. 江西财经大学学报, 2009 (5): 98.

[133] 赵阿兴, 马宗晋. 自然灾害损失评估指标体系的研究[J]. 自然灾害学报, 1993, 2 (3): 1-7.

[134] 郑向敏, 宋伟. 国内旅游安全研究综述[J]. 旅游科学, 2005, 19 (5).

[135] 支林飞. 饱受战火摧残的克罗地亚旅游业出现复苏迹象[J]. 中国旅游报, 1993, 13 (4).

[136] 周富广. 旅游体验营销: 涵义、竞争优势及实施策略分析 [J]. 乐山师范学院学报, 2008 (5): 75-77.

[137] 周蕾. 转换成本对顾客忠诚的影响作用探析 [D]. 杭州: 浙江大学, 2006.

[138] 周应恒, 霍丽玥, 彭晓佳. 食品安全: 消费者态度、购买意愿及信息的影响——对南京市超市消费者的调查分析 [J]. 中国农村经济, 2004 (11): 55-59.

[139] 周志明. 品牌关系评估研究范畴、视角探讨与展望 [J]. 外国经济与管理, 2005 (1): 34-40.

[140] 朱镇. 我国大学生旅游空间行为特征分析 [J]. 科技情报开发与经济, 2005, 15 (6): 214-215.

[141] A Baum, R Fleming, L M Davidson. Natural Disaster and Technological Catastrophe [J]. Environment and Behavior, 1983 (3): 333-354.

[142] A Poon, E Adams. How the British will Travel 2005 [J]. Tourism Intelligence, 2000.

[143] A Toffler. Future Shock [M]. New York: Bantam Books, 1970.

[144] A Tversky, CR Fox. Weighing Risk and Uncertainty [J]. Psychological Review, 1995, 102 (2): 269-283.

[145] Aaker J L, Fournier S, Brasel S A. Charting the Development of Consumer – brand Relationships [M]. California: Graduate School of Business, Stanford University, 2001.

[146] Aaker J L, Williams P. Empathy Versus Pride: The Influence of Emotional Appeals Across Cultures [J]. Journal of Consumer Research, 1998, 25 (3): 241-261.

[147] Ajzen I. From Intentions to Actions: A Theory of Planned Behavior [M]. Berlin: Springer Berlin Heidelberg, 1985.

[148] Ajzen, Driver B L. Application of the Theory of Planned Behavior to Leisure Choice [J]. Journal of Leisure Research, 1992 (24): 207-224.

[149] Aker J, Susan Fourier, S Adam Brasel. Charting the Development of Consumer – Brand Relationships [D]. California: Research Paper Series, Graduate School of Business Stanford University, 2001.

[150] Alan K M A, Ramasamy B, Matthew C H Y. The Effects of SARS on the Hong Kong Tourism Industry: An Empirical Evaluation [J]. Asia Pacific Journal of Tourism Research, 2005, 10 (1): 85-95.

[151] Alba, SM Broniarczyk, TA Shimp, et al. The Influence of Prior Beliefs, Frequency Cues, and Magnitude Cues on Consumers' Perceptions of Comparative Price Data [J]. Journal of Consumer Research, 1994 (21): 219-235.

[152] Allport G W. The Nature of Prejudice [M]. New York: Basic Books, 1954.

[153] Anderson J R. The Adaptive Nature of Human Categorization [J]. Psychological Review, 1991, 98 (3): 409-429.

[154] Arbel A, Bargur J. A Planning Model for Crisis Management in the Tourism Sector [J]. European Journal of Operational Research, 1980, 5 (2): 77-85.

[155] Armstrong J S, Morwitz V G, Kumar V. Sales Forecasts for Existing Consumer Products and Services: Do Purchase Intentions Contribute to Accuracy? [J]. International Journal of Forecasting, 2000, 16 (3): 383-397.

[156] Arrowsmith C, Zanon D, Chhetri P. Monitoringvisitor Patternsof use in Natural Tourist Destinations [A]. Taking Tourism to the Limits: Issues, Concepts and Managerial Perspectives [C]. Netherlands:

Elsevier, 2005: 33-52.

[157] Arton L. Crisis Management: Preparing for and Managing Disaster [J]. The Cornell Hotel and Restaurant Administration Quarterly, 1994, 35 (3): 59-65.

[158] Au A K M, Tse A C B. The Effect of Marketing Orientation on Company Performance in the Service Sector: A Comparitive Study of the Hotel Industry in Hong Kong and New Zealand [J]. Journal of International Consumer Marketing, 1995, 8 (2): 77-87.

[159] Babin B J, Darden W R, Griffin M. Work and/or Fun: Measuring Hedonic and Utilitarian Shopping Value [J]. Journal of Consumer Research, 1994: 644-656.

[160] Bagozzi, N Wong, Y Yi. The Representation of Affect in Independent - and Inerdependent - based [D]. Michigan: Unpublished Working Paper, University of Michigan, 1998.

[161] Bagozzi R. Toward a Formal Theory of Marketing Exchangein Ferrell O, Brown O and Lamb O (Eds) [J]. Conceptual and Theoretical Developments in Marketing, 1979: 431-47.

[162] Bagozzi. The Self - regulation of Attitudes, Intentions, and Behavior [J]. Social Psychology Quarterly, Special Issue: Theoretical Advances in Social Psychology, June 1992, 55 (2): 178-204.

[163] Baker D A, Crompton J L. Quality, Satisfaction and Behavioral Intentions [J]. Annals of tourism research, 2000, 27 (3): 785-804.

[164] Barrett, J A Russell. Independence and Bipolarity in the Structure of Current Affect [J]. Journal of Personality and Social Psychology, April 1998, 74 (4): 967-984.

[165] Barton L. Crisis in Organizations: Managing and Communicating in the Heat of Chaos [M]. Cincinnati: Southwestern Publishing Company, 1993.

[166] Bearden William O, Mason J Barry. Consumer Perceived Risk and Attitudes toward Generically Prescribed Drugs [J]. Journal of Applied Psychology, 1978, 63 (6): 741-747.

[167] Becken S, Frampton C, Simmons D. Energy Consumption Patterns in the Accommodation Sector—the New Zealand Case [J]. Ecological Economics, 2001, 39 (3): 371-386.

[168] Beirman D. Marketing of Tourism Destinations during a Prolonged Crisis Israel and the Middle East [J]. Journal of Vacation Marketing, 2002, 8 (2): 167-176.

[169] Bemmaor A C. Predicting Behavior from Intention - to - buy Measures: The Parametric Case [J]. Journal of Marketing Research, 1995: 176-191.

[170] Benxiang Z, Carter R W, Lacy T D. Short - term Perturbations and Tourism Effects: The Case of SARS in China [J]. Current Issues in Tourism, 2005, 8 (4): 306-322.

[171] Berkowitz. Social Norms, Feelings and Other Factors Affecting Helping and Altruism [J]. Advances in Experimental Social Psychology, 1972.

[172] Bettman J R, Luce M F, Payne J W. Constructive Consumer Choice Processes [J]. Journal of consumer research, 1998, 25 (3): 187-217.

[173] Bigné J E, Sanchez M I, Sanchez J. Tourism Image, Evaluation Variables and after Purchase Behaviour: Inter - relationship [J]. Tourism management, 2001, 22 (6): 607-616.

[174] Bigné E J, L Andreu, J Gnoth. The Theme Park Experience: an Analysis of Pleasure, Arousal and Satisfaction [J]. Tourism Management, 2005 (6): 833-844.

[175] Bill Faulkner. Towards A Framework for Tourism Disaster Management [J]. Tourism Management, 2001 (1): 135-147.

[176] Billinge. In Search of Negativism: Phenomenology and Historical Geography [J]. Journal of Historical Geography, 1977 (1): 55-67.

[177] Bitta, et al. Consumer Perceptions of Comparative Price Advertisements [J]. Journal of Marketing Research, 1981 (153): 416-427.

[178] Blake A, Sinclair M T, Sugiyarto G. Quantifying the Impact of Foot and Mouth Disease on Tourism and the UK Economy [J]. Tourism Economics, 2003, 9 (4): 449-465.

[179] Blake A, Sinclair M T. Tourism Crisis Management: US Response to September 11 [J]. Annals of Tourism Research, 2003, 30 (4): 813-832.

[180] Blattberg, et al, How Promotions Work [J]. Marketing Science, 1995, 14 (3): 122-153.

[181] Blattberg, Wisniewski. Price-Induced Patterns of Competition [J]. Marketing Science, 1989, 8 (4): 291-309.

[182] Blattberg. Database Models and Managerial Intuition [J]. Management Science, August 1990, 36 (8): 887-896.

[183] Bolton R N, Lemon K N, Verhoef P C. The Theoretical Underpinnings of Customer Asset Management: A Framework and Propositions for Future Research [J]. Journal of the Academy of Marketing Science, 2004, 32 (3): 271-292.

[184] Bonfield E H. Attitude, Social Influence, Personal Norm, and Intention Interactions as Related to Brand Purchase Behavior [J]. Journal of Marketing Research, 1974: 379-389.

[185] Bongkosh N R, Goutam C. Perceived Travel Risks Regarding Terrorism and Disease: The Case of Thailand [J]. Tourism Management, 2009, 30 (3): 410-418.

[186] Bongkosh N R. Understanding the Motivation of Travelers on Repeat Visits to Thailand [J]. Journal of Vacation Marketing, 2008, 14 (1): 5-21.

[187] Bongkosh Ngamsom Rittichainuwat, Goutam Chakraborty. Perceived Travel Risks Regarding Terrorism and Disease: The Case of Thailand [J]. Tourism Management, June 2009, 30 (3): 410-418.

[188] Bongkosh Ngamsom Rittichainuwat. Understanding the motivation of travelers on repeat visits to Thailand [J]. Journal of Vacation Marketing, 2008, 14 (1): 5-21.

[189] Boorstin, The Image: A Guide to Pseudo-events in American Society [M]. New York: Harper& Row, 1964.

[190] Brent W Ritchie. Chaos, Crises and Disasters: A Strategic Approach to Crisis Management in the Tourism Industry [J]. Tourism Management, 2004 (25): 669-683.

[191] Brown M, Pope N, Voges K. Buying or Bbrowsing? An Exploration of Shopping Orientations and Online Purchase Intention [J]. European Journal of Marketing, 2003, 37 (11/12): 1666-1684.

[192] Castro C B, Martín Armario E, Martín Ruiz D. The Influence of Market Heterogeneity on the Relationship between a Destination's Image and Tourists' Future Behaviour [J]. Tourism Management, 2007, 28 (1): 175-187.

[193] Cavlek N. Tour Operators and Destination Safety [J]. Annals of Tourism Research, 2002 (2): 478-496.

[194] Chang T Z, Wildt A R. Price, Product Information, and Purchase Intention: An Empirical Study [J]. Journal of the Academy of Marketing Science, 1994, 22 (1): 16-27.

[195] Charles F H. International Crises: Insights from Behavioral Research [M]. New York: Free

Press, 1972.

[196] Chauncey Starr, Chris Whipple. A Perspective on Health and Safety Risk Analysis [J]. Management Science, 1984, 30 (4): 452-463.

[197] Chen C F, Tsai D C. How Destination Image and Evaluative Factors Affect Behavioral Intentions? [J]. Tourism Management, 2007, 28 (4): 1115-1122.

[198] Chen C F, Tsai M H. Perceived Value, Satisfaction, and Loyalty of TV Travel Product Shopping: Involvement as a Moderator [J]. Tourism Management, 2008, 29 (6): 1166-1171.

[199] Chen, et al. The Effects of Framing Price Promotion Messages on Consumers' Perceptions and Purchase Intentions [J]. Journal of Retailing, 1998, 74 (3): 353-372.

[200] Chintagunta. Investigating Purchase Incidence, Brand Choice and Purchase Quantity Decisions of Household [J]. Marketing Science, Spring 1993, 12 (2): 184-190.

[201] Chon K S. Understanding Recreational Traveler's Motivation, Attitude and Satisfaction [J]. Revue de Tourism, 1989 (1): 3-7.

[202] Choong-Ki Lee, Tae-Hee Lee. World Culture EXPO Segment Characteristics [J]. Annals of Tourism Research, 2001, 28 (3): 812-816.

[203] Chung-Hung Tsai, Cheng-Wu Chen. An Earthquake Disaster Management Mechanism Based on Risk Assessment Information for the Tourism Industry - A Case Study from the Island of Taiwan [J]. Tourism Management, 2010, 31 (4): 470-481.

[204] Churchill Jr G A. A Paradigm for Developing Better Measures of Marketing Constructs [J]. Journal of Marketing Research, 1979: 64-73.

[205] Cioccio L, Michael E J. Hazard or Disaster: Tourism Management for the Inevitable in Northeast Victoria [J]. Tourism Management, 2007 (1): 1-11.

[206] Clandinin D J, Connelly F M. Narrative Inquiry: Experience and Story in Qualitative Research [M]. San Francisco: Jossey-Bass, 2000.

[207] Clogg C C, Petkova E, Haritou A. Statistical Methods for Comparing Regression Coefficients between Models [J]. American Journal of Sociology, 1995: 1261-1293.

[208] Cohen. A Phenomenology of Tourist Experiences [J]. The Journal of the British Sociological Association, 1979: 179-201.

[209] Cox D F, Rich S U. Perceived Risk and Consumer Decision-making: The Case of Telephone Shopping [J]. Journal of Marketing Research, 1964: 32-39.

[210] Cox D N, Anderson A S, Lean M E J, et al. UK Consumer Attitudes, Beliefs and Barriers to Increasing Fruit and Vegetable Consumption [J]. Public Health Nutrition, 1998, 1 (1): 61-68.

[211] Cox, Donald F. Risk Taking and Information Handling in Consumer Behavior [M]. Massachusetts: Havard University Press, 1967.

[212] Creswell J W. Qualitative Inquiry and Research Design: Choosing among Five Traditions [M]. California: Sage, 1998.

[213] Crompton J L. A Systems Model of the Tourist's Destination Selection Decision Process with Particular Reference to the Role of Image and Perceived Constraints [D]. Texas: Unpublished doctoral dissertation, Texas A and M University, 1977.

[214] Crompton J L. Motivations for Pleasure Vacation [J]. Annals of tourism research, 1979, 6 (4):

408 - 424.

[215] Cronbach L J. Coefficient Alpha and the Inernal Structure of Tests [J]. Psychometrika, 1951 (16): 297 - 334.

[216] Cronin Jr, Steven A Taylor. Measuring Service Quality: A Reexamination and Extension [J]. Journal of Marketing, 1992, 56 (3): 55 - 68.

[217] Csikszentmihalyi. Flow and the Psychology of Discovery and Invention [M]. New York: Harper Perennial, 1997.

[218] Cunningham S M. The Major Dimensions of Perceived Risk [J]. Risk Taking and Information Handling in Consumer Behavior, 1967: 82 - 108.

[219] D Krech, R S. Crutchfield and E. L. Ballachey, Individual in Society [M]. New York: McGraw - Hill, 1962.

[220] Dann G M S. Anomie, Ego - Enhancement and Tourism [J]. Annals of Tourism Research, 1977, 4 (4): 184 - 194.

[221] Dann G. Tourist Motivation: An Appraisal [J]. Annals of Tourism Research, 1981, 8 (2): 187 - 219.

[222] David Beirman. Restoring Tourism Destinations in Crisis: A Strategic Marketing Approach [M]. Crows Next: Allen & Unwin, 2003.

[223] Day D, Gan B, Gendall P, et al. Predicting Purchase Behaviour [J]. Marketing Bulletin, 1991, 2 (5): 18 - 30.

[224] Day, Boon Gan, Philip Gendall, Don Esslemont. Predicting Purchase Behaviour [J]. Marketing Bulletin, 1991 (2): 18 - 30.

[225] Derbaix C. Perceived Risk and Risk Relievers: An Empirical Investigation [J]. Journal of Economic Psychology, 1983, 3 (1): 19 - 38.

[226] Diamond. Effects of Format and Expertise on the Decision Rules Used to Evaluate Supermarket [J]. Journal of Business and Psychology, 1992, 6 (4): 465 - 481.

[227] Dodds W B, Monroe K B, Grewal D. Effects of Price, Brand and Store Information on Buyers' Product Evaluations [J]. Journal of Marketing Research, 1991: 307 - 319.

[228] Dodson, A M Tybout, B Sternthal. Impact of Deals and Deal Retraction on Brand Switching [J]. Journal of Marketing Research, February 1978, 15: 72 - 81.

[229] Dowling, Richard Staelin. A Model of Perceived Risk and Intended Risk - Handling Activity [J]. The Journal of Consumer Research, 1994, 21 (19): 119 - 134.

[230] Drabek T. Disaster Responses within the Tourist Industry [J]. Inter - national Journal of Mass Emergencies and Disasters, 1995 (13): 7 - 23.

[231] Dunlosky J, Hertzog C. Updating Knowledge about Strategy Effectiveness: A Componential Analysis of Learning about Strategy Effectiveness From Task Experience [J]. Psychology and aging, 2000 (15): 462 - 474.

[232] Durocher J. Recovery Marketing: What to Do after a Natural Disaster [J]. Cornell Hotel and Restaurant Administration Quarterly, 1994, 35 (2): 66 - 70.

[233] Dwyer L, Forsyth P, Spurr R. Effects of the Sars Crisis on the Economic Contribution of Tourism to Australia [J]. Tourism Review International, 2006, 10 (1 - 2): 47 - 55.

[234] Eagles P F J. The Travel Motivations of Canadian Ecotourists [J]. Journal of Travel Research, 1992, 31 (2): 3-7.

[235] Eagly A H, Miadimic A. Cognitive and Affective Bases of Attitudes toward Social Groups Social Policies [J]. Journal of Experimental Social Psychology, 1994 (30): 113-137

[236] Edell, Julie A, Marian Chapman Burke. The Power of Feelings in Understanding Advertising Effects [J]. Journal of Consumer Research, 1987 (14): 421-433.

[237] Edgell. International Tourism Policy [J]. Van Nostrand Reinhold New York, 1990.

[238] English H B, English A C. A Comprehensive Dictionary of Psychological and Psychoanalytic Terms [M]. London: Longmans Green, 1958.

[239] Eric T Anderson, Inseong Song. Coordinating Price Reductions and Coupon Events [J]. Journal of Marketing Research, 2004, 41 (4): 411-422.

[240] Faulkner B, Katherine V S. Washed out One Day, Back on Track the Next: A Post-mortem of a Tourism Disaster [J]. Tourism Management, 2001, 22 (4): 331-344.

[241] Faulkner B. Towards a Framework for Tourism Disaster Management [J]. Tourism Management, 2001, 22 (1): 135-147.

[242] Fink S. Crisis Management: Planning for the Inevitable [M]. American Association of Management, 1986.

[243] Fishbein M A. Consideration of Beliefs and their Role in Attitude Measurement [J]. Readings in Attitude Theory and Measurement, 1967.

[244] Fishbein M, Ajzen I. Belief, Attitude, Intention and Behavior: An Introduction to Theory and Research [M]. New Jersey: Addison-Wesley, 1975.

[245] Fitzmaurice Julie. Incorporating Consumer Motivations into the Theory of Reasoned Action [J]. Psychology & Marketing, 2005, 22 (11): 911-929.

[246] Floyd M F, Gibson H, Pennington-Gray L, et al. The Effect of Risk Perceptions on Intentions to Travel in the Aftermath of September 11, 2001 [J]. Journal of Travel & Tourism Marketing, 2004, 15 (2-3): 19-38.

[247] Flynn J, Slovic P, Mertz C K. Gender, Race and Perception of Environmental Health Risks [J]. Risk Analysis, 1994, 14 (6): 1101-1108.

[248] Fodness D. Measuring Tourist Motivation [J]. Annals of Tourism Research, 1994, 21 (3): 555-581.

[249] Foley M, Lennon J. JFK and Dark Tourism: Heart of Darkness [J]. Journal of International Heritage Studies, 1996, 2 (2): 195-197.

[250] Folkes, RD Wheat. Consumer's Price Perceptions of Promoted Products [J]. Journal of Retailing, Autumn 1995, 71 (3): 317-328.

[251] Fomell. A National Customer Satisfaction Barometer: the Swedish Experience [J]. Journal of Marketing, 1992, 56: 6-21.

[252] Francis J Mulhern, Daniel T Padgett. The Relationship Between Retail Price Promotions and Regular Price Purchases [J]. Journal of Marketing, 1995 (59): 83-90.

[253] Freedman L S, Schatzkin A. Sample Size for Studying Intermediate Endpoints within Intervention Trials or Observational Studies [J]. American Journal of Epidemiology, 1992, 136 (9): 1148-1159.

[254] Frewer L J, Shepherd R, Sparks P. Consumer Views on GMOs [J]. Journal of Chemical Technology

and Biotechnology, 1995 (64): 298 -310.

[255] Frijda. The Emotions: Studies in Emotion and Social Interaction [M]. Cambridge: Cambridge University Press, 1986.

[256] G Gronroos. An Applied Service Marketing Theory [J]. European Journal of Marketing, 1982, 16 (7): 30 -41.

[257] Gallarza M G, Gil Saura I. Value Dimensions, Perceived Value, Satisfaction and Loyalty: An Investigation of University Students' Travel Behaviour [J]. Tourism management, 2006, 27 (3): 437 -452.

[258] Gallarza M G, Gil Saura I, Calderón García H. Destination Image: Towards a Conceptual Framework [R]. UK: Annals of Tourism Research, 2006.

[259] Gary M Mullet, Marvin J Karson. Analysis of Purchase Intent Scales Weighted by Probability of Actual Purchase [J]. Journal of Marketing Research, 1985, 22 (1): 93 -96.

[260] Gentile N, Spiller G Noci. How to Sustain the Customer Experience: An Overview of Experience Components That Co - create Value With the Customer [J]. European Management Journal, October 2007, 25 (5): 395 -410.

[261] Gerbing, David W, James C. Anderson. An Updated Paradigm for Scale Development Incorporating Unidimensionality and Its Assessment [J]. Journal of Marketing Research, 1988 (25): 186 -192.

[262] Gilbert D C. An Examination of the Consumer Decision Process Related to Tourism [J]. Progress in Tourism Recreation and Hospitality Management, 1991 (3): 78 -105.

[263] Gitelson, Crompton. Insights into the Repeat Vacation Phenomenon [J]. Annals of Tourism Research, 1984, 11 (2): 199 -217.

[264] Gleason. Taboo Words and Reprimands Elicit Greater Autonomic Reactivity in a First Language Than in A Second Language [J]. Applied Psycholinguistics, 2003 (24): 561 -579.

[265] Goodrich J N. September 11, 2001 Attack on America: A Record of the Immediate Impacts and Reactions in the USA Travel and Tourism Industry [J]. Tourism Management, 2002, 23 (6): 573 -580.

[266] Gouldner, Alvin W. The Norm of Reciprocity: A Preliminary Statement [J]. American Sociological Review, 1960, 25 (2): 161 -178.

[267] Green, S Lee Goldman, P Salovey. Measurement Error Masks Bipolarity in Affect Ratings [J]. Journal of Personality and Social, June 1993, 64 (6): 1029 -1041.

[268] Gregory C, DeAngelis L. Seeing in Three Dimensions: the Neurophysiology of Stereopsis [J]. Trends in Cognitive Sciences, 2000 (4): 3.

[269] Grewal, et al. The Effect of Store Name, Brand Name and Price Discounts on Consumer's [J]. Journal of Retailing, 1998, 74 (3): 331 -352.

[270] Griffin, MW Lowenstein. Customer Win - back: How to Recapture Lost Customers and Keep Them Loyal [M]. San Francisco: Jossey - Bass, 2001: 1 -311.

[271] Grisaffe D B, Kumar A. Antecedents and Consequences of Customer Value: Testing an Expanded Framework [J]. Report - Marketing Science Institute Cambridge Massachusetts, 1998: 21 -22.

[272] Gupta, Sunil. Impact of Sales Promotions on When, What, and How Much to Buy [J]. Journal of Marketing Research, November 1988 (25): 342 -355.

[273] Gutman J. A Means - end Chain Model based on Consumer Categorization Processes [J]. The Journal of Marketing, 1982: 60 -72.

[274] H Brammer. Floods in Bangladesh: Geographical Background to the 1987 and 1988 [J]. The Geographical Journal, 1990 (1), 12 - 22.

[275] H San Martin, I A Rodríguez del Bosque. Exploring the Cognitive - affective Nature of Destination Image and the Role of Psychological Factors in its Formation [J]. Tourism Management, 2008: 63 - 277.

[276] Hair J F, Black W C, Babin B J, et al. Multivariate Data Analysis [M]. New Jersey: Upper Saddle River, 2010.

[277] Hall J R. Social Organization and Apathways of Commitment: Types of Communalgroups, Rational Choice Theory, and the Kkanter Thesis [J]. Amerrican sociological review, 1988 (53): 679 - 92.

[278] Hallen, Johanson, Seyed - Mohamed. Interfirm Adaptation in Business Relationships [J]. Journal of Marketing, 1991, 55 (2): 29 - 37.

[279] Hanqin Qiu Zhang, Mimi Li, Honggen Xiao. Tourism Recovery Strategies and Their Implications: A Multiple Case Study Approach [J]. Journal of China Tourism, July 2009, 5 (3): 273 - 286.

[280] Hanqin Qiu Zhang. Impact of the Tsunami on Chinese Outbound Tourism [J]. International Journal of Contemporary Hospitality Management, 2005 (5): 433 - 435.

[281] Hardesty, WO Bearden. Consumer Evaluations of Different Promotion Types and Price Presentations: The Moderating Role of Promotional Benefit Level [J]. Journal of Retailing, 2003, 79 (1): 17 - 25.

[282] Harrison J, Hitt M A, Ireland R D. Effects of Acquisitions on R&D Inputs and Outputs [J]. Academy of Management Journal, 1991, 34 (3): 693 - 706.

[283] Harvey D. Between Space and Time: Reflections on the Geographical Imagination1 [J]. Annals of the Association of American Geographers, 1990, 80 (3): 418 - 434.

[284] Harvey D. From Space to Place and Back again: Reflections on the Condition of Postmodernity [J]. Mapping the Futures: Local Cultures, Global Change, 1993, 3 (4).

[285] Harvey D. Justice, Nature and the Geography of Difference [J]. Shakespeare Quarterly, 1996.

[286] Hawkins D I, Best R J, Coney K A. Consumer Behavior: Implications for Marketing Strategy [J]. Irwin, 1991, 56 (11): 2772 - 2776.

[287] Hermann C F. International Crises: Insights from Behavioral Research [M]. New York: Free Press, 1972.

[288] Herrero A G. Preventive Marketing Crisis Reporting in the Tourism Sector [J]. Estudios Turisticos, 1997 (133): 5 - 28.

[289] Herrero A G. Product Commercialization and Crisis Planning in the Tourist Sector: Corporative Image and Consumer - centred Marketing [J]. Papers de Turisme, 1998 (24): 6 - 152.

[290] Holbrook M B. Typology of Customer Value [J]. Advances in Consumer Research, 1996 (23): 139.

[291] Holbrook. The Millennial Consumer in the Texts of Our Times: Experience and Entertainment [J]. Journal of Macromarketing, 2000, 20 (2): 178 - 192.

[292] Homburg, Nicole Koschate, Wayne D Hoyer. Do Satisfied Customers Really Pay More? A Study of the Relationship Between Customer Satisfaction and Willingness to Pay [J]. Journal of Marketing, 2005, 69 (2): 84 - 96.

[293] Homburg C, Koschate N, Hoyer W D. Do Satisfied Customers Really Pay More? A Study of the Relationship between Customer Satisfaction and Willingness to Pay [J]. Journal of Marketing, 2005: 84 -

96.

[294] Homburg, Wayne? D Hoyer, Nicole? Koschate. Customers' Reactions to Price Increases: Do Customer Satisfaction and Perceived Motive Fairness Matter? [J]. Journal of the Academy of Marketing Science, 2005 (33): 36-49.

[295] Homer P M, Kahle L R. A Structural Equation Test of the Value – attitude – behavior Hierarchy [J]. Journal of Personality and Social Psychology, 1988, 54 (4): 638-646.

[296] Huang J H, Min J C H. Earthquake Devastation and Recovery in Tourism: The Taiwan Case [J]. Tourism Management, 2002, 23 (2): 145-154

[297] Huang, Jen – Hung, Chuang, Shu – Ting, Lin Yu – Ru. Folk Religion and Tourist Intention: Avoiding Tsunami – Affected Destinations [J]. Annals of Tourism Research, 2008, 35 (4): 1074-1078.

[298] Hull C L. Principles of Behavior: An Introduction to Behavior Theory [J]. Appleton – Century, 1943.

[299] Hulland J, Chow Y H, Lam S. Use of Causal Models in Marketing Research: A Review [J]. International Journal of Research in Marketing, 1996, 13 (2): 181-197.

[300] Hunt J D. Image as a Factor in Tourism Development [J]. Journal of Travel Research, 1975, 13 (3): 1-7.

[301] Hyman, Drew. The Hierarchy of Consumer Participation: Knowledge and Proficiency in Telecommunications Decision Making [J]. Journal of Consumer Affairs, 1990 (1): 1-23.

[302] Hystad P W, Keller P C. Towards a Destination Tourism Disaster Management Framework: Long – term Lessons from a Forest Fire Disaster [J]. Tourism Management, 2008, 29 (1): 151-162.

[303] Iso – Ahola S E. Motivation for Leisure [J]. Understanding Leisure and Recreation: Mapping the Past, Charting the Future, 1989: 247-279.

[304] J Enrique Bign, M Isabel Sanchez, Javier Sanchez. Tourism Image, Evaluation Variables and after Purchase Behaviour: Inter – relationship [J]. Tourism Management, 2001, 22: 607-616.

[305] J R Bettman, M F Luce, J W Payne. Constructive Consumer Choice Processes [J]. Journal of Consumer Research, 1998 (25): 187-217.

[306] J Scott Armstrong, Vicki G, Morwitz V Kumar. Sales Forecasts for Existing Consumer Products and Services: Do Purchase Intentions Contribute to Accuracy? [J]. International Journal of Forecasting, 1978, 7 (1): 49-53.

[307] J C Henderson. Tourism in Dubai: Overcoming Barriers to Destination Development [J]. The International Journal of Tourism Research, 2006 (2): 87-99.

[308] J L Crompton. Motivations for Pleasure Vacation [J]. Annals of Tourism Research, 1979, 6 (4): 408-424.

[309] J N Goodrich. September 11, 2001 Attack on America: A Record of the Immediate Impacts and Reactions in the USA Travel and Tourism Industry [J]. Tourism Management, 2002 (23): 573-580.

[310] Jacoby J, Kaplan L B. The Components of Perceived Risk [J]. Advances in Consumer Research, 1972, 3 (3): 382-383.

[311] Jae – Hyeon Ahn, Sang – Pil Han, Yung – Seop Lee. Customer Churn Analysis: Churn Determinants and Mediation Effects of Partial Defection in the Korean Mobile Telecommunications Service Industry [J]. Telecommunications Policy, 2006, 30 (10-11): 552-568.

[312] Jain S P, Maheswaran D. Motivated reasoning: A Depth – of – processing Perspective [J]. Journal of

Consumer Research, 2000 (26): 358 – 371.

[313] Jamal M. Personal and Organizational Outcomes Related to Job Stress and Type - A Behavior: a Study of Canadian and Chinese Employees [J]. Stress and Health, 2005, 21 (2): 129 – 137.

[314] Jamieson L F, Bass F M. Adjusting Stated Intention Measures to Predict Trial Purchase of New Products: A Comparison of Models and Methods [J]. Journal of Marketing Research, 1989: 336 – 345.

[315] Jane Allyn Piliavin, Irving M Piliavin. Time of Arrival at an Emergency and Likelihood of Helping [J]. Personality and Social Psychology Bulletin, 1976, 2 (3): 273 – 276.

[316] Jang, Ruomei Feng. Temporal Destination Rrevisit Intention: The Effects of Novelty Seeking and Satisfaction [J]. Tourism Management, 2007, 28 (2): 580 – 590.

[317] Jedidi, C F Mela, S Gupta. Managing Advertising and Promotion for Long – run Profitability [J]. Marketing Science, 1999, 18 (1): 1 – 22.

[318] JenHung H, YuRu L. Folk Religion and Tourist Intention: Avoiding Tsunami – affected Destinations [J]. Annals of Tourism Research, 2008, 35 (4): 1074 – 1078.

[319] Jennifer C H Min. Strategies for Inbound Tourism Recovery from a Catastrophe: The Case of Severe Acute Respiratory Syndrome in Taiwan [J]. Contemporary Management Research, 2007, 3 (3): 253 – 266.

[320] JH Gilmore, II Pine. Customer Experience Places: The New Offering Frontier [J]. Strategy & Leadership, 2002, 30 (4): 4 – 11.

[321] JL Munger, D Grewal. The Effects of Alternative Price Promotional Methods on Consumer's Product Evaluations and Purchase Intentions [J]. Journal of Product & Brand, 2001, 10 (3): 185 – 197.

[322] Joe Durocher. Recovery Marketing: What to Do after a Natural Disaster [J]. Cornell Hotel and Restaurant Administration Quarterly, 1994, 35 (2): 66 – 70.

[323] John Hadden, Ashutosh Tiwari, Rajkumar Roy, Dymitr Ruta. Computer Assisted Customer Churn Management: State – of – the – art and Future Trends [J]. Computers & Operations Research, 2007, 34 (10): 2902 – 2917.

[324] Jorma Sajaniemi, Marja Kuittinen, Taina Tikansalo. A Study of the Development of Students´ Visualizations of Program State during an Elementary Object – oriented Programming Course [J]. Journal on Educational Resources in Computing, 2008, 7 (4): 1 – 31.

[325] Jumpei Ichinosawa. Reputational Disaster in Phuket: the Secondary Impact of the Tsunami on Inbound Tourism [J]. Disaster Prevention and Management, 2006: 111 – 123.

[326] Juster F T. Consumer Buying Intentions and Purchase Probability: An Experiment in Survey Design [J]. Journal of the American Statistical Association, 1966, 61 (315): 658 – 696.

[327] Kahn, J S Raju. Effects of Price Promotions on Variety – seeking and Reinforcement Behavior [J]. Marketing Science, Fall 1991, 10 (4): 316 – 334.

[328] Kahneman D, A Tversky. Prospect Theory: An Analysis of Decision under Risk [J]. Econometrica, March 1979, 47 (2): 263 – 291.

[329] Kahneman D. Attention and Task Interference [J]. Attention and effort. Prentice – Hall, Englewood – Cliffs, 1973: 178 – 201.

[330] Kaiser H F. An Index of Factorial Simplicity [J]. Pschometrika, 1974 (39).

[331] Kalinowski, K M. Case Study – Universities and Educational Travel Program: The University of Alberta

[J]. Special Interest Tourism, Belhaven Press, 1992: 27-36.

[332] Karl G Jöreskog, Dag Sörbom. LISREL7: A Guide to the Program and Applications [M]. 2nd ed. New York: SPSS, 1998.

[333] Katherine Jean Milo. Recovery From Natural Disaster: Travel Writers And Tourist Destinations [J]. Journal of Travel Research, 1991, 30 (1): 36-39.

[334] Katona George. The Powerful Consumer: Psychological Studies of the American Economy [M]. New York: McGraw-Hill, 1960.

[335] Keaveney S M. Customer Switching Behavior in Service Industries: An Exploratory Study [J]. The Journal of Marketing, 1995, 59 (2): 71-82.

[336] Kim J, Fiore A M, Lee H H. Influences of Online Store Perception, Shopping Enjoyment, and Shopping Involvement on Consumer Patronage Behavior towards an Online Retailer [J]. Journal of Retailing and Consumer Services, 2007, 14 (2): 95-107.

[337] Kim S, Littrell M A. Predicting Souvenir Purchase Intentions [J]. Journal of Travel Research, 1999, 38 (2): 153-162.

[338] Kim, H Richardson, S L. Motion Picture Impacts on Destination Images [J]. Annals of Tourism Research, 2003 (30): 216-237.

[339] Klenosky D B. The "Pull" of Tourism Destinations: A Means-end Investigation [J]. Journal of Travel Research, 2002, 40 (4): 396-403.

[340] Knox S. The Application of Multi-attribute Modelling Techniques to the Mineral Water Market [J]. Quarterly Review of Marketing, 1989.

[341] Koen Pauwels. The Long-term Effects of Price Promotions on Category incidence, Brand Choice, and Purchase Quantity [J]. Journal of Marketing Research, November 2002 (39): 429-439.

[342] Komatsu L K. Recent Views of Conceptual Structure [J]. Psychological bulletin, 1992, 112 (3): 500.

[343] Kondraschow R. The Lessons of Disaster [J]. Journal of Retail and Leisure Property, 2006, 5 (3): 204-211.

[344] K Pauwels, S Srinivasan, et al. Who Benefits from Store Brand Entry? [J]. Marketing Science, 2004, 23 (3): 364-390.

[345] Krebs, D L. Empathy and Altruism [J]. Journal of Personality and Social Psychology, 1975 (32): 1134-1146.

[346] Krech D, Crutchfield R S, Ballachey E L. Individual in society [M]. New York: McGraw-Hill, 1962.

[347] Krewski D, Withey J R, Ku L, et al. Applications of Physiologic Pharmacokinetic Modeling in Carcinogenic Risk Assessment [J]. Environmental health perspectives, 1994, 102 (11): 37.

[348] Krishnamurthi, P Papatla. Accounting For Heterogeneity and Dynamics in the Loyalty [J]. Journal of Retailing, 2003, 79 (2): 121-135.

[349] Kunihiko Kaneko. Globally Coupled Chaos Violates the Law of Large Numbers but not the Central-limit Theorem [J]. Physical review letters, 1990 (17): 1391-1394.

[350] Lam T, Hsu C H C. Predicting Behavioral Intention of Choosing a Travel Destination [J]. Tourism Management, 2006, 27 (4): 589-599.

[351] Lam T, Hsu C H C. Theory of Planned Behavior: Potential Travelers from China [J]. Journal of Hospitality and Tourism Research, 2004, 28 (4): 463-482.

[352] Laroche, et al. A Model of Consumer Response to Two Retail Sales Promotion Techniques [J]. Journal of Business, 2003, 56 (7): 513-522.

[353] Laros F J M, Steenkamp, J E M. Importance of Fear in the Case of Genetically Modified Food [J]. Psychology & Marketing, 2004 (11): 889-908.

[354] Lawton C A, Kallai J. Gender Differences Inwayfinding Strategies and Anxiety about Wayfinding: A Cross-cultural Comparison [J]. Sex Roles: A Journal of Research, 2002 (49): 389-401.

[355] Lazarus. Emotion and Adaptation [M]. Oxford: Oxford University Press, 1991: 38-64.

[356] Leah Cioccio, EJ Michael. Hazard or Disaster: Tourism Management for the Inevitable in Northeast Victoria [J]. Tourism Management, February 2007 (1): 1-11.

[357] LeCompte M D, Schensul J J. Designing and Conducting Ethnographic Research [M]. Califomia: AltaMira, 1999.

[358] Lee C K, Lee Y K, Lee B K. Korea's Destination Image Formed by the 2002 World Cup [J]. Annals of tourism research, 2005, 32 (4): 839-858.

[359] Lee P, Joglekar P. A Dual Pricing Model for Price Sensitive Products Subject to Sudden Obsolescence [J]. Journal of Business & Economic Studies, 2005 (11): 50-60.

[360] Lee T H, Crompton J. Measuring Novelty Seeking in Tourism [J]. Annals of Tourism Research, 1992 (19): 732-751.

[361] Lennon J, Foley M. Dark Tourism: The Attraction of Death and Disaster [M]. Boston: Continuum, 2000: 3-15.

[362] Lewin K. Field theory and learning [J]. InCartwright, 1942.

[363] Lichtenstein, S G Sealy. Nestling Competition, Rather than Supernormal Stimulus [J]. Explains the Success of Parasitic Brown-headed Cowbird, 1998 (265): 249-254.

[364] Lone Bredahl. Explaining Consumer Attitudes to Genetic Modification in Food Production. [J]. Japanese Journal of Applied Physics, 1999, 37 (94): 4711-4717.

[365] Lone Bredahl, Klaus G Grunert, Lynn J Frewer. Consumer Attitudes and Decision-Making With Regard to Genetically Engineered Food Products - A Review of the Literature and a Presentation of Models for Future Research [J]. Journal of Consumer Policy, 1998, 21 (3): 251-277.

[366] LR Kelly, et al. Communication System Especially Useful As an Incident Location Reporting Security System [M]. USA: US Patent, 1987: 54-75.

[367] Luisa Andreu, J Enrique Bign Chris Cooper. Projected and Perceived Image of Spain as a Tourist Destination for British Travellers [J]. Journal of Travel & Tourism Marketing, 2001, 9 (4): 47-67.

[368] M Scarabis, A Florack, S Gosejohann. When Consumers Follow their Feelings: the Impact of Affective or Cognitive Focus on the Basis of Consumers' Choice [J]. Psychology & Marketing, 2006 (23): 1015-1034.

[369] M Mazzocchi, A Montini. Earthquake Effects on Tourism in Central Italy [J]. Annals of Tourism Research, 2001 (4): 1031-1046.

[370] MA Zevon, A Tellegen. The Structure of Mood Change: An Idiographic/Nomothetic Analysis [J]. Journal of Personality and Social, July 1982, 43 (1): 111-122.

[371] Maccannell. Staged Authenticity: Arrangements of Social Space in Tourist Settings [J]. The American Journal of Sociology, 1973, 79 (3): 589 – 603.

[372] MacKinnon D P, Lockwood C M, Hoffman J M, et al. A Comparison of Methods to Test Mediation and Other Intervening Variable Effects [J]. Psychological methods, 2002, 7 (1): 83.

[373] Maheswari, S K Mukherji, et al. The Choline/ Creatine Ratio in Five Benign Neoplasms: Comparison with Squamous Cell Carcinoma by Use of in Vitro MR Spectroscopy [J]. American Journal of Neuroradiology, November 2000 (21): 1930 – 1935.

[374] Malhotra N K. Marketing Research. An Applied Orientation. International Edition [M]. New Jersey: 3rd edition Prentice Hall, 1999.

[375] Manjit, Seiders. Is the Price Right? Understanding Contingent Processing in Reference Price [J]. Journal of Retailing, Autumn 1998, 74 (3): 311 – 329.

[376] Mankiw. Econometric Theory [M]. Cambridge: Cambridge University Press, 2003: 231 – 139.

[377] Mansfeld Y. Group – differentiated Perceptions of Social Impacts Related to Tourism Development [J]. The Professional Geographer, 1992, 44 (4): 377 – 392.

[378] Mansfeld, A Pizam. Tourism, Security and Safty: From Theory to Practice, [M]. Oxford: Elsevier Butterworth – Heinemann, 2006: 1 – 355.

[379] Marina Novelli. Niche Tourism: Contemporary Issues, Trends And Cases [M]. Oxford: Butterworth Heinemann, 2005: 47 – 51.

[380] Marsh H W, Hau K T, Chung C M, Siu T L P. Confimatory Factor Analysis of Students' Evaluations: Chinese SEEQ Version [J]. Structural Equation Modeling, 1998 (5): 143 – 164.

[381] Martin H, Rodriguez I. Exploring the Cognitive – affective Nature of Destination Image and the Role of Psychological Factors in its Formation [J]. Tourism Management, 2008 (29): 263 – 277.

[382] Maser, K Weiermair. Travel Decision – making: From the vantage point of perceived risk and Information Preferences [J]. Journal of Travel & Tourism Marketing, September 1998, 7 (4): 107 – 121.

[383] Mathieson A, Wall G. Tourism, Economic, Physical and Social Impacts [M]. London: Longman, 1982.

[384] Mazzocchi M, Montini A. Earthquake Effects on Tourism in Central Italy [J]. Annals of Tourism Research, 2001, 28 (4): 1031 – 1046.

[385] MB Holbrook, EC Hirschman. The Experiential Aspects of Consumption: Consumer Fantasies, Feelings and Fun [J]. Journal of Consumer Research, September 1982, 9 (2): 132.

[386] McGehee N G, Loker – Murphy L, Uysal M. The Australian International Pleasure Travel Market: Motivations from a Gendered Perspective [J]. Journal of Tourism Studies, 1996, 7 (1): 45 – 57.

[387] McIntosh R W, Goeldner C R, Ritchie J R B. Pleasure Travel Motivation [J]. Tourism: Principles, Practices, Philosophies, 1995: 167 – 190.

[388] Medin D L, Goldstone R L, Gentner D. Similarity Involving Attributes and Relations: Judgments of Similarity and Difference are not Inverses [J]. Psychological Science, 1990, 1 (1): 64 – 69.

[389] Melody M Tsang, Shu – Chun Ho, Ting – Peng Liang. Consumer Attitudes Toward Mobile Advertising: An Empirical Study [J]. International Journal of Electronic Commerce, 2004, 8 (3): 65 – 78.

[390] Menges E S, Kimmich J. Microhabitat and Time – since – fire: Effects on Demography of Eryngium Cuneifolium (Apiaceae), a Florida Scrub Endemic Plant [J]. American Journal of Botany, 1996: 185 –

191.

[391] Meyer, Schwager. Understanding Customer Experience [J]. Harvard Business Review, 2007, 85 (2): 116.

[392] MicheL, et al. Analyzing Service Failures and Recoveries: A Process Approach [J]. International Journal of Service Industry Management, 2001, 12 (1): 20-33.

[393] Michelli. The Starbucks Experience [M]. Colombia: Grupo Editorial Norma, 2007: 224.

[394] Mill A S, Morrison A M. The Tourism System: An Introductory Text Englewood Cliffs [M]. New Jersey: Prentice Hall, 1985.

[395] Miller N E. Theory and Experiment Relating Psychoanalytic Displacement to Stimulus-response Generalization [J]. The Journal of Abnormal and Social Psychology, 1948, 43 (2): 155.

[396] Milo K J, Yoder S L. Recovery From Natural Disaster: Travel Writers and Tourist Destinations [J]. Journal of Travel Research, 1991, 30 (1): 36-39.

[397] Min Jennifer, Huang S F. Strategies for Inbound Tourism Recovery from a Catastrophe: The Case of Severe Acute Respiratory Syndrome in Taiwan [J]. Contemporary Management Research, 2007, 3 (3): 253-266.

[398] Miniard P W, Obermiller C, Page T J. Predicting Behavior with Intentions: a Comparison of Conditional Versus Direct Measures [J]. Advances in Consumer Research, 1982, 9 (1): 461-464.

[399] Mitchell V-W, Pari Boustani. A Preliminary Investigation into Pre- and Post-Purchase Risk Perception and Reduction [J]. European Journal of Marketing, 1994 (1): 56-71.

[400] Mittal V, Kamakura W A. Satisfaction, Repurchase Intent, and Repurchase Behavior: Investigating the Moderating Effect of Customer Characteristics [J]. Journal of Marketing Research, 2001: 131-142.

[401] ML Richins. Mesuring Emotions in the Consumption Experience [J]. Journal of Consumer Research, September 1997, 24 (2): 127-146.

[402] Monroe, KentB, Krishnan R. The Effect of Price-comparison Advertising on Buyers, Perceptions of Acquisition Value, Transaction Value, and Behavioral Intentions [J]. Journal of Marketing, 1998, 62 (2): 46-59.

[403] Moon-Koo Kim, Myeong-Cheol Park, Dong-Heon Jeong. The Effects of Customer Satisfaction and Switching Barrier on Customer Loyalty in Korean Mobile Telecommunication Services [J]. Telecommunications Policy, 2004 (28): 145-159.

[404] Moore G C, Benbasat I. Development of an Instrument to Measure the Perceptions of Adopting an Information Technology Innovation [J]. Information Systems Research, 1991, 2 (3): 192-222.

[405] Morrison A M. Hospitality and Tourism Marketing [J]. Delmar, Albany, 1989.

[406] Morwitz Vicki G, Joel H Steckel, Alok Gupta. When Do Purchase Intentions Predict Sales? [J]. International Journal of Forecasting, 2007, 23 (3): 347-364.

[407] Moscardo G. Mindful Visitors: Heritage and Tourism [J]. Annals of tourism research, 1996, 23 (2): 376-397.

[408] Moustakas C. Phenomenological Research Methods [M]. California: SAGE Publications, Incorporated, 1994.

[409] Moutinho L. Consumer Behaviour in Tourism [J]. European Journal of Marketing, 1987, 21 (10): 5-44.

[410] Mueller R O. Basic Principles of Structural Equation Modeling: An Introduction to LISREL and EQS [M]. Berlin: Springer – Verlag, 1996.

[411] Murphy E P, Bayley R. Tourism and Disaster Planning [J]. Geographical Review, 1989 (1): 36 – 46.

[412] Murphy G, Murphy L B, Newcomb T. Experimental Social Psychology: An Interpretation of Research upon the Socialization of the Individual [M]. New York: Harper & Brothers Publishers, 1937.

[413] Murphy P, Pritchard M P, Smith B. The Destination Product and its Impact on Traveller Perceptions [J]. Tourism management, 2000, 21 (1): 43 – 52.

[414] Murray K B. A Test of Services Marketing Theory: Consumer Information Acquisition Activities [J]. The Journal of Marketing, 1991: 10 – 25.

[415] Myron, et al. The Effect of Risk Perceptions on Intentions to Travel in the Aftermath of September 11, 2001 [J]. Relationships, Management, and Marketing, 2003 (2): 19 – 38.

[416] Neijens P, Hess C, Van Den Putte B. Content and Media Factors in Advertising [M]. Amsterdam: Aksant Academic Pub, 2004.

[417] Neslin, R W Shoemaker. An Alternative Explanation for Lower Repeat Rates after Promotion Purchases [J]. Journal of Marketing Research, 1989 (26): 205 – 213.

[418] Nevenka C. Tour Operators and Destination Safety [J]. Annals of Tourism Research, 2002, 29 (2): 478 – 496.

[419] Ngamsom Rittichainuwat. Responding to Disaster: Thai and Scandinavian Tourists'Motivation to Visit Phuket, Thailand [J]. Journal of Travel Research, 2008, 46 (4): 422 – 432.

[420] Nichols C M, Snepenger D J. Family Decision Making and Tourism Behavior and Attitudes [J]. Journal of Travel Research, 1988, 26 (4): 2 – 6.

[421] Nicolas Glady, Bart Baesens, Christophe Croux. Modeling Churn using Customer Lifetime Value [J]. European Journal of Operational Research, 2009, 197 (1): 402 – 411.

[422] Nieswiadomy R M. Foundations of Nursing Research [M]. 2nd ed. New Jersey: Appleton and Lange, 1993.

[423] Noble S M, Griffith D A, Weinberger M G. Consumer Derived Utilitarian Value and Channel Utilization in a Multi – channel Retail Context [J]. Journal of Business Research, 2005, 58 (12): 1643 – 1651.

[424] Novak Michel. Measuring the Customer Experience in Online Environments, Marketing Science: A Structural Modeling Approach [J]. Marketing Science, 2000, 19 (1): 22 – 42.

[425] Nunnally J. Psychometric Methods [J]. McGraw – Hill, 1978.

[426] O Renn. Perception of Risks [J]. Toxicology Letters, 2004, 149 (1): 405 – 413.

[427] O Wiegman, JM Gutteling. Risk Appraisal and Risk Communication: Some Empirical Data from the Netherlands [J]. Basic and Applied Social, 1995 (2): 227 – 249.

[428] Oatley Johnson – Laird. Towards A Cognitive Theory of Emotions [J]. Cognition & Emotion, 1987, 1 (1): 29 – 50.

[429] Oatley. Best Laid Schemes: The Psychology of Emotions [M]. Cambridge: Cambridge University Press, 1992.

[430] Ofir, I Simonson, S O Yoon. Customer Compliance with Presumed Market Research Goals: Motivational Drivers of Negative Service Evaluations [J]. Research Papers, 2007.

[431] Oliver R L, Anderson E. An Empirical Test of the Consequences of Behavior – and Outcome – based Sales Control Systems [J]. The Journal of Marketing, 1994: 53 – 67.

[432] Oliver R L. Whence Consumer Loyalty? [J]. Journal of Marketing, 1999, 63 (Special Issue): 33 – 44.

[433] Oliver, RT Rust, S Varki. Customer Delight: Foundations, Findings and Managerial Insight [J]. Journal of Retailing, Autumn 1997, 73 (3): 311 – 336.

[434] Oliver. Satisfaction: A Behavioral Perspective on the Consumer [M]. New York: McGraw – Hill, 1997.

[435] Oliver. Conceptual Issues in the Structural Analysis of Consumption Emotion, Satisfaction, and Quality: Evidence in A Service Setting [J]. Advances in Consumer Research, 1994 (21): 16 – 24.

[436] Olsen S O. Comparative Evaluation and the Relationship between Quality, Satisfaction, and Repurchase Loyalty [J]. Journal of the Academy of Marketing Science, 2002, 30 (3): 240 – 249.

[437] Olson J C, Reynolds T J. Understanding Consumers' Cognitive Structures: Implications for Advertising Strategy [J]. Advertising and Consumer Psychology, 1983 (1): 77 – 90.

[438] P M Bentler, Chih – ping CHOU. Practical Issues in Structural Modeling [J]. Sociological Methods & Research, 1987, 16 (1): 78 – 117.

[439] P M Blaikie. At Risk: Natural Hazards, People's Vulnerability, and Disasters [M]. London: Routledge 11 New Fetter Lane, 1994: 1 – 98.

[440] P Raghubir, et al, When do Price Promotions After Pretrial Brand Evaluations? [J]. Journal of Marketing Research, 1999 (36): 211 – 222.

[441] PA Dabholkar. Incorporating Choice into an Attitudinal Framework: Analyzing Models of Mental Comparison Processes [J]. Journal of Consumer Research, 1994, 21 (1): 100 – 118.

[442] Parasuraman A, Grewal D. The Impact of Technology on the Quality – value – loyalty Chain: a Research Agenda [J]. Journal of the Academy of Marketing Science, 2000, 28 (1): 168 – 174.

[443] Parker D, Manstead A S R, Stradling S G. Extending the Theory of Planned Behavior: the Role of Personal Norm [J]. British Social Psychology, 1995 (34): 127 – 137.

[444] Parkinson. Ideas and Realities of Emotion [M]. London: Mackays of Chatham PLC, 1995: 152 – 174.

[445] Parsons W. Crisis Management [J]. Career Development International, 1996, 1 (5): 26 – 28.

[446] Pearce P L, Lee U. Developing the Travel Career Approach to Tourist Motivation [J]. Journal of Travel Research, 2005 (43): 226 – 237.

[447] Pearce Philip L, Marie L Caltabiano. Inferring Travel Motivation from Travelers Experiences [J]. Journal of Travel Research, 1983, 12 (2): 6 – 20.

[448] Pearce P L. Route Maps: a Study of Travelers' Perceptions of a Section of Countryside [J]. Journal of Environmental Psychology, 1981 (1): 141 – 155.

[449] Peter C Verhoef. Customer Experience Creation: Determinants, Dynamics and Management Strategies [J]. Journal of Retailing, 2009, 85 (1): 31 – 41.

[450] Peter E Murphy, Robin Bayley. Tourism and Disaster Planning [J]. Geographical Review, 1989 (1): 36 – 46.

[451] Peter J P, L X Tarpey. A Comparative Analysis of Three Consumer Decision Strategies [J]. Journal of

Consumer Research, 1975, 2 (6).

[452] Peterson M A, Hochberg J. Opposed-set Measurement Procedure: A Quantitative Analysis of the Role of Local Cues and Intention in Form Perception [J]. Journal of Experimental Psychology: Human Perception and Performance, 1983, 9 (2): 183-193.

[453] Petrick J F. Development of a Multi-dimensional Scale for Measuring the Perceived Value of a Service [J]. Journal of Leisure Research, 2002, 34 (2): 119-134.

[454] Petrillo C, Swarbrooke J. Networking and Partnerships in Destination Development and Management [C]. New York: Proceedings of the ATLAS Annual Conference, Naples, Wiley, 2004: 3-7.

[455] Phillip L Pearce, Ukil Lee. Developing the Travel Career Approach to Tourist Motivation [J]. Journal of Travel Research, 2005 (43): 226-237.

[456] Pine, JH Gilmore. The Experience Economy: Work is Theatre & Every Business A Stage [M]. Ohio: Strategic Horizons LLP, 1999: 1-236.

[457] Plog S C. Why Destination Areas Rise and Fall in Popularity [J]. Cornell Hotel and Restaurant Quarterly, 1974 (4): 55-58.

[458] Poon A, Adams E. How the British Will Travel 2005 [M]. Santa CruZ: Tourism Intelligence International, 2000.

[459] RE Miliman. The Influence of Background Music on the Behavior of Restaurant Patrons [J]. The Journal of Consumer Research, 1986, 13 (2): 286-289.

[460] Reas Kondraschow. The Lessons of Disaster [J]. Journal of Retail and Leisure Property, 2006 (3): 204-211.

[461] Reichel G Fuchs, N Uriely. Perceived Risk and the Noninstitutiona-lized Tourist Role: the Case of Israeli Student Ex-backpackers [J]. Journal of Travel Research, 2007, 46 (2): 217-226.

[462] Reicheld F F, Sasser W E. Zero Defections: Quality Comes to Services [J]. Harvard Business Review, 1990, 68 (5): 105.

[463] R G Walters, H J Rinne. An Empirical Investigation into the Impact of Price Promotions on Retail Store [J]. Journal of Retailing, 1986.

[464] Richard P, Bagozzi, Mahesh Gopinath, Prashanth U Nyer. The Role of Emotions in Marketing [J]. Journal of the Academy of Marketing Science, 1999, 27 (2): 184-206.

[465] Ritchie B W, et al. Crisis Communication and Recovery for the Tourism Industry: Lessons from the 2001 Foot and Mouth Disease Outbreak in the United Kingdom [J]. Journal of Travel and Tourism Marketing, 2004, 15 (2-3): 199-2116.

[466] Ritchie B W. Chaos, Crises and Disasters: A Strategic Approach to Crisis Management in the Tourism Industry [J]. Tourism Management, 2004, 25 (6): 669-683.

[467] Rittichainuwat B. Ghosts: A Travel Barrier to Tourism Recovery [J]. Annals of Tourism Research, 2011, 38 (2): 437-459.

[468] Robert V. Flood Management: Bradford Paper [J]. Disaster Prevention and Management, 1994, 3 (2): 44-60.

[469] Rodríguez Del Bosque I, San Martín H. Tourist Satisfaction. A Cognitive-Affective Model [J]. Annals of Tourism Research, 2008, 35 (2): 553-575.

[470] Roehl D R Fesenmaier. Risk Perceptions and Pleasure Travel: An Exploratory Analysis [J]. Journal of

Travel Research, 1992, 30 (4): 17-26.

[471] Rokeach M. The Nature of Human Values [M]. New York: The Free Press, 1973.

[472] Roselius Ted. Consumer Rankings of Risk Reduction Methods [J]. Journal of marketing, 1971, 35 (1): 56-61.

[473] Rosenthal U, Kouzmin A. Crisis Management and Institutional Resilience: An Editorial Statement [J]. Journal of Contingencies and Crisis Management, 1996, 4 (3): 119-124.

[474] Ross E L D, Iso-Ahola S E. Sightseeing Tourists' Motivation and Satisfaction [J]. Annals of Tourism Research, 1991, 18 (2): 226-237.

[475] Ryan C, Glendon I. Application of Leisure Motivation Scale to Tourism [J]. Annals of Tourism Research, 1998, 25 (1): 169-184.

[476] Ryan C. Tourism and Marketing—A Symbiotic Relationship? [J]. Tourism Management, 1991, 12 (2): 101-111.

[477] Ryan Chris. The Buried village, New Zealand – An example of dark tourism [J]. Asia Pacific Journal of Tourism Research, 2006 (11): 211-226.

[478] S F Sonmez, A R Graefe. Influence of Terrorism Risk on Foreign Tourism Decisions [J]. Annals of Tourism Research, 1998 (1): 112-144.

[479] Sajaniemi P. Impacts of Natural Disaster on Tourism: the Case of 26th December 2004 [M]. UK: Annals of Tourism Research, 2008.

[480] San Martin H, Collado J, Rodríguez Del Bosque I. Image and Multiple Comparison Standards in Tourist Service Satisfaction [M]. Hauppange: Nova Science Publishers, 2008.

[481] Sasso, D Bryer. Abuelita's Secret Matzahs [M]. Covington: Clerisy Press, 2005.

[482] Savage I. Demographic Influences on Risk Perceptions [J]. Risk Analysis, 1993, 13 (4): 413-420.

[483] Schaller, R B Cialdini, Handbook of Motivation and Cognition: Foundations of Social Behavior [M]. New York: Guilford Press, 1990 (2): 265-296.

[484] Schiebler S A, Crotts J C, Hollinger R C. Florida Tourists' Vulnerability to Crime. In Pizam, A. and Mansfeld, Y. (eds.) [J]. Tourism, Crime and International Security Issues, 1996: 37-50.

[485] Schiffman L G, Lazar Kanuk L. Consumer Behavior [M]. 2nd ed. Upper Saddle River: Prentice-Hall International Inc, 1983.

[486] Schiffman L G. Consumption Values and Relationships: Segmenting the Market for Frequency Programs [J]. Journal of Consumer Marketing, 2000 (3): 214-232.

[487] Schmitt. Experiential Marketing: How to Get Customers to Sense, Feel, Think, Act [J]. The Free Press, 1999, 15 (1): 53.

[488] Schmitz S. Gender Differences in Acquisition of Environmental Knowledge Related to Wayfinding Behaviour Spatial Anxiety and Self-estimated Environmental Competencies [J]. Sex Roles: A Journal of Research, 1999, 41 (1-2): 71-93.

[489] Schmoll G A. Tourism Promotion: Marketing Background, Promotion Techniques and Promotion Planning Methods [M]. London: Tourism International Press, 1977.

[490] Schumacker R E, Lomax R G. A Beginner's Guide to Structural Equation Modeling [M]. Mahwah: Lawrence Erlbaum Associates, 1996.

[491] Scott N, Laws E, Prideaux B. Tourism Crises and Marketing Recovery Strategies [J]. Journal of Travel and Tourism Marketing, 2008, 23 (2-4): 1-13.

[492] Seaton A V. Guided by the Dark: From Thanatopsis to Thana tourism [J]. International Journal of Heritage Studies, 1996, 2 (4): 234-244.

[493] Seeger M W, Sellnow T L. Communication, Organization, and Crisis [M]. California: Communication yearbook, 1998.

[494] Sharpley R, Craven B. The 2001 Foot and Mouth Crisis – Rural Economy and Tourism Policy Implications: A Comment [J]. Current Issues in Tourism, 2001, 4 (6): 527-537.

[495] Shaw C, Ivens J. Building Great Customer Experiences [M]. New York: MacMillan, 2005.

[496] Shepard R N. Representation of Structure in Similarity Data: Problems and Prospects [J]. Psychometrika, 1974, 39 (4): 373-421.

[497] Sheppard B H, Hartwick J, Warshaw P R. The Theory of Reasoned Action: A Meta-analysis of Past Research with Recommendations for Modifications and Future Research [J]. Journal of Consumer Research, 1988: 325-343.

[498] Sherif M. An Experimental Approach to the Study of Attitudes [J]. Sociometry, 1937, 1 (1/2): 90-98.

[499] Sherif M. An Experimental Study of Stereotypes [J]. The Journal of Abnormal and Social Psychology, 1935, 29 (4): 371.

[500] Shotland, CA Stebbins. Emergency and Cost as Determinants of Helping Behavior and the Slow Accumulation of Social Psychological Knowledge [J]. Social Psychology Quaterly, 1983, 46 (1): 36-46.

[501] Silverman D, Atkinson P. Kundera's Immortality: The Interview Society and the Invention of Self [J]. Qualitative Inquiry, 1997 (3): 241-263.

[502] Simon H A. A Behavioral Model of Rational Choice [J]. The Quarterly Journal of Economics, 1955, 69 (1): 99-118.

[503] Slovic P. Trust, Emotion, Sex, Politics, and Science: Surveying the Risk Assessment Battlefield [J]. U Chi Legal F, 1997: 59.

[504] Slovic, D MacGregor, et al. Perception of Risk from Automobile Aafety Defects [J]. Accident Analysis & Prevention, 1987, 19 (5): 359-373.

[505] Smith R E, Swinyard W R. Attitude-behavior Consistency: The Impact of Product Trial Versus Advertising [J]. Journal of Marketing Research, 1983: 257-267.

[506] Smith T W, Dempsey G R. The Polls: Ethnic Social Distance and Prejudice [J]. The Public Opinion Quarterly, 1983, 47 (4): 584-600.

[507] Smith V L. War and Tourism: An American Ethnography [J]. Annals of Tourism Research, 1998, 25 (1): 202-227.

[508] Somrudee Meprasert. The 2004 Indian Ocean Tsunami: Tourism Impacts and Recovery Progress in Thailand's Marine National Parks [D]. Oregon: The Degree of Doctor of Philosophy in Geography Presented on September 19, 2006.

[509] Sondergaard H A, Grunert K G, Scholderer J. Consumer Attitudes to Enzymes in Food Production [J]. Trends in Food Science and Technology, 2005, 16 (10): 466-474.

[510] Sönmez S F, Apostolopoulos Y, Tarlow P. Tourism in Crisis: Managing the Effects of Terrorism [J].

Journal of Travel Research, 1999, 38 (1): 13-18.

[511] Sönmez S F, Backman S J, Allen L. Managing Tourism Crises: a Guidebook [M]. South Carolina: Clemson University, 1994.

[512] Sönmez S F, Graefe A R. Influence of Terrorism Risk on Foreign Tourism Decisions [J]. Annals of Tourism Research, 1998 (1): 112-144.

[513] Sönmez S F, Y Apostolopoulos, P Tarlow. Tourism in Crisis: Managing the Effects of Terrorism [J]. Journal of Travel Research, 1999 (1): 13-18.

[514] Sönmez S F. Tourism, Terrorism and Political Instability [J]. Annals of Tourism Research, 1998, 25 (2): 416-456.

[515] Soo Jiuan Tan. Strategies for Reducing Consumers' Risk Aversion in Internet Shopping [J]. Journal of Consumer Marketing, 1999, 16 (2): 163-180.

[516] Srinivasan, K Pauwels. Who Benefits From Store Brand Entry? [J]. Marketing Science, 2004, 23 (3): 364-390.

[517] Stafford G, Yu L, Armoo A K. Crisis Management and Recovery How Washington D C Hotels Responded to Terrorism [J]. The Cornell Hotel and Restaurant Administration Quarterly, 2002, 43 (5): 27-40.

[518] Stake R E. The Art of Case Study Research [M]. California: Sage, 1995.

[519] Stamboulis, Pantoleon Skayannis. Innovation Strategies and Technology for Experience-based Tourism [J]. Tourism Management, 2003 (1): 35-43.

[520] Stauss, C Friege. Regaining Service Customer: Costs and Benefits of Regain Management [J]. Journal of Service Research, 1999, 1 (4): 347-361.

[521] Stein, M D Liwag, E Wade. A Goal-based Approach to Memory for Emotional Events: Implications Theories of Understanding [M]. Hillsdale: Lawrence Erlbanm Associates, 1996: 91-139.

[522] Stern B. Advertising Intimacy: Relationship Marketing and the Services Consumer [J]. Journal of Advertising, 1997, 26 (4): 7-19.

[523] Steve Pike. Destination Image Analysis - A Review of 142 Papers from 1973 to 2000 [J]. Tourism Management, 2002 (23): 541-549.

[524] Steven F. Crisis Management: Planning for the Inevitable [M]. New York: AMACOM, 1986.

[525] Stone P R. A Dark Tourism Spectrum: Towards a Typology of Death and Macabre Related Tourism Site, Attractions and Exhibitions [J]. Tourism, 2006, 54 (2): 145-160.

[526] Strauss A, Corbin J. Basics of Qualitative Research: Grounded Theory Procedures and Techniues [M]. California: Sage, 1990.

[527] Strauss A, Corbin J. Basics of Qualitative Research: Grounded Theory Procedures and Techniques [M]. 2nd ed. California: Sage, 1998.

[528] T Cannon. Vulnerability Analysis and The Explanation of Natural Disasters [J]. Disasters, Development and the Environment, 1994.

[529] Tan Soo Jiuan. Strategies for Reducing Consumers' Risk Aversion in Internet Shopping [J]. Journal of Consumer Marketing, 1999, 16 (2): 163-180.

[530] Tasci, W C Gartner. Destination Image and Its Functional Relationships [J]. Journal of Travel Research, 2007, 45 (4): 413-425.

[531] Taylor G P. New Social Risks in Postindustrial Society: Some Evidence on Responses to Active Labor-market Policies from Euro Barometer [J]. International Social Security Review, 2004, 57 (3): 45 – 64.

[532] Taylor P J. Distances within Shapes: An Introduction to a Family of Finite Frequency Distributions [J]. Geografiska Annaler. Series B, Human Geography, 1971, 53 (1): 40 – 53.

[533] Ted Roselius. Consumer Rankings of Risk Reduction Methods [J]. The Journal of Marketing, 1971, 35 (1): 56 – 61.

[534] Thomas J S, Blattberg R C, Fox E J. Recapturing Lost Customers [J]. Journal of Marketing Research, 2004, 41 (1): 31 – 45.

[535] T L Chartrand, G M Fitzsimons, G L Fitzsimons. Automatic Effects of Anthropomorphized Objects on Behavior [J]. Social Cognition, 2008, 26 (2): 198.

[536] Tokman, L D Davis, K N Lemon. The WOW Factor: Creating Value Through Win – back Offers to Reacquire Lost Customers [J]. Journal of Retailing, 2007, 83 (1): 47 – 64.

[537] Tolman E C, Hall C S, Bretnall E P. A Disproof of the Law of Effect and a Substitution of the Laws of Emphasis, Motivation and Disruption [J]. Journal of Experimental Psychology, 1932, 15 (6): 601.

[538] Totterdell P, Kellett S, Briner R B, et al. Evidence of Mood Linkage in Work Groups [J]. Journal of Personality and Socail Psychology, 1998 (74): 1504 – 1515.

[539] Turner, J Ash. The Golden Hordes: International Tourism and The Pleasure Periphery [J]. International Affairs, 1975, 51 (4): 560.

[540] Tversky A, Kahneman D. The Judgment of Frequency and Probability by Availability of Instances [J]. Oregon Research Institute Research Bulletin, 1971, 11 (6).

[541] Tversky A. Assessing Uncertainty [J]. Journal of the Royal Statistical Society. Series B (Methodological), 1974: 148 – 159.

[542] Tversky A. Features of Similarity [J]. Psychological Review, 1977 (84): 327 – 352.

[543] Um S, Crompton J L. Attitude Determinants in Tourism Destination Choice [J]. Annals of Tourism Research, 1990, 17 (3): 432 – 448.

[544] Uriel R, Michael T C, Paul T H. Coping with Crises : the Management of Disasters, Riots and Terrorism [M]. Springfield: Charles C T, 1989.

[545] Uysal M, Hagan L A R. Motivations of Pleasure Travel and Tourism [C]. New York: John Wiley&Sons, 1993: 798 – 810.

[546] Van den Putte. Condom use in Tanzania and Zambia: A Study on the Predictive Power of the Theory of Planned Behavior on Condom use Intention [J]. Trees, 2009, 23 (2): 401 – 408.

[547] Van Heerde. Modelsl for Sales Promotion Effects Based on Store – level Scanner Data [D]. Groningen: University of Groningen, 1999.

[548] Verhoef, Langerak, Donkers. Understanding Brand and Dealer Retention in the New Car Market: The Moderating Role of Brand Tier [J]. Journal of Retailing, 2007, 83 (1): 97 – 113.

[549] Villarejo – Ramos, Sanchez – Franco. The Impact of Marking Communication and Price Promotion on Brand Equity [J]. The Journal of Brand, 2005, 12 (6): 431 – 444.

[550] Vincent R Nijs. The Category – Demand Effects of Price Promotions [J]. Marketing Science, 2001, 20 (1): 1 – 22.

[551] Viner D, Agnew M. Climate Change and Its Impacts on Tourism [R]. Godalming: WWF-UK, 1999.

[552] Westbrook. Product/Consumption-based Affective Response and Post purchase Processes [J]. Journal of Marketing Research, 1987, 24 (3): 258-270.

[553] Wiegman, J M Gutteling. Risk Appraisal and Risk Communication: Some Empirical Data From The Netherlands Reviewed [J]. Basic and Applied Social Psychology, 1995, 16 (1): 227-249.

[554] Wilson J, Oyola-Yemaiel A. The Evolution of Emergency Management and the Advancement towards a Profession in the United States and Florida [J]. Safety Science, 2001, 39 (1-2): 117-131.

[555] Witt C A, Wright P L, Johnson P, et al. Tourist Motivation: Life after Maslow [J]. Choice and Demand in Tourism, 1992: 33-35.

[556] Woodside A G, Lysonski S. A General Model of Traveler Destination Choice [J]. Journal of Travel Research, 1989, 27 (4): 8-14.

[557] Yang. Gifts, Favors, and Banquets: The Art of Social Relationships in China [J]. American Journal of Sociology, 1994, 101 (1): 173-245.

[558] Yiping Li. Geographical Consciousness and Tourism Experience [J]. Annals of Tourism Research, 2000, 27 (4): 863-883.

[559] Yoo B, Donthu N. Developing a Scale to Measure the Perceived Quality of an Internet Shopping Site [J]. Quarterly Journal of Electronic Commerce, 2001, 2 (1): 31-45.

[560] Yoo Charles B, Naveen Donthu. Developing and Validating a Multidimensional Consumer-based Brand Equity Scale [J]. Journal of business research, 2001 (52): 1-14.

[561] Yoon Y, Uysal M. An Examination of the Effects of Motivation and Satisfaction on Destination Loyalty: A Structural Model [J]. Tourism management, 2005, 26 (1): 45-56.

[562] Young M R, DeSarbo W S, Morwitz V G. The Stochastic Modeling of Purchase Intentions and Behavior [J]. Management Science, 1998, 44 (2): 188-202.

[563] Young M. Cognitive Maps of Nature-based Tourists [J]. Annals of Tourism Research, 1999, 26 (4): 817-839.

[564] Zeithaml V A, Berry L L, Parasuraman A. Communication and Control Process in the Delivery of Service Quality [J]. The Journal of Marketing, 1988: 35-48.

[565] Zeithaml V A. Consumer Perceptions of Price, Quality, and Value: A Means-end Model and Synthesis of Evidence [J]. The Journal of Marketing, 1988: 2-22.

[566] Zeithaml V A. Service Quality, Profitability, and the Economic Worth of Customers: What We Know and What We Need to Learn? [J]. Journal of the Academy of Marketing Science, 2000, 28 (1).

[567] Zeithaml, Leonard L Berry, A Parasuraman. The Behavioral Consequences of Service Quality [J]. The Journal of Marketing, 1996, 60 (2): 31-46.

[568] Zeng B, Carter R W, De Lacy T. Short-term Perturbations and Tourism Effects: The Case of SARS in China [J]. Current Issues in Tourism, 2005, 8 (4): 306-322.

[569] Zhang Qiu, Hanqin. An Analysis of Mainland Chinese Visitors Motivations to Vist Hong Kong [J]. Tourism Management, 1999 (20): 587-594.

国家自然科学基金资助研究项目（项目批准号：71072067）

旅游景区灾害危机与恢复营销策略研究
——基于汶川大地震

（下卷）

李 蔚　李 悦　刘世明　主编

企业管理出版社

图书在版编目（CIP）数据

旅游景区灾害危机与恢复营销策略研究：基于汶川大地震：全3册/李蔚，李悦，刘世明主编．
— 北京：企业管理出版社，2017.12

ISBN 978 – 7 – 5164 – 1164 – 3

Ⅰ.①旅… Ⅱ.①李…②李…③刘… Ⅲ.①旅游区–突发事件–公共管理–研究–中国 Ⅳ.①F592.6

中国版本图书馆 CIP 数据核字（2017）第 325825 号

书　　名：	旅游景区灾害危机与恢复营销策略研究——基于汶川大地震（下卷）
作　　者：	李　蔚　李　悦　刘世明
责任编辑：	张　平　程静涵　郑　亮　徐金凤
书　　号：	ISBN 978 – 7 – 5164 – 1164 – 3
出版发行：	企业管理出版社
地　　址：	北京市海淀区紫竹院南路 17 号　　邮编：100048
网　　址：	http：//www.emph.cn
电　　话：	编辑部(010) 68701638　发行部(010) 68701816
电子信箱：	qyglcbs@ emph.cn
印　　刷：	北京环球画中画印刷有限公司
经　　销：	新华书店
规　　格：	210 毫米×285 毫米　　大 16 开本　　12 印张　　342 千字
版　　次：	2017 年 12 月第 1 版　2019 年 2 月第 3 次印刷
定　　价：	400.00 元（全三卷）

版权所有　翻印必究·印装有误　负责调换

《旅游景区灾害危机与恢复营销策略研究
——基于汶川大地震》编委会

主　编　李　蔚　李　悦　刘世明

副主编　李　珊　杨　洋　杨启智

分卷主编
上卷：吴家灿
中卷：刘　江
下卷：黄　鹏

导　读

2008年5月12日14时28分，一场特大地震灾害突袭川渝陕甘，地震波及大半个中国及亚洲多个国家和地区，北至辽宁、东至上海、南至越南、泰国，西至巴基斯坦均有明显震感，波及范围之大，旷世罕见。地震涉及四川、甘肃、陕西、重庆、云南、贵州等10个省市417个市县的4667个乡镇。受灾总面积达50万平方公里，受灾群众达4625万多人，灾情之惨烈，令人触目惊心。

受地震影响，四川入境旅游人数同比下降59.1%，收入同比下降58.1%；15个核心旅游景区接待游客同比下降50.34%，收入同比下降60.76%；旅行社接待团队游客同比下降66.74%；宾馆行业接待住宿游客数同比下降32.2%。其中，接待入境住宿游客数同比下降59.06%。灾区大量的景区停业、交通停运、宾馆歇业、商店关门、人员失业，灾区赖以生存的旅游经营秩序被骤然破坏。不仅如此，川、陕、甘、渝、滇、贵等众多非灾害景区，也都受到汶川地震的波及，旅游经营业步履维艰。

为了帮助灾区从地震灾害中快速恢复，国家旅游局和四川省旅游局联合成立汶川大地震灾后旅游业重建专家服务团，负责编制灾害景区旅游业恢复规划，提供灾害景区市场恢复方案，并作为《汶川地震灾后旅游业恢复重建规划》的组成内容之一。本课题组负责人作为灾后旅游业恢复重建专家组副组长，与20多位专家学者一道，全面展开了景区旅游市场恢复重建课题的研究，调查了四川各灾害景区游客流失现状和游客流失原因，提出了有针对性的灾害景区和波及景区市场恢复营销策略，并取得了良好的市场效果。

本书是汶川大地震灾后旅游市场恢复研究课题组近十年的研究成果，是灾害市场恢复营销研究的集大成。自1994年Durocher Joe. Cornell在他的 *Recovery Marketing：What to Do after a Natural Disaster* 一文中提出"恢复营销"概念以来，学术界对恢复营销理论与实证研究的成果不多，本课题组结合汶川地震、雅安地震、玉树地震等的实际环境，对灾害旅游市场的恢复营销策略进行探索，针对灾害危机属性、游客流失原因、恢复营销策略与市场恢复绩效的关系进行研究，提出了恢复营销策略匹配模型，丰富与发展了灾害危机发生后的恢复营销理论，完善了灾害危机发生后的恢复营销理论体系。

本书共分为上、中、下三卷。上卷旨在探明灾后游客到灾区旅游的心理，为灾后旅游恢复营销策略的制定提供理论基础。通过深入研究严重自然灾害发生后游客流失的原因，以及造成游客到灾区旅游的意愿降低的主要因素，构建了一个影响灾后游客旅游意愿的综合影响模型。中卷基于上卷的研究成果，旨在探析灾后游客赢回策略及策略效果。通过引入相应的旅游恢复营销策略，深入研究了恢复营销策略与市场恢复绩效的关系，同时，还针对灾害地区中未受灾景区的旅游恢复进行探究，解析了未受灾景区旅游受到影响的原因，并提出了相应的恢复营销策略。下卷在上卷和中卷的研究成果的基础上，从提高旅游目的地特色形象感知、提高目的地管理形象感知，以及降低游客的灾后风险认知三个角度，提出了一系列的严重自然灾害后旅游恢复营销措施。

近年来，全球自然灾害频发，仅在中国，自汶川大地震之后，就发生了四川雅安地震和九寨沟地震、西藏林芝地震和那曲地震、青海玉树地震、甘肃岷县地震、新疆于田地震、云南普洱地震、台湾地区南投地震，以及甘肃舟曲泥石流等自然灾害。因此研究灾害之后的产业恢复与产业重建，已成为国际国内学术界的重大课题。我们对灾害危机与市场恢复营销的探索还任重道远。希望本书的研究成果能在灾后旅游景区的市场恢复中发挥作用，并为人文社会科学的研究奉献一份力量。

本书对其他类型的灾害，包括海啸、战争、冲突、疾病等危机下的旅游市场恢复，也具有借鉴作用。

序

2018年是汶川大地震10周年，由四川大学"汶川大地震灾后旅游市场恢复研究课题组"历时10年完成的《旅游景区灾害危机与恢复营销策略研究——基于汶川大地震》一书即将出版，课题组请我作序，我欣然接受。这是对地震灾区恢复和发展有意义的事，积淀了课题组的辛勤付出，理当全力支持，以此表达对遇难同胞的深切哀悼、向贡献者深深致敬。

汶川大地震，是中华人民共和国成立以来破坏力最大、也是波及面最广的地震，在中国历史乃至世界历史上都是罕见的。地震带来的不仅是财产的损失和人员的伤亡，更是对经济秩序的严重破坏，对灾区产业经济的持续发展，也带来严峻的挑战。汶川大地震发生在龙门山脉，绵延300公里，地震带沿线没有良好的工业基础，也没有丰富的农业产出，其支柱产业多数都是旅游业。灾情发生后，灾区旅游业遭受重创。旅行社的经营秩序被打乱，正常的旅游业务被迫终止，造成数十个行业的生产经营无法正常进行，旅游经济的次生灾害，甚至远大于地质次生灾害。对于灾区而言，经济上的捐助很重要，但更为重要的是重建正常的生产秩序。对于灾害景区而言，只要流失的游客重新回来，就意味着景点能重新开业、饭店能重新开张、商店能重新开门、交通能重新开放、导游能重新上岗，灾区人民就可以实现自救，经济也就能实现恢复性增长。所以，在地震灾害发生后，国家发展和改革委员会和四川省人民政府迅速成立汶川大地震灾后重建专家顾问团，分成若干个专家组同时工作。其中，旅游专家组迅速完成了《汶川大地震灾害景区损失评估报告》和《汶川地震灾后旅游业恢复重建规划》，作为指导灾后旅游业恢复的纲领性文件。

深处灾害景区第一线的四川大学，迅速组成"汶川大地震灾后旅游市场恢复研究课题组"。作为汶川大地震灾后恢复专家团的成员，他们不仅参与了灾后旅游景区损失评估工作，还直接负责了《汶川大地震灾害旅游景区市场恢复重建规划》的起草，并在国家自然科学基金的支持下，先后对四川的汶川地震、雅安芦山地震、九寨沟地震及青海玉树地震、云南盈江地震、甘肃定西地震、新疆于田地震等进行研究，探索了旅游景区游客流失的主要原因，研究了影响灾害景区市场恢复的主要因素，提出了景区市场恢复的系统性策略，在多个地震灾区推广运用，取得了良好的效果。本书是目前该领域第一部系统研究灾害景区市场恢复的专著，对灾害多发的中国旅游市场的恢复，具有重要的指导意义，对国际灾害景区的市场恢复，也有重要的借鉴价值。

通读本书，不仅了解了灾害旅游市场如何恢复，更能感受到课题组的使命与追求。这种使命感凝结到书中，使得该成果充满温度。是为序，共同感受美丽中国的感动，共同感受伟大中国的坚韧，共同感受旅游发展的活力，共同感受承担的责任使命。

石培华　博士
中国旅游智库秘书长、委员
南开大学教授、博导，现代旅游业发展协同创新中心主任
全国旅游管理专业研究生教育指导委员会副主任
全国旅游职业教育教学指导委员会副主任
中国旅游发展改革咨询委员会委员
原中国旅游研究院创始副院长

目 录

第一部分　灾后旅游恢复措施 …………………………………………………………… (1)

1. 绪论 ………………………………………………………………………………… (3)
   1.1 研究背景 ……………………………………………………………………… (3)
   1.2 研究目标 ……………………………………………………………………… (3)
     1.2.1 问题提出 ………………………………………………………………… (3)
     1.2.2 研究目标 ………………………………………………………………… (3)
   1.3 研究意义 ……………………………………………………………………… (4)
     1.3.1 理论意义 ………………………………………………………………… (4)
     1.3.2 实践意义 ………………………………………………………………… (4)
   1.4 研究内容与框架 ……………………………………………………………… (4)
     1.4.1 研究内容 ………………………………………………………………… (4)
     1.4.2 研究框架 ………………………………………………………………… (4)

2. 相关研究综述 ……………………………………………………………………… (6)
   2.1 灾后旅游恢复营销研究 ……………………………………………………… (6)
     2.1.1 灾后营销策略研究 ……………………………………………………… (6)
     2.1.2 灾后营销其他问题研究 ………………………………………………… (6)
   2.2 汶川大地震后旅游恢复研究 ………………………………………………… (8)
   2.3 危机沟通研究 ………………………………………………………………… (9)
     2.3.1 危机沟通的定义 ………………………………………………………… (9)
     2.3.2 危机下网络舆情的演变 ………………………………………………… (10)
     2.3.3 危机沟通策略 …………………………………………………………… (11)

3. 灾后旅游恢复研究成果回顾 ……………………………………………………… (14)
   3.1 灾后旅游意愿影响因素研究成果 …………………………………………… (14)
     3.1.1 研究概述 ………………………………………………………………… (14)
     3.1.2 研究结论 ………………………………………………………………… (15)
   3.2 灾后旅游意愿综合影响模型研究成果 ……………………………………… (15)
     3.2.1 研究概述 ………………………………………………………………… (15)
     3.2.2 研究结论 ………………………………………………………………… (16)
   3.3 常用的灾后赢回策略对旅游意愿影响研究成果 …………………………… (16)
     3.3.1 研究概述 ………………………………………………………………… (16)
     3.3.2 研究结论 ………………………………………………………………… (17)
   3.4 灾后非灾害景区恢复营销研究成果 ………………………………………… (17)
     3.4.1 研究概述 ………………………………………………………………… (17)
     3.4.2 研究结论 ………………………………………………………………… (18)

4. 提高目的地特色形象感知的恢复营销策略 ……………………………………… (19)

4.1 灾后旅游开发意义和营销思路 …… (19)
4.2 开发灾害旅游景区的旅游资源价值 …… (19)
4.2.1 灾害遗迹旅游资源 …… (19)
4.2.2 灾害遗址地的旅游营销概念设计 …… (24)
4.2.3 灾害遗址地的旅游环线设计 …… (29)
4.3 开发非灾害景区的旅游资源价值 …… (31)
4.3.1 旅游空间结构 …… (31)
4.3.2 旅游空间拓展策略 …… (32)
4.4 区域旅游整合营销策略 …… (32)
4.4.1 整合营销的定义 …… (32)
4.4.2 区域旅游整合营销的定义 …… (33)
4.4.3 区域旅游整合营销的优势 …… (34)
4.4.4 区域旅游整合营销的策略 …… (34)
4.5 节事旅游 …… (35)
4.5.1 节事旅游的定义 …… (35)
4.5.2 节事旅游的作用 …… (35)
4.5.3 节事旅游策略要点 …… (36)

5. 提高目的地管理形象感知的恢复营销策略 …… (37)
5.1 营销思路 …… (37)
5.2 发展灾后旅游产业集群 …… (37)
5.2.1 旅游产业集群的定义 …… (37)
5.2.2 旅游产业集群的竞争优势 …… (38)
5.2.3 旅游产业集群可行性分析与机制研究 …… (39)
5.3 目的地官方网站品牌化策略 …… (43)
5.3.1 目的地品牌化的定义和作用 …… (44)
5.3.2 目的地官方网站品牌化水平 …… (45)
5.3.3 我国5A级旅游网站品牌化现状研究 …… (46)
5.3.4 结论、管理启示和未来的研究方向 …… (48)

6. 降低灾后风险认知的恢复营销策略 …… (50)
6.1 灾后风险认知内容及营销思路 …… (50)
6.2 旅游目的地安全形象 …… (50)
6.2.1 旅游目的地安全形象的定义 …… (50)
6.2.2 旅游目的地安全形象的影响因素 …… (51)
6.3 降低人身风险、健康风险认知 …… (52)
6.3.1 策略思路 …… (52)
6.3.2 安全策略 …… (52)
6.3.3 信息沟通策略 …… (55)
6.3.4 信息源研究 …… (57)
6.3.5 体验营销策略 …… (63)
6.3.6 区格策略 …… (65)

6.4 降低道德风险、社会风险、心理风险认知 ………………………………………… (66)
6.4.1 策略思路 ……………………………………………………………………… (66)
6.4.2 情感营销策略 ………………………………………………………………… (66)
6.5 降低犯罪风险认知 ……………………………………………………………… (67)
6.5.1 策略思路 ……………………………………………………………………… (67)
6.5.2 降低旅游犯罪风险策略 ……………………………………………………… (67)
6.5.3 基于犯罪视角的旅游目的地安全形象重塑策略 …………………………… (72)
6.6 降低经济风险认知 ……………………………………………………………… (73)
6.6.1 策略思路 ……………………………………………………………………… (73)
6.6.2 价格促销策略 ………………………………………………………………… (73)

7. 灾后旅游恢复期的游客满意度评估 ……………………………………………… (75)
7.1 效果评估意义 …………………………………………………………………… (75)
7.2 游客满意度评价法 ……………………………………………………………… (75)
7.2.1 研究意义 ……………………………………………………………………… (75)
7.2.2 灰色系统理论评价模型 ……………………………………………………… (75)
7.2.3 游客满意度评价指标体系 …………………………………………………… (76)
7.2.4 评价指标分值确定及数据处理 ……………………………………………… (77)
7.2.5 游客满意度评分计算 ………………………………………………………… (78)
7.2.6 游客满意度评价分析 ………………………………………………………… (78)

8. 总结与展望 …………………………………………………………………………… (79)
8.1 总结 ……………………………………………………………………………… (79)
8.2 研究创新点 ……………………………………………………………………… (80)
8.2.1 建立了严重自然灾害后较系统的旅游恢复营销思路 ……………………… (80)
8.2.2 针对灾害地未受灾景区提出了旅游恢复营销策略 ………………………… (80)
8.3 实践运用 ………………………………………………………………………… (80)
8.4 研究局限与展望 ………………………………………………………………… (80)
8.4.1 研究局限 ……………………………………………………………………… (80)
8.4.2 研究展望 ……………………………………………………………………… (80)

第二部分 四川灾后旅游市场恢复措施 ……………………………………………… (81)
9. 四川旅游重建的努力 ………………………………………………………………… (83)
10. 地震后四川旅游重建规划 …………………………………………………………… (85)
10.1 产业调整 ………………………………………………………………………… (85)
10.1.1 产业调整依据 ………………………………………………………………… (85)
10.1.2 调整思路 ……………………………………………………………………… (87)
10.1.3 调整战略 ……………………………………………………………………… (87)
10.2 空间布局 ………………………………………………………………………… (87)
10.3 旅游恢复阶段规划 ……………………………………………………………… (88)
10.3.1 生产能力恢复阶段规划 ……………………………………………………… (88)
10.3.2 旅游消费需求恢复阶段规划 ………………………………………………… (89)

11. 地震后四川旅游营销措施 (91)

  11.1 明确的市场定位 (91)

  11.2 推进旅游产品打造和线路统筹 (91)

  11.3 加强四川旅游的宣传推广 (91)

  11.4 推行价格优惠策略 (93)

  11.5 推进节事活动 (93)

  11.6 积极主办会议展会 (94)

  11.7 邀请考察旅游 (94)

  11.8 外省对口援建 (94)

  11.9 区域旅游整合营销 (94)

  11.10 营造良好的旅游发展环境 (94)

12. 地震后四川旅游市场恢复情况 (96)

  12.1 旅游经济稳步恢复 (96)

  12.2 旅游产品的优化升级 (97)

  12.3 旅游设施改善 (97)

    12.3.1 旅游交通 (97)

    12.3.2 饭店业 (100)

    12.3.3 旅行社 (101)

  12.4 小结 (101)

附录 (103)

  附录1 《旅游资源分类、调查与评价（GBT18972—2003）》 (105)

  附录2 四川汶川大地震灾后旅游业生产能力恢复重建项目表 (108)

  附录3 旅游市场恢复计划表 (153)

  附录4 60条精品路线——中国四川国际文化节提供 (156)

  附录5 四川省21个市州省级各类资源占全省比重一览表 (159)

  附录6 2011—2013年四川省接待国内游客情况 (160)

  附录7 2009年四川旅游纪事 (162)

参考文献 (165)

后记 (177)

ations
第一部分
灾后旅游恢复措施

1. 绪论

1.1 研究背景

进入 21 世纪，全球各地灾害不断，这些灾害危机包括自然灾害、战争灾害、疾病灾害和政治灾害等，对当地的旅游业产生了巨大的影响。旅游业如何快速从灾害的影响中走出来，从而恢复市场的繁荣，是灾害所在地政府和灾害景区所面临的最严峻的问题。制定合理的营销策略是恢复市场的重中之重。复杂性、市场恢复的滞后性等是景区受灾后具有的特点，恢复景区营销策略的理论探讨相对较少且稍显薄弱，并且理论研究通常落后于实践，故而未能充分发挥理论对实践的指导意义。因此，进行更为及时和深入的理论探讨，为灾区恢复市场的政策管理提供更科学的决策支持势在必行。

1.2 研究目标

1.2.1 问题提出

目前，学术界关于突发事件危机下的旅游恢复营销问题的研究相对薄弱。研究内容较散，很少有对旅游恢复营销问题的框架性研究，大多是从某个现象或某个角度出发来探究某一理论或某一策略问题。在旅游业危机爆发后，影响游客做出旅游决策的因素十分复杂，且各影响因素间存在相互作用。因此，游客的旅游意愿受到各方面因素的共同作用，单一的理论或策略研究很难真正地在实践中有效运用。故而从整体上对旅游恢复营销问题进行探讨十分重要。

此外，学术界对于旅游恢复营销的研究在严重自然灾害背景下进行的很少。严重自然灾害具有其独特的性质，如灾害的连发性和耦合性，即严重自然灾害会引发一连串的次生灾害和衍生灾害，这使严重自然灾害所造成的危害往往波及范围广，持续时间长。在严重自然灾害的独特背景下，旅游恢复的过程更加复杂，对于旅游恢复营销的研究也将有别于其他旅游危机的情况。

在上卷中，已经对严重自然灾害背景下旅游意愿的综合影响情况进行了探究，从整体上把握了灾后旅游恢复营销的方向，为灾后旅游恢复营销策略的提出提供了理论基础。在中卷中，基于严重自然灾害的背景，对常用的恢复营销策略的效果进行探究，并针对在灾区中未受灾景区的游客赢回方法进行研究，同时对恢复营销策略的效果进行分析。中卷的研究为灾后旅游恢复营销策略的选择提供了宝贵的参考意见。

本部分研究是在上卷和中卷的研究基础上，基于严重自然灾害的背景，从对游客旅游意愿的整体把握上，提出有针对性的灾后旅游恢复营销策略。

1.2.2 研究目标

本部分研究的目标分为理论层面和实践层面。

第一，在理论层面达到 4 个目标：

（1）以提高旅游目的地特色形象感知为目的，提出相应的恢复营销策略；

（2）以提高旅游目的地管理形象感知为目的，提出相应的恢复营销策略；

（3）以降低灾后风险认知为目的，提出相应的恢复营销策略；

（4）探究得出游客满意度评估法，为灾后旅游恢复期的游客满意度评估提供理论方法。

第二，在实践层面达到 2 个目标：

（1）基于严重自然灾害后影响游客到受灾地旅游的心理原因，提出针对性的营销策略，实现受灾地旅游业的快速恢复；

(2) 研究结果可以为严重自然灾害发生后的旅游市场恢复营销策略的提出提供直接借鉴，也可为战争、疫病等旅游危机的市场恢复营销策略的制定提供参考。

1.3 研究意义

1.3.1 理论意义

上卷在严重自然灾害背景下，探究了对旅游意愿产生影响的主要因素，以及这些因素的综合影响模型，从整体上把握了游客去灾后景区旅游的心理。中卷也基于严重自然灾害的背景，探究了灾后旅游赢回策略的效果，并对灾害地未受灾景区的游客赢回策略及策略效果进行了实证分析，为灾后旅游恢复营销策略的提出提供了理论依据。

本部分的研究是在上卷和中卷的研究成果基础之上，提出适用于严重自然灾害后的旅游恢复营销策略。研究完善灾害型旅游危机管理理论，对严重自然灾害后旅游市场恢复营销策略进行较全面的探究，完善灾后旅游恢复的营销理论。

1.3.2 实践意义

本部分的研究是基于汶川大地震的背景，可以用于指导严重自然灾害下的旅游恢复营销策略的制定，同时通过这种应用也可以对研究成果进行检验和完善。此外，对战争灾害、疾病灾害等旅游危机的市场恢复，也有借鉴参考价值。

1.4 研究内容与框架

1.4.1 研究内容

本部分研究的内容主要分为以下4个部分：

第一部分，以提高旅游目的地特色形象感知为目的，提出开发灾害遗迹旅游资源策略，并通过对灾害遗址遗迹的营销概念设计和旅游环线产品设计，以提高灾害地的旅游吸引力。同时，对灾害地未受灾景区的旅游产品采取旅游空间的拓展策略，提高游客的感知收益，从而提高未受灾景区的旅游吸引力。并提出区域旅游整合营销策略，同时，结合当地旅游资源特色，提出以节事旅游来提高旅游目的地特色形象感知的策略。

第二部分，以提高目的地管理形象感知为目的，提出发展灾后旅游产业集群的策略。通过旅游产业集群来增强旅游企业间合作，促进旅游市场的良性竞争，从而提高旅游目的地管理形象。同时，提出旅游目的地官方网站品牌化策略，以实现旅游目的地品牌化，从而提高旅游目的地管理形象。

第三部分，以降低人身风险和健康风险认知为目的，按不同灾后恢复阶段的沟通内容，提出了针对安全沟通（灾害发生后1年内）的降低人身、健康风险认知的旅游恢复营销策略，针对情感沟通的降低道德、社会和心理风险认知的营销策略，以及针对安全沟通（灾害发生1~5年）的降低犯罪风险的营销策略。此外，针对灾害的整个恢复期都存在的经济风险提出了相应的风险降低策略。

第四部分，探究了游客满意度评估法，为灾后旅游恢复期的游客满意度评估提供理论方法，使当地政府和旅游企业能了解到游客的旅游满意度。这将有助于当地政府和旅游企业在旅游产品和赢回策略上调整方向，从而实现游客满意，为旅游市场的快速恢复和健康长久奠定基础。

1.4.2 研究框架

本部分的研究由以下8个章节组成：

第一章绪论。从严重自然灾害后灾害地旅游市场恢复的急迫性和恢复营销策略研究现状及重要性出发，明确研究内容和目标。

第二章对自然灾害后旅游恢复营销问题的研究、旅游危机沟通理论，以及汶川大地震后旅游恢复等文献进行梳理，并以此作为营销策略提出的理论基础。

第三章对上卷和中卷中的"灾后旅游意愿影响因素研究""灾后旅游意愿综合影响模型研究""常

用的灾后赢回策略对旅游意愿影响研究"和"灾后非灾害景区恢复营销研究"进行概述，并回顾研究成果，为后续的旅游恢复策略的提出提供理论基础。

第四章提出了提高目的地特色形象感知的恢复营销策略。提出了灾害遗迹旅游资源开发的必要性，以及对灾害遗址遗迹的营销概念设计和旅游环线产品设计的开发策略。同时，针对灾害地未受灾的旅游景区，提出了拓展其旅游产品的旅游空间的策略，并提出区域旅游整合营销策略。此外，节事旅游对于提高目的地知名度和宣传目的地特色旅游信息具有积极的效果，据此提出了开展节事旅游的策略。

第五章提出了提高目的地管理形象感知的恢复营销策略。提出了发展旅游业产业集群和旅游目的地官方网站品牌化策略。通过旅游产业集群和旅游目的地官方网站品牌化来提高游客心中的目的地管理形象感知。

第六章提出了降低灾后风险认知的恢复营销策略。

在降低人身、健康风险认知中，首先提出了针对当地政府、旅游企业和景区的安全策略，以清除灾害地的安全隐患，保障旅游活动的安全进行。其次提出了灾后救援期与灾后恢复期中的信息沟通策略，以稳定社会秩序，宣传灾害地安全形象。再次提出体验策略，以加强灾害地安全形象的口碑宣传。最后针对灾害地未受灾旅游景区提出区格化策略，以减弱游客对受灾景区和未受灾景区之间的形象混淆。

在降低道德风险、社会风险、心理风险认知中，提出了情感策略。严重自然灾害的发生给整个社会群体的心理都带来了巨大的影响，社会群体一般会对灾害中体现的某些情感产生渴望实现的需求，策略利用灾害地在灾害中凝聚的心智资源，来降低相应的风险认知。

在降低犯罪风险认知中，首先提出了旅游犯罪预防和控制的策略，以减少和抑制旅游犯罪发生。其次，以落实旅游犯罪防控策略为前提，提出了重塑灾害地安全旅游形象的策略，针对信息源、信息传播的内容和信息传播的渠道三个方面提出了相应的方法。

在降低经济风险认知中，提出了价格促销策略来提高游客的感知收益，从而削减游客对到灾害地是否物有所值的担忧。

第七章探究了游客满意度评估法，为灾后旅游恢复期的游客满意度评估提供理论方法，从而帮助当地政府和旅游企业根据游客的旅游评价来及时调整旅游产品和赢回策略。

第八章对本书的研究结论进行总结，讨论研究成果在实践运用中的启示，以及研究局限和未来的研究展望。

2. 相关研究综述

2.1 灾后旅游恢复营销研究

2.1.1 灾后营销策略研究

对于灾后旅游营销策略的研究，主要从政府和企业的角度进行分析和提出了不同的恢复措施。Henderson 在《旅游危机：成因、结果及管理》一书中，用案例法分析了旅游业被危机影响会面临的各种问题，并在第一章中陈述了旅游危机的三个属性：危机严重程度、危机持续时间、危机空间范围。Bill Faulkner 通过对大量灾害管理文献进行研究，建立了一个通用模型，来分析和建立灾害型旅游危机管理系统，并为不同的灾害型旅游危机管理系统提供了一系列的原则和条件，包括灾后危机沟通和短期、长期的旅游市场恢复策略。同时，提出了分析和发展灾害型旅游危机管理的策略。将危机和灾害区别开来，认为危机是管理的失误所致，而灾害不是幸存者所能控制和避免的。Reas Kondraschow（2006）的研究表明，大多数旅游的障碍可能是基于基础设施建设及对目的地安全性认识的不足，旅游目的地应增加亚洲旅游业的安全意识。Mike Peters 和 Birgit Pikkemaat（2005）认为，安全已经成为一个目的地形象的战略武器和竞争优势，目的地应该建立有形的安全向导，如出版《危机管理指南》等应急计划。[①] 侯国林（2005）基于对危机影响机制和旅游者风险决策模型的分析，提出危机后的市场恢复策略应多样化，尤其是需要强调目的地的安全性。在价格策略的研究中，Nevenka Cavlek（2000）针对包价旅游营销策略的分析结果表明，承包商在能够清楚地了解和认识安全危机的情况下，包价旅游的这种营销策略对旅游市场的恢复将会发挥至关重要的作用。Jacquelyns Thomas 等（2004）通过回顾相关理论，建立了数学模型，将模型产生的数据作为比较的基础，不仅研究了赢回顾客的价格策略，同时还研究了当顾客决定再次选择时，最优的价格策略。Mert Tokman 和 Lenita M. Davis 等（2007）关于赢回顾客的因素有效性的研究指出，价格对转换意向有很大的影响，同时强调价格策略的效果受到顾客转换原因的调节。此外，恢复市场的营销策略的研究还包括"以一应百"的市场策略（Jack Carlsen 和 Michael Hughes，2008），旅游营销组织的重新配置策略（Harsha E. Chacko，1996），广告恢复策略（Armstrong、E. Kate 和 Betty Weiler，2002），体验策略（Yu - Shan Wang，2009；刘世明、李蔚和刘晓彬，2009），以及心理影响策略（花海燕、刘世明和李蔚，2010）等研究。

2.1.2 灾后营销其他问题研究

Noel Scott、Eric Laws 和 Bruce Prideaux（2007）关于旅游危机与营销恢复策略的研究指出，近年来发表的许多关于危机旅游业的风险和灾害的研究文章讨论范围极广，其中不少也涉及灾后的挽救措施和危机管理的复杂性，然而多数研究者认为应该有事先的预案，这引起了争论。本书着重于灾后管理者的立即行为，尤其是如何重建旅游业服务市场，以及如何将以灾害之地变成旅游目的地，还有应对未来危机的战略计划。本书指出实际上的挑战要比理论上的"恢复原态"复杂多变并提出组织如何在混沌和复杂之中学习和适应之路。

Pedro Moreira 关于风险感知与危机恢复战略的研究认为，人们今天的行为在某种程度上取决于对明天的预期，即风险感受。作者比较了在旅游目的地拓展中（The Development of a Tourism Destination）的

---

① Mike Peters, Birgit Pikkemaat. Crisis Management in Alpine Winter Sports Resorts – The 1999 Avalanche Disaster in Tyrol [J]. Journal of Travel & Tourism Marketing, 2005, 19 (2/3): 9 – 20.

隐形风险和灾害风险的感受。发现这两种风险感知时间性区别很大——隐形风险的时间分布广，而灾害风险的感受较为集中。提出灾害风险的感受会大于隐形风险，且更易见。而与目的地的旅游发展（The Dourism Development of the Destination）的调查结果正好相反，这给旅游目的地的管理和旅游危机管理提出了思路。

Jack C Carlsen 和 Michael Hughes（2007）关于营销恢复策略差异性问题的研究以10个来源市场对2004年印度洋海啸后马尔代夫旅游业恢复措施进行全面调查，发现市场之间的差异极大，指出"以一应百"的市场策略是无效的。

DeMond Shondell Miller 对灾害旅游与市场重生进行研究，并在卡特里娜飓风后，提出"灾害旅游"的概念，探究了灾害旅游对于旅游者的反省作用；了解对于突然变化如何进行文化适应；指出旅游业如何成为文化和经济复兴的"火车头"。其还阐明了快速恢复旅游业对于新奥尔良"定牌"为"回归之城"的重要性。同时提出灾后旅游业的振兴具有的灵活性，旅游口号应为"希望之地""重生"，而不是灾后的衰败。复兴的关键在于旅游者要了解灾害的发生，以及人们恢复生活的努力过程。

美国纽约大学 Pongsak Hoontakul 等在关于灾后政府恢复措施的研究中，详细调查了泰国政府对于危机的反应和对于旅游业的影响，同时根据不同的状况和任务的复杂程度，建立了一个管理框架。

美国新奥尔良大学 Harsha E. Chacko 关于灾后旅游市场恢复的研究对2005年卡特里娜飓风后的新奥尔良旅游地的旅游资源重新配置进行案例研究。他们从灾后市场营销角度提出旅游营销组织的重新配置策略，并提出了灾害型旅游危机管理框架，总结灾后市场重新配置的经验教训。

英国萨里大学 Haiyan Song 等在关于不同国家的旅游者在灾后旅游需求差别的研究中，利用了自回归分布滞后模型，建立了一个旅游需求分析的模型，对亚洲金融危机后各国到泰国旅游的需求进行分析，证明不同国家在危机后的旅游需求是有差别的。

英国布莱顿大学 Ritchie. Brent 对于灾后旅游业的危机沟通及市场恢复策略的研究以口蹄疫为例，对英国危机沟通管理的国家层面（通过对权威旅游专家的响应的研究）和地方层面（通过对地方自治会的响应的研究）进行研究，指出信息的混乱是影响市场恢复的重要原因之一。

澳大利亚拉筹伯大学 Leah Cioccio 等在灾后旅游恢复的研究中，对澳大利亚森林大火后旅游经营者们的恢复策略进行了研究，指出虽然旅游经营者缺乏灾前防范措施，而其经营者的实践经验积累和灾后旅游经营者的联盟互助非常有助于旅游市场的恢复。

澳大利亚堪培拉大学 Armstrong, E. Kate 在灾后消费信心恢复的研究中，分析了澳大利亚2003年森林火灾后的广告恢复策略，指出在资源有限的情况下，市场策略包括快速反应、经济支持、信息的一致性、诚恳和开放的沟通，在危机后的信息沟通中是有效的，并且具有研究价值。

Jennifer C. H. 关于入境旅游灾后恢复的研究通过与相关领域的专家咨询，应用模糊层次分析法得出了旅游恢复不同策略的权重，认为灾后旅游恢复的重点在于提升国内旅游吸引力。

Nevenka Cavlek 在关于包价旅游商和目的地安全的研究中认为，包价旅游承包商在安全危机后的国家旅游恢复上起着关键性的作用，并提出了旅游目的地自我重建国际市场的步骤。

Carl Bonham 等在关于旅游业恢复原因的研究中，从经济意义上对比了美国国内和夏威夷群岛自"9·11"事件之后的旅游业恢复状态，认为美国国内的旅游业没有恢复，而夏威夷群岛处于快速恢复期。他们采用经济学的错误矢量修正模型（Vector Error Correction Model）证明夏威夷群岛没有受到"9·11"事件的影响，表明夏威夷群岛的旅游恢复的主要原因是美国国内旅游者不愿意到国外旅游而转向夏威夷群岛。Carl Bonham 等证明对旅游者的各种友好政策将促进旅游业的恢复。

Joan C. Henderson 关于灾害发生后酒店企业公共责任的研究认为，企业采取行动不仅是因为同情心还是因为经济利益。研究认为在灾害地实际运行的酒店更愿意采取行动，以促使经济恢复；大企业比小企业更愿意采取行动；企业的公众责任是一种整合手段，它能对旅游业的持续发展产生作用。

李蔚、刘世明和刘晓彬关于地震受灾区的遗址、遗地的旅游项目的开发及激励方式进行了研究。其通过对汶川大地震的旅游线路进行规划和设计，分析了受灾遗址、遗地开发的紧迫性。此外，还对营销本身的概念进行了探讨，以及如何将其应用于旅游规划中进行了分析。

2.2 汶川大地震后旅游恢复研究

"5·12"汶川大地震给四川旅游业带来了惨重的破坏，针对汶川大地震对旅游业的影响，以及旅游恢复策略，诸多学者进行较为深入的探讨。其探讨主要包括3个方面：①汶川地震对少数民族文化产生的影响；②汶川地震对四川旅游业的影响，以及灾后恢复旅游业的营销策略研究；③汶川地震导致的顾客流失及其原因，其中包括顾客的风险感知的组成等。

诸多学者对于汶川地震对四川旅游业产生的影响，以及灾后旅游业恢复的营销策略提出了相关的建议和规划。李锋（2008）以汶川地震为例，对影响旅游者风险感知的要素运用 Logit 模型和 SPSS13.0 进行了判别研究。研究得出6个要素对旅游者的风险感知有着显著的影响：性别、对地震知识的了解、地震的突发性、对地震后果严重性认知、来自周围顾客的影响和对政府表现满意度，并对这6个要素的影响程度进行了排序。张广瑞（2008）认为，要在振兴四川旅游业的基础上全面考虑地震影响。同时，旅游业的振兴要靠大家共同合作，同舟共济；依靠产品来带动市场，必须促进企业以及政府对危机的管理建立起长效的机制。魏小安和曾博伟（2008）分析和判断了汶川地震以后，中国旅游业的未来形势和发展路径。谢元鲁（2008）基于四川的实际情况，提出在灾后重建和规划的过程中，应该着重以启动市场、震后营销、重新规划、突出重点、阶段推进、文化重塑和探索新路作为重建的七大原则。姚辉（2008）认为，应该考虑文化旅游这种新型的旅游模式作为未来发展的方向，从而建立起与地震相关的景点以突出学习和缅怀的主题。杨振之和叶红（2008）则认为重审灾后九寨旅游业，需要从产业和与之相关的生产力方面的布局和旅游产业结构调整的角度来展开讨论。叶娅丽等（2009）以四川旅游业的影响为基础，以汶川大地震为样板，提出并列举了一系列的旅游业恢复和重建方案，并特别指出各级政府、旅游企业、旅游部门应该共同开展旅游促销工作，着重针对价格折扣问题进行研究。刘丽、陆林和陈浩（2009）在旅游目的地形象理论的基础上，总结了汶川大地震灾害在发作期、延续期和痊愈期的不同影响，以及目的地采取的形象塑造和危机管理的相应措施。

刘睿和李星明（2009）通过运用国外学者所提出的"防备—响应—影响"（PRE）模式，对四川地震中涉及的政府部门、旅游相关的企业以及对游客行为的影响进行了探讨。陈爱和王小强（2009）基于对实地的亲自考察，以及在所收集到的相关资料的分析基础上，统计出汶川大地震中所受灾害最严重的旅游景点。同时，对汶川大地震对四川旅游业的影响进行探讨，基于此，对如何恢复旅游业提出了自己的观点和建议。刘世明、李蔚和尚玮（2009）通过建立旅游营销概念设计的分析范式和框架，着重针对旅游营销概念的问题进行探讨，并结合灾后旅游景区的特点，对这一概念进行了深化。曾献君、杨瑞和廖兰（2009）通过应用感知——认知的地理学原理，对潜在的游客对汶川旅游目的地的感知映像以及旅游的动机进行探讨，总结出顾客的感应认知和旅游的行为模式。王小兰（2009）从3个方面入手，分析了汶川大地震对四川旅游经济造成的影响：景区、交通和旅行服务企业，并从宏观角度上提出了恢复四川旅游的对策，包括恢复人们对四川旅游的信心和加强合理的规划，以及打造更加安全、有吸引力的四川旅游目的地的形象两个方面。此外，基于该研究，王小兰（2009）从理论上针对四川旅游目的地安全形象的构建进行了探讨并提出了相应的对策。

张美珊等（2010）对比了汶川地震前后四川旅游业的经济状况，得出地震对四川旅游业造成了巨大损失的结论。同时，结合对旅游经济变化的分析，提出了灾后新的旅游开发模式。马丽君等（2010）

通过对1997—2008年的统计数据进行分析，以及结合本底趋势线理论探讨了汶川大地震对四川以及周边省份的旅游景区在时空分辨率上所造成的影响。花海燕、刘世明和李蔚（2010）通过建立结构方程模型，采用统计学的方法实证分析了顾客旅游意愿与导致顾客流失原因之间的相关关系，得出了一系列重要的结论，例如，旅游意愿并不会受到价格变动的显著影响。同时，当其他风险感知因素存在时，即使在自然灾害严重的情况下，旅客旅游意愿受价格变动的影响也只是有限的。刘世明、南剑飞和李蔚（2010）对汶川大地震后的四川旅游业进行实证分析，得出了在严重自然灾害发生后，有五大因子会导致顾客的流失，包括安全疑虑、伦理冲突、心理忌讳、成本担忧以及景观破坏。甘露、刘燕和卢天玲（2010）通过实证研究对到四川旅游的国内游客去地震后汶川的人群，按照动机进行分类，将游客划分为观光游览、公务或商务、地震旅游和多重动机四大类，并在此基础上分析了不同类型游客对四川旅游业灾害影响的感知。结果显示，在对旅游恢复措施的看法中，除了对降价销售方面的态度趋于中立外，其余方面游客整体上是比较认同的。刘世明等（2010）对四川地区灾后重建大九寨旅游集群进行了可行性分析，基于四川灾后旅游产业的恢复发展，提出了灾后实现大九寨旅游产业集群战略的途径。此外，Weiqiong Yang等（2011）基于政府和一些网站上公布的数据对汶川大地震给四川经济造成的影响进行了分析，并针对自己的结论对恢复四川的经济提出了一些有针对性的意见，其中发展旅游业是非常重要的手段，但不足之处是未提到用怎样的具体策略来恢复旅游业。其在文中指出，政府和旅游组织提出的主题基本上是"安全、美丽的四川"，给目的地营造更好的口碑。鲁炜中等提出了一系列重建措施，基于汶川大地震对羌族人口数量、人口质量和文化传承人及从物质文化和非物质文化的影响方面分析了汶川大地震对羌族文化的影响。

2.3 危机沟通研究
2.3.1 危机沟通的定义

危机沟通是危机管理的重要组成部分，直到20世纪80～90年代才逐渐受到重视。作为危机管理的重要要素，信息沟通受到了除管理学学者，还有公共关系学和传播学学者的多方面关注。

国外对危机沟通的较早研究涉及沟通方式、策略、模型等问题，20世纪后一些学者则倾向于探究危机沟通中的危机信息管理系统构建、信息共享和安全问题。Zerman David（1995）探讨了危机沟通的各种媒介工具。英国危机公关专家Michael Regester（1987）在《危机管理》一书中，提出了公共危机突发事件的"3T"沟通原则。I. IMitroff等（1993）指出危机管理的直接任务是收集、分析和传播信息。Martin Loosemore（2006）对危机沟通的模型、行为及影响沟通效率的结构进行研究。印度学者Mathew Dolly（2005）在对南非国家公共卫生突发事件的危机沟通研究中提出，由公共卫生和灾害信息网络、互联网社区中心构建的信息沟通模式，能有效地实现国内外信息、数据和知识的在线共享。

国内的研究者主要从危机沟通的具体过程、机制、模型及对策进行研究。陈先红等（2004）从组织整合角度探究了危机沟通在危机管理各阶段的模型。傅根清（2004）研究了危机管理的信息交流对策和危机沟通的技巧应用。冯晓（2008）以政府、公众、媒体为主体，探讨了公共危机管理中外部信息沟通机制的构建，以改善三个主体的互助互动关系。陈晓剑等（2009）探究了危机中公众对信息的需求，并提出了危机沟通的信息内容，以此提升公众的积极认知和危机沟通效率。吴小冰（2010）基于归因理论和组织形象修复理论，提出了自然灾害危机、公共卫生危机、人为事故危机、冲突危机与谣言危机的沟通策略。

FearnBanks. K（1996）将危机沟通定义为保护组织自身利益，并尽力降低危机危害的过程。Coombs（2005）认为危机沟通为危机管理者提供了战略信息，即什么时候、怎么发布信息，以及做出哪种反应可以保护组织利益。这些定义主要用于企业等组织范畴，而类似"5·12"汶川大地震的自然灾害引发的危机则更针对公众而非组织。宗利永（2016）在《网络危机舆情演化仿真与沟通问题研究》一书中从公共关系的角度研究，认为在危机爆发的前、中、后期为降低组织形象和声誉等方面的损失，公共关系专业人员与媒体和公众进行及时的沟通、对话，这一系列的措施、策略以及管理过程就是危机沟通。杨桂英（2009）基于公共事件视角，将危机沟通定义为以政府为主的公共组织为预防危机发生、降低危机损失或从危机中快速恢复而通过一定媒介获取、传递、交流以及反馈信息、思想、态度、情感、价值观的一系列活动。

2.3.2 危机下网络舆情的演变

"舆情"在《辞源》中的解释是民众的意愿。但舆情对民意的反映通常是不完全准确和客观的，具有一定偏差。王来华（2004）在辨析"舆情""舆论""民意"三者概念后，认为"舆情"更多是民众的社会政治态度。他将"舆情"定义为在一定的社会空间内，围绕中介性社会事项的发生、发展和变化，作为主体的民众对作为客体的国家管理者产生和持有的社会政治态度。[①] 这个观点受到了许多学者的推崇。从社情民意的角度出发，刘毅（2007）认为舆情是在一定社会空间内，公众对与自身利益相关或自己关心的各种公共事务所持有的多种情绪、意见和态度交织的总和。这类从广义上对舆情进行定义的观点也得到了众多学者的认同。20世纪90年代以后，随着信息技术突飞猛进的发展，互联网已然成为公众舆情表达的重要场所，"网络舆情"也随之成为一个专有名词。曾润喜（2009）将网络舆情定义为由于各种事件的刺激而产生的、通过互联网传播的、人们对于该事件的所有认知、态度、情感和行为倾向的集合。[②] 2008年中国的网络舆情监测开始流行，网络舆情监测和研究很快成为专门的行业在国内普及。网络舆情体现了组织与公众之间的利益关系。目前，许多学者对危机事件下的网络舆情进行了研究。宗利永（2016）对危机事件下的网络舆情进行研究，认为危机事件下网络舆情的发展和演变是公众显现于网络媒体，随危机事件发展、危机响应事态变化的危机感知动态变化过程。[③] 网络舆情演变中公众多元化的意见表达在危机沟通的各个阶段中十分重要，是危机沟通策略制定和实施，以及效果评估中关键的参考依据。基于此，本小节将对危机事件下网络舆情的演变过程进行介绍。

学者从不同的研究角度对危机事件下网络舆情的发展演变进行划分。谢科范、赵湜等（2010）根据舆情演进规律将网络舆情划分为：潜伏、萌动、加速、成熟和衰退5个发展阶段。易承志（2011）将群体性突发事件下网络舆情的发展过程划分为：形成、扩散、爆发和终结4个阶段，并分别探讨了各个发展阶段对应的各演变机制，即启动机制、驱动机制、变动机制和阻动机制。宋海龙、巨乃岐等（2010）认为突发事件网络舆情的发展往往与政府的处理力度及网民的情绪波动相关，根据网民情绪变化状况进行考察，网络舆情一般经历了形成、高涨、波动和淡化4个发展阶段。吴少华、崔鑫等（2015）通过对网络舆情的社会网络结构参数（网络密度、中心度、网络中心势及其变化量等）的定量分析，提出网络舆情经历了形成、发展、爆发、回落4个阶段。宗利永（2016）借鉴Fink的危机生命周期理论，将危机事件下的网络舆情的演变划分为4个阶段：征兆期、突显期、延续期和平息期。本节借鉴国内学者的相关研究成果，将危机事件下网络舆情的演变划分为形成、发展、成熟、衰退4个阶段。

在网络舆情的形成阶段，具有新闻效应的危机事件被上传到网络，大量网民对事件进行跟帖、转发和评论，形成了分散的个体性的观点。随后个别媒体也开始对事件进行传播报道，使原先分散的观点向一些具有代表性的言论聚集，形成网络舆情。在该阶段，危机事件的舆情更多表现为个人观点，在网络上的扩散程度还比较低。

在网络舆情的发展阶段，危机事件的关注度快速提升，关注的网民规模不断扩大，网民之间进行深

[①] 王来华．"舆情"问题研究论略 [J]．天津社会科学，2004（02）：78 – 81．
[②] 曾润喜．网络舆情管控工作机制研究 [J]．图书情报工作，2009，53（18）：79 – 82．
[③] 宗利永．网络危机舆情演化仿真与沟通问题研究 [M]．上海：上海科学技术文献出版社，2016．

度的交流和讨论。网络舆情开始向少数几个观点聚集，个人意识逐渐让位于群体意识，网络舆情扩散加快，影响面迅速扩大。

在网络舆情的成熟阶段，危机事件关注度的增速放缓，关注量达到峰值，并最终处于相对稳定的状况。这个阶段，网络舆情的社会影响和引导力开始显现，主流媒体介入报道，进一步提高了舆情的影响力，舆情领袖的作用得到增强。网络舆情发展到"高峰期"。

在网络舆情的衰退阶段，危机事件的关注度逐渐下降，网民的新鲜感减弱，网络舆情的社会影响力逐渐下降。这个阶段，危机事件可能没有得到完全的处理，只是网民的关注点转移到了新的社会热点上。在衰退阶段期间，网民可能受到某些偶然因素的影响又再度关注该危机事件，使网络舆情影响力呈现出一个或几个新的小高潮的波动，最终再次进入下滑状态。

2.3.3 危机沟通策略

危机沟通策略是指组织在危机发生后怎么说与怎么做。众多国内外学者都认可危机发生后的沟通可以影响人们对危机的感知和与组织的互动关系，有助于预防和修复受损的组织形象、减少相关利益者的负面情感和负面行为意图。对于危机沟通策略的研究，Benoit 和 Coobms 的成果最具代表性。Benoit、Gullifor 和 Panici（1991）提出了危机沟通的四种防御策略，包括否认、推卸责任、淡化伤害和后悔道歉。随后，Benoit 和 Brinso（1994）又将防御策略修正为形象修复策略。Benoit 的形象修复策略分为五大主策略和十四项子策略，如表 2-1 所示，旨在帮助组织在危机发生后的较短时间内把组织形象受损的程度和影响范围控制到最小。

表 2-1 Benoit 形象修复策略

主策略	子策略
否认	1. 纯粹否认：否认实施了伤害性行为； 2. 转移视线：将伤害行为归咎于他人
逃避责任	1. 自我保护：实施的行为出于组织自卫； 2. 无法控制：缺乏信息或能力来规避危机的发生； 3. 事出意外：危机的发生是偶然性； 4. 纯属善意：行为是出于善意
减少敌意	1. 寻求支持：强化组织的正面形象以获取外界支持； 2. 最小化危机：降低利益相关者对事件的负面情感； 3. 差异化：将危机与相似或危害程度更大的危机加以区别，降低危机在利益相关者心中的严重性； 4. 提高层次：提醒利益相关者关注更为重要的事情； 5. 反击对手：降低对手的可信度； 6. 给予补偿：对受害者给予补偿
修正行为	组织承诺修复危机带来的损害，并保证危机不再发生
道歉	组织承担责任，请求利益相关者原谅

以 Coombs 为代表的一批学者结合危机传播中的"管理取向"和"修辞取向"，于 1995 年提出了情境式危机沟通理论（Situational Crisis Communication Theory，SCCT）。经过 20 多年的理论更新，SCCT 在理论和实践中被广泛运用。SCCT 主要研究危机情境、危机沟通策略，以及两者的配套运用。SCCT 以表明立场为切入点，将危机沟通策略总结为否认型、淡化型、重塑型、支援型，其中支援策略为前 3 个基础策略的补充策略，如表 2-2 所示。根据危机责任的界定，SCCT 将组织的危机划分为受害型、意外

型、可预防型三类情境，如表2-3所示。针对不同的危机情境采用不同的沟通策略，是提高危机沟通效率的重要方法。Coombs指出，危机沟通策略的强硬程度（策略强硬程度由强到弱依次为：否认型、淡化型、重塑型策略）与危机责任的轻重程度（危机责任由轻到重的危机情境依次是：受害型、意外型、可预防型情境）成方向关系，即组织的危机责任越低，则组织更倾向于采取强硬的防御策略；组织的危机责任越重时，则倾向于选择妥协策略。在策略的搭配运用中，Coombs提出要注意策略的一致性，避免将否认型与淡化型或重塑型策略进行混合使用，否则会降低策略的效果。然而，支援型策略作为补偿策略，可与其他策略混用。

表2-2 情境式危机沟通理论中的沟通策略

主策略	子策略
否认型	1. 回击指控：直接回击或反驳对组织的指责和质疑； 2. 直接否认：直接否认危机的存在； 3. 指明"替罪羊"：将危机责任转移给其他人或组织
淡化型	1. 寻找借口：强调危机的不可控性，淡化组织责任； 2. 寻找合理性：强调危机的危害不大或没有
重塑型	1. 进行补偿：强调所有受害者已经得到妥善的安排和补偿； 2. 道歉：承诺承担责任，请求原谅
支援型	1. 提醒：强调组织的正面行为和评价； 2. 迎合：称赞和感谢所有利益相关者； 3. 共鸣：强调组织也是危机受害者

资料来源：彭茜. 政府危机沟通策略与效果分析 [D]. 厦门大学，2014.

表2-3 情境式危机沟通理论中危机情境划分

危机类型	特征
受害型	组织几乎没有危机责任，如自然灾害、谣言、外部的恶意攻击、工作场所暴力等
意外型	有较小的危机责任，如遭到怀疑、技术原因导致的事故
可预防型	有较大的危机责任，如人为原因导致的事故、组织对相关利益者进行欺骗或使其身处危险、组织故意违反法律法规

吴小冰（2010）结合Benoit的形象修复理论和Coobms的SCCT所提出的危机沟通策略，提出了针对自然灾害的危机沟通策略，如表2-4所示。吴小冰认为，自然灾害危机的组织责任小，外部控制力强，具有不可抗性。因此，自然灾害危机的沟通应更注重支援与修正策略的应用。

表2-4 自然灾害危机沟通策略

自然灾害危机		沟通策略
危机处理阶段	支援	采取有力的抢险救灾措施，保障人民大众生命财产安全
	趋小化	运用各种社会来源的资助方式，使自然灾害的负面影响尽可能降低
	超脱	传播多方面的正面信息，使大众注意力不局限于灾害的影响

续表

自然灾害危机		沟通策略
危机恢复阶段	修正	通过制定相关的制度与措施减少类似自然灾害可能造成的损害，稳定社会大众情绪，增强信心
	支援	采取有力的灾后重建措施，尽快帮助大众恢复生活秩序，以及心理健康的恢复

资料来源：吴小冰. 政府公共危机沟通策略探讨——归因理论与形象修复理论的视角 [J]. 东南传播，2010（06）：28-31.

3. 灾后旅游恢复研究成果回顾

3.1 灾后旅游意愿影响因素研究成果

3.1.1 研究概述

灾后旅游意愿影响因素的研究内容来自上卷的第二部分。

对灾后旅游意愿影响因素的研究主要从两个角度进行。一是从计划行为理论的角度探究影响因素，二是从灾后游客流失原因的角度探究影响因素。最后针对两组研究中提到的关于旅游成本对灾后旅游意愿影响的情况，从交通成本的角度探究交通成本改变对灾后旅游意愿的影响，并以此间接补充旅游成本对灾后旅游意愿影响情况的思考。

旅游地发生自然灾害后，普遍存在游客流失的情况。虽然地方政府出台了诸多策略来赢回客源市场，但效果都不显著，旅游地仍恢复缓慢。究其原因主要是严重自然灾害发生后，游客心理未探明，导致了赢回策略针对性不强。对严重自然灾害后旅游意愿影响因素的探究，可以为实现灾后旅游市场的快速恢复提供理论基础。

拟定研究方向和目的后，通过理论回顾和文献阅读，对既定研究方向的相关成果和研究进展有所了解后，确定研究的内容和目标。

研究先从计划行为理论的角度对灾后旅游意愿的影响因素进行探究。首先，通过文献分析提出影响灾后旅游意愿的4个方面的研究假设，并采用7级Likert量表测量相关变量。其次，对成都旅游集散地的出行游客进行问卷调查，收集数据，并对样本数据进行描述。再次，通过因子分析提取出影响灾后旅游意愿的5个因素。通过聚类分析，将比较关注对旅游活动的控制程度的游客分为"控制型游客"，将受情感和规范因素影响更大的游客分为"敏感型游客"，以此研究两类游客的旅游意愿情况。最后，通过回归分析得出对灾后旅游意愿影响显著的因素。

接着，研究从灾后游客流失原因的角度，对旅游意愿的影响因素进行了探究。

该组研究首先对严重自然灾害后游客的流失原因进行了实证。在探究中，先通过文献梳理和深度访谈来拟定初步的测项。其次通过专家修正和测项纯化，最终确定了17个测项，并在广州、武汉、南宁、海口进行问卷调查。再次，对问卷调查的数据进行了探索性因子分析和验证性因子分析，得出了灾后游客流失的原因，即安全疑虑、景观损坏、心理忌讳、伦理冲突和成本担忧。并通过效度和信度的分析检验了问卷的可靠性和有效性。同时，该组在5个灾后游客流失原因的研究基础上，建立了流失原因与旅游意愿的关系模型，分别对5个流失原因与灾后旅游意愿的相关关系进行假设。最后，通过结构方程得出灾后游客流失原因对旅游意愿的影响权重。

为进一步了解以上两组研究中提到的关于旅游成本对旅游意愿影响不显著的结论，加之考虑到交通成本在旅游成本中占比大，且交通对旅游恢复具有重要意义。因此，研究探究了交通成本改变对灾后旅游意愿的影响情况，并以此间接补充了旅游成本对灾后旅游意愿影响情况的结论。

在交通成本改变对灾后旅游意愿影响的研究中，通过文献分析，选取货币成本、时间成本和感知利益作为实验变量。采用实验经济学法，设计问卷，并对成都9个区的居民进行问卷调查。在研究分析阶段，运用实验经济学法，在交通成本的属性类别和对应水平的不同组合下，分析游客的旅游意愿。研究进一步对交通成本各属性进行价值评估，估计游客对各成本属性的边际效用及价值。随后，考虑到在做上述两类研究分析时是在"不同模拟情景对应的假想基线情况不会对模拟情景的回答产生影响"的假定前提下进行的。因此为了使实验的结论更加严谨，研究不同假想基线情景对游客旅游意愿的影响进行了探讨。同时，对交通方式选择中是否存在偏好逆转现象进行验证，并以此对主流经济学关于偏好一致性假设的验证提供案例分析。最后，对研究的结果进行总结。

通过以上三组的研究，最后对灾后旅游意愿影响因素的研究进行了总结，并提出了研究是实践运用、不足及对后续研究的展望。

3.1.2 研究结论

（1）基于计划行为理论的灾后旅游意愿影响因素研究结论。

其研究结论得出 5 方面因素会影响灾后旅游意愿：行为信念、规范信念、他控信念、自控信念、负面情感。

1）行为信念中主要包括生活体验、文化体验、特色商品、自然风光和放松休闲；

2）规范信念包括主观规范（家人和朋友等重要参照群体的不支持态度）、伦理规范（个体感知到了旅游利益和旅游相关者理论的矛盾而产生的压力）、行为规范（游客感知到他人放弃到灾后景区旅游的行为而产生的从众心理）；

3）他控信念包括服务质量、旅游同伴、旅游安全、旅游景点的情况等；

4）自控信念包括旅游费用和旅游时间；

5）负面情感指游客到灾后景区旅游会感觉恐惧、焦虑、悲伤等情绪。

研究发现，各影响因素对旅游意愿的影响权重也各有不同。

1）行为信念、主观规范和他控信念会明显地影响灾后游客的旅游意愿；

2）对于更注重把控旅游活动过程的游客，受到自控信念和他控信念的影响较大；

3）对于更注重情感和规范的游客，受到负面情感、主观规范、伦理规范和行为规范的影响更大。

（2）基于灾后游客流失原因的灾后旅游意愿影响因素研究结论。

得出 5 个严重自然灾害后游客流失原因：安全疑虑、伦理冲突、心理忌讳、景观损坏、价格因素。同时，各个游客流失原因对旅游意愿的影响程度不同。

1）安全疑虑是影响游客决策的主要因素；

2）伦理冲突是仅次于安全疑虑之后的对游客旅游意愿影响最大的因素；

3）心理忌讳在一定程度上影响游客决策；

4）景观损坏的风险对旅游决策的影响较低；

5）价格因素对旅游意愿的影响不显著。

（3）交通成本改变对灾后旅游意愿的影响。

1）价格敏感的游客受交通中的货币成本的影响显著，而对时间成本不敏感。对价格非敏感的游客，他们可能更加关注时间成本，而货币成本的大小对他们的影响不显著；

2）在旅游成本相同的情况下，对价格敏感的游客的旅游意愿要低于对价格非敏感的游客；

3）当提高感知利益，如新增景点或遗址、遗迹，对价格敏感的游客和对价格非敏感的游客的旅游意愿会有所提升；

4）只有时间成本和货币成本会影响人们对交通方式的选择。

3.2 灾后旅游意愿综合影响模型研究成果

3.2.1 研究概述

灾后旅游意愿综合影响模型研究来自上卷第三部分。

上卷第二部分对灾后旅游意愿的影响因素进行探究，但实证研究过程中，都是对几类影响因子的作用情况进行单独分析的。然而，旅游决策是一个复杂的过程。严重自然灾害后，游客对是否到灾害地旅游存在各方面的考虑，既有风险认知的顾虑，还有对旅游目的地熟悉度等的权衡，即存在许多影响因子共同作用于游客的旅游决策。影响因子之间既存在对旅游意愿相互增进的作用，又存在相互削弱的作用。不同于灾后旅游意愿影响因素的研究，灾后旅游意愿综合影响模型的研究将影响因子纳入一个模型，探讨对灾后旅游意愿的综合影响情况。

基于研究目的，研究先通过理论回顾和文献阅读，了解目前的相关研究成果和研究进展，确定研究的内容和目标，界定研究范围，并将灾后风险认知、目的地形象感知、熟悉度和旅游意愿作为研究变量。在正式研究中，首先对变量进行研究假设。其次，采用主成分分析法进行探索性因子分析，开发灾后风险认知及目的地形象感知的量表，进行验证性因子分析。再次，通过文献回顾对各因素间的关系进行梳理，并设计概念模型和研究假设。同时，进行问卷调查，并对调查数据进行了数据质量分析。最后，进行结构方程模型分析和假设验证后，得出灾后风险认知、目的地形象感知与熟悉度对旅游意愿影响模型研究结论，并对研究结论进行了讨论。

3.2.2 研究结论

研究构建了灾后影响旅游意愿的三因素（灾后风险认知、旅游目的地形象感知、熟悉度）关系模型。同时，解析了灾后风险认知的内在结构、目的地形象感知的内在结构，明确了对旅游意愿有显著影响的灾后风险认知种类及目的地形象感知种类。

（1）识别出灾后风险认知的8个维度：人身风险、健康风险、经济风险、道德风险、社会风险、便捷风险、心理风险、犯罪风险。

（2）识别出目的地形象感知的3个维度：目的地特色形象感知、目的地设施形象感知、目的地管理形象感知。

（3）灾后风险认知的低阶因子对灾后旅游意愿的影响：经济风险、道德风险、犯罪风险存在时，会明显地降低灾后旅游意愿。人身风险、健康风险、社会风险、便捷风险、心理风险对灾后旅游意愿没有明显的影响。但在灾后恢复的不同时间阶段里，游客对风险类型的关注会不同。灾害发生后约1年时间内，潜在游客对人身风险和健康风险反映强烈，即使游客的人身健康能得到保障，仍会存在道德风险（到受灾景区的行为是否会被误会成不尊重灾区当地死难同胞）、社会风险（到受灾景区的行为与自己的社会形象不符）和心理风险（到受灾景区的想法让自己不舒服）。灾害发生后1~5年时间，游客主要担心灾害发生一段时间后，灾区重建中，会有不法分子趁乱犯罪，存在犯罪风险。而经济风险则在灾后恢复的整个过程中都会对旅游意愿产生影响。

（4）目的地形象感知的低阶因子对旅游意愿的影响：目的地特色形象感知（包括美丽风景、绿色植被、人文景观、活动丰富、活动参与度高）和目的地管理形象感知（包括游客行为文明、当地居民友善、与其他居民沟通愉快、收费合理、综合管理良好、投诉景区方便）将对旅游意愿具有明显的正面影响。虽然目的地设施形象感知对旅游意愿也有正面的影响，但影响并不明显。

3.3 常用的灾后赢回策略对旅游意愿影响研究成果

3.3.1 研究概述

常用的灾后赢回策略对旅游意愿影响研究来自中卷第一部分。

第一，研究从严重自然灾害发生后灾害地景区旅游迟迟不能恢复的社会现实问题出发，结合旅游灾害管理的研究现状，发现研究机会，提出本书要解决的问题。同时，通过理论回顾和文献与阅读，了解现阶段的相关研究成果和进展，确定研究的内容和目标。

第二，研究通过对体验和感情相关理论的探索，结合严重自然灾害后的特殊环境，提出了新的赢回策略：体验赢回策略与情感赢回策略。

第三，研究对在严重自然灾害下游客流失的原因进行探索，并通过建立测项、问卷调查、因子分析和效度、信度检验，得出了灾后游客流失的 5 个原因：安全顾虑、景观损坏、心理忌讳、伦理冲突和成本担忧。另外说明的是，为了满足上卷中"第二部分 灾后旅游意愿影响因素研究"的研究需要，该部分的研究已经在基于游客流失原因的灾后旅游意愿影响因素研究中进行了阐述。

第四，基于得出的灾后游客流失 5 个原因，通过文献回顾，并结合体验赢回策略和情感赢回策略，构建模型。同时，以流失原因作为自变量、以游客旅游意愿为因变量、以体验策略、安全策略、价格策略、情感策略为调节变量，并以因变量、自变量、调节变量之间的关系提出赢回策略对流失原因与旅游意愿之间关系的调节作用，从而探究出赢回策略对何种流失原因具有好的赢回效果。

第五，通过结构方程模型，利用 LISREL 软件，对严重自然灾害后游客流失的原因与游客旅游意愿之间的关系进行检验。同时，对收集的问卷数据使用 LISREL 8.71 软件来实际演算各个赢回策略对各个流失原因与旅游意愿之间关系的调节作用，并验证前期提出的体验、情感赢回策略的有效性。

第六，对研究的结论进行总结讨论，提出实践运用价值，以及研究的局限和对未来的展望。

3.3.2 研究结论

关于灾后游客流失原因和流失原因与灾后旅游意愿之间关系的研究结论可参见本书的 2.1.2 节。赢回策略对旅游意愿影响效果的结论如下：

（1）安全和价格赢回策略对游客旅游意愿影响较小。安全策略本身没有给游客带来感知利得和感知价值的提升。同时在严重自然灾害背景下大肆进行景区的安全宣传，容易使游客认为过于功利，或者反而唤起了游客对旅游地安全的担忧。价格策略虽然增加了游客的感知价值，但在严重自然灾害背景下，游客对风险的强烈感知往往遮蔽了价格所带来的策略利得。特别是对于价格非敏感的游客，价格策略对其消费刺激不大。

（2）体验赢回策略和情感赢回策略有效。体验赢回策略对安全疑虑、心理忌讳、伦理冲突造成的游客旅游意愿流失有调节作用。同时，情感赢回策略对所有原因造成的游客旅游意愿流失都有调节作用。综合来看，避开策略的刺激强度不谈，体验和情感策略较安全和价格策略更为有效。

3.4 灾后非灾害景区恢复营销研究成果

3.4.1 研究概述

在对汶川大地震发生后两年内的四川各主要旅游景区的相关数据进行统计时发现，未受地震直接破坏或严重影响，且旅游资源完好，依然具备游客接待能力的旅游景区恢复效果不佳。通过查阅文献，发现学术界暂时没有对此现象进行过深入的研究。基于此情况，初步拟定了研究方向，即严重自然灾害背景下灾害景区对非灾害景区的波及效应及游客赢回策略研究。

通过理论回顾和查阅文献，了解相关研究的现状，明确研究内容和目标。

首先，对严重自然灾害背景下灾害旅游景区对非灾害旅游景区的波及效应进行扎根研究。该阶段研究依据扎根理论，通过对各地游客的深入访谈和小组访谈，收集相关数据，并对数据进行分析，得出了波及效应的产生原因和不同类型，以及提出了波及效应产生的内在机理。

其次，通过对文献的回顾和分析，对比扎根研究中采集到的数据，提取主要变量：旅游空间尺度、相似性、旅游景区形象混淆、旅游意愿。随后，通过文献分析完成了研究变量的量表开发，并根据研究对象的不同，构建出两个概念模型。

最后，研究运用现场实验法，对两个研究模型进行检验。第一个研究模型，以九寨沟景区为对象，根据旅游空间尺度的内涵和提高旅游意愿的目的，设计出实验刺激物，并设计出策略组合。通过归纳、分析，提出研究假设，并验证得出研究结论。第二个研究模型，以峨眉山景区为对象，根据相似性、旅游景区形象混淆的内涵和提高旅游意愿的目的，设计出实验刺激物，并设计出策略组合。通过归纳、分析，提出研究假设，并验证得出研究结论。

3.4.2 研究结论

(1) 严重自然灾害背景下，实证研究得出灾害旅游景区对非灾害旅游景区存在波及效应。根据波及效应的表现形态，可将波及效应划分为联结性波及效应、整体性波及效应和泛化性波及效应三个不同的种类。联结性波及效应是由于旅游企业的产品设计或者游客自身的情感认知，使得非灾害旅游景区和灾害旅游景区被串联在一起而产生的连带效应，进而导致波及。整体性波及效应是由于游客对于非灾害旅游景区进行感知时，将其与灾害旅游景区知觉为一个整体而产生的波及。泛化性波及效应是指游客在对非灾害旅游景区感知时，并不将其与灾害旅游景区视为一个整体而进行感知，而是类似于归类的行为，通过某些共同的特点，主观上将其也划定为灾害旅游景区一类，进而产生波及。

(2) 严重自然灾害背景下，旅游空间尺度是影响游客到访非灾害旅游景区旅游意愿的重要因素。严重自然灾害后，旅游产品内的若干旅游景区甚至全部旅游景区都变成了灾害旅游景区，从而使得旅游空间尺度缩小甚至丧失旅游空间，导致游客旅游意愿降低。

(3) 严重自然灾害背景下，旅游景区形象混淆是影响游客到访非灾害旅游景区旅游意愿的重要因素。当游客认知旅游景区时，旅游景区的形象出现混淆，将非灾害旅游景区认知为灾害旅游景区，导致游客旅游意愿降低。

(4) 严重自然灾害背景下，相似性是影响旅游景区形象混淆的重要因素。相似性越强，游客对旅游景区形象的判断越不准确，越容易产生旅游景区形象混淆。

(5) 旅游空间尺度拓展策略能够有效提高游客到访非灾害景区的旅游意愿。具备大尺度旅游空间的旅游产品是容易被游客识别和认可的，比小尺度旅游空间的旅游产品更具有旅游吸引力。

(6) 区格策略能够有效地提高游客到访非灾害景区的旅游意愿。区格策略包含版块化策略和类属化策略。版块化策略和类属化策略都有效地弱化了游客对旅游目的地形象的混淆，两者对旅游意愿都具有明显的效果。

4. 提高目的地特色形象感知的恢复营销策略

4.1 灾后旅游开发意义和营销思路

（1）灾后旅游开发意义。

严重自然灾害后旅游意愿综合影响模型研究中得出，目的地特色形象感知对灾后旅游意愿具有明显的正面影响。目的地特色形象感知包括美丽风景、绿色植被、人文景观、活动丰富、活动参与度高等。在严重自然灾害下灾害景区对非灾害景区的波及效应及游客赢回策略研究中得出，旅游空间尺度拓展策略能够有效地提高游客到访非灾害景区的旅游意愿，大尺度旅游空间的旅游产品对旅游者的吸引力比小尺度旅游空间的产品更强。从以上结论可以看出，无论是受灾景区还是未受灾景区，增加新的景点或活动有利于扩宽旅游产品的旅游空间尺度，提高游客的感知价值，增强目的地特色形象感知，从而提高灾后游客的旅游意愿。

同时，严重自然灾害发生后会留下珍贵的遗址、遗迹，它们作为人类灾害史的见证，既具有历史文化价值，又具有独特的观赏性和教育性。因此，灾后遗址、遗迹值得保护并加以利用开发。此外，由于严重自然灾害的发生，灾害地会引发媒体和群众的热切关注，有利于灾害地聚集品牌资源。而且，严重自然灾害影响的不只是灾区人民，更是整个社会群体。自然灾害发生后，社会民众都心系灾区，积极救援灾区，他们见证了灾区人民的悲痛，也见证了灾区人民自强不息的精神和感恩的情怀。这些都凝聚成了灾害地的心智资源。对灾后遗址、遗迹进行旅游开发，有利于让宝贵的品牌资源、心智资源发挥最大的价值，有利于灾害地旅游经济快速恢复。

（2）营销思路。

本章的营销策略以提高目的地特色形象感知为目的。主要在于开发灾害地遗迹旅游资源，并通过营销概念设计和旅游环线产品设计，充分地将灾害遗迹旅游资源的开发与实际情况相结合，提高资源的旅游吸引力，发挥资源的最大效用。

同时，由于游客对旅游目的地形象产生混淆等原因，使非灾害景区的旅游受到灾害景区的波及影响，也陷入了低迷。对于非灾害景区，也亟须进一步提高目的地特色形象感知，对旅游产品原有的旅游空间进行拓展，提高游客的感知利得，增强旅游产品的吸引力。

此外，灾害地在旅游恢复过程中，结合当地旅游资源特色，适当地开展相关主题的节事旅游，可以提高灾害地的旅游知名度，也可以加强旅游目的地特色形象的宣传，提高对游客的吸引力。

4.2 开发灾害旅游景区的旅游资源价值

4.2.1 灾害遗迹旅游资源

4.2.1.1 严重自然灾害对旅游资源的影响

（1）旅游资源的定义。

旅游资源（Tourism Resources）是旅游发展的前提和基础，也是旅游发展的核心，旅游资源合理的开发和利用是旅游业成功的关键因素。国内外学术界对于旅游资源进行了多方面且深入的研究。其中，对于旅游资源的定义，不同的学者给出了不同的看法。郭来喜、吴必虎等（2000）对目前学术界比较有代表性的观点进行了汇总，如表4-1所示。

表4-1 旅游资源的定义汇总

观点	作者	资料来源
凡能为旅游者提供观光游览、知识乐趣、度假疗养、娱乐休息、探险猎奇、考察研究、寻根访祖、商务交往以及人民友好往来的客体与劳务等，并具有开发价值者，均可称为旅游资源	郭来喜（1982）	中国科学院地理研究所编．旅游地理文集［C］．北京：科学出版社，1982.
凡是足以构成吸引旅游者的自然和社会因素均统称为旅游资源	《旅游概论》编写组（1982）	《旅游概论》编写组．旅游概论［M］．天津：天津人民出版社，1982.
旅游资源是在现实条件下，能够吸引人们产生旅游动机并进行旅游活动的各种因素的总和	陈传康（1990）	陈传康，等．旅游资源鉴赏与开发［M］．上海：同济大学出版社，1990.
凡能激发旅游者旅游动机的，能为旅游业所利用的，并由此而产生经济效益和社会效益的自然与社会的实在物	孙文昌（1990）	孙文昌．应用旅游地理［M］．长春：东北师范大学出版社，1990.
旅游资源是指对旅游者具有吸引力的自然存在和历史文化遗产以及直接用于旅游目的的人工创造物	保继刚（1993）	保继刚，楚义芳，等．旅游地理学［M］．北京：高等教育出版社，1993.
自然界和人类社会凡能对旅游者产生吸引力，可以为旅游开发利用，并可产生经济效益、社会效益和环境效益的各种事物和因素，都可以视为旅游资源	国家旅游局开发司（1993）	国家旅游局资源开发司，中国科学院地理研究所主编．中国旅游资源普查规范（试行稿）［M］．北京：中国旅游出版社，1993.

资料来源：郭来喜、吴必虎等（2000）。

目前国内学术界认可的是国家质检总局于2003年发布的《旅游资源分类、调查与评价》文件中对旅游资源的定义："自然界和人类社会凡能对旅游者产生吸引力，可以为旅游业开发利用，并可产生经济效益、社会效益和环境效益的各种事物和因素。"[1]

从以上的定义可以看出，旅游资源可以是有形的，也可以是无形的。它最核心，同时也有别于其他资源的特点是对旅游者的吸引力。

（2）严重自然灾害对旅游资源的影响。

旅游资源具有易损性，一旦保护和开发不当，就容易造成旅游资源的损坏，尤其是自然景观和历史遗迹旅游资源，即使进行人工的修复，也难以恢复其原有的价值。如具有旅游吸引力的自然景观、奇特的地形、地貌，这些普遍都是经过成百上千年，甚至数万年才形成的，而且是在一定自然地理条件下形成的，形态特征、生态环境等都具有独特性，一旦遭受严重损坏，便难以恢复其原貌，而这些旅游资源的吸引力也会大大降低。

然而，严重自然灾害的爆发，如特大地震、森林火灾、崩塌、泥石流、强烈台风等，往往对当地的旅游资源造成严重的破坏，并且这些破坏在短时间内难以修复，甚至无法修复。如20世纪90年代中

---

[1] 国家质检总局，《旅游资源分类、调查与评价》（GB/T 18972－2003），2003。

期，被列入世界自然遗产的湖南武陵源发生泥石流灾害，导致石英砂岩峰丛、峰林发生岩崩，河流部分改道，许多景观瞬间遭到破坏，失去原貌。2008年1—2月冰雪灾害使广东南岭国家级自然保护区大量动物死亡，90%的林木被毁，且大部分树种是红豆杉、长苞铁杉、伯乐树等珍稀植物。据初步估计，南岭整个生态系统恢复至少要三四十年时间。[①] 2008年5月12日汶川大地震发生后，四川省内有1839件馆藏文物受损，其中珍贵文物189件。全省361家旅游景区受损，其中完全损坏的景区56家。世界自然文化遗产都江堰二王庙建筑群和全国重点文物保护单位云岩寺大面积坍塌，世界自然遗产大熊猫栖息地卧龙景区也受到了严重破坏。从以上可以看出，严重自然灾害对旅游资源的破坏力是巨大的，短时间内难以恢复，尤其是许多文物古迹再也无法恢复其原有的价值。

4.2.1.2 地震遗迹旅游资源的特点与分类

地震遗迹旅游资源是一种特殊的旅游资源。马勇和倪波（2010）结合《旅游资源分类、调查与评价》对旅游资源的定义，认为"地震遗迹旅游资源是地震后留下来的具有科学考察价值、观赏价值，以及旅游吸引力的，可以为旅游业开发利用，并可产生经济效益、社会效益和环境效益的各种地震灾害遗址、遗迹、遗物"[②]。

地震遗迹具有的旅游吸引力，一般源于它们的一些特点。邹盛贵和蔡书良（2003）对灾害遗迹旅游资源的特点进行阐述，这些特点也同样适用于地震遗迹旅游资源。

（1）独特的旅游观赏性。

旅游资源的观赏性越强，其对旅游者的吸引力就越大。地震遗迹旅游资源独特的观赏性主要体现在以下几个方面。

1）独特的地貌。

地震具有瞬间破坏的力量，而这种强大的力量也重塑了地貌形态，创造了新的地貌景观。这些地貌景观类型多样，极具震撼力和旅游开发价值，是珍贵的自然遗产。如1511年云南永胜在强烈地震中形成的令人叹为观止的红石岩地震天坑、地震裂谷等奇特地貌。1920年海原大地震的爆发形成了大大小小堰塞湖，成为干旱黄土高原上独特的景观。重庆的黔江小南海是在1856年的大地震中形成的，是风光秀丽的高山淡水堰塞湖泊景区。

2）震撼人心的灾害史。

大地震的发生，往往伴随着山崩地裂、房屋倒塌、人员伤亡等一幕幕令人刻骨铭心的画面。这些地震的灾害史对旅游者具有强烈的感染力和吸引力。如汶川大地震后留下的汶川映秀镇的震中遗址，遗址地坍塌的房屋、岩石流和震源景观都在不断地放映这段震撼人心的灾害史，吸引人们前来旅游吊唁。

3）科学教育性。

通过到地震遗迹旅游，如地震博物馆、地震体验馆等景点，可以接受到一定的防灾教育和地震科考教育，如地震的形成机制、地震预测和防护的科学技术、地震灾害的自救措施等。基于地震的科学教育给地震遗迹旅游带来了独特的吸引力，同时也丰富了旅游产品的内涵。

（2）易于空间组织旅游路线。

大型地震的破坏力大，危及范围广，常常还会诱发一连串的次生灾害，这些造成了大量的灾后遗址、遗迹，同时留下了丰富的地震遗迹旅游资源。这些旅游资源主要分布在地震带，在空间上有利于旅游产品的组合。以汶川大地震为例，地震后留下了许多遗址、遗迹，有反映地震强度和破坏性的映秀地震遗址、北川地震遗址、百花大桥遗迹、东河口地震遗址等；有反映抗震救灾中的典型事件，

---

① 大洋网·广州日报. 广东南岭国家级自然保护区遭雪灾毁灭性破坏 [N]. 人民网, 2008-02-21.
② 马勇, 倪波. 汶川地震灾害遗迹旅游资源调查研究 [J]. 科技创新导报, 2010 (2): 114-116.

如解放军的英勇救援，灾区人民的自强不息和感恩事迹、各地人民的无私支援等。汶川大地震后，地震遗迹旅游资源集中分布在龙门山地震断裂带，龙门山地带形成奇特的地质地貌。加之，龙门山区域在地震之前已经汇聚了大量的自然文化遗产和丰富的旅游资源。可以看出，龙门山区域的旅游产品组合条件优良，可以在形成地震遗迹旅游路线的同时，整合发展羌族文化等旅游资源。

（3）情感资源丰富。

大型地震往往造成大量的人员伤亡和珍贵遗迹与景观的损坏，这些都会引起人们的痛惜之情。同时，在抗震救灾过程中传递出来的大爱与自强不息的精神，也凝聚成了宝贵的情感资源。以汶川大地震为例，里氏 8 级大地震给灾区带来的沉痛伤害让人铭记于心。抗震救灾过程中解放军展现的大无畏精神、灾区人民自强不息的精神和感恩的品德，以及全国人民积极支援灾区的无私大爱，这些又让人鼓舞振奋、感动不已。四川省旅游局以"大爱中国"为主题形象，以"见证汶川大震，感悟人间大爱"为主题口号，开发出了"大爱中国"主题旅游线、地震遗址旅游线等，形成了爱国游、追思游等特色旅游内容。

地震遗迹旅游资源的分类是资源开发与管理的基础。国内学者对地震遗迹旅游资源的分类有不同的看法。其中比较主流的有卢云亭、侯爱兰（1989）提出的，将地震遗迹旅游资源划分为震迹与震记。震迹是指由地震造成的具有旅游功能的自然遗存景观；震记是指因地震产生的人工纪念型的具有旅游功能的资源。傅广海（2008）在卢云亭和侯爱兰提出的分类基础上，将遗记归纳为碑刻型、纪念型、展览型和文献型。表 4-2 对三人的观点进行了汇总。

表 4-2 地震遗迹旅游资源分类

分类依据		分类
自然形成或人工创造	震迹	陷落型、古建筑遗址型、现代建筑遗址型、山地构造断裂型、河流堰塞型
	震记	碑刻型、纪念型、展览型、文献型

资料来源：卢云亭、侯爱兰（1989）；傅广海（2008）。

一些学者按照构造地质作用过程对地震遗迹旅游资源进行分类。如姜建军（2006）在《中国国家地质公园建设工作指南》一书中，将地震遗迹旅游资源分为陷落型、建筑遗址型、山地构造型、河流堰塞型。

此外，地震旅游资源还按形成的时段划分类别，即按震前、震中和震后恢复三个时段将地震旅游资源划分为地震预测预报景型、地震灾害遗址遗迹景型、抗震救灾遗址遗迹景型、震后恢复重建景型。蔡书良（2011）对该标准的划分进行整理，如表 4-3 所示。

表 4-3 地震旅游资源按形成时段分类[①]

类型		举例	旅游价值
地震预测预报景型	地震检测台、站	各地地震监测站	地震科考旅游
	地震监测分析室	地震局分析室	
	地震演示室	地质学院实验室、博物馆演示室	
地震灾害遗址遗迹景型	直接地震遗址遗迹与资料	地震直接破坏的自然物和环境、地震直接破坏的建筑物和构筑物、地震文物	地震体验、教育、科考游

[①] 蔡书良. 地震灾害遗迹旅游资源分类 [EB/OL]. 2011-3-13.

续表

类型		举例	旅游价值
地震灾害遗址遗迹景型	间接地震遗址遗迹	崩塌、滑坡、泥石流遗迹遗址、地震堰塞湖、地震文物	地震体验、教育、科考游
	诱发地震遗址遗迹	唐山地震开滦煤矿被淹、关东地震火灾	
抗震救灾遗址遗迹景型	抗震救灾遗迹遗址	解放军救援队遗址、国际救援队遗址、救援生命通道、救援现场医院遗址	地震文化、体验、教育游
	重大事件遗迹遗址	救援停机坪、救援水上通道登陆点、救援英雄牺牲地	
	抗震救灾文物	遗物、轶事、影像资料	
震后恢复重建景型	纪念性旅游资源	遗址公园、博物馆（园）、教育馆（基地）、纪念馆、纪念地、纪念广场、纪念碑、纪念亭、纪念墙、纪念雕塑、纪念景区等	地震体验、纪念、教育游
	生活性旅游资源	地震新家园、救灾生活板房、援建饮水设施	
	生产性旅游资源	各地援建灾区的生产项目、地震援建学校	

按《旅游资源分类、调查与评价》（GB/T 18972－2003）的国家标准进行分类，地震遗迹旅游资源属于自然景观大类——地文景观（A）主类——自然变动遗迹（AD）亚类——地震遗迹（ADC）基本类型。由于地震往往伴随着次生灾害的发生，如滑坡、崩塌、泥石流等，故相关的旅游资源基础类型还有重力堆积体（ADA）、泥石流堆积（ADB）、陷落地（ADD）。[①]

4.2.1.3 灾害遗迹旅游资源开发的必要性

灾害遗迹旅游资源的开发一直饱受争议。一些反对开发灾害旅游的观点是：首先，自然灾害给人们身心带来了沉痛的打击，灾害旅游则会再度勾起人们的悲痛；其次，游客在灾害地旅游时表现出来的轻松愉悦的情绪往往会给当地居民带来不适；再次，灾害旅游会使灾区人民变得功利，将灾害作为牟利的手段；最后，灾害遗迹一般占地面积较大，开发保护此类资源也可能产生土地使用方面的问题。

但在现实中，许多灾害遗迹旅游取得了成功，给当地人民带来了更多的就业机会，让当地经济快速地从灾害中恢复。同时，灾害旅游也作为当地的一张名片，吸引更多人来了解和欣赏当地的文化、民风民俗和自然风光，从而进一步推动当地的旅游产业发展。

严重自然灾害发生后，政府也十分重视对灾害遗迹旅游资源的保护和开发。《中华人民共和国防震减灾法》第六十九条规定："明确典型地震遗址、遗迹和文物保护单位以及具有历史价值与民族特色的建筑物、构筑物的保护范围和措施。"[②] 汶川大地震发生后，国务院发布的《汶川地震灾后恢复重建条例》（国发〔2008〕31号）指出："国务院地震工作主管部门应当会同文物等有关部门组织专家对地震

---

① 蔡书良. 地震灾害遗迹旅游资源分类［EB/OL］. 2011－3－13.
② 中华人民共和国防震减灾法［EB/OL］.

废墟进行现场调查,对具有典型性、代表性、科学价值和纪念意义的地震遗址、遗迹划定范围,建立地震遗址博物馆。"

刘世明(2009)在对汶川地震后灾害遗迹旅游资源的开发进行深入研究,他认为灾害遗迹旅游资源的开发十分必要,并对开发的必要性进行阐述。

(1) 灾害遗址地的价值独特性必须经过开发才能得到体现。

人类的历史就是人类与自然界做斗争的历史,灾害无时不在,灾害无处不有,由此造成灾害遗址地众多。但是,极为惨烈的重大灾害并不多见,重大灾害遗址地也不多。并且随着历时久远,很多灾害遗址地已经不复存在。以最近的汶川地震为例,此次地震为百年不遇,其遗址地也当属罕见。因此,重大灾害遗址地具有稀缺性和价值独特性,是一种可被人类开发利用转变为社会效益和经济效益的资源。这种资源不同于人文景观,具有稀缺性和独特性。但是,这种资源如果不加以开发利用,灾害遗址地也就是废墟地,其价值不仅很难得到体现,并将逐渐消失乃至最终失去价值。

(2) 旅游开发可以尽可能地利用灾害遗址地承载的巨大心智资源。

每次灾害的发生,不仅影响受灾的部分群体,还需要整个人类群体必须共同面对和承担。灾害发生后,灾区的人们经受着灾害、痛苦、重大财产损失,甚至死亡,灾区外的人们关心灾区的受灾情况,关心灾害发生时充满人性光辉的事迹,关心灾害后的救援进展和救援情况,关心受伤和死亡的灾民,关心灾害对自然环境、地质构造、生物种群等的影响。这种关心形成了巨大的心智资源。当灾害结束,所有参与救援、关注救援的人们会有到当地看看的冲动。灾害遗址地的旅游开发可以最大限度地利用这一心智资源。

(3) 灾害遗址地旅游开发可以避免品牌资源的浪费。

灾害的发生及救援的过程无不吸引着大众的关注,这种关注程度与灾害的严重程度成正比。特别是在公共传媒非常发达和对生命更为关注的今天,灾害地在很长的时间内将成为舆论的热点。公共媒体的关注在无形中造就了灾害遗址地的地方品牌。品牌如果没有具体的产品去承载,去继续宣传,随着时间的流逝,人们将对灾害地慢慢遗忘,品牌的效力将会逐渐减弱甚至逐渐消失。将灾害遗址地作为旅游资源予以开发,可以用旅游产品去承接灾害地在付出巨大财产和生命损失后树立的地方品牌,避免品牌资源的浪费。

(4) 灾害遗址地旅游开发是人类保护自己历史文化的方式。

灾害以及灾害中发生的一切都是人类自身历史文化的一部分。重大灾害本身就是历史的节点,是历史的符号和记载,它与人们当时对灾害的反应一起构成历史。从这个角度来说,保护灾害遗址地实际上就是保护人类自身的文化。随着时间的流逝,灾害的远去,自然物质的湮灭,灾害遗址地如果不加以开发利用,将逐渐消失。这对保护人类自己的历史文化是一种缺憾。而旅游开发,不仅使灾害遗址地得以留存,同时,让灾害和灾害遗址地存在于人们的生活中,使人们更加关注人与自然的和谐,对社会的发展也是有益的。

从以上可以看出,开发灾害遗迹旅游资源是十分必要的,有利于灾害遗迹价值的最大发挥,有利于人类历史文化的保护,有利于旅游经济的恢复和社会发展。

4.2.2 灾害遗址地的旅游营销概念设计

旅游规划中应加强市场营销理论的研究,这不仅关系到目的地旅游业规划的可行性问题,更关系到旅游目的地市场发展的潜力问题。本节仅以市场营销中的营销概念设计为线索指出旅游新产品开发中的营销概念问题,希望对后续研究起到抛砖引玉的作用。

4.2.2.1 旅游规划与市场营销关系的探究

(1) 与市场营销的结合是旅游规划的发展趋势。

旅游规划是根据某一地区的社会文明、经济发展和产业结构特征,结合当地的历史文化积淀、旅游资源属性特征、赋存状况等，对其旅游供给环境进行全面调查研究，在此基础上制定该地区的旅游发展战略和发展目标，确定主体形象、旅游导向，定位旅游市场，策划旅游项目和旅游产品，制订人才培养计划，最终提出旅游区的总体布局以及旅游供给系统技术设计和具体实施方案。最早的旅游规划工作应该是在 1959 年由美国旅游学者完成的夏威夷州的旅游规划（State Plan of Hawaii）。20 世纪 80 年代，旅游规划的研究有了快速的发展，Murphy、Getz 和 Pearce 等建立了诸如门槛理论、生命周期理论等与市场营销科学密切相关的旅游规划基础理论。20 世纪 90 年代末期，市场营销与旅游的关系被提到一个新高度，亚太旅游协会（PATA）高级副总裁 Roger Griffin 提出，创造市场营销与旅游规划的统一，反映了市场营销对于旅游规划的重要性。

我国 1985 年年底才正式将旅游业确定为国民经济体系中的一个产业。在短短 20 多年的时间里经历了简单研究、探索研究和成熟研究 3 个阶段。20 世纪 90 年代后期，中国旅游规划中市场研究的水平发生了巨大的变化，旅游规划学术界普遍认识到旅游资源导向型旅游规划存在许多的缺陷，开始向旅游市场导向型旅游规划研究迈进，其中陈传康率先将旅游市场的内容有机地融入旅游规划与开发的研究之中，其后，吴必虎提出昂谱（RMP）分析法。谭维宁认为，旅游规划过程与市场营销过程是一致的，从而促进国内原来以旅游资源为导向的旅游规划向以市场为导向的旅游规划转变。北京外国语学院范业正在博士论文中率先提出"以产品为中心的旅游规划思想和方法"，并专门论述了其过程和方法。2003 年，许春晓在研究总结了我国的旅游规划历程后认为，在旅游规划的初期，旅游市场的研究处在与旅游规划分离状态中，现在两者已经开始融合，集中表现在旅游市场的研究已经开始出现市场、资源、产品、市场的研究模式，真正意义上形成了从市场开始，到市场结束的研究范式。

从国内外旅游规划的发展过程可以看到一个现象：旅游规划经过多年的快速发展，无论在规划理论，还是在实践操作方面，市场营销已经成为旅游规划的一部分。旅游规划的发展趋势就是旅游规划与市场营销的结合。

（2）营销概念是旅游营销的新方法。

营销概念是现代营销方法的一种创新，曾经使得美国商业在世界经济中取得"统治"地位。现在所能查阅到的最早的有关营销概念（Marketing Concept）出现于 20 世纪 50 年代。1957 年，Fred J. Borch 作为通用电气公司负责营销服务的副总裁首先提出了"营销概念"，并将它定义为由 3 个原则组成：顾客定位（Customer Orientation）、利益指向（Profit Directions）、综合努力（Intergrated Efforts）。1959 年，Felton 将营销概念定义为，融合于企业法人职能，在市场功能中起一体协调作用，以达到企业产生最大的长期效益的主意。科特勒认为，产品概念就是用有意义的消费者术语精心表述产品的构思。这里的产品概念也就是产品的营销概念。国内营销专家李蔚认为，用高度浓缩、简洁的语言将消费者的产品独特价值表达出来就是营销概念。营销概念是对消费者的核心需求与产品的核心价值的高度提炼。作者认为，一个真实有效的营销概念来源于消费者的核心诉求和企业物质层面的对接。企业物质层面包括产品和企业本身，如产品功能、包装、味道、色泽、技术、材料、场地、服务，以及企业规模、市场地位等。只有当消费者核心诉求与来自物质层面的营销概念完全配对时，企业才树立一个真正有效的营销概念。

从产品的层面来说，旅游就是给游客提供一种体验产品。这种产品的营销和一般产品并无本质区别。因此，近年来受市场营销学发展影响，营销概念作为一种新的营销方法逐渐进入旅游业的视野中并被应用于旅游规划。郭为、何媛媛提出了在科学、实证分析的基础上，旅游规划应该从资源上升到产品概念性创意的高度。他们认为概念性创意是旅游规划的亮点，它是在实证科学研究的基础上对旅游地产品的升华。李蕾蕾预测，信息和传播时代的旅游规划将以受众为核心概念。旅游规划中的营销概念与一般产品的营销概念一样，也需要游客的核心诉求和景区物质层面的对接。以四川大英的中国死海为例，它的营销概念是死海,其特征是浮而不沉。消费者需要体验水上自然漂浮的独特感觉,而这种浮而不沉的特征又通过其产品高盐泉(盐浓度大于17%)的特征予以体现。当浮而不沉的神奇体验被消费者强烈感受到后,死海的概念被得到有效强化,同时由于死海这个名词在社会公众中的心理印象,使中国死海的概念具有很强的传播性,这种传播性的直接结果就是对游客的吸引力。检索文献发现,虽然国内旅游的营销概念理论研究甚少,但实践应用已经十分普遍。其中最早在旅游规划设计中将营销概念应用于实践的应属著名作家张贤亮策划经营的宁夏华夏影视城,他将荒凉作为特殊的旅游资源。目前,由于旅游市场竞争的需要,新开发的旅游景区将营销概念作为旅游规划的新方法加以应用已经成为规划模式。

4.2.2.2 旅游营销概念设计方法

旅游规划中的营销概念和一般产品的营销概念设计是有区别的,一般产品是根据市场需求设定产品并且在这个背景下设计产品概念。而旅游规划中的概念设计除了考虑市场外,更多地受当地旅游资源的影响,并且这种影响是先天的、很难改变的。因此,这里把旅游概念设计的逻辑结构分为3个阶段:旅游调查研究、旅游概念设计、旅游规划编制,如图4-1所示。

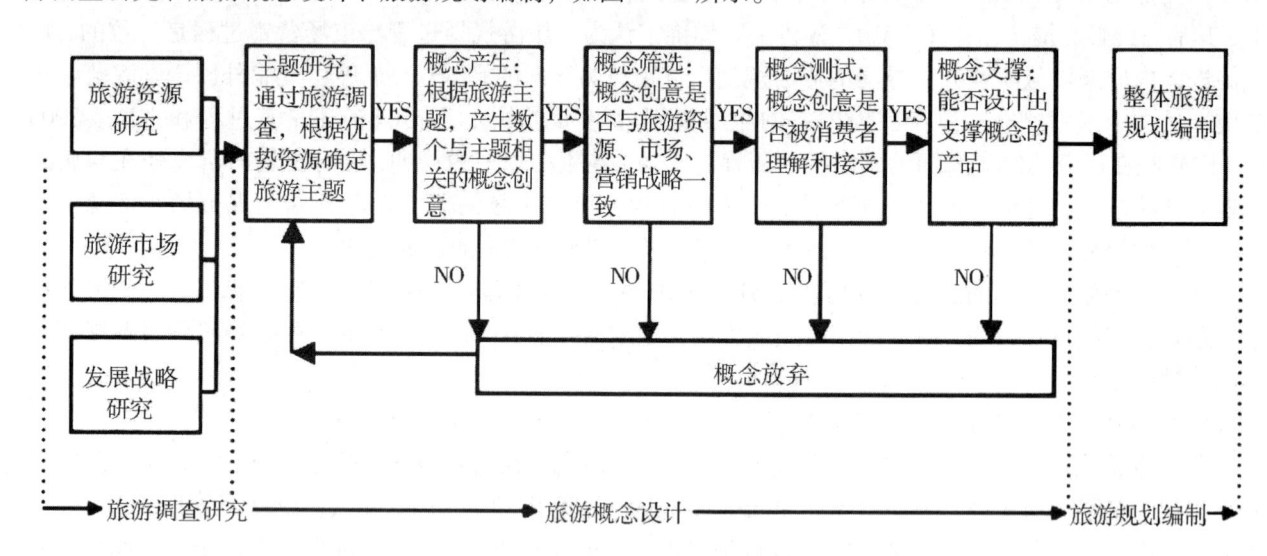

图4-1 旅游概念设计逻辑结构

(1)旅游调查研究阶段。

旅游调查研究阶段主要目的在于寻找旅游者的价值需求,厘清景区资源情况与区域发展战略方向。此阶段主要工作包括:①本地的旅游资源调研。研究本地旅游资源的性质、分类、分布等情况,并从美学特征、社会特征、空间特征、时间特征、赋存特征等方面来判断资源的价值;②旅游市场研究。研究客源市场、市场竞争状况、旅游者行为、市场的宏观及微观环境等,以研究游客的需求和需求的满足情况;③发展战略研究。研究景区本地、所在区域的发展战略等,避免旅游规划中的营销概念和本地长远发展战略的冲突和矛盾。

(2)旅游概念设计阶段。

在旅游概念设计阶段,第一步,确定主题,也就是旅游者到这里看什么。比如,张家界、华山是看山,都江堰、三峡是看水,三星堆看历史文物。一个地方的旅游主题是根据前期的旅游调查确定。第二步,在确定主题后根据主题形成若干个不同的营销概念。一个主题一般可以从不同的角度、不同的侧面用概念来表现。概念的来源有很多,从资源、市场、竞争区域等都可以产生一些概念,但是概念的产生应该注意的是既与主题相关,又在主题上有升华和提炼。第三步,根据旅游资源、市场、营销战略等情况,依照三个标准筛选出一个最合适的营销概念。旅游概念的筛选标准:一是概念雏形是否能表达目标市场旅游者的核心诉求;二是概念雏形能否使景区与竞争对手形成鲜明的差异;三是概念雏形能否长期统领景区的营销活动。如果一个概念雏形能满足以上三个标志,那么这个概念雏形可以成为营销概念。第四步,营销概念筛选出后是否被消费者接受,是否理解,应该以消费者为标准。因此应该做消费者测试,只有被消费者广泛接受的营销概念才可能吸引消费者、打动消费者。旅游营销概念的测试内容包括,传播性、市场性、产品性、联想性、地域性。传播性指是否有利于市场传播,容易记忆;市场性指是否能有效地对接市场;产品性指是否能表现旅游项目的核心特征;联想性指是否能让人产生美好的联想;地域性指是否能反映出旅游项目的地域特征,令消费者一看就知道它的地理位置。第五步,支撑概念的产品设计。游客只有通过体验旅游产品才能体会到真实的概念,否则提出的营销概念可能是伪概念。因此,必须围绕营销概念设计出体现营销概念的主要产品。

(3) 旅游规划编制阶段。

如果设计的产品能够支撑营销概念,最后应该围绕提出的营销概念、主要的产品设计,进行其他旅游要素的旅游规划设计,编制完整的旅游规划。

4.2.2.3 映秀镇的旅游营销概念设计

(1) 映秀镇旅游资源介绍。

映秀镇地处四川汶川县阿坝州之南,邻成都都江堰约30千米,全镇面积115.12平方千米,境内少数民族交错居住,震前常住人口1.2万人。映秀与卧龙自然保护区相邻,境内山清水秀,自然资源、水利资源、民俗文化资源极其丰富,是九寨沟、卧龙、四姑娘山旅游的必经之路。映秀镇是"5·12"汶川大地震的震中,地震给小镇带来灾害的同时,还形成了奇特自然景观和地震遗址景观等丰富的地震资源,同时由于地处震中吸引了全球的目光,成为全国乃至国际关注的地点。地震之前映秀镇的旅游业是九环旅游黄金线上的一个空白点,旅游产业几乎为零。发展旅游业不仅是当地政府灾后重建的重要举措,也是该镇长远发展的战略规划。

(2) 旅游营销概念设计。

按照概念设计的逻辑结构图,在调查映秀的旅游资源、市场环境、战略发展后,我们发现这里虽然山、水、民族文化都很有特色,但由于"5·12"汶川大地震的震中在映秀,这里受灾最严重,世界最为关注的是映秀。作者由此产生了以地震为核心的"地震"系列概念和以"爱"为核心的系列概念。最后通过研究认为:

1) "爱"是心智资源的载体。地震是灾害,但是透过地震,反映的是生命、自然,反映的是人类面对共同灾害时的大爱之情。灾害总会过去,生活还将继续。当灾害过去,人们在面对灾害时的同呼吸、共患难的那份回忆,那份激动将永远留在记忆里。将这种爱,这种曾经的激动用一个实实在在的载体来承担,来传承与弘扬。

2) "爱"是人类永恒的主题。在映秀,这里发生了太多爱的故事,这里经历了太多爱的洗礼,这里涌现了太多爱的奉献,这里能感受到太多爱的真情。爱在映秀有太多的见证,如小英雄林浩、水陆转运、映秀小学校长谭国强、全国乃至于全世界人民的关注和支援等,可以说大爱在映秀表现得最为淋漓尽致。爱在这里因地震而充实,因此也更具有吸引力和感召力。

3) "爱"的概念符合本地"因爱而生、因爱而聚、因爱而荣"的民族文化。本地著名的《天仙木姐珠与热比娃》《大禹》《木姐珠与斗安珠》等描述羌族起源的神话叙事长诗,都以爱情为主题;民族遗产羌绣,原是为表达爱情所创。这里原住民文化本身就是"爱"文化,"爱"的概念与这种文化高度统一。

4) "爱"与本地长远发展相适应。未来,地震因素的影响逐渐淡化,打造一座"爱城"其将逐渐成为见证亲情、友情、爱情的圣地,成为一个以爱为特征的旅游休闲小镇,成为向往爱、体验爱、寻找爱、见证爱、汇报爱的地方，从而使旅游概念具有延展性和可持续性。同时"爱城"能够突出它的休闲功能，有效解决观光旅游带来的"引得来，留不住"的问题，也能与成渝经济区对接，满足其庞大的休闲人群的休闲需求。

基于以上理由，我们选定"爱"为映秀旅游规划的核心概念，其后，将概念延伸修正至"爱城"，"中国爱城映秀"。作者在来四川的旅游者和灾区干部群众中就"中国爱城映秀"做了概念测试，接近于100%的人接受、理解、欢迎这一概念。

4.2.2.4 映秀镇旅游营销概念的产品支撑

基于"中国爱城映秀"概念，通过地震纪念区、地震景观区和"爱城"休闲区三大部分的规划来支撑这一概念。

（1）地震纪念区。

地震纪念区给游客提供一个感受大爱、见证真情、缅怀逝者、净化心灵的圣地。纪念区主要由6个景点构成。

1）漩中遗址。漩中遗址较为全面地体现了十字裂纹、底楼沉降、逐层叠塌、平行错位、半楼垮塌、整楼倾覆等地震破坏力的主要特征，不仅具有强烈的视觉冲击力和心灵震撼力，还具有特别的科研价值、科普价值以及遗迹、遗址保存价值和地震纪念价值。

2）"5·12"长阶。在漩中遗址和震中纪念碑之间建一个由512级台阶构成的通道，阶梯按照地震波造型设计，按照地震发生时序和抗震救灾进程篆刻512个重要时刻的重要事件，全面记录抗震救灾的历程，长阶两侧设立地震大爱诗书林。

3）震中纪念广场。是集中缅怀汶川大地震遇难者的场所，由一个具有地震艺术风格的纪念墙和纪念广场构成，纪念墙上题刻全部遇难者姓名。

4）震中大爱纪念碑。是汶川大地震的标识物，大爱谷的标志、映秀的地标、大爱主题的核心载体。它由垮塌的山体和建筑经艺术处理重叠而成，碑高51.2米，碑上集中生动地展示地震和抗震救灾中感天动地的大爱场景。

5）震中大爱纪念馆。是一个以汶川大爱精神为主题的纪念馆，它的核心功能是展示大爱故事、展现大爱文物、传承大爱精神、弘扬大爱文化；它由"大爱无声""大爱无疆""大爱无私"三大主题馆和地震科技馆构成。

6）大爱之手雕塑公园。手在地震中是最具震撼力的，各式各样的手在地震中展示了各种各样的爱。大爱之手雕塑公园是以地震中的手为创作题材，以大爱为创作主题，以雕塑为表现形式，集中展示动人心魄的生命之手、救援之手、不屈之手、感恩之手等，构成世界独具一格的雕塑艺术。

（2）地震景观区。

地震景观区是以地震为主题的游览区，让游客感受到地震带来的天崩地裂、沧海桑田的巨大破坏力。

1）震中遗址。震中遗址集中展示震中地质地貌变迁，游客在遗址公园可以看到震中独有的喷石奇观、奔石奇观、山崩地裂奇观。

2）断桥遗址。是震中损毁桥梁的典型代表，游客在这里可以感受到地震的强大力量，可供桥梁专家研究震中桥梁损毁状况，对于未来桥梁设计提供不可多得的科学参考。

3）水底村落。是震中堰塞湖所形成的水底淹没村落景观，游客可乘坐小舟观看水下村落世界和周边秀美山川。

4）天崩石。是地震天崩地裂时的飞石，故命名为天崩石，该石倒插街边形状像一块天然石碑，侧视像一张人脸，具有极高的知名度。

(3)"爱城"休闲区。

利用河水形成的天然半岛构建休闲区，休闲区主要由3个景观组成。

1)"爱"心水街。利用天然半岛加人工水系构成心形岛屿，心形岛屿中引入溪水，按照繁体"爱"的字形构造水系，形成"爱城"休闲区，承担休闲、度假、会议、避暑、体验等功能。休闲区水系潺潺流水从鹅卵石流过形成跳水景象，游客可在水中嬉戏、行走、购物、休闲，形成世界上独一无二的水街景象。

2)大爱崖。在映秀电站对面悬崖上刻世界上最大的爱字，呼应成为大爱谷的象征，让人一进入映秀就能感受到"山水照映，因爱而秀"的独特意境。

3)大爱山。在映秀镇对面山上以山为体，仿照美国的总统山，雕刻地震救援群像。

4.2.3 灾害遗址地的旅游环线设计

4.2.3.1 设立旅游环线的意义

(1) 汶川地震重灾区旅游开发及破坏情况。

汶川地震的重灾区包括汶川、北川、绵竹、什邡、青川、茂县、安县、都江堰、平武、彭州10个县（市）。该区域内旅游资源较为丰富。"九黄环线"（成都到九寨沟、黄龙旅游环线）经过都江堰、汶川、茂县、安县、平武等地。区域内都江堰是传统的旅游胜地，有青城山、都江堰大坝等景区；汶川有四姑娘山、三江生态旅游区、卧龙自然保护区、萝卜寨等旅游景点；北川有以猿王洞为中心、由10多个溶洞组成的地下溶洞群；茂县有著名的叠溪地震遗址；江油有李白故里、窦团山；安县羌王城是川西汉羌交汇地带保存最为完好、功能齐全的明代遗址；彭州市有成都的后花园之称，银厂沟是著名的休闲景点。由于地震影响，各旅游景区、景点都遭受到程度不一的破坏，其中银厂沟破坏最为严重，原有景点几乎消失。萝卜寨、猿王洞、李白故里、羌王城等也破坏严重但尚可修复。青城山、都江堰、四姑娘山、卧龙自然保护区、窦团山等受损较小，较容易恢复。

(2) 设立环线意义。

1)形成世界独一无二的地震旅游环线，树立旅游品牌，恢复旅游业。检索现有资料和文献，全世界到现在为止还没有一条以地震为主题的旅游线路，该线路，结合相关建筑、景点的设计，将是世界上独具特色的旅游线路，从而树立一个世界性的旅游品牌，恢复当地旅游业。

2)保护地震遗址资源。地震发生后人们期待着尽快地重建家园，这也是当地政府的责任。地震遗址地大多是以前的居住地，这就产生了建设和保护的矛盾。保护的遗址地太多，生产生活用地会受到影响，本次地震发生在龙门山地区，该地区本身可使用的土地就很稀缺。但是如果不加区分地把地震遗址旅游资源当作垃圾、爆破、拆除、清扫、填埋、销毁、丢弃，损失将难以挽回。该环线的设立在于迅速采取措施，收集、保护、清理、规划地震遗址资源。最近，因为泥石流将北川原县城大半掩埋，已经在这方面给人们敲响了警钟。

3)整合各地地震遗址资源，避免重复建设。本次地震受灾区域较大，重灾区涉及四川5个地级行政区、22个县级行政区。由于利益驱动，各地都想从灾害遗址地的旅游开发上做文章来推动当地经济的发展，这是可以理解的。但是，由于各地各自为政，如果没有统一的规划和管理，加上地震遗址资源本身的相同性，极易出现相同的旅游项目，如此则失去了地震遗址地旅游的新奇性，从而最终失去旅游者的青睐。

4)拉动地方建设，恢复地方经济。旅游业是一个涉及社会经济面极广的产业，旅游业的发展对拉动地方经济的发展具有重大的现实意义。此环线建设完全在地震灾区，同时和原来的九寨沟、黄龙旅游环线重合。据初步估计，一年将吸引游客200余万人。这对地方经济的发展无疑将会起到较大的促进作用。

5）增加就业，促进社会稳定。旅游业是劳动密集型产业，旅游业的发展将会促进当地就业。本次地震后当地的第二产业几乎遭到毁灭性的打击，大量劳动力人口失去工作，这影响到当地社会的稳定与和谐。本环线的实施将促进当地就业，为社会稳定做出贡献。

4.2.3.2 汶川地震旅游环线的构思与设计

地震发生后，受灾严重的地方都有保留地震遗址、打"地震牌"发展旅游的想法。但是，如果各个地方各自为政，很容易形成重复建设而耗费大量可贵的重建资源。如何整合各个地方的地震遗址资源，形成一个共同的地震旅游主题，使各地有所侧重、良性竞争是必须思考的问题。经过研究，作者发现结合原有的交通线路，从都江堰经汶川、茂县、北川、江油、安县、绵竹、什邡、彭州刚好形成一个环状，这个环囊括了除青川外所有受灾严重地区，其地震遗址也极具代表性。

4.2.3.3 汶川地震旅游环线的可行性

（1）安全可行性。

地震旅游环线主要是利用汶川大地震的品牌来吸引游客，而游客最关心的是安全问题。从地震发生的机理来看，在经历了大的能量释放后，即使是在活跃的地震带，一般也会在几十年甚至上百年后才会有大的地震发生，因此，在可以预见的较长时间内，地震环线大的旅游环境是安全的。最近有学者从龙门山压缩应变能积聚与耗散均衡估算入手推算出震后的地震安全期也证明了这一点。就旅游环线的具体旅游项目来看，更多的是原有旅游项目，新的涉及地震的旅游项目不存在影响安全的因素。因此，地震环线在安全上是可行的。

（2）市场可行性。

是否有游客是汶川地震旅游环线成立的条件。作者认为，该旅游环线的游客有三大旅游市场客源可供利用。其一，原有成熟旅游线路的游客。地震环线旅游线路和九黄线、卧龙、四姑娘线部分重叠。九黄线、四姑娘线是四川原来已经成熟的世界著名的旅游线路，地震环线可以吸引九黄线部分游客。其二，青城山、都江堰、彭州的休闲游客。地震环线距离成都、德阳、绵阳、重庆较近，本身山清水秀，气候宜人，适合中长期度假，已形成休闲度假的氛围，是一个非常理想的中长期度假场所。其三，地震体验游客。汶川大地震震动全球，地震体验游具有强大的吸引力，是一个值得深入开发的广阔市场。这三大市场为旅游环线的客源提供了保证。

（3）产品可行性。

地震环线的主要产品由两部分构成：地震遗址以及与地震有关的纪念设施、原有的旅游产品。地震遗址以及与地震有关的纪念设施是地震环线的特色体现，也是品牌所在。但是，如果游客的整个旅游一直处于灾害氛围之中，这不是大多数旅游者愿意的，同时这也背离了只是将"地震"作为该线路的品牌的初衷，因此，在体现线路特色的同时，要充分利用原有的旅游产品，带给游客以最大利益。地震遗址与原有旅游产品只有如何结合的问题，不存在产品设计的问题。因此，地震环线的产品是可行的。

4.2.3.4 汶川地震旅游环线的资源配置

考虑到各个地方的资源特色，作者对环线上不同的资源做了科学配置。考虑到都江堰是地震发生后救灾的第一站，可将都江堰定位为抗震救灾教育基地；映秀作为本次地震的震中，具有设立震中遗址的无可替代性；汶川作为本次地震的命名地，具有极高的知名度，可设立汶川地震纪念馆、纪念碑；萝卜寨、古羌寨是本地羌族文化的代表，可设立古羌寨地震遗址；北川在地震中城市完全毁灭，可设立国家城市地震遗址；唐加山是地震次生灾害堰塞湖的代表，可作为唐家山地震堰塞湖遗址地；本次地震中桑枣中学由于平时的逃生应急演练到位而在地震中无一伤亡，可设为逃生体验馆；绵竹汉旺镇以前是重工业基地，本次损毁严重，是地震工业遗址的代表；彭州银厂沟在本次地震中两山相合，山崩地裂，可作为地震地质灾害遗址，具体情况如图4-2所示。

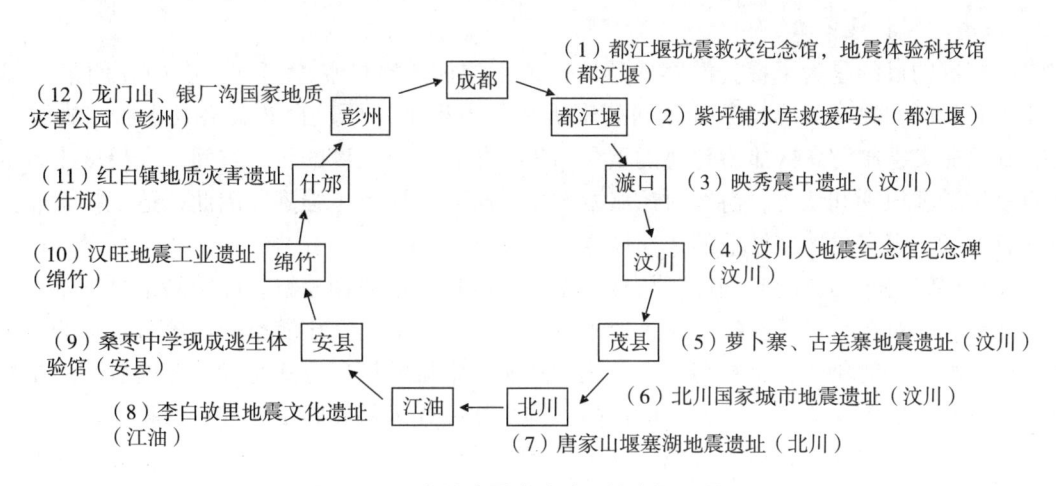

图4-2　汶川地震遗址地环线资源配置图

4.3 开发非灾害景区的旅游资源价值

4.3.1 旅游空间结构

旅游空间是旅游活动得以开展的物质载体，对旅游空间结构的研究有利于对旅游地进行科学有效的规划。

4.3.1.1 旅游空间结构理论基础

（1）系统理论。

"系统"（System）是一个被人们广泛使用的概念。系统论认为，系统是一组结构有序的要素、属性及对象或过程的集合。系统还具有一定的边界，通过边界把系统从无限的存在中划分出来，系统作为一个整体与周围环境相互联系。

（2）增长极理论。

区域旅游空间结构的优化，必然要培养旅游增长极，使旅游业作为地区的经济增长点通过集聚和扩散作用带动整个区域旅游整体实力的增强。

（3）点轴理论。

"点-轴系统"理论的基本要点：在区域或空间的范畴，社会经济客体总是处于相互作用之中。在区域发展过程中，大部分社会经济要素在"点"上集聚，由线状基础设施将这些点联系在一起形成"轴"。"点"是指各级居民点和中心城市，而"轴"是指由交通、通信干线和能源、水源通道连接起来的"基础设施束"。随着区域社会经济进一步发展，"点-轴"必然发展到"点-轴-集聚区"。"集聚区"也是"点"，是规模和对外作用力更大的"点"。

4.3.1.2 旅游空间结构要素

显红（2003）论述了城市旅游空间结构的基本要素，即城市旅游目的地区域、城市旅游客源地市场、旅游节点、城市旅游区、城市区域内旅游循环路线及城市旅游入（出）口通道。刘名俭和黄猛（2005）认为旅游目的地空间结构具有区域空间结构的五大要素，即节点、通道、流、网络和体系，并构建了旅游目的地空间结构核心、关联和协调3个层面的系统体系。黄金火和吴必虎（2005）在分析哈格特空间结构模型和冈恩的目的地地带模型的基础上，重新构建了由旅游目的地区域、旅游区、节点、区内路径、入口通道和客源地市场6个要素构成的旅游系统空间结构模型。朱青晓（2007）把旅游目的地系统空间结构基本要素概括为"三层次、七要素"，三层次是指点状、线状和面状三个层次，七要素是指旅游区、旅游中心地、景点、景区、旅游线路、旅游基质、对外通道。徐小波等（2007）提出了旅游区域的"四维"空间结构，认为区域旅游空间是文化、地理、经济、行政四因子主导下的四维组织。

4.3.2 旅游空间拓展策略

旅游空间拓展的目的是为了提升游客的感知价值，增加游客的旅游意愿。在中卷的第二部分"灾害景区对非灾害景区的波及效应及游客赢回策略研究"中得出，严重自然灾害发生后，旅游空间尺度是影响游客到访非灾害旅游景区旅游意愿的重要因素。相较于小尺度的旅游空间，大尺度旅游空间的旅游产品更容易被游客识别和认可，游客对该旅游产品的购买意愿也更强烈。因此，适度扩大非灾害景区的旅游空间有助于非灾害景区旅游业的快速恢复。

旅游空间拓展策略包括旅游空间深度拓展策略、广度拓展策略和旅游空间精品组合策略。旅游空间深度拓展策略旨在针对严重自然灾害后灾害地未受灾景区，采取提高旅游空间内旅游景点的等级，即深度挖掘和提高旅游景点的价值，来提高游客的旅游意愿。常见的拓展方式有增加深度游玩的旅游体验项目，对景点、景区的历史文化背景进行深度挖掘，如少数民族风俗体验项目或歌舞晚会。旅游空间广度拓展策略旨在针对严重自然灾害后灾害地未受灾景区，采取增加旅游景点的数量，即开发新的旅游景点等，来提高游客的旅游意愿，如结合绮丽的自然景致开发探险类或度假类景点，利用道教文化开发养生会馆等景点。旅游空间精品组合策略则旨在针对严重自然灾害后灾害地未受灾景区，采取整合高质量、高等级的旅游景点来组成精品旅游产品，以此提高游客的旅游意愿。这类旅游景点的整合不仅可在景区内进行，还可以跨越景区、行政区域等限制来进行同类型产品的高效整合。四川在汶川大地震后的旅游恢复中就积极采取了跨省、跨市的区域旅游整合营销策略，并获得了较好的效益。

4.4 区域旅游整合营销策略

区域旅游整合营销的理念是立足特色资源，打破区域界限，建立共赢体系。近年来，区域旅游整合营销逐渐成为区域旅游资源开发、区际旅游市场开拓的主要途径，对提高区域旅游业知名度、扩大美誉度、有效拓展旅游市场、不断壮大旅游产业规模具有重要意义。在严重自然灾害后的旅游市场恢复中，区域旅游整合营销策略发挥着重大作用。

4.4.1 整合营销的定义

整合营销的概念由美国学者舒尔兹率先提出，他认为："以消费者为核心重组企业行为和市场行为，综合、协调的使用各种形式的传播方式，以统一的目标和统一的传播形象，传递一致的产品信息，实现与消费者的双向沟通，迅速树立产品品牌在消费者心中的地位，建立产品品牌与消费者长期密切的关系，更有效的达到广告传播和产品行销的目的。"在这之后，唐·舒尔茨又结合早期对整合营销传播界定的基础，提出整合营销的定义：整合营销就是一种适合于所有企业中信息传播及内部沟通的管理体制，而这种传播与沟通就是尽可能与其潜在的客户和其他一些公共群体（如雇员、立法者、媒体和金融团体）保持一种良好的、积极的关系，即整合营销是一种沟通手段和管理体制，对外具有整合各种方法和手段综合传播企业信息和品牌的功能，对内则有通过各种沟通渠道和方式实现有效管理的作用。[1]

整合营销传播理论的核心思想主要体现在三个方面：①由 4P 转向 4C。整合营销传播理论认为传统营销的 4P 理论是以产品为导向的营销策略，在当前以消费者为中心的市场环境里，企业要暂时忘掉自己制造的产品，充分重视消费者的需要和欲望（Consumer Wants and Needs）；暂时忘掉定价策略，深入了解消费者为满足自身需求所愿意付出的成本（Cost）；暂时忘记产品的分销策略，系统地研究如何使消费者在购买、使用产品时更方便（Convenience）；暂时忘掉企业的促销策略，考虑如何与消费者进行多层次的双向沟通（Communication）。②从由内向外的营销模式转向由外向内的模式。传统的营销模式是企业根据自己制造的产品，确定一定的利润目标，寻找合适的销售渠道，向消费者进行促销说服，即采用"消费者请注意"的自内向外的模式。整合营销传播则相反，企业系统地研究消费者，分析他们

---

[1] 唐·舒尔茨，等．新整合营销[M]．吴磊，译．北京：中国水利水电出版社，2004．

的购买行为，与消费者进行双向沟通，以此为基础整合企业的信息传播渠道，达到销售产品的目的，即采用"请注意消费者"的由外向内的模式。③从一般的促销宣传转向控制消费者的心理变化过程。在传统营销中，企业希望通过大量的信息传递来影响消费者的购买行为，但在现代社会里，消费者的素质不断提高，对信息选择的自主意识增强，信息的冲击效应对消费者购买行为的影响减弱或者并不持久。整合营销传播理论认为，消费者对产品的认识有一个心理变化过程，因此，企业需要通过与消费者的双向沟通对消费者的心理变化过程进行管理。企业通过不同的传播通道，将有关信息传递给消费者，并设法求得消费者的反馈，建立消费者数据库，分析消费者的行为，对信息进行有针对性的加工和传播，达到控制消费者购买心理变化过程的目的。①

4.4.2 区域旅游整合营销的定义

旅游整合营销（Tourism Integrated Marketing Communications，TIMC）是建立在舒尔兹提出的整合营销理论基础上进行发展和延伸的。但由于整合营销理论本身发展时间不长，在其概念和内容上还需进一步完善。因此，对于如何定义和理解旅游整合营销这个概念，国内外鲜少有人提出，各方认识也并不统一。贾喜环和刘益星（2007）在《京津冀地区区域旅游整合营销探析》中提出，区域旅游整合营销是在一定区域内旅游相关组织从消费需求出发，通过综合协调，发挥协同作用和互补作用，实现旅游交通无障碍、服务无障碍、投诉无障碍及资源共享、市场共享、品牌共享、信息共享、基础设施共享，达到发挥整体效益的目的。仁春（2009）在《区域旅游整合营销战略的实施阶层分析》中认为，将整合营销理论应用到旅游业中，就是将所有与旅游目的地产品和服务有关的信息加以管理的过程，使顾客及潜在顾客接触整合的资讯，产生购买行为，并维持消费的忠诚度。其核心思想就是将区域目的地有关的营销活动一元化，即以旅游目的地所对应的目标旅游者为核心，重组区域内企业行为和市场行为，综合协调地使用各种形式的传播方式，以统一的目标和统一的传播形象，传递一致的目的地形象信息；实现与目标旅游者的双向沟通，迅速树立旅游目的地在旅游者心目中的形象地位，建立长期关系；更有效地达到增加旅游有效需求和促进目的地经济与社会的协调发展。杨怡（2012）在《旅游营销中的整合营销传播理论研究》中认为，所谓旅游整合营销传播是针对现有和潜在游客发展和实施的各种劝说性交流的长期统一的互动通道，其目的在于影响或作用于沟通受众目标，进而建立起旅游者与企业的长期利益关系，旅游整合营销传播是立足于现有或潜在旅游者的需求，以统一而系统的沟通形式建立即时互动双向的沟通范式，从而进行有关品牌或企业的推广，并渗透其中使之接受的运作方式。朱孔山（2013）在《山东省旅游整合营销研究》中认为，旅游整合营销传播是指发展和实施针对现有和潜在游客的各种劝说性沟通计划的长期过程，应整合运用与现有或潜在游客有关并可能为其接受的各种方式与途径，进行旅游信息的双向沟通，对旅游目标市场实施影响或直接作用，从而有利于旅游目的地或旅游企业的发展。

区域旅游整合营销的主体可以大到国家、地区，小到单个企业内部。作为旅游公共管理所要研究的整合营销，主要指以目的地为核心的区域旅游整合营销，是在产品同质化、市场饱和化、竞争激烈化的背景下，以市场为调节方式、以价值为联系方式、以联动为行为方式，统一营销策略、集聚营销力量、协调营销手段、提升营销效果，以较低的成本形成强大的宣传攻势和促销高潮，谋求旅游目的地内整个旅游价值链营销效果最大化的一种新的营销理念和营销模式。通过整合营销，既可以保证提供产品或服务的各个环节的质量，树立品牌形象，又可以更有效地动员各种相关资源，形成整体优势和更大的市场冲击力。②

---

① 朱孔山. 山东省旅游整合营销研究 [M]. 山东：山东人民出版社，2013.
② 杨军. 旅游公共管理 [M]. 天津：南开大学出版社，2008.

随着我国旅游业的快速发展，尤其是区域旅游合作的迅猛发展，整合营销逐渐成为区域旅游合作的核心内容。长三角"15+1"旅游区、泛珠三角"9+2"旅游区、东北旅游区，以及"陇海兰新+青藏铁路"沿线旅游城市联席会、西北风情旅游联合会等旅游协作区域与组织，都在通过联合宣传、价格联盟、编印区域性DM刊物、建立区域性旅游网站等方式，不断推进区域旅游整合营销的进程。

总的来说，整合营销理论已经逐渐渗透到我国旅游营销研究与实践中，但由于该理论本身发展时间不长，应用于区域旅游营销实践的内容与方法并不完善，还需要不断去探索。

4.4.3 区域旅游整合营销的优势

区域旅游整合营销相较于传统的营销方式，具有非常明显的优势。从短期来看，进行区域旅游整合营销可以使区域之间形成合力，更好地满足旅游市场需求，在短时间内实现增收，让合作区域的经济效益进一步增强。从长期来看，可以增加地区之间的合作，克服各地区分割、分管局面，在互利互惠的同时，进一步优化资源配置，从而实现可持续发展。严重自然灾害发生后，跨省、跨市开展区域旅游整合营销不仅能高效的提升宣传力度和覆盖面，还能增强整个旅游线路的竞争力，实现旅游空间内旅游产品的精品组合和广度的拓展。这对于灾后旅游市场的快速恢复具有重要意义。

(1) 顺应了目前旅游市场的需求。

目前旅游市场的需求总体呈现三大趋势。第一，旅游需求量越来越大。现今，旅游业已成为世界经济中发展速度最快、发展势头最猛的产业之一，因其极强的产业带动力以及光明的发展前景，使得我国各区域乃至世界各个国家都把旅游业作为经济发展的重点，积极予以扶持和发展。在这种趋势的推动下，各区域之间可以结合自身资源情况进行合作，使区域之间联动发展，有效提高整体竞争力，互惠互利，最终实现共赢。区域旅游整合营销可以很好地顺应这一趋势。第二，旅游需求呈多样化的发展趋势。随着旅游业发展逐渐趋于成熟，人们对于旅游的需求变得越来越多样化，观光与度假、观光与商务会议、观光与生态、观光与探险、观光与民俗风情、观光与休养保健等复合型旅游需求类型蓬勃发展起来，这一趋势引发各国、各区域结合自身特点，构造不同的旅游特色来抢占各类型市场。但各区域之间各自分开，区域本身特点单一，并不能满足逐渐多样的旅游需求，进行整合营销能够把各区域的特点和类型结合在一起，从而很好地满足多样化的需求。第三，旅游需求呈大众化趋势。旅游业发展至今，已经成为普通大众的普遍消费，也因为全球经济发展，大众在旅游方面的整体消费能力日益增强。进行区域旅游整合营销可以扩大游客旅游地区、增加游客旅游时长，从而促进消费。

面对现今旅游市场需求大众化、多样化、竞争激烈化的特征趋势，进行区域旅游整合营销能够让地区之间形成合力，更好地满足旅游市场的需求，提高整体竞争力。

(2) 能有效克服地区之间分割、分管的局面。

通过建立整体的营销传播战略体系和信息平台相结合的联动机制，能够打破地区分割和分管的局面，加强区域的联系，建立以市场需求为导向的统筹模式；同时，通过与相关利益者关系管理，可以将旅游业相关的普遍存在要素（包括食、宿、行、娱、游、购）所涉及的各个产业部门以及间接的相关的产业部门、区域环境和经济建设结合起来，形成产业互动交流的良好机制。

(3) 区域旅游整合营销是一种可持续发展的战略。

区域旅游业整合营销通过市场调节和区域合作相结合的方式，按资源共享、优势互补、共同协商、共同发展的原则，对区域内的旅游资源进行综合开发和利用，可以有效克服地区间盲目地竞争性开发和重复投资的弊端，有利于资源的保护和利用，并通过走规模化、效益化的发展道路，形成较强的区域性旅游业的竞争力，有效实现旅游业的可持续性发展。

4.4.4 区域旅游整合营销的策略

要有效进行区域旅游整合营销，需要依据整合营销的"4C"核心来进行实操，以旅游者为中心整合产品、以成本为中心整合价格、以便利性为中心整合销售渠道和以整体形象为中心整合促销工具，实现营销效果最大化和成本最小化。

(1) 建立区域合作机制，解决行政分割。

各区域之间可结合自身情况，加强地区间交流，研究出台相关政策，建立有效的沟通合作机制，打破因行政分割所造成的障碍，从而进一步推出区域之间无障碍的旅游服务及便利化措施，为游客提供轻松方便的跨区域旅游产品。

(2) 构建高速便捷的交通体系。

区域之间要整合起来，需要便捷的交通网络做支撑。目前，还有很多偏远的旅游区存在着游客出行不便和物资运输困难的问题，各地区之间可共同开发更多跨区域的旅游专线，在区域与区域之间针对性的增设班次，降低物资运输时间成本，提升游客出行效率。

(3) 提炼区域特色，形成跨区域旅游线路。

有的相邻区域之间拥有相似的旅游资源，区域之间可以根据某个范围内文化及历史背景的相似，提炼出在大范围内独具特色的旅游产品和线路。如川陕甘三省在2012年进行区域旅游资源统一规划，整合了德阳、绵阳、广元、汉中、天水、陇南等地的三国文化旅游资源，打造了蜀汉三国精品文化路线，从而大大提升了整体竞争力。

(4) 统一区域旅游服务水平，提升整体形象和质量。

各区域之间整合起来要想形成核心竞争力，需要在本身的基础上，形成一套统一的规则，确保旅游服务的可靠性、保证性、响应性，增强服务的可感知性和移情性来营造优质的旅游形象，提升游客口碑，树立良好的旅游品牌。

(5) 构建丰富有效的推广方式和宣传渠道。

在当今传播和推广方式多样化的今天，单一的推广方式已经无法满足于营销宣传，要达到宣传推广的目的就必须要开展多渠道营销推广。具体可包括传统媒体广告和新媒体广告、公关活动、制作发布旅游宣传品、参加旅游展览（销）会、节事活动、口碑营销、联合促销等方式。根据整合营销传播理论，以统一的传播目标来协调运用各种旅游形象传播方式、手段，使不同的传播方式和渠道在每个阶段发挥出统一的、最佳的和最有效的传播影响力，实现营销推广效果的最大化。

4.5 节事旅游

4.5.1 节事旅游的定义

节事活动通常指能对人们产生吸引力，并可能被用来规划开发成消费对象的各种庆典活动的总和。

节事旅游兴起于20世纪80年代，学者对节事旅游的界定也不尽相同。Ritchie（1984）率先给出了节事旅游的定义：从长远或短期目的出发，一次性或重复举办的、延续时间较短、主要目的在于加强外界对于旅游目的地的认同、增强其吸引力、提高其经济收入的活动。李国平（2001）认为，地方旅游节庆是指以"地方精神"为基础，在固定地点或区域周期性举办，有特定主题，主要目的在于加强外界对于该旅游目的地的认同，融旅游、文化、经贸活动于一体的综合性节日庆典活动。

4.5.2 节事旅游的作用

(1) 利于塑造旅游目的地特色形象，提升旅游目的地的知名度。

节事旅游有利于塑造目的地形象。成功的节事活动的主题能够成为目的地形象的代名词，如一提到啤酒节，就会想到青岛。这也足以说明节事活动的成功举办能够迅速提升目的地的知名度。同时，节事活动的主题和内容往往都是从当地的特色和文化传统出发，根据旅游者的需求设计制作。因此，节事旅游通常具有文化性和地方性，对于旅游目的地特色形象的宣传效果较好。

(2) 促进旅游基础设施的完善。

节事活动的举办客观上要求各地区加强基础设施建设，提高节事旅游发展的保障能力。另外，节事旅游涉及面广、综合性强，它的发展会带动一系列相关产业发展，如带动餐饮业、住宿业、交通运输业和其他商业服务业的发展，从而具有很强的辐射作用。同时，举办节事活动可以极大地加快旅游地的交通、绿化等基础设施建设的步伐，优化旅游环境。

(3) 多种牵动效应。

一方面，节事旅游可优化旅游资源结构，完善旅游产品体系，形成精品旅游线路，打造旅游拳头产品，提升旅游营销策略，平衡淡旺季游客量，增加游客的消费额，带动旅游相关消费，直接增加综合旅游收入，提高旅游的经济效益；另一方面，在给旅游地带来显著的经济效益的同时，还能为当地带来积极的社会效益。

4.5.3 节事旅游策略要点

(1) 突出旅游目的地特色。

特色是节事旅游成功的基础，突出特色，努力打造节事旅游精品。将现有的旅游节事活动进行整合，开展真正能突出特色的精品旅游节事活动，才能把规模做得更大，做出精品。同时，要注册品牌，进行知识产权保护。此外，还必须常变常新，不断地寻找节事旅游的亮点、热点和卖点，以确保所举办的节事活动始终成为人们关注的焦点。

(2) 政府主导与市场化运作模式并用。

节事旅游运作涉及政府部门、行业和企业，应正确发挥政府主导的积极作用，政府主导并非政府主办，政府主导体现在观念主导、政策主导等方面，政府在其中不再担任具体的策划、导演、演员等众多角色，而只负责监督与协调。同时，大力倡导市场化运作模式，市场化运作便于筹集资金，有利于节事活动的长期发展。

(3) 加大营销力度。

明确节事活动期间的具体旅游消费产品设计和具体的旅游产品，大力开展专题营销活动。强化多渠道节事活动营销，注意运用好常用的营销手段，包括电视、报纸、专业刊物、商业网点、户外媒体等，同时，更要加强移动互联网营销，实行网上购票、网上结算服务。

5. 提高目的地管理形象感知的恢复营销策略

5.1 营销思路

在严重自然灾害后旅游意愿综合影响模型研究中得出，旅游目的地管理形象对灾后旅游意愿具有明显的正面影响。旅游目的地管理形象包括游客行为文明、当地居民友善、与其他居民沟通愉快、收费合理、综合管理良好、投诉方便等。

严重自然灾害发生后，灾害地的旅游市场秩序陷入混乱，大多数小规模的私营旅游企业倒闭。还有许多企业为弥补灾害亏损谋取暴利，在旅游活动中进行违法违规操作。这些都严重损害了游客对旅游目的地管理形象的感知。发展旅游产业集群可增强旅游企业间合作，尤其可为中小型旅游企业提供内部规模经济，并促进旅游市场的良性竞争，逐步淘汰低劣企业和产品，有利于旅游经济的发展，有利于优化旅游目的地形象管理。同时，灾害遗迹旅游资源具有独特的吸引力，并具有数量多、分布集中在灾害带上的特点，便于整合旅游资源，为灾后旅游产业集群提供重要的基础。

此外，加强目的地官方网站品牌化建设，有利于实时全面地向游客提供目的地旅游信息，同时也有利于实现旅游目的地品牌化，并有助于建立目的地独特清晰的品牌形象。从而提高旅游者对旅游目的地形象管理的感知。

5.2 发展灾后旅游产业集群

5.2.1 旅游产业集群的定义

1890年，英国经济学家马歇尔用"产业区（Industrial District）"命名了产业聚集现象，这是产业集群首次被关注。1990年，Porter在其所著的《国家竞争优势》一书中，阐述了建立国家竞争优势所需的"钻石模型"，并将"钻石模型"定义为"产业集群"。这是"产业集群"一词的首次提出。Porter认为产业集群主要是产业间的联系，没有对集群做出地理区域上的限制。在1998年《簇群与新竞争经济学》一文中，Porter才强调了产业集群的地理区域重要性。自1990年"产业集群"一词提出后，产业集群作为全新的研究领域得到了众多学科的广泛关注，其中制造业产业集群的研究发展较为突出。虽然也有学者将产业集群理论运用于旅游研究，但反响不大。直到Porter在《簇群与新竞争经济学》一文中提出，旅游业是集群效应最明显、最适合集群化发展的产业之一。随后，国内外旅游产业集群的研究得到了大量的关注和发展。

产业集群的定义目前还缺乏统一的定论，但Porter和经济合作与发展组织（OECD）对于产业集群的解释得到了普遍认可。Porter从产业联系的角度出发，认为"产业集群是在某一特定领域内互相联系的、在地理位置上集中的公司和机构的集合。产业集群包括一批对竞争起重要作用、相互联系的产业和其他实体，也包括提供专业化培训、教育、信息研究和技术支持的政府和其他机构。"[①] OECD将产业集群定义为"创造附加价值的生产链把互相依赖的企业、知识生产机构（如大学、研究所、提供技术的企业、知识密集型的商业服务机构）、中介机构（如经纪人、技术和咨询服务的提供者）和顾客等联结起来而形成的网络。"[②] 旅游涉及的产业和部门多，产业的关联度高，旅游企业和部门依附独特的旅游资源而聚集在一定区域内，为旅游者提供产品和服务。因此，旅游业具有明显的集群性，这一点也为

---

① 张鹏顺. 旅游产业集群形成与发展机制研究 [M]. 安徽：合肥工业大学出版社, 2011.
② 赵书虹. 旅游产业集群论 [M]. 北京：科学出版社, 2010.

众多学者所证实。著名区域旅游专家 Peter Murphy 和 Julie Jackson（2002）认为 Porter 的产业集群理论能给区域旅游经济发展提供分析方法。Sara Nordi（2006）实证分析了集群理论对于以旅游业为主的服务业的竞争力和创新力的提高有重要作用。Kristian J. Sund（2006）提出旅游产业集群已显著影响了瑞士整个旅游业的发展，运用产业集群理论研究旅游业十分有价值。

学术界对旅游产业集群的定义尚无统一的定论，比较常见的论述主要有以下几种：国际集群协会（The Cluster Consortium）（1999）以及 Molefe（2000）等学者在南非旅游产业集群研究中提出的旅游产业集群是旅游相关企业和机构在地理上的集中以及基于国内水平的旅游价值链的形成。2001 年，在美国蒙大拿州政府的经济报告中，将旅游产业集群定义为有相似或相关需求及能产生外部规模经济和创新利益的众多旅游公司的地理区域。国内研究较晚于国外研究，国内学者在 2000 年后才正式开展对旅游产业集群的研究。尹贻梅、陆玉麒和刘志高（2004）将旅游产业集群定义为"聚集在一定地域空间的旅游核心吸引物、旅游企业及旅游相关企业和部门，为了共同的目标，建立起紧密的联系，协同工作，提高竞争力"。[①] 龚邵方（2007），从价值链角度诠释了旅游产业集群。冯卫红（2008）认为旅游产业集群包括了内在特征（集群内产业的合作竞争及企业间的非正式制度）和外在特征（集聚性、产业规模和价值链完整性）。王润和刘家明（2012）对旅游产业地理集中（Geographical Concentration）、旅游产业集聚（Industrial Agglomeration）和旅游产业集群（Cluster）这 3 个易混淆概念进行了辨析，将旅游产业集群定义为在产业集聚的基础上，相互扎堆的企业和机构建立起了相对稳定的合作状态和创新协助网络，彼此能在该网络下获取更大收益。

5.2.2 旅游产业集群的竞争优势

产业集群是区域竞争力的衡量指标，国外学者对产业集群的竞争优势进行了较早的研究。韦伯（1909）在《工业区位》一书中，首次提出了产业的聚集经济（Agglomeration Economics）。Scott（1982）和 Storper（1986）用交易成本理论分析产业集群，认为产业集群形成的本地化生产协作网络可以有效降低交易成本，保护合作因素，提高企业创新力和灵活适应性。1995 年，Storper 又提出集群的企业间存在非交易性相互依赖关系，这种社会关系网络有利于集群企业获取新的思维和知识（Granovetter, 1985），形成企业间的"知识社区"。Krugman（2000）认为产业集群等竞争优势来源于报酬递增、需求交互和运输成本。Bell 和 Albu（1999）指出，产业集群的持续竞争优势不是来自"集群生产系统"，而是来自"集群知识系统"。Tallman 等（2004）发现集群核心竞争力的主要来源是独特而先进的知识流量和存量以及相关要素构成的知识体系。张顺鹏在《旅游产业集群形成与发展机制研究》一书中，通过对国内外学者的研究梳理，将旅游产业集群的竞争优势归纳为成本优势、市场优势、创新优势、扩张优势、议价能力优势和制度优势六个方面，如表 5 - 1 所示。

表 5 - 1 旅游产业集群竞争优势

竞争优势	内容
成本优势	城市集聚经济降低了物流、信息流等成本
	外部规模经济降低生产、销售等成本
	专业化分工提升了生产率
	外部范围经济降低交易成本

[①] 尹贻梅，陆玉麒，刘志高. 旅游企业集群：提升目的地竞争力的新的战略模式 [J]. 福建论坛，2004（8）：22 - 25.

续表

竞争优势	内容
成本优势	集群的区域性形成了供给充足的劳动力市场
	降低了企业进入和退出的成本
市场优势	促进了区域内专业市场的建设
	促进区域的品牌建设
	有利于开拓国际市场
创新优势	区域内竞争促进创新发展
	集群企业间技术、知识的传播促进了创新学习
	有利于形成创新的文化氛围
	有利于引进创新服务企业及机构，完善创新服务体系
扩张优势	扩张横向规模
	扩张纵向规模
	集群企业间的协作、合力加速产业集群的对外扩张
议价能力优势	集群企业间集中大批量的购买可以提高议价能力
制度优势	灵活专业化的分工协助机制
	互动互助、集体行动的合作竞争机制
	有利于构建区域内信任与合作的文化网络

资料来源：张鹏顺. 旅游产业集群形成与发展机制研究 [M]. 安徽：合肥工业大学出版社，2011：77-84.

5.2.3 旅游产业集群可行性分析与机制研究

本节研究以"5·12"汶川大地震后大九寨旅游产业集群重建为例，对四川民族地区灾后重建大九寨旅游产业集群进行可行性分析，并提出了灾后重建大九寨旅游产业集群的战略途径。本节研究不仅对四川的灾后旅游重建有所帮助，同时对类似的严重自然灾害后的旅游恢复有所启迪。

5.2.3.1 灾后大九寨旅游产业集群重建的可行性分析

"5·12"大地震对四川旅游产业带来了严重的损失，尤其对阿坝州民族旅游业造成了巨大的破坏。结合灾后大九寨的实际情况，作者认为，旅游产业集群是恢复、壮大四川地区旅游业最理想的发展模式之一。本小节将对大九寨重建旅游产业集群的可行性进行分析。

（1）九寨沟旅游资源口碑较好，品牌知名度较高。

大九寨地区旅游资源丰富，共有世界级、国家级、省级自然生态旅游区达17处，几乎占据了四川优秀旅游区（点）的半壁江山，成为中国乃至世界的旅游资源宝库。九寨沟在20世纪末就以其独特的自然景观成为家喻户晓的旅游胜地。即使在"5·12"汶川大地震后，处于大九寨核心旅游区的旅游资源均未受到太大的影响。九寨沟作为区域旅游知名品牌，其具有区域共享特征，因此区域独特的旅游品牌会形成旅游客流。与此同时，旅游客流与当地政策和环境互为作用，旅游客流带来的不仅是人流，随之而来的是物流、资金流、信息流，这无疑为旅游产业集群提供了良好的资源基础。由此能产生新的企业聚集，新的旅游资源开发，景区项目扩张，景区服务提升。可见，九寨沟区域旅游知名品牌是形成旅游产业集群发展的一个重要标志。

(2) 震前九寨沟旅游需求量大,震后旅游需求恢复较快。

"5·12"汶川大地震前,大九寨的旅游需求位于四川省前列,尤其是在经历 2003 年 SARS 之后,旅游客源直线上升。据统计,2004 年大九寨国际旅游区接待海内外游客 387.44 万人次,较 2003 年同比增长 90.19%;其中九寨沟和黄龙分别接待了 191.2 万人次和 136.7 万人次,门票收入分别为 2.541 亿元和 1.431 亿元,分列四川省旅游景区收入的第一和第三名,全年旅游收入 35.5 亿元,相当于该地区 GDP 比重的 56.5%。由此可见,大九寨旅游区在经历突发性事件后,其旅游需求恢复是很迅速和明显的。以九寨沟景区为例,2007 年共接待游客 295 万人次,同比增长 81.03%,其中国内游客 256152 万人,同比增长 8.82%;入境游客 38.48 万人,同比增长 3.03%;旅游总体收入 300308.16 万元,同比增长 29.45%。"5·12"汶川大地震后,2008 年共接待游客 69.68 万人次,旅游收入 82100 万元。但据统计,在 2009 年清明节当天,九寨沟景区接待游客 3274 人,实现门票收入 65.35 万元,比上年同期分别增长 45.84% 和 62.6%。可见,"5·12"汶川大地震虽对大九寨的旅游需求有一定的影响,但地震对游客的冲击力较小,九寨沟旅游品牌形成了旅游市场的驱动力。

(3) 政府支持和产业配套规划正拟实施。

旅游产业的发展现状决定了旅游产业集群的发展必须依靠当地政府的扶持和产业配套规划。景区在形成产业集群的过程中离不开政府的规划、支持与辅助。产业群的发展影响到当地的经济发展并可能改变当地的经济发展状态。一方面,除了当地政府对旅游企业的支持外,还要看当地的政府发展规划是否将旅游作为本地的一个产业"发展极"去规划。旅游产业集群只有融入当地的发展规划之中,才会有新的发展,产业集群也才会有发展的空间。阿坝州政府早在 2007 年旅游工作会议上就提出了围绕"大九寨"品牌建设,提升九寨沟、黄龙、牟尼沟、神仙池等旅游产品质量;进一步加强旅游基础设施建设,完善景区配套设施建设;强化旅游宣传促销,积极拓展国内外市场,加大对外文化交流;规范旅游市场秩序,优化旅游市场环境的发展规划战略。另一方面,国家对当地基础设施的配套支持也为大九寨实现旅游产业集群创造良好的条件。在汶川大地震前,九寨黄龙机场的通航,连接九寨黄龙机场以及各大景点的公路改建、各通信网络在各景区中的覆盖为大九寨的交通和通信打通了障碍。阿坝州高等师范专科学校以及各种培训机构的创建为大九寨地区旅游发展提供了人才支持。汶川地震后,借助灾后重建的机遇,灾区交通将进行高起点的重新布局。国家拟定成兰铁路的筹建,成九铁路的筹建等,这一系列的交通道路改造将对大九寨旅游产业集群提供良好的交通枢纽支持。

5.2.3.2 灾后大九寨旅游产业集群重建的制约因素

地震灾害不仅给当地受灾地区生产和居民生活造成诸多影响,还破坏了当地的生态环境、道路交通、接待设施等,对当地旅游业造成巨大的负面影响。

(1) 地震使当地生态环境更加脆弱,旅游景点遭受重创。

任何产业集群的发展都离不开空间环境的依托,景区型旅游产业集群的构建更是依赖于周边的自然环境和人文环境。大九寨地区属于高山峡谷区地貌,独特的地质、地貌及自然环境等地理条件,造就了世界上规模宏大、造型奇特的高寒岩溶地貌和湖泊峡谷风光,其本身生态环境就十分脆弱,属于"环境和文化易受破坏的地区",加之大地震的影响,对于产业集群过程中空间规模的扩大和旅游产品的开发都有一定的限制。"5·12"汶川大地震之后,阿坝州许多旅游景点都遭到不同程度的创伤,特别是汶川、茂县、理县等河谷地区地震使原本十分脆弱的生态环境又遭受重创,其中旅游景点和景区因地震及其次生灾害而受到严重破坏,地质地貌等自然景观可能因此消失而无法弥补。同时,人文旅游景观也遭受重创,一些地区人离家散,残垣断壁的荒凉场景要得以恢复则需要更长的时间。可见,地震直接导致一些地区的旅游景观影响力下降,必将影响大九寨地区旅游的产业集群的发展。

(2) 当地人、财、物的短缺，导致旅游设施恢复难度较大。

"5·12"汶川大地震摧毁了阿坝州许多县城的旅游道路基础设施和旅游接待服务设施，旅游景点和景区也因余震及其次生灾害给修建工程设施带来了很大的阻力。原以"木头"为财政主要来源的阿坝州，虽然这几年在产业转型中摆脱了"木头"的困扰，财政收入逐步有些好转，但面对突如其来的大地震的破坏，微薄的财政对修复道路基础设施和旅游接待服务设施只是杯水车薪。灾后旅游基础设施的投入需要大量的人力、物力和财力，这些都将制约大九寨地区旅游产业集群的重建。

(3) 地震前旅游产业链扁平化、空心化在大九寨旅游产业集群中较为明显。

依据四川旅游政务网公布的2000—2005年国内旅游者在四川人次花费构成中，娱乐花费只占总消费的6%左右，购物占17%左右，远低于住宿、交通所占的费用。另外，大九寨地区经济落后，严重依赖外地客源，来大九寨的游客中71.6%的旅游者属于远距离旅游，而且由于无法开展大规模的自助游，所以游客多是组团客。从产业链的角度看，就是在包价旅游产品的购买中，资金的正常流向是应该先从组团社进入旅游产业链，沿着"游客—组团社—地接社—购买服务"来流动，但是大九寨区域经济背景决定了它与经济发达地区之间的旅游合作是单向的，为了加强与外地旅行社的合作往往通过给外地旅行社更低的价格来与其他旅游目的地的竞争。本地旅行社和导游为了挽回这部分损失就需要安排大量的购物场所和自费景点来弥补。这样资金就会反向注入产业链按照"游客—购物点—地接社—团社"方向流动。在这种颠倒的产业链中，真正的旅游产品只是吸引游客前来的幌子，旅游产业成为一个围绕购物运转的空壳，这就出现了产业空心化。

(4) 九寨旅游区中小企业普遍呈现小、散、弱的特点，限制着旅游要素的不断聚集。

产业集群理论告诉我们，独特的旅游景观或品牌会吸引旅游客流，而伴随旅游客流的不断增大，还会带动物流、资金流、信息流的参与，从而推动旅游产业区内企业向旅游产业集群转换，由此产生新的企业聚集，新的旅游资源开发，景区项目扩张，景区服务提升，最后形成旅游产业集群。但是汶川大地震前大九寨旅游区主要以大量的中小企业尤其是家族式企业为主，这些企业缺乏长远的发展目光和足够的资金投入，企业经营特色不明显，产品同质化现象严重，因此就出现了企业间在争夺客户、人才、产品中靠打价格战取胜的无序竞争，严重影响了产品质量和服务质量。汶川大地震发生后，地震及其余震、次生灾害影响潜在游客的旅游决策，他们在决策时更愿意选择其他安全的旅游地，中小旅游企业面临顾客减少，甚至没有游客的尴尬，这将直接导致灾区旅游市场在短时间内难以恢复。其次，汶川大地震后一些中小旅游企业经历了设施设备被毁、无钱投资和维持日常经营艰难，企业无疑面临着亏损，有的企业只好关门歇业或转行。中小旅游企业倒闭的直接后果是导致人、财、物的分散，地方旅游接待软硬件条件恶化，这无疑对大九寨形成旅游产业集群带来不可低估的损失。

5.2.3.3 灾后重建下的大九寨旅游区产业集群的发展策略

目前，我国在旅游产业集群的构建上都还处于旅游产业区的阶段，尚没有形成真正的旅游产业集群。为此，灾后重建中要实现大九寨旅游产业集群战略需抓好以下几方面的工作。

(1) 借机重建旅游秩序。

灾后提供了一个当地政府审视、提升本地产业的机会。目前大九寨区旅游企业数量多、规模小、创新能力差、抵御风险能力弱，旅游产业集群正在形成之中。在此情况下构建旅游产业集群，应避免景区内低水平开发重复建设，并推动旅游秩序重建。

旅游秩序的重建包括以下几点。

1) 政策环境重建。政府应该站在引领当地企业建立旅游产业集群的高度，审视现有的政策、法规、规划情况，调整产业政策，优化产业环境，扶持企业发展。

2）企业间的秩序重建。企业间的秩序重建不是简单的重组，而应该包括企业合并、服务融合、平台共享等。例如，可以借鉴英国的经验，企业建设中介服务和信息服务网络，发展公共研发平台，推动创新企业集群的形成和发展。

3）重点培育有代表性的大型旅游企业集团，发挥龙头作用。要改变大九寨旅游区内中小企业无序竞争的局面，必须重点扶持大九寨旅游集团进行产品创新，形成大企业努力创新小企业积极跟进的局面，提升旅游企业整体创新能力，从而驱动旅游景区向旅游产业区转变，实现旅游产业集群，如图5-1所示。

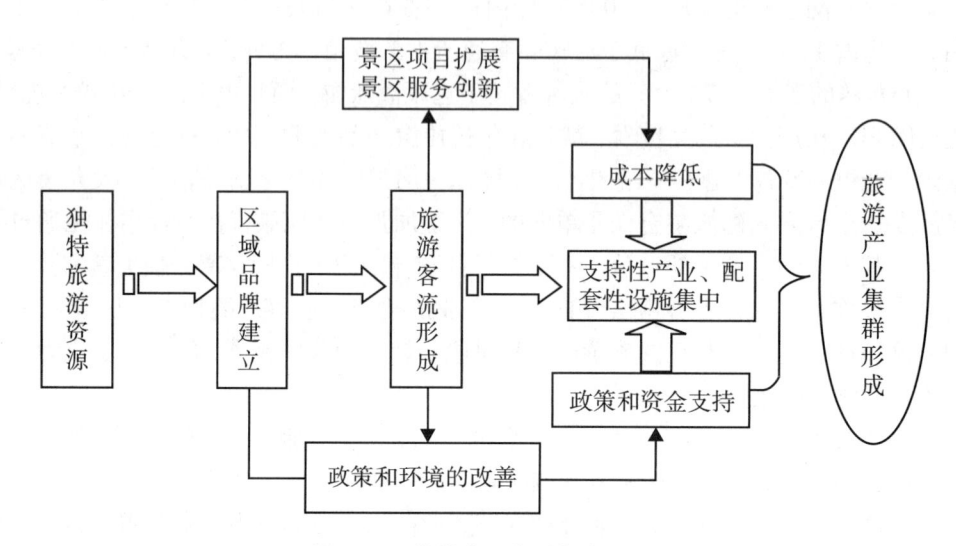

图5-1 旅游产业集群构建机制

与此同时，旅游客流与当地政策和环境互为作用。旅游客流给景区的政策、环境改善带来压力，而景区的政策环境改善反过来提升游客对景区的感知形象，促进客流的增长。如此，旅游客流的形成、景区项目扩张和景区服务创新、政策和环境的改善推动企业成本降低、产业配套、设施集中以及政策和资金支持，最后形成旅游产业集群。

（2）政府积极主导，建立协调利益机制。

市场推动和政府推动在旅游产业集群建设中互相助力，互为环境，才能最终推动旅游产业区内企业向旅游产业集群转换。目前，在阿坝州旅游产业集群没形成之前，当地政府应该首先将产业区进行明确定位，设定未来发展的重点框架，制定各项产业政策，完善旅游基础设施配套建设，扶持参与集群的旅游企业和相关行业企业，为旅游产业集群的产生创造良好环境。同时，企业应该重视市场的作用，依据市场需求设计旅游产品和服务，建立顾客导向型企业，吸引客流，为政府在宏观政策环境上的支持赢得条件。经历汶川大地震后的大九寨生态旅游系统如果要建立旅游产业集群，需要重新建立一个新的协调机制来保证其可持续的运作，协调各方利益，企业在旅游产业集群时，才能做到强化产品、服务创新，自觉维护旅游景区品牌。大九寨的利益方包括景区管理者、政府、社区村寨、投资者、居民、游客、媒体、咨询服务机构等。灾后由于存在景区感知形象变动、居民心理影响、政府工作重心改变、投资环境变化等诸多内外环境改变，由此导致各方利益诉求差异，容易产生集群内的矛盾。在灾后重建过程中，要注重协调各个生态主体之间的利益关系，达到多目标的一致性。政府在这一进程中不仅是管理者，还应该统筹各方利益关系，做各方利益的协调者和区域发展的促进者，以实现利益主体之间的和谐，赢得灾后的可持续发展。

(3) 政策倾斜扶持旅游产业。

臧旭恒等提出产业集群租金理论，认为地理租金是产业群集聚的原因，政府的各种相关优惠政策与措施是产业集群地理租金来源之一。灾后给大九寨地区的旅游发展带来很大的冲击，主要是大九寨的旅游通达性变差，陆路交通在一段时间内难以改观。另外，由于地震灾害的影响，游客对四川整个区域的目的地感知形象会有很大变化。因此，旅游客流出现较大的回落。在此环境下，当地旅游产业的发展处于相对脆弱时期，这时候政府应该在产业政策、税收优惠等方面给企业以必要的支持，以谋求旅游产业的长远发展。

(4) 挖掘文化旅游产品，扩展旅游产业链。

随着旅游业的发展，旅游活动逐渐表现出内聚外拓的规律：一方面大范围走马观花式的观光旅游活动逐渐减少，中小区域尺度的休闲度假旅游逐渐时兴；另一方面郊区游的范围逐渐向外拓展，也向中小区域尺度的休闲度假旅游发展。由于地震后道路交通和灾后重建的一些限制，导致大九寨旅游区的可进入性降低，这些改变对其极为不利。为了缓解这种被动局面，大九寨旅游产业必须走顾客导向的道路，向产品专业化发展。产品专业化不仅能塑造产品品牌，还能吸引更多的旅游要素，拓宽产业价值链。目前，大九寨主推产品是自然风光游，在竞争激烈的情况下，游客很可能会选择其他风景类似距离近的景区，所以大九寨应根据游客的需求，抓住灾后重建的大背景，重点整合藏羌文化旅游资源，在继续保持大九寨自然生态品牌的同时，积极开展营销策略来树立大九寨的文化旅游品牌形象，并积极拓展自身旅游的产业链，才能把地区旅游业做大做强，大九寨旅游产业集群构建模式，如图5-2所示。

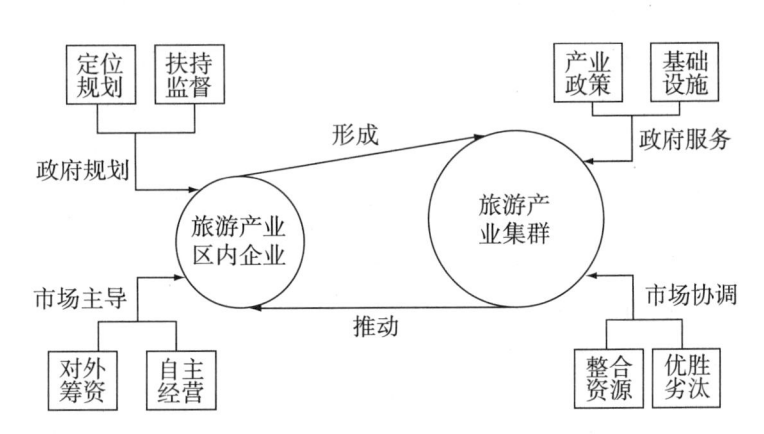

图5-2　旅游产业集群构建模式

从旅游产业集群构建模式不难看出，大九寨旅游区产业集群的建立是由供货商、制造商、销售商、客户、规制管理机构、中介服务机构六大环节组成，它所形成的一条完整的产业链，其最显著的特征：产业上相关、地理上相聚、业务上竞合。这不仅是灾后阿坝州旅游产业的一次重组，也标志着阿坝州灾后重建中旅游产业人流、财流、物流的一次跨越式整合。

目前，大九寨地区的政府和企业已经有将该地区旅游产业做大做强的规划和决心，加上灾后重建所带来的高起点的基础设施的建设，所以大九寨旅游区应该牢牢抓住这个契机，致力于对制度环境的建设、对公共用品的改善、对市场运行的规范、对专业人才的引进等几方面来重新构建灾后新的大九寨旅游产业集群，最终实现大九寨旅游区的可持续发展。

5.3　目的地官方网站品牌化策略

因特网技术的快速发展提升了旅游官方网站的利用率。目的地营销组织（Destination-marketing Organization，DMO）可通过官方网站极其迅速地展露产品/服务信息。游客则可在任意时间和任意地点直接登录官方网站，获取自己所需要的权威信息，由此制订旅行计划。在严重自然灾害发生后，目的地官方网站无疑是游客获取准确旅游信息的最佳途径之一。而且，网站的品牌化程度不仅影响游客的使用体验，还影响游客对网站甚至是旅游目的地的形象感知。因此，在灾后旅游市场恢复过程中，实施目的地官方网站品牌化策略十分必要。

目的地官方网站从成本有效性和市场渗透两个方面极其有效地推进了目的地的品牌化（Destination Branding）进程。因为旅游产品的多样化和复杂性导致了 DMO 向潜在游客提供信息变得非常困难，而官方网站的互动性和低成本恰恰弥补了传统媒体诉求信息的局限，所以官方网站可以利用多种要素（如文本和视频信息）传递旅游产品的特征。

在日趋剧烈的竞争环境中，在全球范围内创建品牌已成为 DMO 一个重要的战略选择。在管理实践当中，目的地品牌化之所以如此重要，是因为消费者存在广泛的旅游机会，以及某些目的地彼此之间缺乏必要的差异性。官方网站是实现旅游目的地品牌化最重要的途径，并有助于建立独特清晰的品牌形象。基于目的地官方旅游网站的内容分析已成为目的地品牌化研究的一个新的领域，品牌化过程中的概念辨析、网站功能评价和服务感知质量测量，已引起中国学者的关注。然而，从品牌化角度研究我国旅游官方网站的信息内容，即如何使用品牌这一工具建立独特清晰的目的地形象，当前尚属未探求的领域。

目的地官方网站可以利用先进的网络技术传递丰富的产品信息，而网站所呈现的信息，可能会因产品的多样化和复杂性变得无序和杂乱，进而不能有效地利用官方网站这一途径实现目的地品牌化。据此，本研究把我国 119 个 5A 级景区官方旅游网站作为分析对象，运用学术领域广泛认可的莫里森（Morrison）评价标准，按照规范的内容分析程序，以期达到如下研究目的：①分析网站各类要素展露信息的一致性和旅游口号特性，据此对我国的 5A 级景区官方旅游网站进行分类；②评估每个类别的特征，为目的地官方网站的品牌化建设提供理论基础。

5.3.1 目的地品牌化的定义和作用

目的地品牌化的出发点是在游客心中建立独特清晰的目的地形象。本着这样的目的，目的地品牌的理论框架和相关概念主要来自品牌化元素理论。在这个领域，Aaker 的品牌化定义得到广泛的认同，即建立品牌的过程就是用差异化的名称或符号（如标识、商标、包装）识别一个销售商或者一组销售商的产品或服务，使得其与竞争者的产品服务产生区别。

沿着 Aaker 的定义，其后研究者的概念细化更加倾向于操作性。品牌化，是用精练语言表述和传递定位的核心内涵，使得受众能够识别和记住自己将要得到的利益。品牌化是市场定位强有力的战略工具，通过各要素的有效整合，在消费者的心中凸显出与竞争者完全不同的利益和承诺。目的地品牌化，是从 DMO 观点出发，本质是通过差异化为目的地建立一种独特的识别。它表达了 DMO 希望目标顾客以某种方式感知特定品牌的期望。目的地品牌化重点通过识别和差异化两个功能付诸实施。一个地方可以通过有形要素和无形要素去表现识别。有形要素如建筑、海滩，容易调整和变更；无形要素如文化、习惯和历史，调整和变更比较困难，需要花费较多的时间和费用。识别之外的另一个功能就是基于消费者视角为目的地赋予差异化的意义。DMO 可在游客心中建立与目的地属性等价的联想，如高质量的住宿、有风味的餐馆、设计优美的公共活动空间等。它可让消费者认识到哪些品牌联想（差异点）超过了竞争者。差异点联想可促使消费者正向评价品牌，并由此附着在品牌上而形成资产。

Blain 等为此更详细地解释了旅游目的地品牌化所包含的具体内涵，即目的地品牌化是一系列营销活动，主要包括 4 个方面：①通过品牌名称、符号、标识、文字、图片等工具创造目的地差异化识别；②一致性地传递一种难忘的旅行体验这样独特的消费预期；③巩固和强化旅行者和目的地之间的情感联系；④减少消费者的搜索成本和感知风险。总体而言，这些活动旨在创造能正向影响消费者旅行计划的目的地形象。

在全球化旅游目的地高度竞争的市场中，创造独特的目的地形象已成为基本的生存手段。大量的实证研究表明，积极的目的地形象能够带来更高的感知质量，增加游客的旅行意向。目的地形象影响游客对目的地特定属性的满意感以及总体满意感，积极的目的地形象和较高的满意度将提高游客对目的地的忠诚度。同时，以游客的感知质量、感知价值及满意度为中介变量，目的地形象能够影响游客故地重游及向亲友推荐的意向。

旅游目的地品牌化除了对目的地形象和消费者行为产生影响外，它也会影响 DMO 的营销决策。对游客而言，它可降低消费者的选择成本、决策风险和旅行本身无形性特点的影响。目的地品牌化就是通过多种营销活动创造积极正向的形象并由此影响游客对目的地的选择。对 DMO 而言，目的地品牌化可跨时间和跨信息源保持信息的一致性。同时，有利于市场细分，全力聚焦于某一个市场定位，开展目标市场营销活动。

5.3.2 目的地官方网站品牌化水平

官方网站为目的地品牌化提供了一个有效的途径。品牌化的 2 个功能以及目的地品牌化的 4 个内涵，都可借助这个途径予以实现。这主要缘于目的地的官方网站是一种典型的广告表现形式。具有广告基本功能二分法的全部功能，即提供信息和说服购买，游客可从官方网站获取关联信息以制订旅游计划。作为一种广告表现形式，广告各要素展露信息之间的一致性则关系到广告的效应。在因特网中，由于旅游目的地、地方政府、游客、旅游代理商等机构或个人均可利用自己的渠道发布信息，难免会产生冲突甚至矛盾的情形。在这种信息源多元化的状态下，官方网站提供的信息具有较强的权威性和影响力。如果官方网站所发布的信息存在较大的非一致性，将使得在线游客处于不能坚定其旅行计划的茫然状态，甚至会修改已有的计划。因此，一致性高的广告信息将提升品牌化效果，有助于游客对目的地的正确理解、识别及回想，更有助于建立积极正向的目的地品牌形象。

为了让游客记住浏览的内容，旅游网站应充分整合各种要素实施信息传播。旅游网站信息传播要素表现如下：①简捷的景区信息，用于识别和区分竞争者，即景区名称、网页地址（Uniform Resource Locators, URLs）、标识、符号、旅游口号、形象代言人、包装等；②动态或静态的描述性文本信息，用文字详细描述或展示产品与非产品属性及利益，如导航栏目、各级板块标题、文本正文、浮动标语等；③动态或静态的非文本性信息，用图片、音乐、声音、视频等方式描述或展示产品与非产品属性及利益，如景点图片、弹窗广告、视频动画等；④抽象信息，如背景颜色、装饰设计、语言风格等。

可以通过评估旅游网站上述 4 个要素展露信息的一致性，以及这些信息是否指明价值主张两个方面，评判目的地的品牌化程度。展露信息的一致性是目的地品牌化的基本要求。信息整合理论可以解释上述论点，即一个人的态度是从不同信息片段整合中产生的。新信息和先前态度的融合，将会强化先前的态度或者调整先前的态度。这个理论给人的启发是依托网站各个要素展露的信息，游客不管按照什么样的顺序进行浏览，信息之间衔接，彼此支持，将会对景区形成清晰稳定的良好态度。相反，花费较长时间浏览官方网站的游客，面对彼此矛盾脱节的信息，网站某部分信息所建立的正向态度会因其他信息的冲突而发生改变。所以，司如尔（Srull）指出，卷入在认知任务中的一致性信息能产生较高的记忆，相反，非一致性信息，则不能。

同时，网站多种要素呈现的大量信息，如用一种精练的语言表达，可减少受众的信息加工成本，快速归纳出众多信息的精髓和要点。目的地转化为一个品牌是一个非常复杂的过程，但是为特定目的地创建精练的价值主张，也就是旅游口号，可以让这一复杂的过程简洁化。旅游口号是运用简短语言传播的关于品牌的描述性或说服性信息，是一种容易记忆的短语或者富有韵律的句型结构，指明旅游产品的独特之处，促使消费者形成美好联想和积极清晰的消费感知。它保持了不同广告活动之间的连续性和传承性，描绘出品牌精髓、个性和定位，使得与主要对手产生差异。旅游口号是凝练和宣传目的地形象的重要载体，是整合目的地营销活动、提高品牌传播活动一致性与塑造目的地形象的有效工具，可帮助游客快速识别旅游产品的核心价值。

综上所述，作者提出以下观点：①官方网站展露的信息具有一致性，旅游口号反映了这些信息的核心精髓并提出了明确的价值主张，此类网站称为高品牌化；②展露的信息具有一致性，旅游口号不能明确表达或者正确表达这些信息的核心精髓，此类网站称为中品牌化；③展露信息没有一致性，旅游口号没有表达这些信息的核心内涵，更没有提出明确的价值主张，此类网站称为低品牌化。

5.3.3 我国5A级旅游网站品牌化现状研究

5.3.3.1 研究方法

本研究把我国119个5A级景区官方旅游网站作为研究对象。于2011年12月17日从国家旅游局网站下载5A级景区名单目录，并将其作为关键词输入百度搜索引擎，确定景区官方旅游网站的URL。

本研究运用内容分析法分析研究对象。内容分析是一种系统的可重复性技术，基于明确的编码规则把大量信息（文本、声音和图像信息）压缩为少量类别的信息内容。莫里森认为，当建立旅游网站的时候，不管是商业的，抑或是公共性质的，贯穿整个网站实施品牌化是非常重要的主题。官方网站所表达的品牌形象，前提条件是消费者的期望得到满足。本研究根据品牌化的研究主题，适当调整了莫里森的网站评价标准，并在此基础上进行操作化定义，然后发给相关的营销专家进行匿名评议，在充分征求他们意见的基础上确定最终的执行标准，如表5-2所示。

编码者是否以同样的方式进行编码会影响分类结果的正确性。研究从119个官方网站中随机抽选10个网站用于训练6名专业人员，对同一网站评价不一致的编码进行多次讨论，以确保编码人员熟悉旅游网站的一般特性，掌握基本的编码规程。通过考核确立两名编码员负责所有网站的编码，第三名编码员负责判断他们对每一个网站评估的差异性。使用裴洛特和利（Perreault & Leigh）可靠性（不同编码者对某一内容归类的一致程度）计量公式，公式发现编码员之间的平均可靠性达到0.92，分布区间为0.86～1.00，均大于卡撒简（Kassarjian）推荐的最小临界值0.85。

5.3.3.2 分类结果与特征描述

在内容分析期间，山海关、镜泊湖、武当山、净月潭、苏州园林和沈阳植物园6个景区的网站无法找到或成功打开，实际的分析对象是除上述6个景区之外的113个5A级旅游景区。具体的分析路径是运用表5-2中的操作定义去评估景区官方网站4个方面的内容，即简洁的景区信息，动态或静态的描述性文本信息，动态或静态的非文本性信息和抽象信息。

表5-2 内容评判的操作性定义及可靠性

评估网站的标准	操作性定义	可靠性
文本意义明确且能够被理解，页面不杂乱	文本排版规范	0.90
	文本内容通俗易懂	0.97
	页面干净整洁	0.89
文本信息体现了口号	旅游口号诉求的属性或利益通过文本内容得到详细解释	0.88
	具有主张明确的旅游口号	1.00

续表

评估网站的标准	操作性定义	可靠性
图片效果较好且具有视觉吸引力	网页不存在无法显示的图片	0.89
	网页的图片成像清晰	0.94
	图片排列整齐	0.88
	图片让人赏心悦目	0.92
图片有助于表达文本内容	图片形象地展现了文本信息的内容	0.91
	图片加深了对文本信息的理解	0.93
使用丰富的图片提高网站的美感	图片提高了页面的美观程度	0.87
	图片符合网站整体设计风格	0.93
各类图像信息与口号一致	旅游口号诉求的属性或利益在图片中被充分展现	0.94
	景区口号在网页中反复出现	1.00
	装饰图形的设计与旅游口号诉求的属性或利益相关	0.95
通过颜色提高网站的视觉吸引力	网站色彩搭配协调	0.86
	网站的主色调与旅游口号诉求的属性或利益相契合	0.91
各类信息不相互冲突	多个口号内容保持一致	0.86
	图片与文字被正确匹配	0.96
	景区名称统一	0.88
	景区名称具有中文意义	1.00
	板块的主题与板块的内容相吻合	1.00
	各板块之间的信息不矛盾	0.97
清晰地表明目标市场	文本信息高频率地提到特定群体	0.87
	网站的内容及栏目设置具有受众针对性	0.89
网站总体来说具有吸引力	网站的视觉效果较好	0.87
	网站信息内容设置以旅游口号诉求的属性或利益为主题	0.86
	网站信息内容设置具有各自的主题	1.00

高品牌化景区网站共50个，占总数的44.25%。此类网站具有高品牌化特点，有效地利用官方网站这一重要工具成功地实施了品牌化运行目标，在线游客心中建立了独特清晰的目的地形象。此类网站各要素展露的信息一致，旅游口号拥有明确的价值主张，反映这些信息的核心精髓，能帮助游客快速识别景区的核心价值。具体有如下特点：

（1）网站的旅游口号清晰地描述了景区的核心特色、游览价值，并以此劝说游客前来游玩。如"热带植物大本营"明确指出丰富多样的热带植物是西双版纳热带植物园的核心特色。再如"从此更快乐"突出大连老虎滩极地馆的快乐氛围和感受快乐的游览价值。

（2）以旅游口号为诉求主线，文本信息、非文本信息和抽象信息围绕这条主线建立明确清晰一致的信息诉求特性，在线游客容易识别景区的价值承诺。如周庄古镇景区，旅游口号"中国第一水乡"

出现在网站首页顶部，网站通过各种信息集中表达景区具有的小桥、流水、人家的典型水乡景观。网站首页以水墨画的形式展现了景区的景色，依次出现夜景、雨景、阳光普照及古朴街道的图片。既有邻水而建的典雅石屋、小巧的石桥、夜幕下挂着灯笼的石街图片，也有传统地方戏曲表演、中式婚礼等中国传统生活娱乐活动的图片。网站传达出古镇环水而生的中国传统文化特色。

（3）网站各版块的信息设置从不同角度延展和丰富了旅游口号，使得旅游口号显得饱满和富有含义。如西双版纳热带植物园网站首页以植物为关键词设置植物史话、植物艺术、本周花讯等栏目，各种热带植物的科普知识及花草树木的动静态图片丰富了"热带植物大本营"的内涵，有助于核心诉求的理解和认同。再如，大连老虎滩极地馆通过大量的图片展现各种憨态可掬的极地海洋动物、游客及饲养员与动物互动时开怀的笑颜，口号诉求的"快乐"被具体化和形象化。

（4）网站通过多种方式强调景区定位。① 网站首页展露旅游口号。在这 50 个网站中，有 41 个网站反复出现旅游口号，其余 9 个景区的旅游口号在网站首页出现一次（九华山、云台山、明故城、皇城相府、五台山、观澜湖、峨眉山、兵马俑、葡萄沟）。② 有 23 个网站利用背景色调烘托主题与营造氛围，如西双版纳热带植物园网站草绿色的背景鲜翠欲滴，使热带植物园呈现勃勃生机的景象。③ 有 19 个网站通过装饰图形的设计强化对景区定位的联想，如大连老虎滩极地馆通过动物面带微笑的图案装饰网站，把人带入快乐的海底世界。

（5）绝大部分网站的 URL 具有意义，容易记忆和回想。除土楼和西双版纳热带植物园网址意义不明确之外，华侨城、观澜湖及昆明石林网站的 URL 由英语单词组成，具有英文意义，其余 45 个网站的 URL 都具有中文意义，是拼音全拼或首字母的缩写。

（6）大部分网站页面干净整洁，文本排版规范且通俗易懂，图片整齐清晰，视觉效果良好。除沙湖和千岛湖网站设计略显粗糙，西递宏村、土楼、崆峒山、嘉峪关、韶山、瘦西湖、崂山、皇城相府、昆明石林、小三峡—小小三峡、雁南飞茶田网站视觉效果单调之外，其余 37 个网站页面精致美观，具有较好的视觉效果。

（7）九华山、鼓浪屿、灵山大佛、雁南飞茶田、安阳殷墟、西双版纳热带植物园和东阳横店影视城 7 个景区的官方网站清晰地界定了目标市场。如九华山的目标消费者是信仰佛教文化的旅游爱好者。西双版纳植物园的目标消费者界定为对植物，尤其是对热带植物感兴趣的旅游爱好者。

5.3.4 结论、管理启示和未来的研究方向

5.3.4.1 研究结论和管理启示

本研究充分把目的地品牌化与网站营销两种战略链接在一起，重要的贡献体现于发现了目的地官方网站的品牌化，有助于建立积极正向的目的地品牌形象。本研究遵循规范的内容分析程序，把我国 5A 级旅游景区的官方网站作为研究对象，得出如下重要结论：①旅游目的地的官方网站已成为重要的品牌化工具。网站的图片、文字、设计风格所展露的信息具有一致性，旅游口号与多层面的信息形成有效的映射关系，则网站的品牌化水平高，由此可建立独特清晰的目的地形象。②我国 5A 级旅游景区的官方网站在品牌化方面已取得一定的进展。按照品牌化水平的高低可将其划归为高品牌化、中品牌化和低品牌化 3 个类别，它们各自占到 44.25%、15.04% 和 40.71%。③ 旅游景区提出明确具体而非抽象宽泛的价值主张作为旅游口号，将有助于提高目的地的品牌化水平。④ 只有 11 个官方网站界定了景区的目标市场特征，绝大部分网站还实施着不知目标顾客是谁的信息传播行为，导致信息诉求处于无的放矢状态。

本研究在应用中可带来以下几点管理启示：

（1）对于高品牌化的旅游网站，应重点研究和确立目标市场，精确描述目标市场的特性，有针对性地针对目标顾客所关心的问题以及期望的利益设计信息内容。

（2）对于中品牌化的旅游网站，核心应放在提炼旅游口号，以及旅游口号与网站各板块主题之间的对应关系上。确保各板块的信息从不同层面、不同角度拓展和丰富旅游口号的深刻内涵，保证旅游口号得到生动形象的诠释。同时还应注重目标市场研究，力争受众对诉求信息产生响应和共鸣。

（3）对于低品牌的旅游网站，改进的工作显然比较多。重点应认识到信息一致性和旅游口号的作用，积极按照品牌化的理念改进网站的信息设计，并迅速付诸行动。

5.3.4.2 未来的研究方向

和所有的规范研究一样，本研究也存在一些局限，意味着明确了将来的研究方向。第一，由于研究目的使然，本研究使用内容分析法。在将来的研究中，可从消费者角度把本研究的测量转化为能评价消费者感知的测量量表，以评判研究结果的普适性。第二，电子网站的品牌化是旅游网站建立品牌形象的重要工具，本研究初步把我国 5A 级景区作为分析对象，未来的研究可拓展到其他低级别的景区或各省市级旅游目的地。第三，本研究重点分析官方网站向在线游客传播的单向信息以评判网站的品牌化程度，将来的研究可将官方网站与在线游客的双向互动交流内容纳入评判对象，以期探索更有价值的发现。

6. 降低灾后风险认知的恢复营销策略

6.1 灾后风险认知内容及营销思路

（1）灾后风险认知内容。

严重自然灾害后旅游意愿综合影响模型研究提出灾后风险认知的 8 个维度，分别是经济风险、道德风险、犯罪风险、人身风险、健康风险、社会风险、便捷风险、心理风险。研究在深度访谈和问卷调查中发现，在灾后恢复的不同时间阶段里，游客对风险类型的关注会不同。灾害发生后约 1 年时间内，潜在游客对人身风险和健康风险反映强烈，即使游客的人身健康能得到保障，仍会存在道德风险、社会风险和心理风险。灾害发生后 1~5 年时间，游客主要担心灾害发生一段时间后，灾区重建中，会有不法分子趁乱犯罪，存在犯罪风险。然而，经济风险则在灾后恢复的整个过程中都会对旅游意愿产生影响。

（2）营销思路。

本章根据灾后不同恢复阶段侧重不同风险沟通内容的原则，合理利用资源，采取选择性降低灾后风险认知的策略。

本章按不同的沟通内容，将风险认知进行划分。在灾害发生后约 1 年时间内，主要对游客进行安全沟通和情感沟通。其中，安全沟通指针对人身风险和健康风险的沟通，情感沟通指针对道德风险、社会风险和心理风险的沟通。在灾害发生后 1~5 年时间，主要针对游客进行安全沟通，这时的安全沟通是针对灾后重建中可能存在的犯罪风险。同时，在整个灾后恢复过程中需要针对经济风险进行市场细分和价值定位。因此，本章分别从降低人身风险、健康风险，降低道德风险、社会风险和心理风险，降低犯罪风险和降低经济风险 4 个方面提出相应的策略，以便旅游市场管理者针对具体的实际情况进行策略的搭配使用。

6.2 旅游目的地安全形象

6.2.1 旅游目的地安全形象的定义

6.2.1.1 旅游目的地形象的定义

旅游目的地形象（Tourist Destination Image）是在 20 世纪 70 年代初由 Mayo 提出的，但学术界对于旅游目的地形象的定义仍然没有达成共识。王红国和刘国华（2010）对国外学者关于旅游目的地形象的定义进行了梳理，如表 6-1 所示。

表 6-1 旅游目的地形象的定义

作者	定义
Hunt（1975）	是一个人对一个目的地的信念、想法与印象的总和，是人对于非居住地所持有的印象
Lawson 和 Baudbovy（1977）	是个人或群体对于特定的物体或地方的所有客观的认识、印象、偏见与感情思维的词语
世界旅游组织（1979）	是一种微妙气氛、一种观点、一种主观认知，伴随着相同信息传达者的各种的观念或情绪的投射
Calantone 等（1989）	是一种游客潜在的感知，它具有类似品牌的功能，集合了游客与旅游从业者对一个旅游目的地区内旅游活动（Activities）或旅游景点（Attractions）各属性的感知
Fakeye 和 Crompton（1991）	是潜在游客基于其在总印象中所择取的少数印象

续表

作者	定义
Milman 和 Pizam（1995）	是一般大众对一个地方、一个产品或一种经验的视觉或心理印象
Martin Selby 等（1996）	从旅游者认知的角度提出了朴素形象（Naive Image）和再评估形象（Re-evaluated Image）的概念
Gartner（1996）	认为旅游目的地形象具有以下特征：一是形象的改变是缓慢的，实体（Entity）越大，形象的改变便会越慢；二是引发形象的形成因素必须是集中且长期性的影响；三是若实体相对于整体越小，则发展独特形象的机会越小；四是形象的改变必须依照于目前形象的评估
Bignon、Hammitt 和 Norman（1998）	是一种心理过程的结果，而目的地形象是很多属性项目的认知加总，形象本身是无形的，但其包含目的地无形与有形的认知
Seyhmus Baloglu 等（1999）	是一种表示旅游者个人态度的概念，它是指个体对旅游目的地的认识、情感和印象

资料来源：王红国和刘国华（2010）。

从以上可以看出，大多数学者对于旅游目的地的定义都是强调的个体对某地的总体感知或全部印象的总和，是旅游者对旅游目的地的主观表达。

6.2.1.2　旅游目的地安全形象的定义

由于旅游目的地形象是个体对某地的总体感知或全部印象的总和。因此，旅游目的地安全形象的实质是旅游者对旅游目的地安全情况的感知、认知与评价。

6.2.2　旅游目的地安全形象的影响因素

旅游目的地的安全情况包括社会治安、旅游资源、旅游行业、旅游业监管等。安全情况涉及的范围较广，同时目的地形象又受到个人情感的影响，可见对旅游目的地安全形象造成影响的因素较多。

（1）目的地旅游设施和资源。

目的地安全良好的旅游设施和旅游资源是旅游活动正常开展的重要前提。严重自然灾害的发生往往造成当地旅游设施和旅游资源的破坏，使游客无法前往旅游，如自然灾害造成的房屋建筑损坏，导致旅游活动中安全的住宿环境难以满足；交通道路的受损中断，致使游客无法进入目的地，也带来了旅行路途中的安全隐患；旅游资源遭到破坏后会影响其吸引力，同时也会使游客在游览过程中感到对安全的担忧。

（2）目的地社会环境。

目的地的社会环境主要包括目的地的治安、居民的素质、旅游产品的安全性和对旅游企业的监管等。这些和游客在目的地旅游的安全保障息息相关。自然灾害后，当地的社会环境常常会陷入暂时的混乱。治安管理的设施受到损坏，且治安管理所需的部分人力、物力、资源常常会投入到灾后救援中，导致目的地治安管理力度暂时性的下滑，对于游客而言则会降低在异地环境中的安全保障。目的地居民的素质和对旅游的接受度也是影响游客在目的地开展旅游活动的重要因素。自然灾害后往往使当地居民在人身健康和经济财产上受挫，让当地居民陷入悲痛。而游客一般具有较好的经济条件，加之他们表现出旅游的愉悦心情，这些都容易引起当地居民的抵触心情。如果当地居民的素质和对灾后旅游的接受度不高，很容易引发和游客的冲突。旅游产品的安全和对旅游企业的有效监管可以为游客创造安全良好的旅游环境，这也是当地旅游市场健康持续发展的重要基础。旅游市场监管力度不到位，许多旅游企业会通过给游客提供低劣甚至存在安全隐患的旅游产品，或通过欺客、宰客等行为来牟取暴利，使游客的人身财产受到损害。

（3）旅游危机事件的预警和应急处理能力。

旅游目的地政府或旅游企业具有危机预警能力可以提高游客的安全意识，同时做好相应的防护工作。危机一旦发生，旅游目的地政府或旅游企业良好的应急处理能力可以在第一时间为游客提供救助，并能更好地控制危机的发展，避免危机给游客和当地旅游业带来的进一步危害。

（4）口碑和媒体宣传。

口碑是在旅游目的地旅游过的游客对这段旅游经历做出的评价和宣传。如果口碑宣传中涉及的交通、餐饮、住宿、游览、购物、娱乐等各旅游环节的经历是积极的，则有利于该旅游目的地在潜在旅游者心中建立良好的形象。同样，媒体对旅游目的地的报道视角和频率，以及对旅游目的地的态度都会在一定程度上影响目的地在潜在旅游者心中的印象。

（5）个体差异。

游客对旅游目的地形象的评价会受到个人经历、态度、认知能力和个性等方面的影响，如灾后旅游恢复期中，冒险型的游客比保守型的游客更容易接受到灾害地旅游。当某地的局部或附近发生灾害但其他地方未受灾时，由于游客对地理认知或信息判断的差异，他们对是否选择去灾害地附近未受灾地区旅游的决定也不同。

6.3 降低人身风险、健康风险认知

6.3.1 策略思路

本节策略以降低人身风险和健康风险认知为目的，以消减游客在灾害发生约一年时间内出现的安全顾虑，具体的使用时间段需按照实际情况而定。

本节以灾害地清除安全隐患，塑造安全旅游环境为基础，提出了针对政府、旅游企业和旅游景区的安全策略。同时，提出了灾后救援期和恢复期的信息沟通策略，主要为社会民众提供公开、透明、实时的灾区信息。在救援期以抑制谣言、安定社会秩序为主；在恢复期以宣传旅游安全信息为主，降低游客对于人身健康安全的顾虑，增强旅游信心。此外，良好的体验是游客对旅游目的地进行推荐和再次前来旅游的重要因素之一，体验营销虽然与多个营销策略有所交叉，但其重要性仍不言而喻。同时，对于受到灾害波及而导致旅游低迷的非灾害景区，通过采取区格化策略来减少游客对旅游景区形象的混淆，让游客区分开受到灾害的景区和未灾到灾害的景区，以增强游客旅游信心，尽快恢复未受灾景区的旅游市场。

6.3.2 安全策略

旅游安全是旅游活动开展的基本要求，也是旅游业的生命线。严重自然灾后，旅游安全的保障是旅游市场恢复最迫切也是最重要的命题。政府、企业和旅游景区等积极地采取合理有效的安全策略是保障游客人身健康安全的重要措施。在上卷严重自然灾害后游客旅游意愿影响因素的研究中得出，安全顾虑（游客的人身安全和健康安全）在灾害发生后的一年时间内是降低游客旅游意愿的重要原因之一。因此，在灾后的恢复期内有必要跟游客进行安全沟通。但安全策略的使用仍要注意旅游现处于的恢复阶段，以及策略的使用是否过度。如果在严重自然灾害背景下大肆进行景区的安全宣传，容易使游客认为过于功利，或者反而唤起了游客对旅游地安全的担忧。

6.3.2.1 旅游安全的界定

旅游安全是旅游活动中各相关主体的一切安全现象的总称。社会文化环境（如政治形势、社会治安、政策与态度）、旅游设施设备（如住宿、交通），以及自然环境条件（如水文、气候、地形）都会影响旅游的安全。旅游安全涵盖的范围较广，不同的标准可以将旅游安全划分为不同的类别。从旅游者角度出发可以将旅游安全划分为人身安全、财产安全、心理安全；按旅游的三要素可分为旅游主体安全（旅游者安全）、旅游媒介安全（旅游产业安全）、旅游客体安全（旅游资源安全）；按旅游活动的环节可分为饮食安全、住宿安全、交通安全、游览安全、购物安全、娱乐安全。

从以上可以看出，旅游安全的种类繁多，而本节介绍的旅游安全策略主要作用于降低旅游者人身风险和健康风险。因此，本节内容对旅游安全的界定主要是旅游主体，即旅游者的人身健康安全，其中也涉及旅游活动的各个环节。

6.3.2.2 政府的安全策略

一个科学有效的旅游安全保障体系离不开政府和地方的政策支持及软硬件技术支持。

（1）加强灾后旅游地风险排查，建立风险隐患的监管机制。

自然灾害的发生不仅损坏了众多的旅游设施设备，还常常诱发一系列次生灾害，造成更大的安全隐患。为了保障旅游安全，在灾后的恢复期内，政府急需加强对旅游地风险的全面排查，并对旅游接待设施、特种设备安全隐患进行重点排查。同时，成立专门的检查组，深入到各区、县、市和主要景区进行安全检查，并组织和指导旅游企业进行风险自查。对于风险排查后的结果，须组织专家进行全面研究，并及时对发现的安全隐患进行整改处理，进一步完善旅游安全设施设备的建设。此外，政府需建立对风险隐患的监管机制，加强景区和旅游企业的风险自查，组织检查小组进行不定期抽查和开展定期的旅游安全会议，并建立可供组织和个人查阅景区和旅游企业安全信息的安全管理系统。

（2）加强旅游安全法规建设。

2013年《中华人民共和国旅游法》的颁发、实施从法律上保障了旅游安全，为旅游活动中各种安全问题的解决提供了法律依据，并强制约束了旅游组织和个人的不当行为，增强了旅游组织和个人的旅游安全防范防控意识。但《中华人民共和国旅游法》在处理旅游安全的具体问题上面临着一些问题，如旅游安全相关条文的具体落实、旅游安全执法机制的建立、旅游安全监管的责任主体和其职权范围等。因此，还需建立健全法制体系，加强旅游安全法规的建设，以有效监管旅游企业和景区在自然灾害后的旅游安全建设，保证旅游活动的安全开展。

（3）加强旅游安全教育。

提高旅游景区和旅游企业工作人员，以及旅游从业人员和旅游者的旅游安全意识，并加强其旅游安全知识的宣传。注重对导游的旅游安全预防和救助技能培训，监督、强化旅游企业的旅游安全防控体系，以及完善风险救助措施。同时，在日常宣传教育中，对旅游相关法律法规进行普及。

（4）实现旅游安全预警。

目前，我国对于旅游危机事件的处理多是集中在危机爆发后的应对处理，很少有系统的危机前应对机制。我国目前对于自然灾害的预测预防技术还比较有限，尤其是破坏力较强的地震灾害。这些自然灾害一旦爆发，便会对旅游地的安全产生重大的影响。因此，我国亟须以政府为主导，建立旅游安全预警系统。旅游安全预警系统担负着对景区和旅游企业安全信息、社会治安、政治态势、疫情灾情等旅游安全信息的收集，通过分析这些信息的程度和级别，制定相关安全出行措施，并对信息进行对外发布的工作。预警系统通过对旅游安全情况的预测和相关引导，来预防旅游安全事故的发生，同时提供给旅游者更多的旅游安全决策支持，并提醒旅游企业加强相关的安全措施。

（5）完善旅游应急救援系统。

自然灾害普遍具有突发性，尤其是地震灾害，这使得灾害常常在人们毫无准备的情况下发生，从而造成人员的伤害和一些旅游设施的损坏。因此，需要完善旅游应急救援系统来提高旅游安全救援工作的效率，最大限度地减少后续伤害。旅游紧急救援系统一般包含对整个急救工作进行统筹协调的救援指挥中心，医疗救护、消防卫生等安全救援机构，可能发生旅游安全问题的景点、旅游企业等安全救援直接外围机构，以及保险机构、新闻媒体等安全救援间接外围机构。[1]

---

[1] 杭华.旅游安全问题的成因分析及应对策略[J].旅游管理研究，2014（1）：44.

(6) 加快旅游保险的发展。

随着旅游业的快速发展，旅游方式在不断地创新，旅游的地域范围也越来越广，随之伴随的问题和风险也不容忽视。旅游保险在保障旅游者人身、财产安全方面起着至关重要的作用，尤其是在自然灾害发生后，旅游保险可以在一定程度上减少旅游者的损失。因此，加快旅游保险的发展是当务之急。政府应积极推动旅行社责任险统保示范项目的开展，鼓励保险机构拓展旅游保险的领域以适应旅游发展的需要，并不断地提高旅游保险的服务水平。此外，旅游保险的宣传不够，也会导致旅游者对保险的认识不足，不利于旅游者自身权益的保障。因此，政府在促进旅游保险发展的同时，也需要带动旅行社和保险机构来加强旅游保险的宣传。

6.3.2.3 旅游企业的安全策略

(1) 建立内部安全管理制度。

由于旅游活动是由"行、住、食、游、购、娱"一系列活动构成的，为旅游者提供旅游产品和服务的企业也就涉及多个生产经营领域，其中为旅游活动提供主要产品和服务的旅游企业是饭店、旅行社和交通运输公司。自然灾害往往会给旅游企业的设施设备造成损坏或带来安全隐患。旅游企业内部应建立安全管理制度，对设施设备定期进行安全检查，并及时对安全隐患进行分析和处理，累积经验，不断完善安全管理措施，尽最大可能保障旅游者的人身和财产安全。同时，旅游企业需加大力度治理旅游产品和服务的质量问题，制定产品服务质量规范，确保产品和服务的安全可靠。企业内部也应明晰权责，对威胁旅游者安全的行为进行合理惩处。

(2) 加强旅游安全教育。

旅游企业应加强企业内部的旅游安全意识，积极开展法律法规和职业规范教育。组织引导员工学法、懂法、守法，提高员工的法律素养，约束员工在生产经营过程中的不当操作。旅游企业还需强化员工，尤其是一线员工的安全意识，培训旅游安全的预防和急救技能。此外，旅游企业需告知旅游者在享受旅游产品和服务期间的相关安全事项，加强旅游者的安全意识。

(3) 加强旅游安全的外部联动。

许多旅游企业很少独立为旅游者提供产品和服务，他们常常和其他经营领域的旅游企业合作，为旅游者提供一套旅游产品。其中比较典型的就是市场中盛行的包价旅游。旅游企业选择其他企业的产品和服务来整合成一套旅游产品销售时，应注重其他旅游企业的产品安全情况及安全管理措施，并选择能最大限度地确保旅游者人身、财产安全的企业，从而为旅游者的旅游活动安全开展提供保障。这既保障了旅游者的利益，也为旅游企业赢得良好的口碑。除了企业之间的联动，企业与政府之间也应保持健康的联动，积极配合政府的旅游安全监管工作，从自身做起配合政府排查旅游产品的安全隐患等，为旅游市场创造安全的旅游氛围。

(4) 完善旅游应急救援措施。

旅游企业应该制定在突发事件中的应急救援措施，并定期组织员工进行救援演习。一旦发生旅游安全事故，能在第一时间为旅游者开展救助工作，并采取紧急措施来避免后续旅游伤害的发生。

6.3.2.4 景区的安全策略

(1) 加强旅游者的安全意识。

景区要加强安全宣传，提高旅游者和旅游从业人员及游客的安全意识，提升自救和救援能力。景区应在其官方网站上实时发布景区内部的安全情况，同时做好旅游者和旅游从业人员的安全提示，以及相关的出行准备。此外，景区应及时上报地方政府，并积极地通过各种媒介向旅游企业和旅游者传达景区的旅游安全预警信息，及时反馈可能出现的安全隐患，如自然灾害的发生及可能引发的安全事故的预警，从而加强旅游者和旅游从业人员的安全意识。

(2) 完善旅游安全设施。

景区内应建设完善的旅游安全设施，为旅游者提供必要的旅游安全保障，例如，对易发生安全事故的景点设防护设施，放置含多种语言的安全警示牌，提高旅游者安全意识，避免其靠近；对存在安全隐患的设施，应拉上警戒线，避免旅游者进入或使用；在必要的景点和路段上提示景区紧急电话；在景区内部设立紧急避难点和紧急医疗点，并在景区导游图中进行标注；在景区内部注重消防设施的建设。

(3) 建立景区安全应急救援体系。

景区是旅游者相对集中的地方，自然灾害或其他突发性事件发生后，游客往往无法快速地撤离景区，这时景区内及时有效的救援将最大限度地保障旅游者的人身安全。为了能在安全事故发生时及时有效地为旅游者提供救援，需要景区在平时就定期地组织景区内管理服务人员和导游进行救援演习，熟练掌握救援的程序和技术。

6.3.3 信息沟通策略

6.3.3.1 灾后旅游危机沟通研究

危机沟通是危机管理的重要环节。在旅游危机发生后，危机沟通至关重要，是旅游者恢复旅游信心的关键。世界旅游组织发布的《旅游业危机管理指南》中指出，沟通、宣传、安全保障和市场研究是旅游危机管理的主要途径。[①]

国内外学者对灾害下旅游危机沟通进行了深入研究。英国布莱顿大学 Ritchie Brent 以口蹄疫为例，对英国危机沟通管理的国家层面（通过对权威旅游专家的响应的研究）和地方层面（通过对地方自治会的响应的研究）进行研究，指出信息的混乱是影响市场恢复的重要原因之一。英国牛津布鲁克斯大学 Elizabeth Baxter 对比英国1967—1968年和2001年爆发的手足口病，研究了危机事件本身和媒体的描述对英国旅游业的影响，指出媒体的报道立场和参与性对于旅游恢复有巨大的影响。澳大利亚拉筹伯大学 Maria Gatsou 等以希腊客轮运输业为研究范本，研究了在客轮火灾和沉船事故后的旅游危机管理中，政府的引导性行为、媒体沟通策略对灾后旅游需求的影响。Durocher（1994）和 Henderson（2005）指出灾害中错误信息的传播会对目的地形象造成严重破坏，并强调灾后应与公众进行有效沟通，同时保证信息的可靠性。Yeoman、Lennon 和 Black（2005）指出危机时期媒体的态度对旅游业影响很大，并提出政府应坚持主动、透明的信息沟通。

从以上可以看出，学者们普遍认同政府的信息沟通和媒体的舆论导向对灾后旅游市场的恢复影响重大。

6.3.3.2 灾后信息沟通的价值

(1) 缓解社会心理恐慌，利于旅游恢复。

自然灾害发生后，通信网络常常遭受损坏，从而造成通信的中断，并阻碍灾区内和灾区外的信息沟通。严重自然灾害的发生往往具有突发性且破坏力巨大，人们原有解决问题的方式一时间难以应对，生活也因灾害的发生出现了暂时的无序状态，这些使人们的内心产生不安全感。同时，通信的中断造成人们对灾情认知的模糊，对灾区亲人人身安全的担忧。人们无法得到灾后准确可靠的信息，会陷入不确定感的恐慌中。心理的恐慌会使人们常常疑心重重且易于烦躁，认为随时会遭遇灾害，时常谈灾色变，陷入恐慌情绪中。同时，心理恐慌的人们更倾向于通过各种渠道反复求证灾害的发展状态。在人们的恐慌心理的作用下，相互之间的口耳相传、个别媒体和个人对灾情的夸大宣传，以及人们对灾情认知的模糊，都助长了谣言的滋生和传播，影响社会稳定。同时，谣言的传播会严重影响灾害地的旅游目的地形象。即使灾害地恢复到安全水平，人们对其的风险认知也难以立刻消除，这将使灾害地的旅游市场久久

[①] 刘艳德. 旅游危机管理 [M]. 上海：上海人民出版社，2010：78.

难以恢复。

自然灾害发生后,诚实和透明的信息沟通能有效地缓解和防止大规模的社会心理恐慌,削弱人们对灾情等的认知差异,增强社会的安定。政府和大众媒体在自然灾害后及时、真实、实时的报道灾情,提高信息沟通的透明度,扩大信息沟通的范围,加强信息沟通的频率。这些使人们对灾情的认知更加清晰准确,在很大程度上消除了人们对不确定危险的恐慌。同时,人们对灾后恢复的情况也更加清楚,对旅游目的地的安全形象也有了一定的认知,有助于消减人们去灾害地旅游的风险担忧,利于人们恢复去灾害地旅游的信心。此外,大众媒体的大肆宣传,让灾害地成为舆论焦点,有利于灾害地品牌效应的积累,为灾害遗迹旅游的开发提供了品牌资源。

(2) 充分凝聚引导民意,促进社会参与。

自然灾害后,及时高效的信息沟通,使灾区外的群众对灾区灾情有了更清晰的了解,有利于积极调动群众参与救灾互助,并调动社会多方资源来救援灾区,帮助灾区渡过难关。如"5·12"汶川大地震发生后,政府充分发挥媒体作用,积极开展灾后信息沟通,有效地调动了社会资源,促进了社会公众参与救灾,为灾区恢复创造了有利条件。同时,人们深入到灾区救援,能提高对灾情灾区的正确认知,并且降低了自身对灾区的恐惧心理,通过人际关系传播来消减他人对灾区的误解,有利于灾区恢复。此外,人们深入到灾区,和灾区人民并肩作战共渡难关,增进了人们和灾区群众的深厚感情,同时,参与救灾的人们也能更加真切地体会到抗震救灾中的大爱精神,这些都将凝聚成灾害遗迹旅游的心智资源。

(3) 掌握舆论引导的主导权。

时效性和公开透明性决定舆论的主导权。在严重自然灾害爆发后,政府及新闻媒体对灾害信息报道的快速反应,以及对信息进行充分透明的传达将有效抑制谣言的传播,在第一时间抢占舆论制高点,从而对公众进行正面的舆论引导,避免社会动荡和消减民众的负面情绪。"5·12"汶川大地震发生后22分钟,新闻频道便快速地播报地震消息,32分钟后整点新闻头条播报,52分钟后新闻频道推出《抗震救灾众志成城》的全天候直播节目,50个小时内中央电视台在重灾区派驻近30路机动报道分队,形成实时直播报道网络。汶川大地震后的信息沟通及时且全面,不仅向国内外第一时间传递了准确的灾害信息,抑制了谣言的传播,还在民众心中树立了权威的公信力,为正向的舆论引导奠定了坚实的基础。

6.3.3.3 灾害救援期的沟通策略

(1) 政府与媒体之间建立良好的互动关系。

自然灾害发生后,大众媒体是信息传播的主要媒介,媒体报道在很大程度上影响社会舆论的导向和政府与地方的形象。政府和媒体之间需要建立良好的互动关系。政府应秉持信息公开、透明的原则,为媒体提供良好的报道氛围,利用媒体向群众传播全方位、真实立体的灾区情况和救援进展。在谣言和社会恐慌爆发前,政府须及时主动地与媒体进行沟通,建立有利于社会安定的舆论导向,为灾区的救援和恢复创造良好的社会条件。媒体在报道中应把握好感性和理性的尺度,不以渲染悲痛为目的,而应更多地向民众传播正面的力量,引导民众将悲痛化为力量,万众一心救援灾区。

(2) 完善信息获取和公开制度。

自然灾害发生后,及时获取灾情信息是所有灾后工作开展的基础,也是贯彻整个救援和恢复过程的重要环节。灾情准确高效的获取需要技术和制度上的支持。在技术上,大力利用数据库技术、GIS(地理信息系统)、RS(遥感技术)、GPS(全球定位系统)的3S技术以及无人机侦查技术,提高严重自然灾害发生后灾情的获取和评估能力。[1] 在制度上,建立信息获取的紧急上报和反馈制度,完善信息获取的方式途径,建立各相关部门的信息联动管理等。自然灾害发生后,联动各灾害研究与管理部门及时对

---

[1] 张力文,陈琳.自然灾害应急管理信息沟通协调机制研究[J].成都:四川行政学院学报,2015 (6):69.

灾害进行监测和评估。对于伤亡人员和救援物资情况等的统计，需积极配合地方政府进行全面调查，并以专人专责现场对接的方式动态更新情况。

建立和完善信息公开制度，确保民众的知情权。及时高效的将获取的信息公布给民众，避免谣言的传播，稳定社会秩序。

（3）完善新闻发言人制度。

新闻发言人制度有利于加强政府与媒体、公众之间的信息沟通。自然灾害发生后，媒体和公众都急需获得权威、真实的信息。政府应指定新闻发言人发布权威信息，消减社会谣言，引导主流舆论。面对专业问题需邀请专业人士发言，以增强信息的说服力。同时，新闻发言人需保持发布的信息的一致性和连续性，以确保政府权威的公信力。

6.3.3.4 灾害恢复期的沟通策略

（1）建立信息沟通的长效机制。

灾后的信息沟通不仅仅是在灾后救援阶段，为了加快旅游市场的恢复，灾后恢复阶段的安全信息沟通同样十分重要。建立信息沟通的长效机制，开拓信息传播渠道和传播形式，加快建立旅游信息的咨询平台，加强旅游地与游客之间的信息互动。

（2）科学利用媒体资源实现深度推广。

在向游客植入旅游地安全的印象时，应充分合理利用媒体资源，进行深度推广。深度推广的媒体有国际媒体、国内媒体。对国际媒体的投放，就是在目标市场上每隔一段时间进行持续推广。对国内媒体的选择上，既要重视中央媒体也要重视地方媒体，充分利用它们各自的优势进行推广。在媒体类型选择上，则影视、网络、报纸、杂志、户外广告宜综合利用。

6.3.4 信息源研究

严重自然灾害发生后，安全信息是减少消费者感知风险、修复消费者信心十分重要的内容。然而，不同类型的信息源发布同一则信息对消费者的心理修复程度是不同的。因此，以汶川大地震为背景，掌握信息源、消费者来源地对感知风险、消费意愿、心理修复期的影响机制，能有助于为严重自然灾害后旅游市场的恢复提供营销策略的决策依据。

6.3.4.1 相关研究总述

（1）旅游危机中的信息管理。

Chien和Law（2003）十分强调在特定的事件中的信息和沟通管理对有效协调危机相关各方的作用；Ritchie（2004）指出，所有的危机都各不相同，危机管理者需要学会应对每一种不同的危机；Henderson（2003）指出，在不同的环境中，危机管理是不一样的，协调各主要相关者的关系仍然十分重要；Santana（2004）强调了危机后媒体在信息传递和沟通过程中的作用，旅游地与主流媒体的良好关系在旅游地修复过程中起着重要的作用；Ritchie指出，在危机信息沟通和市场策略实施的过程中，对信息传达和消费者感知的管理十分重要。对于旅游相关风险因素，如战争、政治动荡、健康威胁、犯罪、恐怖事件、自然灾害等的报道，对于消费者旅游地的选择有着十分有力的影响；Floyed（2004）指出，旅游行为包括旅游目的地的选择，受到感知安全和安全管理、风险等信息的影响。

（2）旅游危机后的应对措施。

Faulkner和Vikulov（2001）根据旅游地经营者在灾害发生的不同阶段，提出了经营者应对灾害行为的种类；Drabek（2000）对美国5个不同地区的自然灾害中的旅游经营者应对行为进行了研究，发现旅游经营者与游客间对于采取应对措施的责任者有不同的看法，大多数旅游经营者认为自己没有应对的任务，而旅客则认为其有责任进行应对；Prideaux（2004）研究了澳大利亚的旅游危机，发现在危机的各阶段采用适当的策略会产生十分明显的作用；Prideaux（2003）指出，有效的旅游危机管理措施，应当将旅游危机本身的影响与其他因素的影响区分开，从而采取有针对性的危机应对措施。

(3) 旅游灾害的影响路径和消费者旅游决策模式。

李锋等（2007）将涟漪效应进行适当改造后，将物质性因素和心理及安全因素整合在一起，形成了一个影响链条，即旅游目的地灾害传导机制模型，并以有限决策理论为基础，结合信息认知规律和旅游者的行为特点，建立了灾害背景下的旅游决策模式。

6.3.4.2 信息发布源的效果研究

(1) 研究目标。

汶川大地震后，四川省旅游业损失巨大，境内外旅游业界和游客对四川旅游的信心遭受打击，旅游企业也面临着严峻的考验。如何采用经济、有效的手段，向消费者传达景区已经安全的信息，减少消费者的感知风险，是管理者面临的问题。

本节的研究对象是四川省内旅游区，由于消费者受地震灾害的影响而感知风险增加，从而游客急剧减少的旅游地。本节试图探索两个影响与消费者对该类旅游地的感知风险的因素：①旅游地安全信息的发布，何种信息源对减少感知风险的效用更大；②消费者来源地对感知风险的影响。本研究中的安全信息源包括旅游地经营者、旅游地当地政府、专家、人际信息源4种；本研究中的消费者来源地是指消费者长住的地区。本节将消费者来源地分为四川省内非灾区、四川省外未受灾地区两种。

(2) 研究模型。

研究模型表达了震后安全信息发布的信息源对消费者意愿和心理修复期的作用机制。从现有的研究来看，信息源和消费者来源地对感知风险均有影响，而感知风险对震后顾客的旅游地消费意愿和心理修复期产生直接作用。该框架建立的目的是为了研究在不同的信息源、消费者来源地的情况下，感知风险如何被改变，进而影响消费者意愿和心理修复期。同时，还要研究不同的信息源和消费者来源地对消费意愿和心理修复期影响的效用，以找出最为有效的市场修复策略，如图6-1所示。

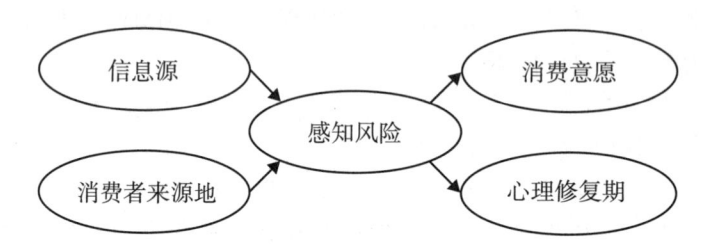

图6-1 信息源与消费者来源地对感知风险、消费意愿和心理修复期影响机制

(3) 研究假设。

1) 信息源与感知风险信息源是构成传播过程的要素之一，是指信息过程的始发端。在本研究中，信息源是指发布震后相关旅游地设施及安全保障的信息的发送者。根据现实状况，选取了旅游地经营者、旅游地当地政府、专家、人际信息源4种。其中，人际信息源指消费者的亲朋、熟人等人际关系的信息来源。

在大多数情况下，一个信息的来源会对这个信息是否被接受有着很大的影响。影响信息是否被接受的因素，包括信息源的可信性、信息源的吸引力。

信息源可信性是指对于信息接收者来说，他们认为什么样的信息源才是值得信赖的（Petty，1981）。并非所有的信息源对消费者的态度和行为有相同的影响。消费者对信息源的偏见，或者他们对产品品质的信念，都将会影响信息源的可信性。信息源的知名度等也会影响信息源的吸引力。

信息源的可信度，一方面取决于信息源的权威性，如政府发布的信息对于消费者来说具有较高的可信度；另一方面，可信度取决于消费者的特征。具有强烈创新性的消费者，更倾向于接受主流媒介的信息，而不具创新性的消费者，更倾向于接受人际之间的信息（Nilakanta 和 Scamell，1990）。当消费者的信息收集为高卷入行为时，专家的意见比非专家的意见有更大的说服力，能更多地改变消费者的态度（Valerie Swaen，2005）。同时，消费者越来越怀疑企业自己发布的信息（Elliot 等，1993）。企业应该将他们公关方面的信息独立于企业的信息源而不是企业本身发布，如此方可取得更好的说服能力（Swaen 和 Joelle，2005）。但是，在产品伤害危机的研究中，企业响应和专家响应对消费者态度影响的单独效应与他们的合成效应没有显著差异。

感知风险被定义为消费者"主观确定的对损失的预期"（Mitchell，1999）。感知风险在解释消费者行为方面主要是将消费者行为看作是一种承担风险的行为。也就是说，消费者在做出购买决策时无法确定决策的结果，这种结果的不确定性中就隐含着风险。而灾害感知风险，则被定义为了解灾害发生的可能性与受伤的可能性（Ronan 和 Johnston，2001）。对于消费者来说，旅游地自然灾害的发生，不可避免地使其对灾害再次发生、受伤的可能性感知增强。而此时，有关旅游地已经安全的信息，成为降低消费者感知风险的重要信息。汶川大地震后的相关地区安全问题，政府成为最具权威性的信息源，而专家的权威性虽然在此地震后遭到一定的质疑，但其专业性的地位仍具有一定权威性。人际信息源对于消费者来说也具有一定的吸引力和可信度，旅游地经营者所发布的信息基于其对当地情况的了解和旅游地形象在消费者中形成的作用，也具有一定的吸引力。4 种信息源对消费者感知风险都具有一定的影响作用，但其作用的大小是不一样的。旅游地经营者、旅游地当地政府、专家、人际信息源在震后安全信息发布调节消费者感知风险的作用上，会有显著差别。由此，提出假设 H1。

H1：不同信息源对消费者感知风险的影响有显著差别。

2）消费者来源地与感知风险消费者来源地是指消费者所长住的地区。本研究将消费者来源地分为四川省内非灾区和四川省外未受灾地区。

消费者个人特征会影响其对灾害的评价，同样的事件对不同的人、不同的群体会产生不同的影响。其中，与危机的关系是影响灾害评估过程和个体最终反应的一个重要变量。研究表明，与危机关联越密切的群体，对灾害的评估越大，应激反应也越强烈（吴克姣，2006）。时勘（2003）对 SARS 在中国的影响研究也表明，不同地区的公众对风险的感知是不同的。

汶川大地震发生在四川省，影响范围波及面大。除灾区外，省内其他地区的消费者比省外地区的消费者对本次地震有更紧密的关联性。地震本身的影响、身体感受、建筑物的轻微毁坏等，以及心理感受，如亲朋好友的受灾、对灾害信息的关注、对地震转移的担心等，都可能使四川省内非灾区消费者感受到比省外特别是离灾区较远地区的消费者更大的感知风险。然而，信息越完全、越及时，对灾害的感知风险越会降低。作为四川省内消费者，对于地震信息的获得，特别是第一手信息的获得，总是多于四川省外其他未受灾地区。

基于以上分析，提出假设 H2。

H2：消费者来源地对消费者感知风险有显著影响。

3）感知风险与消费意愿、心理修复期。

Mitchell（1999）认为，消费者购买时倾向于减少其感知风险而不是最大化其感知价值。感知风险在消费者购买行为的解释上更强而有力。Mitchell 的研究表明，在购买过程的各个阶段，顾客感知风险的水平是不同的。在确认需要阶段，由于没有立即解决问题的手段或不存在可利用的产品，顾客感知风险不断增加；开始收集信息后，风险开始减少；感知风险在方案评价阶段继续降低；在购买决策前，由于决策的不确定性，风险轻微上升；假设购买后顾客达到满意状态，则风险降低。

顾客改变、推迟或取消购买决策在很大程度上是受到感知风险的影响。Renn（1992）将对灾害感知风险的反应分为个人和团体不同的反应行为。人们通过收集信息，并形成不同的认识，这些认识影响了他们的行为和心理。对于消费者来说，旅游地发生的灾害带来的感知风险，一方面影响了他们的消费意愿；另一方面感知风险越强，则推迟到该地旅游的时间就越长。

基于以上分析，提出假设 H3 和 H4。

H3：感知风险对消费意愿有显著负效应。

H4：感知风险对心理修复期有显著正效应。

（4）研究设计与测量。

1）研究设计。

本节采用实验法进行研究。为避免被试已有旅游地认知的干扰，采用了虚拟的旅游地名称。我们设计了一个虚拟的距汶川地震震中 180 千米的旅游地，提供了该旅游地在震后 3 个月进行全面开放的信息，提供了该旅游地的旅游特色、基础设备修复、安全保障等信息；并设计了 4 种不同的信息来源（旅游地信息源、旅游地政府信息源、专家信息源、人际信息源）；相应地设计了 4 组问卷，每组问卷提供了一个同样的旅游地开放信息，来自不同的信息源。

2）研究测量。

本研究的自变量由实验控制，因变量包括感知风险、购买意愿、心理修复期。量表设计出后经过专家调查和预测试，最后对题项进行文字调整和增删。感知风险在 Jacoby 和 Kaplan（1972）提出的 5 个维度的基础上，最后形成 4 个测项：功能风险、身体风险、心理风险、社会风险。购买意愿的测量，选用顾客本人消费可能性、对他人消费的影响两个测项。感知风险、购买意愿的测量采用李克特 7 点量表法；心理修复期的测量，采用直接询问的方法，心理修复期选项从震后 3 个月到震后 2 年以上共 7 个选项。

问卷中还包含了对被试的性别、年龄、职业、教育水平等基本情况的调查内容。

3）问卷发放与回收。

正式实验中，按消费者来源地不同，在四川省内（成都、德阳）及四川省外（合肥、广州、沈阳）对消费者进行了问卷调查，问卷发放方式为在当地的公园、超市等地随机发放。四川省内发放问卷 350 份，回收 313 份，剔除 36 份填写不完整问卷和无效问卷，回收有效问卷 277 份；四川省外发放问卷 360 份，回收 324 份，剔除 63 份填写不完整问卷和无效问卷，回收有效问卷 261 份；共回收问卷 538 份，问卷回收有效率为 75.8%。样本分布情况如表 6-2 所示。

表 6-2 样本分布情况

组别	A 组 （企业信息源）		B 组 （政府信息源）		C 组 （专家信息源）		D 组 （人际信息源）	
消费者来源	省内	省外	省内	省外	省内	省外	省内	省外
	71	53	80	46	70	84	56	78
性别	男	女	男	女	男	女	男	女
	67	57	60	64	80	73	68	65
年龄	≤35	>35	≤35	>35	≤35	>35	≤35	>35
	56	68	71	55	87	67	70	62

(5) 研究分析和假设检验。

1) 信度检验。

对问卷结果进行信度检验，其中感知风险4个题项的Cronbanch's α系数为0.81，购买意愿的两个题项之Cronbanch's α系数为0.70，内部一致性符合要求。

2) 假设检验。

本研究利用方差分析进行假设的检验。进行方差分析，数据需要满足正态分布和方差齐性。

利用SPSS对感知风险、恢复期和消费意愿进行正态检验。对感知风险的正态检验结果表明，偏度系数Skewness =0.055；峰度系数Kurtosis = -0.606；两个系数都小于1，可认为近似于正态分布；对心理恢复期的正态检验结果表明，偏度系数Skewness =0.342；峰度系数Kurtosis = -0.842；两个系数都小于1，可认为近似于正态分布；对消费意愿的正态检验结果表明，偏度系数Skewness =0.85；峰度系数Kurtosis = -0.972；两个系数都小于1，可认为近似于正态分布。因此，实验数据满足方差分析的正态分布条件。

信息源与顾客来源地对于感知风险的效应检验。对于方差齐性的检验，采用的是Homogeneity of Variance Test（方差齐性检验）方法。通过SPSS 13.0的分析，计算得到感知风险Levene Statistic值为1.938，显著水平为0.062。由于Homogeneity of Variance Test的零假设为各水平总体下总体方差没有显著差异，因此可以认为各个组的总体方差相等，方差分析的两个前提条件均得到满足。

以感知风险为因变量，以信息源和顾客来源为自变量，进行方差分析（ANOVA）其结果如表6-3所示。

表6-3 ANOVA分析得到的信息源与顾客来源对感知风险效应的显著性结果

因变量	自变量	F值	df	P值
感知风险	信息源	3.148	3	0.025
	顾客来源	8.870	1	0.003

根据以上结果，发现信息源和顾客来源对感知风险均有显著效应H1、H2得到验证。感知风险对心理恢复期和购买意愿的效应检验首先同样是对于方差齐性的检验。通过SPSS 13.0的分析，计算得到恢复期Levene Statistic值为2.275，显著水平为0.083；消费意愿Levene Statistic值为1.473，显著水平为0.070。因此，可以认为各个组的总体方差相等，方差分析的两个前提条件均得到满足。以心理恢复期和购买意愿为因变量，以感知风险为自变量，进行方差分析（ANOVN），其结果如表6-4所示。

表6-4 ANOVA分析得到的感知风险对恢复期和消费意愿效应的显著性结果

因变量	自变量	F值	df	P值
恢复期	感知风险	7.286	24	0.000
消费意愿		20.071	24	0.000

根据以上结果，发现感知风险对恢复期和消费意愿均有显著效应，假设H3、H4得到验证。各组因变量均值比较如表6-5所示。

表 6-5 组间均值比较

信息源	地区	感知风险	购买意愿	修复期
旅游地信息源	四川省内	4.2218	3.5563	4.0000
	四川省外	3.7075	3.9623	3.7170
	合计	4.0020	3.7298	3.8790
政府信息源	四川省内	3.8594	3.4500	3.8875
	四川省外	3.6033	3.6196	3.2826
	合计	3.7659	3.5119	3.6667
专家信息源	四川省内	3.7179	3.9071	3.5571
	四川省外	3.6250	4.1369	3.3452
	合计	3.6672	4.0325	3.4416
人际传播	四川省内	3.9152	3.8750	3.1429
	四川省外	3.0545	4.7885	3.2821
	合计	3.4142	4.4067	3.2239
总计	四川省内	3.9278	3.6787	3.6823
	四川省外	3.4674	4.2050	3.3908
	合计	3.7045	3.9340	3.5409
	标准差	1.39140	1.70518	1.82350

从表 6-5 可知，不同的信息源对降低感知风险、提高消费意愿、缩短心理修复期的影响其效用从大到小依次为：人际信息源、专家信息源、政府信息源、旅游地信息源。与四川省内消费者相比，省外消费者的感知风险较小、消费意愿较高、修复期较短。

（6）模型拟合。

利用 LISREL 8.7 研究两组自变量与三组因变量间的线性关系，针对可观测的（显性）变量与不可观测的（潜在）变量之间的关系进行检定，进而就潜在变量与其他潜在变量间的因果关系模式做检定。本研究利用相关系数矩阵，使用全模型分析对产品策略、对购买意愿的影响路径进行分析，结果如图 6-2 所示。模型的拟合指标数据为：χ^2/df 为 3.27，RMSEA 为 0.076，NFI 为 0.95，CFI 为 0.96，GFI 为 0.96，AGFI 为 0.91，NNFI 为 0.95。综合上述指标，该模型的拟合效果较好。

图 6-2 信息源与消费者来源地对感知风险、消费意愿和心理修复期作用路径分析

（7）研究结论。

本研究将汶川大地震后的旅游地安全信息的信息源、消费者来源地作为自变量，以感知风险作为中

间变量，研究了在不同的信息源所发布的相同的安全信息的情况下，信息源对感知风险、购买意愿和心理修复期的影响，以及不同的消费者来源地对感知风险、购买意愿和心理修复期的影响。通过数据分析得出以下6个结论。

结论1：信息源对感知风险具有显著影响。

结论2：消费者来源地对感知风险具有显著影响。

结论3：感知风险对消费意愿具有显著影响。

结论4：感知风险对心理修复期具有显著影响。

结论5：对于降低感知风险、提高消费意愿、缩短消费者心理修复期，不同的信息源所产生的作用程度是不同的，其效用从大到小依次为：人际信息源、专家信息源、政府信息源、旅游地信息源。

结论6：与四川省内消费者相比，省外消费者的感知风险较小、消费意愿较高、修复期较短。

(8) 理论与实践意义。

本研究的理论意义在于：第一，验证了旅游地自然灾害后安全信息发布的不同信息源对于缓解消费者感知风险的差距作用；第二，发现了不同的消费者来源地由于其对灾害的认知程度不同，其感知风险不同，进而其到灾害相关地区进行旅游消费的消费意愿和对于灾害的心理修复期不同。

在不可避免的自然灾害面前，与灾害地相关的旅游地自然会受到灾害带来的负面影响。消费者对旅游地的感知风险增加、去旅游地消费的意愿减弱，并且需要较长时间的心理修复才能对旅游地有更加理性的认识。本研究的实践意义在于：第一，研究了灾后的旅游经济修复采用何种信息源发布信息能起到更好的效果，为决策者提供了依据；第二，通过对不同的消费者来源地的研究，对于决策者针对不同的目标市场采取何种市场修复策略提供了依据。

(9) 研究的不足及未来研究方向。

由于研究条件、方法及水平的限制，本研究仍存在不足之处：一是样本的选择。本书在研究不同消费者来源地对震区相关旅游市场修复的影响时，仅用了5个不同城市的数据，样本收集有局限性；二是本研究对信息发布仅用了文字描述的方法，不利于被试者做出对刺激物的真实反应。这些研究的不足，会在一定程度上影响研究的可靠性。

未来对于震区相关旅游市场修复的研究，可根据消费者更多的人口特征进行细分，以及根据震区受影响程度进行细分，研究不同情况下信息源策略的作用。

6.3.5 体验营销策略

在中卷第一部分"常用的灾后赢回策略对旅游意愿影响研究"中得出，体验营销策略对安全顾虑、心理忌讳、伦理冲突造成的游客旅游意愿流失有调节作用。

6.3.5.1 旅游体验的定义

中卷第二章的第三节通过梳理国内外学者的相关文献，作者已对旅游体验的定义进行了介绍，同时也介绍了旅游与体验之间的耦合关系，此处将不再详述。

6.3.5.2 旅游体验的影响因素

国内学者对于旅游体验影响因素的研究相对较多。苏勤（2004）以周庄为例，研究了不同类型旅游者的满意度。其中，文化景观、自然景观、主客关系、旅游设施、旅游服务、旅游产品价格影响了旅游者体验的总体感受。刘扬（2012）以横店影视城为例，运用定量分析方法将影响旅游体验质量的因素分为：景区体验、基础设施、旅游服务、旅游环境4方面。本节主要从旅游者、旅游景区和旅游环境3个角度分析旅游体验的影响因素。

(1) 旅游者角度。

1) 旅游者的审美。旅游者在对旅游景区进行审美认识的过程中，伴随着复杂的心理活动，往往是包含了感知、想象、理解以及情感等心理要素的交织。而各种要素的相互作用就会让旅游者本身感受到不同程度的审美愉悦感。

2）旅游者交往行为。旅游活动本身就是一种交往活动，因此旅游者不仅仅是旅游活动中的单个个体，他们往往和其他旅游者、景区服务人员以及当地居民的活动融合在了一起。人们在交往的过程中，会根据各自所处的文化氛围和社会环境进行选择，通常会产生好的或者坏的不同体验。

3）旅游者消费行为。旅游者消费行为实际上是旅游者寻求愉悦情感的手段，它通过食、住、行、游、购、娱6个方面得到旅游体验的满足，而这一体验的具体表现形式是价格。

（2）旅游景区。

1）旅游景区规划。合理的景区规划有助于提升旅游景区产品的质量和竞争力，延长旅游产品的寿命周期，促进旅游景区持续发展，同时也为旅游者提供了印象深刻的旅游体验经历，实现旅游景区的社会和经济效益。

2）旅游产品开发与营销。旅游景区的产品开发是以现有的旅游资源为基础，结合相应的地域环境，设计出符合市场需求的旅游产品，以提高旅游者的旅游体验。旅游营销有助于旅游景区更好地推广自己的产品和服务，提升旅游产品的市场影响力。同时，通过信息的传播，让旅游者的感官受到影响和熏陶，从而影响旅游者的消费决策。

3）景区综合管理。由于景区从业人员及服务人员不同程度上影响着旅游者在旅游景区的游客体验，景区要对员工进行必要的管理。对于物的管理，一方面是景区、景点、景观的规划、建设、维护和更新；另一方面是景区旅游公服设施的建设和管理。此外，旅游景区的安全问题也不容忽视。旅游景区与旅游者的人身安全和财物安全是确保景区正常运转的重要保障，也是旅游体验中的重要部分。

（3）旅游环境。

1）旅游地理环境。旅游活动是在一定的地理环境上产生，各具特色的地域环境又促成旅游活动的进行。

2）旅游行为环境。旅游行为环境是指在旅游活动中旅游者所处的环境，它反映了旅游景区所显现的自然、人文景观，地域文化，风土民情，是旅游客体和意境的有机统一。

3）旅游心理环境。旅游心理环境是指旅游者的心理环境，本质上是旅游者在进行旅游活动时的一种主观个人感知和认识，涉及旅游者的心情状况、旅游选择偏好和心理承受能力大小。由于旅游者的思维定式特点，造成了旅游者对旅游活动的审美对象、旅游服务、基础设施等的感觉有所不同，对旅游活动的体验程度和结果各有不同。

4）旅游文化环境。通过旅游活动，旅游者将自己所在地的文化带到旅游景区，对当地的文化产生了直接或者间接的影响，或被接受，或被抗拒；同样，旅游地文化也会对旅游者自身产生能动作用，使得旅游者对当地的文化有新的认识和体验。

6.3.5.3 提升旅游体验策略研究

郭艳华（2008）提出通过创新的信息技术来增强旅游体验，包括个人终端技术（包括3G Mobile、GPS、Webcam、Wifi、RFID等），网络平台技术（包括Maps、Tripblog、Multimediaplatform等），将旅游体验社区化。周广鹏和余志远（2011）认为提升旅游体验应从景观视觉化、他者真实化、活动升级化、氛围情感化方面入手。龙江智和卢昌崇（2009）建构了旅游体验的层级模式理论，提出感官、认知、情感、回归和灵性5种不同意识深度的旅游体验层级。因此，旅游体验的提升可以以此为理论借鉴。佟静（2010）认为，令旅游者获得最佳体验的途径包括努力提高参与性、深入挖掘旅游产品背后的内涵与功能、重视旅游体验过程中的自我创造与再创造、注重旅游前的准备阶段、加强个人体验能力的培养。刘珺（2009）从博物馆旅游体验的发展趋势着手，针对性地提出一些提升游客旅游体验的措施,如深入挖掘汉文化主题、开发体验式旅游产品、加强电子博物馆建设、创造高质量旅游服务。刁志波（2012）提出体验能力的提高是信息技术积累的结果,信息技术条件下的旅游体验将是旅游者的一种主要存在方式,并提出了旅游前、中、后的不同阶段的技术平台的运用。

6.3.6 区格策略

6.3.6.1 区格策略概述

在中卷第二部分"灾害景区对非灾害景区的波及效应及游客赢回策略研究"中得出,相似性是游客对旅游空间形象的感知结果,相似性越高就意味着游客越无法分清究竟哪些旅游景区是非灾害旅游景区,进而就会导致旅游意愿的降低。旅游景区形象混淆,是指游客无法对灾害旅游景区与非灾害旅游景区做出区分的现象,在严重自然灾害发生的大背景下,尤指游客将非灾害旅游景区认知为灾害旅游景区的现象,进而导致游客放弃或推迟到访非灾害旅游景区的旅游计划。

区格策略包括板块化策略和类属化策略,旨在借助游客认知旅游空间时距离和方位要素的使用,将认知空间进行割裂和分类,进而破坏目标认知空间形象与灾害旅游景区空间形象之间的相似性,进而降低旅游景区形象混淆程度,以便于其对未受灾旅游景区的形象认知。

板块化策略更偏理性和数据性,是通过具体的操作数据来直观的说明两个区域之间的地理空间差异,以此来削弱游客对两个旅游区域之间相似的感知。根据下卷第二部分"灾害景区对非灾害景区的波及效应及游客赢回策略研究"中对板块化策略的实验设计描述可以更直观地感受其含义:"汶川大地震发生后,四川境内的部分旅游景区遭到破坏。汶川地震及其余震主要发生在狭长的龙门山断裂带上。峨眉山景区所在地峨眉山市（北纬 N29°36′,东经 E103°29′10″）地处龙门山板块之外,距离震中汶川（北纬 N31°01′,东经 E103°42′）较远,其直线距离为 209.03 千米,峨眉山景区基本未受地震影响,属于未受灾旅游景区。"

类属化策略更加感性和更具有主观性,是通过文字、图片类描述从地理及空间上区别两个区域,从而削弱游客对两个旅游区域之间相似的感知。根据下卷第二部分"灾害景区对非灾害景区的波及效应及游客赢回策略研究"中对类属化策略的实验设计描述可以更直观地感受其含义:"汶川大地震发生后,四川境内的部分旅游景区遭到破坏。四川省旅游局立即发布未受灾景区名录,并且定期（每月）发布恢复景区名录。在四川省旅游局首先发布的未受灾景区名录中,峨眉山景区赫然在列。峨眉山景区因远离震中汶川,且与龙门山地震带处于完全不同的方位上,所以地震并未对这里造成不良影响。景区内秩序井然、资源配套设施完好无损,与震前无异。"

6.3.6.2 信息沟通策略

混淆非灾害景区和灾害景区是由于游客对两者的地理和空间感知上相近似,而区格策略旨在消除或削弱游客对两类景区的相似性感知,即需要正确的信息引导游客对两类景区的认识。因此,信息沟通策略是区格策略的重要实施手段。本书在5.3.3节已经对信息沟通策略的概念、价值和使用进行了介绍。该节主要基于版块化策略和类属化策略介绍区隔策略下信息沟通的内容和形式。

信息沟通的内容需明确的说明非灾害景区和灾害景区在地理位置上的差异,以及两类景区的受灾情况和安全情况。并为游客提供安全旅游线路的手册和相关说明,以确保游客在往返路途及旅游目的地逗留期间的安全。

信息沟通的形式可从感性和理性两个角度出发。感性的信息沟通形式有景区宣传片、景区图册和文案、访谈节目、政府公文等,理性的沟通形式主要有景区调研报告等。感性和理性信息沟通形式的结合使用,可以加强公信力,有效消除或削弱游客对两类景区的相似性感知。

6.4 降低道德风险、社会风险、心理风险认知

6.4.1 策略思路

本节以降低道德风险、社会风险、心理风险认知为目的，与游客进行感情沟通，从而消减游客到灾区旅游产生的焦虑、担忧、悲伤等负面情绪，认为到灾区旅游是对逝者不尊重的心理忌讳，以及担心到灾区旅游会给自己的社会形象造成不良影响等心理顾虑。

本节结合严重自然灾害给社会心理造成的影响，以及社会有对灾害中体现出的某些情感的实现需求，利用灾害地在灾害中凝聚的心智资源，采取情感策略来对游客的各种心理顾虑进行调节，从而提高游客的旅游意愿。

6.4.2 情感营销策略

在中卷第一部分"常用的灾后赢回策略对旅游意愿影响研究"中得出，情感策略对所有原因造成的游客旅游意愿流失都有调节作用，且与情感紧密维系的道德风险、社会风险以及心理风险在严重自然灾害发生近一年内都会对游客的旅游意愿产生较大影响。因此，灾害地旅游市场恢复采用情感营销策略势在必行。

6.4.2.1 情感营销的定义

中卷第二章第 6 节中已经对"情感"的定义进行了介绍，此处不再赘述。

在情感与营销的结合中，Hall（1988）认为，在交换关系中存在情感因素，人们在社会结构中的决策行为是与自身情感因素相关联的。Hyman（1990）认为，消费者在交易过程中追求的不仅仅是经济方面的利益最大化，而且也有社会方面的追求，即追求一种更高层面的心理上的需求满足，包括身份的需求、爱的需求、自我实现的需求、得到他人尊重的需求，以及实现更高的社会地位等。Hallen、Johanson 和 Seyed-Mohamed 等（1991）否认经济理性是人类决策的唯一因素，认为人应该是社会关系的产物，并认为人们之间交换系依靠心理纽带来实现的。

对于情感营销的定义，国内外学者从不同的角度给出了不同的观点。Barry Feig（1998）认为，情感和形象是营销世界的力量源泉，通过建立产品模型来了解顾客、满足顾客，将情感概念引入营销理论，通过情感来塑造产品、品牌的营销策略，称为"情感营销"。李金魁教授认为，情感营销是以客户的感受和需求为核心，通过产品、价格等策略，实现企业经营目标。通过提供优质合理的价格，充分满足客户的情感需求，建立品牌情感，尊重消费者的习惯等手段，运用情感词汇的口碑推广，赢得消费者信赖。

6.4.2.2 情感的定位

在营销中，情感因素能使产品获得更多的关注。张永涛在终端进行调研，指出 69.9% 以上的顾客基于冲动产生购买行为。可以看出，消费者在做出购买决策时，多数从感性角度出发。而在灾后旅游恢复中的情感营销中，最重要的是抓住旅游产品的特色和目标客户群体进行有效的情感定位。

(1) 产品设计中的情感定位。

情感定位中的"以人为本"设计思想不单单是人、社会之间的和谐，更应该理解为人、产品、情感之间的和谐。自然灾害发生后，人们在灾后救援和恢复过程中，汇聚了爱国、自强不息、团结互助、感恩等一系列的情感，而灾害遗迹旅游资源不仅承载着人类的灾害史，还承载着人们在灾害中凝聚的情感。对于灾后旅游产品情感的定位，可以结合灾害中孕育的大爱，将灾害遗迹旅游资源作为承载这些情感的灾后特色旅游产品。

(2) 宣传中的情感定位。

各种情感元素是情感定位的关键，通过融入各种让人心动的"人情味"，使得旅游者在情感上产生共鸣，这种元素的融合必须是真情实感，如果宣传错误会让旅游者产生被欺骗的感情，对品牌产生严重

的打击。旅游者在购买旅游产品时更加在意的是旅游产品的价值主张和给旅游者带来的感知收益。宣传中渗透给旅游者的情感，会增加旅游产品对旅游者的吸引力。

6.4.2.3 旅游目的地居民心态调整

关注旅游目的地居民的幸福感成为当地旅游业能否可持续发展不容忽视的重要问题之一。一方面，社会发展的终极目标不是单纯的财富积累，而是要提高人民的幸福水平，如果旅游目的地发展旅游产业的结果不能显著提升当地居民的幸福感，那么地方政府就需要及时反思和调整其产业发展的道路。另一方面，旅游目的地居民对旅游业发展的态度既是旅游效应的直接表现，又会反作用于当地旅游业的发展，特别是由于在灾后当地居民的心态发生了巨大的变化，只有目的地居民心态的调整，切实体会到旅游业发展为其带来的实质性利益和幸福感时，才会进一步支持和推动当地旅游业的发展。较高的居民幸福感能改善当地旅游发展环境，为旅游业的发展创造优越的条件，从而形成良性循环模式，即旅游产业发展—地方经济社会繁荣—居民生活满意度提高，幸福感增强—居民支持旅游业—旅游目的地形象提升—旅游产业进一步发展。

6.4.2.4 情感营销方法

（1）进行情感定位。

情感定位是情感营销的基础和关键，结合旅游者的情感诉求进行情感定位，有利于旅游产品在旅游者心中的接受度和认可度，同时也会大大地增加旅游产品对旅游者的吸引力。

（2）开发旅游产品。

旅游产品是情感的载体，旅游产品的开发应遵循情感主题，并结合旅游资源本身的特点，进行合理开发。

（3）制定"情感价格"。

"情感价格"强调产品价格与消费者情感需求的匹配度。例如，国内很多景点推出了暑假寒假凭教师证享受优惠活动，这一活动通过拓宽教师的视野，获得教师的好评，无形中也为未来的发展奠定了更好的道路。

（4）媒体宣传。

借助媒体力量，利用灾害中的感人事件对旅游地进行情感的渲染，通过引起情感上的共鸣来提升情感产品的吸引力和接受度，激发旅游者前去旅游。

6.5 降低犯罪风险认知

6.5.1 策略思路

本节以降低犯罪风险认知为目的，来减少和抑制在灾区重建期间可能滋生的旅游犯罪行为，为游客创造一个安全良好的旅游环境。

本节提出以政府为主导的旅游犯罪风险降低策略。策略以预防和打击旅游犯罪为主，其中从实施犯罪主体的角度进行了研究，主要涉及对当地居民的法律意识培养和灾后的心理引导，以及对旅游企业和旅游从业人员的行为监管等。同时也从旅游法律法规和市场监管的角度提出了相应的对策。此外，在具体落实对旅游犯罪的预防和打击政策后，对于灾区重建中旅游目的地安全形象的塑造也十分紧迫与必要。本节就安全信息宣传的角度，从信息源的选择、传播渠道和传播内容3个方面，提出了重塑灾害地在游客心中的旅游安全形象的相关策略建议。

6.5.2 降低旅游犯罪风险策略

在上卷游客旅游意愿影响因素研究的结果显示，犯罪风险在严重自然灾害发生的1~5年这段时期，游客会对旅游目的地的犯罪情况有所担忧，从而影响游客的旅游决策。因此，在适当的旅游恢复阶段采取降低犯罪风险的策略来提升游客旅游意愿十分必要。

6.5.2.1 旅游犯罪的界定

(1) 旅游犯罪的定义。

旅游犯罪（Tourism Crime）的定义在学术界还没有一致的定论。许多学者从社会学的角度对旅游犯罪进行定义。龚胜生和熊琳（2002）认为，旅游犯罪是发生在旅游活动中（食、住、行、游、购、娱），与旅游者或旅游活动、旅游环境（含旅游设施）有关的所有犯罪现象的总和。同时指出，旅游者、旅游从业者或其他蓄意破坏旅游活动的人都可能是旅游犯罪者；旅游者、旅游地居民或者是旅游资源、旅游设施、旅游环境等都可以是旅游犯罪的受害者；食、住、行、游、购、娱中的任何一个场所都可能是犯罪场所。吴必虎、马晓龙和邓冰（2005）认同以上的说法，并认为旅游犯罪是伴随旅游业发展而逐步发展起来的一种产物。桑霞（2010）提出旅游犯罪是在旅游领域中，侵犯旅游者、旅游地居民、旅游服务机构的正当利益或破坏旅游环境、旅游设施、旅游资源，妨碍旅游业发展的危害行为的总和。

还有一些对旅游犯罪的定义是从刑罚的角度给出的。赵胜珍（2006）认为，旅游犯罪是发生在旅游过程中，侵犯旅游者合法权益或破坏旅游资源、扰乱旅游秩序而给社会造成严重危害，应受刑罚处罚的行为。龚胜生和熊琳（2002）与吴必虎、马晓龙和邓冰（2005）认为在旅游犯罪范畴上，任何因受到国家法律（特别是旅游法律法规）处罚的行为都应是犯罪，包括某些违反传统伦理道德的行为。桑霞（2010）指出，旅游犯罪是在旅游领域中违反刑事法律，侵犯个人、社会团体的合法利益，妨碍旅游业发展所应受到的刑事处罚行为。

(2) 旅游犯罪的分类。

旅游犯罪根据不同的角度可以分为不同的类型。桑霞（2010）对旅游犯罪的一些较常见的分类方法进行了整理，如表 6-6 所示。

表 6-6 旅游犯罪的分类

分类依据	类别	解释说明
犯罪的主体	旅游者犯罪 旅游地居民犯罪 旅游服务机构犯罪 旅游开发商犯罪 其他主体犯罪	
犯罪的客体	侵犯财产权益的犯罪 侵犯人身权益的犯罪 侵犯旅游环境和资源设施的犯罪 破坏旅游市场秩序的犯罪	盗窃、抢劫、诈骗等 伤害、杀人、强奸等 破坏景区设施、倒卖景区文物等 以旅游的名义走私、贩毒、卖淫等
犯罪的对象	针对旅游者的犯罪 针对旅游服务机构的犯罪 针对旅游地居民的犯罪 针对旅游环境和资源设施的犯罪	
犯罪的动机	财务动机引发的犯罪 性欲动机引发的犯罪 精神刺激动机引发的犯罪 好奇心引起的犯罪	性旅游 追求低俗需求造成犯罪

续表

分类依据	类别		解释说明
犯罪的方式	计划性犯罪		有目的性、隐蔽性和严重性，相关部门须加强安全意识
	非计划性犯罪		有偶然性和冲动性，须做好预防工作
犯罪的手段	暴力犯罪		
	非暴力犯罪		
犯罪的场所	旅游目的地犯罪	游览场所犯罪	该类划分有利于揭示旅游犯罪的空间规律，便于针对性的预防犯罪
	旅游依托地犯罪	用膳场所的犯罪	
		寄宿场所的犯罪	
		交通场所的犯罪	
		购物场所的犯罪	
		娱乐场所的犯罪	

资料来源：桑霞（2010）。

吴必虎、马晓龙、邓冰（2005）从犯罪实施主体的不同角度，将旅游犯罪分为旅游者作为受害者和旅游者作为罪犯两种类型，如表6-7所示。

表6-7 旅游犯罪的分类及特征[①]

分类依据	犯罪主体	旅游者状态	犯罪诱因	危害程度	特征
犯罪的主体	他人	受害者	对人身和财产的觊觎	较大	财产犯罪为主
	旅游者	犯罪实施者	外部环境的刺激	一般不大	偶发性犯罪为主

（3）旅游犯罪的界定。

在灾害发生后1~5年时间，旅游者到原灾害地旅游会产生新的顾虑。旅游者担心灾害发生一段时间后，在重建过程中，会有不法分子趁乱犯罪。因此，本节针对旅游者作为犯罪受害者的旅游犯罪类型，且主要以人身、财产的伤害为主进行研究。

6.5.2.2 旅游犯罪的成因

由于本节以旅游者作为犯罪受害者进行研究，旅游犯罪的成因也仅阐述对旅游者实施犯罪的原因。

（1）物欲驱使。

严重自然灾害造成灾区大规模的房屋受损、企业工厂停业，给灾区人民的经济带来了沉痛的打击。加之自然灾害给灾区人民造成了严重的人身伤害，大量灾区家庭的成员在灾害中遇难，或致残而丧失劳动力。这些使许多受灾家庭失去主要的经济来源，同时还要背负巨额的财产损失。灾区人民的经济在短期内难以恢复。相比之下，旅游者都具有一定的经济基础，在旅游消费上远高于日常水平，还有些人甚至挥金如土。再加上大部分旅游者为了方便，都会在身上携带大量现金。对于明显的贫富差距，个别人对生活现状不满又无法立刻摆脱经济困境，在物欲的驱使下，就会对旅游者实施偷盗、诈骗、抢劫、勒索等犯罪行为。

[①] 吴必虎，马晓龙，邓冰. 面向实施主体的旅游犯罪危机管理[J]. 桂林旅游高等专科学校学报，2005，16（1）：56.

对于旅游企业，严重自然灾害不仅对当地企业的建筑设施等造成了损坏，还严重影响了当地旅游业的发展，使旅游业陷入低迷，很长时间难以恢复。这直接影响了旅游企业的收益，甚至导致大部分旅游企业倒闭，大量旅游从业人员失业。有些旅游企业在物欲的驱使下，为了在短时间内弥补灾害造成的巨大损失并迅速赚得利润，便从旅游者身上谋取非法的利益。例如，为了吸引旅游者，一些旅行社推出"零团费""负团费""低价游"等产品，通过变向牟利的手段来侵害旅游者的利益。这些旅行社在旅游过程中给旅游者设下重重陷阱，如提供低档次、低标准的餐饮住宿，擅自增加自费景点和购物点，强制旅游者购物消费、缩短游览时间等。还有一些旅游企业为旅游者提供的产品和服务是偷工减料、不达标的，有些甚至存在严重的安全隐患，如一些饭店的房间在灾后没有进行良好的整修，还存在安全隐患，但为获利便开始向旅游者出租。

这些行为都严重损害了旅游者的人身和财产权益，同时也破坏了旅游地的形象，使灾后原本脆弱的旅游市场变得更加举步维艰。

（2）心态失衡。

严重自然灾害给灾区人民带来了惨重的损失。除了经济上的损害，一些灾区居民还在灾害中失去了亲人或身体健康遭到了重创。为了尽快恢复灾害地的旅游经济，当地政府和旅游企业纷纷采取措施吸引旅游者前来旅游，却常常忽略了灾区居民的心理疏导。当灾区居民还未完全走出伤痛时，旅游者在旅游过程中愉悦的状态便会刺激到灾区居民，使他们对旅游者产生抵触情绪。如果这种情绪没有得到有效的调整，灾区一些居民的心态便会慢慢失衡，最终矛盾积累到一定程度时便会爆发。从而导致灾区居民对旅游者进行报复和伤害，或对旅游设施、资源等进行破坏，阻碍旅游活动的进行。此外，旅游者在旅游过程中也因为忽视当地的风俗忌讳或对当地设施等进行破坏，常常引发当地居民的不满，进而产生冲突。

（3）法律知识缺乏。

许多旅游企业和个人缺乏对旅游法律法规的了解。大部分旅游企业，尤其是当地一些企业喜欢做"一锤子"买卖，他们为获取暴利不顾旅游者权益，在旅游活动中欺客、宰客现象严重。这些企业的行为置法律于不顾，甚至一些企业认为这是市场中普遍存在的，是市场的竞争行为，法律也难以管束。

对于实施旅游犯罪行为的个人，他们由于物欲驱使或某些心理原因作祟，对旅游者进行盗窃、诈骗、敲诈，或进行人身伤害等行为。这些犯罪者普遍法律意识淡薄，缺乏应有的法律知识，他们对于自己的犯罪行为导致的法律后果往往不清楚，在实施犯罪时也没有法律思想的约束。有些人甚至怀着侥幸心理，以为能逃脱法律的制裁。

对于旅游者，往往因缺乏安全防范意识，加之对旅游地的环境不熟悉，很容易成为犯罪分子的目标，如旅游者一般随身携带大量现金，在享受旅游活动的过程中常常忘记警惕钱包和贵重物品的安全，容易让盗窃者得逞。此外，旅游者往往缺乏自我权益的保护意识。由于旅游地对于旅游者来说环境陌生，同时旅游者在外地旅游常常只有一人或几人做伴，且只在旅游地做短暂的停留，因此，在面对自己权益受侵犯且要不要寻求法律帮助时，通常会有多种顾虑，尤其是在旅游者人身安全暂时没有受损的情况下。在这种情况下，大部分旅游者会考虑到自己只是在旅游地短暂停留，即使报案也不可能马上破案，而且协助破案的过程也会打乱自己的旅游计划，于是大多数旅游者会认为多一事不如少一事。甚至有些旅游者觉得这是景区普遍现象，表示无可奈何。即使是在旅行团里，大家也都是临时聚集在一起的，也很少有集体维权的意识。从以上分析可以看出，旅游者自身法律意识的淡薄也滋生和助长了旅游犯罪。

(4) 旅游企业缺乏责任意识。

许多旅游企业和旅游从业人员缺乏责任意识。自然灾害发生后，许多旅游企业为尽快挽回损失，往往一味地追求利益，忽略了对旅游者的保护措施，没有承担起保护旅游者的责任，也没有对员工进行安全责任意识的培训。同时，许多当地企业的一线从业人员，如导游、服务员等多是当地居民，素质参差不齐，通常没有保护旅游者安全责任的意识，如旅行社和导游只负责带旅游者进行游览活动，却不向旅游者介绍旅游过程中的安全事项，或介绍当地的生活习惯、风俗忌讳、宗教信仰等，导致旅游者在旅游过程中发生意外或在与当地居民的接触中发生肢体冲突。还有一些旅行社和导游为了获得利益，让旅游者参与一些存在安全隐患的付费项目。这些责任意识的缺乏，常常容易造成旅游者人身和财产的损失，诱发犯罪风险。

(5) 旅游法律法规不完善。

《中华人民共和国旅游法》在2013年正式实施，并取得了一定的成效，但还存在着一些具体的问题，如旅游安全相关条文的具体落实、旅游安全执法机制的建立、旅游安全监管的责任主体和其职权范围等。这使得旅游安全的执行缺乏高效性，也使许多企业和个人钻了法律空子，甚至藐视法律的权威。

(6) 旅游犯罪的打击力度不够。

自然灾害后，为了使旅游经济得到快速的增长，一些地方政府将更多的精力和资源投放到旅游设施和资源的建设以及招商引资中，却忽略了旅游经济增长的同时会带来旅游犯罪的增长。而且在严重自然灾害后的特殊情况下，当地的社会秩序和市场秩序尚处于恢复阶段，更容易滋生旅游犯罪。

6.5.2.3 旅游犯罪的预防与控制

(1) 完善旅游法律法规。

政府应尽快完善旅游法制体系，加快旅游安全法律法规的具体落实，建立旅游安全执法机制，划分旅游安全监管的责任主体并明确权责。从法律上明确旅游各方利益相关者的权利义务，规范旅游市场开发、运营和管理的相关制度。在法律上抑制旅游犯罪的滋生，保障旅游者和各利益相关者的权益。

(2) 加强旅游市场管制。

旅游市场经营秩序的混乱，恶意竞争的增长，使旅游者的权益得不到良好的保障，助长了旅游犯罪的发生。政府须强化对旅游市场的管理职能，联合行业协会规范旅游市场秩序，完善旅游市场管理制度，为旅游活动提供良好的旅游环境。建立旅游执法大队，加强对旅游企业经营活动的监管和对旅游产品和服务的安全排查，严厉打击非法劣质旅游产品，强化旅游企业和旅游从业人员的安全责任意识，大力普及旅游法律法规教育。同时，推进导游体制改革，建立旅游企业和导游的信用管理系统，完善黑名单制度，加强旅游企业和从业人员的自律。

(3) 加大旅游犯罪打击力度。

旅游犯罪中涉及的利益相关主体多，包括各类旅游组织和个人。因此，对旅游犯罪的管理不仅涉及治安管理部门，还涉及旅游部门、工商管理部门等，需要各部门联合整治。政府和地方应根据旅游场所和时段的犯罪率来合理安排旅游治安资源，完善旅游地治安设施建设，加强重点旅游场所的治安巡视。加强执法力度，做到第一时间对案件的处理跟进，违法必究。完善网络联合执法，扩大执法范围，并为受害组织和个人提供案件进展的网络咨询服务。

(4) 加强旅游法治教育。

大力普及旅游地的旅游法治教育，为旅游者创造安全的旅游环境。当地居民对旅游者的态度会在一定程度上影响旅游目的地的形象。而且当地居民不像企业等组织机构一样，可以通过市场制度进行有效监管。防范一些当地居民的旅游犯罪更需要在日常的普法教育中不断地提高他们的法律意识，让当地居民能清晰地认识到法律的权威和触犯法律的后果，从而尽可能地避免一些居民在物欲驱使和心态失衡情况下实施犯罪行为。此外，还需要重视自然灾害后居民的心理疏导问题。当地政府在自然灾害发生后，应该尽快请心理专家对当地居民进行心理辅导，帮助当地居民尽快走出灾害的阴影。在当地开放旅游到旅游恢复的过程中，都需要针对当地居民消极的心理变化进行疏导，对旅游进行正确的宣传，引导居民以健康的心态来看待旅游发展。

对旅游者也需要加强旅游法治教育，并通过多个渠道（网络、电话等）给旅游者提供旅游法律法规的咨询服务，让旅游者加强旅游中自我保护意识的同时，学会用法律的武器为自己维权，保障自己的安全。

6.5.3 基于犯罪视角的旅游目的地安全形象重塑策略

旅游地严重自然灾害的发生会颠覆人们对旅游地原有的安全形象的认知，人们对于到旅游地旅游会心存各种安全担忧，且在灾后1~5年内，这种担忧会更多地集中在旅游地的犯罪风险上。当地方政府具体落实对当地旅游犯罪的治理后，重新塑造旅游地在旅游者心中的安全形象迫在眉睫。重塑灾后旅游目的地在旅游者心中的安全形象，主要在于对旅游地安全状况的有效传播。信息传播的过程中，信息传播源、传播媒介和传播内容都影响信息传播的有效性。因此，为有效地传播旅游目的地安全形象，需要运用多样化的信息传播渠道，即传播媒介的多样化，同时传播的旅游地安全内容要更丰富全面，并且着重利用效果好的信息源进行传播。

6.5.3.1 运用多样化信息传播渠道

随着通信技术和互联网技术的快速发展，人们获取信息的渠道已经不仅仅限于报纸、广播、电视等传统媒体，互联网正快速地占据人们的生活，成为人们与外界信息进行大量交互的重要手段。因此，在传播旅游地安全形象时应注重运用多样化的信息传播渠道。除了利用报刊、电视、灯箱广告这类传统媒体，还应充分利用传统互联网媒体和移动互联网媒体。充分发挥互联网信息传播不受空间时间限制、内容形式多样化、内容更新快、互动性强等特点，将旅游地的安全信息以多样化的形式，如视频、图片、文字等形式，全面立体地传递给民众。同时还需加强对旅游地景区官方网站和旅游信息咨询热线的建设，并创建热门社交软件官方账号，如新浪微博官方账号、微信公众号等，为民众提供实时全面的旅游地信息和相关咨询服务。

6.5.3.2 全方位的信息展示

自然灾害后，为降低旅游者对旅游地可能发生旅游犯罪的顾虑，并让旅游者重拾旅游信心，需要向旅游者传递全方位的旅游地安全环境信息。

（1）旅游地居民形象塑造。

旅游地居民是旅游地环境的重要组成部分，也是当地旅游业的一张名片，如美国夏威夷居民热情好客的形象一直是夏威夷著名的旅游名片和资源，每年都会吸引大量的海外游客慕名而来。夏威夷的居民也将旅游作为当地重要的经济来源，对发展旅游十分支持。如果旅游地居民展现出良好的素质和法律意识，并表现出对当地旅游发展的积极态度，将大大地降低旅游犯罪在当地的发生率，为旅游者营造安全愉悦的旅游环境，从而降低旅游者对旅游地犯罪风险的顾虑。因此，积极的宣传旅游地居民对旅游者热情好客和遵纪守法的形象，既给旅游者带来了在陌生旅游环境中的情感依托，又使旅游者降低对旅游犯罪风险的顾虑。

（2）旅游企业和景点形象塑造。

旅游企业参与到旅游者"行、食、住、游、购、娱"的一系列旅游活动中，与旅游者的接触最多，对旅游者此次旅游经历的影响较大。旅游企业在为游客提供旅游产品和服务的过程往往是旅游者在心中不断塑造旅游地形象的过程。因此，旅游企业的安全形象对于旅游者在心中塑造旅游地的安全形象具有重要作用。此外，旅游景区是旅游活动的核心，旅游景区的安全形象直接关乎旅游者对旅游地的安全形象的塑造，对旅游者的旅游意愿具有重要影响。因此，积极地宣传旅游企业遵纪守法和景区治安安全的信息，对于重塑旅游地安全形象十分重要。

（3）旅游地治安管理形象塑造。

旅游地的治安管理力度是直接影响当地旅游犯罪发生率的重要因素。良好的治安管理形象，如完善的治安设施设备，大力普及的法治宣传等都能直接地传达出旅游地的安全状况，这对于旅游者心中的旅游地安全形象塑造具有重要的作用。

（4）旅游地导游形象塑造。

旅游地导游的行为举止往往能折射出当地的旅游市场规范和监管情况，以及旅游企业的形象。同时，由于导游直接参与到游客的旅游活动中，导游的行为举止将直接影响游客对旅游活动的满意度。可以看出，积极地宣传良好的旅游地导游形象对于游客的旅游地安全形象感知具有较好的效果。

6.5.3.3 加强口碑传播

在信息源效果的研究中发现，人际传播是游客对信息接受度最高的方式。因此，选择口碑宣传旅游地安全信息的方法能更加有效地让旅游者相信旅游地是安全的。口碑传播可以结合体验策略，邀请游客、媒体人等可靠信息来源参与到当地的旅游活动中，亲身感受旅游环境的安全的治安措施，接触当地居民，感受居民的热情好客和淳朴的民风。让他们先在心中对旅游地树立安全的形象，然后进行口碑传播，通过滚雪球的方式来扩大影响。

6.6 降低经济风险认知

6.6.1 策略思路

本节以降低经济风险认知为目的，来对游客在灾后整个恢复过程中都会存在的经济担忧进行调节。

为降低游客对到灾害地旅游是否物有所值的担忧，本节的策略以降低旅游成本为主，以此增加游客的感知收益。价格促销策略是市场刺激消费最常用的手段。在严重自然灾害后的初步恢复阶段，由于对人身健康的安全担忧，道德和心理的忌讳，以及对社会影响的顾虑等因素对旅游意愿的影响较大，可能会在一定程度上遮蔽了经济风险对游客心理的影响程度。但是，经济风险始终在整个旅游恢复过程对游客，尤其是价格敏感游客具有一定的影响。考虑到灾后游客风险顾虑较多，价格促销策略和其他降低风险的策略搭配使用将产生更显著的效果。

6.6.2 价格促销策略

价格促销策略对于灾后游客旅游意愿的影响情况，在不同的研究中褒贬不一。但有一点是值得肯定的，即价格促销确实会对价格敏感人群的旅游产品购买产生影响。但如果只注重价格促销的旅游营销策略实则并不高效，只有将价格促销与其他营销策略配合使用，旅游营销才能事半功倍。

6.6.2.1 价格促销定义

中卷第二章第五节已经对价格促销的定义进行了介绍，此处不再赘述。

6.6.2.2 价格促销策略

（1）适当的价格促销幅度。

在价格上的过高优惠往往会令旅游者产生怀疑，从而影响其对旅游产品的购买意愿。尤其是在严重自然灾害背景下，旅游者对灾害地景区本来就存在安全疑虑。如果价格过低，反而会让旅游者怀疑过低的价格是因为景区存在安全隐患，没有人游览，所以进行低价促销。此外，目前旅游市场上猖獗的"零团费""负团费""低价团"等都是通过利用低价作为诱饵，欺骗游客，擅自变更行程，带旅游者到购物点消费。这些在媒体上的不断曝光，也时刻在提醒旅游者低价旅游产品可能存在的欺客、宰客行为，使旅游者对低价促销产生了警惕。因此，景区或旅游产品的折扣幅度不宜夸张，并且要充分考虑旅游者的安全。同时，价格和质量存在密切的关联，价格促销造成的价格变化会降低消费者对旅游产品质量的感知。再加上消费者长期饱受价格促销中产品低质量的困扰，必然促使消费者将价格促销与低质量对应起来，这种心理很大程度会影响到旅游产品的购买。

（2）选择合适的促销时机和频率。

严重自然灾害后，灾害地的一些景区刚刚对外开放，便立刻开始大搞旅游产品和景区门票的价格促销，但由于灾害会让旅游者颠覆之前对灾害地景区的印象，灾后开放的景区对旅游者来说是陌生的，对于心中存在的安全顾虑，旅游者通常不会立即购买旅游产品。加之景区一开放就实行价格促销，更让人对景区内部的景观损坏和景区安全产生疑虑。此外，对消费者来说，过度促销一方面意味着"刺激泛化"，即促销策略会变得越来越没有吸引力；另一方面则会使消费者感到"信息超载"，进而将价格促销作为生活中的"经常事件"，对其充耳不闻、视而不见。

选择合适的促销时机，如"十一""五一"等较长的假期，会降低旅游者的疑虑，同时旅游者也会更加乐意去享受低价带来的感知收益的增加。

（3）推出特色促销。

旅游企业或当地政府可以结合旅游地的实际情况推出有特色的促销，既可避免单一的靠低价促销带来的收益降低，还可增加旅游者的兴趣，如游乐园通过销售家庭年卡来提高客流量。汶川大地震后，成都市2009年向海内外发行2000万张"熊猫卡"。凭此卡，游客在2009年年底前，可免费游览成都市的11个国有景区。

7. 灾后旅游恢复期的游客满意度评估

7.1 效果评估意义

在市场经济下，顾客满意是企业生存和发展的原动力。同样的，游客满意不仅是旅游企业经营活动的基本准则和发展的核心竞争力，也是当地旅游市场健康持续发展的内在要求。严重自然灾害后，旅游市场和旅游企业经营秩序混乱，旅游地景区和旅游设施受损，这些都损害了旅游地原有的旅游形象，导致游客对旅游地旅游的满意度降低。灾后，当地政府和旅游企业采取一系列的策略赢回游客，虽然一些策略在增加游客量上起到暂时的效果，但旅游市场要健康持续的发展仍需要以游客为导向，以游客满意为核心。灾后旅游恢复期的游客满意度评估可为政府和旅游企业在旅游产品和赢回策略上的调整提供方向，从而实现旅游市场的快速恢复和健康长久的发展。

7.2 游客满意度评价法

7.2.1 研究意义

随着新经济时代的到来，消费者需求的日益个性化和多样化，全球化竞争的进一步加剧，使质量观念从符合性标准、适用性标准转变为顾客满意标准。特别是在当前买方市场条件下，能否实现顾客满意，顾客满意度的高低、大小，不仅决定了企业的生存权与发展权，还决定了企业的命运与前途。因此，实现顾客满意已经成为全球企业关注的焦点和热点。游客满意（Tourist Satisfaction，TS）是顾客满意理论在旅游业中的延伸，是游客对其要求已被满足程度的感受。实践表明 TS 不仅是现代旅游企业经营活动的基本准则，也是增强旅游企业核心竞争力的锐利武器，更是旅游景区得以可持续发展的文化基础和根本保障。旅游景区游客满意度（Tourist Satisfaction Degree，TSD）是指游客对旅游景区所提供的产品或服务的满意程度，即游客对旅游景区的旅游景观、基础设施、娱乐环境和接待服务等方面满足其旅游活动需求程度的综合心理评价。TSD 作为游客满意的定量表述，是衡量一个旅游景区旅游服务质量的综合性指标。然而，如何度量游客满意度，即如何进行游客满意度测评，则成为旅游业重要的课题之一。

灰色系统理论是 20 世纪 80 年代初期由中国学者邓聚龙教授创立的一门系统科学新学科。它以"部分信息未知"的"小样本""贫信息"不确定性系统为研究对象，主要通过对"部分"已知信息的生成、开发，并提取有价值的信息，实现对系统规律的正确描述和有效控制。一般的抽象系统，如社会系统、经济系统、农业系统、生态系统等都包含多种因素，多种因素共同作用的结果决定了系统的发展态势。人们常常希望知道在众多的因素中，哪些是主要因素，哪些是次要因素；哪些因素对系统的发展影响大，哪些因素对系统的影响较小；哪些因素对系统的发展起推动作用需强化发展，哪些因素对系统的发展起阻碍作用需加以抑制。根据灰色系统理论，能用时间序列来表示系统行为特征量和各影响因素的发展，灰色系统理论中的灰色关联分析的基本思想是根据序列曲线的相似程度来判断其联系是否紧密。曲线越接近，形状越相似，相应序列之间的关联就越大，反之就越小。序列曲线的相似程度用灰色关联度来衡量。因此，灰色关联分析为游客满意度这类问题的解决提供了有效的途径。

7.2.2 灰色系统理论评价模型

灰色关联度分析是系统态势的量化比较分析，其实质就是比较若干数列所构成的曲线到理想（标准）数列所构成的曲线几何形状的接近程度，几何形状越接近，其关联度越大。关联序则反映各评价对象对理想（标准）对象的接近次序，即评价对象的优劣次序，其中灰色关联度最大的评价对象为最佳。因此，利用灰色关联度可对评价对象的优劣进行分析比较。灰色关联度分析具体步骤如下。

(1) 确定比较数列（评价对象）和参考数列（评价标准）。

设评价对象为 m 个，评价指标为 n 个，比较数列为：

$X_i = \{X_i(k) \mid k = 1, 2, \cdots, n\}$ $(i = 1, 2, \cdots, m)$

参考数列为：

$X_0 = \{X_0(k) \mid k = 1, 2, \cdots, n\}$

(2) 确定各指标值对应的权重。

可利用美国数学家萨蒂（T. L. Saaty）提出的层次分析法（AHP）确定各指标对应的权重：

$W = \{W_k \mid k = 1, 2, \cdots, n\}$ 其中 W_k 为第 k 个评价指标对应的权重。

(3) 计算灰色关联系数 $\zeta_i(k)$。

$$\zeta_i(k) = \frac{\min_i \min_k |X_0(k) - X_i(k)| + \zeta \max_i \max_k |X_0(k) - X_i(k)|}{|X_0(k) - X_i(k)| + \zeta \max_i \max_k |X_0(k) - X_i(k)|} \tag{7-1}$$

式（7-1）中，$\zeta_i(k)$ 是比较数列 X_i 与参考数列 X_0 在第 k 个评价指标上的相对差值，称为 X_i 对 X_0 在 k 时刻的关联系数；

$\min_i \min_k |X_0(k) - X_i(k)|$ 为两级最小差，$\max_i \max_k |X_0(k) - X_i(k)|$ 为两级最大差，ζ 是分辨系数，且 $0 < \zeta \leq 1$。

(4) 计算灰色加权关联度，建立灰色关联序。

灰色加权关联度的计算公式为：

$$r_i = \frac{1}{n} \sum_{K=1}^{n} W_k \zeta_i(k) \tag{7-2}$$

式中，r_i 为第 i 个评价对象对理想对象的灰色加权关联度。

(5) 评价分析。据灰色加权关联度的大小，对各评价对象进行排序，可建立评价对象的关联序，关联度越大其评价结果越好。

7.2.3 游客满意度评价指标体系

评价指标体系选择游客满意度（TS）取决于游客的事前期望与实际感受的关系。对于景区游客满意度的研究可以选择景区评价的指标来进行衡量，从而形成旅游景区游客满意度评价体系，如图 7-1 所示。

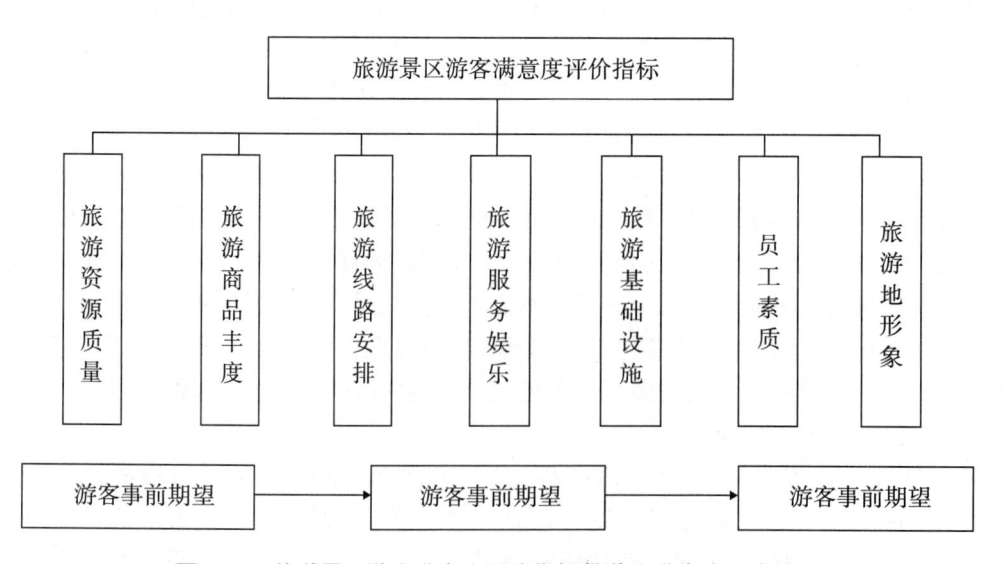

图 7-1 旅游景区游客满意度评价指标与游客满意度形成过程

7.2.4 评价指标分值确定及数据处理

确定被评景区的指标值数列和参考评价标准数列，如选定某地区的 5 个旅游景区，分别就景区的旅游资源质量、旅游商品丰度、旅游线路安排、旅游服务娱乐、旅游基础设施、员工素质、旅游地形象 7 个指标因素进行市场调查，让来此地旅游的游客对这 7 个因素的满意程度进行打分评价，每个因素的满分为 10 分，满意程度越高，其分值越高。对获得的原始分数，先采用简单加权平均法统计景区在各评价因素上的综合得分，各景区的得分情况及参考数列如表 7-1 所示。

表 7-1 景区得分情况及参考数列

景区	旅游资源质量	旅游商品丰度	旅游线路安排	旅游服务娱乐	旅游基础设施	员工素质	旅游地形象
景区 1	6	7	6	8	7	8	6
景区 2	8	7	7	8	8	7	6
景区 3	5	6	6	7	8	6	7
景区 4	6	7	6	5	7	8	6
景区 5	8	6	7	6	6	7	4
标准	8	7	7	8	8	8	7

注：表中标准数列的取值为各景区在每一指标的最大值。

将表 7-1 做归一化处理。其方法是用标准数列中的最大值 8 去除表中所有分值，以百分比表示游客对景区各评价指标的满意程度，处理结果如表 7-2 所示。

表 7-2 各景区对评价指标的满意度

景区	旅游资源质量	旅游商品丰度	旅游线路安排	旅游服务娱乐	旅游基础设施	员工素质	旅游地形象
景区 1	75	87.5	75	100	87.5	100	75
景区 2	100	87.5	87.5	100	100	87.5	75
景区 3	62.5	75	75	87.5	100	75	87.5
景区 4	75	87.5	75	62.5	87.5	100	75
景区 5	100	75	87.5	75	75	87.5	50
标准	100	87.15	87.5	100	100	100	87.5

（1）确定评价因素的权重。

通过专家咨询并利用 AHP 法确定各评价因素的权重，按上述评价指标顺序排列的权重为：
$$W = \{0.1, 0.2, 0.1, 0.1, 0.2, 0.2, 0.1\}$$

（2）计算灰色关联度系数。

根据灰色关联度系数计算公式（1），两级最小差与最大差分别为：
$$\min_i \min_k |X_0(k) - X_i(k)| = 0, \max_i \max_k |X_0(k) - X_i(k)| = 50$$

取 $\zeta = 0.5$，则有：

$\zeta_1(1) = 0.5, \zeta_1(2) = 1, \zeta_1(3) = 0.67, \zeta_1(4) = 1, \zeta_1(5) = 0.67, \zeta_1(6) = 1, \zeta_1(7) = 0.67$

所以，$\zeta_1(K) = \{0.5, 1.00, 0.67, 1.00, 0.67, 1.00, 0.67\}$

同理，算得：

$\zeta_2(K) = \{1.00, 1.00, 1.00, 1.00, 1.00, 0.67, 0.67\}$

$\zeta_3(K) = \{0.40, 0.67, 0.67, 0.67, 1.00, 0.50, 1.00\}$
$\zeta_4(K) = \{0.50, 1.00, 0.67, 0.40, 0.67, 1.00, 0.67\}$
$\zeta_5(K) = \{1.00, 0.67, 1.00, 0.50, 0.50, 0.67, 0.40\}$

7.2.5 游客满意度评分计算

计算灰色关联度,建立关联序。根据公式(2)算得各景区的游客满意灰色关联度为:

$r_1 = 0.1 \times 0.5 + 0.2 \times 1 + 0.1 \times 0.67 + 0.1 \times 1 + 0.2 \times 0.67 + 0.2 \times 1 + 0.1 \times 0.67 = 0.818$

$r_2 = 0.1 \times 1 + 0.2 \times 1 + 0.1 \times 1 + 0.1 \times 1 + 0.2 \times 1 + 0.2 \times 0.67 + 0.1 \times 0.67 = 0.901$

$r_3 = 0.1 \times 0.4 + 0.2 \times 0.67 + 0.1 \times 0.67 + 0.1 \times 0.67 + 0.2 \times 1 + 0.2 \times 0.5 + 0.1 \times 1 = 0.708$

同理算得:$r_4 = 0.758$ $r_5 = 0.622$。

各景区游客满意度灰色关联度排序为:$r_2 > r_1 > r_4 > r_3 > r_5$。

7.2.6 游客满意度评价分析

景区游客满意度评价分析从以上计算过程和结果可以看出,景区 2 的游客满意度最高;景区 1 虽然旅游资源质量、旅游线路安排、旅游基础设施等条件一般,但因其旅游商品丰度较好,再加上员工素质高,因此,其游客满意度也较高;景区 3 尤其要注意其资源质量的提高;景区 4 尤其要注意其旅游服务娱乐方面;而景区 5 除了旅游商品丰度、旅游服务娱乐和旅游基础设施等都有待提高外,需特别注意的是对旅游地形象的改造和提升。

上述讨论表明,旅游景区游客满意度的灰色关联度评价法具有操作简便、效率高、所需数据少和揭示问题清晰等特点,是一个易于推行的方法。采用灰色关联度评价法,无疑将有助于旅游景区更好地了解旅游资源或旅游产品和服务在游客心目中的地位和形象,从而不断提高游客满意度和忠诚度,赢得更多的社会效益与经济效益。

8. 总结与展望

8.1 总结

本部分研究基于上卷和中卷的研究结论，提出了在严重自然灾害下的旅游市场恢复营销策略。

上卷研究构建了在严重自然灾害背景下的旅游意愿综合影响模型，得出旅游目的地特色形象和旅游目的地管理形象对灾后旅游意愿具有显著的影响，并提出灾后不同恢复阶段中游客注重的不同风险认知。本部分提出的恢复营销策略就是根据上卷研究得出的结论。

中卷基于严重自然灾害的背景，对常用的恢复营销策略的效果进行了探究，并针对灾害地中未受灾景区的游客赢回策略进行研究，得出策略的调节效果。中卷的研究为灾后旅游恢复营销策略的选择提供了宝贵的参考意见。本部分提出的恢复营销策略便是在中卷的策略研究基础上进一步补充完善的。

本部分从三个角度提出了恢复营销策略：一是提高旅游目的地特色形象的角度，二是提高旅游目的地管理形象的角度，三是降低灾后风险认知的角度。

在提高旅游目的地特色形象的旅游恢复营销策略中，首先，从灾害遗迹旅游资源开发的角度提出相关策略；其次，针对节事旅游对提高旅游目的地知名度和宣传旅游目的地特色形象有较好的效果，从而提出了开展节事旅游的策略；最后，在灾害遗迹旅游资源开发的策略中，提出了灾害遗址地的营销概念设计和旅游产品路线设计的策略，同时，针对灾害地未受灾景区的旅游恢复提出了拓展旅游产品的旅游空间策略，即在旅游产品包含的景点数量的拓展、对原有的景点进行深度开发，以及组合精品路线。此外，提出了区域旅游整合营销策略，该策略有利于区域间营销资源整合，以及打造品牌旅游线路和产品，拓展旅游空间。

在提高旅游目的地管理形象的旅游恢复营销策略中，提出了发展旅游产业集群和旅游目的地官方网站品牌化建设的策略。旅游地发展产业集群有利于旅游企业间的优胜劣汰和合作共赢，可通过市场作用净化旅游业经营环境，为游客提供更好的产品和服务，从而提升旅游目的地管理形象。旅游目的地官方网站的品牌化有利于目的地的品牌化，对外提高目的地管理形象。

在降低风险认知的旅游恢复营销策略中，首先，针对不同灾后恢复阶段的不同沟通需求，提出了针对不同风险认知的策略。降低人身、健康风险的策略主要解决安全沟通的需求，其风险一般在灾后1年内受到游客重视。针对降低人身、健康风险认知的策略有针对当地政府、旅游企业和景区提出的安全策略，还有针对灾后旅游救援期以及旅游恢复期的安全信息沟通策略，同时还通过体验策略来加强旅游地安全形象的感知和人际传播。其次，针对灾害地未受灾景区的旅游恢复提出了区格化策略，通过这个策略来帮助游客减少对灾害景区和非灾害景区之间的形象混淆，增加游客前往非灾害景区旅游的信息。此外，降低道德、社会、心理风险的策略主要解决灾后约1年内游客对于情感沟通的需要。在降低道德、社会、心理风险认知中，利用灾害地在灾后救援和恢复过程中凝聚的心智资源，提出了情感策略。在灾害发生1~5年时，游客重视的是灾害地在重建过程中是否存在旅游犯罪的犯罪风险。在降低犯罪风险认知上，提出了对旅游犯罪行为的预防和控制策略，同时提出了对灾害地的安全旅游形象重塑的策略。重塑形象的策略主要是传播灾害地的安全信息，并在信息传播的传播渠道、传播内容和信息源3个方面给予了解决办法。最后，经济风险，即到灾害地旅游是否物超所值，是贯彻整个灾后恢复过程的风险。降低经济风险的策略主要从提高游客感知收益的角度出发，提出了降低游客旅游成本的价格促销策略。

游客满意是旅游企业和旅游市场健康持续发展的原动力。严重自然灾害后，灾害地原有的旅游形象遭到破坏，政府和旅游企业通过各种营销手段短期内赢回了部分游客，但要使灾害地旅游重新步入正轨并健康发展，就需要重视游客满意，并以游客需求为导向提供产品和服务。因此，游客满意度的评估对于灾后旅游恢复十分重要。本部分探究了游客满意度评估方法，也为灾后旅游恢复期的游客满意度提供了评估方法。

8.2 研究创新点

8.2.1 建立了严重自然灾害后较系统的旅游恢复营销思路

上卷研究构建了在严重自然灾害背景下的旅游意愿综合影响模型，得出旅游目的地特色形象和旅游目的地管理形象对灾后旅游意愿具有显著的影响，并提出了灾后不同恢复阶段中游客注重的不同风险认知。本部分的灾后旅游恢复营销策略便是根据上卷研究结论提出的。因此，不同于许多只关注单个理论或单个策略的旅游恢复营销研究，本部分的灾后旅游恢复营销策略较系统全面，把握了灾后恢复期内游客复杂的心理过程，既有提高目的地特色形象感知和管理形象感知的策略，又有降低灾后风险的策略。同时，针对降低灾后风险的策略，根据不同恢复阶段的游客所重视的风险不同，还分为降低人身、健康风险认知的策略，降低道德、社会、心理风险的策略，降低犯罪风险的策略，以及降低经济风险的策略。本部分建立了较系统的旅游恢复营销思路，完善了旅游恢复营销理论和旅游危机管理理论。

8.2.2 针对灾害地未受灾景区提出了旅游恢复营销策略

目前在灾害危机管理研究中缺少对灾害地未受灾景区的旅游恢复的深入研究。中卷率先对灾害地未受灾景区出现旅游低迷的现象进行深入研究，并提出了相关的旅游恢复营销策略。本部分在中卷的研究结论基础上，对未受灾景区的旅游恢复营销策略的具体内容进行阐述，填补了学术界在对灾害地未受灾景区的旅游恢复营销的研究空白，进一步完善了旅游恢复营销理论和旅游危机管理理论。

8.3 实践运用

在严重自然灾害发生后，针对当地旅游市场的恢复，政府和企业通常都是采取价格促销策略和安全策略，然而旅游恢复效果并不明显。在对灾后游客旅游意愿影响因素研究过程中可以发现，严重自然灾害后游客的旅游决策受到多种主观和客观因素的同时作用，而不是受单纯一两个因素影响。因此，仅仅使用某一两个策略对于灾后旅游恢复的效果往往并不明显。本部分的灾后旅游恢复营销策略是根据不同的旅游意愿影响因素提出的，政府和企业可根据实际情况，判断现阶段对旅游意愿影响明显的因素，从而选择针对这些影响因素的策略进行搭配使用。

此外，在不同的灾后恢复阶段，游客对风险的关注会发生变化，如在灾后约1年时间内，次生灾害和衍生灾害常常还未平复，游客更加关注到灾害地旅游会不会威胁到自己的生命安全。这个阶段游客更注重人身、健康风险。在灾害发生的1~5年时，灾害基本平息，灾害地设施的安全隐患也基本清除，游客对人身、健康风险的关注度下降，而更关注灾害地在灾后重建中会不会发生旅游犯罪行为。这个阶段游客更注重犯罪风险。因此，旅游恢复营销策略需要在结合实际的灾后恢复阶段进行使用，才能使效用达到最大化。

8.4 研究局限与展望

8.4.1 研究局限

本部分提出的旅游恢复营销策略主要是从灾后旅游意愿影响因素的角度进行划分。但在实际情况中，这样的划分标准可能并没有按灾后恢复的时间阶段划分来得更加直观和更加具有操作性。但由于研究的人力、财力有限，研究没有对旅游恢复过程中营销策略的效果和游客旅游意愿的变动情况进行动态的跟踪研究，这也成了本书对未来灾后旅游恢复营销研究的展望。

8.4.2 研究展望

未来对灾后旅游恢复营销的研究希望能按灾后恢复的时间阶段来提出旅游恢复营销策略组合，以便于策略制定者实践使用，同时也便于在实践中检验理论并发展理论。

第二部分
四川灾后旅游市场恢复措施

9. 四川旅游重建的努力

汶川大地震发生后，四川省委、省政府坚决落实党中央、国务院的安排部署，把游客救助作为抗震救灾的重要工作。地震发生当天，国家旅游局局长就对四川旅游系统表示慰问，并对抗震救灾做出重要指示——在保证安全的前提下及时开展游客救助；千方百计保障四川旅游抗震救灾需要。

灾后10余天里，国家旅游局连续召开10多次抗震救灾协调领导小组会议，研究部署抗震救灾工作，并立即派出专门工作组赶赴四川，及时指导、全力协助四川省旅游局救助游客。四川省旅游局应急办成立抗震救灾指挥机构，对外公布值班电话，落实带班领导和值班人员，实行24小时值班制，通知各市、州旅游局及时收集上报旅游行业及系统的灾情，迅速下发5个紧急通知，对应急值班、游客救助、灾情上报等方面提出明确要求。

2008年5月27日，成都召开四川旅游抗震救灾汇报会。四川省政府发布《关于加快恢复振兴旅游业的意见》，在加强政府投入、加大税收信贷支持、完善要素政策、发挥企业主体作用、打造竞争优势、提供优化旅游公共服务等方面提出27条政策，实施旅游招大引强、线路统筹、提振游客信心、旅游兴农、质量强旅5项行动。

2008年5月30日，国家旅游局召开汶川地震灾后旅游业重建规划工作会议，国家旅游局相关司（室）负责人参加会议。会议对四川省灾后旅游业重建规划工作做出了重要指示，要求重建规划要明确旅游业在灾区、全省生产力布局和产业调整中的地位作用，以及今后中长期发展中的地位作用，并强调了重建工作责任之重大，要以高度的政治责任感和历史责任感，切实做好灾后旅游业重建规划工作。

2008年6月4日，由国家旅游局、四川省人民政府共同组成的汶川地震灾后旅游业重建规划指导小组在成都举行第一次会议，开始着手研究地震灾区旅游业恢复重建工作，并共同组成了汶川地震灾后旅游业重建规划指导小组及其办公室，组织有关专家赴四川调研。

2008年6月13日，国务院抗震救灾总指挥部灾后重建规划组制定了《国家汶川地震灾后重建规划工作方案》，明确了重建规划编制的指导原则和工作任务。方案中指出，灾后重建规划的编制要坚持统一部署、分工负责，区分缓急、突出重点，相互衔接、上下协调、规范有序、依法推进的原则。在深入论证、科学规划的同时，尽可能加快工作进度；在重建生活家园的同时，注重精神家园建设；在重建生产设施的同时，注重制度建设；在抓好近期重建的同时，注重中长期发展提高，实现可持续发展。

2008年6月20日，国家旅游局就四川省汶川地震灾后旅游业重建规划在京召开论证会，听取有关专家学者的意见和建议。

2008年7月3日，国务院发布《国务院关于做好汶川地震灾后恢复重建工作的指导意见》指出，要加大旅游业恢复重建工作力度，充分发挥其带动就业、拉动消费和增加收入的重要作用。加快恢复重建重要旅游景区景点和旅游基础设施，加强旅游市场的宣传促销。为旅游业重建做出了重要指导，对四川旅游业重建发展具有重要意义。

2008年7月，国家旅游局制定了《四川汶川地震灾后旅游业恢复重建规划（2008—2010）》，规划中指出，要全面贯彻落实科学发展观，坚持以人为本；坚持可持续发展，尊重科学、尊重自然，充分考虑环境承载能力，实现人与自然和谐发展；坚持统筹兼顾，统筹灾区恢复重建与旅游业的发展提高，统筹推进城镇化建设和新农村建设。规划还提出了民生优先原则、供需并重原则、安全减灾原则、文化保护原则、重建为主原则及分步实施原则这6大原则来帮助旅游业重建。

2008年12月底,四川省旅游产业发展领导小组办公室发表《关于实施重振旅游工程的指导意见》,强调旅游业是四川省经济发展的重要支撑,也是富民产业,要尽快实现旅游业生产能力的恢复和旅游市场的恢复振兴,力争用三年左右时间完成重振工程的主要任务,使灾区旅游业发展水平达到和超过灾前水平,并为可持续发展奠定坚实基础。当月,四川省旅游局与四川省中小企业局联合起草了《关于做好担保支持旅游产业灾后恢复重建工作的通知》及相关方案,确定了旅游担保试点机构的旅游担保业务开展。为促进旅游灾后重建的招商引资工作,四川省旅游局出台了《关于推进全市旅游招商引资工作的指导意见》。

2009年,政府部门针对四川旅游发展,编制完成了《四川省川南旅游线要素整合实施意见》《汶川大地震抗震救灾旅游线要素建设指导意见》《"四川藏区牧民定居行动计划"旅游发展规划》《四川省自驾车旅游汽车营地建设标准》《旅游咨询服务中心（站）建设规范》,推动实施了《四川汶川地震灾后旅游业恢复重建规划（2008—2010）》,并配合省发改委、省建设厅等部门推动四川旅游业"十一五"规划、旅游线路要素方案、新五大旅游区规划的实施。

10. 地震后四川旅游重建规划

"5·12"汶川大地震给四川旅游业带来了沉重的打击，全省的旅游恢复重建工作是一项重大而艰巨的使命。地震灾害改变了灾区地质地貌状况和经济环境，同时也改变了产业基础条件。因此，四川省灾后的旅游重建不是单纯地在原地重建和复制，而是应基于生产力布局和产业结构调整的要求，在深入调研、科学判断的基础上，统筹兼顾，来对灾区旅游的产业布局进行合理调整和旅游产品的创新优化，同时重建灾区旅游业的生产能力和市场消费需求。

10.1 产业调整

10.1.1 产业调整依据

汶川大地震发生前，四川省的6个重灾地区的产业结构呈现出不同的特点。成都、绵阳、德阳、广元、雅安和阿坝6个市（州）中，地处平原的城市，其产业结构以第二产业为主，第三产业特别是旅游业所占比重较低；地处山前地带的城市，其产业结构往往以第一产业为主，仅有少数几个地区主要依靠旅游业发展经济。地震灾害对灾区，特别是对山前地带的地区的生产基础条件造成一定影响，因此，为促进灾区经济的可持续发展，根据生产力布局和产业结构调整的原则和新思路，政府对灾区的产业结构应该做出相应的调整。

"退二限一进三"是社会生产发展的必然选择，尤其是地壳运动较活跃的龙门山地带，对第一产业进行限制，退出大部分的第二产业，大力发展环境友好型的第三产业特别是旅游业，是大势所趋。同时，考虑到灾区环境承受能力和安全情况，以及龙门山地带富集旅游资源，政府对龙门山地带的规划着重于旅游业。而且龙门山东坡山前地带在地震前是乡村旅游较发达的地带，虽然地震中被毁，但其多年积累的经营经验和基础都是灾后重建旅游的重要条件。

表10-1 2007年6个重灾地区产业结构情况

地区		第一产业		第二产业		第三产业		总产值/亿元
		比重	产值/亿元	比重	产值/亿元	比重	产值/亿元	
成都市	成都市	7.1%	235.5	45.2%	1504.0	47.7%	1584.9	3324.4
	彭州市	23.0%	24.95	45.7%	49.64	31.3%	34.04	108.63
	都江堰市	13.2%	15.4	36.9%	42.9	49.8%	57.9	116.2
	崇州市	22.96%	18.274	41.88%	33.332	35.16%	27.9837	79.59
	大邑县	23.2%	15.012	38.9%	25.243	37.9%	24.598	64.854
	邛崃市	23.1%	17.78	39.5%	30.46	37.4%	28.81	77.04
绵阳市	绵阳市	21.5%	144.8	44.8%	301.7	33.7%	227.0	673.5
	安州区	35.5%	18.0	39.4%	20.0	25.1%	12.7	50.7
	江油市	15.7%	21.8	47.8%	66.14	36.5%	50.5	138.44
	平武县	30.6%	5.03	45.1%	7.41	23.7%	3.89	16.43
	北川羌族自治县							

续表

地区		第一产业		第二产业		第三产业		总产值/亿元
		比重	产值/亿元	比重	产值/亿元	比重	产值/亿元	
德阳市	德阳市	18.88%	122.42	54.92%	356.10	26.20%	169.88	648.4
	什邡市	11.98%	15.24	64.5%	82.09	23.52%	29.93	127.28
	绵竹市	11.59%	16.51	68.6%	97.77	19.81%	28.23	142.52
	广汉市	15.25%	16.81	51%	56.23	33.75%	37.21	110.26
	罗江区	31.48%	9.5	48.16%	14.56	20.36%	6.15	30.22
	中江县	37.64%	39.85	32.12%	34.01	30.24%	32.01	105.88
	旌阳区	11.07%	17.47	57.65%	91.03	31.29%	49.41	157.92
广元市	广元市	29.0%	60.45	35.7%	74.42	35.3%	73.59	208.46
	青川县	41%	5.66	28%	3.86	31%	4.28	13.8
	剑阁县	41.1%	13.43	25%	8.15	33.9%	11.07	32.64
	朝天区	36.4%	3.82	29.9%	3.14	33.7%	3.54	10.5
	元坝区	46.6%	6.45	27.3%	3.78	26.1%	3.61	13.85
	苍溪县	42.05%	16.40	25.54%	9.96	32.41%	12.64	39
	旺苍县	31.9%	9.29	37.2%	10.84	30.09%	8.77	29.13
	利州区	5.58%	8	34.88%	50	29.3%	42	69.75
雅安市	雅安市	21.8%	38.53	47.7%	84.31	30.5%	53.91	176.75
	雨城区	17.89%	9.25	40.83%	21.11	41.28%	21.34	51.7
	名山区	35.64%	6.76	33.90%	6.43	30.52%	5.79	18.97
	天全县	21.2%	3.81	52.7%	9.48	26.1%	4.69	17.98
	芦山县	25.9%	2.93	51.4%	5.81	22.7%	2.57	11.3
	宝兴县	20.1%	1.83	60.0%	5.47	19.9%	1.81	9.12
	汉源县	37.77%	8.36	31.91%	7.06	30.32%	6.71	22.13
	荥经县	15.7%	3.35	52.3%	11.16	32%	6.83	21.34
	石棉县	13.4%	3.19	70.9%	16.88	15.7%	3.74	23.81
阿坝藏族羌族自治州	阿坝藏族羌族自治州	18.6%	19.55	43.2%	45.39	38.2%	40.16	105.10
	汶川县	6.3%	1.80	77.2%	22.20	16.6%	4.77	28.77
	茂县	16.5%	1.67	52.8%	5.35	30.8%	3.12	10.13
	理县	12.0%	0.76	64.1%	4.06	23.9%	1.51	6.33
	黑水县	19.0%	0.94	56.5%	2.79	24.5%	1.21	4.94
	小金县	22.7%	1.02	31.1%	1.40	46.0%	2.07	4.50
	松潘县	20.0%	1.64	20.0%	1.63	60.1%	4.93	8.20
	九寨沟县	6.6%	0.99	26.2%	3.94	67.2%	10.11	15.05

续表

地区		第一产业		第二产业		第三产业		总产值/亿元
		比重	产值/亿元	比重	产值/亿元	比重	产值/亿元	
阿坝藏族羌族自治州	金川县	35.7%	1.22	24.3%	0.83	40.1%	1.37	3.42
	阿坝县	48.8%	1.79	13.4%	0.49	37.9%	1.39	3.67
	若尔盖县	59.4%	3.32	11.4%	0.64	29.3%	1.64	5.59
	红原县	45.2%	1.60	20.3%	0.72	34.5%	1.22	3.54
	壤塘县	41.3%	0.99	15.8%	0.38	42.5%	1.01	2.40
	马尔康市	13.2%	1.04	18.2%	1.43	68.5%	5.38	7.85

数据来源：《四川汶川地震灾后旅游业恢复重建规划（2008—2010）》。

10.1.2 调整思路

国家旅游局和四川省人民政府于2008年7月共同出台的《四川汶川地震灾后旅游业恢复重建规划（2008—2010）》（以下简称《规划》）中指出，灾后旅游业的恢复重建要充分考虑区域内的自然灾害限制，统筹应急眼前与布局长远、统筹局部推动与整体联动、统筹城乡与区域，合理调整开发模式和提升旅游产品，形成产业间发挥聚集效益。根据各州实际情况，《规划》提出旅游产业调整思路中的4个集中。

（1）旅游生产要素向旅游景区、旅游城镇、旅游村落和旅游通道4个空间集中。

（2）休闲度假服务设施向山前和山中的旅游城镇集中。

（3）乡村旅游观光农业向山前和平原集中。

（4）整合九寨沟、黄龙、大熊猫栖息地、青城山—都江堰、羌族村寨、汶川地震遗址旅游产品旅游影响力向6大品牌集中。

10.1.3 调整战略

《规划》提出，规划建设大龙门山旅游试验区，并将其作为成渝城乡统筹城乡综合配套改革试验区的延展区。在大龙门山旅游试验区灾后近期建设中，4个项目建设被着重落实。

（1）大龙门山旅游试验区的整体开发规划项目。

（2）大龙门山旅游试验区旅游管理体制研究项目。

（3）建设大龙门山山前旅游通道体系，即打通彭州至什邡、雅安—广元的龙门山快速通道，同时修建彭州—什邡、什邡—绵竹—广元、邛崃—雅安的龙门山轻轨；将旅游公路快速通道与龙门山山前省道106线连接，形成大龙门山山前旅游通道体系。

（4）建设汶川大地震遗址保护纪念地，形成地震遗址公园，打造震撼世界的地震纪念旅游产品。

10.2 空间布局

《规划》结合大龙门山旅游试验区的资源禀赋和生态环境承载力的实际情况，以经济可持续发展为目标，制定了3个旅游产业带、4个旅游经济区、6条主题精品路线的旅游产业空间布局规划。

（1）3个旅游产业带：平原丘陵地区以旅游城镇为中心的乡村休闲旅游产业带；低山至中山山地观光休闲度假旅游产业带；高山生态保护及科考、探险专项旅游产业带。

（2）4个旅游经济区：羌文化体验旅游区、龙门山休闲旅游区、三国文化旅游区、大熊猫国际旅游区。

羌文化体验旅游区：以阿坝州、绵阳市为主，以九环线为依托，打通省道213线，以汶川、理县、茂县、松潘、北川、平武为支撑，以桃坪羌寨、黑虎羌寨、萝卜寨（新建）、色尔古寨、营盘山羌文化遗址、北川新县城、禹穴沟、西羌九黄山、药王谷、小寨子沟羌寨等为载体，构建羌文化体验旅游经济区。

龙门山休闲旅游区：以成都市、德阳市为主，以沿龙门山山前乡村旅游为依托，以青城山—都江堰、西岭雪山、龙门山风景名胜区等风景游赏体系为载体，以大邑花水湾温泉、什邡—绵竹—安县罗浮山温泉带为承载点，发展观光、休闲度假产业，形成龙门山休闲旅游经济区。

三国文化旅游区：以成都、德阳、绵阳、广元市为主，涵盖南充、遂宁、巴中市，依托武侯祠、庞统祠、双忠祠、富乐山、江油关、七曲山、窦团山、仙海、涪江六峡、李白故里、郪江汉墓群、翠云廊、剑门关、昭化古城、明月峡、皇泽寺、千佛崖、阴平古道、苍溪红军渡、苍溪梨文化博览园、光雾山、诺水河等景区，打造三国文化旅游经济区。

大熊猫国际旅游区：以成都市、雅安市、阿坝州为主，涵盖甘孜州的康定，依托蜂桶寨、卧龙、四姑娘山、夹金山、康定跑马山—木格错、碧峰峡、汉源鲜花碧水阳光城、蒙顶山—百丈湖国际茶文化景区、周公山温泉等，打造大熊猫国际旅游区。

（3）6条主题精品路线：九环线精品旅游线、羌文化旅游走廊、中国汶川地震遗址旅游线、大熊猫栖息地旅游线、三国文化旅游线、红色文化旅游线。

九环线精品旅游线：成都—汶川—茂县—九寨沟、黄龙—平武—江油—成都；广元—青川—文县—九寨沟—松潘—王朗—平武—北川—绵阳—广元。

羌文化旅游走廊：成都—理县—汶川—茂县—北川—绵阳—成都。

中国汶川地震遗址旅游线：都江堰—映秀—汶川—茂县—北川—青川—绵竹汉旺—什邡穿心店—彭州银厂沟—都江堰。

大熊猫栖息地旅游线：成都—卧龙—日隆—康定—（夹金山—宝兴—）碧峰峡—西岭雪山—成都。

三国文化旅游线：成都武侯祠—德阳白马关、庞统祠—绵阳富乐山、七曲山—广元剑门关、皇泽寺、昭化古城—阆中古城—南充万卷楼—成都。

红色文化旅游线：广元—旺苍—南江—巴中—仪陇—阆中—苍溪—广元。

10.3 旅游恢复阶段规划

旅游产品的生产和消费具有同时性，在旅游恢复重建的过程中生产能力的恢复和市场需求的恢复要同步进行。

10.3.1 生产能力恢复阶段规划

《规划》指出，旅游业生产能力恢复的主要依托于旅游通道、旅游景区、旅游城镇和旅游村落生产能力的恢复。旅游生产能力恢复重建项目共346项，建设时间为2008—2010年，投入资金8392574万元，其中包括2574053万元的国家拨款和5818521万元的社会投资。具体投资项目主要涵盖旅游通道和服务设施项目、景区项目、旅游城镇项目、乡村旅游项目、旅游应急救援项目等。

（1）旅游通道建设。

旅游通道是旅游业发展的基本条件。地震灾害破坏了未受灾或轻度受灾景区的主要旅游通道，导致游客无法进入景区，因此旅游通道的重建迫在眉睫。旅游通道和服务设施的建设项目共计94项，占全省项目恢复重建总数的27.17%。旅游通道的建设时段为2008—2010年期间，建设的投资总额达到655818万元，占重点项目总投资额的7.81%。根据《规划》，主要的旅游通道建设项目有九黄机场扩建项目、升级建设九寨沟环线北环线、德阿快速通道、成都S106川西旅游环线、国道108、212广元段、九环东线、六市州旅游通道服务设施等。

(2) 旅游景区建设。

景区是旅游的核心吸引物，是灾区旅游生产能力的集中体现，是旅游恢复重建的重中之重。景区项目的建设共计 83 项，占建设总项目的 23.99%，建设时间为 2008—2010 年。建设的投资总额达 375700 万元，占重点项目总投资的 4.48%。根据《规划》，旅游景区的主要建设项目包括世界遗产的恢复重建，主要为九寨沟、黄龙排危、都江堰—青城山恢复重建、大熊猫栖息地新址重建、三星堆古蜀文化遗址的重建项目；三国文化旅游区的恢复重建，主要为明月峡、昭化古城、白龙湖、剑门关、皇泽寺—千佛崖、翠云廊、罗江三国文化旅游区、江油关、窦圌山、李白故里、光雾山、诺水河、川陕革命根据地博物馆、红四方面军烈士墓、朱德故里、阆中古城、苍溪红军渡等重建项目；羌族文化生态旅游区的恢复重建，主要为小寨子沟羌寨、西羌九黄山景区、禹穴沟、大禹纪念馆、羌文化抢救工程等重建项目；茶马古道的恢复重建，主要为邛崃的平乐古镇、临邛古城、夹金山、康定跑马山—木格错、碧峰峡、上里古镇、鲜花碧水阳光城、蒙顶山—百丈湖、周公山等重建项目；龙门山休闲度假区的恢复重建，主要为虹口、丹景山、剑南老街景区、罗浮山、蓥华山、千佛山景区、唐家河等重建项目。

(3) 旅游村落建设。

以乡村旅游为主的旅游村落建设是旅游扶贫和城乡统筹的重要形式。在龙门山前山地带的受灾乡村在灾前就开始发展乡村旅游，许多灾区乡村接待的旅游者数量占当地旅游市场的 50% 以上。乡村旅游建设已在这些地区具备了良好的基础，加之乡村旅游恢复速度较快，乡村旅游的恢复是灾区乡村建设的重要工程。乡村旅游建设项目共计 45 项，占全省重建项目总数的 13.01%，建设时间为 2008 年至 2010 年，建设总投资额达 443210 万元，占重点项目总投资额的 5.28%。据《规划》，旅游村落的主要建设项目包括青城山—都江堰—彭州乡村旅游带，什邡—绵竹—安县乡村旅游带，江油李白文化乡村旅游带，青川白龙湖乡村旅游带，汶川三江农业生态旅游区，汉源花海果都乡村旅游区、龙泉山旅游带等。

(4) 旅游城镇建设。

地震灾害前，省内许多城镇的旅游建设缺乏特色、旅游设施功能等不完善等导致旅游生产力和吸引力缺乏。灾后的城镇旅游重建工程能重塑旅游环境，完善旅游设施功能，提升旅游生产力。旅游城镇的建设项目共计 93 项，占全省项目总数的 26.88%，建设时间为 2008—2010 年，建设总投资额达 1833688 万元，占重点项目总投资额的 21.85%。据《规划》，主要建设的旅游城镇包括都江堰城区、青城山镇、龙门山镇、怀远镇、德阳城区、剑南镇、蓥华镇、方亭镇、土门镇、白马关镇、绵阳江油市区、南坝镇、擂鼓镇、青莲镇、响岩镇、沉抗镇、广元市区、昭化镇、曾家镇、武连镇、东河镇，阿坝州杂谷脑镇、映秀镇、凤仪镇，雅安蜂桶寨镇、栗子坪镇、清溪镇等。

(5) 旅游应急救援系统建设。

完善的旅游应急救援系统能有效降低突发灾害的伤害程度和伤害数量，对于龙门山地带的区域安全具有重大意义，同时有利于四川安全旅游形象的打造。旅游应急救援系统的建设项目共计 21 项，占全省项目总数的 6.07%，建设时间为 2008—2010 年，建设总投资额达 33080 万元，占重点项目总投资额的 0.39%。据《规划》，旅游应急救援系统的主要建设项目包括建立旅游安全预警系统，建立山地旅游救援系统，建设直升机停机坪、医疗网点、安全警示标牌，配备卫星电话、GPS 系统，建立一支省级旅游救援队伍，建设旅游远程监控系统、旅游应急通信项目、医疗急救站（点）体系、游客急救远程医疗协调项目。

10.3.2 旅游消费需求恢复阶段规划

汶川大地震的破坏力给游客带来了到四川旅游的安全顾虑，严重打击了游客到四川旅游的动机，四川省的安全旅游形象遭到了重创。地震发生的 2008 年 5 月，全省旅游总收入同比下降了 64.7%。因此，尽快实施旅游市场恢复项目，消除游客到四川旅游的安全顾虑，恢复游客的旅游信心，增强旅游企业恢复生产的信心,增强投资商对四川旅游的投资信心,提升四川旅游形象,是灾后恢复重建重要任务。

《规划》指出,旅游市场恢复要基于"科学、有序、有效""先局部后整体""先非灾区后灾区""边重建边启动""从周边到全国""从国内到国外"的原则进行旅游恢复工作。旅游市场的恢复按时间顺序分为三个阶段。

(1) 第一阶段。

2008年6—12月,以消除游客安全顾虑、增强游客信心、启动非灾区旅游为主要任务,力争实现2008年6—12月的非灾区市场恢复超过震前的20%。第一阶段的具体工作有4个方面,分别是市场调研和评估、启动线路和景区、安全形象宣传。

市场调研和评估是制订市场恢复策略和计划的理论依据,3个市场恢复阶段都需要进行。该工作主要聘请专业公司,对四川省客源市场进行调查分析并给出报告;对四川旅游的基础设施、服务设施,以及旅游产品质量和服务质量进行评估。

启动线路和景区,尽快恢复旅游市场运作。旅游市场的恢复启动按分类指导原则,对不同情况进行分期、分批的开放。《规划》指出,2008年6月15日起,四川全面启动恢复自贡、攀枝花、泸州、遂宁、内江、乐山、南充、宜宾、广安、达州、眉山、资阳、凉山13个市州旅游市场;启动恢复成都除都江堰市、彭州市、崇州市、大邑县西岭雪山的旅游市场、巴中除光雾山桃园景区的旅游市场;启动恢复雅安的碧峰峡、上里古镇、周公山温泉公园、蒙顶山等景区以及"成都—泸定—海螺沟""成都—泸定—丹巴"两条旅游线路。除了恢复原有路线,四川省还结合各地区的旅游资源特色,陆续向外推出了特色路线,如启动成乐世界遗产路线。

四川作为旅游目的地的安全形象宣传是灾后2008年6—12月期间的重点要务。《规划》明确该阶段市场恢复主要围绕消除游客恐惧,增强游客到川旅游的信心进行,如制作"四川旅游安全"访谈专题节目、开展"市场恢复启动、线路推出、灾区重建项目"等为主题的四川旅游专场新闻发布会、拍摄"安全游四川"的旅游宣传片、邀请主流媒体和旅行商到四川考察等。

(2) 第二阶段。

2009年1—12月,以全面提升四川旅游人气,彻底恢复四川旅游市场为主要任务,力争使旅游发展水平达到或超过2007年水平。第二阶段的具体工作有3个方面,一是继续实行市场调研和评估以及启动线路和景区工作;二是整合市场资源,调动海内外一切力量,保持世界对中国特别是对四川的关注、关心、关爱的进程;三是树立"天下四川有爱,熊猫故乡更美"的旅游形象。

整合国内外市场资源,有利于形成跨区域、跨国界的宣传推广力量,全面刺激对中国、四川的旅游需求愿望,形成强大的消费能力。该工作主要有举办著名旅游组织的年会,如世界旅游业理事会(WTTC)、世界旅游组织(UNWTO)以及其他非政府组织(NGO);在四川举行以地震遗址为背景的大型赈灾义演活动并与18个省形成对口支援协议,每年每省向四川输送1万名旅游者。

树立熊猫之乡的四川旅游形象,如在国内外主流媒体上投放相关宣传片和专题片,开设熊猫旅游路线等。

(3) 第三阶段。

2010年及以后,以推出震后旅游新产品,使旅游业成为灾区主导产业为主要任务,力争四川省旅游市场全方位恢复。第三阶段的具体工作有3个方面,一是继续实行市场调研和评估以及启动线路和景区工作;二是整合市场资源;三是树立"天下四川有爱,熊猫故乡更美"的完美旅游形象。

11. 地震后四川旅游营销措施

"5·12"汶川大地震造成四川旅游业发展的停滞，国务院高度重视旅游业对灾区重建的重要作用，国家旅游局、四川省政府及四川省旅游局也高度重视灾后旅游业的恢复重建，并采取积极的营销措施来尽快赢回客源市场，从而实现四川旅游业的全面恢复和提升。

11.1 明确的市场定位

汶川大地震爆发后，四川省将市场调研和评估作为贯彻旅游恢复重建3个阶段的重要工作，于2008年年底完成了《以灾后重建为契机，探索四川旅游业快速恢复与发展的可持续道路》研究成果报告。根据此报告对四川旅游恢复振兴现状、思路、方法等的研究结果，结合旅游恢复各阶段的实际情况，四川省对旅游形象进行了明确的市场定位。在旅游恢复重建的3个不同阶段，四川省的旅游形象定位分别是第一阶段"汶川地震百年不遇，四川旅游依然美丽"的四川旅游安全形象；第二阶段"天下四川有爱，熊猫故乡更美"的四川大爱和熊猫故乡的形象；第三阶段"天下四川，熊猫故乡"的熊猫之乡形象。同时，在旅游恢复重建期间，四川对主要旅游产品和路线进行了明确的市场定位，如将地震遗址环线旅游定位为爱心之旅、感恩之旅。

11.2 推进旅游产品打造和线路统筹

针对地震后区域旅游资源特色和市场需求，四川省以地震为背景打造了地震遗址地、地震博物馆等景点，以及对羌族居住地进行重建后打造了羌族文化村等。除了单线产品的打造，四川省更着重于发挥产品整合优势，积极实施旅游线路统筹。四川省已出台并实施了《四川省"重走长征路"红色旅游要素整合实施意见》《四川省三国文化旅游线路开发工作方案》《四川省九环线旅游线路要素整合实施方案》《四川省成乐旅游线要素整合实施方案》《四川省川南线要素整合实施方案》《汶川地震遗迹旅游线要素整合方案》等方案。同时，四川省针对日益繁盛的自驾游市场，以"线路统筹"思想为指导，有计划、有步骤地推出四川千条自助自驾旅游线路，将旅游景区、城镇、通道串联成线路产品，突出展示"吃、住、行、游、购、娱"、安全与氛围等旅游要素。截至2009年4月上旬，四川省已编制完成并发布了900余条旅游线路，涵盖全省21个市州和主要景区。

11.3 加强四川旅游的宣传推广

汶川地震后游客到四川旅游的意愿减弱。据统计，2008年全省6月份的旅游收入仅59.94亿元，比2007年6月下降63.7%。为提升游客到四川旅游信心，需要通过旅游目的地的宣传推广来尽可能地减少信息不对称，同时为游客树立旅游目的地安全形象和打响目的地旅游知名度。四川省在旅游恢复重建阶段通过各种宣传形式和宣传渠道来积极地重塑四川旅游形象。

（1）宣传形式多样化。

除了传统的文案和图片宣传，四川省在旅游恢复宣传推广中使用了多种宣传方式，尽可能地提升游客对旅游目的地的良好感知。

宣传片是动态图像和声音的记录，相对于平面宣传更加生动形象，能有效地带动人们的情绪，给人留下深刻印象。在汶川地震后的四川旅游宣传中就大量使用了宣传片的形式，如2008年9月张艺谋拍摄了四川旅游形象片。

腾讯网新闻摘录：张艺谋导演在《中国旅游形象片》的整体策划中，精心设计了四川篇的拍摄，在四川篇中把拍摄重点放在峨眉山、乐山大佛、九寨沟和大熊猫的故乡雅安，同时还策划了6个拍摄亮点来满足受众需要。为了拍好震后四川旅游的第一部宣传片，张艺谋导演要求其拍摄团队必须完美体现四川美丽的山水和热情、善良、坚强的四川人。在制作宣传片上，他要求以情感人，以景感人，希望拍摄出的《中国旅游形象宣传片》（四川篇）是一部不概念、不卖弄，以真实、亲切、自然而让人心动的好作品。

新华网新闻摘录：为了让海内外游客了解震后四川的真实情况，四川省斥资打造了新的旅游形象宣传片。该片以"震后四川依然美丽"为主题，通过一位对四川有着深厚感情的外国友人，在地震后再次踏足四川的所见、所闻、所感，反映了灾后四川魅力不减、川人坚韧不拔的风貌。这部时长约8分钟的宣传片将被制作成中、英、日3个版本，通过多种形式和渠道在全世界范围内进行推广。

旅游专题片和访谈节目是地震灾害后四川省与卫视频道合作推出的一档四川旅游宣传的栏目。专题片能帮助游客更加深入地了解四川旅游情况，有助于游客旅游意愿的提升。四川省与中国国际广播电台合作开展"美在四川"全球知识竞赛活动，活动以53种语言宣传四川，听众多达1亿人次。

四川新闻网新闻摘录：2009年6月7日—23日，旅游卫视应四川省旅游局邀请来四川，将赴成都、雅安、自贡、宜宾、泸州等地拍摄制作四川旅游专题片。据悉，四川旅游专题片包括《大熊猫之旅》和川南《乡土中国之旅》两大系列，将分别制作成30分钟、15分钟、8分钟3个版本的产品宣传和形象宣传片，于2009年9月—12月期间在旅游卫视滚动播出。

音乐歌曲凭借其朗朗上口的节奏和旋律，在调动人们情绪的同时，也有效地宣传四川旅游的美好形象，且旋律和四川形象在歌曲中的紧密联系更让人印象深刻，如四川灾后旅游宣传歌曲《四川依然美丽》，优美的旋律和歌词中赞颂的四川美景相得益彰，传递出美好的四川形象。

新浪网新闻摘录：据悉，各市州、省及各部门将于7—9月组织开展"感恩之声"大家唱歌咏比赛，在机关、社区、校园、企业、农村掀起传唱感恩歌曲的热潮。目前，主办单位已挑选出20首影响较大、旋律优美、易于传唱的优秀感恩歌曲作为推荐曲目，并将编印歌本、录制音碟，发送到各市州、省及各部门和省内院校。这20首歌曲包括《因为有你》《我祝愿》《四川欢迎你》《感恩的心》等，其创作者大部分是四川籍人士，是四川人发自内心的感恩之作。这些曲目还将在网上公布，由群众投票选出12~15首最受欢迎的"感恩之声"歌曲。

图书类的宣传形式能深入和细致地描绘四川旅游环境，在时间维度上的影响力较其他宣传形式深远。四川在旅游宣传中推出了旅游线路手册和图书，如制作了三国文化旅游线路的手册，以及编辑出版《外国人看四川》英文图书并在全球发行。

新闻发布会具有权威性，发布会上公布的旅游安全信息、四川自然和社会环境等具有较强的公信力，有利于游客旅游信心的建立。

调查报告也是此次四川旅游安全和产品服务质量宣传的一大手段。完成的《以灾后重建为契机，探索四川旅游业快速恢复与发展的可持续道路》研究成果报告，以及世界旅游组织专家对四川地震灾区旅游业恢复重建工作进行评估后形成的《中国汶川"5·12"地震灾区旅游业恢复重建评估报告》等，通过各路媒体争先报道后，游客到四川旅游和投资商到四川投资的信心有了显著的提升。

（2）宣传渠道多样化。

主流媒体是四川旅游信息发布的重要渠道。在省委宣传部的大力支持下，四川通过中央电视台、四川旅游频道、旅游卫视、香港凤凰卫视、四川卫视、成都电视台等电视媒体上加大投放介绍宣传四川旅游的信息和新闻，而且在《中国时报》《中国旅游报》《四川日报》《华西都市报》《成都日报》等报纸媒体也刊发旅游信息和新闻。同时，四川还在北京、上海等主要客源地城市投放电视幕墙广告，在国航航班、北京和上海机场投放四川旅游形象宣传片，与四川航空公司联合推出机上四川旅游知识有奖竞猜活动。此外，与企业机构的合作也积极促进了信息的推广。四川与中旅途易旅游公司、北美新浪网等大型旅游集团、国际性媒体机构进行合作，多渠道对外开展宣传推广。网络是不容忽视的重要宣传渠道之一，四川省加大网络营销力度，开展"魅力四川2008"活动，加强与新浪网、酷讯网的合作，免费为四川旅游灾后恢复重建制作网站，与四川新闻网共同主办建设"四川旅游频道"。

除了媒体上的宣传，四川政府还积极到全国开展四川旅游促销会。2008年7月13日，四川政府在北京举行了地震后首次面向国内传统客源市场的旅游宣传促销活动——"汶川地震百年不遇，四川旅游依然美丽"四川旅游宣传促销会，向全国展示了四川安全美丽的形象。为了旅游业的尽快恢复，四川各界举办了多种多样的宣传推广活动，如由四川各地旅游局的领导带头，赴四川国内主要客源市场（上海、浙江、江苏、重庆、广东、福建等）举行了四川旅游促销会。在境外旅游市场开展旅游宣传促销36次、推介会30次。在2010年，四川省继续开拓海外市场，赴希腊、日本、越南等10余个国家（地区）开展四川旅游形象和产品线路的推介交流会，进一步提升和激发境外客源市场赴四川旅游的信心和热情。

11.4 推行价格优惠策略

为了感恩和回报社会各界对四川旅游灾后重建的大力支持，进一步提升游客信心，拉动内需，促进四川省旅游产业快速恢复振兴，2009年3月下旬开始，四川省21个市州纷纷推出了旅游"价格洼地"的优惠政策。阿坝藏族羌族自治州、德阳市等地面向省外开展"感恩赠票"活动。成都市2009年向海内外发行2000万张"熊猫卡"。凭此卡，游客2009年年底前，可免费游览成都市的11个国有景区。在2009年5月12日当天，广元、德阳、成都等地的数百个景区向游人免费开放；整个5月份，全省数十个景区实行半价优惠。"价格洼地"的推出得到游客的欢迎，取得良好的社会效应和经济效益。

新闻摘录：今天（2009年5月12日），包括九寨沟、乐山大佛和都江堰景区在内的绝大多数景点门票全免。乐山各A级旅游景区（点）在5月12日当日（08：00～18：00）实行门票全免优惠政策，以配合全省统一进行的营造四川旅游"价格洼地"活动。5月12日这一天包含峨眉山—乐山大佛景区、东方佛都、金鹰山庄、峨眉山竹叶青生态茗园、犍为文庙、乌木珍品文化博物苑、夹江千佛岩、峨眉大庙飞来殿、沙湾郭沫若故居、五通桥木鱼人家在内的我市国家A级旅游景区、景点都将对游客免费开放。[①]

新浪网新闻摘录：据悉，从2008年6月14日起3个月内，都江堰市推出关爱世界遗产、感恩全社会震后特种旅游线路，免票向全社会开放，每天限量接待游客。同时，凝聚着都江堰市63万人民深情厚谊的上百万张"大爱无疆，感恩永恒"感恩卡，开始陆续赠送给所有外来参与汶川大地震都江堰救援工作的海内外各界人士。感恩卡持有者可终身免票游览青城山—都江堰景区。[②]

11.5 推进节事活动

四川省在灾后旅游恢复中策划推出了许多反映当地风俗特色的节事活动，如2013年举办的中国四川国际文化旅游节，汶川举办大禹文化旅游节。成都市按照"产业互动、会旅联动"的思路，在2009年共主办、承办300余次各类节庆会展活动，吸引了大量游客参展、度假。其中，第二届"非物质文化遗产节"通过"熊猫卡"联动营销，实现了100多万游客前来旅游，酒店租房率上涨15%。2011年四川省举行为期一个月的"中国四川国际文化旅游节"，邀请了58个国家和地区的182人，其中包括世界旅游组织（UNWTO）、世界旅游业理事会（WTTC）和亚太旅游协会（PATA）的负责人，以及五大洲的旅行商和海内外媒体共达80多家。

---

① 乐山感恩5·12A级景区免费旅游．九游网［EB/OL］．
② 杨林．都江堰迎来震后首批游客　特种游线免费限量开放．搜狐新闻［EB/OL］．

11.6 积极主办会议展会

为打响四川旅游知名度和对外展示四川灾后风貌，四川省政府积极主办国际国内各重大会议，如四川省政府联合国家旅游局、世界旅游组织联合主办的"旅游振兴与危机应对国际会议"，旨在恢复国际市场对四川地震后旅游业的信心。2009年成都市已经成为全国五大会展城市之一。在西部博览会期间，成都的国际旅游公司接到了1030人次的入境游客，四川省中国青年旅行社接到旅游团125个，共计2864人次。

11.7 邀请考察旅游

2008年，四川分别邀请中国香港、台湾地区，以及日本、韩国、美国、法国、澳大利亚、新西兰、德国、意大利、荷兰等国家和地区15批次共510人的旅行商和媒体考察团到四川省考察，这既是为了商讨四川震后重建的对策，也是为了向世界人民传递四川很安全、四川依旧美丽的信号。2009年，四川省旅游局积极开展"请进来"的宣传方式11批次，并先后邀请日本及北欧等国家和地区的知名媒体来四川考察、拍摄。

11.8 外省对口援建

国内其他省的对口援建对四川旅游恢复起到了积极的作用。四川省18个重灾县（市）与对口援建的省市旅游局签订了对口援助协议，援建省市每年向四川定量输送游客。此外，外省还积极帮助四川建设旅游设施和开发旅游产品，如广州市对口援建威州镇、广东省肇庆市对口援建汶川县克枯乡、江苏省对口援建绵竹市等。

中国经济网新闻摘录：震后，江苏省对口援建绵竹市。为传承和发扬中国非物质文化遗产绵竹年画艺术，促进遵道镇乡村旅游发展，江苏常州援建指挥部和遵道镇通过多方论证和考察，在棚花村建立了集年画生产、展示、交流、销售等为一体的年画传习所，以进一步弘扬绵竹年画艺术，积极推进年画产业化发展，努力打造绵竹沿线旅游观光亮点，推动绵竹乡村旅游和新农村建设，为农村经济发展增加造血功能。

11.9 区域旅游整合营销

区域旅游整合营销是开发区域旅游资源、拓展区际旅游市场的主要途径，对提高区域旅游业知名度、扩大美誉度、有效拓展旅游市场、不断壮大旅游产业规模具有重要意义。区域旅游整合营销的理念是立足特色资源，打破区域界限，建立共赢体系。我国西部具有丰富的旅游资源，西部各地在营销中根据自身的资源优势和地域特征打破省、地、县的界限，走联合营销、整合营销之路，在各自的宣传资料中，增加涉及相关省市的旅游资源宣传，以保证旅游线路的完整性。

汶川大地震后四川旅游恢复重建工作中也将区域旅游整合营销作为重要旅游恢复策略。2008年6月，乐山举办了乐山—峨眉山旅游精品路线启动仪式与灾后旅游恢复及区域互动座谈会。会议签署了《旅游合作框架协议》，正式成立了11个市州的旅游合作机制，采取区域联动、城市联动、共同促进、互送客源等区域旅游整合营销措施来推动灾后旅游市场恢复。2011年四川省把旅游宣传纳入汶川大地震三周年对外宣传活动，以及"文化中国·锦绣四川"等对外文化交流活动。2012年11月四川、甘肃、陕西共同主办了"川陕甘旅游区域协作第九届年会"，旨在共同研究区域旅游发展战略，整合川陕甘旅游资源，全面推进区域旅游业合作，形成优势互补，实现重要节庆信息共享、客源互动，带动川陕甘旅游金三角建设及相关产业的快速发展，其中三省整合了德阳、绵阳、广元、汉中、天水、陇南等地的三国文化旅游资源，打造蜀汉三国精品文化线路。

11.10 营造良好的旅游发展环境

旅游是个多部门协助的行业，行业间联系紧密，若其中有一个环节出现问题，将会影响游客对旅游目的地整体旅游体验的感知。尤其在严重自然灾害后，众多旅游地的旅游企业由于人员物资受灾或客流量剧减普遍面临破产倒闭的困境，旅游市场秩序往往陷入混乱。因此，营造良好的旅游发展环境是灾后政府机构及企业等组织需要着重关注的。汶川大地震发生后，四川省旅游局和相关政府部门纷纷出台多种政策来保障四川正常的旅游经营秩序，各部门之间通力协作共同助力四川旅游市场的恢复。四川省在灾后与政府新闻办、国航西南公司、四川航空公司开展四川旅游形象宣传。四川省重视与媒体的联系，每月定期召开媒体通气会，加强对旅游工作和旅游行业活动的动态报道，并大力宣传四川省的旅游促销及会展节事等活动。全省的旅游城市纷纷加强与旅行商的良好互惠合作关系，以期共同促销终端市场。地震后为了塑造安全旅游的形象，四川省加强对省内各旅游企业及旅游从业人员安全生产和经营的监管，创造了旅游发展的良好基础。

12. 地震后四川旅游市场恢复情况

汶川大地震发生后，四川省从旅游生产能力和市场需求两个方面大力促进旅游的恢复重建工作。经过不懈努力，四川省2009年的旅游总收入达到了2007年水平，初步实现了旅游业的提振，重塑了四川旅游形象。

12.1 旅游经济稳步恢复

2009年，四川省旅游总收入达到震前水平，旅游恢复重建工作也取得了初步的成果。四川耗时一年半时间初步实现了旅游经济的回暖，2011年四川省旅游总收入突破2000亿元，达到2449.15亿元，是震前旅游收入水平的2倍。此外，成都等6个重灾市州于2009年年底共计实现旅游收入660多亿元，旅游逐渐恢复。除了旅游总收入实现增长，四川省国内和入境游客量也在逐步提高。2009年国内游客量较2007年增长18.1%，2010年的国内游客量则较2007年增长46.2%。这充分体现了游客到四川旅游的信心在不断提升。相较国内客源市场，境外客源市场恢复较慢，直到2011年入境游客人次数才接近震前水平，当然这也和2008年全球金融危机的影响有关。

表12-1 2007—2010年四川旅游情况

年份	旅游总收入/亿元	国内旅游收入/亿元	国内游客量/万人次	外汇收入/万美元	入境旅游人次/万人次
2007	1217.31	1179.9	18569.69	51242.3	170.9
2008	1091.52	1077.33	17456	15388	69.95
2009	1472.48	1452.77	21922.14	28856	84.99
2010	1886.09	1862.03	27141.3	35409	105.17

数据来源：2007—2010四川省旅游统计便览。

比较2007—2011年期间的全省星级饭店和旅行社营业收入情况，可以看出四川在地震灾害后旅游恢复逐步向好。据中国旅游统计年鉴数据显示，2011年四川省星级饭店的营业收入较震前2007年相比，增长了38%，达到77.2亿元的收入水平，客房出租率较2007年上涨了约4个百分点。旅行社的营业收入在2011年时达到69.2亿元，较2007年上浮51.9%。

表12-2 2007—2011全省星级饭店及旅行社营业收入情况

年份	星级饭店 客房出租率/%	星级饭店 营业收入/万元	旅行社 营业收入/万元
2007	61.96	559404.75	455752.66
2008	56.11	432777.37	287777.17

续表

年份	星级饭店		旅行社
	客房出租率/%	营业收入/万元	营业收入/万元
2009	59.49	583027.05	413353.17
2010	64.67	653180.52	348427.71
2011	66.07	772088.39	692189.35

数据来源：中国旅游统计年鉴。

12.2 旅游产品的优化升级

汶川大地震造成四川众多旅游景观不同程度的损坏，在灾后的旅游恢复重建中，四川省旅游局紧紧抓住灾后重建和扩大内需的重大机遇，以项目建设为载体，以路线统筹建设精品旅游，规范引导乡村旅游建设，通过资源整合进行旅游宣传促销工作。

旅游恢复重建使四川涌现了一批新兴旅游产品，例如，以抗震救灾和灾后恢复重建为主题的青川东河口地震遗址公园、汶川映秀"5·12"地震纪念馆、汉旺地震遗址公园、北川曲山"大爱中国"博物馆等景点；以民族风情为主题的茂县羌城、甘堡藏寨、石椅羌寨、小寨子沟等特色村寨。灾后旅游重建中，四川旅游局以路线统筹为导向，推出了许多主题旅游路线，例如，海之韵——竹海、石海、酒海为主要内容的川南旅游线路；人类瑰宝——成（都）乐（山）世界遗产线路；温暖的南国冰雪世界——四川冬季旅游线路；新农村、新农民——青城山、都江堰、彭州、邛崃等乡村旅游带等。

灾后旅游振兴也使传统旅游产品在重建中上档升级。许多旅游景区在重建中不仅恢复了传统风貌、改善了旅游设施，同时提高了服务质量和产品档次，例如，崇州街子古镇重建后，从3A级景区升级为4A级景区；猿王洞景区恢复后，升级为国家5A级景区；剑门关在历时14个月的重建工作后，升级为国家4A级景区。截至2010年，6个重灾市州新增的A级旅游景区44家，整体提升了灾区旅游业的品质。

作为地震重灾区的中国优秀旅游城市——成都市，结合灾后农房重建，以农村产权制度改革为杠杆，以统规、统建、联建等方式，在都江堰、彭州市等灾区建设乡村旅游度假村，按照"4+1"模式（4个重灾区各1条旅游路线及1条旅游环线）进行打造。截至2009年年底，成都市已新评了11个旅游特色村、启动了20余处乡村旅游度假区建设。同为地震重灾区的阿坝州在恢复景区基础设施建设的基础上着力提升景区品质，如震中映秀镇的灾后恢复重建就是按照国家5A级景区的标准进行的，甘堡藏寨也是按照国家4A级标准进行建设的。阿坝州着力提升集镇旅游功能，建设了汶川县集中村、老街村、萝卜寨、理县桃坪羌寨、甘堡藏寨等一批特色旅游乡村。

据《中国旅游年鉴》及《四川旅游年鉴》显示，截至2009年年底，四川省旅游资源数和品位已居于全国前列。全省有世界遗产5处，拥有国家级重点风景名胜区15处，有国家A级旅游景区153个。其中，3个5A级景区，58个4A级景区，39个3A级景区。四川省还拥有21座中国优秀旅游城市，31处国家级森林公园，12处国家级地质公园，以及23个国家级自然保护区。

12.3 旅游设施改善

12.3.1 旅游交通

交通是旅游顺利开展的重要保障，在灾后旅游恢复重建中的地位不言而喻。据《四川旅游年鉴》显示，经过高效的投资建设，截至2009年年底，四川省已建有民航大型枢纽机场1个（双流机场），支线机场10个（绵阳、南充、九黄、广元、宜宾、泸州、西昌、攀枝花、康定、达州），开通国内航线155条，国际和地区航线16条，形成了南北贯通、东西连接、支线干线纵横交错的航空运输网络。

2011年，成都双流机场已与9个国家（日本、美国、新加坡、泰国、韩国、法国、印度、澳大利亚、荷兰）开通了直航航线。2008—2011年，四川省航空运输起降架次和旅客吞吐量都在持续增长。2011年，全省机场起降架次为495388次，较2008年增长了144.8%，游客吞吐量则较2008年上涨了73.5%。

表12-3 2008年四川省各机场运输生产完成情况

机场	运输起降架次	旅客吞吐量/人
成都	158615	17246806
九黄	9132	660384
西昌	2925	263153
绵阳	2426	208442
攀枝花	2595	211069
宜宾	2152	177596
泸州	2633	163736
达州	1422	108149
南充	20447	45443
康定	2	158
合计	202349	19084936

数据来源：四川年鉴。

表12-4 2009年四川省各机场运输生产完成情况

机场	起降架次 区间完成/次	起降架次 比2008年增长/%	旅客吞吐量 区间完成/人	旅客吞吐量 比2008年增长/%
成都	190102	19.85	22638515	31.26
九寨沟	13410	46.85	1749188	164.87
西昌	4134	41.33	374504	42.31
绵阳	2897	19.41	280903	34.76
宜宾	2468	14.68	211197	18.92
泸州	2854	8.39	203567	24.33
攀枝花	1858	-28.4	177234	-16.03
达州	1728	21.52	144383	33.5
南充	36798	79.97	63727	40.24
广元	200		16535	
康定	365	18150	11165	6966.46
合计	256814	26.92	25870918	35.56

数据来源：四川年鉴。

表12-5 2011年四川省各机场运输生产完成情况

机场	起降架次 区间完成/次	比2010年增长/%	游客吞吐量 区间完成/次	比2010年增长/%
成都	222421	8.21	29073719	12.66
绵阳	207140	9.08	622816	7.9
南充	33690	-14.03	170908	37.2
九寨沟	14946	-0.91	1717603	-1.28
西昌	5156	9.66	522093	17.24
宜宾	3859	12.54	325560	12.44
泸州	3518	18.29	284886	15.64
达州	2462	23.97	215948	31.33
广元	1066	65.02	85277	75.68
攀枝花	588	-65.33	58974	-63.77
康定	542	21.8	27616	27.34
总计	495388	6.4	33105400	11.74

数据来源：四川年鉴。

铁路是四川省内外运输的重要方式。2009年，四川铁路建设投资规模、投产项目数量、投产铁路里程创历史之最，全年共完成投资额274.8亿元，是2008年的3.9倍，全省合计营业里程达到3364千米。截至2011年年底，四川铁路已形成包括宝成线、成昆线、成渝线、襄渝线、内六线、遂渝线、遂成线7条国家铁路干线，以及达成线、达万线、乐巴线、成灌线和黄织线5条合资铁路。此外，在建的铁路线路有成绵乐线、成兰线、西成线、成贵线4条线路，其中成兰铁路途径茂县、汶川、九寨沟等县市，是"5·12"汶川大地震灾后恢复重建的重要基础设施。公路交通也是四川省重要的交通运输方式。经过灾后恢复重建，受损的交通道路已全然恢复，新的交通路段也在快速建设。2009年年底，四川省内已建成的高速公路共26条[①]，公路里程达到2156千米，其中一级公路达到2022千米，二级公路达到1.09万千米。截至2011年年底，全省公路里程283268千米（包含等外公路），位居全国第一。其中，6个重灾市州的公路里程合计达79702千米（含等外公路），占全省总里程的28.14%。据四川交通年鉴数据显示，2011年，四川省公路客运线路班次较2007年增加了1472条，其中6个重灾市州的客运班次较2007年增长了1164条，涨幅达到38.4%。

表12-6 2011年全省公路里程年底达到数（按地区、管养单位分）

地区和单位	全省公路里程合计/千米	按技术等级分						等外公路合计/千米
		合计	高速	一级	二级	三级	四级	
合计	283268	220947	3009	2834	13140	11664	190300	62321
成都市	20948	18689	149	1149	1923	2304	13163	2259

---

① 成渝高速、成绵高速、内宜高速、成乐高速、成雅高速、达渝高速、广邻高速、西攀高速、遂回高速、遂渝高速、成南高速、隆纳高速、乐宜高速、成灌高速、成都机场高速、成都绕城高速、成温邛高速、成彭高速等。

续表

地区和单位	全省公里里程合计/千米	按技术等级分						等外公路合计/千米
		合计	高速	一级	二级	三级	四级	
自贡市	5959	4471		100	191	311	3868	1487
攀枝花市	4454	2724		36	242	120	2325	1730
泸州市	12820	7554		19	730	141	6664	5266
德阳市	7659	6790		299	647	661	5182	870
绵阳市	17971	11043		414	798	1000	8831	6928
广元市	15311	9591		35	889	290	8376	5720
遂宁市	8399	7226		116	265	498	6347	1173
内江市	9656	5793		62	392	491	4848	3863
乐山市	8871	7535		126	548	531	6330	1336
南充市	20055	15968	27	149	680	401	14710	4087
眉山市	7206	5138		100	334	308	4396	2068
宜宾市	16679	13144		33	758	362	11990	3535
广安市	9458	7973		76	359	429	7109	1485
达州市	18973	16005		33	917	409	14647	2968
雅安市	5857	5117		29	512	283	4293	740
巴中市	15753	14897			531	416	13950	856
资阳市	14358	10491		8	453	303	9728	3867
阿坝藏族羌族自治州	11956	10908		6	1140	721	9041	1048
甘孜藏族自治州	25649	21096			145	718	20232	4555
凉山彝族自治州	22032	15685		40	411	964	14269	6347
卧龙特别行政区	135							135
川中片区	340	340	337	3				
川东片区	315	315	315					
川南片区	223	223	221					

数据来源：四川交通年鉴。

12.3.2 饭店业

在灾后重建过程中，为快速恢复发展饭店业，加快饭店服务质量和品牌建设，四川省政府出台了多项政策文件予以支持，如《四川省旅游星级饭店发展战略规划》《四川省主题旅游饭店等级的划分与评定》等。据《四川旅游年鉴》数据显示，截至 2009 年 11 月底，四川省的饭店数量和质量都逐步恢复。省内共计星级饭店 507 家，其中五星级达到了 17 家，四星级达到 73 家，三星级多达 208 家。高星级饭店的增长比例已超过了低星级饭店，这是一次大的突破。随着旅游多元化需求的发展，近年来饭店也在不断地优化，省内饭店呈现出多样化和特色化趋势，如主题饭店已经涉及茶文化、藏羌文化、道家文化、三国文化、音乐文化等富含当地特色文化的元素，与当地旅游格调相得益彰。

12.3.3　旅行社

随着四川旅游市场的逐步回暖，旅行社也逐渐发展起来。据《四川旅游年鉴》数据显示，截至 2009 年年底，四川省共计拥有 336 家等级旅行社，其中一级旅行社 40 家，二级旅行社 203 家，三级旅行社 93 家。在旅行社拥有量方面，成都市有 212 家，是省内旅行社数量最多的城市，其次是绵阳市和德阳市，分别有 51 家和 42 家旅行社。在成都市收入排名前十的旅行社中，2009 年共计营业收入达 14.45 亿元，共计接待人数达 190.26 万人次。

表 12-7　2009 年四川旅行社排名前十位情况

排名	单位名称	营业收入/万元	接待人数/万人次
1	成都中国青年旅行社	36906	45.27
2	四川康辉国际旅行社有限公司	25689	36.12
3	四川省中国青年旅行社	17218	25.09
4	四川省中国旅行社	16090	18.36
5	成都光大国际旅行社有限责任公司	13532	17.12
6	四川省中国国际旅行社	11265	15.91
7	港中旅国际成都旅行社有限公司	7070.59	10.04
8	四川美丽华国际旅行社有限公司	6941.94	9.64
9	四川省新东方国际旅行社有限公司	5954.7	7.24
10	成都天府国际旅行社	3815.87	5.47

数据来源：《四川旅游年鉴》。

12.4　小结

汶川大地震的爆发给四川人民带来了惨重的损失，这场灾难使在四川省经济中占重要地位的旅游业一度陷入低迷。

这次灾难留给我们的不仅是一段刻骨铭心的历史，还有我们在恢复旅游市场过程中的宝贵经验和理论发展，这些是人类智慧的结晶，是帮助人类在之后的类似灾害中减少损失和伤痛的宝贵财富。

近年来，随着自然环境的改变，全球频繁地爆发各类严重的自然灾害，面对新的灾害和新的挑战，对于灾后旅游恢复营销上的探索还任重道远。

附 录

附录1 《旅游资源分类、调查与评价（GBT18972-2003）》

《旅游资源分类、调查与评价（GBT18972-2003）》

1. 术语和定义

下列术语和定义适用于本标准。

1.1 旅游资源（Tourism Resources）

自然界和人类社会凡能对旅游者产生吸引力，可以为旅游业开发利用，并可产生社会效益、经济效益和环境效益的各种事物和因素。

1.2 旅游资源基本类型（Fundamental Type of Tourism Resources）

按照旅游资源分类标准所划分出的基本单位。

1.3 旅游资源单体（Object of Tourism Resources）

可作为独立观赏或利用的旅游资源基本类型的单独个体，包括"独立型旅游资源单体"和由同一类型的独立单体结合在一起的"集合型旅游资源单体"。

1.4 旅游资源调查（Investigation of Tourism Resources）

按照旅游资源分类标准，对旅游资源单体进行的研究和记录。

1.5 旅游资源共有因子评价（Community Factor Evaluation of Tourist Resources）

按照旅游资源基本类型所共同拥有的因子对旅游资源单体进行的价值和程度评价。

2. 旅游资源分类

2.1 分类原则

依据旅游资源的性状，即现存状况、形态、特性、特征划分。

2.2 分类对象

稳定的、客观存在的实体旅游资源。

不稳定的、客观存在的事物和现象。

2.3 分类结构

分为"主类""亚类""基本类型"3个层次。

每个层次的旅游资源类型有相应的汉语拼音代号，如表1所示。

表1 旅游资源分类表

主类	亚类	基本类型
A 地文景观	AA 综合自然旅游地	AAA 山丘型旅游地，AAB 谷地型旅游地，AAC 沙砾石地形旅游地，AAD 滩地型旅游地，AAE 奇异自然现象，AAF 自然标志地，AAG 垂直自然地带
	AB 沉积与构造	ABA 断层景观，ABB 褶曲景观，ABC 节理景观，ABD 地层剖面，ABE 钙华与泉华，ABF 矿点矿脉与矿石积聚地，ABG 生物化石点
	AC 地质地貌过程形迹	ACA 凸峰，ACB 独峰，ACC 峰丛，ACD 石（土）林，ACE 奇特与象形山石，ACF 岩壁与岩缝，ACG 峡谷段落，ACH 沟壑地，ACI 丹霞，ACJ 雅丹，ACK 堆石洞，ACL 岩石洞与岩穴，ACM 沙丘地，ACN 岸滩

续表

主类	亚类	基本类型
A 地文景观	AD 自然变动遗迹	ADA 重力堆积体，ADB 泥石流堆积，ADC 地震遗迹，ADD 陷落地，ADE 火山与熔岩，ADF 冰川堆积体，ADG 冰川侵蚀遗迹
	AE 岛礁	AEA 岛区，AEB 岩礁
B 水域风光	BA 河段	BAA 观光游憩河段，BAB 暗河河段，BAC 古河道段落
	BB 天然湖泊与池沼	BBA 观光游憩湖区，BBB 沼泽与湿地，BBC 潭池
	BC 瀑布	BCA 悬瀑，BCB 跌水
	BD 泉	BDA 冷泉，BDB 地热与温泉
	BE 河口与海面	BEA 观光游憩海域，BEB 涌潮现象，BEC 击浪现象
	BF 冰雪地	BFA 冰川观光地，BFB 常年积雪地
C 生物景观	CA 树木	CAA 林地，CAB 丛树，CAC 独树
	CB 草原与草地	CBA 草地，CBB 疏林草地
	CC 花卉地	CCA 草场花卉地，CCB 林间花卉地
	CD 野生动物栖息地	CDA 水生动物栖息地，CDB 陆地动物栖息地，CDC 鸟类栖息地，CDE 蝶类栖息地
D 天象与气候景观	DA 光现象	DAA 日月星辰观察地，DAB 光环现象观察地，DAC 海市蜃楼现象多发地
	DB 天气与气候现象	DBA 云雾多发区，DBB 避暑气候地，DBC 避寒气候地，DBD 极端与特殊气候显示地，DBE 物候景观
E 遗址遗迹	EA 史前人类活动场所	EAA 人类活动遗址，EAB 文化层，EAC 文物散落地，EAD 原始聚落
	EB 社会经济文化活动遗址遗迹	EBA 历史事件发生地，EBB 军事遗址与古战场，EBC 废弃寺庙，EBD 废弃生产地，EBE 交通遗迹，EBF 废城与聚落遗迹，EBG 长城遗迹，EBH 烽燧
F 建筑与设施	FA 综合人文旅游地	FAA 教学科研实验场所，FAB 康体游乐休闲度假地，FAC 宗教与祭祀活动场所，FAD 园林游憩区域，FAE 文化活动场所，FAF 建设工程与生产地，FAG 社会与商贸活动场所，FAH 动物与植物展示地，FAI 军事观光地，FAJ 边境口岸，FAK 景物观赏点
	FB 单体活动场馆	FBA 聚会接待厅堂（室），FBB 祭拜场馆，FBC 展示演示场馆，FBD 体育健身馆场，FBE 歌舞游乐场馆
	FC 景观建筑与附属型建筑	FCA 佛塔，FCB 塔形建筑物，FCC 楼阁，FCD 石窟，FCE 长城段落，FCF 城（堡），FCG 摩崖字画，FCH 碑碣（林），FCI 广场，FCJ 人工洞穴，FCK 建筑小品
	FD 居住地与社区	FDA 传统与乡土建筑，FDB 特色街巷，FDC 特色社区，FDD 名人故居与历史纪念建筑，FDE 书院，FDF 会馆，FDG 特色店铺，FDH 特色市场
	FE 归葬地	FEA 陵区陵园，FEB 墓（群），FEC 悬棺
	FF 交通建筑	FFA 桥，FFB 车站，FFC 港口渡口与码头，FFD 航空港，FFE 栈道
	FG 水工建筑	FGA 水库观光游憩区段，FGB 水井，FGC 运河与渠道段落，FGD 堤坝段落，FGE 灌区，FGF 提水设施

续表

主类	亚类	基本类型
G 旅游商品	GA 地方旅游商品	GAA 菜品饮食，GAB 农林畜产品与制品，GAC 水产品与制品，GAD 中草药材及制品，GAE 传统手工产品与工艺品，GAF 日用工业品，GAG 其他物品
H 人文活动	HA 人事记录	HAA 人物，HAB 事件
	HB 艺术	HBA 文艺团体，HBB 文学艺术作品
	HC 民间习俗	HCA 地方风俗与民间礼仪，HCB 民间节庆，HCC 民间演艺，HCD 民间健身活动与赛事，HCE 宗教活动，HCF 庙会与民间集会，HCG 饮食习俗，HGH 特色服饰
	HD 现代节庆	HDA 旅游节，HDB 文化节，HDC 商贸农事节，HDD 体育节
数量统计			
8 主类	31 亚类	155 基本类型

[注] 如果发现本分类没有包括的基本类型时，使用者可自行增加。增加的基本类型可归入相应亚类，置于最后，最多可增加 2 个。编号方式为：增加第 1 个基本类型时，该亚类 2 位汉语拼音字母 + Z、增加第 2 个基本类型时，该亚类 2 位汉语拼音字母 + Y。

附录2 四川汶川大地震灾后旅游业生产能力恢复重建项目表

一、大龙门山旅游试验区

1-1 建设项目表

项目序号	项目名称	建设内容	建设时序/年	投资计划/万元 国家拨款	投资计划/万元 社会来源	责任主体	所属市州
1-1-1	汶川大地震（遗址）国家纪念园	北川地震遗址保护、纪念馆及参观服务设施；汉旺镇及地震纪念钟遗迹、东汽厂地震遗迹等；什邡市穿心店地震遗址公园建设；映秀震中纪念碑、博物馆、震中遗址保护中心、青川地震遗址公园等	2008—2012	3000	36000	绵阳市人民政府、德阳市人民政府、阿坝藏族羌族自治州人民政府、广元市人民政府	绵阳市 德阳市 阿坝藏族羌族自治州 广元市
1-1-2	成都—哈达铺铁路（阿坝段）	成都—哈达铺铁路铁路阿坝段建设	2009—2014	250000		阿坝藏族羌族自治州人民政府	阿坝藏族羌族自治州
1-1-3	龙门山休闲度假旅游区	九顶山高山国际滑雪场及羌族风情休闲观光建设项目占地10万平方米	2009—2015	50000	130000	茂县人民政府	阿坝州
1-1-4	龙门山轻轨	修建成都—德阳—绵阳—龙门山山前通道—都江堰—成都龙门山轻轨环线建设	2008—2012	按规划费用		成都市人民政府、德阳市人民政府、绵阳市人民政府	成都市 德阳市 绵阳市
1-1-5	龙门山山前快速通道	打通彭州至什邡龙门山快速通道，与成都龙门山前省道106线相连接	2008—2010	按规划费用		德阳市人民政府	德阳市
1-1-6	剑门蜀道申报世界文化遗产、5A景区建设	对剑门蜀道沿线古道文化、三国文化、生态环境等进行整体打造，加大申遗工程	2008—2015	13000	8000	广元市人民政府	广元市

续表

项目序号	项目名称	建设内容	建设时序/年	投资计划/万元 国家拨款	投资计划/万元 社会来源	责任主体	所属市州
1-1-7	嘉陵江水上旅游开发项目	开发建设嘉陵江明月峡—皇泽寺—昭化古城—亭子口—苍溪梨博园—苍溪县城—苍溪红军渡—阆中古城—重庆水上旅游基础设施、旅游景区、旅游接待服务设施	2008—2015	35000	50000	广元市人民政府	广元市
1-1-8	绵阳科技旅游示范基地	绵阳科技馆子项目建设、相关工业旅游点服务设施建设等	2008—2009	40000	18000	绵阳市人民政府	绵阳市
1-1-9	九环东线高速公路	江油—平通—龙安—水晶—白马	2009—2012			绵阳市人民政府	绵阳市
1-1-10	茶马古道国际旅游线	依托名山—上里—荥经—汉源—天全—宝兴—芦山—雅安茶马古道打造茶马古道民族风情旅游线	2009—2012	5000	45000	雅安市旅游局及有关县区政府	雅安市
1-1-11	汉代文化旅游项目	以高颐阙为主的汉文化园，以樊敏碑阙、王晖石棺为主的汉代文化博物馆，以千年一吻石棺为主的汉文化馆等的整体打造	2009—2012	1000	15000	雅安市旅游局及芦山县、雨城区、荥经县政府等	雅安市

二、通道

2-1 恢复加固项目表

项目序号	项目名称	建设内容	建设时序/年	投资计划/万元 国家拨款	投资计划/万元 社会来源	责任主体	所属市州
2-1-1	九黄机场扩容建设	跑道扩建、障碍山头排障、服务设施等建设项目	2008—2010	12000	40000	九黄机场	阿坝藏族羌族自治州
2-1-2	阿坝州旅游通道	卓克基到宝兴、客龙沟景区公路、黑虎寨景区公路、汶川至米亚罗、较场至松坪沟、茂县至黑水	2008—2009	按规划设计定		阿坝州旅游局	阿坝藏族羌族自治州
2-1-3	S106川西环线彭州段（旅游环线）	二级双向四车道，全长36千米	2008	3600		彭州市交通局	成都市
2-1-4	彭白路（关白段）	二级双向两车道，全长26千米	2008	2600		彭州市交通局	成都市

续表

项目序号	项目名称	建设内容	建设时序/年	投资计划/万元 国家拨款	投资计划/万元 社会来源	责任主体	所属市州
2-1-5	小夫路（通济—白鹿）	二级双向两车道，全长14千米	2009	1400		彭州市交通局	成都市
2-1-6	安出路恢复建设	安仁—新场—出江，沥青路面双向四车道，恢复建设公里数66千米	2008	6600		大邑县交通局	成都市
2-1-7	双鸳路恢复建设	西岭镇—鸳鸯池，沥青路面双向四车道，恢复建设公里数24千米	2008	2400		大邑县交通局	成都市
2-1-8	双茶路恢复建设	西岭镇—茶地坪，沥青路面双向四车道，恢复建设公里数10千米	2008	1000		大邑县交通局	成都市
2-1-9	邛崃市受损旅游游览设施维护加固工程	灾后维护加固景区游道、护栏、游客中心等游览基础设施	2008	500		邛崃市旅游局 邛崃市交通局	成都市
2-1-10	德阳市旅游通道	1. 通往绵竹沿山乡村旅游观光带道路70千米 2. 年画村受损道路10千米 3. 市区沿山农业观光旅游公路24千米 4. 罗桂旅游公路78千米	2008	1800		德阳市交通局	德阳市

2-2 恢复重建项目表

项目序号	项目名称	建设内容	建设时序/年	投资计划/万元 国家拨款	投资计划/万元 社会来源	责任主体	所属市州
2-2-1	蒲张路	由蒲阳镇至向峨乡，全长13千米	2008	2600		都江堰市人民政府	成都市
2-2-2	S106线都江堰段	始于大观镇，止于向峨乡，全长37.6千米	2008	3700		成都市人民政府	成都市
2-2-3	蒲丰路	由蒲阳镇，至彭州丰乐全长5.2千米	2009	1000		成都市人民政府	成都市
2-2-4	蒲阳干道	蒲阳镇内，全长4.7千米	2009	500		成都市人民政府	成都市
2-2-5	虹宽路	由虹口乡到紫坪铺镇，全长12.5千米	2009	1250		成都市人民政府	成都市
2-2-6	龙池旅游公路	龙池镇内，全长35.194千米	2009	3500		成都市人民政府	成都市

续表

项目序号	项目名称	建设内容	建设时序/年	投资计划/万元 国家拨款	投资计划/万元 社会来源	责任主体	所属市州
2-2-7	银白路	二级双向两车道，全长17千米	2009	3400		成都市交通局	成都市
2-2-8	鸡冠山旅游快速通道	三江—崇阳—怀远—鸡冠山—琉璃坝—雾山（大邑）全程132千米，其中三江—崇阳—怀远段为双向六车道沥青路面；怀远—鸡冠山—琉璃坝—雾山（大邑）山区二级公路。用地面积：1.52平方千米	2008	26400		成都市人民政府	成都市
2-2-9	九龙沟旅游快速通道	三郎镇四公桩—九龙沟全程15千米，山区二级公路。用地面积：10万平方米	2008	300		成都市人民政府	成都市
2-2-10	龙门快线	街子镇—怀远—青霞（大邑）全程20千米，双向四车道。用地面积：66.3万平方米	2008	4000		成都市人民政府	成都市
2-2-11	半雾路恢复建设	鹤鸣乡—雾山乡，沥青路面双向四车道，恢复建设公里数10千米。计划新建雾山乡—崇州琉璃坝，沥青双向四车道，18千米	2008	5600		成都市交通局	成都市
2-2-12	德阳市大龙门山休闲度假旅游区旅游通道重建	红峡旅游公路11千米；红金旅游公路24千米；红青旅游公路20千米；金钟旅游公路15千米；金石旅游公路10千米；沿山旅游公路21千米；银石旅游公路什邡段6千米；双石旅游公路8千米；钟清旅游公路7千米；鋈钟旅游公路20千米；小夫旅游公路20千米	2008—2010	32400	10500	什邡市人民政府、什邡市旅游开发有限公司	德阳市
2-2-12	德阳市大龙门山休闲度假旅游区旅游通道重建	德阿公路（公里）绵竹段50千米；绵竹市通往银杏沟景区道路20千米；通往王家坪疯狂石头谷景区道路30千米；通往楠木沟景区道路10千米；通往花石沟景区道路20千米；通往云湖国家森林公园道路10千米；通往玄郎沟景区道路30千米；通往老熊沟景区道路10千米	2008—2010	36000		绵竹市人民政府	德阳市
2-2-13	国道108线广元段	108线翠云廊绕线、剑门关隧道、千佛崖改道（隧道600米）、明月峡道路恢复	2008—2010	15000		广元市人民政府	广元市
2-2-14	广天白旅游快速通道	广元市—天台山—白龙湖，40千米，二级公路标准	2008—2010	7000		广元市人民政府	广元市

续表

项目序号	项目名称	建设内容	建设时序/年	投资计划/万元 国家拨款	投资计划/万元 社会来源	责任主体	所属市州
2-2-15	广元—青川—文县—九寨沟旅游景观快速通道	广元—青川—文县—九寨沟公路全线改造成二级旅游公路	2008—2009	2000	10000	广元市人民政府	广元市
2-2-16	昭化古城—红岩码头快速通道及码头建设	二级公路标准，20千米，码头建设	2008—2010	9000		广元市人民政府	广元市
2-2-17	剑昭旅游公路	剑门关—大朝—昭化古城37千米，二级公路	2008—2010	6000		广元市人民政府	广元市
2-2-18	竹园—青溪公路	竹园—青溪150千米	2008—2010	5000		广元市人民政府	广元市
2-2-19	秦巴红叶景观通道	朝天青林乡—中子镇—旺苍—巴中光雾山200千米	2008—2010	12000		广元市人民政府	广元市
2-2-20	省道213线恢复	江油经北川至茂县，双向四车道二级公路建设	2008—2009	40000		绵阳市人民政府	绵阳市
2-2-21	九环线东线恢复	公路、安全防护、标志标牌、服务区建设，449千米	2008—2010	100000		绵阳市人民政府	绵阳市
2-2-22	安县—千佛山公路	公路、安全防护、标志标牌、服务区建设，26千米	2008—2009	5200		绵阳市人民政府	绵阳市
2-2-23	北川—小寨子沟公路	公路、安全防护、标志标牌、服务区建设，66千米	2008—2009	13200		绵阳市人民政府	绵阳市
2-2-24	天台山—蒙顶山旅游环线	改建平乐—上里段25千米；扩建上里—碧峰峡—蒙顶山的陇蒙路10千米	2008	7000		雅安市旅游局，雨城区、名山县政府	雅安市
2-2-25	九环西线恢复	都江堰—汶川—茂县—松潘	2008—2010	按规划计		阿坝州交通局	阿坝藏族羌族自治州
2-2-26	高家镇—曹家乡—虞丞乡旅游公路建设	高文路、环佛路、高大路、钟曹路、虞乡路建设	2008—2010	1000	4000	仁寿县人民政府	眉山市

2-3 新建项目表

项目序号	项目名称	建设内容	建设时序/年	投资计划/万元 国家拨款	投资计划/万元 社会来源	责任主体	所属市州
2-3-1	成德大道彭州段（旅游通道东线）	一级双向八车道，全长10.3千米	2008	75000		彭州市人民政府	成都市
2-3-2	新彭白公路（旅游快速通道）	二级双向六/两车道，全长50千米	2008	10000		彭州市人民政府	成都市
2-3-3	彭州至龙门山镇通道东线	二级双向四/两车道，全长60千米	2009	12000		彭州市人民政府	成都市
2-3-4	莲花湖旅游公路	向峨乡境内，全长10千米	2009	2000		成都市人民政府	成都市
2-3-5	彭青线旅游公路	始于彭州，止于青城山镇，全长25.8千米	2009	5000		成都市人民政府	成都市
2-3-6	聚青线旅游公路	始于聚源镇，至青城山镇全长11千米	2009	1100		成都市人民政府	成都市
2-3-7	龙池隧道	龙池镇境内，全长2千米	2009	200		成都市人民政府	成都市
2-3-8	岷江4号桥	全长0.4567千米	2009	2800		成都市人民政府	成都市
2-3-9	白八路	全长19千米	2009	3800		成都市人民政府	成都市
2-3-10	环山旅游公路	全长16千米	2009	3200		成都市人民政府	成都市
2-3-11	虹口—蒲阳	全长13千米	2009	2600		成都市人民政府	成都市
2-3-12	虹口—龙池	全长19.5千米	2009	4000		成都市人民政府	成都市
2-3-13	虹口—灌口	全长14.5千米	2009	3000		成都市人民政府	成都市
2-3-14	沿山旅游快线	街子—凤栖山—三郎—怀远—公议—道明—王场，全程42千米，山区二级公路。用地面积：63.3万平方米	2008	8400		成都市人民政府	成都市
2-3-15	龙门山轻轨	修建成都—德阳—绵阳—龙门山山前通道—都江堰—成都龙门山轻轨环线建设	2008—2012	按规划费用		成都市、德阳市、绵阳市人民政府	成都市德阳市绵阳市

续表

项目序号	项目名称	建设内容		建设时序/年	投资计划/万元		责任主体	所属市州
					国家拨款	社会来源		
2-3-16	龙门山山前快速通道	打通彭州至什邡龙门山快速通道，与成都龙门山前省道106线相连接		2008—2010	按规划费用		德阳市人民政府	德阳市
2-3-17	九环东线高速公路	江油—平通—龙安—水晶—白马		2009—2012	按规划费用		绵阳市人民政府	绵阳市
2-3-18	三山环线雅安段	周公山—瓦屋山段，全程10千米		2009	3500	1500	雅安市旅游局、雨城区人民政府	雅安市
2-3-19	旅游标识标牌（共408块）	成都市15块	在成绵高速、成南高速、金沙遗址景区、杜甫草堂景区、武侯祠景区、熊猫基地景区等位置设置旅游标识标牌	2008—2009	3		成都市人民政府	成都市
		德阳市69块	在成绵高速、德绵快速通道、三星堆景区、年画村景区、沿山农业旅游区、庞统祠墓景区等位置设置旅游标识标牌		11		德阳市人民政府	德阳市
		绵阳市57块	在成绵高速、国道108线、富乐山景区、蒋琬祠景区、李白纪念馆、窦圌山、七曲山大庙等位置设置旅游标识标牌		9		绵阳市人民政府	绵阳市
		广元市94块	在绵广高速、国道108线、翠云廊景区、剑门关景区、昭化古城景区、皇泽寺景区、千佛崖景区、明月峡古栈道景区等位置设置旅游标识标牌		14		广元市人民政府	广元市
		阿坝藏族羌族自治州150块	在都汶高速、国道213线、三江生态旅游景区、九寨沟景区、黄龙景区、卧龙景区、四姑娘山、松潘古城景区等位置设置旅游标识标牌		23		阿坝藏族羌族自治州人民政府	阿坝藏族羌族自治州
		雅安市23块	在成雅高速公路、省道210、红军翻越夹金山纪念馆、蜂桶寨—邓池沟、硗碛藏寨、碧峰峡、蒙顶山、上里古镇等位置设置旅游标识标牌		4		雅安市人民政府	雅安市

续表

项目序号	项目名称	建设内容		建设时序/年	投资计划/万元		责任主体	所属市州
					国家拨款	社会来源		
2-3-20	旅游服务站（共97个）	一级服务站（21个）	成都市6个	2008—2009	4320		成都市人民政府	成都市
			德阳市3个		2160		德阳市人民政府	德阳市
			绵阳市3个		1500		绵阳市人民政府	绵阳市
			阿坝藏族羌族自治州4个		4200		广元市人民政府	广元市
			广元市3个		6300		阿坝藏族羌族自治州人民政府	阿坝藏族羌族自治州
			雅安市2个		2160		德阳市人民政府	德阳市
		二级服务站（28个）	成都市1个		2160		绵阳水人民政府	绵阳市
			德阳市1个		2880		阿坝藏族羌族自治州人民政府	阿坝藏族羌族自治州
			绵阳市7个		2160		广元市人民政府	广元市
			广元市10个		1440		雅安市人民政府	雅安市
			阿坝藏族羌族自治州6个		480		成都市人民政府	成都市
			雅安市1个		480		德阳市人民政府	德阳市
		三级服务站（48个）	德阳市8个		3360		绵阳市人民政府	绵阳市
			绵阳市5个		4800		广元市人民政府	广元市
			广元市14个		4004		阿坝藏族羌族自治州人民政府	阿坝藏族羌族自治州
			阿坝藏族羌族自治州21个		480		雅安市人民政府	雅安市

建设内容：
- 一级服务站：包括旅游咨询处、汽车服务站、购物点、医疗服务、餐饮点、旅游厕所、停车场等设施
- 二级服务站：包括旅游咨询处、汽车服务站、购物点、医疗服务、旅游厕所、停车场等设施
- 三级服务站：包括汽车服务站、旅游厕所、停车场等设施

续表

项目序号	项目名称	建设内容		建设时序/年	投资计划/万元		责任主体	所属市州
					国家拨款	社会来源		
2-3-21	汽车营地（共19个）	德阳市4个	白马关汽车营地等	2008—2010	2400		德阳市人民政府	德阳市
		绵阳市3个	七曲山汽车营地等	2008—2010	1800		绵阳市人民政府	绵阳市
		广元市6个	拦马墙汽车营地、剑门关自驾车营地、昭化古城汽车营地等	2008—2010	3600		广元市人民政府	广元市
		雅安市1个	雅安市跷碛藏族乡汽车营地	2008—2010	600		雅安市人民政府	雅安市
		阿坝州5个	阿坝藏族羌族自治州唐克乡、阿坝藏族羌族自治州刷经寺镇汽车营地等	2008—2010	3000		阿坝藏族羌族自治州人民政府	阿坝藏族羌族自治州
2-3-22	旅游汽车租赁服务站（共19个）	成都市旅游汽车租赁网点5个	在成都双流国际机场建设1个旅游汽车租赁服务中心，在成都火车北站等地建设4个旅游汽车租赁服务站	2008—2010	2000		成都市人民政府	成都市
		德阳市旅游汽车租赁服务站1个	在德阳火车站建设1个旅游汽车租赁服务站	2008—2009	400		德阳市人民政府	德阳市
		绵阳市旅游汽车租赁服务站5个	在绵阳机场、绵阳火车站等地建设5个旅游汽车租赁服务站	2008—2010	2000		绵阳市人民政府	绵阳市
		广元市旅游汽车租赁服务站1个	在广元火车站建设1个旅游汽车租赁服务站	2008—2009	400		广元市人民政府	广元市
		阿坝藏族羌族自治州旅游汽车租赁服务站6个	在九黄机场、阿坝藏族羌族自治州马尔康县城、汶川县城等地建设5个旅游汽车租赁服务站	2008—2010	2400		阿坝藏族羌族自治州人民政府	阿坝藏族羌族自治州
		雅安市旅游汽车租赁服务站1个	在雅安市雨城区建设1个旅游汽车租赁服务站	2008—2009	400		雅安市人民政府	雅安市

续表

项目序号	项目名称	建设内容	建设时序/年	投资计划/万元 国家拨款	投资计划/万元 社会来源	责任主体	所属市州
2-3-23	汽车维修点（共44个）	成都市汽车维修点8个 在成都建设8个汽车维修点	2008—2010	3800		成都市人民政府	成都市
		德阳市汽车维修点3个 在德阳建设3个汽车维修点	2008—2009	1440		德阳市人民政府	德阳市
		绵阳市汽车维修点11个 在绵阳建设11个汽车维修点	2008—2010	5280		绵阳市人民政府	绵阳市
		广元市汽车维修点6个 在广元建设6个汽车维修点	2008—2009	2880		广元市人民政府	广元市
		阿坝藏族羌族自治州汽车维修点12个 在阿坝藏族羌族自治州建设12个汽车维修点	2008—2010	5760		阿坝藏族羌族自治州人民政府	阿坝藏族羌族自治州
		雅安市汽车维修点4个 在雅安建设4个汽车维修点	2008—2009	1920		雅安市人民政府	雅安市

三、景区

1. 都江堰—青城山旅游区

3-1-1 恢复加固项目表

项目序号	项目名称	建设内容	建设时序/年	投资计划/万元 国家拨款	投资计划/万元 社会来源	责任主体	所属市州
3-1-1-1	都江堰景区	对鱼嘴、伏龙观、安澜索桥、城隍殿、游客中心、金刚堤、离堆大门、南桥、天府源茶馆、清溪园、北大门、西苑、堰功堂、玉垒关、西关城楼、群艺馆、银杏厅、金刚堤等建筑进行修复加固，对都江堰景区的供电、供水、游步道、消防水池、石栏杆、污水处理站、污水管网、堡坎等基础设施和旅游厕所、购物点、标志标牌、	2008—2010	2000	20000	景区管理局	成都市

续表

项目序号	项目名称	建设内容	建设时序/年	投资计划/万元 国家拨款	投资计划/万元 社会来源	责任主体	所属市州
3-1-1-1	都江堰景区	垃圾箱、停车场、索道、观景亭、电脑触摸屏、电视墙及休息设施、餐饮设施等旅游配套服务设施进行修复加固	2008—2010	2000	20000	景区管理局	成都市
3-1-1-2	青城山景区	对青城山山门、建福宫、赤诚阁牌坊、青城前山管理处办公楼（仿古建筑）、青城山游客中心（仿古建筑）、青城山新山门牌坊、青城仙馆、月城湖工作房（仿古建筑）、索道上下站（仿古建筑）、慈云阁、上清宫、大赤天、东华殿、圆明宫、玉清宫、飞仙观、天然图画、全真观、天师洞、朝阳洞、太安寺、泰安古镇、泰安古镇古建筑牌楼、万佛群洞等建筑进行修复加固，对青城前后山及外山景区的供电、供水、游步道、消防水池、石栏杆、污水处理站、污水管网、堡坎等基础设施和旅游厕所、购物点、标志标牌、垃圾箱、停车场、索道、观景亭、电脑触摸屏、电视墙及休息设施、餐饮设施等旅游配套服务设施进行修复加固	2008—2010	3000	20200	景区管理局	成都市

3-1-2　恢复重建项目表

项目序号	项目名称	建设内容	建设时序/年	投资计划/万元 国家拨款	投资计划/万元 社会来源	责任主体	所属市州
3-1-2-1	都江堰景区	对都江堰博物馆、陈列馆、二王庙、东苑、禹王宫、秦堰楼、得政牌坊、魁星塔等古建筑进行修复重建	2008—2010		5300	景区管理局	成都市
3-1-2-2	青城山景区	对普照寺、道家茶园、老君阁、祖师殿、白云寺等古建筑进行修复重建	2008—2010		3200	景区管理局	成都市

3-1-3　新建项目表

项目序号	项目名称	建设内容	建设时序/年	投资计划/万元 国家拨款	投资计划/万元 社会来源	责任主体	所属市州
3-1-3-1	都江堰景区	道解都江堰实景演出，建设观众席、演出舞台、停车场、观众通道等基础、配套设施	2009		4000	景区管理局	成都市

续表

项目序号	项目名称	建设内容	建设时序/年	投资计划/万元 国家拨款	投资计划/万元 社会来源	责任主体	所属市州
3-1-3-2	青城山景区	建设道教文化博物馆	2009		5000	华森集团	成都市

2. 大熊猫生态旅游区

3-2-1 恢复加固项目表

项目序号	项目名称	建设内容	建设时序/年	投资计划/万元 国家拨款	投资计划/万元 社会来源	责任主体	所属市州
3-2-1-1	蜂桶寨国家级自然保护区及大熊猫栖息地生态走廊	1. 生态恢复；大熊猫培育研究中心；生态移民；道路排危加固；泥石流滑坡治理；生态保护应急站；2. 蜂桶寨大熊猫野外观赏区步游道恢复重建项目；邓池沟景区受损旅游公路恢复重建项目；邓池沟天主教堂受损基础设施恢复重建项目；蜂桶寨游客接待中心新建项目；蜂桶寨珍稀植物园新建项目；蜂桶寨大熊猫繁育研究基地新建项目；世界第一只大熊猫发现者——戴维纪念馆新建项目，完善蜂桶寨、邓池沟天主教堂的旅游功能；3. 蜂桶寨—大川河—喇叭河—二郎山—栗子坪大熊猫生态走廊建设，大川河景区旅游公路恢复重建及旅游基础设施、配套设施建设；栗子坪景区公路及旅游基础设施、配套设施建设；4. 碧峰峡大熊猫基地二期工程建设	2008—2009	21000	20000	雅安市旅游局，宝兴县、天全县、芦山县及石棉县、雨城区人民政府	雅安市
3-2-1-2	王朗大熊猫自然保护区	对景区内游道、接待设施、服务设施进行修复加固	2008—2010	15000	20000	政府、业主	绵阳市
3-2-1-3	九寨沟景区	九寨沟景区排危恢复建设，九寨沟神仙池风景区排危及恢复建设九寨沟白马风情园景区排危及恢复建设、九寨沟县白河金丝猴保护区排危及恢复建设、九寨沟县勿角自然保护区排危及恢复建设、黑河大峡谷环神仙池自驾旅游区、九寨·世外桃源的恢复建设，南坪小调琵琶弹唱挖掘、保护、展演、九寨沟永丰民俗文化接待乡安民工程、漳扎镇恢复重建、东北藏寨、大录藏寨、白河南岸、勿角乡民俗文化接待乡安民工程	2008—2009	6500	48000	九寨沟县政府、九寨沟管理局	阿坝藏族羌族自治州

续表

项目序号	项目名称	建设内容	建设时序/年	投资计划/万元 国家拨款	投资计划/万元 社会来源	责任主体	所属市州
3-2-1-4	四姑娘山景区	四姑娘山景区排危与恢复建设、日隆镇恢复建设	2008—2010	500	5000	小金县人民政府、四姑娘山管理局	阿坝藏族羌族自治州
3-2-1-5	嘎达山景区	景区加固维修,旅游基础设施、接待服务设施的恢复建设	2008	500	4000	金川县人民政府	阿坝藏族羌族自治州
3-2-1-6	索乌山景区	景区加固维修,旅游基础设施、接待服务设施的恢复建设	2008	500	4000	金川县人民政府	阿坝藏族羌族自治州

3-2-2 恢复重建项目表

项目序号	项目名称	建设内容	建设时序/年	投资计划/万元 国家拨款	投资计划/万元 社会来源	责任主体	所属市州
3-2-2-1	大熊猫栖息地黑水河自然保护区	1.自然景观及生态恢复建设;2.基础设施建设;3.接待站点恢复重建	2008	3000		西岭雪山管委会	成都市
3-2-2-2	崇州市九龙沟景区基础设施建设及景观恢复建设项目	恢复重建景区游山道40千米、游山公路5千米、桥梁11座、厕所10座、标识标牌;恢复重建山门;恢复重建大停车场1800平方米和老山门处的停车场1200平方米等;恢复45处景区景观景点和植被;恢复重建游客接待中心总占地5000平方米,恢复重建日供水2000吨的自来水厂1座、主管道4.5千米;恢复重建日处理污水2000吨的污水处理厂1座、污水管道4.5千米;恢复重建40千米供电、通信线路设施;重建三处大熊猫保护站	2009	4300		崇州市林业和风景旅游管理局	成都市
3-2-2-3	阿坝大熊猫栖息地	卧龙中华大熊猫园、三江景区恢复建设	2008—2010	42000	25000	卧龙管理局、汶川县人民政府	阿坝藏族羌族自治州
3-2-2-4	唐家河—米仓山国家级自然保护区和大熊猫栖息地	恢复景区供水设施、变电设施及输电线路、景区公路、房屋、旅游厕所、游步道、标识标牌及其他旅游设施;排危;完善景区游览设施、服务设施;加快生态建设和熊猫保护设施建设	2008—2010	20300	90000	政府	广元市

3-2-3 新建项目表

项目序号	项目名称	建设内容	建设时序/年	投资计划/万元 国家拨款	投资计划/万元 社会来源	责任主体	所属市州
3-2-3-1	大熊猫栖息地黑水河自然保护区	游客中心建设	2008	200	300	西岭雪山管委会	成都市

3. 三星堆旅游区

3-3-1 恢复加固项目表

项目序号	项目名称	建设内容	建设时序/年	投资计划/万元 国家拨款	投资计划/万元 社会来源	责任主体	所属市州
3-3-1-1	广汉三星堆古蜀文化旅游区	建筑物及各类设施设备的全面检修、展厅及其他业务用房建筑修复加固；一展馆监控设施修复；水网管道系统修复；变电设施修复；可移动文物青铜神树、青铜摇钱树、陶鸟、陶高领罐的修复；三星堆遗址月亮湾城墙剖面；原有游客接待中心及商品购物区在此次灾害中受损严重，需重建功能齐备的综合性游客接待中心（含旅游商品购物区）	2008—2009	2400	10000	广汉三星堆博物馆	德阳市

3-3-2 新建项目表

项目序号	项目名称	建设内容	建设时序/年	投资计划/万元 国家拨款	投资计划/万元 社会来源	责任主体	所属市州
3-3-2-1	三星堆5A景区创建世界文化遗产申报	1. 停车场改造、生态游步道、引导标识系统、旅游星级厕所、公用电话亭等基础服务设施建设；更新完善安全设备设施；完善现有网站；取缔现有50户简易铁皮棚屋商铺。2. 三星堆文保展示中心：文物库房、科研实验室、游客互动及休闲场所项目的土建、空调、安防等配套设施建设。3. 三星堆遗址区马牧河风光带建设：规划设计；马牧河道疏浚；对月亮湾城墙、三星堆等遗址点的灌渠进行填埋；川西民俗生态休闲中心村的基础设施建设；打造3千米长的休闲旅游风光带；搬迁203户村民。4. 三星堆遗址保护展示工程：重建古城墙、祭祀坑、燕家院子、仁胜村墓地等遗迹	2008—2010	5000	5000	广汉三星堆博物馆	德阳市

续表

项目序号	项目名称	建设内容	建设时序/年	投资计划/万元 国家拨款	投资计划/万元 社会来源	责任主体	所属市州
3-3-2-1	三星堆5A景区创建世界文化遗产申报	保护展示工程；遗址内近300户居民、8家企业的搬迁和中心村建设；完成穿越遗迹点的灌渠的整治及二号渠整治工程；电力、通信线路的改造；广木公路三星堆遗址段改造；遗址区内产业结构调整；申报文本的中英文编写	2008—2010	5000	5000	广汉三星堆博物馆	德阳市

4. 三国文化旅游区

3-4-1 恢复加固项目表

项目序号	项目名称	建设内容	建设时序/年	投资计划/万元 国家拨款	投资计划/万元 社会来源	责任主体	所属市州
3-4-1-1	罗江三国蜀汉文化旅游区排危、文物修护	庞统祠内灾后紧急排危；修复、更换受损门厅、二师殿、栖凤殿、东西厢房、碑室、马亭的屋基、墙体、屋面、屋脊构建；修复、更换受损庞统墓的墓基、墓墙、墓顶；拆建受损的挂镜台；修复受损的古驿道残垣50米、墓园围墙40米、垮塌的"仰止"门围墙240米、金牛古驿道1000米；修复凤雏诗碑廊；广汉雒城遗址修复	2008	1775	30700	罗江县白马关三国蜀汉文化旅游区保护开发管理服务中心	德阳市
3-4-1-2	双忠祠蜀汉文化旅游区	山门修复、启圣殿、拜殿、厢房等恢复、基础设施建设	2008—2010	5000	5000	绵竹市文管所	德阳市
3-4-1-3	窦团山、佛爷洞、老君山景区	山峰加固处理、危岩处理；云岩寺文物建筑修复；景区公路及游道恢复、景区接待设施恢复	2008—2009	20000	81000	绵阳市人民政府	绵阳市
3-4-1-4	李白故里	文物古建、太白楼及太白碑林恢复、养马峡景区建设	2008—2010	3000	5000	绵阳市人民政府	绵阳市
3-4-1-5	富乐山—西山—绵阳市—七曲山、仙海旅游区、游仙旅游区、鄢汉三国文化旅游区	景观及接待服务设施加固，富乐山景区、西山景区、绵阳科技博物馆、娱乐风洞、球幕影院、九院科技馆、长虹科技馆、光友红薯博物馆、两弹城景区、七曲山景区建设	2008	6000	24000	业主	绵阳市
3-4-1-6	嫘祖陵景区	嫘祖陵景观和接待服务设施加固	2008—2010	500	6000	政府	绵阳市

续表

项目序号	项目名称	建设内容	建设时序/年	投资计划/万元 国家拨款	投资计划/万元 社会来源	责任主体	所属市州
3-4-1-7	剑门关景区	重建剑门关楼、索道，恢复建设供水设施2处、变电设施1处、输电线路10千米、景区公路18千米、景区房屋48000平方米等；治理危岩16处，搬迁危及的47户1.4万平方米农房；加快关楼景区建设和生态环境改善；加快剑门关古镇整体风貌改造；修建直升机停车坪1处	2008—2009	25300	80000	政府	广元市
3-4-1-8	明月峡古栈道景区	雪溪洞·龙门阁景区恢复建设，恢复重建古栈道60米、景区公路5千米、旅游厕所1座、标识标牌100个及其他设施29处；治理山体滑坡、危岩4处；疏通嘉陵江航道、修建景区游客中心600平方米、停车场3000平方米	2008—2009	10000	40000	政府	广元市
3-4-1-9	昭化古城景区	恢复变电设施及20千米供电线路、景区公路40千米、古民居10.6万平方米、旅游厕所3座、标识牌500个及其他400处设施优化昭化—大朝区域整体生态环境建设，实施大朝古驿站风貌整体恢复改造，完善服务设施	2008	20000	70000	政府	广元市
3-4-1-10	白龙湖—天台山景区	恢复景区输电主线、旅游厕所、标识标牌、房屋、码头及其他设施；建设景区接待设施，治理滑坡	2008—2010	10000	27200	政府	广元市
3-4-1-11	皇泽寺—千佛崖国家4A级旅游景区	维修2000平方米唐代古建、治理2处滑坡、美化景区环境，完成千佛崖改道工程	2008	14000	9000	政府	广元市
3-4-1-12	苍溪红军渡	恢复景区纪念馆、道路、基础设施、游客中心、厕所、标识标牌等	2008	9000	5000	政府	广元市
3-4-1-13	阆中古城旅游区	滕王阁、滕王佛塔维修、滕王阁地质灾害维修、东山园林景区基础设施、景观维修、锦屏山景区基础设施、景观维修、锦屏山地质灾害维修、张飞庙景区基础设施、景观维修、华光楼楼体、附属建筑维修、巴巴寺照壁、大殿正门维修、贡院屋面、墙体维修、明代白塔恢复加固	2008	805	1643	政府	南充市
3-4-1-14	琳琅山旅游区	朱德故居纪念馆墙体加固、文物修复、屋面整修，立山寨公园旅游基础设施及服务设施建设，马鞍古镇客家民俗文化街建设	2008—2009	270	640	政府	南充市

3-4-2 恢复重建项目表

项目序号	项目名称	建设内容	建设时序/年	投资计划/万元 国家拨款	投资计划/万元 社会来源	责任主体	所属市州
3-4-2-1	双忠祠蜀汉文化旅游区	历史博物馆修建、三国蜀汉文化休闲旅游区	2008—2010		13000	绵竹市文管所	德阳市
3-4-2-2	调元文化旅游区	调元纪念馆、读书台、醒园、观音岩等景点的排危，完善旅游区配套服务设施，佛教文化旅游区灾后修复，现代诗歌博物馆修复	2008—2015	400	100	李调元纪念馆、调元镇	德阳市
3-4-2-3	窦团山	山顶古建筑群恢复	2008—2010	3000	10000	政府	绵阳市
3-4-2-4	李白纪念馆	仿古建筑、文物陈列、服务设施恢复	2008—2010	4000	15000	政府社会	绵阳市
3-4-2-5	翠云廊国家4A级旅游景区恢复重建	恢复古驿道50千米、恢复水塔1处、供水主管4.4千米、变电设施1处、输电线路10千米、游览道路1千米、景区房屋2000平方米及其他设施23处；搬迁景区农房6户1600平方米，扩展景区范围2平方千米；完成翠云廊108国道3.7千米绕线工程	2008—2009	9300	30000	政府	广元市
3-4-2-6	蜀道三国文化旅游论坛温泉景区	基础设施、游客中心、停车场修复建设，剑门关温泉度假中心、昭化古城温泉会议中心、国际三国文化旅游论坛建设	2008—2010	12000	10000	政府	广元市
3-4-2-7	曾家山休闲度假区恢复重建	恢复重建景区公路4千米、旅游厕所1座、标识标牌200个、通信线路5千米及其他设施40处；完善景区游客中心及服务设施	2008	7500	14000	政府	广元市
3-4-2-8	鼓城山—七里峡景区	恢复景区旅游公路、受损步游道，建设（桃树坪）卡（门）公路，恢复核桃树坪至狮子坝受损供电设施，景区厕所、景区导视系统标识牌建设，地质灾害治理，恢复景区大门及其他受损设施	2008—2010	1500	11500	政府	广元市
3-4-2-9	木门寺景区	修建木门寺景区游客接待中心、景区大门、生态停车场；恢复修建木门寺红四方面军军事会议会址；木门镇场镇风貌改造；恢复设置景区标识标牌，修建生态旅游厕所；修建红军生活体验馆，完善配套景区的其他旅游服务设施；修建红军纪念园，恢复重建木门寺景区受损旅游公路	2008—2010	500	12000	政府	广元市

续表

项目序号	项目名称	建设内容	建设时序/年	投资计划/万元 国家拨款	投资计划/万元 社会来源	责任主体	所属市州
3-4-2-10	红军城景区	修建红军城、木门寺景区游客接待中心、景区大门、生态停车场；恢复红军城原红军史迹陈列馆，恢复红军城46处红四方面军党政军遗址建设，启动红军城风貌改造；恢复设置景区标识标牌，修建旅游厕所、红四方面军军史长廊、东河水兵连游乐带；新建四星级旅游宾馆，完善配套景区的其他旅游服务设施	2008—2010	1000	15000	政府	广元市
3-4-2-11	阴平古道—涪江六峡三国文化旅游区	完善景区游客中心及服务设施，恢复重建景区公路、旅游厕所、标识标牌、通信线路及其他设施	2008—2010	2600	40000	政府 社会	绵阳市 广元市
3-4-2-12	禹迹山景区恢复重建建设	建设景区垮塌公路，恢复35米垮塌石梯，迁建12间景区危房（接待功能用房），重建损毁财神殿，恢复滑坡损毁护肩护坡	2008—2009	25	20	政府	南充市
3-4-2-13	川北民俗文化园	恢复景区供水、供电、公路等基础设施，恢复受损停车场、游客中心、旅游厕所、步游道、景区标识标牌、安全设施，恢复重建民俗文化长廊、主题酒店、热带雨林山地休闲设施	2008—2010	500	12000	社会	广元市
3-4-2-14	紫澜湖水上公园	恢复景区供水、供电、公路、停车场等基础设施，新建游客中心、旅游厕所、步游道、安全设施，完善景区标识标牌，滨水渔村乡村休闲旅游恢复建设	2008—2010	400	6000	政府	广元市
3-4-2-15	鱼洞河风景区	恢复供水、供电、通信、游客接待中心、停车场、旅游厕所、步游道等基础设施，恢复旅游景观5处，新建鱼洞河景区宾馆、景区管理中心，完善旅游标识标牌，治理地质灾害	2008—2009	400	8000	政府	广元市
3-4-2-16	子昂故里旅游区	金华山前山牌楼、金华山虹飞桥、金湖码头、金华山下山门、金华山香炉脚下滑坡、金华山南山门、金华山灵官殿、金华山药王店至桂花园一带、金华山冥王殿、金华山房盖维护、读书台感遇厅、读书台精舍馆、读书台问涪轩、金华山古柏、文昌宫、天机宫、金华山环山步游道及护栏、金华坝溃坝、圣弥寺、金华山五瘟殿、金华山茶轩、上方寺古井、兜率寺烟霞井、火神庙古戏楼、怀桂寺偏殿、金华山主道路、金华山环卫设施恢复建设	2008—2009	2000	3000	政府	遂宁市

3-4-3　新建项目表

项目序号	项目名称	建设内容	建设时序/年	投资计划/万元 国家拨款	投资计划/万元 社会来源	责任主体	所属市州
3-4-3-1	罗江县三国蜀汉文化旅游区	1. 水、电、通信、污水及垃圾处理设施 2. 景区游客接待中心，景区入口关楼、城墙等形象标志工程，古战场、"蜀工坊"旅游商品销售区、停车场，汽车营地、接待服务设施	2009—2010	2500	37400	罗江县旅游局	德阳市
3-4-3-2	高山森林公园	文同文化、宰相文化、蒙文通故里等文化项目建设及接待服务设施	2008—2010	400	5000	政府、社会	绵阳市
3-4-3-3	升钟湖景区	景区基础设施、服务设施、陈列馆、纪念馆建设	2009—2010	1000	1000	南部县旅游局	南充市
3-4-3-4	红岩子风景区	景区基础设施、服务设施、水上娱乐设施、景区景观恢复	2009—2010	1000	1000	南部县旅游局	南充市
3-4-3-5	苍王峡景区	新建景区接待中心、慈竹坝接待点，新建潜龙洞景区洞穴景观打造	2008—2009	300	4000	政府	广元市
3-4-3-6	旺苍恐龙化石博物馆	修建恐龙化石博物馆，完善博物馆的其他旅游配套设施	2008—2010	1000	14000	政府	广元市

5. 羌族文化旅游区

3-5-1　恢复加固项目表

项目序号	项目名称	建设内容	建设时序/年	投资计划/万元 国家拨款	投资计划/万元 社会来源	责任主体	所属市州
3-5-1-1	小寨子沟羌寨	景区内游道、服务设施	2008—2010		600	业主	绵阳市
3-5-1-2	罗浮山羌王城	建筑、接待设施	2008—2010	2000	15000	业主	绵阳市

3-5-2　恢复重建项目表

项目序号	项目名称	建设内容	建设时序/年	投资计划/万元 国家拨款	投资计划/万元 社会来源	责任主体	所属市州
3-5-2-1	禹穴沟、大禹纪念馆	建筑、布展、服务设施建设	2008—2010	3400	20000	北川羌族自治县人民政府	绵阳市
3-5-2-2	西羌九黄山景区	景区道路排危、洞口景观恢复、接待设施恢复、索道重建、羌文化景点恢复	2008—2010	2300	20000	景区	绵阳市

续表

项目序号	项目名称	建设内容	建设时序/年	投资计划/万元 国家拨款	投资计划/万元 社会来源	责任主体	所属市州
3-5-2-3	羌族文化抢救工程	中国羌族博物馆、营盘山羌文化遗址保护、阿坝藏羌旅游沿线恢复、茂县旅游综合服务中心恢复建设项目	2009—2010	7500	30000	茂县人民政府	阿坝藏族羌族自治州

3-5-3 新建项目表

项目序号	项目名称	建设内容	建设时序/年	投资计划/万元 国家拨款	投资计划/万元 社会来源	责任主体	所属市州
3-5-3-1	羌族文化抢救工程（阿坝片区）	羌族非物质文化传承教育中心、茂县羌族文化接待中心与多功能展演广场、茂县羌文化——尔玛天街、羌族节庆文化保护和利用项目，羌族古老歌舞艺术品牌挖掘和打造项目，羌族历史文化与饮食品牌系列、大禹文化旅游长廊建设项目（阿坝）、羌族古老宗教（释比）文化挖掘保护项目，茂县古羌城堡（含金龟包、银龟包）保护和建设，羌区原生态文化博物馆（文化空间保护）、羌族文化特色旅游商品开发、羌区民俗文化村落及古建筑恢复等建设项目	2008—2015	102400	426500	阿坝藏族羌族自治州人民政府	阿坝藏族羌族自治州
3-5-3-2	羌族文化抢救工程（绵阳片区）	羌族非物质文化传承教育中心、羌族节庆文化保护和利用项目、羌族古老歌舞艺术品牌挖掘和打造项目，羌族历史文化与饮食品牌系列、大禹文化旅游长廊建设项目（绵阳）、药王谷景区、羌族古老宗教（释比）文化挖掘保护项目、羌区原生态文化博物馆（文化空间保护）、羌族文化特色旅游商品开发、羌区民俗文化村落及古建筑恢复等建设项目	2008—2015	100000	360000	绵阳市人民政府	绵阳市

6. 茶马古道旅游区

3-6-1 恢复加固项目表

项目序号	项目名称	建设内容	建设时序/年	投资计划/万元 国家拨款	投资计划/万元 社会来源	责任主体	所属市州
3-6-1-1	夹金山风景名胜区	1. 生态恢复，道路排危加固，泥石流滑坡治理，生态保护应急站；2. 夹金山国际旅游区游客接待中心新建项目；3. 硗碛锅庄楼的重建、修复，游道、停车场、旅游厕	2008—2009	30000	26000	雅安市旅游局、阿坝州旅游局	雅安市、阿坝藏族羌族自治州

项目序号	项目名称	建设内容	建设时序/年	投资计划/万元 国家拨款	投资计划/万元 社会来源	责任主体	所属市州
3-6-1-1	夹金山风景名胜区	所、休息观景亭、排污处理设施等旅游基础设施及配套设施建设，提升城镇旅游形象；硗碛游客接待中心新建项目；硗碛旅游集镇民俗广场新建项目；硗碛"五仙海"水上娱乐项目建设；4. 神木垒景区公路恢复重建项目；神木垒景区步游道恢复重建；神木垒景区滑雪场新建项目；神木垒景区赛马场新建项目；5. 红军三越夹金山纪念广场新建项目及红军遗址、遗迹打造开发项目；6. 东拉山大峡谷景区受损基础设施恢复重建及配套设施完善项目；7. 宝兴大熊猫雕塑园新建项目	2008—2009	30000	26000	雅安市旅游局、阿坝州旅游局	雅安市 阿坝藏族羌族自治州
3-6-1-2	二郎山—喇叭河人与动物和谐相处生态旅游区	1. 生态恢复，生态移民，道路排危加固，泥石流滑坡治理，生态保护应急站；2. 喇叭河景区建设：喇叭河景区路面修复、维修更换防护设施及引导系统、更换受损光缆、修建游客中心及污水处理站等设施	2009—2010	20000	16000	雅安市旅游局、天全县人民政府	雅安市

3-6-2 恢复重建项目表

项目序号	项目名称	建设内容	建设时序/年	投资计划/万元 国家拨款	投资计划/万元 社会来源	责任主体	所属市州
3-6-2-1	蒙顶山—百丈湖茶文化休闲度假区	1. 蒙顶山供水工程（自来水厂）、蒙顶山景区环山游道、槐溪坝游人接待中心、蒙顶山排污处理中心、蒙顶山景区公路、茶文化游道环线和疏散通道；2. 百丈湖游人接待中心、百丈湖环湖游道、百丈湖排污处理中心、百丈湖景区公路；3. 名山万亩生态观光茶园游人接待中心、游道、排污处理中心、景区公路；4. 双河、茅河乡万亩生态观光茶园游人接待中心、游道、排污处理中心、景区公路；5. 清漪湖、月儿潭休闲度假区游人接待中心、游道、排污处理中心、景区公路；6. 茶马司旅游基础设施；7. 景区旅游厕所	2008—2010	10000	45000	雅安市旅游局、名山县人民政府	雅安市

续表

项目序号	项目名称	建设内容	建设时序/年	投资计划/万元 国家拨款	投资计划/万元 社会来源	责任主体	所属市州
3-6-2-2	周公山温泉度假区	1. 周公山温泉公园恢复供水工程及配套各类游乐项目； 2. 周公河沿岸休闲产业带； 3. 周公山森林公园开发，周公山森林生态博物馆； 4. 望鱼古镇开发； 5. 龙井山乡村旅游开发	2008—2010	5000	26500	雅安市旅游局、雨城区人民政府、周公山温泉开发公司	雅安市

3-6-3 新建项目表

项目序号	项目名称	建设内容	建设时序/年	投资计划/万元 国家拨款	投资计划/万元 社会来源	责任主体	所属市州
3-6-3-1	龙苍沟国家森林公园—严道古镇文化休闲度假区	1. 龙苍沟景区环山游道（20千米）； 2. 龙苍沟游人接待中心； 3. 龙苍沟排污处理中心； 4. 龙苍沟珙桐林游人接待中心、龙苍沟旅游基础设施； 5. 打造中华始祖文化——颛顼帝故里（颛顼广场、灾后避难场所、颛顼庙、颛顼牌坊），建设砂器旅游街区	2008—2010	15600	22400	雅安市旅游局、荥经县人民政府	雅安市

7. 龙门山旅游区

3-7-1 恢复加固项目表

项目序号	项目名称	建设内容	建设时序/年	投资计划/万元 国家拨款	投资计划/万元 社会来源	责任主体	所属市州
3-7-1-1	虹口山地运动旅游度假区	建设虹口山地运动旅游度假区基础设施	2009	500	5000	虹口景区管理局	成都市
3-7-1-2	丹景山（含三昧水景区）景区打造	以4A级标准打造丹景山旅游景区及配套设施等（星级宾馆建设、接待设施、景区大门改造、金华寺、净水寺、审魂殿、圣迹寺、鲁班庙恢复重建、12大牡丹园及游道恢复建设、景区厕所及其他旅游设施恢复）。上三昧、中三昧、下三昧等寺庙恢复加固及其他基础配套设施建设	2009	1000	10000	彭州旅游局	成都市
3-7-1-3	罗浮山温泉	基础设施、酒店、服务设施	2008—2010	2000	40300	业主（国有企业）	绵阳市

3-7-2 恢复重建项目表

项目序号	项目名称	建设内容	建设时序/年	投资计划/万元 国家拨款	投资计划/万元 社会来源	责任主体	所属市州
3-7-2-1	宝山印象	回龙沟景区恢复重建（景观、景点、道路、供水、通信、娱乐、接待及其他旅游配套设施）；温泉休闲区恢复重建（接待设施、道路、温泉沐浴区及其他配套设施）；形象展示区建设；新农村建设	2009		25000	四川宝山集团	成都市
3-7-2-2	白鹿领报修院恢复重建	白鹿领报修院恢复重建（景观、景点、道路、供水、通信、接待及其他旅游配套设施）	2009	500	10000	彭州市白鹿镇	成都市
3-7-2-3	九峰山景区恢复重建	雷音寺、海会堂、清凉寺等寺庙恢复重建（景观、景点、道路、供水、通信、接待及其他旅游配套设施）	2009	1000	20000	彭州市龙门山镇	成都市
3-7-2-4	鸡冠山景区基础设施及景观恢复	恢复重建6.5千米景区公路、10千米景区步游道和栈道及配套设施、3个停车场、3座桥梁、3组环保厕所、5.5千米河道清理；恢复重建25千米给排水系统、供电系统；恢复景区景观景点和植被；恢复重建游客中心；重建五处大熊猫保护站	2008	1000	6000	崇州市林业和风景旅游管理局	成都市
3-7-2-5	大九龙沟景区建设	景区基础设施及生态和景观恢复、乡村酒店建设和景区宾馆整合重建。用地面积：约33万平方米	2008	2000	20000	崇州市林业和风景旅游管理局	成都市
3-7-2-6	绵竹市九顶山前山休闲度假旅游区	1. 绵竹市九顶山前山休闲度假旅游区供水、电力、通信、污水处理、垃圾处理系统、垃圾转运等基础设施； 2. 麓堂山温泉休闲度假旅游区、茶文化体验旅游、三溪寺宗教文化旅游； 3. 楠木沟避暑休闲旅游、花石沟避暑休闲旅游、云湖国家森林公园、银杏沟、王家坪石头谷、玄郎沟、白云山等	2008—2010	80000	270000	绵竹市人民政府、富利泰公司、土门镇绵竹市旅游局	德阳市
3-7-2-7	什邡市蓥华山中、高山景区	1. 什邡市蓥华山中、高山景区供水、电力、通信、污水处理、垃圾处理系统、垃圾转运等基础设施； 2. 蓥华山风景名胜区中高山景区（蓥华山顶、金莲池—蓥华山顶、金莲池、峡马口）重建； 3. 麻柳坪旅游度假区：恢复重建麻柳坪休闲区、体育娱乐区、高山娱乐区； 4. 西部惊奇欢乐谷景区：娱乐中心等公共	2008—2010	132500	327400	什邡市人民政府、什邡市旅游局、四川蓥华山旅游有限公司	德阳市

续表

项目序号	项目名称	建设内容	建设时序/年	投资计划/万元 国家拨款	投资计划/万元 社会来源	责任主体	所属市州
3-7-2-7	什邡市蓥华山中、高山景区	设施40余处，山庄、宾馆、度假别墅等旅游接待设施； 5. 钟鼎寺景区：停车场、栈道等公共设施40余处，山庄、宾馆、度假别墅等旅游接待设施； 6. 通溪河景区：接待中心、游客步道等公共设施20余处	2008—2010	132500	327400	什邡市人民政府、什邡市旅游局、四川蓥华山旅游有限公司	德阳市
3-7-2-8	千佛山景区	景区、设施及游道重建	2008—2010	10000	50000	业主	绵阳市
3-7-2-9	"两湖一山"旅游区	1. 宋代圣德寺塔修复（国家级文物保护单位）、三岔湖景区、龙泉湖景区、三岔湖景区游人中心、"天一长廊"恢复建设、三岔湖旅游快速通道、成简快速通道（简阳段）、两湖路旅游长廊； 2. 三岔湖环湖路、龙泉湖环湖路、樱桃沟旅游环线、丹景山景区； 3. 三岔特色旅游城镇、石盘休闲小镇、石桥古镇、梨花沟、枇杷沟、葫芦坝景区（周克芹故里）、樱桃沟景区恢复建设	2008—2012	10000	90000	简阳市人民政府	资阳市

3-7-3 新建项目表

项目序号	项目名称	建设内容	建设时序/年	投资计划/万元 国家拨款	投资计划/万元 社会来源	责任主体	所属市州
3-7-3-1	龙门山国际旅游度假区	1. 中国花水湾度假小镇、鹤鸣山道源圣城、安仁国际文化旅游区项目； 2. 雾中山佛教文化旅游区项目、中华熊猫世界、虹口山地运动旅游度假区青城国际酒店二期工程、南方丝绸之路大遗址保护区、蜀麓田园、西岭雪山山地运动度假区项目、琉璃坝国际会展暨国际山地休旅度假示范地、街子唐诗韵文化体验博览区	2008	145000	794500	成都市政府业主	成都市
3-7-3-2	青城山—中国当代美术馆群	建设集美术展览、学术研究、艺术交流、艺术教育、公共文化为一体的"中国当代美术馆群落"	2008		15000	四川广居民生实业有限公司	成都市

续表

项目序号	项目名称	建设内容	建设时序/年	投资计划/万元 国家拨款	投资计划/万元 社会来源	责任主体	所属市州
3-7-3-3	城市西区国际休闲度假旅游区（中信城市西区项目）	建设城市西区中信国际休闲度假旅游区	2008		100000	中信集团	成都市
3-7-3-4	城市西区国际休闲度假旅游区（新加坡万邦西区项目）	建设城市西区万邦国际休闲度假旅游区	2008		100000	新加坡万邦集团	成都市
3-7-3-5	莲花湖国际休闲旅游度假区	建设旅游度假区基础配套设施	2009		12000	都江堰市人民政府	成都市
3-7-3-6	丝路遗址公园	打造南丝路第一重镇，整体包装遗址公园规划片区，浓缩丝绸之路沿线中外各民族风情，依托平乐古镇、南丝绸之路遗址、引水入镇二期工程、文化生态走廊建设并辅之以周边大地景观打造，再现古代南丝路的繁华	2008—2010	500	15000	邛崃市平乐镇人民政府	成都市
3-7-3-7	什邡市古蜀文化（马井）体验区	古蜀文化马井体验区新建	2008—2010	3000	22000	什邡市旅游局	德阳市

四、乡村

4-1 恢复加固项目表

项目序号	项目名称	建设内容	建设时序/年	投资计划/万元 国家拨款	投资计划/万元 社会来源	责任主体	所属市州
4-1-1	彭州乡村旅游带	葛仙山—熙玉园乡、红岩梨花坪、土溪河沿线、黄村—花溪、三湾—文山，对河道治理、桥梁、道路、接待设施、厕所、供水、供电、通讯基础设施和旅游配套设施恢复	2009	20000	2000	彭州市人民政府	成都市

续表

项目序号	项目名称	建设内容	建设时序/年	投资计划/万元 国家拨款	投资计划/万元 社会来源	责任主体	所属市州
4-1-2	崇州—大邑—邛崃乡村旅游带	1. 平乐古镇花楸村全国农业旅游示范点，天台山中胜寺农民新村接待设施及配套基础设施建设； 2. 大邑新场古镇明清建筑加固，大邑西岭雪山、花水湾30户农家乐恢复加固； 3. 崇州莲经、红纸、茶园、益善、苟家、竹根、读书台等，对河道整治、接待设施、厕所、供电、供水、通信设施、旅游配套设施和380家农家乐整合为230乡村酒店的恢复建设	2008	650	2700	邛崃市人民政府、崇州市人民政府、大邑县人民政府	成都市
4-1-3	绵竹市沿山乡村旅游带	修复完善沿山登山道及游道400千米、水电气基础设施项目恢复	2008	13000		政府	德阳市
4-1-4	什邡市沿山村旅游带	修复加固农耕园艺展示区、马祖文化展示区、禅心湖生态景观区、龙居寺、李冰陵等供水、供电、通信、污水、垃圾处理等	2008—2009	37800	7900	政府	德阳市
4-1-5	游仙—梓潼三国文化乡村旅游带	游仙区沉抗镇燕子村、小砚沟镇紫阳村、游仙镇吴家村、申家村、梓潼县文昌镇、长卿镇周边农家乐。整体风格以汉代风格为主，发展特色餐饮和农事体验	2008—2010	650	20000	政府	绵阳市
4-1-6	苍溪梨乡风情乡村旅游带	苍溪梨博园、红军渡、回水村、红旗桥村、狮岭村等，对受损房屋、接待设施、基础设施进行修复。当地居民600户	2008	1800	5200	政府	广元市
4-1-7	剑昭蜀道乡村旅游带	对受损房屋、接待设施、基础设施进行修复。当地居民400户	2008	1800	5200	政府	广元市
4-1-8	曾家山乡村旅游带	全国农业旅游示范点，对受损房屋、接待设施、基础设施进行修复。当地居民500户	2008	1800	5200	政府	广元市

4-2 恢复重建项目表

项目序号	项目名称	建设内容	建设时序/年	投资计划/万元 国家拨款	投资计划/万元 社会来源	责任主体	所属市州
4-2-1	青城山—都江堰乡村旅游带	包括都江堰城区、青城山镇、大观镇、龙池镇、虹口镇发展生态农业和观光农业，打造特色乡村风貌环境，完善基础设施，乡村旅游服务接待设施；在镇域内完善游客中心、旅游咨询点、旅游购物点等旅游配套设施。户数1400户（600元/平方米）	2008	4200		都江堰市人民政府	成都市

续表

项目序号	项目名称	建设内容	建设时序/年	投资计划/万元 国家拨款	投资计划/万元 社会来源	责任主体	所属市州
4-2-2	彭州乡村旅游带	包括龙门山镇、小鱼洞镇、葛仙山镇、丹景山镇、白鹿镇、致和镇、隆丰镇、红岩镇、磁峰镇、新兴镇、桂花镇、敖平镇、丽春镇、三界镇、九尺镇、濛阳镇、升平镇、军乐镇、通济镇等发展生态农业、观光农业等乡村度假、休闲避暑、户外运动、山地体验区等建设；道路、厕所、供水、供电、通信等基础设施恢复重建。在镇域内完善游客中心、旅游咨询点、旅游购物点等旅游配套设施。户数800（600元/平方米）	2009	1600		彭州市人民政府	成都市
4-2-3	崇州—大邑乡村旅游带	包括街子镇、怀远镇、花水湾镇、鹤鸣乡、雾山乡、西岭镇、鸡冠山乡镇、三郎镇、文井江镇、安仁镇，重点发展古镇乡村民俗旅游，修复完善乡村旅游接待服务设施、基础配套设施；修复完善特色乡村旅游项目等。在镇域内完善游客中心、旅游咨询点、旅游购物点等旅游配套设施。户数崇州93户，大邑14户（600元/平方米）	2009	920		崇州市人民政府、大邑县人民政府	成都市
4-2-4	绵竹市沿山乡村旅游观光带	全面恢复重建遵道镇、汉旺镇、金花镇、土门镇、九龙镇的射箭台村、清泉村、棚花村、五齐村、温泉村、枣林渔村、玄郎沟村、盐井村、楠木沟村、涧沟村等，安置灾民、恢复乡村旅游，重建沿线游客接待中心、停车场、招呼站、旅游厕所、景区道路以及旅游接待服务设施等；整体风格要求青瓦白墙，绵竹年画上墙；发展农家乐800家以上（以前是780余家），每户按照50平方米的标准发展农家乐（500元/平方米）	2008—2010	2000		绵竹市人民政府	德阳市
4-2-5	中国绵竹年画村	孝德镇射箭村全恢复重建道路、桥梁、通信、电力、给排水等基础设施，农房改建，配置接待中心、停车场等旅游配套设施，建设乡村年画馆、年画作坊、乡村酒店等接待设施；整体风格要求青瓦白墙，绵竹年画上墙；发展农家乐250余家（以前是200余家），每户按照50平方米的标准发展农家乐（500元/平方米）	2008—2010	600		绵竹市孝德镇	德阳市

续表

项目序号	项目名称	建设内容	建设时序/年	投资计划/万元 国家拨款	投资计划/万元 社会来源	责任主体	所属市州
4-2-6	高家镇—曹家乡乡村旅游项目	景区垃圾池、垃圾箱、景区标识、标牌、景区垃圾池、旅游环线亮化工程、旅游观光亭、梨文化博物馆、新农村建设、景区绿化工程	2008—2010	2000	4000	仁寿县	眉山市
4-2-7	什邡市乡村旅游带	前低镇、红白镇、蓥华镇、马祖镇、马井镇，恢复重建罗汉寺—马祖故里景区、温泉古镇区、韩家包休闲区、白虎头水库垂钓区；宾馆、山庄、农家乐、度假别墅等旅游服务接待设施全恢复重建道路、桥梁、通信、电力、给排水等基础设施，农房改建，配置接待中心、停车场等旅游配套设施、修建乡村酒店等接待设施；整体体现佛家禅家风格、古蜀文化特色；发展农家乐200余家（以前是198余家），每户按照50平方米的标准发展农家乐（500元/平方米）	2008—2010	500		什邡市人民政府	德阳市
4-2-8	绵阳（江油）景观大道李白文化乡村旅游带	包括青莲镇月圆村、太华村、玉光村、含增金光村、重华镇广利村、文胜乡安胜村、武都镇五通村、青林口村、农事体验方水白玉村、九岭镇综合村、涪城区戈家庙村、小桥村、古井村、游仙区沉抗镇燕子村、小砚沟镇紫阳村、游仙镇吴家村、申家村等300户农家乐；整体风格以唐风格为主，发展特色餐饮、农事体验；农家乐300户（500元/平方米）	2008—2010	750		政府	绵阳市
4-2-9	北川安县乡村旅游组团	北川新县城周边及桑枣镇松林村、红牌村、安昌镇东升村、茶坪乡川兴村；依托安县温泉发展特色餐饮、农事体验；农家乐200户（500元/平方米）	2008—2010	500		政府	绵阳市
4-2-10	平武白马藏族乡村旅游带	白马亚者造祖村、厄里村、稿史恼村、龙安镇东皋村、平通镇牛飞村、木座乡民族村等200户；整体风格按照白马藏族风格修建，发展藏家乐、特色餐饮、特色民风民俗体验；游客中心1个（含配套设施，100万元），农家乐200户修复加固（实木房，1000元/平方米）	2008—2010	600		政府	绵阳市

续表

项目序号	项目名称	建设内容	建设时序/年	投资计划/万元 国家拨款	投资计划/万元 社会来源	责任主体	所属市州
4-2-11	蜀汉文化乡村旅游项目	包括郪江镇花棚村、玉江村、银桥村、安居镇云台村;整体风格以三国蜀汉风格为主,依托郪江古镇、云台村发展特色餐饮、农事体验、特色民风民俗体验、宗教朝拜等项目;游客中心1个,农家乐200户	2008—2010	200	2000	政府	绵阳市
4-2-12	青川青竹江乡村旅游带	青溪镇、关庄镇、凉水镇等10个乡镇,恢复建设基础设施、房屋和接待设施,在镇域内建设游客中心、旅游购物点等旅游配套设施;沿江发展茶叶种植、野生鱼、山珍等特色农业,三国文化主题村;发展农家乐户数600户(500元/平方米)	2008—2010	6500	25000	政府	广元市
4-2-13	青川白龙湖乡村旅游带	木鱼镇、沙洲镇、宝轮镇等10乡镇,恢复建设基础设施、房屋和接待设施,在镇域内建设游客中心、厕所、旅游购物点等旅游配套设施;发展水上乡村休闲设施,九寨北环线重要节点;发展农家乐户数400户(500元/平方米)	2008—2010	5000	20000	政府	广元市
4-2-14	南山休闲运动乡村旅游带	生态恢复,游客中心、停车场、旅游厕所、标识标牌、基础设施建设,体育旅游公园建设;发展农家乐户数800户(500元/平方米)	2008—2010	9000	20000	政府	广元市
4-2-15	鹿亭溪茶文化、温泉乡村旅游带	民居修复,游客中心、停车场、旅游厕所、标识标牌、基础设施建设;发展农家乐户数400户(500元/平方米)	2008—2010	2000	6000	政府	广元市
4-2-16	汶川三江农业生态旅游区	汶川三江镇;恢复建设基础设施、房屋和接待设施,在镇域内建设游客中心、旅游购物点等旅游配套设施;发展以羌族风情为主的乡村旅游和休闲度假;发展农家乐210户(1500元/平方米,羌式)	2008—2010	6500	50000	汶川县人民政府	阿坝藏族羌族自治州
4-2-17	理县嘉绒藏族羌族乡村旅游带	理县桃坪羌寨和甘堡藏寨;恢复建设基础设施,房屋和接待设施、游客中心、旅游厕所等旅游配套设施;发展以羌族和嘉绒藏族风情为主的乡村旅游和休闲度假;发展农家乐330户(1500元/平方米,羌式)	2008—2010	4400	20000	理县人民政府	阿坝藏族羌族自治州

附 录

续表

项目序号	项目名称	建设内容	建设时序/年	投资计划/万元 国家拨款	投资计划/万元 社会来源	责任主体	所属市州
4-2-18	茂县羌族乡村旅游带	茂县牟托村乡村生态农业旅游；恢复建设基础设施，房屋和接待设施、游客中心、旅游厕所等旅游配套设施；发展以羌族和嘉绒藏族风情为主的乡村旅游和休闲度假；发展农家乐240户（1500元/平方米，羌式）	2008—2010	6800	25000	茂县人民政府	阿坝藏族羌族自治州
4-2-19	黑水嘉绒藏族乡村旅游区	色尔古藏寨；恢复建设基础设施，房屋和接待设施、游客中心、旅游厕所等旅游配套设施；发展以羌族和嘉绒藏族风情为主的乡村旅游和休闲度假；发展农家乐150户（1500元/平方米，羌式）	2008—2010	6100	20000	黑水县人民政府	阿坝藏族羌族自治州
4-2-20	石棉安顺彝族乡村旅游带	彝藏风情旅游片区（安顺村、江坝村、安靖村、松林村）整体风格；修复严重受损的彝家乐；修复严重受损的尔苏木雅藏族民居和藏家乐，环境整治、完善景区公路等旅游基础设施、增建游客中心、旅游厕所、标识、标牌引导系统等旅游配套设施，完善旅游功能，提升旅游形象；游客中心1个（100万元/个）；藏家乐彝家乐200余户（每村40余户，600元/平方米）	2008—2009	700		雅安市旅游局、石棉县人民政府	雅安市
4-2-21	栗子坪彝族风情	突出彝族风情（孟获村、公益村、元根村、栗子村）风格；修复受损的彝家乐，环境整治、增建游客中心、旅游厕所、标识、标牌引导系统等旅游配套设施，完善旅游功能，提升旅游形象，彝家乐200余户（每村40余户，600元/平方米）	2008—2009	600		雅安市旅游局、石棉县人民政府	雅安市
4-2-22	九襄镇花海果都乡村旅游区	围绕九襄花海果都发展乡村旅游，都游客接待中心、九襄花海果都主题公园、九襄花海果都观光点、九襄花海果都排污处理中心、九襄花海果观光游道、九襄老街旅游区、乡村度假游基础设施；游客中心大1个（100万元/个），小2个（30万元/个），150户（600元/平方米）	2008—2009	600		雅安市旅游局、汉源县人民政府	雅安市
4-2-23	上里古镇—白马泉乡村休闲旅游区	突出茶马古驿、川西古镇特色，修复受损建筑，进行公路、供水系统、排污系统、标识牌、车站、游客疏散、风貌改造、旅游厕所等建设；涉及上里、中里、碧峰峡镇白马村、碧峰峡村、后盐村、红牌村等200余户农家乐	2008—2009	400	2000	雨城区旅游局及相关镇、村	雅安市

续表

项目序号	项目名称	建设内容	建设时序/年	投资计划/万元 国家拨款	投资计划/万元 社会来源	责任主体	所属市州
4-2-24	魅力雅安城郊乡村休闲旅游区	依托中国优秀旅游城市,打造城郊乡村休闲旅游带;修复受损农家乐,进行公路、供水系统、排污系统、标识牌、车站、游客疏散、风貌改造、旅游厕所等建设;涉及北郊乡、对岩镇、大兴镇、草坝镇的清江村、金凤村、水口村、清元村7个村150余户农家乐	2008—2009	800	2000	雨城区旅游局及相关镇、村	雅安市
4-2-25	周公山—望鱼古镇温泉乡村休闲度假旅游区	依托周公山温泉、河流和古镇,打造温泉乡村休闲旅游带;修复受损农家乐,进行公路、供水系统、排污系统、标识牌、车站、游客疏散、风貌改造、旅游厕所等建设;涉及孔坪乡、望鱼镇望鱼村、澄清村、新民村等5个村100余户农家乐	2008—2009	1000	1000	雨城区旅游局及相关镇、村	雅安市
4-2-26	汉代文化生态休闲旅游带	突出丰富的汉代文化资源和良好的生态环境,修复受损农家乐,进行公路、供水系统、排污系统、标识牌、车站、游客疏散、风貌改造、旅游厕所等建设;涉及芦阳镇、飞仙关镇、大川镇等6个镇12村的100户农家乐	2008—2010	240	3000	芦山县旅游局及相关镇、村	雅安市
4-2-27	二郎山茶马古道乡村休闲旅游区	依托二郎山茶马古道、喇叭河等资源,打造休闲旅游区;修复受损农家乐,进行公路、供水系统、排污系统、标识牌、车站、游客疏散、风貌改造、旅游厕所等建设;涉及紫石乡、始阳镇等的新地头村、紫石关村、小河乡、新沟村8个村的150户农家乐	2008—2010	200	4000	天全县旅游局及相关镇、村	雅安市
4-2-28	广元后花园(元坝)乡村旅游示范区	恢复重建景区步游道8千米、标识标牌200个、旅游厕所2座、游客中心2处及供水、供电、通信等基础设施;恢复重建栋银岩、杏花村、陈家沟川北风格古民居及15平方千米绿化景观;打造四季花卉景观大走廊,特色农家花园200户	2008—2009	300	2000	政府	广元市

4-3 新建项目表

项目序号	项目名称	建设内容	建设时序/年	投资计划/万元 国家拨款	投资计划/万元 社会来源	责任主体	所属市州
4-3-1	都江堰—青城山乡村旅游带	柳街镇、中兴镇、玉堂镇、安龙镇按照4A级景区标准建设,打造国际休闲运动度假区、观光农业基地;在镇域范围内建设游客中心、旅游咨询点、旅游购物点等;建造4个游客中心及配套设施等(500万元/个)	2008	2000		彭州市人民政府	成都市
		三台主题乡村休闲度假区,建设乡村旅游酒店、高档休闲度假区;占地500亩	2008		30000	蜀山投资公司	成都市
4-3-2	崇州—大邑—邛崃乡村旅游带	大邑新场古镇天府水乡,包括门景系统、游客中心、二元河打造、乡村酒店建设等项目。基础设施建设等;游客中心1个及旅游配套设施	2008	500		邛崃新场古镇管委会	成都市
		崇州三台主题乡村休闲度假区,建设乡村旅游酒店、高档休闲度假区。占地500亩,建设游客集散中心及配套设施1个。将灾害中受严重损毁的380户农家乐在三郎镇红纸村、益善村、茶园村、凤鸣村、街子镇莲经村、文井江镇清泉村、大同村、大坪村、万家社区、马家社区、铁索村、鸡冠山乡荀家村、竹跟村分区整合为乡村旅游酒店聚落,建设游客集散中心及紧急避难场所3个。农家乐380户(600元/户)	2008	1000		崇州市人民政府	成都市
		九里半—葫芦湾乡村生态旅游体验区,包括乡村高尔夫、发展观光农业等。游客中心1个及旅游配套设施1个(500万元/个)	2008	1100		邛崃市临邛镇人民政府	成都市
		南宝乡1000多户整体移民到火井镇,结合南宝山整体打造,集中发展乡村旅游,并建设火井旅游聚散中心。2008年实施常乐村96户移民	2008	800		邛崃市人民政府	成都市
4-3-3	新店子景区国家AAA级旅游景区建设	编制新店子景区总体规划和控制性详规;建设游客接待中心等项目;联片打造白鹤乡新店村乡村旅游示范点;打造新店子天主教文化旅游产品	2008—2010	400	5000	政府	广元市

续表

项目序号	项目名称	建设内容	建设时序/年	投资计划/万元 国家拨款	投资计划/万元 社会来源	责任主体	所属市州
4-3-4	荞子坝现代农业园区全国农业旅游示范点建设	编制荞子坝景区总体规划和控制性详规；建设游客接待中心、乡村生态休闲设施设备等项目	2008—2010	300	4000	政府	广元市
4-3-5	"十点五线"乡村旅游灾后修复	受损乡村旅游观光区内景点的排危及修复，建成"水乡印象""金色秋天""锄月沟"等乡村旅游景点；深度开发"十点五线"乡村旅游观光区，着力提高乡村旅游产品质量	2008—2010	500	1500	相关镇、业主	德阳市

五、城镇

5-1 恢复加固项目表

项目序号	项目名称	建设内容	建设时序/年	投资计划/万元 国家拨款	投资计划/万元 社会来源	责任主体	所属市州
5-1-1	德阳市区	修复损毁的游人接待中心、旅游停车场、汽车站；旅行社；博物馆、文娱中心、特色餐饮购物街、游憩休闲公园、沿山公路旅游产业带、农业观光休闲区、旌阳水库旅游区、汉绵竹城遗址旅游区、黄府堰风景区公共卫生间等，修复加固旅游局办公场所、星级宾馆饭店、市区周边乡村旅游区、重点旅游商品企业等；剑南镇特色街区打造（剑南老街旅游区）：茶盘年画街改造、天益老号保护项目、诸葛双忠祠三国蜀汉文化旅游区、朱家巷拓展街区、盛世华章、停车场、基础设施建设等	2008	3000	52000	政府	德阳市
5-1-2	什邡市区（方亭镇）						
5-1-3	绵竹市区（剑南镇）						
5-1-4	土门镇	旅游停车场、汽车招呼站、咨询服务旅游中心、接待设施、特色餐饮购物街、公共卫生间等	2008	500	25500	政府	德阳市
5-1-5	白马关镇						
5-1-6	江油市区	旅游服务、接待、购物、娱乐设施	2008—2010	1000	25000	政府	绵阳市
5-1-7	平武县城	旅游服务、接待、购物、娱乐设施	2008—2010	1000	12000	政府	绵阳市
5-1-8	安县县城	旅游服务、接待、购物、娱乐设施	2008—2010	1000	16000	政府	绵阳市

续表

项目序号	项目名称	建设内容	建设时序/年	国家拨款	社会来源	责任主体	所属市州
5-1-9	桑枣镇	旅游服务、接待、购物、娱乐设施	2008—2010	500	10000	政府	绵阳市
5-1-10	青莲镇	旅游服务、接待、购物、娱乐设施	2008—2010	500	8000	政府	绵阳市
5-1-11	武都镇	旅游服务、接待、购物、娱乐设施	2008—2010	500	6000	政府	绵阳市
5-1-12	擂鼓镇	旅游服务、接待、购物、娱乐设施	2008—2010	500	5000	政府	绵阳市
5-1-13	南坝镇	三国文化建设、旅游服务、接待、购物、娱乐设施	2008—2010	500	6000	政府	绵阳市
5-1-14	平通镇	羌族文化建设、旅游服务、接待、购物、娱乐设施	2008—2010	500	5000	政府	绵阳市
5-1-15	响岩镇	旅游服务、接待、购物、娱乐设施	2008—2010	500	6000	政府	绵阳市
5-1-16	沉抗镇	旅游服务、接待、购物、娱乐设施	2008—2010	500	8000	政府	绵阳市
5-1-17	文昌镇	旅游服务、接待、购物、娱乐设施	2008—2010	500	8000	政府	绵阳
5-1-18	广元市区	恢复游客咨询中心、旅游标识系统、8个受损星级饭店、2个购物场所等	2008—2010	3000	20000	政府	广元市
5-1-19	昭化镇	基础设施及10.6万平方米古民居、30余处古建筑景点恢复加固公共服务设施、游人中心、旅游厕所、主题酒店等	2008	2000	10000	政府及招商引资	广元市
5-1-20	曾家镇	古街、古民居修复、公共服务设施等	2008	500	11000	政府	广元市
5-1-21	武连镇	古街、古民居修复、公共服务设施等	2008	500	5800	政府	广元市
5-1-22	东河镇	红军城古街、古民居、红军遗址遗迹修复、公共服务设施等	2008	1500	5000	政府	广元市
5-1-23	都江堰市城市中央游憩区	对水文化广场、杨柳河街、天和盛世特色旅游街区、夜啤酒长廊、奎光塔公园等损坏的基础配套设施进行修复加固	2008	4000	10000	都江堰市人民政府	成都市
5-1-24	都江堰市西街文化区	对西街文化区的川西民族街区、清真寺进行修复加固	2008	100	800	都江堰市人民政府	成都市

续表

项目序号	项目名称	建设内容	建设时序/年	投资计划/万元 国家拨款	投资计划/万元 社会来源	责任主体	所属市州
5-1-25	青城山旅游集镇	建设旅游集镇的基础配套设施，恢复泰安古镇仿古建筑、旅游配套设施等	2009	3000	1000	青城山镇人民政府	成都市
5-1-26	大观旅游集镇	建设旅游集镇的基础配套设施	2008	500	500	青城外山景区管理局	成都市
5-1-27	柳街旅游集镇	建设旅游集镇的基础配套设施	2008	500	500	柳街镇人民政府	成都市
5-1-28	葛仙山镇恢复	恢复葛仙山镇旅游景点、配套设施及旅游基础设施（道路、通信、供水、供电、厕所等）建设	2009	3000	12000	彭州市葛仙山镇	成都市
5-1-29	丹景山镇恢复	恢复丹景山镇旅游景点、配套设施及旅游基础设施（道路、通信、供水、供电、厕所等）建设	2009	1000	3000	彭州市丹景山镇	成都市
5-1-30	新兴镇恢复	恢复新兴镇旅游景点、配套设施及旅游基础设施（道路、通信、供水、供电、厕所等）建设	2009	1000	12000	彭州市新兴镇	成都市
5-1-31	街子古镇旧城和景观恢复及新区建设	街子古镇建筑及景观灾害加固、恢复重建，街子灾民新区建设及旅游基础配套设施建设	2008	2000	12000	崇州市人民政府	成都市
5-1-32	怀远古镇旧城和景观恢复及新区建设	怀远古镇建筑及景观灾害加固、恢复重建，怀远灾民新区建设及旅游基础配套设施建设	2008	1000	2000	崇州市人民政府	成都市
5-1-33	安仁古镇	建筑物与构筑物加固	2008	500		安仁古镇管委会	成都市
5-1-33	安仁古镇	刘氏庄园博物馆，建筑物与构筑物加固	2008	500		刘氏庄园博物馆	成都市
5-1-34	中国花水湾度假小镇	基础设施修复加固及对宾馆建筑物进行加固	2008		3000	私有企业	成都市
5-1-35	临邛古城景区基础设施维护加固	翻新景区内（大北街、白鹤山、竹溪湖）损坏房屋瓦片，维修兴贤牌坊脱落及松动的石板，维修白鹤山游客中心、广场山门主体及石塔，重建石栏杆，重铺广场石板，维修竹溪湖内所有房屋；维修、加固白鹤山鹤林寺、西塔宝顶、回澜塔塔体等受损文物	2008	250	500	邛崃市临邛镇人民政府	成都市

续表

项目序号	项目名称	建设内容	建设时序/年	投资计划/万元 国家拨款	投资计划/万元 社会来源	责任主体	所属市州
5-1-36	平乐古镇历史文化风貌维护及旅游设施维修	对灾后古堰、乐善桥、造纸作坊遗址7处、冶铁遗址50000平方米、南丝绸之路遗址（1000米）进行保护加固。对古镇核心区古建筑维修保护。对受损旅游基础设施进行维修加固；维护建设芦沟—金华山2.5千米旅游公路，按二级公路标准，配套绿化及人行道	2008	500	1760	邛崃市人民政府	成都市
5-1-37	上里镇	重建污水处理厂、供排水管道恢复建设，对古镇古建筑进行修缮，恢复受损的景点、游人接待中心和景区公路，完成垃圾处理中心和旅游度假区建设。游人中心1个，旅游咨询点2处，旅游厕所6个，旅游购物点10处，标识标牌80个，垃圾桶150个	2008—2009	3000	14500	雅安市旅游局、雨城区人民政府	雅安市
5-1-38	望鱼镇	完成古镇开发征地和拆迁工作，对古镇进行修缮和改造、建设古镇商业一条街并着手修建综合服务大楼、进一步完善景区旅游基础设施以及旅游配套设施，修建茶马古驿、垃圾转运处理、污水处理及附属设施，完成游人接待、咨询服务、停车场、灾后避难场所等的建设。游人中心1个，旅游咨询点2处，旅游厕所4个，旅游购物点6处，标识标牌40个，垃圾桶80个	2008—2009	500	5528	雅安市旅游局、雨城区人民政府	雅安市

5-2 恢复重建项目表

项目序号	项目名称	建设内容	建设时序/年	投资计划/万元 国家拨款	投资计划/万元 社会来源	责任主体	所属市州
5-2-1	都江堰城市旅游配套功能区	建设旅游城市旅游配套功能区。游人中心1个，旅游咨询点4处，旅游厕所15个，旅游购物点8处，标识标牌200个，垃圾桶600个	2008—2010	1000	10000	都江堰市人民政府	成都市
5-2-2	向峨旅游集镇	建设旅游集镇的基础配套设施。旅游咨询点1处，旅游厕所3个，旅游购物点4处，标识标牌50个，垃圾桶100个	2008—2010	200	2000	向峨乡人民政府	成都市
5-2-3	龙池旅游集镇	建设旅游集镇的基础配套设施。旅游咨询点1处，旅游厕所4个，旅游购物点5处，标识标牌60个，垃圾桶80个	2008—2010	500	4000	龙池景区管理局	成都市

续表

项目序号	项目名称	建设内容	建设时序/年	投资计划/万元 国家拨款	投资计划/万元 社会来源	责任主体	所属市州
5-2-4	虹口旅游集镇	建设旅游集镇的基础配套设施。游人中心1个,旅游咨询点3处,旅游厕所8个,旅游购物点4处,标识标牌100个,垃圾桶120个	2008—2010	300	4000	虹口景区管理局	成都市
5-2-5	白鹿风情小镇	原白鹿镇损毁严重,处于断裂带上,地震次生灾害严重,需以旅游风情小镇为主题下移新建,打造白鹿风情小镇旅游景点、配套设施及旅游基础设施(道路、通信、供水、供电、厕所等)建设。旅游咨询点1处,旅游厕所4个,旅游购物点5处,标识标牌40个,垃圾桶80个	2008—2009	600	20000	彭州市白鹿镇	成都市
5-2-6	龙门山镇打造	原龙门山镇损毁严重,处于断裂带上,地震次生灾害严重,需以旅游小镇为主题下移新建,打造龙门山镇旅游景点、配套设施及旅游基础设施(道路、通信、供水、供电、厕所等)建设。游人中心1个,旅游咨询点2处,旅游厕所5个,旅游购物点4处,标识标牌50个,垃圾桶120个	2008—2009	700	20000	彭州市龙门山镇	成都市
5-2-7	小鱼洞古镇打造	打造小鱼洞古镇旅游景点、配套设施及旅游基础设施(道路、通信、供水、供电、厕所等)建设。旅游咨询点1处,旅游厕所3个,旅游购物点4处,标识标牌40个,垃圾桶100个	2009	800	10000	彭州市小鱼洞镇	成都市
5-2-8	三郎镇异地重建	原三郎场镇和农户房屋因地震灾害严重损毁,需搬迁场镇,并对受灾农户进行集中安置,新址为天国村。旅游咨询点1处,旅游厕所4个,旅游购物点2处,标识标牌40个,垃圾桶120个,建设游客集散中心及紧急避难场所	2008—2009	600	8000	崇州市人民政府	成都市
5-2-9	文井江镇重建	原文井江镇和农户房屋因地震灾害严重损毁,需重建,并对受灾农户进行集中安置。旅游咨询点1处,旅游厕所2个,旅游购物点2处,标识标牌30个,垃圾桶80个,建设游客集散中心及紧急避难场所	2008—2009	700	6000	崇州市人民政府	成都市
5-2-10	鸡冠山乡重建	原鸡冠山乡和农户房屋因地震灾害严重损毁,需重建,并对受灾农户进行集中安置。旅游咨询点1处,旅游厕所3个,旅游购物点4处,标识标牌40个,垃圾桶90个,建设游客集散中心及紧急避难场所	2008—2009	500	6000	崇州市人民政府	成都市

续表

项目序号	项目名称	建设内容	建设时序/年	投资计划/万元 国家拨款	投资计划/万元 社会来源	责任主体	所属市州
5-2-11	安仁镇重建	新建安仁古镇游客中心；增加消防与安保设施；旅游服务设施建设等；刘氏庄园博物馆，调整庄园布展，增加消防与安保设施等。建川博物馆建国60周年纪念馆，建川博物馆建设。游人中心1个，旅游咨询点2处，旅游厕所4个，旅游购物点6处，标识标牌50个，垃圾桶120个	2008	400	1500	大邑县人民政府	成都市
5-2-12	邛崃市灾后平乐历史文化名镇保护维修	对灾后古堰、乐善桥、造纸作坊遗址7处、冶铁遗址50000平方米、南丝绸之路遗址（1000米）进行保护加固。对古镇核心区古建筑维修保护。游人中心1个，旅游咨询点2处，旅游厕所6个，旅游购物点6处，标识标牌60个，垃圾桶120个	2008—2010	500	15000	邛崃市文体局	成都市
5-2-13	平乐古镇	建设成都旅游特产购物广场，包括市场基础设施建设和购物广场建设。游人中心1个，旅游咨询点2处，旅游厕所5个，旅游购物点6处，标识标牌60个，垃圾桶100个	2008—2012	500	2500	邛崃市平乐镇人民政府	成都市
5-2-14	潼川镇	汉代特色旅游城镇、旅游服务、接待、购物、娱乐设施	2008—2010	500	800	政府	绵阳市
5-2-15	郪江古镇	古镇风貌恢复建设，旅游服务、接待、购物、娱乐设施	2008—2010	500	800	政府	绵阳市
5-2-16	青溪镇	基础设施、古城墙、古街、古民居、古村落等恢复、公共服务设施等。旅游咨询点1处，旅游厕所3个，旅游购物点4处，标识标牌40个，垃圾桶80个	2008—2009	3300	14000	政府	广元市
5-2-17	剑门关镇	基础设施（重点排污设施）、古镇整体风貌改造、公共服务设施等。游人中心1个，旅游咨询点2处，旅游厕所8个，旅游购物点4处，标识标牌100个，垃圾桶300个	2008—2009	5600	22000	政府	广元市
5-2-18	凉山乡	基础设施、古镇整体风貌改造、公共服务设施等。旅游咨询点1处，旅游厕所1个，旅游购物点2处，标识标牌10个，垃圾桶20个	2008—2009	500	6200	政府	广元市
5-2-19	陵江镇	基础设施、旅游服务设施、标识标牌等，重建苍溪梨都宾馆	2008—2009	5000	6000	政府	广元市

续表

项目序号	项目名称	建设内容	建设时序/年	投资计划/万元 国家拨款	投资计划/万元 社会来源	责任主体	所属市州
5-2-20	鲜花碧水阳光城（汉源）	打造为以鲜花碧水阳光城为特色的国际旅游区，城市建设突出汉代风格，建成移民新城和旅游新城相结合的现代化旅游城市。同时建设游客中心、旅游厕所、标识、标牌引导系统等旅游配套设施，完善旅游功能，提升旅游形象；清溪古镇古建筑景点恢复、加固公共服务设施、游人中心、旅游厕所	2008—2010	80000	120000	雅安市旅游局、汉源县人民政府	雅安市
5-2-21	穆坪镇	1.穆坪镇受损旅游接待设施恢复重建；2.供水设施恢复；3.旅游购物点受损设施恢复重建；4.新建旅游接待中心；5.新建宝兴大熊猫雕塑园。游人中心1个，旅游咨询点2处，旅游厕所8个，旅游购物点4处，标识标牌100个，垃圾桶300个	2008—2010	400	6700	雅安市旅游局、宝兴县人民政府	雅安市
5-2-22	龙门乡	旅游接待基础设施、环境整治、农家乐。旅游咨询点1处，旅游厕所2个，旅游购物点2处，标识标牌20个，垃圾桶40个	2008—2010	500	2400	雅安市旅游局、芦山县人民政府	雅安市
5-2-23	紫石乡	茶马古道驿站、旅游接待基础设施、环境整治、农家乐。游人中心1个，旅游咨询点1处，旅游厕所3个，旅游购物点6处，标识标牌40个，垃圾桶120个	2008—2009	500	4000	雅安市旅游局、天全县人民政府	雅安市
5-2-24	草科藏族乡	旅游接待基础设施、环境整治、农家乐。旅游咨询点1处，旅游厕所2个，旅游购物点4处，标识标牌20个，垃圾桶40个	2008—2010	500	2400	雅安市旅游局、石棉县人民政府	雅安市
5-2-25	田湾河彝族乡	旅游接待基础设施、环境整治、农家乐。旅游咨询点1处，旅游厕所2个，旅游购物点4处，标识标牌20个，垃圾桶40个	2008—2010	500	1400	雅安市旅游局、石棉县人民政府	雅安市
5-2-26	蟹螺藏族乡	旅游接待基础设施、环境整治、农家乐。旅游咨询点1处，旅游厕所2个，旅游购物点2处，标识标牌20个，垃圾桶40个	2008—2010	500	2400	雅安市旅游局、石棉县人民政府	雅安市
5-2-27	乌斯河镇	大渡河峡谷游客接待中心、大渡河峡谷旅游区排污处理中心、大渡河峡谷主碑广场、大渡河峡谷支峡游道、大渡河峡谷攀岩基地、大渡河峡谷水上运动中心。游人中心1个，旅游咨询点1处，旅游厕所4个，旅游购物点2处，标识标牌40个，垃圾桶100个	2008—2011	2500	8000	雅安市旅游局、汉源县人民政府	雅安市

续表

项目序号	项目名称	建设内容	建设时序/年	投资计划/万元 国家拨款	投资计划/万元 社会来源	责任主体	所属市州
5-2-28	杂谷脑镇	旅游城镇恢复重建。游人中心1个，旅游咨询点2处，旅游厕所8个，旅游购物点4处，标识标牌100个，垃圾桶300个	2008—2009	20700	38000	阿坝藏族羌族自治州旅游局	阿坝藏族羌族自治州
5-2-29	映秀	旅游城镇恢复重建。旅游咨询点1处，旅游厕所4个，旅游购物点2处，标识标牌40个，垃圾桶120个	2009—2011	20700	32000	汶川县人民政府	阿坝藏族羌族自治州
5-2-30	威州	旅游城镇恢复重建。游人中心1个，旅游咨询点2处，旅游厕所4个，旅游购物点6处，标识标牌100个，垃圾桶200个	2009—2011	30600	30300	汶川县人民政府	阿坝藏族羌族自治州
5-2-31	漩口	旅游城镇恢复重建。旅游咨询点1处，旅游厕所4个，旅游购物点2处，标识标牌40个，垃圾桶120个	2009—2011	20800	30600	汶川县人民政府	阿坝藏族羌族自治州
5-2-32	耿达	旅游城镇恢复重建。旅游咨询点1处，旅游厕所4个，旅游购物点4处，标识标牌40个，垃圾桶80个	2009—2011	20700	30200	汶川县人民政府	阿坝藏族羌族自治州
5-2-33	卧龙	旅游城镇恢复重建。游人中心1个，旅游咨询点2处，旅游厕所6个，旅游购物点4处，标识标牌60个，垃圾桶120个	2009—2011	20600	30300	卧龙管理局	阿坝藏族羌族自治州
5-2-34	三江	旅游城镇恢复重建。游人中心1个，旅游咨询点1处，旅游厕所4个，旅游购物点2处，标识标牌40个，垃圾桶100个	2009—2011	20000	30400	汶川县人民政府	阿坝藏族羌族自治州
5-2-35	凤仪	旅游城镇恢复重建。旅游咨询点1处，旅游厕所4个，旅游购物点2处，标识标牌30个，垃圾桶60个	2009—2011	20400	30600	茂县人民政府	阿坝藏族羌族自治州
5-2-36	炉城镇	跑马山、木格措景区景点垮塌修复及游步道建设，旅游城镇、游人中心及锅庄建设，游人中心1个，旅游咨询点3处，旅游厕所6个，旅游购物点4处，标识标牌60个，垃圾桶120个	2009—2010	8000	12000	康定县人民政府	甘孜藏族自治州
5-2-37	湔氐 红白 蓥华 马井镇 遵道 九龙 汉旺 金花	新建损毁的游人接待中心、旅游停车场、旅游汽车招呼站；宾馆饭店、旅行社；博物馆、文娱中心；特色餐饮购物街；公共卫生间；水、电、气、通信等基础设施。旅游咨询点1处，旅游厕所2个，旅游购物点2处，标识标牌40个，垃圾桶60个	2009—2010 2009—2010	20720 6000	97180 64000	什邡市人民政府 绵竹市人民政府	德阳市

续表

项目序号	项目名称	建设内容	建设时序/年	投资计划/万元 国家拨款	投资计划/万元 社会来源	责任主体	所属市州
5-2-38	伍城镇	北塔、玄武观、文庙、镇江寺、黄继光纪念馆的修复建设	2008	500	1500	伍城镇人民政府	德阳市
5-2-39	仓山镇	仓山古镇全面修缮复原帝主庙（禹王宫）、城隍庙的恢复建设	2008	200	1000	仓山镇人民政府	德阳市
5-2-40	始阳镇	打造破磷石头寨土司文化旅游景区，游人中心1个，旅游咨询点1处，旅游厕所2个，旅游购物点1处，标识标牌10个，垃圾桶20个	2008—2010	40	700	天全县旅游局	雅安市
5-2-41	多功乡	打造多功乡多功村特色商品购物一条街，游人中心1个，旅游咨询点1处，旅游厕所4个，旅游购物点2处，标识标牌20个，垃圾桶60个	2008—2010	80	350	天全县旅游局	雅安市
5-2-42	芦阳镇	排污处理中心、风貌改造、旅游配套设施，游人中心1个，旅游咨询点1处，旅游厕所6个，旅游购物点2处，标识标牌20个，垃圾桶40个	2008—2010	30	200	芦山县芦阳镇	雅安市
5-2-43	龙门乡	排污处理中心、风貌改造、农家乐建设，游人中心1个，旅游咨询点2处，旅游厕所4个，旅游购物点1处，标识标牌20个，垃圾桶20个	2008—2010	20	120	芦山县龙门乡	雅安市
5-2-44	飞仙关镇	排污处理中心、风貌改造，游人中心1个，旅游咨询点1处，旅游厕所4个，旅游购物点1处，标识标牌40个，垃圾桶80个	2008—2010	20	70	芦山县飞仙关镇	雅安市
5-2-45	蒙顶山镇	排污处理中心、风貌改造，游人中心1个，旅游咨询点1处，旅游厕所4个，旅游购物点1处，标识标牌40个，垃圾桶80个	2008—2009	100	4000	名山县旅游局	雅安市
5-2-46	百丈镇	排污处理中心、风貌改造，游人中心1个，旅游咨询点1处，旅游厕所4个，旅游购物点2处，标识标牌50个，垃圾桶100个	2008—2009	120	5000	名山县旅游局	雅安市
5-2-47	茅河乡	排污处理中心、风貌改造，游人中心1个，旅游咨询点1处，旅游厕所2个，旅游购物点1处，标识标牌20个，垃圾桶40个	2008—2009	400	5000	名山县旅游局	雅安市
5-2-48	巴州区	将帅碑林、阴灵山景区、天马山景区、恩阳古镇、晏阳初博物馆、南龛公园、北龛石窟、南龛石窟、水宁寺石窟、西龛石窟的恢复重建	2008—2009	3000	5000	巴州区人民政府	巴中市

续表

项目序号	项目名称	建设内容	建设时序/年	投资计划/万元 国家拨款	投资计划/万元 社会来源	责任主体	所属市州
5-2-49	南江区	旅游基础设施、公益设施、服务设施、景点恢复	2008—2009	2000	4000	南江区人民政府	巴中市
5-2-50	漹城镇	城镇旅游接待服务设施修复,千佛岩景区受灾古建筑、游山道、护栏恢复加固	2008—2009	800	3000	夹江县人民政府	乐山市

5-3 新建项目表

项目序号	项目名称	建设内容	建设时序/年	投资计划/万元 国家拨款	投资计划/万元 社会来源	责任主体	所属市州
5-3-1	北川县城	羌族文化特色建设、休闲空间、旅游服务、接待、购物、娱乐设施。游人中心1个,旅游咨询点4处,旅游厕所8个,购物点6处,标识标牌100个,垃圾桶200个	2008—2010	19000	150000	绵阳市人民政府	绵阳市
5-3-2	青川县城	考虑旅游功能、建设地震遗址公园、突出生态环境营造,整体打造成生态之城。游人中心1个,旅游咨询点4处,旅游厕所8个,旅游购物点6处,标识标牌100个,垃圾桶200个	2008—2010	14400	50000	广元市人民政府	广元市
5-3-3	沙洲镇	考虑旅游功能、建设地震遗址纪念地,打造成为白龙湖配套的生态休闲小镇。游人中心1个,旅游咨询点2处,旅游厕所4个,旅游购物点8处,标识标牌80个,垃圾桶80个	2008—2010	7000	20000	广元市人民政府	广元市
5-3-4	清平镇	新建损毁的游人接待中心、旅游停车场、旅游汽车招呼站;宾馆饭店、旅行社;博物馆、文娱中心;特色餐饮购物街;公共卫生间;水、电、气、通信等基础设施。旅游咨询点4处,旅游厕所8个,旅游购物点4处,标识标牌80个,垃圾桶120个	2008—2010	6720	57180	绵竹市人民政府	德阳市
5-3-5	天池镇	新建损毁的游人接待中心、旅游停车场、旅游汽车招呼站;宾馆饭店、旅行社;博物馆、文娱中心;特色餐饮购物街;公共卫生间;水、电、气、通信等基础设施。游人中心1个,旅游咨询点2处,旅游厕所8个,旅游购物点6处,标识标牌80个,垃圾桶120个	2009—2010	6720	57180	绵竹市人民政府	德阳市

续表

项目序号	项目名称	建设内容	建设时序/年	投资计划/万元 国家拨款	投资计划/万元 社会来源	责任主体	所属市州
5-3-6	火井古镇温泉开发	1. 温泉洗浴中心和宾馆；2. 以打造川西"地火温泉"为中心的项目开发；3. 以水为中心的娱乐项目综合开发，充分完善其娱乐休闲的功能；4. 温泉疗养中心建设。游人中心1个，旅游咨询点2处，旅游厕所6个，旅游购物点4处，标识标牌40个，垃圾桶80个	2008—2012		12000	邛崃市旅游局、邛崃市火井镇人民政府	成都市
5-3-7	都江堰旅游城市	城市新区，建设新城区基础配套设施；建设天府第一街；基础配套设施；建设文化复兴工程的基础配套设施；建设旅游团队接待中心的基础配套设施。游人中心1个，旅游咨询点4处，旅游厕所12个，旅游购物点10处，标识标牌120个，垃圾桶400个	2008—2010	1200	20000	都江堰市人民政府	成都市

六、旅游应急救援系统

6-1 新建项目表

项目序号	项目名称	建设内容	建设时序/年	投资计划/万元 国家拨款	投资计划/万元 社会来源	责任主体	所属市州
6-1-1	旅游远程监控系统	建立能覆盖全省4A以上旅游景区的远程网络监控指挥平台，实现无线通信（无线电）覆盖，随时掌握全省重要景区的旅游客流、旅游交通等动态，抗灾时用于应急组织指挥。在成都（省旅游局）建立监控指挥中心	2010	2000	2000	成都、德阳、绵阳、广元、阿坝藏族羌族自治州、雅安等市（州）政府景区	成都、德阳、绵阳、广元、阿坝藏族羌族自治州、雅安等市（州）
6-1-2	旅游应急通信项目	为应对各种灾害的发生，方便旅游应急救援联系，给全省每个市（州）旅游局应急办公室和4A景区，配备海事卫星电话。海事卫星电话10万元/部，省旅游应急办2部，21市（州）和45个4A景区各1部，共计68部，投资680万元	2008	230	450	成都、德阳、绵阳、广元、阿坝藏族羌族自治州、雅安等市（州）政府景区	成都、德阳、绵阳、广元、阿坝藏族羌族自治州、雅安等市（州）

续表

项目序号	项目名称	建设内容		建设时序/年	投资计划/万元		责任主体	所属市州
					国家拨款	社会来源		
6-1-3	直升机野外机降场项目	在阿坝藏族羌族自治州的九寨沟、黄龙，甘孜藏族自治州的海螺沟、亚丁香格里拉，乐山市的峨眉山，成都青城山，凉山州的螺髻山，宜宾市的蜀南竹海等景区和茂县、平武县等重要游客中转地，修建10个直升机野外机降场，并在九寨沟、峨眉山、都江堰—青城山3个5A景区的机降场增设雷达导航设备。每个野外机场及地面必要的通道等附属设施，约50万元、计500万元；每个雷达导航站500万元，计1500万元，项目投资2000万元		2009	1000	1000	成都、绵阳、阿坝藏族羌族自治州等市（州）政府景区	成都、绵阳、阿坝藏族羌族自治州等市（州）
6-1-4	游客急救远程医疗协同项目	以成都华西医院为中心，旅游重点市、县级医院为支撑和旅游重点集镇、景区医疗机构为网络的"游客急救远程医疗协同"系统。系统能够实现：病员资料管理，实时远程图像文字传输，远程诊断及急救指导，医学影像传输与诊断，分诊、转送信息支撑与任务管理等功能。当景区游客发生疾病或意外伤害后，以得到最及时、权威的急救处理。华西中心建设预算30万元。重点旅游集镇卫生院（景区医疗点）6.5万元/个		2009	200		成都、德阳、绵阳、广元、阿坝藏族羌族自治州、雅安等市（州）政府景区	成都、德阳、绵阳、广元、阿坝、雅安等市（州）
6-1-5	医疗急救站（点）（共26个）	成都市医疗急救站（点）3个	在成都市急救中心建设1个一级医疗急救中心，在都江堰市人民医院、青白江区人民医院建设2个二级医疗急救站，与乡镇卫生院（所）、公路道班等相结合建立三级医疗求救点	2008—2010	3000		成都市人民政府	成都市
		德阳市医疗急救站（点）4个	在德阳市第一人民医院建设1个一级医疗急救中心，在广汉市人民医院、罗江县人民医院、绵竹市人民医院建设3个二级医疗急救站，与乡镇卫生院（所）、公路道班等相结合建立三级医疗求救点	2008—2010	4000		德阳市人民政府	德阳市
		绵阳市医疗急救站（点）3个	在绵阳市中心医院建设1个一级医疗急救中心，在梓潼县医院、江油市青莲中心卫生院建设2个二级医疗急救站，与乡镇卫生院（所）、公路道班等相结合建立三级医疗求救点	2008—2010	3000		绵阳市人民政府	绵阳市

续表

项目序号	项目名称	建设内容	建设时序/年	投资计划/万元 国家拨款	投资计划/万元 社会来源	责任主体	所属市州
6-1-5	医疗急救站（点）（共26个）	广元市医疗急救站（点）4个：在德阳市人民医院建设1个一级医疗急救中心，在青川县人民医院、苍溪县人民医院、剑阁县人民医院建设3个二级医疗急救站，与乡镇卫生院（所）、公路道班等相结合建立三级医疗求救点	2008—2010	4000		广元市人民政府	广元市
		阿坝藏族羌族自治州医疗急救站（点）8个：在阿坝藏族羌族自治州人民医院建设1个一级医疗急救中心，在小金县人民医院、汶川县人民医院、理县人民医院、红原县人民医院、若尔盖县人民医院、松潘县中藏医院、茂县人民医院建设7个二级医疗急救站，与乡镇卫生院（所）、公路道班等相结合建立三级医疗求救点	2008—2010	8000		阿坝藏族羌族自治州政府	阿坝藏族羌族自治州
		雅安市医疗急救站（点）4个：在雅安市人民医院建设1个一级医疗急救中心，在宝兴县中医院、石棉县人民医院、芦山县人民医院建设3个二级医疗急救站，与乡镇卫生院（所）、公路道班等相结合建立三级医疗求救点	2008—2010	4000		雅安市人民政府	雅安市

附录3　旅游市场恢复计划表

项目序号	项目名称	建设内容	建设时序/年	投资计划/万元 国家拨款	投资计划/万元 社会来源	责任主体	所属市州
4-1-1	调研和评估项目	聘请专业公司，对四川省的国内和入境客源市场进行抽样调查和综合分析，并提出报告	2008—2010	500		四川省旅游局	
		聘请专业人员对四川旅游景区、城镇及线路的特种设施设备、接待设施设备、旅游服务和舒适度进行评估	2008—2010	1000		四川省旅游局	
4-1-2	信心和形象恢复项目	以"市场恢复启动、线路推出、灾区重建项目"等为主题的四川旅游专场新闻发布会	2008	100	25	四川省旅游局、相关媒体	
		制作以"千年峨眉、神游三星堆、荷塘蛙声、巍巍大佛、走马锦官城"等为主题的"四川旅游安全"访谈专题节目	2008	100	25	四川省旅游局、相关媒体	
		邀请全球有影响的媒体和中国旅游报、对口支援省（市）各种媒体到四川考察采风	2008	100	20	四川省旅游局、相关媒体	
		邀请主要客源国（地）主流媒体和旅行商到四川考察	2008	100	20	四川省旅游局、相关媒体	
		利用海内外网站宣传四川旅游恢复重建，消除信息不对称带来的负面影响	2008	100	20	四川省旅游局、相关媒体	
4-1-3	市场启动项目	将四川主要线路分阶段纳入全国重点旅游线路向国内外推广。线路如下： 人类瑰宝—成（都）乐（山）世界遗产线路； 温暖的南国冰雪世界—四川冬季旅游线路； 新农村、新农民—青城山、都江堰、彭州等乡村旅游带； 海之韵—竹海、石海、酒海为主要内容的川南旅游线路； 童话世界·人间天堂—九（寨沟）黄（龙）线； 最后的净土—香格里拉旅游线； 三足鼎立今安在—三国文化旅游线； 萧瑟秋风今又是—汶川地震遗址旅游环线	2008—2010	800		四川省旅游局、有关市州	

续表

项目序号	项目名称	建设内容	建设时序/年	投资计划/万元 国家拨款	投资计划/万元 社会来源	责任主体	所属市州
		制作多语种的宣传品向驻外办事处、境外大旅行商、国外主要媒体和国内相关机构及公众派发	2008—2010	800		四川省旅游局、有关市州	
		举办"四川爱心之旅""四川舒心之旅""四川同心之旅"—汶川地震遗址环线旅游大型活动；参加中国国际、国内旅游交易会及各省市区举办的各类旅游活动	2008—2010	800		四川省旅游局、有关市州	
		支持和鼓励开展"四川人游四川"的活动；安排到18个对口援建四川灾区的省市促销；赴中国台湾、香港地区，以及韩国、日本、新加坡、马来西亚、泰国、美国、德国等主要客源市场开展宣传促销活动	2008—2010	800		四川省旅游局、有关市州	
		邀请境内外名人、世界性的旅游组织、境内外主流媒体、境外主要客源地旅行商和国内百强旅行社每年2次连续3年到四川考察旅游线路，每次120人	2008—2010	800		四川省旅游局、有关市州	
4-1-3	市场启动项目	"畅游四川，畅行国航"国航支持四川省旅游行业灾后重振及公益活动，包括：喷涂一架以宣传"现代四川"为主题的彩绘飞机；采购上海徐家汇、杭州机场、成都机场高速路口路牌广告，宣传"现代四川"；在中航集团自有媒体开辟宣传四川旅游专栏；在国航的网站和星空联盟网站开展四川旅游专题宣传，还向国航673万会员推介四川旅游；在国航的机上电视中播放四川旅游宣传片；制作多语种招贴、折页在国航全球销售柜台摆放，并积极宣传四川旅游的实际情况，重建游客到四川旅游的信心；积极利用合作伙伴的媒体资源宣传四川旅游；和旅行社、景区、酒店等相关部门合作，联合推出拉萨、九寨沟、攀枝花、西昌、峨眉山、乐山等旅游打包产品；7月1日—8月31日往返成都的国航常旅客可获双倍里程奖励；鼓励国航3000家大客户到四川举办会展；推出"灾区学生优免票运输方案"，为灾区学生赴外省就读提供方便；根据四川省海内外旅游推介和感恩之旅的实际开展情况，确定赞助额度和赞助方式	2008—2009		1300	四川省旅游局、中国国际航空公司	

续表

项目序号	项目名称	建设内容	建设时序/年	国家拨款	社会来源	责任主体	所属市州
4-1-4	资源整合开发项目	四川旅游精品线路纳入国家旅游局驻海外办事处宣传项目；WTTC、UNWTO以及其他NGO的年会或活动在四川举行	2009—2010	500		四川省旅游局、相关市州、相关媒体	
		"让我再看你一眼"——以地震遗址为背景的大型赈灾义演活动	2009—2010	500		四川省旅游局、相关市州、相关媒体	
		"藏羌碉楼，你还好吗"——申报世界文化遗产论坛	2009—2010	500		四川省旅游局、相关市州、相关媒体	
		对口支援的18个省市每年分别向四川输送1万名旅游者	2009—2010	500		四川省旅游局、相关市州、相关媒体	

附录4 60条精品路线——中国四川国际文化节提供

绵阳旅游新线路推荐
绵阳市旅游局咨询电话 0816—2315372
1. 绵阳—中国工程物理研究院科技馆—绵阳科技博物馆—科学家公园—梓潼两弹城景区
2. 绵阳—王佑木纪念馆—梓潼两弹城景区—青林口古镇
3. 绵阳—仙海水利风景区—寻龙山景区—罗浮山温泉度假区
4. 绵阳—富乐山—西山—梓潼七曲山大庙—翠云廊—剑门关
5. 绵阳—安县晓坝镇—罗浮山温泉度假区—吉娜羌寨—北川新县城—药王谷—牛飞村
6. 绵阳—李白故居—李白纪念馆—窦圌山—药王谷—九皇山—报恩寺—王朗白马景区
7. 绵阳—梓潼七曲山—江油李白故里—李白纪念馆—北川九皇山—参观九皇山—绵阳
8. 绵阳—北川新县城—吉娜羌寨—北川老县城—罗浮山温泉度假区—安县小坝镇
9. 绵阳—江油李白故居—猿王洞—绵阳
10. 绵阳—罗浮山温泉度假区—龙隐镇—绵阳
广元旅游新线路推荐
广元市旅游局咨询电话 0839—3309039
1. 剑门关蜀道之旅：皇泽寺—昭化古城—大朝驿—剑门关—翠云廊
2. 三国文化寻踪之旅：明月峡—昭化古城—大朝驿—剑门关—翠云廊
3. 红色文化教育之旅：红军血战剑门关纪念馆—广元红星公园—旺苍红军城—旺苍木门会议旧址—苍溪红军渡·西武当山景区
4. 武则天故里观光休闲之旅：昭化古城—皇泽寺—天曌山—川北民俗文化园—南河湿地公园
5. 地震遗址爱心之旅：青川智慧岛教育园区—马鹿乡中心小学—凉水镇凉华村—青川东河口地震博物馆—青川东河口地震遗址公园—红光乡东河口村三元坝社
6. 清凉避暑消夏之旅：昭化古城—大朝驿—剑门关—翠云廊—曾家山—鼓城山—苍王峡
7. 生态环保体验之旅：唐家河—曾家山—鼓城山—苍王峡—苍溪梨文化博览园
8. 农事农耕采摘之旅：白龙湖—清溪古镇—乡村旅游示范村阴平村—唐家河国家级自然保护区—苍溪梨文化博览园
9. 野外探险考察之旅：鼓城山—七里峡—苍王峡—鹿亭温泉
10. 背包徒步发现之旅：菖溪河—昭化古城—大朝驿—剑门关—翠云廊—拦马墙—觉苑寺
阿坝州旅游新线路推荐
阿坝州旅游局咨询电话 0837—2822652
1. 成都—汶川水磨老人村—三江4A级旅游风景区—漩口集中村—映秀中滩堡、枫香树、渔子溪村—成都
2. 成都—汶川绵虒三官庙村—茂县牟托村—坪头村—成都
3. 成都—汶川水磨老人村—漩口集中村—汶川绵虒三官庙村—茂县牟托村—坪头村—牛尾村—松潘山巴上磨村—九寨沟县芝麻村—英各村—成都
4. 成都—九寨沟景区—若尔盖县求吉嘎洼村—班佑村—若尔盖花湖—黄河九曲第一湾—红原瓦切塔林—日干乔湿地—川主寺—黄龙—成都
5. 成都—汶川—大禹故里—桃坪羌寨—甘堡藏寨—卓克基土司官寨—松岗直波碉群—中壤塘觉囊文化中心—棒托寺—金川—小金沃日土司官寨—卧龙—成都

续表

6. 成都—汶川绵虒—萝卜寨—茂县牟托村—坪头村—黑水县色尔古藏寨—达古冰川—理县米亚罗—甘堡藏寨—桃坪羌寨—汶川布瓦寨—成都
7. 成都—雅安—夹金山—四姑娘山—卧龙—成都
8. 成都—雅安宝兴—夹金山—达维会师桥—小金县懋功会议旧址—两河口会议旧址—梦笔山—卓克基会议旧址—红原大草原（日干乔、瓦切红军长征纪念遗址）—若尔盖巴西会议旧址—松潘川主寺红军长征纪念碑碑园—成都
9. 成都—震中映秀（天崩石、漩口中学地震遗迹）—成都
10. 成都—九寨沟—黄龙—牟尼沟—成都
成都市灾后重建旅游精品线路
成都市旅游局咨询电话 028—61882956
1. 成都—都江堰（市区杨柳河-西街夜啤酒长廊）—都江堰景区（李冰街地震遗址）—青城山景区
2. 成都—都江堰（市区杨柳河—西街夜啤酒长廊）—虹口（漂流—深溪沟地震遗址）
3. 成都—都江堰（市区杨柳河—西街夜啤酒长廊）—紫坪铺镇—熊猫驿站（虹口高原村）—龙池（灾后重建安置点）—飞来峰地震遗址
4. 成都—都江堰（市区杨柳河—西街夜啤酒长廊）—青城外山高尔夫—青城外山—徐家林盘（灾后农民新居）
5. 成都—都江堰（市区杨柳河—西街夜啤酒长廊）—豪生温泉—大观茶坪村（农民联建安置点）—街子古镇（灾后重建区）
6. 成都—彭州新兴镇—通济镇—白鹿镇龙门山镇—磁峰镇—都江堰—成都
7. 成都（经成温邛高速公路）—崇州（游罨画池公园、州文庙、陆游祠，文井江水上公园）—公议乡（花果山生态农业旅游观光区）—街子古镇（高墩旅游小村、街子古镇、凤栖山古寺）
8. 成都—彭州—致和镇（四川尼众佛学院）—龙兴寺—丹景山镇（佛山古寺镇国寺塔、三昧水）—新兴镇（阳平观）—白鹿镇（领报修院）—成都
9. 成都—王泗镇—新场古镇—安仁古镇—花水湾温泉小镇（灾后重建）—西岭雪山（灾后重建）—鹤鸣山道源圣城
10. 成都—成都极地海洋世界—黄龙溪古镇
雅安旅游新线路推荐
雅安市旅游局咨询电话 0835—2223073
1. 成都—蒙顶山—碧峰峡—上里古镇—龙苍沟—成都
2. 成都—上里古镇—周公山温泉—望鱼古镇—成都
3. 成都—碧峰峡—邓池沟天主教堂—神木垒—成都
4. 成都—上里古镇—雅州廊桥—周公山温泉—成都
5. 成都—百丈湖—茶马司—万亩观光茶园—蒙顶山—甘溪坡茶马古道—成都
6. 成都—上里古镇—碧峰峡—周公山温泉—望鱼古镇—成都
7. 成都—红豆相思谷—上里古镇—汉文化博物馆—神木垒—蒙顶山—成都
8. 成都—九大碗—白马山庄—干老四雅鱼饭店—西康大酒店—蒙顶山—成都
9. 成都—蒙顶山—碧峰峡—上里古镇—东拉山—神木垒—成都
10. 成都—碧峰峡—龙门洞—东拉山—夹金山—二郎山—大渡河大峡谷—清溪古镇—泥巴山—龙苍沟—云峰寺—成都
德阳旅游新线路推荐
德阳市旅游局咨询电话 0838—6907622
1. 成都金沙遗址—广汉三星堆—川西古民居园区段家大院子—成都
2. 成都—什邡穿心店地震遗址区—马祖故里—绵竹汉旺地震遗址区—汉旺新城—成都
3. 成都—三星堆—川西古民居园区段家大院子—金雁湖公园—古雒城（房湖公园）—成都

续表

4. 成都—什邡博物馆—罗汉寺—马祖村—红豆村—龙居寺—穿心店地震遗址区—成都

5. 成都—白塔寺—黄继光纪念馆—玄武公园—中江文庙—寿宁寺—成都

6. 成都武侯祠—广汉古雒城—德阳文庙—德阳石刻—钟鼓楼—旌湖文化艺术长廊—罗江白马关庞统祠—倒湾三国古战场—倒湾古镇—香山鹭岛—成都

7. 成都—绵竹孝德新镇—中国绵竹年画村旅游景区—剑南老街—双忠祠—绵竹九龙山乡村旅游景区—麓堂温泉度假区—汉旺地震遗址区—汉旺新城—剑南春森林公园—成都

8. 成都—广汉三星堆—德阳文庙—德阳石刻—东湖山公园—钟鼓楼—旌湖文化艺术长廊—孝泉古镇（中国德孝城）—中江黄继光纪念馆—白塔寺—成都

9. 成都—白马关庞统祠墓—倒湾古镇—倒湾八卦谷—诸葛点将台—潺亭水城—香山鹭岛—醒园—李调元读书台—观音岩—李调元纪念馆—成都

10. 成都—绵竹孝德新镇—中国绵竹年画村—剑南老街—麓棠温泉—绵竹九龙山兴村旅游景区—穿心店地震遗址区—什邡马祖故里—什邡红豆村

附录5 四川省21个市州省级各类资源占全省比重一览表

资源＼市州	省级风景名胜区 数量/个	占全省比重	省级森林公园 数量/个	占全省比重	省级自然保护区 数量/个	占全省比重	省级湿地公园 数量/个	占全省比重	省级地质公园 数量/个	占全省比重	省级文物保护单位 数量/个	占全省比重
全省	75	—	49	—	67	—	8	—	9	—	577	—
成都市	5	6.67%	3	6.12%	2	2.99%	—	—	—	—	76	13.17%
自贡市	1	1.33%	2	4.08%	1	1.49%	—	—	—	—	15	2.60%
攀枝花市	1	1.33%	1	2.04%	2	2.99%	—	—	1	11.11%	3	0.52%
泸州市	8	10.67%	4	8.16%	1	1.49%	—	—	—	—	25	4.33%
德阳市	3	4.00%	3	6.12%	—	—	—	—	—	—	19	3.29%
绵阳市	7	9.33%	4	8.16%	7	10.45%	—	—	—	—	29	5.03%
广元市	2	2.67%	2	4.08%	4	5.97%	1	12.50%	3	33.33%	22	3.81%
遂宁市	2	2.67%	1	2.04%	—	—	—	—	—	—	13	2.25%
内江市	2	2.67%	2	4.08%	—	—	—	—	1	11.11%	26	4.51%
乐山市	3	4.00%	3	6.12%	1	1.49%	1	12.50%	—	—	20	3.47%
南充市	5	6.67%	4	8.16%	—	—	1	12.50%	1	11.11%	55	9.53%
宜宾市	5	6.67%	5	10.20%	1	1.49%	2	25.00%	—	—	34	5.89%
广安市	1	1.33%	1	2.04%	—	—	2	25.00%	—	—	16	2.77%
达州市	4	5.33%	3	6.12%	1	1.49%	1	12.50%	—	—	24	4.16%
巴中市	1	1.33%	—	—	5	7.46%	—	—	—	—	15	2.60%
雅安市	6	8.00%	1	2.04%	4	5.97%	—	—	—	—	26	4.51%
眉山市	4	5.33%	3	6.12%	1	1.49%	—	—	1	11.11%	28	4.85%
资阳市	—	—	1	2.04%	2	2.99%	—	—	—	—	12	2.08%
阿坝藏族羌族自治州	6	8.00%	1	2.04%	13	19.40%	—	—	1	11.11%	37	6.41%
甘孜藏族自治州	4	5.33%	2	4.08%	15	22.39%	—	—	1	11.11%	55	9.53%
凉山彝族自治州	5	6.67%	3	6.12%	7	10.45%	—	—	—	—	27	4.68

数据来源：《四川旅游年鉴（创刊号）》。

附录6 2011—2013年四川省接待国内游客情况

项目	2013 人次	2013 同比/%	2012 人次	2012 同比/%	2011 人次	2011 同比/%
合计	48696.5	12.1	43451.77	24.2	34977.82	28.9
北京市	1012.89	8.9	929.87	51.9	612.11	32.7
天津市	467.49	-12.5	534.46	115.2	248.34	60.5
河北省	667.14	24.8	534.46	66.1	321.8	46.4
山西省	672.01	44.5	464.93	21.9	381.26	71.3
内蒙古自治区	224	-14.1	260.71	58.6	164.4	59.4
辽宁省	418.79	-2.6	430.17	73.2	248.34	36.6
吉林省	394.44	9.4	360.65	63.7	220.36	47.6
黑龙江省	340.88	-10.9	382.38	47.7	258.84	58.9
上海市	969.06	29.7	747.37	56	479.2	37.9
江苏省	852.19	1.1	842.96	58.6	531.66	56.7
浙江省	871.67	18	738.68	51.9	486.19	25.3
安徽省	462.62	4.4	443.21	62.5	272.83	41.6
福建省	506.44	31	386.72	24.2	311.3	55
江西省	428.53	-0.4	430.17	66.2	50.06	61.6
山东省	506.44	11	456.24	24.2	367.27	53.8
河南省	399.31	-0.1	399.76	25.6	318.3	50.4
湖北省	545.4	2	534.46	52.8	349.78	63.1
湖南省	657.4	-16.4	786.48	74.3	451.21	53.9
广东省	939.84	12.7	834.27	17.5	710.05	32.1
广西壮族自治区	267.83	-33	399.76	54.4	258.84	42.3
海南省	258.09	-10	286.78	54.7	185.38	51.8
重庆市	4592.08	40.7	3263.23	16.8	2794.73	35
四川省	27567.09	18.4	23281.46	20.6	19307.76	31.5
贵州省	1051.84	31.6	799.51	53.4	521.17	17.8
云南省	1480.37	11.7	1325.28	45.7	909.42	33.5
西藏自治区	170.44	-14.7	199.88	2	195.88	56.9
陕西省	1076.19	33.9	803.86	14.9	699.56	25.7

续表

项目	2013 人次	2013 同比/%	2012 人次	2012 同比/%	2011 人次	2011 同比/%
甘肃省	404.18	14.8	351.96	39.8	251.84	9.2
青海省	243.48	16.7	208.57	35.5	153.9	45.4
宁夏回族自治区	97.39	-17	117.32	19.8	97.94	80.4
新疆维吾尔自治区	141.22	-9.7	156.43	24.2	125.92	45

附录7 2009年四川旅游纪事

时间	纪事
1月6日	四川成都西岭雪山第九届南国冰雪节开幕
1月9—10日	川渝旅游合作签约仪式暨四川冬季旅游产品推介活动在重庆举行
1月15日	绵竹举办第八届中国·绵竹年画节。节日期间，除了再现绵竹年画代表作《迎春图》的游城表演，还有年画精品暨创新年画展，年味儿浓郁的迎春龙狮灯表演、新春唱大戏、独有的年画村观光游以及绵竹年画灾后发展专家论坛等18个大项40多个小项的活动
1月23日	四川千条自助自驾旅游线路正式对外公布
2月2日	春节黄金周实现了四川旅游的开门红，蒋巨峰省长对全省旅游产业振兴与发展做出重要批示
3月1日	剑门关蜀道旅游年启动仪式在成都举行
3月5日	瑞士旅游交流会在成都召开
3月10—14日	四川省旅游代表团赴德国柏林参加柏林国际旅游展（ITB）并成功举办"四川之夜"旅游推介会，这是四川省在汶川地震后首次到欧洲亮相宣传，引起强烈反响
3月18日	龙泉国际桃花节开幕式在成都举行
3月18日	乡村旅游启动暨绵竹梨花节开幕
3月24日	成都举行熊猫卡首发仪式
3月26日	雅安中国生态旅游年活动启动
4月7日	四川省旅游局召开加快灾后恢复重建动员大会
4月11日	国家旅游局在186个城市同步启动声势浩大的"全国百城旅游宣传周"活动，四川9个市州同步举行启动仪式，主会场设在成都
4月17日	灾后四川亮相2009中国国内旅游交易会
4月17日	"团团圆圆省亲游"首发团举行出发仪式
4月24日	四川省旅游局组织相关市州在云南省昆明市举行"四川旅游云南推介会"
4月27日	电影《熊猫回家路》在成都首映
5月1日	四川省首届农家乐旅游文化节在凉山西昌开幕
5月12日	纪念汶川大地震一周年活动在四川省汶川县映秀镇隆重举行
5月12日	由联合国世界旅游组织、香港理工大学和四川省旅游局共同主办，主题为"开创旅游新局面"的第六届中国旅游论坛在成都开幕
5月27日	全球旅游知识竞赛特等奖颁奖仪式在成都举行
6月1日	第二届中国成都国际非物质文化遗产节盛大开幕
6月11—14日	四川旅游促销团参加第二十三届香港国际旅游展
6月12日	四川省旅游局千条自助自驾旅游线路专题总点击量突破1000万次

续表

时间	纪事
7月1日	四川省旅游局和宜宾市政府联合在上海举行旅游推介会
7月23日	四川省政府在遂宁召开全省加快旅游业发展工作会议
8月7日	四川省政府2008年重大开工项目、省旅游学校新校区奠基仪式在双流县黄龙溪镇隆重举行
8月14日	彝族火把节开幕,正值西昌市建市30周年,西昌市举办了盛大的开幕式,邀请了中央电视台"欢乐中国行"举办节目演出
9月9日	四川省旅游局举行国庆红歌会
9月11日	由国家旅游局、四川省人民政府主办,四川省旅游局和成都市人民政府承办的"2009中国四川国际文化旅游节"开幕式在成都都江堰市隆重举行。为配合活动的开展,四川省13个市州在9月10—15日策划并推出了49项配套活动及优惠措施
9月12日	第二届中国观音故里文化旅游节开幕
9月13日	川陕甘旅游区域协作第六届年会在遂宁隆重召开
9月27日	成都2009乡村美食节开幕
10月16日	第十届中国西部国际博览会在成都隆重开幕。本次活动中四川省举办了四川重点旅游项目推介与合作签约活动,并与越南国家旅游总局签订了合作备忘录
10月24日	第七届中国·四川光雾山红叶节在南江隆重举行
10月28日	由四川省政府新闻办、省旅游局联合举办的"魅力四川·2009"网络宣传活动正式拉开序幕
10月31日	第三届四川省旅游行业双选会在成都举行
11月11—15日	四川省旅游代表团赴澳门特别行政区参加第五届世界遗产论坛暨第二届世界遗产旅游博览会
11月13日	"冰雪、温泉、阳光、新年"四川冬旅产品亮相2009广东国际旅游文化节
11月22日	西部旅游信息化研讨会在成都召开
11月28日	成都区域合作冬季旅游产品推介图片展开展
12月1日	四川省旅游局召开惩防体系建设检查动员大会
12月3日	四川举行温泉旅游启动仪式,旅游正式进入"温季"
12月16日	四川省汶川地震灾后恢复重建旅游项目统计培训会在成都召开
12月18日	四川省旅游局召开全省4A级以上旅游景区惩防体系建设工作会
12月29日	四川省旅游局召开全省旅游行业民主评议政风行风工作动员大会

参考文献

参考文献

[1] 安桃艳. 旅游体验质量影响因素及管理对策研究 [J]. 赤峰学院学报：自然科学版, 2009, 25 (6)：110 – 111.

[2] 白凯, 马耀峰, 李天顺, 等. 西安入境旅游者认知和感知价值与行为意图 [J]. 地理学报, 2010, 65 (002)：244 – 255.

[3] 保罗·克鲁格曼. 发展、地理学与经济学理论 [M]. 北京：中国社会科学出版社, 2000.

[4] 毕丽芳, 马耀峰, 高楠. 国内旅游空间结构研究进展 [J]. 资源开发与市场, 2012, 28 (3)：270 – 273.

[5] 蔡书良. 地震灾害遗迹旅游资源分类 [EB/OL]. 2011 – 03 – 13.

[6] 曹俊兴. 对四川汶川大地震有关问题的思考与初步认识 [J]. 成都理工大学学报, 2008 (4)：414 – 424.

[7] 曾润喜. 网络舆情管控工作机制研究 [J]. 图书情报工作, 2009, 53 (18)：79 – 82.

[8] 常硕峰, 伍麟. 风险的社会放大：特征, 危害及规避措施 [J]. 学术交流, 2013 (12)：141 – 145.

[9] 陈虹, 张锦. 基于传媒视角的旅游目的地形象塑造 [J]. 新闻知识, 2012 (10)：117 – 118.

[10] 陈金华, 秦耀辰, 何巧华. 自然灾害对海岛旅游安全的影响研究——以平潭岛为例 [J]. 未来与发展, 2007 (8)：62 – 65.

[11] 陈晓剑, 王海亮, 刘天卓. 基于公众感知的危机信息定制与沟通策略研究 [C]∥中国系统工程学会决策科学专业委员会. 决策科学与评价. 北京：知识产权出版社, 2009.

[12] 陈兴. "虚拟真实"原则指导下的旅游体验塑造研究——基于人类学视角 [J]. 旅游学刊, 2010, 25 (11)：13 – 19.

[13] 大洋网·广州日报. 广东南岭国家级自然保护区遭雪灾毁灭性破坏 [N]. 人民网, 2008 – 02 – 21.

[14] 邓峰. 体验经济时代的旅游体验 [J]. 经济研究导刊, 2009 (26)：62 – 63.

[15] 邓聚龙. 灰色系统基本方法 [M]. 武汉：华中科技大学出版社, 1987.

[16] 丁红玲. 体验背景下旅游体验质量影响因素研究 [J]. 经济研究导刊, 2010 (25)：167 – 168.

[17] 范秀成, 陈英毅. 体验营销：企业赢得顾客的新思维 [J]. 经济管理, 2002 (22)：62 – 671.

[18] 冯卫红, 苗长虹. 国内外关于旅游产业集群的研究综述 [J]. 人文地理, 2009, 24 (01)：16 – 21.

[19] 冯卫红. 旅游产业集群判定和识别探讨 [J]. 经济问题, 2008 (2)：120 – 122.

[20] 龚绍方, 刘志高. 区域旅游发展初探 [J]. 中州学刊, 2007 (4)：71 – 73.

[21] 龚胜生, 熊琳. 旅游犯罪学：定义, 领域, 方法与意义 [J]. 旅游学刊, 2002, 17 (2)：15 – 21.

[22] 郭鲁芳. 旅游目的地成功实施整合营销传播的关键因素 [J]. 旅游学刊, 2006, 21 (8)：6 – 7.

[23] 国家质检总局质量管理司清华大学中国企业研究中心. 中国顾客满意指数指南 [M]. 北京：中国标准出版社, 2003.

[24] 韩明玉. 自然灾害对旅游资源影响因素分析——以四川汶川地震事件为例 [J]. 边疆经济与文化, 2009 (3)：14 – 15.

[25] 韩睿, 田志龙. 促销类型对消费者感知及行为意向影响的研究 [J]. 管理科学, 2005, 18 (2): 85-91.

[26] 韩睿. 基于消费者感知的促销策略 [J]. 管理现代化, 2008 (6): 42-44.

[27] 杭华. 旅游安全问题的成因分析及应对策略 [J]. 旅游纵览月刊, 2014.

[28] 郝辽钢, 高充彦, 贾建民. 价格折扣呈现方式对促销效果影响的实证研究 [J]. 管理世界, 2008 (10): 106-114.

[29] 胡传东, 罗仕伟. 黑色旅游开发探索 [J]. 重庆师范大学学报: 哲学社会科学版, 2007 (6): 11-15.

[30] 胡宪洋, 白凯, 汪丽. 旅游目的地形象修复策略: 关联游客行为意图的量表开发与检验 [J]. 人文地理, 2013 (5): 139-146.

[31] 胡宇. 区域旅游规划中的促销策划研究 [J]. 科协论坛, 2007 (4): 72-73.

[32] 黄鹂, 李启庚, 贾国庆. 旅游购物体验要素对顾客价值及其满意和购买意向的影响 [J]. 旅游学刊, 2009 (2): 41-45.

[33] 贾丽娜, 李博. 公共危机管理中政府危机沟通策略分析 [J]. 湖北经济学院学报: 人文社会科学版, 2011, 8 (8): 88-89.

[34] 贾喜环, 刘益星. 京津冀地区区域旅游整合营销探析 [J]. 商场现代化, 2007 (9): 218-219.

[35] 贾英, 孙根年. 论双因素理论在旅游体验管理中的应用 [J]. 社会科学家, 2008 (4): 92-95.

[36] 江娟丽. 我国发展体验旅游的背景、开发思路及对策研究 [J]. 西南师范大学学报: 人文社会科学版, 2006.

[37] 姜丽群. 区域旅游业整合营销战略研究 [J]. 商场现代化, 2006 (9): 188-189.

[38] 姜辽, 张述林. 旅游空间营造的理论探索 [J]. 干旱区资源与环境, 2009, 23 (5): 195-199.

[39] 蒋冠. 公共危机管理中政府面向公众的信息沟通研究综述 [J]. 图书情报工作, 2012, 56 (7): 131-135.

[40] 蒋丽芹. 论泛长三角区域旅游整合与协作 [J]. 经济问题探索, 2009 (9): 152-155.

[41] 科特勒, 洪瑞云, 梁绍明, 等. 市场营销管理 [M]. 梅庆豪, 译. 北京: 中国人民大学出版社, 2005.

[42] 邝金丽. 中原城市群区域旅游整合营销传播策略研究 [J]. 商业研究, 2008 (3): 184-187.

[43] 雷欣荣. 从张贤亮的出卖"荒凉"说开去 [J]. 旅游学刊, 1999 (5): 46-48.

[44] 李纲, 陈璟浩. 突发公共事件网络舆情研究综述 [J]. 图书情报知识, 2014 (2): 111-119.

[45] 李俊. 灾害信息的沟通困境与国家治理 [J]. 学术论坛, 2008, 31 (12): 76-80.

[46] 李蕾蕾. 从区域旅游开发的演变探讨一种新的规划观念 [J]. 城市规划汇刊, 1999 (2): 61-64.

[47] 李婷. 严重自然灾害背景下顾客恢复策略之价格策略 [J]. 商场现代化, 2012 (21): 50-50.

[48] 李晓冬. 浅析旅游体验营销及开发策略 [J]. 现代营销: 学苑版, 2013 (3): 38-39.

[49] 连漪, 汪侠. 旅游地顾客满意度测评指标体系的研究与应用 [J]. 旅游学刊, 2004 (5): 9-13.

[50] 梁明珠, 张欣欣. 泛珠三角旅游合作与资源整合模式探究 [J]. 经济地理, 2006 (2): 335-339.

[51] 林香民, 王庆鹏, 李剑峰. 我国旅游业的发展与旅游安全研究 [J]. 安全与环境工程, 2003, 10 (1): 60-62.

[52] 刘德鹏, 郭永锐, 张晓萍. 基于互动交换理论的彝人古镇旅游体验研究 [J]. 旅游研究, 2010,

4（2）：68-72.
- [53] 刘锋. 旅游地灾害风险管理初探［M］. 北京：地震出版社，1997.
- [54] 刘鸿鹏. 从信息沟通的角度论危机管理的问题与对策［D］. 长春：吉林大学，2005.
- [55] 刘萍. 谣言：源于恐慌 止于智者——谈谈产生谣言的社会心理机制［J］. 中国改革，2003（6）：12-12.
- [56] 刘绍华，路紫. 浅议旅游目的地营销系统的区域整合功能以大连旅游网为例［J］. 旅游学刊，2004，19（2）：84-88.
- [57] 刘世明，南剑飞，李蔚. 严重自然灾害地景区游客流失原因因子分析——以汶川地震后四川旅游为例［J］. 海南大学学报：人文社会科学版，2010，28（2）：89-94.
- [58] 刘世明. 严重自然灾害背景下的景区游客流失及赢回策略研究——基于汶川地震的实证［D］. 成都：四川大学，2011.
- [59] 刘世明. 灾后旅游市场赢回策略影响研究——基于汶川地震后四川旅游的实证［J］. 旅游学刊，2011，26（12）：41-48.
- [60] 刘阳炼. 浅析震区灾后旅游市场的重建［J］. 阿坝师范高等专科学校学报，2008（3）：35-38.
- [61] 刘毅. 略论网络舆情的概念、特点、表达与传播［J］. 理论界，2007（1）：11-12.
- [62] 龙江智，卢昌崇. 旅游体验的层级模式：基于意识谱理论的分析［J］. 北京第二外国语学院学报，2009（11）：9-19.
- [63] 罗朝霞. 城市居民对旅游社会文化影响的感知研究［D］. 南京：南京师范大学，2005.
- [64] 马丽，许善民. 中国旅游产业集群发展研究综述［J］. 北方经贸，2015（12）：172-175.
- [65] 马勇，倪波. 汶川地震灾害遗迹旅游资源调查研究［J］. 科技创新导报，2010（2）：114-116.
- [66] 迈克尔·里杰斯特. 危机公关［M］. 上海：复旦大学出版社，1995：111.
- [67] 毛晓莉，张宏哲. 地质灾害后旅游目的地感知形象的重塑研究［J］. 资源开发与市场，2013，29（9）：998-1001.
- [68] 南剑飞，熊志坚. 顾客满意度 CSD 研究述评［J］. 开发研究，2004（4）：88-91.
- [69] 南剑飞，熊志坚. 论顾客满意度评价体系的构建［J］. 世界标准化与质量管理，2002（6）：23-25.
- [70] 南剑飞，赵丽丽. 顾客流失诊断分析与对策［J］. 经济管理，2002（11）：68-70.
- [71] 派恩，吉米摩. 体验经济［M］. 夏业良，等译. 北京：机械工业出版社，2002：19-104.
- [72] 庞楷，张宗军. 风险沟通在公共危机管理中的作用与价值——来自典型案例的启示［J］. 甘肃社会科学，2013（6）：237-240.
- [73] 彭茜. 政府危机沟通策略与效果分析［D］. 厦门：厦门大学，2014.
- [74] 任春. 区域旅游整合营销战略的实施阶层分析［J］. 中国商贸，2009（11）：141-143.
- [75] 塞缪尔·亨廷顿. 变革社会的政治秩序［M］. 上海：上海译文出版社，1989.
- [76] 桑霞. 试论旅游犯罪的概念、特征和类型［J］. 佛山科学技术学院学报：社会科学版，2010，28（2）：68-71.
- [77] 石奎. 旅游危机管理的信息沟通机制构建［J］. 广西民族大学学报：哲学社会科学版，2007，29（2）：126-130.
- [78] 史安斌. 情境式危机传播理论与中国本土实践的检视：以四川大地震为例［J］. 传播与社会学刊，2011（15）：111.
- [79] 史波. 公共危机事件网络舆情内在演变机理研究［J］. 情报杂志，2010，29（4）：41-45.

[80] 世界旅游组织. 旅游业危机管理指南 [J]. 付雷, 译. 旅游调研, 2003 (6): 7-14.
[81] 舒尔茨. 新整合营销 [M]. 吴磊, 译. 北京: 中国水利水电出版社, 2004.
[82] 宋海龙, 巨乃岐, 张备, 濮小金. 突发事件网络舆情的形成、演化与控制 [J]. 河南工程学院学报: 社会科学版, 2010, 25 (4): 12-16.
[83] 宋子千. 也论区域旅游合作的动力机制——兼与靳诚等同志商榷 [J]. 旅游学刊, 2008 (2): 46-501.
[84] 孙淑英. 体验旅游的特征及开发策略 [J]. 商业研究, 2007.
[85] 唐勇, 覃建雄, 李艳红, 等. 汶川地震遗迹旅游资源分类及特色评价 [J]. 地球学报, 2010, 31 (4): 575-584.
[86] 陶犁, 杨桂华. 旅游地理学 [M]. 北京: 科学出版社, 2007: 3.
[87] 田卫东. 对班尼特形象修复策略的商榷 [J]. 新闻知识, 2015 (12): 21-22.
[88] 万幼清. 产业集群核心竞争力研究 [M]. 北京: 人民出版社, 2003.
[89] 王来华. "舆情"问题研究论略 [J]. 天津社会科学, 2004 (2): 78-81.
[90] 王浪, 张河清. 旅游产品体验营销中的价格影响因素及定价策略 [J]. 北京第二外国语学院学报, 2006 (7): 50-53.
[91] 王荣珍. 旅游体验营销策略研究 [D]. 青岛: 中国海洋大学, 2010.
[92] 王润, 刘家明. 旅游产业集群研究综述 [J]. 地理科学进展, 2012, 31 (10): 1407-1412.
[93] 王锁明. 基于社会心理视角的网络谣言成因分析 [J]. 观察与思考, 2012 (9): 44-47.
[94] 王维克. 论旅游市场促销策略 [J]. 新疆教育学院学报, 2004, 20 (3): 77-79.
[95] 王小兰. "汶川大地震"后四川旅游目的地安全形象重塑的对策思考 [J]. 中国市场, 2009 (32): 86-88.
[96] 王欣, 胡正明. 价格促销中的消费者效用感知研究 [J]. 山东社会科学, 2010 (3): 141-143.
[97] 王钰淇, 臧凯. 价格促销研究综述与展望 [J]. 中国市场, 2015 (44): 10-12.
[98] 王志文. 购物对旅游体验的影响分析——以海南岛为例 [J]. 现代商贸业, 2011 (11): 10-12.
[99] 文春艳, 李立华, 徐伟, 等. 旅游目的地形象研究综述 [J]. 地理与地理信息科学, 2009, 25 (6): 105-109.
[100] 吴必虎, 马晓龙, 邓冰. 面向实施主体的旅游犯罪危机管理 [J]. 桂林旅游高等专科学校学报, 2005, 16 (1): 54-58.
[101] 吴必虎. 区域旅游规划原理 [M]. 北京: 中国旅游出版社, 2001.
[102] 吴欢欢. JZZ酒业情感营销策略研究 [D]. 蚌埠: 安徽财经大学, 2017.
[103] 吴克蛟. 灾害中的社会心理恐慌 [J]. 当代经理人, 2006 (11): 115.
[104] 吴丽云. 旅游体验的本质、类型与塑造原则 [J]. 旅游科学, 2003 (4): 7-10.
[105] 吴少华, 崔鑫, 胡勇. 基于SNA的网络舆情演变分析方法 [J]. 四川大学学报: 工程科学版, 2015, 47 (1): 138-142.
[106] 吴小冰. 政府公共危机沟通策略探讨——归因理论与形象修复理论的视角 [J]. 东南传播, 2010 (6): 28-31.
[107] 谢科范, 赵湜, 陈刚, 蔡文静. 网络舆情突发事件的生命周期原理及集群决策研究 [J]. 武汉理工大学学报: 社会科学版, 2010, 23 (4): 482-486.
[108] 辛建荣, 张俊霞, 万美强, 等. 旅游区规划与管理 [M]. 天津: 南开大学出版社, 2007: 5.
[109] 许春晓. 中国旅游规划的市场研究历程: 上 [J]. 旅游学刊, 2003 (1): 5-9.

[110] 许春晓. 中国旅游规划的市场研究历程: 下 [J]. 旅游学刊, 2003 (4): 52-57.
[111] 许峰. 旅游体验质量影响因素研究 [J]. 江苏商论, 2015 (2): 45-46.
[112] 杨晨. 情境危机沟通理论下政府危机公关策略研究 [D]. 上海: 华东师范大学, 2017.
[113] 杨桂英. 我国应急管理中危机沟通的问题与对策 [J]. 河南理工大学学报: 社会科学版, 2009, 10 (3): 496-499.
[114] 杨洪, 李蔚, 何俊阳. 我国旅游安全管理探讨 [J]. 现代商贸工业, 2008, 20 (12): 48-49.
[115] 杨军. 旅游公共管理 [M]. 天津: 南开大学出版社, 2008.
[116] 杨仕升. 自然灾害等级划分及灾情比较模型探讨 [J]. 自然灾害学报, 1997, 6 (1): 8-13.
[117] 叶欣梁, 温家洪, 丁培毅. 重点旅游地区自然灾害风险管理框架研究 [J]. 地域研究与开发, 2010, 29 (5): 68-73.
[118] 于春玲, 赵平. 谈品牌的情感定位 [J]. 市场营销导刊, 2004 (3): 46-47.
[119] 余波, 黄正文, 艾南山. 川西地区地震遗迹旅游资源开发研究 [J]. 地质学刊, 2011, 35 (3): 332-336.
[120] 臧旭恒, 何青松. 试论产业集群租金与产业集群演进 [J]. 中国工业经济, 2007 (3): 5-141.
[121] 张兵. 后重建时代映秀镇城镇情感设计初探 [J]. 建筑与文化, 2012 (4): 96-98.
[122] 张富山. 顾客满意——关注的焦点 [M]. 北京: 中国计划出版社, 2001.
[123] 张建荣. 基于大众传播视角的旅游目的地形象建设探析 [J]. 晋中学院学报, 2013, 30 (4): 35-38.
[124] 张进福, 郑向敏. 旅游安全研究 [J]. 华侨大学学报: 哲学社会科学版, 2001 (1): 15-22.
[125] 张进福. 旅游安全管理现状分析与对策思考 [J]. 旅游科学, 2001 (2): 44-46.
[126] 张磊. 基于生命周期的网络舆情危机管理知识集成研究 [J]. 情报志, 2015, 34 (10): 51、101-105.
[127] 张力文, 陈琳. 自然灾害应急管理信息沟通协调机制研究 [J]. 四川行政学院学报, 2015 (6): 66-70.
[128] 张梦. 旅游产业集群化发展的制约因素分析——以大九寨国际旅游区为例 [J]. 旅游学刊, 2006 (2): 36-401.
[129] 张敏. 区域旅游空间结构模式研究 [J]. 农村经济与科技, 2012, 23 (3): 46-48.
[130] 张世均. 旅游业发展中的犯罪问题及其解决对策 [J]. 西南民族大学学报: 人文社科版, 2005, 12: 220-222.
[131] 张西林. 旅游安全事故成因机制初探 [J]. 旅游地理, 2003 (4): 542-545.
[132] 章小平, 朱忠福. 九寨沟景区旅游环境容量研究 [J]. 旅游学刊, 2007 (9): 50-571.
[133] 赵春雨, 郝晓兰, 毕庆伟. 近5年国内期刊旅游体验研究综述 [J]. 北方经贸, 2014 (2): 138-141.
[134] 赵红梅. 也谈"communitas"人类学视野下的一种旅游体验 [J]. 思想战线, 2008 (4): 34.
[135] 赵士德, 郭小莉. 浅析我国旅游安全管理现状及对策 [J]. 资源开发与市场, 2008, 24 (8): 760-762.
[136] 赵现红. 基于游客体验视角的现代节事旅游开发研究 [J]. 地域研究与开发, 2014, 33 (3).
[137] 郑向敏, 高玲. 国内近年关于旅游安全研究的综述与启示 [J]. 北京第二外国语学院学报, 2009 (5): 17-24.
[138] 钟开斌. 汶川地震灾后恢复重建政策执行: 主要困境和对策建议 [J]. 中国软科学, 2008

(12): 18-26.

[139] 周富广. 旅游犯罪的预防与控制 [J]. 乐山师范学院学报, 2004, 19 (11): 111-114.

[140] 周全胜, 刘斌志. 论灾害性突发事件中的政府危机沟通 [J]. 云南行政学院学报, 2010, 12 (6): 79-82.

[141] 周思芬, 谢春山, 佟静. 旅游体验及其影响因素的美学解读 [J]. 北京第二外国语学院学报, 2011 (5).

[142] 朱孔山. 旅游地形象整合营销体系构建 [J]. 商业经济与管理, 2007, 190 (8): 68-73.

[143] 朱孔山. 山东省旅游整合营销研究 [M]. 济南: 山东人民出版社, 2013: 1-21.

[144] 宗利永. 网络危机舆情演化仿真与沟通问题研究 [M]. 上海: 上海科学技术文献出版社, 2016.

[145] 邹巧柔, 谢朝武. 旅游者安全行为: 研究源起与国内近十年研究述评 [J]. 旅游学刊, 2013, 28 (7): 109-117.

[146] 邹统钎. 旅游目的地开发与管理 = Tourism Destination Development and Management [M]. 天津: 南开大学出版社, 2015: 225.

[147] Aaker D A. Managing Brand Equity [M]. New York: Free Press, 1991.

[148] Anderson N H. Integration Theory and Attitude Change [J]. Psychological Review, 1971, 78 (3): 171-206.

[149] Baker B. Destination Branding for Small Cities: The Essentialsfor Successful Place Branding [M]. Portland: Creative LeapBooks, 2007: 65-66.

[150] Baloglu S, McCleary K W. A Model of Destination Image Formation [J]. Annals ofTourism Research, 1999, 26 (4): 868-897.

[151] Bell M, Albu M. Knowledge Systems and Technological Dynamism in Industrial Clusters in Developing Countries [J]. World Development, 1999, 27 (9): 1715-1734.

[152] Benoit W L. Apologies, Excuse, and Accounts: A Theory of Image Restoration Discourse [J]. 1996.

[153] Benoit W L, Brinson S L. AT and T: Apologies are not Enough [J]. Communication Quarterly, 1994, 42 (1): 75-88.

[154] Benoit W L, Gullifor P, Panici D A. President Reagan's Defensive Discourse on the Iran-contra Agair [J]. Communication Studies, 1991, 42 (3): 272-294.

[155] Benoit W L. Image Repair Discourse and Crisis Communication [J]. Public Relations Review, 1997, 23 (2): 177-186.

[156] Blain C, Levy S E, Ritchie J R B. Destination Branding: Insights and Practices from Destination Management Organizations [J]. Journal of Travel Research, 2005, 43 (4): 328-338.

[157] Cai L. Cooperative Branding for Rural Destinations [J]. Annals of Tourism Research, 2002, 29 (3): 720-742.

[158] Chandler J A, Costello C A. A Profile of Visitors at Heritage Tourism Destinations in East Tenessee According to Plog's Lifestyle and Activity Level Preferences Model [J]. Journal of Travel Research, 2002, 41: 161-166.

[159] Chaudhuri A. A Macro Analysis of the Relationship of Product Involvement and Information Search: The Role of Risk [J]. Journal of Marketing Theory and Practice, 2000, 8 (1): 1-14.

[160] Chen C F, TSAI D. How Destination Image and Evaluative Factors Affect Behavioral Intentions? [J].

Tourism Management, 2007, 28.

[161] Chen C F, Tsai D C. How Destination Image and Evaluative Factors Affect Behavioral Intentions [J]. Tourism Management, 2007, 28 (4): 1115-1122.

[162] Chen J S. A Case Study of Korean Outbound Travelers' destination Images by Using Correspondence Analysis [J]. Tourism Management, 2001, 22 (4).

[163] Chen J S. A Comparison of Information Usage Between Business and Leisure Travelers [J]. Journal of Hospitality & Leisure Marketing, 2000, 7 (2): 65-76.

[164] Cheron E J, Ritchie J R B. Leisure Activities and Perceived Risk [J]. Journal of Leisure Research, 1982, 14: 139-154.

[165] Chi C G Q, Qu H. Examining the Structural Relationships of Destination Image, Tourist Satisfaction and Destination Loyalty: An Integrated Approach [J]. Tourism Management, 2008, 29 (4): 624-636.

[166] ChingFu Chen, DungChun Tsai. How Destination Image and Evaluative Factors Affect Behavioral Intentions [J]. Tourism Management, 2007, 28: 1115-1122.

[167] Cho M H. The Role of Prior Knowledge, Need for Information and Credibility of Information Sources in Tourists'information Search Behavior [D]. Pennsylvania: The Pennsylvania State University, 2001.

[168] Cho Y H. Exploring Web-based Virtual Tour Experience: The Sffects of Telepresence on Destination Image [D]. Champaign: University of Illinois at Urbana-Champaign, 2002.

[169] Choi W M, Chan A, Wu J. A Qualitative and Quantitative Assessment of Hong Kong's Image as a Tourist Destination [J]. Tourism Management, 1999, 20 (3).

[170] Clarke J. Tourism Brands: An Exploratory Study of the Brands Box Model [J]. Journal of Vacation Marketing, 2000, 6 (4): 329-345.

[171] Coombs W T, Holladay S J. Reasoned Action in Crisis Communication: An Attribution Theory-based Approach to Crisis Management [J]. Responding to Crisis: A Rhetorical Approach to Crisis Communication, 2004: 95-115.

[172] Coombs W T. Ongoing Crisis Communication: Planning, Managing, and Responding [M]. California: Sage Publications, 2014.

[173] Coombs W T. The Protective Powers of Crisis Response Strategies: Managing Reputation al Assets During a Crisis [J]. Journal of Promotion Management, 2006, 12 (3/4): 241-260.

[174] Coombs W T, Holladay S J. Further Explorations of Post-crisis Communication: Effects of Media and Response Strategies on Perceptions and Intentions [J]. Public Relations Review, 2009, 35 (1): 1-6.

[175] Coombs W T, Holladay S J. Exploratory Study of Stakeholder Emotions: Affect Andcrisis [M] //Ashkanasy, W J Zerbe, C E J Hartel. Research on Emotion in Organizations: The Effect of Affect in Organizational Settings [M]. New York: Elsevier, 2005: 88-271.

[176] Coombs W T. Attribution Theory as a Guide for Post-crisis Communication Research [J]. Journal of Public Relations Research, 2007, 33 (2): 135-139.

[177] Coombs W T. Choosing the Right Words: The Development of Guidelines for Theselection of the" Appropriate" Crisis-response Strategies [J]. Management Communication Quarterly, 1995, 8 (4): 447-476.

[178] Coombs W T. Protecting Organization Reputations During a Crisis: The Development and Application of

Situational Crisis Communication Theory [J]. Corporate Reputation Review, 2007, 10: 163-176.

[179] Crom Pton J L. A Systems Model of the Tourist. Destination Selection Decision Process with Particular Reference to the Role of Image and Perceived Constraints [D]. Texas: A&M University, College Station, TX, 1977.

[180] Dann G. Anomie, Ego-Enhancement and Tourism [J]. Annals of Tourism Research, 1977 (4): 184-194.

[181] Fearnbanks K. Crisis Communications: A Casebook Approach [J]. Routledge, 1996.

[182] Fitzsimons, Grainne M, Tanya L. Chartrand and Gavan J Fitzsimons Automatic Effects of Brand Exposure on Motivated Behavior: How Apple Makes You Think Different [J]. Journal of Consumer Research, 2008, 35: 21-351.

[183] Foley M, Lennon J. JFK and Dark Tourism: Heart of Darkness [J]. Journal of International Heritage Studies, 1996, 2 (2): 195-197.

[184] Franklin S H. The Marketing Concept: What it is and What it is Not [J]. 1986, 50 (2): 81-87.

[185] Frederikc E, Webster J. The Rediscovery of The Marketing Concept [J]. Business Horizons, 1988 (5/6): 29-39.

[186] García J A, Gómez M, Molina A. A Destination-branding Model: An empirical Analysis Based on Stakeholders [J]. Tourism Management, 2012, 33 (3): 646-661.

[187] Granovetter M. Economic Action and Social Structure: The Problem of Embeddedness [J]. American Journal of Sociology, 1985, 91 (3): 481-510.

[188] Kassarjian H H. Content Analysis in Consumer Research [J]. Journal of Consumer Research, 1977, 4 (1): 8-18.

[189] Katz M, Rose J. Is Your Slogan Identifiable [J]. Journal of Advertising Research, 1969, 9 (1): 21-43.

[190] Keller K L. Strategic Brand Management: Building, Measuring, and Managing Brand Equity (the 3rd Edition.) [M]. NewJersey: Prentice Hall, 2008: 119-12.

[191] Lee G, Cai L A, O'Leary J T. Branding. States. US: An Analysis of Brand-building Elements in the US State Tourism Websites [J]. Tourism Management, 2006, 27 (5): 815-828.

[192] M Novelli, I Ebrary. Niche Tourism: Contemporary Issues, Trends and Cases [M]. London: Routledge, 2005.

[193] Ma Qiufang, Sun Gennian, Zhang Hong. A Comparative Study on the Expression of Provincial Tourism Destination Brand Symbols Based on Web [J]. Tourism Tribune, 2011, 26 (3): 43-49.

[194] Mannell R C, Iso-Ahola S E. Psychological Nature of Leisure and Tourism Experience [J]. Annals of Tourism Research, 1987, 14 (3): 314-331.

[195] Michael Poter. Cluster and the New Economics of Competition [J]. Harvard Business Review, 1998 (6): 77-911.

[196] Mike Peters, Birgit Pikkemaat. Crisis Management in Alpine Winter Sports Resorts - The 1999 Avalanche Disaster in Tyrol [J]. Journal of Travel & Tourism Marketing, 2005, 19 (2/3): 9-20.

[197] Morrison A M. Design in Destination Marketing [EB/OL]. 2012-06-17.

[198] Niu Yongge, Zhao Ping. A Review on the Study of Brand Slogan Recall [J]. Foreign Economics & Management, 2009, 31 (8): 36-45.

[199] Norris V P. The Economic Effects of Advertising: A Review of the Literature [J]. Journal of Current Issues and Research in Advertising, 1984, 7 (2): 39-134.
[200] Novellim. Niche Tourism: Contemporary Issues, Trends and Cases [M]. Oxford: Butterworth Heinemann, 2005.
[201] Park J, Chung H. Consumers 'travel Website Transferring Behavior: Analysis Using Clickstream Data - time, Frequency, and Spending [J]. The ServiceIndustrial Journal, 2009, 29 (10): 1451-1463.
[202] Perreault W D J R, Leigh L E. Reliability of Nominal Data Based on Qualitative Judgments [J]. Journal of Marketing Research, 1989, 26 (2): 135-148.
[203] Philip K. Marketing Management: An Asian Perspective [M]. Singapore: Prentice - Hall Pte Ltd, 1999: 302.
[204] Pike S. Destination Brand Positions of a Competitive Set of Near - home Destinations [J]. Tourism Management, 2009, 30 (6): 857-866.
[205] Pike S. Tourism Destination Branding Complexity [J]. Journal of Product & Brand Management, 2005, 14 (4): 258-259.
[206] Plog S C. Leisure Travel [M]. Upper Saddle River, New Jersey: Prentice - Hall, 2004: 112.
[207] Qu H, Kim L H, Im H H. A Model of Destination Branding: Integrating the Concepts of the Branding and Destination Image [J]. Tourism Management, 2011, 32 (3): 465-476.
[208] Ritchie B W, et al. Crisis Communication and Recovery for the Tourism Industry: Lessons from the 2001 Foot and Mouth Disease Outbreak in the United Kingdom [J]. Journal of Travel and Tourism Marketing, 2004, 15 (2/3): 199-2116.
[209] Ritchie B W. Chaos, Crises and Disasters: A Strategic Approach to Crisis Management in the Tourism Industry [J]. Tourism Management, 2004, 25 (6): 669-683.
[210] Rittichainuwat B. Ghosts: A Travel Bbarrier to Tourism Recovery [J]. Annals of Tourism Research, 2011, 38 (2): 437-459.
[211] Robert F L, Gene R L. The Evolving Marketing Concept, Competitive Intensity And Organaizational Performance [J]. Journal of The Academy of Marketing Science, 1987, 15 (3): 1-11.
[212] Robert V. Flood Management: Bradford Paper [J]. Disaster Prevention and Management, 1994, 3 (2): 44-60.
[213] Ryan, Chris. The Buried Village, New Zealand An Example of Dark Tourism [J]. Asia Pacific Journal of Tourism Research, 2006, 11 (3): 211-226.
[214] Scott A. Locational Patterns and Metropolis: A Review Essay [J]. Urban Studies, 1982, 19 (2): 111-141.
[215] Sondergaard H A, Grunert K G, Scholderer J. Consumer Attitudes to Enzymes in Food Production [J]. Trends in Food Science and Technology, 2005, 16 (10): 466-474.
[216] Sönmez S F, Apostolopoulos Y, Tarlow P. Tourism in Crisis: Managing the Effects of Terrorism [J]. Journal of Travel Research, 1999, 38 (1): 13-18.
[217] Sönmez S F, Backman S J, Allen L. Managing Tourism Crises: a Guidebook [M]. Clemson: Clemson University, 1994.
[218] Sönmez S F, Graefe A R. Influence of Terrorism Risk on Foreign Tourism Decisions [J]. Annals of Tourism Research, 1998 (1): 112-144.

[219] Sönmez S F. Tourism, Terrorism and Political Instability [J]. Annals of Tourism Research, 1998, 25 (2): 416-456.

[220] Srull T K. Person Memory: Some Tests of Associative Storage and Retrieval Models [J]. Journal of Experimental Psychology: Human Learning and Memory, 1981, 7 (6): 440-463.

[221] Storper M. The Resurgence of Regional Economies, Ten Years Later: The Region as a Nexus of Untraded Interdependencies [J]. European Urban and Regional Studies, 1995, 2 (3): 191-221.

[222] Tallman S, Jenkins M, Henry N, et al. Knowledge, Clusters, and Competitive Advantage [J]. Academy of Management Review, 2004, 29 (2): 258-271.

[223] Wanfei Wang, Joseph S Chen. Tourist Experience and Wetland Parks: A Case of Zhejiang, China [J]. Annals of Tourism Research, 2012, 4 (39): 1763-1778.

[224] Weber R P. Basic Content Analysis (the 2nd Edition) [M]. Newbury Park, California: Sage Publications, 1990: 22-23.

[225] Williams A P, Palmer A J. TourismDestination Brands and Electronic Commerce: Towards Synergy [J]. Journal of Vacation Marketing, 1999, 5 (3): 263-275.

[226] Zhou T, Lu Y, Wang B. The Relative Importance of Website Design Quality and Service Quality in Determining Consumers' online Repurchase Behavior [J]. Information Systems Management, 2009, 26 (4): 327-337.

后 记

《旅游景区灾害危机与恢复营销策略研究——基于汶川大地震》一书是在2008年"5·12"汶川大地震后，由四川大学"汶川大地震灾后旅游市场恢复研究课题组"在国家自然科学基金的支持下，历时10年的研究集结而成。书中汇集了四川大学20余位专家学者的研究成果，其中包含多篇博士论文和数十篇研究论文。

编著此书一是为响应国家号召，总结汶川大地震灾后旅游重建的经验，为各地旅游业应对重大自然灾害提供可资借鉴的样本；二是为践行科研工作者心中的责任和担当。在亲身经历汶川大地震后，第一时间投入灾后的四川旅游恢复重建工作，对于课题组的成员们来说，不仅是一份重大责任，更是对国家以及在灾区遭受苦难的人民所承诺的一份庄严使命。

本书的编写和出版是一个漫长的且充满艰辛和挑战的过程。遥忆当年，接收到灾后旅游市场恢复重建课题任务后，四川大学立即召集校内20余位专家学者成立了专门的课题组。课题组临危受命，从确定课题核心目标和主研内容，到大量文献的查阅、梳理，再到亲赴一线调研，经过反复研究探讨，最后喜获十余份大型研究成果。为了确保研究质量和实践的有效性，仅此过程就耗时七年。有了这些宝贵的科研成果，著书便有了最坚实的根基。在后续著书的过程中，为了融汇和体现十余份重要研究成果的精髓，课题组为本书构建了严谨的逻辑框架。在此框架和研究成果的基础上，课题组根据编著的需要，进一步借鉴和梳理了大量文献成果，对书中内容进行丰富和完善，使体系更加完整。这一系列的工作虽然繁重，但大家仍然满怀热忱，希望借此书来实现当初向国家和灾区人民做出的承诺。

本书由李蔚、李悦、刘世明任主编，李珊、杨洋、杨启智为副主编，吴家灿、刘江、黄鹂分别任上中下分卷主编。参加撰写的作者有：李悦、刘江、吴家灿、刘世明、李蔚、李莎、杨洋、花海燕、南剑飞、李珊、李双、牛永革、董亚妮、南剑飞、曾文君、严澍、李陈卓尔、刘晓彬、蔡静、卢轶遐、尚玮、谭任君。

本课题在调查研究过程中，得到四川省旅游局（2016年更名为四川省旅游发展委员会）、成都市旅游局、都江堰旅游局、汶川县旅游局、彭州市旅游局、绵竹市旅游局、北川县旅游局、德阳市旅游局，以及汶川映秀景区、萝卜寨景区、都江堰景区、九寨沟景区、峨眉山景区、海螺沟景区、青城山景区、三江景区、虹口景区、回龙沟景区、小鱼洞景区等一大批景区的支持与配合，在此深表谢意。本书的编写和出版得益于国家旅游局、四川省人民政府、四川省旅游发展委员会、四川省各地方政府、旅游局及相关部门机构的支持和鼓励。在此，一并向他们表示衷心感谢。同时，还要特别感谢原中国旅游研究院创始副院长石培华教授的大力支持。

我们也要感谢企业管理出版社的领导和编辑朋友在本套书的出版发行过程中所付出的辛勤的劳动；感谢本书曾引用和参考过的国内外版权所有人和出版社，感谢他们优秀的学术成果。

最后，还要感谢本书的读者和愿意分享此书的朋友，谢谢你们的支持和不吝指教。